图 3.37　紧急转弯时发生在接地部位的轮胎带束层的翘曲现象

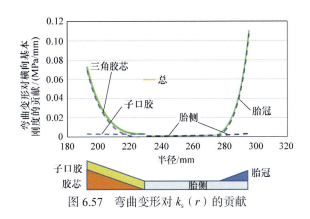

图 6.57　弯曲变形对 $k_s(r)$ 的贡献

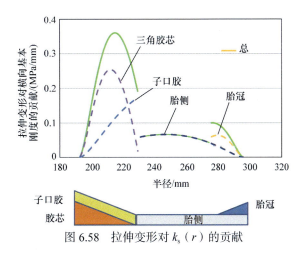

图 6.58　拉伸变形对 $k_s(r)$ 的贡献

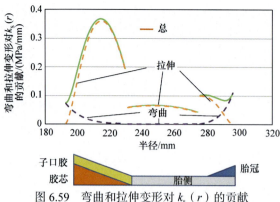

图 6.59 弯曲和拉伸变形对 $k_s(r)$ 的贡献

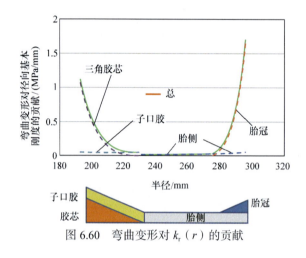

图 6.60 弯曲变形对 $k_r(r)$ 的贡献

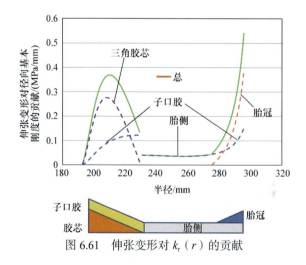

图 6.61 伸张变形对 $k_r(r)$ 的贡献

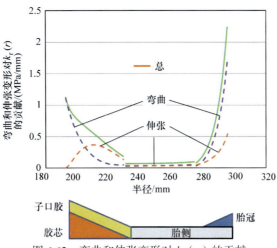

图6.62 弯曲和伸张变形对 $k_r(r)$ 的贡献

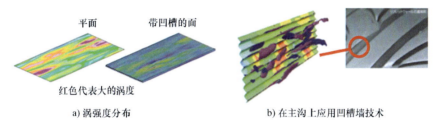

a) 涡强度分布　　　　b) 在主沟上应用凹槽墙技术

图12.49 利用凹槽墙技术提升水滑性能[52]

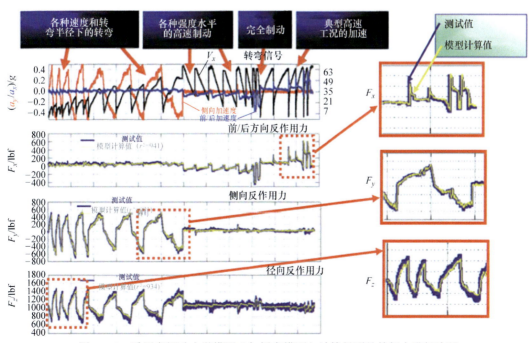

图14.58 采用车辆动力学模型（如轿车模型）计算得到的外部力进行验证
（经TST授权，摘自文献[36]）

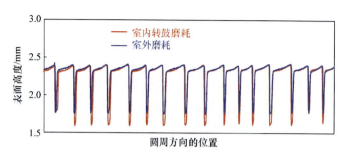

a) 沿下图中的白色水平线进行激光扫描,测量外胎肩的磨耗情况

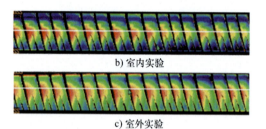

b) 室内实验

c) 室外实验

图 14.63 用激光扫描设备测量的外胎肩胎踵/胎趾处的不规则磨耗的测量结果
(经 TST 授权,摘自文献[36])

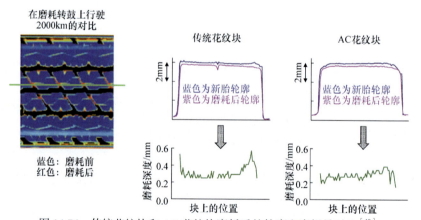

图 14.76 传统花纹块和 AC 花纹块磨耗后的轮廓和磨损量对比[49]

汽车先进技术译丛　汽车技术经典手册

高等轮胎力学

[日] 中岛幸雄（Yukio Nakajima） 著

冯希金　王亦菲　朱光苗　译

机械工业出版社

本书有三个贡献：第一个贡献是用有限元分析技术来阐述轮胎力学的解析研究成果，因为有限元分析技术不提供机理和物理含义，所以工程师需要先进行解析理论的学习和研究，然后进行有限元计算，这样才能对轮胎力学现象有更深刻的理解；第二个贡献是本书几乎涵盖了对轮胎工程师有帮助的所有关于轮胎性能的解析理论研究成果，这些解析理论研究成果是从作者作为轮胎设计者和研究者的经历中精选出来的；第三个贡献是在注释中对方程进行了推导，给出了练习题并在附录中给出了答案。因此，这本书既适合轮胎工业界的工程师研究轮胎力学，也适合研究生学习轮胎力学。

First published in English under the title
Advanced Tire Mechanics
by Yukio Nakajima, edition: 1
Copyright © Springer Nature Singapore Pte Ltd., 2019

This edition has been translated and published under licence from Springer Nature Singapore Pte Ltd.

此版本仅限在中国大陆地区（不包括香港、澳门特别行政区及台湾地区）销售。未经出版者书面许可，不得以任何方式抄袭、复制或节录本书中的任何部分。

北京市版权局著作权合同登记　图字：01-2020-0111。

图书在版编目（CIP）数据

高等轮胎力学/（日）中岛幸雄著；冯希金，王亦菲，朱光苗译.—北京：机械工业出版社，2024.3

（汽车先进技术译丛．汽车技术经典手册）

书名原文：Advanced Tire Mechanics

ISBN 978-7-111-75239-4

Ⅰ.①高⋯　Ⅱ.①中⋯　②冯⋯　③王⋯　④朱⋯　Ⅲ.①汽车轮胎-动力学　Ⅳ.①U463.341.01

中国国家版本馆 CIP 数据核字（2024）第 048061 号

机械工业出版社（北京市百万庄大街22号　邮政编码100037）
策划编辑：孙　鹏　　责任编辑：孙　鹏
责任校对：王小童　杨　霞　张婉茹　张勤思　刘雅娜
封面设计：鞠　杨　　责任印制：张　博
北京建宏印刷有限公司印刷
2024年7月第1版第1次印刷
184mm×260mm·51印张·4插页·1397千字
标准书号：ISBN 978-7-111-75239-4
定价：399.00元

电话服务　　　　　　　　网络服务
客服电话：010-88361066　　机　工　官　网：www.cmpbook.com
　　　　　010-88379833　　机　工　官　博：weibo.com/cmp1952
　　　　　010-68326294　　金　书　网：www.golden-book.com
封底无防伪标均为盗版　　　机工教育服务网：www.cmpedu.com

序

轮胎是汽车的唯一接地部件，随着汽车工业的发展和人民生活水平的提高，轮胎已经作为日常消费品进入千家万户。汽车的各种性能，尤其是操控性能和舒适性能的发挥，轮胎起着关键作用。作为轮胎产业的从业者，为汽车和汽车消费者提供最优质的轮胎一直是我们不懈的追求。

进入 21 世纪之后，中国的轮胎工业进入快速发展时期，其产量已经占到世界产量的一半以上，在世界轮胎工业中有着举足轻重的地位。随着汽车性能的提高和消费者对轮胎性能要求的提高，设计开发出能满足各种性能需求的轮胎日益重要。这样一来，轮胎开发者迫切需要加强对轮胎各个性能的理解，包括性能机理、测试方法、数据表征、性能判别依据以及轮胎与汽车各个性能的关系等。

日本籍轮胎专家中岛幸雄博士长期从事轮胎性能研究，2019 年他出版了 Advanced Tire Mechanics 一书，该书可以算是轮胎性能研究的集大成者。冯希金博士作为从事轮胎性能研究的专业人士，本着为业界积极引进国外先进技术理论的初心，联合了一些专业人员，从 2019 年 10 月开始着手该书英文版的翻译工作，历时两年，终于翻译完成。在佳通轮胎中国研发中心相关同事的帮助下，又用了接近一年的时间进行了仔细校对，终于完成中文版译本。

中文版译本的完成，给轮胎和汽车行业的从业者提供了全面了解轮胎性能及其研究进展的机会，有助于轮胎技术的进步。感谢中岛幸雄博士对中文版译本的支持，感谢冯希金博士等专业人士的辛苦付出，让我们一起为轮胎行业的技术进步做出贡献。

佳通轮胎中国研发中心
总监　陈中明
2023 年 8 月 6 日

译者的话

我国的轮胎工业自20世纪90年代以来发展迅速，目前我国已经成为世界上轮胎产能最大的国家，是名副其实的轮胎生产大国。进入21世纪后，中国的汽车工业蓬勃发展，轿车、货车及工程车辆保有量大幅度增加，据统计，2022年底的机动车保有量达到4.15亿辆，由此可见我国也是名副其实的轮胎消费大国。但我国的轮胎工业还不能算是最强的，国内的中高端配套轮胎市场还主要被世界头部轮胎企业掌控，我国出口到国外的轮胎也主要被当作替换胎使用。造成这种现象的原因是多方面的，有品牌知名度的因素，有工艺质量控制的因素，当然更有轮胎性能和科技含量的因素。

轮胎是汽车的唯一接地部件，它的主要作用有四个：一是承载，整个汽车的重量需要靠四个轮胎来支撑；二是提供纵向力，以实现汽车的驱动和制动性能；三是提供侧向力，以实现汽车的操控性能；四是吸收路面冲击和振动，提供舒适性能。由此可见，汽车的大多数性能都需要轮胎来实现，汽车的高性能必须借助高性能轮胎才能表现出来。因此，深入研究轮胎各方面性能是非常重要的。轮胎的性能是多方面的，包括最基本的承载和耐久性能、滚动阻力性能，以及轮胎在各种路面条件下的驱动制动性能、操控性能和NVH性能等。而轮胎是由非常柔软的橡胶材料和强度非常高的聚酯纤维和钢丝帘线等制成的双曲率复合材料壳体，其性能的表现具有非常强的非线性，各个性能之间又有一定的二律背反性。如何进行轮胎的结构设计、材料设计和花纹设计，才能达到汽车对轮胎的各种性能要求的平衡呢？这需要轮胎工程师对轮胎各种性能有深刻理解，需要其深刻了解轮胎的设计特征（Tire Design Characteristics, TDC）、轮胎的性能标准（Tire Performance Criteria, TPC）和车辆的性能标准（Vehicle Performance Criteria, VPC）之间的关系。

橡胶轮胎工业自19世纪末开始以来，已经发展了接近150年的时间，由于橡胶和轮胎材料本身的非线性、使用条件的复杂性以及轮胎性能和使用条件的紧密关联性，给人的感觉好像橡胶轮胎科技的发展不像其他工业产品的发展那么快。但其实国外的轮胎科技工作者一直在进行轮胎科学技术的研究，在这些浩若烟海的文献中沉淀出了比较经典的两本书：一本是1971年出版的由美国密歇根大学Samuel K. Clark教授主编的 *Mechanics of Pneumatic Tires*；另一本是1987年出版的由日本汽车研究所酒井秀男博士主编的《轮胎工学》。这两本书可以说奠定了轮胎力学的基石，尤其是《轮胎工学》，由于它阐述了更多的轮胎与汽车相关的性能，如操控性能、舒适性能、噪声性能等，受到了其他国家轮胎科技工作者的青睐，一版再版，几乎达到人手一册的地步。这两本书共同的特点是采用解析公式来进行轮胎各种性能的描述，而关于当前轮胎工业界常用的有限元法的描述却较少。然而，由于各方面原因，这两本书在我国流传甚少。2005年，阿克隆大学的Alan N. Gent教授主编的 *The Pneumatic Tire* 电子书出版，2013年清华大学危银涛教授组织完成了这本书的中文版《轮胎理论与技术》，这两本书对于从事轮胎科研的工作者来说可以算是入门书籍，其涵盖了轮胎性能各个方面，但深度不足。我国的轮胎科技工作者亟须一本能够系统描述轮胎各个性能，知识涵盖面广，讲解又比较深刻且透彻的书籍。

正是在这种情况下，2019年4月，德国的Springer出版社出版了日本轮胎技术专家中岛幸雄博士撰写的轮胎科技巨著 *Advanced Tire Mechanics* 一书，该书以两卷本出版，合计1260多页，涵盖了单向纤维增强橡胶复合材料、层合板理论、修正的层合板理论、离散层合板理论、轮胎的轮廓形状理论、轮胎的刚度特性和胎面花纹的力学性能、轮胎的振动特性、轮胎的接地特性、轮胎噪声、轮胎的侧偏特性、轮胎的牵引性能、轮胎的滚动阻力、轮胎的磨耗特性、轮胎驻波、轮胎

译者的话

的摇摆和车辆跑偏等各方面性能。正如作者本人所说，该书不但用解析方法对轮胎的各种性能进行了描述，而且还用当前流行的有限元方法对解析理论进行了补充和定量描述，解析理论是用来描述设计参数和性能机理的，定性的成分多一些，但很难定量。轮胎设计中要进行定量衡量，那就需要用到有限元方法。把解析方法和有限元方法结合起来进行轮胎性能的阐释，恰恰是本书的一大特色，可以使读者有理论联系实际之感觉。中岛幸雄先生毕业于阿克隆大学，在普利司通轮胎公司从事过轮胎设计和轮胎各种性能的研究工作以及轮胎性能优化工作，曾长期担任研发中心研究本部的本部长。2010年，中岛幸雄先生到日本工学院大学任教，直至退休。他擅长使用解析方法和有限元方法对轮胎各种性能进行计算和预测，利用最优化理论进行各种性能的优化。此外，他还熟悉轮胎室内和实车实验评价手段。中岛幸雄先生提炼其43年从事轮胎科学研究的精华，融合当今世界其他研究者的先进研究成果，撰写并出版了 Advanced Tire Mechanics 一书，该书不但有轮胎理论的广度和深度，而且有技术应用的广度和深度，因此该书堪称是理论联系实际的轮胎技术的集大成者。

我与中岛幸雄先生在2012年清华大学召开的国际轮胎技术研讨会上相识，后来我又陆续拜读了中岛幸雄先生的若干论文，更有幸和中岛幸雄先生在山东一起工作过一段时间，也亲耳聆听过中岛幸雄先生的几次讲座，深为中岛幸雄先生渊博的学识和成熟的应用经验所折服。2019年4月，在Springer网站上得知中岛幸雄先生的大作出版后，我赶紧从Springer网站上购买了这本书。在中岛幸雄先生的同意和鼓励下，我产生了将该书翻译为中文版本的想法。经与机械工业出版社协商，出版社从Springer购买了此书的中文版权，自2019年10月开始了本书的辛苦翻译工作。本书第1~7、9、11~13章共11个章节由冯希金翻译，第8、10、15章共三个章节由王亦菲翻译，第14、16章由青岛大学朱光苗老师翻译，前言由冯希金翻译。翻译工作历时2年多，到2021年12月28日全文翻译完毕。在佳通轮胎研发中心总监的关注下，我邀请了有关同事对各章节进行了认真审核，根据大家的意见，我对译文进行了认真修改和订正。

由于本书的英文原著内容十分丰富庞大，涉及课题和性能很多，再加上时间紧张和译者水平所限，难免有翻译不到位的地方，也难免出现一些错误和纰漏，恳请广大读者在阅读的过程中给予批评指正，大家可以将意见和建议反馈到邮箱：1176266933@qq.com。您的意见和建议，是我们不断完善本书的原动力。

感谢王亦菲和朱光苗老师协助我完成了全书的翻译工作，你们的专业翻译使我节省了接近1年的时间。感谢李兵先生、马钢先生、孙丽红女士、王永珍女士、吴福麒先生、夏国华先生、孙小明先生、张蒙先生、张斌先生、李宁学先生、张永年先生等对译文进行了认真的审核，大家仔细、高效的审核工作又使我的工作节省了接近1年的时间。此书中文版的出版，从开始翻译到校对完成，用了近乎3年的时间，没有大家的辛苦付出和帮助，凭我一个人完成这么大量的工作是很难想象的，真诚地感谢大家。

感谢中岛幸雄先生对我的鼓励和支持，感谢金石男（Kim Seoknam）博士、李炜博士对我的关心、理解和支持，金石男博士、李炜博士对轮胎技术的深刻洞察和博学多识令我敬仰。感谢佳通轮胎中国研发中心总监陈中明先生的关心和支持。

近3年来，我绝大部分的业余时间都用在了此书的翻译上，在此，也由衷地感谢家人对我的理解和支持，没有家人的理解，我很难集中精力完成如此繁重的翻译工作。

希望本书的出版，有助于大家加深对轮胎性能的理解，并从中获取轮胎性能改善和提高的启示和思路。

冯希金
2022年12月26日

中文版作者序

感谢我的朋友冯希金博士花费了 2 年的时间把我的英文专著翻译为中文。

本书涵盖了我从事轮胎的研究、设计、实验工作 43 年来所获得的知识，也从轮胎力学的角度对其他研究者的重要研究成果进行了总结，可以说本书是轮胎力学的集大成者。本书对轮胎力学的基础知识、轮胎性能的机理、轮胎性能的改善措施以及未来轮胎技术发展进行了系统的描述。

中国现在已经成为世界上最大的轮胎生产国。据国际橡胶研究组织（IRSG）的报告，以 2020 年的中国天然橡胶的消耗量为基础来推算，中国的轮胎产量已经占到世界总产量的 45%。尽管目前其轮胎技术水平还不及日本、欧洲、美国及韩国，但其技术进步的速度很快，要达到与这些国家并驾齐驱的程度也用不了多长时间。

从历史上看，日本曾从中国学习了文字、宗教、哲学、先进技术等，并在此基础上消化吸收和创新，形成了自己的东西。如果我的专著的中文译本能成为日本到现在为止回馈从中国所学的众多案例之一，那我就感到无上光荣了。

在世界上轮胎产能最大的中国，我期望技术人员能从我的书中学习到轮胎力学的基本知识，获得轮胎性能改善的启示，推动轮胎技术进步，通过轮胎为 CO_2 减排，为人类的可持续发展做出我们技术人员应该做出的贡献。

中岛幸雄
2022 年 12 月 18 日

私の友人のFeng Xijin 博士が2 年をかけて私の本を翻訳してくれたことに感謝いたします。

この本は私が43 年間タイヤの研究、設計、実験に携わって知りえた内容、タイヤ力学の観点から重要な他の研究者の研究内容をまとめたタイヤ力学の集大成です。タイヤ力学の基礎、タイヤ性能のメカニズム、タイヤ性能の具体的改良手法、将来のタイヤ像などを記述してあります。

中国は今や世界最大のタイヤ生産本数を誇ります。IRSGによれば2020 年の中国のゴム量ベースでのタイヤ生産量は世界の45％を占めるほどです。一方、その技術レベルは日本、EU、アメリカ、韓国にはまた及びませんが、その技術進歩のスピードは速く、それらの国に並ぶのもそれほどの時間を要さないかもしれません。

歴史的に日本は中国から文字、宗教、哲学、先端技術などを学び、それを吸収し独自なものに変容させてきました。日本がこれまで中国からいただいたものへの恩返しの一つとして私の本の中国語訳が役に立てば、この上ない喜びです。

世界最大のタイヤ生産国の中国において、私の本でタイヤ力学の基礎を学び、タイヤ性能を改良するヒントを得てタイヤ技術を進歩させ、CO_2 削減、SDGsなどの人類の課題解決にタイヤを通して貢献してくれる技術者を期待しています。

中岛幸雄
2022 年 12 月 18 日

前　言

在由赤坂隆教授实验室的校友们编辑出版的《赤坂隆教授的研究足迹》一书中提到，汽车轮胎力学相当于飞机的空气动力学或者船舶的流体力学。如图1所示，轮胎上的侧向力和回正力矩与侧偏角之间的关系相当于飞机的举升力和力矩与飞机入射角之间的关系，轮胎的滚动阻力相当于飞机的空气阻力，而轮胎的驻波就类似于飞机的马赫波。而且，当速度超过临界速度时，由于热量的产生，轮胎和飞机都会发生热障现象。考虑到轮胎力学和空气动力学之间的相似性（图1）以及空气动力学对于飞机的重要性，人们当然会想到轮胎力学对于汽车是多么重要[1]。

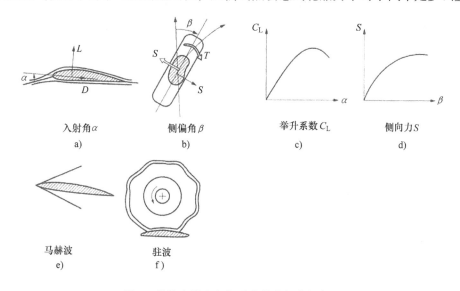

图1　轮胎力学和空气动力学之间的相似性

我第一次接触到博大精深的轮胎力学是在赤坂隆教授到普利司通公司讲授轮胎力学课程的时候。那时我刚加入公司，因此对他的课程似懂非懂。尽管我现在不能重现他的讲课内容，但我确实被他对轮胎力学先进的分析工作震撼了，因为那时计算机还没普及应用，这些分析工作都是用纸和笔来进行的。

我将人的一生分成三个阶段：第一个阶段是准备期，从出生到25岁，在这个阶段，人们为了使生活有意义而在学校学习；第二个阶段是贡献期，从25岁到50岁，在这个阶段，人们利用自己所掌握的知识和经验，通过在公司工作或者其他方式为社会做出贡献；第三个阶段是另一个贡献期，50岁以后，人们利用自己在第一个和第二个阶段所掌握的知识和经验为社会做出更广泛的贡献。

我在57岁的时候从普利司通公司来到日本工学院大学任教。同年，赤坂隆教授去世，我感到日本轮胎力学研究的一个时代结束了。同时我也认识到，必须有人出来把不为国际所熟知的日本工程师的一些学术成果进行总结。因此我决定撰写一本轮胎力学书籍，算是对社会的一点贡献。当我写这本书的时候，我参考了伟大的日语专著《轮胎工学》[2]，这本书由酒井秀男博士撰写，由日本Grand Prix出版社于1987年出版发行。另外，我还参考了很多其他的学术研究成果，如赤坂实验室和Pacejka实验室的研究成果。特别值得一提的是，在编写这本书的过程中，赤坂隆教授写的关于轮胎力学的文章非常宝贵,如果没有他的这些文章作为参考,我真不知道如何完成这本书。

本书有三个贡献。第一个贡献是用有限元分析技术来阐述轮胎力学的解析研究成果。有限元技术是当前轮胎工业界进行轮胎设计时必不可少的工具。因为有限元分析技术不提供机理和物理含义,所以工程师需要先进行解析理论的学习和研究,然后进行有限元计算,这样才能对轮胎力学现象有更深刻的理解。如果工程师能够对解析理论和有限元结果有深刻的理解,那么他们就可以在此基础上形成许多提高轮胎性能的思路和方法。

第二个贡献是本书几乎涵盖了对轮胎工程师有帮助的所有关于轮胎性能的解析理论研究成果,这些解析理论研究成果是从我作为轮胎设计者和研究者的经历中精选出来的。

第三个贡献是在注释中对方程进行了推导,给出了练习题并在附录中给出了答案。因此,这本书既适合轮胎工业界的工程师研究轮胎力学,也适合研究生学习轮胎力学。

我要对 S. Akasaka 博士表示特别的谢意,他是赤坂隆教授的儿子,他慷慨地借给我许多赤坂隆教授宝贵的手稿,我也要感谢普利司通的同事们。最后,我要感谢我的夫人 Noriko 女士,她给予我身体和精神上的支持。

The past is never fully gone, It is observed into the present and the future. It stays to shape what we are and what we do.

Sir. William Deane, 1996.

过去永远不会完全过去,它会在现在和未来被觉察到。它决定了我们是什么和我们做什么。
William Deane 爵士, 1996。

中岛幸雄
日本东京
2018.12

参考文献

[1] Alumni of Akasaka Lab (ed.), Research Footprint of Professor Akasaka. (Chuo University, Hachioji, 1995)
[2] H. Sakai, Tire Engineering (in Japanese). (Guranpuri – Shuppan, Tokyo, 1987)

目 录

序
译者的话
中文版作者序
前言

第1章　单向纤维增强橡胶复合材料 …… 1
1.1　轮胎上所用的复合材料 …… 1
1.2　应力/应变关系 …… 2
1.3　复合材料的力学性能 …… 5
 1.3.1　平面应力 …… 5
 1.3.2　两种坐标系下的应变变换 …… 5
 1.3.3　本构方程（胡克定律）…… 7
 1.3.4　用不变量来表示刚度矩阵 …… 10
 1.3.5　任意方向上的复合材料特性 …… 11
1.4　微观力学模型 …… 14
 1.4.1　并联和串联模型 …… 14
 1.4.2　改进的微观力学模型 …… 16
 1.4.3　复合材料杨氏模量的上下边界 …… 18
 1.4.4　Halpin–Tsai 模型 …… 18
1.5　单向帘线增强橡胶复合材料（UDCRR）的微观力学性能 …… 20
 1.5.1　UDCRR 的模型 …… 20
 1.5.2　纤维增强橡胶复合材料的微观力学模型的对比 …… 22
1.6　纤维增强橡胶近似条件下的单向帘线增强橡胶复合材料力学 …… 23
 1.6.1　单向帘线增强橡胶复合材料的近似公式 …… 23
 1.6.2　任意方向上的单向帘线增强橡胶复合材料（UDCRR）特性 …… 24
 1.6.3　UDCRR 的特定角度 …… 24
 1.6.4　微观力学理论和实验结果之间的比较 …… 25
1.7　单向帘线增强橡胶复合材料（UDCRR）板的黏弹性能 …… 25
 1.7.1　单向帘线增强橡胶复合材料板的黏弹性研究 …… 25
 1.7.2　解析阻尼模型 …… 26
 1.7.3　黏弹性研究的有限元方法 …… 29
1.8　短纤维增强橡胶复合材料（SFRR）力学 …… 30
 1.8.1　短纤维增强橡胶复合材料（SFRR）的微观力学性能 …… 30
 1.8.2　短纤维增强橡胶复合材料（SFRR）在任意方向上的模量 …… 31
 1.8.3　短纤维增强橡胶复合材料（SFRR）的黏弹性 …… 31
问题 …… 33
附录　黏弹性 …… 33
备注 …… 36
参考文献 …… 37

第2章　层合板理论 …… 39
2.1　经典层合理论（CLT）…… 39
 2.1.1　层合板坐标系和层合板构造的表征 …… 39
 2.1.2　经典层合理论方程 …… 39
2.2　轴对称层合板的特性 …… 43
 2.2.1　轴对称层合板的本构方程 …… 43
 2.2.2　轴对称层合板的面内刚度 …… 43
 2.2.3　轴对称层合板的弯曲特性 …… 45
2.3　斜交层合板的性能 …… 46
 2.3.1　斜交层合板的刚度 …… 46
 2.3.2　斜交层合板的面内和面外耦合变形 …… 48
 2.3.3　斜交层合板的纤维增强橡胶近似 …… 49
 2.3.4　斜交层合板的实验结果和经典层合理论的比较 …… 54
 2.3.5　斜交层合板的黏弹性特性 …… 56
2.4　轮胎带束层结构的优化 …… 58
 2.4.1　计算机辅助复合材料设计 …… 58
 2.4.2　基于数学程序的带束层结构优化 …… 59
 2.4.3　采用遗传算法的带束层结构优化 …… 60
问题 …… 62
备注 …… 62
参考文献 …… 63

第3章　修正的层合板理论 …… 65
3.1　引言 …… 65
3.2　没有面外耦合变形的双层层合板（或四层对称层合板）的 MLT …… 65

IX

3.2.1 基本方程 ……………………… 65
3.2.2 承受均匀分布的应力和位移的斜交层合板的分析 ……………………… 67
3.2.3 纤维增强橡胶复合材料分析 …… 72
3.3 不带面外耦合变形但考虑横向应力的双层层合板的 MLT（对称四层复合材料） ……………………… 74
3.3.1 不带面外耦合变形但考虑横向应力的双层层合板的 MLT 的基本方程 …… 74
3.3.2 MLT 和 CLT 的比较及 UDCRR 的层间剪应变的参数研究 ……… 77
3.4 考虑耦合变形的双层层合板的 MLT … 79
3.4.1 考虑耦合变形的双层层合板的 MLT 概述 ……………………… 79
3.4.2 考虑耦合变形的双层层合板的 MLT 基本方程 ……………………… 79
3.4.3 单轴均匀分布位移下的斜交带束层 ……………………… 82
3.5 用于面内弯曲的 MLT ……………… 87
3.5.1 基本方程 ……………………… 87
3.5.2 理论和实验之间的比较 ……… 90
3.6 存在耦合变形的三层层合板的 MLT … 91
3.6.1 基本方程 ……………………… 91
3.6.2 轮胎的端部折叠带束层的面内弯曲特性 ……………………… 93
3.7 用 MLT 求解斜交带束层的面外扭转刚度 ……………………… 98
3.7.1 基本方程 ……………………… 98
3.7.2 理论和实验的对比 …………… 100
3.8 用 MLT 研究承受面内弯曲力矩的双层斜交带束层的翘曲 …………… 102
3.8.1 承受面内弯曲力矩的斜交带束层的翘曲 ……………………… 102
3.8.2 承受面内弯曲力矩的轮胎带束层翘曲基本方程 …………………… 102
3.8.3 轿车轮胎处于弯曲力矩作用下的翘曲分析 ……………………… 107
3.8.4 在面内弯曲力矩作用下轿车轮胎翘曲的简化方程 ………………… 108
3.9 在压缩力作用下双层斜交带束层的翘曲的 MLT ……………………… 109
3.9.1 在压缩力作用下双层斜交带束层的翘曲的 MLT 分析 ……………… 109
3.9.2 乘用车轮胎承受压缩力时的翘曲分析 ……………………… 111

问题 ……………………… 111
附录 用于求解带束层处于面内弯曲力矩导致的翘曲变形的梁理论 ……… 111
备注 ……………………… 114
参考文献 ……………………… 121

第4章 离散层合板理论 ………… 122
4.1 拉伸载荷下带有面外耦合变形的双层斜交带束层的离散层合板理论 …… 122
4.1.1 离散层合板理论的基本方程 … 122
4.1.2 离散层合板理论的位移 …… 124
4.1.3 双层斜交层合板的应变能 … 126
4.1.4 总应变能的稳定条件 ……… 130
4.1.5 双层斜交层合板的微分方程的解 … 132
4.1.6 通过边界条件来确定积分常数 … 133
4.1.7 双层斜交层合板的等效杨氏模量 … 136
4.1.8 层间剪应力和界面剪应力 … 138
4.1.9 用离散层合板理论进行双层斜交层合板的受力分析 …………… 138
4.2 弯曲力矩作用下不考虑面外耦合变形的双层斜交带束层的 DLT ……… 140
4.2.1 基于 DLT 的位移 ………… 140
4.2.2 帘线和橡胶的应变能 …… 141
4.2.3 稳定条件和自然边界条件 … 145
4.2.4 双层斜交层合板的微分方程的解 … 148
4.2.5 采用离散层合板理论分析双层斜交层合板 ……………………… 150
4.3 利用离散有限元模型来分析无面外耦合变形的双层斜交层合板的受力 …… 150
问题 ……………………… 153
附录1 拉伸载荷下双层斜交带束层方程中的参数 ……………………… 153
附录2 承受弯矩作用下的双层斜交带束层的公式中的参数 ……………… 154
备注 ……………………… 154
参考文献 ……………………… 157

第5章 轮胎的轮廓形状理论 ……… 158
5.1 对轮胎轮廓形状的研究 …………… 158
5.2 基于网络模型的自然平衡轮廓理论 … 159
5.2.1 自然平衡轮廓理论的基本方程 … 159
5.2.2 呈现菱形变形的帘线路径的自然平衡轮廓 ……………………… 161
5.2.3 斜交轮胎的自然平衡轮廓理论 … 163
5.2.4 没有带束层的子午线轮胎的自然平衡轮廓理论 ……………………… 164
5.2.5 带有测地线特征的自然平衡轮廓

5.2.6　具有其他帘线轨迹的自然平衡轮廓理论 ……………………………… 166
5.2.7　离心力作用下的斜交轮胎的自然平衡轮廓 ……………………………… 168
5.3　胎体轮廓对轮胎性能的影响 …… 168
　5.3.1　胎体轮廓对帘线张力的影响 … 168
　5.3.2　胎体轮廓对胎圈张力的影响 … 168
　5.3.3　胎体轮廓对斜交胎层间剪应力的影响 ……………………………… 169
5.4　带束子午线轮胎的胎体自然平衡轮廓理论 ……………………………… 170
　5.4.1　具有均匀压力分担特性的带束子午线轮胎的基本方程 ………… 170
　5.4.2　带束子午线轮胎的胎体帘线长度 … 172
5.5　带束轮胎的一般形状理论 ……… 172
　5.5.1　带束轮胎自然平衡轮廓理论的一般方程 ………………………… 172
　5.5.2　胎冠和胎圈都具有压力分担的子午线轮胎的胎体轮廓 ………… 177
5.6　非自然平衡轮廓 ………………… 184
　5.6.1　非自然平衡轮廓理论在轿车轮胎设计中的应用 ………………… 184
　5.6.2　非自然平衡轮廓理论在货/客车轮胎上的应用 …………………… 187
5.7　胎体轮廓的大一统理论 ………… 189
　5.7.1　优化理论 ………………………… 189
　5.7.2　GUTT 理论的应用和验证 …… 190
问题 …………………………………… 194
附录　式（5.108）给出的带束层压力分担下的胎体轮廓方程 ……………… 194
备注 …………………………………… 195
参考文献 ……………………………… 197

第 6 章　轮胎的刚度特性 …………… 199
6.1　简单轮胎模型的刚度 …………… 199
　6.1.1　轮胎的刚度特性 ……………… 199
　6.1.2　径向基本弹簧刚度 …………… 201
　6.1.3　横向基本弹簧刚度 …………… 203
　6.1.4　周向基本弹簧刚度 …………… 204
　6.1.5　结构刚度和伸张刚度对垂直刚度的贡献 …………………………… 204
6.2　基于刚性环模型的轮胎刚度特性 … 205
　6.2.1　扭转刚度 ………………………… 205
　6.2.2　横向刚度 ………………………… 207
　6.2.3　刚性环模型的径向刚度 ……… 209
　6.2.4　面内旋转刚度 ………………… 209
　6.2.5　刚性环模型的纵向刚度 ……… 210
　6.2.6　基本刚度和轮胎刚度的测量方法 … 210
6.3　柔性环模型的轮胎刚度 ………… 212
　6.3.1　柔性环模型的横向刚度 ……… 212
　6.3.2　柔性环模型的扭转刚度 ……… 214
6.4　基于带束子午线轮胎自然平衡轮廓的基本刚度 ………………………… 216
　6.4.1　胎体轮廓理论 ………………… 216
　6.4.2　横向基本刚度 ………………… 217
　6.4.3　周向基本刚度 ………………… 221
　6.4.4　径向基本刚度 ………………… 228
6.5　Yamazaki 模型的修正 …………… 232
　6.5.1　Yamazaki 模型的修正理论 …… 232
　6.5.2　胎侧材料的弯曲和拉伸变形对基本刚度的贡献 ………………… 232
6.6　线弹簧刚度（包络刚度）……… 236
6.7　刚度的可视化 …………………… 236
问题 …………………………………… 236
备注 …………………………………… 237
参考文献 ……………………………… 238

第 7 章　胎面花纹的力学性能 ……… 239
7.1　胎面花纹块的剪切弹簧常数 …… 239
　7.1.1　解析方法的基本方程 ………… 239
　7.1.2　实际花纹的花纹块刚度计算 … 241
　7.1.3　计算结果和测量结果的对比 … 243
　7.1.4　花纹块刚度的有限元求解方法 … 244
7.2　绑定的橡胶块的压缩模量 ……… 245
　7.2.1　绑定的橡胶块的压缩模量研究 … 245
　7.2.2　二维矩形橡胶块 ……………… 245
　7.2.3　矩形橡胶块 …………………… 249
7.3　与路面接触的橡胶块的特性 …… 250
　7.3.1　承受压缩力的橡胶块特性 …… 250
　7.3.2　同时承受压力和剪切力的橡胶块特性 ……………………………… 256
7.4　干燥表面上摩擦系数对压力分布的依赖性 …………………………… 261
　7.4.1　Hertz 理论 ……………………… 261
　7.4.2　JKR 理论 ……………………… 264
　7.4.3　Archard 理论（多接触点理论）…… 264
　7.4.4　Greenwood 和 Williamson 理论（统计模型）…………………………… 267
　7.4.5　由局部滑移决定的摩擦系数的压力依赖性 …………………………… 269
7.5　橡胶块的压力分布和摩擦力 …… 269

7.5.1 理论和实验 ………………………… 269
7.5.2 使压力分布均匀化的橡胶块的
形状 ………………………………… 272
7.6 带有刀槽的橡胶块的接触性能 …… 277
7.6.1 非镶钉轮胎的研究 …………… 277
7.6.2 非镶钉轮胎胎面橡胶块的有限元
预测 ……………………………… 278
7.6.3 带有二维或者三维刀槽的橡胶块的测量
结果和有限元结果的对比 ……… 278
7.7 对块状花纹的其他性能的 FEA 研究 …… 281
7.7.1 提高径向尺寸不均匀性、减小小节距和
大节距花纹块的刚度差别 ……… 281
7.7.2 花纹对水滑性能和耐磨耗性能的
影响 ……………………………… 282
问题 …………………………………………… 283
备注 …………………………………………… 283
参考文献 ……………………………………… 283

第8章 轮胎的振动特性 …………………… 286
8.1 轮胎的振动特性分析 ……………… 286
8.1.1 自由充气轮胎的基本频率 …… 287
8.1.2 单点接触地面轮胎的固有频率 …… 289
8.1.3 基本频率的计算 ……………… 290
8.2 不带胎冠弹簧的弹性环模型 ……… 291
8.2.1 基本方程 ……………………… 291
8.2.2 计算结果和实验结果对比 …… 305
8.2.3 每个设计参数对固有频率的贡献
分析 ……………………………… 307
8.3 轮胎的频率响应函数 ……………… 308
8.3.1 混合模态坐标和物理坐标下的运动
方程 ……………………………… 308
8.3.2 轮胎轮辋系统的频率响应函数 …… 313
8.3.3 由两个频率响应函数决定的轮辋轴自由
条件下的传递函数 ……………… 320
8.4 轮胎越障模型（行驶平顺性）…… 320
8.4.1 包络特性 ……………………… 321
8.4.2 轮胎包络响应的振动模型 …… 326
附录1 轮胎模态形状的示例 ………… 335
附录2 式（8.154）的矩阵元素 …… 336
附录3 式（8.155）的矩阵元素 …… 337
备注 …………………………………………… 337
问题 …………………………………………… 344
参考文献 ……………………………………… 344

第9章 轮胎的接地特性 …………………… 347
9.1 轮胎接地性能的研究 ……………… 347
9.2 采用弹性环模型进行接触分析 …… 348

9.2.1 基本方程 ……………………… 348
9.2.2 采用弹性环模型进行轮胎的
接触分析 ………………………… 350
9.2.3 采用弹性环模型得到轮胎接触问题的
解和边界条件 …………………… 351
9.2.4 计算结果和实验结果的比较 …… 352
9.3 用弹性环模型展开的傅里叶级数来进行
接触分析 …………………………… 354
9.3.1 弹性环模型和靠近接地区的轮胎
变形模型 ………………………… 354
9.3.2 接触分析的控制方程 ………… 354
9.3.3 计算值和实验值的比较 ……… 358
9.4 可实现轮胎接地压力分布自由控制的轮胎
胎冠形状优化 ……………………… 359
9.4.1 胎冠形状优化步骤 …………… 359
9.4.2 乘用车轮胎的目标函数和约束 …… 360
9.4.3 对优化胎冠形状的验证 ……… 361
附录 式（9.58）的显式表达 ……… 364
备注 …………………………………………… 367
参考文献 ……………………………………… 369

第10章 轮胎的噪声 ……………………… 371
10.1 轮胎噪声研究的背景 …………… 371
10.2 轮胎噪声的分类 ………………… 372
10.3 轮胎/道路噪声的机理 …………… 373
10.3.1 轮胎/道路噪声的机理研究 … 373
10.3.2 轮胎受到的激励力 ………… 374
10.3.3 黏滑和黏着效应 …………… 376
10.3.4 路面粗糙度引起的轮胎激励力 …… 376
10.3.5 轮胎/道路噪声源 …………… 377
10.3.6 轮胎的传递函数 …………… 380
10.3.7 声场特性 …………………… 383
10.3.8 泵气噪声 …………………… 384
10.3.9 轮胎噪声与速度的关系 …… 385
10.3.10 轮胎不均匀引起的轮胎振动和轮胎
噪声 ……………………………… 385
10.4 通过花纹设计改善轮胎/道路噪声的
方法 ………………………………… 386
10.5 轮胎噪声模型 …………………… 388
10.6 车内噪声模型 …………………… 389
10.6.1 轮胎/轮辋/悬架模型 ……… 389
10.6.2 结构传播噪声和空气传播噪声对车
内噪声的贡献 …………………… 390
10.7 花纹节距噪声的唯象模型 ……… 392
10.7.1 节距噪声的频谱分析 ……… 392
10.7.2 魔术角理论（矩形印痕）…… 393

10.7.3	魔术角理论（六角形印痕） …… 396		备注 …………………………………………… 442		
10.7.4	魔术形状理论 ……………… 397		参考文献 ………………………………………… 445		
10.7.5	实际花纹的轮胎噪声预测与实测结果的比较 ……………… 399		**第11章 轮胎的侧偏特性** ……………… 451		
			11.1	用于侧偏特性的轮胎模型 ……………… 451	
10.7.6	轮胎花纹对轮胎噪声影响的其他研究 ……………… 400			11.1.1	用于纯侧偏工况的带有刷子模型的实心轮胎模型 ……… 454
10.8	轮胎花纹节距序列优化 ……………… 401			11.1.2	弦模型 ……………………… 457
10.8.1	花纹节距序列优化中的困难 …… 401			11.1.3	梁模型和 Fiala 模型 ……… 459
10.8.2	节距序列优化参数 ……………… 401			11.1.4	不同轮胎模型的力和力矩的比较 ……………………… 466
10.8.3	遗传算法 ………………………… 402		11.2	大侧偏角下的侧偏特性 ……………… 466	
10.8.4	有成长的遗传算法 ……………… 403			11.2.1	由侧向力导致的胎冠圆环横向变形 ……………………… 466
10.8.5	实验与讨论 ……………………… 405			11.2.2	由回正力矩导致的绕 z 轴的扭转变形 ………………… 467
10.8.6	利用心理声学参数表征轮胎声品质 …………………………… 408			11.2.3	橡胶的动摩擦系数随着滑动速度的变化 ………………… 467
10.9	管腔共振噪声 …………………… 409			11.2.4	接地压力分布的形状 ……… 467
10.9.1	管腔共振噪声及带有简单子谐振器的共振频率 ………………… 409			11.2.5	带有大侧偏角的轮胎侧偏特性模型 ……………………… 467
10.9.2	带有简单谐振器的轮胎噪声 …… 409		11.3	驱动/制动过程中小侧偏角下的侧偏特性 ……………………………… 469	
10.9.3	其他降低管腔共振噪声的技术 …… 410			11.3.1	基本方程 ………………… 469
10.10	轮胎空腔噪声 …………………… 411			11.3.2	计算举例 ………………… 473
10.10.1	空腔噪声特性 ………………… 411		11.4	驱动/制动过程中大侧偏角的侧偏特性 ……………………………… 475	
10.10.2	空腔噪声基本方程 …………… 412			11.4.1	摩擦圆模型 ……………… 475
10.10.3	改善轮胎空腔共振的方法 …… 416			11.4.2	Sakai 模型 ……………… 476
10.11	喇叭口效应 ……………………… 418		11.5	新 Fiala 模型 ……………………… 481	
10.11.1	喇叭口效应的研究综述 ……… 418			11.5.1	用于小侧偏角的新 Fiala 模型 …… 481
10.11.2	喇叭口效应的射线理论 ……… 419			11.5.2	新 Fiala 模型应用于复合滑移工况 ……………………… 484
10.11.3	射线理论与测量值的比较 …… 420		11.6	动态侧偏特性 ……………………… 489	
10.11.4	喇叭口效应的其他实验研究 …… 420			11.6.1	低速下的动态侧偏特性轮胎模型 ……………………… 489
10.12	作用于轮胎的外部激励力模型及轮胎与路面粗糙度的相互作用 …… 421			11.6.2	高速下轮胎的动态侧偏特性模型 ……………………… 493
10.12.1	路面粗糙度的表示 …………… 421			11.6.3	利用新 Fiala 模型来获得轮胎的动态侧偏特性 ………… 493
10.12.2	混合模型 ……………………… 422				
10.12.3	解析模型 ……………………… 424				
10.12.4	二维或三维有限元分析 ……… 425				
10.13	轮胎噪声预测 …………………… 425		11.7	热力学轮胎模型 …………………… 496	
10.13.1	利用轮胎振动解析模型和噪声辐射边界元法预测轮胎噪声的过程 …… 426		11.8	侧偏特性的有限元模型 …………… 497	
				11.8.1	轮胎的有限元模型 ………… 497
10.13.2	基于有限元分析和边界元法的轮胎噪声预测方法 …………………… 429			11.8.2	有限元技术在车辆/轮胎系统中的应用 ………………… 498
10.13.3	解析模型与 WFEM 的比较 …… 437				
10.13.4	统计能量法 …………………… 437				
10.13.5	混合模型：TRIAS 和 SPERoN … 437				
10.13.6	关于轮胎噪声的其他研究 …… 438				
10.13.7	轮胎滚动对固有频率的影响 …… 439				
问题 …………………………………………… 440			11.9	轮胎特性和车辆动力学 …………… 499	

11.9.1	轮胎的非线性侧偏特性对车辆转向性能的影响 ………… 499		研究 …………………………………… 571
		12.6.2	轮胎变形和土壤的剪切应力 …… 572
11.9.2	轮胎特性体系 …………………… 499	12.6.3	土壤的牵引性能 ………………… 573
11.9.3	车轮定位和车辆动力学 ………… 502	12.6.4	半经验理论的基本方程 ………… 573

问题 ………………………………………… 506
备注 ………………………………………… 506
参考文献 …………………………………… 514

第12章 轮胎的牵引性能 ……………… 517

12.1 轮胎在干路面和湿路面上的牵引性能 …………………………… 517
    12.1.1 驱动和制动状态下不考虑接地压力分布变化的轮胎牵引模型 …… 517
    12.1.2 包含驱动和制动状态接地压力分布变化的轮胎牵引模型 ……… 521
    12.1.3 驱动和制动工况下的瞬态轮胎模型 ………………………… 527
    12.1.4 ABS对轮胎制动性能的影响 …… 530
12.2 水滑现象 …………………………… 531
    12.2.1 水滑现象中的三区概念 ………… 531
    12.2.2 完全水滑的模型 ………………… 532
    12.2.3 部分水滑的模型 ………………… 533
    12.2.4 利用计算流体力学方法来预测水滑现象 ………………………… 539
12.3 雪地牵引性能 ……………………… 544
    12.3.1 宽泛路面条件下提高轮胎性能的困难 …………………………… 544
    12.3.2 雪地路面上轮胎的牵引性能模型 ………………………………… 544
    12.3.3 轮胎在雪地上的牵引性能的解析模型 …………………………… 544
    12.3.4 轮胎在雪地上的牵引性能的有限元仿真 ………………………… 548
12.4 冰面上的牵引性能 ………………… 551
    12.4.1 冰面摩擦的研究 ………………… 551
    12.4.2 冰面上轮胎牵引特性的研究 …… 552
    12.4.3 橡胶块在冰面上的摩擦系数 …… 554
    12.4.4 轮胎冰面摩擦系数的解析研究 …… 554
    12.4.5 轮胎在冰上的制动力和驱动力解析模型 …………………………… 563
    12.4.6 带有三维钢片的大变形橡胶块有限元仿真 ……………………… 570
12.5 轮胎在冰面和雪面上牵引性能的逻辑树 …………………………… 570
12.6 轮胎在土壤道路上的牵引性能 …… 571
    12.6.1 轮胎在土壤道路上的牵引性能

    12.6.5 轮胎在土壤上牵引的有限元研究 ………………………………… 578

备注 ………………………………………… 581
参考文献 …………………………………… 589

第13章 轮胎的滚动阻力 ……………… 594

13.1 轮胎的滚动阻力研究 ……………… 594
    13.1.1 轮胎的滚动阻力发展历程 ……… 594
    13.1.2 轮胎的能量损失 ………………… 595
    13.1.3 轮胎应变能损失的计算 ………… 596
    13.1.4 轮胎滚动阻力的模型 …………… 598
    13.1.5 胎冠橡胶能量损失的简单模型 …… 602
    13.1.6 变形指数 ………………………… 608
    13.1.7 转鼓曲率对轮胎滚动阻力的影响 ………………………………… 609
    13.1.8 路面纹理对滚动阻力的影响 …… 611
    13.1.9 轮胎滚动阻力的评价方法 ……… 611
13.2 侧偏过程和驱动/制动过程中的滚动阻力 …………………………… 612
    13.2.1 侧偏过程的滚动阻力 …………… 612
    13.2.2 稳态滚动中滚动阻力和纵向力的关系 …………………………… 614
13.3 瞬态滚动阻力 ……………………… 616
    13.3.1 瞬态滚动阻力概述 ……………… 616
    13.3.2 稳态滚动时轮胎的温度 ………… 617
    13.3.3 瞬态下的滚动阻力和轮胎温度 …… 617
    13.3.4 短时间内速度发生改变的瞬态滚动阻力 ………………………… 618
13.4 轮胎的滚动阻力和燃油经济性 …… 618
    13.4.1 滚动阻力和燃油经济性的关系 …… 618
    13.4.2 绿色轮胎的滚动阻力降低对燃油消耗的影响 ………………………… 625
    13.4.3 除降低轮胎滚动阻力外其他的提高燃油经济性的方法 …………… 627
13.5 滚动阻力的数值仿真 ……………… 627
    13.5.1 采用有限元方法来预测滚动阻力 ………………………………… 627
    13.5.2 用于预测滚动阻力的模型 ……… 628
    13.5.3 损失模量的非线性问题 ………… 629
13.6 降低滚动阻力的技术 ……………… 631
    13.6.1 滚动阻力的逻辑树 ……………… 631
    13.6.2 采用优化技术来降低滚动阻力 …… 632

13.6.3 轮胎的花纹对滚动阻力的影响 …… 637
13.6.4 充气压力对滚动阻力的影响 …… 638
13.6.5 其他可以用来降低滚动阻力的设计参数 …… 639
13.7 未来的轮胎 …… 639
13.7.1 从轮胎设计到移动设计 …… 639
13.7.2 下一代低滚动阻力轮胎的规格和尺寸 …… 640
问题 …… 641
备注 …… 643
参考文献 …… 648

第14章 轮胎的磨耗特性 …… 651
14.1 轮胎的磨耗 …… 651
  14.1.1 轮胎和橡胶的磨耗 …… 651
  14.1.2 磨耗能和胎冠磨耗 …… 652
  14.1.3 与轮胎磨耗有关的因素 …… 652
14.2 小侧偏角和小滑移率情况下的磨耗 …… 654
  14.2.1 侧偏过程中的摩擦能 …… 654
  14.2.2 纵向力作用下的摩擦能以及由纵向力和侧向力共同作用下的摩擦能 …… 657
  14.2.3 橡胶的滞后损失对摩擦能的影响 …… 658
14.3 均匀磨耗情况下的磨耗寿命 …… 660
  14.3.1 基本方程 …… 660
  14.3.2 计算值和实验值的比较 …… 661
14.4 复合材料力学和磨耗 …… 662
14.5 简单外力作用下的磨耗和不规则磨耗 …… 663
14.6 复合滑移中的磨耗 …… 665
  14.6.1 复合滑移的摩擦能模型 …… 665
  14.6.2 复合滑移下的摩擦能计算 …… 667
14.7 刷子模型在磨耗理论中的扩展 …… 668
  14.7.1 在滑移区的横向滑移模型 …… 668
  14.7.2 单个单元模型 …… 669
  14.7.3 3个单元的模型 …… 670
  14.7.4 计算值和测量值的对比 …… 671
14.8 不规则磨耗的发展 …… 672
  14.8.1 阶梯状磨耗和河堤状磨耗 …… 672
  14.8.2 双胎磨耗模型（周向力作用在自由滚动的双胎上）…… 673
  14.8.3 阶梯状磨耗的发展模型 …… 674
14.9 车辆四轮定位参数对轮胎磨耗的影响 …… 682
  14.9.1 车辆模型中轮胎的外部力 …… 682
  14.9.2 优化前束角以提高轮胎磨耗性能 …… 684
  14.9.3 计算结果和测量结果的比较 …… 685
14.10 对角线磨耗和多边磨耗 …… 687
  14.10.1 轮胎的对角线磨耗和多边形磨耗现象 …… 687
  14.10.2 多边形磨耗的模型 …… 688
  14.10.3 货车/客车轮胎的多边形磨耗的计算和测量结果对比 …… 690
14.11 室内磨耗评价 …… 691
  14.11.1 室内磨耗评价的方法 …… 691
  14.11.2 室内磨耗实验的基本步骤 …… 692
  14.11.3 施加在轮胎上的外部力表征 …… 692
  14.11.4 室内转鼓磨耗实验 …… 697
  14.11.5 摩擦能试验机 …… 698
  14.11.6 采用FEA方法进行磨耗预测 …… 700
  14.11.7 耐磨性 …… 704
14.12 提高耐磨耗性能和不规则磨耗性能的方法 …… 708
  14.12.1 接地压力分布和不规则磨耗 …… 708
  14.12.2 用于吸收导致不规则磨耗的制动力的花纹条（即制动控制花纹条）…… 709
  14.12.3 用于抵抗侧向力的防护沟 …… 709
  14.12.4 三维圆顶形花纹块 …… 710
  14.12.5 橡胶块的表面形状 …… 711
  14.12.6 三维刀槽 …… 711
  14.12.7 波浪形带束层结构 …… 711
  14.12.8 其他提高磨耗性能的方法 …… 712
问题 …… 712
备注 …… 712
参考文献 …… 720

第15章 轮胎驻波 …… 723
15.1 轮胎驻波的研究 …… 723
15.2 驻波的简单解释 …… 725
15.3 斜交轮胎中驻波的一维模型 …… 726
  15.3.1 薄膜理论 …… 726
  15.3.2 考虑向心力影响的驻波临界速度 …… 731
  15.3.3 驻波的能量消耗 …… 731
  15.3.4 计算与实验的比较 …… 731
15.4 子午线轮胎驻波的一维模型（即弹性基础上有张力的梁）…… 733
  15.4.1 波传播方法 …… 733
  15.4.2 共振法 …… 735
15.5 基于FEA的轮胎驻波预测 …… 737
备注 …… 738
参考文献 …… 738

第16章 轮胎的摇摆和车辆跑偏 …… 740
16.1 由车辙导致的摇摆 …… 740
16.1.1 由车辙导致的摇摆现象 …… 740
16.1.2 基于轮胎力学的车辙摇摆理论 …… 741
16.1.3 基于车辆动力学的车辙摇摆理论 …… 743
16.2 雨水沟槽摇摆现象 …… 746
16.2.1 对雨水沟槽摇摆的研究 …… 746
16.2.2 带有纵沟的轮胎在雨水沟槽上的摇摆理论 …… 746
16.2.3 应用于实际轮胎花纹的雨水沟槽摇摆现象的解析理论 …… 748
16.2.4 用 FEA 技术研究雨水沟槽摇摆现象 …… 753
16.3 车辆跑偏 …… 753
16.3.1 小侧偏角下轮胎的力和力矩 …… 754
16.3.2 车辆跑偏和轮胎力学 …… 759
16.3.3 机械拖距对车辆跑偏的影响 …… 766

参考文献 …… 767

问题答案 …… 769

第 1 章　单向纤维增强橡胶复合材料

轮胎作为汽车的部件之一，之所以能够同时实现诸多的重要功能的秘密就在于它是由多种复合材料制成的复合结构。单向纤维增强橡胶复合材料（UFRR）就是轮胎上所使用的主要复合材料之一。UFRR 的弹性和黏弹性是定义在复合材料的主方向上的，也就是定义在纤维帘线方向以及垂直于纤维帘线方向上的。将 UFRR 主方向上的材料特性乘以一个坐标旋转矩阵，可以计算得到 UFRR 在任意方向上的力学特性。因为 UFRR 对于所施加的外力有非线性特性，所以当 UFRR 应用在轮胎的带束层上时，其角度和宽度需要在轮胎的设计过程中仔细考虑确定。

1.1　轮胎上所用的复合材料

轮胎是汽车上的一个部件，但它是一个非常特殊的部件，它与汽车的很多性能有关。轮胎的 4 个基本功能包括：①支撑汽车的重量载荷（承载功能）；②向路面传递制动力和驱动力（牵引和制动功能）；③改变或保持行驶方向（操纵性能和稳定性能）；④吸收路面振动（乘坐舒适性）。与全球环境问题有关的社会需求的变化导致了轮胎的 4 个基本功能的范式变化。为了应对全球气候变暖、原材料的可持续发展挑战以及日常生活中的环境问题，人们对轮胎功能的要求，已经从上面所述的 4 个基本功能转向了更加看重滚动阻力、磨耗和轮胎道路噪声。

轮胎作为汽车的部件之一，之所以能够同时实现那么多的功能，只能用它的复合材料结构来进行解释。轮胎的复合材料结构和复合材料如图 1.1 所示。拿图 1.1 所示的乘用车轮胎来说，它的胎冠和胎侧就使用了纤维增强橡胶复合材料（FRR），也就是用纤维帘线增强后的橡胶复合材料。胎冠是用钢丝帘线增强的橡胶复合材料，它在工作过程中与路面相接触。而胎侧是用纤维帘线和橡胶的复合材料制成的。更进一步地说，橡胶本身从微观上说也是一种颗粒增强的复合材料，它是由高分子聚合物、硫黄和炭黑（或白炭黑）等组成的。

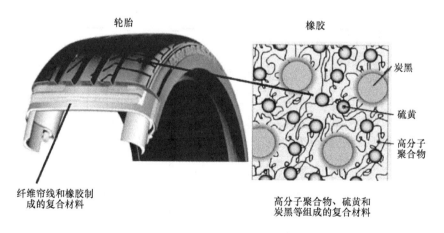

图 1.1　轮胎的复合材料结构和复合材料

纤维增强橡胶复合材料（FRR）也可以用来制造柔韧性产品，例如传送带和胶管。图 1.2 给出了纤维增强橡胶复合材料和其他材料的力学特性的对比。构成 FRR 的增强材料的杨氏模量是橡胶的 100 多倍，而纤维增强塑料复合材料（FRP）中的增强材料的杨氏模量是塑料的 10 倍以上。增强材料和基体材料的杨氏模量的不同是造成橡胶复合材料各向异性的原因，但在FRP中各向异性却不存在[1]。橡胶/塑料分散材料，例如热塑性弹性体橡胶的颗粒，也归类为FRR。

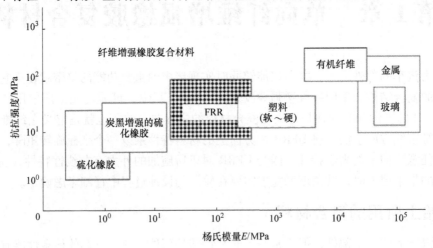

图1.2　FRR和其他材料的力学特性的对比

1.2　应力/应变关系

假设三维均质各向异性复合材料不具有弹性对称性，并且用带有X、Y、Z轴的笛卡儿坐标系来描述，其应力向量$\{\sigma\}$和应变向量$\{\varepsilon\}$之间的关系可以用下式表示：

$$\begin{Bmatrix}\sigma_{xx}\\\sigma_{yy}\\\sigma_{zz}\\\tau_{yz}\\\tau_{zx}\\\tau_{xy}\end{Bmatrix}=\begin{bmatrix}E_{11}&E_{12}&E_{13}&E_{14}&E_{15}&E_{16}\\E_{21}&E_{22}&E_{23}&E_{24}&E_{25}&E_{26}\\E_{31}&E_{32}&E_{33}&E_{34}&E_{35}&E_{36}\\E_{41}&E_{42}&E_{43}&E_{44}&E_{45}&E_{46}\\E_{51}&E_{52}&E_{53}&E_{54}&E_{55}&E_{56}\\E_{61}&E_{62}&E_{63}&E_{64}&E_{65}&E_{66}\end{bmatrix}\begin{Bmatrix}\varepsilon_{xx}\\\varepsilon_{yy}\\\varepsilon_{zz}\\\gamma_{yz}\\\gamma_{zx}\\\gamma_{xy}\end{Bmatrix} \qquad (1.1)$$

式（1.1）中的36个弹性常数E_{ij}满足对称性关系：

$$E_{ij}=E_{ji}(i,j=1,2,\cdots,6) \qquad (1.2)$$

因此，在式（1.1）中共有21个独立弹性常数，也可以写为下式：

$$\begin{Bmatrix}\sigma_{xx}\\\sigma_{yy}\\\sigma_{zz}\\\tau_{yz}\\\tau_{zx}\\\tau_{xy}\end{Bmatrix}=\begin{bmatrix}E_{11}&E_{12}&E_{13}&E_{14}&E_{15}&E_{16}\\E_{12}&E_{22}&E_{23}&E_{24}&E_{25}&E_{26}\\E_{13}&E_{23}&E_{33}&E_{34}&E_{35}&E_{36}\\E_{14}&E_{24}&E_{34}&E_{44}&E_{45}&E_{46}\\E_{15}&E_{25}&E_{35}&E_{45}&E_{55}&E_{56}\\E_{16}&E_{26}&E_{36}&E_{46}&E_{56}&E_{66}\end{bmatrix}\begin{Bmatrix}\varepsilon_{xx}\\\varepsilon_{yy}\\\varepsilon_{zz}\\\gamma_{yz}\\\gamma_{zx}\\\gamma_{xy}\end{Bmatrix} \qquad (1.3)$$

应力σ_{xx}、σ_{yy}和σ_{zz}的符号规则是拉伸应力为正，压缩应力为负。应力σ_{ij}和τ_{ij}中的第一个下标代表力的作用面，第二个下标代表应力的方向。例如，面z代表该面存在于由(x,y)所定义的平面内，并且与z轴垂直。剪应力τ_{xy}、τ_{yz}和τ_{zx}的符号规则是以其所产生的力矩的方向来定义的，如果该剪应力产生的力矩相对于单元的中心是逆时针方向的，则它就是正值，否则是负值。

工业上所用的材料通常都有一个弹性对称轴。例如，单向纤维增强层合板拥有相对于帘线轴的对称轴，具有偏置角的层合板相对于偏置角的等分线具有180°的旋转对称性。假设当 x 方向和 y 方向的性能与 z 方向的性能相同，坐标系统绕 z 轴旋转180°后用 x'、y' 和 z' 表示，如图1.3所示，此时应力和应变的符号变化规则如下：

$$\begin{aligned} \gamma_{yz} &= -\gamma_{y'z'} \\ \gamma_{zx} &= -\gamma_{z'x'} \\ \tau_{yz} &= -\tau_{y'z'} \\ \tau_{zx} &= -\tau_{z'x'} \end{aligned} \tag{1.4}$$

将式（1.4）代入到式（1.3）中，可以得到：

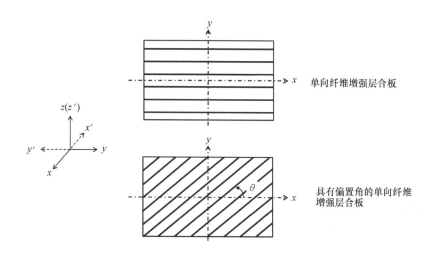

图1.3 具有180°旋转对称性的复合材料

$$\begin{pmatrix} \sigma_{xx} \\ \sigma_{yy} \\ \sigma_{zz} \\ \tau_{yz} \\ \tau_{zx} \\ \tau_{xy} \end{pmatrix} = \begin{pmatrix} E_{11} & E_{12} & E_{13} & 0 & 0 & E_{16} \\ E_{12} & E_{22} & E_{23} & 0 & 0 & E_{26} \\ E_{13} & E_{23} & E_{33} & 0 & 0 & E_{36} \\ 0 & 0 & 0 & E_{44} & E_{45} & 0 \\ 0 & 0 & 0 & E_{45} & E_{55} & 0 \\ E_{16} & E_{26} & E_{36} & 0 & 0 & E_{66} \end{pmatrix} \begin{pmatrix} \varepsilon_{xx} \\ \varepsilon_{yy} \\ \varepsilon_{zz} \\ \gamma_{yz} \\ \gamma_{zx} \\ \gamma_{xy} \end{pmatrix} \tag{1.5}$$

用式（1.5）所表示的材料称为单斜材料，它有13个弹性常数。更进一步说，当材料不仅相对于 z 轴，而且相对于 y 轴或 x 轴也满足180°旋转对称条件时，式（1.5）可以重新写为

$$\begin{pmatrix} \sigma_{xx} \\ \sigma_{yy} \\ \sigma_{zz} \\ \tau_{yz} \\ \tau_{zx} \\ \tau_{xy} \end{pmatrix} = \begin{pmatrix} E_{11} & E_{12} & E_{13} & 0 & 0 & 0 \\ E_{12} & E_{22} & E_{23} & 0 & 0 & 0 \\ E_{13} & E_{23} & E_{33} & 0 & 0 & 0 \\ 0 & 0 & 0 & E_{44} & 0 & 0 \\ 0 & 0 & 0 & 0 & E_{55} & 0 \\ 0 & 0 & 0 & 0 & 0 & E_{66} \end{pmatrix} \begin{pmatrix} \varepsilon_{xx} \\ \varepsilon_{yy} \\ \varepsilon_{zz} \\ \gamma_{yz} \\ \gamma_{zx} \\ \gamma_{xy} \end{pmatrix} \tag{1.6}$$

用式（1.6）所表示的材料称为正交各向异性材料，它有9个弹性常数。更进一步地说，如果材料属性在与 z 轴垂直的 (x, y) 平面内相同，则式（1.6）可以简写为

$$\left\{\begin{array}{c}\sigma_{xx}\\ \sigma_{yy}\\ \sigma_{zz}\\ \tau_{yz}\\ \tau_{zx}\\ \tau_{xy}\end{array}\right\}=\left[\begin{array}{cccccc}E_{11}&E_{12}&E_{13}&0&0&0\\ E_{12}&E_{11}&E_{13}&0&0&0\\ E_{13}&E_{13}&E_{33}&0&0&0\\ 0&0&0&E_{44}&0&0\\ 0&0&0&0&E_{44}&0\\ 0&0&0&0&0&\dfrac{E_{11}-E_{12}}{2}\end{array}\right]\left\{\begin{array}{c}\varepsilon_{xx}\\ \varepsilon_{yy}\\ \varepsilon_{zz}\\ \gamma_{yz}\\ \gamma_{zx}\\ \gamma_{xy}\end{array}\right\} \quad (1.7)$$

用式（1.7）[⊖]表示的材料称为横观各向同性材料，它有 5 个弹性常数。最后，如果在所有方向上材料属性均相同，则式（1.7）可重新写为

$$\left\{\begin{array}{c}\sigma_{xx}\\ \sigma_{yy}\\ \sigma_{zz}\\ \tau_{yz}\\ \tau_{zx}\\ \tau_{xy}\end{array}\right\}=\left[\begin{array}{cccccc}E_{11}&E_{12}&E_{12}&0&0&0\\ E_{12}&E_{11}&E_{12}&0&0&0\\ E_{12}&E_{12}&E_{11}&0&0&0\\ 0&0&0&\dfrac{E_{11}-E_{12}}{2}&0&0\\ 0&0&0&0&\dfrac{E_{11}-E_{12}}{2}&0\\ 0&0&0&0&0&\dfrac{E_{11}-E_{12}}{2}\end{array}\right]\left\{\begin{array}{c}\varepsilon_{xx}\\ \varepsilon_{yy}\\ \varepsilon_{zz}\\ \gamma_{yz}\\ \gamma_{zx}\\ \gamma_{xy}\end{array}\right\} \quad (1.8)$$

用式（1.8）表示的材料称为各向同性材料，它有 2 个常数。采用杨氏模量 E 和泊松比 ν，式（1.8）可以重新写为

$$\left\{\begin{array}{c}\sigma_{xx}\\ \sigma_{yy}\\ \sigma_{zz}\\ \tau_{yz}\\ \tau_{zx}\\ \tau_{xy}\end{array}\right\}=\dfrac{E}{(1+\nu)(1-2\nu)}\left[\begin{array}{cccccc}1-\nu&\nu&\nu&0&0&0\\ \nu&1-\nu&\nu&0&0&0\\ \nu&\nu&1-\nu&0&0&0\\ 0&0&0&\dfrac{1-2\nu}{2}&0&0\\ 0&0&0&0&\dfrac{1-2\nu}{2}&0\\ 0&0&0&0&0&\dfrac{1-2\nu}{2}\end{array}\right]\left\{\begin{array}{c}\varepsilon_{xx}\\ \varepsilon_{yy}\\ \varepsilon_{zz}\\ \gamma_{yz}\\ \gamma_{zx}\\ \gamma_{xy}\end{array}\right\} \quad (1.9)$$

当外力作用在薄壁结构的表面上时，它可以看作是一个平面应力问题，下式成立：

$$\sigma_{zz}=\tau_{yz}=\tau_{zx}=0 \quad (1.10)$$

将式（1.10）代入到式（1.9）可以得到：

$$\left\{\begin{array}{c}\sigma_{xx}\\ \sigma_{yy}\\ \tau_{xy}\end{array}\right\}=\dfrac{E}{1-\nu^2}\left[\begin{array}{ccc}1&\nu&0\\ \nu&1&0\\ 0&0&\dfrac{1-\nu}{2}\end{array}\right]\left\{\begin{array}{c}\varepsilon_{xx}\\ \varepsilon_{yy}\\ \gamma_{xy}\end{array}\right\} \quad (1.11)$$

同时，当外力作用在厚壁结构上时，它变成一个平面应变问题，下式成立：

$$\varepsilon_{zz}=\gamma_{yz}=\gamma_{zx}=0 \quad (1.12)$$

将式（1.12）代入到式（1.9）可以得到：

⊖ 问题1.1。

$$\begin{Bmatrix}\sigma_{xx}\\ \sigma_{yy}\\ \tau_{xy}\end{Bmatrix}=\frac{E}{(1+\nu)(1-2\nu)}\begin{bmatrix}1-\nu & \nu & 0\\ \nu & 1-\nu & 0\\ 0 & 0 & \dfrac{1-2\nu}{2}\end{bmatrix}\begin{Bmatrix}\varepsilon_{xx}\\ \varepsilon_{yy}\\ \gamma_{xy}\end{Bmatrix} \tag{1.13}$$

$$\sigma_{zz}=\frac{E}{(1+\nu)(1-2\nu)}(\varepsilon_{xx}+\varepsilon_{yy})$$

橡胶的一个特有性能是它在承受外力作用时体积几乎不变。这种特性称为不可压缩性，其泊松比 $\nu\cong 0.5$⊖。因为不能将 $\nu=0.5$ 代入到式（1.9）和式（1.13）中，所以人们在将橡胶看作是线弹性材料来分析时一般取 $\nu=0.49$。

1.3　复合材料的力学性能

1.3.1　平面应力

对于一个复合材料来说，我们采用图 1.4 所示的坐标系统。L 和 T 分别代表纤维的方向和与纤维相垂直的方向。当 L 轴从 x 轴逆时针旋转 θ 角时，定义它的符号是正的。当它所受的应力为平面应力时，图 1.4 中的两个坐标系下的应力关系可以用下式表示：

$$\begin{Bmatrix}\sigma_{xx}\\ \sigma_{yy}\\ \tau_{xy}\end{Bmatrix}=\begin{bmatrix}\cos^2\theta & \sin^2\theta & -\sin2\theta\\ \sin^2\theta & \cos^2\theta & \sin2\theta\\ (\sin2\theta)/2 & -(\sin2\theta)/2 & \cos2\theta\end{bmatrix}\begin{Bmatrix}\sigma_L\\ \sigma_T\\ \tau_{LT}\end{Bmatrix}$$

$$\begin{Bmatrix}\sigma_L\\ \sigma_T\\ \tau_{LT}\end{Bmatrix}=\begin{bmatrix}\cos^2\theta & \sin^2\theta & \sin2\theta\\ \sin^2\theta & \cos^2\theta & -\sin2\theta\\ -(\sin2\theta)/2 & (\sin2\theta)/2 & \cos2\theta\end{bmatrix}\begin{Bmatrix}\sigma_{xx}\\ \sigma_{yy}\\ \tau_{xy}\end{Bmatrix} \tag{1.14}$$

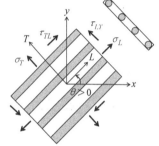

图 1.4　复合材料的坐标变换

1.3.2　两种坐标系下的应变变换

如图 1.5 所示，位移向量 $\overrightarrow{OP}$ 在 x 和 y 坐标系下用（u，v）来表示，而在 x' 和 y' 坐标系下用（u'，v'）来表示。两个坐标系下的位移具有如下关系：

$$\begin{aligned}u'&=u\cos\theta+v\sin\theta\\ v'&=-u\sin\theta+v\cos\theta\end{aligned} \tag{1.15}$$

图 1.5　应变的坐标变换

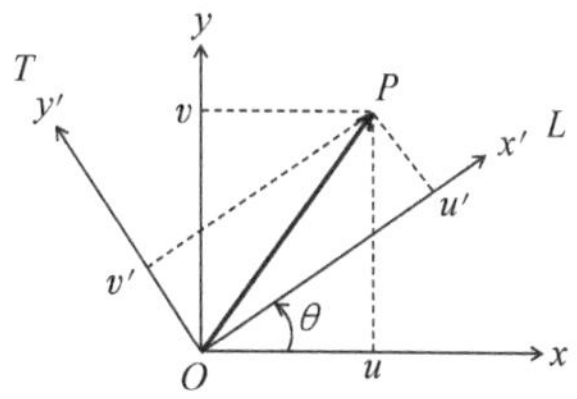

应变在 x' 和 y' 坐标系下用下式表示：

$$\begin{aligned}\varepsilon_L&=\frac{\partial u'}{\partial x'}\\ \varepsilon_T&=\frac{\partial v'}{\partial y'}\\ \gamma_{LT}&=\frac{\partial u'}{\partial y'}+\frac{\partial v'}{\partial x'}\end{aligned} \tag{1.16}$$

其中的 x' 和 y' 分别对应于 L 和 T 轴。（x，y）和（x'，y'）之间的旋转关系可以表示如下：

$$\begin{Bmatrix}x'\\ y'\end{Bmatrix}=\begin{bmatrix}m & n\\ -n & m\end{bmatrix}\begin{Bmatrix}x\\ y\end{Bmatrix}$$

$$\begin{Bmatrix}x\\ y\end{Bmatrix}=\begin{bmatrix}m & -n\\ n & m\end{bmatrix}\begin{Bmatrix}x'\\ y'\end{Bmatrix} \tag{1.17}$$

⊖　备注 1.1。

式中，
$$m = \cos\theta \quad (1.18)$$
$$n = \sin\theta$$

作用在复合材料上的应变 $\{\varepsilon_L, \varepsilon_T, \gamma_{LT}\}^T$ 可以通过下式转换成 x 和 y 坐标系下的 $\{\varepsilon_{xx}, \varepsilon_{yy}, \gamma_{xy}\}^T$。

$$\begin{Bmatrix} \varepsilon_{xx} \\ \varepsilon_{yy} \\ \gamma_{xy} \end{Bmatrix} = \begin{bmatrix} \cos^2\theta & \sin^2\theta & -(\sin2\theta)/2 \\ \sin^2\theta & \cos^2\theta & (\sin2\theta)/2 \\ \sin2\theta & -\sin2\theta & \cos2\theta \end{bmatrix} \begin{Bmatrix} \varepsilon_L \\ \varepsilon_T \\ \gamma_{LT} \end{Bmatrix} \quad (1.19)$$

也可以用张量符号表示为

$$\begin{Bmatrix} \varepsilon_{xx} \\ \varepsilon_{yy} \\ \gamma_{xy}/2 \end{Bmatrix} = \begin{bmatrix} \cos^2\theta & \sin^2\theta & -\sin2\theta \\ \sin^2\theta & \cos^2\theta & \sin2\theta \\ (\sin2\theta)/2 & -(\sin2\theta)/2 & \cos2\theta \end{bmatrix} \begin{Bmatrix} \varepsilon_L \\ \varepsilon_T \\ \gamma_{LT}/2 \end{Bmatrix} \quad (1.20)$$

假设在不同的坐标系下的应力和应变向量可以表示为

$$\{\overline{\boldsymbol{\sigma}_x}\} = \begin{Bmatrix} \sigma_{xx} \\ \sigma_{yy} \\ \tau_{xy} \end{Bmatrix}$$

$$\{\overline{\boldsymbol{\sigma}_L}\} = \begin{Bmatrix} \sigma_L \\ \sigma_T \\ \tau_{LT} \end{Bmatrix}$$

$$\{\overline{\boldsymbol{\varepsilon}_x}\} = \begin{Bmatrix} \varepsilon_{xx} \\ \varepsilon_{yy} \\ \gamma_{xy} \end{Bmatrix} \quad (1.21)$$

$$\{\overline{\boldsymbol{\varepsilon}_L}\} = \begin{Bmatrix} \varepsilon_L \\ \varepsilon_T \\ \gamma_{LT} \end{Bmatrix}$$

$$\{\overline{\overline{\boldsymbol{\varepsilon}_x}}\} = \begin{Bmatrix} \varepsilon_{xx} \\ \varepsilon_{yy} \\ \gamma_{xy}/2 \end{Bmatrix}$$

$$\{\overline{\overline{\boldsymbol{\varepsilon}_L}}\} = \begin{Bmatrix} \varepsilon_L \\ \varepsilon_T \\ \gamma_{LT}/2 \end{Bmatrix}$$

引入转换矩阵 $[T]$，应力和应变向量可以用相同的转换矩阵表示为

$$\{\overline{\boldsymbol{\sigma}_x}\} = [T]^{-1}\{\overline{\boldsymbol{\sigma}_L}\} \quad (1.22)$$
$$\{\overline{\overline{\boldsymbol{\varepsilon}_x}}\} = [T]^{-1}\{\overline{\overline{\boldsymbol{\varepsilon}_L}}\}$$

其中转换矩阵 $[T]$ 及其逆矩阵 $[T]^{-1}$ 的表达式为

$$[\boldsymbol{T}] = \begin{bmatrix} \cos^2\theta & \sin^2\theta & \sin 2\theta \\ \sin^2\theta & \cos^2\theta & -\sin 2\theta \\ -(\sin 2\theta)/2 & (\sin 2\theta)/2 & \cos 2\theta \end{bmatrix}$$

$$[\boldsymbol{T}]^{-1} = \begin{bmatrix} \cos^2\theta & \sin^2\theta & -\sin 2\theta \\ \sin^2\theta & \cos^2\theta & \sin 2\theta \\ (\sin 2\theta)/2 & -(\sin 2\theta)/2 & \cos 2\theta \end{bmatrix} \tag{1.23}$$

1.3.3 本构方程（胡克定律）

正交各向异性板的本构方程，例如 FRR 板，可以表示为

$$\begin{Bmatrix} \varepsilon_L \\ \varepsilon_T \\ \gamma_{LT} \end{Bmatrix} = \begin{bmatrix} 1/E_L & -\nu_T/E_T & 0 \\ -\nu_L/E_L & 1/E_T & 0 \\ 0 & 0 & 1/G_{LT} \end{bmatrix} \begin{Bmatrix} \sigma_L \\ \sigma_T \\ \tau_{LT} \end{Bmatrix} \tag{1.24}$$

式中，E_L 和 ν_L 分别是纤维方向的杨氏模量和泊松比；E_T 和 ν_T 分别是与纤维相垂直的方向上的杨氏模量和泊松比。

Maxwell – Betti 互易定理要求下式成立：

$$\nu_T = \nu_L E_T/E_L \tag{1.25}$$

因此对于正交各向异性板来说有 4 个独立常数。特别地，当 $E_L = E_T$ 和 $\nu_L = \nu_T$ 成立时，这样的材料称为正方系材料，当 $E_L \neq E_T$ 和 $\nu_L \neq \nu_T$ 成立时，这样的材料称为斜方系材料。

式（1.24）可以简写为

$$\{\bar{\boldsymbol{\varepsilon}}_L\} = [\boldsymbol{C_0}]\{\bar{\boldsymbol{\sigma}}_L\}$$

$$[\boldsymbol{C_0}] = \begin{bmatrix} S_{11} & S_{12} & 0 \\ S_{12} & S_{22} & 0 \\ 0 & 0 & S_{66} \end{bmatrix} \tag{1.26}$$

式中，$[\boldsymbol{C_0}]$ 是柔度矩阵，可以表示为

$$[\boldsymbol{C_0}] = \begin{bmatrix} S_{11} & S_{12} & 0 \\ S_{12} & S_{22} & 0 \\ 0 & 0 & S_{66} \end{bmatrix} \equiv \begin{bmatrix} 1/E_L & -\nu_T/E_T & 0 \\ -\nu_L/E_L & 1/E_T & 0 \\ 0 & 0 & 1/G_{LT} \end{bmatrix} \tag{1.27}$$

将式（1.26）的第一式的两边分别乘以柔度矩阵 $[\boldsymbol{C_0}]$ 的逆矩阵，可以得到：

$$\{\bar{\boldsymbol{\sigma}}_L\} = [\boldsymbol{C_0}]^{-1}\{\bar{\boldsymbol{\varepsilon}}_L\} \tag{1.28}$$

式（1.28）可以简明地表示为

$$\begin{Bmatrix} \sigma_L \\ \sigma_T \\ \tau_{LT} \end{Bmatrix} = \begin{bmatrix} E_L/(1-\nu_L\nu_T) & \nu_L E_T/(1-\nu_L\nu_T) & 0 \\ \nu_L E_T/(1-\nu_L\nu_T) & E_T/(1-\nu_L\nu_T) & 0 \\ 0 & 0 & G_{LT} \end{bmatrix} \begin{Bmatrix} \varepsilon_L \\ \varepsilon_T \\ \gamma_{LT} \end{Bmatrix}$$

$$\equiv \begin{bmatrix} Q_{11} & Q_{12} & 0 \\ Q_{12} & Q_{22} & 0 \\ 0 & 0 & Q_{66} \end{bmatrix} \begin{Bmatrix} \varepsilon_L \\ \varepsilon_T \\ \gamma_{LT} \end{Bmatrix} \tag{1.29}$$

这里引入一个新的转换矩阵：

$$\begin{Bmatrix} \varepsilon_L \\ \varepsilon_T \\ \gamma_{LT} \end{Bmatrix} = \begin{bmatrix} 1 & 0 & 0 \\ 0 & 1 & 0 \\ 0 & 0 & 2 \end{bmatrix} \begin{Bmatrix} \varepsilon_L \\ \varepsilon_T \\ \gamma_{LT}/2 \end{Bmatrix} \tag{1.30}$$

式 (1.30) 可以简单地表达为

$$\{\bar{\varepsilon}_L\} = [R]\{\bar{\bar{\varepsilon}}_L\} \tag{1.31}$$

式中，$[R]$ 是

$$[R] = \begin{bmatrix} 1 & 0 & 0 \\ 0 & 1 & 0 \\ 0 & 0 & 2 \end{bmatrix} \tag{1.32}$$

采用式 (1.22)、式 (1.27) 和式 (1.31)，在 x 和 y 坐标系下胡克定律可以表示为

$$\begin{aligned} \{\bar{\varepsilon}_x\} &= [R]\{\bar{\bar{\varepsilon}}_x\} = [R][T]^{-1}\{\bar{\bar{\varepsilon}}_L\} = [R][T]^{-1}[R]^{-1}\{\bar{\varepsilon}_L\} \\ &= [R][T]^{-1}[R]^{-1}[C_0]\{\bar{\sigma}_L\} = [R][T]^{-1}[R]^{-1}[C_0][T]\{\bar{\sigma}_x\} \end{aligned} \tag{1.33}$$

利用如下关系：

$$[R][T]^{-1}[R]^{-1} = [T]^T \tag{1.34}$$

式 (1.33) 中的矩阵 $[C]$ 可以表示为

$$[C] = [T]^T[C_0][T] \tag{1.35}$$

式中，上标 T 是对矩阵进行转置；$[C]$ 是柔度矩阵，表示为

$$[C] = \begin{bmatrix} C_{xx} & C_{xy} & C_{xs} \\ C_{yx} & C_{yy} & C_{ys} \\ C_{sx} & C_{sy} & C_{ss} \end{bmatrix} \tag{1.36}$$

在 x 和 y 坐标系下矩阵 $[C]$ 的元素为 $C_{ij}(i, j = x, y, s)$。
利用式 (1.27) 和式 (1.35)，C_{ij} 表示为

$$\begin{aligned} C_{xx} &= S_{11}\cos^4\theta + (2S_{12} + S_{66})\sin^2\theta\cos^2\theta + S_{22}\sin^4\theta \\ C_{yy} &= S_{11}\sin^4\theta + (2S_{12} + S_{66})\sin^2\theta\cos^2\theta + S_{22}\cos^4\theta \\ C_{ss} &= 2(2S_{11} + 2S_{22} - 4S_{12} - S_{66})\sin^2\theta\cos^2\theta + S_{66}(\sin^4\theta + \cos^4\theta) \\ C_{xy} &= C_{yx} = (S_{11} + S_{22} - S_{66})\sin^2\theta\cos^2\theta + S_{12}(\sin^4\theta + \cos^4\theta) \\ C_{xs} &= C_{sx} = (2S_{11} - 2S_{12} - S_{66})\sin\theta\cos^3\theta - (2S_{22} - 2S_{12} - S_{66})\sin^3\theta\cos\theta \\ C_{ys} &= C_{sy} = (2S_{11} - 2S_{12} - S_{66})\sin^3\theta\cos\theta - (2S_{22} - 2S_{12} - S_{66})\sin\theta\cos^3\theta \end{aligned} \tag{1.37}$$

C_{ij} 还可以用正交各向异性材料主轴上的弹性常数 E_L、E_T、ν_L 和 G_{LT} 表示[⊖]。

$$\begin{aligned} C_{xx} &= \frac{\cos^4\theta}{E_L} + \frac{\sin^4\theta}{E_T} + \left(\frac{1}{G_{LT}} - \frac{2\nu_L}{E_L}\right)\sin^2\theta\cos^2\theta \\ C_{yy} &= \frac{\sin^4\theta}{E_L} + \frac{\cos^4\theta}{E_T} + \left(\frac{1}{G_{LT}} - \frac{2\nu_L}{E_L}\right)\sin^2\theta\cos^2\theta \\ C_{ss} &= \left(\frac{1}{E_L} + \frac{1}{E_T} + \frac{2\nu_L}{E_L}\right)\sin^2 2\theta + \frac{1}{G_{LT}}\cos^2 2\theta \\ C_{xy} &= C_{yx} = -\frac{\nu_L}{E_L}(\sin^4\theta + \cos^4\theta) + \left(\frac{1}{E_L} + \frac{1}{E_T} - \frac{1}{G_{LT}}\right)\sin^2\theta\cos^2\theta \\ C_{xs} &= C_{sx} = \left(\frac{\cos^2\theta}{E_L} - \frac{\sin^2\theta}{E_T}\right)\sin 2\theta - \left(\frac{1}{G_{LT}} - \frac{2\nu_L}{E_L}\right)\cos 2\theta\sin\theta\cos\theta \\ C_{ys} &= C_{sy} = \left(\frac{\sin^2\theta}{E_L} - \frac{\cos^2\theta}{E_T}\right)\sin 2\theta + \left(\frac{1}{G_{LT}} - \frac{2\nu_L}{E_L}\right)\cos 2\theta\sin\theta\cos\theta \end{aligned} \tag{1.38}$$

逆矩阵 $[C]^{-1}$ 称为刚度矩阵 $[E]$，可以表示为

⊖ 问题 1.2。

$$[\boldsymbol{E}] = [\boldsymbol{C}]^{-1} = [\boldsymbol{T}]^{-1}[\boldsymbol{C_0}]^{-1}[\boldsymbol{R}][\boldsymbol{T}][\boldsymbol{R}]^{-1} \equiv \begin{bmatrix} E_{xx} & E_{xy} & E_{xs} \\ E_{yx} & E_{yy} & E_{ys} \\ E_{sx} & E_{sy} & E_{ss} \end{bmatrix} \quad (1.39)$$

利用关系：

$$[\boldsymbol{R}][\boldsymbol{T}][\boldsymbol{R}]^{-1} = [\boldsymbol{T}]^{-\mathrm{T}} \quad (1.40)$$

$[\boldsymbol{E}]$ 表示为

$$[\boldsymbol{E}] = [\boldsymbol{T}]^{-1}[\boldsymbol{E_0}][\boldsymbol{T}]^{-\mathrm{T}} \quad (1.41)$$

式中，

$$[\boldsymbol{E_0}] = [\boldsymbol{C_0}]^{-1} \quad (1.42)$$

在 x 和 y 坐标系下，矩阵 $[\boldsymbol{E}]$ 的元素用 E_{ij} ($i,j = x, y, vs$) 表示。

将式（1.29）和式（1.42）代入到式（1.41）中，E_{ij}可以表示为

$$\begin{aligned}
E_{xx} &= Q_{11}\cos^4\theta + 2(Q_{12}+2Q_{66})\sin^2\theta\cos^2\theta + Q_{22}\sin^4\theta \\
E_{yy} &= Q_{11}\sin^4\theta + 2(Q_{12}+2Q_{66})\sin^2\theta\cos^2\theta + Q_{22}\cos^4\theta \\
E_{ss} &= (Q_{11}+Q_{22}-2Q_{12}-2Q_{66})\sin^2\theta\cos^2\theta + Q_{66}(\sin^4\theta + \cos^4\theta) \\
E_{xy} &= E_{yx} = (Q_{11}+Q_{12}-4Q_{66})\sin^2\theta\cos^2\theta + Q_{12}(\sin^4\theta+\cos^4\theta) \\
E_{xs} &= E_{sx} = (Q_{11}-Q_{12}-2Q_{66})\sin\theta\cos^3\theta + (Q_{12}-Q_{22}+2Q_{66})\sin^3\theta\cos\theta \\
E_{ys} &= E_{sy} = (Q_{11}-Q_{12}-2Q_{66})\sin^3\theta\cos\theta + (Q_{12}-Q_{22}+2Q_{66})\sin\theta\cos^3\theta
\end{aligned} \quad (1.43)$$

式中，

$$Q_{11} = \frac{E_L}{1-\nu_L\nu_T}; \quad Q_{12} = \frac{\nu_L E_T}{1-\nu_L\nu_T}; \quad Q_{22} = \frac{E_T}{1-\nu_L\nu_T}; \quad Q_{66} = G_{LT} \quad (1.44)$$

E_{ij}也可以用正交各向异性材料主轴上的弹性常数 E_L、E_T、ν_L 和 G_{LT} 表示[⊖]。

$$\begin{aligned}
E_{xx} &= \frac{E_L}{1-\nu_L\nu_T}\cos^4\theta + \frac{E_T}{1-\nu_L\nu_T}\sin^4\theta + 2\left(\frac{\nu_L E_T}{1-\nu_L\nu_T}+2G_{LT}\right)\sin^2\theta\cos^2\theta \\
E_{yy} &= \frac{E_L}{1-\nu_L\nu_T}\sin^4\theta + \frac{E_T}{1-\nu_L\nu_T}\cos^4\theta + 2\left(\frac{\nu_L E_T}{1-\nu_L\nu_T}+2G_{LT}\right)\sin^2\theta\cos^2\theta \\
E_{ss} &= \frac{1}{4}\left(\frac{E_L+E_T-2\nu_L E_T}{1-\nu_L\nu_T}\sin^2 2\theta + 4G_{LT}\cos^2 2\theta\right) \\
E_{xy} &= E_{yx} = \frac{\nu_L E_T}{1-\nu_L\nu_T}(\sin^4\theta+\cos^4\theta) + \left(\frac{E_L+E_T}{1-\nu_L\nu_T}-4G_{LT}\right)\sin^2\theta\cos^2\theta \\
E_{xs} &= E_{sx} = \frac{1}{2}\left\{-\frac{E_T}{1-\nu_L\nu_T}\sin^2\theta\sin 2\theta + \frac{E_L}{1-\nu_L\nu_T}\cos^2\theta\sin 2\theta - \left(\frac{\nu_L E_T}{1-\nu_L\nu_T}+2G_{LT}\right)\sin 2\theta\cos 2\theta\right\} \\
E_{ys} &= E_{sy} = \frac{1}{2}\left\{-\frac{E_T}{1-\nu_L\nu_T}\cos^2\theta\sin 2\theta + \frac{E_L}{1-\nu_L\nu_T}\sin^2\theta\sin 2\theta + \left(\frac{\nu_L E_T}{1-\nu_L\nu_T}+2G_{LT}\right)\sin 2\theta\cos 2\theta\right\}
\end{aligned} \quad (1.45)$$

应力和应变之间的关系用矩阵表示为

$$\begin{aligned} \{\boldsymbol{\varepsilon}\} &= [\boldsymbol{C}(\boldsymbol{\theta})]\{\boldsymbol{\sigma}\} \\ \{\boldsymbol{\sigma}\} &= [\boldsymbol{E}(\boldsymbol{\theta})]\{\boldsymbol{\varepsilon}\} \end{aligned} \quad (1.46)$$

因为 x 和 y 坐标轴不是应力主轴，所以需要注意 FRR 存在拉伸/压缩变形与剪切变形之间的

⊖ 问题 1.2。

面内耦合。

1.3.4 用不变量来表示刚度矩阵

式（1.45）是一组十分复杂的公式，不便于理解其物理含义。于是 Tsai 和 Hahn 将式（1.45）重新用三角函数来表示[2-3]：

$$\cos^4\theta = \frac{1}{8}(3 + 4\cos2\theta + \cos4\theta), \cos^3\theta\sin\theta = \frac{1}{8}(2\sin2\theta + \sin4\theta)$$

$$\cos^2\theta\sin^2\theta = \frac{1}{8}(1 - \cos4\theta) \tag{1.47}$$

$$\cos\theta\sin^3\theta = \frac{1}{8}(2\sin2\theta - \sin4\theta), \sin^4\theta = \frac{1}{8}(3 - 4\cos2\theta + \cos4\theta)$$

将式（1.47）代入式（1.45）中，得到：

$$\begin{Bmatrix} E_{xx} \\ E_{yy} \\ E_{xy} \\ E_{ss} \\ E_{xs} \\ E_{ys} \end{Bmatrix} = \begin{bmatrix} U_1 & \cos2\theta & \cos4\theta \\ U_1 & -\cos2\theta & \cos4\theta \\ U_4 & 0 & -\cos4\theta \\ U_5 & 0 & -\cos4\theta \\ 0 & -\frac{1}{2}\sin2\theta & -\sin4\theta \\ 0 & -\frac{1}{2}\sin2\theta & \sin4\theta \end{bmatrix} \begin{Bmatrix} 1 \\ U_2 \\ U_3 \end{Bmatrix} \tag{1.48}$$

其中的 U_i 可以表示为

$$\begin{Bmatrix} U_1 \\ U_2 \\ U_3 \\ U_4 \\ U_5 \end{Bmatrix} = \begin{bmatrix} \frac{3}{8} & \frac{3}{8} & \frac{1}{4} & \frac{1}{2} \\ \frac{1}{2} & -\frac{1}{2} & 0 & 0 \\ \frac{1}{8} & \frac{1}{8} & -\frac{1}{4} & -\frac{1}{2} \\ \frac{1}{8} & \frac{1}{8} & \frac{3}{4} & -\frac{1}{2} \\ \frac{1}{8} & \frac{1}{8} & -\frac{1}{4} & \frac{1}{2} \end{bmatrix} \begin{Bmatrix} E'_L \\ E'_T \\ E'_{LT} \\ G'_{LT} \end{Bmatrix} \tag{1.49}$$

式中，

$$E'_L = \frac{E_L}{1 - \nu_L\nu_T}$$

$$E'_T = \frac{E_T}{1 - \nu_L\nu_T} \tag{1.50}$$

$$E'_{LT} = \frac{\nu_L E_T}{1 - \nu_L\nu_T}$$

式（1.48）可以用表 1.1 表示。

表 1.1　刚度在多个方向角上的变换

三角函数（离轴）	不变量	$\cos2\theta$	$\cos4\theta$	$\sin2\theta$	$\sin4\theta$
E_{xx}	U_1	U_2	U_3	0	0
E_{yy}	U_1	$-U_2$	U_3	0	0

(续)

三角函数（离轴）	不变量	$\cos 2\theta$	$\cos 4\theta$	$\sin 2\theta$	$\sin 4\theta$
E_{xy}	U_4	0	$-U_3$	0	0
E_{ss}	U_5	0	$-U_3$	0	0
E_{xs}	0	0	0	$-U_2/2$	$-U_3$
E_{ys}	0	0	0	$-U_2/2$	U_3

式（1.49）表明，U_i 是帘线增强复合材料板材料主轴方向的弹性常数的线性叠加。因此，U_i 可以用来表示层合板的弹性常数。而且，表 1.1 表明 E_{xx}、E_{yy}、E_{xy} 和 E_{ss} 包含不变量 U_1、U_4、U_5，这些变量与方向角 θ 无关。它们之间满足下面的关系：

$$U_5 = (U_1 - U_4)/2 \qquad (1.51)$$

这也就是说，只存在两个独立变量。

作为一个例子，我们来讨论式（1.45）中的 E_{xx} 的物理意义。E_{xx} 可以表示为

$$E_{xx} = U_1 + U_2\cos 2\theta + U_3\cos 4\theta \qquad (1.52)$$

式（1.52）由三项组成，图 1.6 显示了每项的贡献。不变量 U_1、U_2 的周期是 π，U_3 的周期是 $\pi/2$。很明显，对于各向同性材料来说，比如钢和铝，$U_2 = U_3 = 0$。当 U_1 大于 U_2 和 U_3 时，材料的行为表现为各向同性，当 U_1 小于 U_2 和 U_3 时，表现为各向异性。

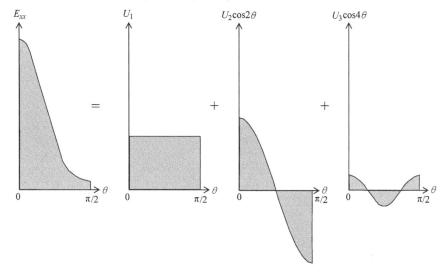

图 1.6　式（1.52）三项中每项的贡献

1.3.5　任意方向上的复合材料特性

1. 复合材料的拉伸模量

如图 1.7 所示，x 方向作用有应力 σ_{xx}，材料的主方向 L 与 x 方向的夹角为 θ。该应力可以用向量表示为

$$\{\boldsymbol{\sigma}\} = \begin{Bmatrix} \sigma_{xx} \\ 0 \\ 0 \end{Bmatrix} \qquad (1.53)$$

将式（1.53）代入到式（1.46）的第 1 个公式中，可以得到：

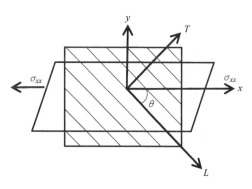

图 1.7　复合材料在 x 方向应力下的变形

$$\varepsilon_{xx} = C_{xx}\sigma_{xx} \equiv \sigma_{xx}/E_x$$
$$\varepsilon_{yy} = C_{xy}\sigma_{xx} \equiv -\nu_x\sigma_{xx}/E_x \quad (1.54)$$
$$\gamma_{xy} = C_{xs}\sigma_{xx}$$

我们注意到 E_x 与式（1.45）中的 E_{xx} 是不同的。E_x 定义在零横向应力和零剪切应力条件下，而 E_{xx} 定义在非零横向应力和非零剪切应力边界条件下。由图 1.7 看出，当在复合材料的 x 方向作用有应力的时候，不但在 x 方向产生拉伸变形，在 y 方向产生压缩变形，而且还会伴随剪切变形的发生。

根据式（1.54），我们可以得到：
$$E_x = \sigma_{xx}/\varepsilon_{xx} = 1/C_{xx}$$
$$\nu_x \equiv -\varepsilon_{yy}/\varepsilon_{xx} = -C_{xy}/C_{xx} \quad (1.55)$$

计算式（1.39）的逆矩阵 $[\boldsymbol{E}]^{-1}$，C_{xx} 和 C_{xy} 可以用 E_{ij} 来表达。将 C_{xx} 和 C_{xy} 代入到式（1.55），可以得到：

$$E_x = \frac{\sigma_{xx}}{\varepsilon_{xx}} = \frac{E_{xx}E_{yy}E_{ss} - E_{xx}E_{ys}^2 + 2E_{xy}E_{xs}E_{ys} - E_{xy}^2E_{ss} - E_{xs}^2E_{yy}}{E_{yy}E_{ss} - E_{ys}^2} \quad (1.56)$$

$$\nu_x = -\frac{\varepsilon_{yy}}{\varepsilon_{xx}} = \frac{E_{xy}E_{ss} - E_{xs}E_{ys}}{E_{yy}E_{ss} - E_{ys}^2}$$

图 1.8 显示了在 $E_L = 62.6\mathrm{GPa}$，$E_T = 2.37\mathrm{MPa}$，$\nu_L = 0.44$ 时的四方形复合材料的模量 E_x 和泊松比 ν_x 随帘线角度的变化情况。上述材料参数类似于轿车轮胎的带束层的弹性特性。

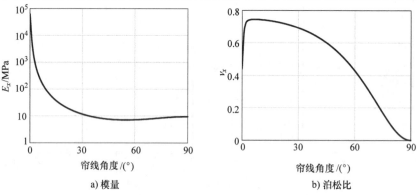

a) 模量　　b) 泊松比

图 1.8　复合材料模量 E_x 和泊松比 ν_x

E_x 最大或最小时的材料方向可以通过求解式（1.56）的导数关系式 $\mathrm{d}E_x/\mathrm{d}\theta = 0$ 来得到。该导数关系式为

$$\sin 2\theta = 0$$
$$\cos 2\theta = \frac{E_T - E_L}{(E_L E_T/G_{LT}) - (E_L + E_T + 2\nu_L E_T)} \quad (1.57)$$

很明显，当 $0° \leq \theta \leq 90°$ 时，取极值的角度为 $\theta = 0°$、$90°$。同时，当 θ 处于 $0° < \theta < 90°$ 范围内时，式（1.57）⊖满足 $-1 < \cos 2\theta < 1$。因此，如果满足 $E_L > E_T$ 以及 $G_{LT} > E_L/\{2(1+\nu_L)\}$ 或者 $G_{LT} > E_T/\{2(1+\nu_T)\}$，则在角度区间 $0° < \theta < 90°$ 内就可以得到极值⊖。

2. 复合材料的剪切模量

当只有剪应力作用于平面上的时候，应力向量可以表示为

⊖ 问题 1.3。

⊖ 备注 1.2。

$$\{\boldsymbol{\sigma}\} = \begin{Bmatrix} 0 \\ 0 \\ \tau_{xy} \end{Bmatrix} \tag{1.58}$$

将式（1.58）代入到式（1.46）中，可以得到：

$$\begin{aligned} \varepsilon_{xx} &= C_{xs}\tau_{xy} \\ \varepsilon_{yy} &= C_{ys}\tau_{xy} \\ \gamma_{xy} &= C_{ss}\tau_{xy} \equiv \tau_{xy}/G_{xy} \end{aligned} \tag{1.59}$$

当剪应力作用在平面（x，y）上时，不但会产生（x，y）平面内的剪切变形，而且还会有 x 方向和 y 方向的轴向变形。根据式（1.59）中的第 3 式可以得到（x，y）平面内的剪切模量 G_{xy}，其中的 C_{ss} 可以通过求式（1.39）的逆矩阵 $[\boldsymbol{E}]^{-1}(\equiv[\boldsymbol{C}])$ 得到。

$$G_{xy} = \frac{E_{xs}^2 E_{yy} - 2E_{xy}E_{xs}E_{ys} + E_{xx}E_{ys}^2 + E_{xy}^2 E_{ss} - E_{xx}E_{yy}E_{ss}}{E_{xy}^2 - E_{xx}E_{yy}} \tag{1.60}$$

此外，利用式（1.38），式（1.60）可以重新写为

$$\frac{1}{G_{xy}} = \frac{\gamma_{xy}}{\tau_{xy}} = C_{ss} = \frac{1}{G_{LT}}\cos^2 2\theta + \left(\frac{1}{E_L} + \frac{1}{E_T} + \frac{2\nu_L}{E_L}\right)\sin^2 2\theta \tag{1.61}$$

式中，G_{xy} 是帘线角度 θ 的函数。

G_{xy} 取得最大和最小值的条件可以归纳为[⊖]

$$\begin{aligned} G_{xy,\max} &= G_{\theta=0°} = G_{\theta=90°} = G_{LT}, 当(E_L + E_T + 2\nu_L E_T) > E_L E_T/G_{LT} \\ G_{xy,\max} &= G_{\theta=45°} = E_L E_T/(E_L + E_T + 2\nu_L E_T), 当(E_L + E_T + 2\nu_L E_T) < E_L E_T/G_{LT} \\ G_{xy,\max} &= G_{LT} = E_L E_T/(E_L + E_T + 2\nu_L E_T), 当E_L + E_T + 2\nu_L E_T = E_L E_T/G_{LT} \end{aligned} \tag{1.62}$$

当正交各向异性材料用于控制剪切变形时，必须根据式（1.62）来确定一个合适的帘线方向。例如，当纤维帘线的模量远大于基体材料的模量时，根据式（1.62），此时纤维帘线与 x 方向应该呈 45°。图 1.9 给出了 840/2 尼龙帘线增强橡胶复合材料的杨氏模量和剪切模量与帘线角度的关系，其中纤维的杨氏模量为 $E_f = 3.45\text{GPa}$，橡胶基体的杨氏模量为 $E_m = 5.52\text{MPa}$，纤维所占的体积分数为 $V_f = 0.326$，其泊松比为 $\nu_f = 0.45$，橡胶的泊松比为 $\nu_m = 0.49$[4-5]。对于任何帘线-橡胶层合板来说，它的剪切模量 G_{xy} 取得最大值的角度是 $\theta = 45°$。

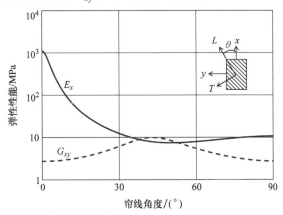

图 1.9　840/2 尼龙帘线增强橡胶复合材料的杨氏模量和剪切模量与帘线角度的关系
（经 RCT 授权，摘自参考文献 [5]）

⊖ 问题 1.3。

3. 复合材料的模量和转换后的刚度的比较

图 1.10 给出了模量 E_x 和转换后的刚度 E_{xx} 的比较,其中单体的弹性性能与图 1.9 中的相同。这两个刚度定义为

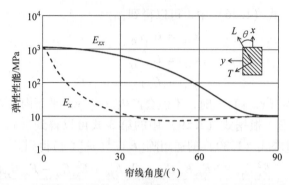

图 1.10　模量 E_x 和转换后的刚度 E_{xx} 的比较（840/2 尼龙帘线增强橡胶复合材料）
（经 RCT 授权,摘自参考文献 [5]）

$$\begin{aligned}\sigma_{xx} &= E_x \varepsilon_{xx}, \text{当 } \sigma_{yy} = \tau_{xy} = 0 \\ \sigma_{xx} &= E_{xx} \varepsilon_{xx}, \text{当 } \varepsilon_{yy} = \gamma_{xy} = 0 \end{aligned} \quad (1.63)$$

式中,E_x 是在约束变形（应变）条件下得到的;E_{xx} 是在面内剪应力和横向正应力的自由边界条件下得到的。这两个参数有很大差别。

因为轮胎的带束层嵌入到了橡胶中,所以其边界条件一部分可以用 $\sigma_{yy} = \tau_{xy} = 0$ 来表示,另一部分可以用 $\varepsilon_{yy} = \gamma_{xy} = 0$ 表示。因此,轮胎带束层的刚度处于 E_x 和 E_{xx} 之间。

1.4　微观力学模型

在推导复合材料的平均性能时采用了微观力学的理论,其中应力和应变的构成在整个复合材料上进行了平均。本章主要讨论单向纤维增强复合材料。一旦描述了复合材料的性能,那么由复合材料构成的层合板的性能就容易计算了。轮胎所用的复合材料中,其纤维的体积分数较小,可以把纤维和基体放在一起建模,如图 1.11 所示。

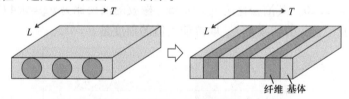

图 1.11　单向纤维增强复合材料的微观力学模型

1.4.1　并联和串联模型

1. 纤维方向的复合材料模量（并联模型）

纤维的方向是 L 方向,就如同图 1.11 所示的纤维和橡胶基体的并联模型。当 L 方向作用有应变时,我们可以假设橡胶和纤维的应变是相同的,即

$$\varepsilon_\text{f} = \varepsilon_\text{m} = \varepsilon_\text{c} \quad (1.64)$$

式中,下标 f、m、c 分别是纤维、橡胶基体和复合材料。

假设复合材料的力学行为是线弹性的,其应力/应变关系可以表示为

$$\begin{aligned} \sigma_\text{f} &= E_\text{f} \varepsilon_\text{f} = E_\text{f} \varepsilon_\text{c} \\ \sigma_\text{m} &= E_\text{m} \varepsilon_\text{m} = E_\text{m} \varepsilon_\text{c} \\ \sigma_\text{c} &= E_\text{c} \varepsilon_\text{c} \end{aligned} \quad (1.65)$$

式中，σ_f、σ_m、σ_c 分别是纤维、橡胶基体和复合材料的应力。

作用在复合材料上的总的载荷 P_c 可以表示为

$$P_c = P_f + P_m = \sigma_f A_f + \sigma_m A_m = (E_f A_f + E_m A_m)\varepsilon_c = E_L A_c \varepsilon_c \tag{1.66}$$

式中，P_f 和 P_m 分别是作用在纤维帘线和橡胶基体上的载荷；而 A_f、A_m 和 A_c 则分别是纤维、基体和复合材料的截面积。

将式（1.66）的两边分别除以 $A_c \varepsilon_c$，则可以得到纤维方向的复合材料模量为

$$E_L = E_f A_f / A_c + E_m A_m / A_c = E_f V_f + E_m V_m = E_f V_f + E_m(1 - V_f) \tag{1.67}$$

式中，V_f 是纤维在复合材料中所占的体积分数；V_m 是基体的体积分数。

我们把式（1.67）称为复合材料的混合规则。

从体积分数的定义我们得到：

$$V_f + V_m = 1 \tag{1.68}$$

体积分数 V_f 与质量分数 W_f 有关[⊖]：

$$\frac{1}{W_f} - 1 = \frac{\rho_m}{\rho_f}\left(\frac{1}{V_f} - 1\right) \tag{1.69}$$

式中，ρ_f 和 ρ_m 分别是纤维和基体的密度。

当纤维没有按照设定的方向排布时，模量 E_L 应乘以一个衰减系数 K（$0.9 \leqslant K \leqslant 1.0$）。因此式（1.67）中应该使用 KE_L 而不是 E_L。此外，当复合材料中有空隙时，式（1.67）可以修改为

$$E_m \to [V_m/(V_m + V_v)]E_m \tag{1.70}$$

式中，V_v 是空隙的体积分数。

因为 FRR 一般来说满足关系 $E_f \gg E_m$，所以式（1.67）可以简化为

$$E_L \approx E_f V_f \tag{1.71}$$

为了提高复合材料在纤维方向的模量，可以提高纤维的模量或者它的体积分数，从而不牺牲其他的性能，例如纤维和橡胶之间的黏合。

利用式（1.67），Walter[5] 描述了 167/2 凯夫拉纤维增强橡胶帘布的模量随纤维体积分数的变化，如图 1.12 所示，式（1.67）的预测值和测量值之间比较吻合。

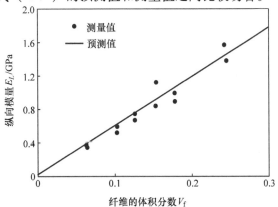

图 1.12　167/2 凯夫拉纤维增强橡胶帘布的模量随纤维体积分数的变化［测量值和式（1.67）的预测值之间的比较，$E_f = 6.03\text{GPa}$，$E_m = 7.93\text{MPa}$］

（经 RCT 授权，摘自参考文献 [5]）

⊖ $W_f = \dfrac{\rho_f V_f}{\rho_m V_m + \rho_f V_f}$，$\dfrac{1}{W_f} = \dfrac{\rho_m V_m}{\rho_f V_f} + 1 = \dfrac{\rho_m}{\rho_f}\dfrac{1 - V_f}{V_f} + 1$。

2. 与纤维相垂直的方向上的复合材料模量（串联模型）

当载荷沿着与纤维相垂直的方向作用在复合材料上时，可以按照图 1.11 的右侧图所示的那样，把它看作是由纤维和橡胶串联而成的，与纤维帘线相垂直的复合材料模量 E_T 可以表示为

$$\frac{1}{E_T} = \frac{V_f}{E_f} + \frac{V_m}{E_m} \rightarrow E_T = \frac{E_f E_m}{E_m V_f + E_f(1 - V_f)} \tag{1.72}$$

式（1.72）称为混合规则的逆规则。

3. 复合材料在纤维方向的泊松比和剪切模量

根据图 1.11，复合材料在帘线方向的泊松比 ν_L 和剪切模量 G_{LT} 可以写为

$$\nu_L = \nu_f V_f + \nu_m (1 - V_f)$$

$$G_{LT} = \frac{G_f G_m}{G_m V_f + G_f(1 - V_f)} \tag{1.73}$$

式中，G_f 和 G_m 可以表示为

$$G_f = \frac{E_f}{2(1 + \nu_f)}$$

$$G_m = \frac{E_m}{2(1 + \nu_m)} \tag{1.74}$$

1.4.2 改进的微观力学模型

1. 复合材料的横向杨氏模量

用于求解 E_L 和 ν_L 的简单材料模型对于设计用途来说已经足够好了，然而，相关的模型用于求解 E_T 和 G_{LT} 来说却是有问题的。Chamis[6] 因此开发了一个改进的微观力学模型来求解 E_T 和 G_{LT}。他基于方形的纤维堆积阵列，采用了代表性体积单元（Representative Volume Element，RVE）划分成子区间的方法。图 1.13 显示了代表性体积单元，其中的圆形纤维被换成了与圆形具有相同面积的方形纤维，这个代表性体积单元被分成了多个子区域[7]。等效方形纤维的尺寸 s_f 是：

$$s_f = \sqrt{\frac{\pi}{4}} d \tag{1.75}$$

参考图 1.14，可以得到子区间 B 的力平衡和兼容性方程：

$$\sigma_f = \sigma_m = \sigma_T \tag{1.76}$$

$$\varepsilon_m (s - s_f) + \varepsilon_f s_f = \varepsilon_L s \tag{1.77}$$

式中，σ_f、ε_f 分别是纤维的应力和应变；σ_m、ε_m 分别是基体的应力和应变；ε_L 和 σ_T 分别是代表性体积单元的子区间的应变和外部应力。

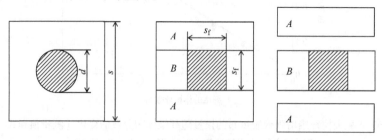

图 1.13 代表性体积单元

应力和应变关系可以表示为

$$\varepsilon_f = \sigma_f / E_{fT}, \quad \varepsilon_m = \sigma_m / E_m, \quad \varepsilon_T = \sigma_T / E_{TB} \tag{1.78}$$

式中，E_{fT}、E_m 和 E_{TB} 分别是纤维、基体和子区间的杨氏模量。

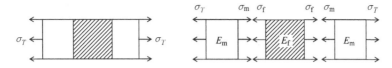

图 1.14 子区间 B 中的等效力

利用式（1.76）和式（1.78），式（1.77）可以重新写为

$$\frac{1}{E_{TB}} = \frac{s_f/s}{E_{fT}} + \frac{1 - s_f/s}{E_m} \tag{1.79}$$

纤维的体积分数 V_f 可以表示为

$$V_f = \frac{\frac{\pi}{4}d^2}{s^2} = \frac{s_f^2}{s^2} \tag{1.80}$$

利用式（1.80），将式（1.79）中的 s_f 进行替换，可以得到：

$$\frac{1}{E_{TB}} = \frac{\sqrt{V_f}}{E_{fT}} + \frac{1 - \sqrt{V_f}}{E_m} \tag{1.81}$$

从而子区间 B 的 E_{TB} 可以表示为

$$E_{TB} = \frac{E_m}{1 - \sqrt{V_f}\left(1 - \dfrac{E_m}{E_{fT}}\right)} \tag{1.82}$$

RVE 的横向杨氏模量 E_T 可以用并联模型得到，表示为

$$E_T = \frac{s_f}{s}E_{TB} + \frac{s - s_f}{s}E_m \tag{1.83}$$

将式（1.80）和式（1.82）代入到式（1.83）中，可以得到：

$$E_T = (1 - \sqrt{V_f})E_m + \frac{\sqrt{V_f}E_m}{1 - \sqrt{V_f}\left(1 - \dfrac{E_m}{E_{fT}}\right)} \tag{1.84}$$

2. 复合材料的剪切模量

参照图 1.15，可以导出子区间 B 的剪切力平衡方程和相容性关系：

$$\tau_f = \tau_m = \tau_{LT} \tag{1.85}$$

$$\gamma_m(s - s_f) + \gamma_f s_f = \gamma_{LT} s \tag{1.86}$$

应力和应变关系可以表示为

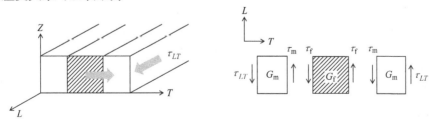

图 1.15 子区间 B 的剪切力平衡

$$\begin{aligned} \gamma_f &= \tau_f/G_{fLT} \\ \gamma_m &= \tau_m/G_m \\ \gamma_T &= \tau_T/G_{LTB} \end{aligned} \tag{1.87}$$

式中，G_{fLT}、G_m 和 G_{LTB} 分别是纤维在 L-T 平面内的剪切模量以及基体和子区间 B 的剪切模量。

利用式（1.80）和式（1.87），可以将式（1.86）重新写为

$$G_{LTB} = \frac{G_m}{1 - \sqrt{V_f}\left(1 - \dfrac{G_m}{G_{fLT}}\right)} \tag{1.88}$$

RVE 的剪切模量 G_{LT} 同样可以采用并联模型得到，可以写为

$$G_{LT} = (1 - \sqrt{V_f})G_m + \frac{\sqrt{V_f}G_m}{1 - \sqrt{V_f}\left(1 - \dfrac{G_m}{G_{fLT}}\right)} \tag{1.89}$$

3. 复合材料的面外剪切模量

根据横观各向同性的假设，有以下关系：

$$G_{LT} = G_{LZ} \tag{1.90}$$

采用与本节中的复合材料的剪切模量相同的方法，可以得到面外剪切模量 G_{TZ}：

$$G_{TZ} = (1 - \sqrt{V_f})G_m + \frac{\sqrt{V_f}G_m}{1 - \sqrt{V_f}\left(1 - \dfrac{G_m}{G_{fTZ}}\right)} \tag{1.91}$$

式中，G_{fTZ} 为纤维在 T-Z 平面内的剪切模量。

1.4.3 复合材料杨氏模量的上下边界

我们注意到式（1.67）和式（1.72）是如下总体经验公式的一个特例：

$$\overline{E}^n = E_f^n V_f + E_m^n (1 - V_f) \tag{1.92}$$

式中，n 是指数；$\overline{E}$ 是层合材料的纵向（$n=1$）或者横向（$n=-1$）模量。

同时，我们也知道并联（$n=1$）和串联（$n=-1$）模型分别代表了复合材料模量的上下边界，这可以用 Reissner 的上下边界理论来解释。大多数通过实验来确定的特性都落在这个边界，即 $-1 \leqslant n \leqslant 1$ 内。因此，复合材料模量的上限和下限可以重新表达为

$$\left(\frac{V_f}{E_f} + \frac{V_m}{E_m}\right)^{-1} \leqslant E \leqslant E_f V_f + E_m V_m \tag{1.93}$$

图 1.16 比较了根据式（1.93）计算得到的碳化钨（WC）增强钴（Co）盐复合材料的模量与实测结果之间的关系[8]。纤维和基体的杨氏模量分别为 $E_f = 703\text{GPa}$（WC）和 $E_m = 207\text{GPa}$（Co）。测量结果处于下限和上限模量之间。

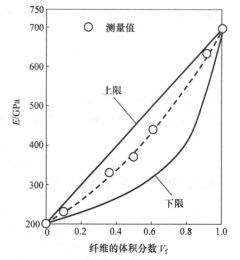

图 1.16 复合材料模量的上限和下限

1.4.4 Halpin-Tsai 模型

Halpin-Tsai[9] 开发了简单的通用半经验公式，以得到更加精确的微观力学分析结果。如果纤维的体积分数达不到 1，则这些模型的预测都在合理范围内。复合材料的 Halpin-Tsai 模型的模量表示为

$$E_L = E_f V_f + E_m V_m$$
$$\nu_L = \nu_f V_f + \nu_m V_m$$
$$E_T = E_m \frac{1+\xi\eta V_f}{1-\eta V_f} \quad (1.94)$$
$$G_{LT} = G_m \frac{1+\eta' V_f}{1-\eta' V_f}$$
$$\nu_T = \nu_L \frac{E_T}{E_L}$$

式中, E_L 是纤维方向的杨氏模量; E_T 是与纤维帘线垂直的横向上的杨氏模量; ν_L 是纤维方向的泊松比; ν_T 是横向的泊松比; G_{LT} 是 $L-T$ 平面内的剪切模量; E_f 和 E_m 是纤维和基体的杨氏模量; G_m 是基体的剪切模量; V_f 和 V_m 是纤维和基体的体积分数; ν_f 和 ν_m 是纤维和基体的泊松比; ξ 是表征增强性能的一个参数,它依赖于纤维的几何特征、复合材料的几何特征和加载状态; η 和 η' 分别为

$$\eta = \frac{(E_f/E_m)-1}{(E_f/E_m)+\xi}, \quad \eta' = \frac{(G_f/G_m)-1}{(G_f/G_m)+1} \quad (1.95)$$

式中, G_f 是纤维的剪切模量。

对于截面是正方形或者圆形的纤维来说,其增强指数可以用 $\xi=2$ 表示。对于截面是矩形的纤维来说, ξ 的计算公式为

$$\xi = 2a/b \quad (1.96)$$

式中, a/b 是矩形截面的形状系数, a 是加载方向的几何尺寸。

Jones[10]证明了当满足 $\xi=0$ 的时候,式(1.94)中 Halpin-Tsai 模型关于 E_T 的表达式可以简写为式(1.72)所表示的混合规则的逆规则,而当 $\xi=\infty$ 时可以得到用式(1.67)表示的复合材料的混合规则。作为纤维增强程度的衡量参数,曲线拟合参数 ξ 的解释具有一定的理论基础。

如图 1.17 所示,对于不同组分的模量比值来说,采用 Halpin-Tsai 模型计算得到的复合材料的横向模量 E_T 是纤维帘线的体积分数的函数。图 1.18 给出了用 Halpin-Tsai 模型 [式(1.94)] 计算得到的横向模量与纤维体积分数 V_f 之间的函数关系,以及它的上限和下限 [式(1.93)]。采用 Halpin-Tsai 模型计算得到的值处于上限和下限之间。

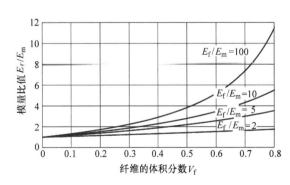

图 1.17 采用 Halpin-Tsai 模型 [式(1.94)] 的第 3 个公式计算得到的复合材料的横向模量

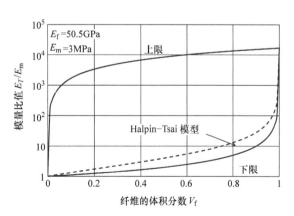

图 1.18 用 Halpin-Tsai 模型 [式(1.94)] 计算得到的横向模量与纤维体积分数之间函数关系,以及它的上限和下限 [式(1.93)]

1.5 单向帘线增强橡胶复合材料（UDCRR）的微观力学性能

1.5.1 UDCRR 的模型

单向帘线增强橡胶复合材料（UDCRR）的微观力学模型如图 1.11 所示，其增强帘线等间距平行排列。UDCRR 是橡胶产品最重要的部分，具有重要的各向异性性能。人们提出了如下多种[11]UDCRR 材料模型。

1. Gough – Tangorra 模型

Gough 和 Tangorra[12]提出了专门针对单向帘线增强橡胶复合材料的表达式，它的横向模量表示为

$$E_T = \frac{4E_m(1-V_f)\{E_fV_f + E_m(1-V_f)\}}{3E_fV_f + 4E_m(1-V_f)} \tag{1.97}$$

他们也使用了简单的公式来近似计算剪切模量，并假定泊松比为 $\nu_L = 0.5$。

2. Akasaka – Hirano 模型

Akasaka – Hirano 模型[13]是混合规则和 Gough – Tangorra 模型的简化版本：

$$\begin{aligned} E_L &= E_fV_f \\ E_T &= \frac{4}{3}E_m \\ G_{LT} &= G_m = \frac{E_m}{2(1+\nu_m)} \\ \nu_L &= 0.5 \\ \nu_T &= 0 \end{aligned} \tag{1.98}$$

3. Clark 模型

Clark[14]采用能量法来推导层合材料的弹性常数，不需要详细的帘线特性，例如层合材料的剪切模量和泊松比。该理论采用了一个加强参数 ϕ 来表征帘线结构对材料的加强程度。

$$\begin{aligned} E_L &= E_fV_f + 12\frac{G_m}{1-V_f} \\ E_T &= G_m \frac{4 - \dfrac{4}{2+\phi} + \dfrac{4+2\phi}{(2+\phi)^2}}{1-V_f} \\ \phi &= E_fV_f\frac{1-V_f}{2G_m} \\ G_{LT} &= \frac{G_m}{1-V_f} \\ \nu_L &= 0.5 \end{aligned} \tag{1.99}$$

4. Akasaka – Kabe 模型

Akasaka 和 Kabe[15]针对单向帘线增强橡胶复合材料的横向模量提出了一个模型，如图 1.19 所示，其中的帘线采用了矩形的截面，横向均匀排布。σ_T 是垂直于帘线方向作用的均匀拉伸应力；σ_{fL}、ε_{fL} 分别是帘线沿帘线方向的应力和应变；σ_{mL}、ε_{mL} 分别是橡胶基体沿帘线方向的应力和应变。

利用式（1.68），式（1.67）和式（1.73）可以重新写为

$$E_L = E_f V_f + E_m V_m$$
$$\nu_L = \nu_f V_f + \nu_m V_m \quad (1.100)$$
$$1/G_{LT} = V_f/G_f + V_m/G_m$$

参考式（1.24），胡克定律可以写为
$$\varepsilon_{fL} = (\sigma_{fL} - \nu_f \sigma_T)/E_f \quad (1.101)$$
$$\varepsilon_{mL} = (\sigma_{mL} - \nu_m \sigma_T)/E_m$$

假设帘线和橡胶基体在横向的应变分别为 ε_{fL} 和 ε_{mT}，胡克定律可以写为
$$\varepsilon_{fT} = (\sigma_T - \nu_f \sigma_{fL})/E_f \quad (1.102)$$
$$\varepsilon_{mT} = (\sigma_T - \nu_m \sigma_{mL})/E_m$$

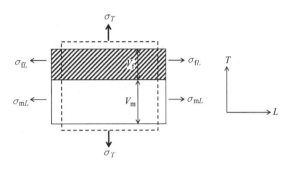

图 1.19 单向帘线增强橡胶复合材料模型，其中的拉伸应力作用在帘线的横向上

根据在帘线方向应变是均匀分布的假设，可以得到：
$$\varepsilon_{fL} = \varepsilon_{mL} \quad (1.103)$$

因为外部力只是作用在横向（T）上，作用在 L 方向的外部力为零，这个条件可以表示为
$$\sigma_{fL} V_f + \sigma_{mL} V_m = 0 \quad (1.104)$$

利用式（1.101）~式（1.104），σ_{fL} 和 σ_{mL} 可以表示为
$$\sigma_{fL} = \sigma_T \frac{(\nu_f E_m - \nu_m E_f) V_m}{E_m V_m + E_f V_f}$$
$$\sigma_{mL} = -\sigma_T \frac{(\nu_f E_m - \nu_m E_f) V_f}{E_m V_m + E_f V_f} \quad (1.105)$$

将式（1.105）代入到式（1.102），可以得到：
$$\varepsilon_f = \frac{\sigma_T}{E_f}\Big[1 - \frac{\nu_f V_m (\nu_f E_m - \nu_m E_f)}{E_m V_m + E_f V_f}\Big]$$
$$\varepsilon_m = \frac{\sigma_T}{E_m}\Big[1 + \frac{\nu_m V_f (\nu_f E_m - \nu_m E_f)}{E_m V_m + E_f V_f}\Big] \quad (1.106)$$

复合材料的横向应变 ε_T 在这里可以表示为
$$\varepsilon_T = \varepsilon_{fT} V_f + \varepsilon_{mT} V_m \quad (1.107)$$

将式（1.106）代入式（1.107），利用胡克定律 $E_T = \sigma_T/\varepsilon_T$，可以得到：
$$\frac{1}{E_T} = \frac{V_f}{E_f} + \frac{V_m}{E_m} - V_f V_m \frac{\left(\dfrac{\nu_f}{E_f} - \dfrac{\nu_m}{E_m}\right)^2}{\dfrac{V_f}{E_m} + \dfrac{V_m}{E_f}} \quad (1.108)$$

将式（1.105）代入到式（1.101），可以得到 ε_{fL} 为
$$\varepsilon_{fL} = -\sigma_T \frac{\nu_f E_f + \nu_m E_m}{E_f V_f + E_m V_m} \quad (1.109)$$

基于式（1.100），式（1.109）可以重新写为
$$\varepsilon_{fL} = -\sigma_T \nu_L/E_L \quad (1.110)$$

这里，利用式（1.103）和关系式 $\varepsilon_L = \varepsilon_{fL}$，可以得到 ν_T 的定义：
$$\nu_T = -\varepsilon_L/\varepsilon_T = -\varepsilon_{fL}/\varepsilon_T \quad (1.111)$$

需要注意到，将式（1.110）代入到式（1.111）中可以得到用式（1.25）所定义的 Maxwell-Betti 互易定理。

1.5.2 纤维增强橡胶复合材料的微观力学模型的对比

为了显示各种方法预测单层复合材料的有效力学特性的准确度，表 1.2 中给出了两种类型的帘线增强橡胶复合材料（钢丝和人造丝）弹性特性，将理论预测得到的人造丝-橡胶复合材料弹性常数和钢丝-橡胶复合材料的弹性常数与 Clark[11]实验得到的结果进行比较。所有的微观力学模型都给出了相同的 E_L 和 ν_L 值，但是 E_T 和 G_{LT} 值却不尽然。通过将 E_T 和 G_{LT} 值与图 1.20 和图 1.21 中的实验结果[11]相比较，我们发现 Akasaka-Kabe 模型和 Chamis 模型要比其他模型更为准确。

表 1.2 帘线增强橡胶复合材料弹性特性

弹性特性	人造丝	钢丝
帘线模量 E_f/GPa	3.41	50.50
橡胶的剪切模量 G_m/MPa	2.94	5.30
帘线的体积分数 V_f	0.23	0.11
加强参数 ϕ	102.7	466.4

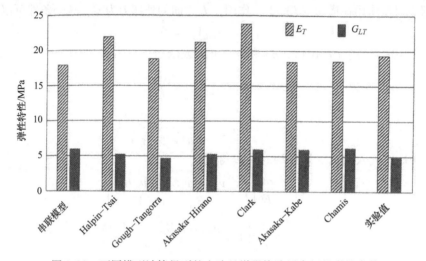

图 1.20 不同模型计算得到的人造丝增强橡胶层合板的弹性常数
（经 RCT 授权，摘自参考文献 [11]）

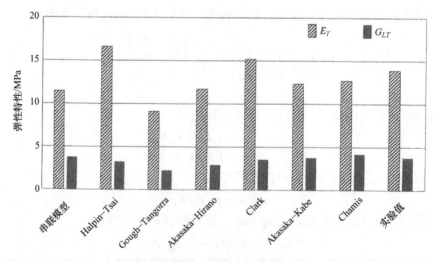

图 1.21 不同模型计算得到的钢丝增强橡胶层合板的弹性常数
（经 RCT 授权，摘自参考文献 [11]）

1.6 纤维增强橡胶近似条件下的单向帘线增强橡胶复合材料力学

1.6.1 单向帘线增强橡胶复合材料的近似公式

因为橡胶的模量远小于纤维帘线的模量,所以 UDCRR 满足条件 $E_f \gg E_m$ ($G_f \gg G_m$)。对于 UDCRR 来说,式 (1.73) 中的第 2 个公式和式 (1.108) 可以简写为

$$\frac{1}{G_{LT}} \approx \frac{V_m}{G_m} = \frac{V_m}{E_m} 2(1 + \nu_m)$$

$$\frac{1}{E_T} \approx \frac{V_m}{E_m}(1 - \nu_m^2) \tag{1.112}$$

将橡胶的泊松比 $\nu_m = 0.5$ 代入式 (1.112) 可以得到:

$$G_{LT}/E_T \approx (1 - \nu_m)/2 = 1/4 \tag{1.113}$$

利用关系 $\nu_m = 0.5$,式 (1.94) 中的第 1 和第 2 个公式以及式 (1.112) 可以进一步简化成如下的 UDCRR 弹性常数方程:

$$E_L \approx E_f V_f \gg E_T$$

$$E_T \approx \frac{E_m}{V_m} \frac{1}{1 - \nu_m^2} \approx \frac{4}{3} \frac{E_m}{V_m}$$

$$G_{LT} \approx \frac{G_m}{V_m} = \frac{E_m}{V_m} \frac{1}{2(1 + \nu_m)} = E_T \frac{1 - \nu_m}{2} \approx \frac{E_T}{4}$$

$$\nu_L \approx \nu_f V_f + \frac{1}{2} V_m$$

$$\nu_T \approx 0 \tag{1.114}$$

进一步地,对式 (1.114) 利用 $V_m \approx 1$ 和 $V_f \ll 1$ 的假设,FRR 的近似公式为

$$E_L = E_f V_f$$

$$E_T = \frac{4}{3} E_m$$

$$G_{LT} = \frac{E_T}{4}$$

$$\nu_L = 0.5$$

$$\nu_T = 0 \tag{1.115}$$

上述假设简化了 UDCRR 的方程,式 (1.115) 与 Akasaka 和 Hirano 提出的式 (1.98) 是相同的。注意,式 (1.115) 中的第 3 式不是 UDCRR 的特殊性能参数——体积分数 V_f 的函数,所以 UDCRR 有 2 个独立的弹性系数 (如 E_L 和 E_T)。

另外,将 $E_f \gg E_m$ 的假设应用于 Halpin-Tsai 模型[式 (1.94)],可以得到该公式的简化公式[^⊖]:

$$E_T = E_m \frac{1 + 2V_f}{1 - V_f}$$

$$G_{LT} = G_m \frac{1 + V_f}{1 - V_f} = \frac{E_m}{3} \frac{1 + V_f}{1 - V_f}$$

$$\frac{G_{LT}}{E_T} = \frac{1 + V_f}{3(1 + 2V_f)} \tag{1.116}$$

⊖ 由于橡胶材料的不可压缩性,其泊松比 $\nu_m = 0.5$,根据这个条件,得出 $G_m = E_m/\{2(1 + \nu_m)\} = E_m/3$。

1.6.2 任意方向上的单向帘线增强橡胶复合材料（UDCRR）特性

将式（1.115）代入式（1.38）可以得到：

$$C_{xx} = \frac{1}{E_T}\sin^2\theta(1+3\cos^2\theta) + \frac{1}{E_L}\cos^2\theta\cos2\theta$$

$$C_{yy} = \frac{1}{E_T}\cos^2\theta(1+3\sin^2\theta) - \frac{1}{E_L}\sin^2\theta\cos2\theta$$

$$C_{ss} = \frac{1}{E_T}(1+3\cos^2 2\theta) + \frac{2}{E_L}\sin^2 2\theta \quad (1.117)$$

$$C_{xy} = C_{yx} = -\frac{3}{E_T}\sin^2\theta\cos^2\theta - \frac{1}{2E_L}\cos^2 2\theta$$

$$C_{xs} = C_{sx} = -\frac{1}{E_T}\sin2\theta(2\cos^2\theta - \sin^2\theta) + \frac{1}{2E_L}\sin2\theta(3\cos^2\theta - \sin^2\theta)$$

$$C_{ys} = C_{sy} = -\frac{1}{E_T}\sin2\theta(2\sin^2\theta - \cos^2\theta) + \frac{1}{2E_L}\sin2\theta(3\sin^2\theta - \cos^2\theta)$$

将式（1.115）代入到式（1.45）得到[⊖]：

$$E_{xx} \approx (E_L - E_T)\cos^4\theta + E_T$$

$$E_{yy} \approx (E_L - E_T)\sin^4\theta + E_T$$

$$E_{xy} \approx (E_L - E_T)\sin^2\theta\cos^2\theta + \frac{E_T}{2}$$

$$E_{ss} \approx E_L\sin^2\theta\cos^2\theta + \frac{E_T}{4}\cos^2 2\theta \quad (1.118)$$

在此基础上，通过忽略式（1.118）中的 E_T 与三角函数的乘积项，例如忽略 $E_T\cos^4\theta$，可以得到：

$$E_{xx} = E_T + E_L\cos^4\theta$$

$$E_{yy} = E_T + E_L\sin^4\theta$$

$$E_{ss} = E_T/4 + E_L\sin^2\theta\cos^2\theta$$

$$E_{xy} = E_{yx} = E_T/2 + E_L\sin^2\theta\cos^2\theta$$

$$E_{xs} = E_{sx} = E_L\sin\theta\cos^3\theta$$

$$E_{ys} = E_{sy} = E_L\sin^3\theta\cos\theta \quad (1.119)$$

1.6.3 UDCRR 的特定角度

当应力 σ_x 沿着 x 方向作用在 UDCRR 上时，式（1.54）中的面内剪切应变 γ_{xy} 可以写为 $\gamma_{xy} = C_{xs}\sigma_x$。将近似式 $E_L \gg E_T$ 代入式（1.117）中，得到：

$$C_{xs} = -\frac{1}{E_T}\sin2\theta(2\cos^2\theta - \sin^2\theta) + \frac{1}{2E_L}\sin2\theta(3\cos^2\theta - \sin^2\theta)$$

$$\approx \frac{2\cos^3\theta\sin\theta}{E_T}(\tan^2\theta - 2) \quad (1.120)$$

如图 1.22 和图 1.23 所示，对于 UDCRR 的剪应变 γ_{xy} 来说，其符号在某个特定角度 θ^* 下会发生改变，这个角度可以通过如下公式求出：

$$\theta^* = \tan^{-1}\sqrt{2} = 54.7° \quad (1.121)$$

⊖ 问题 1.5。

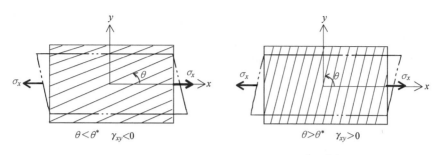

图 1.22 应力沿着 x 方向作用时的剪切变形[1]

当 $\theta = \theta^*$ 时，剪应变消失，这是 UDCRR 特有的现象。因此带有特定角度的层合材料内部不承受剪切变形，第 3 章中会进一步讨论这个问题。在高压橡胶管的设计中充分利用了这个特性。同时，因为对于 FRP 来说不满足 $E_L \gg E_T$ 的条件，所以这种现象不会在 FRP 上体现出来。

将式（1.119）和 $\theta = \theta^*$ 代入到式（1.56）中可以得到：

$$E_x(\theta^*) = 3E_T/4 = E_m \tag{1.122}$$

当 $\theta = \theta^*$ 的时候，E_x 取其最小值 E_m，这实际就是橡胶基体的杨氏模量。所以在 $\theta = \theta^*$ 的时候，帘线对 UDCRR 在均布的法向应力向量 $\{\sigma_x, 0, 0\}$ 作用下的增强效果完全消失。

1.6.4 微观力学理论和实验结果之间的比较

Kabe[15] 对 UDCRR 的实验结果和微观力学理论结果进行了比较，他采用的复合材料弹性常数为 $E_f = 2.85\text{GPa}$，$E_m = 5\text{MPa}$，$\nu_f = 0.4$，$\nu_m = 0.5$，如图 1.24 所示。在式（1.113）中 $G_{LT}/E_T \approx 1/4$，与实验结果非常符合（除 $V_f = 0$ 和 $V_f = 1$ 外）。用式（1.73）计算得到的 G_{LT} 与用 Akasaka - Kabe 模型 [式（1.108）] 计算得到的 E_T 的比值要比用简化的 Halpin - Tsai 模型 [式（1.116）] 得到的结果与实验结果更加吻合。

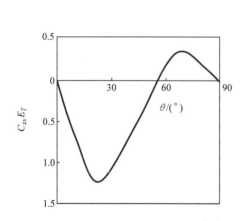

图 1.23 $C_{xs}E_T$ 和帘线角度的关系[15]

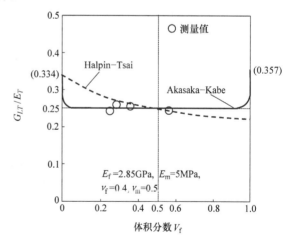

图 1.24 模型计算得到的横向模量与实验结果之间的对比[15]

1.7 单向帘线增强橡胶复合材料（UDCRR）板的黏弹性能

1.7.1 单向帘线增强橡胶复合材料板的黏弹性研究

轮胎的滚动阻力与橡胶材料和 FRR 的黏弹性能量损失有关。UDCRR 板的黏弹性对于轮胎的滚动阻力和其他性能因素来说是非常重要的。黏弹性的一般概念在附录中有描述。

Chandra 等[16]对以解析方法为代表的机械阻尼模型和有限元模型进行了对比研究。他们进一步将解析研究方法分为 4 个类型：基于能量理论的微观力学模型[17-18]、复数模量模型[19]、半经验模型[20-21]以及基于 Eshelby 的方法[22-23]的模型。Adams[24]提出的能量方法已经应用到了分析复合材料的阻尼特性中，因为它很容易在有限元方法中加以应用。Adams 等[25-26]计算了不同振动模态形状下的阻尼特性。Terada[27]和 Kobayashi[28]等应用了均质化方法，这与 Aboudi 的元胞方法[29]相似。

对于纤维增强橡胶复合材料来说，Tabaddor[30]和 Fujimoto[31]采用了复数模量方法。Kaliske 等[32-33]扩展了 Aboudi 的元胞方法对 6 个阻尼系数进行了预测。Koishi 等[34-35]把复合材料看作是均质的，采用有限元方法预测了它的损失角正切值。

1.7.2 解析阻尼模型

1. 沿帘线轴向的阻尼

层合材料的阻尼特性可以采用 1.4.2 节中的复合材料微观力学模型的混合规则进行分析和研究。Chamis[17]应用能量方法分析图 1.13 中的方形排布的单根纤维增强的 RVE，这可以看作是统一的微观力学方法。材料的阻尼比 ψ 定义为耗散的应变能 D 和最大的储存能 U 之间的比值：

$$\psi = D/U = 2\pi\eta \tag{1.123}$$

式中，η 是材料的损失因子，或者称为损失角正切 $\tan\delta$：

$$\eta = E''/E' \tag{1.124}$$

式中，E' 和 E'' 分别是复数杨氏模量 E^* 的实部和虚部：

$$E^* = E' + jE'' \tag{1.125}$$

对于纵向（帘线方向）的阻尼来说，RVE 内的耗散应变能 D_L 可以表示为

$$D_L = \frac{1}{2}\int_{V_f}\psi_{fL}\sigma_{fL}\varepsilon_{fL}\mathrm{d}V_f + \frac{1}{2}\int_{V_m}\psi_m\sigma_m\varepsilon_m\mathrm{d}V_m \tag{1.126}$$

式中，ψ_{fL}、σ_{fL}、ε_{fL} 和 V_f 分别是帘线的特征阻尼比、帘线的纵向应力和应变，以及帘线的体积分数；ψ_m、σ_m、ε_m 和 V_m 分别是基体的阻尼比、应力、应变和体积分数。

纵向特征阻尼比 ψ_L 定义为

$$D_L = \psi_L U_L \tag{1.127}$$

RVE 在一个振动周期内储存的最大储存能 U_L 为

$$U_L = \frac{1}{2}\int_{V_f}\sigma_{fL}\varepsilon_{fL}\mathrm{d}V_f + \frac{1}{2}\int_{V_m}\sigma_m\varepsilon_m\mathrm{d}V_m = \frac{1}{2}\int_V\sigma_L\varepsilon_L\mathrm{d}V \tag{1.128}$$

式（1.128）代表了应力和应变均匀性分布假设条件下的应变能形式的混合规则。考虑到应变的相容性（$\varepsilon_{fL} = \varepsilon_m = \varepsilon_L$），采用胡克定律以及式（1.123）、式（1.126）~式（1.128），可以推导得到复合材料的纵向损失因子 η_L 如下：

$$\eta_L = \eta_{fL}V_f\frac{E_{fL}}{E_L} + \eta_m(1 - V_f)\frac{E_m}{E_L} \tag{1.129}$$

式中，η_{fL}、η_m、E_{fL} 和 E_L 分别是帘线的纵向损失因子、基体的损失因子、帘线的纵向杨氏模量和复合材料的纵向杨氏模量。

采用与式（1.81）相同的推导方法，复合材料的横向损失因子 η_T 可以表示为⊖

$$\eta_T = \eta_{fT}\sqrt{V_f}\frac{E_T}{E_{fT}} + \eta_m(1 - \sqrt{V_f})\frac{E_T}{E_m} \tag{1.130}$$

⊖ 问题 1.6。

式中，η_{fT} 和 E_{fT} 分别是帘线的横向损失因子和帘线的横向杨氏模量；E_T 是式（1.84）所定义的复合材料的横向杨氏模量。

根据横观各向同性的假设，下式成立：

$$\eta_T = \eta_Z \tag{1.131}$$

如图 1.15 所示，材料在 T 方向和 Z 方向具有相同的特性。

更进一步地分析，用于表征复合材料面内剪切阻尼的剪切损失因子 η_{LT} 可以用下式表示：

$$\eta_{LT} = \eta_{fLT}\sqrt{V_f}\frac{G_{LT}}{G_{fLT}} + \eta_m(1 - \sqrt{V_f})\frac{G_{LT}}{G_m} \tag{1.132}$$

式中，η_{fLT} 和 G_{fLT} 分别是帘线的剪切损失因子和帘线的剪切模量；G_{LT} 是式（1.89）所定义的复合材料的面内剪切模量。

复合材料的面外剪切损失因子 η_{TZ} 可以用下式表示：

$$\eta_{TZ} = \eta_{fTZ}\sqrt{V_f}\frac{G_{TZ}}{G_{fTZ}} + \eta_m(1 - \sqrt{V_f})\frac{G_{TZ}}{G_m} \tag{1.133}$$

式中，η_{fTZ} 和 G_{fTZ} 分别是纤维帘线的面外剪切损失因子和面外剪切模量；G_{TZ} 是式（1.91）所定义的面外剪切模量。其他模型的方程可以在文献 [16] 中找到。

2. 非帘线方向的阻尼

在结构坐标系（非帘线方向）下的单位体积的滞后耗散应变能 D 可以用下面的公式表示：

$$D = \frac{1}{2}\int_V \{\overline{\boldsymbol{\sigma}_x}\}^T[\overline{\boldsymbol{\psi}_x}]\{\overline{\boldsymbol{\varepsilon}_x}\}dV \tag{1.134}$$

式中，$\{\overline{\boldsymbol{\sigma}_x}\}$ 和 $\{\overline{\boldsymbol{\varepsilon}_x}\}$ 在式（1.21）中进行了定义。

通过将结构坐标系（非帘线方向）转换到材料坐标系（沿帘线方向），我们得到[⊖]：

$$\begin{aligned}D &= \frac{1}{2}\int_V \{\overline{\boldsymbol{\sigma}_L}\}^T[\boldsymbol{T}]^{-T}[\overline{\boldsymbol{\psi}_x}][\boldsymbol{R}]^{-1}[\boldsymbol{T}]^{-1}[\boldsymbol{R}]\{\overline{\boldsymbol{\varepsilon}_L}\}dV \\ &= \frac{1}{2}\int_V \{\overline{\boldsymbol{\sigma}_L}\}^T[\boldsymbol{T}]^{-T}[\overline{\boldsymbol{\psi}_x}][\boldsymbol{T}]^T\{\overline{\boldsymbol{\varepsilon}_L}\}dV \\ &\equiv \frac{1}{2}\int_V \{\overline{\boldsymbol{\sigma}_L}\}^T[\overline{\boldsymbol{\psi}_L}]\{\overline{\boldsymbol{\varepsilon}_L}\}dV \end{aligned} \tag{1.135}$$

式中，$[\boldsymbol{T}]$ 和 $[\boldsymbol{R}]$ 分别在式（1.23）和式（1.32）中进行了定义。

同时，复合材料的滞后耗散应变能可以用下式定义：

$$D = \frac{1}{2}\int_V \{\overline{\boldsymbol{\sigma}_L}\}^T[\overline{\boldsymbol{\psi}_L}]\{\overline{\boldsymbol{\varepsilon}_L}\}dV \tag{1.136}$$

对比式（1.135）和式（1.136），可以得到：

$$[\overline{\boldsymbol{\psi}_x}] = [\boldsymbol{T}]^T[\overline{\boldsymbol{\psi}_L}][\boldsymbol{T}]^{-T} \tag{1.137}$$

式中，$[\overline{\boldsymbol{\psi}_L}]$ 可以用下面的对角阵表示：

$$[\overline{\boldsymbol{\psi}_L}] = \begin{bmatrix} \psi_L & 0 & 0 \\ 0 & \psi_T & 0 \\ 0 & 0 & \psi_Z \end{bmatrix} \tag{1.138}$$

式中，ψ_L、ψ_T 和 ψ_Z 分别是 L、T、Z 方向的阻尼比。

⊖ 满足 $[\boldsymbol{R}]^{-1}[\boldsymbol{T}]^{-1}[\boldsymbol{R}] = [\boldsymbol{T}]^T$。

3. 理论结果和实验结果的对比

Saravanos 和 Chamis[17]将不同纤维体积分数下的实验结果与采用他们的模型得到的计算结果进行了对比，如图 1.25 所示。基体是中等模量高强度（IMHS）环氧树脂和中等模量低强度（IMLS）的聚酯。纤维采用的是玻璃纤维（E-Glass）、高模量表面处理过的石墨纤维（HM-S）以及高强度表面处理过的石墨纤维（HT-S）。他们得出的结论是，对于大部分的工程应用来说，在一定的范围内，他们的理论对于纤维的体积比来说是可以接受的。

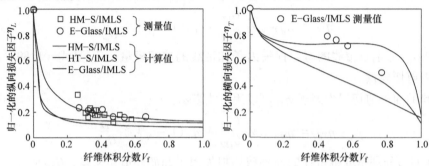

图 1.25 归一化的纵向损失因子和横向损失因子随纤维体积分数的变化[17]

Chandra 等[16]对比了不同方法得到的损失因子。图 1.26 和图 1.27 给出了损失因子 η_L、η_T、η_{LT} 和 η_{TZ} 的结果。采用 Saravanos-Chamis 基于微观力学方法得到的损失因子趋势与采用其他方法得到的关于 η_T、η_{LT} 和 η_{TZ} 的趋势没有可比性，因为在低的体积分数 V_f 下损失因子有突然的下降。

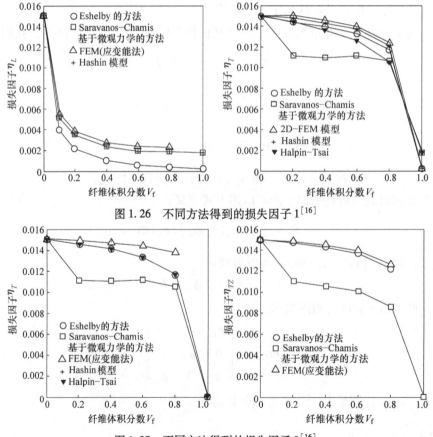

图 1.26 不同方法得到的损失因子 1[16]

图 1.27 不同方法得到的损失因子 2[16]

Nakanishi 等[18]采用有限元方法计算了纤维织物复合材料板的模态阻尼,其中阻尼比是基于微观力学方法计算得到的。因为计算结果与测量结果具有很好的一致性,微观力学理论在阻尼比的计算上是有效的,微观力学可以应用于织物复合材料结构。

1.7.3 黏弹性研究的有限元方法

各向同性材料的损失因子可以表示为

$$\eta = \sum_{i=1}^{n} \eta_i W_i / \sum_{i=1}^{n} W_i \tag{1.139}$$

式中,η_i 是损失因子,例如第 i 个单元的 $\tan\delta$;n 是所有单元的总个数;W_i 是第 i 个单元的应变能。

复合材料的损失因子必须用式(1.138)所表示的 $[\overline{\psi_L}]$ 矩阵来表达,矩阵的元素为特定的阻尼比。复合材料储存的应变能可以表示为

$$U = \frac{1}{2} \int_V \{\overline{\sigma_x}\}^T \{\overline{\varepsilon_x}\} dV \tag{1.140}$$

将式(1.134)和式(1.140)代入到式(1.123)中,可以得到:

$$\psi = \frac{D}{U} = \frac{\frac{1}{2}\int_V \{\overline{\sigma_x}\}^T [\overline{\psi_x}] \{\overline{\varepsilon_x}\} dV}{\frac{1}{2}\int_V \{\overline{\sigma_x}\}^T \{\overline{\varepsilon_x}\} dV} = \frac{\frac{1}{2}\int_V \{\overline{\sigma_L}\}^T [\overline{\psi_L}] \{\overline{\varepsilon_L}\} dV}{\frac{1}{2}\int_V \{\overline{\sigma_x}\}^T \{\overline{\varepsilon_x}\} dV} \tag{1.141}$$

Adams 等[25-26]将碳纤维和玻璃纤维增强塑料的复合材料板的测量值与采用式(1.141)计算的理论值进行了对比,理论预测值与各阶模态振型的测量值之间吻合比较好。阻尼比与模态振型有关,复合材料板的阻尼比随着扭曲的增加而增加。

Koishi 等[34-35]采用有限元方法,将复合材料采用均质化方法进行处理,预测了复合材料的损失角正切。他们计算了纤维增强橡胶复合材料的等效损失角正切与纤维体积分数 V_f 之间的关系,结果如图 1.28 所示,$\tan\delta_L$ 和 $\tan\delta_T$ 分别是复合材料的纵向和横向损失角正切。纤维的模量 E_f 与基体的模量 E_m 之间的比值发生了参数化变化。当 E_f/E_m 提高到 10^3 的时候(这个比值就是轮胎中纤维增强橡胶复合材料的模量的比值),我们发现纵向的等效损失角正切可以近似看作纤维的损失角正切,而横向的损失角正切可以看作橡胶基体的损失角正切。

图 1.29 给出了不同帘线角度下的等效损失角正切的计算值和实测值。采用均质假设方法计算得到的值与实验测量值之

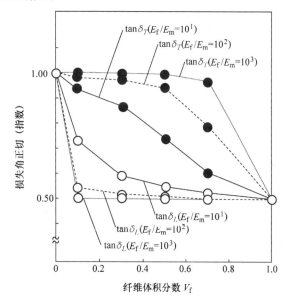

图 1.28 FRR 的等效损失角正切与纤维体积分数之间的关系
(经 JSME 授权,摘自参考文献 [34])

间有较好的一致性。然而,采用混合规则计算得到的值与实验结果不尽一致。

Kaliske[33]提出了纤维增强材料在小且有限变形下的黏弹性特性计算公式,获得了复合材料的滞后曲线。

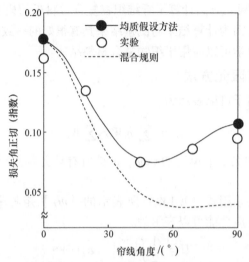

图1.29 不同帘线角度下的等效损失角正切的计算值与实测值
(经 Tire Science and Technology 授权,摘自文献[35])

1.8 短纤维增强橡胶复合材料（SFRR）力学

短纤维增强橡胶复合材料（SFRR）也经常应用于橡胶产品中,其中的纤维（聚酰亚胺纤维、聚酯纤维或芳纶纤维）方向在橡胶中是有取向的。SFRR 应用在非镶钉冬季轮胎的胎面胶中以提高结冰路面的摩擦系数[36-37],应用在胎圈填充物中以降低轮胎重量[38],用在阻尼器件中以控制振动或者应用在同步带中以提高磨耗性能[39]。

1.8.1 短纤维增强橡胶复合材料（SFRR）的微观力学性能

Halpin[40]对 Halpin – Tsai 模型（见1.4.4节）进行了修正,以预估取向的非连续纤维增强复合材料的纵向模量：

$$E_L = E_m \frac{1 + \xi\eta V_f}{1 - \eta V_f} \quad (1.142)$$

式中,

$$\eta = \frac{(E_f/E_m) - 1}{(E_f/E_m) + \xi} \quad (1.143)$$

$$\xi = \frac{2l}{d}$$

图1.30给出了 SFRR 实验测试结果和采用 Halpin – Tsai 模型计算的理论结果之间的对比。理论计算结果和实测结果具有很好的一致性。Nishi[41]的研究表明,当基体为炭黑增强橡胶,采用的纤维是维尼纶且其长度为10denier⊖、1mm 和3mm 的时候,采用式(1.142)计算得到的 SFRR 的 E_L 值与实测值之间一致性良好；Halpin[40]得出的结论是, E_T、G_{LT} 和 ν_{LT} 并不会受到帘线长度的显著影响。因此即使对于使用非

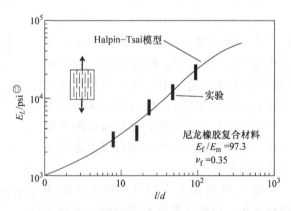

图1.30 Halpin – Tasi 模型的预测值和实验值的对比[7]

⊖ denier 即旦,是测量尼龙线、丝线等的纤度单位。

⊖ 1psi = 6.895kPa。

连续性纤维的情况，式（1.94）仍然可以用于求解非连续纤维增强情况下的 E_T 和 G_{LT}。

Abrate[42]的研究认为在超过某个特定值以后，继续提高纤维的模量并没有非常大的优势，合适的比值应该是 100～200，这取决于纤维的类型和所采用的基体材料。在预测包含随机取向纤维的复合材料的模量时，可以采用下面的半经验公式：

$$E_{\text{random}} = \frac{3}{8}E_L + \frac{5}{8}E_T \tag{1.144}$$

1.8.2 短纤维增强橡胶复合材料（SFRR）在任意方向上的模量

Ashida[43]研究了纤维的方向对于 SFRR 的动态储能模量 E' 的影响。他采用的基体材料是氯丁橡胶（CR），纤维是体积分数为 10% 的尼龙或者聚酯纤维［聚对苯二甲酸酯（PET）］。在与纤维帘线呈 θ 角的方向上，SFRR 的动态储能模量 E' 仍然可以用式（1.38）的第 1 个和第 3 个公式表示：

$$\frac{1}{E_\theta} = \frac{\cos^4\theta}{E_L} + \frac{\sin^4\theta}{E_T} + \left(\frac{1}{G_{LT}} - \frac{2\nu_L}{E_L}\right)\sin^2\theta\cos^2\theta$$

$$\frac{1}{G_\theta} = \frac{1}{G_{LT}} + \left(\frac{1+2\nu_L}{E_L} + \frac{1}{E_T} - \frac{1}{G_{LT}}\right)\sin^2 2\theta \tag{1.145}$$

对于 SFRR 来说，在任意方向上 G_θ 为常数的假设是成立的，因此式（1.145）的第 2 式的第二项肯定是 0，式（1.145）可以简化为

$$\frac{1}{G_\theta} = \frac{1}{G_{LT}} = \frac{1+2\nu_L}{E_L} + \frac{1}{E_T} \tag{1.146}$$

将式（1.146）代入到式（1.145）中，可以得到：

$$\frac{1}{E_\theta} = \frac{\cos^2\theta}{E_L} + \frac{\sin^2\theta}{E_T} \tag{1.147}$$

式中，E_L 和 E_T 分别为沿纤维方向和横向的杨氏模量。

纤维取向对 PET-CR 复合材料的动态储能模量的影响如图 1.31 所示。从图 1.31 可以看出，用式（1.147）计算得到的结果与实测值较为一致。

Ashida[44]测量了 SFRR 的模量。与帘线夹角为 θ 方向的动态储能模量是 E'_θ，它与帘线方向（$\theta = 0°$）的动态储能模量 E' 的比值如图 1.32 所示。帘线为聚酯纤维，它的体积分数是 10%，纤维长度为 0.5mm、1mm、2mm，或者是大于 4mm，基体是氯丁橡胶。在 $\theta = 0°$～30°的范围内动态储能模量显著下降，而在 $\theta = 45°$～90°区间时动态储能模量几乎为常数。

1.8.3 短纤维增强橡胶复合材料（SFRR）的黏弹性

Ashida[44]测量了 SFRR 的损失角正切的温度依赖性。如图 1.33 所示，其中纤维为聚酯纤维，体积分数为 10%，长度有 0.5mm、1mm、2mm 和大于 4mm 4 种情况，基体为氯丁橡胶。当氯丁橡

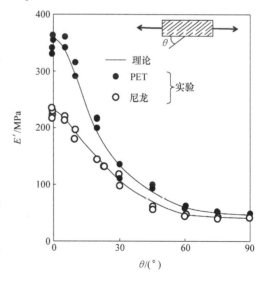

图 1.31 纤维取向对 PET-CR 复合材料的动态储能模量的影响

（经日本橡胶协会允许，摘自参考文献［43］）

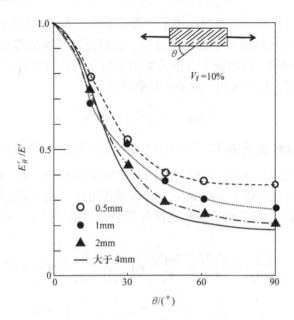

图1.32 纤维的取向和长度对PET-CR复合材料的动态储能模量的影响
（经日本橡胶协会允许，摘自文献[44]）

胶中掺入纤维时，纤维方向的损失角正切 tanδ 会下降，随着纤维长度的增加，损失角正切也会下降。室温附近的损失角正切与轮胎的滚动阻力直接相关，它随着纤维长度的增加而降低。当纤维的长度为 6mm 的时候，SFRR 的损失角正切在 -30℃ 和 140℃ 下有两个峰值。前一个峰值与基体氯丁橡胶有关，后一个峰值与聚酯纤维有关。随着纤维长度的减小，与 CR 有关的峰值增加，与 PET 有关的峰值减小。当纤维的长度小于 4mm 的时候，即便体积分数保持不变，它对 SFRR 的黏弹性的影响仍然会变弱。

Ashida[43]也测量了纤维的方向角 θ 对 SFRR 的损失角正切的影响，如图 1.34 所示，其基体为氯丁橡胶，纤维是尼龙。随着方向角 θ 不断减小，tanδ 的值也减小，一直到 80℃ 仍然如此。tanδ 在 -28℃ 和 100℃ 下有两个峰值，分别与基体 CR 和尼龙有关。随着方向角 θ 的减小，两个

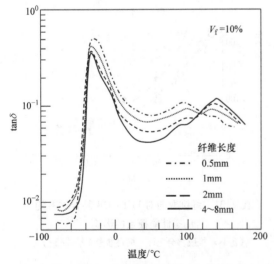

图1.33 纤维的长度对聚酯纤维/氯丁橡胶复合材料（PET-CR）的 tanδ 的影响
（经日本橡胶协会允许，摘自文献[44]）

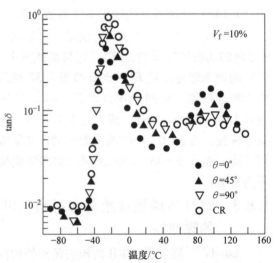

图1.34 纤维方向角 θ 对尼龙增强氯丁橡胶复合材料的 tanδ 的影响
（经日本橡胶协会授权，摘自文献[43]）

问题

1.1 推导式（1.7）。

1.2 推导式（1.38）和式（1.45）。

1.3 推导式（1.57）和式（1.62）。

1.4 包含面内随机方向排列的连续纤维的层合材料称为面内各向同性材料，它在面内的弹性特性是各向同性的。为这类面内各向同性材料寻找层合刚度表达式。

提示：利用式（1.48）对 θ 进行积分。

1.5 推导式（1.118）。

1.6 推导式（1.130）。

1.7 碳纤维/环氧树脂复合材料各成分的特性如下：$E_f = 220\text{GPa}$，$E_m = 3.45\text{GPa}$，$V_f = 0.506$。综合运用式（1.72）、修改后的式（1.84）和 Halpin–Tsai 模型［式（1.94）］等所表示的复合法则来计算复合材料的横向模量。

1.8 证明当 $\xi = 0$ 时，与式（1.94）中的 E_T 有关的 Halpin–Tsai 模型缩减为用式（1.72）所表达的混合规则的逆规则，其中当 $\xi = \infty$ 时就得到了用式（1.67）表示的混合规则。

附录 黏弹性

利用玻尔兹曼叠加原理，针对应变 $\varepsilon(t)$ 的加载历史的应力响应 $\sigma(t)$ 可以表示为

$$\sigma(t) = \int_{-\infty}^{t} E(t - \hat{\tau}) \frac{d\varepsilon(\hat{\tau})}{d\hat{\tau}} d\hat{\tau} \tag{1.148}$$

引入无量纲的松弛函数 $\phi(t)$：

$$\phi(t) = \frac{E(t)}{E_\infty} - 1 \tag{1.149}$$

式中，E_∞ 为 $t = \infty$ 时的弹性模量。

将式（1.148）代入到式（1.149）中可以得到

$$\sigma(t) = \sigma_\infty(t) + \int_{-\infty}^{t} \phi(t - \hat{\tau}) \frac{d\sigma_\infty(\hat{\tau})}{d\hat{\tau}} d\hat{\tau} = \sigma_\infty(t) - \int_{0}^{\infty} \phi(\tau) \frac{d\sigma_\infty(t - \tau)}{dt\tau} d\tau \tag{1.150}$$

式中，$\sigma_\infty = E_\infty \varepsilon(t)$；$\tau = t - \hat{\tau}$。

假设应变 ε 以角速度 ω 做简谐振动，可以表示为

$$\varepsilon(t) = \varepsilon^* e^{i\omega t} \tag{1.151}$$

将式（1.151）代入式（1.150）中可以得出：

$$\sigma(t) = E_\infty \varepsilon(t) - \int_{0}^{\infty} \phi(\tau) \frac{d}{d\tau}(E_\infty \varepsilon^* e^{i\omega(t-\tau)}) d\tau$$

$$= E_\infty \left(1 + i\omega \int_{0}^{\infty} \phi(\tau) e^{-i\omega\tau} d\tau \right) \varepsilon(t) \tag{1.152}$$

考虑到当 $\tau < 0$ 时满足 $\phi(\tau) = 0$，那么 $\phi(\tau)$ 的傅里叶变换可以表示为

$$\phi^*(\omega) = \int_{0}^{\infty} \phi(\tau) e^{-i\omega\tau} d\tau \tag{1.153}$$

式 (1.152) 可以重新写成：

$$\sigma(t) = E^*(\omega)\varepsilon(t) \tag{1.154}$$

式中，$E^*(\omega)$ 是

$$E^*(\omega) = E_\infty[1 + i\omega\phi^*(\omega)] \tag{1.155}$$

将 $\phi^*(\omega)$ 用复数表示，则式 (1.155) 可以重新写为

$$E^*(\omega) = E_\infty(1 - \omega\phi'') + iE_\infty\omega\phi' = E' + iE'' \tag{1.156}$$

式中，ϕ' 和 ϕ'' 分别为 $\phi^*(\omega)$ 的实部和虚部；E' 和 E'' 分别为储能模量和损失模量。

损失角正切定义为

$$\tan\delta = E''/E' \tag{1.157}$$

阻尼矩阵的确定

线弹性材料的振动问题可以采用如下两种有限元方法来解决。一种是直接积分法，该方法比较准确，但是它的计算时间很长，计算成本很高，是一种忽略了阻尼矩阵的方法。另一种方法称为模态叠加法，这是一种近似方法，其计算成本比较低。阻尼系数可以通过实验模态分析来确定。Yoshida[45]建议在直接积分法中使用模态阻尼系数来确定阻尼矩阵。

带有阻尼的结构体的运动方程可以表示为

$$[M]\{\ddot{u}\} + [C]\{\dot{u}\} + [K]\{u\} = \{F\} \tag{1.158}$$

式中，$\{u\}$ 是位移向量；$\{\dot{u}\}$ 和 $\{\ddot{u}\}$ 分别是位移对时间的一阶和二阶导数，也就是速度和加速度向量；$[M]$、$[C]$、$[K]$ 和 $\{F\}$ 分别是质量矩阵、阻尼矩阵、刚度矩阵和外力向量。

当式 (1.158) 中阻尼矩阵和外力向量为零时，结构体处于自由振动状态。这就变成了特征值问题，其第 r 阶实特征向量可以用 $\{X_r\}$ 表示。式 (1.158) 的位移解可以用一系列正交向量 $\{X_r\}$ 的叠加表示：

$$\{u\} = [\{X_1\}\{X_2\}\cdots\{X_r\}\cdots\{X_n\}]\{q\} = [\xi]\{q\} \tag{1.159}$$

式中，$\{q\}$ 为模态位移；$[\xi]$ 为特征值向量 $\{X_r\}$ 组成的矩阵，其每一列就是一个 $\{X_r\}$。

将式 (1.159) 代入到式 (1.158)，并左乘矩阵 $[\xi]^T$，可以得到如下公式：

$$\begin{aligned}[m]\{\ddot{u}\} + [c]\{\dot{u}\} + [k]\{u\} &= [\xi]^T\{F\} \\ [m] &= [\xi]^T[M][\xi] \\ [c] &= [\xi]^T[C][\xi] \\ [k] &= [\xi]^T[K][\xi]\end{aligned} \tag{1.160}$$

其中的质量矩阵和刚度矩阵因为特征向量的正交性而成为对角矩阵，第 r 阶对角单元 m_r 和 k_r 称为模态质量和模态刚度，可以表示为

$$\begin{aligned}[m]\{\ddot{u}\} + [c]\{\dot{u}\} + [k]\{u\} &= [\xi]^T\{F\} \\ m_r &= \{X_r\}^T[M]\{X_r\} \\ k_r &= \{X_r\}^T[K]\{X_r\}\end{aligned} \tag{1.161}$$

同时，当有阻尼矩阵 $[C]$ 时，特征向量 $[X_r]$ 不满足正交性，式 (1.160) 中的第 3 个公式 $[c]$ 一般不是一个正交矩阵。如果 $[C]$ 用质量矩阵 $[M]$ 和 $[K]$ 的线性组合表示，这就指的是瑞利阻尼，此时的矩阵 $[c]$ 就成为对角矩阵。然而，因为瑞利阻尼的阻尼矩阵包含两个参数，阻尼矩阵的特性不容易得到满意的表达。Yoshida 假设阻尼矩阵 $[c]$ 是对角矩阵，对角元素 c_r 称为模态阻尼，从而用模态阻尼 c_r 来表达阻尼矩阵 $[C]$。这个假设给出了 c_r 和 $[C]$ 的关系：

$$c_r = \{X_r\}^T[C]\{X_r\} \tag{1.162}$$

式中，c_r 是

$$c_r = 2\omega_r\zeta_r m_r \tag{1.163}$$

式中，ζ_r 是模态阻尼比。

将式（1.163）代入到式（1.162）中，可以得到：

$$[2\omega_r\zeta_r m_r] = [\boldsymbol{\xi}]^T[\boldsymbol{C}][\boldsymbol{\xi}] \tag{1.164}$$

式中，$[2\omega_r\zeta_r m_r]$ 是一个对角矩阵，其第 r 阶对角线元素是 $2\omega_r\zeta_r m_r$。

利用式（1.160）中的第 2 个公式，式（1.164）可以转换为

$$[\boldsymbol{C}] = [\boldsymbol{M}][\boldsymbol{\xi}][2\omega_r\zeta_r m_r][\boldsymbol{\xi}]^T[\boldsymbol{M}] \tag{1.165}$$

注意 $[\boldsymbol{\xi}]^{-1}$ 是不能计算的，因为 $[\boldsymbol{\xi}]$ 不是方形矩阵。

模态阻尼的物理含义[28]

当 $[c]$ 是对角矩阵的时候，式（1.161）所给出的方程可以重新写为 n 个一维运动方程：

$$m_r\ddot{q}_r + 2\omega_r\zeta_r m_r\dot{q}_r + k_r q_r = f_r \tag{1.166}$$

式中，无阻尼固有频率 ω_r 和归一化的外部力 f_r 是

$$\omega_r = \sqrt{k_r/m_r}$$
$$f_r = \{\boldsymbol{X}_r\}^T\{\boldsymbol{F}\} \tag{1.167}$$

当式（1.166）中的 f_r 为零，并且满足 $\zeta_r < 1$ 的条件时，方程的解就是阻尼振动的解。假设周期为 T，将式（1.166）的两边都乘以 dq_r，并且在一个时间周期内积分，可以得到

$$\int_0^T\frac{dK_{en}}{dt}dt + \int_0^T\frac{dU}{dt}dt = -2\omega_r\zeta_r m_r\int_0^T\dot{q}_r^2 dt$$

$$K_{en} = \frac{1}{2}m_r\dot{q}_r^2 \tag{1.168}$$

$$U = \frac{1}{2}k_r q_r^2$$

式中，K_{en} 和 U 分别是动能和应变能。

式（1.168）给出了一个周期内的能量守恒。假设初始 $t=0$ 时，位移为 q_{r0}，式（1.166）的解为

$$q_r = q_{r0}e^{-\omega_r\zeta_r t}\cos\omega_{rd}t$$
$$\omega_{rd} = \omega_r\sqrt{1-\zeta_r^2} \tag{1.169}$$

式中，ω_{rd} 是第 r 阶有阻尼振动固有频率。

将式（1.169）代入式（1.168）第 1 式的右侧，针对 ζ_r 对公式进行泰勒级数展开，忽略掉 4 次方以上的 ζ_r 项，可以得到：

$$2\omega_r\zeta_r m_r\int_0^T\dot{q}_r^2 dt \approx 4\pi\zeta_r\left(\frac{1}{2}k_r q_{r0}^2\right) = 4\pi\zeta_r E_0 \tag{1.170}$$

式中，E_0 是初始应变能。

因为式（1.168）第 1 式中的左侧第 1 项是一个周期内损失的能量，即 ΔE，根据式（1.168）和式（1.170），可以得到：

$$\Delta E = 4\pi\zeta_r E_0 \tag{1.171}$$

式（1.171）表明一个周期内散失的能量 ΔE 与初始的应变能 E_0 成正比，模态阻尼比 ζ_r 等效于两个能量之间的比值。当材料具有线性黏弹性的时候，其本构方程为式（1.154）。当应变可以用式（1.151）的简谐振动公式表达时，单位体积在一个周期内的能量耗散 Δe 与内部应力做的功相同，可以写为

$$\Delta e = \oint \mathrm{Re}(\{\boldsymbol{\sigma_r}\})^{\mathrm{T}} \mathrm{Re}(\{\mathbf{d}\boldsymbol{\varepsilon_r}\}) = \oint \mathrm{Re}([\boldsymbol{E}^*]\{\boldsymbol{\sigma_r}\})^{\mathrm{T}} \cdot \mathrm{Re}(\{\dot{\boldsymbol{\varepsilon_r}}\}) \mathrm{d}t = \pi\{\boldsymbol{\varepsilon_r}\}^{\mathrm{T}}[\boldsymbol{E}'']\{\boldsymbol{\varepsilon_r}\}$$
(1.172)

式中，Re 为复数的实部。

对 Δe 进行体积积分，则结构在一个周期内的能量损失 ΔE 和初始的应变能 E_0 可以表示为

$$\Delta E = \pi \int_V \{\boldsymbol{\varepsilon_r}\}^{\mathrm{T}}[\boldsymbol{E}'']\{\boldsymbol{\varepsilon_r}\} \mathrm{d}V$$
(1.173)

$$E_0 = \frac{1}{2} \int_V \{\boldsymbol{\varepsilon_r}\}^{\mathrm{T}}[\boldsymbol{E}']\{\boldsymbol{\varepsilon_r}\} \mathrm{d}V$$

根据式（1.171）和式（1.173），模态阻尼比 ζ_r 可以表示为

$$\zeta_r = \frac{1}{2} \frac{\int_V \{\boldsymbol{\varepsilon_r}\}^{\mathrm{T}}[\boldsymbol{E}'']\{\boldsymbol{\varepsilon_r}\} \mathrm{d}V}{\int_V \{\boldsymbol{\varepsilon_r}\}^{\mathrm{T}}[\boldsymbol{E}']\{\boldsymbol{\varepsilon_r}\} \mathrm{d}V}.$$
(1.174)

因此，如果复数弹性矩阵 $[\boldsymbol{E}^*]$ 已知，ζ_r 可以根据与实特征向量有关的模态的应变能分布求出来。

备注

备注 1.1　橡胶的体积不可压缩性

橡胶的一个特殊特性就是在外力作用下其体积不变。根据图 1.35a，不可压缩性可以表示为

$$(1 + \varepsilon_x)l_x(1 + \varepsilon_y)l_y(1 + \varepsilon_z)l_z = l_x l_y l_z$$

根据小应变假设 ε_x、ε_y、$\varepsilon_z \ll 1$，可以得到：

$$\varepsilon_x + \varepsilon_y + \varepsilon_z = 0$$

图 1.35b 显示了微小单元在 z 轴上作用有外部力时的变形情况。用 ε 表示 z 轴方向的应变，则 x 轴和 y 轴方向的应变可以用泊松比 ν 和应变 ε 来表示。参考图 1.35b，不可压缩性可以表示为

$$(1 - \nu\varepsilon)l_x(1 - \nu\varepsilon)l_y(1 + \varepsilon)l_z = l_x l_y l_z$$

根据小应变 $\varepsilon \ll 1$ 的假设，可以得到：

$$(1 - \nu\varepsilon)^2(1 + \varepsilon) \cong (1 - 2\nu\varepsilon)(1 + \varepsilon) \cong 1 + (2 - \nu)\varepsilon = 1$$

由此可以得到不可压缩材料的泊松比 $\nu = 1/2$。

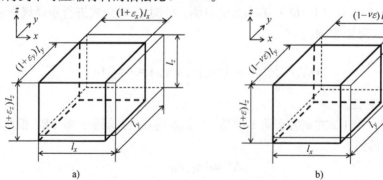

图 1.35　橡胶的体积不可压缩性

备注 1.2

当满足 $-1 < \cos 2\theta < 1$ 的时候，极值出现的位置远离 $\theta = 0°$ 和 $\theta = 90°$。因为满足

$$\frac{E_T - E_L}{E_L E_T / G_{LT} - (E_L + E_T + 2\nu_L E_T)} < 1$$ 的条件，考虑到 $E_L - E_T > 0$，可以得到 $G_{LT} > E_L / \{2(1 + \nu_L)\}$。

对于 FRR 来说，从式（1.98）可以得到如下的弹性特性：

$$G_{LT} = \frac{E_m}{3}$$

$$\frac{E_L}{2(1 + \nu_L)} = \frac{E_f V_f}{3}$$

$$\frac{E_T}{2(1 + \nu_T)} = \frac{2}{3} E_m$$

因为对于 FRR 来说，满足 $G_{LT} < E_T / \{2(1 + \nu_T)\}$，所以 FRR 的 x 方向的模量 E_x 在 $0 < \theta < 90°$ 范围内可以取到极值。

参考文献

1. T. Hayashi (ed.), *Composite Material Engineering* (Nikkagiren, Tokyo, 1971) (in Japanese)
2. S.W. Tsai, *Composite Design* (Think Composites, Palmetto, 1986)
3. M. Miki et al., *Composite Mechanics* (Kyouritsu Shuppan, Tokyo, 1997) (in Japanese)
4. S.K. Clark (ed.), *Mechanics of Pneumatic Tires* (U.G. Government Printing Office, Washington, D.C., 1981)
5. J.D. Walter, Cord-rubber tire composites: theory and application. Rubber Chem. Technol. **51**(3), 524–576 (1978)
6. C.C. Chamis, Simplified composite micromechanics equations for hygral, thermal and mechanical properties. SAMPE Q. **15**(3), 14–23 (1984)
7. R.F. Gibson, *Principles of Composite Material Mechanics*, 3rd edn. (CRC Press, Boca Raton, 2012)
8. T. Akasaka, K. Yoshida, *Practical Energy Method* (Youkendou, 2000) (in Japanese)
9. B.D. Agarwal, L.J. Broutman, *Analysis and Performance of Fiber Composite* (Wiley, New York, 1980)
10. R.M. Jones, *Mechanics of Composite Materials*, 2nd edn. (Taylor & Francis, Philadelphia, 1999)
11. S.K. Clark, Theory of the elastic net applied to cord-rubber composites. Rubber Chem. Technol. **56**(2), 372–589 (1983)
12. G. Tangora, Simplified calculations for multi-ply and rubber sheets as a combination of cord-rubber laminating, in *Proceedings of International Conference, Moscow* (1971)
13. T. Akasaka, M. Hirano, Approximate elastic constants of fiber reinforced rubber sheet and its composite laminate. Fukugo Zairyo **1**(2), 70–76 (1972)
14. S.K. Clark, Theory of the elastic net applied to cord-rubber composites. Rubber Chem. Technol. **56**(2), 372–589 (1983)
15. K. Kabe, in *Study on tire deformation based on structural mechanics*. Ph.D. Thesis of Chuo University (1980) (in Japanese)
16. R. Chandra, et al., Micromechanical damping models for fiber-reinforced composites: a comparative study. Composites Part A **33**, 787–796 (2002)
17. D.A. Saravanos, C.C. Chamis, Unified micromechanics of damping for unidirectional and off-axis fiber composites. J. Compos. Tech. Res. **12**, 31–40 (1990)
18. Y. Nakanishi et al., Estimation method of damping properties for woven fabric composites. Trans. JSME (C) **72**(719), 2042–2047 (2006)
19. Z. Hashin, Analysis of properties of fiber composites with anisotropic heterogeneous materials. J. Appl. Mech. **46**, 543–550 (1979)
20. S.W. Tsai, in *Structural behavior of composite materials*. NSA-CR-71 (1964)
21. J.C. Halpin, S.W. Tsai, in *Effect of environmental factors on composite materials*. AFML-TR-76-423 (1969)
22. J.D. Eshelby, The determination of the elastic field of an elliptical inclusion and related problems. Proc. R. Soc. Lond. **A241**, 376–396 (1957)
23. Y.H. Zhao, G.J. Weng, Effective elastic moduli of ribbon-reinforced composites. Trans. Am. Mech. Engr. **57**, 158–167 (1990)
24. R.D. Adams, D.G.C. Bacon, Effect of fibre orientation and laminate geometry on the dynamic

properties of CFRP. J. Comp. Mater. **7**, 402–428 (1973)
25. D.X. Lin et al., Prediction and measurement of vibrational damping parameters of carbon and glass fibre-reinforced plastic plates. J. Compos. Mater. **18**, 132–152 (1984)
26. M.R. Maheri, R.D. Adams, Finite element Prediction of modal response of damped layered composite panels. Compos. Sci. and Technol. **55**, 13–23 (1995)
27. K. Terada et al., A method of viscoelastic two scale analyses for FRP. Trans. JSME (A) **75**(76), 1674–1687 (2009)
28. K. Kobayashi et al., Damping vibration analysis of composite materials using mode superposition and homogenization method. J. Jpn. Soc. Compos. Mater. **41**(1), 9–18 (2015)
29. J. Aboudi, *Mechanics of Composite Materials. Studies in Applied Mechanics 29* (Elsevier, Amsterdam, 1991)
30. F. Tabaddor et al., Visocoelastic loss characteristics of cord-rubber composites. Tire Sci. Technol. **14**(2), 75–101 (1986)
31. K. Fujimoto et al., Study on complex modulus of FRR. J. Compos. Mater. **12**(4), 163–170 (1986). (in Japanese)
32. M. Kaliske, H. Rothert, Damping characteristics of unidirectional fibre reinforced polymer composites. Compos. Eng. **5**(5), 551–567 (1995)
33. M. Kaliske, A formulation of elasticity and viscoelasticity for fibre reinforced material at small and finite strains. Comput. Meth. Appl. Mech. Eng. **185**, 225–243 (2000)
34. M. Koishi et al., Homogenization method for analysis of dynamic viscoelastic properties of composite materials. Trans. JSME (A) **62**(602), 2270–2275 (1996)
35. Z. Shida et al., A rolling resistance simulation of tires using static finite element analysis. Tire Sci. Technol. **27**(2), 84–105 (1999)
36. Y. Ishikawa, Friction of tire—friction on ice and material characteristics. Nippon Gomu Kyokaishi **70**(4), 193–203 (1997)
37. A. Doi, Trend of recent technologies of tire. Nippon Gomu Kyokaishi **71**(9), 588–594 (1998)
38. T. Hase, K. Yamaguchi, Short fiber reinforcement of TPE. Nippon Gomu Kyokaishi **69**(9), 615–623 (1996)
39. N. Wada, et al., Effect of filled fibers and their orientations on the wear of short fiber reinforced rubber composites. Nippon Gomu Kyokaishi **66**(8), 572–584 (1993)
40. J.C. Halpin, Stiffness and expansion estimates for oriented short fiber composites. J. Compos. Mater. **3**, 732–734 (1969)
41. T. Nishi, Structure and material properties of rubber composites. Nippon Gomu Kyokaishi **57**(7), 417–427 (1984)
42. S. Abrate, The mechanics of short-fiber-reinforced composites: a review. Rubber Chem. Technlol. **59**, 384–404 (1986)
43. M. Ashida, Reinforced fiber (short fiber). Nippon Gomu Kyokaishi **63**(11), 694–701 (1990)
44. M. Ashida et al., Effect of fiber length on the mechanical and dynamical properties of PET-CR composite. Nippon Gomu Kyokaishi **60**(3), 158–164 (1987)
45. N. Yoshida et al., Effect of damping on earthquake response of ground and its accuracy. J. Jpn. Assoc. Earthquake Eng. **6**(4), 55–73 (2006)

第 2 章　层合板理论

层合板结构应用在子午线轮胎的带束层和斜交轮胎的胎体中,它们有的是由钢丝帘线和橡胶组成的,也有的是由纤维帘线和橡胶组成的。层合板的力学特性,比如轮胎带束层的拉伸刚度和弯曲刚度,可以用经典的层合理论(CLT)来预测。虽然经典层合理论没有考虑层间剪切,但是经典层合理论预测的弹性特性与实测值吻合很好。有限元理论用于预测带束层结构对轮胎性能的影响。而且,通过遗传算法(GA)和有限元方法的结合可以获得优化的带束层结构,同时兼顾操控性能和耐久性能。

2.1　经典层合理论(CLT)

2.1.1　层合板坐标系和层合板构造的表征

经典层合理论是应用于轮胎带束层和胎体层的简单理论。图 2.1 给出了层合板的弹性特性示意图,这个层合板由 N 个正交各向异性复合材料板在厚度方向[1]堆叠而成。第 m 层纤维方向定义为 $L^{(m)}$ 轴,其横向定义为 $T^{(m)}$ 轴,这两个轴为第 m 层材料的主轴。纤维的方向角 $\theta^{(m)}$ 定义为从 x 轴到 $L^{(m)}$ 的夹角,第 m 层的厚度为 t_m。

层合板的构造可以用纤维的方向角和板的堆叠序号表示。层合板的描述基于手工铺层的顺序。图 2.1 中的铺层堆叠方向就是 z 轴,当各层的材料相同的时候,每层的序号和方向角从底层开始向上排列。例如,当该层合板是由两层 $0°$、两层 $90°$、两层 $30°$ 的单层板堆叠而成的时候,它可以表示为 $[0_2/90_2/30_2]$。

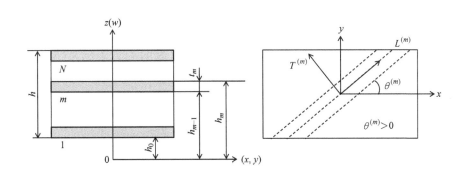

图 2.1　层合板的弹性特性示意图

2.1.2　经典层合理论方程

图 2.1 所示的第 m 层单层板的本构方程为

$$\{\boldsymbol{\sigma}^{(m)}\} = [\boldsymbol{E}^{(m)}]\{\boldsymbol{\varepsilon}^{(m)}\} \tag{2.1}$$

式中,$[\boldsymbol{E}^{(m)}]$ 由式(1.43)给出;上标 (m) 表示第 m 层。

第 m 层的应力和应变向量 $\{\boldsymbol{\sigma}^{(m)}\}$ 和 $\{\boldsymbol{\varepsilon}^{(m)}\}$ 可以表示为

$$\{\boldsymbol{\sigma}^{(m)}\} = \begin{Bmatrix} \sigma_x^{(m)} \\ \sigma_y^{(m)} \\ \tau_{xy}^{(m)} \end{Bmatrix}$$

$$\{\boldsymbol{\varepsilon}^{(m)}\} = \begin{Bmatrix} \varepsilon_x^{(m)} \\ \varepsilon_y^{(m)} \\ \gamma_{xy}^{(m)} \end{Bmatrix} \tag{2.2}$$

在经典层合理论中，应变向量 $\{\boldsymbol{\varepsilon}^{(m)}\}$ 在各层之间是连续的，忽略了层间的剪切应变。包含层间剪切应变的复合材料理论称为修正的层合理论，将在第 3 章中讨论。

单层板的单位长度的薄膜力 N_x、N_y、N_{xy}，以及单位长度的力矩 M_x、M_y、M_{xy} 可以表示为

$$(N_x, N_y, N_{xy}) = \sum_{m=1}^{N} \int_{h_{m-1}}^{h_m} (\sigma_x^{(m)}, \sigma_y^{(m)}, \tau_{xy}^{(m)}) \mathrm{d}z$$

$$(M_x, M_y, M_{xy}) = \sum_{m=1}^{N} \int_{h_{m-1}}^{h_m} (\sigma_x^{(m)}, \sigma_y^{(m)}, \tau_{xy}^{(m)}) z \mathrm{d}z \tag{2.3}$$

其中 $z=0$ 的参考平面可以任意选择。假设 $z=0$ 的平面选择在复合材料板的中心面上，根据柯西霍夫－拉夫假设，垂直于复合材料板的中心面的一条直线在板发生弯曲变形后仍然与中心面垂直，同时板的厚度在弯曲变形的过程中不发生改变。在厚度为 z 的点上，其沿着 x 轴方向的位移 u_1 可以表示为

$$u_1 = u - z\phi \tag{2.4}$$

式中，u 是在中心面上的点沿着 x 轴方向的位移；ϕ 是弯曲的板沿着 x 轴方向的变形斜率，可以表示为

$$\phi = \partial w / \partial x \tag{2.5}$$

式中，w 是中心面上的点沿 z 轴的位移。

将式（2.5）代入到式（2.4）中可以得到：

$$u_1 = u - z\partial w / \partial x \tag{2.6}$$

同样地，距离中心面厚度为 z 的位置上的点沿 y 轴的位移 u_2 可以表示为

$$u_2 = v - z\partial w / \partial y \tag{2.7}$$

式中，v 是中心面上的点沿着 y 轴的位移，如图 2.2 所示。

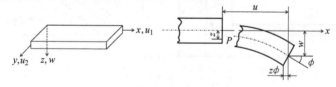

图 2.2 弯曲变形下板的位移

在板的弯曲问题中应用柯西霍夫－拉夫假设，ε_z、γ_{xz} 和 γ_{yz} 为 0，其他的应变可以表示为

$$\varepsilon_x = \partial u_1 / \partial x$$

$$\varepsilon_y = \partial u_2 / \partial y$$

$$\gamma_{xy} = \partial u_2 / \partial x + \partial u_1 / \partial y \tag{2.8}$$

将式（2.6）和式（2.7）代入到式（2.8）中得到⊖：

⊖ 备注 2.1。

$$\begin{aligned} \varepsilon_x &= \varepsilon_x^0 + z\kappa_x \\ \varepsilon_y &= \varepsilon_y^0 + z\kappa_y \\ \gamma_{xy} &= \gamma_{xy}^0 + z\kappa_{xy} \end{aligned} \quad (2.9)$$

式中,

$$\begin{aligned} \varepsilon_x^0 &= \partial u/\partial x \\ \varepsilon_y^0 &= \partial v/\partial y \\ \gamma_{xy}^0 &= \partial u/\partial y + \partial v/\partial x \\ \kappa_x &= -\partial^2 w/\partial x^2 \\ \kappa_y &= -\partial^2 w/\partial y^2 \\ \kappa_{xy} &= -2\partial^2 w/\partial x \partial y \end{aligned} \quad (2.10)$$

式中,ε_x^0、ε_y^0 和 γ_{xy}^0 是板弯曲时中心面(也就是弯曲变形的中性面,在该面上既没有剪切也没有拉伸应变)上的应变;κ_x、κ_y 和 κ_{xy} 是中心面的曲率和扭转角位移。

将式(2.1)和式(2.9)代入到式(2.3)中,可以得到单层板的单位宽度的薄膜力方程和单位宽度的力矩方程。作用在层合板上的力和力矩如图2.3所示。

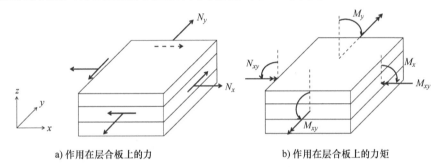

a) 作用在层合板上的力　　　　　　b) 作用在层合板上的力矩

图 2.3　作用在层合板上的力和力矩

$$\begin{Bmatrix} N_x \\ N_y \\ N_{xy} \end{Bmatrix} = \sum_{m=1}^{N} \int_{h_{m-1}}^{h_m} [\boldsymbol{E}^{(m)}] \mathrm{d}z \begin{Bmatrix} \varepsilon_x^0 \\ \varepsilon_y^0 \\ \gamma_{xy}^0 \end{Bmatrix} + \sum_{m=1}^{N} \int_{h_{m-1}}^{h_m} [\boldsymbol{E}^{(m)}] z \mathrm{d}z \begin{Bmatrix} \kappa_x \\ \kappa_y \\ \kappa_{xy} \end{Bmatrix}$$

$$\begin{Bmatrix} M_x \\ M_y \\ M_{xy} \end{Bmatrix} = \sum_{m=1}^{N} \int_{h_{m-1}}^{h_m} [\boldsymbol{E}^{(m)}] z \mathrm{d}z \begin{Bmatrix} \varepsilon_x^0 \\ \varepsilon_y^0 \\ \gamma_{xy}^0 \end{Bmatrix} + \sum_{m=1}^{N} \int_{h_{m-1}}^{h_m} [\boldsymbol{E}^{(m)}] z^2 \mathrm{d}z \begin{Bmatrix} \kappa_x \\ \kappa_y \\ \kappa_{xy} \end{Bmatrix}$$

(2.11)

式(2.11)可以用矩阵形式表示:

$$\begin{Bmatrix} N_x \\ N_y \\ N_{xy} \\ M_x \\ M_y \\ M_{xy} \end{Bmatrix} = \begin{bmatrix} A_{xx} & A_{xy} & A_{xs} & B_{xx} & B_{xy} & B_{xs} \\ A_{xy} & A_{yy} & A_{ys} & B_{xy} & B_{yy} & B_{ys} \\ A_{xs} & A_{ys} & A_{ss} & B_{xs} & B_{ys} & B_{ss} \\ B_{xx} & B_{xy} & B_{xs} & D_{xx} & D_{xy} & D_{xs} \\ B_{xy} & B_{yy} & B_{ys} & D_{xy} & D_{yy} & D_{ys} \\ B_{xs} & B_{ys} & B_{ss} & D_{xs} & D_{ys} & D_{ss} \end{bmatrix} \begin{Bmatrix} \varepsilon_x^0 \\ \varepsilon_y^0 \\ \gamma_{xy}^0 \\ \kappa_x \\ \kappa_y \\ \kappa_{xy} \end{Bmatrix} \quad (2.12)$$

式中，A_{ij}（$i,j = x,y,s$）是拉伸和剪切刚度；A_{xs} 和 A_{ys} 是拉伸与剪切的耦合刚度；B_{ij} 是弯曲/扭转与拉伸/剪切的耦合刚度；D_{ij}（$i,j = x,y,s$）是弯曲和扭转刚度；D_{xs} 和 D_{ys} 是弯曲与扭转的耦合刚度。

或者简写为

$$\begin{Bmatrix} N \\ M \end{Bmatrix} = \begin{bmatrix} A & B \\ B & D \end{bmatrix} \begin{Bmatrix} \varepsilon^0 \\ \kappa \end{Bmatrix} \tag{2.13}$$

$$(A_{ij}, B_{ij}, D_{ij}) = \sum_{m=1}^{N} \int_{h_{m-1}}^{h_m} (1, z, z^2) E_{ij}^{(m)} \mathrm{d}z \quad (i,j = x,y,s)$$

$$A_{ij} = \sum_{m=1}^{N} E_{ij}^{(m)} (h_m - h_{m-1})$$

$$B_{ij} = \frac{1}{2} \sum_{m=1}^{N} E_{ij}^{(m)} (h_m^2 - h_{m-1}^2) \tag{2.14}$$

$$D_{ij} = \frac{1}{3} \sum_{m=1}^{N} E_{ij}^{(m)} (h_m^3 - h_{m-1}^3)$$

矩阵 $[A]$、$[B]$ 和 $[D]$ 为对称矩阵，因为 $[E^{(m)}]$ 是对称矩阵。所以式（2.12）右侧的 6×6 的刚度矩阵也是对称矩阵，式（2.13）可以重新整理为[⊖]

$$\begin{Bmatrix} \varepsilon^0 \\ M \end{Bmatrix} = \begin{bmatrix} a & b \\ c & d \end{bmatrix} \begin{Bmatrix} N \\ \kappa \end{Bmatrix} \tag{2.15}$$

式中，

$$\begin{aligned} [a] &= [A]^{-1} \\ [b] &= -[A]^{-1}[B] \\ [c] &= [B][A]^{-1} = -[b]^{\mathrm{T}} \\ [d] &= [D] - [B][A]^{-1}[B] \end{aligned} \tag{2.16}$$

需要注意的是，$[a]$ 和 $[d]$ 是对称矩阵，而 $[b]$ 和 $[c]$ 不是对称矩阵。而且，进一步将式（2.15）重新整理后可以得到[⊖]：

$$\begin{Bmatrix} \varepsilon^0 \\ \kappa \end{Bmatrix} = \begin{bmatrix} a^* & b^* \\ c^* & d^* \end{bmatrix} \begin{Bmatrix} N \\ M \end{Bmatrix} \tag{2.17}$$

式中，

$$\begin{aligned} [a^*] &= [a] + [b][d]^{-1}[b]^{\mathrm{T}} \\ [b^*] &= [b][d]^{-1} \\ [c^*] &= [b^*]^{\mathrm{T}} \\ [d^*] &= [d]^{-1} \end{aligned} \tag{2.18}$$

考虑到 $[a^*]$ 和 $[d^*]$ 是对称矩阵，而 $[c^*]$ 是 $[b^*]$ 的转置矩阵，我们发现式（2.17）右侧的 6×6 的柔度矩阵是对称的。薄膜力向量 $\{N\}$ 和力矩向量 $\{M\}$ 不但能产生面内应变 $\{\varepsilon^0\}$，而且还可以产生出曲率和转角向量 $\{\kappa\}$。这些现象也就是面外耦合。需要注意的是，在单层板内部也会产生面内耦合，也就是其中的拉伸、压缩应变 ε_x^0 和 ε_y^0 可以产生剪切力 N_{xy}，或者是剪应变 γ_{xy}^0 可以产生拉伸力、压缩力 N_x 和 N_y。

第 m 层的应力向量 $\{\sigma^{(m)}\}$ 可以用式（2.1）和式（2.9）来计算：

⊖⊖ 问题2.1。

$$\{\boldsymbol{\sigma}^{(m)}\} = [\boldsymbol{E}^{(m)}]\{\boldsymbol{\varepsilon}^0\} + z[\boldsymbol{E}^{(m)}]\{\boldsymbol{\kappa}\} \tag{2.19}$$

利用式（2.17），式（2.19）可以重新写为

$$\{\boldsymbol{\sigma}^{(m)}\} = [\boldsymbol{E}^{(m)}]([\boldsymbol{a}^*] + z[\boldsymbol{c}^*])\{\boldsymbol{N}\} + [\boldsymbol{E}^{(m)}]([\boldsymbol{b}^*] + z[\boldsymbol{d}^*])\{\boldsymbol{M}\} \tag{2.20}$$

式（2.20）表明，应力 $\{\sigma_x\}$ 不但产生自 $\{N_x\}$ 和 $\{M_x\}$，而且也产生自 $\{N_y\}$、$\{N_{xy}\}$、$\{M_y\}$ 和 $\{M_{xy}\}$。这种现象称为交叉弹性。

2.2 轴对称层合板的特性

2.2.1 轴对称层合板的本构方程

如图 2.4 所示，轴对称层合板有相对于中性面的轴对称几何形状和轴对称的材料属性。如果参考平面选择在轴对称层合板的中性面上，那么式（2.14）中的矩阵 $[\boldsymbol{B}]$ 满足下面的关系：

$$[\boldsymbol{B}] = 0 \tag{2.21}$$

弯曲-拉伸耦合刚度矩阵 $[\boldsymbol{B}]$ 成为一个相对于 z 轴的奇函数。因此满足关系$[\boldsymbol{b}^*] = [\boldsymbol{c}^*] = [\boldsymbol{0}]$，这样就没有了面外的耦合效应。这对于层合板的制作过程来说非常重要，因为这样在硫化和接下来的冷却过程中不会由于诱发的热应力 $\{N_x\}$ 和 $\{N_y\}$ 而产生弯曲和扭转变形。

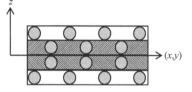

图 2.4 轴对称层合板

对于轴对称层合板来说，式（2.20）可以重新写为

$$\{\boldsymbol{\sigma}^{(m)}\} = [\boldsymbol{E}^{(m)}][\boldsymbol{a}^*]\{\boldsymbol{N}\} + z[\boldsymbol{E}^{(m)}][\boldsymbol{d}^*]\{\boldsymbol{M}\} \tag{2.22}$$

式中，

$$\begin{aligned}[\boldsymbol{a}^*] &= [\boldsymbol{A}]^{-1} \\ [\boldsymbol{d}^*] &= [\boldsymbol{D}]^{-1}\end{aligned} \tag{2.23}$$

注意，即便是对于轴对称层合板来说，交叉弹性也不会消失。

2.2.2 轴对称层合板的面内刚度

对于轴对称层合板来说，因为满足式（2.21）的条件，所以与薄膜力 $\{N\}$ 有关的面内变形和与力矩 $\{M\}$ 有关的弯曲或扭转变形是可以解耦的，面内变形的公式为

$$\{\boldsymbol{N}\} = [\boldsymbol{A}]\{\boldsymbol{\varepsilon}^0\} \tag{2.24}$$

或写为

$$\begin{Bmatrix} N_x \\ N_y \\ N_{xy} \end{Bmatrix} = \begin{bmatrix} A_{xx} & A_{xy} & A_{xs} \\ A_{xy} & A_{yy} & A_{ys} \\ A_{xs} & A_{ys} & A_{ss} \end{bmatrix} \begin{Bmatrix} \varepsilon_x^0 \\ \varepsilon_y^0 \\ \gamma_{xy}^0 \end{Bmatrix} \tag{2.25}$$

如果该轴对称层合板有 $2n$ 层，A_{ij} 可以表示为

$$A_{ij} = 2\sum_{m=1}^{n} \int_{h_{m-1}}^{h_m} E_{ij}^{(m)} \mathrm{d}z, (i,j = x,y,s) \tag{2.26}$$

A_{ij} 的值可以仅采用一半的层数来计算，并且它们的值与堆叠顺序无关。利用式（2.22）和式（2.23），由薄膜力 $\{N\}$ 产生的第 m 层的应力向量 $\{\boldsymbol{\sigma}^{(m)}\}$ 可以用下面的公式得到：

$$\{\boldsymbol{\sigma}^{(m)}\} = [\boldsymbol{E}^{(m)}][\boldsymbol{a}^*]\{\boldsymbol{N}\} = [\boldsymbol{E}^{(m)}][\boldsymbol{A}]^{-1}\{\boldsymbol{N}\} \tag{2.27}$$

我们假设层合板由厚度为 t 的 $2n$ 层铺层组成，从上到下每层的帘线方向角为 α_1，α_2，…，α_n，其编号顺序是从中间平面向上或者向下排列。如图 2.5 所示，面内弹性特性可以采用（1，2）正交坐标轴系统来定义，其中的角度 ϕ 从 x 轴开始测量。在帘线与 x 轴的夹角为 α_m 的第

m 层上，其面内弹性特性可以根据下面的公式确定：

$$\{\boldsymbol{\sigma}_1^{(m)}\} = [\boldsymbol{E}(\boldsymbol{\alpha}_m - \boldsymbol{\phi})]\{\boldsymbol{\varepsilon}_1^{(m)}\} \quad (m = 1, 2, \cdots, n) \tag{2.28}$$

将 $\theta = \alpha_m - \phi$ 代入到式（1.45）中，可以得到 $[\boldsymbol{E}(\boldsymbol{\alpha}_m - \boldsymbol{\phi})]$ 中的每个元素。式（2.24）可以写为

$$\begin{Bmatrix} N_1 \\ N_2 \\ N_{12} \end{Bmatrix} = \begin{bmatrix} A_{11} & A_{12} & A_{1s} \\ A_{12} & A_{22} & A_{2s} \\ A_{1s} & A_{2s} & A_{ss} \end{bmatrix} \begin{Bmatrix} \varepsilon_1^0 \\ \varepsilon_2^0 \\ \gamma_{12}^0 \end{Bmatrix} \tag{2.29}$$

式中，

$$A_{ij} = 2t \sum_{m=1}^{n} E_{ij}(\alpha_m - \phi) \tag{2.30}$$

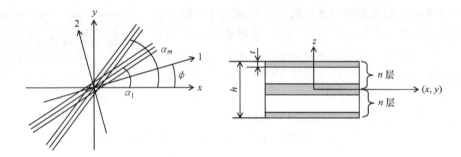

图 2.5 轴对称层合板的面内弹性特性

当只有薄膜力 N_1 作用在 1 方向上的时候，其本构方程可以表示为

$$\begin{Bmatrix} N_1 \\ 0 \\ 0 \end{Bmatrix} = \begin{bmatrix} A_{11} & A_{12} & A_{1s} \\ A_{12} & A_{22} & A_{2s} \\ A_{1s} & A_{2s} & A_{ss} \end{bmatrix} \begin{Bmatrix} \varepsilon_1^0 \\ \varepsilon_2^0 \\ \gamma_{12}^0 \end{Bmatrix} \tag{2.31}$$

在 1 方向上的弹性常数 $E_1(\phi)$ 与 N_1 和 ε_1^0 的比值有关，而 1 方向上的泊松比 $\nu_1(\phi)$ 与 ε_2^0 和 ε_1^0 的比值有关，求解式（2.31），可以得到：

$$E_1(\phi) = \frac{N_1}{2nt\varepsilon_1^0} = \frac{A_{11}A_{22}A_{ss} + 2A_{12}A_{1s}A_{2s} - A_{11}A_{2s}^2 - A_{12}^2 A_{ss} - A_{1s}^2 A_{22}}{2nt(A_{22}A_{ss} - A_{2s}^2)} \tag{2.32}$$

$$\nu_1(\phi) = -\frac{\varepsilon_2^0}{\varepsilon_1^0} = \frac{A_{12}A_{ss} - A_{1s}A_{2s}}{A_{22}A_{ss} - A_{2s}^2}$$

简单来说，如果层合板上作用有单纯的剪切力，其本构方程可以写为

$$\begin{Bmatrix} 0 \\ 0 \\ N_{12} \end{Bmatrix} = \begin{bmatrix} A_{11} & A_{12} & A_{1s} \\ A_{12} & A_{22} & A_{2s} \\ A_{1s} & A_{2s} & A_{ss} \end{bmatrix} \begin{Bmatrix} \varepsilon_1^0 \\ \varepsilon_2^0 \\ \gamma_{12}^0 \end{Bmatrix} \tag{2.33}$$

求解式（2.33），可以得到平面 1—2 内的剪切模量 $G_{12}(\phi)$：

$$G_{12}(\phi) = \frac{N_{12}}{2nt\gamma_{12}^0} = \frac{A_{11}A_{22}A_{ss} + 2A_{12}A_{1s}A_{2s} - A_{11}A_{2s}^2 - A_{22}A_{1s}^2 - A_{ss}A_{12}^2}{2nt(A_{11}A_{22} - A_{12}^2)} \tag{2.34}$$

图 2.6 给出了具有四层铺层的轴对称层合板的面内弹性特性 $E_1(\phi)$ 和 $G_{12}(\phi)$ 随着铺层角度

的变化曲线。每层铺层的厚度是相同的,铺层角度分别为 22.5° 和 67.5°,$E_T/E_L = 0.56$,$G_{LT}/E_L = 0.3$,$\nu_L = 0.38$。

2.2.3 轴对称层合板的弯曲特性

参考式(2.13),当中性平面上的应变 $\{\boldsymbol{\varepsilon}^0\}$ 为 0 时,层合板的弯曲行为可以表示为

$$\{\boldsymbol{M}\} = [\boldsymbol{D}]\{\boldsymbol{\kappa}\} \qquad (2.35)$$

$$\begin{Bmatrix} M_x \\ M_y \\ M_{xy} \end{Bmatrix} = \begin{bmatrix} D_{xx} & D_{xy} & D_{xs} \\ D_{xy} & D_{yy} & D_{ys} \\ D_{xs} & D_{ys} & D_{ss} \end{bmatrix} \begin{Bmatrix} \kappa_x \\ \kappa_y \\ \kappa_{xy} \end{Bmatrix} \qquad (2.36)$$

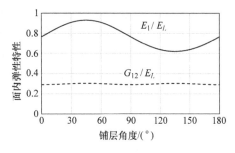

图 2.6 具有四层铺层的轴对称层合板的面内弹性特性 $E_1(\phi)$ 和 $G_{12}(\phi)$ 随着铺层角度的变化曲线

式中,D_{ij} 是弯曲刚度,表达式如下:

$$D_{ij} = 2\sum_{m=1}^{n}\int_{h_{m-1}}^{h_m} z^2 E_{ij}^{(m)} \mathrm{d}z \,(i,j = x,y,s) \qquad (2.37)$$

注意,D_{ij} 的值取决于铺层的堆叠顺序,D_{ij} 的特性与拉伸刚度 A_{ij} 不同。当在层合板上只作用有力矩 $\{\boldsymbol{M}\}$ 的时候,根据式(2.22),第 m 层的应力向量 $\{\boldsymbol{\sigma}^{(m)}\}$ 可以表示为

$$\{\boldsymbol{\sigma}^{(m)}\} = z[\boldsymbol{E}^{(m)}][\boldsymbol{d}^*]\{\boldsymbol{M}\} = z[\boldsymbol{E}^{(m)}][\boldsymbol{D}]^{-1}\{\boldsymbol{M}\} \qquad (2.38)$$

因此,交叉弹性没有消失。

图 2.5 中的(1,2)坐标系统内的轴对称层合板的本构方程可以写为

$$\begin{Bmatrix} M_1 \\ M_2 \\ M_{12} \end{Bmatrix} = \begin{bmatrix} D_{11} & D_{12} & D_{1s} \\ D_{12} & D_{22} & D_{2s} \\ D_{1s} & D_{2s} & D_{ss} \end{bmatrix} \begin{Bmatrix} \kappa_1 \\ \kappa_2 \\ \kappa_{12} \end{Bmatrix} \qquad (2.39)$$

式中,

$$D_{ij} = 2\sum_{m=1}^{n}\int_{h_{m-1}}^{h_m} z^2 E_{ij}(\phi - \alpha_m) \mathrm{d}z \,(i,j = 1,2,s) \qquad (2.40)$$

当层合板只受到 1 方向的力矩 M_1 的时候,式(2.39)可以重新写为

$$\begin{Bmatrix} M_1 \\ 0 \\ 0 \end{Bmatrix} = \begin{bmatrix} D_{11} & D_{12} & D_{1s} \\ D_{12} & D_{22} & D_{2s} \\ D_{1s} & D_{2s} & D_{ss} \end{bmatrix} \begin{Bmatrix} \kappa_1 \\ \kappa_2 \\ \kappa_{12} \end{Bmatrix} \qquad (2.41)$$

针对 κ_1、κ_2 和 κ_{12} 来求解式(2.41),1 方向上的弯曲刚度 $D_1(\phi)$ 和泊松比 $\mu_1(\phi)$ 可以写为

$$D_1(\phi) \equiv \frac{M_1}{\kappa_1} = \frac{D_{11}D_{22}D_{ss} + 2D_{12}D_{1s}D_{2s} - D_{11}D_{2s}^2 - D_{22}D_{1s}^2 - D_{ss}D_{12}^2}{D_{22}D_{ss} - D_{2s}^2}$$

$$\mu_1(\phi) \equiv -\frac{\kappa_2}{\kappa_1} = \frac{D_{12}D_{ss} - D_{1s}D_{2s}}{D_{22}D_{ss} - D_{2s}^2} \qquad (2.42)$$

简单来说,如图 2.7 所示,当层合板只受力矩 M_{12} 的时候,扭转刚度 $D_{12}(\phi)$ 可以表示为

$$D_{12}(\phi) \equiv \frac{M_{12}}{\kappa_{12}} = \frac{D_{11}D_{22}D_{ss} + 2D_{12}D_{1s}D_{2s} - D_{11}D_{2s}^2 - D_{22}D_{1s}^2 - D_{ss}D_{12}^2}{D_{11}D_{22} - D_{12}^2} \qquad (2.43)$$

图 2.8 给出了四层轴对称层合板的弯曲特性 $D_1(\phi)$ 和 $D_{12}(\phi)$ 随铺层角度的变化,其中每层

的厚度 h 相同，铺层角度分别为 22.5°和 67.5°，$E_T/E_L = 1$，$G_{LT}/E_L = 0.19$，$\nu_L = 0.136$。面内特性成为各向同性，然而弯曲特性有较大的各向异性，比如在 67.5°方向上 D_1 是最大的。造成这种现象的原因是，根据式（2.40），斜角 67.5°上的模量 E_L 和 157.5°上的模量 E_T 是弯曲特性的最大贡献源。为了使弯曲特性变为各向同性，必须通过降低每层的厚度来增加层数。

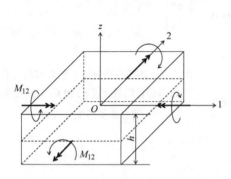

图 2.7 层合板承受力矩作用

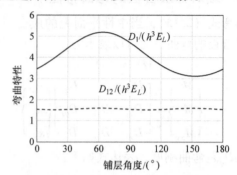

图 2.8 四层轴对称层合板的弯曲特性 $D_1(\phi)$ 和 $D_{12}(\phi)$ 随铺层角度的变化

2.3 斜交层合板的性能

2.3.1 斜交层合板的刚度

最简单的斜交层合板由两层铺层构成，每层帘线的方向角分别为 $\theta^{(1)} = -\alpha$ 和 $\theta^{(2)} = \alpha$，它们的厚度 b 相同，其参考平面为层合板的中心面，如图 2.9 所示。这种斜交层合板广泛应用于乘用车轮胎的带束层中。根据式（1.45），E_{xx}、E_{yy}、E_{xy} 和 E_{ss} 关于角 θ 对称，而 E_{xs} 和 E_{ys} 关于角 θ 是非对称的。因为上层和下层之间与 E_{xs} 和 E_{ys} 有关的特性相互抵消，所以式（2.12）可以简写为

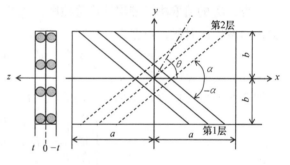

图 2.9 斜交层合板

$$\begin{Bmatrix} N_x \\ N_y \\ N_{xy} \\ M_x \\ M_y \\ M_{xy} \end{Bmatrix} = \begin{bmatrix} A_{xx} & A_{xy} & 0 & 0 & 0 & B_{xs} \\ A_{xy} & A_{yy} & 0 & 0 & 0 & B_{ys} \\ 0 & 0 & A_{ss} & B_{xs} & B_{ys} & 0 \\ 0 & 0 & B_{xs} & D_{xx} & D_{xy} & 0 \\ 0 & 0 & B_{ys} & D_{xy} & D_{yy} & 0 \\ B_{xs} & B_{ys} & 0 & 0 & 0 & D_{ss} \end{bmatrix} \begin{Bmatrix} \varepsilon_x^0 \\ \varepsilon_y^0 \\ \gamma_{xy}^0 \\ \kappa_x \\ \kappa_y \\ \kappa_{xy} \end{Bmatrix} \quad (2.44)$$

式中，矩阵的各个元素通过下面的公式给出：

$$\begin{aligned} A_{xx} &= 2tE_{xx} \\ A_{yy} &= 2tE_{yy} \\ A_{ss} &= 2tE_{ss} \\ A_{xy} &= 2tE_{xy} \\ B_{xs} &= t^2 E_{xs} \\ B_{ys} &= t^2 E_{ys} \end{aligned} \quad (2.45)$$

式中，t 是每层的厚度。

通过对式（2.44）中的矩阵求逆，可以得到：

$$\begin{Bmatrix} \varepsilon_x^0 \\ \varepsilon_y^0 \\ \gamma_{xy}^0 \\ \kappa_x \\ \kappa_y \\ \kappa_{xy} \end{Bmatrix} = \begin{bmatrix} a_{xx}^* & a_{xy}^* & 0 & 0 & 0 & b_{xs}^* \\ a_{xy}^* & a_{yy}^* & 0 & 0 & 0 & b_{ys}^* \\ 0 & 0 & a_{ss}^* & b_{xs}^* & b_{ys}^* & 0 \\ 0 & 0 & c_{xs}^* & d_{xx}^* & d_{xy}^* & 0 \\ 0 & 0 & c_{ys}^* & d_{xy}^* & d_{yy}^* & 0 \\ c_{xs}^* & c_{ys}^* & 0 & 0 & 0 & d_{ss}^* \end{bmatrix} \begin{Bmatrix} N_x \\ N_y \\ N_{xy} \\ M_x \\ M_y \\ M_{xy} \end{Bmatrix} \quad (2.46)$$

利用式（2.1），每层的本构方程可以写为

$$\{\boldsymbol{\sigma}^{(1)}\} = [\boldsymbol{E}(-\boldsymbol{\alpha})]\{\boldsymbol{\varepsilon}^{(1)}\}$$
$$\{\boldsymbol{\sigma}^{(2)}\} = [\boldsymbol{E}(\boldsymbol{\alpha})]\{\boldsymbol{\varepsilon}^{(2)}\} \quad (2.47)$$

式中，上标（1）和（2）分别是层合板的上层和下层。当上下两层完美黏合的时候，两层之间相互约束，具有同样的应变：

$$\{\boldsymbol{\varepsilon}^{(1)}\} = \{\boldsymbol{\varepsilon}^{(2)}\} \equiv \{\boldsymbol{\varepsilon}\} \quad (2.48)$$

两层之间的平均应力是

$$\{\boldsymbol{\sigma}\} = (\{\boldsymbol{\sigma}^{(1)}\} + \{\boldsymbol{\sigma}^{(2)}\})/2 \quad (2.49)$$

式（2.48）和式（2.49）构成了复合材料的本构方程：

$$\{\boldsymbol{\sigma}\} = [\overline{\boldsymbol{E}}(\boldsymbol{\alpha})]\{\boldsymbol{\varepsilon}\} \quad (2.50)$$

式中，

$$[\overline{\boldsymbol{E}}(\boldsymbol{\alpha})] = \frac{[\boldsymbol{E}(\boldsymbol{\alpha})] + [\boldsymbol{E}(-\boldsymbol{\alpha})]}{2} \equiv \begin{bmatrix} \overline{E}_{xx} & \overline{E}_{xy} & 0 \\ \overline{E}_{xy} & \overline{E}_{yy} & 0 \\ 0 & 0 & \overline{E}_{ss} \end{bmatrix} \quad (2.51)$$

利用式（1.45），式（2.51）的各个元素表示为

$$\overline{E}_{xx} = \frac{E_T}{1-\nu_L\nu_T}\sin^4\alpha + \frac{E_L}{1-\nu_L\nu_T}\cos^4\alpha + 2\left(\frac{\nu_L E_T}{1-\nu_L\nu_T} + 2G_{LT}\right)\sin^2\alpha\cos^2\alpha$$

$$\overline{E}_{yy} = \frac{E_L}{1-\nu_L\nu_T}\sin^4\alpha + \frac{E_T}{1-\nu_L\nu_T}\cos^4\alpha + 2\left(\frac{\nu_L E_T}{1-\nu_L\nu_T} + 2G_{LT}\right)\sin^2\alpha\cos^2\alpha$$

$$\overline{E}_{ss} = \frac{1}{4}\left(\frac{E_L + E_T - 2\nu_L E_T}{1-\nu_L\nu_T}\sin^2 2\alpha + 4G_{LT}\cos^2 2\alpha\right)$$

$$\overline{E}_{xy} = \frac{\nu_L E_T}{1-\nu_L\nu_T}(\sin^4\alpha + \cos^4\alpha) + \left(\frac{E_L + E_T}{1-\nu_L\nu_T} - 4G_{LT}\right)\sin^2\alpha\cos^2\alpha \quad (2.52)$$

在式（2.51）中，剪切、拉伸和压缩项是分离的，我们发现 x 轴和 y 轴即斜交层合板的材料主轴。引入柔度矩阵 $[\overline{\boldsymbol{C}}(\boldsymbol{\alpha})]$，式（2.50）可以重写为

$$\{\boldsymbol{\varepsilon}\} = [\overline{\boldsymbol{C}}(\boldsymbol{\alpha})]\{\boldsymbol{\sigma}\} \quad (2.53)$$

$$[\overline{\boldsymbol{C}}(\boldsymbol{\alpha})] = \frac{[\boldsymbol{C}(\boldsymbol{\alpha})] + [\boldsymbol{C}(-\boldsymbol{\alpha})]}{2} \equiv \begin{bmatrix} \overline{C}_{xx} & \overline{C}_{xy} & 0 \\ \overline{C}_{xy} & \overline{C}_{yy} & 0 \\ 0 & 0 & \overline{C}_{ss} \end{bmatrix} \quad (2.54)$$

利用式（1.38），柔度矩阵的各个元素为

$$\overline{C}_{xx} = \frac{\cos^4\alpha}{E_L} + \frac{\sin^4\alpha}{E_T} + \left(\frac{1}{G_{LT}} - \frac{2\nu_L}{E_L}\right)\sin^2\alpha\cos^2\alpha$$

$$\overline{C}_{yy} = \frac{\sin^4\alpha}{E_L} + \frac{\cos^4\alpha}{E_T} + \left(\frac{1}{G_{LT}} - \frac{2\nu_L}{E_L}\right)\sin^2\alpha\cos^2\alpha$$

$$\overline{C}_{ss} = \left(\frac{1}{E_L} + \frac{1}{E_T} + \frac{2\nu_L}{E_L}\right)\sin^2 2\alpha + \frac{1}{G_{LT}}\cos^2 2\alpha$$

$$\overline{C}_{xy} = -\frac{\nu_L}{E_L}(\sin^4\alpha + \cos^4\alpha) + \left(\frac{1}{E_L} + \frac{1}{E_T} - \frac{1}{G_{LT}}\right)\sin^2\alpha\cos^2\alpha \tag{2.55}$$

注意，对于单层板来说，柔度矩阵的逆矩阵就等于刚度矩阵；但是对于层合板来说，式（2.55）的柔度矩阵的逆矩阵不等于式（2.51）的刚度矩阵[⊖]。

$$[E] = [C]^{-1}, \quad [\overline{E}] \neq [\overline{C}]^{-1} \tag{2.56}$$

2.3.2 斜交层合板的面内和面外耦合变形

当斜交层合板上作用有均匀分布的应力 $\{\sigma_x, \sigma_y, 0\}$ 时，利用式（2.50）和式（2.51）可以得到 $\gamma_{xy}=0$。因为在每个单层内剪应变符号是相反的，两层板的黏合条件就将单层板内的剪切变形相互抵消了，所以在斜交层合板中满足应变约束 $\gamma_{xy}^i = 0$（$i=1,2$）。这样一来，当斜交层合板上作用有拉伸或者压缩应力时不存在面内剪切应变。

当层合板上作用有均匀分布的拉伸应变 $\{\varepsilon_x, \varepsilon_y, 0\}$ 的时候，由式（1.46）的第1个方程得到：

$$\tau_{xy}^{(i)} = -\frac{C_{xs}^{(i)}}{C_{ss}^{(i)}}\sigma_x^{(i)} - \frac{C_{ys}^{(i)}}{C_{ss}^{(i)}}\sigma_y^{(i)} \quad (i=1,2) \tag{2.57}$$

对于斜交层合板来说，满足 $\sigma_x^{(i)}=\sigma_x$ 和 $\sigma_y^{(i)}=\sigma_y$ 的条件。式（2.57）表明，在斜交层合板上施加如图 2.10 所示的应变约束时，各层内部产生了面内剪切应力 $\tau_{xy}^{(i)}$。

当斜交层合板上仅施加有法向应力的时候，各层内产生了剪切应力 $\tau_{xy}^{(1)}$ 和 $\tau_{xy}^{(2)}$。因为剪切应力的大小相同但是符号相反，所以在层合板的边部产生了均匀分布的力矩。该力矩可以表示为[⊖]

$$M_{xy} = t^2 \tau_{xy}^{(1)} \tag{2.58}$$

这个力矩会带来扭转变形。

式（1.38）显示 C_{xs} 和 C_{ys} 是关于角度 θ 的奇函数，而 C_{ss} 是关于角度 θ 的偶函数，并且满足 $\tau_{xy}^{(1)} = -\tau_{xy}^{(2)}$。整个层合板上的剪应力为 0：

$$\tau_{xy} = (\tau_{xy}^{(1)} + \tau_{xy}^{(2)})/2 = 0 \tag{2.59}$$

式中，$\tau_{xy}^{(i)}$（$i=1,2$）是由于黏合约束产生的每层的剪应力的合力。注意到面内剪切应力 $\tau_{xy}^{(i)}$（$i=1,2$）在每层的自由边上被转换成了层间剪应力 τ_{xz} 和 τ_{yz}，对于一个斜交层合板来说必然满足 $\tau_{xy}=0$ 的条件。斜交层合板的这个特性将在第 3 章详细讨论。

当斜交层合板上作用有均匀分布的剪应变 $\{0, 0, \gamma_{xy}\}$ 时，将 $\{0, 0, \gamma_{xy}\}$ 代入到式（1.46）的第 1 个公式中，可以得到每层的应力 $\sigma_x^{(i)}$ 和 $\sigma_y^{(i)}$：

$$\sigma_x^{(i)} = \frac{C_{xy}^{(i)} C_{ys}^{(i)} - C_{yy}^{(i)} C_{xs}^{(i)}}{C_{xx}^{(i)} C_{yy}^{(i)} - C_{xy}^{(i)2}} \tau_{xy}^{(i)} \quad (i=1,2)$$

⊖ 问题 2.2。

⊜ 问题 2.3。

$$\sigma_y^{(i)} = -\frac{C_{xx}^{(i)} C_{ys}^{(i)} - C_{xy}^{(i)} C_{xs}^{(i)}}{C_{xx}^{(i)} C_{yy}^{(i)} - C_{xy}^{(i)2}} \tau_{xy}^{(i)} \quad (i = 1, 2) \tag{2.60}$$

对于斜交层合板来说，满足条件 $\tau_{xy}^{(i)} = \tau_{xy}$；同样地，因为满足条件 $\sigma_x^{(1)} = -\sigma_x^{(2)}$ 和 $\sigma_y^{(1)} = -\sigma_y^{(2)}$，所以斜交层合板的应力 σ_x 和 σ_y 变成0。

当斜交层合板上只作用有剪应力的时候，每层上都产生正应力 σ_y^1 和 σ_y^2。因为正应力的绝对值相同，符号相反，所以在斜交层合板的边上产生弯曲力矩。这些弯曲力矩可以表示为

$$\begin{aligned} M_x &= t^2 \sigma_x^{(1)} \\ M_y &= t^2 \sigma_y^{(1)} \end{aligned} \tag{2.61}$$

这些弯矩会导致弯曲变形。

如图 2.11 所示，当在斜交层合板上施加面内正应力的时候不可避免地带来扭转变形，这就是所谓的拉伸 – 扭转耦合，这在均匀的正交各向异性板材中不会出现。

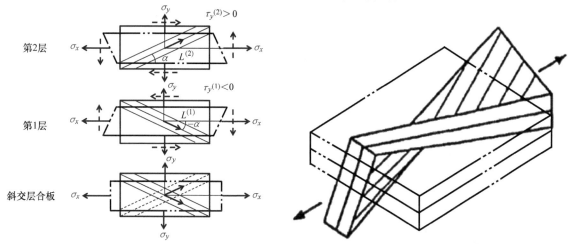

图 2.10 斜交层合板每层的面内剪应力　　　图 2.11 拉伸 – 扭转耦合变形

2.3.3 斜交层合板的纤维增强橡胶近似

1. 纤维增强橡胶近似下的斜交层合板的弹性特性

当斜交层合板上作用有均匀应力 $\{\sigma_x, 0, 0\}$ 的时候，式（2.50）可以重新写为

$$\begin{aligned} \sigma_x &= \overline{E}_{xx} \varepsilon_x + \overline{E}_{xy} \varepsilon_y \\ 0 &= \overline{E}_{xy} \varepsilon_x + \overline{E}_{yy} \varepsilon_y \end{aligned} \tag{2.62}$$

斜交层合板在 x 方向的模量为

$$E_x = \sigma_x / \varepsilon_x = \overline{E}_{xx} - \overline{E}_{xy}^2 / \overline{E}_{yy} \tag{2.63}$$

同样地，斜交层合板在 y 方向的模量 E_y、剪切模量 G_{xy} 以及 x、y 方向的泊松比 ν_x、ν_y 可以写为

$$\begin{aligned} E_y &= \overline{E}_{yy} - \overline{E}_{xy}^2 / \overline{E}_{xx} \\ \nu_y &= \overline{E}_{xy} / \overline{E}_{xx} \\ \nu_x &= \overline{E}_{xy} / \overline{E}_{yy} \\ G_{xy} &= \overline{E}_{ss} \end{aligned} \tag{2.64}$$

式中，$\overline{E}_{xx}$、$\overline{E}_{yy}$ 和 $\overline{E}_{xy}$ 由式（2.52）来定义。

假设帘线方向的杨氏模量（拉伸模量）E_L 远大于横向的杨氏模量 E_T，FRR 中的橡胶的泊松比是 0.5，将式（1.119）代入到式（2.14）中，可以得到 FRR 近似下的斜交层合板的刚度矩阵

表达式[1]:

$$A_{xx} = A_{xx}^{(1)} + A_{xx}^{(2)} = A_T + A_L\cos^4\alpha$$

$$A_{yy} = A_{yy}^{(1)} + A_{yy}^{(2)} = A_T + A_L\sin^4\alpha$$

$$A_{ss} = A_{ss}^{(1)} + A_{ss}^{(2)} = \frac{1}{4}A_T + A_L\sin^2\alpha\cos^2\alpha$$

$$A_{xy} = A_{xy}^{(1)} + A_{xy}^{(2)} = \frac{1}{2}A_T + A_L\sin^2\alpha\cos^2\alpha$$

$$B_{xs} = B_{xs}^{(1)} + B_{xs}^{(2)} = B_L\sin\alpha\cos^3\alpha$$

$$B_{ys} = B_{ys}^{(1)} + B_{ys}^{(2)} = B_L\sin^3\alpha\cos\alpha$$

$$D_{xx} = D_{xx}^{(1)} + D_{xx}^{(2)} = D_T + D_L\cos^4\alpha$$

$$D_{yy} = D_{yy}^{(1)} + D_{yy}^{(2)} = D_T + D_L\sin^4\alpha \quad (2.65)$$

$$D_{ss} = D_{ss}^{(1)} + D_{ss}^{(2)} = \frac{1}{4}D_T + D_L\sin^2\alpha\cos^2\alpha$$

$$D_{xy} = D_{xy}^{(1)} + D_{xy}^{(2)} = \frac{1}{2}D_T + D_L\sin^2\alpha\cos^2\alpha$$

$$A_L = 2tE_L$$

$$A_T = 2tE_T$$

$$B_L = t^2E_L$$

$$D_L = \frac{2}{3}t^3E_L$$

$$D_T = \frac{2}{3}t^3E_T$$

将式（2.65）代入到式（2.63）和式（2.64）中，可以得到斜交层合板的模量和泊松比的表达式[1]:

$$E_x = \frac{E_L E_T(\sin^4\alpha - \sin^2\alpha\cos^2\alpha + \cos^4\alpha) + \frac{3}{4}E_T^2}{E_L\sin^4\alpha + E_T}$$

$$E_y = \frac{E_L E_T(\sin^4\alpha - \sin^2\alpha\cos^2\alpha + \cos^4\alpha) + \frac{3}{4}E_T^2}{E_L\cos^4\alpha + E_T}$$

$$\nu_x = \frac{E_L\sin^2\alpha\cos^2\alpha + \frac{1}{2}E_T}{E_L\sin^4\alpha + E_T} \quad (2.66)$$

$$\nu_y = \frac{E_L\sin^2\alpha\cos^2\alpha + \frac{1}{2}E_T}{E_L\cos^4\alpha + E_T}$$

$$G_{xy} = E_L\sin^2\alpha\cos^2\alpha + \frac{E_T}{4}\cos^2 2\alpha$$

注意，式（2.66）满足用 $E_x/E_y = \nu_x/\nu_y$ 表示的 Maxwell-Betti 互易定理。

使 E_x 取最小值的特殊帘线角 θ^* 可以通过将式（2.66）代入到 $dE_x/d\alpha = 0$ 来求解得到：

$$\tan^2\alpha = 2 \Rightarrow \alpha = \theta^* = \tan^{-1}\sqrt{2} = 54.7° \quad (2.67)$$

---

[1] 问题2.4。

E_T 和 $E_x(\theta^*)$ 的比值为

$$\frac{E_T}{E_x(\theta^*)} = \frac{4}{1-2+4} = \frac{4}{3} \tag{2.68}$$

将式（2.67）代入到式（2.66）的第 1 个式子中，我们发现 $E_x(\theta^*)$ 与 $\alpha = \theta^*$ 时的橡胶的杨氏模量 E_m 具有相同的值：

$$E_x(\theta^*) = 3E_T/4 = E_m \tag{2.69}$$

当 $\alpha = \theta^*$ 时没有耦合变形，同时 E_x 取最小值 E_m，也就是等于橡胶材料的杨氏模量。因此，当 $\alpha = \theta^*$ 时，帘线对作用有均匀分布的应力 $\{\sigma_x, 0, 0\}$ 的斜交层合板来说是没有增强作用的。

利用关系 $E_L \gg E_T$，在 $\alpha = 0$ 以外的范围内，式（2.66）可以进一步简化为[⊖]

$$\begin{aligned}
E_x &\approx E_T(1 - \cot^2\alpha + \cot^4\alpha) \\
E_y &\approx E_T(1 - \tan^2\alpha + \tan^4\alpha) \\
G_{xy} &\approx E_L \sin^2\alpha \cos^2\alpha \\
\nu_x &\approx \cot^2\alpha \\
\nu_y &\approx \tan^2\alpha
\end{aligned} \tag{2.70}$$

从式（2.70）可以看到，E_x 和 E_y 不是帘线的杨氏模量 E_f 的函数，而是橡胶基体的杨氏模量 E_m（$E_T = \frac{4}{3}E_m$）和帘线角度 α 的函数。更进一步地注意到，当假设帘线不可伸长的时候，或者说当 $E_L \to \infty$ 的时候，根据式（2.70），剪切模量趋于无穷大（$G_{xy} \to \infty$）。

同样地，将 $E_L \gg E_T$ 的关系应用到式（2.55）中，利用式（1.114）的第 3 个公式，我们可以得到：

$$\begin{aligned}
\overline{C}_{xx} &= (\sin^4\alpha + 4\sin^2\alpha\cos^2\alpha)/E_T \\
\overline{C}_{yy} &= (\cos^4\alpha + 4\sin^2\alpha\cos^2\alpha)/E_T \\
\overline{C}_{ss} &= (\sin^2 2\alpha + 4\cos^2 2\alpha)/E_T \\
\overline{C}_{xy} &= \overline{C}_{yx} = -3\sin^2\alpha\cos^2\alpha/E_T
\end{aligned} \tag{2.71}$$

运用式（1.22）、式（1.24）、式（1.25）以及式（1.98）中的第 4 个公式，帘线的应变 ε_L 可以表示为

$$\varepsilon_L = \frac{\sigma_L}{E_L} - \frac{\nu_T}{E_T}\sigma_T = \frac{\sigma_x \cos^2\alpha}{E_L} - \frac{\nu_T}{E_T}\sigma_x \sin^2\alpha = \frac{\sigma_x}{E_L}(\cos^2\alpha - \nu_L \sin^2\alpha) \approx \frac{\sigma_x \cos^2\alpha}{2E_L}(2 - \tan^2\alpha) \tag{2.72}$$

注意，当 $\alpha > \theta^*$ 时，帘线会处于压缩状态（$\varepsilon_L < 0$），即便斜交层合板上作用的是拉应力 σ_x 也是如此。

2. 乘用车子午线轮胎带束层的弹性特性

以子午线轮胎 175SR13 为例，探讨其带束层的弹性特性。如图 2.12 所示，轮胎的带束层由两层钢丝帘线/橡胶复合材料铺层和三层橡胶构成，钢丝帘线的方向角为 α，d 为帘线间距，也就是两根帘线之间的垂直距离。

⊖ 备注 2.2。

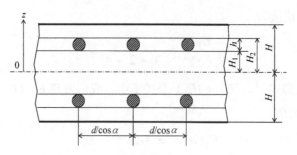

图 2.12 钢丝带束层的结构和尺寸

式（2.44）所确定的刚度矩阵可以由下面的公式给出[注]：

$$\begin{aligned}
A_{xx} &= 2(A_L\cos^4\alpha + A_T\beta_1) \\
A_{yy} &= 2(A_L\sin^4\alpha + A_T\beta_1) \\
A_{ss} &= 2\left(A_L\sin^2\alpha\cos^2\alpha + \frac{1}{2}A_T\beta_1\right) \\
A_{xy} &= 2\left(A_L\sin^2\alpha\cos^2\alpha + \frac{1}{2}A_T\beta_1\right) \\
B_{xs} &= 2A_L H_f \sin\alpha\cos^3\alpha \\
B_{ys} &= 2A_L H_f \sin^3\alpha\cos\alpha \\
D_{xx} &= 2\{(D_L + H_f^2 A_L)\cos^4\alpha + D_T\beta_2\} \\
D_{yy} &= 2\{(D_L + H_f^2 A_L)\sin^4\alpha + D_T\beta_2\} \\
D_{ss} &= 2\left\{(D_L + H_f^2 A_L)\sin^2\alpha\cos^2\alpha + \frac{1}{4}D_T\beta_2\right\} \\
D_{xy} &= 2\left\{(D_L + H_f^2 A_L)\sin^2\alpha\cos^2\alpha + \frac{1}{2}D_T\beta_2\right\}
\end{aligned} \tag{2.73}$$

式中，

$$\begin{aligned}
A_L &= E_L h \\
A_T &= E_T h \\
D_L &= \frac{h^3}{12}E_L \\
D_T &= \frac{H^3}{3}E_T \\
H_f &= \frac{H_1 + H_2}{2} \\
\beta_1 &= 1 + \frac{4}{3}\frac{H-h}{h}V_m \\
\beta_2 &= \frac{4}{3}V_m + \frac{H_2^3 - H_1^3}{H^3}\left(1 - \frac{4}{3}V_m\right)
\end{aligned} \tag{2.74}$$

举例来说，E_L 和 E_T 分别可以用式（1.67）和式（1.108）来计算。

式（2.73）中的 $(D_L + H_f^2 A_L)$ 项称为三明治效应项，它通过将钢丝带束层偏离中性面而提

[注] 问题 2.5。

高了弯曲刚度（Flexural Rigidity），使弯曲刚度大于 D_L。当钢丝帘线是由 5 根钢丝捻制而成的时候，式（2.44）中的刚度矩阵的值可以用如下参数计算[3]：$\alpha = 20°$，$H = 1.8\text{mm}$，$H_1 = 0.312\text{mm}$，$H_2 = 0.988\text{mm}$，$h = 0.676\text{mm}$，$d = 1.78\text{mm}$，$E_f = 210\text{GPa}$，$E_m = 5\text{MPa}$，$V_f = 0.298$⊖，计算结果如下：

$$\begin{bmatrix} A & B \\ B & D \end{bmatrix} = \begin{bmatrix} 6.60 \times 10^4 & 8.75 \times 10^3 & 0 & 0 & 0 & 15.6 \times 10^3 \\ 8.75 \times 10^3 & 1.19 \times 10^3 & 0 & 0 & 0 & 2.06 \times 10^3 \\ 0 & 0 & 8.10 \times 10^3 & 15.6 \times 10^3 & 2.06 \times 10^3 & 0 \\ 0 & 0 & 15.6 \times 10^3 & 30.4 & 4.04 & 0 \\ 0 & 0 & 2.06 \times 10^3 & 4.04 & 0.56 & 0 \\ 15.6 \times 10^3 & 2.06 \times 10^3 & 0 & 0 & 0 & 6.17 \end{bmatrix}$$

(2.75)

矩阵 $[A]$ 的每个元素的单位为 kN/m，矩阵 $[B]$ 的每个元素的单位为 N，矩阵 $[D]$ 的每个元素的单位为 N·m。矩阵 $[B]$ 与耦合变形有关，它的最大元素是 $B_{xs} = 15.6 \times 10^3\text{N}$，当复合材料上作用有弯曲力矩 M_x 时，或者在法向薄膜力 N_x 的作用下产生扭转变形的时候，B_{xs} 就会导致面内剪切应变 γ_{xy}^0。B_{xs} 导致的这种耦合现象与车辆的跑偏现象有关，这将在第 16 章中详细讨论。注意，如果我们研究带束层结构特性的时候考虑到了冠带层或者胎体帘线，那么式（2.75）中的刚度矩阵的值将发生变化，刚度矩阵中将不再有零值出现。

3. 两层斜交层合板的弯曲刚度

（1）简单弯曲 纤维增强橡胶复合材料单位宽度的面外弯曲刚度（Bending Stiffness）D_x 可以从式（2.73）获得。然而，D_x 的值受约束条件的影响。简单弯曲变形的约束条件可以表示为

$$N_x = N_y = N_{xy} = M_y = M_{xy} = 0 \tag{2.76}$$

将式（2.76）代入到式（2.44）中，可以得到：

$$\varepsilon_x^0 = \varepsilon_y^0 = \kappa_{xy} = 0$$

$$\frac{\gamma_{xy}^0}{\kappa_x} = \frac{B_{ys}D_{xy} - B_{xs}D_{yy}}{A_{ss}D_{yy} - B_{ys}^2} \tag{2.77}$$

$$\mu_x = -\frac{\kappa_y}{\kappa_x} = \frac{-B_{ys}B_{xs} + A_{ss}D_{xy}}{A_{ss}D_{yy} - B_{ys}^2}$$

考虑到对于 FRR 来说，$A_L \gg A_T$，并且 $D_L \gg D_T$，式（2.77）可以进一步简化为⊖

$$\frac{\gamma_{xy}^0}{\kappa_x} = \frac{D_T H_f \beta_2 \cos\alpha (\tan^2\alpha - 2)}{2 D_L \sin^5\alpha} \tag{2.78}$$

$$\mu_x = \cot^2\alpha$$

式（2.78）表明，耦合变形在特殊角度 $\alpha = \theta^* = 54.7°$ 时消失。μ_x 的公式与采用不可伸张的帘线组成的层合板的公式是一样的。单位宽度的面外弯曲刚度 D_x 可以由下式给出：

$$D_x = M_x/\kappa_x = D_{xx} + D_{xy}(-\mu_x) + B_{xs}\gamma_{xy}^0/\kappa_x \tag{2.79}$$

（2）在 $\gamma_{xy}^0 = 0$ 条件下的弯曲 在 3 点弯曲和 4 点弯曲实验中，因弯曲 – 剪切耦合而产生的剪切应变 γ_{xy}^0 近似为一个很小的数值。剪切薄膜力的合力 N_{xy} 不等于 0，约束条件可以表示为

⊖ 问题 2.6。

⊜ 问题 2.7。

$$\gamma_{xy}^0 = N_x = N_y = M_y = M_{xy} = 0 \tag{2.80}$$

将式（2.80）代入到式（2.44）中，可以得到：

$$\varepsilon_x^0 = \varepsilon_y^0 = \kappa_{xy} = 0$$

$$\mu_x = -\frac{\kappa_y}{\kappa_x} = \frac{D_{xy}}{D_{yy}} \tag{2.81}$$

$$D_x = \frac{M_x}{\kappa_x} = \frac{D_{xx}D_{yy} - D_{xy}^2}{D_{yy}}$$

考虑到对于 FRR 来说，满足 $A_L \gg A_T$ 和 $D_L \gg D_T$ 的条件，式（2.81）可以进一步简化为

$$D_x = \beta_2 D_T (1 - \cot^2\alpha + \cot^4\alpha)$$

$$\mu_x = \cot^2\alpha \tag{2.82}$$

除了 $\alpha = 0°$、$90°$ 以外，这些公式都是很好的近似方法。D_x 的公式与采用不可伸张的帘线组成的层合板的表达式是一样的。

（3）圆柱弯曲 在圆柱弯曲问题中，约束条件为

$$\kappa_y = \kappa_{xy} = N_x = N_y = N_{xy} = 0 \tag{2.83}$$

将式（2.83）代入到式（2.44）中，得到：

$$\varepsilon_x^0 = \varepsilon_y^0 = M_{xy} = 0$$

$$\frac{\gamma_{xy}^0}{\kappa_x} = -\frac{B_{xs}}{A_{ss}} \tag{2.84}$$

$$D_x = \frac{M_x}{\kappa_x} = D_{xx} + B_{xs}\frac{\gamma_{xy}^0}{\kappa_x} = D_{xx} - \frac{B_{xs}^2}{A_{ss}}$$

考虑到对于 FRR 来说，满足 $A_L \gg A_T$ 和 $D_L \gg D_T$ 的条件，式（2.84）可以进一步简化为

$$\gamma_{xy}^0/\kappa_x = -H_f \cot\alpha$$

$$D_x = 2D_L \cos^4\alpha \tag{2.85}$$

注意，在圆柱弯曲问题中，式（2.73）所描述的三明治效应在 D_x 的表达式中消失了，因此弯曲刚度是相对较低的。

2.3.4 斜交层合板的实验结果和经典层合理论的比较

1. 斜交层合板的面内弹性特性

Walter[4] 研究了四层尼龙 – 橡胶轴对称复合材料的模量，采用式（2.14）所描述的 CLT 计算了弹性常数。Clark[5] 研究了双层斜交层合板的模量，比较了精确式（2.52）、式（2.63）和式（2.64）与 FRR 的近似式（2.66）之间的关系。图 2.13 中给出了双层斜交层合板的杨氏模量 E_x 和剪切模量 G_{xy} 的计算结果与实验结果的关系。计算过程中采用的参数的值为：$E_L = 1440$MPa，$E_T = 6.9$MPa。图中精确式的计算结果用虚线表示，采用 FRR 近似式得到的计算结果用实线表示。两种计算方法得到的结果与实验结果都比较吻合。在该例子中精确式计算结果和近似式的估算结果之间的差距很小。

Akasaka[2,6] 研究了当层合板在 x 方向受到拉伸时方向角对泊松比和厚度的影响。因为 UD-CRR 的变形类似于菱形，当橡胶基体发生大变形的时候帘线伸长比较轻微。然而，由于橡胶近似不可压缩，帘线有很高的模量体积，变化很小，因此，UDCRR 也几乎是不可压缩的。在小变形范围内考虑到不可压缩应该满足的数学要求，也就是 $\varepsilon_x + \varepsilon_y + \varepsilon_z = 0$，我们可以得到如下关系：

$$\nu_{xz} \equiv -\varepsilon_z/\varepsilon_x = 1 + \varepsilon_y/\varepsilon_x = 1 - \nu_x \tag{2.86}$$

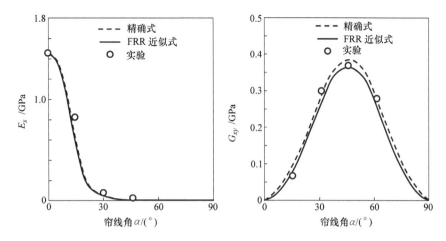

图 2.13 双层斜交层合板杨氏模量 E_x 和剪切模量 G_{xy} 的计算结果与实验结果的关系[5]

根据式（2.66）和 FRR 的假设 $E_L \gg E_T$，式（2.86）可以重新写为

$$\nu_{xz} = 1 - \frac{E_L\sin^2\alpha\cos^2\alpha + E_T/2}{E_L\sin^4\alpha + E_T} \tag{2.87}$$

式（2.87）表明，当方向角比较小的时候，厚度方向的泊松比 ν_{xz} 是负的；当 $\alpha = 45°$ 时，ν_{xz} 消失；当 $\alpha \approx 20°$ 时，ν_{xz} 取最小值。当 ν_{xz} 的值为负时，复合材料的厚度会增加，厚度方向的应力可以使两层帘线相互分开，因为在 $\alpha \approx 20°$ 时，经常发生脱层。

因为式（2.87）可以用 $\nu_{xz} \approx 1 - \cot^2\alpha$ 近似估算出来，厚度方向的应变 ε_z 可以基于式（2.86）表示为

$$\varepsilon_z = \varepsilon_x(\cot^2\alpha - 1) \tag{2.88}$$

Akasaka[2,6]的研究表明，采用式（2.88）计算得到的结果与实验结果具有较好的一致性。厚度方向的拉伸应变条件导致厚度在 $\alpha < 45°$ 的范围内增加，而在 $\alpha > 45°$ 的条件下，厚度是减小的。

2. 双层斜交层合板的弯曲刚度

Akasaka[3]比较了采用式（2.73）计算得到的双层斜交层合板的弯曲刚度与四点弯曲实验的测量结果。用于实验和计算的参数有：图 2.9 中的 $a = 80$mm，$b = 80$mm；图 2.12 中的 $H = 1.8$mm，$H_1 = 0.312$mm，$H_2 = 0.988$mm，$h = 0.676$mm。E_L 和 E_T 分别用式（1.67）和式（1.108）计算。层合板的弹性常数：$E_f = 201$GPa，$E_m = 5$MPa，$V_f = 0.298$，$D_L = 1.61$N·m。两个支撑点之间的长度为 200mm。D_L 表示层合材料的弯曲刚度。

图 2.14 给出了弯曲刚度 D_x 与帘线角 α 的关系。测量结果位于两个简单弯曲的理论曲线之间，$\gamma_{xy}^0 = 0$ 的情况下与圆柱弯曲[3]的结果很相近。这可能是由于每个实验样件都是方形的，它们的约束条件既不是完全自由，也不是为了避免耦合的弯曲-剪切变形和扭转-拉伸变形而完全地约束。注意，在 $\gamma_{xy}^0 = 0$ 的情况下，理论上的弯曲刚度在较小的方向角上有较大的值，这与其他两种情况有显著的区别。

图 2.15 比较了实验和理论计算得到的耦合的弯曲-剪切应变 γ_{xy}^0 与帘线角 α 之间的关系。对于简单弯曲来说，在某个特殊角度（$\alpha = 54.7°$）下，满足关系式 $\gamma_{xy}^0 = 0$。图 2.16 给出了泊松比 μ_x 与角度 α 之间的关系，这可以用式（2.77）的第 3 个公式计算得到。当帘线角约为 15° 的时候，μ_x 达到最大值 6.15。

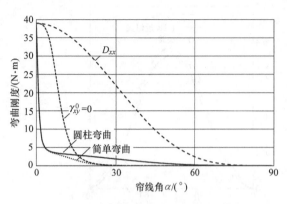

图 2.14 帘线角对钢丝带束层的
弯曲刚度 D_x 的影响[3]

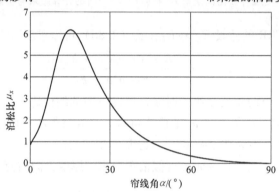

图 2.15 帘线角对承受弯曲变形的钢丝
带束层的耦合剪切应变的影响[2]

图 2.16 帘线角对简单弯曲变形中的泊松比 μ_x 的影响

2.3.5 斜交层合板的黏弹性特性

复合材料的黏弹性可以根据1.7节所述的每个单层板的黏弹性特性来计算。Fujimoto[7] 和 Tabaddor[8] 等对斜交的帘线增强橡胶层合板的黏弹性进行了研究。

1. 斜交层合板的黏弹性理论

如果式（2.46）中的面内和面外耦合项，比如 b_{ij}^* 和 c_{ij}^* 可以忽略，那么斜交层合板的线性黏弹性面内本构方程可以写为

$$\begin{Bmatrix} \varepsilon_x^* \\ \varepsilon_y^* \\ \gamma_{xy}^* \end{Bmatrix} = \begin{bmatrix} C_{xx}^* & C_{xy}^* & 0 \\ C_{yx}^* & C_{yy}^* & 0 \\ 0 & 0 & C_{ss}^* \end{bmatrix} \begin{Bmatrix} \sigma_x \\ \sigma_y \\ \tau_{xy} \end{Bmatrix} \tag{2.89}$$

式中，x 和 y 是图2.9所示的主轴；上标"*"表示是复数；ε_x^* 和 C_{ij}^* 可以用复数单位 j 表示为

$$\begin{aligned} \varepsilon_x^* &= \varepsilon_x' + j\varepsilon_x'' \\ C_{ij}^* &= C_{ij}' + jC_{ij}'' \end{aligned} \tag{2.90}$$

式中，ε_x' 和 C_{ij}' 是实部；ε_x'' 和 C_{ij}'' 为虚部。

当 ε_y^* 可以被忽略，并且满足边界条件 $\sigma_x = \tau_{xy} = 0$ 的时候，根据式（2.63）及关系式 $C_{xx}^* = 1/E_x^*$，对于 ε_x^*，有

$$\varepsilon_x^* = C_{xx}^* \sigma_x = \frac{\overline{E}_{yy}^*}{\overline{E}_{xx}^* \overline{E}_{yy}^* - \overline{E}_{xy}^{*2}} \sigma_x \tag{2.91}$$

其中的 $\overline{E}_{xx}$、$\overline{E}_{yy}$ 和 $\overline{E}_{xy}$ 可以采用与式（2.52）相似的形式给出：

$$\overline{E}_{xx}^* = \frac{E_T^*}{1 - \nu_L^* \nu_T^*}\sin^4\alpha + \frac{E_L^*}{1 - \nu_L^* \nu_T^*}\cos^4\alpha + 2\left(\frac{\nu_L^* E_T^*}{1 - \nu_L^* \nu_T^*} + 2G_{LT}^*\right)\sin^2\alpha\cos^2\alpha$$

$$\overline{E}_{yy}^* = \frac{E_L^*}{1 - \nu_L^* \nu_T^*}\sin^4\alpha + \frac{E_T^*}{1 - \nu_L^* \nu_T^*}\cos^4\alpha + 2\left(\frac{\nu_L^* E_T^*}{1 - \nu_L^* \nu_T^*} + 2G_{LT}^*\right)\sin^2\alpha\cos^2\alpha \quad (2.92)$$

$$\overline{E}_{xy}^* = \frac{\nu_L^* E_T^*}{1 - \nu_L^* \nu_T^*}(\sin^4\alpha + \cos^4\alpha) + 2\left(\frac{E_L^* + E_T^*}{1 - \nu_L^* \nu_T^*} - 4G_{LT}^*\right)\sin^2\alpha\cos^2\alpha$$

2. 斜交层合板的黏弹性理论计算结果和实验结果之间的比较

Tabaddor 等[8]用式（1.94）所述的 Halpin-Tsai 模型的复数形式来描述横向复数模量 E_T^*，并对比了双层斜交结构的管状试件的实验结果和理论计算结果，如图 2.17 所示。实验条件是频率为 10Hz，拉伸应变在 1%~3% 之间循环。

计算过程中所用的黏弹性参数见表 2.1。与式（2.63）相似，E_x^* 可以表示为

$$E_x^* = \overline{E}_{xx}^* - \overline{E}_{xy}^{*2}/\overline{E}_{yy}^* \quad (2.93)$$

式（2.93）中的 $\overline{E}_{xx}^*$、$\overline{E}_{yy}^*$ 和 $\overline{E}_{xy}^*$ 可以采用式（2.92）计算。式（2.92）中的 E_L^*、E_T^* 和 G_{LT}^* 可以采用式（1.129）、式（1.130）和式（1.132）来计算。图 2.17 显示了管状试件和钢丝增强橡胶复合材料在拉伸实验中的黏弹性损失特性，E_x' 的力学行为与图 2.13 中的 E_x 相似。E_x' 和 E_x'' 随着帘线角 α 的变化而发生相当大的改变，而 $\tan\delta$ 却被限制在一个较窄的范围内。

表 2.1　黏弹性参数

组合元素	E'/MPa	E''/MPa	$\tan\delta\ (=\eta)$
钢丝帘线	150000	170	0.001
钢丝增强橡胶	35	5.75	0.164

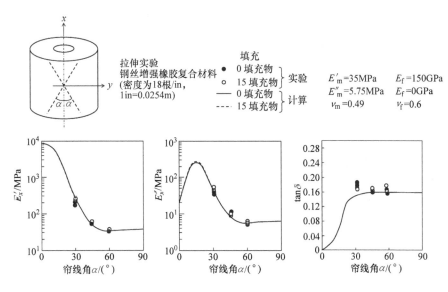

图 2.17　管状试件和钢丝增强橡胶复合材料在拉伸实验中的黏弹性损失特性
（经 TST 授权，摘自参考文献［8］）

图 2.18 给出了帘线角对拉伸黏弹性损失特性的影响[8]。帘线的损失角正切采用常数（$\tan\delta = 0.09$），帘线的刚度的实部在 3000~9000MPa 之间变化。复合材料的虚部的变化行为与复

合材料的实部的变化行为相似。图 2.19 表明剪切刚度与帘线的刚度几乎呈一定的比例关系，实部和虚部之间也表现出比例关系[8]。因此，层合板的损失角正切 E''_x/E'_x 不随帘线角的变化而变化。

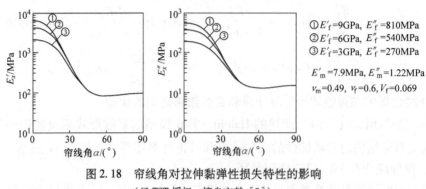

图 2.18　帘线角对拉伸黏弹性损失特性的影响
（经 TST 授权，摘自文献 [8]）

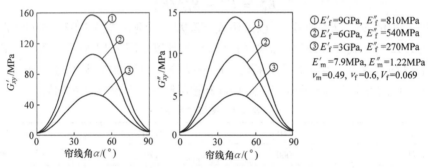

图 2.19　帘线角对剪切黏弹性损失特性的影响
（经 TST 授权，摘自文献 [8]）

2.4　轮胎带束层结构的优化

2.4.1　计算机辅助复合材料设计

图 2.20 中给出了乘用车轮胎的多种带束层结构形式。一些结构形式由于其拓扑结构的复杂性，无法用 CLT 进行分析。而且，轮胎所受的约束条件和外部力的条件也不像 CLT 中所用的条件那样简单。CLT 可以用来帮助理解物理机理，但是它无法用来定量地预测轮胎带束层的刚度或者应力/应变特性。如果通过分析提出包含新的拓扑设计的带束层结构，那么轮胎设计工程师将可以从这些信息中获得新的见解。解决该问题的过程中所用到的方法包含有限元方法及优化方法。

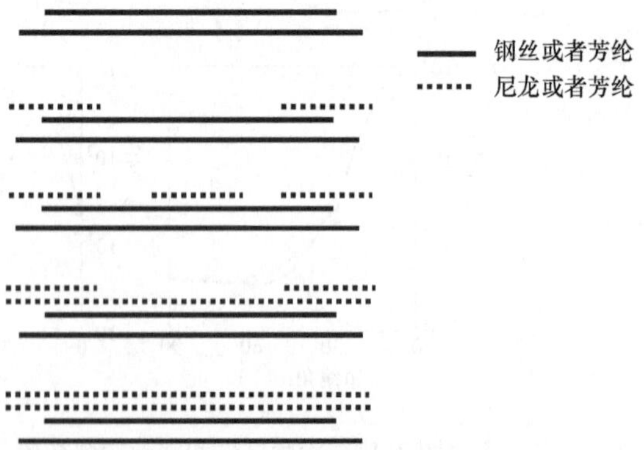

层合板结构的开发中融合了优化技术[9-15]。在优化层合材料的厚度和帘线角的过程中，人们开发应用了数学程序[10-12]。在优化堆叠顺序时采用了遗传算法[13-14]。但这些研究主要限于简单的复合材料结构，特别是，纤维增强复合材料的拓扑结构是不包括在设计变量内的。

图 2.20　乘用车轮胎的多种带束层结构形式

Nakajima[16]等首先将优化技术应用于轮胎的设计中,例如对于胎侧形状、胎冠形状和节距排列的优化。这些将在第5、6、9章中分别进行讨论。Abe和Nakajima[9]将计算程序和遗传算法技术应用于带束层结构的优化中,进行了新的拓扑结构的带束层的设计。在计算程序中,轮胎的带束层宽度和带束层角度是设计变量。在优化过程中,由于带束层的节点坐标发生了很大的变化,有限元网格变得非常扭曲,所以为了改善网格,必须采用自动网格生成技术以及网格自适应技术。在遗传算法中,设计变量不但包括带束层的角度和宽度,而且还包括带束层材料和拓扑结构。结果表明,这些优化后的结构是可以提高轮胎性能的[9,16-21]。

2.4.2 基于数学程序的带束层结构优化

1. 优化过程

图2.21中给出了轮胎结构优化的流程图[16]。首先,要定义与目标轮胎性能有关的目标函数,例如耐久性、操纵性;其次,要定义与这些目标函数有关的带束层结构设计变量,如带束层角度和带束层宽度;最后,还要定义约束边界条件,例如结构的重量或者材料成本。建立当前轮胎结构的有限元模型,然后就可以开始优化流程。在敏感性分析中,通过不断地轻微调整设计变量来对目标函数和约束条件进行评估,以确认目标函数的改善方向。然后,通过一维搜索方法,计算在改善方向上的移动距离。根据一维搜索方法,判断优化循环的收敛性。如果必要,可以重新进行设计敏感性的分析。如果结果收敛,就可以得到优化后的结构。

可以将这个优化过程比喻为爬山。山顶是我们的优化目标,道路上的栅栏就是约束条件,如图2.22所示。最开始的时候,通过在每个方向上爬一小段来确定最陡的方向,这便是所谓的敏感性分析。然后可以沿着这个最陡的方向前进直到遇到栅栏或者到达山顶。这个过程就是一维搜索过程。通过不断地重复进行敏感性分析和一维搜索过程,最终可以到达山顶。

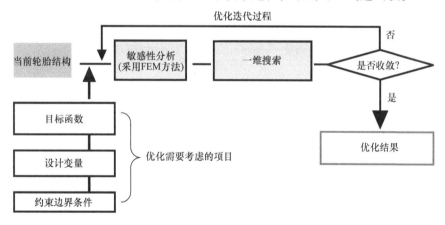

图2.21 轮胎结构优化的流程图[16]

2. 货车/客车轮胎的带束层结构优化应用

为了提高11R22.5货车/客车轮胎的带束层耐久性能,对该规格轮胎的四层带束层结构进行了结构优化。设计变量为带束层角度和宽度。因为充气压力引起的应变和载荷引起的应变都与轮胎的耐久性有关,载荷引起的应变被选定为目标函数,而充气压力引起的应变被选定为约束条件。采用轴对称有限元分析和周向的傅里叶展开来预测轮胎应变。轮胎的增强材料(帘线)用薄膜单元来建模,轮胎所用的橡胶用实体单元来建模。在充气阶段,该分析采用几何非线性和材料线性。而在加载阶段,该分析采用几何线性和材料线性。薄膜单元和实体单元的总数为300。控制结构由增强材料而导致的重量增加不超过2%,带束层的角度控制在10°~80°之间。

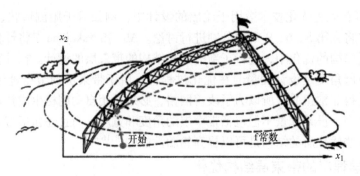

图 2.22 优化思路[16]

图 2.23 中,上边的初始结构采用自动网格生成方法来建模。然后,在优化过程中,采用 h - method[22] 方法进行模型细化,从而减少网格尺寸带来的误差。在图 2.23 的下边给出了应变分布随着 h - method 应用后的变化。因为初始结构的主应变大于优化后的主应变,所以初始结构的网格要比优化后结构的网格更细。网格的细化主要在增强材料的末端,这里产生的应力和应变是需要重点关注的。从底部向上数,第三层带束层的宽度在优化后的结构中减小了,因此增强材料的结构与初始结构相比发生了变化,在优化的过程中带束层的角度也发生了变化。载荷导致的主应变降低了72%,但气压导致的主应变保持不变。在优化后的结构中,增强材料的重量下降了3%。

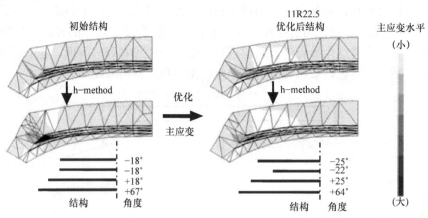

图 2.23 货车/客车轮胎的带束层结构优化[9]

2.4.3 采用遗传算法的带束层结构优化

遗传算法(GA)是一种基于自然选择和自然遗传机制的搜索算法。它用简单的数学模型来代替生物学的繁殖、交叉、选择和突变的过程,从而用于优化。遗传算法抓住了生物进化过程的本质,即适者生存的过程。基因重排后,现有的生物被视为伪最佳。

在这里,遗传算法被用于使轮胎的转弯力最大化。转弯力对网格的尺寸不敏感。在 10.8 节中遗传算法也被用于节距排列的最优化。这里所用的轮胎是乘用车轮胎(195/65R15)。目标函数是使侧偏刚度最大化,其约束条件就是使轮胎的重量小于控制胎的重量。侧偏刚度的预测借助了轴对称有限元分析和周向傅里叶级数的展开。因为侧偏刚度对有限元网格的尺寸不敏感,所以在本遗传算法中没有应用自适应网格细化技术。本部分提供了两个应用案例。在这两种优化中,种群数量、交叉概率和突变概率分别为 50、0.6 和 0.01。因为遗传算法的结果依赖于用随机数产生的初始种群,那么使用 10 个不同的初始种群,分别进行计算,可以得到最优的结构。

将控制胎的带束层特性赋予如图 2.24a 中的实线所表示的单元,带束层帘线与圆周方向的夹角是±22°。设计变量是带束层角度和带束层的拓扑结构。图2.24a给出了用实线表示的增强区域,这些实线就是增强单元。图2.24b给出了优化后的结构,其中增强单元都位于合适的橡胶单元上。上层带束层和下层带束层的角度分别是0°和-30°,侧偏刚度指数作为目标函数,要求它比控制胎高25%。

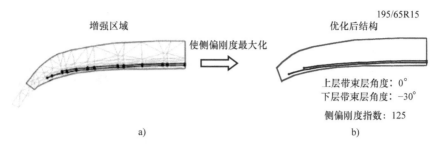

图2.24 采用遗传算法进行带束层结构优化

图2.25给出了侧偏刚度指数和带束层角度关系。通过遗传算法优化后,最大侧偏刚度指数位于相同的帘线角度上。图2.26a给出了侧偏刚度指数和整个种群的重量之间的关系。图2.26b给出了最好和最坏的结构以及相对应的每代种群的帘线角。因为初始结构(也就是第1代)是采用随机数产生的,这样就产生了各种带束层结构。遗传算法逐渐改善了带束层结构的种群数量并最终在第20代得到了优化的带束层结构。这个结构位于重量约束边界上,以达到最高的侧偏刚度指数。尽管在优化的早期产生了一个分离的带束层结构,优化后的结构从拓扑关系上来说仍然与控制胎相似。将优化后的轮胎结构进行了样胎的生产,并在转鼓上进行了实验,实验结果表明,优化后的轮胎结构其侧偏刚度与控制胎相比提升了15%[9]。

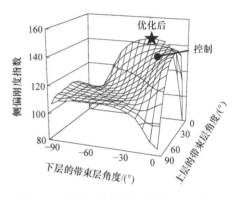

图2.25 侧偏刚度指数和带束层角度关系

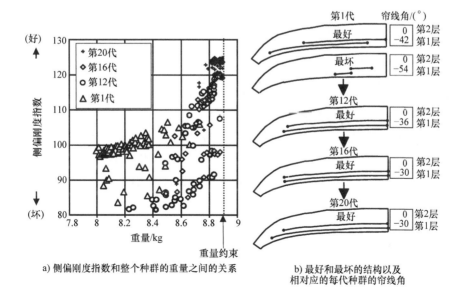

图2.26 采用遗传算法得到的带束层结构的优化历程[9]

下一个应用是对具有4层带束层的乘用车子午线轮胎（195/65R15）的增强材料进行优化，以使其侧偏刚度最大化。图2.27给出了轮胎的有限元模型，其中的带束层可以用实线表示的单元来代表。在本应用实例中，设计变量不仅是带束层的拓扑结构和带束层角度，而且还包括所采用的材料特性。目标函数是使侧偏刚度最大化，同时轮胎的重量约束不能超过控制胎重量。带束层的层数不超过4层。如图2.27所示，控制胎有2层带束层，其压延密度采用常规数值，这2层带束层用图中底部的两层实线表示。

为了在有限的重量、成本、层数下使侧偏刚度达到最大化，在最上层和次上层选择了尼龙帘线，这可以使成本和重量得到保障。因为部件数量是受限制的，从拓扑学上来说，不会产生不同的结构。优化后的结构与控制胎相比，其侧偏刚度提高了38%，成本下降了1%，重量增加了1%。优化后的结构有4层增强层。采用遗传算法进行增强材料的优化可以成功地生成优化的带束层结构。它的拓扑结构、增强材料、带束层角度和层数可以实现同步优化。

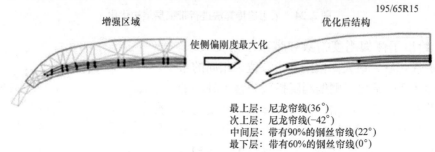

图2.27 采用遗传算法进行带束层结构优化

问题

2.1 推导式（2.15）和式（2.17）。

2.2 用式（2.52）和式（2.55）证明在式（2.56）中满足条件$[\bar{E}] \neq [\bar{C}]^{-1}$。再利用式（2.65）而非式（2.52），利用式（2.71）而非式（2.55）来证明上述条件满足。

2.3 推导式（2.58）。

2.4 推导式（2.65）和式（2.66）。

2.5 推导式（2.73）。

2.6 计算式（2.75）中的矩阵的值。

2.7 推导式（2.78）。

2.8 计算单层板底面上的应力，板的受力状态是：$M_x = 1 \text{kN/m}$，$N_x = N_y = N_{xy} = M_y = M_{xy} = 0$。板的厚度$t = 0.635 \text{mm}$，材料的杨氏模量$E_L = 19.981 \text{GPa}$，$E_T = 11.389 \text{GPa}$，$\nu_L = 0.741$，$G_{LT} = 13.789 \text{GPa}$。帘线的方向与全局坐标系的$x$轴方向一致。

2.9 对比式（1.56）所表达的单层带束层的等效杨氏模量和式（2.63）所表达的斜交层合板（带束层）的杨氏模量。所用的材料参数为：$E_L = 44 \text{GPa}$，$E_T = 11 \text{MPa}$，$\nu_L = 0.5$，$\nu_T = 0$。根据结果解释为什么单层带束层的杨氏模量小于斜交带束层的杨氏模量。

备注

备注2.1 式（2.9）

参考图2.28，我们可以得到

$$\mathrm{d}x = -\rho \mathrm{d}\phi, \quad \mathrm{d}\phi = \frac{\partial}{\partial x}\frac{\partial w}{\partial x} = \frac{\partial^2 w}{\partial x^2}\mathrm{d}x$$

从上面的公式，我们可以得到 $\kappa = \dfrac{1}{\rho} = -\dfrac{\partial \phi}{\partial x} = -\dfrac{\partial^2 \phi}{\partial x^2}$。

当不满足 Kirchloff – Love 假设的时候，在弯曲和剪切变形的作用下，垂直于中心面的直线不再保持垂直状态。因此提出了包含板的横截面的剪切变形的理论，此时的位移可以表示为

$$u_1(x,y,z) = u(x,y) - z\phi_x(x,y)$$
$$u_2(x,y,z) = v(x,y) - z\phi_y(x,y)$$
$$u_3(x,y,z) = w(x,y)$$

式中，$-\phi_x(x,y)$ 和 $-\phi_y(x,y)$ 分别是绕 y 轴和 x 轴的旋转角度。

因为上述公式是 z 的一阶导数，这个理论也就是所谓的一阶剪切变形理论。

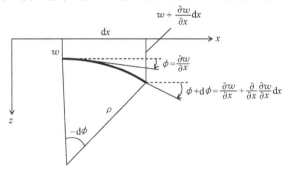

图 2.28 板的弯曲变形分析

备注 2.2 式（2.70）

在 $\alpha = 20°$ 和 $E_T = 3\mathrm{MPa}$ 的情况下，根据式（2.70），我们得到 $E_x = 152\mathrm{MPa}$。轮胎的半径 r 是 280mm，充气压力 p 为 0.2MPa，带束层的厚度 h 是 2mm，带束层在周向的应力 $\sigma_x = pr/h = 28\mathrm{MPa}$。$E_x$ 的值太小不足以支持 σ_x。轮胎可以支撑 σ_x 的原因是轮胎上的横向应力 σ_y 不等于 0。利用式（2.50），在 FRR 近似和 $\sigma_y \neq 0$ 的假设条件下，可以得到：

$$\dfrac{\sigma_x}{\varepsilon_x} = \overline{E}_{xx} - \nu_x \overline{E}_{xy} \cong E_L(1 - \nu_x \tan^2\alpha)\cos^4\alpha$$

式中，$\nu_x = -\varepsilon_y/\varepsilon_x$。

因为上述公式为 E_L 的函数，带束层可以承担 σ_x。根据式（2.70），ν_x 的值是 7.5，但是在轮胎的中心位置它的值是 1~2，因为径向帘线角是 90°。

参考文献

1. T. Hayashi (ed.), *Composite Material Engineering (in Japanese)*, (Nikkagiren, 1971)
2. T. Akasaka, Flexible composite (Chapter 9), in *Textile Structural Composites*, ed. by T-W. Chou, F.K. Ko (Elsevier, 1989)
3. Japan Society for Composite Materials (ed.), *Handbook of Composite Materials (in Japanese)*, (Nikankogyo Shinbun, 1989)
4. S.K. Clark (ed.), *Mechanics of Pneumatic Tires*, (U.G. Government Printing Office, 1981)
5. S.K. Clark, The plane elastic characteristics of cord rubber laminate. Text. Res. J. **33**, 295–313 (1963)
6. T. Akasaka, Structural mechanics of radial tires. Rubber Chem. Technol. **54**, 461–492 (1981)
7. K. Fujimoto et al., Study on complex modulus of FRR. J. Compos. Mater. **12**(4), 163–170 (1986). (in Japanese)
8. F. Tabaddor et al., Visocoelastic loss characteristics of cord-rubber composites. Tire Sci. Technol. **14**(2), 75–101 (1986)
9. A. Abe, Y. Nakajima, Optimization of construction of tire reinforcement by genetic algorithm. Optim. Eng. **5**(1), 77–92 (2004)

10. L.A. Schmit, B. Farshi, Optimum laminate design for strength and stiffness. Int. J. Numer. Meth. Eng **7**, 519 (1973)
11. L.A. Schmit, B. Farshi, Optimum laminated fiber composite plates. Int. J. Numer. Meth. Eng. **11**, 623–640 (1977)
12. H. Fukunaga, G.N. Vanderplaats, Strength optimization of laminated composites with respect to layer thickness and/or layer orientation angle. Comput. Struct. **40**, 1429–1439 (1991)
13. R.L. Riche, R.T. Haftka, Optimization of laminate stacking sequence for buckling load maximization by genetic algorithm. AIAA J. **31**, 951–956 (1993)
14. A. Todoroki, R.L. Haftka, Stacking sequence optimization for composite plate buckling by genetic algorithm with response surface in lamination parameters. Trans. JSME (A) **64**, 1138–1145 (1998)
15. Z. Gurdal, R.T. Haftka, P. Hajela, *Design and Optimization Laminated Composite Materials*, (Wiley-Interscience, 1999)
16. Y. Nakajima et al., Theory of optimum tire contour and its application. Tire Sci. Technol. **24**, 184–203 (1996)
17. A. Abe et al., Optimum young's modulus distribution in tire design. Tire Sci. Technol. **24**, 204–219 (1996)
18. Y. Nakajima, *New Tire Design Procedure Based on Optimization Technology*, (SAE Paper, No. 960997, 1996)
19. Y. Nakajima et al., Application of neural network for optimization of tire design. Tire Sci. Technol. **27**, 62–83 (1999)
20. Y. Nakajima, A. Abe, Application of genetic algorithms for optimization of tire pitch sequences. Jpn. J. Ind. Appl. Math. **17**, 403–426 (2000)
21. M. Koide et al., Optimization for motorcycle tire using explicit FEM. Tire Sci. Technol. **29**, 230–243 (2001)
22. K.-J. Bathe, *Finite Element Procedures* (Prentice Hall, New Jersey, 1996)

第3章 修正的层合板理论

钢丝子午线轮胎（简称子午胎）的带束层破坏通常发生在带束层的端点，这个部位的层间剪切应力急剧增加。因为在经典的层合板理论中没有考虑带束层层间剪切变形，所以出现了修正的层合板理论（MLT）。有几种不同的修正的层合板理论，可以根据外力的形式进行分类。例如，与拉伸力有关的修正层合板理论可以用于轮胎的耐久分析中；与面内弯曲力矩有关的修正层合板理论、与面外扭转力矩有关的修正层合板理论，以及与压缩力有关的修正层合板理论可以用于转弯特性的分析中，或者是用于不均匀磨耗的分析中。因为当轮胎结构中有两层以上带束层的时候，MLT 就会变得很复杂，所以本章会对斜交带束层的 MLT 和层叠带束层结构的 MLT 进行比较。

3.1 引言

MLT 是在 CLT 的基础上，通过增加层间剪应变发展而来的。钢丝子午胎的带束层破坏发生在带束层的端部，该部位的层间剪切应力大幅度增加。因为在经典的层合板理论中忽略了层间的剪切变形，所以人们希望用 MLT 来提高单向帘线增强橡胶复合材料的耐久性。

Whitney[1] 和 Pagona[2] 的研究表明，对于 UDCRR 这类的具有很大的 E_L/G_{LT} 比值的正交各向异性层合板来说，层间剪切变形对弯曲变形问题中的强度和刚度有很大的影响。Whitney 和 Pagona[3] 研究了非对称层合板的力学行为，考虑了由伸张而导致的面内耦合（剪切－伸张耦合）行为和由弯曲导致的面外耦合（弯曲－伸张耦合）行为。因为他们假设了一个平均的层间剪切变形，所以并没有将层间材料的厚度当作一个设计变量。

Puppo 和 Evensen[4] 以对称的四层层合板材料为研究对象研究了 MLT，结果表明采用 MLT 计算得到的拉伸刚度小于采用 CLT 计算的结果。McGinty[5] 等扩展了 Puppo 和 Evensen 的理论，在层合板的宽度方向上考虑了黏合橡胶和增强材料的力平衡。他们的结果表明，采用 MLT 的计算结果与采用有限元方法得到的计算结果是一致的。Akasaka 和 Hirano[6-8] 将 MLT 应用到双层的斜交层合板中，将黏合橡胶的厚度作为一个设计变量，考虑了耦合变形的效应。Hirano[6] 采用 MLT 研究了双层层合板的面内弯曲行为。Asano[9] 采用 MLT 研究了双层层合板在弯曲和压缩力的作用下的翘曲行为。Tanaka 等[10] 应用 MLT 分析了轮胎的层叠带束层结构，结果表明它的层间剪切应力比斜交带束层的层间剪切应力小。Akasaka[11] 采用 MLT 研究了双层层合板的扭转刚度。

本章首先讨论四层层合板的 MLT，它与没有面外耦合的双层层合板等效。接下来会讨论带有耦合变形的双层层合板理论。

3.2 没有面外耦合变形的双层层合板（或四层对称层合板）的 MLT

3.2.1 基本方程

Puppo 和 Evensen[4] 研究了四层对称层合板，考虑了层间剪切变形，这与不带面外耦合的双层层合板的 MLT 等效。图 3.1 显示了作用在四层对称层合板上的面内外部力，考虑了层间剪切应力 τ_{zx} 和 τ_{zy}。就如在第 2 章中考虑的那样，由于不考虑对称层合板的面外耦合，所以可以只对四层对称层合板的一半进行分析研究。

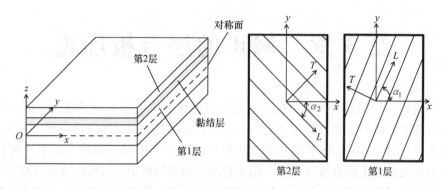

图 3.1 四层对称层合板上的面内外部力

用 2 层正交各向异性的薄板来代表双层层合板,它们之间的黏结层采用各向同性的材料代表。层合板的 z 轴方向承受平面应力 σ_z,面内应力 (σ_x, σ_y, τ_{xy}) 和位移 (u, v) 在厚度方向上取平均值。厚度方向上的剪切变形假设只存在于黏结层上,这也就是说忽略了黏结层的面内刚度。2 层薄板用上标 (1)、(2) 来表示,靠近对称平面的为 (1)。L 轴代表帘线的方向,T 轴代表与帘线垂直的方向。2 层薄板的方向角相对于 x 轴分别为 α_1 和 α_2。如果帘线的 L 轴到 x 轴是逆时针方向,则角度的符号为正,反之则为负,如图 3.2 所示,其中的 h_1 和 h_2 分别是第 1 层和第 2 层薄板的厚度,h 是黏结层的厚度,面内应力 ($\sigma_x^{(i)}$, $\sigma_y^{(i)}$, $\tau_{xy}^{(i)}$) ($i = 1, 2$) 满足关系如下[⊖]:

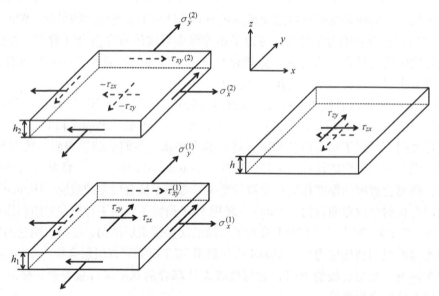

图 3.2 双层层合板及中间的黏结层的应力应变受力状态

$$\begin{aligned}\frac{\partial \sigma_x^{(1)}}{\partial x} + \frac{\partial \tau_{xy}^{(1)}}{\partial y} + \frac{\tau_{zx}}{h_1} = 0 \\ \frac{\partial \tau_{xy}^{(1)}}{\partial x} + \frac{\partial \sigma_y^{(1)}}{\partial y} + \frac{\tau_{zy}}{h_1} = 0\end{aligned} \quad (3.1)$$

⊖ 问题 3.1。

$$\frac{\partial \sigma_x^{(2)}}{\partial x} + \frac{\partial \tau_{xy}^{(2)}}{\partial y} - \frac{\tau_{zx}}{h_2} = 0$$

$$\frac{\partial \tau_{xy}^{(2)}}{\partial x} + \frac{\partial \sigma_y^{(2)}}{\partial y} - \frac{\tau_{zy}}{h_2} = 0 \tag{3.2}$$

u_i 和 v_i（$i=1$，2）分别为每层薄板在 x 和 y 方向上的位移，每层薄板的应变可以表示为

$$\varepsilon_x^{(i)} = \frac{\partial u_i}{\partial x}$$

$$\varepsilon_y^{(i)} = \frac{\partial v_i}{\partial y} \tag{3.3}$$

$$\gamma_{xy}^{(i)} = \frac{\partial u_i}{\partial y} + \frac{\partial v_i}{\partial x}$$

胡克定律可以表示为

$$\begin{Bmatrix} \sigma_x^{(i)} \\ \sigma_y^{(i)} \\ \tau_{xy}^{(i)} \end{Bmatrix} = \begin{bmatrix} E_{xx}^{(i)} & E_{xy}^{(i)} & E_{xs}^{(i)} \\ E_{xy}^{(i)} & E_{yy}^{(i)} & E_{ys}^{(i)} \\ E_{xs}^{(i)} & E_{ys}^{(i)} & E_{ss}^{(i)} \end{bmatrix} \begin{Bmatrix} \varepsilon_x^{(i)} \\ \varepsilon_y^{(i)} \\ \gamma_{xy}^{(i)} \end{Bmatrix} \tag{3.4}$$

其中的 $E_{xx}^{(i)}$、$E_{xy}^{(i)}$、$E_{xs}^{(i)}$、$E_{yy}^{(i)}$、$E_{ys}^{(i)}$ 和 $E_{ss}^{(i)}$ 可通过式（1.43）给出，黏结层的应力 τ_{zx}、τ_{zy} 可以表示为

$$\tau_{zx} = G\gamma_{zx} = G(u_2 - u_1)/h$$
$$\tau_{zy} = G\gamma_{zy} = G(v_2 - v_1)/h \tag{3.5}$$

式中，G 为黏结层的剪切刚度。

将式（3.3）~式（3.5）代入到式（3.1）和式（3.2），可以得到下面的关于 u_i 和 v_i 的基本方程[○]：

$$\left[E_{xx}^{(1)}\frac{\partial^2}{\partial x^2} + 2E_{xs}^{(1)}\frac{\partial^2}{\partial x \partial y} + E_{ss}^{(1)}\frac{\partial^2}{\partial y^2}\right]u_1 + \left[E_{xs}^{(1)}\frac{\partial^2}{\partial x^2} + (E_{xy}^{(1)} + E_{ss}^{(1)})\frac{\partial^2}{\partial x \partial y} + E_{ys}^{(1)}\frac{\partial^2}{\partial y^2}\right]v_1 +$$

$$\frac{G}{hh_1}(u_2 - u_1) = 0$$

$$\left[E_{xs}^{(1)}\frac{\partial^2}{\partial x^2} + (E_{xy}^{(1)} + E_{ss}^{(1)})\frac{\partial^2}{\partial x \partial y} + E_{ys}^{(1)}\frac{\partial^2}{\partial y^2}\right]u_1 + \left[E_{ss}^{(1)}\frac{\partial^2}{\partial x^2} + 2E_{ys}^{(1)}\frac{\partial^2}{\partial x \partial y} + E_{yy}^{(1)}\frac{\partial^2}{\partial y^2}\right]v_1 +$$

$$\frac{G}{hh_1}(v_2 - v_1) = 0 \tag{3.6}$$

$$\left[E_{xx}^{(2)}\frac{\partial^2}{\partial x^2} + 2E_{xs}^{(2)}\frac{\partial^2}{\partial x \partial y} + E_{ss}^{(2)}\frac{\partial^2}{\partial y^2}\right]u_2 + \left[E_{xs}^{(2)}\frac{\partial^2}{\partial x^2} + (E_{xy}^{(2)} + E_{ss}^{(2)})\frac{\partial^2}{\partial x \partial y} + E_{ys}^{(2)}\frac{\partial^2}{\partial y^2}\right]v_2 -$$

$$\frac{G}{hh_2}(u_2 - u_1) = 0$$

$$\left[E_{xs}^{(2)}\frac{\partial^2}{\partial x^2} + (E_{xy}^{(2)} + E_{ss}^{(2)})\frac{\partial^2}{\partial x \partial y} + E_{ys}^{(2)}\frac{\partial^2}{\partial y^2}\right]u_2 + \left[E_{ss}^{(2)}\frac{\partial^2}{\partial x^2} + 2E_{ys}^{(2)}\frac{\partial^2}{\partial x \partial y} + E_{yy}^{(2)}\frac{\partial^2}{\partial y^2}\right]v_2 -$$

$$\frac{G}{hh_2}(v_2 - v_1) = 0$$

3.2.2 承受均匀分布的应力和位移的斜交层合板的分析

1. 两个边界条件下的结果叠加

图 3.3 给出了斜交层合板在 x 方向承受均匀分布的应力和位移下的受力状态。宽度是 $2b$，长

○ 问题 3.2。

度是 $2a$，帘线的方向角（简称帘线角）为 $\pm\alpha$（$-\alpha_1 = \alpha_2 \cong \alpha$），每层薄板的厚度相同（$h_1 = h_2 = h_0$），相反的方向角其在式（3.6）中的各个元素之间存在如下关系：

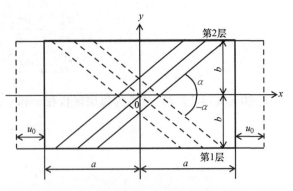

图 3.3 斜交层合板在 x 方向承受均匀分布的应力和位移下的受力状态

$$E_{xx}^{(1)} = E_{xx}^{(2)} \equiv E_{xx}$$
$$E_{xy}^{(1)} = E_{xy}^{(2)} \equiv E_{xy}$$
$$-E_{xs}^{(1)} = E_{xs}^{(2)} \equiv E_{xs} \quad (3.7)$$
$$E_{yy}^{(1)} = E_{yy}^{(2)} \equiv E_{yy}$$
$$-E_{ys}^{(1)} = E_{ys}^{(2)} \equiv E_{ys}$$
$$E_{ss}^{(1)} = E_{ss}^{(2)} \equiv E_{ss}$$

假设满足 $a \gg b$ 的关系，如果在分析中不考虑边缘区域（$x = \pm a$），则图 3.4a~b 对应的解的叠加就是方程的解。

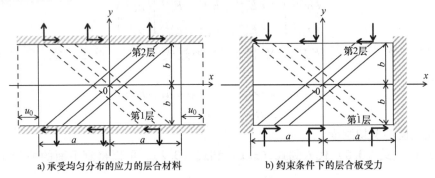

a) 承受均匀分布的应力的层合材料　　b) 约束条件下的层合板受力

图 3.4 有两种边界条件的层合材料[4]

2. 均布位移和应力的解

在宽度方向上，在 $y = \pm b$ 处的位移是约束的，在层合板的纵向（x 方向）$x = \pm a$ 处施加均匀分布的位移 u_0，如图 3.4a 所示。在 $y = \pm b$ 处的边界条件表达为

$$u_1 = u_2 = \pm u_0, 在 x = \pm a 处$$
$$v_1 = v_2 = 0, 在 y = \pm b 处 \quad (3.8)$$

位移 u_i 和 v_i 可以表示为

$$u_1 = u_2 = (u_0/a)x$$
$$v_1 = v_2 = 0 \quad (3.9)$$

将式（3.9）代入式（3.3）中，可以得到均匀的应变场：

$$\varepsilon_x^{(i)} = u_0/a$$
$$\varepsilon_y^{(i)} = 0 \quad (i = 1,2) \quad (3.10)$$
$$\gamma_{xy}^{(i)} = 0$$

式（3.9）满足式（3.6）的平衡条件，式（3.8）的边界条件和式（3.9）就是这个问题的特解。将式（3.10）代入到式（3.4）中，可以得到应力的表达式：

$$\sigma_x^{(i)} = E_{xx}^{(i)} u_0/a$$
$$\sigma_y^{(i)} = E_{xy}^{(i)} u_0/a \quad (3.11)$$
$$\tau_{xy}^{(i)} = E_{xs}^{(i)} u_0/a$$

将式(3.7)代入到式(3.11),可以得到

$$\sigma_x^{(1)} = \sigma_x^{(2)} = E_{xx} u_0 / a$$
$$\sigma_y^{(1)} = \sigma_y^{(2)} = E_{xy} u_0 / a \tag{3.12}$$
$$\tau_{xy}^{(1)} = -\tau_{xy}^{(2)} = -E_{xs} u_0 / a$$

应力只与位移 u_0/a 有关,层间剪切应力 τ_{zx} 和 τ_{zy} 等于 0,但是 $y = \pm b$ 处的约束的存在导致产生了 $\sigma_y^{(i)}$ 和 $\tau_{xy}^{(i)}$。

3. 带有约束位移的解

如图 3.4b 所示,在板的两侧 $y = \pm b$ 处作用有应力,用以消除图 3.4a 中的反力。在 $y = \pm b$ 处的边界条件可以表示为⊖

$$\sigma_y^{(1)} = \sigma_y^{(2)} = -E_{xy} u_0 / a$$
$$\tau_{xy}^{(1)} = -\tau_{xy}^{(2)} = E_{xs} u_0 / a, 在 y = \pm b 处 \tag{3.13}$$

根据对称的条件可以得到如下关系式⊖:

$$u_1 = u_2 = 0$$
$$v_1 = v_2 = 0, 在 y = 0 处 \tag{3.14}$$

因为存在关系式 $a \gg b$,根据圣维南原理,除非是在 $x = \pm a$ 附近区域,否则结果只是 y 的函数而与 x 无关。考虑到带有 $\partial/\partial x$ 的项在上述假设的条件下可以消除,式(3.6)可以简化为

$$\begin{bmatrix} E_{ss}^{(1)} \dfrac{d^2}{dy^2} - k & k & E_{ys}^{(1)} \dfrac{d^2}{dy^2} & 0 \\ k & E_{ss}^{(2)} \dfrac{d^2}{dy^2} - k & 0 & E_{ys}^{(2)} \dfrac{d^2}{dy^2} \\ E_{ys}^{(1)} \dfrac{d^2}{dy^2} & 0 & E_{yy}^{(1)} \dfrac{d^2}{dy^2} - k & k \\ 0 & E_{ys}^{(2)} \dfrac{d^2}{dy^2} & k & E_{yy}^{(2)} \dfrac{d^2}{dy^2} - k \end{bmatrix} \begin{Bmatrix} u_1 \\ u_2 \\ v_1 \\ v_2 \end{Bmatrix} = \begin{Bmatrix} 0 \\ 0 \\ 0 \\ 0 \end{Bmatrix} \tag{3.15}$$

将式(3.7)代入到式(3.15)中,可以得到

$$\begin{bmatrix} E_{ss} \dfrac{d^2}{dy^2} - k & k & -E_{ys} \dfrac{d^2}{dy^2} & 0 \\ k & E_{ss} \dfrac{d^2}{dy^2} - k & 0 & E_{ys} \dfrac{d^2}{dy^2} \\ -E_{ys} \dfrac{d^2}{dy^2} & 0 & E_{yy} \dfrac{d^2}{dy^2} - k & k \\ 0 & E_{ys} \dfrac{d^2}{dy^2} & k & E_{yy} \dfrac{d^2}{dy^2} - k \end{bmatrix} \begin{Bmatrix} u_1 \\ u_2 \\ v_1 \\ v_2 \end{Bmatrix} = \begin{Bmatrix} 0 \\ 0 \\ 0 \\ 0 \end{Bmatrix} \tag{3.16}$$

如果两层薄板的厚度是相同的($h_1 = h_2 \equiv h_0$),k 可以用下式表示:

$$k \equiv G/(h_0 h) \tag{3.17}$$

⊖⊖ 备注 3.1。

设式（3.16）的位移可以表示为

$$\begin{Bmatrix} u_1 \\ u_2 \\ v_1 \\ v_2 \end{Bmatrix} = \begin{Bmatrix} A_0 \\ B_0 \\ C_0 \\ D_0 \end{Bmatrix} e^{ry} \tag{3.18}$$

将式（3.18）代入到式（3.16）中，可以求出常数 A_0、B_0、C_0、D_0。利用 $\rho = r^2$，那么式（3.16）具有非零解的条件是式（3.16）中的矩阵的行列式的值为0。特征方程为

$$C^2\rho^4 - 2k(E_{yy} + E_{ss})C\rho^3 + 4k^2 E_{yy} E_{ss}\rho^2 = 0 \tag{3.19}$$

式中，

$$C \equiv E_{yy} E_{ss} - E_{ys}^2 \tag{3.20}$$

式（3.19）的根为

$$\begin{aligned} \rho_1 &= 2kE_{yy}/C \\ \rho_2 &= 2kE_{ss}/C \\ \rho_3 &= \rho_4 = 0 \end{aligned} \tag{3.21}$$

当系数 A_0、B_0、C_0、D_0 根据不同的 ρ_i（$i=1,\cdots,4$）分别表示为 A_{0i}、B_{0i}、C_{0i}、D_{0i}（$i=1,\cdots,4$）时，系数的比值如下所示：

（1）对于 ρ_1 的情况，

$$\begin{aligned} B_{01} &= -A_{01} \\ C_{01} &= E_{ys} A_{01}/E_{yy} \\ D_{01} &= E_{ys} A_{01}/E_{yy} \end{aligned} \tag{3.22}$$

（2）对于 ρ_2 的情况，

$$\begin{aligned} B_{02} &= A_{02} \\ C_{02} &= E_{ss} A_{02}/E_{ys} \\ D_{02} &= -E_{ss} A_{02}/E_{ys} \end{aligned} \tag{3.23}$$

（3）对于 $\rho_3 = \rho_4 = 0$ 的情况，

$$\begin{aligned} B_{03} &= A_{03} \\ C_{03} &= D_{03} \\ B_{04} &= A_{04} \\ C_{04} &= D_{04} \end{aligned} \tag{3.24}$$

考虑到式（3.22）~式（3.24），式（3.16）的一般解可以表示为[⊖]

$$\begin{aligned} u_1 &= A_1 \sinh\sqrt{\rho_1}y + \bar{A}_1 \cosh\sqrt{\rho_1}y + A_2 \sinh\sqrt{\rho_2}y + \bar{A}_2 \cosh\sqrt{\rho_2}y + A_3 y + A_4 \\ v_1 &= A_1 \frac{E_{ys}}{E_{yy}}\sinh\sqrt{\rho_1}y + \bar{A}_1 \frac{E_{ys}}{E_{yy}}\cosh\sqrt{\rho_1}y + A_2 \frac{E_{ss}}{E_{ys}}\sinh\sqrt{\rho_2}y + \bar{A}_2 \frac{E_{ss}}{E_{ys}}\cosh\sqrt{\rho_2}y + C_3 y + C_4 \\ u_2 &= -A_1 \sinh\sqrt{\rho_1}y - \bar{A}_1 \cosh\sqrt{\rho_1}y + A_2 \sinh\sqrt{\rho_2}y + \bar{A}_2 \cosh\sqrt{\rho_2}y + A_3 y + A_4 \\ v_2 &= A_1 \frac{E_{ys}}{E_{yy}}\sinh\sqrt{\rho_1}y + \bar{A}_1 \frac{E_{ys}}{E_{yy}}\cosh\sqrt{\rho_1}y - A_2 \frac{E_{ss}}{E_{ys}}\sinh\sqrt{\rho_2}y - \bar{A}_2 \frac{E_{ss}}{E_{ys}}\cosh\sqrt{\rho_2}y + C_3 y + C_4 \end{aligned} \tag{3.25}$$

⊖ 问题3.3。

利用式（3.13）的边界条件和式（3.14）的对称条件，可以得到式（3.25）中的系数为[一]
$$\bar{A}_1 = \bar{A}_2 = A_2 = A_3 = A_4 = C_4 = 0 \tag{3.26}$$

$$A_1 = \frac{E_{yy}E_{xs} - E_{ys}E_{xy}}{C\sqrt{\rho_1}\cosh(\sqrt{\rho_1}b)} \frac{u_0}{a}$$

$$C_3 = -\frac{E_{xy}}{E_{yy}}\frac{u_0}{a} \tag{3.27}$$

利用式（3.26）和式（3.27），对称斜交4层层合板的应力可以表示为

$$\sigma_x^{(1)} = \sigma_x^{(2)} = A_1\left(-E_{xs} + \frac{E_{ys}}{E_{yy}}E_{xy}\right)\sqrt{\rho_1}\cosh(\sqrt{\rho_1}y) + C_3E_{xy}$$

$$\sigma_y^{(1)} = \sigma_y^{(2)} = C_3E_{yy}$$

$$\tau_{xy}^{(1)} = -\tau_{xy}^{(2)} = A_1\frac{C}{E_{yy}}\sqrt{\rho_1}\cosh(\sqrt{\rho_1}y) + C_3E_{ys} \tag{3.28}$$

$$\tau_{zx} = A_1\frac{2G}{h}\sinh(\sqrt{\rho_1}y)$$

$$\tau_{zy} = 0$$

4. 叠加结果

将式（3.11）代入到式（3.28），我们可以得到图3.3中的问题的完整解。

$$\sigma_x = \sigma_x^{(1)} = \sigma_x^{(2)} = \frac{u_0}{a}\left[E_{xx} - \frac{E_{xy}^2}{E_{yy}} - \frac{(E_{ys}E_{xy} - E_{yy}E_{xs})^2}{E_{yy}(E_{yy}E_{ss} - E_{ys}^2)}\frac{\cosh(\sqrt{\rho_1}y)}{\cosh(\sqrt{\rho_1}b)}\right]$$

$$\sigma_y = \sigma_y^{(1)} = \sigma_y^{(2)} = 0$$

$$\tau_{xy} = \tau_{xy}^{(1)} = -\tau_{xy}^{(2)} = \frac{u_0}{a}\frac{E_{ys}E_{xy} - E_{yy}E_{xs}}{E_{yy}}\left[1 - \frac{\cosh(\sqrt{\rho_1}y)}{\cosh(\sqrt{\rho_1}b)}\right] \tag{3.29}$$

$$\tau_{zx} = \frac{u_0}{a}\frac{2G}{h\sqrt{\rho_1}}\frac{E_{ys}E_{xy} - E_{yy}E_{xs}}{E_{yy}E_{ss} - E_{ys}^2}\frac{\sinh(\sqrt{\rho_1}y)}{\cosh(\sqrt{\rho_1}b)}$$

$$\tau_{zy} = 0$$

利用式（3.20）和式（3.21）可以得到 ρ_1 的表达式：

$$\rho_1 = \frac{2G}{hh_0}\frac{E_{yy}}{E_{yy}E_{ss} - E_{ys}^2} \tag{3.30}$$

式（3.29）的层合板内的应力分布如图3.5所示。从式（3.29）我们看到，应力 σ_x 和 τ_{xy} 在靠近自由边界（$y = \pm b$）的时候快速下降。将 $y = \pm b$ 代入式（3.29）的第一个方程中，同时注意到在自由边界上 σ_x 不再是 b 的函数。在 $y = \pm b$ 的位置，层间剪切应力 τ_{zx} 与 $\tanh(\sqrt{\rho_1}b)$ 成比例关系，并且即使宽度 b 是无限大的，剪应力 τ_{zx} 的值也是有限的。

将式（3.29）中的 σ_x 在 y 方向上进行积分，可以得到轴力 P 的表达式如下：

$$P = 2h_0\int_{-b}^{b}\sigma_x\mathrm{d}y = \frac{4h_0u_0}{a}\left[b\left(E_{xx} - \frac{E_{xy}^2}{E_{yy}}\right) - \frac{(E_{ys}E_{xy} - E_{yy}E_{xs})^2}{E_{yy}(E_{yy}E_{ss} - E_{ys}^2)}\frac{\tanh(\sqrt{\rho_1}b)}{\sqrt{\rho_1}}\right] \tag{3.31}$$

因为等效应力 σ_{mean} 是由轴力 P 除以横截面积 $4h_0b$ 得到的，等效应力 σ_{mean} 和应变 u_0/a 的比值给出了对称四层复合材料的等效刚度 $\bar{E}_x$ 的表达式：

[一] 问题3.3。

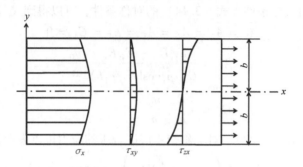

图 3.5　层合板内的应力分布

$$\overline{E}_x = E_{xx} - \frac{E_{xy}^2}{E_{yy}} - \frac{(E_{ys}E_{xy} - E_{yy}E_{xs})^2}{E_{yy}(E_{yy}E_{ss} - E_{ys}^2)} \frac{\tanh(\sqrt{\rho_1}b)}{\sqrt{\rho_1}b} \tag{3.32}$$

图 3.6 中给出了层间剪应力 τ_{zx} 的产生机理[12]。当拉伸载荷作用在没有中间黏结层的斜交复合材料上时，每个薄板会发生如图 3.6a 所示的菱形变形。为了保持每个薄板的矩形形状，在每个薄板上会产生方向相反的剪应变。但是，由于没有像作用在具有黏结层的复合材料的自由边界上那样的外部力，每个薄板就会在自由边界上产生与剪应力方向相反的变形，如图 3.6b~c 所示。因此，在拉伸载荷的作用下两层薄板之间就会产生层间剪应力。这就是轮胎带束层端部破坏的主要原因。

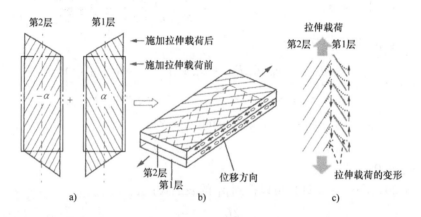

图 3.6　层间剪应力 τ_{zx} 的产生机理

(经 Tokyo Denki University Press 授权，摘自文献 [12])

3.2.3　纤维增强橡胶复合材料分析

这里对对称纤维增强橡胶复合材料的应力分布进行了计算。图 3.2 中所示的每层薄板的特性和黏合层的特性为：$E_L = 2\text{GPa}$，$E_T = 40\text{MPa}$，$V_L = 0.5$，$V_T = 0.01$，$G_{LT} = 10\text{MPa}$，$G = 5\text{MPa}$，$b = 50\text{mm}$，$h_1 = h_2 = h_0 = 5\text{mm}$，$h = 1、2、4\text{mm}$。

图 3.7 给出了不同的黏结层厚度、不同的帘线方向角条件下层间剪应力 τ_{zx} 的分布情况。当 $\alpha = 0°$ 时满足 $\tau_{zx} = 0$，当 $\alpha = 15°$ 时，剪应力 τ_{zx} 在复合材料的边缘达到最大。图 3.8 给出了最大层间剪应力随着厚度和方向的变化。剪应力 τ_{zx} 在任何一个黏结层厚度下都在 $\alpha = 15°$ 时达到最大值，但是它的最大值 $(\tau_{zx})_{\max}$ 却随着黏结层厚度的增加而下降。因为轿车轮胎的带束层角度在 20°~30° 之间，层间剪应力接近它的最大值。

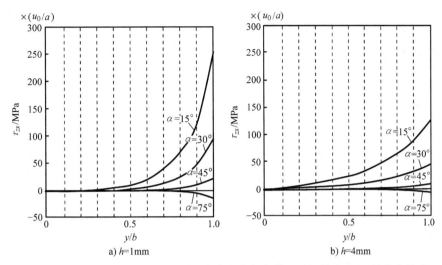

图 3.7 不同的黏结层厚度、不同的帘线方向角条件下层间剪应力 τ_{zx} 的分布情况

利用 FRR 的近似计算式（1.118），式（3.29）的第四个表达式中的分子可以近似表示为[⊖]

$$E_{yy}E_{xs} - E_{ys}E_{xy} \approx E_T E_L \sin\alpha \cos^3\alpha(2 - \tan^2\alpha)/2 \quad (3.33)$$

图 3.8 表明，在特定的角度 $\theta^* = \tan^{-1}\sqrt{2} = 54.7°$ 时，斜交层合板 UDCRR 中由于耦合效应的消失，剪应力 τ_{zx} 成为 0。

图 3.9 给出了法向应力 σ_x 和面内剪应力 τ_{xy} 的分布，从中看到它们的分布是不均匀的，在接近自由边界（$y/b = 1.0$）的时候出现急剧降低。出现 σ_x 急剧降低的区域称为边界层，它大致从自由边界向内扩展接近一个层的厚度的距离。

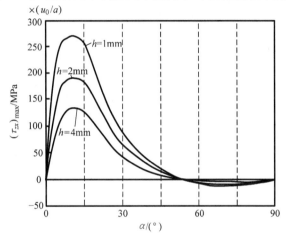

图 3.8 最大层间剪应力随着厚度和方向的变化

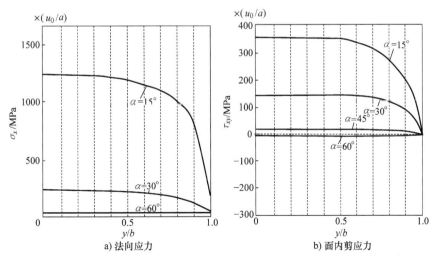

a) 法向应力   b) 面内剪应力

图 3.9 法向应力 σ_x 和面内剪应力 τ_{xy} 的分布

⊖ 问题 3.4。

3.3 不带面外耦合变形但考虑横向应力的双层层合板的 MLT（对称四层复合材料）

3.3.1 不带面外耦合变形但考虑横向应力的双层层合板的 MLT 的基本方程

1. 基本方程

McGinty 等[5]扩展了不包含面外耦合变形的斜交层合板的相关理论，他们考虑了横向应力对斜交层合板的影响，而 Puppo 和 Evensen[4]却忽略了这个问题。斜交层合板的横向应力有两个来源。简单来说，横向应力的第一个来源是当轮胎充气或者加载过程中带束层端部外面的胎面橡胶发生变形而产生的应力。这个应力可以用 $\sigma_{y,\text{BE}}$ 表示，第二个来源是由两个正交复合板之间的三明治结构的层间橡胶导致的。当这个复合材料在 x 方向受到的拉伸应变为 $\varepsilon_x = 1\%$ 的时候，由于橡胶的不可压缩作用，橡胶层在 y 方向的应变为 $\varepsilon_y = -0.5\%$。如果轮胎中的帘线方向角比较小，在外部拉伸应力的作用下斜交层合板的宽度变得更窄，在两层层合板的上部或者下部的层间橡胶层受到约束的影响在 y 方向上可能处于压缩状态。因为复合材料的内部力的合力为 0，层间橡胶层的压缩状态就会在两层上产生拉伸。

斜交带束层的复合材料结构如图 3.10 所示[5]，用来描述各向同性材料内部的平面应力状态的胡克定律可以用下式表示：

$$\sigma_y = \frac{E_m}{1-\nu_m^2}(\varepsilon_y + \nu_m \varepsilon_x) \tag{3.34}$$

式中，E_m 和 ν_m 分别是橡胶的杨氏模量和泊松比。根据两层带束层之间内部的横向力平衡的条件，可以得到：

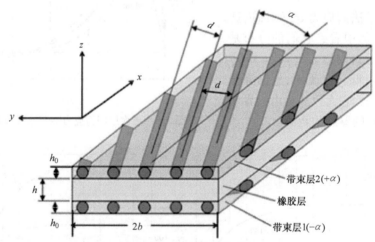

图 3.10 斜交带束层的复合材料结构
（经 TST 授权，摘自文献 [5]）

$$2h_0 \sigma_{y,\text{belt}} + h\sigma_{y,\text{rubber layer}} = 0 \tag{3.35}$$

式中，$\sigma_{y,\text{belt}}$ 是带束层横向应力；$\sigma_{y,\text{rubber layer}}$ 是橡胶层横向应力。

求解式（3.35），可以得到带束层横向应力的表达式：

$$\sigma_{y,\text{belt}} = -\frac{1}{2}\frac{h}{h_0}\sigma_{y,\text{rubber layer}} \tag{3.36}$$

注意到要满足层合板的变形相容条件，带束层的应变 ε_x 和 ε_y 与橡胶层的应变必然相等，利用式（3.34）给出的橡胶层的应力 $\sigma_{y,\text{rubber layer}}$，将它代入式（3.36）中，可以得到每层带束层的横向应力。

$$\sigma_y = \sigma_{y,\text{BE}} - \frac{E_\text{m}}{2(1-\nu_\text{m}^2)} \frac{h}{h_0}(\varepsilon_y + \nu_\text{m}\varepsilon_x) \tag{3.37}$$

x 方向的应力平衡方程为

$$\partial\sigma_x/\partial x + \partial\tau_{xy}/\partial y + \partial\tau_{xz}/\partial z = 0 \tag{3.38}$$

对于单向伸长来说，偏导数 $\partial\sigma_x/\partial x = 0$ 是成立的，式（3.38）可以重新写成：

$$\partial\tau_{xy}/\partial y = -\partial\tau_{xz}/\partial z \tag{3.39}$$

对于带束层 2，式（3.39）右侧的导数可以写成：

$$\frac{\partial\tau_{xz}}{\partial z} = \frac{\tau_{xz,\text{belt 2 top}} - \tau_{xz,\text{belt 2 bottom}}}{h_0} \tag{3.40}$$

带束层 2 的上部的剪应力，因为它位于自由表面上，所以 $\tau_{xz,\text{belt 2 top}}$ 为 0，利用式（3.39）和式（3.40），可以得到：

$$\partial\tau_{xy}/\partial y = \tau_{xz,\text{belt 2 bottom}}/h_0 \tag{3.41}$$

带束层 2 的底部的剪应力 $\tau_{xz,\text{belt 2 bottom}}$ 与橡胶层的层间剪应力 $\tau_{xz,\text{rubber layer}}$ 相等，故

$$\tau_{xz,\text{rubber layer}} = G\gamma_{xz,\text{rubber layer}} \tag{3.42}$$

将式（3.42）代入到式（3.41）中，可以得到：

$$\partial\tau_{xy}/\partial y = G\gamma_{xz,\text{rubber layer}}/h_0 \tag{3.43}$$

式中，$\gamma_{xz,\text{rubber layer}}$ 是橡胶层的剪切应变，它与 x 方向上带束层 1 的位移 $u_{\text{belt 1}}$ 和带束层 2 的位移 $u_{\text{belt 2}}$ 有关：

$$\gamma_{xz,\text{rubber layer}} = (u_{\text{belt 2}} - u_{\text{belt 1}})/h \tag{3.44}$$

对于斜交带束层来说，两层带束层的位移幅值是一样的，但是位移的符号却是相反的。

$$u_{\text{belt 2}} = -u_{\text{belt 1}} \tag{3.45}$$

利用式（3.44）和式（3.45），我们可以得到：

$$\gamma_{xz,\text{rubber layer}} = 2u_{\text{belt 2}}/h \tag{3.46}$$

式（3.46）代入到式（3.43）中可以得到：

$$\frac{\partial\tau_{xy}}{\partial y} = \frac{2G}{hh_0}u_{\text{belt 2}} \tag{3.47}$$

考虑到关于 x 的导数为 0，假设复合材料在 x 方向的长度很长，因此，考虑到在 x 方向的位移 u 是关于 y 的函数，$u_{\text{belt 2}}$ 可以表示为

$$u_{\text{belt 2}} = \int_0^y \frac{\partial u}{\partial y}\mathrm{d}y \tag{3.48}$$

将式（3.48）代入到式（3.47）中，得到对 y 的导数为

$$\frac{\partial^2\tau_{xy}}{\partial y^2} = \frac{2G}{hh_0}\frac{\partial u}{\partial y} \tag{3.49}$$

利用关系式 $\partial/\partial x = 0$，可以得到带束层的剪切应变 γ_{xy}：

$$\gamma_{xy} = \partial u/\partial y \tag{3.50}$$

将式（3.50）代入到式（3.49）可以得到：

$$\frac{\partial^2\tau_{xy}}{\partial y^2} = \frac{2G}{hh_0}\gamma_{xy} \tag{3.51}$$

利用式（3.46）和式（3.47），我们可以得到层间剪应变 $\gamma_{xz,\text{rubber layer}}$：

$$\gamma_{xz,\text{rubber layer}} = \frac{h_0}{G}\frac{\partial\tau_{xy}}{\partial y} \tag{3.52}$$

2. UDCRR 基于 MLT 的联立方程

如式（1.46）所展开的讨论，复合材料的胡克定律可以表示为

$$\left\{\begin{array}{c}\varepsilon_x\\ \varepsilon_y\\ \gamma_{xy}\end{array}\right\}=\begin{bmatrix}C_{xx}&C_{xy}&C_{xs}\\ C_{yx}&C_{yy}&C_{ys}\\ C_{sx}&C_{zy}&C_{ss}\end{bmatrix}\left\{\begin{array}{c}\sigma_x\\ \sigma_y\\ \tau_{xy}\end{array}\right\} \tag{3.53}$$

利用 FRR 的近似式（1.117）和关系 $E_L \gg E_T$，式（3.53）可以简明地写为

$$\left\{\begin{array}{c}\varepsilon_x\\ \varepsilon_y\\ \gamma_{xy}\end{array}\right\}=\frac{1}{E_T}\begin{bmatrix}\sin^2\alpha(1+3\cos^2\alpha) & -3\sin^2\alpha\cos^2\alpha & \sin2\alpha(2\cos^2\alpha-\sin^2\alpha)\\ -3\sin^2\alpha\cos^2\alpha & \cos^2\alpha(1+3\sin^2\alpha) & \sin2\alpha(2\sin^2\alpha-\cos^2\alpha)\\ \sin2\alpha(2\cos^2\alpha-\sin^2\alpha) & \sin2\alpha(2\sin^2\alpha-\cos^2\alpha) & 1+3\cos^22\alpha\end{bmatrix}\left\{\begin{array}{c}\sigma_x\\ \sigma_y\\ \tau_{xy}\end{array}\right\} \tag{3.54}$$

式中，$E_T = (4/3)(E_m/V_m)$，V_m 是带束层的橡胶体积分数；E_m 是橡胶基体的杨氏模量；α 是带束层帘线的方向角。

注意到在推导式（3.54）的过程中，橡胶的泊松比采用 $\nu_m = 1/2$，体积分数 V_m 可以表示为

$$V_m = \frac{dh_0 - \pi\left(\frac{h_0}{2}\right)^2}{dh_0} \tag{3.55}$$

式中，d 是图 3.10 所示的帘线间距，也就是两根帘线之间垂直于帘线方向上的距离。

利用式（1.22）中的第二个公式，可以得到关系式 $\{\bar{\bar{\varepsilon}}_L\} = [T]\{\bar{\bar{\varepsilon}}_x\}$。带束层帘线在帘线方向的不可拉伸特性可以用 $\varepsilon_L = 0$ 表示，也就是可以用下面的公式表示：

$$\varepsilon_x\cos^2\alpha + \varepsilon_y\sin^2\alpha + \gamma_{xy}\sin\alpha\cos\alpha = 0 \tag{3.56}$$

总之，该问题可以用式（3.51）、式（3.54）、式（3.56）和式（3.37）的 6 个方程来表示，从而可以求解 6 个因变量 σ_x、σ_y、τ_{xy}、ε_x、ε_y、γ_{xy}。

在 6 个方程中，唯一的微分方程是式（3.51），通过假设一个已知的常数——拉伸应变 ε_x 和一个强加给带束层边界的已知的横向应力 $\sigma_{y,BE}$ 可以求解式（3.51）。用这组方程，将式（3.51）中的 γ_{xy} 消除，可以得到：

$$\frac{\partial^2\tau_{xy}}{\partial y^2}\frac{hh_0}{2G}\left[C_{xx} - (C_{xy}C_{sx} - C_{xx}C_{sy})\frac{h}{h_0}\frac{2E_m}{3\tan^2\alpha}\right] - (C_{xx}C_{ss} - C_{xs}C_{sx})\tau_{xy}$$
$$= (C_{xx}C_{sy} - C_{xy}C_{sx})\sigma_{y,BE} + \varepsilon_x\left[C_{sx} - (C_{xy}C_{sx} - C_{xx}C_{sy})\frac{h}{h_0}\frac{2E_m}{3}\left(\frac{1}{\tan^2\alpha} - \frac{1}{2}\right)\right] \tag{3.57}$$

因为式（3.57）是一个关于 τ_{xy} 的二阶微分方程，它的解应该具有如下形式：

$$\tau_{xy} = Ae^{sy} + Be^{-sy} + C \tag{3.58}$$

该方程的求解所用到的边界条件是：①带束层复合材料中心位置（$y = 0$）的对称边界条件 $\partial\tau_{xy}/\partial y = 0$；②带束层复合材料边缘（$y = \pm b$）的自由剪切力边界条件 $\tau_{xy} = 0$。

根据上述边界条件，得到式（3.57）的解为[⊖]

$$\tau_{xy} = \left\{\frac{\sigma_{y,BE}}{\tan\alpha} + \varepsilon_x\frac{4E_m}{3}\left[V_m + \frac{1}{2}\frac{h}{h_0}\right]\frac{1}{\tan\alpha}\left(\frac{1}{\tan^2\alpha} - \frac{1}{2}\right)\right\}\left\{1 - \frac{\cosh sy}{\cosh sb}\right\} \tag{3.59}$$

其中[⊖]，

⊖⊖ 备注 3.2。

$$s = \sqrt{\cfrac{C_{xx}C_{ss} - C_{xs}C_{sx}}{\cfrac{hh_0}{2G}\left[C_{xx} - (C_{xy}C_{sx} - C_{xx}C_{sy})\cfrac{h}{h_0}\cfrac{2E_m}{3\tan^2\alpha}\right]}}$$

$$= \sqrt{\cfrac{V_m}{hh_0}\cfrac{\sin^2\alpha}{2 - \cfrac{3}{2}\sin^2\alpha + \cfrac{h}{h_0}V_m\cos^2\alpha}} \tag{3.60}$$

通过将式（3.59）代入到式（3.52），可以得到层间剪应变 $\gamma_{xz,\text{rubber layer}}$：

$$\gamma_{xz,\text{rubber layer}} = -4\cos\alpha\sqrt{\cfrac{h_0}{h}V_m\cfrac{1}{2 - \cfrac{3}{2}\sin^2\alpha + \cfrac{h}{h_0}V_m\cos^2\alpha}} \times$$

$$\left\{\cfrac{3}{4E_m}\sigma_{y,\text{BE}} + \varepsilon_x\left[\cfrac{1}{V_m} + \cfrac{h}{2h_0}\left(\cfrac{1}{\tan^2\alpha} - \cfrac{1}{2}\right)\right]\right\}\left(\cfrac{\sinh sy}{\cosh sb}\right) \tag{3.61}$$

利用式（3.59），从上述方程组中可以求解得到纵向应力 σ_x [注]：

$$\sigma_x = \cfrac{\sigma_{y,\text{BE}}}{\tan^2\alpha} + \varepsilon_x\cfrac{2E_m}{3}\left[\cfrac{1}{V_m}\cfrac{2 - \cfrac{3}{2}\sin^2 2\alpha}{\sin^4\alpha} + \cfrac{h}{h_0}\cfrac{1}{\tan^2\alpha}\left(\cfrac{1}{\tan^2\alpha} - \cfrac{1}{2}\right)\right] +$$

$$\gamma_{xy}\cfrac{4E_m}{3(2 - \tan^2\alpha)}\left[-\cfrac{1}{V_m}\cfrac{1}{\cos^2\alpha\sin 2\alpha} + \cfrac{h}{h_0}\cfrac{1 - \tan^2\alpha + \tan^4\alpha}{\tan^2\alpha}\right] - \tag{3.62}$$

$$\cfrac{1 - 2\tan^2\alpha}{\tan\alpha(2 - \tan^2\alpha)}\left[\sigma_{y,\text{BE}} + \varepsilon_x\cfrac{4E_m}{3}\left(\cfrac{1}{V_m} + \cfrac{h}{2h_0}\right)\left(\cfrac{1}{\tan^2\alpha} - \cfrac{1}{2}\right)\right]\cfrac{\cosh sy}{\cosh sb}$$

式（3.62）中的剪应变 γ_{xy} 可以从式（3.51）和式（3.59）中得出：

$$\gamma_{xy} = -\left\{\cfrac{3V_m}{4E_m}\sigma_{y,\text{BE}} - \varepsilon_x\left[1 + \cfrac{h}{2h_0}\cfrac{1}{V_m}\left(\cfrac{1}{\tan^2\alpha} - \cfrac{1}{2}\right)\right]\right\}\left\{\cfrac{\sin 2\alpha}{2 - \cfrac{3}{2}\sin^2\alpha + \cfrac{h}{h_0}V_m\cos^2\alpha}\right\} \times$$

$$\cfrac{\cosh sy}{\cosh sb} \tag{3.63}$$

作为简单的例子，我们假设施加在带束层端部的横向应力 $\sigma_{y,\text{BE}}$ 为 0，斜交带束层在中心线位置，也就是在 $y = 0$ 处的模量可以表示为

$$\cfrac{\sigma_{x,\text{CL}}}{\varepsilon_x} = \cfrac{4E_m}{3}\left[\cfrac{1}{V_m}\cfrac{1 - \tan^2\alpha + \tan^4\alpha}{\tan^4\alpha} + \cfrac{h}{2h_0}\cfrac{1}{\tan^2\alpha}\left(\cfrac{1}{\tan^2\alpha} - \cfrac{1}{2}\right)\right] -$$

$$\cfrac{4E_m}{3\cosh sb}\left[\begin{array}{l}\left(\cfrac{1}{V_m} + \cfrac{h}{2h_0}\right)\cfrac{1 - 2\tan^2\alpha}{2\tan^3\alpha} + \left\{\cfrac{1}{V_m(2 - \tan^2\alpha)\cos^2\alpha\sin 2\alpha} + \cfrac{h}{h_0}\cfrac{1 - \tan^2\alpha + \tan^4\alpha}{\tan^4\alpha(2 - \tan^2\alpha)}\right\} \times \\ \left\{1 + \cfrac{h}{2h_0V_m}\cfrac{2 - \tan^2\alpha}{2\tan^2\alpha}\cfrac{\sin 2\alpha}{2 - \cfrac{3}{2}\sin^2\alpha + \cfrac{hV_m}{h_0}\cos^2\alpha}\right\}\end{array}\right] \tag{3.64}$$

需要注意的是，上式中包含 h/h_0 的项和包含 $\cosh sb$ 的项是由 Puppo 和 Evensen 提出的式（3.29）的解与由 McGinty 提出的式（3.64）的解之间的差。

3.3.2 MLT 和 CLT 的比较及 UDCRR 的层间剪应变的参数研究

基于经典层合板理论 CLT，利用纤维增强橡胶复合材料的近似式（2.66），以及式（3.62）和式（3.64）的第一个方程，计算了斜交带束层拉伸模量。图 3.11 给出了中心位置层合材料的

⊖ 备注3.2。

模量与带束层角度的关系。计算时所用的参数的取值为：$h = 0.9\text{mm}$，$h_0 = 0.56\text{mm}$，$V_f(=1-V_m)=0.275$，$E_f = 180\text{GPa}$，$E_m = 7.5\text{MPa}$，$\nu_L = 0.5$，$\nu_m = 0$，$b = 30\text{mm}$，$\sigma_{y,\text{BE}} = 0\text{MPa}$。

经典层合板理论 CLT 和 Puppo 及 Evensen 的方法没有包含由内部产生的横向应力而导致的强化机理。所以在图 3.11 中我们会看到，它们对带束层拉伸模量的预测值要小于 McGinty 的计算结果。McGinty 等[5]的报告介绍，在带束层角度超过 15°的时候，他们的预测结果与用有限元的计算结果吻合很好。

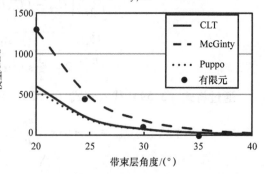

图 3.11 中心位置层合材料的模量与带束层角度的关系（有限元结果参考文献 [5]）

图 3.12 给出了用式（3.61）(McGinty 等) 计算得到的层间剪应变和用式（3.29）(Puppo 和 Evensen) 的第 4 式计算得到的层间剪应变与带束层宽度的关系。由于理论局限，CLT 不能预测层间剪应变。从图 3.12 看到，由于带束层端部所采取的边界条件的不同，Puppo 和 Evensen 的计算结果小于 McGinty 的计算结果，McGinty 等[5]的报告介绍他们的结果与有限元结果非常吻合。

同时要注意到层间剪应变具有带束层边缘效应，该边缘效应在距离带束层边缘 10~15mm 的时候基本消失。这就是图 3.9 所示的边界层。因为式（3.61）所表达的带束层端部的层间剪应变与带束层宽度无关，式（3.60）中的衰减参数 s 也不包含带束层宽度 b，所以相对较窄带束层模型可以被用来研究带束层边缘效应。

McGinty[5]等发现如果带束层的强度是不变的，那么在强加的应变情况下，有一个最佳帘线直径来使层间剪应变最小。图 3.13 显示了在不改变帘线强度，在外加的应变情况下，带束层端部（$y = \pm b$）的最大层间剪应变和帘线直径的关系。控制带束层设计所用到的参数值为 $d = 1.6\text{mm}$，$h = 0.9\text{mm}$，$h_0 = 0.65\text{mm}$，$b = 30\text{mm}$，$V_f(=1-V_m)=0.225$，$E_m = 7.5\text{MPa}$，$\alpha = \pm 25°$，$s = 0.225$，$\varepsilon_x = 0.001$，$\sigma_{y,\text{BE}} = 0\text{MPa}$。

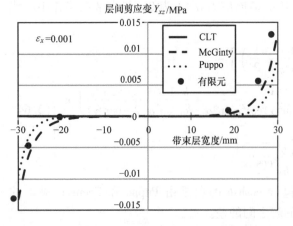

图 3.12 不同方法得到的层间剪应变与带束层宽度的关系[5]

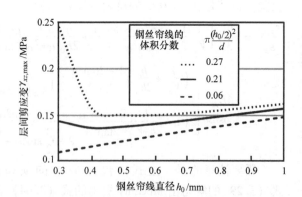

图 3.13 在外加的应变情况下，带束层端部（$y = \pm b$）的最大层间剪应变和帘线直径的关系[5]（实线表示带束层强度不变）

因为带束层的强度是由单位宽度内的钢丝帘线体积分数来确定的，也就是由式 $\pi (h_0/2)^2/d$

来确定，要保持带束层强度不变，需要同时调整帘线间距 d 和钢丝帘线直径 h_0。表 3.1 给出了图 3.13 中的不同帘线直径的带束层结构。图 3.13 中的实线表示参考带束层结构，优化带束层直径是根据两层复合材料薄板和橡胶层之间的受力平衡，根据 $h_0 V_m/h$ 来确定的。式（3.61）中的项 $h/(2h_0)$ 与由黏结橡胶层不可压缩性产生的横向应力有关，因为一个项随着 h_0 的增大而增大，而另一个项却是随着 h_0 的增大而减小，所以存在一个最优的帘线直径。从图 3.13 中我们得到，在保持带束层强度指数 $\pi (h_0/2)^2/d = 0.21$ 不变的情况下，当 $h_0 = 0.4$ 时可以得到最小的层间剪切应变。

表 3.1　图 3.13 中的不同帘线直径的带束层结构

h_0/mm	d/mm	V_m	$h_0 V_m/h$	h/h_0	结构
1	3.7	0.79	0.88	0.9	
0.5	0.93	0.59	0.33	1.8	
0.3	0.34	0.3	0.1	3.0	

注：$\pi (h_0/2)^2/d = 0.21$，$h = 0.9$。

3.4　考虑耦合变形的双层层合板的 MLT

3.4.1　考虑耦合变形的双层层合板的 MLT 概述

在具有斜交带束层结构的轮胎的接地区域附近，既存在弯曲-拉伸耦合变形，也存在弯曲-扭转耦合变形。针对这两个耦合变形，发展了新的 MLT。该理论是在 3.2 节和 3.3 节中所描述的对称四层层合板理论的基础上修改完善而来的。设计参数包括帘线角度、带束层宽度和两层之间的橡胶厚度。

Whitney 和 Pagano[3] 开发了具有耦合变形的 MLT，该理论包括了厚度方向的平均剪切变形。Akasaka 和 Hirano[6,8] 开发了斜交带束层的 MLT，其中考虑了每层带束层的位移和扭转角，他们将理论结果与实验结果进行了比较。在本章中，基于 Akasaka 和 Hirano 的研究，推导了基本的方程，然后我们讨论单轴变形方式下 MLT。面内弯曲和面外扭转条件下的 MLT 将在 3.5 节和 3.7 节中讨论。

3.4.2　考虑耦合变形的双层层合板的 MLT 基本方程

假设厚度方向的剪切变形只发生在黏结橡胶层中，那么对于每层复合材料薄板就可以采用 Kirchhoff-Love 假设。图 3.14 给出了考虑耦合变形的双层层合板的 MLT 受力图，其中的上标（1）、（2）分别代表两层薄板。比较图 3.14 和图 3.2，图 3.14 中包含弯曲力矩和剪切力。根据图 3.14，平衡方程可以写为

$$\frac{\partial N_x^{(1)}}{\partial x} + \frac{\partial N_{xy}^{(1)}}{\partial y} = -\tau_{zx}$$
$$\frac{\partial N_{xy}^{(1)}}{\partial x} + \frac{\partial N_y^{(1)}}{\partial y} = -\tau_{zy}$$
(3.65)

$$\frac{\partial N_x^{(2)}}{\partial x} + \frac{\partial N_{xy}^{(2)}}{\partial y} = \tau_{zx}$$
$$\frac{\partial N_{xy}^{(2)}}{\partial x} + \frac{\partial N_y^{(2)}}{\partial y} = \tau_{zy}$$
(3.66)

$$\frac{\partial}{\partial x}(Q_x^{(1)} + Q_x^{(2)} + \overline{Q}_x) + \frac{\partial}{\partial y}(Q_y^{(1)} + Q_y^{(2)} + \overline{Q}_y) = q(x,y) \quad (3.67)$$

$$\frac{\partial M_x^{(1)}}{\partial x} + \frac{\partial M_{xy}^{(1)}}{\partial y} = Q_x^{(1)} + \tau_{zx}\frac{h_1}{2}$$
$$\frac{\partial M_{xy}^{(1)}}{\partial x} + \frac{\partial M_y^{(1)}}{\partial y} = Q_y^{(1)} + \tau_{zy}\frac{h_1}{2}$$
(3.68)

$$\frac{\overline{Q}_x}{\overline{h}} = -\tau_{zx}$$
$$\frac{\overline{Q}_y}{\overline{h}} = -\tau_{zy}$$
(3.69)

$$\frac{\partial M_x^{(2)}}{\partial x} + \frac{\partial M_{xy}^{(2)}}{\partial y} = Q_x^{(2)} + \tau_{zx}\frac{h_2}{2}$$
$$\frac{\partial M_{xy}^{(2)}}{\partial x} + \frac{\partial M_y^{(2)}}{\partial y} = Q_y^{(2)} + \tau_{zy}\frac{h_2}{2}$$
(3.70)

其中的式（3.68）和式（3.70）分别是针对斜交带束层的中性面上的力矩的平衡方程，τ_{zx} 和 τ_{zy} 是层间剪应力，h_1 和 h_2 是带束层的厚度，$\overline{h}$ 是黏结橡胶层的厚度。$N_x^{(i)}$、$N_y^{(i)}$、$N_{xy}^{(i)}$、$M_x^{(i)}$、$M_y^{(i)}$ 和 $M_{xy}^{(i)}$ 分别定义为

$$(N_x^{(i)}, N_y^{(i)}, N_{xy}^{(i)}) = \int_{-h_i/2}^{h_i/2} (\sigma_x^{(i)}, \sigma_y^{(i)}, \tau_{xy}^{(i)}) \mathrm{d}z^{(i)}$$
$$(M_x^{(i)}, M_y^{(i)}, M_{xy}^{(i)}) = \int_{-h_i/2}^{h_i/2} (\sigma_x^{(i)}, \sigma_y^{(i)}, \tau_{xy}^{(i)}) z^{(i)} \mathrm{d}z^{(i)}$$
(3.71)

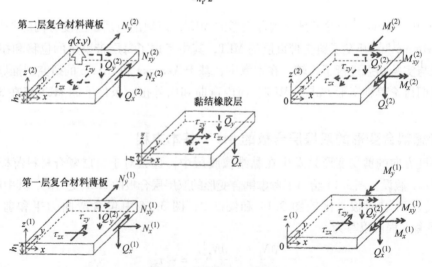

图 3.14　考虑耦合变形的双层层合板的 MLT 受力图

采用 Kirchhoff – Love 假设，每层带束层的位移表示为

$$u = u^{(i)} - z^{(i)} w_{,x}$$
$$v = v^{(i)} - z^{(i)} w_{,y} \quad (3.72)$$
$$w = w(x,y)$$

根据胡克定律，x、y、z 方向的位移 $u^{(i)}$、$v^{(i)}$ 和 w 满足[⊖]:

$$\begin{Bmatrix} \sigma_x^{(i)} \\ \sigma_y^{(i)} \\ \tau_{xy}^{(i)} \end{Bmatrix} = \begin{bmatrix} E_{xx}^{(i)} & E_{xy}^{(i)} & E_{xs}^{(i)} \\ E_{xy}^{(i)} & E_{yy}^{(i)} & E_{ys}^{(i)} \\ E_{xs}^{(i)} & E_{ys}^{(i)} & E_{ss}^{(i)} \end{bmatrix} \begin{Bmatrix} u_{,x}^{(i)} \\ v_{,y}^{(i)} \\ u_{,y}^{(i)} + v_{,x}^{(i)} \end{Bmatrix} - z^{(i)} \begin{bmatrix} E_{xx}^{(i)} & E_{xy}^{(i)} & E_{xs}^{(i)} \\ E_{xy}^{(i)} & E_{yy}^{(i)} & E_{ys}^{(i)} \\ E_{xs}^{(i)} & E_{ys}^{(i)} & E_{ss}^{(i)} \end{bmatrix} \begin{Bmatrix} w_{,xx} \\ w_{,yy} \\ 2w_{,xy} \end{Bmatrix} \quad (3.73)$$

利用式（3.68）和式（3.71）～式（3.73），带束层的剪切力 $Q_x^{(i)}$ 和 $Q_y^{(i)}$（$i = 1, 2$）表示为

$$Q_x^{(i)} = \frac{h_i^3}{12}[E_{xx}^{(i)} w_{,xxx} + 3E_{xs}^{(i)} w_{,xxy} + (E_{xy}^{(i)} + 2E_{ss}^{(i)}) w_{,xyy} + E_{ys}^{(i)} w_{,yyy}] - \tau_{zx} \frac{h_i}{2}$$
$$Q_y^{(i)} = \frac{h_i^3}{12}[E_{xs}^{(i)} w_{,xxx} + (E_{xy}^{(i)} + 2E_{ss}^{(i)}) w_{,xxy} + 3E_{ys}^{(i)} w_{,xyy} + E_{yy}^{(i)} w_{,yyy}] - \tau_{zy} \frac{h_i}{2} \quad (3.74)$$

图 3.15 表明，黏结橡胶层的剪切位移有两个部分，一个是上层带束层的底面的位移和下层带束层的顶面的位移之间有差别，另一个是黏结橡胶层 $\bar{h} w_{,x}$ 的剪切位移。黏结橡胶层剪应变 ψ_x 为

$$\psi_x = \frac{1}{\bar{h}}\left[\left(u^{(2)} + \frac{h_2}{2} w_{,x}\right) - \left(u^{(1)} - \frac{h_1}{2} w_{,x}\right) + \bar{h} w_{,x}\right] = \frac{1}{\bar{h}}(u^{(2)} - u^{(1)} + H w_{,x}) \quad (3.75)$$

式中，

$$H \equiv (h_1 + h_2)/2 + \bar{h} \quad (3.76)$$

同样地，y-z 平面内的黏结橡胶层的剪应变 ψ_y 可以表示为

$$\psi_y = \frac{1}{\bar{h}}\left[\left(v^{(2)} + \frac{h_2}{2} w_{,y}\right) - \left(v^{(1)} - \frac{h_1}{2} w_{,y}\right) + \bar{h} w_{,y}\right] = \frac{1}{\bar{h}}(v^{(2)} - v^{(1)} + H w_{,y}) \quad (3.77)$$

利用黏结橡胶层的剪切模量 G，层间剪应力 τ_{zx} 和 τ_{zy} 可以表示为

$$\tau_{zx} = G\psi_x = G(u^{(2)} - u^{(1)} + H w_{,x})/\bar{h}$$
$$\tau_{zy} = G\psi_y = G(v^{(2)} - v^{(1)} + H w_{,y})/\bar{h} \quad (3.78)$$

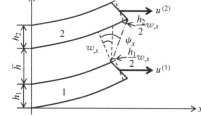

图 3.15 黏结橡胶层的剪切位移

式（3.78）代入式（3.69）可以得到黏结橡胶层内的剪切力：

$$\bar{Q}_x = -G(u^{(2)} - u^{(1)} + H w_{,x})$$
$$\bar{Q}_y = -G(v^{(2)} - v^{(1)} + H w_{,y}) \quad (3.79)$$

将式（3.78）代入式（3.74）可以得到带束层内的剪切力：

$$Q_x^{(i)} = \frac{h_i^3}{12}[E_{xx}^{(i)} w_{,xxx} + 3E_{xs}^{(i)} w_{,xxy} + (E_{xy}^{(i)} + 2E_{ss}^{(i)}) w_{,xyy} + E_{ys}^{(i)} w_{,yyy}] - \frac{G h_i}{2\bar{h}}(u^{(2)} - u^{(1)} + H w_{,x})$$
$$Q_y^{(i)} = \frac{h_i^3}{12}[E_{xs}^{(i)} w_{,xxx} + (E_{xy}^{(i)} + 2E_{ss}^{(i)}) w_{,xxy} + 3E_{ys}^{(i)} w_{,xyy} + E_{yy}^{(i)} w_{,yyy}] - \frac{G h_i}{2\bar{h}}(v^{(2)} - v^{(1)} + H w_{,y})$$
(3.80)

利用式（3.71）、式（3.73）和式（3.78），可以将式（3.65）和式（3.66）重新写成位移的函数：

⊖ 备注 3.3。

$$[A_{xx}^{(1)}u_{,xx}^{(1)} + 2A_{xs}^{(1)}u_{,xy}^{(1)} + A_{ss}^{(1)}u_{,yy}^{(1)}] + [A_{xs}^{(1)}v_{,xx}^{(1)} + (A_{xy}^{(1)} + A_{ss}^{(1)})v_{,xy}^{(1)} + A_{ys}^{(1)}v_{,yy}^{(1)}] = -k(u^{(2)} - u^{(1)} + Hw_{,x})$$
$$[A_{xx}^{(2)}u_{,xx}^{(2)} + 2A_{xs}^{(2)}u_{,xy}^{(2)} + A_{ss}^{(2)}u_{,yy}^{(2)}] + [A_{xs}^{(2)}v_{,xx}^{(2)} + (A_{xy}^{(2)} + A_{ss}^{(2)})v_{,xy}^{(2)} + A_{ys}^{(2)}v_{,yy}^{(2)}] = k(u^{(2)} - u^{(1)} + Hw_{,x})$$
$$[A_{ss}^{(1)}u_{,xx}^{(1)} + (A_{xy}^{(1)} + A_{ss}^{(1)})u_{,xy}^{(1)} + A_{ys}^{(1)}u_{,yy}^{(1)}] + [A_{ss}^{(1)}v_{,xx}^{(1)} + 2A_{xs}^{(1)}v_{,xy}^{(1)} + A_{yy}^{(1)}v_{,yy}^{(1)}] = -k(v^{(2)} - v^{(1)} + Hw_{,y})$$
$$[A_{xs}^{(2)}u_{,xx}^{(2)} + (A_{xy}^{(2)} + A_{ss}^{(2)})u_{,xy}^{(2)} + A_{ys}^{(2)}u_{,yy}^{(2)}] + [A_{ss}^{(2)}v_{,xx}^{(2)} + 2A_{xs}^{(2)}v_{,xy}^{(2)} + A_{yy}^{(2)}v_{,yy}^{(2)}] = k(v^{(2)} - v^{(1)} + Hw_{,y})$$
(3.81)

式中，
$$A_{\alpha\beta}^{(i)} = h_i E_{\alpha\beta}^{(i)} \quad (\alpha,\beta = x,y,s \quad i = 1,2)$$
$$k = G/\bar{h}$$
(3.82)

同样地，式（3.67）也可以写成位移的函数：
$$D_{xx}w_{,xxxx} + 2\{D_{xy} + 2(D_{xs} + D_{ys} + D_{ss})\}w_{,xxyy} + D_{yy}w_{,yyyy}$$
$$- kH[(u_{,x}^{(2)} - u_{,x}^{(1)}) + (v_{,y}^{(2)} - v_{,y}^{(1)}) + H(w_{,xx} + w_{,yy})] = q(x,y)$$
(3.83)

式中，
$$D_{\alpha\beta} = \sum_{i=1}^{2} \frac{h_i^3}{12} E_{\alpha\beta}^{(i)} \quad (\alpha,\beta = x,y,s)$$
(3.84)

3.4.3 单轴均匀分布位移下的斜交带束层

1. 单轴均匀分布位移下的斜交带束层的解

图 3.16 显示了双层斜交带束层在单轴均匀分布位移下的受力情况，两层的厚度是相等的（$h_1 = h_2 \equiv h_0$）。考虑到 x 轴方向的位移 $u^{(i)}$ 和 y 轴方向的位移 $v^{(i)}$ 可以表示为相对于 x 轴的对称或者非对称项，沿 z 轴方向的位移 w 与单轴均匀分布位移条件下的扭转变形有关，Akasaka 和 Hirano[6,8] 将 $u^{(i)}$、$v^{(i)}$ 和 w 表示为

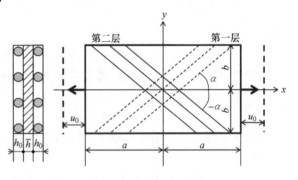

图 3.16 双层斜交带束层在单轴均匀分布位移下的受力情况

$$\begin{aligned} u^{(1)} &= U(y) + u(y)x \\ v^{(1)} &= V(y) + v(y)x \\ u^{(2)} &= -U(y) + u(y)x \\ v^{(2)} &= V(y) - v(y)x \\ w &= \Omega xy \end{aligned} \quad (3.85)$$

式中，Ω 是扭转角。

考虑到帘线角度的符号在不同的带束层上是相反的，设第一层和第二层带束层的帘线角度分别为 α 和 $-\alpha$，那么式（3.81）的刚度矩阵各元素可以简化为

$$\begin{aligned} A_{xx}^{(1)} &= A_{xx}^{(2)} \equiv A_{xx} \\ A_{yy}^{(1)} &= A_{yy}^{(2)} \equiv A_{yy} \\ A_{xy}^{(1)} &= A_{xy}^{(2)} \equiv A_{xy} \\ A_{xs}^{(1)} &= -A_{xs}^{(2)} \equiv A_{xs} \\ A_{ys}^{(1)} &= -A_{ys}^{(2)} \equiv A_{ys} \\ A_{ss}^{(1)} &= A_{ss}^{(2)} \equiv A_{ss} \end{aligned} \quad (3.86)$$

应用变量分离法，将式（3.86）代入到式（3.81）和式（3.83）中，可以得到一般形式的微分方程：

$$A_{ss}\frac{d^2u}{dy^2} + A_{ys}\frac{d^2v}{dy^2} = 0$$

$$2A_{xs}\frac{du}{dy} + (A_{xy} + A_{ss})\frac{dv}{dy} + A_{ss}\frac{d^2U}{dy^2} + A_{ys}\frac{d^2V}{dy^2} = k(2U - \Omega Hy)$$

$$(A_{xy} + A_{ss})\frac{du}{dy} + 2A_{ys}\frac{dv}{dy} + A_{ys}\frac{d^2U}{dy^2} + A_{yy}\frac{d^2V}{dy^2} = 0$$

$$A_{ys}\frac{d^2u}{dy^2} + A_{yy}\frac{d^2v}{dy^2} = k(2v - \Omega H)$$

(3.87)

$$dv/dy = 0 \tag{3.88}$$

从式（3.88）可以得到：

$$v = C_1 \tag{3.89}$$

将式（3.89）代入到式（3.87）得到：

$$u = C_2 y + C_3$$
$$v = \Omega H/2$$

(3.90)

$$A_{ss}\frac{d^2U}{dy^2} + A_{ys}\frac{d^2v}{dy^2} = 2kU - \Omega Hky - 2A_{xs}C_2$$

$$A_{ys}\frac{d^2U}{dy^2} + A_{yy}\frac{d^2V}{dy^2} = -(A_{xy} + A_{ss})C_2$$

(3.91)

式中，C_2、C_3 和 Ω 是任意常数。

那么式（3.91）的解为

$$U = C_4\sinh\beta y + C_5\cosh\beta y + \frac{\Omega H}{2}y + \frac{\lambda^2}{\beta^2}C_2$$

$$V = -\frac{A_{ys}}{A_{yy}}(C_4\sinh\beta y + C_5\cosh\beta y) - \frac{A_{xy} + A_{ss}}{2A_{yy}}C_2 y^2 + C_6 y$$

(3.92)

式中，

$$\beta^2 = \frac{2kA_{yy}}{A_{yy}A_{ss} - A_{ys}^2}$$

$$\lambda^2 = \frac{A_{ys}(A_{xy} + A_{ss}) - 2A_{yy}A_{xx}}{A_{yy}A_{ss} - A_{ys}^2}$$

(3.93)

式（3.85）可以重新写为

$$u^{(1)} = U(y) + u(y)x = C_4\sinh\beta y + C_5\cosh\beta y + \frac{\Omega H}{2}y - \frac{\lambda^2}{\beta^2}C_2 + (C_2 y + C_3)x$$

$$u^{(2)} = -U(y) + u(y)x = -C_4\sinh\beta y - C_5\cosh\beta y - \frac{\Omega H}{2}y - \frac{\lambda^2}{\beta^2}C_2 + (C_2 y + C_3)x$$

$$v^{(1)} = V(y) + v(y)x = -\frac{A_{ys}}{A_{yy}}(C_4\sinh\beta y + C_5\cosh\beta y) - \frac{A_{xy} + A_{ss}}{2A_{yy}}C_2 y^2 + C_6 y + \frac{\Omega H}{2}x$$

$$v^{(2)} = V(y) - v(y)x = -\frac{A_{ys}}{A_{yy}}(C_4\sinh\beta y + C_5\cosh\beta y) - \frac{A_{xy} + A_{ss}}{2A_{yy}}C_2 y^2 + C_6 y - \frac{\Omega H}{2}x$$

(3.94)

在 $x = \pm a$ 处的均匀分布位移的边界条件以及在自由边 $y = \pm b$ 的边界条件是

$$\frac{u^{(1)} + u^{(2)}}{2} = \pm u_0, \text{当 } x = \pm a \text{ 时}$$

$$N_y^{(1)} = N_y^{(2)} = N_{xy}^{(1)} = N_{xy}^{(2)} = 0 \quad (Q_y^{(1)} = Q_y^{(2)} = 0), \text{当 } y = \pm b \text{ 时} \tag{3.95}$$

将式（3.95）应用到式（3.71）、式（3.80）和式（3.94）中，式（3.94）的积分常数由下式给出：

$$C_2 = C_5 = 0$$

$$C_3 = \frac{u_0}{a}$$

$$C_4 = \frac{u_0}{a} \frac{A_{xy}A_{ys} - A_{xs}A_{yy}}{A_{yy}A_{ss} - A_{ys}^2} \frac{1}{\beta\cosh\beta b} - \frac{\Omega H}{\beta\cosh\beta b} \tag{3.96}$$

$$C_6 = -\left(\frac{u_0}{a} \frac{A_{xy}}{A_{yy}} + \Omega H \frac{A_{ys}}{A_{yy}}\right)$$

将式（3.96）代入到式（3.94）可以得到：

$$u^{(1)} = \left(\frac{u_0}{a} \frac{A_{xy}A_{ys} - A_{xx}A_{yy}}{A_{yy}A_{ss} - A_{ys}^2} \frac{1}{\beta\cosh\beta b} - \frac{\Omega H}{\beta\cosh\beta b}\right)\sinh\beta y + \frac{\Omega H}{2}y + \frac{u_0}{a}x$$

$$u^{(2)} = -\left(\frac{u_0}{a} \frac{A_{xy}A_{ys} - A_{xs}A_{yy}}{A_{yy}A_{ss} - A_{ys}^2} \frac{1}{\beta\cosh\beta b} - \frac{\Omega H}{\beta\cosh\beta b}\right)\sinh\beta y - \frac{\Omega H}{2}y + \frac{u_0}{a}x \tag{3.97}$$

$$v^{(1)} = -\frac{A_{ys}}{A_{yy}}\left(\frac{u_0}{a} \frac{A_{xy}A_{ys} - A_{xs}A_{yy}}{A_{yy}A_{ss} - A_{ys}^2} \frac{1}{\beta\cosh\beta b} - \frac{\Omega H}{\beta\cosh\beta b}\right)\sinh\beta y - \left(\frac{u_0}{a}\frac{A_{xy}}{A_{yy}} + \Omega H \frac{A_{ys}}{A_{yy}}\right)y + \frac{\Omega H}{2}x$$

$$v^{(2)} = -\frac{A_{ys}}{A_{yy}}\left(\frac{u_0}{a} \frac{A_{xy}A_{ys} - A_{xs}A_{yy}}{A_{yy}A_{ss} - A_{ys}^2} \frac{1}{\beta\cosh\beta b} - \frac{\Omega H}{\beta\cosh\beta b}\right)\sinh\beta y - \left(\frac{u_0}{a}\frac{A_{xy}}{A_{yy}} + \Omega H \frac{A_{ys}}{A_{yy}}\right)y - \frac{\Omega H}{2}x$$

利用式（3.78），层间剪应力 τ_{zx} 和 τ_{zy} 可以用下式给出：

$$\tau_{zx} = -\frac{2GC_4}{h}\sinh\beta y = \frac{2G}{\beta h}\left(-\frac{u_0}{a}\frac{A_{xy}A_{ys} - A_{xs}A_{yy}}{A_{yy}A_{ss} - A_{ys}^2} + \Omega H\right)\frac{\sinh\beta y}{\cosh\beta b} \tag{3.98}$$

最终，式（3.97）中的扭转角 Ω 可以利用边界条件确定，因为在斜交带束层内没有转矩。我们重新利用如下的关系：

$$N_{xy}^{(2)} = -N_{xy}^{(1)}$$

$$Q_x^{(2)} = Q_x^{(1)} \tag{3.99}$$

$$M_{xy}^{(2)} = M_{xy}^{(1)}$$

利用式（3.71）、式（3.73）、式（3.79）、式（3.80）、式（3.94）以及式（3.85）中的最后一个方程，我们得到：

$$N_{xy}^{(1)} = A_{xs}C_3 + \left(A_{ss} - \frac{A_{ys}^2}{A_{yy}}\right)C_4\beta\cosh\beta y + A_{ys}C_6 + A_{ss}\Omega H$$

$$Q_x^{(1)} = \frac{h_0}{h}GC_4\sinh\beta y \tag{3.100}$$

$$\overline{Q}_x = 2GC_4\sinh\beta y$$

$$M_{xy}^{(1)} = 2D_{ss}\Omega$$

参考图 3.17，斜交带束层内部没有转矩的条件可以表示为

$$\int_{-b}^{b}(2M_{xy}^{(1)} + HN_{xy}^{(1)} - F_xy)\mathrm{d}y = 0 \tag{3.101}$$

式中，

$$F_x \equiv \overline{Q}_x + 2Q_x^{(1)} = \frac{2(h_0 + \overline{h})}{\overline{h}} GC_4 \sinh\beta y = \frac{2H}{\overline{h}} GC_4 \sinh\beta y \tag{3.102}$$

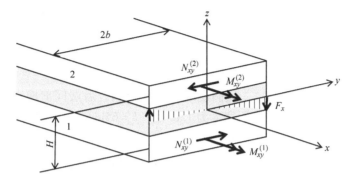

图 3.17 斜交带束层的截面上所作用的应力和转矩

将式（3.100）和式（3.102）代入到式（3.101）中，我们得到扭转角 Ω：

$$\Omega = \frac{u_0}{a} \frac{H(A_{xy}A_{ys} - A_{xs}A_{yy})\{1 - \tanh(\beta b)/\beta b\}}{2D_{ss}A_{yy} + H^2(A_{yy}A_{ss} - A_{ys}^2)\{1 - \tanh(\beta b)/\beta b\}} \tag{3.103}$$

将式（3.103）代入到式（3.98），我们就得到了层间剪应力 τ_{zx}：

$$\tau_{zx} = \frac{u_0}{a} \frac{2G}{\beta \overline{h}} \frac{A_{xs}A_{yy} - A_{xy}A_{ys}}{A_{yy}A_{ss} - A_{ys}^2} \frac{2D_{ss}A_{yy}}{2D_{ss}A_{yy} + H^2(A_{yy}A_{ss} - A_{ys}^2)\{1 - \tanh(\beta b)/\beta b\}} \frac{\sinh(\beta y)}{\cosh(\beta b)} \tag{3.104}$$

复合材料层的薄膜力 $N_{jk}^{(i)}$ 可以表示为

$$N_x^{(1)} = N_x^{(2)} = \frac{u_0}{a} \left[A_{xx} - \frac{A_{xy}^2}{A_{yy}} - \frac{(A_{xs}A_{yy} - A_{xy}A_{ys})^2}{A_{yy}} \frac{H^2\{1 - \tanh(\beta b)/\beta b\}}{2D_{ss}A_{yy} + H^2(A_{yy}A_{ss} - A_{ys}^2)\{1 - \tanh(\beta b)/\beta b\}} - \frac{(A_{xs}A_{yy} - A_{xy}A_{ys})^2}{A_{yy}(A_{yy}A_{ss} - A_{ys}^2)} \frac{2D_{ss}A_{yy}}{2D_{ss}A_{yy} + H^2(A_{yy}A_{ss} - A_{ys}^2)\{1 - \tanh(\beta b)/\beta b\}} \frac{\cosh(\beta y)}{\cosh(\beta b)} \right]$$

$$N_{xy}^{(1)} = -N_{xy}^{(2)} = \frac{u_0}{a} \frac{A_{xs}A_{yy} - A_{xy}A_{ys}}{A_{yy}} \left\{ 1 - \frac{H^2(A_{yy}A_{ss} - A_{ys}^2)\{1 - \tanh(\beta b)/\beta b\}}{2D_{ss}A_{yy} + H^2(A_{yy}A_{ss} - A_{ys}^2)\{1 - \tanh(\beta b)/\beta b\}} \right\} \left\{ 1 - \frac{\cosh(\beta y)}{\cosh(\beta b)} \right\}$$

$$N_y^{(1)} = N_y^{(2)} = 0$$

$$\tag{3.105}$$

注意到薄膜力在 y 方向上的分布不是均匀的。将 $H = 0$ 代入到式（3.104）和式（3.105）中，可以得到与式（3.29）相同的形式的公式，在其中没有耦合变形。式（3.29）可以简明地重写为

$$\sigma_x^{(1)} \left(\equiv \frac{N_x^{(1)} \mid_{H=0}}{h_0} \right) = \sigma_x^{(2)} = \frac{u_0}{ah_0} \left\{ A_{xx} - \frac{A_{xy}^2}{A_{yy}} - \frac{(A_{xs}A_{yy} - A_{xy}A_{ys})^2}{A_{yy}(A_{yy}A_{ss} - A_{ys}^2)} \frac{\cosh(\beta y)}{\cosh(\beta b)} \right\}$$

$$\sigma_{xy}^{(1)} \left(\equiv \frac{N_{xy}^{(1)} \mid_{H=0}}{h_0} \right) = -\sigma_{xy}^{(2)} = \frac{u_0}{ah_0} \frac{A_{xs}A_{yy} - A_{xy}A_{ys}}{A_{yy}} \left\{ 1 - \frac{\cosh(\beta y)}{\cosh(\beta b)} \right\}$$

$$\tau_{zx} = \frac{u_0}{a} \frac{2G}{\beta \overline{h}} \frac{A_{xs}A_{yy} - A_{xy}A_{ys}}{A_{yy}A_{ss} - A_{ys}^2} \frac{\sinh(\beta y)}{\cosh(\beta b)} \tag{3.106}$$

注意到因为式（3.106）中的角度定义与式（3.29）中的相反，σ_{xy} 和 τ_{zx} 的符号在两个公式中也是相反的。对式（3.104）的分母中的 $(A_{yy}A_{ss} - A_{ys}^2)$ 项应用式（1.119）的 FRR 近似，我

们可以得到如下近似的表达：

$$(A_{yy}A_{ss} - A_{ys}^2) = \frac{h_0^2}{4}E_T\{E_T + E_L\sin^2\alpha(1 + 3\cos^2\alpha)\} > 0 \quad (3.107)$$

考虑到满足$\{1 - \tanh(\beta b)/\beta b\} > 0$的关系，针对式（3.104）中的项我们可以得到如下的关系：

$$\frac{2D_{ss}A_{yy}}{2D_{ss}A_{yy} + H^2(A_{yy}A_{ss} - A_{ys}^2)\{1 - \tanh(\beta b)/\beta b\}} \leq 1 \quad (3.108)$$

比较式（3.104）和式（3.29），我们发现考虑变形耦合后层间剪应力τ_{zx}是减小的。利用式（2.75），我们可以求得对于带束层宽度为130mm（$b = 65$mm）的具有两层带束层的乘用车轮胎来说，式（3.108）的左侧项的值为0.64。

对式（3.105）中的$N_x^{(i)}$沿y方向进行积分，可以得到轴力P的表达式：

$$P = \int_{-b}^{b}(N_x^{(1)} + N_x^{(2)})\mathrm{d}y \quad (3.109)$$

因为等效应力σ_{mean}是用轴力P除以横截面积$4h_0 b$，等效应力σ_{mean}与应变u_0/a的比值就是具有面外耦合效应的斜交带束层的等效模量$\overline{E}_{x\_\mathrm{coupling}}$：

$$\overline{E}_{x\_\mathrm{coupling}} = \frac{1}{h_0}\left[A_{xx} - \frac{A_{xy}^2}{A_{yy}} - \frac{(A_{xs}A_{yy} - A_{xy}A_{ys})^2}{A_{yy}} \cdot \frac{H^2\{1 - \tanh(\beta b)/\beta b\}}{2D_{ss}A_{yy} + H^2(A_{yy}A_{ss} - A_{ys}^2)\{1 - \tanh(\beta b)/\beta b\}} - \frac{(A_{xs}A_{yy} - A_{xy}A_{ys})^2}{A_{yy}(A_{yy}A_{ss} - A_{ys}^2)} \cdot \frac{2D_{ss}A_{yy}}{2D_{ss}A_{yy} + H^2(A_{yy}A_{ss} - A_{ys}^2)\{1 - \tanh(\beta b)/\beta b\}} \cdot \frac{\tanh(\beta b)}{\beta b}\right]$$

$$(3.110)$$

2. 理论和实验的比较

Akasaka[8]比较了不同帘线角度下斜交层合板的扭转角的理论值和实验值。计算所采用的参数是：$a = 150$mm，$b = 50$mm，$h_0 = 1.5$mm，$\bar{h} = 7$mm。所用的材料参数为$E_L = 58.8$GPa，$E_T = 118$MPa，$G = G_{LT} = E_T/4$，$\nu_L = 0.5$，$\nu_T = 0$。

图3.18给出了利用式（3.103）求出的橡胶基斜交复合材料的帘线角度对扭转角Ω的影响。从中看到，对于两层的橡胶基斜交复合材料来说，扭转变形会在角度$\alpha = 0°$、$\alpha = 90°$和$\alpha = 54.7°$的时候消失。同时，图3.19给出了用式（3.103）计算得到的塑料基斜交复合材料的帘线角度对扭转角Ω的影响。所用的参数是$a = 150$mm，$b = 50$mm，$h_0 = 0.25$mm，$\bar{h} = 6$mm。所用的材料参数为$E_L = 39.2$GPa，$E_T = 9.6$GPa，$G_{LT} = 4.4$GPa，$\nu_L = 0.2$，$\nu_T = 0.049$，塑料基的材料特性为$G = 4.9$GPa。

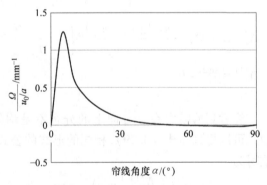

图3.18 橡胶基斜交复合材料的帘线角度对扭转角Ω的影响[8]

通过实验方法测量了帘线角度分别为30°、45°、55°时复合材料的扭转角Ω。计算结果与测量结果吻合比较好。

图3.20比较了利用CLT［式（2.63）］计算得到的斜交带束层的有效杨氏模量与采用无面外耦合的MLT［式（3.32）］以及具有面外耦合的MLT计算出的有效杨氏模量之间的差别，计算所用的参数是$E_f = 210$GPa，$E_m = 5$MPa，$V_m = 0.298$，$\nu_f = 0.3$，$\nu_m = 0.5$，$h_0 = t = 0.676$mm以

及 $h_m = 0.627$ mm。E_L 和 E_T 分别利用式（1.67）和式（1.108）计算得到。在帘线角度为 20°的时候，利用无面外耦合的 MLT 计算得到的有效杨氏模量比用 CLT 计算得到的结果低 5%，而采用具有面外耦合的 MLT 计算得到的有效杨氏模量比采用 CLT 计算得到的结果低 22%。因此，面外耦合变形对于有效杨氏模量有很强的影响。

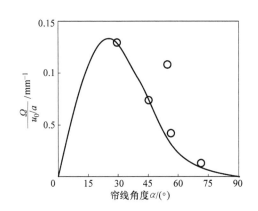

图 3.19 塑料基斜交复合材料的帘线角度对扭转角 Ω 的影响[8]

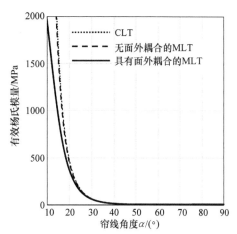

图 3.20 利用 CLT 计算得到的斜交带束层的有效杨氏模量与采用无面外耦合的 MLT 以及具有面外耦合的 MLT 计算出的有效杨氏模量之间的差别

3.5 用于面内弯曲的 MLT

3.5.1 基本方程

轮胎在转弯时在侧向力的作用下带束层会发生面内的弯曲变形。因为这个面内弯曲刚度影响车辆的操控和轮胎磨耗，它是轮胎设计的一个重要目标。而且，由面内弯曲变形导致的层间剪切应变也会影响带束层的耐久性。Akasaka 和 Asano[8-9]开发了面向面内弯曲的 MLT，对于斜交带束层引入了弯矩 M_0，如图 3.21 所示。

当 x 方向的长度远大于 y 方向的宽度并且两层薄板的厚度相等的时候，该问题的基本方程也可以用式（3.81）和式（3.83）来描述。为了考虑弯曲变形，式（3.85）的 $v^{(i)}$（$i = 1, 2$）表达式中引入了关于 x 的平方项。因为这是面内弯曲，满足 $w = 0$ 的条件。位移 $u^{(i)}$、$v^{(i)}$（$i = 1, 2$）的表达式为⊖

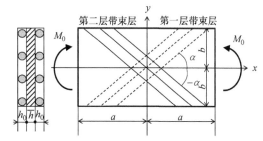

图 3.21 处于弯矩下的双层斜交带束层的受力

$$\begin{aligned} u^{(1)} &= U(y) + u(y)x \\ v^{(1)} &= V(y) + v(y)x + \bar{v}(y)x^2 \\ u^{(2)} &= -U(y) + u(y)x \\ v^{(2)} &= V(y) - v(y)x + \bar{v}(y)x^2 \\ w &= 0 \end{aligned} \quad (3.111)$$

⊖ 备注 3.4。

考虑到在不同的斜交带束层铺层中帘线的方向角的符号是相反的,式(3.81)中的刚度矩阵的元素可以用式(3.86)进行简化。

将式(3.111)和式(3.86)代入到式(3.81)和式(3.83)中,应用分离变量方法,可以得到简单的通用微分方程:

$$
\begin{aligned}
& 2A_{xs}\frac{\mathrm{d}u}{\mathrm{d}y} + 2A_{xs}\bar{v} + A_{ss}\frac{\mathrm{d}^2 U}{\mathrm{d}y^2} + A_{ys}\frac{\mathrm{d}^2 v}{\mathrm{d}y^2} = 2kU \\
& (A_{xy} + A_{ss})\frac{\mathrm{d}u}{\mathrm{d}y} + 2A_{ss}\bar{v} + A_{ys}\frac{\mathrm{d}^2 U}{\mathrm{d}y^2} + A_{yy}\frac{\mathrm{d}^2 v}{\mathrm{d}y^2} = 0 \\
& A_{ss}\frac{\mathrm{d}^2 u}{\mathrm{d}y^2} + 2(A_{xy} + A_{ss})\frac{\mathrm{d}\bar{v}}{\mathrm{d}y} = 0 \\
& A_{ys}\frac{\mathrm{d}^2 u}{\mathrm{d}y^2} + 4A_{ys}\frac{\mathrm{d}\bar{v}}{\mathrm{d}y} = 2kv
\end{aligned}
\tag{3.112}
$$

式中,$k = G/\bar{h}$。

将式(3.111)代入到式(3.3)中,可以得到应变的表达式:

$$
\begin{aligned}
\varepsilon_x^{(1)} &= \varepsilon_x^{(2)} = u(y) \\
\varepsilon_y^{(1)} &= \frac{\mathrm{d}V}{\mathrm{d}y} + x\frac{\mathrm{d}v}{\mathrm{d}y} + x^2\frac{\mathrm{d}\bar{v}}{\mathrm{d}y} \\
\varepsilon_y^{(2)} &= \frac{\mathrm{d}V}{\mathrm{d}y} - x\frac{\mathrm{d}v}{\mathrm{d}y} + x^2\frac{\mathrm{d}\bar{v}}{\mathrm{d}y} \\
\gamma_{xy}^{(1)} &= \frac{\mathrm{d}U}{\mathrm{d}y} + v + x\left(\frac{\mathrm{d}u}{\mathrm{d}y} + 2\bar{v}\right) \\
\gamma_{xy}^{(2)} &= -\frac{\mathrm{d}U}{\mathrm{d}y} - v + x\left(\frac{\mathrm{d}u}{\mathrm{d}y} + 2\bar{v}\right)
\end{aligned}
\tag{3.113}
$$

当一个长的复合材料上作用有沿着 x 方向的均匀分布的外力矩的时候,式(3.112)的应变一定是独立于变量 x 的,因此,式(3.112)中的含有 x 的项必定等于0,从而我们得到:

$$
\begin{aligned}
& \frac{\mathrm{d}v}{\mathrm{d}y} = \frac{\mathrm{d}\bar{v}}{\mathrm{d}y} = 0 \\
& \frac{\mathrm{d}u}{\mathrm{d}y} + 2\bar{v} = 0
\end{aligned}
\tag{3.114}
$$

求解式(3.114)的微分方程,并将其解代入到式(3.112)中,我们得到:

$$
\begin{aligned}
& v = 0 \\
& \bar{v} = C_3 \\
& u = -2C_3 y + C_4 \\
& A_{ss}\frac{\mathrm{d}^2 U}{\mathrm{d}y^2} + A_{ys}\frac{\mathrm{d}^2 v}{\mathrm{d}y^2} = 2kU + 2A_{xs}C_3 \\
& A_{ys}\frac{\mathrm{d}^2 U}{\mathrm{d}y^2} + A_{yy}\frac{\mathrm{d}^2 V}{\mathrm{d}y^2} = 2A_{xy}C_3
\end{aligned}
\tag{3.115}
$$

式(3.115)的解可以表示为

$$
\begin{aligned}
U &= C_5 \cosh\beta y + C_6 \sinh\beta y + \frac{A_{xy}A_{ys} - A_{ss}A_{yy}}{kA_{yy}}C_3 \\
V &= -\frac{A_{ys}}{A_{yy}}(C_5 \cosh\beta y + C_6 \sinh\beta y) + \frac{A_{xy}}{A_{yy}}C_3 y^2 + C_7 y + C_8
\end{aligned}
\tag{3.116}
$$

式中,

$$\beta^2 = 2kA_{yy}/(A_{yy}A_{ss} - A_{ys}^2) \tag{3.117}$$

式 (3.111) 的位移可以表示为

$$u^{(1)} = U(y) + u(y)x = C_5\cosh\beta y + C_6\sinh\beta y + \left(\frac{A_{xy}A_{ys} - A_{xs}A_{yy}}{kA_{yy}} - 2xy\right)C_3 + C_4 x$$

$$u^{(2)} = -U(y) + u(y)x = -C_5\cosh\beta y - C_6\sinh\beta y - \left(\frac{A_{xy}A_{ys} - A_{xs}A_{yy}}{kA_{yy}} + 2xy\right)C_3 + C_4 x$$

$$v^{(1)} = v^{(2)} = V(y) + \bar{v}(y)x^2 = -\frac{A_{ys}}{A_{yy}}(C_5\cosh\beta y + C_6\sinh\beta y) + \left(x^2 + \frac{A_{xy}}{A_{yy}}y^2\right)C_3 + C_7 y + C_8$$

$$\tag{3.118}$$

式 (3.118) 中的积分常数可以用下面的边界条件确定。

1) 对于在自由边界处无外力的条件，

$$N_y^{(i)} = N_{xy}^{(i)} = 0 \ (i = 1,2), \text{当 } y = \pm b \text{ 时} \tag{3.119}$$

2) 对于在 x 方向上无拉伸力的条件，

$$\int_{-b}^{b}(N_x^{(1)} + N_x^{(2)})\mathrm{d}y = 0 \tag{3.120}$$

3) 对于 x 方向的弯矩 M_0 的条件，

$$\int_{-b}^{b}(N_x^{(1)} + N_x^{(2)})y\mathrm{d}y = M_0 \tag{3.121}$$

利用式 (3.71)、式 (3.73) 和式 (3.118)，我们可以求解式 (3.119)~式(3.121) 的边界条件方程。式 (3.118) 的积分常数可以表示为

$$\begin{aligned} C_4 &= C_6 = C_7 = C_8 = 0 \\ C_3 &= kA_{yy}^2\sinh\beta b \times 3M_0/B \\ C_5 &= \beta b A_{yy}(A_{xs}A_{yy} - A_{xy}A_{ys}) \times 3M_0/B \end{aligned} \tag{3.122}$$

式中，

$$B = 12b(A_{xs}A_{yy} - A_{xy}A_{ys})^2\{\beta b\cosh\beta b - \sinh\beta b\} - 8kb^3 A_{yy}(A_{xx}A_{yy} - A_{xy}^2)\sinh\beta b \tag{3.123}$$

利用得到的积分常数，可以得到位移表达式：

$$u^{(1)} = (3M_0/B)[A_{yy}(A_{xs}A_{yy} - A_{xy}A_{ys})\{\beta b\cosh\beta y - \sinh\beta b\} - 2kA_{yy}^2 xy\sinh\beta b]$$

$$u^{(2)} = -(3M_0/B)[A_{yy}(A_{xs}A_{yy} - A_{xy}A_{ys})\{\beta b\cosh\beta y - \sinh\beta b\} + 2kA_{yy}^2 xy\sinh\beta b]$$

$$v^{(1)} = v^{(2)} = -(3M_0/B)[A_{ys}(A_{xs}A_{yy} - A_{xy}A_{ys})\beta b\cosh\beta y - kA_{yy}(A_{yy}x^2 + A_{xy}y^2)\sinh\beta b]$$

$$\tag{3.124}$$

将式 (3.124) 代入到式 (3.78) 中，可以得到层间剪应力 τ_{zx} 和 τ_{zy} 的表达式：

$$\tau_{zx} = k(u^{(2)} - u^{(1)} + Hw_{,x}) = \frac{6kM_0}{B}A_{yy}(A_{xy}A_{ys} - A_{xs}A_{yy})\{\beta b\cosh\beta y - \sinh\beta b\} \tag{3.125}$$

$$\tau_{zy} = 0$$

利用式 (3.71)、式 (3.73) 和式 (3.124)，每层薄板的薄膜力 $N_{jk}^{(i)}$ 可以表示为

$$\begin{aligned} N_x^{(1)} &= N_x^{(2)} = -\frac{6kM_0}{B}A_{yy}\left[\frac{(A_{xs}A_{yy} - A_{xy}A_{ys})^2}{A_{ss}A_{yy} - A_{ys}^2}b\sinh\beta y - (A_{xx}A_{yy} - A_{xy}^2)y\sinh\beta b\right] \\ N_{xy}^{(1)} &= -N_{xy}^{(2)} = -\frac{6kM_0}{B}A_{yy}(A_{xs}A_{yy} - A_{xy}A_{ys})\{b\sinh\beta y - y\sinh\beta b\} \\ N_y^{(1)} &= N_y^{(2)} = 0 \end{aligned} \tag{3.126}$$

式（3.126）表明，在特殊的角度 $\alpha = 54.7°$，当满足 $A_{xs}A_{yy} - A_{xy}A_{ys} = 0$ 时，由弯矩导致的薄膜力 $N_x^{(i)}$（$i = 1$，2）对于 y 来说是线性的。

在中性面（$y = 0$）上，弯曲刚度 D，也就是弯矩 M_0 和曲率 κ_x（$= v_{xx}$）的比值可以表示为

$$D = \frac{M_0}{\kappa_x} = \frac{M_0}{v_{,xx}} = -\frac{B}{6kA_{yy}^2 \sinh\beta b} \tag{3.127}$$

同时，采用梁理论计算得到的弯曲刚度 D_B 可以表示为

$$D_B = E_x 2h_0 (2b)^3 / 12 = 4E_x h_0 b^3 / 3 \tag{3.128}$$

式中，E_x 是斜交带束层的有效杨氏模量，可以用式（2.63）得到。

在式（2.66）的第一个方程中应用 $E_L \gg T_T$ 的关系，在 $\alpha = 0$ 的范围以外，E_x 可以进一步简化成：

$$E_x = E_T (1 - \cot^2\alpha + \cot^4\alpha) \tag{3.129}$$

注意到基于 MLT 的弯曲刚度 D 远小于基于梁理论的弯曲刚度 D_B。这是由于与导致 D_B 的薄膜力相比，在带束层自由边的边缘效应的影响下，与刚度 D 有关的薄膜力 $N_x^{(i)}$（$i = 1$，2）在带束层的端部没有那么大。

3.5.2 理论和实验之间的比较

Asano 和 Akasaka[8-9] 将理论计算结果和实验结果进行了比较。计算所用到的尺寸参数为：$b = 50\text{mm}$，$h_1 = h_2 \equiv h_0 = 1.5\text{mm}$，$\bar{h} = 7\text{mm}$。复合材料的参数为 $E_L = 58.8\text{GPa}$，$E_T = 118\text{MPa}$，$G_{LT} = 29\text{MPa}$，$\nu_L = 0.5$，$\nu_T = 0.001$，基体橡胶的剪切模量为 $G = 5.25\text{MPa}$。

图 3.22 比较了弯曲刚度的实验值和理论值之间的区别。实线代表基于 MLT 的弯曲刚度 D 的理论值，是采用式（3.127）计算得到的。虚线是采用梁理论的计算值，其中一个虚线是采用经典层合理论 CLT 的式（2.63）和式（3.128）来计算得到，另一个虚线是采用式（3.128）和式（3.129）计算得到。在 $\alpha < 25°$ 的范围内，D 的值是 D_B 值的五分之一。我们必须注意，在评价面内弯曲刚度的时候，如果存在面外的耦合变形，则弯曲刚度的值会发生很大的改变。

MLT 得到的弯曲刚度比 CLT 的值小的原因是，在带束层的边缘，由于如图 3.23 所示的层间剪切变形，薄膜力 N_x 较小。图中给出了采用式（3.126）计算得到的，当 $\alpha = 20°$、$M_0 = 10\text{N} \cdot \text{mm}$ 时的薄膜力 N_x，从中看到在带束层边缘由于层间剪切变形的存在，N_x 显著地降低了。随着黏结橡胶层的杨氏模量的降低，层间剪切变形会随之增加。因此，如果黏结橡胶层的杨氏模量较小，则薄膜力 N_x 在自由边位置的降低幅度会变得很大。

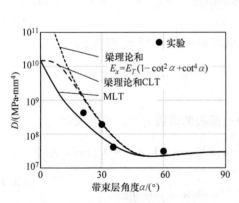

图 3.22 比较弯曲刚度的实验值和理论值之间的区别[8]

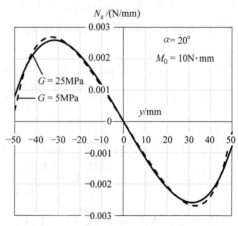

图 3.23 在黏结橡胶层具有不同的模量时的薄膜力 N_x

图 3.24 给出了利用式（3.125）计算得到的在自由边位置（$y = \pm b$）发生的最大的层间剪应变 τ_{zx}，以及剪切模量为 $G = 5\text{MPa}$ 时的复合材料的实验结果。从定性的角度来说，理论结果和实验结果相似。层间剪应力 τ_{zx} 随着黏结橡胶层的杨氏模量的降低而降低，在特殊的帘线方向角 $\alpha^* = 54.7°$ 的时候，剪应变 τ_{zx} 甚至可以减小到 0。

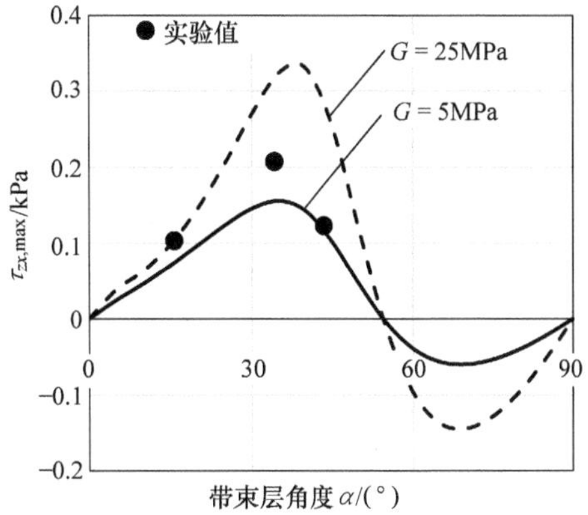

3.6 存在耦合变形的三层层合板的 MLT

3.6.1 基本方程

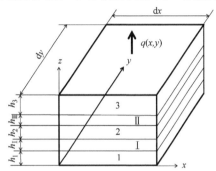

图 3.24 在自由边位置（$y = \pm b$）发生的最大层间剪应变 τ_{zx}，以及剪切模量为 $G = 5\text{MPa}$ 时的复合材料的实验结果[8]

Hirano[6] 将 MLT 从两层复合材料扩展应用到了三层的层合板。带有耦合变形的三层复合材料的 MLT 具有实际的意义和应用价值，因为许多乘用车轮胎的胎冠具有两层带束层和一层尼龙冠带层。图 3.25 给出了三层复合材料示意图，图 3.26 显示了三层复合材料每层的受力图，根据这些受力图可以用来构建基本方程。注意外部力仅仅画在一个边的面上。上标（1）、（2）、（3）表示每层薄板的序号，每层帘线的方向角分别用 α_1、α_2、α_3 来表示，Ⅰ、Ⅱ 分别表示黏结橡胶层的序号。参考图 3.26，我们得到下面的平衡方程：

图 3.25 三层复合材料示意图

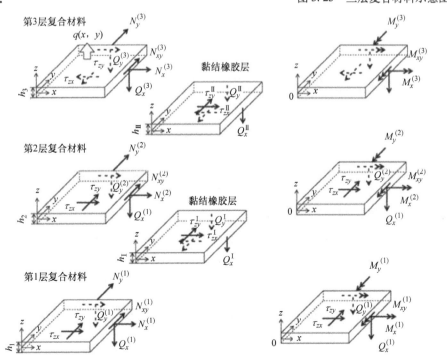

图 3.26 三层复合材料每层的受力图

$$\frac{\partial N_x^{(1)}}{\partial x} + \frac{\partial N_{xy}^{(1)}}{\partial y} = -\tau_{zx}^{\mathrm{I}}$$

$$\frac{\partial N_x^{(2)}}{\partial x} + \frac{\partial N_{xy}^{(2)}}{\partial y} = \tau_{zx}^{\mathrm{I}} - \tau_{zx}^{\mathrm{II}}$$

$$\frac{\partial N_x^{(3)}}{\partial x} + \frac{\partial N_{xy}^{(3)}}{\partial y} = \tau_{zx}^{\mathrm{II}} \quad (3.130)$$

$$\frac{\partial N_{xy}^{(1)}}{\partial x} + \frac{\partial N_y^{(1)}}{\partial y} = -\tau_{zy}^{\mathrm{I}}$$

$$\frac{\partial N_{xy}^{(2)}}{\partial x} + \frac{\partial N_y^{(2)}}{\partial y} = \tau_{zy}^{\mathrm{I}} - \tau_{zy}^{\mathrm{II}}$$

$$\frac{\partial N_{xy}^{(3)}}{\partial x} + \frac{\partial N_y^{(3)}}{\partial y} = \tau_{zy}^{\mathrm{II}}$$

$$\frac{\partial}{\partial x}(Q_x^{(1)} + Q_x^{(2)} + Q_x^{(3)} + Q_x^{\mathrm{I}} + Q_x^{\mathrm{II}}) + \frac{\partial}{\partial y}(Q_y^{(1)} + Q_y^{(2)} + Q_y^{(3)} + Q_y^{\mathrm{I}} + Q_y^{\mathrm{II}}) \quad (3.131)$$
$$= q(x,y)$$

$$\frac{\partial M_x^{(1)}}{\partial x} + \frac{\partial M_{xy}^{(1)}}{\partial y} = Q_x^{(1)} + \tau_{zx}^{\mathrm{I}} \frac{h_1}{2}$$

$$\frac{\partial M_{xy}^{(1)}}{\partial x} + \frac{\partial M_y^{(1)}}{\partial y} = Q_y^{(1)} + \tau_{zy}^{\mathrm{I}} \frac{h_1}{2}$$

$$\frac{\partial M_x^{(2)}}{\partial x} + \frac{\partial M_{xy}^{(2)}}{\partial y} = Q_x^{(2)} + (\tau_{zx}^{\mathrm{I}} + \tau_{zx}^{\mathrm{II}}) \frac{h_2}{2} \quad (3.132)$$

$$\frac{\partial M_{xy}^{(2)}}{\partial x} + \frac{\partial M_y^{(2)}}{\partial y} = Q_y^{(2)} + (\tau_{zy}^{\mathrm{I}} + \tau_{zy}^{\mathrm{II}}) \frac{h_2}{2}$$

$$\frac{\partial M_x^{(3)}}{\partial x} + \frac{\partial M_{xy}^{(3)}}{\partial y} = Q_x^{(3)} + \tau_{zx}^{\mathrm{II}} \frac{h_3}{2}$$

$$\frac{\partial M_{xy}^{(3)}}{\partial x} + \frac{\partial M_y^{(3)}}{\partial y} = Q_y^{(3)} + \tau_{zy}^{\mathrm{II}} \frac{h_3}{2}$$

$$Q_x^{\mathrm{I}} = -\tau_{zx}^{\mathrm{I}} h_{\mathrm{I}}$$
$$Q_y^{\mathrm{I}} = -\tau_{zy}^{\mathrm{I}} h_{\mathrm{I}}$$
$$Q_x^{\mathrm{II}} = -\tau_{zx}^{\mathrm{II}} h_{\mathrm{II}} \quad (3.133)$$
$$Q_y^{\mathrm{II}} = -\tau_{zy}^{\mathrm{II}} h_{\mathrm{II}}$$

式中，$N_x^{(i)}$、$N_y^{(i)}$、$N_{xy}^{(i)}$、$M_x^{(i)}$、$M_y^{(i)}$ 和 $M_{xy}^{(i)}$（$i=1,2$）采用式（3.71）来定义。

采用与式（3.78）相同的推导方式，黏结橡胶层的层间剪应力 τ_{zx}^{I}、τ_{zx}^{II}、τ_{zy}^{I} 和 τ_{zy}^{II} 可以表示为

$$\tau_{zx}^{\mathrm{I}} = G_{\mathrm{I}} \psi_x^{\mathrm{I}} = k_{\mathrm{I}}(u^{(2)} - u^{(1)} + H_1 w_{,x})$$
$$\tau_{zx}^{\mathrm{II}} = G_{\mathrm{II}} \psi_x^{\mathrm{II}} = k_{\mathrm{II}}(u^{(3)} - u^{(2)} + H_2 w_{,x})$$
$$\tau_{zy}^{\mathrm{I}} = G_{\mathrm{I}} \psi_y^{\mathrm{I}} = k_{\mathrm{I}}(v^{(2)} - v^{(1)} + H_1 w_{,y}) \quad (3.134)$$
$$\tau_{zy}^{\mathrm{II}} = G_{\mathrm{II}} \psi_y^{\mathrm{II}} = k_{\mathrm{II}}(v^{(3)} - v^{(2)} + H_2 w_{,y})$$

式中，

$$\begin{aligned} k_\mathrm{I} &= G_\mathrm{I}/h_\mathrm{I} \\ k_\mathrm{II} &= G_\mathrm{II}/h_\mathrm{I} \\ H_1 &= (h_1+h_2)/2 + h_\mathrm{I} \\ H_2 &= (h_2+h_3)/2 + h_\mathrm{II} \end{aligned} \tag{3.135}$$

将式 (3.134) 代入到式 (3.133) 可以得到：

$$\begin{aligned} Q_x^\mathrm{I} &= -G_\mathrm{I}(u^{(2)} - u^{(1)} + H_1 w_{,x}) \\ Q_y^\mathrm{I} &= -G_\mathrm{I}(v^{(2)} - v^{(1)} + H_1 w_{,y}) \\ Q_x^\mathrm{II} &= -G_\mathrm{II}(u^{(3)} - u^{(2)} + H_2 w_{,x}) \\ Q_y^\mathrm{II} &= -G_\mathrm{II}(v^{(3)} - v^{(2)} + H_2 w_{,y}) \end{aligned} \tag{3.136}$$

利用式 (3.71)、式 (3.73) 和式 (3.134)，式 (3.130) 可以重新写成关于位移的公式：

$$\begin{aligned} &[A_{xx}^{(1)} u_{,xx}^{(1)} + 2 A_{xs}^{(1)} u_{,xy}^{(1)} + A_{ss}^{(1)} u_{,yy}^{(1)}] + [A_{xs}^{(1)} v_{,xx}^{(1)} + (A_{xy}^{(1)} + A_{ss}^{(1)}) v_{,xy}^{(1)} + A_{ys}^{(1)} v_{,yy}^{(1)}] = k_\mathrm{I}(u^{(2)} - u^{(1)} + H_1 w_{,x}) \\ &[A_{xx}^{(2)} u_{,xx}^{(2)} + 2 A_{xs}^{(2)} u_{,xy}^{(2)} + A_{ss}^{(2)} u_{,yy}^{(2)}] + [A_{xs}^{(2)} v_{,xx}^{(2)} + (A_{xy}^{(2)} + A_{ss}^{(2)}) v_{,xy}^{(2)} + A_{ys}^{(2)} v_{,yy}^{(2)}] = \\ &\quad k_\mathrm{I}(u^{(2)} - u^{(1)} + H_1 w_{,x}) - k_\mathrm{II}(u^{(3)} - u^{(2)} + H_2 w_{,x}) \\ &[A_{xx}^{(3)} u_{,xx}^{(3)} + 2 A_{xs}^{(3)} u_{,xy}^{(3)} + A_{ss}^{(3)} u_{,yy}^{(3)}] + [A_{xs}^{(3)} v_{,xx}^{(3)} + (A_{xy}^{(3)} + A_{ss}^{(3)}) v_{,xy}^{(3)} + A_{ys}^{(3)} v_{,yy}^{(3)}] = k_\mathrm{II}(u^{(3)} - u^{(2)} + H_2 w_{,x}) \\ &[A_{xs}^{(1)} u_{,xx}^{(1)} + (A_{xy}^{(1)} + A_{ss}^{(1)}) u_{,xy}^{(1)} + A_{ys}^{(1)} u_{,yy}^{(1)}] + [A_{ss}^{(1)} v_{,xx}^{(1)} + 2 A_{ys}^{(1)} v_{,xy}^{(1)} + A_{yy}^{(1)} v_{,yy}^{(1)}] = -k_\mathrm{I}(v^{(2)} - v^{(1)} + H_1 w_{,y}) \\ &[A_{xs}^{(2)} u_{,xx}^{(2)} + (A_{xy}^{(2)} + A_{ss}^{(2)}) u_{,xy}^{(2)} + A_{ys}^{(2)} u_{,yy}^{(2)}] + [A_{ss}^{(2)} v_{,xx}^{(2)} + 2 A_{ys}^{(2)} v_{,xy}^{(2)} + A_{yy}^{(2)} v_{,yy}^{(2)}] = \\ &\quad k_\mathrm{I}(v^{(2)} - v^{(1)} + H_1 w_{,y}) - k_\mathrm{II}(v^{(3)} - v^{(2)} + H_2 w_{,y}) \\ &[A_{xs}^{(3)} u_{,xx}^{(3)} + (A_{xy}^{(3)} + A_{ss}^{(3)}) u_{,xy}^{(3)} + A_{ys}^{(3)} u_{,yy}^{(3)}] + [A_{ss}^{(3)} v_{,xx}^{(3)} + 2 A_{ys}^{(3)} v_{,xy}^{(3)} + A_{yy}^{(3)}, v_{,yy}^{(3)}] = k_\mathrm{II}(v^{(3)} - v^{(2)} + H_2 w_{,y}) \end{aligned} \tag{3.137}$$

同样地，式 (3.131) 也可以写成位移项的形式：

$$\begin{aligned} &D_{xx} w_{,xxxx} + 4 D_{xs} w_{,xxxy} + 2(D_{xy} + 2 D_{ss}) w_{,xxyy} + 4 D_{ys} w_{,xyyy} + D_{yy} w_{,yyyy} - \\ &\quad k_\mathrm{I} H_1 [(u_{,x}^{(2)} - u_{,x}^{(1)}) + (v_{,y}^{(2)} - v_{,y}^{(1)}) + H_1(w_{,xx} + w_{,yy})] - \\ &\quad k_\mathrm{II} H_2 [(u_{,x}^{(3)} - u_{,x}^{(2)}) + (v_{,y}^{(3)} - v_{,y}^{(2)}) + H_2(w_{,xx} + w_{,yy})] = q(x,y) \end{aligned} \tag{3.138}$$

式中，

$$\begin{aligned} A_{\alpha\beta}^{(i)} &= h_i E_{\alpha\beta}^{(i)} \\ D_{\alpha\beta} &= \sum_{i=1}^{3} \frac{h_i^3}{12} E_{\alpha\beta}^{(i)} \end{aligned} \tag{3.139}$$

3.6.2 轮胎的端部折叠带束层的面内弯曲特性

1. 轮胎端部折叠带束层的面内弯曲特性基本方程

Tanaka 等[10]研究了乘用车轮胎端部折叠带束层的 MLT，承受面内弯曲力矩的斜交带束层和端部折叠带束层如图 3.27 所示，他们将胎肩部位的具有折叠部位的带束层分成了 3 层（$i=1$，2，3），将中部的两层带束层看作是两层（$i=4,5$），两个区域的解用连续性条件关联起来。设第一层和第四层的帘线方向角是 α，第三层和第四层帘线的方向角是 $-\alpha$，刚度矩阵可以简化为

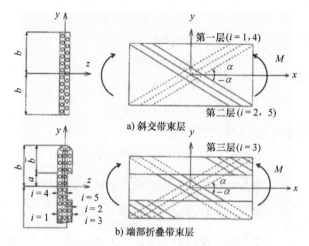

图 3.27 承受面内弯曲力矩的斜交带束层和端部折叠带束层
（经日本橡胶协会授权，摘自文献 [10]）

$$\begin{aligned}
A_{xx}^{(1)} &= A_{xx}^{(3)} = A_{xx}^{(4)} \equiv A_{xx} \\
A_{yy}^{(1)} &= A_{yy}^{(3)} = A_{yy}^{(4)} \equiv A_{yy} \\
A_{xy}^{(1)} &= A_{xy}^{(3)} = A_{xy}^{(4)} \equiv A_{xy} \\
A_{ss}^{(1)} &= A_{ss}^{(3)} = A_{ss}^{(4)} \equiv A_{ss} \\
A_{xs}^{(1)} &= -A_{xs}^{(3)} = A_{xs}^{(4)} \equiv A_{xs} \\
A_{ys}^{(1)} &= -A_{ys}^{(3)} = A_{ys}^{(4)} \equiv A_{ys} \\
A_{xx}^{(2)} &= A_{xx}^{(5)} \equiv A_{xx}^{*} \\
A_{yy}^{(2)} &= A_{yy}^{(5)} \equiv A_{yy}^{*} \\
A_{xy}^{(2)} &= A_{xy}^{(5)} \equiv A_{xy}^{*} \\
A_{ss}^{(2)} &= A_{ss}^{(5)} = A_{ss}^{*} \\
A_{xs}^{(2)} &= A_{xs}^{(5)} \equiv A_{xs}^{*} \\
A_{ys}^{(2)} &= A_{ys}^{(5)} \equiv A_{ys}^{*}
\end{aligned} \tag{3.140}$$

折叠带束层的 3 层区域的平衡方程可以用式 (3.137) 表示。根据式 (3.111)，每层带束层位移 $u^{[i]}$ 和 $v^{[i]}$（$i=1,2,3$）可以表示为

$$\begin{aligned}
u^{[i]} &= -\kappa xy + U^{[i]}(y) \\
v^{[i]} &= \kappa x^2/2 + V^{[i]}(y)
\end{aligned} \tag{3.141}$$

式中，κ 是面内弯曲变形的曲率；$U^{[i]}$ 和 $V^{[i]}$ 是附加位移。

假设没有面外变形，则满足 $w=0$ 的边界条件，将式 (1.141) 代入到式 (3.137) 中得到：

$$\begin{aligned}
A_{ss}^{[1]} U_{,yy}^{[1]} + A_{ys}^{[1]} V_{,yy}^{[1]} &= k(U^{[2]} - U^{[1]}) + A_{xs}^{[1]} \kappa \\
A_{ss}^{[2]} U_{,yy}^{[2]} + A_{ys}^{[2]} V_{,yy}^{[2]} &= -k(U^{[3]} - 2U^{[2]} + U^{[1]}) + A_{xs}^{[2]} \kappa \\
A_{ss}^{[3]} U_{,yy}^{[3]} + A_{ys}^{[3]} V_{,yy}^{[3]} &= k(U^{[3]} - U^{[2]}) + A_{xs}^{[3]} \kappa \\
A_{ys}^{[1]} U_{,yy}^{[1]} + A_{yy}^{[1]} V_{,yy}^{[1]} &= -k(V^{[2]} - V^{[1]}) + A_{xy}^{[1]} \kappa \\
A_{ys}^{[2]} U_{,yy}^{[2]} + A_{yy}^{[2]} V_{,yy}^{[2]} &= -k(V^{[3]} - 2V^{[2]} + V^{[1]}) + A_{xy}^{[2]} \kappa \\
A_{ys}^{[3]} U_{,yy}^{[3]} + A_{yy}^{[3]} V_{,yy}^{[3]} &= k(V^{[3]} - V^{[2]}) + A_{xy}^{[3]} \kappa
\end{aligned} \tag{3.142}$$

其中假设 $k_1 = k_2 \equiv k$。式（1.142）的特征方程是：
$$\lambda^8 + \Lambda_1\lambda^6 + \Lambda_2\lambda^4 + \Lambda_3\lambda^2 + \Lambda_4 = 0 \tag{3.143}$$
利用式（3.140）的关系，Λ_i（$i=1,2,3,4$）可以表示为

$$\begin{aligned}
\Lambda_1 &= \alpha_1 + \beta_1 \\
\Lambda_2 &= \alpha_1\beta_1 + \alpha_2 + \beta_2 - \alpha_3\beta_3 \\
\Lambda_3 &= \alpha_1\beta_2 + \alpha_2\beta_1 - \alpha_3\beta_4 - \alpha_4\beta_3 \\
\Lambda_4 &= \alpha_2\beta_2 - \alpha_4\beta_4 \\
\alpha_1 &= -k\left(2\frac{A_{ss}^*}{\overline{a}_{xx}} + \frac{A_{yy} + A_{ss}}{a_{xx}}\right) \\
\beta_1 &= -k\left(2\frac{A_{yy}^*}{\overline{a}_{xx}} + \frac{A_{yy} + A_{ss}}{a_{xx}}\right) \\
\alpha_2 &= \frac{k^2}{a_{xx}}\left(1 + 2\frac{A_{xs}^*A_{yy}}{\overline{a}_{xx}}\right) \\
\beta_2 &= \frac{k^2}{a_{xx}}\left(1 + 2\frac{A_{yy}^*A_{ss}}{\overline{a}_{xx}}\right) \\
\alpha_3 &= -2k\frac{A_{ys}^*}{\overline{a}_{xx}} \\
\beta_3 &= -2k\frac{A_{ys}^*}{\overline{a}_{xx}} \\
\alpha_4 &= 2k^2\frac{A_{ss}A_{ys}^*}{a_{xx}\overline{a}_{xx}} \\
\beta_4 &= 2k^2\frac{A_{yy}A_{ys}^*}{a_{xx}\overline{a}_{xx}} \\
a_{xx} &= A_{yy}A_{ss} - A_{ys}^2 \\
\overline{a}_{xx} &= A_{yy}^*A_{ss}^* - A_{ys}^{*2}
\end{aligned} \tag{3.144}$$

对于乘用车轮胎来说，式（3.143）的解是实根（$\lambda = \pm l_A, \pm l_B, \pm l_C, \pm l_D$）。$U^{[i]}$ 和 $V^{[i]}$（$i=1,2,3$）的一般解可以用指数函数的形式来表示。

轮胎中心部位的斜交带束层的两层区域部分，其基本方程可以表示为

$$\begin{aligned}
A_{ss}U_{,yy}^{[4]} + A_{ys}V_{,yy}^{[4]} &= -k(U^{[5]} - U^{[4]}) + A_{xs}\kappa \\
A_{ss}^*U_{,yy}^{[5]} + A_{ys}^*V_{,yy}^{[5]} &= k(U^{[5]} - U^{[4]}) + A_{xs}^*\kappa \\
A_{ys}U_{,yy}^{[4]} + A_{yy}V_{,yy}^{[4]} &= -k(V^{[5]} - V^{[4]}) + A_{xy}\kappa \\
A_{ys}^*U_{,yy}^{[5]} + A_{yy}^*V_{,yy}^{[5]} &= k(V^{[5]} - V^{[4]}) + A_{xy}^*\kappa
\end{aligned} \tag{3.145}$$

式（3.145）的特征方程是：
$$\lambda^4 + \Lambda_5\lambda^2 + \Lambda_6 = 0 \tag{3.146}$$
其中的 Λ_i（$i=5,6$）可以表示为

$$\Lambda_5 = \frac{A_{ss}^*n_5 + A_{yy}^*n_1 - A_{ys}^*n_2 - A_{ys}^*n_4}{a_{xx}}$$

$$\Lambda_6 = \frac{n_1 n_5 - n_2 n_4}{a_{xx}}$$

$$n_1 = k\left(\frac{A_{ys}^* A_{ys} - A_{ss}^* A_{yy}}{a_{xx}} - 1\right)$$

$$n_2 = k\left(\frac{A_{ss}^* A_{ys} - A_{ys}^* A_{ss}}{a_{xx}}\right)$$

$$n_3 = \left(\frac{A_{ys} A_{xy} - A_{yy} A_{xs}}{a_{xx}}\right) A_{ss}^* + \left(\frac{A_{xs} A_{ys} - A_{xy} A_{ss}}{a_{xx}}\right) A_{ys}^* + A_{xs}^*$$

$$n_4 = k\left(\frac{A_{yy}^* A_{ys} - A_{ys}^* A_{yy}}{a_{xx}}\right)$$

$$n_5 = k\left(\frac{A_{ys}^* A_{ys} - A_{yy}^* A_{ss}}{a_{xx}} - 1\right) \tag{3.147}$$

对于乘用车轮胎的情况，式（3.146）的解也是实根（$\lambda = \pm l_E, \pm l_F$）。因此，$U^{[i]}$ 和 $V^{[i]}$（$i = 4, 5$）的一般解也可以用指数函数的形式来表示。

将 $U^{[i]}$ 和 $V^{[i]}$（$i = 1, 2, 3, 4, 5$）代入到式（3.141），可以得到每层带束层的位移。通过将得到的位移代入到下式中，可以得到薄膜力。

$$\begin{Bmatrix} N_x^{[i]} \\ N_y^{[i]} \\ N_{xy}^{[i]} \end{Bmatrix} = \begin{bmatrix} A_{xx}^{[i]} & A_{xy}^{[i]} & A_{xs}^{[i]} \\ A_{xy}^{[i]} & A_{yy}^{[i]} & A_{ys}^{[i]} \\ A_{xs}^{[i]} & A_{ys}^{[i]} & A_{ss}^{[i]} \end{bmatrix} \begin{Bmatrix} u_{,x}^{[i]} \\ v_{,y}^{[i]} \\ u_{,y}^{[i]} + v_{,x}^{[i]} \end{Bmatrix} \tag{3.148}$$

第二层和第三层带束层（$i = 2, 3$）的薄膜力可以用与第一层带束层（$i = 1$）的薄膜力相同的形式来表示，第五层带束层（$i = 5$）的薄膜力可以采用与第四层（$i = 4$）相同的形式表示。

$$\begin{aligned}
N_x^{[1]} &= H_{11} C_1 e^{l_A y} - H_{11} C_2 e^{-l_A y} + H_{12} C_3 e^{l_B y} - H_{12} C_4 e^{-l_B y} + \\
&\quad H_{13} C_5 e^{l_C y} - H_{13} C_6 e^{-l_C y} + H_{14} C_7 e^{l_D y} - H_{14} C_8 e^{-l_D y} - H_{15} \kappa y \\
N_x^{[4]} &= K_{11} C_9 \sinh l_E y + K_{12} C_{10} \sinh l_F y - K_{13} \kappa y \\
N_y^{[1]} &= H_{41} C_1 e^{l_A y} - H_{41} C_2 e^{-l_A y} + H_{42} C_3 e^{l_B y} - H_{42} C_4 e^{-l_B y} + \\
&\quad H_{43} C_5 e^{l_C y} - H_{43} C_6 e^{-l_C y} + H_{44} C_7 e^{l_D y} - H_{44} C_8 e^{-l_D y} - H_{45} \kappa y \\
N_y^{[4]} &= K_{31} C_9 \sinh l_E y + K_{32} C_{10} \sinh l_F y - K_{33} \kappa y \\
N_{xy}^{[1]} &= H_{71} C_1 e^{l_A y} - H_{71} C_2 e^{-l_A y} + H_{72} C_3 e^{l_B y} - H_{72} C_4 e^{-l_B y} + \\
&\quad H_{73} C_5 e^{l_C y} - H_{73} C_6 e^{-l_C y} + H_{74} C_7 e^{l_D y} - H_{74} C_8 e^{-l_D y} - H_{75} \kappa y \\
N_{xy}^{[4]} &= K_{51} C_9 \sinh l_E y + K_{52} C_{10} \sinh l_F y - K_{53} \kappa y
\end{aligned} \tag{3.149}$$

其中的 $N_x^{(i)}$、$N_y^{(i)}$ 和 $N_{xy}^{(i)}$（$i = 2, 3, 5$）并没有在式（3.149）中体现。

将得到的位移代入到式（3.134）中，我们可以得到层间剪应力：

$$\begin{aligned}
\tau_{xz}^{[\text{I}]} &= j_{11} C_1 e^{l_A y} + j_{11} C_2 e^{-l_A y} + j_{12} C_3 e^{l_B y} + j_{12} C_4 e^{-l_B y} + \\
&\quad j_{13} C_5 e^{l_C y} + j_{13} C_6 e^{-l_C y} + j_{14} C_7 e^{l_D y} + j_{14} C_8 e^{-l_D y} + H_{75} \kappa \\
\tau_{xz}^{[\text{II}]} &= j_{21} C_1 e^{l_A y} + j_{21} C_2 e^{-l_A y} + j_{22} C_3 e^{l_B y} + j_{22} C_4 e^{-l_B y} + \\
&\quad j_{23} C_5 e^{l_C y} + j_{23} C_6 e^{-l_C y} + j_{24} C_7 e^{l_D y} + j_{24} C_8 e^{-l_D y} - H_{95} \kappa \\
\tau_{xz}^{[\text{III}]} &= k C_9 \cosh l_E y + k C_{10} \cosh l_F y + \delta k y
\end{aligned} \tag{3.150}$$

在式（3.149）和式（3.150）中，$H_{\alpha\beta}$（$\alpha = 1, \cdots, 9; \beta = 1, \cdots, 5$）、$K_{\alpha\beta}$（$\alpha = 1, \cdots,$

6；$\beta = 1$，…，3）、$j_{\alpha\beta}$（$\alpha = 1$，2，$\beta = 1$，…，4）和 δ 是由刚度矩阵来决定的常数和特征方程的根。$H_{1\beta}$、$H_{2\beta}$、$H_{3\beta}$、$H_{4\beta}$、$H_{5\beta}$、$H_{6\beta}$、$H_{7\beta}$、$H_{8\beta}$、$H_{9\beta}$（$\beta = 1$，…，5）分别是 $N_x^{(1)}$、$N_x^{(2)}$、$N_x^{(3)}$、$N_y^{(1)}$、$N_y^{(2)}$、$N_y^{(3)}$、$N_{xy}^{(1)}$、$N_{xy}^{(2)}$、$N_{xy}^{(3)}$ 中的常数。$K_{1\beta}$、$K_{2\beta}$、$K_{3\beta}$、$K_{4\beta}$、$K_{5\beta}$ 和 $K_{6\beta}$（$\beta = 1$，…，3）分别是 $N_x^{(4)}$、$N_x^{(5)}$、$N_y^{(4)}$、$N_y^{(5)}$、$N_{xy}^{(4)}$ 和 $N_{xy}^{(5)}$ 的常数。

式（3.141）中的未知积分常数是：（C_1，…，C_8），它们是轮胎肩部的折叠带束层的 3 层区域的积分常数；（C_9，C_{10}）是轮胎中部的 2 层带束层区域的积分常数；（C_{11}，C_{12}）是关于位移 u，v 的积分常数。这 12 个未知的积分常数用下面这 12 个条件来确定。

1) 第 1 层和第 4 层之间的位移连续条件：

$$u^{[1]} = u^{[4]}$$
$$v^{[1]} = v^{[4]}，当 y = a 时 \tag{3.151}$$

2) 第 2 层和第 5 层之间的位移和应变连续条件：

$$u^{[2]} = u^{[5]}$$
$$v^{[2]} = v^{[5]}$$
$$u_{,y}^{[2]} = u_{,y}^{[5]}$$
$$v_{,y}^{[2]} = v_{,y}^{[5]}，当 y = a 时 \tag{3.152}$$

3) 叠层带束层端部的自由边界条件：

$$N_{xy}^{[3]} = 0$$
$$N_y^{[3]} = 0，当 y = a 时 \tag{3.153}$$

4) 第 1 层和第 3 层带束层的位移连续条件：

$$u^{[1]} = u^{[3]}$$
$$v^{[1]} = v^{[3]}，当 y = b 时 \tag{3.154}$$

5) 第 2 层带束层的薄膜力自由边界条件：

$$N_{xy}^{[2]} = 0$$
$$N_y^{[2]} = 0，当 y = b 时 \tag{3.155}$$

未知的积分常数可以通过求解从边界条件导出的方程来得到。

2. 理论和实验结果之间的比较

Tanaka 等[10]将实验结果和理论计算结果进行了对比，所采用的计算参数如下，尺寸参数：$a = 40$mm，$b = 75$mm，$h_1 = h_2 = h_3 \equiv h = 0.7$mm，$h_\mathrm{I} = h_\mathrm{II} \equiv \bar{h} = 0.55$mm，$\alpha = 30°$，外层芳纶带束层性能为 $A_L = 11.46$MN/m，$A_T = 2.831$kN/m，基体的剪切模量为 $G_\mathrm{m} = 1.5$MPa。作用在折叠带束层上面内弯矩为 13.3N·m。

用于折叠带束层的材料对于内层带束层来说是钢丝帘线，对于外层带束层来说是芳纶帘线。A_L 和 A_T 是采用 FRR 的近似式（1.119）计算出来的。图 3.28 显示了外层带束层（例如第 1、3、4 带束层）在面内弯矩 M 下的薄膜力。测量得到的薄膜力

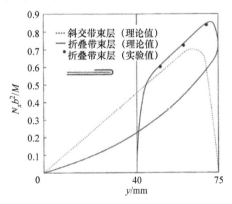

图 3.28　斜交带束层和外层带束层
在面内弯矩 M 下的薄膜力
（经日本橡胶协会授权，摘自文献 [10]）

是利用式（3.148）进行计算得到的，应变是利用应变计测量得到的。作为参考，图 3.28 中也

给出了斜交带束层的薄膜力。斜交带束层的薄膜力在带束层边缘迅速下降。然而，折叠带束层的薄膜力在带束层边缘并不下降，因为在折叠带束层上并没有自由边。

图3.29显示了斜交带束层和折叠带束层的层间剪应力分布[10]。斜交带束层的层间剪应力τ_{zx}在带束层的边缘达到最大值，折叠带束层的层间剪应力τ_{zx}在折叠带束层的边缘达到最大值。折叠带束层的最大层间剪应力小于斜交带束层的最大层间剪应力。图3.30显示了最大层间剪应力$\tau_{zx,max}^{II}$与带束层角度α的关系。$\tau_{zx,max}^{II}$在某个特殊的角度（$\tan^{-1}\sqrt{2}=54.7°$）下变成0，并且$\tau_{zx,max}^{II}$的符号在这个特定的角度前后会发生改变。因为乘用车轮胎的带束层角度通常设计为20°～30°，$\tau_{zx,max}^{II}$的大小随着带束层角度的减小而不断增加。这个结果与图3.24的结果相同。图3.31给出了面内弯曲刚度D与带束层角度之间的关系。折叠带束层的弯曲刚度是斜交带束层的弯曲刚度的1.4～2倍。

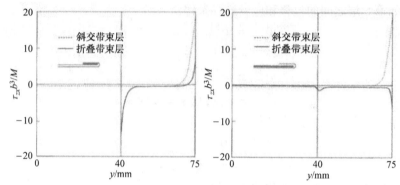

图3.29　斜交带束层及折叠带束层的层间剪应力分布
（经日本橡胶协会授权，摘自文献[10]）

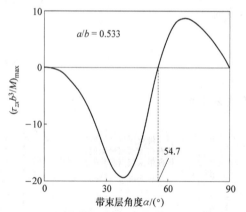

图3.30　最大层间剪应力与带束层角度的关系
（经日本橡胶协会授权，摘自文献[10]）

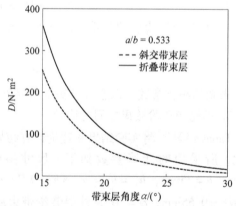

图3.31　面内弯曲刚度D与带束层角度之间的关系
（经日本橡胶协会授权，摘自文献[10]）

3.7　用MLT求解斜交带束层的面外扭转刚度

3.7.1　基本方程

Akasaka等[11]研究了包含扭转-拉伸耦合变形的两层钢丝带束层的扭转刚度和层间剪切变形行为。图3.32显示了在扭转载荷下斜交带束层的扭转变形特征。带束层的结构与图3.17中的带束层结构相同，其基本方程是式（3.81）和式（3.83）。

扭转-拉伸耦合变形的位移函数可以用式（3.85）来定义，因为刚度矩阵$A_{\alpha\beta}^{(i)}$对于斜交带束层来说具有如式（3.86）所表示的反对称特性，控制微分方程和位移可以分别表示为式（3.87）和式（3.94）。

积分常数可以用图 3.33 所展示的那样的边界条件来求解。

1）沿轴方向的合力为 0 的边界条件：

$$\int_{-b}^{b}(N_x^{(1)}+N_x^{(2)})\mathrm{d}y=0 \tag{3.156}$$

2）带束层边缘应力为 0 的边界条件：

$$N_x^{(1)}=N_y^{(2)}=N_{xy}^{(1)}=N_{xy}^{(2)}=0,\ \text{当}\ y=\pm b\ \text{时} \tag{3.157}$$

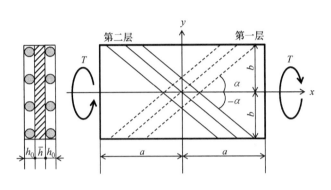
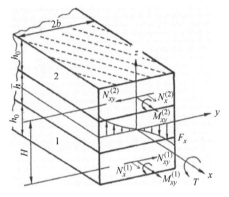

图 3.32　扭转载荷下斜交带束层的扭转变形特征　　图 3.33　斜交带束层截面上的应力合成和应力耦合
（经 TST 授权，摘自文献 [11]）

3）任意截面上的力矩平衡条件：

$$\int_{-b}^{b}\{M_{xy}^{(1)}+M_{xy}^{(2)}+HN_{xy}^{(1)}-(\overline{Q}_x+Q_x^{(1)}+Q_x^{(2)})y\}\mathrm{d}y=T \tag{3.158}$$

式中，$N_x^{(i)}$、$M_x^{(i)}$ 分别是第 i 层复合材料板的薄膜力和力矩；$Q_x^{(i)}$ 是第 i 层复合材料板的横向剪切力，而 $\overline{Q}$ 是复合材料中间层的横向剪切力，图 3.33 中的 F_x 定义为 $F_x=\overline{Q}_x+Q_x^{(1)}+Q_x^{(2)}$。

利用这些边界条件，位移的显式表达式为

$$\begin{aligned}
u^{(1)} &= C_4\sinh(\beta y)+\frac{\Omega H}{2}y+C_3 x \\
u^{(2)} &= -C_4\sinh(\beta y)-\frac{\Omega H}{2}y+C_3 x \\
v^{(1)} &= -C_4\frac{A_{ys}}{A_{yy}}\sinh(\beta y)+\frac{\Omega H}{2}x+C_6 y \\
v^{(2)} &= -C_4\frac{A_{ys}}{A_{yy}}\sinh(\beta y)-\frac{\Omega H}{2}x+C_6 y
\end{aligned} \tag{3.159}$$

式中，C_3、C_4 和 C_6 是积分常数；β 定义为

$$\beta^2=2kA_{yy}/\overline{A}_{xx} \tag{3.160}$$

这里，$\overline{A}_{ij}\ (i,j=x,y,s)$ 是刚度矩阵 $[A]$ 的代数余子式的元素，而刚度矩阵的定义如下：

$$[A]=\begin{bmatrix}A_{xx}^{(i)} & A_{xy}^{(i)} & A_{xs}^{(i)} \\ A_{xy}^{(i)} & A_{yy}^{(i)} & A_{ys}^{(i)} \\ A_{xs}^{(i)} & A_{ys}^{(i)} & A_{ss}^{(i)}\end{bmatrix} \tag{3.161}$$

例如，$\overline{A}_{xx}$和$\overline{A}_{xy}$可以用下面的公式求出来：

$$\begin{aligned} \overline{A}_{xx} &= A_{yy}A_{ss} - A_{xy}^2 \\ \overline{A}_{xy} &= A_{xs}A_{ys} - A_{xy}A_{xx} \\ \overline{A}_{xs} &= A_{xy}A_{ys} - A_{yy}A_{xs} \end{aligned} \quad (3.162)$$

求解利用式（3.156）、式（3.157）和式（3.158）所表示的边界条件方程，可以得到积分常数如下：

$$\begin{aligned} C_3 &= \Omega H \frac{\overline{A}_{xx}\overline{A}_{xs}\{1 - \tanh(\beta b)/\beta b\}}{\Delta} \\ C_4 &= -\Omega H \frac{bA_{yy}|A|}{\alpha b \Delta \cosh(\beta b)} \\ C_6 &= -\Omega H \frac{A_{ys}|A| - \overline{A}_{xy}\overline{A}_{xs}\{1 - \tanh(\beta b)/\beta b\}}{\Delta} \\ \Delta &\equiv A_{yy}|A| + \overline{A}_{xs}^2\{1 - \tanh(\beta b)/\beta b\} \end{aligned} \quad (3.163)$$

式中，$|A|$是行列式。

扭转刚度R、最大层间剪应力的比值$|\tau_{zx}|_{\max}/T$以及耦合应变比值ε_x/Ω可以分别用下面的公式表示：

$$\begin{aligned} R &= \frac{T}{\Omega} = 4b\left[2D_{ss} + \frac{H^2\overline{A}_{xx}|A|\{1 - \tanh(\beta b)/\beta b\}}{\Delta}\right] \\ \frac{|\tau_{zx}|_{\max}}{T} &= \frac{1}{R}\frac{2kbHA_{yy}|A|\{1 - \tanh(\beta b)/\beta b\}}{\Delta} \\ \frac{\varepsilon_x}{\Omega} &= \frac{H\overline{A}_{xx}\overline{A}_{xs}\{1 - \tanh(\beta b)/\beta b\}}{\Delta} \end{aligned} \quad (3.164)$$

其中式（3.164）的第一个方程中包含D_{ss}的第一项代表由CLT确定的扭转刚度，而第二项表示层间剪切变形对扭转刚度的影响。

利用FRR的近似式（1.119），行列式$|A|$和式（3.164）中的代数余子式$\overline{A}_{ij}$可以显式地表达为

$$\begin{aligned} |A| &\cong \left(\frac{A_T}{4}\right)^2(4A_L + 3A_T) \\ \overline{A}_{xx} &\cong \left(\frac{A_T}{4}\right)\{\sin^2\alpha(3\cos^2\alpha - 1)A_L + A_T\} \\ \overline{A}_{xs} &\cong \left(\frac{A_T}{4}\right)\sin 2\alpha(3\cos^2\alpha - 1)A_L \end{aligned} \quad (3.165)$$

因为式（3.164）中的ε_x包含代数余子式$\overline{A}_{xs}$，ε_x会在某个特定角度下为0，这个角度可以用$3\cos^2\alpha - 1 = 0$（$\alpha^* = 54.7°$）求解。将式（3.165）代入到式（3.164）中，可以得到R、$|\tau_{zx}|_{\max}/T$以及ε_x/Ω的近似表达式。利用$A_L \gg A_T$的关系可以进一步得到ε_x/Ω的简化表达式：

$$\frac{\varepsilon_x}{\Omega} = \frac{H\sin 2\alpha(3\cos^2\alpha - 1)(3\cos^2\alpha + 1)\{1 - \tanh(\beta b)/\beta b\}}{4[\cos^2\alpha(3\cos^2\alpha - 1)^2\{1 - \tanh(\beta b)/\beta b\} + \sin^2\alpha]} \quad (3.166)$$

3.7.2 理论和实验的对比

Akasaka[11]等对比了5个样件的实验和理论结果，这5个样件的带束层角度α分别为10°、15°、20°、25°和30°，每个样件的长度为250mm，宽度为63mm。试件的两端用钢板固定在仪器

上。测量得到转矩和扭转角度的曲线①,用有效长度 L($=250\text{mm}$)乘以该曲线在 $T=0$ 附近的斜率 $\mathrm{d}T/\mathrm{d}\phi$,可以得到扭转刚度 R。用于计算扭转刚度的试件尺寸是 $2b=63\text{mm}$,$L=250\text{mm}$,$h_0=1.45\text{mm}$,$\bar{h}=0.8\text{mm}$,$H=2.25\text{mm}$,所用的材料特性为 $E_{\text{rubber}}=50\text{MPa}$,$G_{\text{rubber}}=E_{\text{rubber}}/3=17\text{MPa}$,$v_{\text{rubber}}=0.5$,$k=G_{\text{rubber}}/\bar{h}=2.13\text{GN/m}^3$,$A_\text{f}=0.755\text{mm}^2$,$V_\text{f}=0.2$,$E_\text{f}=184\text{GPa}$,$E_L=E_\text{f}V_\text{f}=26.96\text{GPa}$。

式(3.164)所表示的扭转刚度的 R 的第二项与层间剪切变形效应有关,它比 CLT 给出的扭转刚度的表达式的第一项要小。扭转刚度 R 可以大体表示为

$$R = 8bD_{ss} \tag{3.167}$$

利用式(1.119)以及 FRR 的近似式($E_L \gg E_T$),D_{ss} 可以表示为

$$D_{ss} = D_L\sin^2 2\alpha/4 \tag{3.168}$$

将式(3.168)代入到式(3.167)中可以得到:

$$R = 2bD_L\sin^2 2\alpha \tag{3.169}$$

然而,由于试件两端的固定约束条件会导致转矩作用下钢丝帘线的旋转,所以钢丝帘线的扭转刚度会影响整体的扭转刚度。为了考虑带束层试件的端部效应,引入了修正后的扭转刚度 D_{ss_modify},它的定义是:

$$D_{ss\_\text{modify}} = \int_{-h/2}^{h/2} E_{ss}z^2 \mathrm{d}z \tag{3.170}$$

其中的 E_{ss} 可以用式(1.45)代表,利用 FRR 的近似值($E_L \gg E_T$),E_{ss} 可以简写为

$$E_{ss} = E_L\sin^2 2\alpha/4 + G_{LT}\cos^2 2\alpha \tag{3.171}$$

该式与式(1.118)的第四个方程类似。然而,我们需要注意到 $G_{LT}=E_L/4$ 的关系不再成立,因为钢丝帘线的扭转刚度被包括在其中。将式(3.171)代入到式(3.170)中,可以得到:

$$D_{ss\_\text{modify}} = \int_{-h/2}^{h/2} E_{ss}z^2 \mathrm{d}z = D_L\sin^2 2\alpha/4 + D_{LT}\cos^2 2\alpha \tag{3.172}$$

式中,D_{LT} 是嵌入到 UDCRR 中的钢丝帘线的平均扭转刚度。

将式(3.172)代入到式(3.167)中,得到具有小的长宽比的带束层试件的扭转刚度 R_{modify}:

$$R_{\text{modify}} = 2b(D_L\sin^2 2\alpha + 4D_{LT}\cos^2 2\alpha) \tag{3.173}$$

图 3.34 中的实线是根据式(3.173)得到的扭转刚度与带束层角度的关系曲线,虚线是根据式(3.167)得到的扭转刚度与带束层角度的关系曲线。图中的黑点是实验结果,它可以与 $D_{LT}=1.03\text{N}\cdot\text{m}$ 和 $D_L=0.63\text{N}\cdot\text{m}$ 的结果相比较。图 3.35 显示了式(3.164)中的最大层间剪应力比值 $|\tau_{zx}|_{\max}/T$ 和带束层角度的关系,图 3.36 给出了式(3.166)中的耦合应变比值 ε_x/Ω 与带束层角度的关系。耦合应变在特殊的角度 54.7° 时逐渐变为 0,这个结果

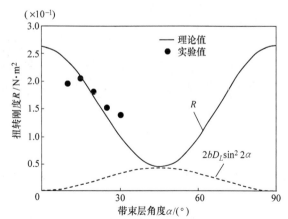

图 3.34 扭转刚度和带束层角度的关系曲线
(经 TST 授权,摘自文献[11])

---

① 备注 3.5。

与图 3.34 和图 3.36 中展示的实验结果一致。

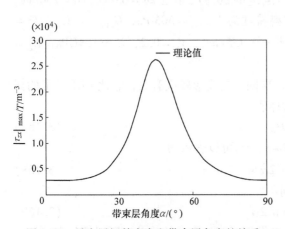

图 3.35　最大层间剪应力和带束层角度的关系
（经 TST 授权，摘自文献 [11]）

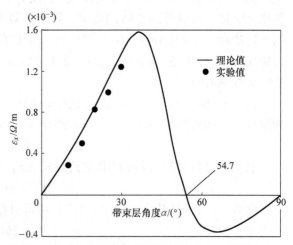

图 3.36　耦合的扭转和拉伸应变与带束层角度的关系
（经 TST 授权，摘自文献 [11]）

3.8　用 MLT 研究承受面内弯曲力矩的双层斜交带束层的翘曲

3.8.1　承受面内弯曲力矩的斜交带束层的翘曲

Asano[9] 利用 MLT 研究了承受面内弯曲力矩的双层斜交带束层的翘曲现象。图 3.37 显示了紧急转弯时发生在接地部位的轮胎带束层的翘曲现象。接地面内的弯曲力矩的作用导致接地部位的上部区域出现压应力。彩色部分表示与地面接触，而黑色部分表示翘曲导致胎面离开路面。当翘曲发生时，接触面积减小，接触压力减小。因此，翘曲不但与转弯性能有关，还与图 3.38 所示的剧烈转弯时的不规则磨耗有关。

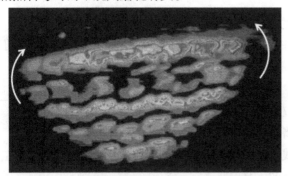

图 3.37　紧急转弯时发生在接地部位的轮胎带束层的翘曲现象（见彩插）

图 3.38　剧烈转弯时的不规则磨耗[9]

3.8.2　承受面内弯曲力矩的轮胎带束层翘曲基本方程

发生翘曲现象的轮胎可以用图 3.39 中的位于弹性基础上的具有两层斜交带束层的轮胎模型来表示。沿胎冠厚度方向的胎冠弹簧的弹簧常数用 k_T 表示，忽略胎侧的弹簧，带束层的宽度为 $2b$，带束层是无限长的，带束层的厚度和黏结橡胶层的厚度分别为 h_0 和 $\bar{h}$，弯曲力矩 M 施加在 x 方向上。

式（3.81）和式（3.83）是基本方程。注意到因为第一层和第二层带束层的刚度相互抵消，

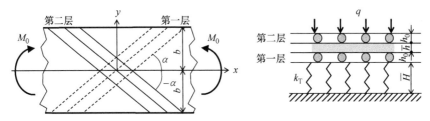

图 3.39 位于弹性基础上的具有两层斜交带束层的轮胎模型

所以 $D_{xs}^{(1)} + D_{xs}^{(2)}$ 以及 $D_{ys}^{(1)} + D_{ys}^{(2)}$ 均为 0。式（3.83）可以重新写为⊖

$$2D_{xx}w_{,xxxx} + 4(D_{xy}+2D_{ss})w_{,xxyy} + 2D_{yy}w_{,yyyy} -$$
$$kH[(u_{,x}^{(2)}-u_{,x}^{(1)})+(v_{,y}^{(2)}-v_{,y}^{(1)})+H(w_{,xx}-w_{,yy})] = q(x,y) + 2N_{x0}w_{,xx} - k_T w \quad (3.174)$$

式中，D_{ij} 是单层的弯曲刚度；$H = h_0 + \bar{h}$；$k_T w$ 是路面的反力；N_{x0} 是翘曲前的薄膜力；$N_{x0}w_{,xx}$ 是薄膜力 N_{x0} 的方向改变后导致的 z 方向上的分力。

利用式（1.119）和 FRR 近似（$E_L \gg E_T$），式（2.65）的弯曲刚度可以大体表示为

$$\begin{aligned} D_{xx} &\approx D_L \cos^4\alpha \\ D_{xy} &\approx D_L \sin^2\alpha \cos^2\alpha \\ D_{yy} &\approx D_L \sin^4\alpha \\ D_{ss} &\approx D_L \sin^2\alpha \cos^2\alpha \end{aligned} \quad (3.175)$$

式中，D_L 是带束层在帘线方向上的弯曲刚度。

由加捻帘线制成的钢丝帘线的弯曲刚度对 D_L 的贡献最大。式（3.174）中的 N_{x0} 可以用式（3.126）来确定，如图 3.23 所示，它是一个 S 形曲线，在自由边界上迅速减小。式（3.174）中 q 是均布的压力，它能导致 z 方向的均匀分布的位移。如果我们能够测量得到由压力带来的均匀分布的位移 w，那么我们就可以忽略 q。因此，均匀分布的压力不会对翘曲力矩带来贡献。

图 3.40 给出了带束层翘曲的想象图，这种现象只发生在带束层承受压缩力的区域内。这个翘曲的形状可以用下面的公式表示：

$$w = \begin{cases} \dfrac{c}{2}(1-\cos\rho y)\sin\omega x & (0 \leq y \leq b) \\ 0 & (-b \leq y \leq 0) \end{cases} \quad (3.176)$$

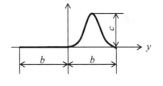

图 3.40 带束层翘曲的想象图

式中，

$$\begin{aligned} \omega &= 2\pi/\lambda \\ \rho &= 2\pi/b \end{aligned} \quad (3.177)$$

式中，λ 是翘曲的波长；c 是翘曲的幅值。

式（3.176）满足下面的边界条件：

$$\begin{aligned} w &= 0 \\ \partial w/\partial y &= 0 \end{aligned}, \quad \text{当 } y = 0、y = b \text{ 时} \quad (3.178)$$

每层带束层在 $u^{(i)}$ 和 $v^{(i)}$（$i=1, 2$）方向上的面内位移可以表示为

$$\begin{aligned} u^{(1)} &= \bar{U} - U \\ v^{(1)} &= \bar{V} - V \\ u^{(2)} &= \bar{U} + U \\ v^{(2)} &= \bar{V} + V \end{aligned} \quad (3.179)$$

⊖ 备注 3.6。

将式（3.179）代入到式（3.81）可以得到：

$$\begin{bmatrix} L_1 & L_2 & L_3 & L_4 \\ L_2 & L_1 - 2k & L_4 & L_3 \\ L_3 & L_4 & L_5 & L_6 \\ L_4 & L_3 & L_6 & L_5 - 2k \end{bmatrix} \begin{Bmatrix} \overline{U} \\ U \\ \overline{V} \\ V \end{Bmatrix} = kH \begin{Bmatrix} 0 \\ w_{,x} \\ 0 \\ w_{,y} \end{Bmatrix} \quad (3.180)$$

式中，

$$L_1 \equiv A_{xx}\frac{\partial^2}{\partial x^2} + A_{ss}\frac{\partial^2}{\partial y^2}$$

$$L_2 \equiv -2A_{xs}\frac{\partial^2}{\partial x \partial y}$$

$$L_3 \equiv (A_{xy} + A_{ss})\frac{\partial^2}{\partial x \partial y} \quad (3.181)$$

$$L_4 \equiv -\left(A_{xs}\frac{\partial^2}{\partial x^2} + A_{ys}\frac{\partial^2}{\partial y^2}\right)$$

$$L_5 \equiv A_{ss}\frac{\partial^2}{\partial x^2} + A_{yy}\frac{\partial^2}{\partial y^2}$$

$$L_6 \equiv -2A_{ys}\frac{\partial^2}{\partial x \partial y}$$

将式（3.176）代入到式（3.180）中，我们假设方程的解 U、$\overline{U}$、V 和 $\overline{V}$ 可以表示为

$$\begin{aligned} \overline{U} &= \overline{u}\sin\omega x = (\overline{u}_0 + \overline{u}_1\sin\rho y)\sin\omega x \\ U &= u\cos\omega x = (u_0 + u_1\cos\rho y)\cos\omega x \\ \overline{V} &= \overline{v}\cos\omega x = (\overline{v}_0 + \overline{v}_1\cos\rho y)\cos\omega x \\ V &= v\sin\omega x = (v_0 + v_1\sin\rho y)\sin\omega x \end{aligned} \quad (3.182)$$

将式（3.182）代入到式（3.180），变量 x 和 y 在这些公式中被分离开来。应用变量分离方法，系数 $\overline{u}_0$、u_0、$\overline{v}_0$、v_0、$\overline{u}_1$、u_1、$\overline{v}_1$ 和 v_1 可以写为

$$\overline{u}_0 = \overline{v}_0 = 0$$

$$\begin{bmatrix} A_{xx}\omega^2 + 2k & -A_{xs}\omega^2 \\ -A_{xs}\omega^2 & A_{ss}\omega^2 + 2k \end{bmatrix} \begin{Bmatrix} u_0 \\ v_0 \end{Bmatrix} = kH\frac{c}{2}\begin{Bmatrix} -\omega \\ 0 \end{Bmatrix} \quad (3.183)$$

$$\begin{bmatrix} -(A_{xx}\omega^2 + A_{ss}\rho^2) & -2A_{xs}\omega\rho & (A_{xy}+A_{ss})\omega\rho & A_{xs}\omega^2 + A_{ys}\rho^2 \\ & -(A_{xx}\omega^2 + A_{ss}\rho^2 + 2k) & A_{xs}\omega^2 + A_{ys}\rho^2 & (A_{xy}+A_{ss})\omega\rho \\ & & -(A_{ss}\omega^2 + A_{yy}\rho^2) & -2A_{ys}\omega\rho \\ \text{SYM.} & & & -(A_{ss}\omega^2 + A_{yy}\rho^2 + 2k) \end{bmatrix} \times$$

$$\begin{Bmatrix} \overline{u}_1 \\ u_1 \\ \overline{v}_1 \\ v_1 \end{Bmatrix} = kH\frac{c}{2}\begin{Bmatrix} 0 \\ -\omega \\ 0 \\ \rho \end{Bmatrix} \quad (3.184)$$

通过求解上述方程，U 和 V 被定义为转动角速度 ω 的函数，式（3.174）可以重新写为

$$2N_{x0}w_{,xx} = 2D_{xx}w_{,xxxx} + 4(D_{xy} + 2D_{ss})w_{,xxyy} + 2D_{yy}w_{,yyyy} + k_Tw - kH[2(U_{,x} + V_{,x}) + H(w_{,xx} + w_{,yy})] \quad (3.185)$$

将式（3.126）代入到式（3.185）的预屈曲的薄膜力 N_{x0} 中，我们可以对式（3.185）引用 Galerkin 方法。在方程的两端同乘以 w，并在区间（$0 \leqslant x \leqslant \lambda$, $0 \leqslant y \leqslant b$）进行面积积分，我们可以得到：

$$\frac{M_0}{D_{xx}}\left[\frac{3}{4}\left(\frac{N_1}{M_0}\right)b^2 - \left(\frac{N_2}{M_0}\right)b^2\frac{6\rho^4}{(\rho^2+\beta^2)(4\rho^2+\beta^2)}\frac{\cosh\beta b - 1}{\beta b \sinh\beta b}\right] = \frac{3}{2}(b\omega)^2 + \frac{D_{xy}+2D_{ss}}{D_{xx}}(b\rho)^2 +$$

$$\frac{1}{2}\frac{D_{yy}}{D_{xx}}\frac{b^2\rho^4}{\omega^2} + \frac{3}{4}\frac{k_T b^4}{D_{xx}}\frac{1}{(b\omega)^2} + \frac{1}{4}\frac{kH^2 b^2}{D_{xx}}\left(3+\frac{\rho^2}{\omega^2}\right) + 2\frac{kHb^2}{D_{xx}}\frac{1}{c\omega}\left(u_0 - \frac{u_1}{2}\right) + \frac{kHb^2}{D_{xx}}\frac{\rho v_1}{c\omega^2}$$

(3.186)

其中的 β 由式（3.160）定义。式（3.186）意味着式（3.185）在区间（$0 \leqslant x \leqslant \lambda$, $0 \leqslant y \leqslant b$）内是满足的。

根据式（3.126），N_1 和 N_2 可以由下式给出：

$$\frac{N_1}{M_0} = -\frac{6k}{B}b\sinh(\beta b)A_{yy}(A_{xx}A_{yy} - A_{xy}^2)$$

$$\frac{N_2}{M_0} = -\frac{6k}{B}b\sinh(\beta b)A_{yy}\frac{(A_{xs}A_{yy} - A_{xy}A_{ys})^2}{A_{ss}A_{yy} - A_{ys}^2}$$

(3.187)

其中的 B 由式（3.123）来定义。我们引入如下的无量纲参数来简化这个方程：

$$D_{ss}/D_{xx} \equiv d_{ss}$$
$$D_{xy}/D_{xx} \equiv d_{xy}$$
$$D_{yy}/D_{xx} \equiv d_{yy}$$
$$A_{ss}/A_{xx} \equiv a_{ss}$$
$$A_{xy}/A_{xx} = a_{xy}$$
$$A_{yy}/A_{xx} \equiv a_{yy}$$
$$A_{ys}/A_{xx} \equiv a_{ys}$$
$$A_{xs}/A_{xx} \equiv a_{xs}$$
$$b\omega \equiv 2\pi b/\lambda \equiv \Omega$$
$$k_T b^4/(2D_{xx}) \equiv \xi$$
$$kH^2 b^2/(4D_{xx}) \equiv \eta$$
$$k^2 H^2 b^4/(2D_{xx}A_{xx}) \equiv \zeta$$
$$b^2 N_1/M_0 \equiv n_1$$
$$b^2 N_2/M_0 \equiv n_2$$
$$M/D_{xx} \equiv \mu$$
$$2kb^2/A_{xx} \equiv \gamma$$
$$A_T/(kb^2) \equiv \chi$$

(3.188)

其中 M_0 和 D_{xx} 的单位是 N·m，μ 是无量纲的。

式（3.186）可以重新写成：

$$\mu f = \frac{3}{2}\Omega^2 + \phi_0 + \frac{\phi_1}{\Omega^2} + \zeta\psi(\Omega)$$

(3.189)

式中，

$$\phi_0 \equiv (d_{xx} + 2d_{ss})(2\pi)^2 + 3\eta$$

$$\phi_1 \equiv \frac{(2\pi)^4}{2}d_{yy} + \frac{3}{2}\xi + (2\pi)^2\eta$$

$$\psi(\Omega) \equiv 2u_0' - u_1' + \frac{2\pi}{\Omega}v_1'$$

$$f \equiv \frac{3}{4}n_1 - n_2 \frac{6(2\pi)^4}{\{(2\pi)^2 + (\beta b)^2\}\{4(2\pi)^2 + (\beta b)^2\}} \frac{\cosh\beta b - 1}{\beta b \sinh\beta b}$$

(3.190)

f 是带束层结构决定的常数。将式（1.119）应用到式（3.188），我们可以得到式（3.190）中的参数的表达式：

$$n_1 \approx \frac{3}{2B'}\sin^2\alpha(\sin^4\alpha + \cos^4\alpha - \sin^2\alpha\cos^2\alpha)$$

$$n_2 \approx \frac{3}{2B'}\sin^2\alpha\cos^2\alpha \frac{\left(1 - \frac{3}{2}\sin^2\alpha\right)^2}{1 - \frac{3}{4}\sin^2\alpha}$$

$$B \approx 2\sin^2\alpha(\sin^4\alpha + \cos^4\alpha - \sin^2\alpha\cos^2\alpha) - 3\chi\cos^2\alpha\left(1 - \frac{3}{2}\sin^2\alpha\right)^2\{\beta b \coth\beta b - 1\}$$

(3.191)

$$\beta b = \sqrt{\frac{\gamma a_{yy}}{a_{yy}a_{ss} - a_{ys}^2}} \approx \sqrt{\frac{\gamma A_L}{A_T}} \frac{2\sin\alpha \cos^2\alpha}{\sqrt{1 + 3\cos^2\alpha}}$$

我们可以更进一步地引入一些新的参数 u_0'、u_1'、v_1'、$\bar{u}_1'$、$\bar{v}_0'$ 和 $\bar{v}_1'$：

$$\begin{Bmatrix} u_0 \\ \bar{v}_0 \\ \bar{u}_1 \\ u_1 \\ \bar{v}_1 \\ v_1 \end{Bmatrix} \equiv \frac{kHbc\Omega}{2A_{xx}} \begin{Bmatrix} u_0' \\ \bar{v}_0' \\ \bar{u}_1' \\ u_1' \\ \bar{v}_1' \\ v_1' \end{Bmatrix}$$

(3.192)

其中的参数 u_0'、u_1'、v_1'、$\bar{u}_1'$、$\bar{v}_0'$ 和 $\bar{v}_1'$ 可以由下式的解求出：

$$\begin{bmatrix} \Omega^2 + \gamma & -a_{xx}\Omega^2 \\ -a_{xx}\Omega^2 & a_{ss}\Omega^2 + \gamma \end{bmatrix} \begin{Bmatrix} u_0' \\ \bar{v}_0' \end{Bmatrix} = \begin{Bmatrix} -1 \\ 0 \end{Bmatrix}$$

$$\begin{bmatrix} \Omega^2 + a_{ss}(2\pi)^2 & 2a_{xs}\Omega(2\pi) & -(a_{xy}+a_{ss})\Omega(2\pi) & -\{a_{xs}\Omega^2 + a_{ys}(2\pi)^2\} \\ & \Omega^2 + a_{ss}(2\pi)^2 + \gamma & -\{a_{xs}\Omega^2 + a_{ys}(2\pi)^2\} & -(a_{xy}+a_{ss})\Omega(2\pi) \\ & & a_{ss}\Omega^2 + a_{yy}(2\pi)^2 & 2a_{ys}\Omega(2\pi) \\ \text{SYM.} & & & a_{ss}\Omega^2 + a_{yy}(2\pi)^2 + \gamma \end{bmatrix} \begin{Bmatrix} \bar{u}_1' \\ u_1' \\ \bar{v}_1' \\ v_1' \end{Bmatrix} = \begin{Bmatrix} 0 \\ 1 \\ 0 \\ -\frac{2\pi}{\Omega} \end{Bmatrix}$$

(3.193)

最小翘曲力矩 $M_{0,\text{cr}}$ 可以由式（3.189）的 μ_{cr} 的最小值得到，因为在式（3.188）中已经定义了 $M_{0,\text{cr}} = \mu_{\text{cr}} D_{xx}$。弯曲带束层的曲率 $1/R$ 可以用下式计算：

$$1/R = M_{0,\text{cr}}/D = \mu_{\text{cr}} D_{xx}/D \tag{3.194}$$

式中，D 是带束层的面内弯曲刚度，可以用式（3.123）和式（3.127）计算弯曲刚度 D。

$$D = -\frac{B}{6kA_{yy}^2 \sinh\beta b}$$

$$= \frac{4}{3}b^3 \frac{A_{xx}A_{yy} - A_{xy}^2}{A_{yy}} - 2\frac{b}{k}\frac{(A_{xy}A_{ys} - A_{xs}A_{yy})^2}{A_{yy}^2}\{\beta b \coth \beta b - 1\} \tag{3.195}$$

注意，用式（3.195）计算得到的值远小于采用简单的我们曾讨论过的弯曲梁理论计算得到的值。翘曲波长 λ 可以用式（3.188）中的第 9 个公式 $\lambda = 2\pi b/\Omega_m$ 来计算，Ω_m 与 μ_{cr} 对应，它是式（3.189）的右端项取最小值时的 Ω 值。

3.8.3 轿车轮胎处于弯曲力矩作用下的翘曲分析

进行轿车轮胎受面内弯曲力矩条件下的翘曲分析用到如下的参数：$b = 70\text{mm}$，$h_0 = 0.594\text{mm}$，$\bar{h} = 0.906\text{mm}$，$H = h_0 + \bar{h} = 1.5\text{mm}$，$V_f = 1.131$，$\alpha = 23.8°$，$I_f = 6.05 \times 10^{-3}\text{mm}^4$，$E_f = 210\text{GPa}$，$E_m = 5\text{MPa}$，$E_L = 69\text{GPa}$，$E_T = 7.9\text{MPa}$，$E_t = 8\text{MPa}$，$\overline{H} = 12\text{mm}$，$k_T = E_t/\overline{H} = 0.67\text{MPa/mm}$，$A_L = E_L h_0 = 41\text{N/mm}$，$A_T = E_T h_0 = 12\text{N/mm}$，$A_{xx} = A_L\cos^4\alpha + A_T = 29\text{kN/mm}$，$D_L = E_f I_f/d + E_m h_0^3/12 = 1.1\text{kN/mm}$，$a_{xy} = 0.19$，$\alpha_{yy} = 0.038$，$\alpha_{ss} = 0.19$，$\alpha_{xs} = -0.44$，$\alpha_{ys} = -0.086$，$D_{xx} = D_L \cos^4\alpha = 0.77\text{kN/mm}$，$d_{xy} = 0.19$，$d_{yy} = 0.038$，$d_{ss} = 0.19$，$k = G_m/\bar{h} = 1.8\text{MPa/mm}$，$\xi = 1 \times 10^4$，$\eta = 6.6$，$\zeta = 4.1$，$\gamma = 0.62$，$\beta b = 16.9$，$B = 1.3 \times 10^{-3}$，$n_1 = 0.89$，$n_2 = 0.82$，$B' = 0.16$，$f = 0.66$，$\phi_0 = 42.9$，$\phi_1 = 1.6 \times 10^4$，其中的 I_f 是钢丝帘线的截面的惯性矩，E_t 是胎冠橡胶的杨氏模量，V_f 是帘线的体积分数。如图 3.41 所示，带束层的帘线是由 5 根单丝构成的，单丝的直径 d_{filament} 是 0.25mm，两根相邻的帘线的间距是 1.25mm。

将上述参数代入到式（3.189）中，可以得到：

$$\mu(\Omega) = 2.3\Omega^2 + 65.1 + 2.4 \times 10^4/\Omega^2 + 6.3\psi(\Omega) \tag{3.196}$$

其中的 $\psi(\Omega)$ 由式（3.190）定义，可以在给定的 Ω 下通过求解式（3.193）中的 u_0'、u_1' 和 v_1' 得到。图 3.42 给出了 $\psi(\Omega)$ 和 Ω 的关系。

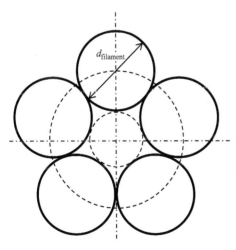

图 3.41 钢丝帘线的结构

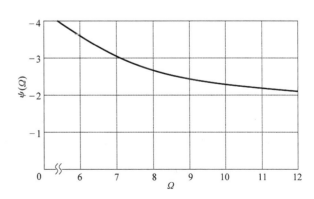

图 3.42 $\psi(\Omega)$ 和 Ω 的关系

图 3.43 给出了 $\mu(\Omega)$ 和 Ω 的关系。当 $\Omega = 10.1$ 时可以得到 $\mu_{min} = 521$，此时带束层翘曲需要的弯曲能量最小。翘曲的波长为

$$\lambda_{cr} = 2\pi b/\Omega_m = 43.5 \text{mm} \quad (3.197)$$

带束层发生翘曲的曲率半径为 $R_{cr} = 17\text{mm}$，这可以用式（3.194）和式（3.195）计算出来。曲率半径 R_{cr} 的值这么小的原因是层间剪切变形导致的面内弯曲刚度比较小。测量得到的翘曲波长大约是 40mm，如图 3.37 所示。尽管这个长度受到临近的横沟的距离的影响，但这个值与采用式（3.197）计算出来的值 $\lambda_{cr} = 43.5\text{mm}$ 比较吻合。

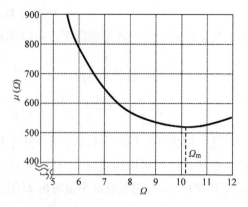

图 3.43 $\mu(\Omega)$ 和 Ω 的关系

3.8.4 在面内弯曲力矩作用下轿车轮胎翘曲的简化方程

如图 3.42 所示，式（3.196）中的第 4 项 ψ 并不随着 Ω 的改变而发生大的变化，第 4 项的值比第 1 项和第 3 项要小很多，因此，通过忽略式（3.189）中的第 4 项，关于 μf 的静态条件可以写为

$$\frac{d(\mu f)}{d\Omega^2} = \frac{3}{2} - \frac{\phi_1}{\Omega^4} = 0 \quad (3.198)$$

式（3.190）中的 ϕ_1 的表达式中的 d_{yy} 项的值在 $\alpha = 20°$ 时是比较小的。这个角度是乘用车轮胎的带束层裁断角度[12]。忽略掉式（3.190）中的 d_{yy}，求解式（3.198）得到 Ω，式（3.197）中的 λ_{cr} 可以写为⊖

$$\lambda_{cr} = 2\pi \left\{ \frac{2D_L}{k_T + \frac{(2\pi)^2}{3} k \left(\frac{H}{b}\right)^2} \right\}^{1/4} \cos\alpha \quad (3.199)$$

利用如下的关系：$D_L \cong E_f I_f/d$，$I_f = \pi d^4 g_n$，$k_T = E_t/\overline{H}$ 以及 $k = G_m/\overline{h}$，式（3.199）可以重新写成：

$$\lambda_{cr} = 2\pi d_{filament} \cos\alpha \left\{ \frac{E_f}{E_m} \frac{\overline{H}}{d} \frac{2\pi g_n}{e + \left(\frac{2\pi}{3}\right)^2 \frac{H^2 \overline{H}}{hb^2}} \right\}^{1/4} \quad (3.200)$$

其中的 $e = E_t/E_m$ 和 g_n 是由带束层帘线的形状和数量决定的常数。利用前述提到的参数值，结合式（3.200），可以得到 $\lambda_{cr} = 43.3\text{mm}$。将这个值与采用式（3.196）计算得到的 $\lambda_{cr} = 43.5\text{mm}$ 相比较，可以发现式（3.200）是式（3.196）的很好的近似。从式（3.199）可以得出，当带束层的弯曲刚度 D_L 变得更大时，λ_{cr} 就会变得更大。同理，如果胎面橡胶的弹簧常数 k_T 变大，层间剪切弹簧常数 k 变小同样会使 λ_{cr} 变大。因此，当用织物纤维代替钢丝帘线用作带束层时，λ_{cr} 就会变小。更进一步地说，式（3.200）表明，λ_{cr} 与 $d_{filament}\cos\alpha$ 成正比，也就是与单根帘线的直径和帘线角度有关。另外，λ_{cr} 也与帘线的模量 E_f 和胎冠厚度 $\overline{H}$ 的四次方次根有关。

Sakai[13] 也对承受面内弯曲力矩的带束层翘曲现象进行了分析，他采用的是位于弹性基础上的梁模型，详细内容参见附录。

⊖ 备注 3.7。

3.9 在压缩力作用下双层斜交带束层的翘曲的 MLT

3.9.1 在压缩力作用下双层斜交带束层的翘曲的 MLT 分析

Asano[9]将修正的层合板理论应用于由压缩力所导致的双层斜交带束层的翘曲问题中。他利用了图 3.44 中的压缩力作用下双层斜交带束层的翘曲模型，它与图 3.39 中的模型基本相同。厚度方向的坐标轴定义为 $z^{(i)}$ 轴，它是从带束层的中心平面开始的。$N^{(i)}$ 是 x 轴方向的薄膜力，x 轴方向上作用有正的拉伸力。

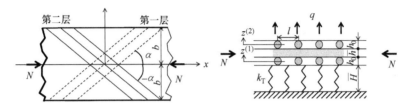

图 3.44　压缩力作用下双层斜交带束层的翘曲模型

$M^{(i)}$ 是顺时针方向的弯曲力矩，作用于左侧，是正值。$Q^{(i)}$ 是剪切力，作用于左侧沿 z 轴方向，是正值。上标 (i) 用来表示上面的带束层（$i=2$）或者下面的带束层（$i=1$）。

利用式（2.65），可以得到关系式 $D_{yy}/D_{xx} \cong \tan^4\alpha$，在 $\alpha = 20°$ 附近满足 $D_{yy}/D_{xx} \ll 1$ 的关系。这是乘用车轮胎经常用到的角度。因此，y 方向的弯曲刚度对于 x 方向的压缩力引起的翘曲现象没有贡献。这个问题的基本方程就是式（3.65）和式（3.70）。假设针对 y 的偏微分是 0（$\partial/\partial y = 0$），基本方程为

$$\begin{aligned} \mathrm{d}N^{(i)}/\mathrm{d}x &= (-1)^i \tau_{zx} \\ \mathrm{d}(Q^{(1)} + Q^{(2)} + \overline{Q})/\mathrm{d}x &= q \\ \mathrm{d}M^{(i)}/\mathrm{d}x &= Q^{(i)} + \tau_{zx} h_0/2 \\ \overline{Q} &= -\tau_{zx}\overline{h} \end{aligned} \quad (3.201)$$

对于每个带束层的胡克定律是⊖：

$$\sigma^{(i)} = E_x \{u_{,x}^{(i)} + w_{,x}^2/2 - z^{(i)} w_{,xx}\} \quad (3.202)$$

式中，$u_{,x}^{(i)}$ 是 x 方向的位移，并且我们可以假设厚度方向的位移 w 对于每层带束层来说都是相同的；E_x 是层合板在 x 方向的杨氏模量，通常它是 $z^{(i)}$ 的函数。

黏结橡胶层的胡克定律与式（3.78）相似：

$$\tau_{zx} = G(u^{(2)} - u^{(1)} + Hw_{,x})/\overline{h} \quad (3.203)$$

式中，$H = h_0 + \overline{h}$；G 是黏结橡胶层的剪切模量。薄膜力和每个带束层力矩可以表示如下：

$$\begin{aligned} N^{(i)} &= \int_{-h_0/2}^{h_0/2} \sigma^{(i)} \mathrm{d}z^{(i)} = A\{u_{,x}^{(i)} + w_{,x}^2/2\} \\ M^{(i)} &= \int_{-h_0/2}^{h_0/2} \sigma^{(i)} z^{(i)} \mathrm{d}z^{(i)} = Dw_{,xx} \\ A &= \int_{-h/2}^{h/2} E_z(z^{(i)}) \mathrm{d}z^{(i)} \end{aligned} \quad (3.204)$$

⊖　备注 3.8。

$$D = \int_{-h/2}^{h/2} E_z(z^{(i)}) z^{(i)} \mathrm{d}z^{(i)} \tag{3.205}$$

利用式（3.205）代替式（3.202），并代入式（3.201）中，我们得到：

$$A(u_{,xx}^{(i)} + w_{,x} w_{,xx}) = (-1)^i k(u^{(2)} - u^{(1)} + Hw_{,x}) \tag{3.206}$$
$$2Dw_{,xxxx} - kH(u_{,x}^{(2)} - u_{,x}^{(1)} + Hw_{,xx}) = q$$

式中，$k = G_m / \bar{h}$。

翘曲发生后 z 方向的力平衡可以表示为[①]

$$q = -Nw_{,xx} - k_T w \tag{3.207}$$

式中，N 是作用在带束层上的全部的压缩力。

对于式（3.206）中的第一个公式，我们引入新的参数 U 和 V：

$$u^{(2)} + u^{(1)} = U$$
$$u^{(2)} - u^{(1)} = V \tag{3.208}$$

利用变量分离方法，式（3.206）的第一个公式可以重新写为

$$U_{,xx} = -2w_{,x} w_{,xx}$$
$$V_{,xx} - (2k/A)V = (2kH/A) w_{,x} \tag{3.209}$$

利用式（3.207）和式（3.208），式（3.206）的第二个公式可以重新写为

$$2Dw_{,xxxx} - (kH^2 - N)w_{,xx} + k_T w - kHV_{,x} = 0 \tag{3.210}$$

式（3.209）和式（3.210）都是这个问题的基本方程。

我们假设翘曲模态为

$$w = C\sin\omega x, \omega = 2\pi/\lambda \tag{3.211}$$

式中，C 是翘曲变形的幅值；λ 是翘曲变形的波长。

将式（3.211）代入到式（3.209），那么 V 的特解为

$$V = -\frac{2kHC\omega}{A\omega^2 + 2k} \cos\omega x \tag{3.212}$$

将式（3.211）和式（3.212）代入到式（3.210），总的压缩力 N 可以表示为

$$N = 2D\omega^2 + \frac{k_T}{\omega^2} + \frac{AkH^2\omega^2}{A\omega^2 + 2k} \tag{3.213}$$

N 的最小值可以通过求解方程 $\partial N/\partial \omega^2 = 0$ 来求得，计算方法如下：

$$2D - \frac{k_T}{\omega^4} + \frac{2Ak^2 H^2}{(A\omega^2 + 2k)^2} = 0 \tag{3.214}$$

单位面积黏结橡胶层的弹簧常数 k 很小，满足 $A\omega^2 \gg 2k$ 的关系。利用近似假设，式（3.213）可以简写为

$$N = 2D\omega^2 + k_T/\omega^2 + kH^2 \tag{3.215}$$

利用同样的假设，可以很容易得到式（3.214）的解：

$$\omega_{\mathrm{cr}}^2 = \sqrt{\frac{k_T}{2D}}$$
$$\lambda_{\mathrm{cr}} = 2\pi \left(\frac{2D}{k_T}\right)^{1/4} \tag{3.216}$$
$$N_{\mathrm{cr}} = 2\sqrt{2Dk_T} + kH^2$$

[①] 备注 3.9。

3.9.2 乘用车轮胎承受压缩力时的翘曲分析

Asano[9]分析了轿车轮胎在压缩力作用下发生的翘曲现象，并将实验结果和计算结果进行了对比。他采用的参数为：$h = 0.47\text{mm}$，$\bar{h} = 1.03\text{mm}$，$\bar{H} = 16.1\text{mm}$，$H = h_0 + \bar{h} = 1.5\text{mm}$，$E_f = 210\text{GPa}$，$E_m = 5\text{MPa}$，$k = G_m/\bar{h} = 1.6\text{MPa/mm}$，$k_T = E_t/\bar{H} = 0.31\text{MPa/mm}$，$\alpha = 15°、20°、25°$。5根钢丝组成一股，但轮胎硫化后钢丝帘线的结构发生改变，如图3.45所示。因此弯曲刚度的计算采用变形后的结构，$d_{\text{filament}} = 0.25\text{mm}$，$d = 1.25\text{mm}$，$V_f = 0.418$，$A_L = E_f V_f h = 42\text{kN/mm}$，$D_L = E_f I_f/d = 635\text{N/mm}$（方案A）。

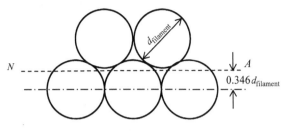

图3.45 5根钢丝组成的帘线硫化后的结构

A和D（$= D_{xx}$）可以采用式（2.70）的第一个公式来得到。应用FRR近似（$E_L \gg E_T$），我们可以得到：

$$A = h_0 E_T(1 - \cot^2\alpha + \cot^4\alpha)$$
$$D = D_L \cos^4\alpha \tag{3.217}$$

其中D_L的值不仅与帘线结构有关，也与帘线的变形状态有关。上述计算采用的是常规的弯曲变形，但是当帘线的变形状态类似组合梁的时候，D_L的值会减小。类似组合梁的变形时$D_L = 161\text{N}\cdot\text{mm}$，常规的弯曲变形时$D_L = 635\text{N}\cdot\text{mm}$（方案A）。两者的平均值是$D_L = 398\text{N}\cdot\text{mm}$（方案B）。

表3.2给出了采用方案B的D_L的值计算得到的翘曲载荷和翘曲波长与实验结果的比较。带束层的宽度是$2b = 96.2\text{mm}$，长度为400mm，厚度为17mm，胎冠橡胶的厚度为11.85mm。式（3.216）的第三个方程的第一项对于N_{cr}来说占主导地位，λ_{cr}的计算值与实验值比较吻合。

表3.2 采用方案B的D_L的值计算得到的翘曲载荷和翘曲波长与实验结果的比较[9]

项目	$N_{cr}/(\text{N/mm})$			λ_{cr}/mm		
$\alpha/(°)$	15	20	25	15	20	25
计算值	32.3	30.0	27.2	43.3	42.3	41.1
实验值	31.0	25.0	22.3	44.1	43.0	41.5

问题

3.1 推导式（3.1）和式（3.2）。

3.2 推导式（3.6）。

3.3 推导式（3.25）和式（3.27）。

3.4 推导式（3.33）。

3.5 比较Puppl和Evensen's对式（3.30）的求解结果和Mcginty对式（3.60）的求解结果，证明两个解的区别在于是否包含h/h_0。

附录 用于求解带束层处于面内弯曲力矩导致的翘曲变形的梁理论

Sakai[13]用位于弹性基础上的梁理论来分析轮胎带束层由于受到弯曲力矩而产生的翘曲现象，如图3.46所示。子午线轮胎的带束层由胎体弹簧支撑，当轮胎上作用有横向力的时候，带束层发生横向弯曲，这个模型与图 3.39 的模型相同。然而，我们需要注意图 3.46 中的 k_y 是胎体弹簧刚度，而图 3.39 中的 k_T 是胎冠的弹簧刚度。在拉伸张力为 T_0 的情况下带束层弯曲的方程（将在第 11 章的备注 11.6 中讨论）为

$$EI_z\frac{\mathrm{d}^4 y}{\mathrm{d}x^4} - T_0\frac{\mathrm{d}^2 y}{\mathrm{d}x^2} + k_y y = 0 \quad (3.218)$$

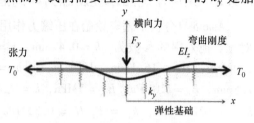

图 3.46 弹性基础上的梁理论

式中，E、I_z 和 k_y 分别为带束层圆周方向的杨氏模量（N/m²）、截面惯性矩（m⁴）、x 方向单位长度胎体帘线的弹簧刚度（N/m²）。张力（N）在宽度方向上均匀分布的。

假设式（3.218）的解是：

$$y = \mathrm{e}^{\lambda y} \quad (3.219)$$

将式（3.219）代入到式（3.218），特征方程的解为

$$\lambda^2 = \frac{1}{2EI_z}(T_0 \pm i\sqrt{4k_y EI_z - T_0^2}) \quad (3.220)$$

当张力很小的时候，满足 $4k_y EI_z - T_0^2 > 0$ 的关系，那么式（3.218）的解[一]为

$$y = \mathrm{e}^{\lambda_1 x}(C_1\cos\lambda_2 x + C_2\sin\lambda_2 x) + \mathrm{e}^{-\lambda_1 x}(C_3\cos\lambda_2 x + C_4\sin\lambda_2 x) \quad (3.221)$$

式中，

$$\lambda_1 = \sqrt[4]{\frac{k_y}{4EI_z}}\sqrt{1 + \frac{T_0}{\sqrt{4EI_z k_y}}} \quad (3.222)$$

$$\lambda_2 = \sqrt[4]{\frac{k_y}{4EI_z}}\sqrt{1 - \frac{T_0}{\sqrt{4EI_z k_y}}} \quad (3.222)$$

利用当 $x \to \infty$ 时位移 y 有限的条件，式（3.221）可以重新写成

$$y = \mathrm{e}^{-\lambda_1 x}(C_3\cos\lambda_2 x + C_4\sin\lambda_2 x) \quad (3.223)$$

当轮胎上作用有横向力 F_y 时，力平衡的条件是：

$$F_y = 2k_y\int_0^\infty y\mathrm{d}x \quad (3.224)$$

利用 $y' = 0$ 和 $x = 0$ 的条件求解出系数 C_3 和 C_4，式（3.224）和式（3.223）可以重新写成

$$y = \frac{\delta F_y}{4k_y}\mathrm{e}^{-\lambda_1 x}\left(\cos\lambda_2 x + \frac{\lambda_1}{\lambda_2}\sin\lambda_2 x\right) \quad (3.225)$$

式中，

$$\delta = (\lambda_1^2 + \lambda_2^2)/\lambda_1 \quad (3.226)$$

利用式（3.225），在 $y = 0$ 位置的带束层的弯曲曲率半径 ρ 为[二]

$$|\rho| = \frac{4k_y\lambda_1}{F_y(\lambda_1^2 + \lambda_2^2)^2} \quad (3.227)$$

当轮胎上作用有横向力的时候，带束层内侧的应力是由拉伸应力分量 $T_0/(bh)$ 和弯曲应力导致的压缩应力 $bE/(2\rho)$ 叠加而成的，如图 3.47 所示。b 和 h 分别为带束层的宽度和厚度。带束层内侧单位宽度的拉伸张力 T 可以写为

一 备注 3.10。

二 备注 3.11。

$$T = T_0/b - bhE/(2\rho) \tag{3.228}$$

当 T 为负值时就会发生翘曲。这个条件可以表示为

$$T_0 \leqslant b^2 hE/(2\rho) \tag{3.229}$$

如图 3.47 所示,当 x 方向的压缩应变大于式(3.221)所给出的临界值时就会发生翘曲。

处于翘曲状态的带束层是由胎冠弹簧支撑的,胎冠弹簧在内部压力的作用下压紧在路面上,如图 3.48 所示。带束层翘曲的状态假设(图 3.49)为

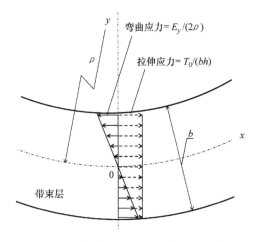

图 3.47 在拉伸应力分量和弯曲应力作用下带束层内侧的应力

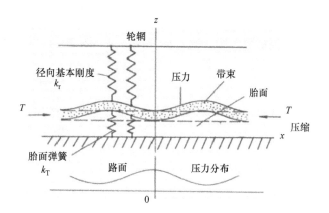

图 3.48 受压状态的带束层的翘曲现象
(经 Guranpuri - Shuppan 出版社授权,摘自文献 [13])

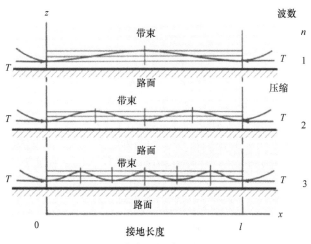

图 3.49 带束层翘曲的状态假设
(经 Guranpuri - Shuppan 出版社授权,摘自文献 [13])

$$w = -A\cos(2n\pi x/l) \tag{3.230}$$

式中,w 是带束层在厚度方向的位移;l 是接地长度。

当带束层上作用有单位宽度的压力 T 时,带束层上产生的单位宽度弯曲能量 U_B 可以表示为

$$U_B = \frac{1}{2}\int_0^l EI'_y w''^2 dx \tag{3.231}$$

式中,EI'_y 是厚度方向的单位宽度弯曲刚度,用下式表示:

$$EI'_y = EI_y/b \tag{3.232}$$

因为胎体的弹簧系数远小于胎冠的弹簧系数,胎体弹簧的能量可以被忽略。胎冠的弯曲能量 U_T 可以表示为

$$U_T = \frac{1}{2}\int_0^l k_T w^2 \mathrm{d}x \tag{3.233}$$

式中,k_T 是单位面积上胎冠的弹簧系数。

与由压缩引起的张力 T 在 z 方向的分量有关的能量可以表示为

$$U = \frac{1}{2}\int_0^l T w'^2 \mathrm{d}x \tag{3.234}$$

根据能量守恒,式(3.231)、式(3.233)以及式(3.234)之间的关系可以表示为

$$\frac{1}{2}\int_0^l T w'^2 \mathrm{d}x = \frac{1}{2}\int_0^l k_T w^2 \mathrm{d}x + \frac{1}{2}\int_0^l EI'_y w''^2 \mathrm{d}x \tag{3.235}$$

将式(3.230)代入到式(3.235)可以得到式(3.235)的解为

$$T_n = EI'_y \left(\frac{2n\pi}{l}\right)^2 + k_T \left(\frac{l}{2n\pi}\right)^2 \tag{3.236}$$

T_n 有最小值的条件可以表示为

$$EI'_y \left(\frac{2n\pi}{l}\right)^2 = k_T \left(\frac{l}{2n\pi}\right)^2 \tag{3.237}$$

最小值 T_c 是翘曲现象发生的临界单位宽度的压缩应力,可以表示为

$$T_c = \sqrt{4EI'_y k_T} \tag{3.238}$$

利用式(3.237),可以进一步推导得到翘曲现象的波数 n 和波长 λ:

$$n = \frac{l}{2\pi}\left(\frac{k_T}{EI'_y}\right)^{1/4}$$

$$\lambda = \frac{l}{n} = 2\pi\left(\frac{EI'_y}{k_T}\right)^{1/4} \tag{3.239}$$

对于轿车子午线轮胎 175/70SR13 来说,其计算参数为 $EI'_y = 1.1\mathrm{N}\cdot\mathrm{m}^2$,$k_T = 0.17\mathrm{GN/m}^3$,$l = 0.2\mathrm{m}$,$b = 0.12\mathrm{m}$。将这些值代入到式(3.239),可以得到 $n \approx 2$。通过对比式(3.239)和式(3.200)可以发现,Sakai 的模型预测得到的翘曲波长要比 Asano 的模型[9]更长一些。

利用式(3.227)和式(3.228),可以得到压缩应力 T 和横向力 F_y 的关系:

$$T = \frac{T_0}{b} - \frac{Ebh}{8k_y\lambda_1}F_y(\lambda_1^2 + \lambda_2^2)^2 \tag{3.240}$$

将式(3.238)代入到式(3.240)中,可以得到带束层发生翘曲的最小横向力 F_y:

$$F_y = \frac{8k_y\lambda_1}{Ebh(\lambda_1^2 + \lambda_2^2)^2}\left(\frac{T_0}{b} + \sqrt{4EI'_y k_T}\right) \tag{3.241}$$

从式(3.241)可以看出,要抑制带束层翘曲现象的发生,可以进一步提高带束层的弯曲刚度和胎冠的弹簧系数。

备注

备注3.1 式(3.13)和式(3.14)

Puppo 和 Evensen[4] 没有使用式(3.13)和式(3.14),而是使用了下面的边界条件:

$$\sigma_y^{(1)} = \sigma_y^{(2)} = -E_{xy}u_0/a, \tau_{xy}^{(1)} = -\tau_{xy}^{(2)} = -E_{xs}u_0/a, y = b$$

$$\sigma_y^{(2)} = -E_{xy}u_0/a, \tau_{xy}^{(2)} = E_{xs}u_0/a, u_1 = v_1 = 0$$

备注3.2 式（3.59）~式（3.60）和式（3.62）

1. 式（3.59）~式（3.60）

1) 在 $y=0$ 时 $\partial\tau_{xy}/\partial y = 0$，进而可以推出式（3.58）中的 $A=B$。

2) 由 $y=\pm b$ 时的 $\tau_{xy}=0$ 可以推出式（3.58）中的 $C=-2A\cosh(sb)$。

式（3.57）的解是：

$$\tau_{xy} = A'\left\{1 - \frac{\cosh(sy)}{\cosh(sb)}\right\} \tag{3.242}$$

求解式（3.57）的特征方程，式（3.60）可以被重新写成：

$$s^2 = \frac{C_{xx}C_{ss} - C_{xs}C_{sx}}{\dfrac{hh_0}{2G}\left[C_{xx} - (C_{xy}C_{sx} - C_{xx}C_{sy})\dfrac{h}{h_0}\dfrac{2E_m}{3\tan^2\alpha}\right]}$$

根据式（1.117）和 FRR 的近似式（$E_L \gg E_T$）以及式（1.112）和 $v_m = 1/2$，上述公式中的系数可以简化为

$$C_{xx}C_{ss} - C_{xs}C_{sx} = \frac{4\sin^4\alpha}{E_T}$$

$$C_{xy}C_{sx} - C_{xx}C_{sy} = \frac{2\sin^2\alpha\sin 2\alpha}{E_T}$$

$$G = \frac{E_m}{2(1+v_m)} = \frac{V_m(1-v_m^2)E_T}{2(1+v_m)} = \frac{V_m(1-v_m)E_T}{2} = \frac{V_m E_T}{4}$$

$$E_T = \frac{4}{3}\frac{E_m}{V_m}$$

利用上述方程，s^2 可以表示为

$$s^2 = \frac{C_{xx}C_{ss} - C_{xs}C_{sx}}{\dfrac{hh_0}{2G}\left[C_{xx} - (C_{xy}C_{sx} - C_{xx}C_{sy})\dfrac{h}{h_0}\dfrac{2E_m}{3\tan^2-\alpha}\right]} = \frac{\dfrac{4\sin^4\alpha}{E_T}}{\dfrac{2hh_0}{V_m E_T}\dfrac{\sin^2\alpha}{E_T}\left\{1 + 3\cos^2\alpha + \dfrac{2\sin 2\alpha}{E_T}\dfrac{h}{h_0}\dfrac{2E_m}{3\tan^2-\alpha}\right\}}$$

$$= \frac{V_m}{hh_0}\frac{\sin^2\alpha}{\left\{2 - \dfrac{3}{2}\sin^2\alpha + V_m\dfrac{h}{h_0}\cos^2\alpha\right\}}$$

将式（3.242）代入到式（3.57）可以得到 A'：

$$A' = -\frac{(C_{xx}C_{sy} - C_{xy}C_{sx})\sigma_y + \varepsilon_x\left[C_{sx} - (C_{xy}C_{sx} - C_{xx}C_{sy})\dfrac{h}{h_0}\dfrac{2E_m}{3}\left(\dfrac{1}{\tan^2\alpha} - \dfrac{1}{2}\right)\right]}{C_{xx}C_{ss} - C_{xs}C_{sx}}$$

考虑到 FRR 近似下的关系式 $\dfrac{C_{xx}C_{sy} - C_{xy}C_{sx}}{C_{xx}C_{ss} - C_{xs}C_{sx}} = -\dfrac{1}{\tan\alpha}$ 和 $\dfrac{C_{sx}}{C_{xx}C_{ss} - C_{xs}C_{sx}} = -E_T\dfrac{1}{\tan\alpha}\left(\dfrac{1}{\tan^2\alpha} - \dfrac{1}{2}\right)$，$A'$ 可以写为

$$A' = \frac{\sigma_{y,\mathrm{BE}}}{\tan\alpha} + \varepsilon_x\frac{4E_m}{3}\left[V_m + \frac{1}{2}\frac{h}{h_0}\right]\frac{1}{\tan\alpha}\left(\frac{1}{\tan^2\alpha} - \frac{1}{2}\right)$$

2. 式（3.62）

根据式（3.37）、式（3.53）和式（3.56），σ_x 可以用 ε_x，γ_{xy} 和 τ_{xy} 来表示：

$$\sigma_x = -\frac{C_{sy}}{C_{sx}}\sigma_{y,\text{BE}} - \frac{C_{sy}}{C_{sx}}\frac{2E_m}{3}\frac{h}{h_0}\left(\frac{1}{\tan^2\alpha} - \frac{1}{2}\right)\varepsilon_x - $$
$$\frac{C_{ss}}{C_{sx}}\tau_{xy} + \left(\frac{1}{C_{sx}} - \frac{C_{sy}}{C_{sx}}\frac{h}{h_0}\frac{2E_m}{3\tan\alpha}\right)\gamma_{xy}$$

将式（3.59）代入到上述方程可以得到：

$$\sigma_x = \left(-\frac{C_{sy}}{C_{sx}} - \frac{1}{\tan\alpha}\frac{C_{ss}}{C_{sx}}\right)\sigma_{y,\text{BE}} + $$
$$\left\{-\frac{C_{sy}}{C_{sx}}\frac{2E_m}{3}\frac{h}{h_0}\left(\frac{1}{\tan^2\alpha} - \frac{1}{2}\right) - \frac{C_{ss}}{C_{sx}}\frac{4E_m}{3}\left[V_m + \frac{1}{2}\frac{h}{h_0}\right]\frac{1}{\tan\alpha}\left(\frac{1}{\tan^2\alpha} - \frac{1}{2}\right)\right\}\varepsilon_x + $$
$$\left(\frac{1}{C_{sx}} - \frac{C_{sy}}{C_{sx}}\frac{h}{h_0}\frac{2E_m}{3\tan\alpha}\right)\gamma_{xy} + $$
$$\frac{C_{ss}}{C_{sx}}\left\{\frac{\sigma_{y,\text{BE}}}{\tan\alpha} + \varepsilon_x\frac{4E_m}{3}\left[V_m + \frac{1}{2}\frac{h}{h_0}\right]\frac{1}{\tan\alpha}\left(\frac{1}{\tan^2\alpha} - \frac{1}{2}\right)\right\}\frac{\cosh(sy)}{\cosh(sb)}$$

利用式（1.117）和 FRR 的近似假设（$E_L \gg E_T$），我们可以得到：

$$-\frac{C_{sy}}{C_{xx}} = \frac{2(1 - \tan^2\alpha + \tan^4\alpha)}{\tan\alpha(2 - \tan^2\alpha)}$$

$$-\frac{C_{ss}}{C_{sx}} = \frac{1 - 2\tan^2\alpha}{2 - \tan^2\alpha}$$

$$\frac{C_{sy}}{C_{sx}} + \frac{1}{\tan\alpha}\frac{C_{ss}}{C_{xx}} = -\frac{1}{\tan^2\alpha}$$

进而，σ_x 可以表示为

$$\sigma_x = \frac{1}{\tan^2\alpha}\sigma_{y,\text{BE}} + \frac{2E_m}{3}\left[\frac{1}{V_m}\frac{2(1 - \tan^2\alpha + \tan^4\alpha)}{\tan^4\alpha} + \frac{h}{h_0}\frac{2 - \tan^2\alpha}{2\tan^2\alpha}\right]\varepsilon_x + $$
$$\frac{4E_m}{3(2 - \tan^2\alpha)}\left(\frac{1}{V_m}\frac{1}{\cos^2\alpha\sin 2\alpha} + \frac{h}{h_0}\frac{1 - \tan^2\alpha + \tan^4\alpha}{\tan^2\alpha}\right)\gamma_{xy} - $$
$$\frac{1 - 2\tan^2\alpha}{\tan\alpha(2 - \tan^2\alpha)}\left\{\sigma_{y,\text{BE}} + \varepsilon_x\frac{4E_m}{3}\left[V_m + \frac{1}{2}\frac{h}{h_0}\right]\left(\frac{1}{\tan^2\alpha} - \frac{1}{2}\right)\right\}\frac{\cosh(sy)}{\cosh(sb)}$$

备注 3.3　式（3.73）

设厚度为 h 的板上作用有弯曲力矩和扭转力矩，那么在板的厚度方向 w 上就存在位移，这里向下为正。采用 Kirchhoff – Love 假设并参考图 3.50，那么在板的 z 方向上距离中性平面为 z 的地方，他们平面内的位移 u 和 v 可以表示为

$$u = -z\partial w/\partial x$$
$$v = -z\partial w/\partial y$$

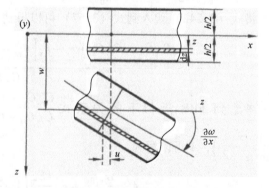

图 3.50　面内弯曲状态的位移

距离中性面为 z 的地方其面内应变为

$$\varepsilon_x = \frac{\partial u}{\partial x} = -z\frac{\partial^2 w}{\partial x^2}$$

$$\varepsilon_y = \frac{\partial v}{\partial y} = -z\frac{\partial^2 w}{\partial y^2}$$

$$\gamma_{xy} = \frac{\partial u}{\partial y} + \frac{\partial v}{\partial x} = -2z\frac{\partial^2 w}{\partial x \partial y}$$

式中，$\partial^2 w/\partial x^2$、$\partial^2 w/\partial y^2$、$\partial^2 w/\partial x \partial y$ 分别是 x 方向的曲率、y 方向的曲率以及扭转变形。

备注 3.4　式（3.111）

根据图 3.51，处于弯曲变形状态的板的面内位移 u 和 v 可以由下式给出：

$$u = (R-y)\sin\phi - x \cong -y\phi \quad v = (R-y)(1-\cos\phi) \cong \frac{R\phi^2}{2}$$

式中，R 是板弯曲的曲率半径；ϕ 是点 P 处的角度；y 是厚度方向的位移。

当角度 ϕ 很小的时候，满足 $x = R\phi$ 的条件。利用曲率 $\kappa(=1/R)$，面内位移可以表示为

$$u = -\kappa xy \quad v = \kappa x^2/2$$

备注 3.5

利用关系式 $R = T/\Omega$，$w = \Omega xy$ 以及 $\Omega = w/(bL) = \phi/L$，我们可以得到 $R = TL/\phi$，对于小角度 ϕ，可以得到 $R = Ld T/d\phi$。

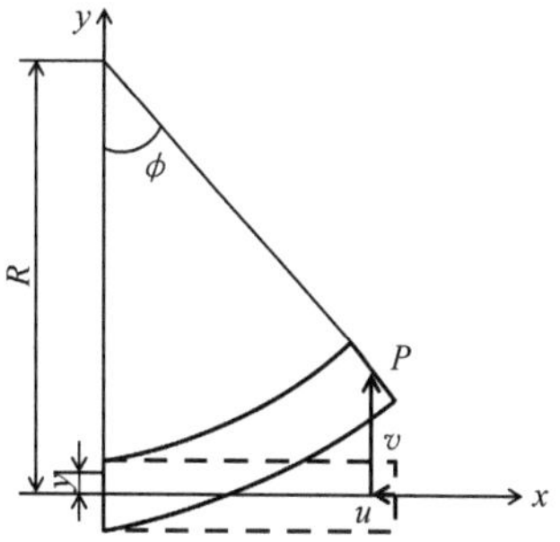

备注 3.6　式（3.174）：有限变形板理论

图 3.52 给出了处于弯曲变形状态的板的自由体受力图，其中面内的薄膜力 N_x、N_y 和 N_{xy} 作用在带束层上。厚度方向的位移用 $w(x,y)$ 表示。处于弯曲变形的板理论如下：

$$D\nabla^4 w = q \tag{3.243}$$

式中，q 是作用在 z 方向的力；D 是弯曲刚度，有：

$$D = \frac{Eh^3}{12(1-\nu^2)} \tag{3.244}$$

式中，E 是杨氏模量；ν 是泊松比；h 是板的厚度。

参考图 3.52，薄膜力的平衡方程如下所示：

$$\partial N_x/\partial x + \partial N_{xy}/\partial y = 0$$
$$\partial N_{xy}/\partial x + \partial N_y/\partial y = 0 \tag{3.245}$$

根据图 3.52，关于 N_x 和 N_y 的平衡方程可以用下式表示：

$$\left(N_x + \frac{\partial N_x}{\partial x}dx\right)(w_{,x} + w_{,xx}dx)dy - N_x w_{,x}dy = \left(N_x w_{,xx} + \frac{\partial N_x}{\partial x}w_{,x}\right)dxdy$$

$$\left(N_y + \frac{\partial N_y}{\partial y}dy\right)(w_{,y} + w_{,yy}dy)dx - N_y w_{,y}dx = \left(N_y w_{,yy} + \frac{\partial N_y}{\partial y}w_{,y}\right)dxdy$$

$$\tag{3.246}$$

根据图 3.53，N_{xy} 的平衡方程可以用下式表示：

$$\frac{\partial}{\partial y}(N_{xy}w_{,x}dx)dydx + \frac{\partial}{\partial x}(N_{xy}w_{,y}dx)dxdy$$
$$= \left(2N_{xy}w_{,xy} + \frac{\partial N_{xy}}{\partial y}w_{,x} + \frac{\partial N_{xy}}{\partial x}w_{,y}\right)dxdy \tag{3.247}$$

忽略掉式（3.246）和式（3.247）中的小项，单位面积上厚度方向的合力为

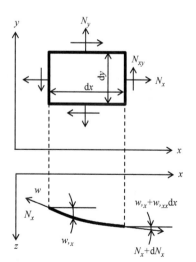

图 3.51　弯曲变形中板的位移

图 3.52　处于弯曲变形状态的板的自由体受力图

$$N_x w_{,xx} + N_y w_{,yy} + 2N_{xy} w_{,xy} \qquad (3.248)$$

将式（3.248）中的项代入到式（3.250）的右侧，可以得到：

$$D\nabla^4 w = q + N_x w_{,xx} + N_y w_{,yy} + 2N_{xy} w_{,xy} \qquad (3.249)$$

在这里我们引入应力函数的概念 $F(x,y)$：

$$\begin{aligned} N_x &= \partial^2 F/\partial y^2 \\ N_y &= \partial^2 F/\partial x^2 \\ N_{xy} &= -\partial^2 F/\partial x \partial y \end{aligned} \qquad (3.250)$$

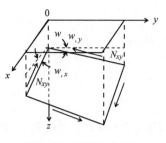

图 3.53　厚度方向 N_{xy}

式（3.245）是通过应力函数自动满足的，式（3.250）可以重新写为

$$D\nabla^4 w = q + F_{,yy} w_{,xx} + F_{,xx} w_{,yy} - 2F_{,xy} w_{,xy} \qquad (3.251)$$

胡克定律可以用下式表示：

$$\begin{aligned} \varepsilon_x &= (N_x - vN_y)/Eh \\ \varepsilon_y &= (N_y - vN_x)/Eh \\ \gamma_{xy} &= N_{xy}/Gh \end{aligned} \qquad (3.252)$$

包含非线性项的应变可以表示为[①]

$$\begin{aligned} \varepsilon_x &= u_{,x} + w^2_{,x}/2 \\ \varepsilon_y &= v_{,y} + w^2_{,y}/2 \\ \gamma_{xy} &= u_{,y} + v_{,x} + w_{,x} w_{,y} \end{aligned} \qquad (3.253)$$

将式（3.250）和式（3.253）代入到式（3.252）中，可以得到：

$$\begin{aligned} u_{,x} + \frac{1}{2} w^2_{,x} &= \frac{1}{Eh}(F_{,yy} - vF_{,xx}) \\ v_{,y} + \frac{1}{2} w^2_{,y} &= \frac{1}{Eh}(F_{,xx} - vF_{,yy}) \\ u_{,y} + v_{,x} + w_{,x} w_{,y} &= -\frac{1}{Gh} F_{,xy} \end{aligned} \qquad (3.254)$$

将式（3.254）中的 u 和 v 消去，将关系式 $G = E/\{2(1+v)\}$ 代入其中，可以得到相容性方程：

$$\nabla^4 F = Eh(w^2_{,xy} - w_{,xx} w_{,yy}) \qquad (3.255)$$

处于弯曲变形模式下的板的基本方程就是式（3.251）和式（3.255），它们都是双调和微分方程，统称为 Karman's 方程。求解这个双调和微分方程的方法之一是采用伽辽金方法，先假设一个函数 $w(x,y)$，应力函数 $F(x,y)$ 可以用式（3.255）得到。其他的方法比如利用应变能稳定的条件来代替式（3.251）。

应变能可以表示为

$$U = \frac{1}{2} \iiint_v (\sigma_x \varepsilon_x + \sigma_y \varepsilon_y + \tau_{xy} \gamma_{xy}) \mathrm{d}x \mathrm{d}y \mathrm{d}z \qquad (3.256)$$

距离中性面位置 z 处的应变可以表示为[①]

$$\begin{aligned} \varepsilon_x &= u_{,x} + w^2_{,x}/2 - zw_{,xx} = \varepsilon_{x0} - zw_{,xx} \\ \varepsilon_y &= v_{,y} + w^2_{,y}/2 - zw_{,yy} = \varepsilon_{y0} - zw_{,yy} \\ \gamma_{xy} &= u_{,y} + v_{,x} + w_{,x} w_{,y} - 2zw_{,xy} = \gamma_{xy0} - 2zw_{,xy} \end{aligned} \qquad (3.257)$$

式中，ε_{x0}、ε_{y0} 和 γ_{xy0} 是中性面位置处（$z=0$）的应变，胡克定律可以表示为

---

① 备注3.8。

$$\sigma_x = \frac{E}{1-v^2}(\varepsilon_x + v\varepsilon_y)$$

$$\sigma_y = \frac{E}{1-v^2}(\varepsilon_y + v\varepsilon_x) \qquad (3.258)$$

$$\tau_{xy} = \frac{E}{2(1+v)}\gamma_{xy}$$

将式（3.257）代入到式（3.256），利用胡克定律，可以得到：

$$U = \frac{1}{2}\frac{E}{1-v^2}\iiint_v \Big[\Big(\varepsilon_{x0}^2 + \varepsilon_{y0}^2 + 2v\varepsilon_{x0}\varepsilon_{y0} + \frac{1-v}{2}\gamma_{xy}^2\Big)h + \frac{h^3}{12}\{w_{,xx}^2 + w_{,yy}^2 + 2vw_{,xx}w_{,yy} + 2(1-v)w_{,xy}^2\}\Big]\mathrm{d}x\mathrm{d}y \qquad (3.259)$$

对中性面上的应变利用胡克定律，可以得到：

$$\varepsilon_{x0} = \frac{1}{Eh}(N_x - vN_y) = \frac{1}{Eh}(F_{,yy} - vF_{,xx})$$

$$\varepsilon_{y0} = \frac{1}{Eh}(N_y - vN_x) = \frac{1}{Eh}(F_{,xx} - vF_{,yy}) \qquad (3.260)$$

$$\gamma_{xy0} = \frac{1}{Gh}N_{xy} = -\frac{2(1+v)}{Eh}F_{,xy}$$

将式（3.260）代入到式（3.259）中，得到：

$$U = \frac{1}{2}\iiint_v \Big[\frac{1}{Eh}\{(\nabla^2 F)^2 - 2(1+v)(F_{,xx}F_{,yy} - F_{,xy}^2)\} + D\{(\nabla^2 w)^2 - 2(1-v)(w_{,xx}w_{,yy} - w_{,xy}^2)\}\Big]\mathrm{d}x\mathrm{d}y \qquad (3.261)$$

式中，第一项是面内应变能；第二项是弯曲变形能；$\nabla(=\partial^2/\partial x^2 + \partial^2/\partial y^2 + \partial^2/\partial z^2)$是拉普拉斯算子，它的表达式为

$$\nabla^2 = \frac{\partial^2}{\partial x^2} + \frac{\partial^2}{\partial y^2} \qquad (3.262)$$

备注 3.7　式（3.199）

利用式（3.198），我们得到 $\Omega_{\min}^4 = 3\phi_{1/2}$。

从式（3.188）和式（3.190），可以得到：

$$\phi_1 = \frac{(2\pi)^4}{2}d_{yy} + \frac{3}{2}\zeta + (2\pi)^2\eta \cong \frac{3}{2}\zeta + (2\pi)^2\eta = \frac{3}{2}\frac{Sb^4}{2D_{xx}} + (2\pi)^2\frac{kH^2b^2}{4D_{xx}}$$

利用式（3.175），我们得到 $D_{xx} \approx D_L\cos^4\alpha$。根据式（3.197）和上面的关系式，我们得到：

$$\lambda_{cr} = 2\pi b/\Omega_{\min} = \frac{2\pi b}{\left(\dfrac{3Sb^4 + (2\pi)^2 kH^2 b^2}{6D_L\cos^4\alpha}\right)^{1/4}}$$

$$= 2\pi\left\{\frac{2D_L}{S + \dfrac{(2\pi)^2}{3}k\left(\dfrac{H}{b}\right)^2}\right\}^{1/4}\cos\alpha$$

备注 3.8　式（3.253）和式（3.257）：处于有限变形状态的板的非线性应变

如图 3.54 所示，当板发生大变形的时候，中性面内的应变 ε_x、ε_y、γ_{xy} 不但是面内位移 $u(x,y)$ 和 $v(x,y)$ 的函数，而且也是 z 方向位移 $w(x,y)$ 的函数。

包含非线性项的应变定义为

$$\begin{aligned}
\varepsilon_x &= u_{,x} + (u_{,x}^2 + v_{,x}^2 + w_{,x}^2)/2 \\
\varepsilon_y &= v_{,y} + (u_{,y}^2 + v_{,y}^2 + w_{,y}^2)/2 \\
\varepsilon_z &= u_{,z} + (u_{,z}^2 + v_{,z}^2 + w_{,z}^2)/2 \\
\gamma_{xy} &= u_{,y} + v_{,x} + u_{,x}u_{,y} + v_{,x}v_{,y} + w_{,x}w_{,y} \\
\gamma_{yz} &= v_{,z} + w_{,y} + u_{,y}u_{,z} + v_{,y}v_{,z} + w_{,y}w_{,z} \\
\gamma_{zx} &= w_{,x} + u_{,z} + u_{,x}u_{,z} + u_{,x}v_{,z} + w_{,x}w_{,z}
\end{aligned} \tag{3.263}$$

图 3.54 板的位移

对于板的弯曲来说，因为满足条件 $|u|$、$|v|$ 都远远小于 w，式（3.263）可以简写成：

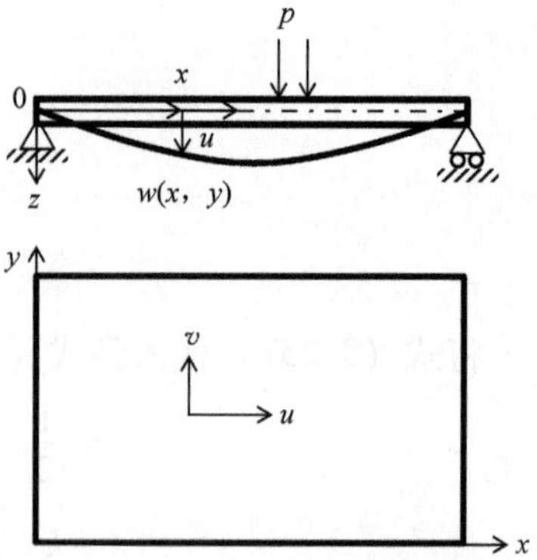

$$\begin{aligned}
\varepsilon_x &= u_{,x} + w_{,x}^2/2 \\
\varepsilon_y &= v_{,y} + w_{,y}^2/2 \\
\gamma_{xy} &= u_{,y} + v_{,x} + w_{,x}w_{,y}
\end{aligned} \tag{3.264}$$

应变 ε_x 的非线性项 $\bar{\varepsilon}_x(=w_{,x}^2/2)$ 的几何意义是由旋转引起的线性部分的变化量。非线性应变的几何意义如图 3.55 所示。$\bar{\varepsilon}_x$ 的表达式为

$$\bar{\varepsilon}_x = \mathrm{d}s/\mathrm{d}x - 1 = (1 + w_{,x}^2)^{1/2} - 1 = w_{,x}^2/2 \tag{3.265}$$

对于大变形的板来说，旋转导致的效应不能忽略，应变中必须包含非线性项 $w_{,x}^2/2$。

备注 3.9 式（3.207）

参考图 3.52，z 方向的残余力可以用下式给出：

$$-(N_x + \mathrm{d}N_x)(w_{,x} + w_{,xx}\mathrm{d}x) + N_x w_{,x} \cong -N_x w_{,xx}\mathrm{d}x$$

图 3.55 非线性应变的几何意义

备注 3.10 式（3.221）

$$\begin{aligned}
\lambda^2 &= \frac{1}{2EI_z}\left(T_0 \pm i\sqrt{4k_yEI_z - T_0^2}\right) = \mathrm{Re}^{\pm iH} \\
\lambda &= \pm(\lambda_1 + i\lambda_2) \\
\lambda_1 &= \sqrt{R}\cos\frac{H}{2} \\
\lambda_2 &= \sqrt{R}\sin\frac{H}{2}
\end{aligned}$$

从上面的式中可以得到 λ_1 和 λ_2 的表达式：

$$\lambda_1 = \sqrt[4]{\frac{k_y}{4EI_z}}\sqrt{1 + \frac{T_0}{\sqrt{4EI_zk_y}}}$$

$$\lambda_2 = \sqrt[4]{\frac{k_y}{4EI_z}}\sqrt{1 - \frac{T_0}{\sqrt{4EI_zk_y}}}$$

备注 3.11 式（3.227）

将式（3.223）代入到式（3.224），可以得到：

$$\frac{F_y}{2k_y} = C_3\frac{\lambda_1}{\lambda_1^2 + \lambda_2^2} + C_4\frac{\lambda_2}{\lambda_1^2 + \lambda_2^2}$$

考虑到边界条件当 $x=0$ 时 $y'=0$，我们可以得到 $C_3 = \lambda_2 C_4/\lambda_1$，利用曲率半径的定义公式 $\rho = (1+y'^2)^{3/2} = y''$，可以得到关系式 $\rho|_{x=0} = 1/y''|_{x=0}$。从式（3.225），可以得到 $y''|_{x=0}$ 的表

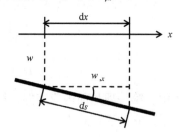

达式：

$$y''|_{x=0} = -\frac{\delta F_y}{4k_y}(\lambda_1^2 + \lambda_2^2) = -\frac{\lambda_1^2 + \lambda_2^2}{\lambda_1}\frac{F_y}{4k_y}(\lambda_1^2 + \lambda_2^2) = -\frac{F_y}{4k_y}\frac{(\lambda_1^2 + \lambda_2^2)^2}{\lambda_1}$$

参考文献

1. J.M. Whitney, The effect of transverse shear deformation on the bending of laminated plates. J. Compos. Mater. **3**(3), 534–547 (1969)
2. N.J. Pagona, Exact solutions for composite laminates in cylindrical bending. J. Compos. Mater. **3**(3), 398–411 (1969)
3. J.M. Whitney, N.J. Pagano, Shear deformation in heterogeneous anisotropic plates. J. Appl. Mech. **37**(4), 1031–1036 (1970)
4. A.H. Puppo, H.A. Evensen, Interlaminar shear in laminated composites under generalized plane stresses. J. Compos. Mater. **4**, 204–220 (1970)
5. R.D. McGinty et al., 'Analytical Solution for the Stresses Arising in ± Angle Ply Belts of Radial Tires'. Tire Sci, Technol. **36**(4), 244–274 (2008)
6. M. Hirano, Study on structural mechanics of a tire, Ph. D. Thesis, Chuo University, 1974 (in Japanese)
7. T. Hayashi (ed.), *Composite Material Engineering* (Nikkagiren, 1971) (in Japanese)
8. T. Akasaka, Flexible composite (Chapter 9), in *Textile Structural Composites*; ed. by T.-W. Chou, F.K. Ko (Elsevier, 1989)
9. K. Asano, Study on structural mechanics of fiber reinforced composite structure, Ph. D. Thesis, Chuo University, 1982 (in Japanese)
10. K. Tanaka et al., Analysis on two ply folded belt subjected to in-plane bending moment. Nippon Gomu Kyokaishi **71**(1), 41–47 (1998). in Japanese
11. T. Akasaka et al., Torsional rigidity of a steel-cord-reinforced belt structure. Tire Sci, Technol. **17**(4), 274–290 (1989)
12. Bridgestone (ed.), *Fundamentals and Application of Vehicle Tires* (Tokyo Denki University Press, 2008) (in Japanese)
13. H. Sakai, *Tire Engineering* (Guranpuri-Shuppan, 1987) (in Japanese)

第 4 章 离散层合板理论

复合材料层合板的性能已经用第 1 章的微观力学模型、第 2 章的经典层合理论、第 3 章的修正的层合板理论进行了建模和研究。尽管复合材料层合板包含帘线和基体材料,但微观力学模型采用两种材料的力学特性的平均值来进行分析研究。因此,微观力学模型不能用来分析帘线内部的剪切变形,或者不能用来分析上下两层带束层之间的剪切变形。处于载荷状态的轮胎,其层间剪应变导致两层带束层端部之间的黏结橡胶失效,这个剪应变从微观上说包含帘线内部的剪应变和帘线之间的剪应变。当前,轮胎上的黏结橡胶层的厚度有向减薄的方向发展的趋势,这是为了满足材料的可持续性和低滚动阻力的要求。因为橡胶层的减薄会损害带束层的耐久性,所以对于带束层结构来说,需要更精确的带束层结构模型,这就引入了离散的层合板理论模型,这对于分析帘线内部的或者帘线之间的剪切变形是很重要的。

4.1 拉伸载荷下带有面外耦合变形的双层斜交带束层的离散层合板理论

4.1.1 离散层合板理论的基本方程

Akasaka 和 Shouyama[1] 开发了离散层合板理论(DLT),双层带束层结构模型如图 4.1 所示,该理论基于如下的一些假设:

1)轮胎的带束层包括两层帘线层和一层黏结橡胶层,并且具有无限长度。

2)帘线可以看作是方形的梁,它的截面积是 A_f,面内弯曲刚度是 D_f,拉伸刚度是 E_f,帘线间距是 d,它比方形帘线的侧边长度 h_0 长很多。

3)帘线采用梁模型,黏结橡胶层用板来表示。

4)帘线的拉伸刚度 E_f 远大于橡胶的拉伸刚度 E_m($E_f \gg E_m$)。

5)黏结橡胶层用板来建模,因此它可以用来表示剪切变形。黏结橡胶层的层间剪应变在厚度上均匀分布。

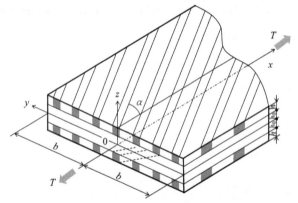

图 4.1 双层带束层结构模型[1]

6)帘线的厚度是 h_0,黏结橡胶层的厚度是 $2h$,带束层的宽度是 $2b$,帘线的方向角是 α,拉伸力是 T。

复合材料的坐标系如图 4.2 所示,其中的 s 和 t 分别为帘线方向和与帘线垂直的方向。η 和 ζ 是在倾斜坐标系下的位移。倾斜坐标系采用 s 和 t 来定义。u_f、v_f 和 w_f 是笛卡儿坐标系下帘线中心的位移,t_f 是帘线的宽度,d 是沿方向 t 的帘线之间的距离,a 是沿 x 方向的帘线之间的距离。

当拉伸力沿 x 方向作用在两层斜交层合板上时,由于帘线的弯曲变形,帘线橡胶复合材料沿 y 方向每隔距离 a 产生了周期性的位移 Δv,如图 4.3a 所示。可以把图 4.3 中的帘线看作是绕帘线中心产生了旋转角度 $-\mathrm{d}\zeta/\mathrm{d}s(-\zeta')$,在 $y = s\sin\alpha$(常数)的位置上,帘线面上的位移 $\Delta v_{\text{surface}}$ 可以表示为

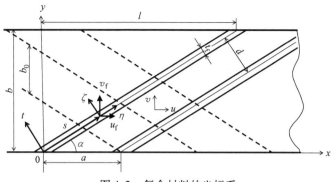

图 4.2 复合材料的坐标系

$$\Delta v_{\text{surface}} = \pm a_f \times (-\mathrm{d}\zeta/\mathrm{d}s) \tag{4.1}$$

式中，a_f 是帘线在 x 方向上的宽度的一半。

$$a_f = t_f/(2\sin\alpha) \tag{4.2}$$

帘线表面的位移 Δv 是周期性的。同理，在另一层角度相反的带束层帘线上，其帘线表面上会产生周期性的位移 $\Delta \bar{v}$，如图 4.3b 所示。注意，因为位移 Δv 和 $\Delta \bar{v}$ 的相位角不同，所以在黏结橡胶层中产生了周期性剪应变，同样在帘线内部和帘线之间也产生剪应变。

同样地，x 方向的位移 Δu 和 $\Delta \bar{u}$ 也会发生周期性的变化，但是均匀的应变 ε_0 必须叠加到图 4.4 中的周期性应变中。这是因为层合板在拉伸应力的作用下有宏观的均匀应变 ε_0。

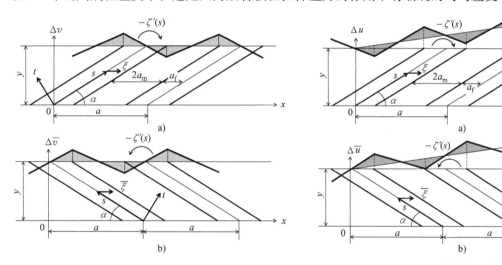

图 4.3 帘线橡胶复合材料沿 y 方向每隔距离 a 产生了周期性位移

图 4.4 帘线增强橡胶复合材料在 x 方向的位移周期性变化

周期性的位移 Δu、$\Delta \bar{u}$、Δv 和 $\Delta \bar{v}$ 采用在局部倾斜坐标系下帘线中心的周期性位移 $f(\xi)$ 或者 $f(\bar{\xi})$ 的基本曲线来表示。

$$\begin{aligned} \Delta u &= -\varepsilon_0 f(\xi) \\ \Delta \bar{u} &= -\varepsilon_0 f(\bar{\xi}) \\ \Delta v &= \zeta'(s) f(\xi) \\ \Delta \bar{v} &= -\zeta'(s) f(\bar{\xi}) \end{aligned} \tag{4.3}$$

式中，$\zeta'(s)$ 是对 s 的一阶导数，倾斜坐标系 $(\xi, \bar{\xi})$ 可以表示为

$$\begin{aligned} \xi &= x - y\cot\alpha \\ \bar{\xi} &= x + y\cot\alpha \end{aligned} \tag{4.4}$$

周期性位移 $f(\xi)$ 的基本曲线可以用图 4.5 表示。

$$f(\xi) = \begin{cases} \xi & 0 \leq \xi \leq a_f \\ a_f \dfrac{a/2 - \xi}{a_m} & a_f \leq \xi \leq a_f + 2a_m \\ \xi - a & a_f + 2a_m \leq \xi \leq a \end{cases} \quad (4.5)$$

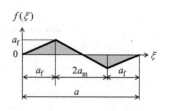

图 4.5 周期性位移的基本曲线

对式（4.5）进行傅里叶级数展开，可以得到：

$$f(\xi) = \sum_{n=1}^{\infty} C_n \sin \frac{2\pi n}{a} \xi \quad (4.6)$$

式中⊖，

$$C_n = \left(\frac{a}{\pi n}\right)^2 \frac{1}{2a_m} \sin \frac{2\pi n a_f}{a} \quad (4.7)$$

需要注意，C_n 是常数，不是 y 的函数。将式（4.6）代入式（4.3）中可以得到：

$$\begin{aligned} \Delta u &= -\varepsilon_0 \sum_{n=1}^{\infty} C_n \sin \frac{2\pi n \xi}{a} \\ \Delta v &= \zeta'(s) \sum_{n=1}^{\infty} C_n \sin \frac{2\pi n \xi}{a} \\ \Delta \bar{u} &= -\varepsilon_0 \sum_{n=1}^{\infty} C_n \sin \frac{2\pi n \bar{\xi}}{a} \\ \Delta \bar{v} &= -\zeta'(s) \sum_{n=1}^{\infty} C_n \sin \frac{2\pi n \bar{\xi}}{a} \end{aligned} \quad (4.8)$$

4.1.2　离散层合板理论的位移

1. 双层斜交层合板中性面上的位移

双层斜交带束层的中性面上沿 x 方向的位移 u_0 是由两个位移的叠加得到的：一个是均匀的拉伸应变 ε_0 导致的非周期性的位移 u_{00}，另一个是由帘线橡胶复合材料的结构导致的周期性的位移。同样地，y 方向的位移 v_0 也是由非周期性的位移 v_{00} 与周期性的位移叠加得到的。u_{00} 和 v_{00} 的表达式为

$$\begin{aligned} u_{00} &= \varepsilon_0 x \\ v_{00} &= h\phi(y) \end{aligned} \quad (4.9)$$

式中，$\phi(y)$ 是与 x 方向上的拉伸应变 ε_0 导致的宽度方向的压缩有关的函数。

中性面上的位移 u_0 和 v_0 表达为

$$\begin{aligned} u_0 &= u_{00} + \frac{\Delta u + \Delta \bar{u}}{2} = \varepsilon_0 x - \varepsilon_0 \sum_{n=1}^{\infty} C_n \frac{\sin \dfrac{2\pi n \xi}{a} + \sin \dfrac{2\pi n \bar{\xi}}{a}}{2} \\ &= \varepsilon_0 x - \varepsilon_0 \sum_{n=1}^{\infty} C_n \sin \frac{2\pi n x}{a} \sin \frac{2\pi n y}{b_0} \end{aligned} \quad (4.10)$$

$$\begin{aligned} v_0 &= v_{00} + \frac{\Delta v + \Delta \bar{v}}{2} = h\phi(y) - \zeta'(s) \sum_{n=1}^{\infty} C_n \frac{\sin \dfrac{2\pi n \xi}{a} - \sin \dfrac{2\pi n \bar{\xi}}{a}}{2} \\ &= h\phi(y) - \zeta'(s) \sum_{n=1}^{\infty} C_n \cos \frac{2\pi n x}{a} \sin \frac{2\pi n y}{b_0} \end{aligned}$$

⊖ 问题 4.1。

参考图 4.6，b_0 表示为

$$b_0 = a\tan\alpha \qquad (4.11)$$

注意，即便是在中性面上也会产生如式（4.10）所述的周期性的位移。

2. 层合板中的橡胶和帘线的位移

考虑到图 4.7 中的帘线和橡胶的变形，非周期性的层间剪应变 ψ_{x0} 和 ψ_{y0} 可以表示为

$$\psi_{x0} = w_{,x} + \frac{1}{h}\left(u + \frac{h_0}{2}w_{,x} - u_0\right)$$

$$\psi_{y0} = w_{,y} + \frac{1}{h}\left(v + \frac{h_0}{2}w_{,y} - v_0\right) \qquad (4.12)$$

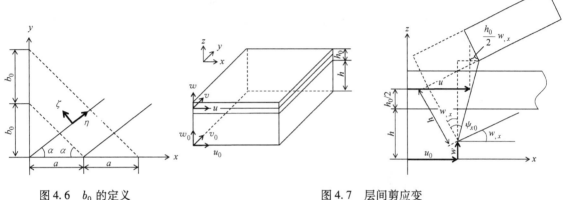

图 4.6　b_0 的定义　　　　图 4.7　层间剪应变

注意到式（4.12）与 MLT 中的式（3.75）和式（3.77）相似，重新整理式（4.12），位移 u 和 v 可以表示为

$$u = u_0 + h\psi_{x0} - Hw_{,x}$$
$$v = v_0 + h\psi_{y0} - Hw_{,y} \qquad (4.13)$$

式中，

$$H = h + h_0/2 \qquad (4.14)$$

式（4.13）中的非周期性位移 u_{10} 和 v_{10} 是通过将 u_{00} 和 v_{00} 与层间剪应变导致的位移叠加得到的：

$$u_{10} = u_{00} + h\psi_{x0} - Hw_{,x}$$
$$v_{10} = v_{00} + h\psi_{y0} - Hw_{,y} \qquad (4.15)$$

在承受单轴拉伸载荷下，层间剪应变 ψ_{y0} 在宽度方向上周期性地变为 0，为 0 的点就是 x 方向上帘线之间的中点。更进一步地说，在帘线端部的自由边上 ψ_{y0} 被认为是 0。为了满足这些需求，下面的关系式必须成立。

$$\psi_{y0} = 0 \qquad (4.16)$$

这个关系式使得分析变得容易，与我们在 3.2 节和 3.4 节中所讨论的假设条件是相同的。z 方向的耦合位移 w 假设可以用下面的式表示：

$$w = \Omega xy \qquad (4.17)$$

注意，式（4.17）与式（3.85）中的第 5 个式具有同样的假定条件。利用 $\psi_{x0} = \psi(y)$ 的关系，将式（4.17）代入式（4.15）中可以得到：

$$u_{10} = \varepsilon_0 x + h\psi(y) - \Omega Hy$$

$$v_{10} = h\phi(y) - \Omega Hx \tag{4.18}$$

帘线的位移 u 和 v 可以通过将非周期位移 u_{10} 和 v_{10} 与周期性位移 Δu 和 Δv 相加得到：

$$u = u_{10} + \Delta u = \varepsilon_0 x + h\psi(y) - \Omega Hy - \varepsilon_0 \sum_{n=1}^{\infty} C_n \sin(2\pi n\xi/a)$$

$$v = v_{10} + \Delta v = h\phi(y) - \Omega Hx - \zeta'(s) \sum_{n=1}^{\infty} C_n \sin(2\pi n\xi/a) \tag{4.19}$$

同样地，$\bar{u}$ 和 $\bar{v}$ 可以表示为

$$\bar{u} = \bar{u}_{10} + \Delta \bar{u} = \varepsilon_0 x - h\psi(y) - \Omega Hy - \varepsilon_0 \sum_{n=1}^{\infty} C_n \sin(2\pi n\bar{\xi}/a)$$

$$\bar{v} = \bar{v}_{10} + \Delta \bar{v} = h\phi(y) - \Omega Hx - \zeta'(s) \sum_{n=1}^{\infty} C_n \sin(2\pi n\bar{\xi}/a) \tag{4.20}$$

$h\psi(y)$ 的符号在两层带束层上是相反的，因为位移 u 和 $\bar{u}$ 的符号是相反的。周期性层间剪应变 $\Delta\psi_x$ 和 $\Delta\psi_y$ 可以由下式给出：

$$\Delta\psi_x = (\Delta u - \Delta \bar{u})/2h$$
$$\Delta\psi_y = (\Delta v - \Delta \bar{v})/2h \tag{4.21}$$

将式（4.8）代入式（4.21）中得到：

$$\Delta\psi_x = \frac{\Delta u - \Delta \bar{u}}{2h} = -\varepsilon_0 \sum_{n=1}^{\infty} C_n \frac{\sin(2\pi n\xi/a) - \sin(2\pi n\bar{\xi}/a)}{2h}$$

$$= \frac{\varepsilon_0}{h} \sum_{n=1}^{\infty} C_n \cos\frac{2\pi nx}{a} \sin\frac{2\pi ny}{b_0} \tag{4.22}$$

$$\Delta\psi_y = \frac{\Delta v - \Delta \bar{v}}{2h} = \zeta'(s) \sum_{n=1}^{\infty} C_n \frac{\sin(2\pi n\xi/a) + \sin(2\pi n\bar{\xi}/a)}{2h}$$

$$= \frac{\zeta'(s)}{h} \sum_{n=1}^{\infty} C_n \sin\frac{2\pi nx}{a} \cos\frac{2\pi ny}{b_0}$$

最终，层间剪应变可以表示为

$$\psi_x = \frac{u - \bar{u}}{2h} = \psi(y) + \frac{\varepsilon_0}{h} \sum_{n=1}^{\infty} C_n \cos\frac{2\pi nx}{a} \sin\frac{2\pi ny}{b_0}$$

$$\psi_y = \frac{v - \bar{v}}{2h} = \frac{\zeta'(s)}{h} \sum_{n=1}^{\infty} C_n \sin\frac{2\pi nx}{a} \cos\frac{2\pi ny}{b_0} \tag{4.23}$$

3. 帘线中心的位移

如图 4.2 所示，帘线中心的位移可以用倾斜坐标系下的位移 $\eta(s)$ 和 $\zeta(s)$ 来表示。图 4.4 表明，在 $\xi=0$ 和 $\bar{\xi}=0$ 的时候，周期性位移项消失，因此周期性位移项在帘线中心的 $\eta(s)$ 和 $\zeta(s)$ 表达式中不存在。因为 u_f 和 v_f 与式（4.18）中的 u_{10} 和 v_{10} 相当，利用关系式 $x = s\cos\alpha$ 和 $y = s\sin\alpha$，$\eta(s)$ 和 $\zeta(s)$ 可以表示为

$$\eta(s) = u(s)\cos\alpha + v(s)\sin\alpha = u_{10}\cos\alpha + v_{10}\sin\alpha$$
$$= (\varepsilon_0 \cos^2\alpha - \Omega H\sin2\alpha)s + h(\phi\sin\alpha + \psi\cos\alpha)$$
$$\zeta(s) = -u(s)\sin\alpha + v(s)\cos\alpha = -u_{10}\sin\alpha + v_{10}\cos\alpha$$
$$= -\left(\frac{\varepsilon_0 \sin2\alpha}{2} + \Omega H\cos2\alpha\right)s + h(\phi\cos\alpha - \psi\sin\alpha) \tag{4.24}$$

4.1.3 双层斜交层合板的应变能

在离散层合板理论中，能量可以用来分析处于弯曲和拉伸条件下的双层斜交层合板的变形行

1. 帘线的应变能

帘线的应变能 U_f 包括拉伸变形能、弯曲和扭转变形能，用下式表示：

$$U_f = \frac{1}{2}\int_0^l \{E_f \eta_{,s}^2 + D_f(\zeta_{,ss}^2 + w_{,ss}^2) + \Gamma_f \theta^2\} ds \tag{4.25}$$

式中，E_f 是帘线的拉伸刚度；D_f 是帘线的弯曲刚度；Γ_f 是帘线的扭转刚度；θ 是扭转角度。

U_f 可以很容易地利用三角函数的正交性以及周期性位移 $f(\xi)$ 的基本曲线来求解。式（4.25）中的其他参数可以表示为

$$\begin{aligned}
\eta_{,s} &= (\varepsilon_0 \cos^2\alpha - \Omega H \sin 2\alpha) + h(\phi'\sin\alpha + \psi'\cos\alpha)\sin\alpha \\
\zeta_{,ss} &= h(\phi''\cos\alpha - \psi''\sin\alpha)\sin^2\alpha \\
w_{,ss} &= \Omega \sin 2\alpha \\
\theta &= w_{,st} = \Omega \cos 2\alpha
\end{aligned} \tag{4.26}$$

式中，上标符号"'"表示对 y 求偏导。

根据图 4.8，对于扭转钢丝帘线，满足以下关系：

$$\begin{aligned}
\varepsilon &= \frac{d(\lambda\cos\alpha)}{ds} = \frac{d\lambda}{dx}\frac{dx}{ds}\cos\alpha = \frac{d\lambda}{dx}\cos^2\alpha = \varepsilon_0 \cos^2\alpha \\
Q &= EA\varepsilon = EA\varepsilon_0 \cos^2\alpha \\
P &= Q\cos\alpha = EA\varepsilon_0 \cos^3\alpha
\end{aligned} \tag{4.27}$$

式中，P 是作用在扭转帘线上的力；Q 是沿帘线方向的作用力；λ 是帘线的伸长量；α 是扭转角；E 是单根钢丝的杨氏模量；A 是单根钢丝的横截面积；s 是帘线的长度；ε_0 是帘线的应变。

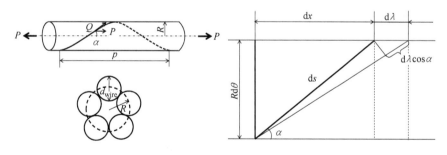

图 4.8 扭转钢丝帘线的刚度

帘线的拉伸刚度 E_f 可以用下式表示：

$$\begin{aligned}
E_f &= nP/\varepsilon_0 = nEA\cos^3\alpha \\
A &= \pi d_{wire}^2/4
\end{aligned} \tag{4.28}$$

式中，d_{wire} 是单根钢丝的直径；n 是每股钢丝的钢丝根数。

式（4.28）给出了 E_f 的上限值，而其下限值可以用螺旋弹簧的公式⊖来表示：

⊖ 备注 4.1。

$$E_f = \frac{n\cos\alpha}{R^2\left(\dfrac{\sin^2\alpha}{GI_p} + \dfrac{\cos^2\alpha}{EI}\right)}$$

$$I_p = \frac{\pi d_{\text{wire}}^4}{32}$$

$$I = \frac{\pi d_{\text{wire}}^4}{64} \tag{4.29}$$

式中，G 是帘线的剪切模量；I_p 是半径为 d_{wire} 的圆形截面的极惯性矩；I 是转动惯量。

面内的弯曲刚度 D_f 和扭转刚度 Γ_f 可以表示为

$$D_f = nEI$$
$$\Gamma_f = nGI_p \tag{4.30}$$

2. 每层复合材料的帘线之间的橡胶的应变能

从图 4.9 看到，帘线之间的橡胶的应变能 U_r 包括面内变形有关的能量和弯曲变形有关的能量两个部分：

$$U_r = \frac{E_m h_0}{2(2-v_m^2)} \iint_S \left\{ \varepsilon_x^2 + \varepsilon_y^2 + 2v_m \varepsilon_x \varepsilon_y + \frac{1-v_m}{2}\gamma_{xy}^2 \right\} dxdy +$$

$$\frac{E_m h_0^3}{24(1-v_m^2)} \iint_S \left\{ (\nabla^2 w)^2 - 2(1-v_m)(w_{,xx}w_{,yy} - w_{,xy}^2) \right\} dxdy \tag{4.31}$$

式中，E_m 和 v_m 分别是橡胶的模量和泊松比。橡胶的位移 u 和 v 可以通过式（4.19）求出。用位移来表征式（4.31）⊖中的应变，考虑弯曲应变能包含比 h_0 的四次方还高的项，因此可以忽略弯曲应变能，从而得到下面的式：

$$U_r = \frac{E_m h_0}{2(1-v_m^2)} \iint_S \left\{ \begin{matrix} u_{,x}^2 + v_{,y}^2 + 2v_m u_{,x} v_{,y} \\ + \dfrac{1-v_m}{2}(u_{,y} + v_{,x})^2 \end{matrix} \right\} dxdy \tag{4.32}$$

上式中的积分域 S 是去除了帘线面积后的平行四边形（$a_f \le \xi \le a_m + a_f$），根据式（4.5），周期性位移的基本曲线可以用下式给出：

$$f(\xi) = \frac{a_f}{a_m}(a_m + a_f - \xi) \tag{4.33}$$

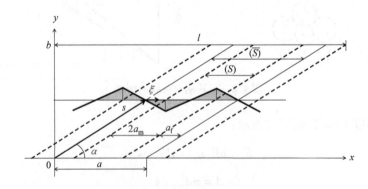

图 4.9 S 和 $\bar{S}$ 的积分域

⊖ 备注 4.2。

利用式（4.19），位移 u 和 v 关于 x 和 y 的偏微分可以用下面式表达：

$$u_{,x} = \varepsilon_0 - \varepsilon_0 f_{,x}(\zeta) = \frac{a_m + a_f}{a_m}\varepsilon_0$$

$$v_{,y} = h\phi'(y) + \zeta''(s)\frac{f(\xi)}{\sin\alpha} + \zeta'(s)\frac{a_f}{a_m}\cot\alpha$$

$$u_{,y} + v_{,x} = \left\{-\Omega H + h\psi'(y) - \varepsilon_0\left(-\frac{a_f}{a_m}\right)(-\cot\alpha)\right\} + \left\{-\Omega H + \zeta'(s)\left(-\frac{a_f}{a_m}\right)\right\}$$

$$= -2\Omega H + h\psi'(y) - \varepsilon_0\frac{a_f}{a_m}\cot\alpha - \frac{a_f}{a_m}\zeta'(s)$$

(4.34)

式中，$\phi'(y)$ 和 $\psi'(y)$ 是对于 y 的偏微分。式（4.34）[⊖]代入式（4.32）中，考虑下面的公式并进行积分：

$$\int_{a_f}^{a-a_f} f(\xi)\mathrm{d}\xi = 0 \tag{4.35}$$

考虑 $\phi(y)$、$\psi(y)$ 和 $\zeta(y)$ 相对于 y 来说是奇函数，因此积分变得较为容易。

3. 黏结橡胶层的应变能

黏结橡胶层的中性面上的位移用 u_0 和 v_0 表示，而层间剪应变用 ψ_x 和 ψ_y 表示，黏结橡胶层的应变能 U_0 等于面内应变能加上层间剪应变能和弯曲应变能[⊖]：

$$U_0 = \frac{E_m h}{2(1-v_m^2)}\iint_{\bar{S}}\left\{\begin{array}{l}(u_{0,x}^2 + v_{0,y}^2 + 2v_m u_{0,x}v_{0,y}) + \\ \dfrac{1-v_m}{2}(u_{0,y} + v_{0,x})^2\end{array}\right\}\mathrm{d}x\mathrm{d}y +$$

$$\frac{E_m h}{4(1+v_m)}\iint_{\bar{S}}(\psi_x^2 + \psi_y^2)\mathrm{d}x\mathrm{d}y +$$

$$\frac{E_m h^3}{6(1-v_m^2)}\iint_{\bar{S}}\left\{\begin{array}{l}(\psi_{x,x} - w_{,xx})^2 + (\psi_{y,y} - w_{,yy})^2 + \\ 2v_m(\psi_{x,x} - w_{,xx})(\psi_{y,y} - w_{,yy}) + \\ \dfrac{(1-v_m)}{2}(\psi_{x,y} + \psi_{y,x} - 2w_{,xy})^2\end{array}\right\}\mathrm{d}x\mathrm{d}y$$

(4.36)

式中，积分域 $\bar{S}$ 是图 4.9 中的平行四边形面。

将式（4.10）对 x 和 y 进行求导得到：

$$u_{0,x} = \varepsilon_0\left\{1 - \sum_{n=1}^{\infty}C_n\left(\frac{2\pi n}{\alpha}\right)\sin\frac{2\pi nx}{\alpha}\sin\frac{2\pi ny}{b_0}\right\}$$

$$v_{0,y} = h\phi'(y) - \zeta'(s)\sum_{n=1}^{\infty}C_n\left(\frac{2\pi n}{b_0}\right)\cos\frac{2\pi nx}{a}\cos\frac{2\pi ny}{b_0} -$$

$$\zeta''(s)\frac{1}{\sin\alpha}\sum_{n=1}^{\infty}C_n\cos\frac{2\pi nx}{a}\sin\frac{2\pi ny}{b_0}$$

$$u_{0,y} + v_{0,x} = \sum_{n=1}^{\infty}C_n\left\{\varepsilon_0\left(\frac{2\pi n}{b_0}\right) + \zeta'(s)\left(\frac{2\pi n}{a}\right)\right\}\sin\frac{2\pi nx}{a}\sin\frac{2\pi ny}{b_0}$$

(4.37)

⊖ 问题 4.2。

⊜ 备注 4.3。

将式（4.17）和式（4.23）对 x 和 y 进行求导得到：

$$\psi_{x,x} - w_{,xx} = -\frac{\varepsilon_0}{h}\sum_{n=1}^{\infty} C_n\left(\frac{2\pi n}{a}\right)\cos\frac{2\pi nx}{a}\sin\frac{2\pi ny}{b}$$

$$\psi_{y,y} - w_{,yy} = -\frac{\zeta'(s)}{h}\sum_{n=1}^{\infty} C_n\left(\frac{2\pi n}{b_0}\right)\sin\frac{2\pi nx}{a}\sin\frac{2\pi ny}{b_0} + \frac{\zeta''(s)}{h}\frac{1}{\sin\alpha}\sum_{n=1}^{\infty} C_n\sin\frac{2\pi nx}{a}\cos\frac{2\pi ny}{b_0}$$

$$\psi_{x,y} + \psi_{y,x} - 2w_{,xy} = \psi'(y) - 2\Omega + \frac{1}{h}\sum_{n=1}^{\infty} C_n\left\{\varepsilon_0\left(\frac{2\pi n}{b_0}\right) + \zeta'(s)\left(\frac{2\pi n}{a}\right)\right\}\cos\frac{2\pi nx}{a}\cos\frac{2\pi ny}{b_0}$$

(4.38)

将式（4.23）、式（4.37）和式（4.38）代入式（4.36）中，可以求出 U_0。

4. 双层斜交层合板的总应变能

双层斜交层合板的总应变能 U 使用积分域 $\bar{S}$ 和两层层合板厚度 $h + h_0$ 的一半来定义：

$$U = U_f + U_r + U_0 \tag{4.39}$$

双层斜交层合板的总应变能的表达式为

$$U = \frac{\bar{E}_m a}{2} = \begin{cases} \varepsilon_0^2 \Lambda_0 + \omega^2 \Lambda_1 + 2\varepsilon_0\omega\Lambda_2 + 2\varepsilon_0\phi(b)\Lambda_3 + 2\varepsilon_0\psi(b)\Lambda_4 + \\ 2\omega\phi(b)\Lambda_5 + 2\omega\psi(b)\Lambda_6 + \\ \Lambda_7\int_0^b \psi^2 dy + \Lambda_8\int_0^b \phi'^2 dy + \Lambda_9\int_0^b \psi'^2 dy + 2\Lambda_{10}\int_0^b \phi'\psi' dy + \\ \Lambda_{11}\int_0^b (\phi''\cos\alpha - \psi''\sin\alpha)^2 dy \end{cases} \tag{4.40}$$

式中，

$$\omega = \Omega H$$
$$\bar{E}_m = E_m hb/(1-v_m^2) \tag{4.41}$$

如果给定了带束层的结构和材料参数就可以求出公式中的常数 $\Lambda_i(i=0,1,\cdots,11)$。$\Lambda_i$ 的计算式可以很简单地用 Mathematica 或者 MATLAB 来计算[注]。

4.1.4 总应变能的稳定条件

假设在一个双层斜交层合板上作用有外部拉伸力 T，如图 4.1 所示，其宽度的一半为 b，其厚度的一半为 $h + h_0$，其长度为 a，如图 4.2 所示，那么它的体积可以表示为

$$V = Ta\varepsilon_0/4 \tag{4.42}$$

整个系统保持稳定的势能 Π 的条件可以表示为

$$\delta\Pi = \delta(U - V)$$

$$= \bar{E}_m a \begin{bmatrix} \delta\varepsilon_0\left\{\varepsilon_0\Lambda_0 + \omega\Lambda_2 + \phi(b)\Lambda_3 + \psi(b)\Lambda_4 - \dfrac{T}{4\bar{E}_m}\right\} + \\ \delta\omega\{\omega\Lambda_1 + \varepsilon_0\Lambda_2\phi(b)\Lambda_5 + \psi(b)\Lambda_6\} + \\ \delta\phi(b)(\varepsilon_0\Lambda_3 + \omega\Lambda_5) + \delta\psi(b)(\varepsilon_0\Lambda_4 + \omega\Lambda_6) + \\ \Lambda_7\int_0^b \psi\delta\psi dy + \Lambda_8\int_0^b \phi'\delta\phi' dy + \Lambda_9\int_0^b \psi'\delta\psi' dy + \Lambda_{10}\int_0^b \phi'\delta\psi' dy + \\ \Lambda_{10}\int_0^b \psi'\delta\phi' dy + \Lambda_{11}\int_0^b (\phi''\cos\alpha - \psi''\sin\alpha)(\delta\phi''\cos\alpha - \delta\psi''\sin\alpha) dy \end{bmatrix}$$

$$= 0 \tag{4.43}$$

⊖ 附录 1。

对式 (4.43) 进行分部积分，考虑 $\phi(y)$ 和 $\psi(y)$ 是关于 y 的奇函数，可以得到：

$$\delta\varepsilon_0\left\{\varepsilon_0\Lambda_0 + \omega\Lambda_2 + \phi(b)\Lambda_3 + \psi(b)\Lambda_4 - \frac{T}{4C_m}\right\} + \delta\omega\{\omega\Lambda_1 + \varepsilon_0\Lambda_2 + \phi(b)\Lambda_5 + \psi(b)\Lambda_6\} +$$

$$\delta\phi(b)[\varepsilon_0\Lambda_3 + \omega\Lambda_5 + \phi'(b)\Lambda_8 + \psi'(b)\Lambda_{10} - \{\phi'''(b)\cos\alpha - \psi'''(b)\sin\alpha\}\cos\alpha\Lambda_{11}] +$$

$$\delta\psi(b)[\varepsilon_0\Lambda_4 + \omega\Lambda_6 + \psi'(b)\Lambda_9 + \phi'(b)\Lambda_{10} + \{\phi'''(b)\cos\alpha - \psi'''(b)\sin\alpha\}\sin\alpha\Lambda_{11}] +$$

$$\delta\phi'(b)[\{\phi''(b)\cos\alpha - \psi''(b)\sin\alpha\}\cos\alpha\Lambda_{11}] -$$

$$\delta\psi'(b)[\{\phi''(b)\cos\alpha - \psi''(b)\sin\alpha\}\sin\alpha\Lambda_{11}] +$$

$$\int_0^b\{\Lambda_{11}\cos\alpha(\phi^{(IV)}\cos\alpha - \psi^{(IV)}\sin\alpha) - \Lambda_8\phi'' - \Lambda_{10}\psi''\}\delta\phi\,dy +$$

$$\int_0^b\{-\Lambda_{11}\sin\alpha(\phi^{(IV)}\cos\alpha - \psi^{(IV)}\sin\alpha) - \Lambda_9\psi'' - \Lambda_{10}\phi'' + \Lambda_7\psi\}\delta\psi\,dy$$

$$= 0 \tag{4.44}$$

从式 (4.44) 可以推导得到欧拉方程：

$$\Lambda_{11}\cos\alpha(\phi^{(IV)}\cos\alpha - \psi^{(IV)}\sin\alpha) - \Lambda_8\phi'' - \Lambda_{10}\psi'' = 0$$
$$-\Lambda_{11}\sin\alpha(\phi^{(IV)}\cos\alpha - \psi^{(IV)}\sin\alpha) - \Lambda_{10}\phi'' - \Lambda_9\psi'' + \Lambda_7\psi = 0 \tag{4.45}$$

利用式 (4.45) 的两个方程，消去 Λ_{11}，可以得到：

$$(\Lambda_{10}\sin\alpha + \Lambda_9\cos\alpha)\psi'' + (\Lambda_8\sin\alpha + \Lambda_{10}\cos\alpha)\phi'' - \Lambda_7\psi\cos\alpha = 0 \tag{4.46}$$

式 (4.46) 可以被重新写为

$$\phi'' = \frac{B_2}{B_0}\psi - \frac{B_1}{B_0}\psi'' \tag{4.47}$$

式中，

$$B_0 = \Lambda_8\sin\alpha + \Lambda_{10}\cos\alpha$$
$$B_1 = \Lambda_{10}\sin\alpha + \Lambda_9\cos\alpha \tag{4.48}$$
$$B_2 = \Lambda_7\cos\alpha$$

将式 (4.47) 代入式 (4.45) 的第一个方程中，消去 ϕ，可以得到：

$$A_0\psi^{(IV)} + A_1\psi'' + A_2\psi = 0 \tag{4.49}$$

式中，

$$A_0 = \Lambda_{11}\cos\alpha(\Lambda_8\sin^2\alpha + \Lambda_9\cos^2\alpha + 2\Lambda_{10}\sin\alpha\cos\alpha)$$
$$A_1 = (\Lambda_{10}^2 - \Lambda_8\Lambda_9)\cos\alpha - \Lambda_7\Lambda_{11}\cos^3\alpha \tag{4.50}$$
$$A_2 = \Lambda_7\Lambda_8\cos\alpha$$

因为式 (4.44) 中包含 $\delta\omega$ 的项为 0，由耦合变形带来的扭转角 ω 可以表示为

$$\frac{\omega}{\varepsilon_0} = -\frac{\Lambda_2}{\Lambda_1} - \frac{\phi(b)}{\varepsilon_0}\frac{\Lambda_5}{\Lambda_1} - \frac{\psi(b)}{\varepsilon_0}\frac{\Lambda_6}{\Lambda_1} \tag{4.51}$$

其中，因为满足 $\Lambda_1 > 0$ 并且 Λ_2、Λ_5、$\Lambda_6 < 0$ 的条件，所以扭转角 $\omega > 0$ 也是满足的。

因为式 (4.44) 中包含 $\delta\varepsilon_0$ 的项为 0，所以等效杨氏模量 E_{eq} 可以表示为

$$E_{eq} = \frac{T}{4\varepsilon_0 b(h + h_0)} = \frac{\overline{E}_m}{b(h + h_0)}\left\{\Lambda_0 + \frac{\omega}{\varepsilon_0}\Lambda_2 + \frac{\phi(b)}{\varepsilon_0}\Lambda_3 + \frac{\psi(b)}{\varepsilon_0}\Lambda_4\right\} \tag{4.52}$$

因为式（4.44）中包含 $\delta\phi(b)$ 和 $\delta\psi(b)$ 的项为0，所以边界条件为

$$-\Lambda_{11}\{\phi'''(b)\cos\alpha - \psi'''(b)\sin\alpha\}\cos\alpha + \Lambda_8\phi'(b) + \Lambda_{10}\psi'(b) + \Lambda_3\varepsilon_0 + \Lambda_5\omega = 0$$

$$\Lambda_{11}\{\phi'''(b)\cos\alpha - \psi'''(b)\sin\alpha\}\sin\alpha + \Lambda_{10}\phi'(b) + \Lambda_9\psi'(b) + \Lambda_4\varepsilon_0 + \Lambda_6\omega = 0 \quad (4.53)$$

利用式（4.53）的两个方程消去 Λ_{11}，可以得到：

$$B_0\phi'(b) + B_1\psi'(b) + B_3\varepsilon_0 + B_4\omega = 0 \quad (4.54)$$

式中，

$$B_3 = \Lambda_3\sin\alpha + \Lambda_4\cos\alpha$$
$$B_4 = \Lambda_5\sin\alpha + \Lambda_6\cos\alpha \quad (4.55)$$

利用式（4.44）中的包含 $\delta\phi'(b)$ 和 $\delta\psi'(b)$ 的项为0的条件，可以得到：

$$\phi''(b)\cos\alpha - \psi''(b)\sin\alpha = 0 \quad (4.56)$$

参考式（4.24）的第二个公式，在带束层端部（$s = l$）的时候式（4.56）可以被重新表示为 $\delta(\mathrm{d}^2\zeta/\mathrm{d}s^2)|_{s=l} = 0$。这个方程意味着带束层端部的曲率为0，或者弯曲力矩为0。

4.1.5 双层斜交层合板的微分方程的解

式（4.49）的特征方程是

$$A_0\lambda^4 + A_1\lambda^2 + A_2 = 0 \quad (4.57)$$

该式的特征根为

$$\lambda^2 = (-A_1 \pm \sqrt{A_1^2 - 4A_2A_0})/(2A_0) \quad (4.58)$$

因此，式（4.57）的解依赖于判别式 $D \equiv A_1^2 - 4A_2A_0$ 的符号。

1. 当 $D > 0$ 时

如果判别式的结果为正，即 $D > 0$，那么式（4.58）的解为

$$\lambda_1 = \sqrt{(-A_1 + \sqrt{A_1^2 - 4A_2A_0})/(2A_0)}$$
$$\lambda_2 = \sqrt{(-A_1 - \sqrt{A_1^2 - 4A_2A_0})/(2A_0)} \quad (4.59)$$

考虑到 $\psi(y)$ 是关于 y 的奇函数，式（4.59）的解可以表示为

$$\psi(y) = C_1\sinh\lambda_1 y + C_2\sinh\lambda_2 y \quad (4.60)$$

将式（4.60）代入式（4.47），进行两次积分，然而考虑到 $\phi(y)$ 是关于 y 的奇函数，则 $\phi(y)$ 的表达式为

$$\phi(y) = C_1\beta_1\sinh\lambda_1 y + C_2\beta_2\sinh\lambda_2 y + C_3 y/\beta_0 \quad (4.61)$$

式中，

$$\beta_1 = \frac{B_2}{B_0}\frac{1}{\lambda_1^2} - \frac{B_1}{B_0}, \quad \beta_2 = \frac{B_2}{B_0}\frac{1}{\lambda_2^2} - \frac{B_1}{B_0} \quad (4.62)$$

2. 当 $D < 0$ 时

如果判别式的结果为负，即 $D < 0$，那么式（4.58）的解为复数，λ^2 可以表示为

$$\lambda^2 = (-A_1 \pm \mathrm{i}\sqrt{4A_2A_0 - A_1^2})/(2A_0) \equiv \mathrm{Re}^{\pm \mathrm{i}\hat{\theta}} \quad (4.63)$$

这里引入参数 ρ_1 和 ρ_2：

$$\rho_1 = \sqrt{R}\cos(\hat{H}/2)$$
$$\rho_2 = \sqrt{R}\sin(\hat{H}/2) \tag{4.64}$$

那么特征方程的解可以表示为

$$\lambda = \pm(\rho_1 \pm \mathrm{i}\rho_2) \tag{4.65}$$

R 和 $\hat{H}$ 可以表示为

$$R = \sqrt{\frac{A_2}{A_0}}$$
$$\hat{H} = \tan^{-1}\left(\frac{\sqrt{4A_2A_0 - A_1^2}}{-A_1}\right) \tag{4.66}$$

式（4.49）的解表示为

$$\psi(y) = C_1\sinh(\rho_1 y)\cos(\rho_2 y) + C_2\cosh(\rho_1 y)\sin(\rho_2 y) \tag{4.67}$$

将式（4.67）代入式（4.47）中，积分两次，得到 $\phi(y)$ 为

$$\phi(y) = C_1\{p\sinh(\rho_1 y)\cos(\rho_2 y) + q\cosh(\rho_1 y)\sin(\rho_2 y)\} + \\ C_2\{p\cosh(\rho_1 y)\sin(\rho_2 y) - q\sinh(\rho_1 y)\cos(\rho_2 y)\} + C_3 y/B_0 \tag{4.68}$$

式中，

$$p = \frac{B_2}{B_0}\frac{\rho_1^2 - \rho_2^2}{(\rho_1^2 + \rho_2^2)^2} - \frac{B_1}{B_0}$$
$$q = \frac{B_2}{B_0}\frac{2\rho_1\rho_2}{(\rho_1^2 + \rho_2^2)^2} \tag{4.69}$$

4.1.6 通过边界条件来确定积分常数

1. 当 $D > 0$ 时

式（4.60）和式（4.61）中关于 $\psi(y)$ 和 $\phi(y)$ 的积分常数 C_1、C_2 和 C_3 可以用式（4.53）的第二个方程以及式（4.54）和式（4.56）的边界条件来确定。利用式（4.51）、式（4.60）和式（4.61），ω 可以表示为

$$\frac{\omega}{\varepsilon_0} = -\frac{C_1}{\varepsilon_0}\gamma_1\sinh\lambda_1 b - \frac{C_2}{\varepsilon_0}\gamma_2\sinh\lambda_2 b - \frac{C_3}{\varepsilon_0}\frac{\Lambda_5}{\Lambda_1}\frac{b}{B_0} - \frac{\Lambda_2}{\Lambda_1} \tag{4.70}$$

式中，

$$\gamma_1 = (\Lambda_5\beta_1 + \Lambda_6)/\Lambda_1$$
$$\gamma_2 = (\Lambda_5\beta_2 + \Lambda_6)/\Lambda_1 \tag{4.71}$$

ω、$\psi(y)$ 和 $\phi(y)$ 可以利用式（4.60）~式（4.61）以及式（4.70）从式（4.53）的第二个方程及式（4.54）和式（4.56）中消去。

用来确定积分常数的方程有：

$$\left[\{\Lambda_{11}\sin\alpha(\beta_1\cos\alpha - \sin\alpha)\lambda_1^3 + (\beta_1\Lambda_{10} + \Lambda_9)\lambda_1\}\cosh\lambda_1 b - \Lambda_6\gamma_1\sinh\lambda_1 b\right]\frac{C_1}{\varepsilon_0} + \\ \left[\{\Lambda_{11}\sin\alpha(\beta_2\cos\alpha - \sin\alpha)\lambda_2^3 + (\beta_2\Lambda_{10} + \Lambda_9)\lambda_2\}\cosh\lambda_2 b - \Lambda_6\gamma_2\sinh\lambda_2 b\right]\frac{C_2}{\varepsilon_0} + \\ \left(\frac{\Lambda_{10}}{B_{10}} - \frac{\Lambda_5\Lambda_6}{\Lambda_1}\frac{b}{B_0}\right)\frac{C_3}{\varepsilon_0} = -\left(\Lambda_4 - \frac{\Lambda_2\Lambda_6}{\Lambda_1}\right) \tag{4.72}$$

$$\{(B_0\beta_1 + B_1)\lambda_1 \cosh\lambda_1 b - B_4\gamma_1 \sinh\lambda_1 b\}\frac{C_1}{\varepsilon_0} +$$

$$\{(B_0\beta_2 + B_1)\lambda_2 \cosh\lambda_2 b - B_4\gamma_2 \sinh\lambda_2 b\}\frac{C_2}{\varepsilon_0} +$$

$$\left(1 - \frac{\Lambda_5}{\Lambda_1}\frac{B_4}{B_0}b\right)\frac{C_3}{\varepsilon_0}$$

$$= -\left(B_3 - \frac{\Lambda_2}{\Lambda_1}B_4\right) \tag{4.73}$$

$$\{(B_1\cos\alpha - \sin\alpha)(\lambda_1 b)^2 \sinh\lambda_1 b\}\frac{C_1}{\varepsilon_0} +$$

$$\{(B_2\cos\alpha - \sin\alpha)(\lambda_2 b)^2 \sinh\lambda_2 b\}\frac{C_2}{\varepsilon_0} = 0 \tag{4.74}$$

因为双曲率函数的值会变得很大,在此引入新的未知参数:

$$C_1 \cosh\lambda_1 b = \overline{C}_1$$
$$C_2 \cosh\lambda_2 b = \overline{C}_2 \tag{4.75}$$

关于 $\overline{C}_1/\varepsilon_0$、$\overline{C}_2/\varepsilon_0$ 和 C_3/ε_0 的方程为

$$\begin{bmatrix} g_{11} & g_{12} & g_{13} \\ g_{21} & g_{22} & g_{23} \\ g_{31} & g_{32} & 0 \end{bmatrix} \begin{Bmatrix} \overline{C}_1/\varepsilon_0 \\ \overline{C}_2/\varepsilon_0 \\ C_3/\varepsilon_0 \end{Bmatrix} = \begin{Bmatrix} d_1 \\ d_2 \\ 0 \end{Bmatrix} \tag{4.76}$$

式中,$g_{ij}(i,j=1,2,3)$ 和 $d_i(i=1,2)$ 是无量纲参数,表示为

$$\begin{aligned}
g_{11} &= (B_0\beta_1 + B_1)\lambda_1 - B_4\gamma_1 \tanh\lambda_1 b \\
g_{12} &= (B_0\beta_2 + B_1)\lambda_2 - B_4\gamma_2 \tanh\lambda_2 b \\
g_{13} &= 1 - \frac{\Lambda_5}{\Lambda_1}\frac{B_4}{B_0}b \\
d_1 &= \frac{\Lambda_2}{\Lambda_1}B_4 - B_3 \\
g_{21} &= \{\Lambda_{11}\sin\alpha(\beta_1\cos\alpha - \sin\alpha)\lambda_1^3 + (\beta_1\Lambda_{10} + \Lambda_9)\lambda_1\} - \\
&\quad \Lambda_6\gamma_1 \tanh\lambda_1 b \\
g_{22} &= \{\Lambda_{11}\sin\alpha(\beta_2\cos\alpha - \sin\alpha)\lambda_2^3 + (\beta_2\Lambda_{10} + \Lambda_9)\lambda_2\} - \\
&\quad \Lambda_6\gamma_2 \tanh\lambda_2 b \\
g_{23} &= \{\Lambda_{10} - (\Lambda_5\Lambda_6/\Lambda_1)b\}/B_0 \\
d_2 &= \Lambda_2\Lambda_6/\Lambda_1 - \Lambda_4 \\
g_{31} &= (\beta_1\cos\alpha - \sin\alpha)(\lambda_1 b)^2 \tanh\lambda_1 b \\
g_{32} &= (\beta_2\cos\alpha - \sin\alpha)(\lambda_2 b)^2 \tanh\lambda_2 b
\end{aligned} \tag{4.77}$$

2. 当 $D<0$ 时

采用与4.1.6节相同的方法,式(4.67)和式(4.68)中关于 $\psi(y)$ 和 $\phi(y)$ 的积分常数 C_1、C_2 和 C_3 可以用式(4.53)的第二个方程以及式(4.54)和式(4.56)的边界条件来确定。ω

可以表示为

$$\frac{\omega}{\varepsilon_0} = -\frac{C_1}{\varepsilon_0}\left\{\left(\frac{\Lambda_5}{\Lambda_1}p + \frac{\Lambda_6}{\Lambda_1}\right)\sinh(\rho_1 b)\cos(\rho_2 b) + \frac{\Lambda_5}{\Lambda_1}q\cosh(\rho_1 b)\sin(\rho_2 b)\right\} -$$
$$\frac{C_2}{\varepsilon_0}\left\{\left(\frac{\Lambda_5}{\Lambda_1}p + \frac{\Lambda_6}{\Lambda_1}\right)\cosh(\rho_1 b)\sin(\rho_2 b) - \frac{\Lambda_5}{\Lambda_1}q\sinh(\rho_1 b)\cos(\rho_2 b)\right\} -$$
$$\frac{C_3}{\varepsilon_0}\frac{\Lambda_5}{\Lambda_1}\frac{b}{B_0} - \frac{\Lambda_2}{\Lambda_1} \tag{4.78}$$

同样引入新的未知参数：

$$C_1 \cosh(\rho_1 b) = \overline{C}_1$$
$$C_2 \cosh(\rho_1 b) = \overline{C}_2 \tag{4.79}$$

利用式（4.53）的第二个方程以及式（4.54）和式（4.56）的边界条件，$\overline{C}_1/\varepsilon_0$、$\overline{C}_2/\varepsilon_2$ 和 C_3/ε_0 可以表示为

$$[\Lambda_{11}\sin\alpha\{(pS_3 + qT_3)\cos\alpha - S_3\sin\alpha\} + \Lambda_{10}(pS_1 + qT_1) + \Lambda_9 S_1 - \Lambda_6 W_1]\overline{C}_1/\varepsilon_0 +$$
$$[\Lambda_{11}\sin\alpha\{(pT_3 - qS_3)\cos\alpha - T_3\sin\alpha\} + \Lambda_{10}(pT_1 - qS_1) + \Lambda_9 T_1 - \Lambda_6 W_2]\overline{C}_2/\varepsilon_0 +$$
$$\left(\frac{\Lambda_{10}}{B_0} - \frac{\Lambda_5 \Lambda_6}{\Lambda_1}\frac{b}{B_0}\right)C_3/\varepsilon_0$$
$$= -\left(\Lambda_4 - \frac{\Lambda_2 \Lambda_6}{\Lambda_1}\right) \tag{4.80}$$

$$\{B_0(pS_1 + qT_1) + B_1 S_1 - B_4 W_1\}\overline{C}_1/\varepsilon_0 +$$
$$\{B_0(pT_1 - qS_1) + B_1 T_1 - B_4 W_2\}\overline{C}_2/\varepsilon_0 +$$
$$\left(1 - \frac{\Lambda_5}{\Lambda_1}\frac{B_4}{B_0}b\right)C_3/\varepsilon_0$$
$$= -\left(B_3 - \frac{\Lambda_2}{\Lambda_1}B_4\right) \tag{4.81}$$

$$\{(pS_2 + qT_2)\cos\alpha - S_2\sin\alpha\}\overline{C}_1/\varepsilon_0 +$$
$$\{(pT_2 - qS_2)\cos\alpha - T_2\sin\alpha\}\overline{C}_2/\varepsilon_0$$
$$= 0 \tag{4.82}$$

式中，

$$\begin{aligned}
S_1 &= \rho_1 \cos\rho_2 b - \rho_2 \tanh(\rho_1 b)\sin(\rho_2 b) \\
T_1 &= \rho_1 \tanh(\rho_1 b)\sin(\rho_2 b) + \rho_2 \cos(\rho_2 b) \\
S_2 &= (\rho_1^2 - \rho_2^2)\tanh(\rho_1 b)\cos(\rho_2 b) - 2\rho_1\rho_2\sin(\rho_2 b) \\
T_2 &= (\rho_1^2 - \rho_2^2)\sin\rho_2 b + 2\rho_1\rho_2\tanh(\rho_1 b)\cos(\rho_2 b) \\
S_3 &= \rho_1(\rho_1^2 - 3\rho_2^2)\cos\rho_2 b - \rho_2(3\rho_1^2 - \rho_2^2)\tanh(\rho_1 b)\sin(\rho_2 b) \\
T_3 &= \rho_1(\rho_1^2 - 3\rho_2^2)\tanh(\rho_1 b)\sin(\rho_2 b) + \rho_2(3\rho_1^2 - \rho_2^2)\cos(\rho_2 b) \\
W_1 &= \left(\frac{\Lambda_5}{\Lambda_1}p + \frac{\Lambda_6}{\Lambda_1}\right)\tanh(\rho_1 b)\cos(\rho_2 b) + \frac{\Lambda_5}{\Lambda_1}q\sin(\rho_2 b) \\
W_2 &= \left(\frac{\Lambda_5}{\Lambda_1}p + \frac{\Lambda_6}{\Lambda_1}\right)\sin\rho_2 b - \frac{\Lambda_5}{\Lambda_1}q\tanh(\rho_1 b)\cos(\rho_2 b)
\end{aligned} \tag{4.83}$$

利用式(4.83)的第7个和第8个方程,式(4.78)可以重新写为

$$\frac{\omega}{\varepsilon_0} = -\frac{\overline{C}_1}{\varepsilon_0}W_1 - \frac{\overline{C}_2}{\varepsilon_0}W_2 - \frac{C_3}{\varepsilon_0}\frac{\Lambda_5}{\Lambda_1}\frac{b}{B_0} - \frac{\Lambda_2}{\Lambda_1} \tag{4.84}$$

$\overline{C}_1/\varepsilon_0$、$\overline{C}_2/\varepsilon_0$ 和 C_3/ε_0 的关系可以写为

$$\begin{bmatrix} g_{11} & g_{12} & g_{13} \\ g_{21} & g_{22} & g_{23} \\ g_{31} & g_{32} & 0 \end{bmatrix} \begin{Bmatrix} \overline{C}_1/\varepsilon_0 \\ \overline{C}_2/\varepsilon_0 \\ C_3/\varepsilon_0 \end{Bmatrix} = \begin{Bmatrix} d_1 \\ d_2 \\ 0 \end{Bmatrix} \tag{4.85}$$

式中,

$$\begin{aligned}
g_{11} &= B_0(pS_1 + qT_1) + B_1S_1 - B_4W_1 \\
g_{12} &= B_0(pT_1 - qS_1) + B_1T_1 - B_4W_2 \\
g_{13} &= 1 - \frac{\Lambda_5}{\Lambda_1}\frac{B_4}{B_0}b \\
d_1 &= \frac{\Lambda_2}{\Lambda_1}B_4 - B_3 \\
g_{21} &= \Lambda_{11}\sin\alpha\{(pS_3 + qT_3)\cos\alpha - S_3\sin\alpha\} + \Lambda_{10}(pS_1 + qT_1) + \\
&\quad \Lambda_9 S_1 - \Lambda_6 W_1 \\
g_{22} &= \Lambda_{11}\sin\alpha\{(pT_3 - qS_3)\cos\alpha - T_3\sin\alpha\} + \Lambda_{10}(pT_1 - qS_1) + \\
&\quad \Lambda_9 T_1 - \Lambda_6 W_2 \\
g_{23} &= \frac{\Lambda_{10} - (\Lambda_5\Lambda_6/\Lambda_1)b}{B_0} \\
d_2 &= \frac{\Lambda_2\Lambda_6}{\Lambda_1} - \Lambda_4 \\
g_{31} &= (pS_2 + qT_2)b^2\cos\alpha - S_2 b^2\sin\alpha \\
g_{32} &= (pT_2 - qS_2)b^2\cos\alpha - T_2 b^2\sin\alpha
\end{aligned} \tag{4.86}$$

4.1.7 双层斜交层合板的等效杨氏模量

1. 当 $D > 0$ 时

利用式(4.75)的符号,式(4.60)~式(4.61)和式(4.70)可以重新写为

$$\frac{\psi(y)}{\varepsilon_0} = \frac{\overline{C}_1}{\varepsilon_0}\frac{\sinh(\gamma_1 y)}{\cosh(\lambda_1 b)} + \frac{\overline{C}_2}{\varepsilon_0}\frac{\sinh(\lambda_2 y)}{\cosh(\lambda_2 b)} \tag{4.87}$$

$$\frac{\phi(y)}{\varepsilon_0} = \frac{\overline{C}_1}{\varepsilon_0}\beta_1\frac{\sinh(\lambda_1 y)}{\cosh(\lambda_1 b)} + \frac{\overline{C}_2}{\varepsilon_0}\beta_2\frac{\sinh(\lambda_2 y)}{\cosh(\lambda_2 b)} + \frac{C_3}{\varepsilon_0}\frac{y}{B_0} \tag{4.88}$$

$$\frac{\omega}{\varepsilon_0} = -\frac{\Lambda_2}{\Lambda_1} - \left(\frac{\Lambda_5}{\Lambda_1}\beta_1 + \frac{\Lambda_6}{\Lambda_1}\right)\frac{\overline{C}_1}{\varepsilon_0}\tanh(\lambda_1 b) - \\ \left(\frac{\Lambda_5}{\Lambda_1}\beta_2 + \frac{\Lambda_6}{\Lambda_1}\right)\frac{\overline{C}_2}{\varepsilon_0}\tanh(\lambda_2 b) - \frac{C_3}{\varepsilon_0}\frac{\Lambda_5}{\Lambda_1}\frac{b}{B_0} \tag{4.89}$$

将式 (4.41)、式 (4.87)~式 (4.89) 代入式 (4.52)，可以得到等效杨氏模量 E_{eq}:

$$E_{eq} = \frac{E_m h}{(1-v_{m,}^2)(h+h_0)} \begin{bmatrix} \left(\Lambda_0 - \frac{\Lambda_2^2}{\Lambda_1}\right) + \left\{\left(\Lambda_3 - \frac{\Lambda_2\Lambda_5}{\Lambda_1}\right)\beta_1 + \right. \\ \left. \left(\Lambda_4 - \frac{\Lambda_2\Lambda_6}{\Lambda_1}\right)\right\}\frac{\overline{C}_1}{\varepsilon_0}\tanh(\lambda_1 b) + \\ \left\{\left(\Lambda_3 - \frac{\Lambda_2\Lambda_5}{\Lambda_1}\right)\beta_2 + \right. \\ \left. \left(\Lambda_4 - \frac{\Lambda_2\Lambda_6}{\Lambda_1}\right)\right\}\frac{\overline{C}_2}{\varepsilon_0}\tanh(\lambda_2 b) + \\ \left(\Lambda_3 - \frac{\Lambda_2\Lambda_5}{\Lambda_1}\right)\frac{C_3}{\varepsilon_0}\frac{b}{B_0} \end{bmatrix} \quad (4.90)$$

需要注意，在 FRR 的假设条件 $E_L \ll E_T$ 下，式 (4.90) 中包含帘线的拉伸刚度 E_f 项将会消失，这是因为式 (4.90) 中的各个项可以表达为

$$\Lambda_0 - \frac{\Lambda_2^2}{\Lambda_1} = \frac{E_f b}{E_m a}\left(\frac{\cos^4\alpha}{\sin\alpha} - \frac{4\cos^6\alpha\sin\alpha}{\sin^2 2\alpha}\right) + f_1 = f_1$$

$$\Lambda_3 - \frac{\Lambda_2\Lambda_5}{\Lambda_1} \approx \frac{E_f h}{E_m a}\left(\sin\alpha\cos^2\alpha - \frac{2\cos^3\alpha\sin 2\alpha\sin^2\alpha}{\sin^2 2\alpha}\right) + f_2 = f_2 \quad (4.91)$$

$$\Lambda_4 - \frac{\Lambda_2\Lambda_6}{\Lambda_1} \approx \frac{E_f h}{E_m a}\left(\cos^3\alpha - \frac{2\cos^3\alpha\sin 2\alpha\sin\alpha\cos\alpha}{\sin^2 2\alpha}\right) + f_3 = f_3$$

式中，$f_i(i=1,2,3)$ 是由层合板的尺寸、倾斜角度和其他因素来决定的值，见附录 1。等效杨氏模量 E_{eq} 与基体的杨氏模量 E_m 相匹配，这与从式 (2.70) 的第一个方程中得到的结论是相同的，在式 (2.70) 中将 FRR 假设应用到了经典层合理论的微观力学中。

2. 当 $D<0$ 时

利用式 (4.79) 的符号，式 (4.67)~式 (4.68) 和式 (4.78) 可以重新写为

$$\frac{\psi(y)}{\varepsilon_0} = \frac{\overline{C}_1}{\varepsilon_0}\frac{\sinh(\rho_1 y)}{\cosh(\rho_1 b)}\cos(\rho_2 y) + \frac{\overline{C}_2}{\varepsilon_0}\frac{\cosh(\rho_1 y)}{\cosh(\rho_1 b)}\sin(\rho_2 y) \quad (4.92)$$

$$\frac{\phi(y)}{\varepsilon_0} = \frac{\overline{C}_1}{\varepsilon_0}\frac{1}{\cosh\rho_1 b}\{p\sinh(\rho_1 y)\cos(\rho_2 y) + q\cosh(\rho_1 y)\sin(\rho_2 y)\} + \\ \frac{\overline{C}_2}{\varepsilon_0}\frac{1}{\cosh\rho_1 b}\{p\cosh(\rho_1 y)\sin(\rho_2 y) - q\sinh(\rho_1 y)\cos(\rho_2 y)\} + \\ \frac{C_3}{\varepsilon_0}\frac{y}{B_0} \quad (4.93)$$

$$\frac{\omega}{\varepsilon_0} = -\frac{\Lambda_2}{\Lambda_1} - \frac{\overline{C}_1}{\varepsilon_0}\left\{\left(\frac{\Lambda_5}{\Lambda_1}p + \frac{\Lambda_6}{\Lambda_1}\right)\tanh(\rho_1 b)\cos(\rho_2 b) + \frac{\Lambda_5}{\Lambda_1}q\sin(\rho_2 b)\right\} - \\ \frac{\overline{C}_2}{\varepsilon_0}\left\{\left(\frac{\Lambda_5}{\Lambda_1}p + \frac{\Lambda_6}{\Lambda_1}\right)\sin(\rho_2 b) - \frac{\Lambda_5}{\Lambda_1}q\tanh(\rho_1 b)\cos(\rho_2 b)\right\} - \\ \frac{C_3}{\varepsilon_0}\frac{\Lambda_5}{\Lambda_1}\frac{b}{B_0} \quad (4.94)$$

注意，式 (4.92)、式 (4.93) 和式 (4.94) 中的 $\overline{C}_1$ 和 $\overline{C}_2$ 与式 (4.87)、式 (4.88) 和式 (4.89) 中的 $\overline{C}_1$ 和 $\overline{C}_2$ 是不同的。将式 (4.41)，式 (4.92)~式 (4.94) 代入式 (4.52) 中，

可以得到等效杨氏模量 E_{eq}：

$$E_{eq} = \frac{E_m h}{(1-v_{m,}^2)(h+h_0)} \begin{bmatrix} \left[\left(\Lambda_0 - \frac{\Lambda_2^2}{\Lambda_1}\right) + \left(\Lambda_3 - \frac{\Lambda_2 \Lambda_5}{\Lambda_1}\right) q \right] \left\{ \frac{\overline{C}_1}{\varepsilon_0} \sin(\rho_2 b) - \frac{\overline{C}_2}{\varepsilon_0} \tanh(\rho_1 b) \cos(\rho_2 b) \right\} + \left\{ \left(\Lambda_3 - \frac{\Lambda_2 \Lambda_5}{\Lambda_1}\right) p + \left(\Lambda_4 - \frac{\Lambda_2 \Lambda_6}{\Lambda_1}\right) \right\} \left\{ \frac{\overline{C}_1}{\varepsilon_0} \tanh(\rho_1 b) \cos(\rho_2 b) + \frac{\overline{C}_2}{\varepsilon_0} \sin(\rho_2 b) \right\} + \left(\Lambda_3 - \frac{\Lambda_2 \Lambda_5}{\Lambda_1}\right) \frac{C_3}{\varepsilon_0} \frac{b}{B_0} \end{bmatrix} \quad (4.95)$$

4.1.8 层间剪应力和界面剪应力

利用式（4.23），层间剪应力 τ_{zx} 和 τ_{zy} 可以表达为

$$\tau_{zx} = G_m \psi_x$$
$$\tau_{zy} = G_m \psi_y \quad (4.96)$$

剪应力 τ_{xy} 可以被写成：

$$\tau_{xy} = G_m \gamma_{xy} = G_m (u_{,y} + v_{,x}) \quad (4.97)$$

设 ε_{xC}、ε_{yC} 和 γ_{xyC} 是帘线和橡胶界面上在 (x,y) 坐标系内的应变，则界面剪应力 τ_C 可以用下式计算：

$$\tau_C = G_m \gamma_C = G_m \{(\varepsilon_{yC} - \varepsilon_{xC}) \sin 2\alpha + \gamma_{xyC} \cos 2\alpha\} \quad (4.98)$$

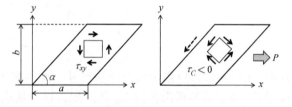

图 4.10 剪应力 τ_{xy} 和界面剪应力 τ_C

当 τ_C 为负值时（$\tau_C < 0$），τ_C 的作用力方向沿着图 4.10 中虚线的方向。

4.1.9 用离散层合板理论进行双层斜交层合板的受力分析

Akasaka 和 Shouyama[1] 用离散层合板理论分析了双层斜交层合板的受力。分析中用到的参数有：$E_f = 10^4$N/捆，$D_f = 10^{-4}$N·m^2，$\Gamma_f = 10^{-4}$N·m^2，$E_m = 5$MPa，$a = 4$mm，$b = 20$mm，$h_0 = t_f = 1$mm，$h = 0.5$mm，$d = 2$mm，$\alpha = 30°$，$b_0 = 2.3$mm，$a_f = 1$mm，$a_m = 1$mm。

图 4.11 给出了在 $x=0$ 处，带束层角度 $\alpha = 30°$ 时双层层合板的拉伸应力比 σ_x/ε_0 的分布情况。拉伸应力比的分布由于帘线和橡胶的刚度不同而出现梳子齿的形状。越是到了带束层的端部，由于层间剪切变形，应力下降越厉害。

图 4.12 给出了不同带束层角度下的等效弹性模量 E_{eq}，图 4.12 中的虚线是采用式（2.70）计算出来的结果，它在经典层合理论的微观力学中采用了 FRR 假设。从图 4.12 中看出，采用离散层合板理论计算得到的等效弹性模量小于 CLT 的计算结果。图 4.12 的结果与图 3.11 的结果相似，在图 3.11 中还显示出在小的带束层角度下，修正的层合板理论（MLT）计算结果与经典层合理论（CLT）的计算结果之间的差距变得更大。

图 4.13 显示了帘线的弯曲刚度 D_f 对等效弹性模量的影响，它随着弯曲刚度 D_f 的增大而增大。同时，帘线的拉伸刚度 E_f 并不影响等效弹性模量 E_{eq}，除非是像在 4.1.7 节中所述的那样在小的帘线角度下。图 4.14 给出了帘线间距 d 对 E_{eq} 的影响。随着帘线间距的下降，等效弹性模量 E_{eq} 会显著增加。

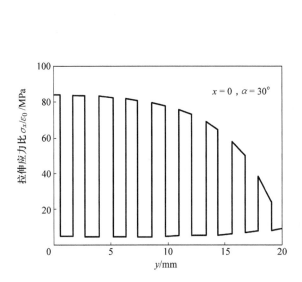

图 4.11 在 $x=0$ 处，带束层角度 $\alpha=30°$ 时双层层合板的拉伸应力比的分布情况

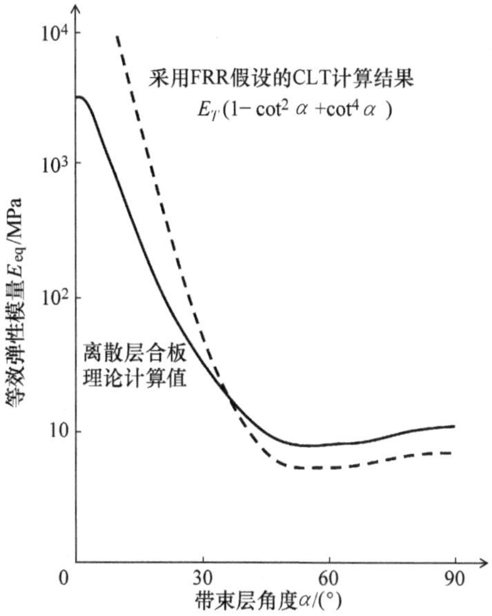

图 4.12 不同带束层角度下的等效弹性模量

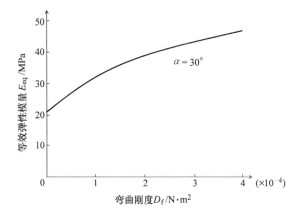

图 4.13 帘线弯曲刚度对等效弹性模量的影响

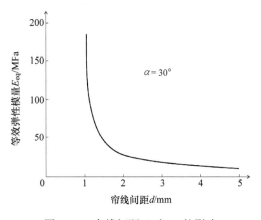

图 4.14 帘线间距 d 对 E_{eq} 的影响

图 4.15 给出了在截面位置 $x=0$ 处，当带束层角度为 $30°$ 时双层斜交层合板的层间剪应力的比值 τ_{zx}/ε_0。在带束层端部层间剪应力的值非常大，这是由其锯齿状分布特点导致的。

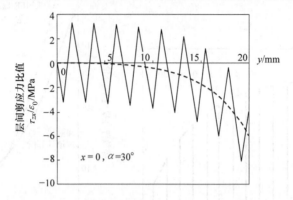

图 4.15　在截面位置 $x=0$ 处，当带束层角度为 $30°$ 时双层斜交层合板的层间剪应力的比值

围绕这个问题需要做更多深入的研究，因为这个可能就是带束层失效的主要原因之一。图 4.16 展示了双层斜交带束层的复合材料的界面间的剪应力比值 τ_C/ε_0 在 $\alpha=30°$ 沿着 y 轴的分布。界面间的剪应力比值在带束层的中心位置是最大的。

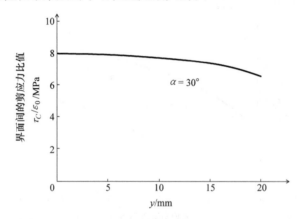

图 4.16　双层斜交带束层的复合材料的界面间的剪应力比值在 $\alpha=30°$ 沿着 y 轴的分布

4.2　弯曲力矩作用下不考虑面外耦合变形的双层斜交带束层的 DLT

4.2.1　基于 DLT 的位移

Akasaka 也研究了处于弯曲力矩作用下的离散层合板理论。如图 3.21 所示，假设双层斜交复合材料上作用有弯矩 M_0，它的厚度方向的位移被约束，采用图 4.1 所示的离散层合板模型来研究它。参考式（3.141）和式（4.19），承受弯矩的层合板的位移同样可以通过将非周期位移叠加到如式（4.3）所述的周期性位移上来实现。

$$\begin{aligned}u &= -\kappa xy + h\psi(y) + (\kappa y)f(\xi)\\ v &= \kappa x^2/2 + h\phi(y) + \zeta'(s)f(\xi)\end{aligned} \quad (4.99)$$

式中，κ 是弯曲变形的曲率；$\psi(y)$ 和 $\phi(y)$ 分别是弯曲变形导致的宽度方向和长度方向的拉伸或者压缩变形有关的函数。

比较式（4.19）和式（4.99），由于位移 u 产生的拉伸应变 ε_0 被 $-\kappa y$ 代替，式（4.19）的位移 v 中增加了 $\kappa x^2/2$ 项，因为是面内弯曲变形，所以 $\Omega=0$。ξ 和 $f(\xi)$ 分别由式（4.4）和

式 (4.5) 定义。

参考式 (4.10)，中性面上的位移 u_0 和 v_0 表示为

$$u_0 = -\kappa xy + \kappa y \sum_{n=1}^{\infty} C_n \sin\frac{2\pi nx}{a} \sin\frac{2\pi ny}{b_0}$$

$$v_0 = \frac{1}{2}\kappa x^2 + h\phi(y) - \zeta'(s) \sum_{n=1}^{\infty} C_n \cos\frac{2\pi nx}{a} \sin\frac{2\pi ny}{b_0}$$
(4.100)

参考式 (4.23)，层间剪应变可以表示为

$$\psi_x = \psi(y) - \frac{\kappa y}{h} \sum_{n=1}^{\infty} C_n \cos\frac{2\pi nx}{a} \sin\frac{2\pi ny}{b_0}$$

$$\psi_y = \frac{\zeta'(s)}{h} \sum_{n=1}^{\infty} C_n \sin\frac{2\pi nx}{a} \cos\frac{2\pi ny}{b_0}$$
(4.101)

对式 (4.99) 取极限运算 $f(\xi) \to 0$，图 4.2 中的倾斜坐标系下帘线的位移 $\eta(s)$ 和 $\zeta(s)$ 可以表示为

$$\begin{aligned}\eta(s) &= u(s)\cos\alpha + v(s)\sin\alpha \\ &= -\frac{1}{2}\kappa s^2 \sin^2\alpha \cos^2\alpha + h(\phi\sin\alpha + \psi\cos\alpha) \\ \zeta(s) &= -u(s)\sin\alpha + v(s)\cos\alpha \\ &= \frac{1}{2}\kappa s^2 \cos\alpha(1+\sin^2\alpha) + h(\phi\cos\alpha - \psi\sin\alpha)\end{aligned}$$
(4.102)

4.2.2 帘线和橡胶的应变能

考虑到层合板在厚度方向的位移是受约束的，帘线由拉伸和弯曲变形导致的应变能 U_f 可以表示为

$$U_f = \frac{1}{2}\int_0^l \{E_f \eta_{,s}^2 + D_f \zeta_{,ss}^2\} ds$$
(4.103)

利用式 (4.102)，$\eta(s)$ 和 $\zeta(s)$ 的导数可以表示为

$$\eta_{,s} = -\kappa s \sin^2\alpha \cos^2\alpha + h(\phi' \sin\alpha + \psi'\cos\alpha)\sin\alpha$$

$$\zeta_{,ss} = \kappa\cos\alpha(1+\sin^2\alpha) + h(\phi''\cos\alpha - \psi''\sin\alpha)\sin^2\alpha$$
(4.104)

上标 "'" 和 "''" 表示对 y 的微分。将式 (4.104) 代入到式 (4.103) 中，可以得到：

$$\begin{aligned}U_f = &\frac{D_f}{2}h^2 \sin^3\alpha \int_0^b (\phi''\cos\alpha - \psi''\sin\alpha)^2 dy + \\ &\frac{E_f}{2}h^2 \sin\alpha \int_0^b (\phi'\sin\alpha + \psi'\cos\alpha)^2 dy + \\ &\frac{E_f}{2}2\kappa h\cos^2\alpha \int_0^b y(\phi'\sin\alpha + \psi'\cos\alpha)^2 dy + \\ &\frac{D_f}{2}2\kappa h\sin\alpha\cos\alpha(1+\sin^2\alpha)\int_0^b (\phi''\cos\alpha - \psi''\sin\alpha)dy + \\ &\frac{D_f}{2}\kappa^2\cos^2\alpha(1+\sin^2\alpha)^2 \frac{b}{\sin\alpha} + \frac{E_f}{2}\kappa^2\cos^4\alpha \frac{b^3}{3\sin\alpha}\end{aligned}$$
(4.105)

参考式（4.32），两层斜交层合板中帘线之间的橡胶的应变能 U_r 可以写为

$$U_r = \frac{E_m h_0}{2(1-v_m^2)} \iint_S \left\{ u_{,x}^2 + v_{,y}^2 + 2v_m u_{,x} v_{,y} + \frac{1-v_m}{2}(u_{,y}+v_{,x})^2 \right\} dx dy \tag{4.106}$$

利用式（4.99），位移 u 和 v 可以写为

$$u_{,x} = -\kappa y + \kappa y \frac{\partial f(\xi)}{\partial \xi} = -\frac{a_m + a_f}{a_m} \kappa y$$

$$v_{,y} = h\frac{\partial \phi(y)}{\partial y} + \frac{\partial^2 \zeta(s)}{\partial s^2}\frac{f(\xi)}{\sin\alpha} + \frac{\partial \zeta(s)}{\partial s}\frac{a_f}{a_m}\cot\alpha \tag{4.107}$$

$$u_{,y} + v_{,x} = h\frac{\partial \psi(y)}{\partial \psi}\psi'(y) + \kappa f(\xi) - \frac{a_f}{a_m}\left\{-\kappa y \cot\alpha + \frac{\partial \zeta(s)}{\partial s}\right\}$$

将式（4.107）代入到式（4.106）中得到：

$$U_r = \frac{E_m h_0}{2(1-v_m^2)} \begin{bmatrix} \kappa^2 \left\{ \frac{(a_m+a_f)^2}{a_m}\frac{2}{3}b^3 + (1-v_m)\left(\frac{b}{3}a_f^2 a_m + \frac{b^3}{3}\frac{a_f^2}{a_m}\cot^2\alpha\right)\right\} - \\ \kappa \left\{ \begin{array}{l} 4v_m(a_m+a_f)h\int_0^b y\phi'(y)dy - \\ 2(1-v_m)ha_f\cot\alpha\int_0^b y\psi'(y)dy + \\ \left(\begin{array}{l} 4v_m(a_m+a_f)\frac{a_f}{a_m}\cot\alpha + \\ 2(1-v_m)\frac{a_f^2}{a_m}\cot\alpha \end{array}\right)\int_0^b y\zeta'(s)dy \end{array}\right\} + \\ 2a_m h^2 \int_0^b \phi'^2(y)dy + (1-v_m)a_m h^2 \int_0^b \psi'^2(y)dy + \\ 4ha_f\cot\alpha \int_0^b \phi'(y)\zeta'(s)dy - \\ 2(1-v_m)ha_f \int_0^b \psi'(y)\zeta'(s)dy + \\ \frac{a_f^2}{a_m}(2\cot^2\alpha + 1 - v_m)\int_0^b \zeta'^2(s)dy + \\ \frac{2}{3}a_f^2 a_m \frac{1}{\sin^2\alpha}\int_0^b \zeta''^2(s)dy \end{bmatrix} \tag{4.108}$$

式中，上标"'"和"″"是对圆括弧内的变量进行偏微分。

将式（4.102）代入式（4.108）中，消去 $\zeta(s)$，可以得到[⊖]：

⊖ 备注4.4。

$$U_r = \frac{E_m h_0}{2(1-v_m^2)} \left[\begin{matrix} \kappa^2 \left\{ \begin{matrix} \dfrac{(a_m+a_f)^2}{a_m} \dfrac{2}{3}b^3 + \dfrac{b^3}{3}\dfrac{a_f^2}{a_m}\cot^2\alpha \left\{ \begin{matrix} (1-v_m) + \\ (2\cot^2\alpha+1-v_m)(1+\sin^2\alpha)^2 - \\ 2(1+v_m)(1+\sin^2\alpha)^2 \end{matrix} \right\} \\ \dfrac{b}{3}a_f\cot^2\alpha\, 4v_m(1+\sin^2\alpha) + \\ \dfrac{b}{3}a_f^2 a_m\{(1-v_m) + 2\cot^2\alpha(1+\sin^2\alpha)^2\} \end{matrix} \right\} - \\ 2\kappa\psi'(b)\dfrac{1}{3}a_f^2 a_m h\{\sin 2\alpha(1+\sin^2\alpha)\} - \\ 2\kappa\phi'(b)\dfrac{1}{3}a_f^2 a_m h\{-2\cos^2\alpha(1+\sin^2\alpha)\} - \\ 2\kappa h\displaystyle\int_0^b y\psi'\mathrm{d}y \left[\begin{matrix} -\left\{\dfrac{a_f^2}{a_m}(1+v_m)+2a_f v_m\right\}\sin\alpha\cos\alpha + \\ (1-v_m)a_f\cot\alpha(1+2\sin^2\alpha) - \\ \dfrac{a_f^2}{a_m}(2\cot^2\alpha+1-v_m)\sin\alpha\cos\alpha(1+\sin^2\alpha) \end{matrix} \right] - \\ 2\kappa h\displaystyle\int_0^b \psi\phi'\mathrm{d}y \left[\begin{matrix} \left\{\dfrac{a_f^2}{a_m}(1+v_m)+2a_f v_m\right\}\cos^2\alpha+2v_m(a_f+a_m) - \\ 2a_f\cot^2\alpha(1+2\sin^2\alpha) + \\ \dfrac{a_f^2}{a_m}(2\cot^2\alpha+1-v_m)\cos^2\alpha(1+\sin^2\alpha) \end{matrix} \right] + \\ h^2\displaystyle\int_0^b \psi'^2 \mathrm{d}y\left\{2\dfrac{a_f^2}{a_m}\sin^2\alpha\cos^2\alpha+(1-v_m)\left(a_m+2a_f\sin^2\alpha+\dfrac{a_f^2}{a_m}\sin^4\alpha\right)\right\} + \\ h^2\displaystyle\int_0^b \phi'^2 \mathrm{d}y\left\{2a_m+4a_f\cos^2\alpha+\dfrac{a_f^2}{a_m}(2\cot^2\alpha+1-v_m)\sin^2\alpha\cos^2\alpha\right\} + \\ 2h^2\displaystyle\int_0^b \phi'\psi'\mathrm{d}y\left\{ \begin{matrix} -(3-v_m)a_f\sin\alpha\cos\alpha \\ -\dfrac{a_f^2}{a_m}(2\cot^2\alpha+1-v_m)\sin^3\alpha\cos\alpha \end{matrix} \right\} + \\ h^2\displaystyle\int_0^b (-\psi''\sin\alpha+\phi''\cos\alpha)^2 \mathrm{d}y\left(\dfrac{2}{3}a_f^2 a_m\sin^2\alpha\right) \end{matrix} \right]$$

(4.109)

黏结橡胶层应变能 U_0 是平面应力状态的应变能、层间剪应变能和弯曲应变能三者的和:

$$U_0 = \frac{E_m h}{2(1-v_m^2)}\iint_{\bar{S}}\left\{ \begin{matrix}(u_{0,x}^2+v_{0,y}^2+2v_m u_{0,x}v_{0,y}) + \\ \dfrac{1-v_m}{2}(u_{0,y}+v_{0,x})^2\end{matrix}\right\}\mathrm{d}x\mathrm{d}y +$$

$$\frac{E_m h}{4(1+v_m)}\iint_{\bar{S}}(\psi_x^2+\psi_y^2)\mathrm{d}x\mathrm{d}y +$$

$$\frac{E_m h^3}{6(1-v_m^2)}\iint_{\bar{S}}\left\{ \begin{matrix}\psi_{x,x}^2+\psi_{y,y}^2+2v_m\psi_{x,x}\psi_{y,y}+ \\ \dfrac{1-v_m}{2}(\psi_{x,y}+\psi_{y,x})^2\end{matrix}\right\}\mathrm{d}x\mathrm{d}y$$

(4.110)

其中，利用式（4.100）和式（4.101），u_0、v_0、ψ_x、ψ_y 的导数可以写为

$$u_{0,x} = -\kappa y\left\{1 - \sum_{n=1}^{\infty} C_n\left(\frac{2\pi n}{\alpha}\right)\cos\frac{2\pi nx}{\alpha}\cos\frac{2\pi ny}{b_0}\right\}$$

$$v_{0,y} = h\phi'(y) - \zeta'(s)\sum_{n=1}^{\infty} C_n\left(\frac{2\pi n}{b_0}\right)\cos\frac{2\pi nx}{a}\cos\frac{2\pi ny}{b_0} - $$

$$\zeta''(s)\frac{1}{\sin\alpha}\sum_{n=1}^{\infty} C_n\cos\frac{2\pi nx}{\alpha}\sin\frac{2\pi ny}{b_0}$$

$$u_{0,y} + v_{0,x} = \kappa\sum_{n=1}^{\infty} C_n\sin\frac{2\pi nx}{a}\cos\frac{2\pi ny}{b_0} + $$

$$\sum_{n=1}^{\infty} C_n\left\{-\kappa\psi\left(\frac{2\pi n}{b_0}\right) + \zeta'(s)\left(\frac{2\pi n}{a}\right)\right\}\sin\frac{2\pi nx}{a}\sin\frac{2\pi ny}{b_0}$$

（4.111）

$$\psi_{x,x} = \frac{\kappa y}{h}\sum_{n=1}^{\infty} C_n\left(\frac{2\pi n}{a}\right)\sin\frac{2\pi nx}{a}\sin\frac{2\pi ny}{b_0}$$

$$\psi_{y,y} = -\frac{\zeta'(s)}{h}\sum_{n=1}^{\infty} C_n\left(\frac{2\pi n}{b_0}\right)\sin\frac{2\pi nx}{a}\sin\frac{2\pi ny}{b_0} + $$

$$\frac{\zeta''(s)}{h}\frac{1}{\sin\alpha}\sum_{n=1}^{\infty} C_n\sin\frac{2\pi nx}{a}\cos\frac{2\pi ny}{b_0}$$

$$\psi_{x,y} + \psi_{y,x} = \psi'(y) - \frac{\kappa y}{h}\sum_{n=1}^{\infty} C_n\left(\frac{2\pi n}{b_0}\right)\cos\frac{2\pi nx}{a}\cos\frac{2\pi ny}{b_0} - $$

$$\frac{\kappa}{h}\sum_{n=1}^{\infty} C_n\cos\frac{2\pi nx}{a}\sin\frac{2\pi ny}{b_0} + $$

$$\frac{\zeta'(s)}{h}\sum_{n=1}^{\infty} C_n\left(\frac{2\pi n}{a}\right)\cos\frac{2\pi nx}{a}\cos\frac{2\pi ny}{b_0}$$

（4.112）

将式（4.111）和式（4.112）代入到式（4.110）中，并对式（4.110）进行积分，可以得到：

$$U_0 = \frac{E_m h a}{2(1-v_m^2)}\begin{bmatrix} \kappa^2\left[\frac{b^3}{3}\left\{1 + \frac{4}{3}f_2 + \frac{2}{3}(1-v_m)f_1 + \frac{(1-v_m)}{2}f_0\right\} + \\ \frac{2}{3}bh^2(1-v_m)f_0\right] - \\ 2\kappa h v_m\int_0^b y\phi'\mathrm{d}y - 2\kappa\frac{2}{3}(1+v_m)f_3\int_0^b y\zeta'(s)\mathrm{d}y + \\ \left\{\frac{2}{3}(1-v_m)f_2 + \frac{4}{3}f_1 + \frac{(1-v_m)}{2}f_0\right\}\int_0^b \zeta'^2(s)\mathrm{d}y + \\ h^2\int_0^b \phi'^2\mathrm{d}y + \frac{(1-v_m)}{2}\int_0^b \psi^2\mathrm{d}y + \\ h^2\frac{(1-v_m)}{6}\int_0^b \psi'^2\mathrm{d}y + h^2\frac{3}{4}\frac{1}{\sin^2\alpha}f_0\int_0^b \zeta''^2(s)\mathrm{d}y \end{bmatrix}$$

（4.113）

式中，

$$f_0 = \frac{1}{4h^2} \sum C_n^2$$

$$f_1 = \frac{1}{4} \sum C_n^2 \left(\frac{2\pi n}{a}\right)^2$$

$$f_2 = \frac{1}{4} \sum C_n^2 \left(\frac{2\pi n}{b_0}\right)^2 \quad (4.114)$$

$$f_3 = \frac{1}{4} \sum C_n^2 \left(\frac{2\pi n}{a}\right)\left(\frac{2\pi n}{b_0}\right)$$

对式（4.113）采用如下的近似和假设：

1）在积分中忽略包含三角函数的高次项。

$$\int_0^b F(y) \sin \frac{4\pi n y}{b_0} dy \approx 0$$

$$\int_0^b F(y) \cos \frac{4\pi n y}{b_0} dy \approx 0 \quad (4.115)$$

2）b 看作是 b_0 的积分乘子。

$$b/b_0 = N(\text{integer}) \quad (4.116)$$

两层斜交层合板的总应变能 $U(=U_\mathrm{f}+U_\mathrm{r}+U_0)$ 可以通过对图 4.9 中所定义的积分域 $\overline{S}$ 和两层材料厚度 $h+h_0$ 的一半所构成的体积进行积分得到，则

$$U = \frac{\overline{E}_\mathrm{m} a}{2} \begin{Bmatrix} \kappa^2 \Lambda_0 - 2\kappa \left[\Lambda_1 \{\psi'(b)\sin\alpha - \phi'(b)\cos\alpha\} + \right. \\ \left. \Lambda_2 \int_0^b y\psi' \mathrm{d}y + \Lambda'_2 \int_0^b y\phi' \mathrm{d}y \right] + \Lambda_3 \int_0^b \phi'^2 \mathrm{d}y + \\ \Lambda_4 \int_0^b \psi^2 \mathrm{d}y + \Lambda_5 \int_0^b \psi'^2 \mathrm{d}y + 2\Lambda_6 \int_0^b \phi'\psi' \mathrm{d}y + \\ \Lambda_7 \int_0^b (\phi''\cos\alpha - \psi''\sin\alpha)^2 \mathrm{d}y \end{Bmatrix} \quad (4.117)$$

式中，$\overline{E}_\mathrm{m}$ 由式（4.41）中的第二个方程定义；常数 $\Lambda_i(i=0,1,\cdots,7)$ 可以由给定的带束层结构和材料特性计算。这些计算 $\Lambda_i(i=0,1,\cdots,7)$ 的方程可以很容易地用 Mathematica 或者 MATLAB 得到[⊖]。

4.2.3 稳定条件和自然边界条件

1. 稳定条件

如图 4.1 所示，当双层斜交层合板上作用有弯矩 M_0 时，设层合板宽度的一半为 b，厚度的一半为 $h+h_0$，如图 4.2 所示，则它的体积可以表示为

$$V = M_0 \kappa a/4 \quad (4.118)$$

式中，κ 是弯曲变形的曲率。

根据式（4.117）和式（4.118），则整个系统势能 Π 稳定的条件是：

⊖ 附录 2。

$$\delta \Pi = \delta(U - V)$$

$$= \overline{E}_m a \begin{bmatrix} \delta k \{ -\kappa \Lambda_0 - \Lambda_1 \{-\psi'(b)\sin\alpha + \phi'(b)\cos\alpha\} + \\ \Lambda_2 \int_0^b y\phi' \mathrm{d}y + \Lambda'_2 \int_0^b y\psi' \mathrm{d}y - M_0/(4\overline{E}_m) \} + \\ \delta\phi(b) \{ -\kappa b \Lambda_2 + \phi'(b)\Lambda_3 + \psi'(b)\Lambda_6 + \\ \Lambda_7 \cos\alpha \{\psi'''(b)\sin\alpha - \phi'''(b)\cos\alpha\} \} + \\ \delta\psi(b) \{ -\kappa b \Lambda'_2 + \psi'(b)\Lambda_5 + \phi'(b)\Lambda_6 - \\ \Lambda_7 \sin\alpha \{\psi'''(b)\sin\alpha - \phi'''(b)\cos\alpha\} \} + \\ \delta\phi'(b) \{ \kappa \Lambda_1 \cos\alpha + \Lambda_7 \cos\alpha \{ -\psi''(b)\sin\alpha + \phi''(b)\cos\alpha\} \} + \\ \delta\psi'(b) \{ -\kappa \Lambda_1 \sin\alpha - \Lambda_7 \sin\alpha \{ -\psi''(b)\sin\alpha + \phi''(b)\cos\alpha\} \} - \\ \int_0^b \{ -\kappa \Lambda_2 + \Lambda_3 \phi'' + \Lambda_6 \psi'' + \Lambda_7 \cos\alpha (\psi''''\sin\alpha - \phi''''\cos\alpha) \} \delta\phi \mathrm{d}y - \\ \int_0^b \{ -\kappa \Lambda'_2 + \Lambda_5 \psi'' + \Lambda_6 \phi'' - \Lambda_7 \sin\alpha (\psi''''\sin\alpha - \phi''''\cos\alpha) \} \delta\psi \mathrm{d}y \end{bmatrix} = 0$$

(4.119)

式中，上标"′""″""‴""⁗"是针对 y 的偏导数。

式（4.119）中包含 $\delta\phi$ 和 $\delta\psi$ 的项等于0。从两个方程中消去 $\phi^{(\mathrm{IV})}$ 可以得到欧拉求解：

$$A_0 \psi^{(\mathrm{IV})} + A_1 \psi'' + A_2 \psi - A_3 \kappa = 0$$
$$\phi'' = \frac{B_2}{B_0}\psi - \frac{B_1}{B_0}\psi'' + \frac{B_3}{B_0}\kappa$$

(4.120)

式中，

$$\begin{aligned} A_0 &= \Lambda_7 (\Lambda_3 \sin^2\alpha\cos\alpha + \Lambda_5 \cos^3\alpha + 2\Lambda_6 \sin\alpha\cos^2\alpha) \\ A_1 &= -\Lambda_4 \Lambda_7 \cos^3\alpha - \Lambda_3 \Lambda_5 \cos\alpha - \Lambda_6^2 \cos\alpha \\ A_2 &= \Lambda_3 \Lambda_4 \cos\alpha \\ A_3 &= \Lambda_2 \Lambda_6 - \Lambda_3 \Lambda'_2 \\ B_0 &= \Lambda_3 \sin\alpha + \Lambda_6 \cos\alpha \\ B_1 &= \Lambda_6 \sin\alpha + \Lambda_5 \cos\alpha \\ B_2 &= \Lambda_4 \cos\alpha \\ B_3 &= \Lambda_2 \sin\alpha + \Lambda'_2 \cos\alpha \end{aligned}$$

(4.121)

注意式（4.12）中的所有参数，除了 A_3 和 B_3，都是常数。

2. 自然边界条件

从式（4.119）中包含 $\delta\kappa$ 项，可以进而推广得到弯曲刚度 M_0/κ：

$$\frac{M_0}{\kappa} = 4\overline{E}_m \begin{bmatrix} -\Lambda_0 - \frac{\Lambda_1}{\kappa}\{-\psi'(b)\sin\alpha + \phi'(b)\cos\alpha\} + \\ \frac{\Lambda_2}{\kappa}\int_0^b y\phi' \mathrm{d}y + \frac{\Lambda'_2}{\kappa}\int_0^b y\psi' \mathrm{d}y \end{bmatrix}$$

(4.122)

从式(4.119)包含变化的项中可以得到其他的稳态条件：

$$\delta\phi(b): -\kappa b\Lambda_2 + \phi'(b)\Lambda_3 + \psi'(b)\Lambda_6 + \Lambda_7\cos\alpha\{\psi'''(b)\sin\alpha - \phi'''(b)\cos\alpha\} = 0 \tag{4.123}$$

$$\delta\psi(b): -\kappa b\Lambda_2' + \psi'(b)\Lambda_5 + \phi'(b)\Lambda_6 - \Lambda_7\sin\alpha\{\psi'''(b)\sin\alpha - \phi'''(b)\cos\alpha\} = 0 \tag{4.124}$$

$$\delta\phi'(b): \kappa\Lambda_1\cos\alpha + \Lambda_7\cos\alpha\{-\psi''(b)\sin\alpha + \phi''(b)\cos\alpha\} = 0 \tag{4.125}$$

$$\delta\psi'(b): -\kappa\Lambda_1\sin\alpha - \Lambda_7\sin\alpha\{-\psi''(b)\sin\alpha + \phi''(b)\cos\alpha\} = 0 \tag{4.126}$$

式(4.125)和式(4.126)可以得到同样的关系：

$$\Lambda_7\{-\psi''(b)\sin\alpha + \phi''(b)\cos\alpha\} + \kappa\Lambda_1 = 0 \tag{4.127}$$

与式(4.56)相似，式(4.127)的意思就是作用在带束层上的弯矩等于0。利用式(4.123)和式(4.124)，消去Λ_7，我们可以得到：

$$\phi'(b)(\Lambda_3\sin\alpha + \Lambda_6\cos\alpha) + \psi'(b)(\Lambda_5\cos\alpha + \Lambda_6\sin\alpha) - \kappa b(\Lambda_2\sin\alpha + \Lambda_2'\cos\alpha) = 0 \tag{4.128}$$

利用式(4.121)，式(4.128)可以重新写成：

$$B_0\phi'(b) + B_1\psi'(b) - B_3\kappa b = 0 \tag{4.129}$$

因为式(4.124)与层间剪应变的变化量$\delta\psi(b)$有关，式(4.124)的物理意义是在带束层端部的自由边上应变项会消失。因为式(4.123)与宽度方向的位移变化量$\delta\psi(b)$有关，所以式(4.123)的物理意义是在带束层的端部的自由边上侧向力（例如y方向的薄膜力）会消失。

考虑式(4.129)的物理意义，式(4.120)的第二个方程可以重新写为

$$B_0\phi'' + B_1\psi'' = B_2\psi + B_3\kappa \tag{4.130}$$

对式(4.130)的两端对y进行积分，可以得到：

$$(B_0\phi' + B_1\psi')\big|_0^b = B_2\int_0^b\psi dy + B_3\kappa b \Rightarrow B_0\phi'(b) + B_1\psi'(b) - B_3\kappa b = B_2\int_0^b\psi dy = 0 \tag{4.131}$$

比较式(4.129)和式(4.131)，式(4.129)可以重新写为

$$\int_0^b\psi dy = 0 \tag{4.132}$$

因此，式(4.129)的物理意义是在y方向上，层间剪应力的总和为0。因为对于层合板的弯曲问题来说，$\psi(y)$相对于y是偶函数，这就要求函数$\psi(y)$能够满足式(4.132)的关系。注意，式(4.132)对于单向拉伸问题来说是自动满足的，因为$\psi(y)$是关于y的奇函数。

最后，自然边界条件可以表示为

$$\int_0^b\psi dy = 0$$
$$\Lambda_7\sin\alpha\{-\psi'''(b)\sin\alpha + \phi'''(b)\cos\alpha\} + \Lambda_5\psi' + \Lambda_6\phi' - \kappa b\Lambda_2' = 0$$
$$\Lambda_7\{-\psi''(b)\sin\alpha + \phi''(b)\cos\alpha\} + \kappa\Lambda_1 = 0 \tag{4.133}$$

4.2.4 双层斜交层合板的微分方程的解

与第 4.1.6 节的例子一样，式（4.120）的特征方程取决于判别式 $D \equiv A_1^2 - 4A_2A_0$ 的符号。

1. 当 $D > 0$ 时

式（4.120）的解可以表示为

$$\psi(y) = C_1 \cosh\lambda_1 y + C_2 \cosh\lambda_2 y + \frac{A_3}{A_2}\kappa$$

$$\phi(y) = C_1\beta_1 \cosh\lambda_1 y + C_2\beta_2 \cosh\lambda_2 y + \beta_3\kappa\frac{y^2}{2} + C_3 \tag{4.134}$$

式中，

$$\beta_1 = \frac{B_2}{B_0}\frac{1}{\lambda_1^2} - \frac{B_1}{B_0}$$

$$\beta_2 = \frac{B_2}{B_0}\frac{1}{\lambda_2^2} - \frac{B_1}{B_0} \tag{4.135}$$

$$\beta_3 = \frac{B_2}{B_0}\frac{A_3}{A_2} + \frac{B_3}{B_0}$$

积分常数 C_3 由条件 $v(0,0)=0$ 来决定。C_3 是刚体位移，因此可以选择使 C_3 为 0。未知的积分常数 C_1 和 C_2 由式（4.133）的第一个和第二个方程来决定：

$$C_1\frac{\sinh\lambda_1 b}{\lambda_1} + C_2\frac{\sinh\lambda_2 b}{\lambda_2} = -\kappa b\frac{A_3}{A_2}$$

$$C_1\{\Lambda_7(-\sin^2\alpha + \beta_1\sin\alpha\cos\alpha)\lambda_1^3 + (\Lambda_5 + \beta_1\Lambda_6)\lambda_1\}\sinh\lambda_1 b + \tag{4.136}$$

$$C_2\{\Lambda_7(-\sin^2\alpha + \beta_2\sin\alpha\cos\alpha)\lambda_2^3 + (\Lambda_5 + \beta_2\Lambda_6)\lambda_2\}\sinh\lambda_2 b$$

$$= -(\beta_3\Lambda_6 - \Lambda_2')\kappa b$$

因为上层复合材料和下层复合材料的力矩符号是相反的，所以带束层端部总的力矩为 0，因此满足 $\kappa(b)=0$ 的条件。与对式（4.56）的讨论一样，参考式（4.24），式（4.133）的第三个方程可以被重新写为 $\mathrm{d}^2\zeta/\mathrm{d}s^2\big|_{s=l}=0$，其中的 l 是带束层端部在 s 方向上的位置。这个方程的物理意义是在带束层的端部曲率为 0 或者在带束层的端部弯矩为 0。式（4.133）的第三个方程因此可以忽略。

式（4.136）可以被重新写为矩阵形式：

$$\begin{bmatrix} g_{11} & g_{12} \\ g_{21} & g_{22} \end{bmatrix}\begin{Bmatrix} \overline{C}_1 \\ \overline{C}_2 \end{Bmatrix} = \begin{Bmatrix} A_3/A_2 \\ \beta_3\Lambda_6 - \Lambda_2' \end{Bmatrix} \tag{4.137}$$

式中，

$$\overline{C}_1 = -C_1\frac{\cosh(\lambda_1 b)}{\kappa b}$$

$$\overline{C}_2 = -C_2\frac{\cosh(\lambda_2 b)}{\kappa b}$$

$$g_{11} = \frac{\tanh(\lambda_1 b)}{\lambda_1} \tag{4.138}$$

$$g_{12} = \frac{\tanh(\lambda_2 b)}{\lambda_2}$$

$$g_{21} = \{\Lambda_7(-\sin^2\alpha + \beta_1\sin\alpha\cos\alpha)\lambda_1^3 + (\Lambda_5 + \beta_1\Lambda_6)\lambda_1\}\tanh(\lambda_1 b)$$

$$g_{22} = \{\Lambda_7(-\sin^2\alpha + \beta_2\sin\alpha\cos\alpha)\lambda_2^3 + (\Lambda_5 + \beta_2\Lambda_6)\lambda_2\}\tanh(\lambda_2 b)$$

2. 当 $D<0$ 时

式（4.120）的解可以表示为

$$\psi = C_1 \sinh(\rho_1 y)\sin(\rho_2 y) + C_2 \cosh(\rho_1 y)\cos(\rho_2 y) + \frac{A_3}{A_2}\kappa$$

$$\phi = C_1\{\gamma_1 \sinh(\rho_1 y)\sin(\rho_2 y) - \gamma_2 \cosh(\rho_1 y)\cos(\rho_2 y)\} +$$
$$C_2\{\gamma_1 \cosh(\rho_1 y)\cos(\rho_2 y) + \gamma_2 \sinh(\rho_1 y)\sin(\rho_2 y)\} + \quad (4.139)$$
$$\gamma_3 \kappa \frac{y^2}{2} + C_3$$

式中，

$$\gamma_1 = \frac{B_2}{B_0}\frac{\rho_1^2 - \rho_2^2}{(\rho_1^2 + \rho_2^2)^2} - \frac{B_1}{B_0}$$

$$\gamma_2 = \frac{B_1}{B_0}\frac{2\rho_1\rho_2}{(\rho_1^2 + \rho_2^2)^2} \quad (4.140)$$

$$\gamma_3 = \frac{A_3}{A_2}\frac{B_2}{B_0} + \frac{B_3}{B_0}$$

将式（4.139）代入式（4.133）的第一个和第二个方程中，可以得到：

$$\overline{C}_1\{\rho_1 \sin(\rho_2 b) - \rho_2 \tanh(\rho_1 b)\cos(\rho_2 b)\} +$$
$$\overline{C}_2\{\rho_2 \sin(\rho_2 b) + \rho_1 \tanh(\rho_1 b)\cos(\rho_2 b)\} = (\rho_1^2 + \rho_2^2)A_3/A_2$$

$$\overline{C}_1\left\{\begin{array}{l}\Lambda_7(-\sin^2\alpha + \gamma_1\sin\alpha\cos\alpha)k_{SS}''' \\ -\Lambda_7\gamma_2 k_{CC}'''\sin\alpha\cos\alpha + (\Lambda_5 + \gamma_1\Lambda_6)k_{SS}' - \gamma_2\Lambda_6 k_{CC}'\end{array}\right\} \quad (4.141)$$

$$\overline{C}_2\left\{\begin{array}{l}l\Lambda_7(-\sin^2\alpha + \gamma_1\sin\alpha\cos\alpha)k_{CC}''' - \Lambda_7\gamma_2 k_{SS}'''\sin\alpha\cos\alpha \\ + (\Lambda_5 + \gamma_1\Lambda_6)k_{CC}' + \gamma_2\Lambda_6 k_{SS}'\end{array}\right\} = \gamma_3\Lambda_6 - \Lambda_2'$$

式中，

$$\overline{C}_1 = -C_1\frac{\cosh(\rho_1 b)}{\kappa b}$$
$$\overline{C}_2 = -C_2\frac{\cosh(\rho_2 b)}{\kappa b} \quad (4.142)$$

$$k_{SS}' = \rho_1 \sin(\rho_2 b) + \rho_2 \tanh(\rho_1 b)\cos(\rho_2 b)$$
$$k_{SS}'' = (\rho_1^2 - \rho_2^2)\tanh(\rho_1 b)\sin(\rho_2 b) + 2\rho_1\rho_2\cos(\rho_2 b)$$
$$k_{SS}''' = (\rho_1^3 - 3\rho_1\rho_2^2)\sin(\rho_2 b) + (3\rho_1^2\rho_2 - \rho_2^3)\tanh(\rho_1 b)\cos(\rho_2 b) \quad (4.143)$$
$$k_{CC}' = \rho_1 \tanh(\rho_1 b)\cos(\rho_2 b) - \rho_2 \sin(\rho_2 b)$$
$$k_{CC}'' = (\rho_1^2 - \rho_2^2)\cos(\rho_2 b) - 2\rho_1\rho_2\tanh(\rho_1 b)\sin(\rho_2 b)$$
$$k_{CC}''' = (\rho_1^3 - 3\rho_1\rho_2^2)\tanh(\rho_1 b)\cos(\rho_2 b) - (3\rho_1^2\rho_2 - \rho_2^3)\sin(\rho_2 b)$$

注意式（4.142）中的 $\overline{C}_1$ 和 $\overline{C}_2$ 与式（4.138）中的是不同的。式（4.141）可以重新写成矩阵形式：

$$\begin{bmatrix}g_{11} & g_{12} \\ g_{21} & g_{22}\end{bmatrix}\begin{Bmatrix}\overline{C}_1 \\ \overline{C}_2\end{Bmatrix} = \begin{Bmatrix}(\rho_1^2 + \rho_2^2)A_3/A_2 \\ \gamma_3\Lambda_6 - \Lambda_2'\end{Bmatrix} \quad (4.144)$$

式中，

$$\begin{aligned}
g_{11} &= \rho_1\sin(\rho_2 b) - \rho_2\tanh(\rho_1 b)\cos(\rho_2 b) \\
g_{12} &= \rho_2\sin(\rho_2 b) + \rho_2\tanh(\rho_1 b)\cos(\rho_2 b) \\
g_{21} &= \Lambda_7(-\sin^2\alpha + \gamma_1\sin\alpha\cos\alpha)k'''_{SS} - \Lambda_7\gamma_2 k'''_{CC}\sin\alpha\cos\alpha + \\
&\quad (\Lambda_5 + \gamma_1\Lambda_6)k'_{SS} - \gamma_2\Lambda_6 k'_{CC} \\
g_{22} &= \Lambda_7(-\sin^2\alpha + \gamma_1\sin\alpha\cos\alpha)k'''_{CC} - \Lambda_7\gamma_2 k'''_{SS}\sin\alpha\cos\alpha + \\
&\quad (\Lambda_5 + \gamma_1\Lambda_6)k'_{CC} + \gamma_2\Lambda_6 k'_{SS}
\end{aligned} \tag{4.145}$$

ρ_1 和 ρ_2 通过式（4.64）得到。

4.2.5 采用离散层合板理论分析双层斜交层合板

Akasaka 和 Shouyama[1] 采用式（4.122）所代表的 DLT，对双层斜交层合板的面内弯曲问题进行了分析。分析所采用的参数有：$E_f = 104\text{GPa}$，$D_f = 1.82 \times 10^{-4}\text{N}\cdot\text{m}^2$，$\Gamma_f = 9.62 \times 10^{-5}\text{N}\cdot\text{m}^2$，$E_m = 3.5\text{MPa}$，$v_m = 0.5$，$a = 3\text{mm}$，$b = 77\text{mm}$，$h_0 = 0.72\text{mm}$，$h = 0.35\text{mm}$。这里弯曲刚度 D_f 是测量值，而采用式（4.30）计算得到的弯曲刚度 $D_f = 1.44 \times 10^{-4}\text{N}\cdot\text{m}^2$。图 4.17 给出了没有面外耦合变形的面内弯曲刚度随帘线角度的变化。图 4.17 的结果与图 3.22 的采用修正的层合板理论计算得到的结果相似。将帘线间距 $d = 3\text{mm}$ 时的弯曲刚度与帘线间距 $d = 10\text{mm}$ 的弯曲刚度进行比较，一个很有趣的发现是，尽管帘线间距减少了 2/3，但其弯曲刚度仅增加了一点点。

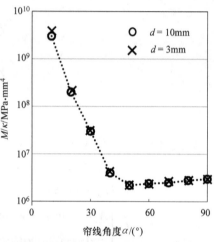

图 4.17 没有面外耦合变形的面内弯曲刚度随帘线角度的变化[1]

4.3 利用离散有限元模型来分析无面外耦合变形的双层斜交层合板的受力

McGinty 等[2] 采用有限元方法来研究双层斜交层合板在无面外耦合变形时的受力状态。图 4.18 给出了完整的有限元模型及其放大视图。模型的宽度是 60mm，长度为 180mm，帘线的直径是 0.56mm，帘线间距是 1.6mm，黏结橡胶层的厚度为 0.9mm，帘线角度为 25°。

图 4.18 双层斜交层合板的有限元模型及其放大视图
(经 TST 授权，摘自参考文献 [2])

与 4.1 节的 DLT 相同，有限元模型可以让我们仔细观察层间剪应变在帘线之间的分布情况。图 4.19 显示了带束层端部帘线之间沿中性面的层间剪应变变化。层间剪应变在中心面的点 a 上是较低的，而在帘线的界面上的 b 点却是最大的。图 4.19b 显示在长度方向上层间剪应变有周期性变化的现象，这与图 4.15 所示的采用 DLT 计算得到的结果相同，尽管图 4.15 表示的是宽度方向的分布。

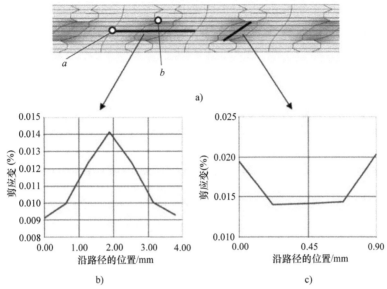

图 4.19 带束层端部帘线之间沿中性面的层间剪应变变化
(经 TST 授权, 摘自文献 [2])

图 4.20 给出了层间剪应变随着帘线直径的变化,所有的其他参数都与上面描述的控制模型的参数相同,只是变化帘线的直径。图 4.20 中剪应变最大的点与图 4.19 中位置 b 相关,剪应变最小的点与位置 a 相关。实线是采用 MLT 中的式 (3.61) 计算得到的结果, $\varepsilon_x = 0.1\%$。式 (3.61) 的层间剪应变依赖于纵向应变 ε_x。纵向应变施加在帘线端部,这就相当于有限元模型中的位移约束。因为在带束层端部的纵向应变 ε_x 比有限元模型中中间线的纵向应变小,所以应

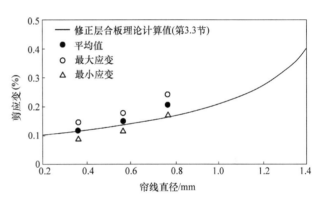

图 4.20 层间剪应变随帘线直径的变化
(经 TST 授权, 摘自参考文献 [2])

对式 (3.61) 中的纵向应变 ε_x 进行修正,这样才能将有限元结果与 MLT 计算结果进行对比。对于直径较小的钢丝帘线来说,有限元模型中的平均剪应变与 MLT 结果吻合较好。然而,随着帘线直径的增大,采用有限元方法计算得到的结果比采用 MLT 方法的结果稍微偏大,图 4.21 显示了带束层边缘最大和最小应变的相对变化量。可以清楚地看到,钢丝帘线直径的增加导致了 a 点和 b 点上剪应变的增加。

图 4.22 显示了层间剪应变随着帘线间距的变化规律。实线是采用 MLT 理论的式 (3.61) 的计算结果,并且 $\varepsilon_x = 0.1\%$。与图 4.20 所代表的情况相同,有限元模型结果和 MLT 计算结果在线性部分吻合较好,随着间距的减小,吻合情况变差。a 点的最小应变比 b 点的最大应变下降得更多更快。图 4.23 给出了层合板的边缘的层间剪应变轮廓。

图 4.24 给出了层间剪应变随着黏合橡胶层厚度的变化情况。实线是采用 MLT 的式 (3.61) 计算结果,并且 $\varepsilon_x = 0.1\%$。有限元得到的平均剪应变与 MLT 计算结果吻合较好。但是,随着橡胶层厚度的减少,剪应变的最小值和最大值变得比较发散。图 4.25 表明,对于较薄的橡胶层来说,层间剪应变有趋向于点 b 的帘线之间应变的趋势,而对于较厚的橡胶层来说,层间剪应变下降很快并逐渐呈均匀分布。

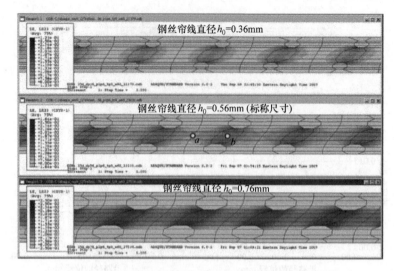

图 4.21 带束层边缘最大和最小应变的相对变化量
（经 TST 授权，摘自文献 [2]）

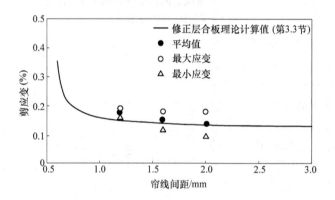

图 4.22 层间剪应变随着帘线间距的变化规律
（经 TST 授权，摘自文献 [2]）

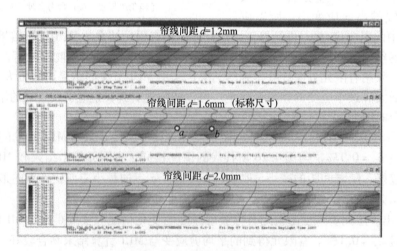

图 4.23 层合板的边缘的层间剪应变轮廓
（经 TST 授权，摘自文献 [2]）

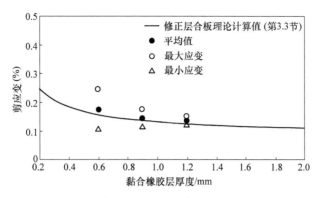

图 4.24　层间剪应变随着黏合橡胶层厚度的变化情况
（经 TST 授权，摘自文献 [2]）

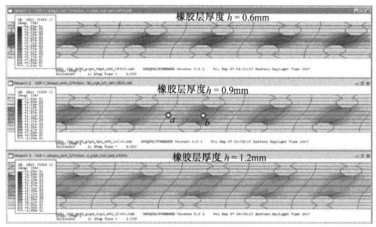

图 4.25　带束层端部的层间剪应变轮廓
（经 TST 授权，摘自文献 [2]）

问题

4.1　推导式 (4.7)。

4.2　推导式 (4.34)。

附录 1　拉伸载荷下双层斜交带束层方程中的参数

$\Lambda_i (i = 0, \cdots, 11)$ 可以清晰地表达，如 Λ_0 可以表达为

$$\Lambda_0 = \frac{E_f b}{E_m a} \frac{\cos^4 \alpha}{\sin \alpha} + \frac{h_0}{h} \begin{bmatrix} \dfrac{a}{2a_m} - 2v_m \dfrac{a_f}{a_m} \cos^2 \alpha + \\ \dfrac{a_f^2}{a a_m} \left\{ 2\cos^4 \alpha + (1 - 2v_m) \cot^2 \alpha \\ (1 - v_m)(\sin^2 \alpha - 2)\cos^2 \alpha \right\} \end{bmatrix} +$$

$$\begin{bmatrix} f_1 + \dfrac{f_0}{h^2} \dfrac{1 - v_m}{2} \left(1 + \dfrac{1}{4} \sin^2 2\alpha \right) + f_3 \left\{ \dfrac{2}{3}(1 - v_m) + \dfrac{1}{4} \sin^2 2\alpha - v_m \sin 2\alpha \right\} - \\ f_5 \dfrac{4}{3}(1 - v_m) \cos \alpha + f_6 \left\{ \dfrac{1}{3} + \left(1 - \dfrac{2}{3} v_m \right) \dfrac{1}{4} \sin^2 2\alpha \right\} \end{bmatrix}$$

式中，v_m 是基体材料的泊松比；α 是帘线角度；$f_i (i = 0, \cdots, 6)$ 由下式给出：

$$f_0 = \frac{1}{4} \sum C_n^2$$

$$f_1 = 1 - \frac{1}{4} \sum C_n^2 \left(\frac{2\pi n}{a}\right)^2 = 1 - f_6$$

$$f_3 = \frac{1}{4} \sum C_n^2 \frac{1}{\sin^2\alpha} = \frac{f_0}{\sin^2\alpha}$$

$$f_5 = \frac{1}{4} \sum C_n^2 \left(\frac{2\pi n}{a}\right)\left(\frac{2\pi n}{b_0}\right)\sin\alpha$$

$$f_6 = \frac{1}{4} \sum C_n^2 \left(\frac{2\pi n}{a}\right)^2$$

式中，C_n 由式（4.7）定义。

附录2 承受弯矩作用下的双层斜交带束层的公式中的参数

$\Lambda_i(i=0,\cdots,11)$ 可以清晰地表达，如 Λ_0 可以表达为

$$\Lambda_0 = \frac{b^3}{3}\frac{E_f}{E_m a}\cot\alpha\cos^3\alpha + \frac{D_f b}{E_m a}\cot\alpha\cos\alpha(1+\sin^2\alpha)^2 +$$

$$\frac{h_0}{h}\left[\frac{b^2}{3}\left[\frac{a}{2a_m}+\frac{a_f^2}{aa_m}\cot^2\alpha\left\{\begin{array}{l}(1-v_m)+(2\cot^2\alpha+1-v_m)(1+\sin^2\alpha)^2\\-2(1+v_m)(1+\sin^2\alpha)\end{array}\right\}-\right.\right.$$

$$\left.\left.4v_m\frac{a_f}{a}\cot^2\alpha(1+\sin^2\alpha)\right]$$

$$\left.\frac{1}{3}\frac{a_f^2 a_m}{a}\left\{(1-v_m)+2\cot^2\alpha(1+\sin^2\alpha)^2\right\}\right]+$$

$$\left[\frac{b^2}{3}\left[1+\frac{4}{3}f_2+\frac{2}{3}(1-v_m)f_1+\frac{1-v_m}{2}f_0-\frac{4}{3}(1+v_m)\cot^2\alpha(1+\sin^2\alpha)f_3+\right.\right.$$

$$\left\{\frac{4}{3}f_1+\frac{2}{3}(1-v_m)f_2+\frac{1-v_m}{2}f_0\right\}\cot^2\alpha(1+\sin^2\alpha)^2$$

$$\left.\left.h^2 f_0\left\{\frac{2}{3}(1-v_m)+\frac{4}{3}\cot^2\alpha(1+\sin^2\alpha)^2\right\}\right]\right]+$$

式中，$f_i(i=0,\cdots,3)$ 由式（4.114）定义。

备注

备注4.1 螺旋弹簧公式 ［式（4.29）］

下面的公式参考图4.26获得。

拉伸力：$N = P\sin\alpha^*$。

剪切力：$F = P\cos\alpha^*$。

弯曲力矩：$M = RN = PR\sin\alpha^*$。

转矩：$T = RF = PR\cos\alpha^*$。

由转矩 T 产生的应变能 U_T 表示为

$$U_T = \frac{T^2 l}{2GI_p} = \frac{(PR\cos\alpha^*)^2 l}{2GI_p}$$

式中，l 是螺旋弹簧的长度；I_p 是圆形截面的极惯性矩。

由弯矩 M 产生的应变能 U_B 表示为

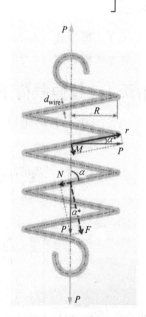

图4.26 螺旋弹簧受力分析

$$U_B = \frac{1}{2EI}\int_0^l M^2 ds = \frac{(PR\sin\alpha^*)^2 l}{2EI}$$

总的应变能 U 为

$$U = U_T + U_B = \frac{P^2 R^2 l}{2}\left(\frac{\cos^2\alpha^*}{GI_p} + \frac{\sin^2\alpha^*}{EI}\right)$$

当螺旋弹簧的伸长量是 δ，由外力 P 所做的功 U 为：$U = P\delta/2$。利用能量守恒定律，可以得到：

$$\delta = PR^2 l\left(\frac{\cos^2\alpha^*}{GI_p} + \frac{\sin^2\alpha^*}{EI}\right)$$

当发生扭转的帘线的根数是 n，螺旋弹簧的刚度 E_f 可以表示为

$$E_f = \frac{nP}{\varepsilon_0} = \frac{nP}{\dfrac{\delta}{l\sin\alpha^*}} = \frac{n\sin\alpha^*}{R^2\left(\dfrac{\cos^2\alpha^*}{GI_p} + \dfrac{\sin^2\alpha^*}{EI}\right)}$$

考虑到 $\alpha = \dfrac{\pi}{2} - \alpha^*$，$E_f$ 可以用下式表示：

$$E_f = \frac{n\cos\alpha}{R^2\left(\dfrac{\sin^2\alpha}{GI_p} + \dfrac{\cos^2\alpha}{EI}\right)}$$

式中，I_p 是圆形截面的极惯性矩，其直径为 d_{wire}；I 是惯性矩。它们的表达式分别为：$I_p = \pi d_{wire}^4/32$，$I = \pi d_{wire}^4/64$。

备注4.2 式（4.31）

平面应变状态的应变能 U_{plane_stress} 表达式为

$$U_{plane\_stress} = \frac{1}{2}(\sigma_x \varepsilon_x + \sigma_y \varepsilon_y + \tau_{xy} \gamma_{xy})$$

$$= \frac{1}{2}\frac{E_m}{1-v_m^2}\left\{(\varepsilon_x^2 + \varepsilon_y^2 + 2v_m \varepsilon_x \varepsilon_y) + \frac{1+v_m}{2}\gamma_{xy}^2\right\}$$

弯曲变形的应变能 $U_{bending}$ 为

$$U_{bending} = \frac{1}{2}(M_x \kappa_x + M_y \kappa_y + 2M_{xy} \kappa_{xy})$$

$$= \frac{D}{2}\{w_{,xx}(w_{,xx} + v_m w_{,yy}) + w_{,yy}(w_{,yy} + v_m w_{,xx}) + 2(1-v_m)w_{,xy}^2\}$$

$$= \frac{D}{2}\{w_{,xx}^2 + w_{,yy}^2 + 2v_m w_{,xx} w_{,yy} + 2(1-v_m)w_{,xy}^2\}$$

$$= \frac{D}{2}\{(\nabla^2 w)^2 - 2(1-v_m)(w_{,xx} w_{,yy} - w_{,xy}^2)\}$$

式中，w 是垂直于板方向的位移；κ_x 和 κ_y 是曲率；κ_{xy} 是扭曲曲率；D 是弯曲刚度，表达式为

$$D = \frac{E_m h_0^3}{12(1-v_m^2)}$$

备注4.3 式（4.36）

在备注4.2中，弯曲变形的应变能可以表示为

$$U_{bending} = \frac{1}{2}(M_x \kappa_x + M_y \kappa_y + 2M_{xy} \kappa_{xy})$$

$$= \frac{D}{2}\{w_{,xx}(w_{,xx} + v_m w_{,yy}) + w_{,yy}(w_{,yy} + v_m w_{,xx}) + 2(1-v_m)w_{,xy}^2\}$$

如果考虑图4.7中的旋转，那么上述公式中的 $w_{,x}$ 和 $w_{,y}$ 必须用下面的关系替代：

$$w_{,x} \Leftrightarrow (\psi_x - w_{,x})$$
$$w_{,y} \Leftrightarrow (\psi_y - w_{,y})$$

考虑到关系式 $\kappa_{x,y} = \{(\psi_x - w_{,x})_{,y} + (\psi_y - w_{,y})_{,x}\}/2$,黏结橡胶层的应变能为

$$U_{\text{bending}} = \frac{1}{2}(M_x \kappa_x + M_y \kappa_y + 2M_{xy} \kappa_{xy})$$

$$= \frac{D}{2}\begin{bmatrix}(\psi_x - w_{,x})_{,x}\{(\psi_x - w_{,x})_{,x} + v_m(\psi_y - w_{,y})_{,y}\} + \\ (\psi_y - w_{,y})_{,y}\{(\psi_y - w_{,y})_{,y} + v_m(\psi_x - w_{,x})_{,x}\} + \\ 2(1-v_m)\left\{\dfrac{(\psi_x - w_{,x})_{,y} + (\psi_y - w_{,y})_{,x}}{2}\right\}^2\end{bmatrix}$$

$$= \frac{E_m(2h)^3}{24(1-v_m^2)}\{w_{,xx}^2 + w_{,yy}^2 + 2v_m w_{,xx} w_{,yy} + 2(1-v_m)w_{,xy}^2\}$$

$$= \frac{E_m h^3}{3(1-v_m^2)}\begin{Bmatrix}(\psi_{x,x} - w_{,xx})^2 + (\psi_{y,y} - w_{,yy})^2 + \\ 2v_m(\psi_{x,x} - w_{,xx})(\psi_{y,y} - w_{,yy}) + \\ \dfrac{(1-v_m)}{2}(\psi_{x,y} + \psi_{y,x} - 2w_{,xy})^2\end{Bmatrix}$$

当只考虑一半厚度的层合板时,应变能只是上式的一半:

$$\frac{U_{\text{bending}}}{2} = \frac{E_m h^3}{6(1-v_m^2)}\begin{Bmatrix}(\psi_{x,x} - w_{,xx})^2 + (\psi_{y,y} - w_{,yy})^2 + \\ 2v_m(\psi_{x,x} - w_{,xx})(\psi_{y,y} - w_{,yy}) + \\ \dfrac{(1-v_m)}{2}(\psi_{x,y} + \psi_{y,x} - 2w_{,xy})^2\end{Bmatrix}$$

备注4.4 式(4.109)

式(4.109)的获得是采用了下面的关系:

$$\int_0^b y\zeta'(s)\mathrm{d}y = -\kappa\cot\alpha(1+\sin^2\alpha)\frac{b^3}{3} - h\sin^2\alpha\int_0^b y\psi'\mathrm{d}y + h\sin\alpha\cos\alpha\int_0^b y\phi'\mathrm{d}y$$

$$\int_0^b \phi'(y)\zeta'(s)\mathrm{d}y = -\kappa\cot\alpha(1+\sin^2\alpha)\int_0^b y\phi'\mathrm{d}y - h\sin^2\alpha\int_0^b \phi'\psi'\mathrm{d}y + h\sin\alpha\cos\alpha\int_0^b \phi'^2\mathrm{d}y$$

$$\int_0^b \psi'(y)\zeta'(s)\mathrm{d}y = -\kappa\cot\alpha(1+\sin^2\alpha)\int_0^b y\psi'\mathrm{d}y - h\sin^2\alpha\int_0^b \psi'^2\mathrm{d}y + h\sin\alpha\cos\alpha\int_0^b \phi'\psi'\mathrm{d}y$$

$$\int_0^b \zeta'^2(s)\mathrm{d}y = \kappa^2\cot^2\alpha(1+\sin^2\alpha)^2\frac{b^3}{3} + \kappa^2\sin^2\alpha\cos^2\alpha\int_0^b \phi'^2\mathrm{d}y +$$

$$2\kappa\cot\alpha(1+\sin^2\alpha)\left\{-h\sin^2\alpha\int_0^b y\psi'\mathrm{d}y + h\sin\alpha\cos\alpha\int_0^b y\phi'\mathrm{d}y\right\}$$

$$\int_0^b \zeta^2(s)\mathrm{d}y = \kappa^2\cos^2\alpha(1+\sin^2\alpha)^2 b + h^2\sin^4\alpha\int_0^b(-\psi''\sin\alpha + \phi\cos\alpha)^2\mathrm{d}y -$$

$$2\kappa\cos\alpha\sin^2\alpha(1+\sin^2\alpha)h\{-\psi'(b)\sin\alpha + \phi'(b)\cos\alpha\}$$

$$\int_0^b y\phi'\mathrm{d}y = b\phi(b) - \int_0^b \phi\mathrm{d}y, \int_0^b y\psi'\mathrm{d}\psi = b\psi(b) - \int_0^b \psi\mathrm{d}y$$

式中,$\phi(y)$ 和 $\psi(y)$ 是关于 y 的奇函数。

参考文献

1. T. Akasaka, Y. Shouyama, Stress analysis of the laminated biased composite strip of discrete cord-rubber system under uniaxial tension, in *Proceedings of the SAMPE* (1987), pp. 381–388
2. R.D. McGinty et al., Analytical solution for the stresses arising in +/− angle ply belts of radial tires. Tire Sci. Technol. **36**(4), 244–274 (2008)

第5章 轮胎的轮廓形状理论

轮胎的轮廓形状理论自20世纪早期就得到了很好的研究,这是因为开发轮胎的轮廓形状理论要比开发轮胎其他部分的设计理论简单,比如胎冠形状、胎圈结构、带束层结构、花纹和材料。在轮廓形状设计理论的开发历史中曾经产生过三种重要的理论:斜交轮胎的自然平衡轮廓理论、子午线轮胎的自然平衡轮廓理论以及终极优化轮廓形状理论,其中终极优化轮廓形状理论结合了有限元方法和结构优化技术。本章将对这些理论和应用分别进行讨论。

5.1 对轮胎轮廓形状的研究

早在20世纪早期就有很多学者对轮胎轮廓形状理论进行了研究,这是因为轮胎胎侧的理论形状相对比较容易确定。据说Schippel[1]第一个研究了斜交轮胎的截面形状。假设可以用椭圆形薄膜来代表轮胎的截面形状,他利用充气压力和轮胎帘线的伸张之间的力的平衡,推导得到了轮胎截面形状方程。他的研究结果表明,当胎体帘线的角度选择如第1.6.3节中所述的特殊方向角(54.7°)时,可以获得圆形的轮胎截面形状。1928年,固特异公司的Day和Purdy[2]开始研究斜交轮胎的截面形状,但是他们的研究成果被保密了很长一段时间,因此,不能准确地确定他们什么时候完成了关于斜交轮胎的断面形状理论研究。其他的轮胎公司看起来好像也在那个时候开始了相同课题的研究。斜交轮胎的这种形状理论称为自然平衡轮廓理论。该理论在轮胎的设计过程中仍然可以当作设计参考。Purdy[3]后来出版了一本非常有名的关于轮胎形状理论的书,这本书是关于轮胎轮廓形状理论的很好的参考资料。

斜交轮胎的轮廓形状理论可以分成3类:网络理论、薄膜理论以及壳理论。在网络理论中,假设由气压导致的薄膜力只由帘线来承担,而橡胶不起作用。在1955年,Hofferberth[4]基于网络理论开发了斜交轮胎的形状理论。Rivlin[5]对相同的课题进行了研究。Walston和Ames[6]在他们的轮胎轮廓形状理论中引入了帘线的伸张。1957年,Biderman[7]利用列线图法提出了轮胎形状的作图法。1959年,Lauterbach和Ames[8]提出了用计算机来进行轮胎形状的设计。非常有意思的是,在那个时期,美国的很多研究者都开始使用计算机来进行轮胎形状的设计和计算,而在俄罗斯仍然主要使用作图法。1963年,Day和Gehman[9]根据帘线不可伸张的假设获得各种平衡轮廓形状,例如帘布层内帘线张力均匀分布的形状,将在第5.2节中详细讨论网络理论。

Robecchi和Amici[10]以及Robecchi[11]和Clark[12]研究了轮胎形状的薄膜理论。轮胎采用由帘线橡胶复合材料制成的薄膜材料来建模。假设帘线的路径如第5.2节中所述,用简明的方程来确定轮胎的断面形状,同时考虑了帘线的伸张对轮胎轮廓形状的影响。

轮胎轮廓形状的壳理论是由Brewer[13]、Bozdog和Olson[14]提出来的,采用数字方法求解一组普通的微分方程。壳理论包括弯曲刚度,因此应用在有较大弯曲刚度的轮胎中,例如非公路轮胎和具有多个帘布层的飞机轮胎。

具有带束层的子午线轮胎的轮廓形状问题在于它的超静定性,因为它在斜交胎的基本方程中加入了带束层的自由度约束。Bohm[15]通过在带束层和胎体帘线之间引入压力分担率的概念解决了这个问题。宽度方向的带束层张力分布假设是抛物线形式,计算得到的轮胎形状与测量结果吻合很好。Frank[16]通过设定胎冠中心的带束层曲率半径来自动地计算压力分担率和子午线轮胎的断面形状。计算得到的带束层张力在宽度方向上是矩形的,而不是抛物线形的。Akasaka和Sakai[17]先假设带束层的张力分布在宽度方向上是矩形的,然后计算得到了子午线轮胎的断面形状。Koutny[18-19]通过在保持帘线长度不变的情况下使气腔体积最大化推导得到了子午线轮胎的平衡方程。

与给定带束层张力分布的情况下利用平衡方程求解自然平衡轮廓的形状相比,Yamagishi等[20]提出了非自然平衡轮廓形状,它允许对带束层或帘布层的张力分布进行控制。他们的研究表明,采用非自然平衡轮廓可以同时提高带束层的张力和胎圈部位帘布层的张力,从而同时提高乘用子午线轮胎的操纵性、磨耗和滚动阻力性能。Ogawa等[21]利用相同的思想进行货车/公交车子午线轮胎的设计,可以同时提高耐久性能和滚动阻力性能。Yamagishi 和 Ogawa 的方法是有局限性的,他们不能唯一确定轮胎轮廓形状,因为没有建立起计算轮胎轮廓形状的式和计算流程。Nakajima等[22]克服了这个局限,开发了终极轮胎形状设计理论,该设计理论综合了有限元方法和结构优化方法,利用这个设计理论,一旦确定了轮胎的性能设计目标,就可以得到优化后的轮胎轮廓形状。而且,只要定义了合适的目标函数和约束,这个理论可以适用于具备各种性能的各种类型的轮胎。

如前所述,在轮胎轮廓形状的研究中产生了三种重要的设计理论:斜交轮胎的自然平衡轮廓理论[2]、子午线轮胎的自然平衡轮廓理论[15,17]、终极优化轮胎形状理论[22]。

5.2 基于网络模型的自然平衡轮廓理论

5.2.1 自然平衡轮廓理论的基本方程

斜交轮胎的截面形状用图 5.1 中的参数来定义,胎体帘线的张力 T 可以表示为

$$T = pR \tag{5.1}$$

式中,p 是轮胎充气压力;R 是胎体帘线上某点的曲率半径。因为在网络模型中张力只能由帘线来提供,因此单根帘线的张力 t_c 可以表示为

$$t_c = T/n_r = pR/n_r \tag{5.2}$$

式中,n_r 是单层帘布单位宽度的帘线根数与帘布层数的乘积。

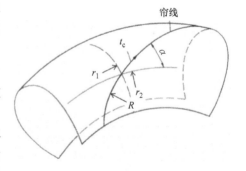

图 5.2 给出了轮胎截面的坐标系,它用两个曲率半径来表示,即最小的半径 r_1 和最大的半径 r_2(称为主半径),r_1 和 r_2 分别是子午线方向(截面内)和周向的曲率半径。与两个主曲率半径相切的向量是相互垂直的。α 是帘线与圆周方向的夹角。在图 5.1 中,根据微分几何学的欧拉定理,可以得到曲率半径 R 的表达式:

图 5.1 斜交轮胎的帘线角和其他参数

$$1/R = \sin^2\alpha/r_1 + \cos^2\alpha/r_2 \tag{5.3}$$

根据图 5.2,将 $r_2 = r/\sin\phi$ 代入到式(5.3)中,可以得到:

$$1/R = \sin^2\alpha/r_1 + \cos^2\alpha\sin\phi/r \tag{5.4}$$

将式(5.4)代入到式(5.2),可以得到:

$$\frac{p}{t_c n_r} = \frac{\sin^2\alpha}{r_1} + \frac{\cos^2\alpha}{r}\sin\phi \tag{5.5}$$

根据图 5.3,在从半径 r_C 到 r 的圆环带上作用有气压 p,在 z 方向上,气压和帘线的张力 $t_c\sin\alpha$ 之间的力平衡关系可以表示为

$$\pi p(r^2 - r_C^2) = t_c N \sin\alpha \sin\phi \quad (5.6)$$

式中，N 是轮胎上胎体帘线的总根数，可以表示为

$$N = 2\pi r n_r \sin\alpha \quad (5.7)$$

利用式（5.6）和式（5.7）消去式（5.5）中的 t_c 和 n_r，可以得到下面的公式：

$$\frac{2r}{r^2 - r_C^2} = \frac{1}{r_1 \sin\phi} + \frac{\cot^2\alpha}{r} \quad (5.8)$$

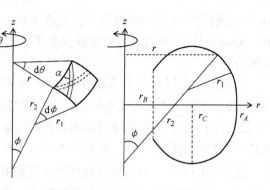

图 5.2 轮胎截面的坐标系

在图 5.3 的 $r-z$ 坐标系的第一个象限（$r \geq 0$，$z \geq 0$）中，可以得到下面的公式：

$$r_1 = -\frac{[1 + z'(r)^2]^{3/2}}{z''(r)}$$

$$\sin\phi = -\frac{\mathrm{d}z}{\sqrt{\mathrm{d}r^2 + \mathrm{d}z^2}} = -\frac{z'(r)}{\sqrt{1 + z'^2(r)}} = \frac{r}{r_2} \quad (5.9)$$

式中，$z'(r)$ 表示为

$$z'(r) = \mathrm{d}z(r)/\mathrm{d}r \quad (5.10)$$

将式（5.9）的两个方程代入到式（5.8）中，得到：

$$\frac{z''}{(1 + z'^2)z'} = \frac{2r}{r^2 - r_C^2} - \frac{\cot^2\alpha}{r} \quad (5.11)$$

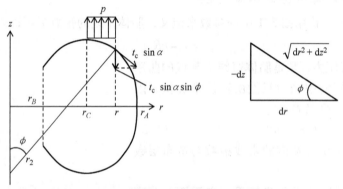

图 5.3 充气压力 p 和帘线张力 t_c 的平衡

将式（5.11）重新整理得到：

$$\frac{2r\mathrm{d}r}{r^2 - r_C^2} = \frac{\mathrm{d}z'}{(1 + z'^2)z'} + \frac{\cot^2\alpha}{r}\mathrm{d}r \quad (5.12)$$

将式（5.12）对 r 进行积分，我们得到式（5.13）[⊖]。

$$r^2 - r_C^2 = C \frac{z'}{\sqrt{1 + z'^2}} \exp\left(\int_{r_{\mathrm{ref}}}^{r} \frac{\cot^2\alpha}{r} \mathrm{d}r\right) \quad (5.13)$$

式中，r_{ref} 是用来确定积分区间的任一点；C 是积分常数，可以用边界条件来确定，这个边界条件就是在式（5.13）中，当 $r = r_A$ 时，$z'_A \to -\infty$。

$$r_A^2 - r_C^2 = -C \exp\left(\int_{r_{\mathrm{ref}}}^{r_A} \frac{\cot^2\alpha}{r} \mathrm{d}r\right) \quad (5.14)$$

⊖ 备注 5.1。

将根据式（5.14）得到的积分常数 C 代入到式（5.13）中，可以得到：

$$\frac{r^2 - r_C^2}{r_A^2 - r_C^2} = -\frac{z'}{\sqrt{1+z'^2}} \exp\left(\int_{r_A}^{r} \frac{\cot^2\alpha}{r} dr\right) \tag{5.15}$$

式（5.15）可以被重新写为

$$-\frac{z'}{\sqrt{1+z'^2}} = \frac{A}{B} \quad (=\sin\phi) \tag{5.16}$$

式中，

$$A = (r^2 - r_C^2)\exp\left(\int_{r}^{r_A} \frac{\cot^2\alpha}{r} dr\right)$$
$$B = r_A^2 - r_C^2 \tag{5.17}$$

式（5.16）可以被重新写为

$$z' = -\frac{A}{\sqrt{B^2 - A^2}} \tag{5.18}$$

考虑到条件 $z(r_A)=0$，式（5.18）的积分结果为

$$z(r) = \int_{r}^{r_A} \frac{A}{\sqrt{B^2 - A^2}} dr \tag{5.19}$$

因为式（5.9）中的曲率半径 r_1 是由 $r_1 = B/(dA/dr)$ 确定的，那么在轮胎的截面上 r_1 可以用下面的表达式表示[○]：

$$r_1 = \frac{B}{dA/dr} = \frac{r(r_A^2 - r_C^2)}{2r^2 + (r^2 - r_C^2)\cot^2\alpha} \exp\left(-\int_{r}^{r_A} \frac{\cot^2\alpha}{r} dr\right) \tag{5.20}$$

参考图5.4，轮胎截面内的线单元 ds 定义为

$$ds = (dr^2 + dz^2)^{1/2} = (1 + z'^2)^{1/2} dr \tag{5.21}$$

将式（5.18）代入到式（5.21）中，得到：

$$ds = \frac{B}{\sqrt{B^2 - A^2}} dr \tag{5.22}$$

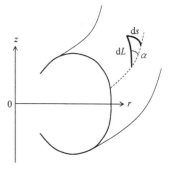

图5.4 帘线的长度

如图5.4所示，沿着帘线方向的线单元的长度 dL 可以定义为 $dL = ds/\sin\alpha$。利用式（5.22），帘线的长度 L 为

$$L = 2\int_{r_B}^{r_A} dL = 2\int_{r_B}^{r_A} \frac{dL}{ds}\frac{ds}{dr} dr = \int_{r_B}^{r_A} \frac{B/\sin\alpha}{\sqrt{B^2 - A^2}} dr \tag{5.23}$$

式（5.17）中 A 的表达式中 $\int_{r}^{r_A} \frac{\cot^2\alpha}{r} dr$ 可以随着帘线的路径或者函数 $\alpha(r)$ 的定义而确定下来。斜交轮胎的帘线路径用一个简单的方程不能清晰地表达，因为它取决于材料、制造工艺和其他因素。带有典型帘线路径的轮胎形状将在下面的章节中进行详细综述。

5.2.2 呈现菱形变形的帘线路径的自然平衡轮廓

图5.5给出了硫化后轮胎的胎体帘线路径、在成型鼓上的帘布层以及帘线的菱形单元。当生胎坯在成型鼓上被充气时，它变成了硫化后轮胎的形状，帘布层的帘线角度随着半径由 r_{drum} 变为 r_{cure} 而发生变化。帘线单元的菱形变化是基于如下的两个假设：帘线不可伸长和两层帘布的帘

○ 备注5.2。

线交点不发生滑移。只要是帘线的模量比橡胶基体的模量大很多，帘线路径的菱形变化特点就可以应用于其他多种的橡胶复合材料产品，并且与实测结果吻合很好。比如菱形变形的特点就可以应用于斜交轮胎的胎体和子午线轮胎的带束层。

参考图 5.5，圆周方向上菱形形状的帘线长度与该位置处的半径成一定比例。这个比例关系可以表示为

$$r_{\text{cure}}/\cos\alpha_{\text{cure}} = r_{\text{drum}}/\cos\alpha_{\text{drum}} = \text{const.} \ominus \tag{5.24}$$

式中，α_{drum} 是成型鼓上半径为 r_{drum} 位置处的帘线方向角，如图 5.5b 所示；α_{cure} 是硫化后轮胎上半径为 r_{cure} 位置处的帘线方向角，如图 5.5a 所示。如果在变形的过程中帘线的伸长率是 C_t，也就是现在的长度与初始长度的比值，那么式（5.24）可以重新写为 $\ominus$

$$r_{\text{cure}}/(C_t \cos\alpha_{\text{cure}}) = r_{\text{drum}}/\cos\alpha_{\text{drum}} \tag{5.25}$$

假设图 5.5 中半径为 r_A 处帘线的方向角为 α_A，利用式（5.24）和式（5.25），那么半径为 r 处的方向角 α 可以用下面的式计算：

$$r_A/\cos\alpha_A = r/\cos\alpha \tag{5.26}$$

$$r_A/(C_t \cos\alpha_A) = r/\cos\alpha \tag{5.27}$$

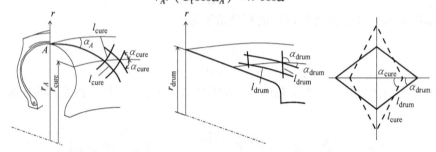

a) 硫化后轮胎　　　　b) 成型鼓上的帘布层　　　　c) 帘线的菱形单元

图 5.5　硫化后轮胎的胎体帘线路径、在成型鼓上的帘布层以及帘线的菱形单元
（经 TST 授权，摘自文献 [10]）

我们基于帘线不可伸张的假设来推导轮胎的轮廓形状，用式（5.26）来消去式（5.17）中的第一个式中的角度 α，可以得到下面的式：

$$\begin{aligned} A &= (r^2 - r_C^2) \exp\left(\int_r^{r_A} \frac{r\cos^2\alpha_A}{r_A^2 - r^2\cos^2\alpha_A} \mathrm{d}r \right) \\ &= (r^2 - r_C^2) \exp\left\{ -\frac{1}{2} |\log(r_A^2 - r^2\cos^2\alpha_A)|_r^{r_A} \right\} \\ &= (r^2 - r_C^2) \frac{(r_A^2 - r^2\cos^2\alpha_A)^{1/2}}{r_A \sin\alpha_A} \end{aligned} \tag{5.28}$$

将式（5.28）和式（5.17）中的第二个式代入到式（5.18）中，可以得到式（5.29）$\ominus$。

$$z(r) = \int_r^{r_A} \frac{(r^2 - r_C^2)(r_A^2 - r^2\cos^2\alpha_A)^{1/2}}{[(r_A^2 - r_C^2)^2 r_A^2 \sin^2\alpha_A - (r^2 - r_C^2)^2(r_A^2 - r^2\cos^2\alpha_A)]^{1/2}} \mathrm{d}r \tag{5.29}$$

利用式（5.20）和式（5.28），可以得到轮胎截面内的半径 r_1 的表达式为

$$r_1 = \frac{(r_A^2 - r_C^2) r_A \sin\alpha_A (r_A^2 - r^2\cos^2\alpha_A)^{1/2}}{r\{2r_A^2 - (3r^2 - r_C^2)\cos^2\alpha_A\}} \tag{5.30}$$

$\ominus$　const. 表示常数。

$\ominus$　问题 5.1。

$\ominus$　问题 5.2。

设式 (5.29) 中的分母的平方用 y 来代表，考虑到在 $r = r_A$ 的地方满足 $y = 0$，y 可以分解为

$$y = (r_A^2 - r_C^2)^2 r_A^2 \sin^2\alpha_A - (r^2 - r_C^2)^2 (r_A^2 - r^2 \cos^2\alpha_A) \tag{5.31}$$
$$= (r^2 - r_A^2)(r^2 - r_\alpha^2)(r^2 - r_\beta^2) \cos^2\alpha_A$$

式中[⊖]，

$$(r_\alpha^2, r_\beta^2) = [(r_A^2 \tan^2\alpha_A + 2r_C^2) \pm r_A \tan\alpha_A \{r_A^2 \tan^2\alpha_A + 4(r_A^2 - r_C^2)\}^{1/2}]/2 \tag{5.32}$$

如果下式成立，则 r_α 和 r_β 都为实数：

$$r_A^2 \leq r_C^2 (1 + 1/\sin\alpha_A) \tag{5.33}$$

图 5.6 表明轮胎的轮廓形状可以在 $r_\beta \leq r \leq r_A$ 和 $r_\alpha \leq r \leq r_A/\cos\alpha_A$ 的范围内确定。例如，如果下式成立，则 dz/dr 将不会是一个实数。

$$r^2 > r_A^2 / \cos^2\alpha_A \tag{5.34}$$

注意，考虑到式 (5.29)，在 $r = r_\alpha$、r_A 和 r_β 处，dz/dr 将等于 $\pm\infty$，而当 $r = r_C$ 和 $r_A/\cos\alpha_A$ 的位置处，dz/dz 将等于 0。

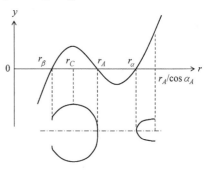

图 5.6　斜交轮胎的形状理论

5.2.3　斜交轮胎的自然平衡轮廓理论

如图 5.7 所示，设胎体轮廓线在胎冠中心经过点 A，点 C 是断面最宽点，点 B 是轮辋法兰上的点。因为在式 (5.29) 中用来确定胎体轮廓的参数是 r_A、r_C 和 α_A，所以我们只能获得经过点 $A(r_A, 0)$ 的胎体轮廓。为了获得通过点 $B(r_B, z_B)$ 和通过点 $C(r_C, z_C)$ 的胎体轮廓，我们必须采用迭代程序，通过迭代程序不断变换 r_C 和 α_A 的值，直到胎体轮廓曲线能够通过点 B 和点 C 为止。

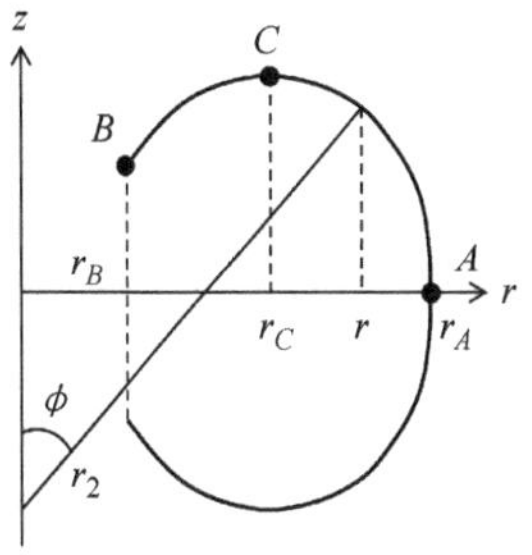

在实际使用中确定 B 的位置是困难的，Sakai[23] 因此使用了轮胎的轮廓与轮辋法兰圆同心的圆弧相切的条件，只是因为考虑到子口胶厚度和一半的胶芯宽度，这个圆弧的半径要大于轮辋法兰的半径，如图 5.8 所示。

图 5.7　轮胎轮廓截面形状

式 (5.29) 的积分范围从胎冠中心的点 A 开始，但是被积函数在 A 点会变得无限大，Sakai 因此提出了在靠近 A 点的部分被积函数可以用半径为 r_{1A} 的圆来近似，可以用式 (5.30) 根据 $r = r_A$ 的条件来计算 r_{1A}。在 $0 \leq z \leq z_1$ 的范围内，胎体轮廓可以用这个圆近似，z_1 由下式给出：

$$z_1 = r_{1A} \sin\eta_1 \tag{5.35}$$

式中，η_1 大约 0.1rad。在胎冠中心附近的圆的形状表达式为[⊖]

$$r = r_A + \sqrt{r_{1A}^2 - z^2} - r_{1A} \quad 0 \leq z \leq z_1 \tag{5.36}$$

在 z_1 处的半径 $\bar{r}_A$ 可以表示为

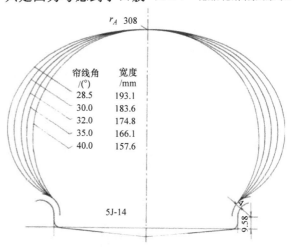

帘线角 /(°)	宽度 /mm
28.5	193.1
30.0	183.6
32.0	174.8
35.0	166.1
40.0	157.6

图 5.8　具有不同 α_A 的斜交轮胎胎体轮廓形状
（经 Guranpuri – Shuppan 授权，摘自文献 [23]）

⊖ 参见问题 5.2。

⊖ 备注 5.3。

$$\bar{r}_A = r_A + \sqrt{r_{1A}^2 - z_1^2} - r_{1A} \tag{5.37}$$

当 $r \leqslant \bar{r}_A$ 时，可以按下面的公式进行积分：

$$z = z_1 + \int_{r_A}^{r} \frac{(r_C^2 - r^2)(r_A^2 - r^2\cos^2\alpha_A)^{1/2}}{[(r_A^2 - r_C^2)^2 r_A^2 \sin^2\alpha_A - (r^2 - r_C^2)^2(r_A^2 - r^2\cos^2\alpha_A)]^{1/2}} dr \tag{5.38}$$

在式（5.38）中，三个参数 r_A、r_C 和 α_A 确定了轮胎的胎体轮廓。通过对 r_C 和 α_A 的不断迭代可以计算出经过点 B 和点 C 的胎体轮廓的形状。

图 5.8 给出了具有不同 α_A 的斜交轮胎胎体轮廓形状，目标轮胎规格是 6.95 – 14，轮辋的规格是 5J – 14。为了获得 6.95 – 14 的轮廓形状，帘线的方向角 α_A 必须在 35°左右。如果我们采用了更大的方向角，则轮胎断面宽就会变得比较窄，如果采用了一个较小的角，则轮胎就会变得比较宽。

如果帘线是不可伸长的，则式（5.29）中定义的胎体轮廓在轮胎充气过程中不会变形。因此，如果帘线是不可伸张的，则充气状态下不会产生应力和应变。这个胎体轮廓称为自然平衡轮廓。固特异轮胎橡胶公司在 20 世纪 60 年代采用这种自然平衡轮廓，设计和应用了低扁平率的赛车胎。因为在接下来的几年中其他的竞争对手也开发了类似的轮胎，所以固特异公司把这个概念进行了推广，为了使胎冠形状不同于自然平衡轮廓形状，他们特别设计了下沉式胎冠[23]，并且赢得了很多比赛。这种故意将胎体轮廓设计得与自然平衡轮廓不同的设计方法，从概念上说与接下来要在 5.6 节中讨论的非自然平衡轮廓理念相似。

这种故意将胎体轮廓设计得与自然平衡轮廓不同的下沉式胎冠设计理念也曾被应用于货车/公交车轮胎的设计中。如果轮胎的宽度设计得比自然平衡轮廓大，轮胎的半径设计得比自然平衡轮廓小，那么轮胎充气时，由于菱形变形，轮胎在圆周方向上会被拉伸，而宽度方向上被压缩。这种变形导致轮胎纵向沟的底部在横向上处于受压缩的状态，从而导致纵向沟槽容易发生花纹沟底裂。非自然平衡轮廓的另外一个例子是轮胎的胎体轮廓与加载状态的轮廓相似[23]。这种轮胎的断面宽度比自然平衡轮廓的宽度稍大。因为加载的过程中轮胎的应力和应变减小，所以其滚动阻力性能和耐久性能将会得到提高。

5.2.4　没有带束层的子午线轮胎的自然平衡轮廓理论

将 $\alpha = \alpha_A = 90°$ 代入到式（5.23）和式（5.29），那么没有带束层的子午线轮胎的胎体形状和帘线的长度可以用式（5.39)⊖和式（5.40）计算。

$$z(r) \int_r^{r_A} \frac{r^2 - r_C^2}{\sqrt{(r_A^2 - r_C^2)^2 - (r^2 - r_C^2)^2}} dr = \int_r^{r_A} \frac{r^2 - r_C^2}{\sqrt{(r_A^2 - r^2)(r_A^2 + r^2 - 2r_C^2)}} dr \tag{5.39}$$

$$L = 2(r_A^2 - r_C^2) \int_{r_B}^{r_A} \frac{1}{\sqrt{(r_A^2 - r_C^2)^2 - (r^2 - r_C^2)^2}} dr$$

$$= 2(r_A^2 - r_C^2) \int_{r_B}^{r_A} \frac{1}{\sqrt{(r_A^2 - r^2)(r_A^2 + r^2 - 2r_C^2)}} dr \tag{5.40}$$

因为在式（5.39）和式（5.40）的分母中 $r_A^2 - r^2$ 始终是正的，两个方程的求解由 $r_A^2 + r^2 - 2r_C^2$ 的符号来决定。我们可以用椭圆形积分的形式来表达两个方程，示例如下：

1. 当 $r_A^2 - 2r_C^2 < 0$ 时

式（5.39）中的分母变为

⊖　问题 5.3。

$$r_A^2 + r^2 - 2r_C^2 = 2(r_A^2 - r_C^2) - (r_A^2 - r^2) \tag{5.41}$$

引入下面的参数：

$$\theta(r) = \sin^{-1}\left[\frac{r_A^2 - r^2}{2(r_A^2 - r_C^2)}\right]^{1/2}$$

$$k = \frac{[2(r_A^2 - r_C^2)]^{1/2}}{r_A} < 1 \tag{5.42}$$

$$\theta_B = \theta(r_B)$$

利用式（5.42），r^2 可以表示为

$$r^2 = r_A^2(1 - k^2\sin^2\theta) \tag{5.43}$$

将式（5.43）代入到式（5.39）和式（5.40）可以得到式（5.44）[⊖]。

$$z(r) = r_A E(\theta, k) - \frac{r_C^2}{r_A} F(\theta, k) \tag{5.44}$$

$$L = 2\frac{r_A^2 - r_C^2}{r_A} F(\theta_B, k)$$

这里，$F(\theta, k)$ 和 $E(\theta, k)$ 分别为第一和第二类椭圆积分：

$$F(\theta, k) = \int_0^\theta \frac{1}{\sqrt{1 - k^2\sin^2\theta}} d\theta$$

$$E(\theta, k) = \int_0^\theta \sqrt{1 - k^2\sin^2\theta} d\theta \tag{5.45}$$

式（5.44）与 Day 和 Gehman 推导出的方程是一样的。

将 $\alpha = 90°$ 代入到式（5.20）中，可以得到曲率半径 r_1：

$$r_1 = (r_A^2 - r_C^2)/(2r) \tag{5.46}$$

2. 当 $r_A^2 - 2r_C^2 \geq 0$ 时

引入下面的参数：

$$r = r_A \cos\psi \tag{5.47}$$

$$k' = \sqrt{\frac{r_A^2}{2(r_A^2 - r_C^2)}} < 1$$

式（5.39）的分母转化为

$$r_A^2 + r^2 - 2r_C^2 = 2(r_A^2 - r_C^2)(1 - k'^2\sin^2\psi) \tag{5.48}$$

将式（5.48）代入到式（5.39）和式（5.40）中得到：

$$z(r) = \sqrt{2(r_A^2 - r_C^2)} E(\psi, k') - \sqrt{\frac{r_A^2 - r_C^2}{2}} F(\psi, k') \tag{5.49}$$

$$L = 2\sqrt{\frac{r_A^2 - r_C^2}{2}} F(\psi_B, k')$$

利用式（5.44）和式（5.49），Kabe[24]在给定轮辋点半径 r_B（= 165mm），给定两个半径的比值 r_A/r_B，给定胎体帘线长度 L（= 360mm）的情况下计算得到了各种轮胎胎体轮廓形状。图5.9中的虚线和实线分别代表情形1（$2r_C^2 > r_A^2$）和情形2（$2r_C^2 \leq r_A^2$）的结果。在 $r_A^2 = 2r_C^2$ 的时候 r_A/r_B

⊖ 问题5.3。

的值取得最大值。例如，图 5.9 表明对于给定的 r_A 和 r_B 的值，有两个胎体轮廓线满足关系式 $r_A/r_B = 1.8$，并且 $L/2 = 180\text{mm}^{[24]}$。如图 5.10 所示，其中一个胎体轮廓线满足 $r_C/r_B = 1.23$，而另一个满足 $r_C/r_B = 1.43$。

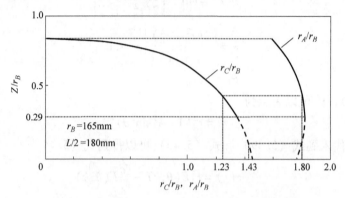

图 5.9　在给定的 r_A、r_B 和 L 情况下的胎体轮廓[24]

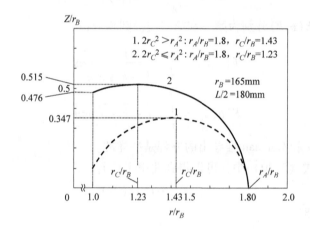

图 5.10　在给定的 r_A/r_B 和 L 的情况下两个胎体轮廓[24]

5.2.5　带有测地线特征的自然平衡轮廓理论

测地线的帘线轨迹可以表示为⊖

$$r\cos\alpha = r_A\cos\alpha_A \tag{5.50}$$

子午线轮胎的帘线轨迹是测地线或短程线（Geodesic Line）特殊情形。测地线的特征是最小的材料成本，单层帘布上均一化的张力分布以及不同帘布层之间剪应力为 0。这些特性我们将在 5.3 节中进行讨论。然而，这样的胎体轮廓在现有制造工艺下是难以实现的，因为成型鼓上需要特定的帘线路径。

将式（5.50）代入到式（5.17）中得到⊖：

$$A = \frac{(r^2 - r_C^2)r\sin\alpha_A}{(r^2 - r_A^2\cos^2\alpha_A)^{1/2}} \tag{5.51}$$

将式（5.51）代入到式（5.19）中得到：

⊖　备注 5.4。

⊖　问题 5.4。

$$z(r) = \int_r^{r_A} \frac{(r^2 - r_C^2) r \sin\alpha_A}{\{(r_A^2 - r_C^2)^2 (r^2 - r_A^2 \cos^2\alpha_A) - (r^2 - r_C^2)^2 r^2 \sin^2\alpha_A\}^{1/2}} dr \tag{5.52}$$

将式（5.52）代入到式（5.20）可以得到[注]：

$$r_1 = \frac{(r_A^2 - r_C^2)(r^2 - r_A^2 \cos^2\alpha_A)^{3/2}}{\sin\alpha_A (2r^4 - 3r^2 r_A^2 \cos^2\alpha_A + r_A^2 r_C^2 \cos^2\alpha_A)} \tag{5.53}$$

图 5.11 给出了具有测地线帘线轨迹的胎体轮廓和缩放变形的胎体轮廓的对比。

5.2.6 具有其他帘线轨迹的自然平衡轮廓理论

Walston 和 Ames 研究了各种不同帘线轨迹的胎体轮廓以及它们对于轮胎性能的影响。合成的轨迹在胎圈区域按照缩放路径的曲线，在胎冠区域按照测地线的轨迹。合成的轨迹与两层尼龙斜交胎的测量结果非常吻合。其他的帘线轨迹如下。

余切轨迹定义为

$$r/\cot^n \alpha = \text{const} \tag{5.54}$$

一层帘布中有相同的帘线角度的斜航轨迹定义为

$$\alpha = \text{const} \tag{5.55}$$

二次方轨迹定义为

$$r^2/\cos\alpha = \text{const} \tag{5.56}$$

图 5.12 比较了斜交轮胎各种胎体帘线轨迹。因为测地线轨迹是沿着从胎圈到胎圈的最短路径的，它有我们期望的最大的胎冠角度。斜航轨迹线胎体帘线的角度小于测地线帘线的角度，但是比缩放轨迹线的角度要大。二次方轨迹线的胎体帘线允许从胎圈到胎冠的帘线角度出现最大的变化。

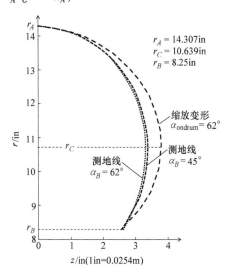

图 5.11 具有测地线帘线轨迹的胎体轮廓和缩放变形的胎体轮廓的对比

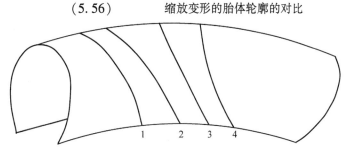

图 5.12 斜交轮胎各种胎体帘线轨迹比较
1—二次方 2—缩放 3—斜航 4—测地线

Walston 和 Ames 研究了各种帘线轨迹对性能提高的影响。大胎冠角的优点是胎体帘线的强度高、减振效果好、胎面橡胶的抗弯曲能力强。小胎冠角的优点是有利于提高侧向稳定性，有利于减少胎面磨耗以及可以降低生热，见表 5.1，表 5.1 表明二次方帘线轨迹的轮胎性能接近子午线轮胎，但是当帘线的轨迹稍微有变化时，可能其性能就达不到子午线轮胎的效果。

表 5.1 胎体帘线轨迹对轮胎性能的影响（基准轮胎：缩放路径）

帘线轨迹	性能					帘线角度	
	磨耗	热	爆胎	舒适性	稳定性	胎冠	胎圈
测地线	不好	平均水平	好	平均水平	不好	高	高
斜航	平均水平	平均水平	好	好	平均水平	高	相同
二次方	好	好	好	好	好	低	高

㊀ 问题 5.4。

5.2.7 离心力作用下的斜交轮胎的自然平衡轮廓

Walter[25]和Robecchi以及Amici研究了处于离心力作用下的斜交轮胎的胎体轮廓。Walter将胎侧看作是各向异性的薄膜，计算得到的胎体轮廓和帘线张力与斜交轮胎在1600r/min转速下的测量结果吻合很好。

5.3 胎体轮廓对轮胎性能的影响

5.3.1 胎体轮廓对帘线张力的影响

参考图5.13，式（5.16）和式（5.18）可以重新写为

$$\left(\frac{dr}{dz}\right)^2 = \frac{B^2 - A^2}{A^2} = \cot^2\phi$$

$$\sin\phi = \frac{A}{B} \tag{5.57}$$

利用式（5.6）和式（5.17），帘线的张力 t_c 表示为

$$t_c = \frac{\pi p}{N} \frac{r - r_C^2}{\sin\alpha} \frac{1}{\sin\phi} = \frac{\pi p}{N} \frac{r^2 - r_C^2}{\sin\alpha} \frac{B}{A} = \frac{\pi p}{N} \frac{r_A^2 - r_C^2}{\sin\alpha} \exp\left(-\int_r^{r_A} \frac{\cot^2\alpha}{r} dr\right) \tag{5.58}$$

式（5.58）中的帘线张力 t_c 取决于帘线的轨迹的种类，表5.2 中给出了各种帘线轨迹下的帘线张力 t_c，对于缩放轨迹帘线来说，帘线张力随着半径 r 而改变，但是对于测地线轨迹和子午线轨迹来说是均匀的。

帘线张力的最大值与帘线的耐久性能有关。缩放轨迹线的帘线张力的最大值 t_c^{max} 在胎冠中心位置处（$r = r_A$）：

$$t_c^{max} = \frac{\pi p}{N} \frac{r_A^2 - r_C^2}{\sin\alpha_A} \tag{5.59}$$

帘线的安全系数等于帘线的静态破断应力除以计算得到的帘线最大应力。为了达到安全系数要求，帘线的密度或者帘线的总根数 N 以及帘线的最大破断应力是重要的设计参数。

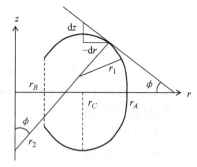

图5.13 胎体轮廓和帘线张力

表5.2 各种帘线轨迹下的帘线张力

帘线轨迹		帘线张力 t_c
缩放	$\dfrac{r}{\cos\alpha} = \dfrac{r_A}{\cos\alpha_A}$	$\dfrac{\pi p}{N} \dfrac{r_A^2 (r_A^2 - r_C^2)}{r_A^2 - r^2\cos^2\alpha_A} \dfrac{\sin\alpha_A}{}$（非常数）
子午线	$\alpha = \alpha_A = 90°$	$\dfrac{\pi p}{N} (r_A^2 - r_C^2)$（常数）
测地线	$r\cos\alpha = r_A\cos\alpha_A$	$\dfrac{\pi p}{N} \dfrac{r_A^2 - r_C^2}{\sin\alpha_A}$（常数）

5.3.2 胎体轮廓对胎圈张力的影响

根据图5.14，在胎圈位置，帘线在 r 方向的张力 t_B 为 $t_B\cos\phi_B\sin\alpha_B$。胎圈处每单位长度的帘线力（张力）$q$ 表示为

$$q = Nt_B\cos\phi_B\sin\alpha_B / (2\pi r_B) \tag{5.60}$$

参考图 5.14 的右图，帘线张力 q 与胎圈钢丝张力 T_B 的力平衡方程为

$$T_B = qr_B = Nt_B\cos\phi_B\sin\alpha_B/(2\pi) \qquad (5.61)$$

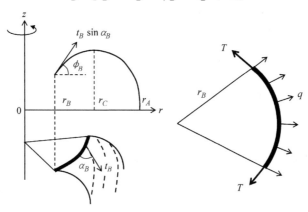

图 5.14　胎体轮廓和胎圈张力

将 $r = r_B$ 代入到式（5.6），胎圈处的帘线张力 t_B 表示为

$$t_B = \frac{\pi p(r_C^2 - r_B^2)}{N\sin\alpha_B\sin\phi_B} \qquad (5.62)$$

将式（5.62）代入到式（5.61），可以得到钢丝圈的张力 T_B

$$T_B = p(r_C^2 - r_B^2)\cot\phi_B/2 \qquad (5.63)$$

从式（5.57）可以得到：

$$\cot\phi_B = \sqrt{B^2 - A^2}/A \big|_{r=r_B} \qquad (5.64)$$

利用式（5.17）和式（5.64），式（5.63）可以重新写为

$$T_B = \frac{p}{2}(r_C^2 - r_B^2)\frac{\sqrt{B^2-A^2}}{A}\bigg|_{r=r_B}$$
$$= \frac{p}{2}\left[(r_C^2 - r_A^2)^2\exp\left(-2\int_{r_B}^{r_A}\frac{\cot^2\alpha}{r}dr\right) - (r_C^2 - r_B^2)^2\right]^{1/2} \qquad (5.65)$$

胎圈钢丝张力 T_B 也依赖于胎体帘线的轨迹，不同胎体帘线轨迹下的胎圈钢丝张力 T_B 的表达式见表 5.3。胎圈钢丝的安全系数定义为胎圈钢丝的静态破断应力与胎圈钢丝承受的最大应力的比值，这可以用胎圈钢丝的最大张力计算。对于轿车轮胎来说，胎圈钢丝的安全系数一般小于 10。

表 5.3　不同胎体帘线轨迹下胎圈钢丝张力 T_B 的表达式

帘线轨迹		胎圈钢丝张力 T_B
缩放	$\dfrac{r}{\cos\alpha} = \dfrac{r_A}{\cos\alpha_A}$	$\dfrac{p}{2}\left\{(r_C^2 - r_A^2)^2 \dfrac{r_A^2\sin^2\alpha_A}{r_A^2 - r_B^2\cos^2\alpha_A} - (r_C^2 - r_B^2)^2\right\}^{1/2}$
子午线	$\alpha = \alpha_A = 90°$	$\dfrac{p}{2}\{(r_C^2 - r_A^2)^2 - (r_C^2 - r_B^2)^2\}^{1/2}$
测地线	$r\cos\alpha = r_A\cos\alpha_A$	$\dfrac{p}{2}\{(r_C^2 - r_A^2)^2 - (r_C^2 - r_B^2)^2\}^{1/2}$

5.3.3　胎体轮廓对斜交胎层间剪应力的影响

根据图 5.15，作用在斜交层合材料之间的层间剪应力 τ_C 是通过圆环上的微单元不会发生绕

着 z 轴的旋转的边界条件来确定的。由帘线张力 t_c 导致的绕 z 轴的力矩与由层间剪应力 τ_C 导致的转矩相平衡的条件可以用下式表示：

$$Nd(t_c\cos\alpha r)/ds = r\tau_C 2\pi r \qquad (5.66)$$

式中，N 是帘线的总根数。利用式（5.22），我们可以得到：

$$\frac{d}{ds} = \frac{d}{dr}\frac{dr}{ds} = \frac{\sqrt{B^2-A^2}}{B}\frac{d}{dr} \qquad (5.67)$$

利用式（5.67），式（5.66）可以重新写为

$$\tau_C = \frac{N}{2\pi r^2}\frac{\sqrt{B^2-A^2}}{B}\frac{d}{dr}(t_c r\cos\alpha) \qquad (5.68)$$

利用式（5.58）消去式（5.68）中的 t_c 可以得到：

$$\tau_C = \frac{\sqrt{B^2-A^2}}{A}\frac{p}{2}\frac{r^2-r_C^2}{r^2}\cosec^2\alpha\left[\cot\alpha - r\frac{d\alpha}{dr}\right] \qquad (5.69)$$

式中，p 是气压。

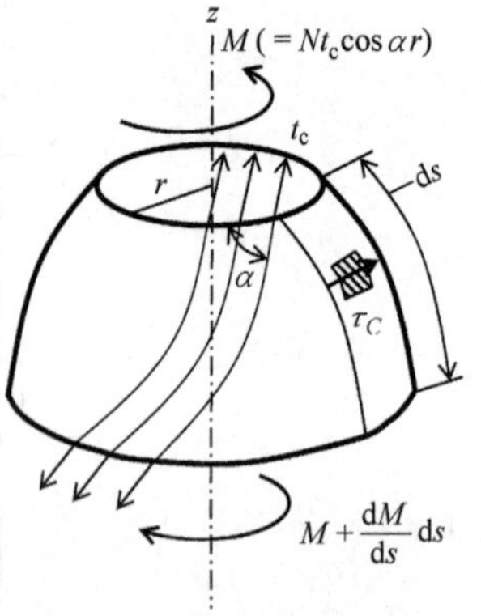

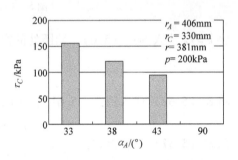

图 5.15　胎体轮廓和层间剪应力

式（5.69）中的层间剪应力 τ_C 也依赖于帘线的轨迹，各种帘线轨迹的层间剪应力 τ_C 见表 5.4。缩放轨迹会产生层间剪应力，然而子午线和测地线帘线轨迹层间剪应力为 0。图 5.16 中给出了缩放轨迹下层间剪应力 τ_C 随着帘线角度 α_A 的变化。计算过程中的参数分别是：$r_A = 406\text{mm}$，$r_C = 330\text{mm}$，$r = 381\text{mm}$，$p = 200\text{kPa}$。从图中看到，层间剪应力对帘线角度非常敏感。

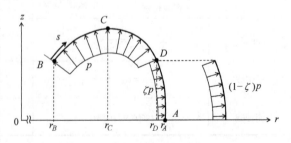

图 5.16　缩放轨迹下层间剪应力随帘线角度的变化

表 5.4　各种帘线轨迹的层间剪应力

帘线轨迹		层间剪应力
缩放	$\dfrac{r}{\cos\alpha} = \dfrac{r_A}{\cos\alpha_A}$	$\dfrac{p}{r}\dfrac{(r^2-r_C^2)}{(r_A^2-r^2\cos^2\alpha)^{3/2}}r_A\cos\alpha_A\left\{\dfrac{(r_C^2-r_A^2)^2}{(r_C^2-r^2)^2}\dfrac{r_A^2\sin^2\alpha}{r_A^2-r^2\cos^2\alpha_A}-1\right\}$
子午线	$\alpha = \alpha_A = 90°$	0
测地线	$r\cos\alpha = r_A\cos\alpha_A$	0

5.4　带束子午线轮胎的胎体自然平衡轮廓理论

5.4.1　具有均匀压力分担特性的带束子午线轮胎的基本方程

在 5.2.4 中我们讨论了没有带束层的子午线轮胎的胎体轮廓理论。在本节中，我们讨论具有带束层的子午线轮胎胎体轮廓，在这种结构中，轮胎的气压分别被胎体和带束层承担。为了确定带束子午线轮胎的胎体轮廓，我们需要引入一个附加的参数，也就是子午线胎体的压力分担率。当子午线胎体的压力分担率 ζ 在宽度方向上均匀分布时，它的受力图如图 5.17 所示。

图 5.17　带束子午线轮胎的受力图

每根帘线所占的空间角度 $\Delta\theta$ 可以表示为

$$\Delta\theta = 2\pi/N \equiv 1/n \tag{5.70}$$

式中，N 是胎体帘线一个圆周上的总根数；n 是单位弧度上的帘线根数。注意 n 的定义与 5.2 节中的 n_r 的定义不同。n 是常数，n_r 是随着半径 r 而改变的数。参考图 5.18，在一个微单元体与曲面垂直的力平衡可以表示为

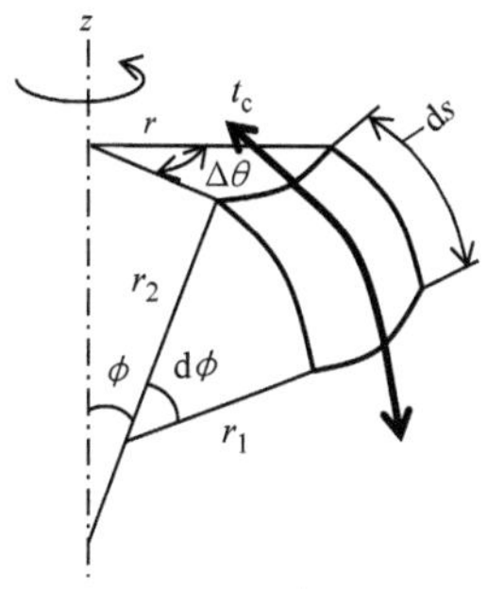

图 5.18　微单元体与曲面垂直的力平衡

$$t_c d\phi = p(s)\Delta\theta r ds \Rightarrow t_c d\phi/ds = p(s)2\pi r/N = p(s)r/n \tag{5.71}$$

式中，t_c 是单根帘线的张力；$p(s)$是胎体帘线分担的压力。

式（5.9）的第一个方程可以写为

$$\frac{d\phi}{dr} = \frac{1}{r_1} = -\frac{z''(r)}{[1+z'(r)^2]^{3/2}} \tag{5.72}$$

将式（5.72）代入到式（5.71）中，可以得到：

$$-\frac{z''(r)}{[1+z'(r)^2]^{3/2}} = \frac{p(s)}{nt_c}r \tag{5.73}$$

考虑到 $z'(r_C)=0$，对式（5.73）进行积分，得到：

$$-\frac{z'}{(1+z'^2)^{1/2}} = \int_{r_C}^{r}\frac{p(s)}{nt_c}r dr \tag{5.74}$$

考虑到在 $r_D \leqslant r \leqslant r_A$ 范围内满足 $p(s)=\zeta p$，而在 $r \leqslant r_D$ 范围内满足 $p(s)=p$。对式（5.74）的右侧进行积分，我们得到：

$$\begin{aligned} r_D \leqslant r \leqslant r_A: \int_{r_C}^{r}\frac{p(s)}{nt_c}r dr &= \int_{r_C}^{r_D}\frac{p}{nt_c}r dr + \int_{r_D}^{r}\frac{\zeta p}{nt_c}r dr \\ &= \frac{p}{2nt_c}[(r_D^2 - r_C^2) + \zeta(r^2 - r_D^2)] \\ r \leqslant r_D: \int_{r_C}^{r}\frac{p(s)}{nt_c}r dr &= \frac{p}{2nt_c}(r^2 - r_C^2) \end{aligned} \tag{5.75}$$

将 $r=r_A$ 代入到式（5.74）中，利用条件 $z'(r_A)\to-\infty$，可以得到：

$$\int_{r_C}^{r_A}\frac{p(s)}{nt_c}r dr = 1 \tag{5.76}$$

将 $r=r_A$ 代入到式（5.75）的第一个方程中，利用式（5.76），得到帘线张力 t_c 的表达式为

$$t_c = \frac{p}{2n}[(r_D^2 - r_C^2) + \zeta(r_A^2 - r_D^2)] = \frac{\pi p}{N}[(r_D^2 - r_C^2) + \zeta(r_A^2 - r_D^2)] \tag{5.77}$$

将式（5.77）代入到式（5.75），利用式（5.74），则 z'的表达式为

$$\begin{aligned} r_D \leqslant r \leqslant r_A: -z'(r) &= \frac{(r_D^2 - r_C^2) + \zeta(r^2 - r_D^2)}{\sqrt{[(r_D^2 - r_C^2) + \zeta(r_A^2 - r_D^2)]^2 - [(r_D^2 - r_C^2) + \zeta(r^2 - r_D^2)]^2}} \\ r \leqslant r_D: -z'(r) &= \frac{r^2 - r_C^2}{\sqrt{[(r_D^2 - r_C^2) + \zeta(r_A^2 - r_D^2)]^2 - (r^2 - r_C^2)^2}} \end{aligned} \tag{5.78}$$

将式（5.78）从 r_A 积分到 r，利用 $z(r_A)=0$ 的条件，可以得到：

$$r_D \leqslant r \leqslant r_A : z = \int_r^{r_A} \frac{(r_D^2 - r_C^2) + \zeta(r^2 - r_D^2)}{\sqrt{[(r_D^2 - r_C^2) + \zeta(r_A^2 - r_D^2)]^2 - [(r_D^2 - r_C^2) + \zeta(r^2 - r_D^2)]^2}} dr$$

$$r \leqslant r_D : z = \int_{r_D}^{r_A} \frac{(r_D^2 - r_C^2) + \zeta(r^2 - r_D^2)}{\sqrt{[(r_D^2 - r_C^2) + \zeta(r_A^2 - r_D^2)]^2 - [(r_D^2 - r_C^2) + \zeta(r^2 - r_D^2)]^2}} dr +$$

$$\int_r^{r_D} \frac{r^2 - r_C^2}{\sqrt{[(r_D^2 - r_C^2) + \zeta(r_A^2 - r_D^2)]^2 - (r^2 - r_C^2)^2}} dr$$

(5.79)

图 5.19 将根据式（5.79）计算得到的胎体轮廓线和测量得到的轮廓线进行了对比，轮胎规格是 175SR14，可以看出，计算得到的胎体轮廓曲线在胎圈部位与测量结果吻合不好。造成这个问题的原因可能是胎体轮廓理论没有考虑到胶芯的弯曲刚度。

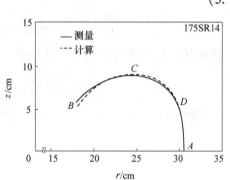

图 5.19　胎体轮廓线的测量结果和计算结果的比较

5.4.2　带束子午线轮胎的胎体帘线长度

带束子午线轮胎的胎体帘线的长度可以利用式（5.78）计算。帘线的长度 $L = 2(L_1 + L_2)$，其中的 L_1 为从 A 点到 D 点的长度，L_2 为从 D 点到 B 点的长度。

1）在 $r_D \leqslant r \leqslant r_A$ 区间内的帘线长度：

$$L_1 = \int_{r_D}^{r_A} \sqrt{1 + z'^2} dr = \int_{r_D}^{r_A} \frac{r_E^2 - r_C^2}{\zeta \sqrt{(r_A^2 - r^2)\left(\frac{r_F^2 - 2r_C^2}{\zeta} + r^2\right)}} dr \quad (5.80)$$

$$r_E^2 = \zeta r_A^2 + (1 - \zeta) r_D^2, \quad r_F^2 = \zeta r_A^2 + 2(1 - \zeta) r_D^2$$

2）在 $r \leqslant r_D$ 区间内的帘线长度：

$$L_2 = \int_{r_B}^{r_D} \sqrt{1 + z'^2} dr = \int_{r_B}^{r_D} \frac{r_E^2 - r_C^2}{\sqrt{(r_E^2 - r^2)(r_E^2 - 2r_C^2 + r^2)}} dr \quad (5.81)$$

5.5　带束轮胎的一般形状理论

5.5.1　带束轮胎自然平衡轮廓理论的一般方程

1. 带束轮胎通用自然平衡轮廓理论的基本方程

带束轮胎即包括带束子午线轮胎，也包括带束斜交轮胎，它们的一般性的自然平衡轮廓理论是由 Kabe 发展起来的。胎体帘线的压力分担函数 $\zeta(r)$ 在宽度方向上任意的，如图 5.20 所示。

帘线的曲率半径 R 用式（5.4）表示，胎体帘线的张力 t_c 表示为

$$t_c = \frac{\zeta(r) p R}{n_r} \begin{cases} r \leqslant r_D & \zeta = 1 \\ r_D \leqslant r \leqslant r_A & 0 < \zeta(r) \leqslant 1 \end{cases} \quad (5.82)$$

式中，$\zeta(r)$ 是半径 r 的函数；p 是轮胎气压；n_r 是单层胎体单位宽度的帘线根数与胎体层数的乘积。

根据图 5.3 和图 5.20，当 r 位于 r_D 和 r_A 之间时，充气压力 p 和帘线的张力 t_c 之间在 z 方向的平衡关系为

$$2\pi p \int_{r_C}^{r_D} r \mathrm{d}r + 2\pi p \int_{r_D}^{r} \zeta(r) r \mathrm{d}r = t_c N \sin\alpha \sin\phi \tag{5.83}$$

式中，N 是帘线圆周方向的总根数，它由式（5.7）给出；α 是帘线与周向的夹角。利用式（5.82）和式（5.4）消去 R，可以得到：

$$\frac{p\zeta}{t_c n_r} = \frac{\sin^2\alpha}{r_1} + \frac{\cos^2\alpha}{r}\sin\phi \tag{5.84}$$

利用式（5.83）、式（5.7）和式（5.9），从式（5.84）中消去 t_c、r_1 和 n_r，可得到[①]：

$$\frac{z''}{(1+z'^2)z'} = \frac{\zeta(r)r}{\int_{r_C}^{r_D} r\mathrm{d}r + \int_{r_D}^{r}\zeta(r)r\mathrm{d}r} - \frac{\cot^2\alpha}{r} \tag{5.85}$$

式（5.85）可以写成与式（5.12）类似的形式：

$$\frac{\zeta(r)r\mathrm{d}r}{\int_{r_C}^{r_D} r\mathrm{d}r + \int_{r_D}^{r}\zeta(r)r\mathrm{d}r} = \frac{\mathrm{d}z'}{(1+z'^2)z'} + \frac{\cot^2\alpha}{r}\mathrm{d}r \tag{5.86}$$

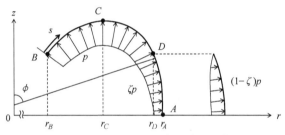

图 5.20　具有任意压力分担率的带束轮胎的胎体轮廓一般理论

对式（5.86）进行进一步的整理可以得到与式（5.14）类似的方程[②]：

$$(r_D^2 - r_C^2) + 2\int_{r_D}^{r}\zeta(r)r\mathrm{d}r = C\frac{z'}{\sqrt{1+z'^2}}\exp\left(\int_{r_A}^{r}\frac{\cot^2\alpha}{r}\mathrm{d}r\right) \tag{5.87}$$

应用边界条件 $z'(r_A) \to -\infty$，可以确定积分常数 C：

$$(r_D^2 - r_C^2) + 2\int_{r_D}^{r_A}\zeta(r)r\mathrm{d}r = -C \tag{5.88}$$

利用式（5.88）消去式（5.87）中的常数 C，可以得到：

$$\frac{(r_D^2 - r_C^2) + 2\int_{r_D}^{r}\zeta(r)r\mathrm{d}r}{(r_D^2 - r_C^2) + 2\int_{r_D}^{r_A}\zeta(r)r\mathrm{d}r} = -\frac{z'}{\sqrt{1+z'^2}}\exp\left(\int_{r_A}^{r}\frac{\cot^2\alpha}{r}\mathrm{d}r\right) \quad (r_D \leqslant r)$$

$$\frac{(r^2 - r_C^2)}{(r_D^2 - r_C^2) + 2\int_{r_D}^{r_A}\zeta(r)r\mathrm{d}r} = -\frac{z'}{\sqrt{1+z'^2}}\exp\left(\int_{r_A}^{r}\frac{\cot^2\alpha}{r}\mathrm{d}t\right) \quad (r < r_D) \tag{5.89}$$

将式（5.89）重新整理，可以得到类似式（5.16）的方程：

---

① 问题 5.6。

② 问题 5.7。

$$-\frac{z'}{\sqrt{1+z'^2}} = \frac{A}{B} \quad (=\sin\phi) \tag{5.90}$$

式中，

$$A = \left\{(r_D^2 - r_C^2) + 2\int_{r_D}^{r}\zeta(r)r\mathrm{d}r\right\}\exp\left(\int_{r}^{r_A}\frac{\cot^2\alpha}{r}\mathrm{d}r\right) \tag{5.91}$$

$$B = (r_D^2 - r_C^2) + 2\int_{r_D}^{r_A}\zeta(r)r\mathrm{d}r$$

轮胎的胎体轮廓表示为

$$z(r) = \int_{r}^{r_A}\frac{A}{\sqrt{B^2 - A^2}}\mathrm{d}r \tag{5.92}$$

与式（5.20）相同，断面内的胎体曲率半径 r_1 可以表示为

$$r_1 = \frac{B}{\mathrm{d}A/\mathrm{d}r} = \frac{r\left\{(r_D^2 - r_C^2) + 2\int_{r_D}^{r_A}\zeta(r)r\mathrm{d}r\right\}}{2\zeta r^2 - \left\{(r_D^2 - r_C^2) + 2\int_{r_D}^{r}\zeta(r)r\mathrm{d}r\right\}\cot^2\alpha} \times$$

$$\exp\left(\int_{r}^{r_A}\frac{\cot^2\alpha}{r}\mathrm{d}r\right) \quad (r_D \leq r) \tag{5.93}$$

如果确定了帘线轨迹，$f(r)$ 可以写成简明的形式：

$$f(r) = \int_{r}^{r_A}\frac{\cot^2\alpha}{r}\mathrm{d}r \tag{5.94}$$

用式（5.25）表示的缩放帘线轨迹重写为

$$r/\cos\alpha = C_t r_B/\cos\beta \tag{5.95}$$

式中，C_t 是帘线伸长率；β 是胎坯的帘线角度。将式（5.95）代入到式（5.94）的第一个方程中，消去 α，可以得到：

$$f(r) = \int_{r}^{r_A}\frac{\cot^2\alpha}{r}\mathrm{d}r = \log\left(\frac{r_B^2 C_t^2 - r^2\cos^2\beta}{r_B^2 C_t^2 - r_A^2\cos^2\beta}\right)^{1/2} \tag{5.96}$$

2. 具有均匀压力分担和帘线伸张的带束斜交轮胎的自然平衡轮廓

作为第 5.5.1 节的第 1 部分所讨论的问题的一个特例，假设胎体帘布层所分担的压力和胎体帘布层的伸长沿着帘线方向是均匀的，即

$$\zeta(r) = \zeta_0 \quad (\text{常数}) \tag{5.97}$$

将式（5.96）和式（5.97）代入到式（5.91）中，可以得到：

$$A = \left\{(r_D^2 - r_C^2) + \zeta_0(r^2 - r_D^2)\right\}\left(\frac{r_B^2 C_t^2 - r^2\cos^2\beta}{r_B^2 C_t^2 - r_A^2\cos^2\beta}\right)^{1/2} \quad r_D \leq r$$

$$= (r^2 - r_C^2)\left(\frac{r_B^2 C_t^2 - r^2\cos^2\beta}{r_B^2 C_t^2 - r_A^2\cos^2\beta}\right)^{1/2} \quad r < r_D \tag{5.98}$$

$$B = (r_D^2 - r_C^2) + \zeta_0(r_A^2 - r_D^2)$$

将式 (5.98) 代入到式 (5.92) 中，可以得到：

$$z = \int_r^{r_A} \frac{\{(r_D^2 - r_C^2) + \zeta_0(r^2 - r_D^2)\}(r_B^2 C_t^2 - r^2\cos^2\beta)^{1/2}}{[\{(r_D^2 - r_C^2) + \zeta_0(r_A^2 - r_D^2)\}^2(r_B^2 C_t^2 - r_A^2\cos^2\beta) - \{(r_D^2 - r_C^2) + \zeta_0(r^2 - r_D^2)\}^2(r_B^2 C_t^2 - r^2\cos^2\beta)]^{1/2}}dr$$

$(r_D \leq r \leq r_A)$

(5.99)

$$z = \int_r^{r_D} \frac{(r^2 - r_C^2)(r_B^2 C_t^2 - r^2\cos^2\beta)^{1/2}}{[\{(r_D^2 - r_C^2) + \zeta_0(r_A^2 - r_D^2)\}^2(r_B^2 C_t^2 - r_A^2\cos^2\beta) - (r^2 - r_C^2)^2(r_B^2 C_t^2 - r^2\cos^2\beta)]^{1/2}}dr +$$

$$\int_{r_D}^{r_A} \frac{\{(r_D^2 - r_C^2) + \zeta_0(r^2 - r_D^2)\}(r_B^2 C_t^2 - r^2\cos^2\beta)^{1/2}}{[\{(r_D^2 - r_C^2) + \zeta_0(r_A^2 - r_D^2)\}^2(r_B^2 C_t^2 - r_A^2\cos^2\beta) - \{(r_D^2 - r_C^2) + \zeta_0(r^2 - r_D^2)\}^2(r_B^2 C_t^2 - r^2\cos^2\beta)]^{1/2}}dr$$

$(r \leq r_D)$

(5.100)

利用式 (5.83)，帘线的张力 t_c 可以表示为

$$t_c = \frac{\pi p}{N\sin\alpha\sin\phi}[(r_D^2 - r_C^2) + \zeta_0(r^2 - r_D^2)] \tag{5.101}$$

利用式 (5.90)、式 (5.91) 和式 (5.95)，式 (5.101) 重新写成：

$$t_c = \frac{\pi p}{N} \frac{r_B C_t (r_B^2 C_t^2 - r_A^2\cos^2\beta)^{1/2}}{r_B^2 C_t^2 - r^2\cos^2\beta} \{(r_D^2 - r_C^2) + \zeta_0(r_A^2 - r_D^2)\} \tag{5.102}$$

3. 考虑帘线拉伸情况下的斜交轮胎的自然平衡轮廓举例

因为斜交轮胎没有带束层，所以气压仅由斜交轮胎的胎体来承担。那么胎体承担的压力分担率就是 1，也就是：

$$\zeta(r) = 1 \tag{5.103}$$

将式 (5.103) 代入到式 (5.99) 和式 (5.100) 中，得到：

$$z = \int_r^{r_A} \frac{(r^2 - r_C^2)(r_B^2 C_t^2 - r^2\cos^2\beta)^{1/2}}{[(r_A^2 - r_C^2)^2(r_B^2 C_t^2 - r_A^2\cos^2\beta) - (r^2 - r_C^2)^2(r_B^2 C_t^2 - r^2\cos^2\beta)]^{1/2}}dr \tag{5.104}$$

将式 (5.103) 代入到式 (5.102)，帘线的张力 t_c 可以表示为

$$t_c = \frac{\pi p}{N} \frac{r_B C_t (r_B^2 C_t^2 - r_A^2\cos^2\beta)^{1/2}}{r_B^2 C_t^2 - r^2\cos^2\beta} (r_A^2 - r_C^2) \tag{5.105}$$

Hofferberth 的推导表明，式 (5.104) 和式 (5.105) 是相同的。

我们考虑一个实际的斜交轮胎 5.60-13 的例子。它的控制参数是 $r_A = 292$mm，$r_C = 228$mm，$r_B = 165$mm，$\beta = 62°$，$C_t = 1.03$。图 5.21 给出了采用式 (5.104) 计算得到的不同斜交胎体帘线角度下的斜交轮胎的胎体轮廓线，其中帘线的角度 β 与控制胎相比有一些变化。当 β 的角度增加时，轮胎的断面高度会增加，而 r_C 的位置会随着角度的增加而向下移动。图 5.22 给出了当改变 r_C 的位置后采用式 (5.104) 计算得到的斜交轮胎的轮廓，随着 r_C 的增加，断面宽度下降。

4. 带束斜交轮胎和带束子午线轮胎的胎体轮廓举例

带束斜交轮胎的胎体轮廓可以利用通用的带束轮胎的理论进行分析。带束斜交轮胎的胎体和带束层是斜交分布的。假设压力分担率函数 $\zeta(r)$ 相对于半径 r 来说是抛物线分布的，即

$$\zeta(r) = 1 - \zeta_A\left\{1 - \left(\frac{r - r_A}{r_A - r_D}\right)^2\right\} \tag{5.106}$$

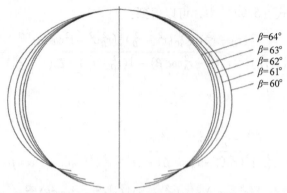

图 5.21　不同斜交胎体帘线角度下的斜交轮胎的胎体轮廓线（其中控制胎的规格是 5.60 – 13）[24]

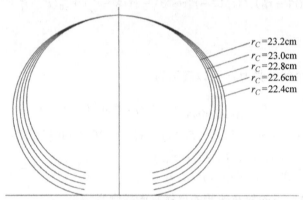

图 5.22　改变 r_C 的位置后采用式（5.104）计算得到的斜交轮胎的轮廓[24]

式中，ζ_A 是带束层在胎冠中心的 A 点的压力分担率。

图 5.23 给出了带束斜交轮胎 5.60 – 13 在不同的带束压力分担率 ζ_A 下的胎体轮廓形状。$\zeta_A = 0$ 表示轮胎没有带束层，这就是典型的斜交轮胎。随着带束层压力分担率 ζ_A 的增大，轮胎的胎冠被带束层约束，胎体轮廓向外扩展，逐渐变得像低高宽比的轮胎胎体形状。计算中所用到的参数为：$r_A = 309\mathrm{mm}$，$r_D = 299\mathrm{mm}$，$r_C = 239\mathrm{mm}$，$r_B = 165\mathrm{mm}$，$\beta = 65°$，$C_t = 1.03$。

图 5.24 给出了不同压力分担率下带束子午线轮胎 175SR14 的胎体轮廓形状。带束子午线轮胎是带束斜交轮胎的特殊情形。计算用到的参数为：$r_A = 305\mathrm{mm}$，$r_D = 294\mathrm{mm}$，$r_C = 242\mathrm{mm}$，$r_B = 178\mathrm{mm}$，$C_t = 1.03$。

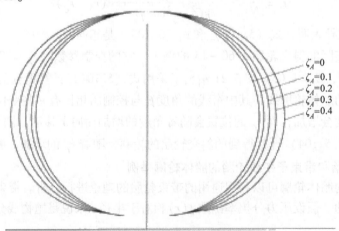

图 5.23　带束斜交轮胎 5.60 – 13 在不同的带束压力分担率 ζ_A 下的胎体轮廓形状[24]

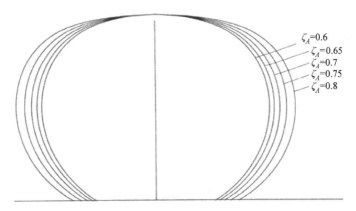

图 5.24　不同压力分担率下带束子午线轮胎 175SR14 的胎体轮廓形状

与带束斜交轮胎的结果类似，随着带束层压力分担率 ζ_A 的增大，轮胎的胎冠被带束层约束，胎体轮廓向外扩展，逐渐变得像低高宽比的轮胎胎体形状。图 5.25 给出了断面最宽点 r_C 值在不同位置情况下的胎体轮廓。随着 r_C 位置的下移，ζ_A 增加，胎体轮廓的形状向着低高宽比的方向发展。

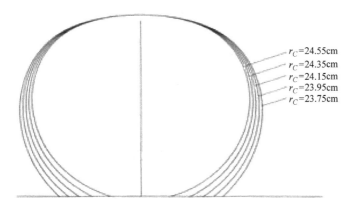

图 5.25　断面最宽点 r_C 值在不同位置情况下的胎体轮廓（175SR14）

5.5.2　胎冠和胎圈都具有压力分担的子午线轮胎的胎体轮廓

1. 基本方程

Sakai 通过在胎冠和胎圈区域都引入了压力分担的概念而进一步提出了带束子午线轮胎的胎体轮廓理论。之所以进一步发展这个理论，是因为如图 5.19 所示，采用前述的理论计算得到的胎体轮廓与实际测量的轮廓在胎圈附近有偏离。

参考图 5.26，带束层的压力分担率函数 $\zeta_{\text{belt}}(\equiv 1-\zeta)$ 表示为半径 r 的函数[⊖]：

$$\zeta_{\text{belt}} = \zeta_{\text{belt0}} - a\frac{r_A - r}{r_A - r_D} \tag{5.107}$$

式中，当 $a=0$ 时表示均匀的压力分担。在胎冠中心位置 $\zeta_{\text{belt}} = \zeta_{\text{belt0}}$，在带束层端点压力分担率函数为 $\zeta_{\text{belt}} = \zeta_{\text{belt0}} - a$。$a$ 的取值在 $0 \sim \zeta_{\text{belt0}}$ 之间。

注意到式（5.107）中的压力分担率函数可以大致被看作是关于 z 的抛物线函数。a 的值小于 ζ_{belt0}，因为如图 3.9 所示，在拉伸载荷的作用下在带束层端部复合材料的周向应力 σ_x 不等于

⊖　备注 5.5。

0。对于低高宽比的轮胎来说,它的带束层压力分担率函数在带束层的端部大于通常轮胎的带束层端部的压力分担率函数,式(5.107)因此可以重新写成[⊖]:

$$\zeta_{belt} = \zeta_{belt0} - a\left(\frac{r_A - r}{r_A - r_D}\right)^2 \tag{5.108}$$

式(5.108)的压力分担函数是关于 z 的二次方函数。

参考图5.27,胎圈部位用来表示胶芯压力分担率函数 $\zeta_{bead}(\equiv 1 - \zeta)$,也可以表示为半径 r 的函数。

$$\zeta_{bead} = \zeta_{bead0} = \frac{r_E - r}{r_E - r_B} \tag{5.109}$$

式中,在胎圈的 r_B 点位置,$\zeta_{bead} = \zeta_{bead0}$;$r_E$ 是胶芯上端点的曲率半径。因为 r_B 点位置不容易确定,Sakai 提出了一个条件,那就是胎体轮廓和与轮辋法兰轮廓同心的圆弧相切,该圆弧的半径因为考虑到子口胶厚度和胶芯的厚度一半,比轮辋法兰的半径大,这些可以参考图5.8。假设 ζ_{bead} 从 r_E 到 r_B 是线性增加或者线性减少的。如果式(5.109)中的 $\zeta_{bead} > 0$ 是成立的,那么在胎圈区域胎体轮廓的曲率半径就是较大的,这是因为三角胶芯分担了部分气压。同时,当式(5.109)中的 $\zeta_{bead} < 0$ 的时候,胎圈区域的胎体轮廓的曲率半径将会变小。

参考图5.28,对于子午线轮胎来说,利用式(5.7)和式(5.82)以及 $\alpha = 90°$ 的关系,我们得到下面的公式:

$$Nt_c/(2\pi r) = p\zeta r_1 \tag{5.110}$$

式中,r_1 是轮胎断面的主曲率半径;ζ 是胎体的压力分担率,它是半径 r 的函数,在带束层区域有 $\zeta = 1 - \zeta_{belt}$,而在胎圈区域有 $\zeta = 1 - \zeta_{bead}$,在其他区域 $\zeta = 1$。

将 $\alpha = 90°$ 代入到式(5.91)中,胎体轮廓曲线可以用式(5.92)表示如下:

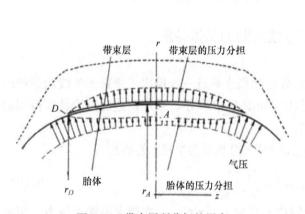

图5.26 带束层所分担的压力
注:该图取自文献[23]。

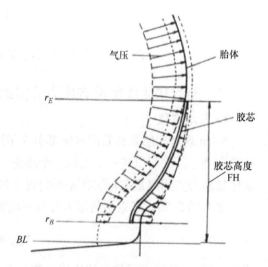

图5.27 三角胶芯的压力分担(正值的情况)
注:该图取自文献[23]。

1)从点 D 到点 A 之间的胎体轮廓($r_D \leq r \leq r_A$)。

⊖ 见附录。

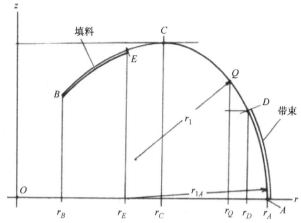

图 5.28 带束子午线轮胎的胎体轮廓

注：该图摘自文献 [23]。

$$A = 2\int_{r_C}^{r_D} r\,dr + 2\int_{r_D}^{r} \zeta(r)r\,dr = (r_D^2 - r_C^2) + 2\int_{r_D}^{r}(1-\zeta_{\text{belt}})r\,dr$$

$$= r_D^2 - r_C^2 + \left(1 - \zeta_{\text{belt0}} + \frac{ar_A}{r_A - r_D}\right)(r^2 - r_D^2) - \frac{2a}{3}\frac{r^3 - r_D^3}{r_A - r_D} \quad (5.111)$$

$$B = 2\int_{r_C}^{r_D} r\,dr + 2\int_{r_D}^{r_A} \zeta(r)r\,dr = (r_D^2 - r_C^2) + 2\int_{r_D}^{r_A}(1-\zeta_{\text{belt}})r\,dr$$

$$= r_D^2 - r_C^2 + \left(1 - \zeta_{\text{belt0}} + \frac{ar_A}{r_A - r_D}\right)(r_A^2 - r_D^2) - \frac{2a}{3}\frac{r_A^3 - r_D^3}{r_A - r_D}$$

2) 从点 E 到点 D 之间的胎体轮廓（$r_E \leq r \leq r_D$）。

由 $\zeta_{\text{belt}} = 0$ 得到：

$$A = 2\int_{r_C}^{r} r\,dr = r^2 - r_C^2 \quad (5.112)$$

B 由式 (5.111) 的第二个公式来定义。

3) 从点 B 到点 E 的胎体轮廓（$r_B \leq r \leq r_E$）。

$$A = 2\int_{r_C}^{r_E} r\,dr + 2\int_{r_E}^{r} \zeta(r)r\,dr = r_E^2 - r_C^2 + 2\int_{r_E}^{r}(1-\zeta_{\text{bead}})r\,dr$$

$$= r_E^2 - r_C^2 + \left(1 - \frac{\zeta_{\text{bead0}}r_E}{r_E - r_B}\right)(r^2 - r_E^2) + \frac{2\zeta_{\text{bead0}}}{3}\frac{r^3 - r_E^3}{r_E - r_B} \quad (5.113)$$

B 由方程组 (5.111) 的第二个公式确定。

2. 胎体轮廓和胎体帘线张力计算公式

基于式 (5.90)，带束轮胎的轮廓 $z(r)$ 的表达式可以用式 (5.92) 表示，将式 (5.111)、式 (5.112) 和式 (5.113) 代入到式 (5.92) 中，得到下面的结果：

1) 从点 D 到点 A 的胎体轮廓（$r_D \leq r \leq r_A$）。

$$z(r) = \int_{r}^{r_A} \frac{A_1}{\sqrt{B^2 - A_1^2}}\,dr \quad (5.114)$$

式中，
$$A_1 = r_D^2 - r_C^2 + \left(1 - \zeta_{\text{belt0}} + \frac{ar_A}{r_A - r_D}\right)(r^2 - r_D^2) - \frac{2a}{3}\frac{r^3 - r_D^3}{r_A - r_D}$$

$$B = r_D^2 - r_C^2 + \left(1 - \zeta_{\text{belt0}} + \frac{ar_A}{r_A - r_D}\right)(r_A^2 - r_D^2) - \frac{2a}{3}\frac{r_A^3 - r_D^3}{r_A - r_D} \tag{5.115}$$

注意，式（5.115）中的被积函数在 A 点（$r = r_A$）会变得无穷大，因此 Sakai 提出在 A 点附近，被积函数可以用式（5.30）计算出的半径为 r_{1A} 的圆弧来代替，就如同在 5.2.3 节中讨论的一样。

2）从 E 点到 D 点的胎体轮廓（$r_E \leq r \leq r_D$）。

$$z(r) = \int_{r_D}^{r_A} \frac{A_1}{\sqrt{B^2 - A_1^2}} \mathrm{d}r + \int_{r}^{r_D} \frac{A_2}{\sqrt{B^2 - A_2^2}} \mathrm{d}r \tag{5.116}$$

式中，
$$A_2 = (r^2 - r_C^2) \tag{5.117}$$

3）从 B 点到 E 点的胎体轮廓（$r_B \leq r \leq r_E$）。

$$z(r) = \int_{r_D}^{r_A} \frac{A_1}{\sqrt{B^2 - A_1^2}} \mathrm{d}r + \int_{r_E}^{r_D} \frac{A_2}{\sqrt{B^2 - A_2^2}} \mathrm{d}r + \int_{r}^{r_E} \frac{A_3}{\sqrt{B^2 - A_3^2}} \mathrm{d}r \tag{5.118}$$

式中，
$$A_3 = r_E^2 - r_C^2 + \left(1 - \frac{\zeta_{\text{bead0}} r_E}{r_E - r_B}\right)(r^2 - r_E^2) + \frac{2\zeta_{\text{bead0}}}{3}\frac{r^3 - r_E^3}{r_E - r_B} \tag{5.119}$$

将帘线的角度 $\alpha = 90°$ 代入到式（5.83）中，可以计算得到胎体帘线的张力 t_c：

$$t_c = \frac{\pi p A}{N \sin\phi} = \frac{\pi p A}{NA/B} = \frac{\pi p B}{N} \tag{5.120}$$

将式（5.111）的第二个公式代入到式（5.120）中，可以得到：

$$t_c = \frac{\pi p}{N}\left\{r_D^2 - r_C^2 + \left(1 - \zeta_{\text{belt0}} + \frac{ar_A}{r_A - r_D}\right)(r_A^2 - r_D^2) - \frac{2a}{3}\frac{r_A^3 - r_D^3}{r_A - r_D}\right\} \tag{5.121}$$

利用式（5.107）、式（5.110）和式（5.120），可以得到胎冠中心的曲率半径 r_{1A} [⊖]：

$$r_1 |_{r=r_A} = r_{1A} = \frac{Nt_c}{2\pi r_A p \zeta} = \frac{B}{2r_A \zeta} = \frac{B}{2r_A(1 - \zeta_{\text{belt0}})} \tag{5.122}$$

帘线的长度 L 为

$$L = 2\int_{r_B}^{r_A} \sqrt{1 + z'^2} \mathrm{d}r = 2\int_{r_B}^{r_A} \frac{B}{\sqrt{B^2 - A^2}} \mathrm{d}r \tag{5.123}$$

注意，A 函数的表达式取决于积分区间。带束层的周向张力 T_0 可以用下式计算[⊖]：

$$T_0 = 2\int_{r_A}^{r_D} rp \zeta_{\text{belt}}(r) z' \mathrm{d}r \tag{5.124}$$

3. 不同压力分担的胎体轮廓形状

在胎体轮廓的设计过程中，因为轮胎的半径 r_A、与 z_C 有关的断面宽度以及与 r_B 有关的轮辋着合直径通常是给定的，所以可以调整的设计参数是带束层的压力分担率 ζ_{belt0}、胎圈的压力分担率 ζ_{bead0} 以及断面最宽点的半径 r_C。图 5.29 给出了在轮胎半径 r_A、轮胎断面宽度（SW）以及

⊖⊖ 问题 5.8。

胎圈部位的压力分担率 ζ_{bead0} 给定的情况下，胎体轮廓曲线计算的流程图。开始计算时，先假设一个带束层压力分担率 ζ_{belt0}，据此计算初步的胎体轮廓。通过对 r_C 的不断迭代修改，使计算得到的胎体轮廓在胎圈部位与一个圆弧相切，该圆弧的圆心就是轮辋法兰的圆心。如果计算得到的 z_C 不满足断面宽度（SW）的要求，则带束层的压力分担率 ζ_{belt0} 就会被修正，其修正式为 ζ_{belt0} + (SW – z_C)/SW。

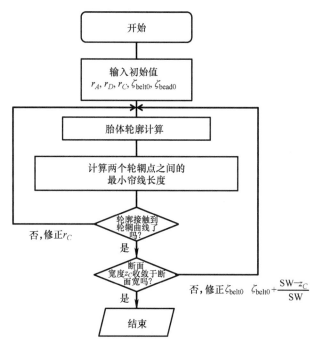

图 5.29　胎体轮廓曲线计算的流程图

注：该图取自文献 [23]。

图 5.30 给出了式（5.107）中的 $a=0$、式（5.109）中的 $\zeta_{bead0}=0$ 时的胎体轮廓。此时胎圈区域的胎体厚度为 4mm（该厚度为胎圈区域子口胶厚度和胎体厚度的和，此处胎体帘线的圆弧与轮辋法兰向外平移 4mm 后的圆弧相切。）从对各个不同的带束层压力分担率 ζ_{belt0} 的计算，可以得到当 $\zeta_{belt0}=0.625$ 时的 175/70R14 轮胎的胎体轮廓曲线。图 5.31 给出了压力分担率均匀分布（$a=0$）和按式（5.107）中的 $a=0.625$ 以及 $a=0.375$ 分布时的胎体轮廓曲线。一般来说，按 $a=0.375$ 来计算的胎体轮廓曲线与实测结果比较一致。图 5.32 给出了 $a=0.375$ 时不同 ζ_{bead0} 情况下的胎体轮廓曲线。从中看出，当胶芯分担一部分压力（也就是 $\zeta_{bead0}>0$）时，胎体在胎圈部分鼓出的较少，而当胶芯不分担压力（也就是 $\zeta_{bead0}<0$）时，胎体轮廓在这个部位鼓出得就较多。图 5.33 给出了胎体帘线的长度保持不变，而带束层压力分担率 ζ_{belt0} 发生变化时的胎体轮廓（此时 $a=0.25$）。当 ζ_{belt0} 的值变大时，胎体轮廓变得更接近载荷状态的胎体轮廓或者低高宽比的胎体轮廓。在这个计算中，r_C 采用 $r_C + (L_0 - L)/2$ 来进行修正，而不是图 5.29 中的 ζ_{belt0}，其中 L_0 是目标帘线长度，而 L 是计算得到的帘线长度。

4. 通过胎体轮廓曲线的设计来控制轮胎性能

Sakai 提出了可以提高舒适性能和耐久性能的轮胎胎体轮廓曲线，舒适性能与轮胎的包络特性有关，包络特性将在 8.4.1 中详述。好的包络特性是通过降低带束层的张力实现的。图 5.34 给出了用 ζ_{belt0} 表示的两种带束层张力下的胎体轮廓曲线。其中控制胎的设计参数为 $\zeta_{belt0}=0.625$，$a=0.25$，$\zeta_{bead0}=0$，半径 $r_A=305$mm，所得胎体轮廓曲线用虚线表示。而具有较低的带束层帘

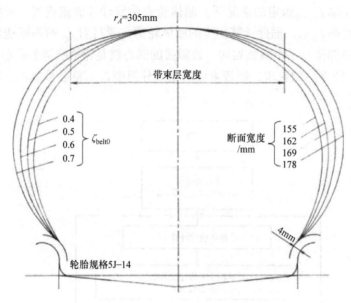

图 5.30　$a=0$、$\zeta_{bead0}=0$ 时的胎体轮廓

注：该图取自文献 [23]。

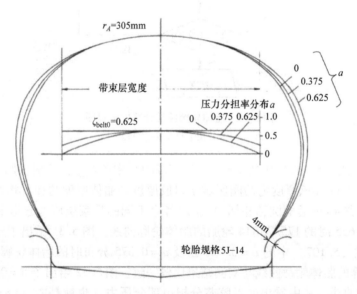

图 5.31　压力分担率均匀分布（$a=0$）和按式（5.107）中的 $a=0.625$ 以及 $a=0.375$ 分布时的胎体轮廓曲线

线张力（$\zeta_{belt0}=0.55$，$a=0.25$）的胎体轮廓曲线用实线表示。这两个胎体轮廓曲线的帘线长度是不变的。当从控制胎开始改变它的带束层压力分担率 ζ_{belt0} 的时候，要保持经过轮辋点的胎体帘线的长度不变，则必须通过不断调整迭代胎圈的压力分担率 ζ_{bead0} 来实现。因为带束层张力较小而胎冠趋向圆形，所以胎圈部位的胎体轮廓线必须向外突出才可以保证帘线长度不变。那么要得到图 5.34 中的实线所表示的胎体轮廓，胎圈的压力分担率 ζ_{bead0} 必须是负值。具有较好的舒适性的轮胎胎体轮廓曲线在胎圈部位有较大的向外突出，而在上胎侧部位向外突出较小。

具有较好的带束层耐久性能的轮胎胎体轮廓曲线的设计趋向于载荷状态的轮廓，因为这种设计会使轮胎承受载荷时的位移减小。之所以会减小位移，是因为初始的轮胎胎体轮廓已经与载荷状态的轮廓相似。图 5.35 给出了具有较好带束层耐久性能的胎体轮廓曲线，控制胎的设计参数

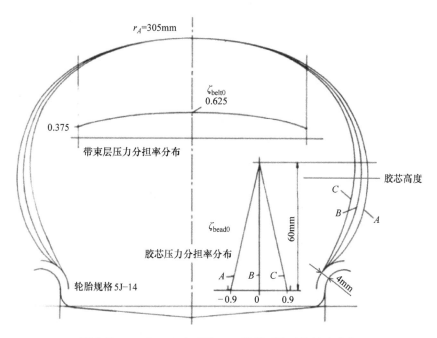

图 5.32 $a=0.375$ 时不同 ζ_{bead0} 情况下的胎体轮廓曲线

为 $\zeta_{belt0}=0.625$，$a=0.25$，$\zeta_{bead0}=0$，其胎体轮廓曲线用虚线表示。具有较高带束层张力（$\zeta_{belt0}=0.7$，$a=0.25$）的胎体轮廓曲线用实线表示。为了保证胎体轮廓曲线经过胎圈点，需要迭代修正 ζ_{bead0} 的值。因为图 5.35 中所显示的实体轮廓线在胎圈部位的凸块较小，所以它的 ζ_{bead0} 必然是正值。带束层耐久性比较好的轮胎轮廓在胎圈附近曲率半径比较大，而在上胎侧上曲率半径较小。

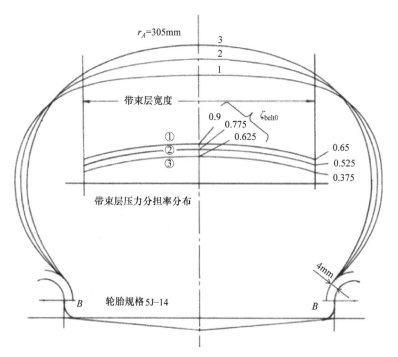

图 5.33 带束层压力分担率发生变化时的胎体轮廓（胎体帘线的长度保持不变）

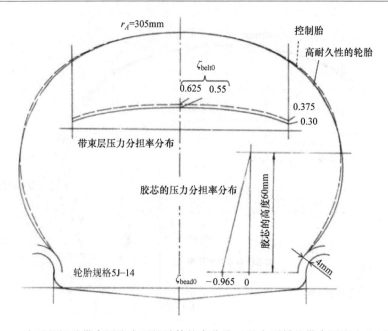

图 5.34 用 ζ_{belt0} 表示的两种带束层张力下的胎体轮廓曲线（具有更低的带束层张力和更低的胎体张力）

5.6 非自然平衡轮廓

5.6.1 非自然平衡轮廓理论在轿车轮胎设计中的应用

Yamagishi 等将非自然平衡轮廓的概念，也就是滚动优化理论（RCOT），应用到了轿车子午线轮胎的设计中。非自然平衡轮廓是特别从自然平衡轮廓中脱离出来的。RCOT 聚焦于轮胎的胎侧和带束层的张力分布。如图 5.36 所示，RCOT 胎侧的曲率半径较小，尤其是在靠近带束层处的胎肩部位的曲率半径比常规的半径小。同时，RCOT 在胎圈部位的胎体轮廓曲率半径要比自然平衡轮廓或常规设计的半径大，RCOT 的轮廓类似图 5.35 中的实线。

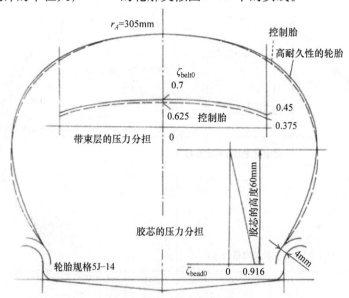

图 5.35 具有较好带束层耐久性能的胎体轮廓曲线（带束层张力大而且胎体帘线张力也大）

注：该图取自文献 [23]。

用来控制带束层和胎体张力分布的机理可以用力的平衡理论解释。根据结构的轴对称薄壳理论,垂直于薄壳面的力平衡可以表示为

$$\frac{N_\phi}{r_1} + \frac{N_\theta}{r_2} = p \qquad (5.125)$$

式中,N_ϕ 是子午线方向上每单位宽度的胎侧上的薄膜力(例如胎侧张力);N_θ 是周向薄膜力;r_1 是子午线方向的曲率半径(胎侧部位的胎体轮廓);r_2 是图5.1所示的周向的曲率半径;p 是充气压力。

对于子午线轮胎来说,我们可以假设在胎侧区域下式成立:

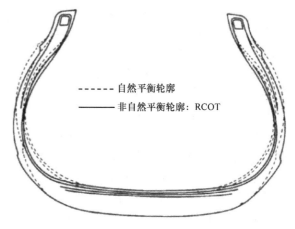

图 5.36 RCOT 轮廓和常规轿车轮胎轮廓的比较
(经 TST 授权,摘自文献 [20])

$$N_\theta = 0 \qquad (5.126)$$

胎侧部位的胎体薄膜力(张力)N_ϕ 因此可以表示为

$$N_\phi = r_1 p \qquad (5.127)$$

参考图5.37,总的带束层张力 T_0 可以表示为

$$T_0 = \frac{ap}{2}(b - 2r_1 \sin\theta) \qquad (5.128)$$

式中,a 是带束层直径;b 是带束层宽度;θ 是胎体帘线的切线方向与带束层的夹角。

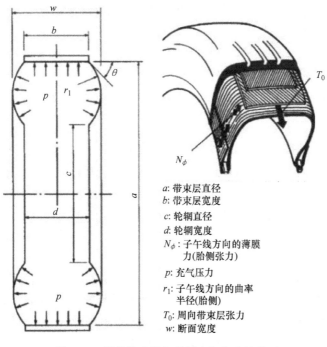

a: 带束层直径
b: 带束层宽度
c: 轮辋直径
d: 轮辋宽度
N_ϕ: 子午线方向的薄膜力(胎侧张力)
p: 充气压力
r_1: 子午线方向的曲率半径(胎侧)
T_0: 周向带束层张力
w: 断面宽度

图 5.37 胎体轮廓线与结构内部张力的关系
(经 TST 授权,摘自文献 [20])

式（5.127）表明胎体帘线的张力与胎侧处胎体轮廓的曲率半径成比例。反过来说，式（5.128）表明在给定的带束层直径 a 和带束层宽度 b 的情况下，随着胎体帘线的半径 r_1 和角度 θ 的增加，带束层的总张力会减小。这意味着轮胎的张力直接与轮胎的形状相关。因为 RCOT 设计的轮胎带束层端部的胎体帘线的曲率半径 r_1 比常规设计的半径小，那么相对于常规的设计来说，RCOT 设计的带束层具有更大的带束层张力。然而，带束层附近的胎体张力变小，而胎圈区域胎体帘线的张力增加。图 5.38 的结果表明，用有限元方法计算得到的胎体和带束层的张力结果与根据 RCOT 计算的结果具有相同的变化趋势。

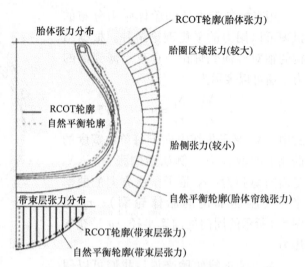

图 5.38 采用有限元方法计算和采用 RCOT 设计方法得到的胎体和带束层的张力的对比

当车辆突然转向的时候，在 3.8 节中所讨论过的翘曲的效应导致接地印痕有一部分离开了地面。这导致了操纵性能、耐磨耗和其他性能的下降。图 5.39 显示了 RCOT 设计的轮胎和常规的轮胎在侧偏角为 10°的时候印痕内的接地压力分布。图中的黑色区域表示趋向于离开地面的区域。RCOT 设计的轮胎的黑色区域要比常规自然平衡轮廓设计得到的印痕的黑色区域小。

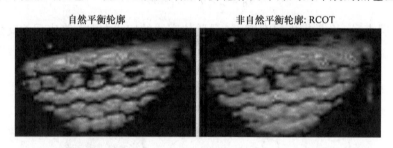

图 5.39 RCOT 设计的轮胎和常规的轮胎在侧偏角为 10°的时候印痕内的接地压力分布
（经 TST 授权，摘自文献 [20]）

就如在 3.8 节和 3.9 节所描述的那样，翘曲是由于周向的压缩变形。图 5.40 中给出了用有限元方法计算得到的充气状态和载荷状态的带束层的周向张力分布。轮胎充气后，带束层中心位置的张力最大而胎肩位置的张力较小。同时，当轮胎在平路面上承受载荷的时候，接地区域的中心部位带束层在周向有受到压缩的趋势，从而导致接地区域外围的张力最大。这主要是由于胎冠有两个曲率半径。对于 RCOT 设计的轮胎来说，处于压缩状态的区域要比常规的自然平衡轮廓的轮胎要小。

更进一步地说，当轮胎转弯的时候，侧向力导致带束层的面内弯曲，带束层的外部区域产生了额外的张力，而带束层的内部区域承受压缩，这个效果与如图 5.41 所示的转弯状态下接地区域内带束层的周向张力比较结果一致。由侧向力导致的带束层的张力分布是通过对载荷状态和转弯状态的受力叠加得到。因此，RCOT 设计的轮胎接地区域内承受的周向压缩要小于常规的自然平衡轮廓理论设计的轮胎。与采用自然平衡轮廓得到的胎体轮廓相比，RCOT 得到的结果湿地制动性能得到提高，道路噪声得到降低，滚动阻力也减小[20]。

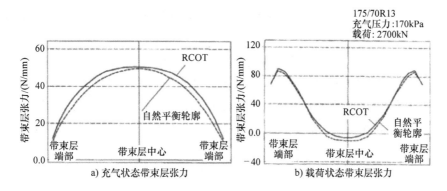

图 5.40 用有限元方法计算得到的充气状态和载荷状态的带束层周向张力分布
（经 TST 授权，摘自文献 [20]）

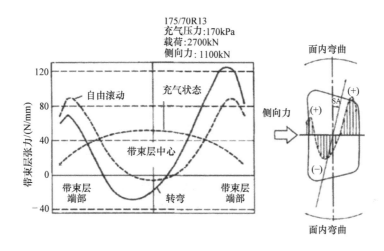

图 5.41 转弯状态下接地区域内带束层的周向张力比较
（经 TST 授权，摘自文献 [20]）

5.6.2 非自然平衡轮廓理论在货/客车轮胎上的应用

Ogawa 等将与 RCOT 相同的概念应用到了货/客车轮胎上，他提出了针对货/客车轮胎的 TCOT。

与自然平衡轮廓理论设计的轮胎相比，采用 TCOT 设计的轮胎在没有充气的时候，胎圈区域的胎体轮廓曲率半径较大，而在胎肩靠近带束层的地方曲率半径较小。这两个因素导致胎圈变形向着轮辋发展，在胎冠区域的径向位移要比自然平衡轮廓的轮胎大，充气压力导致的轮胎变形如图 5.42 所示。按照 TCOT 设计的轮胎胎圈处的位移使胎体反包端点的应变在充气后处于压缩状态，充气压力导致的胎圈变形位移如图 5.43 所示。这个应变的功能是使帘线端点的裂纹处于闭合状态。TCOT 轮胎在胎冠区域的位移导致带束层的张力比较大，这个较大的张力使轮胎的滚动阻力降低 3%~5%，提高了 TCOT 轮胎的带束层耐久性能。

TCOT 轮胎在胎圈区域的轮廓半径比自然平衡轮胎要大，那么胎体帘线在胎圈区域的张力要比自然平衡轮胎的胎体张力大。由于这个张力效应，在胎圈区域，TCOT 轮胎的弯曲刚度要比自然平衡轮廓轮胎高,从而在载荷状态下,TCOT轮胎的胎圈区域的位移变形要小于自然平衡轮廓轮胎,如图5.44所示。在载荷状态下TCOT轮胎的胎体反包端点处的应变要小于自然平衡轮廓轮胎的应变。

对于TCOT轮胎来说,充气状态胎体反包端点的应变是压缩,而载荷状态胎体反包端点的应变又较小,这两种因素会提高胎圈的耐久性能。与自然平衡轮廓轮胎相比较,如果以胎圈破坏前行驶的距离为衡量参数的话,TCOT轮胎的转鼓耐久性能要提高40%。通过控制带束层和胎体帘线的张力分布,TCOT轮胎不但提高了胎圈和带束层的耐久性能,而且降低了滚动阻力。

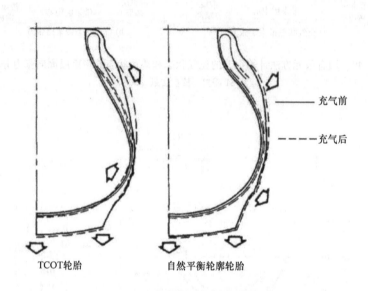

图5.42 充气压力导致的轮胎变形
(经TST授权,摘自文献[21])

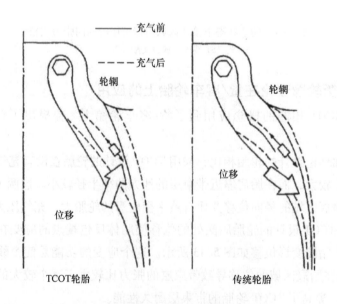

图5.43 充气压力导致的胎圈变形位移
(经TST授权,摘自文献[21])

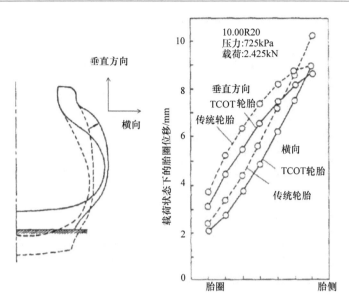

图 5.44 载荷状态下胎圈处的位移变形对比
(经 TST 授权,摘自文献 [21])

5.7 胎体轮廓的大一统理论

5.7.1 优化理论

胎体轮廓的大一统(Grand Unified Tire Technology,GUTT)理论是 Nakajima 提出来的,它是对之前提出的各种胎体轮廓设计理论的统合。GUTT 理论的优化技术融合了有限元仿真技术。通过改变目标函数,GUTT 理论可以实现对各种性能的优化。

虽然在 2.4.2 节中讨论了优化的步骤,但这是首次在轮胎胎体轮廓的设计中应用优化理论。设计变量是胎体轮廓的形状,它由胎体轮廓上的若干点来确定,这些点可以用拉格朗日插值多项式表示:

$$d(\theta) = \sum_{i=1}^{n} d_i N_i(\theta)$$

$$N_i(\theta) = \prod_{\substack{j=1 \\ j \neq i}}^{n} \frac{\theta - \theta_j}{\theta_i - \theta_j} \quad (5.129)$$

式中,θ 由图 5.45 来定义。其他代表胎体轮廓的曲线,例如基本向量、样条函数、非均匀有理样条、有理函数逼近和贝塞尔曲线等,可以被用来代替拉格朗日插值多项式。

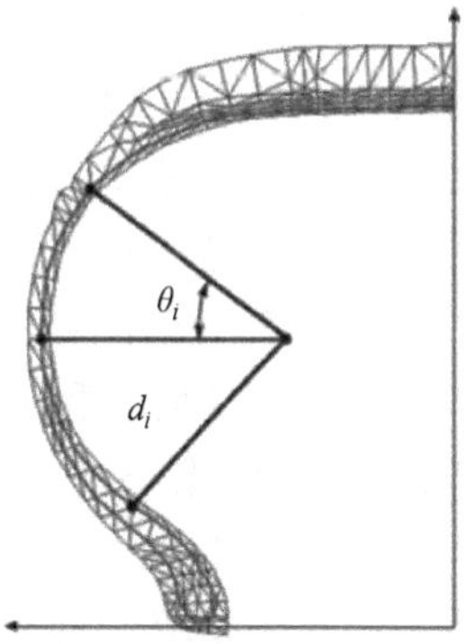

考虑到生产工艺的限制、轮胎的规格以及目标函数的种类,必须选择恰当的不等式和胎侧约束。如果胎体帘线的周长可以自由变化,那么轮胎的规格也可以变化,那么胎体帘线的周长就是一个最为重要的不等式,可以表示为

$$(1-\alpha)L_0 \leq \sum_{i=1}^{N} \sqrt{(y_{i+1}-y_i)^2 + (z_{i+1}-z_i)^2} \leq (1+\alpha)L_0$$

(5.130)

图 5.45 代表胎体轮廓的曲线

式中,(y_i, z_i) 和 N 分别是节点坐标和设计变量范围内的胎体轮廓线

上的节点总数；L_0 是设计变量范围内的初始胎体帘线长度，它的表达式为

$$L_0 = \sum_{i=1}^{N} \sqrt{(y_{i+1}^0 - y_i^0)^2 + (z_{i+1}^0 - z_i^0)^2} \quad (5.131)$$

式中，(y_i^0, z_i^0) 是胎体帘线上点的初始节点坐标。而且，我们采用如下的边界约束条件：

$$d_i^L < d_i < d_i^U \quad (i = 1, \cdots, n) \quad (5.132)$$

式中，d_i^L 和 d_i^U 分别是设计变量 d_i 的下边界和上边界。

轮胎的设计需要同时满足许多的功能。为此，必须采用多目标函数的优化。目标函数将被定义为多目标程序问题，即使下式集合最小化。

$$F(X) = (f_1, f_2, \cdots, f_r) \quad (5.133)$$

式中，$F(X)$ 是一组目标函数 f_r 的集合。

对于多目标函数优化问题来说，要想同时满足所有的目标函数是无法做到的。因此我们转而寻求只牺牲一个目标性能而让其他目标性能得以提高。这样的一组求解方案称为帕雷托最优方案。因为帕雷托最优方案不是唯一确定的，多目标优化问题的最佳方案是根据设计工程师的决定从一个帕雷托最优方案选择而得到的。有几种方法可以提供选择，它取决于设计工程师的选择是如何考虑的。

最流行的方法之一是采用权重函数，将多目标选择优化问题转换为单一目标程序优化问题。

$$F(X) = w_1 f_1 + w_2 f_2 + \cdots + w_r f_r \quad (5.134)$$

如果求解的空间不是凹空间，则利用这个模式不会得到什么好的结果。而且，如何确定合适的权重函数是比较困难的。然而，为了得到优化的结果，有时也不得不牺牲质量和技术[26]。

5.7.2 GUTT 理论的应用和验证

1. 操控性能的提升

Yamagishi 等验证了通过提高充气状态的轮胎带束层张力和胎圈部位的胎体帘线的张力可以提高轮胎的操纵性能。因此，将带束层的张力和胎圈部位胎体帘线的张力选为目标函数，约束条件是胎体帘线从胎圈到胎圈的断面周长，见式（5.130）。

设计变量的范围是从带束层端部到胎圈区域的底部，轮胎规格是 205/60R15，优化后的胎侧轮廓形状，如图 5.46 所示。得到的优化后轮廓是我们不熟悉的轮廓形式，它的特点是胎圈区域有凹陷，带束层端部区域有凸出。优化后轮廓带束层和胎圈区域的张力高于传统轮胎设计的张力，如图 5.47 所示。

图 5.48 给出了优化后轮廓和传统轮廓侧偏力的对比，两个轮胎有相同的结构和材料，侧偏力采用室内平带试验机来测试，优化后侧偏刚度提高 3%，最大侧偏力比传统轮胎提高 4%。

在试验场上进行了对比轮胎的主观测试，尽管低频舒适性有少许粗糙感觉存在，但操控性能和稳定性能得以提高。试车驾驶员评价认为，优化后的轮廓提高了操控性能和稳定性能，以至于他感觉到好像是驾驶了两辆不同的车。

2. 优化后轮廓的张力控制机理

用来控制带束层和胎体帘线张力的机理利用图 5.38 中的力平衡进行说明。然而，图 5.47 中的优化后轮廓的较高的带束层张力和胎体张力却不能用式（5.127）和式（5.128）进行解释，其内在机理如图 5.49 所示。优化后的轮廓通过改变曲率半径的幅值和符号来控制张力。通过使用波浪形的胎体轮廓，轮胎上增加了弯曲变形，这是因为轮胎的胎体轮廓充气后向自然平衡轮廓靠近。带束层附近向内的弯曲变形使该部位的胎体张力减小而带束层的张力增加。同时，胎圈附近的向外的弯曲变形会使胎体受拉伸，从而增大胎体的张力。RCOT 通过几何形状控制张力，然而

GUTT 理论通过充气后帘线的张力和几何形状来控制张力。因此，波浪形胎体对带束层的张力控制更强，而不是像第 5.6 节所提出的 RCOT 和 TCOT 所采用的力平衡。

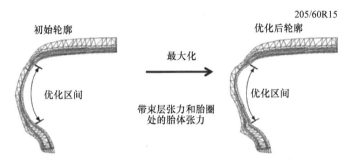

图 5.46　优化后的胎侧轮廓形状[22]（带束层张力和胎圈部位的胎体张力最大化）

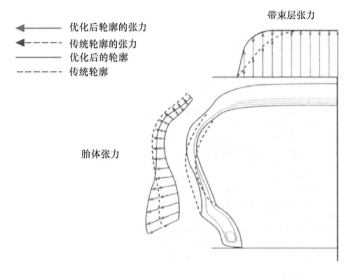

图 5.47　优化后轮廓和传统轮廓的张力比较[22]

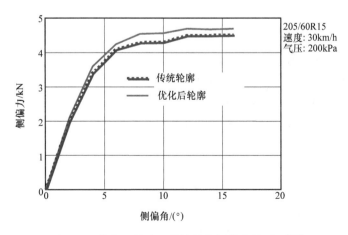

图 5.48　优化后轮廓和传统轮廓侧偏力的对比[22]

3. 在低高宽比的轮胎上的应用

GUTT 理论在运动型低断面子午线轮胎（如 245/50R13）上的应用只能是它的第二个应用范围，因为它与 60 系列轮胎相比胎侧的长度比较短，控制胎体轮廓的张力均匀分布比较困难。它

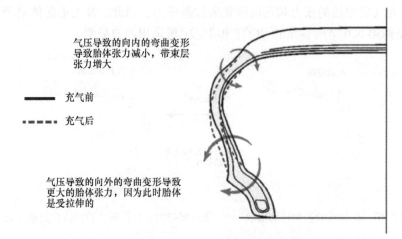

图 5.49 优化后轮廓的张力控制内在机理

的目标函数与前述轮胎的目标函数一样，但是它的优化结果（图 5.50）看起来与传统轮胎（图 5.46）的优化结果不同。这是因为 GUTT 是通过自动考虑结构的效应来计算得到优化后轮廓的。在 6km 长的 Suzuka 赛道上进行单圈计时实验，采用 GUTT 理论设计的轮胎单圈计时时间缩短 0.75s。这个成绩即便是更换抓地力最好的胎面橡胶也是很难实现的。测试驾驶员反应，在试验时，采用 GUTT 理论设计的轮胎从入弯到出弯都是比较稳定的。这个评价非常有意思地与 5.7.2 中讨论的 205/60R15 轮胎的评价相同。

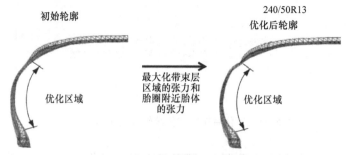

图 5.50 优化后轮廓在低断面运动轮胎上的优化结果

4. 采用优化的胎体轮廓来降低滚动阻力

在低滚动阻力轮胎的设计中，也可以利用 GUTT 理论计算确定轮胎尺寸。设计的优化搜寻变量为胎侧部位的胎体轮廓和行驶面宽度，也就是图 5.51 中的 r_i、θ_i、TW、SW、RW。轮辋的直径和轮胎的外直径是固定参数。断面宽度和轮辋宽度由轮胎的行驶面宽度决定，原则是要保持断面宽度与轮辋宽度的比值不变，以及行驶面宽度与轮辋宽度的比值不变（即 SW/RW = 常数，TW/RW = 常数）。

初始的轮胎规格是 165R13，优化后的轮胎规格成为 205/60R13，为最小化滚动阻力而进行的优化如图 5.52 所示。结果表明轮胎的滚动阻力

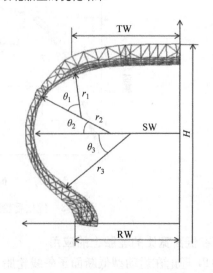

图 5.51 为了最小化滚动阻力设置的优化搜寻变量

可以降低25%。可以看出，通过在设计变量中加入胎冠行驶面宽度，不但胎体轮廓得到优化，而且轮胎的规格也都得到了优化[27]。

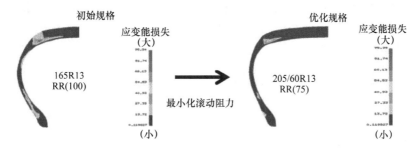

图 5.52　为最小化滚动阻力而进行的优化[27]

为了验证这个优化，制作了行驶面宽度不同的轮胎，两个轮胎的海陆比是相同的，都具有方形的块状花纹。图 5.53 给出了不同规格轮胎的滚动阻力测试值。实验表明，对于低滚动阻力轮胎来说，最好的高宽比为 60～65，这与期待的结果非常一致。

在降低货/客车轮胎 315/70R22.5 的滚动阻力的过程中也应用了 GUTT 理论。胎侧的胎体轮廓是由许多段圆弧构成的，因为货/客车轮胎的胎体是由钢丝组成的，由多项式表示的优化轮廓可能面临制造工艺的问题。采用断面宽约束以防止双胎并装时发生轮胎接触。优化后的货/客车轮胎的滚动阻力比传统轮胎低 8%，如图 5.54 所示。因为货/客车轮胎的充气压力高，所以胎冠对滚动阻力的贡献就变得很大。靠近带束层端部位置的胎体帘线的曲率半径小导致带束层的张力比较大。较高的带束层张力减小了胎面橡胶的应变能损失，这是因为接地前端和接地后端的剪切变形得到了抑制。

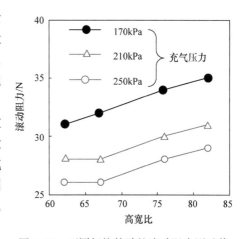

图 5.53　不同规格轮胎的滚动阻力测试值

胎侧胎体轮廓和橡胶材料的形状，例如胶芯的形状，有时需要同时优化。尽管厚度的分布可以作为一个设计变量来解决橡胶材料的形状优化的问题，但它的实现是通过优化多段线完成的，多段线的差别就会影响橡胶材料的形状。

在 185/65R14 的低滚动阻力优化中采用了多段轮廓优化形式。设计变量是胎体轮廓和外轮廓。图 5.55 给出了优化

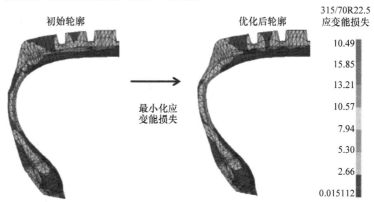

图 5.54　货/客车轮胎初始轮廓和优化后轮廓应变能损失的对比[27]

结果，从中看到，优化后的轮胎胎圈部位向外凸出以配合轮辋轮廓，胎体轮廓线变成波浪状。优化后的轮胎的滚动阻力比初始的轮廓低 22%。虽然由于制造工艺的限制不可能生产出这样的轮胎，但它给了我们一个提高轮胎性能的启示。

5. 为提高耐久性能优化胶芯的形状

为了提高具有低反包端点的轮胎的胎圈耐久性能，采用多级形状优化方法获得了优化的胶芯形状。该胶芯形状可以用多项式表达，目标函数是图 5.56 中用圆点表示的胎体反包端点的主应变最小化。当采用了优化后的胶芯形状后，胎体反包端点的最大主应变降低了 18%，室内转鼓耐久实验的寿命提高到了 470h。

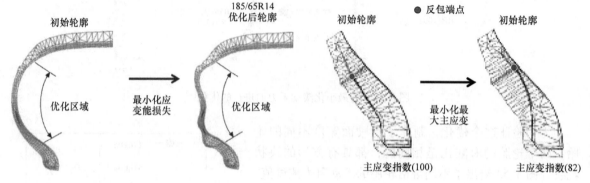

图 5.55　用于降低滚动阻力的多段轮廓优化结果[27]　　图 5.56　低反包结构中优化胶芯形状以提高耐久性[27]

问题

5.1　推导式（5.25）。

5.2　推导式（5.29）和式（5.32）。

5.3　推导式（5.39）和式（5.44）。

5.4　推导式（5.51）和式（5.53）。

5.5　推导表 5.2 中缩放轨迹下的帘线张力式，用 $t_c = \dfrac{\pi p}{N} \dfrac{r_A^2 \, (r_A^2 - r_C^2) \, \sin\alpha_A}{r_A^2 - r^2 \cos^2\alpha_A}$ 表示。

5.6　推导式（5.85）。

5.7　推导式（5.87）。

5.8　推导式（5.122）和式（5.124）。

附录　式（5.108）给出的带束层压力分担下的胎体轮廓方程

1) 从 D 点到 A 点（$r_D \leqslant r \leqslant r_A$）的胎体轮廓：

$$z(r) = \int_r^{r_A} \frac{A_1}{\sqrt{B^2 - A_1^2}} dr \equiv -\int_{r_A}^{r} Q_1(r) dr$$

$$A_1 = (r_D^2 - r_C^2) + 2\int_{r_D}^{r}(1 - T_b) r dr = r_D^2 - r_C^2 +$$

$$\left(1 - \tau_0 + \frac{a r_A^2}{(r_A - r_D)^2}\right)(r^2 - r_D^2) - \frac{4 a r_A}{3} \frac{r^3 - r_D^3}{(r_A - r_D)^2} + \frac{a}{2} \frac{r^4 - r_D^4}{(r_A - r_D)^2}$$

$$B = (r_D^2 - r_C^2) + 2\int_{r_D}^{r_A}(1 - T_b) r dr = r_D^2 - r_C^2 +$$

$$\left(1 - \tau_0 + \frac{a r_A^2}{(r_A - r_D)^2}\right)(r_A^2 - r_D^2) - \frac{4 a r_A}{3} \frac{r_A^3 - r_D^3}{(r_A - r_D)^2} + \frac{a}{2} \frac{r_A^4 - r_D^4}{(r_A - r_D)^2}$$

2) 从 E 点到 D 点（$r_E \leq r \leq r_D$）的胎体轮廓：

$$z(r) = -\int_{r_A}^{r_D} Q_1(r)\,dr - \int_{r_D}^{r} Q_2(r)\,dr$$

$$Q_2(r) = \frac{A_2}{\sqrt{B^2 - A_2^2}}$$

$$A_2 = 2\int_{r_C}^{r} r\,dr = r^2 - r_C^2$$

3) 从 B 点到 E 点（$r_B \leq r \leq r_E$）的胎体轮廓：

$$z(r) = -\int_{r_A}^{r_D} Q_1(r)\,dr - \int_{r_D}^{r_E} Q_2(r)\,dr - \int_{r_E}^{r} Q_3(r)\,dr$$

$$Q_3(r) = \frac{A_3}{\sqrt{B^2 - A_3^2}}$$

$$A_3 = 2\int_{r_C}^{r_E} r\,dr + 2\int_{r_E}^{r} \zeta(r)\,r\,dr = r_E^2 - r_C^2 + 2\int_{r_E}^{r}(1 - T_e)\,r\,dr$$

$$= r_E^2 - r_C^2 + \left(1 - \frac{\tau_e r_E}{r_E - r_B}\right)(r^2 - r_E^2) + \frac{2\tau_e}{3}\frac{r^3 - r_E^3}{r_E - r_B}$$

备注

备注 5.1　式（5.13）

$$\int \frac{2r\,dr}{r^2 - r_C^2} = \int \frac{dz'}{z'} - \int \frac{z'\,dz'}{1 + z'^2} + \int \frac{\cos^2\alpha}{r}\,dr$$

$$\log(r^2 - r_C^2) = \log z' - \frac{1}{2}\log(1 + z'^2) + \int \frac{\cot^2\alpha}{r}\,dr + \log C$$

式中，C 是积分常数，重新整理上式，我们可以得到：

$$r^2 - r_C^2 = C\frac{z'}{\sqrt{1 + z'^2}}\exp\left(\int s_{r_{\mathrm{ref}}}^{r}\frac{\cos^2\alpha}{r}\,dr\right)$$

备注 5.2　式（5.20）

$$z' = -\frac{A}{\sqrt{B^2 - A^2}}$$

$$1 + z'^2 = \frac{B^2}{B^2 - A^2}$$

$$z'' = -\frac{A'B^3}{(B^2 - A^2)^{3/2}}$$

$$r_1 = -\frac{[1 + z'(r)^2]^{3/2}}{z''(r)} = \frac{B}{dA/dr}$$

备注 5.3　式（5.36）

参考图 5.57，点 A 处的胎体轮廓可以用下面的圆方程表示：

$$\{r - (r_A - r_{1A})\}^2 + z^2 = r_{1A}^2$$

从上式可以得到下面的关系：

$$z_1 = r_{1A}\sin\eta_1, \quad r = r_A + \sqrt{r_{1A}^2 - z^2} - r_{1A} \quad 0 \leq z \leq z_1$$

备注 5.4　测地线

测地线就是使空间曲面两点间的距离最短的连线，如图 5.58 所示。假设轴对称物体的形状可以用下式表示：

$$z = H(r) \tag{5.135}$$

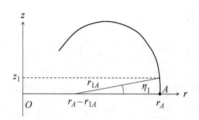
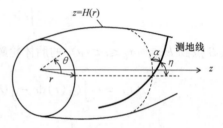

图 5.57　胎冠中心区域胎体轮廓　　　　图 5.58　测地线

胎体轮廓弧上的一个微元可以表示为

$$dL^2 = r^2 d\theta^2 + dr^2 + H'(r)^2 dr^2 \tag{5.136}$$

测地线就是可以使下面的积分式最小的线：

$$L = \int F\left(r, \frac{d\theta}{dr}\right) dr \tag{5.137}$$

式中，

$$F\left(r, \frac{d\theta}{dr}\right) \equiv \left[1 + H'(r)^2 + r^2 \left(\frac{d\theta}{dr}\right)^2\right]^{1/2} = \left[1 + H'(r)^2 + r^2 \theta'^2\right]^{1/2} \tag{5.138}$$

欧拉 – 拉格朗日方程为

$$\frac{d}{dr}\left(\frac{\partial F}{\partial \theta'}\right) - \frac{\partial F}{\partial \theta} = 0 \tag{5.139}$$

根据 $\partial F / \partial \theta = 0$ 的关系可以得出：

$$\partial F / \partial \theta' = R(常数) \tag{5.140}$$

将式（5.138）代入式（5.140），可以求得 θ'。接着对 θ' 针对 r 进行积分，可以得到：

$$\theta = R \int \frac{1}{r}\left[\frac{1 + H'(r)^2}{r^2 - R^2}\right]^{1/2} dr \equiv G(r) \tag{5.141}$$

假设 $\theta = $ 常数的子午线和 $\theta = G(r)$ 的测地线的交点上角度为 η，则 η 表示为

$$\cos\eta = \sqrt{\frac{dr^2 + dz^2}{dL^2}} = \left[\frac{1 + H'(r)^2}{1 + H'(r)^2 + r^2\left(\frac{d\theta}{dr}\right)^2}\right]^{1/2} = \left[\frac{1 + H'(r)^2}{1 + H'(r)^2 + r^2\left(\frac{dG}{dr}\right)^2}\right]^{1/2} \tag{5.142}$$

将式（5.141）代入式（5.142）中可以得到：

$$\cos\eta = \left[\frac{1 + H'(r)^2}{1 + H'(r)^2 + r^2\left(\frac{dG}{dr}\right)^2}\right]^{1/2} = \left[\frac{1 + H'(r)^2}{1 + H'(r)^2 + r^2 \frac{R^2}{r^2} \frac{1 + H'(r)^2}{r^2 - R^2}}\right]^{1/2}$$

$$= \left(\frac{r^2 - R^2}{r^2}\right)^{1/2} \tag{5.143}$$

其中利用式（5.143）和关系式 $\alpha = \pi/2 - \eta$，式（5.142）可以被重新写为

$$\sin\alpha = \left(\frac{r^2 - R^2}{r^2}\right)^{1/2} \tag{5.144}$$

因此，测地线表达为

$$\cos\alpha = R/r \Rightarrow r\cos\alpha = R(\text{常数}) \tag{5.145}$$

备注 5.5 式（5.107）

在 $a = \zeta_{\text{belt0}}$ 的情况下，式（5.107）可以重新写成：

$$\zeta_{\text{belt}} = \zeta_{\text{belt0}} - \frac{\zeta_{\text{belt0}}(r_A - r)}{r_A - r_D}$$

当胎冠的胎体轮廓用圆方程 $r^2 + z^2 = R^2$ 表达时，r 可以用 z 的平方来代表，此时要满足条件 $r, z \ll R$，$r \approx R - z^2/(2R)$。考虑在 $z = z_D$ 的地方 $\zeta_{\text{belt}} = 0$，并且在 $z = 0$ 时 $\zeta_{\text{belt}} = \zeta_{\text{belt0}}$。$\zeta_{\text{bead}}$ 可以表示为：$\zeta_{\text{bead}} \approx \zeta_{\text{belt0}}[1 - z^2/z_D^2]$，因此，$\zeta_{\text{belt}}$ 成为与变量 z 有关的双曲率函数。

需要注意的是，可以利用有限元方法计算胎体帘线张力，然后根据胎体帘线的张力来预估 a 和 ζ_{belt0} 的值。考虑到在胎冠中心处胎体帘线的压力分担率是 $1 - \zeta_{\text{belt0}}$，在带束层端点压力分担率是 $1 - \zeta_{\text{belt0}} + a$ [见式（5.107）]，我们可以得到：

$$\frac{1 - \zeta_{\text{belt0}}}{1 - \zeta_{\text{belt0}} + a} = \frac{T_{\phi\_\text{center}}}{T_{\phi\_\text{sho}}}, \quad 1 - \zeta_{\text{belt0}} + a = \frac{T_{\phi\_\text{sho}}}{T_\phi}$$

式中，T_{ϕ_center} 和 T_{ϕ_sho} 分别为胎冠中心处的胎体帘线张力和带束层端点处的胎体帘线张力；T_ϕ 是断面最宽点处的胎体帘线张力，在这个位置附近胎体帘线的张力几乎是均匀的。

参考文献

1. H.F. Schippel, Fabric stresses in pneumatic tires. Ind. Eng. Chem. **15**(11), 1121–1131 (1923)
2. R.B. Day, J.R. Purdy, Goodyear research report (1928)
3. J.F. Purdy, *Mathematics Underlying the Design of Pneumatic Tires* (Hiney Printing Co., 1963)
4. W. Hofferberth, Zur Statik des Luftreifens. Kaustschuk Gummi Jahrg **8**(5), 124–130 (1955)
5. R.S. Rivlin, Plane strain of a net formed by inextensible cords. J. Rotational Mech. Anal. **4**, 951–974 (1955)
6. W.H. Walston, W.F. Ames, Design and analysis of inflated membranes reinforced with extensible cords. Tex. Res. J. **35**(12), 1078–1098 (1965)
7. V.L. Biderman, *Trudy Nauch. Issledovatel, Inst. Shinnio Promy*, vol. 3 (Gpskhimimsdat, Moscow, 1957), pp. 57–64
8. H.G. Lauterbach, W.F. Ames, Cord stresses in inflated tires. Tex. Res. **29**, 890–900 (1959)
9. R.B. Day, S.D. Gehman, Theory for meridian section of inflate cord tires. Rubber Chem. Tech. **36**(1), 11–27 (1963)
10. E. Robecchi, L. Amici, Mechanics of pneumatic tire, part I, the tire under inflation alone. Tire Sci. Technol. **1**(3), 290–345 (1973)
11. E. Robecchi, Mechanics of pneumatic tire, part II, the laminar model under inflation and in rotation. Tire Sci. Technol. **1**(4), 382–438 (1973)
12. S.K. Clark et al., Tire shape calculations by the energy method. Kaustschuk Gummi Jahrg **25**(12), 587–596 (1972)
13. H.K. Brewer, Tire stress and deformation from composite theory. Tire Sci. Technol. **1**(4), 46–76 (1973)
14. D. Bozdog, W.W. Olson, An advanced shell theory based tire model. Tire Sci. Technol. **33**(4), 227–238 (2005)
15. F. Böhm, Zur Statik und Dynamik des Gurtreifens, Automobeltechnische Zeitschrift. Jahrg **69**, 255–261 (1967)
16. F. Frank, Therie und Berechung des statischen Krafte und des Querschnittsform von Kreuglagen und Gurtelreifen, in *Rubber Conference of the DKG* (Berlin, 1968)
17. T. Akasaka, Y. Sakai, On the standing waves in radial tire. Fukugo Zairyo **1**(1), 26–34 (1972)
18. F. Koutny, A method for computing the radial deformation characteristics of belted tires. Tire Sci. Technol. **4**(3), 190–212 (1976)
19. F. Koutny, *Geometry and Mechanics of Pneumatic Tires* (Zlín, CZE, 2007)
20. K. Yamagishi et al., Study on contour of radial tire: rolling optimization theory—RCOT. Tire Sci. Technol. **15**(1), 3–29 (1987)
21. H. Ogawa et al., A study on the truck and bus radial tire—tension control optimization theory (TCOT). Tire Sci. Technol. **18**(4), 236–261 (1990)

22. Y. Nakajima et al., Theory of optimum tire contour and its application. Tire Sci. Technol. **24** (3), 184–203 (1996)
23. H. Sakai, *Tire Engineering* (Guranpuri-Shuppan, 1987) (in Japanese)
24. K. Kabe, Study on structural mechanics of tire deformation characteristics. Ph.D. thesis (Chuo University, 1980) (in Japanese)
25. J.D. Walter, Centrifugal effects in inflated rotating bias ply tires. Tex. Res. J. **40**, 1–7 (1970)
26. H. Nakayama, K. Furukawa, Satisficing trade-off method with an application to multiobjective structural design. Large Scale Syst. **8**, 47–57 (1985)
27. Y. Nakajima, New tire design procedure based on optimization technique. SAE Paper, No. 960997 (1996)

第6章 轮胎的刚度特性

轮胎的刚度特性是最基本的轮胎性能,与第1.1节中讨论的四个轮胎基本功能紧密相关。轮胎设计的第一步就是确定轮胎的刚度特性。刚度特性有两种类型的定义:一种指的是轮胎所承受的外力与轮胎在垂直方向、纵向、横向上的变形的比值以及轮胎所承受的外部力矩与扭转角度的比值;另一种定义是轮胎模型中常用的基本刚度的定义,例如在刚性环或者柔性环模型中刚度的定义。基本刚度与轮胎胎侧的刚度有关,有帘线伸张刚度、拉伸刚度、剪切刚度和弯曲刚度。基本刚度可以根据胎侧几何形状和充气压力计算,也可以利用能量法结合自然平衡轮廓理论计算。带有刚性圆环的轮胎模型的刚度可以利用基本刚度进行计算。

6.1 简单轮胎模型的刚度

6.1.1 轮胎的刚度特性

作为轮胎的基本特性,轮胎的刚度特性的测量是常规的测试项目。图6.1给出了承载轮胎垂直、横向、纵向和扭转刚度的测试方法。因为胎面的变形也包含在了承载轮胎的变形中,所以这些刚度特性不但取决于胎侧刚度,也取决于胎冠刚度。图6.2给出了测量得到的各种不同规格轮胎的刚度。

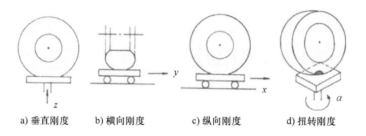

图6.1 承载轮胎垂直、横向、纵向和扭转刚度的测试方法

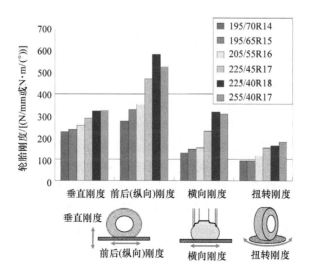

图6.2 测量得到的各种不同规格轮胎的刚度

其他的刚度特性就是用于轮胎模型的基本刚度,如图 6.3 所示。轮胎的胎冠和轮辋之间用刚度为 k_r 的径向基本弹簧、刚度为 k_t 的周向基本弹簧和刚度为 k_s 的横向基本弹簧相连接。因为胎冠的变形没有包括在这些弹簧中,因此这些弹簧的刚度只取决于胎侧的刚度,它包含胎体帘线的拉伸刚度、橡胶的膨胀、剪切和弯曲刚度。轮胎的刚度可以用基本弹簧刚度来表达,这些将在 6.2 节中描述。图 6.4 中给出了测量得到的各种不同规格轮胎的基本刚度,也就是单位周向长度上各种不同规格轮胎的基本刚度。

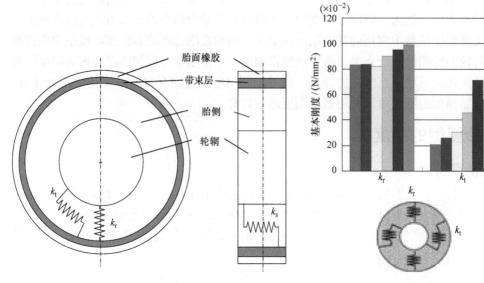

图 6.3 用于轮胎模型的基本刚度

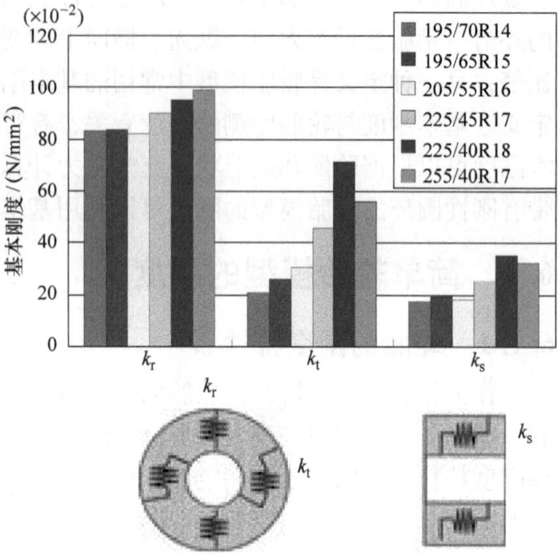

图 6.4 测量得到的各种不同规格轮胎的基本刚度

轮胎的刚度包含结构刚度和由帘线的拉伸带来的伸张刚度,如图 6.5 所示。所谓轮胎的结构刚度是指充气压力为 0 时轮胎的刚度,这与帘线和橡胶的杨氏模量、剪切模量,以及结构的弯曲刚度有关。伸张刚度与充气压力成正比,是由帘线在气压的作用下的张力带来的刚度。在轮胎的刚度设计中,结构刚度取决于橡胶的杨氏模量和弯曲刚度,而伸张刚度取决于轮胎的胎体轮廓和充气压力。

有很多学者对轮胎的静态刚度和轮胎的基本刚度做了大量的研究,这些学者有 Rotta[1]、Dodge 和 Clark[2]、Sakai[3]、Akasaka 和 Yamazaki[4-8]、Koutny[9-10]、Muggleton[11]、Pacejka[12]。Rotta 将轮胎的胎体轮廓建立成圆弧模型来计算基本刚度。而 Akasaka 和 Yamazaki 利用第 5.4 节中所述的自然平衡轮廓理论来建立胎体轮廓模型,采用能量法进行基本刚度的定量计算。Koutny 利用简化的柔性环模型开发了用于计算基本刚度的半经验轮胎模型。Dodge 和 Clark 利用由 Adkins[13] 推导得到的拉伸状态的弹性方程来研究斜交轮胎的纵向刚度。

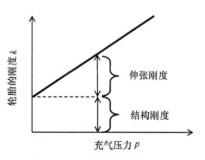

图 6.5 包含结构刚度和伸张刚度的轮胎的刚度

为了分析与轮胎滚过道路凸块时的力学响应有关的平顺性问题,引入了一个称为线刚度的特殊刚度来表征轮胎。所谓线刚度就是当轮胎在垂直站立的平板上加载时的刚度。Akasaka[14] 和 Sakai 等开发了轮胎的线刚度模型。Kagami[15-16] 扩展了 Akasaka 的研究,形成了带有外倾角的线刚度模型,但这个问题非常复杂,本书不做进一步研究。

6.1.2 径向基本弹簧刚度

Rotta 和 Muggleton 等推导得到了轮胎胎侧的基本弹簧刚度的表达式。Muggleton 等对与胎侧的曲率半径和充气压力（面内拉伸效应）有关的轴向拉伸、弯曲和剪切位移变形进行了弹簧建模。胎侧看作是曲率半径为 r、角度为 $2\phi_s$ 的圆弧，其子午线方向的张力为 T，x 方向单位长度上的外部作用力为 P，如图 6.6 所示。更进一步的假设是在拉伸中胎侧的曲率变化很小，弹簧作用在胎侧的两端与胎冠耦合。

1. 由结构刚度带来的径向基本弹簧刚度（轴向拉伸）

参考图 6.6，子午线方向的作用力 X_p 的表达式为

$$X_p = P\cos\theta \tag{6.1}$$

忽略泊松比的影响，利用虚功原理，x 方向的位移 u_x 可以写成⊖：

$$u_x = \int \frac{\partial X_p}{\partial P} \frac{X_p}{E_s A} ds \tag{6.2}$$

式中，E_s 是 s 方向的弹性模量；A 是胎侧的截面积。

将式（6.1）代入式（6.2）中，沿着胎侧弧长方向进行积分，我们可以得到⊖：

$$u_x = \frac{Pr}{2E_s A}(2\phi_s + \sin 2\phi_s) \tag{6.3}$$

2. 由结构刚度带来的径向基本弹簧刚度（弯曲）

参考图 6.6，由 x 方向的轴向力 P 带来的任何角度 θ 下的弯曲力矩 M_p 可以写成：

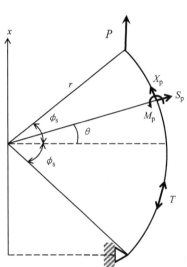

图 6.6 胎侧在面内所受的力和力矩

$$M_p = Pr(\cos\theta - \cos\phi_s) \tag{6.4}$$

利用虚功原理，x 方向的位移 u_B 的表达式为

$$u_B = \int \frac{\partial M_p}{\partial P} \frac{M_p}{EI} ds \tag{6.5}$$

式中，EI 是弯曲刚度。

将式（6.4）代入式（6.5）中进行积分，我们得到：

$$u_B = \frac{Pr^3}{2EI}(4\phi_s + 2\phi_s\cos 2\phi_s - 3\sin 2\phi_s) \tag{6.6}$$

3. 由结构刚度带来的径向基本弹簧刚度（剪切）

参考图 6.6，由轴向力 P 带来的任意角度 θ 下的剪切力 S_p 可以表示为

$$S_p = P\sin\theta \tag{6.7}$$

利用与式（6.3）的推导相同的方法，由剪切导致的位移可以表示为⊖：

$$u_S = \frac{Pr}{2GA}(2\phi_s - \sin 2\phi_s) \tag{6.8}$$

式中，G 是胎侧的剪切模量。

4. 由伸张刚度带来的径向基本刚度

假设胎侧受到轴向力 P 作用时，胎侧的长度保持不变而仅仅发生曲率的改变。那么胎侧的张力 T 与所施加的轴向力 P 之间的关系是：

⊖⊖ 问题 6.1。

⊜ 问题 6.2。

$$P = T\cos\phi_s \quad (6.9)$$

张力 T 表示为

$$T = pr \quad (6.10)$$

式中，p 是充气压力。

x 方向胎侧端点的位置坐标为

$$x = 2r\sin\phi_s \quad (6.11)$$

胎侧某点上的轴向弹簧刚度 $\overline{K}_p$ 可以表示为

$$\overline{K}_p = \partial P/\partial x \quad (6.12)$$

考虑到两个胎侧，利用式（6.9）~式（6.11），由伸张刚度导致的径向基本弹簧刚度（图 6.7）K_p 为[⊖]

$$K_p = 2\overline{K}_p = p\,\frac{\cos\phi_s + \phi_s\sin\phi_s}{\sin\phi_s - \phi_s\cos\phi_s} \quad (6.13)$$

这个式与 Rotta 得到的式是一样的，如图 6.7 所示，K_p 随着角度 ϕ_s 的增加而降低。

5. 总体的径向基本刚度

总体的径向基本刚度可以通过将各个结构刚度（轴向拉伸、弯曲和剪切变形）分量和伸张刚度分量相加来得到。因为轴向拉伸、弯曲和剪切变形的位移是可叠加的，那么计算结构刚度必须采用串联弹簧的模型。同时，结构刚度和伸张刚度是并联弹簧的关系，它们两个有不同的机理。总体径向基本刚度 k_r 表示为

$$k_r = K_p + \frac{P}{u_x + u_B + u_S} \quad (6.14)$$

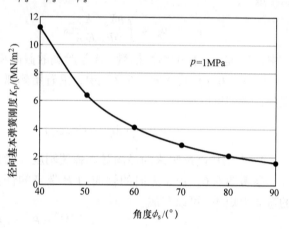

图 6.7 由伸张刚度导致的径向基本弹簧刚度

Muggleton 计算了两个弹簧刚度分量随着气压的变化关系，如图 6.8 所示，所用轮胎的材料和几何参数见表 6.1。可以发现与气压无关的分量［式（6.14）中的最后一项］是由弯曲变形来决定的，而剪切变形和轴向拉伸变形的作用就不是那么重要了。胎侧的基本刚度因此在低压下是由弯曲效应决定的，而在高的充气压力下胎侧的基本刚度是由伸张刚度决定的。

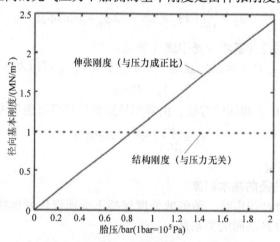

图 6.8 两个弹簧刚度分量随着气压的变化关系[11]

⊖ 备注 6.1。

表 6.1 轮胎的材料和几何参数

杨氏模量 E_x 和帘线层的厚度 h	$E_x = 547\text{MPa}$, $h = 1\text{mm}$
杨氏模量 E_x 和胎侧厚度 h	$E_x = 3.93\text{MPa}$, $h = 5\text{mm}$
胎侧的半角 ϕ_s	$\phi_s = 30°$

6.1.3 横向基本弹簧刚度

Pacejka 利用图 6.9 的模型推导了胎侧的横向基本刚度方程。胎侧被看作圆形薄膜，它有均一的厚度，胎侧的长度 l 保持不变，p 是气压。当有个小的横向位移 v 沿着 y 方向施加到胎面上时，图 6.9 中的 A 点向上移动，而 B 点向下移动到图 6.10 中的 B' 点。沿 z 方向上 B 和 B' 点之间的距离 t 和沿 y 方向上两点之间的距离 v 可以表示为

$$t = r\alpha\cos\phi_s$$
$$v = 2r\alpha\sin\phi_s \tag{6.15}$$

参考图 6.10，y 方向的张力变化可以表示为

$$F_y = 2T\{\sin(\phi_s - \alpha) - \sin\phi_s\} \cong -2T\alpha\cos\phi_s \tag{6.16}$$

式（6.16）中考虑了两个胎侧的受力，α 是一个小角度。因此横向基本刚度 k_s 可以表示为

$$k_s = \frac{F_y}{v} = \frac{2T\alpha\cos\phi_s}{2r\alpha\sin\phi_s} = \frac{2pr\alpha\cos\phi_s}{2r\alpha\sin\phi_s} = \frac{p}{\tan\phi_s} \tag{6.17}$$

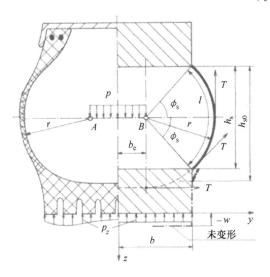

图 6.9 轮胎断面图模型

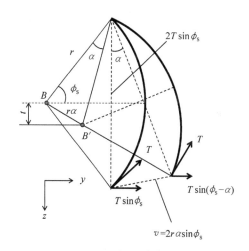

图 6.10 胎侧的转动

图 6.11 给出了刚度随着轮胎轮廓形状的变化情况，轮胎形状的变化用图 6.9 中的 ϕ_s 来表示。轮胎的轮廓形状与轮胎的伸张刚度有关，而伸张刚度与充气压力 p 有关。由帘线的伸张刚度 K_p 决定的径向基本刚度随着 ϕ_s 的增加而减小，横向基本刚度也是如此。因为具有较小的高宽比和较大轮辋直径的轮胎的 ϕ_s 更大，所以其 K_p 和 k_s 更小。这就解释了为什么低扁平率轮胎通常用大的且比较硬的三角胶芯去增强。

由伸张刚度 K_p 导致的轮辋宽度、轮胎断面高度和轮胎断面宽度对径向基本刚度的影响以及对横向基本刚度 k_s 的影响可以用式（6.13）和式（6.17）进行计算。所用的简化轮胎模型如图 6.12 所示，其中的 W_r、W_s、H 和 r 分别为轮辋宽度、断面宽度、断面高度和胎侧弧半径。假设轮辋宽度等于胎冠宽度，则胎侧弧半径可以用下式计算：

$$r = \frac{H^2}{4(W_s - W_r)} + \frac{W_s - W_r}{4} \tag{6.18}$$

图 6.13 显示了由伸张刚度 K_p 和横向基本刚度 k_s 决定的径向基本刚度随着轮辋宽度、断面宽度和断面高度变化的情况。当轮辋的着合直径不变的时候，K_p 和 k_s 随着轮辋宽度的增加、断面高度的增加和断面宽度的增加而提高。当轮辋着合宽度、断面高度和断面宽度改变的时候，K_p 对此的敏感性要高于 k_s。轮辋宽度对 K_p 的影响尤其大。

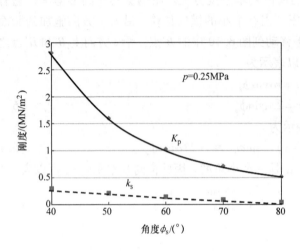

图 6.11　刚度随着轮胎轮廓形状的变化情况　　图 6.12　简化轮胎模型

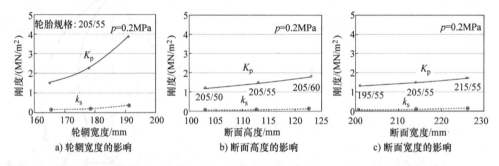

图 6.13　由伸张刚度 K_p 和横向基本刚度 k_s 决定的径向基本刚度随着轮辋宽度、断面宽度和断面高度变化的情况

6.1.4　周向基本弹簧刚度

Rotta 推导了斜交轮胎单位周向位移的周向基本刚度的表达式。他假设外部力作用在 360°圆周胎冠上，周向基本刚度 k_t 的表达式[⊖]为

$$k_t = 2Gh/l + p/\tan\phi_s \tag{6.19}$$

式中，G 是橡胶的剪切模量；h 是胎侧的厚度；l 是胎侧的长度，如图 6.9 所示。

6.1.5　结构刚度和伸张刚度对垂直刚度的贡献

Biderman[17] 通过实验来确定了结构刚度和伸张刚度对于垂直刚度的贡献。伸张刚度来自于充气压力导致的压缩能 W_{air}，其表达式为

$$W_{air} = p\Delta V \tag{6.20}$$

⊖　备注 6.2。

式中，p 是充气压力；ΔV 是加载过程中空气的体积变化。给轮胎充水增压，测量进入轮胎内部或者流出轮胎的水量就得到了 ΔV。使轮胎发生变形的能量 W 可以表示为

$$W = \int F_z \mathrm{d}w \tag{6.21}$$

式中，w 是轮胎的垂直位移；F_z 是轮胎的垂直载荷。储存于材料内部的能量 W_{material} 可以用式（6.20）和式（6.21）的差表示：

$$W_{\mathrm{material}} = W - W_{\mathrm{air}} \tag{6.22}$$

图 6.14 给出了由 8 层人造丝构成的斜交轮胎在加载状态的能量和轮胎内部空气的能量。轮胎的充气压力是 400kPa。图 6.15 显示了加载过程中两种能量对轮胎垂直刚度的贡献。下沉量为 27mm 时空气的能量贡献了垂直刚度的 60%，而储存在材料的能量，其中，胎冠的压缩能量占主导，大概占到总能量的剩余的 40%。

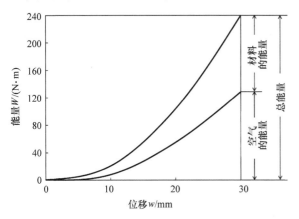

图 6.14 由 8 层人造丝构成的斜交轮胎在加载状态的能量和轮胎内部空气的能量[17]

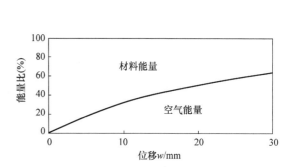

图 6.15 加载过程中空气能量和材料能量对轮胎垂直刚度的贡献[17]

6.2 基于刚性环模型的轮胎刚度特性

6.2.1 扭转刚度

轮胎的扭转刚度与转矩和转向操纵性能有关。Yamazaki 的研究表明轮胎的扭转刚度可以用轮胎的基本刚度 k_r、k_t 和 k_s 来表示。如图 6.16 所示，胎冠固定在刚性骨架上，转矩 T 作用在刚性轮辋上，轮辋的半径是 r_B，宽度是 B。轮胎的扭转刚度 R_t 等于转矩 T 和转角 θ 的比值。

$$R_t = T/\theta \tag{6.23}$$

1. 横向基本刚度引起的转矩 T_s

参考图 6.17a，当轮辋绕 z 轴旋转一个角度 θ 时，轮辋上的一点 P 上沿 y 方向的横向位移 δ_s 可以写成：

$$\delta_s = r_B \theta \sin\alpha \tag{6.24}$$

在半径为 r_B 的轮辋上的一点 P 上作用的单位长度的横向力 F_s 可以用横向位移 δ_s 乘以单位长度的横向基本刚度来表示：

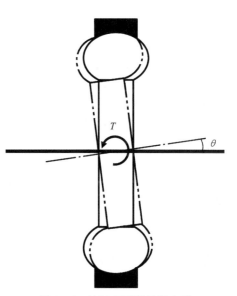

图 6.16 转矩 T 下的轮胎变形

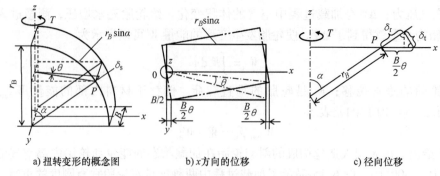

a) 扭转变形的概念图　　　b) x 方向的位移　　　c) 径向位移

图 6.17　轮辋绕 z 轴扭转变形 θ 角的受力分析[5]

$$F_s = r_B \theta \sin\alpha k_s' \tag{6.25}$$

转矩的力臂长度 l_s 可以用下式计算：

$$l_s = r_B \sin\alpha \tag{6.26}$$

整体的转矩 T_s 可以通过将绕轮辋的单位长度的转矩进行积分来得到：

$$T_s = 4\int_0^{\pi/2} l_s F_s r_B \mathrm{d}\alpha = 4\int_0^{\pi/2} r_B^2 \theta k_s' \sin^2\alpha r_B \mathrm{d}\alpha = \pi r_B^3 \theta k_s' \tag{6.27}$$

2. 基于径向基本弹簧刚度的转矩 T_r

参考图 6.17b 和图 6.17c，当轮辋绕着 z 轴旋转角度 θ 时，轮辋上一点 P 的径向位移 δ_r 可以表示为：

$$\delta_r = \frac{B}{2}\theta\sin\alpha \tag{6.28}$$

式中，B 是不确定的，它可以是行驶面宽度或者轮辋宽度。

在 P 点单位长度上的径向力 F_r 是通过将径向位移 δ_s 乘以单位长度的径向基本弹簧刚度来得到的：

$$F_r = \frac{B}{2}\theta\sin\alpha k_r' \tag{6.29}$$

绕 z 轴的转矩是由式（6.29）中的力的 x 方向的分量产生的，其力臂的长度 l_r 可以表示为

$$l_r = B/2 \tag{6.30}$$

同样地，总的力矩 T_r 可以表示为

$$T_r = 4\int_0^{\pi/2} l_r F_r \sin\alpha r_B \mathrm{d}\alpha = 4\int_0^{\pi/2} (B/2)^2 \theta k_r' \sin^2\alpha r_B \mathrm{d}\alpha = \pi(B/2)^2 \theta k_r' r_B \tag{6.31}$$

3. 基于周向基本弹簧刚度的转矩 T_t

根据图 6.17c，当轮辋绕 z 轴旋转一个角度 θ 的时候，轮辋上一点 P 的周向位移 δ_t 可以写成：

$$\delta_t = B\theta\cos\alpha/2 \tag{6.32}$$

点 P 上单位长度的周向力 F_t 是通过将周向位移 δ_t 乘以单位长度的周向基本弹簧刚度 k_t' 得到的：

$$F_t = \frac{B}{2}\theta\cos\alpha k_t' \tag{6.33}$$

绕 z 轴的转矩是由式（6.33）的力的 x 方向的分量与力臂 l_t 的乘积得到的：

$$l_t = B/2 \tag{6.34}$$

同样地，总的转矩 T_t 为

$$T_t = 4\int_0^{\pi/2} l_t F_t \cos\alpha r_B d\alpha = 4\int_0^{\pi/2} (B/2)\theta k'_t \cos^2\alpha r_B d\alpha = \pi(B/2)^2 \theta k'_t r_B \tag{6.35}$$

4. 扭转刚度的理论计算值和实验测量值的比较

将式（6.27）、式（6.31）和式（6.35）所代表的转矩相加，总的转矩为

$$T = T_s + T_r + T_t \tag{6.36}$$

那么绕垂直轴的扭转刚度 R'_{mz} 可以用下式表示：

$$R'_{mz} = T/\theta = \pi r_B^3 k'_s + \pi(B/2)^2 r_B(k'_r + k'_t) \tag{6.37}$$

转矩作用在半径为 r_B 的轮辋上。当外力作用到半径为 r_A 的轮胎胎冠上时，对式（6.37）做如下的替换：$r_B \to r_A$，$k'_s \to k_s$，$k'_r \to k_r$，$k'_t \to k_t$，此时的扭转刚度可以表示为

$$R_{mz} = T/\theta = \pi r_A^3 k_s + \pi(B/2)^2 r_A(k_r + k_t) \tag{6.38}$$

式中，k_s、k_r、k_t 分别是单位长度胎冠上横向、径向和周向的基本弹簧刚度。当 $B = 0$ 的时候，利用式（6.38），可以得到此时的扭转刚度 R_{mz} 为

$$R_{mz} = \pi r_A^3 k_s \tag{6.39}$$

$$\begin{aligned} k'_r &= k'_r(c) + k'_r(r) \\ k'_t &= k'_t(c) + k'_t(r) \\ k'_s &= k'_s(c) + k'_s(r) \end{aligned} \tag{6.40}$$

式中，$k'_r(c)$、$k'_t(c)$ 和 $k'_s(c)$ 是伸张刚度，它们与充气压力成比例；而 $k'_r(r)$、$k'_t(r)$ 和 $k'_s(r)$ 是结构刚度，它们是材料特性的函数，与结构尺寸有关，但与充气压力无关。

Yamazaki 利用将在 6.4.2 节、6.4.3 节和 6.4.4 节中讨论的理论，计算了式（6.40）中的基本刚度。对于充气压力 $p = 200\text{kPa}$ 来说，计算得到的刚度为 $k'_r(c)|_{p=200\text{kPa}} = 1.28\text{MN/m}^2$，$k'_t(c)|_{p=200\text{kPa}} = 0.54\text{MN/m}^2$，$k'_s(c)|_{p=200\text{kPa}} = 0.227\text{MN/m}^2$，$k'_r(r) = 0.62\text{MN/m}^2$，$k'_t(r) = 0.38\text{MN/m}^2$，$k'_s(r) = 0.024\text{MN/m}^2$。图 6.18 给出了扭转刚度 R'_{mz} 根据式（6.37）的计算值和实验测量值的比较，从中看到计算值和实测值吻合较好。

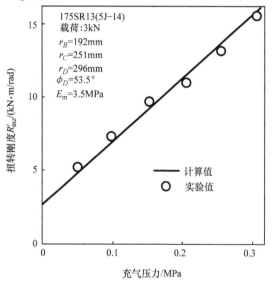

图 6.18 扭转刚度根据式（6.37）的计算值和实验测量值的比较[5]

6.2.2 横向刚度

轮胎的横向刚度与轮胎转向特性紧密相关。Yamazaki 利用轮胎的基本刚度来表示轮胎的横向刚度。因为具有带束层的子午线轮胎的横向刚度一般来说对载荷不敏感，所以在他的计算过程中在未承受载荷的轮胎胎冠上施加了集中力。

如图 6.19 所示，轮胎的横向刚度定义为轮胎承受的横向载荷 Q 与轮胎横向位移 δ 的比值。因为带束层的面外弯曲刚度比胎侧的刚度大很多，胎冠圆环可以假设是刚体环。可以忽略胎面橡胶的剪切变形。横向力 Q 的作用点处的横向位移是平动横向位移 δ_1 和由面外旋转导致的横向位移 δ_2 的和，如图 6.20 所示。

根据图 6.20，当 A 点作用有横向力 Q 时，平动横向位移 δ_1 可以表示为

$$\delta_1 = \frac{Q}{2\pi r_A}/k_s \tag{6.41}$$

式中，k_s 是单位长度胎冠上横向基本弹簧刚度；r_A 是 A 点的曲率半径，与横向平动位移有关的横向刚度 R_s 可以表示成：

$$R_s = Q/\delta_1 = 2\pi r_A k_s \tag{6.42}$$

根据图 6.20，当 A 点作用有横向力 Q 时，在轮胎上产生了力矩 $r_A Q$。利用式（6.38），面外旋转角度 θ 为

$$\theta = r_A Q / R_{mz} \tag{6.43}$$

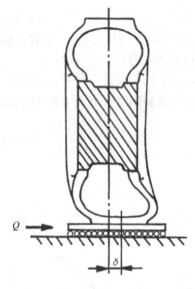

图 6.19　横向力 Q 下的轮胎变形[5]

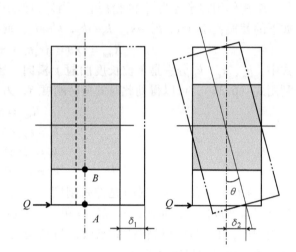

图 6.20　在横向力 Q 下的两种位移变形模式

利用式（6.38），由面外旋转引起的横向位移 δ_2 可以表示为

$$\delta_2 = r_A \theta = \frac{r_A^2 Q}{R_{mz}} = \frac{Q}{\pi r_A k_s + \pi \left(\dfrac{B}{2}\right)^2 \dfrac{k_r + k_t}{r_A}} \tag{6.44}$$

式中，B 是胎冠宽度或者轮辋宽度。

利用式（6.41）和式（6.44），总的位移 δ 为

$$\delta = \delta_1 + \delta_2 = \frac{Q}{2\pi r_A k_s} + \frac{r_A^2 Q}{R_{mz}} \tag{6.45}$$

横向刚度 K_y 的表达式为

$$K_y = \frac{Q}{\delta} = \frac{1}{\dfrac{1}{2\pi r_A k_s} + \dfrac{r_A^2}{R_{mz}}} \tag{6.46}$$

当胎面宽度 B 较小时，从式（6.41）和式（6.44）可以得到位移 δ_1 和 δ_2 的表达式：

$$\delta_1 = Q/(2\pi r_A k_s) \tag{6.47}$$

$$\delta_2 = r^2 Q / R_{mz} \big|_{B=0} = Q/(\pi r_A k_s)$$

图 6.21 显示 δ_2 与 δ_1 的比值是 2，旋转的中心位于载荷作用点上面的 $3r_A/2$ 处。当胎冠的宽度 B 比较小的时候，根据式（6.47）可以得到 K_y 的表达式⊖：

$$K_y = 2\pi r_A k_s / 3 \tag{6.48}$$

Yamazaki 利用式（6.38）、式（6.40）和式（6.46）计算了子午线轮胎 175SR14 的横向刚

⊖　问题 6.3。

度。式(6.46)中的基本刚度可以利用第6.4.2节和6.4.3节和6.4.4节所述的理论去进行求解,充气的压力是 $p = 200\text{kPa}$。轮胎的基本尺寸和基本刚度是: $r_A = 300\text{mm}$, $B = 117\text{mm}$, $k'_r = 1.9\text{MN/m}^2$, $k'_t = 0.92\text{MN/m}^2$, $k'_s = 0.25\text{MN/m}^2$。

注意,在轮辋半径上的点 B 上单位长度的基本刚度 k'_r、k'_t、k'_s 与胎冠上一点的 A 的单位长度的基本刚度 k_r、k_t、k_s 有关:

$$k_r = r_B k'_r / r_A$$
$$k_t = r_B k'_t / r_A \quad (6.49)$$
$$k_s = r_B k'_s / r_A$$

图6.22给出了 K_y 的实验结果和根据式(6.46)计算得到的理论结果之间的对比,从中看到理论计算值和实验结果之间有很好的一致性。

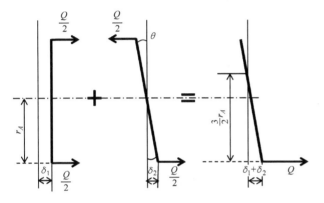

图6.21 轮胎宽度较小时横向平动位移 δ_1 和由面外旋转导致的横向旋转位移 δ_2

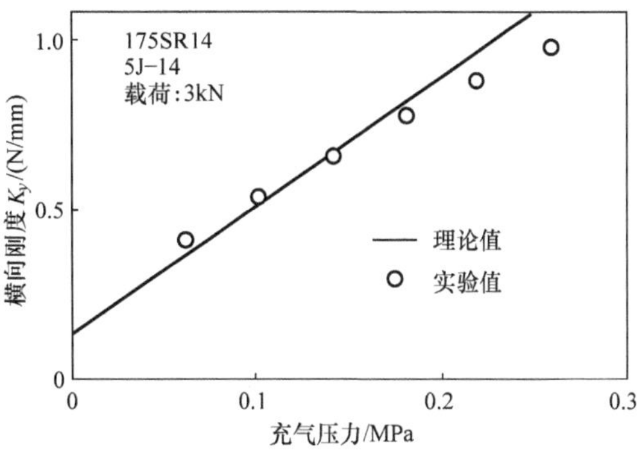

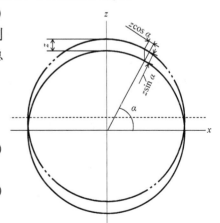

图6.22 轮胎横向刚度 K_y 的实验结果和根据式(6.46)计算得到的理论结果之间的对比

6.2.3 刚性环模型的径向刚度

当轮胎的胎冠在 z 方向上发生平动位移 z 时,如图6.23所示,在角度为 α 的地方其径向的变形是 $z\sin\alpha$,其周向的变形是 $z\cos\alpha$。胎冠上单位长度的胎面在 z 方向的受力 f_z 为

$$f_z = k_r z \sin^2\alpha + k_t z \cos^2\alpha \quad (6.50)$$

式中,k_r 和 k_t 分别是胎冠上单位长度的径向和周向基本刚度。对式(6.50)进行周向积分,我们可以得到 z 方向的总和力 F_z:

$$F_z = 2\int_0^\pi f_z r_A \mathrm{d}\alpha = 2\int_0^\pi (k_r z \sin^2\alpha + k_t z \cos^2\alpha) r_A \mathrm{d}\alpha = \pi z r_A (k_r + k_t) \quad (6.51)$$

刚性环模型的径向刚度 R_δ 为

$$R_\delta = F_z / z = \pi r_A (k_r + k_t) \quad (6.52)$$

6.2.4 面内旋转刚度

如图6.24所示,当胎冠绕着轮辋轴旋转一个小的角度 α 时,转矩 M_y 的表达式为

图6.23 轮胎的平动位移变形

$$M_y = 2\pi r_A^2 k_t \alpha \quad (6.53)$$

面内旋转刚度 R_t 的表达式为

$$R_t = M_y/\alpha = 2\pi r_A^3 k_t \quad (6.54)$$

6.2.5 刚性环模型的纵向刚度

如图 6.1c 所示,当轮胎上作用有纵向力的时候,刚性环模型的轮胎变形可以分成平动位移 δ_1 和旋转位移 δ_2,如图 6.25 所示,利用式(6.52)和式(6.54),总体的 x 方向的位移 x 应该是:

$$x = \delta_1 + \delta_2 = \frac{F_x}{R_\delta} + \frac{r_A^2 F_x}{R_t} = \frac{F_x}{\pi r_A (k_r + k_t)} + \frac{F_x}{2\pi r_A k_t} \quad (6.55)$$

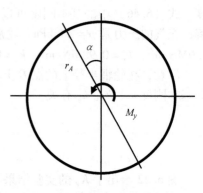

图 6.24 轮胎的面内旋转变形

刚性环模型的纵向刚度 R_x 可以表示为

$$R_x = \frac{F_x}{x} = \frac{2\pi r_A (k_r + k_t) k_t}{3k_t + k_r} \quad (6.56)$$

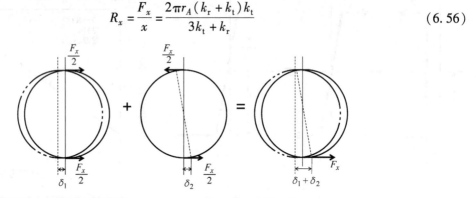

图 6.25 纵向力作用在轮胎胎冠上时引起的变形

6.2.6 基本刚度和轮胎刚度的测量方法

基本刚度可以利用图 6.26 中的装置进行测量,测试时整个轮胎的胎冠被四个爪子夹持固定住[18]。由于断面形状,轮胎的胎冠不能被仪器完整地固定住,因此胎冠的行为不像是一个刚性环模型。然而,胎冠的刚度远大于胎侧的刚度,该设备仍然可以在需要的精度范围内对轮胎的刚度进行测量。按照图 6.27 所示给轮胎施加四种类型的变形,就可以测量得到纵向刚度 R_δ、横向刚度 R_s、面内旋转刚度 R_t 和扭转刚度 R_{mz}。利用式(6.42)、式(6.52)和式(6.54),可以计算得到基本刚度 k_r、k_s、k_t:

$$\begin{aligned}
R_\delta &= \pi r (k_r + k_t) \\
R_s &= 2\pi r k_s \\
R_t &= 2\pi r^3 k_t \\
k_r &= \frac{R_\delta}{\pi r} - \frac{R_t}{2\pi r^3} \\
k_s &= \frac{R_s}{2\pi r} \\
k_t &= \frac{R_t}{2\pi r^3}
\end{aligned} \quad (6.57)$$

式中,r 是轮胎半径。

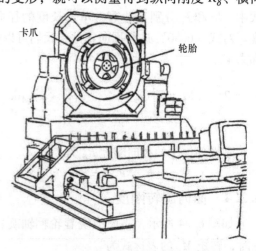

图 6.26 用于测量基本刚度的装置
(经东京电机大学出版社允许,摘自文献 [18])

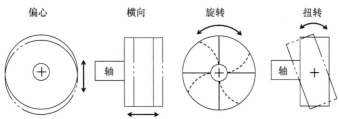

图 6.27 基本刚度的四种类型变形

注意，基本刚度依赖于所施加的外力的位置，因为刚度是利用位置的单位长度的变化来定义的。

另外一种获得基本刚度的方法是测量各种振动模态下的频率，例如偏心振动模态、横向平移振动模态、面内旋转振动模态。利用这些振动模态的频率和测量得到的胎冠的质量和惯性矩，就可以计算出轮胎的基本弹簧刚度，这些将在第 8 章进行阐述。

同时，轮胎的静态刚度可以利用图 6.28 所示的装置进行测量。在平面上给轮胎缓慢施加载荷，垂直刚度就可以用载荷和垂直位移来计算，如图 6.29 所示。其他的三个刚度可以在轮胎施加垂直载荷后，通过将接触面移动或者绕轮胎的垂直轴旋转轮胎来测量，如图 6.30 所示。注意在位移很大或者扭转角很大的时候这些力或者转矩会达到饱和，此时发生接触面的滑移，测试可以测量得到横向刚度、纵向刚度和扭转刚度。

图 6.28 测量轮胎静态刚度的装置
（经东京电机大学出版社允许，摘自文献 [18]）

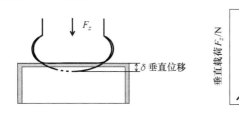

图 6.29 垂直刚度的测量

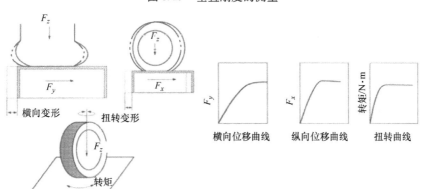

图 6.30 横向刚度、纵向刚度、扭转刚度的测量
（经东京电机大学出版社允许，摘自文献 [18]）

6.3 柔性环模型的轮胎刚度

轮胎的刚度可以利用柔性环模型来评价。Koutny 开发了带有柔性环的半经验轮胎模型，该模型的有些参数需要通过实验测量得到。利用他的模型得到的垂直、纵向、扭转刚度与实验测量值有很好的一致性。Sakai 为了确定轮胎的横向和扭转刚度，开发了一种柔性环模型，它不需要进行轮胎的参数测量。而且，柔性环模型的垂直刚度还可以通过对柔性环的接触分析来得到，这将在第9章进行讨论。

6.3.1 柔性环模型的横向刚度

当横向力 F_y 作用在柔性环轮胎上时，它导致的弯曲位移可以用第3章附录中的式（3.225）来表达。注意式（3.222）的参数 $T_0/\sqrt[4]{EI_z k_y}$ 中的 k_y 就相当于横向刚度的讨论中的横向基本刚度 k_s。式中的 T_0 为带束层的周向张力，EI_z 为带束层的面内弯曲刚度。对于带束子午线轮胎来说，$T_0/\sqrt[4]{EI_z k_y}$ 的值在 0.02 左右。因此说带束层张力 T_0 对于弯曲变形的影响可以忽略。而且，为了简化问题，我们假设轮胎比较窄且周向基本刚度 k_t 和径向基本刚度 k_r 可以忽略。

考虑到式（3.221）是顺时针位移和逆时针位移的叠加，图6.31中的边界条件是当 $s=0$ 时 $y'=0$，式（3.221）可以被重新写为

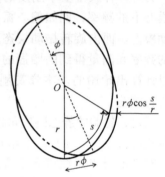

图6.31 圆柱梁的横向位移

$$y_b = C[e^{-\lambda s}\{\cos\lambda s + \sin\lambda s\} + e^{-\lambda(2\pi r - s)}\{\cos\lambda(2\pi r - s) + \sin\lambda(2\pi r - s)\}] \quad (6.58)$$

式中，y_b 是柔性环在 $0 \leq s \leq 2\pi r$ 范围内的弯曲位移；r 是胎冠环的半径；s 是从起点沿着圆周的长度；$\lambda = \sqrt[4]{k_s/(4EI_z)}$。

如图6.31所示，当横向载荷作用到胎冠圆环上时，胎冠圆环会发生角度为 ϕ 的倾斜。由倾斜导致的位移 y_r 可以表示如下：

$$y_r = r\phi\cos(s/r) \quad (6.59)$$

利用式（6.58）和式（6.59），柔性环的总的位移如下：

$$y = y_b + y_r \quad (6.60)$$

参数 ϕ 的值和 C 可以利用边界条件来确定。

力的平衡方程是：

$$F_y = 2k_s \int_0^{\pi r} y\, ds \quad (6.61)$$

根据式（6.61）可以得到参数 C 的表达式：

$$C = \frac{\lambda F_y}{2k_s\{1 - e^{-2\pi\lambda r}\cos(2\pi\lambda r)\}} \quad (6.62)$$

在点 O 上力矩平衡方程是：

$$F_y r = \int_0^{2\pi r} k_s y r\cos(s/r)\, ds \quad (6.63)$$

将式（6.63）进行积分可以得到：

$$F_y r = k_s(crA_1 + \pi r^3 \phi) \quad (6.64)$$

式中，

$$A_1 = \frac{\lambda + \lambda_1}{\lambda^2 + \lambda_1^2} + \frac{\lambda + \lambda_2}{\lambda^2 + \lambda_2^2} - e^{-2\pi\lambda r} \left[\frac{(\lambda + \lambda_1)\cos(2\pi\lambda r) - (\lambda_1 - \lambda)\sin(2\pi\lambda r)}{\lambda^2 + \lambda_1^2} + \frac{(\lambda + \lambda_2)\cos(2\pi\lambda r) - (\lambda_2 - \lambda)\sin(2\pi\lambda r)}{\lambda^2 + \lambda_2^2} \right] \quad (6.65)$$

$$\lambda_1 = \lambda + \frac{1}{r}$$

$$\lambda_2 = \lambda - \frac{1}{r}$$

从式（6.64）中可以得到 ϕ 的表达式：

$$\phi = \frac{1}{\pi r^2}\left(\frac{F_y}{k_s} - CA_1\right) \quad (6.66)$$

柔性环的总的位移 y 的表达式如下：

$$y = F_y C_0 \left[e^{-\lambda s}\{\cos\lambda s + \sin\lambda s\} + e^{-\lambda(2\pi r - s)}\{\cos\lambda(2\pi r - s) + \sin\lambda(2\pi r - s)\} \right] + F_y \phi_0 r \cos\frac{s}{r} \quad (6.67)$$

式中，

$$C_0 = \frac{\lambda}{2k_s'\{1 - e^{-2\pi\lambda r}\cos(2\pi\lambda r)\}} \quad (6.68)$$

$$\phi_0 = \frac{1}{\pi r^2}\left(\frac{1}{k_s} - C_0 A_1\right)$$

轮胎的横向刚度 K_y 等于在 $s=0$ 附近横向力 F_y 与位移 y 的比值。利用式（6.67），K_y 可以表示为

$$K_y = \frac{1}{C_0\{1 + e^{-2\pi\lambda r}\cos(2\pi\lambda r)\} + \phi_0 r} \quad (6.69)$$

图 6.32 给出了横向力作用下柔性环的变形[3]。图 6.33 给出了不同弯曲刚度下用式（6.67）计算得到的柔性环的横向位移。当弯曲刚度小的时候，柔性环会发生局部的变形。同时，在 $EI_z \to \infty$ 的情况下，满足 $\lambda \to 0$。因此，可以从式（6.65）和式（6.68）中得到 $A_1 = 0$ 和 $C_0 = 1/(4\pi r k_s)$。将这两个值代入式（6.69）中得到 $K_y = 2\pi r k_s/3$，该式与刚性环模型的式（6.48）相同。

当考虑胎面橡胶的刚度性能时，需要对式（6.69）进行修正。假设柔性环的位移较小，接地长度 l 较小，横向力的分布是均匀的，那么包含胎面橡胶的刚度性能时横向刚度 $\overline{K}_y$ 可以表示为

$$\overline{K}_y = \frac{1}{\frac{1}{C_y l b} + \frac{1}{K_y}} \quad (6.70)$$

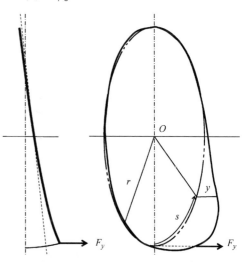

图 6.32 横向力作用下柔性环的变形
（经 Guranpuri – Shuppan 授权，摘自文献 [3]）

式中，C_y 是单位面积胎面橡胶的横向刚度；b 是接地宽度。

更进一步地说，式（6.67）中总的横向位移 y 与胎面橡胶的刚度有关。如果将接触面内的横向位移看作是 y_0，那么胎面橡胶的横向剪切位移 y_t 可以用下面的式表达：

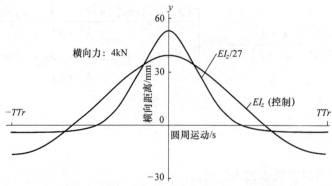

图 6.33 不同弯曲刚度下用式（6.67）计算得到的柔性环的横向位移
（经 Guranpuri – Shuppan 授权，摘自文献 [3]）

$$y_t = y_0 - y(F_y, s) \tag{6.71}$$

式中，$y(F_y, s)$ 是式（6.67）所代表的总的横向位移。

在接触区域内对剪切应力进行积分，我们可以得到式（6.61）所述的总的横向力的表达式：

$$F_y = 2\int_0^{l/2} C_y b \{y_0 - y(F_y, s)\} ds \tag{6.72}$$

因为在式（6.72）的两端都包含横向力 F_y，因此需要通过迭代来求解确定 F_y。注意为了考虑横向力 F_y 的分布，分布载荷带来的弯曲位移必须由集中力导致的弯曲位移的叠加得到。

6.3.2 柔性环模型的扭转刚度

与 6.3.1 中的情况一样，忽略了带束层张力 T_0 带来的周向伸长。利用第 3 章的附录中的式（3.221），考虑到如图 6.34 所示的在 $s=0$ 附近的边界条件的点对称特性，在 $0 \leq s \leq 2\pi r$ 范围内，由弯曲变形导致的扭转位移 y_b 可以用与式（6.58）相似的公式来表示：

$$y_b = B[e^{-\lambda s}\{C\cos\lambda s + \sin\lambda s\} - e^{-\lambda(2\pi r - s)}\{C\cos\lambda(2\pi r - s) + \sin\lambda(2\pi r - s)\}] \tag{6.73}$$

式中，$\lambda = \sqrt[4]{k_s/(4EI_z)}$；$s$ 是轮胎沿周向的长度。

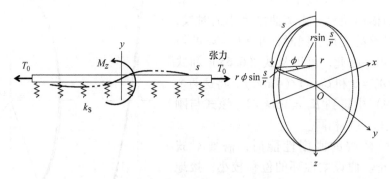

图 6.34 柔性环模型的扭转变形

利用 $s=0$ 时 $y_b=0$ 的边界条件，可以确定式（6.73）中的系数 C，它的表达式为

$$C = \frac{e^{-2\pi\lambda r}\sin(2\pi\lambda r)}{1 - e^{-2\pi\lambda r}\cos(2\pi\lambda r)} \tag{6.74}$$

扭转位移 y_r 的表达式为

$$y_r = \phi r\sin(s/r) \tag{6.75}$$

式中，ϕ 是扭转角；r 是胎冠圆环的半径。

第6章 轮胎的刚度特性

当轮胎上作用有转矩 M_z 的时候，总的位移 y 等于式（6.73）和式（6.75）的和：

$$y = y_b + y_r \tag{6.76}$$

根据力矩平衡的条件，施加在弹性环上的力矩 M_z 和柔性环的面内弯曲力矩之间的关系是：

$$EI_z y'' = -M_z/2 \tag{6.77}$$

将式（6.76）代入到式（6.77）中，可以得到：

$$B = \frac{M_z}{4EI_z \lambda^2 \{1 - e^{-2\pi\lambda r}\cos(2\pi\lambda r) + Ce^{-2\pi\lambda r}\sin(2\pi\lambda r)\}} \tag{6.78}$$

作用在环上的转矩 M_z 和扭转位移导致转矩之间的关系为

$$M_z = \int_0^{2\pi r} k_s y r \sin(s/r)\,\mathrm{d}s \tag{6.79}$$

将式（6.76）代入到式（6.79）中，扭转角 ϕ 表达式为

$$\phi = \frac{M_z - BA_2 k_s r}{k_s \pi r^3} \tag{6.80}$$

式中，

$$A_2 = \frac{C\lambda_1 - \lambda}{\lambda^2 + \lambda_1^2} + \frac{-C\lambda_2 + \lambda}{\lambda^2 + \lambda_2^2} + \\
e^{-2\pi\lambda r}\left[\frac{(-C\lambda_1 + \lambda)\cos(2\pi\lambda r) - (\lambda_1 + C\lambda)\sin(2\pi\lambda r)}{\lambda^2 + \lambda_1^2} + \right. \\
\left. \frac{(C\lambda_2 + \lambda)\cos(2\pi\lambda r) - (\lambda_2 + C\lambda)\sin(2\pi\lambda r)}{\lambda^2 + \lambda_2^2}\right] \tag{6.81}$$

$$\lambda_1 = \lambda + \frac{1}{r}$$

$$\lambda_2 = \lambda - \frac{1}{r}$$

$$\lambda = \sqrt[4]{k_s/(4EI_z)}$$

利用式（6.73）、式（6.75）、式（6.76）、式（6.78）和式（6.80），总的扭转位移 y 可以表示如下：

$$y = M_z B_0 [e^{-\lambda s}\{C\cos\lambda s + \sin\lambda s\} - e^{-\lambda(2\pi r - s)}\{C\cos\lambda(2\pi r - s) + \sin\lambda(2\pi r - s)\}] + M_z \phi_1 r \sin\frac{s}{r} \tag{6.82}$$

式中，

$$B_0 = \frac{1}{4EI_z \lambda^2 \{1 - e^{-2\pi\lambda r}\cos(2\pi\lambda r)\} + Ce^{-2\pi\lambda r}\sin(2\pi\lambda r)}$$

$$C = \frac{e^{-2\pi\lambda r}\sin(2\pi\lambda r)}{1 - e^{-2\pi\lambda r}\cos(2\pi\lambda r)} \tag{6.83}$$

$$\phi_1 = \frac{1 - B_0 A_2 k_s r}{k'_s \pi r^3}$$

柔性环轮胎的扭转刚度 R_{mz} 定义为 M_z 与 $\mathrm{d}y/\mathrm{d}s|_{s=0}$ 的比值：

$$R_{\mathrm{mz}} = M_z \bigg/ \frac{\mathrm{d}y}{\mathrm{d}s}\bigg|_{s=0} \\
= \frac{1}{B_0 \lambda[1 - C - e^{-2\pi\lambda r}\{(1+C)\sin(2\pi\lambda r) + (C-1)\cos(2\pi\lambda r)\}]\phi_1} \tag{6.84}$$

图 6.35 给出了柔性环轮胎的扭转变形。图 6.36 给出了不同弯曲刚度下利用式 (6.82) 计算得到的柔性环的扭转位移。当弯曲刚度 EI_z 比较低的时候，圆环发生局部变形。同时，当 $EI_z \to \infty$ 关系式 $\lambda \to 0$ 成立。将条件 $EI_z \to \infty$ 和 $\lambda \to 0$ 代入到式 (6.81) 和式 (6.83) 中，可以得出 $A_2 = 0$，$C = 1$ 以及 $B_0 \approx 1/(8\pi E I_z \lambda^3 r) = 1/\{8\pi (EI_z)^{1/4} (k_s/4)^{3/4} r\} \to 0$。式 (6.84) 因此可以简化为：$R_{mz} = \pi r^3/k_s$，这个式与刚性环模型即式 (6.39) 相同。

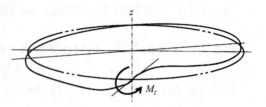

图 6.35　柔性环轮胎的扭转变形
(经 Guranpuri – Shuppan 授权，摘自文献 [3])

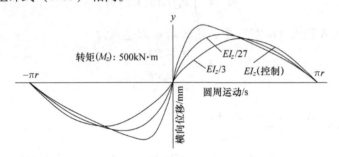

图 6.36　不同弯曲刚度下利用式 (6.82) 计算得到的柔性环的扭转位移
(经 Guranpuri – Shuppan 授权，摘自文献 [3])

6.4　基于带束子午线轮胎自然平衡轮廓的基本刚度

Akasaka 和 Yamazaki 综合利用能量法和自然平衡轮廓的理论，开发了带束子午线轮胎的基本刚度的解析计算模型。这些模型可以帮助我们理解结构刚度和伸张刚度对基本刚度的贡献。假设胎冠是一个刚体，帘线是不可伸张的，结构刚度可以利用能量法来计算，而伸张刚度可以根据外部力作用下胎体轮廓的变化（即沿帘线拉伸的方向变化）来计算，具体来说就是利用胎体帘线不可伸长的特性。

6.4.1　胎体轮廓理论

如 5.2 节所述，胎体轮廓理论的基础是网络模型理论。5.2 节中的边界条件施加在胎冠的中心上。在本章中，我们假设从胎冠中心的 A 点到带束带的端点 D 点是一个刚体，带束子午线轮胎的轮廓形状如图 6.37 所示。轮胎的边界条件用带束层端点附近的 D 点上轮胎胎体轮廓曲线的斜率 $dz/dr[=z'(r)]$ 来定义，也就是利用测量得到的轮胎胎体轮廓来计算。

将 $\alpha = 90°$ 代入到式 (5.6) 中，帘线的伸张力 t_c 可以表示为

$$t_c = \frac{\pi p}{N} \frac{(r^2 - r_C^2)}{\sin\phi} \quad (6.85)$$

式中，N 是轮胎帘线的总根数；p 是充气压力；ϕ、r 和 r_C 的定义如图 6.37 所示。

利用式 (5.9) 和 $\alpha = 90°$，式 (5.13) 可以重新写成：

$$r^2 - r_C^2 = C \frac{z'(r)}{\sqrt{1 + z'^2(r)}} = -C\sin\phi \quad (6.86)$$

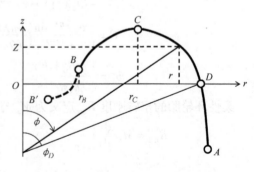

图 6.37　带束子午线轮胎的轮廓形状

积分常数 C 可以根据在 $r = r_D$ 位置 $\phi = \phi_D$ 的边界条件来确定：

$$C = -\frac{r_D^2 - r_C^2}{\sin\phi_D} \tag{6.87}$$

将式（6.87）代入到式（6.86）中，可以得到：

$$\sin\phi = -\frac{z'(r)}{\sqrt{1 + z'^2(r)}} = \frac{(r^2 - r_C^2)\sin\phi_D}{r_D^2 - r_C^2} \tag{6.88}$$

求解式（6.88）得到 $z'(r)$，并对其进行积分，我们得到：

$$z = \int_r^{r_D} \frac{A}{\sqrt{B^2 - A^2}} dr \tag{6.89}$$

式中，

$$A = (r^2 - r_C^2)\sin\phi_D \tag{6.90}$$
$$B = r_D^2 - r_C^2$$

利用式（6.85），点 D 处的帘线张力 t_c^D 表示为

$$t_c^D = \frac{\pi p}{N} \frac{r_D^2 - r_C^2}{\sin\phi_D} \tag{6.91}$$

将式（6.90）代入到柱坐标的曲率定义中，利用与式（5.20）相同的方式，可以得到胎侧的曲率 κ 的表达式：

$$\kappa = \frac{-z''(r)}{[1 + z'(r)^2]^{3/2}} = \frac{A'(r)}{B} = \frac{2r\sin\phi_D}{r_D^2 - r_C^2} \tag{6.92}$$

从胎圈区域的点 B 到带束层端点 D 之间的帘线长度 L 为式（5.23）的一半，即

$$L = \int_{r_B}^{r_D} \frac{B}{\sqrt{B^2 - A^2}} dr \tag{6.93}$$

对于有胎体反包的轮胎，胎体反包的张力几乎与下侧胎体的张力相同，因此，点 B 可能位于两层帘线中间，但是确定点 B 的具体位置是比较难的。同样地，确定点 D 的位置也是比较难的。这可能是因为带束层端部位置的拉伸张力较低而不满足胎冠的刚体假设，而且，带束子午线轮胎的第一层和第二层带束层的端点位置也不同。

6.4.2 横向基本刚度

1. 胎体帘线伸张带来的横向刚度（伸张刚度）

如图 6.38a 所示，假设从带束层端点 D 到胎圈区域的点 B 是通过胎体帘线连接起来的，在一半轮胎模型上均匀作用有单位长度的横向力。与图 6.38a 中外部力作用在点 D 上不同，图 6.38b 中在 B 点上作用有约束位移。当 B 点的约束位移是 δz_B 时，其带来的 D 点的约束反力是 $q/2$。考虑到轮胎有两个胎侧，横向基本刚度 k_s 可以表示为

$$k_s = 2(q/2)(\delta z_B) = q/\delta z_B \tag{6.94}$$

在利用式（6.89）和式（6.94）求解刚度 k_s 时，考虑到 r_D 是固定的，在 A 和 B 的表达式中还有 4 个未知数，也就是 δz_B、q、r_C 和 ϕ_D。用来确定这 4 个未知数的是自然平衡轮廓式（6.89）、帘线的不可伸张方程、力 q 和充气压力的平衡方程。因为在这个问题中存在 4 个未知数和 3 个方程，所以只能求出其中两个数的比值。

当胎体轮廓参数 r_C 和 ϕ_D 稍微发生改变时，胎体帘线的长度变化 δL 和 B 点的横向位移 δz_B 可以写为

$$\delta L = (\partial L/\partial r_C)\delta r_C + (\partial L/\partial \phi_D)\delta \phi_D \tag{6.95}$$
$$\delta z_B = (\partial z_B/\partial r_C)\delta r_C + (\partial z_B/\partial \phi_D)\delta \phi_D$$

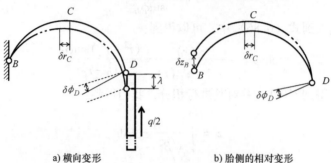

a) 横向变形 b) 胎侧的相对变形

图 6.38 均匀横向力作用下胎侧的变形

帘线的不可伸张条件可以表示为 $\delta L = 0$，几何边界条件可以表示为 $\delta z_B = \lambda$，其中的 λ 是点 B 的约束位移。将这两个约束条件代入式（6.95），可以得到

$$\frac{\delta \phi_D}{\delta r_C} = -\frac{\partial L}{\partial r_C}\bigg/\frac{\partial L}{\partial \phi_D} \equiv U_0$$
$$\lambda = \delta z_B = \{\partial z_B/\partial r_C + U_0(\partial z_B/\partial \phi_D)\}\delta r_C \equiv \xi \delta r_C \tag{6.96}$$

式中，

$$\xi = \partial z_B/\partial r_C + U_0(\partial z_B/\partial \phi_D) \tag{6.97}$$

z 方向的力平衡（图 6.39）方程是：

$$p\pi(r_D^2 - r_C^2) = F 2\pi r_D \tag{6.98}$$

式中，F 是半径 r_D 处单位长度圆周方向（z 方向）的力，p 是充气压力。式（6.98）可以重新写成：

$$F = p(r_D^2 - r_C^2)/2r_D \tag{6.99}$$

考虑到图 6.38 中与 $q/2$ 相对应的力的变化量 δF，式（6.99）可以重写为

$$\delta F = \frac{q}{2} = \delta\left\{\frac{p}{2r_D}(r_D^2 - r_C^2)\right\} \tag{6.100}$$

利用图 6.38b 中的条件 $\delta r_D = 0$，式（6.100）可以重新写为

$$q = -(2pr_C/r_D)\delta r_C \tag{6.101}$$

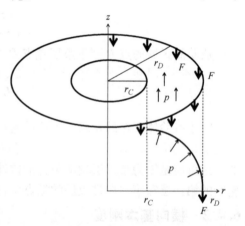

图 6.39 z 方向的力平衡

利用式（6.96）、式（6.97）、式（6.100）和式（6.101），点 D 处的单位长度的横向基本刚度 $k_s(c)$ 为

$$k_s(c) = \frac{q}{\lambda} = -\frac{2pr_C}{\xi r_D} = \frac{2pr_C}{r_D}\frac{\dfrac{\partial L}{\partial \phi_D}}{\dfrac{\partial z_B}{\partial \phi_D}\dfrac{\partial L}{\partial r_C} - \dfrac{\partial z_B}{\partial r_C}\dfrac{\partial L}{\partial \phi_D}} \tag{6.102}$$

$$\xi = \frac{\dfrac{\partial z_B}{\partial r_C}\dfrac{\partial L}{\partial \phi_D} - \dfrac{\partial z_B}{\partial \phi_D}\dfrac{\partial L}{\partial r_C}}{\dfrac{\partial L}{\partial \phi_D}}$$

式（6.102）显示 $k_s(c)$ 与充气压力成线性比例，但是当 δz_B 较大时 $k_s(c)$ 就不是线性的了。考虑到这种非线性，$k_s(c)$ 的求解必须通过对 δr_C 和 $\delta \phi_D$ 的不断迭代修正来得到。

式 (6.102) 中对 ξ 求导后可以显性地表示为

$$\frac{\partial z_B}{\partial r_C} = -2Br_C\sin\phi_D\int_{r_B}^{r_D}\frac{r_D^2 - r^2}{G^{3/2}}\mathrm{d}r$$

$$\frac{\partial z_B}{\partial \phi_D} = B^2\cos\phi_D\int_{r_B}^{r_D}\frac{r^2 - r_C^2}{G^{3/2}}\mathrm{d}r$$

$$\frac{\partial L}{\partial r_C} = -2r_C\sin^2\phi_D\int_{r_B}^{r_D}\frac{(r^2 - r_C^2)(r_D^2 - r^2)}{G^{3/2}}\mathrm{d}r \tag{6.103}$$

$$\frac{\partial L}{\partial \phi_D} = B\sin\phi_D\cos\phi_D\int_{r_B}^{r_D}\frac{(r_C^2 - r^2)^2}{G^{3/2}}\mathrm{d}r$$

$$G = B^2 - A^2$$
$$A = (r^2 - r_C^2)\sin\phi_D$$
$$B = r_D^2 - r_C^2$$

2. 由胎侧橡胶带来的横向刚度（结构刚度）

该结构刚度可以用能量法来计算，在计算的过程中可以考虑胎侧橡胶的弯曲能量和周向膨胀的应变能，忽略胎体帘线的弯曲能量。

（1）与胎侧橡胶弯曲能量有关的刚度　胎侧部位的曲率变化 $\delta\kappa$ 可以用与轮廓形状相关的参数 r_C 和 ϕ_D 来表示：

$$\delta\kappa = \{\partial\kappa/\partial r_C + U_0(\partial\kappa/\partial\phi_D)\}\delta r_C \equiv \eta\delta r_C \tag{6.104}$$

式中，

$$\eta = \partial\kappa/\partial r_C + U_0(\partial\kappa/\partial\phi_D) \tag{6.105}$$

胎侧橡胶的弯曲能量 U_B 可以用下式给出：

$$U_B = \frac{1}{2}\int_{r_B}^{r_D}D_\phi(\delta\kappa)^2 r\Delta\theta\mathrm{d}s \tag{6.106}$$

式中，D_ϕ 是胎侧的弯曲刚度。

注意，根据下面的式可以将式（6.106）中的 $\mathrm{d}s$ 转换为 $\mathrm{d}r$：

$$\mathrm{d}s = \sqrt{1 + \left(\frac{\mathrm{d}z}{\mathrm{d}r}\right)^2}\mathrm{d}r = \sqrt{1 + \frac{A^2}{B^2 - A^2}}\mathrm{d}r = \frac{B}{\sqrt{B^2 - A^2}}\mathrm{d}r \tag{6.107}$$

Yamazaki 假设弯曲变形的中性平面位于轮胎内部的胎体层上，由此弯曲刚度 D_ϕ 可以表示为[○]：

$$D_\phi = \frac{E_m(r)h^3(r)}{3(1 - v_m^2)} \tag{6.108}$$

式中，E_m、v_m 和 h 分别是橡胶的杨氏模量、泊松比和胎侧的厚度。注意，一般来说 $E_m(r)$、v_m 会随着位置 r 而变化。

（2）与胎侧橡胶的周向膨胀变形应变能有关的刚度　胎侧橡胶的周向应变能是由横向载荷作用下的径向位移 u 的变化带来的周向应变 $\varepsilon_\theta = u/r$ 产生的。如图 6.40 所示，假设点 P 的径向位移是 u，根据不可伸张的假设，从点 B 到点 P 的帘线长度 l 并不随横向载荷而发生改变，该帘

○　备注6.3。

线的长度 l 可以表示为

$$l = \int_{r_B}^{r_P} \frac{B}{\sqrt{B^2 - A^2}} dr \quad (6.109)$$

帘线不可伸张的条件 $\delta l = 0$ 可以表示为

$$\delta l = (\partial l/\partial r_C)\delta r_C + (\partial l/\partial \phi_D)\delta \phi_D + (\partial l/\partial r_P)\delta r_P = 0 \quad (6.110)$$

利用式（6.110），与 δr_P 对应的 w 可以写为

$$w(r) = \delta r_P = -\left(\frac{\partial l}{\partial r_C} + \frac{\partial l}{\partial \phi_D}U_0\right)\delta r_C \bigg/ \frac{\partial l}{\partial r_P} = \zeta(r)\delta r_C \quad (6.111)$$

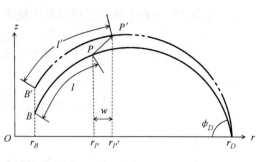

图 6.40 横向载荷下点 P 的位移

式中，

$$\zeta(r) = -\left(\frac{\partial l}{\partial r_C} + \frac{\partial l}{\partial \phi_D}U_0\right)\bigg/ \frac{\partial l}{\partial r_P}\bigg|_{r_P = r} \quad (6.112)$$

注意在式（6.112）中 r_P 由 r 来代替，w 是半径 r 的函数。胎侧橡胶单位周向角度 $\Delta\theta$ 的伸张应变能 U_s 可以表示为

$$U_s = \frac{1}{2}\int_{r_B}^{r_D} C_\theta \left[\frac{w(r)}{r}\right]^2 h(r) r \Delta\theta \, ds \quad (6.113)$$

在积分过程中 ds 利用式（6.107）转换成了 dr。C_θ 与周向的胎侧伸张刚度有关。考虑到根据式（1.114）满足 $E_T \approx \frac{E_m}{V_m}\frac{1}{1-v_m^2}$，$C_\theta$ 可以表示为

$$C_\theta = \frac{E_m(r)}{V_m(1 - v_m^2)} \quad (6.114)$$

与式（6.108）的情况相同，$E_m(r)$ 和 v_m 是随着位置 r 而变化的。

(3) 胎侧橡胶的横向结构基本刚度 由单位周向角度 $\Delta\theta$ 上的外部力 $q/2$ 所做的功 V_p 可以用下式表示：

$$V_p = (q/2)\Delta\theta r_D \lambda = (q/2)\Delta\theta r_D \xi \delta r_C \quad (6.115)$$

利用式（6.106）、式（6.113）、式（6.115），半个轮胎的总势能 Π 可以表示为

$$\Pi = U_B + U_s - V_p \quad (6.116)$$

将势能恒定的原则应用于式（6.116），我们可以得到如下公式：

$$q = \frac{2\delta r_C}{r_D \xi}\int_{r_B}^{r_D}\left\{\frac{E_m(r)h^3(r)r}{3(1-v_m^2)}\eta(r)^2 + \frac{E_m(r)h(r)}{V_m(1-v_m^2)}\frac{\zeta(r)^2}{r}\right\}ds \quad (6.117)$$

在对式（6.117）进行积分的过程中将 ds 替换成 dr，则式（6.117）可以进一步写为

$$q = \frac{2\delta r_C}{r_D \xi}\int_{r_B}^{r_D}\left\{\frac{E_m(r)h^3(r)r}{3(1-v_m^2)}\eta(r)^2 + \frac{E_m(r)h(r)}{V_m(1-v_m^2)}\frac{\zeta(r)^2}{r}\right\}\frac{B}{\sqrt{B^2-A^2}}dr \quad (6.118)$$

式中，ξ、η 和 ζ 分别由式（6.97）、式（6.105）和式（6.112）给出。

利用式（6.96）和式（6.118），点 D 处在圆周方向上的单位长度的横向结构基本刚度 $k_s(r)$ 可以由下式给出：

$$k_s(r) = \frac{q}{\lambda} = \frac{q}{\xi \delta r_C} \tag{6.119}$$

$$= \frac{2}{r_D \xi^2} \int_{r_B}^{r_D} \left\{ \frac{E_m(r) h^3(r) r}{3(1-v_m^2)} \eta(r)^2 + \frac{E_m(r) h(r)}{V_m(1-v_m^2)} \frac{\zeta(r)^2}{r} \right\} \frac{B}{\sqrt{B^2 - A^2}} dr$$

3. 总的横向基本刚度

将式（6.102）和式（6.119）相加，点 D 处的沿圆周方向的单位长度的横向基本刚度总和是：

$$k_s = k_s(c) + k_s(r) \tag{6.120}$$

式中，$k_s(c)$ 与充气压力 p 成比例关系，但是 $k_s(r)$ 与充气压力 p 无关。

通过对式（6.120）的 η 和 ζ 的推导，可以得到下面的关系：

$$\begin{aligned}
\frac{\partial \kappa}{\partial r_C} &= \frac{4 r r_C \sin\phi_D}{B^2} \\
\frac{\partial \kappa}{\partial \phi_D} &= \frac{2 r \cos\phi_D}{B} \\
\frac{\partial l}{\partial r_C} &= -2 r_C \sin^2\phi_D \int_{r_B}^{r_P} \frac{(r^2 - r_C^2)(r_D^2 - r^2)}{G^{3/2}} dr \\
\frac{\partial l}{\partial \phi_D} &= B \sin\phi_D \cos\phi_D \int_{r_B}^{r_P} \frac{(r^2 - r_C^2)^2}{G^{3/2}} dr \\
\frac{\partial l}{\partial r_P} &= \frac{B}{\sqrt{B^2 - \sin^2\phi_D (r_P^2 - r_C^2)^2}} \\
G &= B^2 - A^2 \\
A &= (r^2 - r_C^2) \sin\phi_D \\
B &= r_D^2 - r_C^2
\end{aligned} \tag{6.121}$$

式中，r_P 是式（6.119）的积分过程中可以被 r 替换的中间变量。

4. 计算结果和实验结果的对比

Yamazaki[5]对轮胎的横向基本刚度进行了测量和计算。他利用类似图 6.26 所示的装置，对乘用车用的带束子午线轮胎 175SR14（轮辋 5J-14）进行了测量。图 6.41 给出了该规格轮胎的剖面图。用来计算的参数有：$r_B = 192\text{mm}$，$r_C = 251\text{mm}$，$r_D = 296\text{mm}$，$\phi_D = 53.5°$，$r_B^* = 230\text{mm}$，$r_D^* = 275\text{mm}$，$h_1 = 12\text{mm}$，$h_2 = 6\text{mm}$，$h_3 = 11\text{mm}$，$E_m = 3.5\text{MPa}$，$E_{mB} = 28.7\text{MPa}$，$E_{mD} = 5\text{MPa}$，其中的 E_m 和 h_2 分别是胎侧的杨氏模量和厚度，E_{mB} 和 h_1 分别是钢丝附胶的杨氏模量和厚度，E_{mD} 和 h_3 分别是胎冠橡胶的杨氏模量和厚度。因为杨氏模量和厚度随着位置 r 而改变，所以对式（6.119）的积分必须在三个区间内进行：$r_B \sim r_B^*$、$r_B^* \sim r_D^*$、$r_D^* \sim r_D$。

图 6.42 表明计算得到的横向基本刚度与实验测量值之间比较吻合。因为在零气压附近的截距很小，所以胎侧材料对横向基本刚度 k_s 的影响是非常小的。

6.4.3 周向基本刚度

如图 6.43 所示，周向基本刚度的定义是当胎圈和胎冠都与刚体呈固定连接的时候，转矩 T 与扭转角 ψ 的比值。Yamazaki 对周向基本刚度的定义有两个理论，一是胎体的伸张带来的刚度，另一个是胎侧橡胶的变形带来的刚度。前一个理论是根据胎体帘线的不可伸长的假设基于面内剪

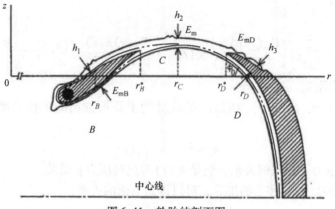

图 6.41　轮胎的剖面图
（经 TST 授权，摘自文献 [5]）

切变形来得到的，后一个理论是基于网络模型和面内剪切变形，同时又考虑到帘线的不可伸长的特性来开发的。后一个理论因此可以进而预测弹簧的非线性行为。

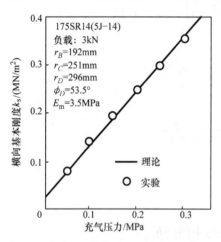

图 6.42　横向基本刚度的理论计算值和实验测量值的比较
（经 TST 授权，摘自文献 [5]）

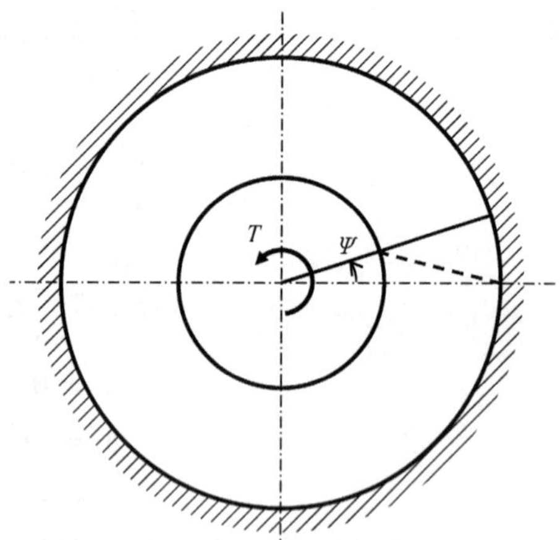

图 6.43　当作用有绕轴的转矩时胎侧的变形

1. 基于面内剪切变形的周向基本刚度

（1）由胎侧的结构刚度和拉伸刚度决定的剪切薄膜力　子午线轮胎胎侧的面内剪切变形是由于帘线的方向由径向向周向发生小的变化产生的，它与伸张刚度有关。因为在子午线轮胎内帘线的伸张沿着帘布层方向是均匀的，利用帘线张力 t_c 的表达式即式（6.91），子午线轮胎在子午线方向的薄膜力 $N_\phi(c)$ 和在周向的薄膜力 $N_\theta(c)$ 可以分别表示为

$$N_\phi(c) = \frac{Nt_c}{2\pi r} = \frac{p(r_D^2 - r_C^2)}{2r\sin\phi_D} \tag{6.122}$$

$$N_\theta(c) = 0$$

利用式（1.114）中的 $G_{LT} = G_m/V_m$ 关系，由结构刚度产生的胎侧的剪切薄膜力 $N_{\phi\theta}(r)$ 可以表示为

$$N_{\phi\theta}(r) = G_{LT}h\gamma = G_m h\gamma/V_m \tag{6.123}$$

式中，γ 是胎侧的剪切应变；G_m 是胎侧橡胶的剪切模量；V_m 是胎侧橡胶的体积分数；h 是胎侧

厚度。注意，这些参数是随着位置坐标 r 的变化而变化的。

参考图 6.44，图 6.45 中的剪切应变 γ 可以写成：

$$\gamma = -(\gamma_1 + \gamma_2) = -\frac{u + \frac{\partial u}{\partial \theta}d\theta - u}{rd\theta} - \frac{v + \frac{\partial v}{\partial s}ds - v\frac{r+dr}{r}}{ds} = -\frac{1}{r}\frac{\partial u}{\partial \theta} - \frac{dv}{ds} + \frac{v}{r}\frac{\partial r}{\partial s} \quad (6.124)$$

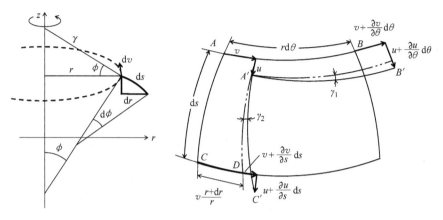

图 6.44　面内剪切应变 γ 和周向位移 v

式中，u 是子午线方向的位移；v 是周向的位移；s 是沿胎侧的位置。调用下面的关系：

$$dr/ds = \cos\phi \quad (6.125)$$

因为图 6.43 中扭转变形状态下圆周方向上位移 u 是均匀的，在式（6.124）中 $\partial u/\partial \theta = 0$。将式（6.125）代入到式（6.124）中得到：

$$\gamma = \left(\frac{v}{r} - \frac{dv}{dr}\right)\cos\phi \quad (6.126)$$

利用式（6.122），胎侧的伸张刚度带来的剪切薄膜力 $N_{\phi\theta}(c)$ 可以表示为

$$N_{\phi\theta}(c) = N_\phi(c)\gamma = \frac{p(r_D^2 - r_C^2)}{2r\sin\phi_D}\gamma \quad (6.127)$$

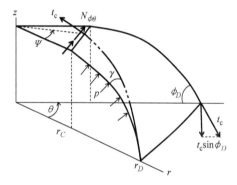

图 6.45　在扭转角和帘线伸张应力 t_c 下胎侧的剪切变形

（2）总体的剪切薄膜力和周向基本刚度　利用式（6.123）和式（6.127），总体的剪切薄膜力 $N_{\phi\theta}$ 可以表示为

$$N_{\phi\theta} = N_{\phi\theta}(r) + N_{\phi\theta}(c) \quad (6.128)$$

考虑到胎侧是两个，转矩 T 为

$$T = -2 \times 2\pi r^2 N_{\phi\theta} \quad (6.129)$$

式（6.123）、式（6.126）~式（6.129）给出了关于 v 的微分方程：

$$\frac{v}{r} - \frac{dv}{dr} = \frac{-T}{4\pi\cos\phi\left\{\frac{G_m}{V_m}hr^2 + \frac{p(r_D^2 - r_C^2)r}{2\sin\phi_D}\right\}} \equiv f(r) \quad (6.130)$$

式中，

$$\cos\phi = \frac{dr}{ds} = \frac{\sqrt{B^2 - A^2}}{B} = \frac{\sqrt{(r_D^2 - r_C^2)^2 - \sin^2\phi_D(r^2 - r_C^2)^2}}{r_D^2 - r_C^2} \quad (6.131)$$

点 B 是扭转的,点 D 是固定的,这两个边界条件可以表示为

$$v_B = r_B \psi \qquad (6.132)$$
$$v_D = 0$$

式(6.130)的解为

$$v = r\left\{\int^r \frac{1}{r}f(r)\,\mathrm{d}r + C\right\} \qquad (6.133)$$

式中,C 是积分常数。

利用式(6.132)和式(6.133),扭转角 ψ 为

$$\psi = \frac{v_B}{r_B} = \int_{r_D}^{r_B} \frac{1}{r}f(r)\,\mathrm{d}r \qquad (6.134)$$

利用式(6.128)、式(6.129)和式(6.134),扭转刚度 R 可以表示为

$$R = \frac{T}{\psi} = \frac{1}{\int_{r_B}^{r_D} \dfrac{1}{4\pi r^2 \cos\phi\left\{\dfrac{G_m(r)}{V_m}h(r)r + \dfrac{p(r_D^2 - r_C^2)}{2\sin\phi_D}\right\}}\mathrm{d}r} \qquad (6.135)$$

式中,$\cos\phi$ 是位置 r 的函数,它由式(6.131)给出。因为杨氏模量和厚度随着位置 r 发生改变,对于式(6.135)的积分必须在 $r_B \sim r_B^*$、$r_B^* \sim r_D^*$、$r_D^* \sim r_D$ 这三个区间内进行。

轮辋点 B 上单位周向长度的周向基本刚度 k_t' 可以表示为

$$k_t' = N_{\phi\theta,B}/v_B \qquad (6.136)$$

式中,$N_{\phi\theta,B}$ 和 v_B 是点 B 处的薄膜力和周向位移。

转矩 T 和 v_B 可以表示为

$$T = 2\pi r_B^2 N_{\phi\theta,B}$$
$$v_B = r_B \psi \qquad (6.137)$$

利用式(6.135)~式(6.137),轮辋点 B 处的周向基本刚度 k_t' 和带束层端点 D 处的周向基本刚度 k_t 可以分别写为[⊖]

$$k_t' = R/(2\pi r_B^3)$$
$$k_t = R/(2\pi r_D^3) \qquad (6.138)$$

2. 基于网络理论和面内剪切变形的周向基本刚度

(1)由帘线伸张带来的旋转刚度(伸张刚度) 伸张刚度的产生是由在面内剪切变形的过程中胎体帘线的角度变化引起的。在网络理论中通过指定测地线来获得帘线的角度变化。当转角很大的时候,为了考虑周向刚度的非线性,使用了第 5.2.5 节中的斜交胎的式。

测地线满足下面的关系:

$$r\cos\alpha = r_D \cos\alpha_D = \rho(\text{常数}) \qquad (6.139)$$

在坐标系中,满足 $z(r_D) = 0$ 时,式(5.19)可以重新写为

$$z(r) = \int_r^{r_D} \frac{A}{\sqrt{B^2 - A^2}}\mathrm{d}r \qquad (6.140)$$

式中[⊖],

⊖ 问题 6.4。

⊖ 问题 6.5。

$$A = (r^2 - r_C^2)\sin\phi_D \frac{r\sin\alpha_D}{\sqrt{r^2 - \rho^2}} \tag{6.141}$$

参考图 6.46，转角 dψ 可以表示为

$$d\psi = dv/r = \cot\alpha ds/r \tag{6.142}$$

式（6.139）可以重新写成：

$$\cot\alpha = \frac{\rho}{\sqrt{r^2 - \rho^2}} \tag{6.143}$$

利用式（6.140）、式（6.142）~式（6.143），转角 ψ 和胎体帘线的长度 L 可以为[○]

$$\psi = \int_{r_B}^{r_D} \frac{\rho}{r} \frac{B}{\sqrt{D}} dr = \int_{r_B}^{r_D} \frac{r_D\cos\alpha_D}{r} \frac{B}{\sqrt{D}} dr \tag{6.144}$$

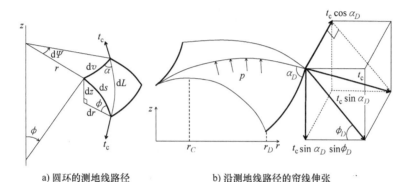

a) 圆环的测地线路径　　b) 沿测地线路径的帘线伸张

图 6.46　圆环的测地线路径和帘线伸张

（经 TST 授权，摘自文献 [5]）

$$L = \int_{r_B}^{r_D} \frac{rB}{\sqrt{D}} dr \tag{6.145}$$

式中，

$$D = (B^2 - A^2)(r^2 - \rho^2) = (r_D^2 - r_C^2)^2(r^2 - \rho^2) - r^2(r^2 - r_C^2)^2\sin^2\phi_D\sin^2\alpha_D \tag{6.146}$$

参考图 6.46，帘线的张力 t_c 在测地线是一个常数，见表 5.2，可以表示为

$$t_c = \frac{p\pi(r_D^2 - r_C^2)}{N\sin\phi_D\sin\alpha_D} \tag{6.147}$$

考虑到轮胎有两个胎侧，周向的帘线张力是 $t_c\cos\alpha_D$，其作用的力臂长度是 r_D，由帘线的张力 $T(c)$ 带来的转矩是：

$$T(c) = 2Nr_D t_c \cos\alpha_D = \frac{2\pi pr_D(r_D^2 - r_C^2)}{\sin\phi_D}\cot\alpha_D \tag{6.148}$$

式中，N、t_c 可以通过式（6.147）代入到式（6.148）中而得到。

考虑到可变参数是 r_C、ϕ_D 和 α_D，从点 B 到点 D 的不可伸长假设（$\delta L = 0$）和点 B 处的固定条件（$\delta z_B = 0$）可以表示为

[○] 问题 6.5。

$$\left(\frac{\partial L}{\partial r_C}\right)\delta r_C + \left(\frac{\partial L}{\partial \phi_D}\right)\delta \phi_D + \left(\frac{\partial L}{\partial \alpha_D}\right)\delta \alpha_D = 0$$

$$\left(\frac{\partial z_B}{\partial r_C}\right)\delta r_C + \left(\frac{\partial z_B}{\partial \phi_D}\right)\delta \phi_D + \left(\frac{\partial z_B}{\partial \alpha_D}\right)\delta \alpha_D = 0 \tag{6.149}$$

从式（6.149）可以推导出：

$$\frac{\partial r_C}{\partial \alpha_D} = \frac{\dfrac{\partial L}{\partial \alpha_D}\dfrac{\partial z_B}{\partial \phi_D} - \dfrac{\partial L}{\partial \phi_D}\dfrac{\partial z_B}{\partial \alpha_D}}{\dfrac{\partial L}{\partial \phi_D}\dfrac{\partial z_B}{\partial r_C} - \dfrac{\partial L}{\partial r_C}\dfrac{\partial z_B}{\partial \phi_D}} \equiv V_1$$

$$\frac{\partial \phi_D}{\partial \alpha_D} = \frac{\dfrac{\partial L}{\partial r_C}\dfrac{\partial z_B}{\partial \alpha_D} - \dfrac{\partial L}{\partial \alpha_D}\dfrac{\partial z_B}{\partial r_C}}{\dfrac{\partial L}{\partial \phi_D}\dfrac{\partial z_B}{\partial r_C} - \dfrac{\partial L}{\partial r_C}\dfrac{\partial z_B}{\partial \phi_D}} \equiv V_2 \tag{6.150}$$

式（6.150）中的导数可以表示为[⊖]

$$\frac{\partial z_B}{\partial r_C} = -2r_C \sin\phi_D \sin\alpha_D \left\{\int_{r_B}^{r_D} \frac{r}{D^{1/2}}dr - \int_{r_B}^{r_D} \frac{r(r^2 - r_C^2)\{(r_D^2 - r_C^2)(r^2 - \rho^2) - r^2(r^2 - r_C^2)\sin^2\phi_D \sin^2\alpha_D\}}{D^{3/2}}dr\right\}$$

$$\frac{\partial z_B}{\partial \phi_D} = \cos\phi_D \sin\alpha_D \left\{\int_{r_B}^{r_D} \frac{r(r^2 - r_C^2)}{D^{1/2}}dr + \sin^2\phi_D \sin^2\alpha_D \int_{r_B}^{r_D} \frac{r^3(r^2 - r_C^2)^2}{D^{3/2}}dr\right\}$$

$$\frac{\partial z_B}{\partial \alpha_D} = \sin\phi_D \cos\alpha_D \left\{\int_{r_B}^{r_D} \frac{r(r^2 - r_C^2)}{D^{1/2}}dr + \sin^2\alpha_D \int_{r_B}^{r_D} \frac{r(r^2 - r_C^2)\{r^2(r^2 - r_C^2)^2\sin^2\phi_D - r_D^2(r_D^2 - r_C^2)^2\}}{D^{3/2}}dr\right\}$$

$$\frac{\partial L}{\partial r_C} = -2r_C \int_{r_B}^{r_D} \frac{r\mathrm{d}r}{D^{1/2}} + 2r_C(r_D^2 - r_C^2)\int_{r_B}^{r_D} \frac{(r_D^2 - r_C^2)(r^2 - \rho^2)r - r^3(r^2 - r_C^2)^2\sin^2\phi_D \sin^2\alpha_D}{D^{3/2}}\mathrm{d}r$$

$$\frac{\partial L}{\partial \phi_D} = (r_D^2 - r_C^2)\sin\phi_D \cos\phi_D \sin^2\alpha_D \int_{r_B}^{r_D} \frac{r^3(r^2 - r_C^2)^2}{D^{3/2}}\mathrm{d}r$$

$$\frac{\partial L}{\partial \alpha_D} = -(r_D^2 - r_C^2)\sin\alpha_D \cos\alpha_D \int_{r_B}^{r_D} \frac{rr_D^2(r_D^2 - r_C^2)^2 - r^3(r^2 - r_C^2)^2\sin^2\phi_D}{D^{3/2}}\mathrm{d}r$$

(6.151)

子午线轮胎的初始胎体帘线角度为 $\pi/2$，在初始计算中使用测量得到的 r_C 和 ϕ_D。然后，如果 α_D 因为帘线的扭转而被修正为 $\alpha_D + \delta\alpha_D$，那么可以根据式（6.150）计算出 δr_C 和 $\delta\phi_D$。下一步的计算中 r_C 和 ϕ_D 将被修正为 $r_C + \delta r_C$ 和 $\phi_D + \delta\phi_D$。将修正后的这些参数代入到式（6.144）和式（6.148）中，就可以计算出 ψ 和 $T(c)$。在这个迭代过程中，可以得到 ψ 和 $T(c)$ 之间的关系。周向刚度 $\Delta T/\Delta\psi$ 随着转角的变化表现出非线性。由于帘线的不可伸张特性，转矩 $T(c)$ 随着转角 ψ 的变大而迅速变大。

⊖ 问题6.6。

在转角较小时，可以线性化周向刚度，其表达式为[一]

$$R(c)\Big|_{\alpha_D=\frac{\pi}{2}}=\frac{\Delta T}{\Delta \psi}\Big|_{\alpha_D=\frac{\pi}{2}}=\frac{\frac{\partial T}{\partial r_C}V_1+\frac{\partial T}{\partial \phi_D}V_2+\frac{\partial T}{\partial \alpha_D}}{\frac{\partial \psi}{\partial r_C}V_1+\frac{\partial \psi}{\partial \phi_D}V_2+\frac{\partial \psi}{\partial \alpha_D}}\Big|_{\alpha_D=\frac{\pi}{2}}=\frac{2\pi p}{\int_{r_B}^{r_D}\frac{\mathrm{d}r}{r^2\sqrt{(r_D^2-r_C^2)^2-(r^2-r_C^2)^2\sin^2\phi_D}}}$$
(6.152)

式 (6.152) 中包含的导数可以用下面的公式确切地表达[一]：

$$\frac{\partial T}{\partial r_C}=-4\pi p\frac{\cos\alpha_D}{\sin\phi_D}r_C r_D$$

$$\frac{\partial T}{\partial \phi_D}=-2\pi p r_D(r_D^2-r_C^2)\frac{\cos\phi_D}{\sin^2\phi_D}\cot\alpha_D$$

$$\frac{\partial T}{\partial \alpha_D}=-2\pi p r_D(r_D^2-r_C^2)\frac{1}{\sin^2\phi_D\sin^2\alpha_D}$$

$$\frac{\partial \psi}{\partial r_C}=-2r_C\rho\int_{r_B}^{r_D}\frac{\mathrm{d}r}{rD^{1/2}}-$$

$$2\rho r_C(r_D^2-r_C^2)\int_{r_B}^{r_D}\frac{-(r^2-\rho^2)(r_D^2-r_C^2)+r^2(r^2-r_C^2)^2\sin^2\phi_D\sin^2\alpha_D}{rD^{3/2}}\mathrm{d}r$$

$$\frac{\partial \psi}{\partial \phi_D}=\rho(r_D^2-r_C^2)\sin\phi_D\cos\phi_D\sin^2\alpha_D\int_{r_B}^{r_D}\frac{r(r^2-r_C^2)^2}{D^{3/2}}\mathrm{d}r$$

$$\frac{\partial \psi}{\partial \alpha_D}=-r_D(r_D^2-r_C^2)\sin\alpha_D\int_{r_B}^{r_D}\frac{\mathrm{d}r}{rD^{1/2}}-$$

$$\rho(r_D^2-r_C^2)\sin\alpha_D\cos\alpha_D\int_{r_B}^{r_D}\frac{r_D^2(r_D^2-r_C^2)-r^2(r^2-r_C^2)^2\sin^2\phi_D}{rD^{3/2}}\mathrm{d}r \quad (6.153)$$

（2）由于胎侧橡胶材料带来的旋转刚度（结构刚度） 由胎侧橡胶材料带来的周向刚度 $R(r)$ 可以用式 (6.135) 中与胎侧橡胶有关的项来表示：

$$R(r)=\frac{1}{\int_{r_B}^{r_D}\frac{1}{4\pi r^3\frac{G_\mathrm{m}(r)}{V_\mathrm{m}}h(r)\cos\phi}\mathrm{d}r}$$
(6.154)

（3）周向基本刚度 利用式 (6.152) 和式 (6.154)，整体的旋转刚度 R 可以用下式表示：

$$R=R(c)+R(r) \quad (6.155)$$

其中的 $R(c)$ 与充气压力 p 成比例，而 $R(r)$ 则与充气压力 p 无关。

周向基本刚度可以用式 (6.138) 所表示的总体刚度表示。式 (6.155) 表明，周向基本刚度 k_t 包含两个部分，一部分是与充气压力 p 成比例的由 $R(c)$ 给出的刚度 $k_1 p$，另一部分是与充气压力无关的由 $R(r)$ 给出的结构刚度 k_2。

$$k_\mathrm{t}=k_1 p+k_2 \quad (6.156)$$

[一][一] 问题 6.6。

3. 实验结果和计算结果的对比

Yamazaki 将周向基本刚度的实验值和计算值进行了对比。实验用的轮胎是带束子午线轮胎 175SR14（轮辋 5J-14），计算所用的参数为：$E_m = 3.5\text{MPa}$，$E_f = 2.4\text{GPa}$，$N = 2530$，$\phi_D = 40$，$V_f = 0.2$，$r_B = 195\text{mm}$，$r_C = 250\text{mm}$，$r_D = 283\text{mm}$，$h_1 = 10\text{mm}$，$h_2 = 45\text{mm}$，$h_3 = 7\text{mm}$。

在充气压力为 160kPa 情况下，基于网络理论和面内剪切变形计算得到周向基本刚度。转角 ψ 和转矩 $T(c)$ 之间的关系也进行了计算。转矩和转角的非线性关系如图 6.47 所示。从图中看到，在转角为 0.17rad（10°）的时候转矩急剧增加。图 6.48 显示，随着转角的增加，轮胎截面的胎侧形状从圆形慢慢变成一个扁圆形。

图 6.49 比较了剪切变形理论计算得到的周向基本刚度和网络理论计算得到的周向基本刚度与实验结果。与剪切变形的结果相比，网络理论计算得到的结果与实验结果的一致性更好。

图 6.42 的结果和图 6.49 的结果相比较，周向基本刚度的截距比横向基本刚度的要大。因此可以发现胎侧橡胶对周向基本刚度的影响要大于对横向刚度的影响。

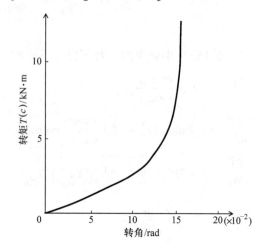

图 6.47 转矩和转角的非线性关系
（经 TST 授权，摘自文献 [5]）

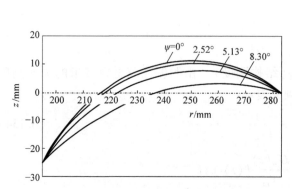

图 6.48 在转矩载荷下（计算）截面内的胎侧扁平化
（经 JSCM 授权，摘自文献 [6]）

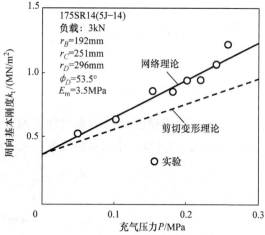

图 6.49 剪切变形理论计算得到的周向基本刚度和网络理论计算得到的周向基本刚度与实验结果

6.4.4 径向基本刚度

1. 由胎体帘线伸张带来的径向基本刚度（伸张刚度）

径向基本刚度是作用在轮胎上的径向力和径向位移的比值。图 6.50 展示了一半轮胎所受的径向力和径向位移。其中 δH 是作用在带束层端点 D 处均匀分布的径向外部力，δr_D 是 D 点的位移。轮辋点 B 是固定的。当外部力 δH 径向作用到轮胎上时，式（6.88）中的 r_C、r_D 和 ϕ_D 就会发生改变。为了计算这些变量之间的关系和 ∂H，我们假设轮胎的轮廓即便是在载荷 ∂H 的状态下也能够用自然平衡轮廓理论来表达，并且胎体帘线是不可伸长的。

点 B 沿着坐标轴 z 的位置 z_B 和从 B 点到 D 点的胎体帘线长度 L 可以分别用式（6.89）和式（6.93）给出。在点 D 处的帘线张力 t_c^D 可以用式（6.91）计算。考虑到变化的参数是 r_C、r_D 和 ϕ_D，那么长度 L 和位置 z_B 的变化可以用下式表示：

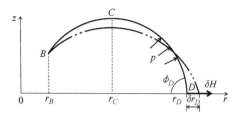

图 6.50　一半轮胎所受的径向力和径向位移
（经 TST 授权，摘自文献 [5]）

$$\delta L = \frac{\partial L}{\partial r_C}\delta r_C + \frac{\partial L}{\partial r_D}\delta r_D + \frac{\partial L}{\partial \phi_D}\delta \phi_D$$

$$\delta z_B = \frac{\partial z_B}{\partial r_C}\delta r_C + \frac{\partial z_B}{\partial r_D}\delta r_D + \frac{\partial z_B}{\partial \phi_D}\delta \phi_D \tag{6.157}$$

应用固定边界条件（$\delta z_B = 0$）和帘线不可伸长（$\delta L = 0$）的边界条件，代入到式（6.157）中进行求解，可以得到：

$$\frac{\delta r_C}{\delta r_D} = -\frac{\dfrac{\partial L}{\partial r_D}\dfrac{\partial z_B}{\partial \phi_D} - \dfrac{\partial L}{\partial \phi_D}\dfrac{\partial z_B}{\partial r_D}}{\dfrac{\partial L}{\partial r_C}\dfrac{\partial z_B}{\partial \phi_D} - \dfrac{\partial L}{\partial \phi_D}\dfrac{\partial z_B}{\partial r_C}} \equiv U$$

$$\frac{\delta \phi_D}{\delta r_D} = -\frac{\dfrac{\partial L}{\partial r_D}\dfrac{\partial z_B}{\partial r_C} - \dfrac{\partial L}{\partial r_C}\dfrac{\partial z_B}{\partial r_D}}{\dfrac{\partial L}{\partial \phi_D}\dfrac{\partial z_B}{\partial r_C} - \dfrac{\partial L}{\partial r_C}\dfrac{\partial z_B}{\partial \phi_D}} \equiv V \tag{6.158}$$

在 D 点处，帘线张力的径向分量 F 可以表示为

$$F = t_c^D \cos\phi_D = \frac{\pi p}{N}\frac{(r_D^2 - r_C^2)}{\sin\phi_D}\cos\phi_D = \frac{\pi p}{N}(r_D^2 - r_C^2)\cot\phi_D \tag{6.159}$$

在轮胎上，径向外力 δH 与帘线张力的径向分量 δF 是平衡的。这两个力的平衡方程为

$$\delta H = N\delta F = N\left(\frac{\partial F}{\partial r_C}U + \frac{\partial F}{\partial \phi_D}V + \frac{\partial F}{\partial r_D}\right)\delta r_D \tag{6.160}$$

式中，N 是轮胎上帘线的根数。

径向基本刚度与 δH 与 δr_D 的比值有关。考虑到两个胎侧，并利用式（6.160），在带束层端点处的 D 点上沿圆周方向的单位长度的胎体张力引起的径向基本刚度 $k_r(c)$ 表示为

$$k_r(c) = 2 \times \frac{\delta H}{\delta r_D}\frac{1}{2\pi r_D} = \frac{\delta F}{\delta r_D}\frac{N}{\pi r_D} = \frac{N}{\pi r_D}\left(\frac{\partial F}{\partial r_C}U + \frac{\partial F}{\partial \phi_D}V + \frac{\partial F}{\partial r_D}\right) \tag{6.161}$$

注意式（6.161）是对于小位移的线性表达式，但在大位移下它又具有非线性特性。因此，在大位移下这个公式必须用迭代法来求解。式（6.161）中应用到的导数可以用式（6.103）以及下面的公式简明地表达⊖：

$$\frac{\partial z_B}{\partial r_D} = -2Br_D\sin\phi_D\int_{r_B}^{r_D}\frac{r^2 - r_C^2}{G^{3/2}}dr + \tan\phi_D$$

$$\frac{\partial L}{\partial r_D} = -2r_D\sin\phi_D\int_{r_B}^{r_D}\frac{(r^2 - r_C^2)^2}{G^{3/2}}dr + \frac{1}{\cos\phi_D}$$

⊖ 问题 6.7。

$$\frac{\partial F}{\partial r_C} = -2r_C \frac{\pi p}{N} \cot\phi_D$$

$$\frac{\partial F}{\partial \phi_D} = -\frac{\pi p}{N} \frac{r_D^2 - r_C^2}{\sin^2\phi_D}$$

$$\frac{\partial F}{\partial r_D} = 2r_D \frac{\pi p}{N} \cot\phi_D \quad (6.162)$$

$$G = B^2 - A^2$$

$$A = (r^2 - r_C^2)\sin\phi_D$$

$$B = r_D^2 - r_C^2$$

2. 由胎侧橡胶材料带来的径向基本刚度（结构刚度）

就如同第 6.4.2 节中所采用的方法，外力的功和弯曲以及拉伸变形的势能是相等的。考虑到可变参数是 r_C、r_D 和 ϕ_D，胎侧的曲率半径的变化量 $\delta\kappa$ 表示为

$$\delta\kappa = \left(\frac{\partial \kappa}{\partial r_C}U + \frac{\partial \kappa}{\partial \phi_D}V + \frac{\partial \kappa}{\partial r_D}\right)\delta r_D \equiv \eta(r)\delta r_D \quad (6.163)$$

胎侧橡胶内部的每单位周向角度 $\Delta\theta$ 的弯曲能 U_B 可以用式（6.106）表示，与第 6.4.2 节一样，周向应变 $\varepsilon_\theta = w/r$ 产生了应变能，其中的 w 表示图 6.51 中的点 P 的径向位移。从点 B 到点 P 的胎体帘线的长度可以用式（6.109）表示。考虑到变量参数是 r_C、r_D、r_P 和 ϕ_D，胎体帘线不可伸长的边界条件可以表示为

$$\delta l = \left(\frac{\partial l}{\partial r_C}U + \frac{\partial l}{\partial \phi_D}V + \frac{\partial l}{\partial r_D} + \frac{\partial l}{\partial r_P}\frac{\delta r_P}{\delta r_D}\right)\delta r_D = 0 \quad (6.164)$$

式中，U 和 V 可以由式（6.158）给出。

如图 6.51 所示，引入符号 $\delta r_P = w$，对式（6.164）进行重新整理可以得出：

$$w = \delta r_P = \frac{-\left(\frac{\partial l}{\partial r_C}U + \frac{\partial l}{\partial \phi_D}V + \frac{\partial l}{\partial r_D}\right)\delta r_D}{\frac{\partial l}{\partial r_P}} \equiv \zeta(r_P)\delta r_D \quad (6.165)$$

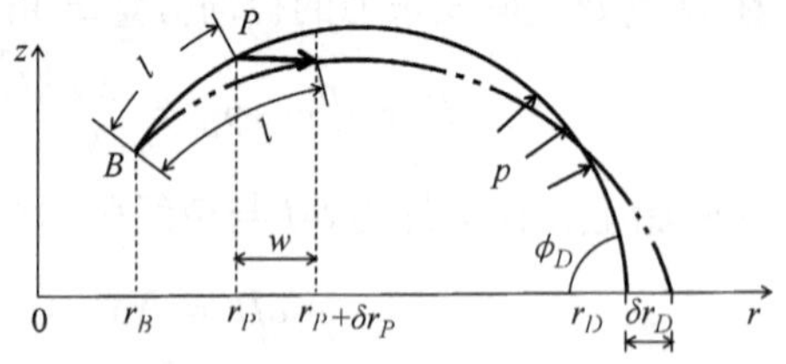

图 6.51 径向载荷下点 P 的径向位移
（经 TST 授权，摘自参考文献 [5]）

当点 D 的位移 δr_D 知道后，任一点 P 的位移 w 就可以根据胎体帘线不可伸长的假设用式（6.165）来表示。圆周方向上单位角度的周向应变能 U_S 可以式（6.113）表示。在点 D 处外部力 $\hat{H}$ 在每个角度变化 $\Delta\theta$ 上所做的功 V_P 可以用下式表示：

$$V_P = \hat{H}\delta r_D = q\Delta\theta r_D \delta r_D \quad (6.166)$$

式中，q 是 D 点处径向上单位长度的力。

对总的势能 $U_B + U_S - V_P$ 应用势能恒定原理，我们可以得到：

$$q = \frac{\delta r_D}{r_D}\int_{r_B}^{r_D}\left\{\frac{E_m h^3 r}{3(1-v_m^2)}\eta(r)^2 + \frac{E_m h}{V_m(1-v_m^2)}\frac{\zeta(r)^2}{r}\right\}ds \quad (6.167)$$

考虑到轮胎有两个胎侧，利用式（6.167），由胎侧橡胶带来的径向基本刚度 $k_r(r)$ 可以表示为

$$k_r(r) = \frac{2q}{\delta r_D} = \frac{2}{r_D}\int_{r_B}^{r_D}\left\{\frac{E_m h^3 r}{3(1-v_m^2)}\eta(r)^2 + \frac{E_m h}{V_m(1-v_m^2)}\frac{\zeta(r)^2}{r}\right\}\frac{B}{\sqrt{B^2-A^2}}dr \qquad (6.168)$$

式中，$\eta(r)$ 和 $\zeta(r)$ 分别由式（6.163）和式（6.165）来定义。

3. 轮胎的总势能和径向基本刚度

将式（6.161）和式（6.168）相加，在 D 点位置沿圆周方向单位长度的总体径向基本刚度 k_r 可以表示为

$$k_r = k_r(c) + k_r(r) \qquad (6.169)$$

式（6.169）包含来自于式（6.163）和式（6.165）的导数。

这些导数可以利用式（6.121）以及下面的方程进行显式地求解：

$$\begin{aligned}
\frac{\partial \kappa}{\partial r_D} &= -\frac{4rr_D\sin\phi_D}{B^2} \\
\frac{\partial l}{\partial r_D} &= -2r_D\sin^2\phi_D\int_{r_B}^{r_P}\frac{(r^2-r_C^2)^2}{G^{3/2}}dr \\
G &= B^2 - A^2 \\
A &= (r^2 - r_C^2)\sin\phi_D \\
B &= r_D^2 - r_C^2
\end{aligned} \qquad (6.170)$$

注意式（6.121）中的参数 r_P 是一个中间变量，在进行式（6.168）的积分时 r_P 将会被 r 代替。

4. 计算结果和实验结果的对比

径向基本刚度 k_r 不能用图 6.26 和图 6.28 中所示的装置进行直接测量。就如在 6.2.6 中所述的那样，k_r 是在测量得到偏心刚度 R_δ 和扭转刚度 R_t 后采用式（6.57）计算得到的。Yamazaki 测量了乘用车用带束子午线轮胎 175SR14（轮辋：5J - 14）的径向基本弹簧刚度，并将测量结果与计算结果进行了对比。计算所用的参数是：$E_m = 3.5\mathrm{MPa}$，$E_{mB} = 28.7\mathrm{MPa}$，$E_{mD} = 5\mathrm{MPa}$，$\phi_D = 53.5°$，$r_B = 192\mathrm{mm}$，$r_C = 251\mathrm{mm}$，$r_D = 296\mathrm{mm}$，$r_B^* = 230\mathrm{mm}$，$r_D^* = 230\mathrm{mm}$，$h_1 = 12\mathrm{mm}$，$h_2 = 6\mathrm{mm}$，$h_3 = 11\mathrm{mm}$。式（6.160）中的 U 和 V 的值可以通过轮胎轮廓的测量决定，这里 $U = -0.732$，$V = -0.0284$。

图 6.52 显示了在径向载荷的作用下轮胎截面的胎侧轮廓变得平滑的现象，因为 r_C、$k_r(r)$ 随着 r_D 的变化而变化，所以在计算胎侧轮廓扁平化的过程中需要采用迭代计算方法。图 6.53 给出了采用式（6.165）计算得到的胎侧半径 r 处径向位移 w 的变化。

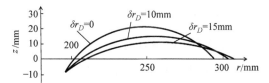

图 6.52 在径向载荷的作用下轮胎截面的胎侧轮廓变得平滑
(经 TST 授权，摘自文献 [5])

图 6.54 给出了径向基本刚度 k_r 的理论值和实验值的对比。因为在零气压下其截距与横向基本刚度 k_s 相比较大，所以胎侧橡胶对 k_r 的影响要比对 k_s 的影响更大。

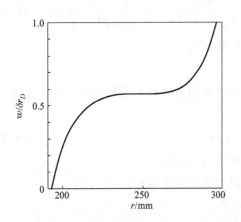
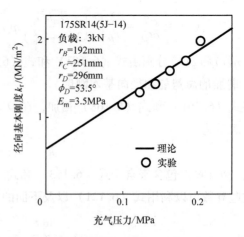

图 6.53　胎侧半径 r 处径向位移 w 的变化
（经 TST 授权，摘自文献 [5]）

图 6.54　径向基本刚度 k_r 的理论值和实验值的对比
（经 TST 授权，摘自文献 [5]）

6.5　Yamazaki 模型的修正

6.5.1　Yamazaki 模型的修正理论

Nagai 等[19]对 Yamazaki 的模型进行了修正，考虑了胎侧弯曲变形的中性面位置、胎体帘线的杨氏模量以及图 6.41 中点 D 的位置。Yamasaki 假设胎侧弯曲变形的中性面位于内层胎体上，但是有限元结果显示，在 k_s 的预测中，中性面位于胎体反包的中间和下胎体层的中间，如图 6.55 所示，其中的浅灰色部分表示径向的拉伸应力，深灰色表示压缩应力。当中性面的位置变为胎体反包的中间或者下胎体的中间时，式（6.108）就变成了：

$$D_\phi = \frac{E_m(r)h^3(r)}{12(1-v_m^2)} \quad (6.171)$$

Yamazaki 在计算能量的过程中忽略了胎体帘线的模量，但在修正后的理论中包含此模量。而且，胎体帘线上点 D 的位置也从第一层带束层的端点附

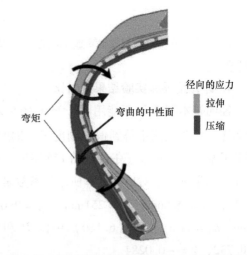

图 6.55　通过有限元预测的 k_s 的中性面的位置

近移动到了第二层带束层的端点附近。图 6.56 给出了 195/65R15 轮胎的径向基本刚度 k_r 实测值、Yamazaki 模型计算值和修正模型计算值三者之间的对比，从中可以看到 Yamazaki 模型的计算值不符合径向基本刚度，而修正模型的计算值更加符合测量结果。

6.5.2　胎侧材料的弯曲和拉伸变形对基本刚度的贡献

采用式（6.119）计算得到的横向基本结构刚度 $k_s(r)$ 和采用式（6.168）计算得到径向基本结构刚度 $k_r(r)$ 分别包含由弯曲变形带来的刚度成分 $k_s^{bending}(r)$、$k_r^{bending}(r)$ 以及由拉伸变形带来的刚度成分 $k_s^{extension}(r)$、$k_r^{extension}(r)$。

参考式（6.119），$k_s(r)$ 可以用下式表达：

$$k_s(r) = k_s^{bending}(r) + k_s^{extension}(r)$$

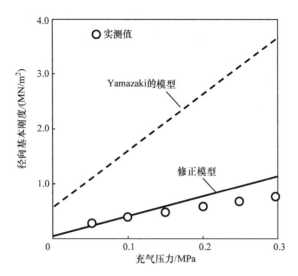

图 6.56 径向基本刚度 k_r 实测值、Yamazaki 模型计算值和修正模型计算值三者之间的对比[19]

$$k_s^{\text{bending}}(r) = \frac{2}{r_D \zeta^2} \int_{r_B}^{r_D} \frac{E_m(r) h^3(r) r}{12(1-v_m^2)} \eta(r)^2 \frac{B}{\sqrt{B^2-A^2}} \mathrm{d}r$$

$$k_s^{\text{extension}}(r) = \frac{2}{r_D \zeta^2} \int_{r_B}^{r_D} \frac{E_m(r) h(r)}{V_m(1-v_m^2)} \frac{\zeta(r)^2}{r} \frac{B}{\sqrt{B^2-A^2}} \mathrm{d}r \quad (6.172)$$

参考式 (6.168), $k_r(r)$ 可以表示为

$$k_r(r) = k_r^{\text{bending}}(r) + k_r^{\text{extension}}(r)$$

$$k_r^{\text{bending}}(r) = \frac{2}{r_D} \int_{r_B}^{r_D} \frac{E_m h^3 r}{12(1-v_m^2)} \eta(r)^2 \frac{B}{\sqrt{B^2-A^2}} \mathrm{d}r$$

$$k_r^{\text{extension}}(r) = \frac{2}{r_D} \int_{r_B}^{r_D} \frac{E_m h}{V_m(1-v_m^2)} \frac{\zeta(r)^2}{r} \frac{B}{\sqrt{B^2-A^2}} \mathrm{d}r \quad (6.173)$$

利用式 (6.172) 和式 (6.173), 可以评价弯曲和拉伸变形对胎侧半径 r 处的基本刚度的影响。图 6.41 中胎侧区域的橡胶材料包括三角胶芯、子口胶、胎侧橡胶和胎冠橡胶。

图 6.57 和图 6.58 给出了式 (6.172) 一半的积分计算结果, 它们显示了在半径 r 处每种橡胶材料对一侧胎侧的横向基本刚度的贡献。图 6.59 给出了在半径 r 处每种橡胶材料的弯曲和拉伸变形对横向基本刚度 $k_s(r)$ 的贡献。

从图 6.57 看出, 带束层端点外的胎冠橡胶和胶芯在弯曲变形中对横向基本刚度的贡献最大。这是因为根据式 (6.171), 弯曲刚度与厚度的三次方成正比。图 6.58 表明, 在半径 r_B 和 r_D 处拉伸变形对胎侧的横向基本刚度 $k_s(r)$ 的贡献为零, 这是由固定边界条件导致的。另外, 在半径 r_B 和 r_D 之间, 拉伸变形对基本刚度的贡献就是很大的。胶芯对基本刚度的贡献之所以有个峰值, 是因为拉伸应变随着半径的增加而增加, 然而厚度却随着的半径的增加而减小。图 6.59 表明拉伸变形对横向基本刚度 k_s 的贡献要大于弯曲变形对横向刚度的贡献。

图 6.60 和图 6.61 显示了式 (6.173) 一半的积分计算结果, 它们实际上反映了在半径为 r 的位置上各个橡胶材料对一侧胎侧的径向刚度 $k_r(r)$ 的贡献。图 6.62 给出了每种橡胶材料的弯曲和拉伸变形对径向刚度 $k_r(r)$ 的贡献。

图 6.60 显示出三角胶芯和胎冠橡胶对径向刚度 k_r 的贡献很大,这是由它们的弯曲变形导致的。这个结果与它们对横向基本刚度 k_s 的贡献类似,贡献最大的点在半径 r_D 处。这是因为在 k_r 的计算中 r_D 在径向上发生转移。图 6.61 表明,在带束层端部外面的胎冠橡胶、三角胶芯、子口胶的伸张变形对径向刚度 $k_r(r)$ 的贡献是比较大的。图 6.62 表明在胎圈区域,弯曲变形对径向刚度 k_r 的贡献与伸张变形几乎相同,然而在带束层端部附近,弯曲变形对径向刚度的贡献要比伸张变形大。弯曲变形的贡献很大这个结论与第 6.1.2 节的内容相似。

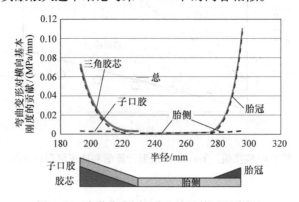

图 6.57　弯曲变形对 $k_s(r)$ 的贡献（见彩插）

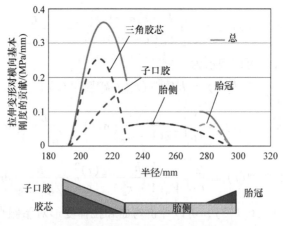

图 6.58　拉伸变形对 $k_s(r)$ 的贡献（见彩插）

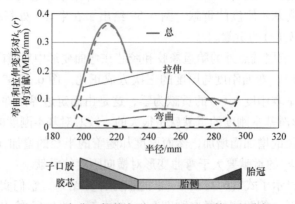

图 6.59　弯曲和拉伸变形对 $k_s(r)$ 的贡献（见彩插）

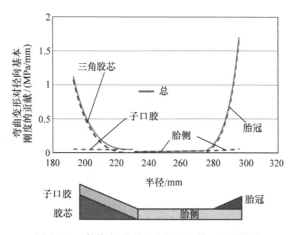

图 6.60 弯曲变形对 $k_r(r)$ 的贡献（见彩插）

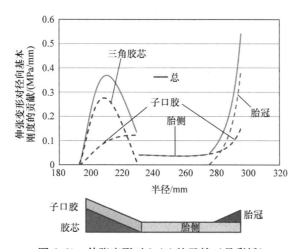

图 6.61 伸张变形对 $k_r(r)$ 的贡献（见彩插）

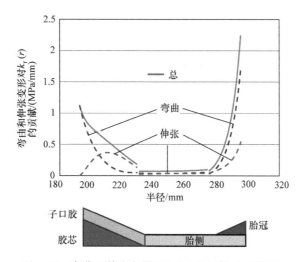

图 6.62 弯曲和伸张变形对 $k_r(r)$ 的贡献（见彩插）

6.6 线弹簧刚度（包络刚度）

线弹簧刚度（包络刚度）与轮胎滚过路面凸块时的舒适性能有关，如图6.63所示，线弹簧刚度定义为轮胎在凸块上的反作用力与轮胎沿凸块的位移的比值。轮胎在粗糙路面上包络路面凸块的特性称为轮胎的包络特性。可以通过降低包络刚度的方法来提高轮胎的包络特性。

Walter[20]的研究表明，包络特性对应于圆周方向轮胎的面外弯曲刚度，可以用CLT计算弯曲刚度。这将在第8.4.1节中进行讨论。Sakai利用柔性环模型计算了线弹簧刚度，这将在第8.4.1节中进行讨论。Akasaka和Kagami在线弹簧刚度的分析中应用了包含胎面橡胶刚度的柔性环模型，他们的研究表明轮胎的线弹簧刚度与位移之间存在非线性关系，这是由于基本的胎侧刚度与变形呈现非线性关系。

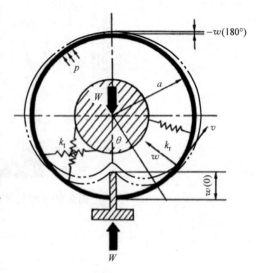

图6.63 轮胎模型和对应包络刚度的轮胎变形
（经TST授权，摘自文献［14］）

6.7 刚度的可视化

轮胎各部件对刚度的贡献量可以采用有限元方法（FEA）简单地表现出来。轮胎总体的应变能E可以通过将各个单元的应变能e_i相加得到：

$$E = \sum_{i=1}^{ne} e_i \tag{6.174}$$

式中，ne是轮胎模型的单元总数。

假设作用在轮胎上某点的外部力引起的某方向的位移是w，轮胎在该方向上的刚度用k表示，那么在该方向的弹簧上储存的能量E_k可以用下式表示：

$$E_k = kw^2/2 \tag{6.175}$$

根据能量守恒定律，$E = E_k$。将式（6.174）和式（6.175）对w取二阶导数，可以得到：

$$k = \partial^2 E / \partial w^2 = \sum_{i=1}^{ne} \partial^2 e_i / \partial w^2 \tag{6.176}$$

式（6.176）的右侧项表示了轮胎上的每个单元对刚度的贡献，式（6.176）可以进一步写为

$$\frac{\partial^2 e_i}{\partial w^2} = \frac{e_i(w+\Delta w) - 2e_i(w) + e_i(w-\Delta w)}{(\Delta w)^2} \tag{6.177}$$

式（6.177）可以利用每个单元在位移$w-\Delta w$、w、$w+\Delta w$的应变能来计算。通过将式（6.177）的结果可视化，我们可以很容易地找到从哪里进行改变来控制轮胎的刚度。

问题

6.1 推导式（6.2）和式（6.3）。

6.2 推导式（6.8）。

6.3 证明如果轮胎的行驶面宽度B很小，轮胎的横向刚度K_y可以用式（6.48）的$K_y = 2\pi r_A k_s/3$来表示。

6.4 推导式（6.138）。

6.5 推导式（6.141）、式（6.144）和式（6.145）。

6.6 推导式 (6.151)、式 (6.152) 和式 (6.153)。
6.7 推导式 (6.162)。

备注

备注 6.1 式 (6.13)

因为胎体轮廓的长度在加载后不变化，所以有：
$$r\phi_s = \text{const} \tag{6.178}$$
将式 (6.178) 两边对 ϕ_s 进行微分，可以得到：
$$dr/d\phi_s = -r/\phi_s \tag{6.179}$$
将式 (6.9) 应用到式 (6.12) 中，可以得到：
$$K_p = 2\overline{K}_p = 2\frac{\partial P}{\partial x} = 2\frac{\partial(pr\cos\phi_s)}{\partial(2r\sin\phi_s)} = p\frac{\dfrac{\partial r\cos\phi_s}{\partial \phi_s}}{\dfrac{\partial r\sin\phi_s}{\partial \phi_s}} = p\frac{\dfrac{\partial r}{\partial \phi_s}\cos\phi_s - r\sin\phi_s}{\dfrac{\partial r}{\partial \phi_s}\sin\phi_s + r\cos\phi_s} \tag{6.180}$$

将式 (6.179) 代入到式 (6.180) 中可以得到：
$$K_p = p\frac{\cos\phi_s + \phi_s\sin\phi_s}{\sin\phi_s - \phi_s\cos\phi_s} \tag{6.181}$$

Pacejka[13] 采用下面的方法推导得到了式 (6.13)。参考图 6.64，作用在断面上的垂直方向的外部力 q_z 定义为

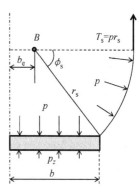

图 6.64 轮胎上的力平衡

$$q_z = 2\int_0^b p_z dy \tag{6.182}$$
根据图 6.64 的力平衡关系得到：
$$q_z/2 + T_s = p(r_s + b_e) \tag{6.183}$$
将关系式 $T_s = pr_s$ 代入到式 (6.183) 中，可以得到：
$$q_z = 2pb_e \tag{6.184}$$
式中，$2b_e$ 是图 6.9 所示的有效宽度。当径向变形为 $-w$ 时，从图 6.9 可以得到：
$$h_s = h_{s0} + w = l\sin\phi_s/\phi_s \tag{6.185}$$
$$2(b - b_e) = l\cos\phi_s/\phi_s \tag{6.186}$$
利用式 (6.184)~式 (6.186)，可以得到：
$$K_p = -\frac{dq_z}{dw} = -2p\left(\frac{db_e}{dw}\right) = -2p\left(\frac{db_e/d\phi_s}{dw/d\phi_s}\right) = p\frac{\cos\phi_s + \phi_s\sin\phi_s}{\sin\phi_s - \phi_s\cos\phi_s} \tag{6.187}$$

备注 6.2 式 (6.19)

如果图 6.45 中胎冠的周向位移是 v_D，胎侧的剪切应变是 $\gamma = v_D/l$，其中 l 是胎侧的长度。胎冠上圆周方向单位长度的反力是 $F = G\gamma h = Gv_Dh/l$。从而，由胎侧橡胶带来的沿圆周方向的单位长度的周向基本刚度的结构分量是：
$$F/v_D = Gh/l \tag{6.188}$$

参考图 6.45，周向基本刚度的伸张分量可以由 $N_\phi(c)\gamma$ 给出，其中的 $N_\phi(c)$ 和 γ 分别由式 (6.122) 和式 (6.126) 给出，那么 $N_\phi(c)\gamma$ 可以表示为
$$N_\phi(c)\gamma = \frac{p(r_D^2 - r_C^2)}{2r\sin\phi_D}\left(\frac{v}{r} - \frac{dv}{dr}\right)\cos\phi \tag{6.189}$$

忽略 dv/dr 项，当 $r = r_D$ 时，式 (6.189) 可以重新写为

$$N_\phi(c)\gamma = \frac{p(r_D^2 - r_C^2)v_D}{2r_D^2\tan\phi_D} \tag{6.190}$$

伸张分量可以写为

$$\frac{N_\phi(c)\gamma}{v_D} = \frac{p}{2\tan\phi_D} - \left(\frac{r_C}{r_D}\right)^2 \frac{p}{2\tan\phi_D} \tag{6.191}$$

图 6.45 中的 ϕ_D 对应于图 6.9 中的 ϕ_s。如果忽略 $(r_C/r_D)^2$，将式（6.188）和式（6.191）相加，并考虑到一个轮胎的两个胎侧，我们可以得到：

$$k_t = 2Gh/l + p/\tan\phi_s \tag{6.192}$$

备注 6.3　式（6.108）

当中性面位于厚度为 h 的三角胶芯的中间平面上时，弯曲刚度 $D_\phi = E_m h^3/\{12(1-v_m^2)\}$。同时，如果中性平面位于厚度为 h 的胎体层上，弯曲刚度 $D_\phi = E_m h^3/\{3(1-v_m^2)\}$。

参考文献

1. J. Rotta," Zur Statik des Luftreifens", Ing. Archiv, p. 129, (1949)
2. R.N. Dodge, S.K. Clark, Fore-aft stiffness characteristics of pneumatic tires. Tire Sci. Technol. **2**(2), 79–101 (1974)
3. H. Sakai, *Tire Engineering (in Japanese)*, (Guranpuri-Shuppan) (1987)
4. S. Yamazaki, T. Akasaka, Twisting stiffness and lateral vibration of a radial tire sidewall. Tire Sci. Technol. **16**(4), 223–248 (1988)
5. S. Yamazaki, in *Study on Spring Characteristics of Radial Tires (in Japanese)*, Ph. D. Thesis, (Chuo University, 1987)
6. T. Akasaka et al., An approximation evaluation of rotational stiffness of radial tire. Trans. JSCM **10**(1), 24–31 (1984)
7. T. Akasaka, S. Yamazaki, Analytical study on radial stiffness of radial tire (in Japanese). Nippon Gomu Kyokaishi **59**(7), 413–417 (1986)
8. S. Yamazaki et al., Lateral stiffness of radial tyres and effect of lowering aspect ratio. Int. J. Vehicle Des. **9**(3), 318–333 (1988)
9. F. Koutny, Load-deflection curves for radial tyres. Appl. Math. Model. **5**, 422–427 (1981)
10. F. Koutny, *Geometry and Mechanics of Pneumatic Tires*. www.koutny-math.com/?download=TIRES.pdf (2007)
11. J.M. Muggleton et al., Vibrational response prediction of a pneumatic tyre using an orthotropic two-plate wave model. J. Sound Vib. **264**, 929–950 (2003)
12. S.K. Clark (ed.), *Mechanics of Pneumatic Tires*, (U.S. Government Printing Office, 1970) p. 698
13. J.E. Adkins, Cylindrically symmetrical deformations of incompressible elastic materials reinforced with inextensible cords. J. Rational Mech. Analysis **5**(1), 189–202 (1956)
14. T. Akasaka et al., Deformation analysis of a radial tire loaded on a crossbar. Tire Sci. Technol. **21**(1), 40–63 (1993)
15. S. Kagami, et al., Analysis of the contact deformation of a radial tire with camber angle. Tire Sci. Technol. **23**(1), 26–51 (1995)
16. S. Kagami, in *Study on Structural Mechanics of Deformation of Radial tire in Contact (in Japanese)*, Ph.D. Thesis, (Chuo University, 1993)
17. V. L. Biderman, in *Vehicle tire engineering (translated from Russian to Japanese)*, (Gendaikougakusha, 1979) p. 112
18. Bridgestone (ed.) *Fundamentals and Application of Vehicle Tires (in Japanese)*, (Tokyo Denki University Press, 2008)
19. H. Nagai et al., Development of the FOA tool for tire stiffness supporting tire product design (in Japanese)", in 27th JSME Computer and Mechanical Division Conference, vol. 19 (2014)
20. J.D. Walter et al., Advances in tire composite theory. Tire Sci. Technol. **1**(2), 210–250 (1973)

第7章 胎面花纹的力学性能

因为轮胎要在各种道路表面上使用，比如干地、湿地、雪地、冰地等，所以轮胎有各种各样的花纹形式。因此轮胎花纹的力学性能就是一个非常重要的话题。花纹块的剪切弹簧常数或者花纹块的刚度，以及花纹块的压缩模量是花纹块的基本性能参数。本章我们讨论胎面花纹的这些基本性能的解析公式。而且，我们还将更进一步讨论采用有限元方法来分析无镶钉雪地轮胎的带有刀槽的花纹块的刚度。花纹块上的接地压力分布也与耐磨耗、操控和摩擦性能有关。考虑到在干燥路面上的摩擦系数随着接地压力的增大而减小，进一步从数学上证明了在一个花纹块上均匀的压力分布可以使摩擦系数最大化。采用有限元方法，结合优化技术，可以得到能够使接地压力保持均匀分布的胎冠花纹块表面的形状，实践证明，具有这种均匀压力分布的花纹块的轮胎可以提高耐磨耗性能、制动性能和操控性能。

7.1 胎面花纹块的剪切弹簧常数

7.1.1 解析方法的基本方程

轮胎使用的道路表面是各种各样的，有干路面、湿路面、雪地路面、冰地路面等。图 7.1 显示了适应不同要求的货/客车轮胎的各种胎面花纹。图 7.1a 是适用于粗糙路面的烟斗形花纹，图 7.1b 是适用于短途旅行的条形 + 烟斗形混合花纹，其有较好的耐磨耗性能。图 7.1c 是适用于长途旅行和高速驾驶的条形花纹。图 7.1d 是混合块状花纹，它一般适用在驱动轴上，路面适应性比较好。图 7.1e 是冬季适用的雪地胎花纹，图 7.1f 是无镶钉雪地花纹，在冬季冰雪路面上使用时它有较好的驱动/制动性能。其他的轮胎花纹还有光面轮胎，不带沟槽，一般用于工程机械车辆上，也可以应用在赛车上。

a) 烟斗形花纹　　b) 条形+烟斗形花纹　　c) 条形花纹

d) 混合块状花纹　　e) 雪地胎花纹　　f) 无镶钉雪地花纹

图 7.1　适应不同要求的货/客车轮胎的各种胎面花纹

(经东京电机大学出版社允许，摘自文献 [1])

胎面花纹上的沟槽是用来把水从接地区域内排走的,它可以增加轮胎在湿地、雪地、冰地或者泥地上的驱动和制动力。纵沟和横沟可以用来实现这些功能。因此,图7.1给出了货车/客车等用轮胎的各种花纹,轿车轮胎的花纹以块状花纹为主。

胎面花纹的基本性能包括接地面内的压力分布、横向和纵向力带来的接地面积的改变以及花纹块的刚度(花纹块承受的力与花纹块位移的比值)。在花纹设计的过程中,这些基本性能可以用实验方法、解析计算工具或者有限元工具去计算和评价。

图7.2给出了高度为h、长度为a的花纹块在横向剪切力作用下的剪切位移。花纹块的总的剪切位移d由两个部分叠加得到,一个是纯剪切位移d_1,另一个是弯曲位移d_2。当花纹块的上表面固定在刚性面上,下表面位于路面上时,弯曲位移d_2可以用高度为$h/2$的两个悬臂梁的位移叠加得到,如图7.2所示。

图7.2 花纹块在横向剪切力作用下的剪切位移(下表面在厚度方向上被约束)

总的剪切位移d可以用下式表示[2]:

$$d = d_1 + d_2 = \frac{fh}{AG} + 2\frac{f(h/2)^3}{3EI} \tag{7.1}$$

式中,E是橡胶的杨氏模量;G是橡胶的剪切模量;f是作用在路面的反力;I和A分别是橡胶块的惯性矩和接触面积。

$$I = a^3 b/12$$
$$A = ab \tag{7.2}$$

式中,b是垂直于纸面方向的花纹块的宽度。根据式(7.1)和式(7.2)以及橡胶的物理特性关系式$G=E/3$,可以得到花纹块刚度(也就是花纹块的剪切弹簧常数)K⊖:

$$K = \frac{f}{d} = \frac{abE}{3t\left[1 + \frac{1}{3}\left(\frac{h}{a}\right)^2\right]} \tag{7.3}$$

同时,当下表面在厚度方向没有约束时,花纹块在横向剪切力作用下的剪切位移如图7.3所示,它与图7.2的位移是不同的。花纹块的刚度可以用下面的公式表示[3]⊖:

$$K = \frac{f}{d} = \frac{abE}{3t\left[1 + \frac{4}{3}\left(\frac{h}{a}\right)^2\right]} \tag{7.4}$$

式(7.3)的分母中的1/3和式(7.4)的分母中的4/3与弯曲位移和剪切位移的比值有关。这两个值取决于下表面的边界条件。如果弯曲位移和剪切位移的比值用α表示,式(7.1)可以被重新写作[4]:

$$d = d_1 + \alpha d_2 = \frac{fh}{AG} + 2\alpha\frac{f(h/2)^3}{3EI} \tag{7.5}$$

⊖⊖ 备注7.1。

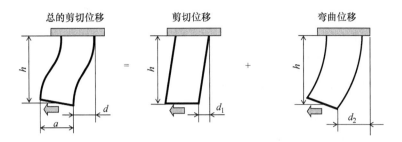

图 7.3　花纹块在横向剪切力作用下的剪切位移（下表面在厚度方向没有约束）

$$K = \frac{f}{d} = \frac{abE}{3h\left[1 + \frac{\alpha}{3}\left(\frac{h}{a}\right)^2\right]} \tag{7.6}$$

式（7.3）在 $\alpha = 1$ 时与式（7.6）相同。当忽略掉弯曲变形的时候，将 $\alpha = 0$ 代入到式（7.6）中可以得到橡胶单位面积的剪切弹簧常数：

$$K_{\alpha \to 0}/A = E/(3h) = G/h \tag{7.7}$$

图 7.4 比较了花纹块刚度的测量结果和采用式（7.6）的计算结果。块的高度和钢片的深度是 8mm，只有上表面被固定在刚体表面上，而下表面与处于横向位移的刚性面相接触。将花纹块刚度的测量结果代入到式（7.6）中可以识别出 $\alpha = 0.9$。因为 α 的值小于 1，那么弯曲位移对刚度的贡献要比式（7.1）小，这是因为在弯曲变形的作用下橡胶块的表面离开了路面。式（7.3）对于花纹块的刚度来说是一个比较好的公式，因为 $\alpha = 0.9$ 的值与 $\alpha = 1$ 非常接近。注意到式（7.4），对应于 $\alpha = 4$ 时的式（7.6），对于有花纹块的剪切弹簧常数来说是不足的。

7.1.2　实际花纹的花纹块刚度计算

Nakajima 研究了实际花纹的花纹块刚度的计算方法，并制定了计算步骤和流程。他将式（7.6）应用到了实际花纹块的刚度计算中，如图 7.5 所示，在计算时将花纹块沿着剪切力的方向划分成许多小的单元，假设这些小单元不发生相互作用，一个大花纹块的剪切弹簧常数可以通过对各个小花纹块的剪切弹簧常数进行叠加得到。

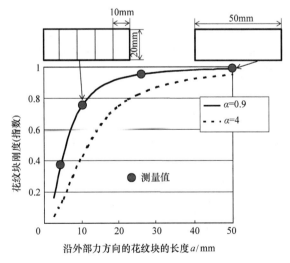

图 7.4　花纹块刚度的测量结果和采用式（7.6）的计算结果的比较

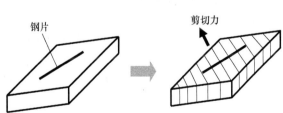

图 7.5　实际花纹的花纹块剪切弹簧常数计算

当钢片的深度在花纹块的厚度方向上变化时，小花纹块的剪切弹簧常数可以参考图7.6所示采用串联弹簧和并联弹簧的方法来进行计算。计算剪切弹簧常数的步骤是：

(1) 两个小花纹块 $K1$ 和 $K2$ 并联　$K^{(1)} = K1 + K2$

(2) $K1$ 和 $K2$ 先并联，然后再与 $K4$ 串联　$\dfrac{1}{K^{(2)}} = \dfrac{1}{K^{(1)}} + \dfrac{1}{K4}$

(3) 与 $K4$ 串联后的弹簧再与 $K3$ 并联　$K^{(3)} = K^{(2)} + K3$ (7.8)

(4) 与 $K3$ 并联后的弹簧再与 $K5$ 串联　$\dfrac{1}{K^{(4)}} = \dfrac{1}{K^{(3)}} + \dfrac{1}{K5}$

式中，$K^{(i)}$是第i步骤的花纹块的刚度；$K1 \sim K5$是按照式（7.6）计算的分割后的小花纹块刚度。在图7.6中，花纹块的整体刚度是由多个小花纹块按照并联或者串联方式进行叠加得到的，整体花纹块的刚度$K^{(4)}$是在第（4）个计算步骤中得到的。

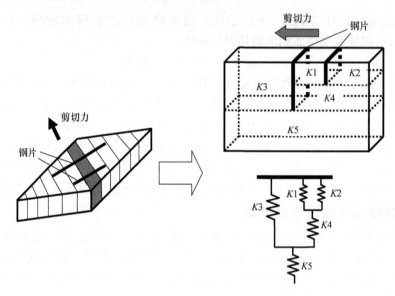

图7.6　当存在钢片时花纹块刚度的计算流程

假设图7.7中对应于主剪切弹簧常数的主坐标轴的方向是 X 和 Y。在第15章中定义了ISO的轮胎坐标系，x轴是轮胎前进方向，y轴是垂直于x轴的。当沿着主坐标轴的位移是 u_X 和 u_Y，作用在主坐标轴的力分别是 F_X 和 F_Y 时，有下面的转换公式：

$$\begin{Bmatrix} F_X \\ F_Y \end{Bmatrix} = \begin{bmatrix} k_X & 0 \\ 0 & k_Y \end{bmatrix} \begin{Bmatrix} u_X \\ u_Y \end{Bmatrix} \quad (7.9)$$

式中，k_X 和 k_Y 分别是沿着 X 方向和 Y 方向的主花纹块刚度。Y轴与y轴（垂直于车辆的移动方向）间的夹角为 θ。

沿着X轴和Y轴的力和位移可以通过坐标转换矩阵 $[\boldsymbol{Q}]$ 转换到x和y坐标轴上：

$$\begin{Bmatrix} F_X \\ F_Y \end{Bmatrix} = [\boldsymbol{Q}] \begin{Bmatrix} F_x \\ F_y \end{Bmatrix}, \begin{Bmatrix} u_X \\ u_Y \end{Bmatrix} = [\boldsymbol{Q}] \begin{Bmatrix} u_x \\ u_y \end{Bmatrix}$$

$$[\boldsymbol{Q}] = \begin{bmatrix} \cos\theta & -\sin\theta \\ \sin\theta & \cos\theta \end{bmatrix} \quad (7.10)$$

考虑到关系式 $[\boldsymbol{Q}]^{-1} = [\boldsymbol{Q}]^{\mathrm{T}}$，将式（7.10）代入到式（7.9）可以得到：

$$\begin{Bmatrix} F_x \\ F_y \end{Bmatrix} = [\boldsymbol{Q}]^\mathrm{T} \begin{bmatrix} k_X & 0 \\ 0 & k_Y \end{bmatrix} [\boldsymbol{Q}] \begin{Bmatrix} u_x \\ u_y \end{Bmatrix} \tag{7.11}$$

将 $u_x = 0$ 代入到式（7.11），可以得到沿着 x 轴的约束反力 F_x：

$$F_x = -(k_X - k_Y)\sin\theta\cos\theta u_y \tag{7.12}$$

如果一个花纹块刚度是各向异性的（$k_X \neq k_Y$），那么即便该花纹块仅在 y 方向上有位移 u_y，那么它在 x 方向上也会产生约束反力 F_x。

我们称 F_x 为耦合力，称 F_x 和 u_y 的比值为花纹块的耦合刚度。花纹块的耦合刚度 K_{xy} 表示为

$$K_{xy} = F_x/u_y = -(k_X - k_Y)\sin\theta\cos\theta \tag{7.13}$$

将 $u_x = 0$ 或者 $u_y = 0$ 代入到式（7.11）中，花纹块在 x 方向和在 y 方向的刚度（K_x 和 K_y）可以用下式给出：

$$\begin{aligned} K_x &= F_x/u_x = k_X\cos^2\theta + k_Y\sin^2\theta \\ K_y &= F_y/u_y = k_X\sin^2\theta + k_Y\cos^2\theta \end{aligned} \tag{7.14}$$

图 7.8 给出了在 $k_X = 7$ 和 $k_Y = 10$ 时利用式（7.13）和式（7.14）计算得到的花纹块刚度。注意花纹块的刚度是用角度的周期性函数表示的，周期是 180°，见式（7.13）~式（7.14）。

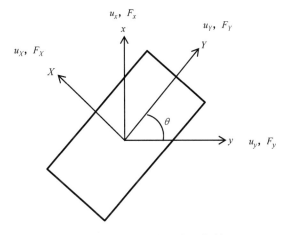

图 7.7　花纹块刚度的主坐标轴

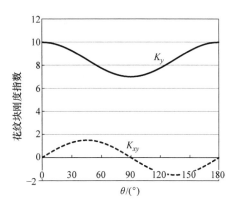

图 7.8　花纹块刚度

7.1.3　计算结果和测量结果的对比

图 7.9 给出了当花纹块受到横向的剪切力时计算得到的花纹块刚度。花纹块的尺寸为：宽度为 15mm，长度为 20mm，花纹块高度为 8mm，花纹块上的钢片的深度为 4mm 或 8mm，钢片的宽度为 0.5mm。从上看到花纹块的刚度随着刀槽密度的增加而减小。这是因为花纹块的体积减小，弯曲位移增加。特别需要指出的是，如果横向力的方向垂直于刀槽的方向，则花纹块的刚度会大幅度减小。

图 7.10 给出了花纹块刚度的计算值和实验值的比较。花纹块的尺寸是 40mm×40mm，它被刀槽分成了小的花纹块。一个块的尺寸为 40mm×10mm，另一个块的尺寸为 40mm×5mm。当花纹块的 y 方向上产生位移时，花纹块的刚度 K_y 和耦合刚度 K_{xy} 可以用式（7.13）和式（7.14）来计算。从中看到计算值和实验值比较一致。

图 7.11 给出了一个实际的花纹块的刚度计算值和实验值的比较，花纹块的高度是 8mm，钢片的深度是 6.4mm，中间的横沟的深度是 6.4mm。计算值和实验值之间比较一致。

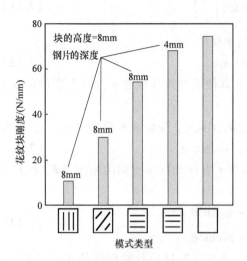
图7.9 当花纹块受到横向的剪切力时计算得到的花纹块刚度

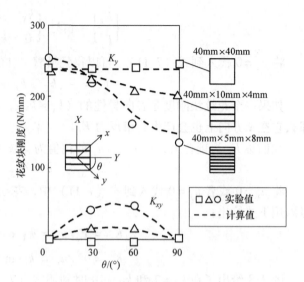
图7.10 花纹块刚度 K_y 计算值和实验值的比较

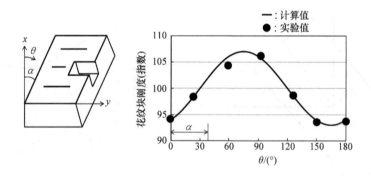

图7.11 实际的花纹块的刚度计算值和实验值的比较

7.1.4 花纹块刚度的有限元求解方法

有两种有限元方法来计算花纹块的刚度。一种方法是体元法[5]，这种方法是在 CAD 环境中建立三维的花纹实体模型，然后将该实体模型进行有限元网格划分，划分成细密的具有相同尺寸的实体有限元网格。采用这种方法，可以很容易地建立起一个复杂的花纹块的有限元模型，如图7.12所示。这种方法主要用于线性分析。另外一种方法是通常的有限元方法，它一般用来分析第7.6节中所述的带有多个钢片的花纹块的大变形。

图7.12 花纹块的有限元模型

7.2 绑定的橡胶块的压缩模量

7.2.1 绑定的橡胶块的压缩模量研究

胎面花纹块的性能与操纵性能、制动性能和轮胎的耐磨耗性能有关。早期对绑定橡胶块的压缩模量的研究包括橡胶隔振器的分析。Gent 和 Lindley[6-7]研究了橡胶块的模量的近似解法，结果表明绑定橡胶块的压缩模量是材料的杨氏模量和形状系数 S 的函数，所谓的形状系数 S 指的是绑定的上表面或者下表面与自由面的面积的比值。Gent 和他的合作者们[8-9]为这个课题的研究做出了贡献。

Hattori 和 Takei[10]采用实验方法研究了橡胶悬置的压缩模量，得到了压缩模量与形状系数的关系。如图 7.13 所示，各种形状的花纹块的表观杨氏模量 $\bar{E}$ 的经验公式为

$$\bar{E} = G(3 + 4.9S^2) \text{（圆形花纹块）}$$
$$S = (d/4)h \tag{7.15}$$
$$\bar{E} = G(3 + 6.6S^2) \text{（方形花纹块）}$$
$$S = [ab/2(a+b)]h \tag{7.16}$$
$$\bar{E} = G(4 + 3.3S^2) \text{（无限长矩形花纹块）}$$
$$S = (a/2)h \tag{7.17}$$

式中，S 是形状系数；G 是橡胶的剪切模量。当约束面的面积大于自由面的面积时，表观杨氏模量变大。货车和客车轮胎的条形花纹的形状系数约等于1，而乘用车轮胎的花纹块的形状系数约等于 1/2。

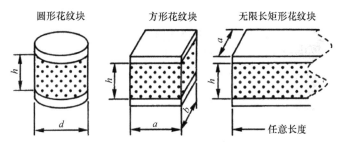

图 7.13 各种形状花纹块的表观杨氏模量

Yeoh 等[11]将绑定花纹块的研究从二维扩展到了三维。Horton 等[12-15]对承受轴向载荷的矩形和圆形截面的绑定橡胶块进行了研究，他们采用叠加法对轴向变形和应力分布进行处理，得到总变形和应力分布，从而获得了完备的表达式。这些表达式准确满足了基于经典弹性理论的控制方程。Anderson[16]将测量结果与基于 Gent 和 Lindley 模型的计算结果以及 Yeoh 和 Horton[14]的计算结果进行了对比。Horton 的模型结果与形状系数取最小值的结果最符合。在中等的形状系数值范围（$2<S<9$）内，所有模型的结果与 Gent 和 Lindley 测量结果一致。当形状系数很大时，没有哪个模型的计算结果与测量结果吻合。Mott 和 Roland[17]测量表明，细长的橡胶柱在变形时有更平滑的轮廓。

7.2.2 二维矩形橡胶块

本节对 Horton 的研究成果进行回顾。假设橡胶块的一端（$z=0$）固定在刚性表面上，另一端（$z=h$）承受 z 方向的恒定载荷 F，在该力的作用下橡胶块拉伸或者压缩的位移是 d。橡胶块的总位移是两个独立的特定状态的位移（状态 A 和状态 B）的叠加，如图 7.14 所示。

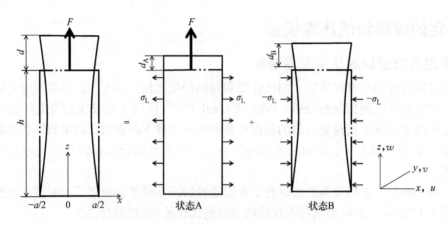

图 7.14 状态 A 和状态 B 的叠加效果

1. 未引起横向表面变化的轴端载荷情形（状态 A）

假设轴向载荷 F 施加在橡胶块的末端表面上（$z=h$），其力的作用面积是 A，其侧面作用有大小为 σ_L 的拉伸应力，从而使侧面被约束不发生变形，仍然保持与 z 轴的平行。橡胶块各处都处于水动拉伸应力状态，它所承受的应力为

$$\sigma = \sigma_L = F/A \tag{7.18}$$

其体积膨胀量 δV 可以写为

$$\delta V/V = d_A/h = \sigma_L/K \tag{7.19}$$

式中，K 是橡胶的体积模量；橡胶块末端 $z=h$ 处的总体变形 d_A 可以表示为

$$d_A = Fh/(AK) \tag{7.20}$$

2. 具有薄的矩形截面（状态 B）的长橡胶块侧向承受载荷的情形

考虑不可压缩的橡胶块的情形，它的矩形横截面的宽度是 a，橡胶块的长度为 l，并且 $l \gg a$，该橡胶块被绑定在 $x = \pm a/2$ 和 $y = \pm l/2$ 平面上。假设橡胶块只在平面 $x = \pm a/2$ 上承受横向载荷，其平均法向应力为 $-\sigma_L$，该值大小等于状态 A 的值，方向相反。橡胶的不可压缩性可以表示为

$$\varepsilon_{xx} + \varepsilon_{yy} + \varepsilon_{zz} = 0 \tag{7.21}$$

$$v = 1/2$$

$$\mu = E/3 \tag{7.22}$$

式中，v、μ 和 E 分别是泊松比、橡胶的剪切模量和杨氏模量。

将应力和应变联系起来的本构方程为

$$\varepsilon_{xx} = \frac{1}{E}\left\{\sigma_{xx} - \frac{1}{2}(\sigma_{yy} + \sigma_{zz})\right\}$$

$$\varepsilon_{yy} = \frac{1}{E}\left\{\sigma_{yy} - \frac{1}{2}(\sigma_{xx} + \sigma_{zz})\right\}$$

$$\varepsilon_{zz} = \frac{1}{E}\left\{\sigma_{zz} - \frac{1}{2}(\sigma_{xx} + \sigma_{yy})\right\} \tag{7.23}$$

$$\gamma_{xy} = \frac{3}{E}\tau_{xy}$$

$$\gamma_{xz} = \frac{3}{E}\tau_{xz}$$

$$\gamma_{yz} = \frac{3}{E}\tau_{yz}$$

x 方向的平衡方程为

$$\partial\sigma_{xx}/\partial x + \partial\tau_{xy}/\partial y + \partial\tau_{xz}/\partial z = 0 \tag{7.24}$$

假设橡胶块的每个矩形平面（z 为常数）在变形过程中仍然保持是矩形的平面，因为在 y 方向上橡胶块很长，所以：

$$\begin{aligned} v &= 0 \\ \partial u/\partial y &= \partial w/\partial x = \partial w/\partial y = 0' \end{aligned} \tag{7.25}$$

式中，u、v 和 w 分别为 x、y、z 方向上的位移。将式（7.25）的第一个式子代入到式（7.21）中，得到：

$$\partial u/\partial x = - \mathrm{d}w/\mathrm{d}z \tag{7.26}$$

在所有的 z 值处利用在 $x=0$ 处 $u=0$ 的对称边界条件，对式（7.26）的 x 进行积分，我们可以得到：

$$u = -x\mathrm{d}w/\mathrm{d}z \tag{7.27}$$

橡胶内任意点上非零应力分量可以根据 w 和它的导数来求得。从式（7.23）和式（7.27），我们可以得到[⊖]：

$$\begin{aligned} \sigma_{yy} &= \sigma_{xx} + \frac{2E}{3}\frac{\mathrm{d}w}{\mathrm{d}z} \\ \sigma_{zz} &= \sigma_{xx} + \frac{4E}{3}\frac{\mathrm{d}w}{\mathrm{d}z} \\ \tau_{xz} &= -\frac{E}{3}x\frac{\mathrm{d}^2w}{\mathrm{d}zh} \end{aligned} \tag{7.28}$$

考虑到关系式 $\gamma_{xy}=0$（$\tau_{xy}=0$），将式（7.28）代入到式（7.24）得出：

$$\frac{\partial\sigma_{xx}}{\partial x} = \frac{E}{3}x\frac{\mathrm{d}^3w}{\mathrm{d}z^3} \tag{7.29}$$

对式（7.29）进行积分，利用在 $x = \pm a/2$ 处 $\sigma_{xx} = -F/A$ 的边界条件，将积分结果代入到式（7.28）中，可以得到：

$$\sigma_{zz} = \frac{E}{3}\left\{4\frac{\mathrm{d}w}{\mathrm{d}z} - \frac{1}{2}\left(\frac{a^2}{4} - x^2\right)\frac{\mathrm{d}^3w}{\mathrm{d}z^3}\right\} - \frac{F}{A} \tag{7.30}$$

在状态 B 中，在 z 方向上没有强制力，这个条件可以表示为

$$\int_{-a/2}^{a/2} \sigma_{zz}\mathrm{d}x = 0 \tag{7.31}$$

将式（7.30）代入到式（7.31）中可以得到关于 w 的微分方程，它的解是：

$$w = c_1\cosh\alpha z + c_2\sin\alpha z + \frac{3Fz}{4EA} + c_3 \tag{7.32}$$

式中，c_1、c_2 和 c_3 是任意常数；α 可以表示为

$$\alpha^2 = 48/a^2 \tag{7.33}$$

常数 c_1、c_2 和 c_3 可以利用施加在橡胶块两端的边界条件来确定。因为假设橡胶块一端固定在刚性板上，那么对于所有的 x 来说，在 $z=0$ 和 $z=h$ 的地方满足 $u=0$。因此，根据式（7.27），我们有：

$$\mathrm{d}w/\mathrm{d}z = 0 \quad (\text{在 } z=0 \text{ 和 } z=h \text{ 处}) \tag{7.34}$$

因为在 $z=0$ 的地方是约束的，其他的边界条件是：

⊖ 备注7.2。

$$w = 0 \tag{7.35}$$

当用式（7.32）表示的一般解受到用式（7.34）和式（7.35）表示的条件限制的时候，那么所需要的解答可以用下式表示：

$$w = \frac{3F}{4EA}\left[z - \frac{2}{\alpha}\frac{\sinh\frac{\alpha z}{2}\cosh\left\{\frac{\alpha}{2}(h-z)\right\}}{\cosh\frac{\alpha h}{2}}\right] \tag{7.36}$$

橡胶块在 $z = h$ 处的轴向位移 $d_B(=w|_{z=h})$ 的幅值为

$$d_B = \frac{3Fh}{4EA}\left[1 - \frac{2}{\alpha h}\tanh\frac{\alpha z}{2}\right] \tag{7.37}$$

通过将式（7.36）代入到式（7.30）中，同时加入状态 A 的应力条件，就可以得到在 $z = 0$ 和 $z = h$ 处的接触应力 $\sigma_{zz}|_{z=0}$：

$$\sigma_{zz}|_{z=0} = \frac{F\alpha^2}{8A}\left(\frac{a^2}{4} - x^2\right) \tag{7.38}$$

3. 表观杨氏模量和变形后的轮廓

将由式（7.20）和式（7.37）表示的状态 A 和状态 B 的位移进行叠加，可以得到橡胶块在轴的端部的变形 $d = d_A + d_B$。当该橡胶块作用有轴载荷 F 时，d 可以表示为

$$d = \frac{Fh}{A}\left[\frac{3}{4E}\left(1 - \frac{2}{\alpha h}\tanh\frac{\alpha z}{2}\right) + \frac{1}{K}\right] \tag{7.39}$$

表观杨氏模量 E_a' 定义为

$$E_a' = Fh/(Ad) \tag{7.40}$$

将式（7.39）代入到式（7.40）可以得到：

$$\frac{1}{E_a'} = \frac{3}{4E}\left[\left(1 - \frac{S}{\sqrt{3}}\tanh\frac{\sqrt{3}}{S}\right) + \frac{1}{K}\right] \tag{7.41}$$

当具有矩形截面的橡胶块的长度远大于其宽度的时候，其形状系数 S 大致可以用下式表示：

$$S = a/(2h) \tag{7.42}$$

当其材料是不可压缩材料（$K = \infty$）时，表观杨氏模量可以用下式计算：

$$E_a = \frac{4E}{3\left(1 - \frac{S}{\sqrt{3}}\tanh\frac{\sqrt{3}}{S}\right)} \tag{7.43}$$

考虑到双曲正切函数可以方便地用有理函数逼近：

$$\tanh x \approx \frac{x(15 + x^2)}{3(5 + 2x^2)} \tag{7.44}$$

将式（7.44）代入到式（7.43），可以得到表观杨氏模量 E_a^{approx} 的近似表达式：

$$E_a^{\text{approx}} = 4E(1.2 + S^2)/3 \tag{7.45}$$

从式（7.27）和式（7.36），橡胶块的横向变形表示为

$$u = -\frac{3Fx}{2EA}\frac{\sinh\frac{\alpha z}{2}\sinh\left\{\frac{\alpha}{2}(h-z)\right\}}{\cosh\frac{\alpha h}{2}}\bigg|_{x=a/2} \tag{7.46}$$

在小角度 α 范围内，u 可以表示为关于 z 的抛物线形式。

同时，Gent 和 Lindley 采用下面的公式来表达表观杨氏模量 E_a^{GL}：

$$E_a^{GL} = 4E(1+S^2)/3 \tag{7.47}$$

需要注意的是，他们在推导式（7.47）的过程中假设侧向的自由面的变形是抛物线形式的。同时，在形状系数 S 较小的时候，由式（7.46）表示的侧向自由面的确切的变形轮廓与抛物线不同，这就是为什么在 S 较小的情况下，式（7.45）和式（7.47）是有差别的。

7.2.3 矩形橡胶块

根据 Gent 和 Meinecke 的研究成果，Yeoh 推导了处于压缩和绑定状态的矩形截面橡胶块的方程，该橡胶块的宽度为 a，长度为 l，它绑定在 $x = \pm a/2$，$y = \pm l/2$ 的平面上。它放松了第 7.2.2 节中关于 $l \gg a$ 的假设。Yeoh 的结果可以表示为

$$\begin{aligned}\sigma_{zz} &= \frac{12G\varepsilon}{h^2} \sum_{n=1,3,5,\ldots}^{\infty} \frac{4}{n\pi\lambda_n^2}(-1)^{\frac{n-1}{2}} \left\{1 - \frac{\cosh(\lambda_n y)}{\cosh(\lambda_n l/2)}\right\}\cos\left(\frac{n\pi x}{a}\right) \\ \frac{F}{la} &= 3G\varepsilon\left[k_1 + \frac{8}{h^2}\sum_{n=1,3,5,\ldots}^{\infty}\left\{\frac{4}{n^2\pi^2\lambda_n^2} - \frac{8}{n^2\pi^2\lambda_n^3 l}\tanh\left(\frac{\lambda_n l}{2}\right)\right\}\right] \\ &= E\varepsilon\left[k_1 + \frac{8}{h^2}\sum_{n=1,3,5,\ldots}^{\infty}\left\{\frac{4}{n^2\pi^2\lambda_n^2} - \frac{8}{n^2\pi^2\lambda_n^3 l}\tanh\left(\frac{\lambda_n l}{2}\right)\right\}\right]\end{aligned} \tag{7.48}$$

式中，σ_{zz} 是 z 方向的均匀分布的垂向应力；F 是作用在橡胶块上的压缩力，它通过在 (x, y) 面内对应力 σ_{zz} 进行积分得到；$\varepsilon(=d/h)$ 是压缩应变；λ_n 由下式给出：

$$\lambda_n = \sqrt{\frac{\pi^2 n^2}{a^2} + \frac{12G}{h^2 E_b}} \tag{7.49}$$

式中，E_b 是橡胶的体积模量，它大约是橡胶剪切模量的 1000 倍。

k_1 是经验常数，它的选择需要满足相对于 l 和 a 对称的主要条件。

$$k_1 = \frac{4}{3} - \frac{2\left(\frac{al}{4} + h^2\right)}{3\left\{\left(\frac{a}{2}\right)^2 + \left(\frac{l}{2}\right)^2 + 2h^2\right\}} \tag{7.50}$$

作为一个例子，当 $l = a$ 时（方形块），$k_1 = 1$，当 $l \gg a$ 和 h 或者 $a \gg l$ 和 h 时，$k_1 = \frac{4}{3}$（此时长的橡胶块可以看作是平面应变状态）。

图 7.15 给出了橡胶块的形状对压缩橡胶块所需的垂直力的影响，并比较了 Yeoh 的理论结果和 FEA 的计算结果。在合理的形状范围内，宽度 a 保持 2mm 不变，而橡胶块的厚度 h 则从 0.125mm 变化到 0.5mm，长度 l 从 0.5mm 变化到 8mm。FEA 网格的尺寸在长度和宽度方向均为 0.625mm，材料假设为线弹性材料，泊松比为 0.4995。根据式（7.48）计算得到的 Yeoh 的理论结果与有限元结果吻合很好。图 7.15 的垂直轴代表橡胶块的表观杨氏模量 $E_a' [= F/(la)]$ 与橡胶的杨氏模量 E 的比值。对于一个 $a = 2$mm，$l = 4$mm，$h = 0.25$mm 矩形（形状系数为 2.67）的橡胶块来说，根据式（7.16）可得该比值为 12.1，然而根据式（7.48）的第二式可得该比值为 15.7，该值比采用式（7.16）推导得到的结果大。

图 7.16 给出了承受 0.001 的压缩应变的矩形橡胶块（$a = 2$mm，$l = 4$mm，$h = 0.25$mm）采用有限元方法和采用式（7.48）计算得到的应力分布的对比。压力分布（平均法向应力）的有限元结果是位于橡胶中心（中性面上）位置的，沿着中性平面 $x = 0$ 来展示。采用理论公式计算的结果与采用有限元方法的结果吻合比较好，但在绑定的边界位置吻合情况不是很好。绑定边界上表现出的差异是由应力奇异导致的连接自由边界上缺少互补的剪应力。

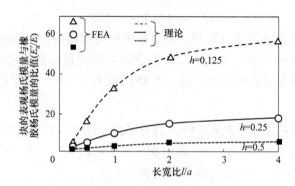

图 7.15 橡胶块的形状对压缩橡胶块的所需的垂直力的影响

(经 RCT 授权,摘自文献 [11])

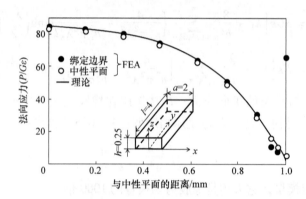

图 7.16 承受 0.001 的压缩应变的矩形橡胶块采用有限元方法和采用式(7.48)计算得到的应力分布对比

(经 RCT 授权,摘自文献 [11])

7.3 与路面接触的橡胶块的特性

7.3.1 承受压缩力的橡胶块特性

1. 摩擦系数无穷大时的基本方程

Akasaka[18-19]等研究了与路面相接触的承受外部压力和剪切力的橡胶块的变形。他们利用三角几何函数关系计算了承受压缩力的橡胶块的横向位移,采用能量法推导了基本方程。图 7.17 给出了橡胶块上只作用有压缩力 F 时的变形。橡胶块的高度是 h,宽度是 a,垂直于纸面的长度是无限长。因此我们可以把这个问题看作平面应变问题。假设在 x 方向和 z 方向上的位移分别用 u 和 w 来表示,上表面固结在刚性体上,下表面与路面这个刚性体接触。

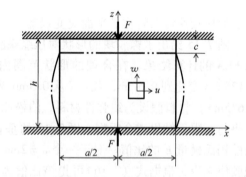

图 7.17 橡胶块上只作用有压缩力 F 时的变形

位移 u 和 w 可以设为

$$\begin{aligned} u &= \alpha x \sin(\pi z/h) \\ w &= -cz/h \end{aligned} \tag{7.51}$$

式中,u 是橡胶块的侧部的桶状变形;w 是高度方向上的压缩变形。

由桶状变形导致的体积变化 ΔV 可以用下面的公式表达:

$$\Delta V = \alpha a \int_0^h \sin(\pi z/h) \, dz = 2\alpha ah/\pi \tag{7.52}$$

同时，由压缩变形导致的体积变化 $\Delta V'$ 可以表示为

$$\Delta V' = ac \tag{7.53}$$

因为橡胶的不可压缩特性要求 $\Delta V = \Delta V'$，所以未知的参数 c 可以表示为

$$c = 2\alpha h/\pi \tag{7.54}$$

将式（7.51）代入到包含非线性项的应变定义中可以得到：

$$\varepsilon_{xx} = \frac{\partial u}{\partial x} + \frac{1}{2}\left(\frac{\partial u}{\partial x}\right)^2 + \frac{1}{2}\left(\frac{\partial w}{\partial x}\right)^2 = \alpha \sin\frac{\pi z}{h} + \frac{1}{2}\left(\alpha \sin\frac{\pi z}{h}\right)^2$$

$$\varepsilon_{zz} = \frac{\partial w}{\partial z} + \frac{1}{2}\left(\frac{\partial w}{\partial z}\right)^2 + \frac{1}{2}\left(\frac{\partial u}{\partial z}\right)^2 = -\frac{2\alpha}{\pi} + \frac{1}{2}\left(\frac{2\alpha}{\pi}\right)^2 + \frac{1}{2}\left(\alpha x \frac{\pi}{h}\cos\frac{\pi z}{h}\right)^2$$

$$\gamma_{xz} = \frac{\partial u}{\partial z} + \frac{\partial w}{\partial x} + \frac{\partial u}{\partial x}\frac{\partial u}{\partial z} + \frac{\partial w}{\partial x}\frac{\partial w}{\partial z} = \alpha x \frac{\pi}{h}\cos\frac{\pi z}{h} + \left(\alpha\sin\frac{\pi z}{h}\right)\left(\alpha x \frac{\pi}{h}\cos\frac{\pi z}{h}\right) \tag{7.55}$$

利用式（7.23），具有不可压缩特性的平面应变状态的胡克定律可以表示为

$$\begin{aligned}
\sigma_{xx} &= 2G\varepsilon_{xx} + \overline{\sigma} \\
\sigma_{zz} &= 2G\varepsilon_{zz} + \overline{\sigma} \\
\sigma_{xz} &= G\gamma_{xz} \\
\overline{\sigma} &= (\sigma_{xx} + \sigma_{yy} + \sigma_{zz})/3
\end{aligned} \tag{7.56}$$

式中，σ 是流体静压力；G 为橡胶的剪切模量。

橡胶的不可压缩特性需要满足下面的关系：

$$\varepsilon_{xx} + \varepsilon_{zz} = 0 \tag{7.57}$$

单位体积的应变能 $\overline{U}$ 可以用下式给出：

$$\overline{U} = (\sigma_{xx}\varepsilon_{xx} + \sigma_{zz}\varepsilon_{zz} + \tau_{xz}\gamma_{xz})/2 + \overline{\sigma}(\varepsilon_{xx} + \varepsilon_{zz})/2 = G(\varepsilon_{xx}^2 + \varepsilon_{zz}^2 + \gamma_{xz}^2/2) \tag{7.58}$$

在橡胶块的截面区域对应变能 $\overline{U}$ 进行积分，橡胶块的总体应变能为

$$U = \int_{-\frac{a}{2}}^{\frac{a}{2}} \int_0^h \overline{U} \, dx \, dz = G(\Lambda_1 \alpha^2 + \Lambda_2 \alpha^3 + \Lambda_3 \alpha^4) \tag{7.59}$$

式中，

$$\begin{aligned}
\Lambda_1 &= \left(\frac{1}{2} + \frac{4}{\pi^2}\right)ah + \frac{\pi^2}{48}\frac{a^3}{h} \\
\Lambda_2 &= \left(\frac{4}{3\pi} - \frac{8}{\pi^3}\right)ah - \frac{\pi}{36}\frac{a^3}{h} \\
\Lambda_3 &= \left(\frac{3}{32} + \frac{4}{\pi^4}\right)ah + \left(\frac{1}{12} + \frac{\pi^2}{12\times 16}\right)\frac{a^3}{h} + \frac{3\pi^4}{32\times 80}\frac{a^5}{h^3}
\end{aligned} \tag{7.60}$$

由外力 F 导致的虚功 W 为

$$W = Fc = 2F\alpha h/\pi \tag{7.61}$$

总的虚功 Π 为

$$\Pi = U - W \tag{7.62}$$

关于 α 的静平衡条件可以表示为

$$\delta\Pi = 0 \tag{7.63}$$

将式（7.59）和式（7.61）代入到式（7.63）中，得到：

$$2\Lambda_1 \alpha + 3\Lambda_2 \alpha^2 + 4\Lambda_3 \alpha^3 - \frac{2Fh}{G\pi} = 0 \tag{7.64}$$

因为在小变形条件下关系式 $\alpha \ll 1$ 是满足的，式（7.64）中的第二项和第三项忽略，从而 α 的近似值为

$$\alpha \approx \frac{h}{\Lambda_1 \pi} \frac{F}{G} = \frac{F}{Ga} \frac{1}{\left(\frac{\pi}{2} + \frac{4}{\pi}\right) + \frac{\pi^3}{48}\left(\frac{a}{h}\right)^2} \tag{7.65}$$

考虑到矩形截面橡胶块的形状系数可以用式（7.42）表示，式（7.65）可以重新写为

$$\alpha = \frac{F}{Ga} \frac{1}{\left(\frac{\pi}{2} + \frac{4}{\pi}\right) + \frac{\pi^3}{12}S^2} \tag{7.66}$$

图 7.18 给出了分别采用式（7.51）、式（7.65）（Akasaka 模型）和式（7.46）（Horton 模型）计算得到的压缩状态的橡胶块的侧面桶状变形。计算中用到的参数值为：$a = 30\text{mm}$，$h = 8\text{mm}$，$G = 1\text{MPa}$，$F/a = 0.3\text{MPa}$。两个桶状变形是相似的。正如下面将讨论的，Akasaka 模型给出的表观杨氏模量比 Horton 模型给出的表观杨氏模量大，Akasaka 模型的桶状位移幅值比 Horton 模型小。

2. 压缩状态的橡胶块的表观杨氏模量、接触压力和剪应力

橡胶块的压缩应变 $\bar{\varepsilon}$ 表示为

$$\bar{\varepsilon} = c/h = 2\alpha/\pi \tag{7.67}$$

根据式（7.66），橡胶块的表观杨氏模量 $\bar{E}$ 为

$$\bar{E} = \frac{F}{a\bar{\varepsilon}} = \frac{\pi}{2}G\left\{\left(\frac{\pi}{2} + \frac{4}{\pi}\right) + \frac{\pi^3}{12}S^2\right\} \tag{7.68}$$

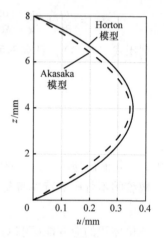

图 7.18 压缩状态的橡胶块的侧面桶状变形

式（7.68）可以重新写为

$$\bar{E} = G(4.47 + 4.1S^2) \tag{7.69}$$

这里我们将式（7.69）的 $\bar{E}$ 和 Hattori、Takei 推导得到的经验公式 $\bar{E}_{\text{exp}}$、Horton 推导得到的式（7.45）中的 E_a^{approx} 以及 Gent 和 Lindley 推导的式（7.47）中的 E_a^{GL} 进行比较，这些参数的表达式为

$$\begin{aligned} \bar{E}_{\text{exp}} &= G(4 + 3.3S^2) \\ E_a^{\text{approx}} &= G(4.8 + 4S^2) \\ E_a^{\text{GL}} &= G(4 + 4S^2) \\ S &= a/2h \end{aligned} \tag{7.70}$$

式（7.69）中的 S^2 前的系数的值与 E_a^{approx} 和 E_a^{GL} 的表达式中的系数值相同，但与 $\bar{E}_{\text{exp}}$ 表达式中的值不同。考虑到轿车轮胎的花纹块的尺寸 $a = 30\text{mm}$，$h = 8\text{mm}$，将这些尺寸和 $G = E/3$ 代入到式（7.69）得到 $\bar{E} = 6.3E$。可以看到在固定边界条件和橡胶不可压缩的条件下，表观杨氏模量几乎是杨氏模量的 6 倍。

可以从 $\sigma_{zz}|_{z=0}$ 的条件计算得到接触压力 $q(x)$，它是在 $z = 0$ 的位置处 z 方向的应力。从式（7.56）可以得到 $q(x)$ 的表达式：

$$q = -\sigma_{zz}(x) = 2G\left[\frac{2\alpha}{\pi} - \alpha^2\left\{\frac{2}{\pi^2} + \frac{\pi^2}{2}\left(\frac{x}{h}\right)^2\right\}\right] - \bar{\sigma} \quad (7.71)$$

因为对 $q(x)$ 在宽度方向上的积分等于外部力 F, 平均压缩应力 σ_0 定义为

$$\int_{-a/2}^{a/2} q\mathrm{d}x = F \equiv \sigma_0 a \quad (7.72)$$

将式（7.71）代入到式（7.72）中得到：

$$\sigma_0 = 2G\left[\frac{2\alpha}{\pi} - \alpha^2\left\{\frac{2}{\pi^2} + \frac{\pi^2}{2}\frac{a^2}{12h^2}\right\}\right] - \bar{\sigma} \quad (7.73)$$

更进一步地，利用式（7.71）和式（7.73）消去 $\bar{\sigma}$, 接触压力 q 可以由下式给出：

$$\frac{q}{\sigma_0} = 1 - \frac{\sigma_0}{G}\frac{S^2\left(\xi^2 - \frac{1}{3}\right)}{\left\{\left(\frac{1}{2} + \frac{4}{\pi^2}\right) + \frac{\pi^2}{12}S^2\right\}^2} \quad (7.74)$$

式中，

$$\xi = 2x/a \quad (7.75)$$

在 $\xi=0$ 和 $\xi=\pm 1$ 的地方接触压力的差别随着剪切模量 G 的增加而减小。

图 7.19 给出了利用式（7.74）（Akasaka 模型）和式（7.38）（Horton 模型）计算得到的橡胶块的下表面的接触压力分布。计算中所用的参数是：$a=30\mathrm{mm}$, $h=8\mathrm{mm}$, $G=1\mathrm{MPa}$, $F/a=0.3\mathrm{MPa}$。在橡胶块的中心出现峰值压力。Akasaka 的模型结果在块的边界处压力不为 0, 然而，在后面对圆柱橡胶块和矩形橡胶块的测量中，Akasaka 的模型结果看起来比 Horton 模型的结果更加吻合。但两个模型都不能解释在图 7.16 中橡胶块边部的压力峰值快速上升。根据式（7.51）、式（7.55）和式（7.56），剪应变 τ_{xz} 表达式为

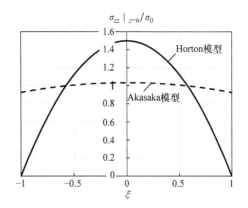

图 7.19 利用式（7.74）和式（7.38）计算得到的橡胶块的下表面的接触压力分布

$$\tau_{xz} = G\left(\alpha x\frac{\pi}{h}\cos\frac{\pi z}{h} + \alpha^2 x\frac{\pi}{h}\sin\frac{\pi z}{h}\cos\frac{\pi z}{h}\right) \quad (7.76)$$

根据式（7.76），在 $z=0$ 处的接触面上的剪应力表示为

$$\tau_{xz}|_{z=0} = G\alpha\pi x/h \quad (7.77)$$

将式（7.66）代入到式（7.77）中，得到：

$$\frac{\tau_{xz}|_{z=0}}{\sigma_0} = \frac{S\xi}{\left(\frac{1}{2} + \frac{4}{\pi^2}\right) + \frac{\pi^2}{12}S^2} \quad (7.78)$$

式中，σ_0 是平均压缩应力。

图 7.20 给出了利用式（7.78）（Akasaka 模型）和式（7.28）、式（7.36）（Horton 模型）计算得到的受压橡胶块下表面的剪应力分布。计算采用的参数为：$a=30\mathrm{mm}$, $h=8\mathrm{mm}$, $G=1\mathrm{MPa}$, $F/a=0.3\mathrm{MPa}$。两个模型的结果相近。

剪应力 τ_{xz} 的分布是线性的，在 $\xi=\pm 1$ 的位置取得最大值。将 $\xi=1$ 代入到式（7.78），

Akasaka 模型的最大剪应力 $\tau_{xz}^{\max}$ 可以表示为

$$\frac{\tau_{xz}^{\max}}{\sigma_0} = \frac{S}{0.905 + 0.822S^2} \tag{7.79}$$

图 7.21 给出了不同形状系数 S 下的最大剪应力的变化。图中的纵坐标采用平均压缩应力 σ_0 进行了归一化。从图中可以看到橡胶块边部不会发生滑移的临界摩擦系数。如图 7.21 所示，在形状系数 $S=1.05$ 的情况下，对应的最大摩擦系数为 0.58，如果要使橡胶块的边部不发生滑移，则摩擦系数必须比 0.58 还要大才可以。

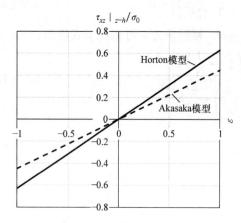

图 7.20　受压橡胶块下表面的剪应力分布

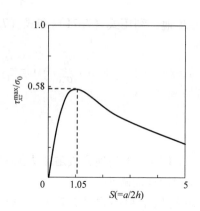

图 7.21　不同形状系数 S 下的最大剪应力的变化
（经 TST 授权，摘自文献 [18]）

3. 有限或者零摩擦系数的基本方程

Kim 和 Park[20] 通过考虑滑移条件而扩展了 Akasaka 的方程。在他们的分析中，带有平整表面的橡胶块被压在平整的接触面上，只有靠近橡胶块边部的地方逐渐发生滑移。他们的分析与滚动轮胎的橡胶块的分析稍有不同。因为轮胎在横向和周向上有双曲率，轮胎上的橡胶块在滚入的地方开始接地，在滚出的地方开始离地，两者之间是接触地面的区域。橡胶块接触区域内的边部的位移有可能比模型计算的结果大。Nakajima 也对式（7.51）进行了修改，以适应滚动轮胎的花纹块变形，他把位移 u 和 w 写为

$$u = \left(\sin\frac{\pi z}{h} + B\frac{h-z}{h}\right)\alpha x$$
$$w = -c\frac{z}{h} \tag{7.80}$$

其中引入了 $B(h-z)/h$ 来考虑 $z=0$ 时的非零横向位移下的 u。将式（7.80）代入到式（7.55）得到：

$$\varepsilon_{xx} = \left(\sin\frac{\pi z}{h} + B\frac{h-z}{h}\right)\alpha + \frac{1}{2}\left(\sin\frac{\pi z}{h} + B\frac{h-z}{h}\right)^2\alpha^2$$
$$\varepsilon_{zz} = -\frac{c}{h} + \frac{1}{2}\left(\frac{c}{h}\right)^2 + \frac{1}{2}\left(\frac{\pi}{h}\cos\frac{\pi z}{h} - \frac{B}{h}\right)^2\alpha^2 x^2 \tag{7.81}$$
$$\gamma_{xz} = \left(\frac{\pi}{h}\cos\frac{\pi z}{h} - \frac{B}{h}\right)\left\{1 + \left(\sin\frac{\pi z}{h} + B\frac{h-z}{h}\right)\alpha\right\}\alpha x$$

当摩擦系数为 0 时，橡胶块上的接触面内剪应力为 0。根据这个条件可以得到：

$$\gamma_{xz}\big|_{x=\frac{a}{2},z=0} = 0 \Rightarrow \left(\frac{\pi}{h} - \frac{B}{h}\right)\{1 + B\alpha\} = 0 \tag{7.82}$$

根据式（7.82），从摩擦系数为 0 的边界条件可以得到：

$$B = \pi \tag{7.83}$$

式中，B 是用来控制作用在橡胶块的接触面上的剪应力的参数。

与式（7.52）和式（7.53）相同，由鼓面变形导致的体积增加量 ΔV 和由压缩变形导致的体积减小量 $\Delta V'$ 可以表示为

$$\Delta V = a\alpha h\left(\frac{2}{\pi} + \frac{B}{2}\right)$$
$$\Delta V' = ac \tag{7.84}$$

因为橡胶的不可压缩特性要求 $\Delta V = \Delta V'$，所以未知的参数 c 可以用下式确定：

$$c = \alpha h(2/\pi + B/2) \equiv \hat{C}h\alpha \tag{7.85}$$

式中，

$$\hat{C} = 2/\pi + B/2 \tag{7.86}$$

式（7.63）所表达的关于 α 的静态条件可以用下式表达：

$$\delta\Pi = \delta U - \delta W = G\int_{-\frac{a}{2}}^{\frac{a}{2}}\int_0^h (2\varepsilon_{xx}\delta\varepsilon_{xx} + 2\varepsilon_{zz}\delta\varepsilon_{zz} + \gamma_{xz}\delta\gamma_{xz})\mathrm{d}x\mathrm{d}z - F\hat{C}h\delta\alpha = 0 \tag{7.87}$$

可以根据式（7.87）通过数值计算得到 α。将 α 代入到式（7.81），利用式（7.55）和式（7.56）可以计算得到应变和应力。

根据式（7.56），可以得到接触压力 $q(x)$：

$$q(x) = -\sigma_{zz}(x)\big|_{z=0} = -2G\varepsilon_{zz}(x)\big|_{z=0} - \overline{\sigma} \tag{7.88}$$

因为对 $q(x)$ 在宽度方向的积分等于外部力 F，平均压缩应力 σ_0 可以定义为

$$\int_{-\frac{a}{2}}^{\frac{a}{2}} q(x)\mathrm{d}x = \int_{-\frac{a}{2}}^{\frac{a}{2}} [-2G\varepsilon_{zz}\big|_{z=0}(x) - \overline{\sigma}]\mathrm{d}x = F \equiv \sigma_0 a \tag{7.89}$$

根据式（7.89），可以得到 $\overline{\sigma}$。将 $\overline{\sigma}$ 代入到式（7.88），可以得到：

$$\frac{q(x)}{\sigma_0} = 1 - \frac{2G\varepsilon_{zz}\big|_{z=0}(x)}{\sigma_0} + \frac{\int_{-\frac{a}{2}}^{\frac{a}{2}} 2G\varepsilon_{zz}\big|_{z=0}(x)\mathrm{d}x}{a\sigma_0} \tag{7.90}$$

当橡胶块的尺寸 $a=30\mathrm{mm}$，$h=8\mathrm{mm}$，剪切模量 $G=1\mathrm{MPa}$，外部力 $F=40\mathrm{N/mm}$ 时，可以根据不同的 B 值来计算橡胶块的特性。B 是与摩擦系数有关的参数，$B=0$ 表示摩擦系数无穷大，$B=\pi$ 表示摩擦系数为 0，$B=\pi/2$ 表示中等摩擦系数。图 7.22 给出了不同摩擦系数 B 下橡胶块的桶状变形。当摩擦系数无穷大（$B=0$）时，桶状变形小于其他摩擦系数的情况。当摩擦系数为 0（$B=\pi$）时，表观杨氏模量小，桶状变形大。当摩擦系数中等（$B=\pi/2$）时，桶状变形和表观杨氏模量也是中等水平。当 $B=0$ 时，橡胶块的表观杨氏模量几乎是橡胶模量的 6.2 倍，当 $B=\pi/2$ 时为 2.8 倍，当 $B=\pi$ 时为 2.6 倍。表观杨氏模量受接触面摩擦系数的影响很大。

图 7.23 给出了利用式（7.90）计算出的压力分布 $q(x)$，其中的 B 分别为 0 和 $\pi/2$。对于无穷大摩擦系数（$B=0$）的情况，接触面中心和边部的压力分布差别要大于中等摩擦系数（$B=\pi/2$）的情况。

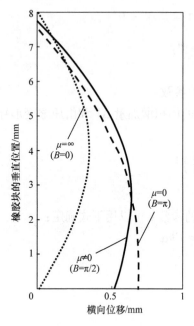
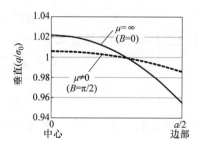

图 7.22　不同摩擦系数下橡胶块的桶状变形　　图 7.23　利用式（7.90）计算出的压力分布 $q(x)$

7.3.2　同时承受压力和剪切力的橡胶块特性

1. 同时承受压力和剪切力的橡胶块的基本方程

同时承受压力 F 和剪切力 Q 的橡胶块的特性可以采用图 7.24 所示的模型进行分析。这里，a 是橡胶块的宽度，h 是橡胶块的高度，c 是由压力 F 导致的压缩量，γ 是整个橡胶块的剪应变，λ 是上表面和下表面之间的剪切位移，β 是中性面（$m-m'$ 面）的旋转角度，M 是作用在橡胶块上的力矩。

位移 u 和 w 可以假设为

$$u = \alpha x \sin(\pi z/h) + \gamma z$$
$$w = -cz/h - \beta x \sin(\pi z/h) \tag{7.91}$$

式中，位移 u 的第一项是桶状变形；第二项是剪切变形；位移 w 表达式的第一项是均匀的压缩力分布和变形；第二项是旋转变形。

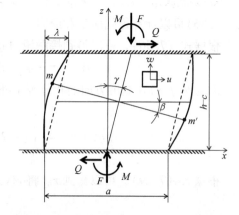

图 7.24　承受压力 F 和剪切力 Q 的橡胶块的解析模型

（经 TST 授权，摘自文献 [18]）

体积增量 ΔV 可以表示为

$$\Delta V = \alpha a \int_0^h \sin(\pi z/h) \, dz = 2\alpha a h/\pi \tag{7.92}$$

同时，体积减小量 $\Delta V'$ 可以表示为

$$\Delta V' = ac \tag{7.93}$$

因为橡胶的不可压缩性要求 $\Delta V = \Delta V'$，据此可以求出未知数 c：

$$c = 2\alpha h/\pi \tag{7.94}$$

为了简化计算，本节采用线性的应变表达式，根据式（7.91），可以得到如下的应变表达式：

$$\varepsilon_{xx} = \frac{\partial u}{\partial x} = \alpha \sin \frac{\pi z}{h}$$

$$\varepsilon_{zz} = \frac{\partial w}{\partial z} = -\frac{\alpha}{\pi} - \beta x \frac{\pi}{h} \cos \frac{\pi z}{h} \tag{7.95}$$

$$\gamma_{xz} = \frac{\partial u}{\partial z} + \frac{\partial w}{\partial x} = \alpha x \frac{\pi}{h} \cos \frac{\pi z}{h} + \gamma - \beta \sin \frac{\pi z}{h}$$

根据式（7.58），总的能量 U 表示为

$$U = \int_{-\frac{a}{2}}^{\frac{a}{2}} \int_0^h \overline{U} dx dz$$

$$= G\left[\left\{\left(\frac{1}{2} + \frac{4}{\pi^2}\right)ah + \frac{\pi^2}{48}\frac{a^3}{h}\right\}\alpha^2 + \left(\frac{\pi^2}{24}\frac{a^3}{h} + \frac{ah}{4}\right)\beta^2 - \frac{2}{\pi}ah\beta\gamma + \frac{1}{2}ah\gamma^2\right] \tag{7.96}$$

外力 F 和 Q 做的虚功可以表示为

$$W = -Fw(h) + Q\lambda \tag{7.97}$$

式中，

$$w(h) = -c = -2\alpha h/\pi$$
$$\lambda = \gamma h \tag{7.98}$$

将式（7.98）代入到式（7.97），可以得到：

$$W = F2\alpha h/\pi + Q\gamma h \tag{7.99}$$

将式（7.96）和式（7.97）代入到式（7.62），式（7.63）关于 α、β 和 γ 的静态条件为

$$\frac{\partial \Pi}{\partial \alpha} = 0 \rightarrow 2\alpha G\left\{\left(\frac{1}{2} + \frac{4}{\pi^2}\right)ah + \frac{\pi^2}{48}\frac{a^3}{h}\right\} - 2F\frac{h}{\pi} = 0$$

$$\frac{\partial \Pi}{\partial \beta} = 0 \rightarrow 2\beta G\left(\frac{\pi^2}{24}\frac{a^3}{h} + \frac{ah}{4}\right) - \frac{2}{\pi}Gah\gamma = 0 \tag{7.100}$$

$$\frac{\partial \Pi}{\partial \gamma} = 0 \rightarrow Ga\gamma - \frac{2}{\pi}Ga\beta - Q = 0$$

式中，α、β 和 γ 是未知参数。

式（7.100）的第一个公式与式（7.66）相同，可以被重新整理为

$$\alpha = \frac{F}{Ga} \frac{1}{\left(\frac{\pi}{2} + \frac{4}{\pi}\right) + \frac{\pi^3}{48}\left(\frac{a}{h}\right)^2} \tag{7.101}$$

采用式（7.100）的第二和第三式，消去 β，可以得到 Q 的表达式：

$$Q/\gamma = Ga\rho \tag{7.102}$$

式中，

$$\rho = 1 - \frac{1}{\frac{\pi^4}{48}\left(\frac{a}{h}\right)^2 + \frac{\pi^2}{8}} \tag{7.103}$$

根据式（7.102），橡胶块的刚度可以表示为

$$K = \frac{Qb}{\gamma h} = \frac{Gab\rho}{h} = \frac{abE}{3h}\left\{1 - \frac{1}{\frac{\pi^4}{48}\left(\frac{a}{h}\right)^2 + \frac{\pi^2}{8}}\right\} \tag{7.104}$$

图 7.25 给出了分别采用式（7.6）和式（7.104）计算出来的花纹块刚度的对比。Akasaka

的模型预测结果与基于式（7.6）且 $\alpha = 0.9$ 时的采用弯曲和剪切模型的预测结果相比要小些。

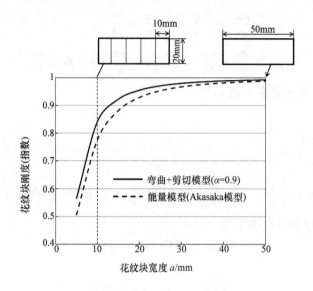

图 7.25　分别采用式（7.6）和式（7.104）计算出来的花纹块刚度对比

采用式（7.88）和式（7.95）的第二个方程，在 $z=0$ 位置，压应力可以表示为

$$q = -\sigma_{zz}(x)\big|_{z=0} = 2G\left\{\frac{2\alpha}{\pi} + \beta\frac{\pi}{h}x\right\} - \overline{\sigma} \qquad (7.105)$$

将式（7.105）代入到式（7.72）中，$\overline{\sigma}$ 可以表示为关于 α、σ_0 的函数。β 可以用式（7.100）的第二个和第三个公式来求解。将这些 $\overline{\sigma}$ 和 β 代入到式（7.105），可以得到 q 的关系式[⊖]：

$$\frac{q}{\sigma_0} = 1 + \frac{Q}{\sigma_0 a}\frac{1}{\rho}\frac{S\xi}{\frac{\pi^2}{12}S^2 + \frac{1}{8}} = 1 + \frac{Q}{F}\frac{1}{\rho}\frac{S\xi}{\frac{\pi^2}{12}S^2 + \frac{1}{8}} \qquad (7.106)$$

式中，F 是外部力，$F = \sigma_0 a$；S 是式（7.42）定义的形状系数；ξ 的定义为

$$\xi = x/(a/2) \qquad (7.107)$$

图 7.26 给出了采用式（7.106）计算得到的压力分布，所用的条件为 $Q/F = 0.5$，形状系数 $S = 1$。

根据式（7.56）和式（7.95），可以得到剪应力 τ_{xz} 的表达式：

$$\frac{\tau_{xz}}{\sigma_0} = G\left(\alpha x\frac{\pi}{h}\cos\frac{\pi z}{h} + \gamma - \beta\sin\frac{\pi z}{h}\right) \qquad (7.108)$$

将 $z = 0$ 代入到式（7.108），利用式（7.101）~式（7.103），接触面上的剪应力为

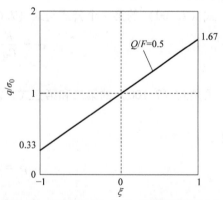

图 7.26　采用式（7.106）计算得到的压力分布（载荷比 $Q/F = 0.5$，形状系数 $S = 1$）
（经 TST 授权，摘自文献 [18]）

⊖ 问题 7.1。

$$\left.\frac{\tau_{xz}}{\sigma_0}\right|_{z=0} = G\left(\alpha x\frac{\pi}{h} + \gamma\right) = \frac{S}{\left(\frac{1}{2} + \frac{4}{\pi^2}\right) + \frac{\pi^2}{12}S^2}\xi + \frac{Q}{a\sigma_0}\frac{1}{\rho}$$

$$= \frac{S}{\left(\frac{1}{2} + \frac{4}{\pi^2}\right) + \frac{\pi^2}{12}S^2}\xi + \frac{Q}{F}\frac{1}{1 - \dfrac{1}{\dfrac{\pi^4}{48}\left(\dfrac{a}{h}\right)^2 + \dfrac{\pi^2}{8}}} \tag{7.109}$$

式（7.109）的第一项与式（7.78）相同，而第二项表示剪切力 Q 对橡胶块的剪应力的影响。

2. 橡胶块在剪切力下的抬起现象

当橡胶块上同时作用有压缩力和剪切力的时候，橡胶块的边部会抬起离开路面。这种现象会使轮胎的一些性能下降，比如轮胎的耐磨耗性能和操纵性能。Akasaka 等研究了橡胶块在剪切力作用下的抬起现象，并给出了两个假设：

1）橡胶块的上表面在高度和宽度方向是被约束的，抬起现象发生在下表面上。
2）抬起现象发生后，在 x 方向上的压力分布是线性的。

图 7.27 给出了一个橡胶块承受压力和剪切力的模型。上表面和下表面的压力分布分别用 q_u 和 q_l 表示。根据上述假设，q_u 的值可以是负的，而 q_l 可以是正的。假设 q_u 从上表面右侧边部起 x 位置处发生符号的改变。图 7.28 是 q_u 受力示意图，其中的 F 和 R 分别代表作用在上表面的压缩力和外部反力。作用在橡胶块的左侧和右侧边部的压力分别用 q_0 和 q_1 表示。

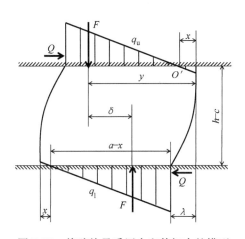

图 7.27 橡胶块承受压力和剪切力的模型
（经 TST 授权，摘自文献 [18]）

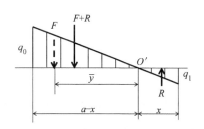

图 7.28 q_u 受力示意图
（经 TST 授权，摘自文献 [18]）

根据图 7.28，力的平衡和力矩的平衡方程为

$$F + R = \frac{1}{2}q_0(a - x)$$

$$R = \frac{1}{2}q_1 x \tag{7.110}$$

$$q_1 = \frac{x}{a - x}q_0$$

从式（7.110）可以得到：

$$F = \frac{q_0}{2}(a-x) - \frac{q_1}{2}x$$

$$R = \frac{q_0}{2}\frac{x^2}{a-x} \tag{7.111}$$

$$\frac{R}{F} = \frac{x^2}{a(a-2x)}$$

根据在图 7.28 的点 O' 上的力矩平衡条件，可以得到：

$$F\bar{y} = \frac{2}{3}\{F(a-x) + Ra\} \tag{7.112}$$

式中，$\bar{y}$ 是从点 O' 开始到等效力 F 的作用点的距离，也就是力臂。

将式（7.111）的第三个公式代入到式（7.112）可以得到：

$$\bar{y} = \frac{2}{3}\left(a - x + \frac{x^2}{a-2x}\right) \tag{7.113}$$

假设力 F 作用在与橡胶块的右侧边部距离为 y 的地方，那么距离 y 可以通过下式求出：

$$y = \bar{y} + x = \frac{2}{3}\frac{a\left(a - \frac{3}{2}x\right)}{a-2x} \tag{7.114}$$

根据式（7.114），图 7.27 中的长度 δ 可以表示如下：

$$\delta = y - \left\{\lambda + \frac{1}{3}(a-x)\right\} = \frac{1}{3}\frac{a^2 - 2x^2}{a-2x} - \lambda \tag{7.115}$$

与剪切位移 λ 有关的剪切力 Q 可以表示为

$$Q = K\lambda \tag{7.116}$$

式中，K 是剪切弹簧常数或者橡胶块的剪切刚度。

根据图 7.27 中的力矩平衡可以得到：

$$Q(h-c) = F\delta \tag{7.117}$$

从式（7.115）~式（7.117），Q 的表达式为

$$Q = \frac{F}{3\left(h-c+\frac{F}{K}\right)}\frac{a^2-2x^2}{a-2x} \tag{7.118}$$

假设当剪切力 Q 达到临界剪切力 Q_{cr} 时发生抬起现象，将 $x=0$ 代入到式（7.118）中，可以计算得到临界剪切力 Q_{cr}：

$$Q_{cr} = \frac{aF}{3\left(h-c+\frac{F}{K}\right)} \tag{7.119}$$

要避免发生抬起现象，则橡胶块的剪切弹簧常数 K 应该为

$$K = \frac{F}{\frac{aF}{3Q_{cr}} - h + c} \tag{7.120}$$

根据式（7.118）和式（7.119），它们还存在如下关系：

$$\frac{Q}{Q_{cr}} = \frac{a^2 - 2x^2}{a(a-2x)} \tag{7.121}$$

3. 理论和实验的对比

Akasaka 等计算了承受压缩力和剪切力作用的橡胶块的接触压力分布，并将理论计算结果和

实验结果进行了对比。计算和实验过程中所用到的参数为：$S = 0.625$，$a = 0.05\text{m}$，$h = 0.04\text{m}$，$G = 0.7\text{MPa}$，$Q = 0.213\text{kN}$，F 分别为 0.75、1、1.25kN，图 7.29 给出了利用式（7.106）计算得到的形状系数 $S = 0.625$ 的橡胶块的压力分布 q，橡胶块承受的剪切力 $Q = 0.213\text{kN}$，压缩力分别为 0.75kN、1kN、1.25kN。解析计算结果与实验测量结果和 FEA 仿真结果进行了对比。因为在式（7.91）中 w 表示为 x 的线性函数，理论计算结果与实验结果的一致性不好。Kagami[9] 的研究结果表明，如果 w 为 x 的立方函数，则理论结果与实验结果的一致性就很好。

图 7.30 给出了形状系数 $S = 0.625$ 的橡胶块边部（$\xi = -1$）的接触压力。从图中看到，随着剪切力 Q 的增加，接触压力下降，随着载荷 F 的增加，接触压力增加。利用式（7.106）的理论结果与实验结果吻合较好。

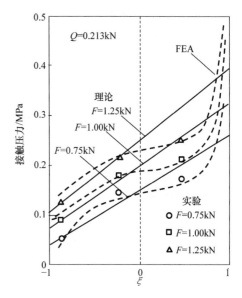

图 7.29 利用式（7.106）计算得到的形状系数 $S = 0.625$ 的橡胶块的压力分布
（经 TST 授权，摘自文献 [18]）

图 7.31 给出了采用（7.121）计算得到的抬起距离 x 和剪切力比值 Q/Q_{cr} 之间的关系。理论值与实验结果吻合较好。

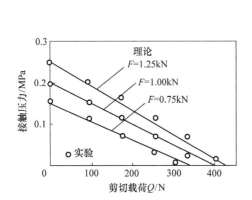

图 7.30 形状系数 $S = 0.625$ 的橡胶块边部的接触压力
（经 TST 授权，摘自文献 [18]）

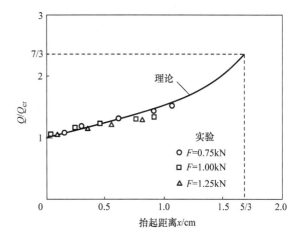

图 7.31 抬起距离 x 和剪切力比值 Q/Q_{cr} 之间的关系
（经 TST 授权，摘自文献 [18]）

7.4 干燥表面上摩擦系数对压力分布的依赖性

7.4.1 Hertz 理论

1. 摩擦系数对载荷的依赖

对于图 7.32a 所示的无摩擦接触问题来说，由 B 点处的应力 $p_z(x', y')$ 导致的在 A 点处的法向位移 u_z 可以通过对 $p_z(x', y')$ 和格林函数的乘积进行积分得到。这个位移是由点载荷导致的位移[21]。由点载荷导致的弹性半空间内的应力和位移是由 Boussinesq 推导得到的。图 7.33 显示了 Boussinesq 求解得到的由点载荷导致的垂直于弹性半空间表面的法向位移，其中载荷作用点处的位移是无限的。利用 Boussinesq 推导得到的公式，任意应力 $p_z(x', y')$ 导致的法向位移 u_z 可以表示为

$$u_z = \frac{1}{\pi E^*} \iint p_z(x', y') \frac{\mathrm{d}x'\mathrm{d}y'}{s}$$
$$s = \sqrt{(x-x')^2 + (y-y')^2}$$
$$E^* = \frac{E}{1-\nu^2}$$
(7.122)

式中，E 和 ν 分别是物体的杨氏模量和泊松比。

假设物体上作用有旋转对称应力。作用点上的法向位移只取决于到旋转对称作用点的半径 r。因此这就足以确定 x 轴上点 A 的位移。点 B 处的应力也只取决于距离旋转对称作用点的位移 t。参考图 7.32a，位移 t 表示为

$$t^2 = r^2 + s^2 + 2rs\cos\phi \tag{7.123}$$

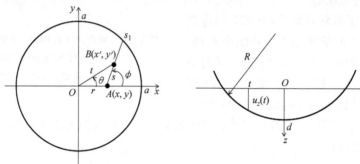

a) 法向应力导致的作用于圆面内的法向位移　　b) 与弹性半球面接触的硬球体

图 7.32　Hertz 理论

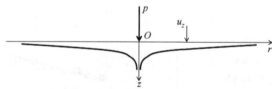

图 7.33　由点载荷导致的垂直于弹性半空间表面的法向位移

参考图 7.32b，u_z 可以近似表示为

$$u_z = d - t^2/(2R) \tag{7.124}$$

假设压力分布可以用 Hertz 理论来表示：

$$p_z = p_0\left(1 - \frac{t^2}{a^2}\right)^{1/2} \tag{7.125}$$

将式（7.123）和式（7.125）代入到式（7.122），可以得到：

$$u_z = \frac{1}{\pi E^*} \iint p_z(x', y') \frac{\mathrm{d}x'\mathrm{d}y'}{s} = \frac{1}{\pi E^*} \frac{p_0}{a} \int_0^{2\pi}\int_0^{s_1} (a^2 - r^2 - s^2 - 2rs\cos\phi)^{1/2} \frac{s\mathrm{d}s\mathrm{d}\phi}{s}$$
$$= \frac{1}{\pi E^*} \frac{p_0}{a} \int_0^{2\pi}\int_0^{s_1} (\alpha^2 - 2\beta s - s^2)^{1/2} \mathrm{d}s\mathrm{d}\phi \tag{7.126}$$
$$\alpha^2 = a^2 - r^2$$
$$\beta = r\cos\phi$$

对 ds 的积分表示为

$$\int_0^{s_1}(\alpha^2 - 2\beta s - s^2)^{1/2}\mathrm{d}s = -\frac{1}{2}\alpha\beta + \frac{1}{2}(\alpha^2 + \beta^2)\left(\frac{\pi}{2} - \tan^{-1}\frac{\beta}{\alpha}\right) \tag{7.127}$$

将式（7.127）对 dϕ 进行积分，带有 $\alpha\beta$ 和 $\tan^{-1}(\beta/\alpha)$ 的项就会消失，因为等式 $\tan^{-1}[\beta(\phi)/\alpha] = -\tan^{-1}[\beta(\phi+\pi)/\alpha]$ 是成立的。式（7.127）剩下的项可以表示为

$$\begin{aligned}u_z &= \frac{1}{\pi E^*}\frac{p_0}{a}\int_0^{2\pi}\frac{\pi}{4}(\alpha^2 + \beta^2)\mathrm{d}\phi \\ &= \frac{1}{4E^*}\frac{p_0}{a}\int_0^{2\pi}(a^2 - r^2 + r^2\cos^2\phi)\mathrm{d}\phi = \frac{1}{E^*}\frac{\pi p_0}{4a}(2a^2 - r^2)\end{aligned} \tag{7.128}$$

根据式（7.124）和式（7.128）我们可以得到：

$$\frac{1}{E^*}\frac{\pi p_0}{4a}(2a^2 - r^2) = d - \frac{r^2}{2R} \tag{7.129}$$

对比式（7.129）的左端和右端，我们发现变量 a 和 d 必然满足下面的条件：

$$\begin{aligned}a &= \pi p_0 R/(2E^*) \\ d &= \pi a p_0/(2E^*)\end{aligned} \tag{7.130}$$

根据式（7.130），接触半径 a 可以表示为[⊖]

$$a^2 = Rd \tag{7.131}$$

最大压力 p_0 可以表示为

$$p_0 = \frac{2}{\pi}E^*\sqrt{\frac{d}{R}} \tag{7.132}$$

根据式（7.125），总的法向载荷 W 可以表示为

$$W = \int_0^a p_z(t)2\pi t\mathrm{d}t = 2p_0\pi^2/3 \tag{7.133}$$

将式（7.132）代入到式（7.133）中得到：

$$W = 4E^*R^{1/2}d^{3/2}/3 \tag{7.134}$$

假设摩擦力 F 与真实的接触面积 $A_r = \pi a^2$ 和剪切应力 χ 成比例，那么摩擦力可以表示为

$$F = \chi A_r = \chi\pi Rd \tag{7.135}$$

摩擦系数 μ 可以用式（7.134）和式（7.135）计算出来：

$$\mu = \frac{F}{W} = \pi\chi\left(\frac{3R}{4E^*}\right)^{2/3}W^{-1/3} \tag{7.136}$$

从上式可以看出，摩擦系数 μ 与 $W^{-1/3}$ 成正比。

2. Hertz 理论结果和实验结果的对比

Hertz 给出了球体和弹性平板接触的求解结果。如果图 7.34 中的微单元足够大，满足了 Hertz 理论的假设条件，表观压力 p 可以表示为

$$p = W/(2R)^2 \tag{7.137}$$

利用式（7.137）从式（7.136）中消去 W，摩擦系数 μ 可以表示为

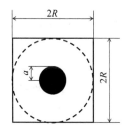

图 7.34 Hertz 理论的微单元

⊖ 备注7.3。

$$\mu = \pi\chi\left(\frac{3}{8E^*}\right)^{2/3} p^{-1/3} \tag{7.138}$$

Schallamach[23-24]测量了橡胶在玻璃板上的摩擦系数对表观压力的依赖性，结果如图 7.35 所示。样品的面积是 3.4cm^2，高度是 1.6mm。移动速度是 $2.16\times 10^{-3}\text{cm/s}$。两种较软的橡胶的数据曲线与式（7.138）的理论结果很吻合。但是在较低载荷下硬橡胶的曲线与式（7.138）的理论结果相差较远，Schallamach 对这个结果给出的理论解释如下：假设所有表面粗糙度都是相同的，并且即使在较低载荷下也与轨道接触。随着载荷的增加，粗糙度较小的表面也逐渐与轨道相互接触，因为表面粗糙度的大小是均匀分布的。因此，在较低的载荷下，硬橡胶的真实接触面积将小于式（7.138）所描述的理想情况下的接触面积。

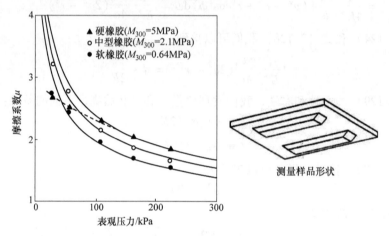

图 7.35 橡胶在玻璃板上的摩擦系数对表观压力的依赖性[23]

7.4.2 JKR 理论

Johnson、Kendall 和 Roberts[25]发明了 JKR 理论，该理论包含两个弹性物体之间的表面能量的影响。由表面能量导致的黏合力，使实际的接触面积将比 Hertz 理论的大。图 7.36 显示了橡胶球（$R=2.2\text{cm}$）在干燥橡胶表面的接触直径随着正载荷和负载荷的变化。与 Hertz 理论相比，JKR 理论的结果与测量结果更加一致。因为接触力与真实的接触面积成正比[21]，摩擦系数也与真实的接触面积成正比，而真实的接触面积是受黏合力影响的，所以根据 Hertz 理论预测的摩擦系数是低于预期的。

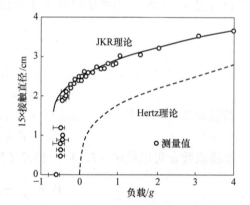

图 7.36 橡胶球在干燥橡胶表面的接触直径随着正载荷和负载荷的变化[25]

7.4.3 Archard 理论（多接触点理论）

Archard[26-27]将 Hertz 理论扩展到了多个接触面上，称为多接触点理论。图 7.37 给出了多接触点理论的一个简单例子。该例子包含一个完美的、平整的不可变形表面以及名义上比较平整的可变形表面，该表面上包含许多曲率半径为 R 的球状突起。假设在深度方向（z 方向）上表面粗糙度是均匀分布的，也就是说，在每一个 z 坐标 $z=0$，h，$2h$，$3h$，…上都分布有一个粗糙度，其中 $h \ll R$。这些称为第0、第1、第2、第3水平的粗糙度等。

根据式（7.131），单个球面的真实接触面积 A_1 可以表示为

$$A_1 = \pi a^2 = bd \quad (7.139)$$

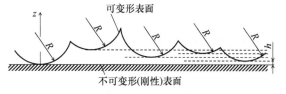

图7.37　多接触点理论[26]

该式表明，真实的接触面积与球的中心的位移 d 成比。这里 $b = \pi R$。基于式（7.134），载荷 W_1 正比于 $d^{3/2}$，可以用下式表示：

$$W_1 = Ld^p \quad (7.140)$$

式中，L 是常数；$p = 3/2$。

假设当不可变形表面向上移动距离 $d = Nh$（表示通过向上移动导致 N 个粗糙面进入接触区）时总的接触面积是 A_2，载荷是 W_2。如果用 δA_r 来表示第 r 个粗糙度带来的对总接触面积 A_2 的贡献，则 δA_r 正比于位移 rh。进而，总的接触面积 A_2 可以用下面的公式表示：

$$A_2 = \sum_{r=0}^{N-1} \delta A_r = bh \sum_{r=1}^{N} r = bhN(N+1)/2 \quad (7.141)$$

当 N 很大的时候，利用关系式 $d = Nh$，总的接触面积 A_2 可以简化为

$$A_2 \cong bhN^2/2 = bd^2/(2h) = Bd^2 \quad (7.142)$$

式中，B 是常数。

根据式（7.140），载荷 W_2 可以简单写为

$$W_2 = \sum_{r=0}^{N-1} \delta W_r = L \sum_{r=0}^{N-1} (rh)^p = Lh^p \sum_{r=0}^{N-1} r^p \cong \frac{Lh^p}{1+p} N^{1+p} = Cd^{1+p} \quad (7.143)$$

式（7.142）和式（7.143）给出了一般性的接触面积和载荷之间的关系式：

$$A_2 = B\left(\frac{W_2}{C}\right)^{\frac{2}{1+p}} \quad (7.144)$$

考虑到等式 $p = 3/2$，多接触面的摩擦系数 μ 可以表示为

$$\mu \propto \frac{A_2}{W_2} \propto W_2^{\frac{1-p}{1+p}} = W_2^{-1/5} \quad (7.145)$$

Archard[27]将上述理论进行了扩展，对各种类型的接触点采用多接触点理论进行处理，如图7.38所示。根据式（7.131）、式（7.132）、式（7.134）和式（7.139），p_0 和 A_1 可以表示为

$$p_0 = \frac{4}{3} \frac{W^{1/3}}{K_1} \quad (7.146)$$

$$A_1 = \pi a^2 = K_1 W^{2/3} \quad (7.147)$$

式中，K_1 可以表示为

$$K_1 = \frac{3^{2/3}\pi}{4}\left(\frac{R}{E^*}\right)^{2/3} \quad (7.148)$$

根据式（7.125）和式（7.146），一个半径为 r、宽度为 dr 的环所支撑的载荷 δW 可以表示为

$$\delta W = \frac{4}{3}\frac{W^{1/3}}{K_1}\left(1 - \frac{r^2}{a^2}\right)^{1/2} 2\pi r dr \quad (7.149)$$

在图7.38b中，表面是由很多的球形突起代表的，这些球形突起的曲率半径为 R_2（$R_2 \ll R_1$），以单位面积内 m_2 个突起的规律均匀分布于表面上。在 $R_2 \ll R_1$ 的假设下，半径为 R_1 的球形面上宏观的应力分布没有变化。环带上的载荷 δW 现在由面积为 q_2（$q_2 = m_2 2\pi r dr$）的球形突起支撑。根据式（7.149），每个球形突起上的载荷 w_2 可以表示为

$$w_2 = \frac{\delta W}{q_2} = \frac{4W^{1/3}}{3m_2 K_1}\left(1-\frac{r^2}{a^2}\right)^{1/2} \quad (7.150)$$

根据式（7.147），每个球形突起的接触面积 a_2 可以用下式表达：

$$a_2 = k_2 w_2^{2/3} = k_2\left(\frac{4}{3m_2 K_1}\right)^{2/3} W^{2/9}\left(1-\frac{r^2}{a^2}\right)^{1/3} \quad (7.151)$$

式中，k_2 是与球形面半径 R_2 有关的比例常数。环形面内的真实接触面积为 $q_2 a_2$，总的接触面积 A_2 可以表示为

$$A_2 = \int_0^a q_2 a_2 = k_2\left(\frac{4}{3m_2 K_1}\right)^{2/3} W^{2/9}\int_0^a \left(1-\frac{r^2}{a^2}\right)^{1/3} m_2 2\pi r dr$$

$$= k_2 m_2\left(\frac{4}{3m_2 K_1}\right)^{2/3} W^{2/9} 2\pi a^2 \int_0^{\frac{\pi}{2}} \cos^{\frac{5}{3}}\theta \sin\theta d\theta \quad (7.152)$$

求解上式的积分，将式（7.147）代入到式（7.152）中消去 a，A_2 的表达式为

$$A_2 = k_2 m_2\left(\frac{4}{3m_2 K_1}\right)^{2/3} W^{2/9} \frac{3}{4} K_1 W^{2/3} = K_2 W^{8/9} \quad (7.153)$$

式中，K_2 是常数，由下式表示：

$$K_2 = k_2(3m_2 K_1/4)^{1/3} \quad (7.154)$$

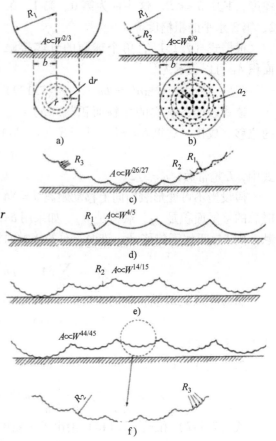

图 7.38　各种类型的接触面采用多接触点理论进行处理[27]

将图 7.38b 的模型可以进一步修改，在其表面上叠加曲率半径为 R_3（$R_3 \leq R_2 \leq R_1$）的更小的球面，如图 7.38c 所示。每一个接触面积 a_2 又被分成更小的区域。在圆环上的载荷 δW 由面积为 q_3（$q_3 = m_3 2\pi r dr$）的球面突起承担，这些球面突起是相对于单位面积按变化率 m_3 均匀分布的，每个球面突起承担的载荷 w_3 可以采用与式（7.150）相似的公式来给出。根据式（7.153），真实的接触面积 a_3 可以用下面的公式表示：

$$a_3 = k_3 w_3^{8/9} = k_3\left(\frac{4}{3m_3 K_1}\right)^{8/9} W^{8/27}\left(1-\frac{r^2}{a^2}\right)^{4/9} \quad (7.155)$$

式中，k_3 是适用于半径为 R_3 的球体的比例常数。总的面积 A_3 可以采用与式（7.152）相同的方法来得到，因此，

$$A_3 = \int_0^a q a_3 = k_2 m_3\left(\frac{4}{3m_3 K_1}\right)^{8/9} W^{8/27} 2\pi a^2 \int_0^{\frac{\pi}{2}} \cos^{\frac{17}{9}}\theta \sin\theta d\theta$$

$$= k_2 m_3\left(\frac{4}{3m_3 K_1}\right)^{8/9} W^{8/27} \frac{9}{13} K_1 W^{2/3} = K_3 W^{26/27} \quad (7.156)$$

式中，K_3 是由道路粗糙度决定的常数。

将图 7.38b 和图 7.38d 联合考虑，可以得到下面的关系（图 7.38e）：

$$A \propto W^{\frac{4}{5}\times\frac{1}{3}+\frac{2}{3}} = W^{14/15} \quad (7.157)$$

将图 7.38b 和图 7.38e 联合考虑，可以得到如下的关系（图 7.38f）：

$$A \propto W^{\frac{14}{15}\times\frac{1}{3}+\frac{2}{3}} = W^{44/45} \quad (7.158)$$

总体来说，总的接触面积 A 和载荷 W 的关系如下：

$$A \propto W^n \tag{7.159}$$

式中，n 的值取决于表面的结构，随着表面复杂度的提高，它的值逐渐接近 1。因此，在多接触点理论下，随着表面变得复杂，摩擦系数逐渐变得与压力无关。

Schallamach[24]测量了橡胶在粗糙表面上的摩擦系数，碳化硅纸的摩擦系数如图 7.39 所示。拿如图 7.38b 所示的表面来说，根据式（7.153），摩擦系数 μ 可以用下式得到：

$$\mu \propto \frac{A}{W} \propto \frac{W^{\frac{8}{9}}}{W} = W^{-1/9} \tag{7.160}$$

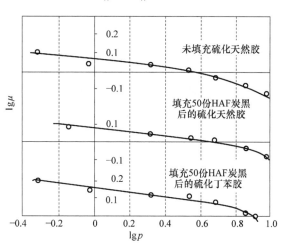

图 7.39 碳化硅纸的摩擦系数（180 目）

注：该图取自文献 [24]。

图 7.39 表明，摩擦系数与压力之间的关系遵循指数定律，其指数为 -1/9，这与式 (7.160) 预测的结果相同。然而在大的接触压力下，式 (7.160) 不成立，实测的摩擦系数要比预测的摩擦系数下降更快。造成这个现象的原因可以用图 7.40 中三种压力下模型橡胶表面的接触面积来解释。在较高的接触压力下，接触面积饱和，摩擦力并不随着载荷的增加而增加。

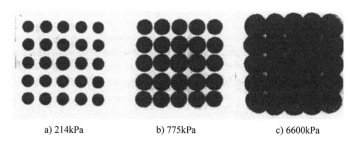

a) 214kPa   b) 775kPa   c) 6600kPa

图 7.40 三种压力下模型橡胶表面的接触面积

（经 Wear 杂志授权，摘自文献 [24]）

7.4.4 Greenwood 和 Williamson 理论（统计模型）

Greenwood 和 Williamson 理论[28]假设一个粗糙表面包含 N 个具有相同半径 R 的球形帽，但它们的高度不同，如图 7.41 所示。当高度的概率分布用 $\phi(z)$ 表示的时候，那么在 z 和 $z + \mathrm{d}z$ 之间的高度上分布的球形面的个数是 $N\phi(z)\mathrm{d}z$。所有比 h 还大的粗糙表面都将与平面相接触，并且

它们的压缩位移是 $d = z - h$，接触的总个数是：

$$\Delta N = \int_h^\infty N\phi(z)\,\mathrm{d}z \tag{7.161}$$

参考式（7.131）和图 7.41，真实接触的面积 ΔA 可以表示为

$$\Delta A = \int_h^\infty \pi a^2 N\phi(z)\,\mathrm{d}z = \int_h^\infty \pi R\,\mathrm{d}N\phi(z)\,\mathrm{d}z = \int_h^\infty \pi N\phi(z) R(z-h)\,\mathrm{d}z \tag{7.162}$$

假设发生弹性变形，并且参考式（7.134），总的载荷 W 表示为

$$W = \int_h^\infty \frac{4}{3} E^* N\phi(z) R^{1/2}(z-h)^{3/2}\,\mathrm{d}z \tag{7.163}$$

假设高度的概率分布函数可以用高斯函数来表示：

$$\phi(z) = \left(\frac{1}{2\pi\sigma^2}\right)^{\frac{1}{2}} \mathrm{e}^{-\frac{(z-z_0)^2}{2\sigma^2}} \tag{7.164}$$

式中，σ 是概率分布函数 $\phi(z)$ 的均方根宽度；z_0 是粗糙表面的参考平面。

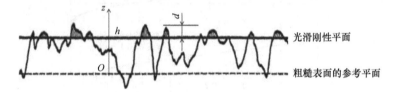

图 7.41 粗糙表面和刚性平面的接触

考虑到粗糙表面的关键区域就是靠近 $z = h$ 的区域，可以得到下面的表达式：

$$(z - z_0)^2 = \{(z-h) + (h-z_0)\}^2 \approx (h-z_0)^2 + 2(h-z_0)(z-h) \tag{7.165}$$

式（7.164）因此可以简化为

$$\phi(z) = \eta \mathrm{e}^{-\lambda(z-h)} \tag{7.166}$$

式中，

$$\eta = \left(\frac{1}{2\pi\sigma^2}\right)^{\frac{1}{2}} \mathrm{e}^{-\frac{(h-z_0)^2}{2\sigma^2}}$$
$$\lambda = \frac{h - z_0}{\sigma^2} \tag{7.167}$$

将式（7.166）代入到式（7.161）~式（7.163）中可以得到：

$$\Delta N = \frac{N\eta}{\lambda}$$

$$\Delta A = \frac{\pi NR\eta}{\lambda^2} \tag{7.168}$$

$$W = \frac{4}{3}\left(\frac{1}{2\pi}\right)^{\frac{1}{2}} \frac{E^* NR^{\frac{1}{2}}\eta}{\lambda^{\frac{5}{2}}}$$

注意，从式（7.168）的第三个方程可以得到：

$$\left(\frac{h-z_0}{\sigma}\right)^2 = 2\ln\left(\frac{4E^* N\sigma^{\frac{3}{2}} R^{\frac{1}{2}}}{3W}\right) - 5\ln\left(\frac{h-z_0}{\sigma}\right) \tag{7.169}$$

从式（7.169）我们可以发现，$h - z_0$ 对载荷 W 的变化和表面粗糙度个数 N 的变化非常不敏

感。因为 λ 可以被看作一个常数，所以真实的接触面积 ΔA 与载荷 W 成比例。摩擦系数与 $\Delta A/W$ 成比例，与载荷无关。这是因为新的接触点随着载荷的增加而出现。然而接触点的总个数不变，按照 Hertz 理论，接触面随着载荷的增加而增加。

Persson[29] 开发成功了统一的摩擦系数理论，它可以通过考虑任意路面状态和橡胶性能来预估橡胶的摩擦系数。

7.4.5 由局部滑移决定的摩擦系数的压力依赖性

Otsuki 和 Matsukawa[30] 研究了亚克力玻璃板的摩擦系数对于压力的依赖性，它宏观上并不遵守 Amontons 法则。然而，他们的研究表明，摩擦系数的压力依赖性可以用假设 Amontons 法则在微观领域有效来解释。摩擦系数微观上有速度依赖性，最大的静态摩擦系数依赖于延迟和滑移速度，客观上是黏弹性特性。当物体上同时作用有垂直力和剪切力时会发生微滑移，剪切力的存在导致压力分布不均匀，在物体的接触后端发生微滑移。Otsuki 和 Matsukawa 的解析模型表明，如果简单地假设 Amontons 的法则在微观区域内成立，则橡胶的摩擦系数与 $p^{-1/3}$ 成正比。

7.5 橡胶块的压力分布和摩擦力

7.5.1 理论和实验

1. 橡胶块的压力分布

由于橡胶具有较大的摩擦系数，它被广泛应用于轮胎、滚筒、传送带和鞋子的鞋底。因为摩擦力是磨耗的主要原因，许多的研究者[23-27,31-32]都在研究橡胶的摩擦和磨耗。然而，在他们的研究中并没有考虑接触压力分布对摩擦力的影响，即使是如图 7.42 所示的橡胶块的不均匀压力分布。由于边部效应和橡胶的不可压缩性[33]，在橡胶块的边部和中心有压力集中。采用超声技术对细节的接触压力进行了测量[34]，结果表明橡胶块边部的接触压力是平均接触压力的 5~7 倍。采用有限元方法，对边部的网格进行细分，得到的规律与此相同。Pantenaude[35] 等采用压力敏感膜测量了橡胶块边部的应力集中，Gall[36] 等采用有限元方法预测了橡胶块的奇异性。

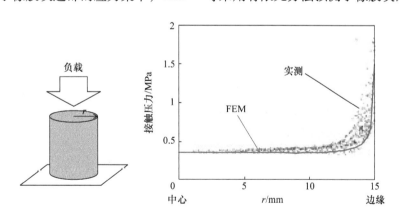

图 7.42　橡胶块的不均匀压力分布[33]

上述现象在工业橡胶制品中常见，比如轮胎花纹块和鞋底，因此研究压力分布对摩擦系数的影响是非常重要的。Nakajima[33] 和 Takahashi 研究了使摩擦系数最大化的压力分布定理，并采用橡胶块试样进行了实验验证。

2. 使摩擦系数最大化的压力分布

当橡胶块的高度和长度的比值比较小的时候，橡胶块边部的压力集中可以忽略。由于轮胎花纹块的边部的压力集中不能忽略，Nakajima 和 Takahashi 证明了下面能使橡胶块的摩擦系数最大化的定理：

定理：在法向载荷 F_z 和接触面积 A 保持不变的条件下，如果 $\mu(p)p$ 是关于压力 p 的凸函数，那么当压力分布均匀的时候，可以获得最大摩擦系数。

证明：摩擦力 Q 定义为

$$Q = \int \mu(p) p dS \tag{7.170}$$

式中，p 是接触面上的压力；$\mu(p)$ 是压力为 p 时的摩擦系数，它是压力 p 的函数；S 是接地面积。

假设接触面积 s_1 和 s_2 是常数，与它们对应的压力分别是 p_1 和 p_2，如图 7.43 所示。假设在每个小接触面积内压力是均匀的，总的垂直载荷 F_z 也是常数，那么 Q 和 F_z 可以表示为

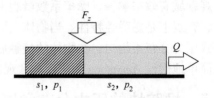

图 7.43 摩擦的分离路面模型

$$Q = \mu(p_1)p_1 s_1 + \mu(p_2)p_2 s_2$$
$$F_z = p_1 s_1 + p_2 s_2 \tag{7.171}$$

对式（7.171）进行偏微分，可以得到：

$$\delta Q = \left.\frac{\partial \{\mu(p)p\}}{\partial p}\right|_{p_1} \delta p_1 s_1 + \left.\frac{\partial \{\mu(p)p\}}{\partial p}\right|_{p_2} \delta p_2 s_2 \tag{7.172}$$

$$0 = \delta p_1 s_1 + \delta p_2 s_2$$

将式（7.172）的第二个方程代入到式（7.172）的第一个方程中，可以得到：

$$\delta Q = \left[\left.\frac{\partial \{\mu(p)p\}}{\partial p}\right|_{p_1} - \left.\frac{\partial \{\mu(p)p\}}{\partial p}\right|_{p_2}\right] \delta p_1 s_1 \tag{7.173}$$

为了使摩擦力 Q 最大，δQ 应为正值。为了使 δQ 为正值，δp_1 的符号应该由中括号[·]内的表达式的值的符号来确定。如果 $\partial\{\mu(p)p\}/\partial p$ 的值是单调递减的，或者 $\mu(p)p$ 是关于 p 的凸函数，那么当 p_1 小于 p_2 的时候中括号[·]内的值就是正的，如图 7.44 所示。在这个情况下，为了使 δF 为正值，δp_1 必须为正值。因为根据式（7.172）的第二个方程，δp_1 和 δp_2 的符号是相反的。换句话说，如果 p_1 的值增加，p_2 的值减小，那么 Q 的值增加。如果我们继续推断下去，当 p_1 等于 p_2 的时候，Q 变为最大值。

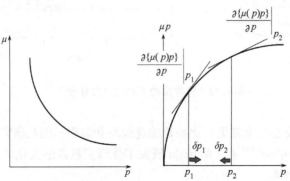

图 7.44 摩擦系数的压力依赖性

根据式（7.173）来判断，当 $\mu(p)p$ 的凸度较大时，由均匀的压力分布带来的摩擦力的增加是较大的。即便对于一个复杂的块的形状，也可以得到同样的结论。将一个面积块细分成 n 个足够小的子区域，使每个子区域内的压力分布是均匀的常数，那么前面提到的思想就可以应用 $n-1$ 次。对于一个复杂的块来说，当压力分布均匀时，摩擦力也可以达到最大化。

证明结束

引理：如果 $\partial\{\mu(p)p\}/\partial p$ 是单调增加的，或者 $\mu(p)p$ 相对于 p 是凹函数，那么在 Q 最大时压力的分布是不均匀的。

摩擦定律及其应用见表7.1。就如我们后来讨论的，因为胎面橡胶块在干燥表面上的 $\mu(p)p$ 是凸函数，在均匀的接触压力分布下摩擦力可以达到最大值。同时，镶钉轮胎在冰路面上的 $\mu(p)p$ 是凹函数。这是因为压力分布集中于镶钉周围，镶钉穿透到冰里面提高了穿刺效果。轮胎上的镶钉使压力分布不均匀，从而使冰面上的摩擦力最大化。

这个引理表示轮胎的理想的压力分布取决于 $\mu-p$ 关系曲线的形状。如果橡胶的摩擦系数可以表示为

$$\mu(p) = ap^\alpha \tag{7.174}$$

表7.1 摩擦定律及其应用

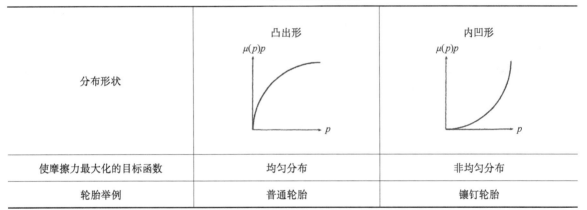

$\mu(p)p$ 的二阶导数可以表示为

$$d^2\{\mu(p)p\}/dp^2 = a\alpha(\alpha+1)p^{\alpha-1} \tag{7.175}$$

考虑到前面 $\mu(p)p$ 是凸函数的条件可以表示为

$$d^2\{\mu(p)p\}/dp^2 < 0 \tag{7.176}$$

将式（7.175）代入到式（7.176）中，使压力分布均匀化以保证摩擦力最大的条件可以用 $-1 < \alpha < 0$ 来表达。因为根据文献[23-27, 31-32]报道，橡胶在干燥路面上的 α 值在 $-1/3 \sim 0$ 之间。对于橡胶来说满足上述条件，因此如果橡胶接触面的压力分布是均匀的，则摩擦力就会最大。

在不同的接触面上，例如砂纸、亚克力树脂、特氟龙和沥青，测量了轮胎胎面橡胶的摩擦系数，这些结果如图7.45a所示。将这些测量结果用下面的关系式进行拟合：

$$\mu(p) = f_c(C_1 + C_2 e^{C_3 p}) \tag{7.177}$$

例如，对沥青表面的摩擦系数采用上式进行拟合，可以得到公式中的系数 f_c、C_1、C_2 和 C_3 分别为 0.7788、0.9437、0.4778 和 -23.74。测量中使用的橡胶片的厚度为2mm，采用的是乘用车轮胎的胎面橡胶。如图7.45所示，其摩擦系数曲线 $\mu(p)$ 是凹形的，但是 $\mu(p)p$ 的曲线是有点轻微凸形的。因此我们希望通过使接触压力分布均匀化来使摩擦力达到最大。

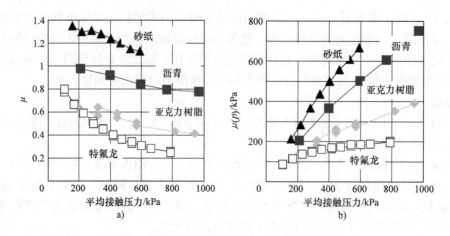

图 7.45 不同表面上橡胶的摩擦系数[33]

7.5.2 使压力分布均匀化的橡胶块的形状

1. 橡胶块表面形状的优化

为了验证压力分布的均匀性对橡胶和干燥表面之间的摩擦系数的影响,通过改变橡胶块的表面形状来控制压力分布。如果在高压力区域的橡胶块的表面是凹陷的,压力分布是可以控制的。Nakajima 等[37-38]开发了新的优化技术,该优化技术将 FEM 方法和最优化标准结合在一起,得到了优化的橡胶块表面形状,它可以提供均匀的压力分布。图 7.46 给出了该优化流程的概念图。因为具有比平均的压力还要更大些的压力分布的区域是凹陷的,所以优化后的表面是波浪形的,不是平的。

定义如下的目标函数以使橡胶块的接触压力均匀分布:

$$\text{Minimize} \frac{1}{2} \sum_{i=1}^{N} \left\{ \frac{s_i}{\sum_{j=1}^{N} s_j} (p_i - \bar{p})^2 \right\} \quad (7.178)$$

式中,p_i 是第 i 单元的接触压力;N 是接触区域内的单元的总数;s_i 是第 i 单元的接触面积;$\bar{p}$ 是整个块的平均接触压力:

$$\bar{p} = \frac{1}{\sum_{j=1}^{N} s_j} \sum_{i=1}^{N} s_i p_i \quad (7.179)$$

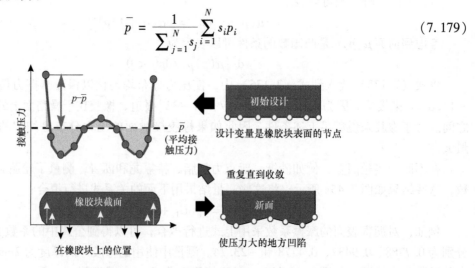

图 7.46 优化流程的概念图

第7章 胎面花纹的力学性能

约束条件是力平衡方程：

$$\{u\}^T[K]\{u\}/2 - \{u\}^T\{p\} = 0 \qquad (7.180)$$

式中，$[K]$ 是刚度矩阵。

拉格朗日函数 L 的表达式为

$$L = \frac{1}{2}\sum_{i=1}^{N}\left\{\frac{s_i}{\sum_{j=1}^{N}s_j}(p_i - \bar{p})^2\right\} + \lambda\left\{\frac{1}{2}\{u\}^T[K]\{u\} - \{u\}^T\{p\}\right\} \qquad (7.181)$$

式中，式（7.178）的目标函数最小化后可以满足式（7.180）的约束条件；λ 是拉格朗日乘子。

使拉格朗日函数 L 最小化的必要条件是：

$$\begin{aligned}\partial L/\partial p_i &= 0 \\ \partial L/\partial u_i &= 0\end{aligned} \qquad (7.182)$$

将式（7.181）代入到式（7.182）中可以得到：

$$\frac{s_i}{\sum_{j=1}^{N}s_j}(p_i - \bar{p}) = \lambda u_i$$

$$\sum_{j=1}^{M}K_{ij}u_j = p_i \qquad (7.183)$$

式（7.183）中的第二个方程总是成立的，因为它就是力平衡的方程。因此式（7.183）中的第一个方程可以产生使接触压力和位移关联起来的最优化标准。通过改变橡胶块表面的坐标尺寸可以达到优化接触压力分布的目的，我们需要得到将接触压力和表面坐标关联起来的优化准则。位移 $\{u\}$ 和块表面的第 i 个节点的坐标 X_i 之间的关系为

$$X_i = \sum_{j=1}^{N}\frac{\partial X_i}{\partial u_j}u_j \qquad (7.184)$$

将力平衡方程进行微分：

$$[K]\{u\} = \{p\} \qquad (7.185)$$

上式对 X_i 的微分可以得到：

$$\frac{\partial\{u\}}{\partial X_i} = -[K]^{-1}\frac{\partial[K]}{\partial X_i}\{u\} \qquad (7.186)$$

式中，即便是变量 X_i 发生了改变，也假设外力 $\{p\}$ 没有发生变化。

从式（7.183）的第一个方程得到：

$$u_j = \frac{s_j}{\lambda\sum_{i=1}^{N}s_i}(p_j - \bar{p}) \qquad (7.187)$$

将式（7.186）和式（7.187）代入到式（7.184），则可以得到将接触压力 p_i 和变量 X_i 关联起来的最优准则为

$$X_i = -\gamma\left[k_{jl}^{-1}\frac{\partial k_{lm}}{\partial X_i}u_m\right]^{-1}(p_j - \bar{p}) \qquad (7.188)$$

在式（7.188）中，采用了 Einstein 计数法，γ 是常数，其中包含接触面积 s；k_{lm}、k_{jl} 是刚度矩阵 $[K]$ 的元素。

因为式（7.188）引入了刚度矩阵的逆，考虑到第 i 个位移 u_i 受花纹块表面第 i 个节点坐标的摄动的影响，所以可以推导出更简洁的方程。因此我们可以得到不同于式（7.186）的以下方程：

$$\partial X_i/\partial u_j = \alpha\delta_{ij} \qquad (7.189)$$

式中，α 是常数；δ_{ij} 是 Kronecker 函数：

$$\delta_{ij} = 0 \quad (i = j)$$
$$\delta_{ij} = 0 \quad (i \neq j) \tag{7.190}$$

将式（7.187）和式（7.189）代入到式（7.184）中，可以得到：

$$X_i = \beta(p_i - \bar{p}) \tag{7.191}$$

式中，β 是用来确定橡胶块面上点的坐标的摄动幅值的参数。

式（7.191）显示出当接触压力比平均接触压力大的时候橡胶块表面会凹陷，而当接触压力比平均值小时会出现表面凸出。式（7.191）用来当作优化标准。

图 7.47 给出了优化后的橡胶块形状。橡胶块的长×宽×高为 25mm×15mm×10mm。设计变量是橡胶块表面的坐标，共有 529 个设计变量。优化过程中的约束条件是保持接触面积不变。因为在轮胎中外部力作用在橡胶块的不同方向上，在优化过程中考虑 8 个剪切力和垂直载荷。平均压力是 600kPa，给橡胶块施加剪切位移 1mm 以产生剪切力。在 FEA 中考虑了摩擦力的压力依赖性。优化后的表面形状在边部变得比较圆，在块的中心部位变得比较凹陷，这里的压力较大，而橡胶块表面在开始的时候是平的。

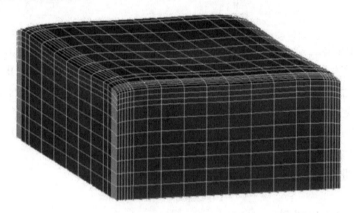

图 7.47 优化后的橡胶块形状[38]

2. 通过优化表面形状提高压力分布的均匀性

将平的橡胶块试样和优化后的橡胶块试样的压力分布进行了对比。优化后的表面在 3D-CAD 工具中根据优化后的坐标进行绘图，并采用数字化控制的机床进行加工。采用光学设备对橡胶块的接触压力分布进行了测量，从而检测出在光学棱镜和橡胶表面之间的界面处的光吸收量[39]。对于此类设备来说，光吸收的量是真实接触面积的函数，与接触压力成一定的比例。通过图像处理后接触压力用不同的颜色来表示。

图 7.48 是垂直载荷下的接触压力分布的结果。图 7.48 的最下面的图显示了橡胶块的水平中心线上的压力分布。从中看到具有平的表面的橡胶块在中心部位由于橡胶的不可压缩效应压力较大，在边部由于边部效应压力也较大。然而，进行表面优化后的橡胶块的压力分布是均匀的，因为对表面中心进行了凹化处理，橡胶块的边部也进行了圆弧处理。

图 7.49 给出了承受垂直载荷和剪切载荷的接触压力分布，其中的垂直载荷和剪切载荷是同时施加的。从图 7.49 可以看到，相比较具有优化后的表面的橡胶块而言，平直的橡胶块的边部的压力分布较大，而边部以内的地方压力分布较小。这是由于优化后的橡胶块的支撑剪切力的接触面积比平的橡胶块更大。而且，在与剪切力作用点相对的地方，平直表面的橡胶块的压力下降很大，而具有优化表面的橡胶块的压力下降程度较小。前述现象在测量结果中和仿真结果中都有表现。

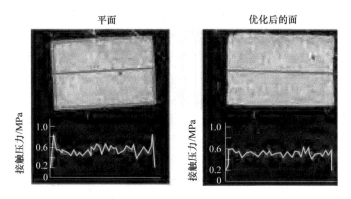

图7.48 垂直载荷下的接触压力分布的结果[38]

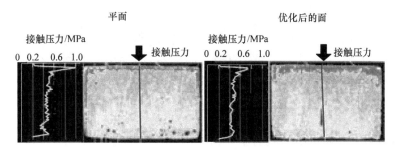

图7.49 承受垂直载荷和剪切载荷的接触压力分布[38]

3. 干表面和湿表面的摩擦系数

在光滑的干燥钢表面上,测量了均匀压力分布对摩擦系数的影响。测量时,给橡胶块施加垂直载荷,根据以一定频率2Hz变化的斜坡函数来横向移动钢表面,从小到大逐渐施加不同的位移幅值进行测量。剪切力呈正弦形式变化,记录下最大的力并计算摩擦系数。图7.50给出了当横向位移的幅值发生变化时最大剪切力与垂直载荷的比值。图7.50中,在所有的位移幅值范围内,优化表面后的橡胶块的摩擦系数和剪切力比具有平直表面的橡胶块更大。特别是其摩擦系数要比平直表面的摩擦系数高出10%。对于具有平直的表面的橡胶块和优化后的橡胶块来说,由黏滑效应(stick-slip)导致的摩擦噪声分别在位移幅值达到6mm和8mm的时候出现。当位移幅值增加超过第一次听到黏滑噪声所对应的位移时,剪切力并不会继续增加。

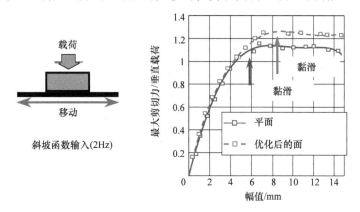

图7.50 当横向位移的幅值发生变化时最大剪切力与垂直载荷的比值[38]

大的位移幅值下剪切力增加的机理可以用塑性变形理论进行解释，图 7.51 所示为橡胶块试样在测量后的塑性变形。具有平直表面的橡胶块在块的边部由于大的变形而发生了凹形变形，然而具有优化的表面的橡胶块没有发生凹形变形。这是因为具有平直表面的橡胶块的边部具有接触压力的集中现象，离开块的边部接触压力下降，如图 7.48 所示。因此，当承受剪切力的时候，块的边部发生黏着作用，而远离边部的地方发生滑移作用。接下来在块的边部发生"剖离"变形，从而使真正的接触面积减少，因此在大的位移幅值下，具有平直表面的橡胶块的摩擦系数小于优化表面的橡胶块的摩擦系数。

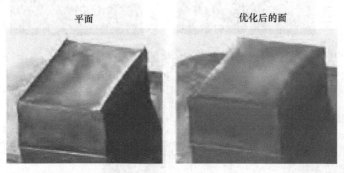

图 7.51　橡胶块试样在测量后的塑性变形[38]

湿表面上的剪切力是通过给环氧树脂表面喷水进行测量得到的。图 7.52 给出的结果表明，优化表面后的橡胶块的摩擦系数比具有平直表面的橡胶块的摩擦系数大 5%。

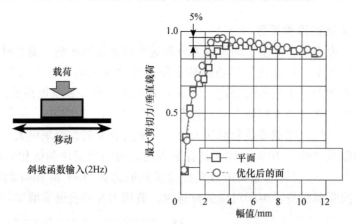

图 7.52　在湿的环氧树脂表面的剪切力测量结果[33]

4. 橡胶块表面优化技术在轮胎上的应用和验证

橡胶块表面优化技术在 225/55R16 轮胎上进行了应用，胎冠花纹和其有限元模型如图 7.53 所示。考虑在沥青表面的摩擦系数的压力依赖性，对四个橡胶块的表面分别进行优化，以使它们在承受 9 个外部力时表面的接触压力分布均匀。制造了结构和材料相同，只是花纹块表面形状不同的轮胎，用这些轮胎验证所提的优化技术的效果。

将轮胎安装在汽车上，在试验场上进行主观评价，结果表明，具有优化表面的轮胎在干燥路面和湿路面上操纵性能和乘坐舒适性能均有提高。尽管同时提高操纵稳定性和乘坐舒适性很困难，但表面优化技术却可以解决这个性能不能同时提高的难题[38]。如图 7.54 所示，其耐磨耗性能也有提高。轮胎行驶 2400km 后用激光扫描测量胎肩部位，发现跟趾状磨耗减少了 30%。

第 7 章 胎面花纹的力学性能

图 7.53 胎冠花纹和其有限元模型[38]

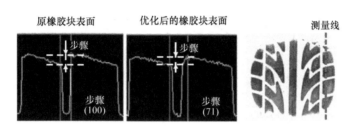

图 7.54 胎肩橡胶块的跟趾状不规则磨耗[32]

7.6 带有刀槽的橡胶块的接触性能

7.6.1 非镶钉轮胎的研究

与轮胎在冰面上的性能有关的力学研究过去主要是在日本和欧洲开展，例如对橡胶块在冰面上的摩擦系数的研究[40]，刀槽对轮胎在冰面上的摩擦系数的影响的研究[41-45]，轮胎在冰面上的摩擦系数和相关的橡胶特性研究[46]，采用解析轮胎模型得到的轮胎在冰面上的摩擦系数[47]，轮胎的刚度与轮胎在冰面上的性能之间的关系研究等[48-49]。

带有镶钉的冬季轮胎在冰面上有超好的性能，但是在没有冰的路面上，钉子会破坏路面而造成严重的粉尘污染。因为带镶钉的轮胎在很多国家已经被禁止使用，所以人们开发了非镶钉冬季轮胎，它的胎面上有很多的刀槽，其胎面花纹及带有刀槽的有限元模型如图 7.55 所示。因为在冰面上驾驶车辆非常困难，所以日本研究人员的注意力集中到了如何提高轮胎在冰面上的摩擦系数。

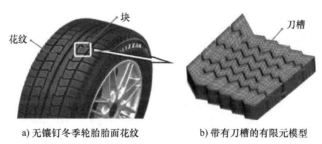

a) 无镶钉冬季轮胎胎面花纹　　b) 带有刀槽的有限元模型

图 7.55 非镶钉冬季轮胎胎面花纹及带有刀槽的有限元模型[43]

如图 7.56 所示，在过去的 20 年里，非镶钉冬季胎在冰面上的摩擦系数已经提高了两倍以上。这个大幅度的提高主要由于配方新技术的导入和花纹刀槽技术的导入。花纹的刀槽是花纹块上的一个很窄的沟槽，它能提高轮胎在冰面上的摩擦系数，其原因在于它不但能够从轮胎和路面之间吸收水分,而且它还可以深入冰面或雪面。然而,当胎面上有太多的刀槽的时候,花纹块的弯曲变形会增加,从而导致接触面积减少,摩擦系数下降[42-43]。如果采用硬的胎面胶提高花纹块的刚度,则弯曲变形就可以得到一定的抑制。但是这样一来,真实的接触面积就会减少,冰面上的摩擦系数就会减少。因此,人们研究新的刀槽技术,力求在不提高胎面橡胶模量的基础上,使具有较多刀槽的橡胶块的真实接触面积得到保证。

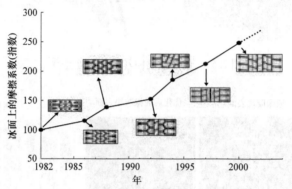

图7.56 冰面上摩擦系数提高(制动距离)

为了开发出能够抑制弯曲变形的新的刀槽技术,我们首先需要研究和观察刀槽之间的界面上的变形情况,尽管轮胎在冰面上的接触行为可以通过冰面来观察,但是刀槽之间的变形行为却比较难以观察到。因此在研究具有较多刀槽的橡胶块的变形过程中人们采用了显式有限元仿真技术(Explicit FEA)[42-43]。之所以采用显式有限元仿真技术,是因为胎面橡胶的局部弯曲和刀槽之间以及花纹块和冰面之间的复杂多点接触使隐式仿真计算变得收敛困难。

7.6.2 非镶钉轮胎胎面橡胶块的有限元预测

Katayama等[42-43]率先采用显式有限元方法来分析非镶钉轮胎的胎面橡胶块的大变形特性。有限元分析中所采用的摩擦系数事先通过测量方法来得到。橡胶采用Mooney超弹性材料本构模型,采用一阶减缩积分单元。为了控制剪切自锁模式,采用了Kelvin黏弹性刚度方法(也就是所谓的刚度控制)。轮胎在冰面上的摩擦系数和橡胶块的变形采用图7.57a所示的装置进行了测量。图7.57b所示的橡胶块的侧壁的变形采用玻璃窗进行观察。橡胶块的

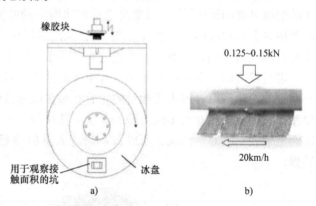

图7.57 用于在冰面上测量摩擦系数的设备和仪器[43]

平均接触压力是300~400kPa,橡胶块在冰面上的滑动速度是20km/h。

图7.58给出了FEA计算结果和实验结果的对比,橡胶块的宽度、长度和高度分别为20mm、30mm、10mm,它上面有四个刀槽,承受垂直载荷和剪切载荷。因为橡胶块边部承受的横向剪切位移大于中间位置的剪切位移,因此测量得到的横向位移是橡胶块宽度方向上横向位移的平均值。尽管计算得到的橡胶块左侧边部的剪切位移(承受剪切载荷的边部的对面边部)比测量结果小,但橡胶块右侧边部(剪切载荷所在的边部)的计算位移与实测位移一致性较好。

7.6.3 带有二维或者三维刀槽的橡胶块的测量结果和有限元结果的对比

显式有限元方法可以让我们看到刀槽的侧壁之间在变形过程中的相互接触关系,比如接触力

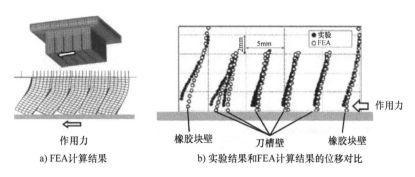

图 7.58　FEA 计算结果和实验结果的对比

的行为特征,这些是不能通过实验测量来得到的。三维刀槽技术使橡胶块在深度方向上有多维几何特征,可以提高橡胶块之间的剪切自锁能力,多用于非镶钉轮胎中。图 7.59 中的黑色箭头指出了不同的刀槽侧壁之间的力的作用方向。因为具有三维刀槽的橡胶块承受的垂直接触力要比具有二维刀槽的橡胶块的垂直接触力更大,尽管两个橡胶块之间承受的水平接触力相同,但承受剪切位移的剪切自锁力矩主要由垂直接触力产生。因此在剪切载荷的作用下,带有三维刀槽的橡胶块的位移比带有二维刀槽的橡胶块的位移小 20%。

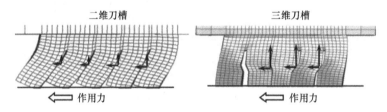

图 7.59　不同的刀槽侧壁之间的力相互作用

图 7.60 给出了带有三维刀槽的橡胶块的横向位移的实验值和 FEA 计算值之间的对比。FEA 计算结果和实验结果之间的吻合度要比图 7.58 所示的带有二维刀槽的橡胶块的吻合度更好。但这种吻合度更好的原因还不知道。

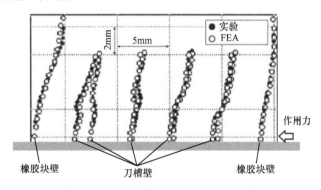

图 7.60　带有三维刀槽的橡胶块的横向位移的实验值和 FEA 计算值之间的对比

图 7.61 给出了剪切载荷作用下计算得到的接触面积和接触压力分布的结果。带有二维刀槽的橡胶块的接触面积比带有三维刀槽的橡胶块的接触面积小。图 7.62 给出了在冰上测量得到的接触面积,图中黑色区域是与冰面直接接触的区域。与带有二维刀槽的橡胶块相比,带有三维刀槽的橡胶块各个小块之间的剪切自锁提高,从而使橡胶块的接触面积提高了接近 70%。图 7.61 和图 7.62 的结果对比表明,计算得到的接触面积与实测面积吻合很好。

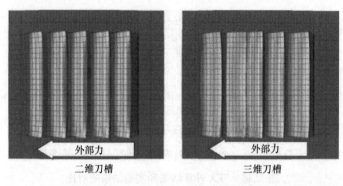

图 7.61　剪切载荷作用下计算得到的接触面积和接触压力分布的结果

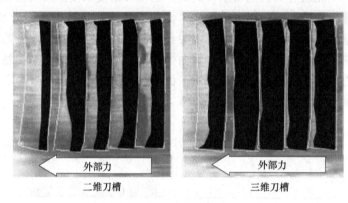

图 7.62　在冰上测量得到的接触面积

带有三维刀槽的橡胶块的摩擦系数的提高可以通过图 7.63 所示的采用室内实验装置测量得到的摩擦系数结果进行验证。根据图中的结果看出，在各种不同载荷条件下，带有三维刀槽的橡胶块在冰面上的摩擦系数要比带有二维刀槽的橡胶块的摩擦系数高 20%。尽管随着平均压力的提高，摩擦系数有所下降，但二维刀槽和三维刀槽之间的摩擦系数的差异在每个载荷范围内都一直存在。三维刀槽可以提高摩擦系数的内在机理与可以观察到的接触面积的提高有关，因为观察到的接触面积理论上与真实的接触面积成比例。

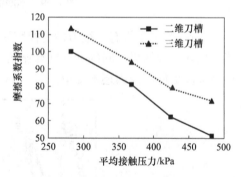

图 7.63　采用室内实验装置测量得到的摩擦系数

将所开发的三维刀槽技术应用到了乘用车轮胎 205/65R15 上，在试验场进行的滑动速度为 20km/h 的冰面制动实验中能测量得到三维刀槽对制动距离的影响。生产了具有同样材料、同样结构、同样花纹形式，只有刀槽形式不同的样胎，在车轮锁死的情况下，带有三维刀槽的轮胎的制动距离要比二维刀槽的轮胎的制动距离缩短 5%。

Hotstetter 等[50]采用显式有限元技术，在考虑热力耦合作用的情况下，研究了橡胶块的接触行为。图 7.64 给出了不同几何结构的橡胶块底部在滑动状态下的变形、接触压力和温度分布情况。橡胶块采用二维有限元模型模拟，平均接触压力是 300kPa，滑动速度是 300mm/s，滑动距离是 120mm。因为橡胶块边部的压力集中，橡胶块前部的边缘有黏着在接触面上的趋势，并且出现卷曲，橡胶块边部的温度较高。

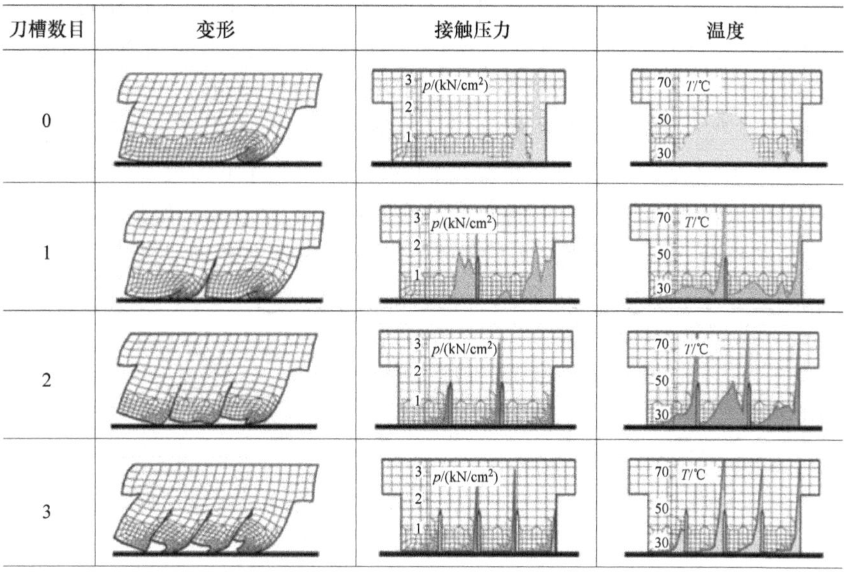

刀槽数目	变形	接触压力	温度
0			
1			
2			
3			

图 7.64　不同几何结构的橡胶块底部在滑动状态下的变形、接触压力和温度分布情况

7.7　对块状花纹的其他性能的 FEA 研究

7.7.1　提高径向尺寸不均匀性、减小小节距和大节距花纹块的刚度差别

第 10 章中讨论的节距变化将带来径向尺寸不均匀提高以及小节距和大节距花纹块的刚度的差异。小节距与大节距相比有较低的孔隙体积比，因为节距大小的变化改变了花纹块周向的长度，但却没有改变斜沟槽角度，如图 7.65a 所示。因此，小节距的花纹块的深度比大节距花纹块更薄，这种小节距和大节距花纹块厚度的变化会使径向力波动（RFV）变差。再者，图 7.65b 显示出大节距花纹块的单位面积的花纹块刚度要比小节距花纹块的大些，这是由图 7.3 所示的弯曲变形导致的。小节距和大节距花纹块的刚度上的差别，尤其是在周向上（$\alpha = 90°$）的差别，将会使花纹块的 RFV 和切向力波动（TFV）性能变差。

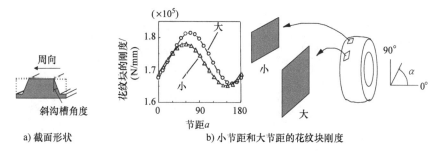

图 7.65　花纹块截面及花纹块刚度的圆滑

普利司通公司的 Ishiyama 和 Nakajima[55] 开发了优化技术，用于使小节距和大节距花纹块之间的刚度和胎面厚度的差异最小化，具有最小差异的橡胶块被称为力平坦的橡胶块。设计变量包括斜沟槽的角度和横沟的深度。图 7.66 给出了花纹斜沟槽角度为 0°、14°、20°情况下大节距、中节距和小节距三种平坦力橡胶块对刚度和胎面厚度差异的影响。同时，固定斜沟槽角度是指对

于任何节距来说，斜沟槽的角度都是 8°。由花纹导致的径向力波动是指光面轮胎和带花纹轮胎之间的径向力的差异。平坦力橡胶块可以使由花纹导致的 RFV 的第 3 次谐波和 TFV 下降 50%，然而横向力波动（LFV）却没有什么变化。这种平坦力橡胶块技术应用到了商务乘用车轮胎上，事实表明它可以提高均匀性（RFV 和 TFV），也可以提高操纵稳定性。

Graham 和 Liu 等[56-57]对道路粗糙度进行了表征。他们继而测量了橡胶块的压力分布，采用粗糙度缩减模型预测了橡胶块的压力分布。他们的测量包含对压头尺寸（半径 R）的改变和凹陷深度 d 以及凹陷位置的变化。测量了胎面橡胶块的反作用力以及花纹块边部的反作用力，并采用有限元方法进行了计算，结果如图 7.67 所示。当压头作用在花纹块上时，花纹块边部的反作用力比其他区域的力要小，如图 7.68 所示。块边部的刚度要小于块中间的刚度。

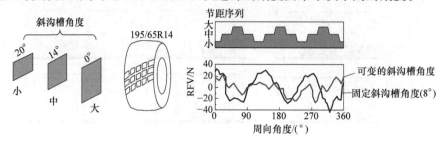

图 7.66　花纹斜沟槽角度为 0°、14°、20°情况下大节距、中节距和小节距三种平坦力橡胶块对刚度和胎面厚度差异的影响

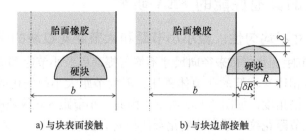

a) 与块表面接触　　b) 与块边部接触

图 7.67　橡胶块和地面硬块之间的相互作用力的预测值和实际值

（经 Wear 杂志授权，摘自文献[57]）

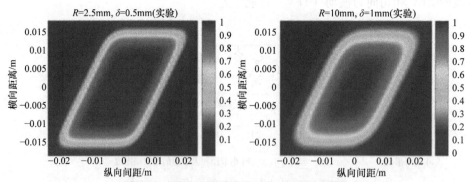

图 7.68　压头压缩导致的反作用力的测量值

（经 Wear 杂志授权，摘自文献[57]）

7.7.2　花纹对水滑性能和耐磨耗性能的影响

Seta 等[51]以显式有限元方法为工具，采用全局和局部分析方法预测了花纹对水滑性能的影响。这将在第 12.2.4 节中进行详细讨论。Kaji[52]采用隐式有限元方法分析了花纹块对耐磨耗性

能的影响，这些内容将在第 14.11.6 节中进行详细讨论。Liu 等[53-54]采用显式有限元方法，考虑了橡胶材料的黏弹性，分析了花纹块的接触力学特性。因为他们将花纹块与刚体环相连接，所以在他们的全局和局部分析中没有考虑带束层在接触区域内的变形。

问题

7.1 推导式（7.106）。

备注

备注 7.1 式 (7.3) 和式 (7.4)

各向同性材料的杨氏模量 E 可以表达为 $E = G/\{2(1+\nu)\}$，因为橡胶材料的泊松比满足关系式 $\nu = 0.5$，所以橡胶的剪切模量 G 可以表示为 $G = 3E$。在 Sakai 的书中，也推导得出了与式（7.4）相同的公式。但是，仅靠这个公式来分析胎面橡胶的剪切弹簧刚度是不协调的。

备注 7.2 式 (7.28)

$$v = 0 \rightarrow \varepsilon_{yy} = 0$$

从式（7.23）我们可以得到：

$$\sigma_{yy} = (\sigma_{xx} + \sigma_{zz})/2$$

从式（7.23）和式（7.27），我们可以得到：

$$\varepsilon_{xx} = \partial u/\partial x = -\mathrm{d}w/\mathrm{d}z = \{\sigma_{xx} - (\sigma_{yy} + \sigma_{zz})/2\}/E$$

从上面的两个公式，我们可以得到：

$$\varepsilon_{xx} = [\sigma_{xx} - \{(\sigma_{xx} + \sigma_{zz})/2 + \sigma_{zz}\}/2]/E = 3\{\sigma_{xx} - \sigma_{zz}\}/(4E)$$

$$\sigma_{zz} = \sigma_{xx} - \frac{4E}{3}\varepsilon_{xx} = \sigma_{xx} + \frac{4E}{3}\frac{\mathrm{d}w}{\mathrm{d}z}$$

$$\sigma_{yy} = \frac{1}{2}(\sigma_{xx} + \sigma_{zz}) = \sigma_{xx} + \frac{2E}{3}\frac{\mathrm{d}w}{\mathrm{d}z}$$

$$\sigma_{zx} = \frac{2E}{3}\frac{1}{2}\left(\frac{\partial u}{\partial z} + \frac{\partial w}{\partial x}\right) = \frac{E}{3}\frac{\partial u}{\partial z} = -\frac{E}{3}x\frac{\mathrm{d}^2 w}{\mathrm{d}z^2}$$

备注 7.3 式 (7.131)

弦长采用 $a^2 = 2Rd$，而不是采用 Popov[21] 的手册中的式（7.131）。

参考文献

1. Bridgestone (ed.), *Fundamentals and Application of Vehicle Tires (in Japanese)* (Tokyo Denki University Press, 2008)
2. R.E. Okonieski et al., Simplified approach to calculating geometric stiffness properties of tread pattern elements. Tire Sci. Technol. **31**(3), 132–158 (2003)
3. H. Sakai, *Tire Engineering (in Japanese)* (Guranpuri-Shuppan, 1987)
4. Y. Nakajima, *Simple Prediction Method of Block Stiffness* (Technical report in Bridgestone Corporation, 1980)
5. S.J. Hollister, N. Kikuchi, Homogenization theory and digital imaging: a basis for studying the mechanics and design principles of bone tissue. Biotech. Bioeng. **43**(7), 586–596 (1994)
6. A.N. Gent, P.B. Lindley, Compression of bonded rubber blocks. Proc. Inst. Mech. Eng. **173**, 111–117 (1959)
7. A.N. Gent, E.A. Meinecke, Compression, bending, and shear of bonded rubber blocks. Polym. Eng. Sci. **10**(1), 48–53 (1970)
8. A.N. Gent, Compression of rubber blocks. Rubber Chem. Technol. **67**, 549–557 (1994)

9. A.N. Gent et al., Compression of rubber disks between frictional surfaces. Rubber Chem. Technol. **82**, 1–17 (2009)
10. R. Hattori, K. Takei, On the spring constant of compressed rubber block (in Japanese). Nippon Gomu Kyokaishi **23**(7), 194–197 (1950)
11. O.H. Yeoh et al., Compression of bonded rubber blocks. Rubber Chem. Technol. **75**, 549–561 (2002)
12. J.M. Horton, et al., Stiffness of rubber bush mounting subjected to radial loading. Rubber Chem. Technol. **73**, 253–264 (2000)
13. M. Horton et al., Stiffness of rubber bush mountings subjected to tilting deflection. Rubber Chem. Technol. **73**, 619–633 (2000)
14. J.M. Horton et al., Axial loading of bonded rubber blocks. J. Appl. Mech. **69**, 836–843 (2002)
15. J.M. Horton et al., Bending of circular-section bonded rubber blocks. Int. J. Solids Struct. **39**, 5879–5893 (2002)
16. M.L. Anderson et al., The compression of bonded rubber disks. Rubber Chem. Technol. **77**, 293–302 (2005)
17. P.H. Mott, C.M. Roland, Uniaxial deformation of rubber cylinder. Rubber Chem. Technol. **68**, 739–745 (1995)
18. T. Akasaka et al., Analysis of the contact deformation of tread blocks. Tire Sci. Technol. **20**(4), 230–253 (1992)
19. S. Kagami, *Study on Structural Mechanics of Deformation of Radial Tire in Contact (in Japanese)*, Ph.D. Thesis (Chuo University, 1993)
20. D.M. Kim, I.J. Park, Analysis of contact stresses on the tread rubber blocks with slip. Tire Sci. Technol. **29**(4), 216–229 (2001)
21. V.L. Popov, *Contact Mechanics and Friction* (Springer-Verlag, 2009)
22. K.L. Johnson, *Contact Mechanics* (Cambridge University Press, 1987
23. A. Schallamach, The load dependence of rubber friction. Proc. Phys. Soc. (B) **65**, 657–661 (1952)
24. A. Schallamach, Friction and abrasion of rubber. Wear **1**, 384–417 (1957–58)
25. K.L. Johnson, et al., Surface Energy and the Contact of Elastic Solids, P. R. Soc. London, Series A, Math. Phy. Sci. **324**, 301–313 (1971)
26. J.R. Archard, Contact and rubbing of flat surfaces. J. Appl. Phys. **24**(8), 981–988 (1953)
27. J.R. Archard, Elastic deformation and law of friction, P. R. Soc. London Series A, **243**, 190–205, (1957)
28. J.A. Greenwood, J.B.P. Williamson, Contact of nominally flat surfaces, P. R. Soc. London, Series A., **295**, 300–319 (1966)
29. B.N.J. Persson, *Sliding Friction-Physical Principles and Applications* (Springer, 2000)
30. M. Otsuki, H. Matsukawa, Local slip at friction interface and breakdown of Amontons' low (in Japanese). Tryboligist **58**, 57–64 (2013)
31. Y. Uchiyama, Friction and Surface (in Japanese). Nippon Gomu Kyokaishi **65**, 312 (1992)
32. K.A. Grosch, The rolling resistance, wear and traction properties of tread compounds. Rubber Chem. Technol. **69**, 495–567 (1996)
33. Y. Nakajima, F. Yakahashi, Effect of contact pressure distribution of rubber block on frictional force (in Japanese), Nippon Gomu Kyokaishi, **75**(1), 26–21 (2002)
34. T. Hara, Ultrasonic techniques for the measurement of the contact stress (in Japanese). J. Soc. Adhesion Ind. **23**, 400 (1987)
35. K.J. Pantenaude et al., Response of elastomeric blocks during large compression strains. Rubber Chem. Technol. **78**, 188–198 (2005)
36. R. Gall et al., On the incorporation of frictional effects in the tire/ground contact area. Tire Sci. Technol. **21**(1), 2–22 (1993)
37. F. Takahashi, et al., Optimization of Tire Block Surface by the Optimality Criteria, in *JSAE Conference*, No. 20005408 (2000)
38. Y. Nakajima et al., Surface shape optimization of tire pattern by optimality criteria. Tire Sci. Technol. **31**(1), 2–18 (2003)
39. H. Sakai, Measurement and visualization of the contact pressure distribution of rubber disks and tires. Tire Sci. Technol. **23**, 238–255 (1995)
40. K. Mitsuhashi et al., Ice friction characteristics of studless tire (in Japanese). Nippon Gomu Kyokaishi **70**, 140–146 (1997)
41. K. Mitsuhashi et al., Comparison of the frictional property between studless-tires on icy road and inclined angle of sipes of small block(in Japanese). Nippon Gomu Kyokaishi **71**, 626–632 (1998)
42. Y. Nakajima, Application of CAE to development of studless tire (in Japanese), Proc. J. Soc. Rubber Ind. Tokyo, 2003

43. M. Katayama, et al., Development of three-dimensional sipe technology using PAM-CRASH. Proc. PAM-CRASH User's Conf., Tokyo, 2000
44. S. Yamazaki, et al., Effect of number of sipes in tread block on the friction coefficient (in Japanese), JARI Research J., **21**, 31 (1999)
45. S. Yamazaki, Tribology of tire (in Japanese). Nippon Gomu Kyokaishi **72**, 229–235 (1999)
46. Y. Ishikawa, Frictional property of tire –friction coefficient and characteristics of tread compound (in Japanese). Nippon Gomu Kyokaishi **70**, 193–203 (1997)
47. S. Yamazaki, Mechanism of interfacial behavior between tire and ice (in Japanese). Nippon Gomu Kyokaishi **65**, 731–737 (1992)
48. S. Yamazaki et al., Relationship between fore-aft stiffness of tire and hill-climbing performance on snow (in Japanese). Nippon Gomu Kyokaishi **70**, 608–617 (1997)
49. S. Yamazaki et al., Effects of the number of siping edges in a tire tread block on friction property and contact with an icy road. Tire Sci. Technol. **28**(1), 58–69 (2000)
50. K. Hofstetter et al., Sliding behaviour of simplified tire tread patterns investigated by means of FEM. Comput. Struct. **84**, 1151–1163 (2006)
51. E. Seta et al., Hydroplaning analysis by FEM and FVM: effect of tire rolling and tire pattern on hydroplaning. Tire Sci. Technol. **28**(3), 140–156 (2000)
52. Y. Kaji, Improvements in tire wear based on 3D finite element analysis, Tire Technology EXPO (2003)
53. F. Liu et al., Modeling of tread block contact mechanics using linear viscoelastic theory. Tire Sci. Technol. **36**(3), 211–226 (2008)
54. F. Liu et al., Prediction of tread block forces for a free-rolling tyre in contact with a smooth road. Wear **269**, 672–683 (2010)
55. Bridgestone, AQ-DONUTS Technology Guide (1997)
56. W.R. Graham et al., Characterisation and simulation of asphalt road surfaces. Wear **271**, 734–747 (2011)
57. F. Liu et al., Prediction of tread block forces for a free-rolling tyre in contact with a rough road. Wear **282–283**, 1–11 (2012)

第8章 轮胎的振动特性

轮胎的振动特性是与乘坐舒适性和轮胎噪声紧密相关的基本性能。汽车的噪声、振动和声振粗糙度（NVH）可以根据性能分成两大类，一是频率低于50Hz的低频乘坐舒适性，二是频率在二十赫兹到几千赫兹的宽频范围内的驾驶室内噪声。采用带有带束层的刚性环模型，可以计算空载下的充气轮胎的基本模态固有频率。同时，利用弹性环模型或有限元方法，也可以计算不承受载荷的轮胎或者位于路面上承受一定载荷的轮胎较高阶模态固有频率和传递函数，这是因为在弹性环模型中考虑了带束层的弯曲刚度。轮胎滚过凸块时的包络特性与汽车的乘坐舒适性相关，将刚性环模型和等效面的概念或者等效力的概念结合起来，可以预测轮胎的包络特性，也可以采用有限元方法来预测轮胎的包络特性，本章基于刚性环模型和弹性环模型分别建立了商用胎的解析模型和有限元模型，用来预测轮胎包络特性。本章主要讨论轮胎振动特性的解析模型。

8.1 轮胎的振动特性分析

图8.1[1]中给出了汽车NVH的总体框图。汽车的NVH特性根据输入力的不同和频率范围的不同进行了划分。因为外力通过轮胎传递给了汽车，轮胎的振动特性研究是汽车NVH研究的重要内容。轮胎的振动特性可以用两个机理来解释，一是道路粗糙不平、轮胎花纹和不均匀性导致的振动输入力，二是这种输入力从轮胎到汽车的传递。

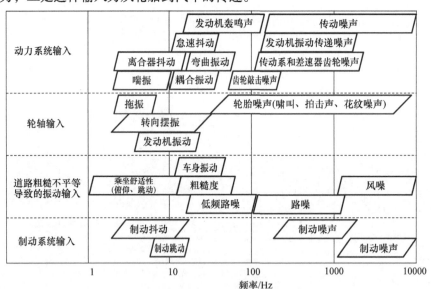

图8.1 汽车NVH的总体框图
（经JSA授权，摘自文献[1]）

在早期对轮胎振动的研究中，Tielking[2]和Bohm[3]将轮胎简单地看作一个圆环模型，而Pacejka[4-5]后来将轮胎看作圆形梁模型。所有这些模型类似于处于弹性基础上带有预应力的一个结构，它们可以用于低频范围内的轮胎振动特性的研究。在20世纪70年代至80年代，出现了基于壳理论和薄膜理论的轮胎振动理论[6-8]。这些理论模型可以用于解决300～400Hz范围内的轮胎低频振动问题，它们主要用来解决从轮胎/道路接触区域传递到汽车悬架的振动，也可以用来研究高速下轮胎的驻波现象，这些内容将在第 15 章中讨论。从 20 世纪 80 年代中期开始，在轮胎振动响应的分析中逐步引入了 FEA 方法[9-10]，FEA 方法可以考虑更多的几何细节，但由于它的计算成本高昂，只能用于低频范围。在早期的研究文献中很少见到频率超过 500Hz 的，因此这些模型并不涵盖我们所感兴趣的噪声的频率范围。然而，近年来，FEA 方法的计算频率范围已经大大拓宽了，用于噪声研究的轮胎振动模型将在第 10 章中进行详细讨论。

8.1.1 自由充气轮胎的基本频率

Sakai[11] 推导得到了自由充气轮胎的基本频率表达式，它们是轮胎各个振动模态的最低固有频率。这些基本频率是把轮胎看作刚性环模型时轮胎弹簧常数的函数，也就是如第 6 章所述的胎冠圆环在径向、周向和横向上每单位长度的基本弹簧常数（k_r、k_t、k_s）的函数。

1. 偏心振动

参考式（6.52），刚性环模型的偏心弹簧刚度 R_δ 可以表示为

$$R_\delta = \pi r_D (k_r + k_t) \tag{8.1}$$

式中，k_r 和 k_t 分别是带束层半径 r_D 处的径向和周向上单位长度的基本刚度。

胎冠的总质量 M 可以表示为

$$M = 2\pi r_D m \tag{8.2}$$

式中，m 是带束层半径 r_D 处圆周方向上单位长度的胎冠质量。

偏心振动的振动模态如图 8.2a 所示。利用式（8.1）和式（8.2），偏心振动的基本频率 f 为

$$f = \frac{1}{2\pi}\sqrt{\frac{R_\delta}{M}} = \frac{1}{2\pi}\sqrt{\frac{k_r + k_t}{2m}} \tag{8.3}$$

当考虑圆周方向上两个胎侧单位长度的合成质量 m' 时，可以对式（8.3）进行修正。如果把胎侧质量 m' 看作位于带束层半径 r_D 处的合成质量，式（8.3）可以重新写成：

$$f = \frac{1}{2\pi}\sqrt{\frac{k_r + k_t}{2m_0}}$$
$$m_0 = m + \alpha m' \tag{8.4}$$

式中，α 是用来确定等效质量 m_0 的修正参数，可以表示为⊖

$$\alpha = \frac{1}{3}\left\{1 + \frac{r_D}{r_D + r_B}\right\} \tag{8.5}$$

2. 横向振动

根据式（6.42），轮胎的横向弹簧刚度 R_s 可以表示为

$$R_s = 2\pi r_D k_s \tag{8.6}$$

横向振动的模态如图 8.2b 所示，基本振动频率为

$$f = \frac{1}{2\pi}\sqrt{\frac{R_s}{M}} = \frac{1}{2\pi}\sqrt{\frac{k_s}{m}} \tag{8.7}$$

如果考虑两个胎侧在圆周方向上每单位长度的合成质量 m' 的影响，则式（8.7）可以重新写成：

$$f = \frac{1}{2\pi}\sqrt{\frac{k_s}{m_0}}$$
$$m_0 = m + \alpha m' \tag{8.8}$$

⊖ 备注 8.1。

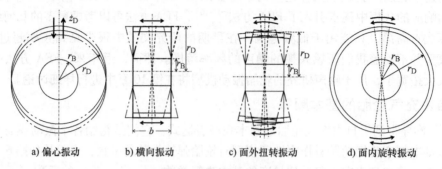

a) 偏心振动　　b) 横向振动　　c) 面外扭转振动　　d) 面内旋转振动

图 8.2　轮胎的振动模态

3. 面外扭转振动

面外扭转振动是绕轮胎垂直轴的振动,如图 8.2c 所示。根据式 (6.38),扭转刚度 R_{mz} 可以表示为

$$R_{mz} = \pi r_D^3 k_s + \pi (b/2)^2 r_D (k_r + k_t) \tag{8.9}$$

式中,b 是带束层宽度。

轮胎绕垂直轴的惯性矩可以表示为

$$I_z = \pi r_D^3 m \tag{8.10}$$

利用式 (8.9) 和式 (8.10),可以得到面外扭转基本振动频率 f 的表达式:

$$f = \frac{1}{2\pi}\sqrt{\frac{R_{mz}}{I_z}} = \frac{1}{2\pi}\sqrt{\frac{1}{m}\left\{k_s + \left(\frac{b}{2r_D}\right)^2(k_r + k_t)\right\}} \tag{8.11}$$

如果考虑两个胎侧在圆周方向上每单位长度的合成质量 m' 的影响,则式 (8.11) 可以重新写成:

$$f = \frac{1}{2\pi}\sqrt{\frac{1}{m_0}\left\{k_s + \left(\frac{b}{2r_D}\right)^2(k_r + k_t)\right\}}$$
$$m_0 = m + \alpha m' \tag{8.12}$$

式中,α 是用来确定等效质量 m_0 的修正参数,由式 (8.5) 给出。

4. 面内旋转振动

面内旋转振动时,胎冠圆环绕着轮胎轴扭转振动,参考式 (6.54),当胎冠扭转时,轮胎的旋转弹簧刚度可以表示为

$$R_t = 2\pi r_D^3 k_t \tag{8.13}$$

绕轮胎轴的极惯性矩 I_p 可以写为[⊖]

$$I_p = 2\pi r_D^3 m \tag{8.14}$$

面内旋转振动的振动模态如图 8.2d 所示,绕轮胎轴旋转振动的基本频率 f 表示为

$$f = \frac{1}{2\pi}\sqrt{\frac{R_t}{I_p}} = \frac{1}{2\pi}\sqrt{\frac{k_t}{m}} \tag{8.15}$$

如果考虑两个胎侧在圆周方向上每单位长度的合成质量 m' 的影响,则式 (8.15) 可以重新写成:

⊖ 问题 8.1。

$$f = \frac{1}{2\pi}\sqrt{\frac{k_t}{m_0}} \tag{8.16}$$

$$m_0 = m + \alpha m'$$

8.1.2 单点接触地面轮胎的固有频率

Sakai[11]推导了单点接触地面轮胎的固有频率。

1. 绕接地点的前后振动

假设轮辋是固定的，轮胎上的一点与地面接触，而且严格地考虑与地面接触的轮胎的大变形比较困难，所以假设接触部位的变形很小。轮胎绕接地点的前后振动是通过将沿轮胎轴的平移振动和沿轮胎轴的旋转振动进行叠加得到的，如图 8.3a 所示。假设点 P 是与路面的接触点，PQR 是直角三角形，点 Q 绕点 P 的旋转半径可以用下式表示：

$$r_0 = 2r_D\cos(\theta/2) \tag{8.17}$$

式中，r_D 是轮胎的半径。当胎冠圆环绕点 P 旋转一个小角度 $\Delta\alpha$ 时，点 Q 在与 r_0 轴垂直的方向上移动距离 $r_0\Delta\alpha$。

在点 Q 上，每个微小长度 $r_D d\theta$ 上作用的径向和旋转方向的力（f_r 和 f_t）可以用下式表示：

$$\begin{aligned} f_r &= r_0\Delta\alpha\sin(\theta/2)k_r r_D d\theta \\ f_t &= r_0\Delta\alpha\cos(\theta/2)k_r r_D d\theta \end{aligned} \tag{8.18}$$

利用式（8.18），轮胎绕点 P 的扭转刚度 R_{mp} 可以用轮胎的转矩 ΔM 与转角 $\Delta\alpha$ 的比值来计算⊖：

$$\begin{aligned} R_{mp} &= \frac{\Delta M}{\Delta\alpha} = 2\int_0^\pi \left(f_t\cos\frac{\theta}{2}r_0 + f_r\cos\frac{\theta}{2}r_0\right)d\theta \\ &= 2\int_0^\pi \left(4r_D^3 k_t\cos^4\frac{\theta}{2} + 4r_D^3 k_r\cos\frac{\theta}{2}\sin^2\frac{\theta}{2}\right)d\theta \\ &= \pi r_D^3(3k_t + 2k_r) \end{aligned} \tag{8.19}$$

绕点 P 的极惯性矩 I_p^P 可以表示为⊖

$$I_p^P = 4m\pi r_D^3 \tag{8.20}$$

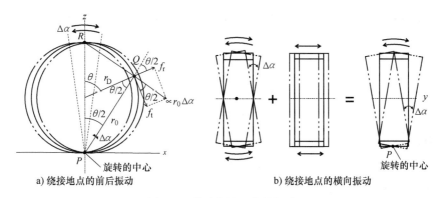

a) 绕接地点的前后振动　　b) 绕接地点的横向振动

图 8.3 轮胎绕接地点的振动

（经 Guranpuri – Shuppan 授权，摘自文献 [11]）

⊖⊖ 问题 8.2。

绕点 P 的前后振动的基本频率可以用下式表示：

$$f = \frac{1}{2\pi}\sqrt{\frac{R_{mp}}{I_p^P}} = \frac{1}{2\pi}\sqrt{\frac{3k_t + 2k_r}{4m}} \tag{8.21}$$

如果考虑两个胎侧在圆周方向上每单位长度的合成质量 m' 的影响，则式（8.21）可以重新写成：

$$f = \frac{1}{2\pi}\sqrt{\frac{3k_t + 2k_r}{4m_0}} \tag{8.22}$$

$$m_0 = m + \alpha m'$$

2. 绕接地点的横向振动

绕接地点的横向振动可以通过将位移幅值为 $r\Delta\alpha$ 的平移振动叠加到绕轮胎前后轴的转角为 $\Delta\alpha$ 的旋转振动上得到，该前后轴垂直于轮胎的旋转轴，如图 8.3b 所示。

绕点 P 的力矩 ΔM_p 可以表示为

$$\Delta M_p = R_s r_D^2 \Delta\alpha + R_{mz}\Delta\alpha \tag{8.23}$$

式中，R_s 是用式（8.6）表示的轮胎的横向弹簧刚度；R_{mz} 是用式（8.9）表示的轮胎的面外扭转刚度。绕点 P 的扭转刚度 R_{xp} 表示为

$$R_{xp} = \Delta M_p / \Delta\alpha = R_s r_D^2 + R_{mz} \tag{8.24}$$

将式（8.6）和式（8.9）代入到式（8.24）可以得到：

$$R_{xp} = \pi r_D^3 \left\{ 3k_s + (k_r + k_t)\left(\frac{b}{2r_D}\right)^2 \right\} \tag{8.25}$$

在点 P 上绕前后轴（x 轴）的惯性矩 I_x^P 可以用下式表示[⊖]：

$$I_x^P = 3m\pi r_D^3 \tag{8.26}$$

绕点 P 的横向振动的基本频率可以用下式表示：

$$f = \frac{1}{2\pi}\sqrt{\frac{R_{xp}}{I_x^P}} = \frac{1}{2\pi}\sqrt{\frac{1}{m}\left\{k_s + \frac{k_r + k_t}{3}\left(\frac{b}{2r_D}\right)^2\right\}} \tag{8.27}$$

如果考虑两个胎侧在圆周方向上每单位长度的合成质量 m' 的影响，则式（8.27）可以重新写成：

$$f = \frac{1}{2\pi}\sqrt{\frac{1}{m_0}\left\{k_s + \frac{k_r + k_t}{3}\left(\frac{b}{2r_D}\right)^2\right\}}$$

$$m_0 = m + \alpha m' \tag{8.28}$$

8.1.3 基本频率的计算

表 8.1 给出了计算得到的 175/70R13 轮胎的基本频率，充气压力为 200kPa，轮辋轴是固定的。计算中所用的参数为[11]：$r_D = 292\text{mm}$，$EI = 1.13 \times 10^6 \text{N} \cdot \text{mm}^2$，$m_0 = 2.45 \times 10^{-3}\text{kg/mm}$，$k_r = 1.28\text{N/mm}^2$，$k_t = 0.432\text{N/mm}^2$，$k_s = 0.237\text{N/mm}^2$，$b = 130\text{mm}$。

从中看到，轮胎绕接地点的振动频率比未接地轮胎的振动频率高。

⊖ 问题 8.2。

表 8.1 基本频率（175/70R13 轮胎，充气压力 200kPa）

频率	模态	方程	计算频率/Hz
充气状态轮胎的频率	偏心振动	$\frac{1}{2\pi}\sqrt{\frac{k_r+k_t}{2m_0}}$	93
	面内旋转振动	$\frac{1}{2\pi}\sqrt{\frac{k_t}{m_0}}$	66
	横向振动	$\frac{1}{2\pi}\sqrt{\frac{k_s}{m_0}}$	49
	面外扭转振动	$\frac{1}{2\pi}\sqrt{\frac{1}{m_0}\left\{k_s+\left(\frac{b}{2r_D}\right)^2(k_r+k_t)\right\}}$	57
具有一个接地点的轮胎振动频率	绕接地点的前后振动	$\frac{1}{2\pi}\sqrt{\frac{3k_t+2k_r}{4m_0}}$	112
	绕接地点的横向振动	$\frac{1}{2\pi}\sqrt{\frac{1}{m_0}\left\{k_s+\frac{k_r+k_t}{3}\left(\frac{b}{2r_D}\right)^2\right\}}$	52

8.2 不带胎冠弹簧的弹性环模型

8.2.1 基本方程

1. 轮胎的振动模型

许多学者研究过轮胎的弹性环模型，这些学者有 Tielking[2]、Bohm[3]、Sakai[11]、Potts[12]、Pacejka[4-5]、Huang[13-15]、Gong[16] 等。他们把胎侧看作径向和周向的分布式弹簧。Akasaka 等[17-18] 开发了斜交胎和子午胎的弹性环模型，他根据轮胎截面的形状来计算胎侧的弹簧特性。

Wei[19] 开发了通用轮胎环模型，该模型包含由内部气压及转动带来的应变和初始应力中的所有的非线性项。表 8.2 是弹性环模型中的能量总结。本章主要讨论 Gong 所开发的模型，因为他的模型包含轮胎振动分析所需要的每一个能量项。

表 8.2 弹性环模型中的能量总结

能量类型	Tielking	Potts	Sakai	Huang 等人	Gong
带束层的弯曲能	√	√	√	√	√
径向弹簧能量	√	√	√	√	√
扭转弹簧能量	—	√	√	√	√
带束层伸张能量	—	—	√	√	√
带束层横向拉伸能量	—	√	—	√	√
充气压力储存的能量	—	—	—	√	√

2. 轮胎振动系统的坐标系

Gong[16] 研究了轮胎轮辋的弹性环模型，该模型包含三个部分：轮胎的胎冠圆环、胎侧和轮辋，如图 8.4 所示。在这个模型中，轮辋被看作轴对称刚体，质量为 m，惯性矩为 I_r。胎冠圆环被看作薄的弹性圆环，考虑了充气压力导致的伸张变形。胎侧被看作由一系列径向弹簧 k_r 和一系列切向弹簧 k_t 组成，这些弹簧与胎冠圆环的中性面相连接，中性面的半径为 a。轮胎和轮辋组合体绕轮辋轴以角速度 Ω 旋转。

轮辋有三个自由度，即两个平动自由度和一个旋转自由度。因为不考虑横向自由度，轮胎和轮辋组合体的面内动力学问题可以看作二维问题。

旋转体的分析可以采用两个坐标系统：一个是空间固定（非旋转）坐标系统，另一个是旋转坐标系统。轮辋中心的平动位移可以用非旋转坐标系的笛卡儿坐标 (x, z) 或旋转坐标系 (x^*, z^*) 描述。胎冠圆环上的一个无限小单元的位置可以用非旋转坐标系的柱坐标 (r, ϕ) 来表示，或者可以用旋转坐标系的坐标 (r, θ) 来表示，如图 8.5a 所示。

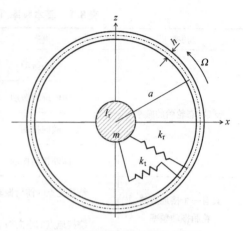

图 8.4 轮胎轮辋的弹性环模型

胎冠圆环中性面上的一点 A 的位置可以由以下几个方面确定：①系统的旋转；②由轮辋的平移运动带来的刚体位移；③胎冠圆环的变形。在旋转坐标系中，位移的第一部分可以不考虑。刚体位移在旋转坐标系中可以用 x^* 和 z^* 表示（或者在非旋转坐标系中用 x 和 z 表示）。

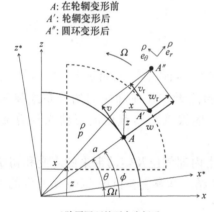
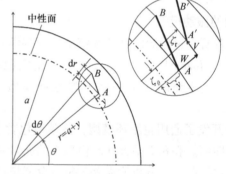

a) 胎冠圆环的两个坐标系　　b) 在半径 $r(=a+y)$ 处的单元位移

图 8.5 胎冠圆环的两个坐标系以及在半径 r 处的单元位移[16]

在旋转坐标系下，由圆环变形导致中性面上的位移分量可以用 w_r 和 v_r 表示，w_r 表示径向，v_r 表示切向。w 和 v（旋转坐标系内点 A 的总位移分量）与 w_r 和 v_r 的关系可以表示为

$$w = w_r + x^* \cos\theta + z^* \sin\theta$$
$$v = v_r - x^* \sin\theta + z^* \cos\theta \quad (8.29)$$

两个坐标系之间的关系方程为

$$x = x^* \cos\Omega t - z^* \sin\Omega t$$
$$z = x^* \sin\Omega t + z^* \cos\Omega t \quad (8.30)$$
$$\phi = \theta + \Omega t$$

旋转坐标系下，变形后 A 点在胎冠圆环上的位置可以用位置向量 $\vec{p}$ 表示：

$$\vec{p} = (a + w)\vec{e}_r + v\vec{e}_\theta \quad (8.31)$$

式中，$\vec{e}_r$ 和 $\vec{e}_\theta$ 分别是旋转坐标系中未变形轮胎的径向和切线方向单位向量；a 是胎冠圆环的中性面的半径。

3. 胎冠圆环的应变和位移关系

胎冠圆环的应变和位移关系可以表示为⊖

⊖ 备注 8.2。

$$\varepsilon_r = \frac{\partial W}{\partial r}$$

$$\varepsilon_\theta = \frac{1}{r}\left(W + \frac{\partial V}{\partial \theta}\right) + \frac{1}{2r^2}\left(\frac{\partial W}{\partial \theta} - V\right)^2$$

$$\varepsilon_{r\theta} = \frac{\partial V}{\partial r} + \frac{1}{r}\left(\frac{\partial W}{\partial \theta} - V\right) \tag{8.32}$$

式中，ε_r 和 ε_θ 分别是径向和切向的正应变；$\varepsilon_{r\theta}$ 是面内剪应变；W 和 V 是半径 $r(r = a+y)$ 处的总位移分量，其中的 y 是从胎冠中心面到点的距离（图 8.5b）。W 和 V 可以看作到中性面的位移，刚性面的位移不产生应变。考虑到圆环的预伸张效应，保留 ε_θ 的二阶非线性项。注意，w 和 v 是胎冠圆环中性面上的位移分量，而 W 和 V 是距胎冠圆环中性面 y 处的位移。

根据备注 8.2，切向方向上的正应变 ε_θ 可以表示为 ⊖

$$\varepsilon_\theta = \frac{1}{a}\left(w + \frac{\partial v}{\partial \theta}\right) + \frac{y}{a^2}\left(\frac{\partial v}{\partial \theta} - \frac{\partial^2 w}{\partial \theta^2}\right) + \frac{1}{2a^2}\left(\frac{\partial w}{\partial \theta} - v\right)^2 \tag{8.33}$$

式（8.33）中的第 1 项和第 3 项代表胎冠圆环中性面的伸张变形，第 2 项代表弯曲变形。

4. 胎冠圆环的动能和势能

如图 8.5 所示，$\vec{p}$ 是胎冠圆环上质量为 dm 的微元在旋转坐标系下的位置向量，而该向量 $\vec{p}$ 上面的一点表示对该向量进行时间求导。在非旋转坐标系下对胎冠圆环上的一个微单元的位置向量 $\vec{r}$ 进行时间求导，可以表示为 ⊖

$$\dot{\vec{r}} = \dot{\vec{p}} + \vec{\Omega} \times \vec{p} = (\dot{w} - \Omega v)\vec{e}_r + \{\dot{v} + \Omega(a+w)\}\vec{e}_\theta \tag{8.34}$$

式中，× 表示两个向量的叉乘；$\vec{\Omega}$ 是角速度向量。

胎冠微单元的动能 T_1 表示为 ⊖

$$T_1 = \int \frac{1}{2}\dot{\vec{r}} \cdot \dot{\vec{r}}\,dm = \frac{1}{2}\rho abh \int_0^{2\pi}[(\dot{w} - \Omega v)^2 + \{\dot{v} + \Omega(a+w)\}^2]d\theta$$

$$= \frac{1}{2}\rho Aa \int_0^{2\pi}[(\dot{w} - \Omega v)^2 + \{\dot{v} + \Omega(a+w)\}^2]d\theta \tag{8.35}$$

式中，ρ 是胎冠圆环材料的密度；h 是胎冠圆环的厚度；b 是胎冠圆环的宽度；$A = bh$。

轮辋的动能 T_2 表示为

$$T_2 = \{m(\dot{x}^2 + \dot{z}^2) + I_r(\Omega + \dot{\theta}_r)^2\}/2 \tag{8.36}$$

式中，m 是轮辋的质量；I_r 是轮辋绕旋转轴的惯性矩；$\dot{\theta}_r$ 是偏离等效值 Ω 的角速度的变化。

将式（8.30）代入式（8.36），得到：

$$T_2 = [m\{(\dot{x}^* - \Omega z^*)^2 + (\dot{z}^* + \Omega x^*)^2\} + I_r(\Omega + \dot{\theta}_r)^2]/2 \tag{8.37}$$

参考图 8.5a，利用式（8.29），弹性圆环（径向和切向弹簧）的势能 V_1 可以表示为

$$V_1 = \frac{1}{2}a\int_0^{2\pi}\{k_t(v + x^*\sin\theta - z^*\cos\theta - a\theta_r)^2 + k_r(w - x^*\cos\theta - z^*\sin\theta)^2\}d\theta \tag{8.38}$$

式中，k_r 和 k_t 是周向上单位长度的径向和切向弹簧的弹簧刚度；θ_r 是由旋转速度 $\dot{\theta}_r$ 变化导致的轮辋角位移。

假设胎冠圆环在充气压力和离心力（可以引起胎冠圆环的预应力）的作用下处于平衡状态，

⊖ 备注 8.2。

⊖⊖ 备注 8.3。

初始状态和终了状态的应变能之差 V_2 可以表示为

$$V_2 = ab \int_0^{2\pi} \int_{-h/2}^{h/2} \left(\frac{1}{2} \sigma_\theta \varepsilon_\theta + \sigma_\theta^0 \varepsilon_\theta \right) \mathrm{d}y \mathrm{d}\theta \tag{8.39}$$

式中，σ_θ 和 σ_θ^0 分别是胎冠圆环在周向的正应力增量和初始正应力。

胎冠圆环承受的周向拉伸力 $\sigma_\theta^0 A$ 包含充气压力成分和离心力成分[一]：

$$\sigma_\theta^0 A = p_0 ba + \rho A a^2 \Omega^2 \tag{8.40}$$

假设胡克定律可以应用于增量应力和胎冠圆环的应变，将式（8.33）代入到式（8.39）中以后，比 1/3 功率更小的项可以忽略。将式（8.39）进行积分，可以得到[二]：

$$V_2 = \frac{1}{2} \int_0^{2\pi} \left[\left\{ 2\sigma_\theta^0 A \left(w + \frac{\partial v}{\partial \theta} \right) + \frac{\sigma_\theta^0 A}{a} \left(v - \frac{\partial w}{\partial \theta} \right)^2 \right\} + \frac{E}{a} \left\{ A \left(w + \frac{\partial v}{\partial \theta} \right)^2 + \frac{I}{a^2} \left(\frac{\partial v}{\partial \theta} - \frac{\partial^2 w}{\partial \theta^2} \right)^2 \right\} \right] \mathrm{d}\theta \tag{8.41}$$

式中，E 是胎冠圆环的杨氏模量；$I(=bh^3/12)$ 是胎冠圆环横截面的惯性矩。

式（8.41）的前两项来自胎冠圆环承受的预应力，第三项来自胎冠圆环周向的伸张，最后一项来自轮胎胎冠圆环的曲率变化（弯曲变形）。

5. 基本方程（不考虑胎冠圆环的不可伸张的假设）

弹性圆环上作用的外部力和力矩包括纵向力 f_x（旋转坐标系下表示为 f_{x^*}）、处置轴力 f_z（旋转坐标系下表示为 f_{z^*}）、作用在轮辋上的力矩 T、分别分布在圆环圆周上的切向外力 q_v 和径向外力 q_w。这些外部力和力矩在产生相应的虚拟位移 δw、δv、δx^*、δz^* 和 $\delta \theta_r$ 时所产生的虚功 δE_1 可以表示为[三]

$$\delta E_1 = \int_0^{2\pi} (q_w \delta w + q_v \delta v) a \mathrm{d}\theta + f_{x^*} \delta x^* + f_{z^*} \delta z^* + T \delta \theta_r \tag{8.42}$$

充气压力总是垂直作用于变形后的圆环表面上。由充气压力在虚拟位移 δw、δv 上产生的虚功 δE_2 可以表示为[四]

$$\delta E_2 = p_0 b \int_0^{2\pi} \left[\left\{ 1 + \frac{1}{a} \left(w + \frac{\partial v}{\partial \theta} \right) \right\} \delta w - \frac{1}{a} \left(\frac{\partial w}{\partial \theta} - v \right) \delta v \right] a \mathrm{d}\theta \tag{8.43}$$

考虑到式（8.35）、式（8.37）、式（8.38）和式（8.41），弹性环模型的拉格朗日函数 L 可以表示为

$$L = T_1 + T_2 - V_1 - V_2 \tag{8.44}$$

汉密尔顿法则可以表示为

$$\int_{t_0}^{t_1} (\delta L + \delta E_1 + \delta E_2) \mathrm{d}t = 0 \tag{8.45}$$

从式（8.45）可以推导得到欧拉-拉格朗日方程[五]：

$$\frac{\partial}{\partial t} \frac{\partial L}{\partial \dot{w}} + \frac{\partial}{\partial \theta} \frac{\partial L}{\partial w'} - \frac{\partial^2}{\partial \theta^2} \frac{\partial L}{\partial w''} - \frac{\partial L}{\partial w} = Q_1$$

$$\frac{\partial}{\partial t} \frac{\partial L}{\partial \dot{v}} + \frac{\partial}{\partial \theta} \frac{\partial L}{\partial v'} - \frac{\partial L}{\partial v} = Q_2$$

[一][二][三][四] 备注 8.4。

[五] 备注 8.5。

$$\frac{\partial}{\partial t}\frac{\partial L}{\partial \dot{\theta}_r} - \frac{\partial L}{\partial \theta_r} = Q_3$$

$$\frac{\partial}{\partial t}\frac{\partial L}{\partial \dot{x}^*} - \frac{\partial L}{\partial x^*} = Q_4 \qquad (8.46)$$

$$\frac{\partial}{\partial t}\frac{\partial L}{\partial \dot{z}^*} - \frac{\partial L}{\partial z^*} = Q_5$$

这里有五个变量 w、v、x^*、z^* 和 θ_r，它们都由两个独立变量 θ 和 t 来表达，变量上面的"·"表示对时间的微分，变量右上角的斜撇"'"表示对角度 θ 的微分。

广义力 $Q_i(i=1,\cdots,5)$ 表示为

$$Q_1 = a\int_0^{2\pi}\left\{q_w + \left(1 + \frac{v' + w}{a}\right)p_0 b\right\}\mathrm{d}\theta$$

$$Q_2 = a\int_0^{2\pi}\left(q_v - \frac{w' - v}{a}p_0 b\right)\mathrm{d}\theta \qquad (8.47)$$

$$Q_3 = T$$

$$Q_4 = f_{x^*}$$

$$Q_5 = f_{z^*}$$

式中，Q_i 包含分布力 q_w、q_v，外部作用力 $p_0 b$ 和力矩 T。

将式（8.44）代入式（8.46）得到[○]：

$$\frac{EI}{a^4}\left(\frac{\partial^4 w}{\partial \theta^4} - \frac{\partial^3 v}{\partial \theta^3}\right) + \frac{EA}{a^2}\left(w + \frac{\partial v}{\partial \theta}\right) + \frac{\sigma_\theta^0 A}{a^2}\left(\frac{\partial v}{\partial \theta} - \frac{\partial^2 w}{\partial \theta^2}\right) + k_r(w - x^*\cos\theta - z^*\sin\theta) + $$

$$\rho A(\ddot{w} - 2\Omega \dot{v} - \Omega^2 w) - \frac{p_0 b}{a}\left(w + \frac{\partial v}{\partial \theta}\right) = q_w$$

$$\frac{EI}{a^4}\left(\frac{\partial^3 w}{\partial \theta^3} - \frac{\partial^2 v}{\partial \theta^2}\right) - \frac{EA}{a^2}\left(\frac{\partial w}{\partial \theta} + \frac{\partial^2 v}{\partial \theta^2}\right) + \frac{\sigma_\theta^0 A}{a^2}\left(v - \frac{\partial w}{\partial \theta}\right) + k_t(v + x^*\sin\theta - z^*\cos\theta - a\theta_r) + $$

$$\rho A(\ddot{v} + 2\Omega \dot{w} - \Omega^2 v) + \frac{p_0 b}{a}\left(\frac{\partial w}{\partial \theta} - v\right) = q_v \qquad (8.48)$$

$$I_r\ddot{\theta}_r + 2\pi k_t a^3 \theta_r - a^2\int_0^{2\pi}k_t v\mathrm{d}\theta = T$$

$$m(\ddot{x}^* - 2\Omega \dot{z}^* - \Omega^2 x^*) + \pi a(k_r + k_t)x^* - a\int_0^{2\pi}(k_r w\cos\theta - k_t v\sin\theta)\mathrm{d}\theta = f_{x^*}$$

$$m(\ddot{z}^* + 2\Omega \dot{x}^* - \Omega^2 z^*) + \pi a(k_r + k_t)z^* - a\int_0^{2\pi}(k_r w\sin\theta + k_t v\cos\theta)\mathrm{d}\theta = f_{z^*}$$

6. 不可伸张胎冠圆环的基本方程

不可伸张胎冠圆环的基本方程可以通过将式（8.48）进行简化得到，因为根据不可伸张的条件，其中的 w 可以写为 v 的函数：

$$w + \partial v/\partial \theta = 0 \qquad (8.49)$$

考虑到式（8.35）、式（8.37）、式（8.38）、式（8.41）和式（8.49），拉格朗日函数可以

○ 问题8.3。

表示为

$$L = T_1 + T_2 - V_1 - V_2 + \lambda\left(w + \frac{\partial v}{\partial \theta}\right) \tag{8.50}$$

式中，λ 是拉格朗日乘子。

将式（8.50）代入式（8.46）中可以得到：

$$\frac{EI}{a^4}\left(\frac{\partial^4 w}{\partial \theta^4} - \frac{\partial^3 v}{\partial \theta^3}\right) + \frac{EA}{a^2}\left(w + \frac{\partial v}{\partial \theta}\right) + \frac{\sigma_\theta^0 A}{a^2}\left(\frac{\partial v}{\partial \theta} - \frac{\partial^2 w}{\partial \theta^2}\right) +$$

$$k_r(w - x^*\cos\theta - z^*\sin\theta) + \rho A(\ddot{w} - 2\Omega\dot{v} - \Omega^2 w) - \frac{p_0 b}{a}\left(w + \frac{\partial v}{\partial \theta}\right) - \frac{\lambda}{a} = q_w$$

$$\frac{EI}{a^4}\left(\frac{\partial^3 w}{\partial \theta^3} - \frac{\partial^2 v}{\partial \theta^2}\right) - \frac{EA}{a^2}\left(\frac{\partial w}{\partial \theta} + \frac{\partial^2 v}{\partial \theta^2}\right) + \frac{\sigma_\theta^0 A}{a^2}\left(v - \frac{\partial w}{\partial \theta}\right) +$$

$$k_r(v + x^*\sin\theta - z^*\cos\theta - a\theta_r) + \rho A(\ddot{v} + 2\Omega\dot{w} - \Omega^2 v) + \frac{p_0 b}{a}\left(\frac{\partial w}{\partial \theta} - v\right) + \frac{\lambda'}{a} = q_v \tag{8.51}$$

$$I_r\ddot{\theta}_r + 2\pi k_t a^3 \theta_r - a^2\int_0^{2\pi} k_t v \mathrm{d}\theta = T$$

$$m(\ddot{x}^* - 2\Omega\dot{z}^* - \Omega^2 x^*) + \pi a(k_r + k_t)x^* - a\int_0^{2\pi}(k_r w\cos\theta - k_t v\sin\theta)\mathrm{d}\theta = f_{x^*}$$

$$m(\ddot{z}^* + 2\Omega\dot{x}^* - \Omega^2 z^*) + \pi a(k_r + k_t)z^* - a\int_0^{2\pi}(k_r\sin\theta + k_t v\cos\theta)\mathrm{d}\theta = f_{z^*}$$

将式（8.51）的第一个方程对 θ 求微分，利用式（8.51）的第二个方程可以消去 λ'，利用式（8.49）消去 w，则可以把式（8.51）表示为 v 的函数：

$$-\frac{EI}{a^4}\left(\frac{\partial^6 v}{\partial \theta^6} + 2\frac{\partial^4 v}{\partial \theta^4} + \frac{\partial^2 v}{\partial \theta^2}\right) + \frac{\sigma_\theta^0 A}{a^2}\left(v + 2\frac{\partial^2 v}{\partial \theta^2} + \frac{\partial^4 v}{\partial \theta^4}\right) - \frac{p_0 b}{a}\left(v + \frac{\partial^2 v}{\partial \theta^2}\right) - k_r\frac{\partial^2 v}{\partial \theta^2} + k_t(v - a\theta_r) +$$

$$(k_r + k_t)(x^*\sin\theta - z^*\cos\theta) + \rho A\left\{\ddot{v} - \frac{\partial^2 \ddot{v}}{\partial \theta^2} - 4\Omega\frac{\partial \dot{v}}{\partial \theta} + \Omega^2\left(\frac{\partial^2 v}{\partial \theta^2} - v\right)\right\} = q_v + \frac{\partial q_w}{\partial \theta}$$

$$I_r\ddot{\theta}_r + 2\pi k_t a^3 \theta_r - a^2\int_0^{2\pi} k_t v \mathrm{d}\theta = T$$

$$m(\ddot{x}^* - 2\Omega\dot{z}^* - \Omega^2 x^*) + \pi a(k_r + k_t)x^* - a\int_0^{2\pi}\left(-k_r\frac{\partial v}{\partial \theta}\cos\theta - k_t v\sin\theta\right)\mathrm{d}\theta = f_{x^*}$$

$$m(\ddot{z}^* + 2\Omega\dot{x}^* - \Omega^2 z^*) + \pi a(k_r + k_t)z^* - a\int_0^{2\pi}\left(-k_r\frac{\partial v}{\partial \theta}\sin\theta + k_t v\cos\theta\right)\mathrm{d}\theta = f_{z^*} \tag{8.52}$$

7. 基于傅里叶级数，用模态坐标系来表示基本方程

（1）轮胎轮辋系统的固有频率分析 胎冠圆环在径向上的位移 w 和切向上的位移 v 是角坐标 θ 或 ϕ 的周期函数。因此，w 和 v 可以用傅里叶级数表示为

$$w(\theta,t) = \sum_{n=-\infty}^{\infty} w_n(t)\mathrm{e}^{\mathrm{j}n\theta}$$

$$v(\theta,t) = \sum_{n=-\infty}^{\infty} v_n(t)\mathrm{e}^{\mathrm{j}n\theta} \tag{8.53}$$

式中，$\mathrm{j} = \sqrt{-1}$，是虚数单位。

为了求解固有频率，可以将式（8.48）的外力置为0，然后将式（8.53）代入式（8.48），得到如下公式[一]：

$$\rho A \ddot{w}_n - 2\rho A \Omega \dot{v}_n + \left(\frac{EI}{a^4}n^4 + \frac{EA}{a^2} + \frac{\sigma_\theta^0 A}{a^2}n^2 - \frac{p_0 b}{a} + k_r - \rho A \Omega^2\right) w_n +$$

$$j\left(\frac{EI}{a^4}n^3 + \frac{EA}{a^2}n + \frac{\sigma_\theta^0 A}{a^2}n - \frac{p_0 b}{a}n\right) v_n - \frac{1}{2}k_r(x^* - jnz^*)\delta_{|n|1} = 0$$

$$\rho A \ddot{v}_n + 2\rho A \Omega \dot{w}_n - j\left(\frac{EI}{a^4}n^3 + \frac{EA}{a^2}n + \frac{\sigma_\theta^0 A}{a^2}n - \frac{p_0 b}{a}n\right) w_n +$$

$$\left\{\left(\frac{EI}{a^4} + \frac{EA}{a^2}\right)n^2 + \frac{\sigma_\theta^0 A}{a^2} - \frac{p_0 b}{a} + k_t - \rho A \Omega^2\right\} v_n - \quad (8.54)$$

$$\frac{1}{2}jnk_t(x^* - jnz^*)\delta_{|n|1} - k_t a\theta_r \delta_{|n|0} = 0$$

$$I_r \ddot{\theta}_r + 2\pi k_t a^3 \theta_r - 2\pi a^2 k_t v_0 = 0$$

$$m(\ddot{x}^* - 2\Omega \dot{z}^* - \Omega^2 x^*) + \pi a(k_r + k_t)x^* - \pi a\{k_r(w_1 + w_{-1}) - jk_t(v_1 - v_{-1})\} = 0$$

$$m(\ddot{z}^* + 2\Omega \dot{x}^* - \Omega^2 z^*) + \pi a(k_r + k_t)z^* - \pi a\{jk_r(w_1 - w_{-1}) + k_t(v_1 + v_{-1})\} = 0$$

式中，$\Omega \dot{v}_n$ 和 $\Omega \dot{w}_n$ 是科里奥利效应；δ_{pq} 是克罗内克函数，由下式定义：

$$\begin{aligned}\delta_{pq} &= 1 \quad (p = q) \\ \delta_{pq} &= 0 \quad (p \neq q)\end{aligned} \quad (8.55)$$

将式（8.54）的第五个方程乘以虚数单位j，并将它加到式（8.54）的第四个方程中或从式（8.54）中消除，可以将 w_{-1}、v_{-1}、w_1、v_1 从其他项中解耦出来：

$$m\{(\ddot{x}^* + j\ddot{z}^*) + j2\Omega(\dot{x}^* + j\dot{z}^*)\} + \{\pi a(k_r + k_t) - m\Omega^2\}(x^* + jz^*) - \\ 2\pi a(k_r w_{-1} + jk_t v_{-1}) = 0 \quad (8.56)$$

$$m\{(\ddot{x}^* - j\ddot{z}^*) - j2\Omega(\dot{x}^* - j\dot{z}^*)\} + \{\pi a(k_r + k_t) - m\Omega^2\}(x^* - jz^*) - \\ 2\pi a(k_r w_{-1} - jk_t v_{-1}) = 0 \quad (8.57)$$

引入一个新的变量 $u_n = x^* - j\,\text{sign}(n)\,z^*$，式（8.56）和式（8.57）可以重写为

$$m\ddot{u}_n - j2n\Omega m\dot{u}_n + \{\pi a(k_r + k_t) - m\Omega^2\}u_n - 2\pi a(k_r w_n - jnk_t v_n) = 0 \quad (8.58)$$

sign (n) 是符号函数，当 n 为正值时等于1，当 n 为负值时等于 -1。式（8.56）和式（8.57）分别对应于 n = -1 和 n = 1。

根据 n 的值，式（8.54）和式（8.58）可以用三种形式进行显式表达：

1）对于 $|n| \neq 0$、1，式（8.54）可以重新写为

$$\begin{bmatrix} m_{11}^{(n)} & 0 \\ 0 & m_{22}^{(n)} \end{bmatrix}\begin{Bmatrix} \ddot{w}_n \\ \ddot{v}_n \end{Bmatrix} + \begin{bmatrix} 0 & g_{12}^{(n)} \\ g_{21}^{(n)} & 0 \end{bmatrix}\begin{Bmatrix} \dot{w}_n \\ \dot{v}_n \end{Bmatrix} + \begin{bmatrix} k_{11}^{(n)} & jk_{12}^{(n)} \\ jk_{21}^{(n)} & k_{22}^{(n)} \end{bmatrix}\begin{Bmatrix} w_n \\ v_n \end{Bmatrix} = 0 \quad (8.59)$$

式中，

$$m_{11}^{(n)} = m_{22}^{(n)} = \rho A$$

$$g_{12}^{(n)} = -g_{21}^{(n)} = -2\rho A \Omega$$

$$k_{11}^{(n)} = \frac{EI}{a^4}n^4 + \frac{EA}{a^2} + \frac{\sigma_\theta^0 A}{a^2}n^2 - \frac{p_0 b}{a} + k_r - \rho A \Omega^2$$

[一] 问题8.4。

$$k_{22}^{(n)} = \left(\frac{EI}{a^4} + \frac{EA}{a^2}\right)n^2 + \frac{\sigma_\theta^0 A}{a^2} - \frac{p_0 b}{a} + k_t - \rho A \Omega^2$$

$$k_{12}^{(n)} = -k_{21}^{(n)} = \frac{EI}{a^4}n^3 + \frac{EA}{a^2}n + \frac{\sigma_\theta^0 A}{a^2}n - \frac{p_0 b}{a}n$$

(8.60)

2）对于 $|n|=1$，式（8.54）和式（8.58）可以重新写为

$$\begin{bmatrix} m_{11}^{(1)} & 0 & 0 \\ 0 & m_{22}^{(1)} & 0 \\ 0 & 0 & m_{33}^{(1)} \end{bmatrix} \begin{Bmatrix} \ddot{w}_n \\ \ddot{v}_n \\ \ddot{u}_n \end{Bmatrix} + \begin{bmatrix} 0 & g_{12}^{(1)} & 0 \\ g_{21}^{(1)} & 0 & 0 \\ 0 & 0 & jg_{33}^{(n)} \end{bmatrix} \begin{Bmatrix} \dot{w}_n \\ \dot{v}_n \\ \dot{u}_n \end{Bmatrix} + \begin{bmatrix} k_{11}^{(1)} & jk_{12}^{(n)} & k_{13}^{(1)} \\ jk_{21}^{(n)} & k_{22}^{(1)} & jk_{23}^{(n)} \\ k_{31}^{(1)} & jk_{32}^{(n)} & k_{33}^{(1)} \end{bmatrix} \begin{Bmatrix} w_n \\ v_n \\ u_n \end{Bmatrix} = 0$$

(8.61)

式中，

$$m_{11}^{(1)} = m_{22}^{(1)} = \rho A$$

$$m_{33}^{(1)} = \frac{m}{4\pi a}$$

$$g_{12}^{(1)} = -g_{21}^{(1)} = -2\rho A \Omega$$

$$g_{33}^{(n)} = -2n\Omega \frac{m}{4\pi a}$$

$$k_{11}^{(1)} = k_{22}^{(1)} = \frac{EI}{a^4} + \frac{EA}{a^2} + \frac{\sigma_\theta^0 A}{a^2} - \frac{p_0 b}{a} + k_r - \rho A \Omega^2$$

$$k_{12}^{(n)} = -k_{21}^{(n)} = \frac{EI}{a^4}n^3 + \frac{EA}{a^2}n + \frac{\sigma_\theta^0 A}{a^2}n - \frac{p_0 b}{a}n$$

$$k_{13}^{(1)} = k_{31}^{(1)} = -\frac{1}{2}k_r$$

$$k_{23}^{(n)} = -k_{32}^{(n)} = -\frac{1}{2}nk_t$$

$$k_{33}^{(1)} = \frac{1}{4}(k_r + k_t) - \frac{m}{4\pi a}\omega^2$$

(8.62)

3）对于 $|n|=0$，式（8.54）可以重新写为

$$\begin{bmatrix} m_{11}^{(0)} & 0 & 0 \\ 0 & m_{22}^{(0)} & 0 \\ 0 & 0 & m_{33}^{(0)} \end{bmatrix} \begin{Bmatrix} \ddot{w}_0 \\ \ddot{v}_0 \\ \ddot{\theta}_r \end{Bmatrix} + \begin{bmatrix} 0 & g_{12}^{(0)} & 0 \\ g_{21}^{(0)} & 0 & 0 \\ 0 & 0 & 0 \end{bmatrix} \begin{Bmatrix} \dot{w}_0 \\ \dot{v}_0 \\ \dot{\theta}_r \end{Bmatrix} + \begin{bmatrix} k_{11}^{(0)} & 0 & 0 \\ 0 & k_{22}^{(0)} & k_{23}^{(0)} \\ 0 & k_{32}^{(0)} & k_{33}^{(0)} \end{bmatrix} \begin{Bmatrix} w_0 \\ v_0 \\ \theta_r \end{Bmatrix} = 0 \quad (8.63)$$

式中，

$$m_{11}^{(0)} = m_{22}^{(0)} = \rho A$$

$$m_{33}^{(0)} = \frac{I_t}{2\pi a}$$

$$g_{12}^{(0)} = -g_{21}^{(0)} = -2\rho A \Omega$$

$$k_{11}^{(0)} = -\frac{p_0 b}{a} + k_r - \rho A \Omega^2$$

$$k_{22}^{(0)} = \frac{\sigma_\theta^0 A}{a^2} - \frac{p_0 b}{a} + k_t - \rho A \Omega^2$$

$$k_{23}^{(0)} = k_{32}^{(0)} = -k_t a$$

$$k_{33}^{(0)} = k_t a^2$$

(8.64)

式 (8.59)、式 (8.61) 和式 (8.63) 可以统一为

$$[M_n]\{\ddot{x}_n\} + [G_n]\{\dot{x}_x\} + [K_n]\{x_n\} = 0 \tag{8.65}$$

式中，

$$\begin{aligned}\{x_n\} &= \{w_n, v_n\}^\mathrm{T} & |n| \neq 0, 1 \\ \{x_n\} &= \{w_n, v_n, u_n\}^\mathrm{T} & |n| = 1 \\ \{x_n\} &= \{w_n, v_n, \theta_\mathrm{r}\}^\mathrm{T} & n = 0\end{aligned} \tag{8.66}$$

① 当 $|n| \neq 0, 1$ 时，

$$[M_n] = \begin{bmatrix} m_{11}^{(n)} & 0 \\ 0 & m_{22}^{(2)} \end{bmatrix}$$

$$[G_n] = \begin{bmatrix} 0 & g_{12}^{(n)} \\ g_{21}^{(n)} & 0 \end{bmatrix} \tag{8.67}$$

$$[K_n] = \begin{bmatrix} k_{11}^{(n)} & \mathrm{j}k_{12}^{(n)} \\ \mathrm{j}k_{21}^{(n)} & k_{22}^{(n)} \end{bmatrix}$$

② 当 $|n| = 1$ 时，

$$[M_n] = \begin{bmatrix} m_{11}^{(1)} & 0 & 0 \\ 0 & m_{22}^{(1)} & 0 \\ 0 & 0 & m_{33}^{(1)} \end{bmatrix}$$

$$[G_n] = \begin{bmatrix} 0 & g_{12}^{(1)} & 0 \\ g_{21}^{(1)} & 0 & 0 \\ 0 & 0 & \mathrm{j}g_{33}^{(n)} \end{bmatrix}$$

$$[K_n] = \begin{bmatrix} k_{11}^{(1)} & \mathrm{j}k_{12}^{(n)} & k_{13}^{(1)} \\ \mathrm{j}k_{21}^{(n)} & k_{22}^{(1)} & \mathrm{j}k_{23}^{(n)} \\ k_{31}^{(1)} & \mathrm{j}k_{32}^{(n)} & k_{33}^{(1)} \end{bmatrix} \tag{8.68}$$

③ 当 $|n| = 0$ 时，

$$[M_n] = \begin{bmatrix} m_{11}^{(0)} & 0 & 0 \\ 0 & m_{22}^{(0)} & 0 \\ 0 & 0 & m_{33}^{(0)} \end{bmatrix}$$

$$[G_n] = \begin{bmatrix} 0 & g_{12}^{(0)} & 0 \\ g_{21}^{(0)} & 0 & 0 \\ 0 & 0 & 0 \end{bmatrix}$$

$$[K_n] = \begin{bmatrix} k_{11}^{(0)} & 0 & 0 \\ 0 & k_{22}^{(0)} & k_{23}^{(0)} \\ 0 & k_{32}^{(0)} & k_{33}^{(0)} \end{bmatrix} \tag{8.69}$$

（2）轮胎轮辋系统的特征方程　轮胎轮辋系统运动方程的解可以假设为

$$\{x_n\} = \{X_n\} \mathrm{e}^{\mathrm{j}\omega_n t} \tag{8.70}$$

式中，ω_n 是固有频率；$\{X_n\}$ 可以表示为

$$\{X_n\} = \{A_n, B_n\}^T \quad |n| \neq 0,1$$
$$\{X_n\} = \{A_n, B_n, C_n\}^T \quad |n| = 1 \quad (8.71)$$
$$\{X_n\} = \{A_n, B_n, \Theta_r\}^T \quad |n| = 0$$

将式（8.71）代入式（8.65）中可以得到：

$$(-[M_n]\omega_n^2 + j[G_n]\omega_n + [K_n])\{X_n\} = 0 \quad (8.72)$$

上式是轮胎轮辋系统振动特性的特征方程。为了获得非零解，式（8.72）中的系数矩阵的行列式必须为零，即

$$|-[M_n]\omega_n^2 + j[G_n]\omega_n + [K_n]| = 0 \quad (8.73)$$

对于不同的 n 值，式（8.73）可以显式表示：

1）如果 $|n| \neq 0、1$，胎冠圆环的位移可以从轮辋的位移中解耦出来。系统的特征方程为

$$\begin{aligned}
& a_4\omega_n^4 + a_3\omega_n^3 + a_2\omega_n^2 + a_1\omega_n + a_0 = 0 \\
& a_4 = (\rho A)^2 \\
& a_3 = 0 \\
& a_2 = -\{\rho A(k_{11}^{(n)} + k_{22}^{(n)}) + (2\rho A\Omega)^2\} \\
& a_1 = 4\rho A\Omega k_{12}^{(n)} \\
& a_0 = k_{11}^{(n)}k_{22}^{(n)} - k_{12}^{(n)2}
\end{aligned} \quad (8.74)$$

将 $k_{11}^{(n)}$、$k_{12}^{(n)}$ 和 $k_{22}^{(n)}$ 代入式（8.74）中，可以得到：

$$\begin{aligned}
& a_4 = (\rho A)^2 \\
& a_3 = 0 \\
& a_2 = -\rho A\left\{K_e(1 + n^2) - \frac{p_0 b}{a}(1 - n^2) + k_r + k_t\right\} \\
& a_1 = 4\rho A n\Omega K_e \\
& a_0 = K_e K_i + (k_r - K_1 - \rho A\Omega^2)\left(k_t + K_1 - \frac{p_0 b}{a}(1 - n^2) - \rho A\Omega^2\right)
\end{aligned} \quad (8.75)$$

式中，

$$\begin{aligned}
K_e &= \frac{EI}{a^4}n^2 + \frac{EA}{a^2} + \frac{\sigma_\theta^0 A}{a^2} - \frac{p_0 b}{a} \\
K_i &= \left(\frac{EI}{a^4}n^2 + \frac{\theta_\theta^0 A}{a^2}\right)(1 - n^2)^2 - \frac{p_0 b}{a}(1 - n^2) + k_r n^2 + k_t - \rho A(1 + n^2)\Omega^2 \\
K_1 &= \left(\frac{EI}{a^4}n^2 + \frac{\sigma_\theta^0 A}{a^2}\right)(1 - n^2)
\end{aligned} \quad (8.76)$$

式（8.74）的解就是弹性环模型的 n 阶（零阶除外）固有频率。总之，对于每一个 n 的值，都有四个固有频率。在式（8.76）中，K_e 表达式中的第一项与弯曲刚度有关，第二项与伸张刚度有关，第三项与由气压和离心力导致的胎冠环的预拉伸有关，第四项与充气压力有关。因为胎冠圆环很薄，所以如果 n 不大的话，K_e 的第一项就是比较小的。

2）如果 $|n| = 1$，则胎冠圆环的变形和轮辋的位移就是耦合的，整个系统的特征方程为

$$b_6\omega_n^6 + b_5\omega_n^5 + b_4\omega_n^4 + b_3\omega_n^3 + b_2\omega_n^2 + b_1\omega_n + b_0 = 0$$

$$b_6 = -m_{33}^{(1)}a_4$$

$$b_5 = -g_{33}^{(n)}a_4$$

$$b_4 = k_{33}^{(1)}a_4 - m_{33}^{(1)}a_2$$

$$b_3 = -g_{33}^{(n)}a_2 - m_{33}^{(1)}a_1 \tag{8.77}$$

$$b_2 = k_{33}^{(1)}a_2 - g_{33}^{(n)}a_1 - m_{33}^{(1)}a_0 + m_{11}^{(1)}k_{23}^{(n)2} + m_{22}^{(1)}k_{13}^{(1)2}$$

$$b_1 = k_{33}^{(1)}a_1 - g_{33}^{(n)}a_0 - 2g_{12}^{(1)}k_{13}^{(1)}k_{23}^{(n)}$$

$$b_0 = k_{33}^{(1)}a_0 - k_{11}^{(1)}k_{23}^{(n)2} - k_{22}^{(1)}k_{13}^{(1)2} - 2k_{12}^{(n)}k_{13}^{(1)}k_{23}^{(n)}$$

式（8.77）可以重新写成：

$$(\omega_n - \Omega)^2 \{ d_4(\omega_n - \Omega)^4 + d_3(\omega_n - \Omega)^3 + d_2(\omega_n - \Omega)^2 + d_1(\omega_n - \Omega) + d_0 \} = 0$$

$$d_4 = -(\rho A)^2 \frac{m}{4\pi a}$$

$$d_3 = 4\Omega d_4$$

$$d_2 = \rho A \left\{ \frac{\rho A}{4}(k_r + k_t) + \frac{m}{4\pi a}(2K_e + k_r + k_t) \right\} \tag{8.78}$$

$$d_1 = \rho A \left(\rho A + \frac{m}{2\pi a} \right)(k_r + k_t)\Omega$$

$$d_0 = -\frac{1}{2} \left(\rho A + \frac{m}{2\pi a} \right) \{ K_{e1}(k_r + k_t) + k_r k_t \}$$

式中，

$$K_{e1} = EI/a^4 + EA/a^2 - \rho A\Omega^2 \tag{8.79}$$

3) 如果 $|n| = 0$，则轮胎轮辋系统的特征方程为

$$\omega_n^2(c_6\omega_n^4 + c_4\omega_n^2 + c_2) = 0$$

$$c_6 = -m_{33}^{(0)}a_4$$

$$c_4 = -m_{33}^{(0)}a_2^0 + k_{33}^{(0)}a_4$$

$$c_2 = -m_{33}^{(0)}a_0^0 + k_{33}^{(0)}a_2^0 + m_{11}^{(0)}k_{23}^{(0)2} \tag{8.80}$$

$$a_0^0 = K_e K_i + (k_r - K_1 - \rho A\Omega^2)\left(k_t + K_1 - \frac{p_0 b}{a} - \rho A\Omega^2 \right)$$

$$a_2^0 = -\rho A \left\{ K_e - \frac{p_0 b}{a} + k_r + k_t \right\}$$

式（8.80）可以被重新写为

$$\omega_n^2(\omega_n^2 - \omega_{01}^2)(\omega_n^2 - \omega_{02}^2) = 0 \tag{8.81}$$

式中，

$$\omega_{01} = \sqrt{\frac{1}{\rho A}\left(\frac{EA}{a^2} - \frac{p_0 b}{a} + k_r \right)}$$

$$\omega_{02} = \sqrt{\frac{(I_r + 2\pi\rho A a^3)k_t}{I_r \rho A}} \tag{8.82}$$

（3）不可伸张胎冠圆环的固有频率　对于不可伸张的环模型来说，可以采用简化的特征方程。胎冠圆环不可伸张的条件是 EA 远大于式（8.74）中的其他各项（例如 $EA \gg n^2 EI/a^2$，

$EA \gg \sigma_\theta^0 A$ 以及 $EA \gg p_0 ab$），并且 K_e 也是较大的。

将式（8.74）两边除以 K_e，可以发现多项式中四阶项的系数（a_4/K_e）比其他的系数小，式（8.74）可以近似为

$$\begin{aligned} a_2' \omega_n^2 + a_1' \omega_n + a_0' &= 0 \\ a_2' &= -\rho A(1+n^2) \\ a_1' &= 4\rho A n \Omega \\ a_0' &= K_i \end{aligned} \qquad (8.83)$$

1) 对于 $n \ne 0$、1，式（8.83）可以显式表示为

$$-\rho A(1+n^2)\omega_n^2 + 4\rho A n \Omega \omega_n + \left(\frac{EI}{a^4}n^2 + \frac{\sigma_\theta^0 A}{a^2}\right)(1-n^2)^2 - \frac{p_0 b}{a}(1-n^2) + k_r n^2 + k_t - \rho A(1+n^2)\Omega^2 = 0 \qquad (8.84)$$

求解式（8.84），旋转坐标系下的固有频率可以表示为

$$\omega_{n1,2} = \mu_n \pm \bar{p}_n$$

$$\mu_n = \frac{2n\Omega}{n^2+1}$$

$$\bar{p}_n = \left[\left(\frac{2n\Omega}{n^2+1}\right)^2 + \frac{n^2(n^2-1)^2\frac{EI}{a^4} + (n^2-1)^2\frac{\sigma_\theta^0 A}{a^2} + \frac{p_0 b}{a}(n^2-1) + k_r n^2 + k_t - \rho A(n^2+1)\Omega^2}{\rho A(n^2+1)}\right]^{1/2} \qquad (8.85)$$

将式（8.40）代入式（8.85）中，消去 $\sigma_\theta^0 A$，$\bar{p}_n$ 可以表示为

$$\bar{p}_n = \left[\frac{\left\{\left(\frac{EI}{a^4} + \frac{\rho A \Omega^2}{n^2+1}\right)(1-n^2) - \frac{p_0 b}{a}\right\}n^2(1-n^2) + k_r n^2 + k_t}{\rho A(n^2+1)}\right]^{1/2} \qquad (8.86)$$

2) 对于 $n=1$，在旋转坐标系中，式（8.78）可以简化为

$$(\omega_n - \Omega)^2 \{2\rho A m (\omega_n - \Omega)^2 - (2\pi a \rho A + m)(k_r + k_t)\} = 0 \qquad (8.87)$$

求解式（8.87），包含轮辋质量 m 的柔性模态的固有频率可以写为

$$\omega_{n1,2} = \Omega \pm \sqrt{\frac{(2\pi a \rho A + m)(k_r + k_t)}{2\rho A m}} \qquad (8.88)$$

3) 对于 $n=0$，式（8.81）可以简化为

$$\omega_n^2 \left\{\frac{I_r}{2\pi a}\rho A \omega_n^2 - \left(\frac{I_r}{2\pi a} + \rho A a^2\right)k_t\right\} = 0 \qquad (8.89)$$

求解式（8.89），该特征方程的非零解为

$$\omega_n = \sqrt{\frac{(I_r + 2\pi \rho A a^3)k_t}{I_r \rho A}} \qquad (8.90)$$

该值与旋转速度 Ω 无关。

可以证明，对于 $n \ne 0$、1，其中的一个固有频率随着旋转速度的增加而单调增加，而另一个固有频率先降低，达到最小值后开始增加。对于 $n=1$，情况就不同了。这两个固有频率等于旋转角速度 Ω 加上或减去一个常数，与无旋转的环模型的一阶固有频率表达式 ω_1^0 $[=\sqrt{(2\pi a \rho A + m)(k_r + k_t)/(2\rho A m)}]$ 相同。当旋转速度等于 ω_1^0 时，旋转的胎冠圆环的其中一个

一阶固有频率变为 0。

（4）胎冠圆环振动的模态分析　与各阶固有频率有关的模态振型可以利用由式（8.71）和式（8.72）所表示的 A_n、B_n 和 C_n 或 Θ_r 之间的关系来识别得到。

1）对于 $|n|\neq 0$、1，

$$D_{ni} = \mathrm{j}\frac{B_{ni}}{A_{ni}} = -\frac{-m_{11}^{(n)}\omega_{ni}^2 + k_{11}^{(n)}}{g_{12}^{(n)}\omega_{ni} + k_{12}^{(n)}} = \frac{g_{12}^{(n)}\omega_{ni} + k_{12}^{(n)}}{-m_{22}^{(n)}\omega_{ni}^2 + k_{22}^{(n)}} \tag{8.91}$$

式中，ω_{ni}（$i=1,2,3,4$）是式（8.74）的解。

2）对于 $|n|=1$[⊖]，

$$D_{ni} = \mathrm{j}\frac{B_{ni}}{A_{ni}} = -\frac{(-m_{11}^{(1)}\omega_{ni}^2 + k_{11}^{(1)})(-m_{33}^{(1)}\omega_{ni}^2 - g_{33}^{(n)}\omega_{ni} + k_{33}^{(1)}) - k_{13}^{(1)}k_{31}^{(1)}}{(g_{12}^{(1)}\omega_{ni} + k_{12}^{(n)})(-m_{33}^{(1)}\omega_{ni}^2 - g_{33}^{(n)}\omega_{ni} + k_{33}^{(1)}) - k_{13}^{(1)}k_{32}^{(n)}}$$

$$E_{ni} = \frac{C_{ni}}{A_{ni}} = -\frac{k_{31}^{(1)} + k_{32}^{(n)}D_{ni}}{-m_{33}^{(1)}\omega_{ni}^2 - g_{33}^{(n)}\omega_{ni} + k_{33}^{(1)}} \tag{8.92}$$

式中，ω_{ni}（$i=1,2,3,4,5,6$）是式（8.77）的解。

3）对于 $|n|=0$，

$$D_{0i} = \mathrm{j}\frac{B_{0i}}{A_{0i}} = -\frac{-m_{11}^{(0)}\omega_{0i}^2 + k_{11}^{(0)}}{g_{12}^{(0)}\omega_{0i}} = \frac{g_{21}^{(0)}\omega_{0i}}{-m_{22}^{(0)}\omega_{0i}^2 + k_{22}^{(0)} + k_{23}^{(0)}\Theta_{ri}/B_{0i}}$$

$$\frac{\Theta_{ri}}{B_{0i}} = -\frac{k_{32}^{(0)}}{-m_{33}^{(0)}\omega_{0i}^2 + k_{33}^{(0)}} \tag{8.93}$$

式中，ω_{ni}（$i=1,2,3$）是式（8.80）的解。

当式（8.74）和式（8.77）中的 n 被 $-n$ 代替以后，系数 a_1、b_1、b_3、b_5 的符号会发生改变，但是它们的绝对值保持不变，而其他系数 a_0、a_2、a_4、b_0、b_2、b_4 和 b_6 保持不变，从而得到：

$$\omega_{ni} = -\omega_{-ni} \quad (n=1,2\cdots) \tag{8.94}$$

从式（8.91）和式（8.92）可以得到：

$$D_{ni} = -D_{-ni}$$
$$E_{ni} = E_{-ni} \tag{8.95}$$

假设式（8.3）和式（8.70）的复本征函数可以表示为

$$w(\theta,t) = \sum_i \sum_{n=-\infty}^{\infty} w_{ni}$$

$$v(\theta,t) = \sum_i \sum_{n=-\infty}^{\infty} v_{ni}$$

$$w_{ni} = A_{ni}\mathrm{e}^{\mathrm{j}(n\theta+\omega_{ni}t)} \quad n=-\infty,\cdots,0,\cdots,\infty$$
$$v_{ni} = B_{ni}\mathrm{e}^{\mathrm{j}(n\theta+\omega_{ni}t)} \quad n=-\infty,\cdots,0,\cdots,\infty$$
$$u_{ni} = C_{ni}\mathrm{e}^{\mathrm{j}\omega_{ni}t} \quad n=-1,1$$
$$\theta_{ri} = \Theta_{ri}\mathrm{e}^{\mathrm{j}\omega_{ni}t} \quad n=0 \tag{8.96}$$

在不失严谨性的情况下可以假设 $A_{ni}=A_{-ni}$。利用式（8.95），得到 $B_{ni}=B_{-ni}$ 和 $C_{ni}=C_{-ni}$。因此，在 w_{ni}、w_{-ni} 和 v_{ni}、v_{-ni} 的表达式中，将关于 n 和 $-n$ 的复特征函数合并，w_{ni} 和 v_{ni} 可以用新的实本征函数来表示[⊖]：

$$w_{ni} = 2A_{ni}\cos(n\theta+\omega_{ni}t)$$

⊖ 备注 8.6。

$$v_{ni} = 2A_{ni}D_{ni}\sin(n\theta + \omega_{ni}t) \tag{8.97}$$

式中，$n = 0, 1, 2\cdots$

（5）胎冠圆环振动的模态振型　图 8.6 给出了采用式（8.82）、式（8.85）和式（8.88）计算得到的不可伸张胎冠圆环在低频范围内的振动模态。对于同样的阶次 n，有两个相似的振动模态。

1) 对于 $n \neq 0, 1$，与式（8.85）对应的弯曲模态如图 8.6a 所示。

2) 对于 $n = 1$，轮辋的刚体模态对应于式（8.87）中的 $\omega_n = \Omega$，是通过合并 u_{1i} 和 u_{-1i} 得到的。考虑到 $u_1 = x^* - \mathrm{j}z^*$ 和 $u_{-1} = x^* + \mathrm{j}z^*$，利用式（8.92）的第二个方程和式（8.96）的第五个方程，x_i^* 和 z_i^* 可以表示为⊖

$$\begin{aligned} x_i^* &= A_{1i}E_{1i}\cos\Omega t \\ x_i^* &= -A_{1i}E_{1i}\sin\Omega t \end{aligned} \tag{8.98}$$

同时，对应于式（8.88）的 $\omega_n = \omega_{n1}$、ω_{n2} 的一阶（$n = 1$）弯曲模态如图 8.6a 所示。

3) 对于 $n = 0$，式（8.81）$\omega_n^2 = 0$ 的解对应于轮胎轮辋系统的刚体旋转模态。其他与式（8.81）对应的模态为

$$\begin{aligned} D_n &= 0 \quad \text{对应 } \omega_{01} \\ 1/D_n &= 0 \quad \text{对应 } \omega_{02} \end{aligned} \tag{8.99}$$

考虑到 $EA/a^2 \gg k_r$、k_t 的关系，在式（8.82）中满足 $\omega_{n01} \gg \omega_{n02}$。$\omega_{n01}$ 所对应的振动模态称为呼吸模态，ω_{n02} 所对应的模态称为旋转模态，如图 8.6b ~ c 所示。

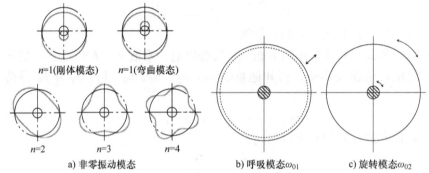

a) 非零振动模态　　b) 呼吸模态 ω_{01}　　c) 旋转模态 ω_{02}

图 8.6　胎冠圆环振动模态[16]

（6）非旋转坐标系中的振动模态　式（8.97）和式（8.98）定义了弹性环在旋转坐标系中的振动模态。同时，对于轮胎传递函数的研究来说，轮辋的运动和作用在轮辋及胎冠圆环上的力通常是在非旋转坐标系（x, z, ϕ）中描述的。因此，固有频率和模态最好在非旋转坐标系中定义，而不是在旋转坐标系中定义。在非旋转坐标系中定义模态可以通过将式（8.30）代入式（8.97）和式（8.98）中来实现。

$$\begin{aligned} w_{ni} &= 2A_{ni}\cos(n\phi + \omega'_{ni}t) & n &= 0,1,\cdots,\infty \\ v_{ni} &= 2A_{ni}D_{ni}\sin(n\phi + \omega'_{ni}t) & n &= 0,1,\cdots,\infty \\ x_i &= A_{ni}E_{ni}\cos\omega'_{ni}t & n &= 1 \\ z_i &= -A_{ni}E_{ni}\sin\omega'_{ni}t & n &= 1 \\ \omega'_{ni} &= \omega_{ni} - n\Omega & n &= 0,1,\cdots,\infty \end{aligned} \tag{8.100}$$

注意，在式（8.100）中，0 阶（$n = 0$）模态的固有频率并没有变化。利用式（8.85）和式（8.100），在非旋转坐标系中的径向位移 $w_n(\phi, t)$ 可以表示为⊖

⊖ 备注 8.6。

⊖ 备注 8.7。

$$w_n(\phi,t) = 2\sum_{n=0}^{\infty}\left[A_{n1}\cos\{(\lambda_n + \bar{p}_n)t + n\phi\} + A_{n2}\cos\{(-\lambda_n + \bar{p}_n)t - n\phi\}\right] \quad (8.101)$$

式中，λ_n 与科里奥利效应和多普勒效应有关，它可以表示为[⊖]

$$\lambda_n = \Omega\frac{n(1-n^2)}{n^2+1} \quad (8.102)$$

式（8.101）中的 A_{n1} 和 A_{n2} 分别是后向波和前向波的幅值，对于 $n \neq 0$、1，轮胎的每个频率可以用下式表示：

$$f_{\text{forward}} = -\lambda_n + \bar{p}_n$$
$$f_{\text{backward}} = \lambda_n + \bar{p}_n \quad (8.103)$$

用式（8.101）表示的运动也可以用在共振频率 $\bar{p}_n$ 上的振动，以及当 $n \neq 0$、1 时以角速度 λ_n/n 发生的绕轮胎轴的旋转振动模态相叠加来表示。需要注意的是，每个模态以特定的速度发生旋转振动，这些旋转速度取决于角速度 Ω 和模态阶次 n。特别地，第一阶振动（$n=1$）并不是转动，它可以看作在冲击振动传递中起着主要作用（驾驶舒适性）。因此，尽管式（8.101）给出了轮胎的振动模态，但是此处的模态概念与传统模态分析中的定义在含义上是不同的，传统的模态概念与时间无关。Bryan[20]对这种现象进行了理论研究，他用旋转圆柱的振动来分析子午线轮胎的自由振动。

8.2.2 计算结果和实验结果对比

图 8.7 给出了采用式（8.103）计算得到的非旋转坐标系下不可伸张环模型的固有频率。实线是前向波的固有频率，而虚线是后向波的固有频率。轮胎的规格是 175/70R13，充气压力 p_0 是 200kPa。计算所用的参数是 $a = 280\text{mm}$（轮胎半径），$b = 130\text{mm}$（胎冠宽度），$\rho A = 2.5\text{kg/m}$（胎冠密度），$m_t = 6.9\text{kg}$（轮胎总重量），$m = 3.55\text{kg}$（铝轮辋的质量），$I_r = 0.045\text{kg}\cdot\text{m}^2$（轮辋转动惯量）。$EI = 1.57\text{N}\cdot\text{m}^2$（胎冠的弯曲刚度），$k_r = 1.16\times10^6\text{N/m}^2$（径向基本弹簧刚度），$k_t = 4.7\times10^5\text{N/m}^2$（切向基本弹簧刚度）。

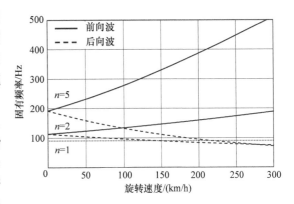

图 8.7 非旋转坐标系下不可伸张环模型的固有频率

需要注意的是，当 $n=1$ 时，固有频率并不随着旋转速度的变化而改变，这是因为科里奥利效应和多普勒效应相互抵消的原因。当轮胎的速度是 100km/h 时，$n=2$ 的前向波和 $n=5$ 的后向波有相同的频率 130Hz。在这个频率下，旋转轮胎的振动是由前向波（$n=2$）的振动模态和后向波（$n=5$）的振动模态及其他模态来确定的。

Sakai[11]对比了静态轮胎实验测量得到的固有频率和通过将 $\Omega=0$ 代入式（8.85）中计算得到的固有频率：

$$f_n^2 = \frac{n^2(n^2-1)^2\dfrac{EI}{a^4} + (n^2-1)^2\dfrac{\sigma_\theta^2 A}{a^2} + \dfrac{p_0 b}{a}(n^2-1) + k_r n^2 + k_t}{4\pi^2\rho A(n^2+1)} \quad (8.104)$$

胎冠的弯曲刚度是通过测量胎冠截面的固有频率来得到的。因为胎冠截面上没有胎侧弹簧，

⊖ 问题 8.5。

也没有充气压力，将 $\sigma_\theta^0 = p_0 = 0$ 和 $k_r = k_t = 0$ 代入式（8.104）中，可以得到胎冠截面的固有频率：

$$f_n^2 = \frac{n^2(n^2-1)^2}{n^2+1} \frac{EI}{4\pi^2 \rho A a^4} \qquad (8.105)$$

将测量得到的固有频率和轮胎（175/70R13）的胎冠质量 $\rho A = 2.26 \text{kg/m}$ 代入式（8.105），可以计算得到胎冠圆环的弯曲刚度 $EI = 1.13 \text{N} \cdot \text{m}^2$。带束层的张力 $\sigma_\theta^0 A$ 通过带束层的应变试样测量得到，$\sigma_\theta^0 A = 33.3 p_0 \text{kN}$。测量得到轮胎在不同充气压力 p_0 下的固有频率。通过比较测量得到的固有频率和式（8.104）的计算结果，可以得到径向和周向的基本弹簧刚度 k_r 和 k_t：

$$\begin{aligned} k_r &= 5070 p_0 + 240 \, (\text{kN/m}^2) \\ k_t &= 630 p_0 + 297 \, (\text{kN/m}^2) \end{aligned} \qquad (8.106)$$

式中，p_0 是充气压力，单位为 MPa。

注意，在第 6 章中也阐述了采用解析方法来计算轮胎的基本弹簧刚度，而不是用现在所述的测量数据计算。

图 8.8 给出了不同充气压力 p_0 下采用式（8.104）计算得到的不同阶次 n 的周向模态固有频率与测量结果之间的对比。计算结果与测量结果有较好的一致性。

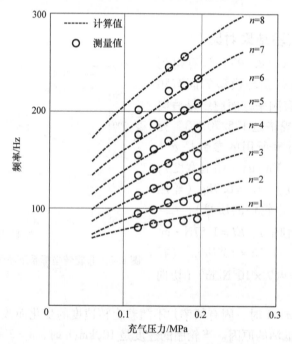

图 8.8 用弹性环模型计算的固有频率和实测固有频率的比较
（经 Guranpuri – Shuppan 授权，摘自文献 [11]）

Zegelaar[21]研究了如图 8.9 所示的带有胎冠弹簧的弹性环模型（或柔性环模型）。利用没有采用不可伸张假设的式（8.48），他比较了 205/60R15 轮胎的固有频率及固有模态的实验结果和计算结果。因为很难采用实验方法来预估胎冠圆环的拉伸刚度和弯曲刚度，这些参数是采用自由悬挂轮胎模型测量其固有频率以后计算得到的。弹性环模型的计算采用如下参数：$EI = 4.0 \text{N} \cdot \text{m}^2$（胎冠圆环的弯曲刚度），$EA = 4.9 \times 10^6 \text{N}$（胎冠圆环的伸长刚度），$a = 300 \text{mm}$（胎冠半径），$b = 152 \text{mm}$（胎冠宽度），$p_0 = 220 \text{kPa}$（充气压力），$k_r = 1.93 \times 10^6 \text{N/m}^2$（径向基本弹簧刚度），$k_t = 0.649 \times 10^6 \text{N/m}^2$（周向基本弹簧刚度），$\rho A = 3.81 \text{kg/m}$（胎冠的线密度），$m = 10 \text{kg}$

（轮辋质量），$I_r = 0.35 \text{kg} \cdot \text{m}^2$（轮辋的转动惯量）。

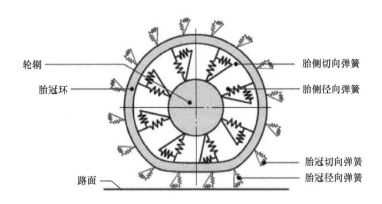

图 8.9　带有胎冠弹簧的弹性环模型

图 8.10 给出了自由悬挂轮胎和位于道路上的承载接地轮胎的模态实验结果，以及采用式（8.65）在 $[G_n]=0$ 条件下的计算得到的模态结果。从图 8.10 中看到，计算得到的模态固有频率比实验结果稍小。对于承载接地轮胎来说，在自由悬挂的轮胎上对轮辋施加了小角度转动，从而使接地区域的水平位移等于 0。图 8.10 中的 n 是根据附录 1 提供的模态振型的简化形式给出的模态阶次编号。0 阶模态可以通过给轮胎或者轮辋施加切向的激励识别出来，1 阶模态可以通过在轮胎圆周方向上施加径向或者切向激励识别出来，高阶模态只可以通过在轮胎圆周上施加径向激励得到。

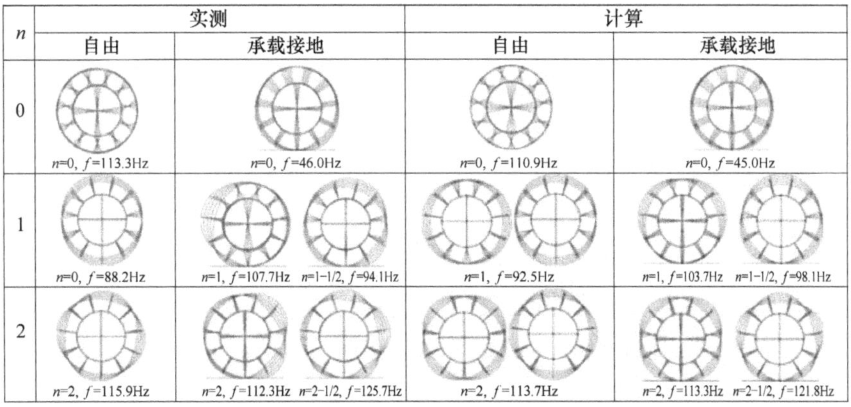

n	实测		计算	
	自由	承载接地	自由	承载接地
0	$n=0, f=113.3\text{Hz}$	$n=0, f=46.0\text{Hz}$	$n=0, f=110.9\text{Hz}$	$n=0, f=45.0\text{Hz}$
1	$n=0, f=88.2\text{Hz}$	$n=1, f=107.7\text{Hz}$；$n=1\text{-}1/2, f=94.1\text{Hz}$	$n=1, f=92.5\text{Hz}$	$n=1, f=103.7\text{Hz}$；$n=1\text{-}1/2, f=98.1\text{Hz}$
2	$n=2, f=115.9\text{Hz}$	$n=2, f=112.3\text{Hz}$；$n=2\text{-}1/2, f=125.7\text{Hz}$	$n=2, f=113.7\text{Hz}$	$n=2, f=113.3\text{Hz}$；$n=2\text{-}1/2, f=121.8\text{Hz}$

图 8.10　轮胎的实测振动模态和采用弹性环计算的模态

图 8.11 给出了模态固有频率和模态阶次之间的关系。空心圆点代表自由悬挂轮胎的固有频率，实心原点代表承载接地轮胎的固有频率。从图 8.11 中看到，在高阶次上的模态固有频率计算值和测量值有区别。在 0 阶和 1 阶上自由悬挂轮胎和承载接地轮胎的固有频率有差别。造成这个现象的原因可能是轮辋的旋转自由度，它影响了刚体模态频率。

8.2.3　每个设计参数对固有频率的贡献分析

由式（8.104）给出的不可伸张圆环的固有频率可以重新写成：

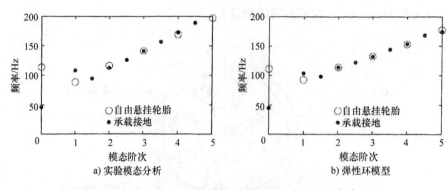

图 8.11 模态固有频率和模态阶次之间的关系[21]

$$f_n^2 = A_1(EI) + A_2(\sigma_\theta^0 A + p_0 b) + A_3(k_r) + A_4(k_t)$$

$$A_1(EI) = \frac{n^2(n^2-1)^2}{n^2+1} \frac{EI}{4\pi^2 \rho A a^4}$$

$$A_2(\sigma_\theta^0 A + p_0 b) = \frac{(n^2-1)^2}{n^2+1} \frac{\sigma_\theta^0 A}{4\pi^2 \rho A a^2} + \frac{n^2-1}{n^2+1} \frac{p_0 b}{4\pi^2 \rho A a} \quad (8.107)$$

$$A_3(k_r) = \frac{n^2}{n^2+1} \frac{k_r}{4\pi^2 \rho A}$$

$$A_4(k_t) = \frac{1}{n^2+1} \frac{k_t}{4\pi^2 \rho A}$$

式（8.107）明确地给出了径向和周向基本弹簧刚度 k_r、k_t、周向拉伸力 $\sigma_\theta^0 A$、$p_0 b$ 和带束层的弯曲刚度 EI 对各个固有频率的贡献。

图 8.12 给出了式（8.107）中的四个项目在充气压力 p_0 变化的情况下对固有频率的贡献。当周向模态阶次 n 较小的时候，径向基本刚度 k_r 对固有频率的贡献是 70%。同时，k_t 对固有频率的贡献随着阶次 n 的增加而迅速下降，而 $\sigma_\theta^0 A + p_0 b$ 的贡献随着模态阶次 n 的增加而增加。EI 的贡献相对较小，但随着模态阶次 n 的增加而增加，这是因为弯曲能量随着弯曲的阶次增加而增加，它几乎与弯曲模态阶次 n 成正比。比较不同气压下各个参数的贡献，EI 的贡献随着充气压力的降低而增加。

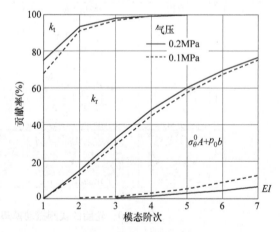

图 8.12 式（8.107）中的四个项目在充气压力 p_0 变化的情况下对固有频率的贡献
（经 Guranpuri – Shuppan 授权，摘自文献 [11]）

8.3 轮胎的频率响应函数

8.3.1 混合模态坐标和物理坐标下的运动方程

1. 旋转坐标系下轮胎的振动方程

轮胎将来自地面的力传递给汽车。当用模态坐标系来表示轮胎的振动特性时，如果考虑从道路传递来的输入力，则采用混合的模态和物理坐标系是比较方便的。

对于子午线轮胎来说，因为满足胎冠圆环不可伸长的假设，式（8.48）可以简化为

式 (8.52)。与式 (8.53) 一样，在旋转坐标系下，胎冠圆环的切向位移可以用傅里叶级数表示：

$$v(\theta,t) = \sum_{n=0}^{\infty} \{a_n(t)\cos n\theta + b_n(t)\sin n\theta\} \tag{8.108}$$

将式 (8.108) 代入式 (8.52) 的第一个方程，可以得到：

$$[M_n]\{\ddot{u}_n\} + [G_n]\{\dot{u}_n\} + [K_n]\{u_n\} = \{f_n\} \tag{8.109}$$

其中的 $[M_n]$、$[G_n]$、$[K_n]$、$[u_n]$ 和 $[f_n]$ 对于每个阶次 n 来说有不同的表达式：

1) 对于 $n=0$，

$$[M_n] = \begin{bmatrix} m_n & 0 & 0 \\ 0 & m_n & 0 \\ 0 & 0 & m_r \end{bmatrix}$$

$$[G_n] = \begin{bmatrix} 0 & g_n & 0 \\ -g_n & 0 & 0 \\ 0 & 0 & 0 \end{bmatrix}$$

$$[K_n] = \begin{bmatrix} k_n & 0 & k_{0R} \\ 0 & k_n & 0 \\ k_{0R} & 0 & k_R \end{bmatrix} \tag{8.110}$$

$$\{u_n\} = \{a_n, b_n, \theta_r\}^T$$
$$\{f_n\} = \{\xi_n, \eta_n, T/(2\pi a)\}^T \tag{8.111}$$

2) 对于 $n=1$，

$$[M_n] = \begin{bmatrix} m_n & 0 & 0 & 0 \\ 0 & m_n & 0 & 0 \\ 0 & 0 & m_a & 0 \\ 0 & 0 & 0 & m_a \end{bmatrix}$$

$$[G_n] = \begin{bmatrix} 0 & g_n & 0 & 0 \\ -g_n & 0 & 0 & 0 \\ 0 & 0 & 0 & -g_a \\ 0 & 0 & g_a & 0 \end{bmatrix} \tag{8.112}$$

$$[K_n] = \begin{bmatrix} k_n & 0 & 0 & -k_{12} \\ 0 & k_n & k_{23} & 0 \\ 0 & k_{23} & k_a & 0 \\ -k_{12} & 0 & 0 & k_a \end{bmatrix}$$

$$\{u_n\} = \{a_n, b_n, x^*, z^*\}^T$$
$$\{f_n\} = \{\xi_n, \eta_n, f_{x^*}/(\pi a), f_{z^*}/(\pi a)\}^T \tag{8.113}$$

3) 对于 $n \neq 0、1$，

$$[M_n] = \begin{bmatrix} m_n & 0 \\ 0 & m_n \end{bmatrix}$$

$$[G_n] = \begin{bmatrix} 0 & g_n \\ -g_n & 0 \end{bmatrix}$$

$$[\boldsymbol{K_n}] = \begin{bmatrix} k_n & 0 \\ 0 & k_n \end{bmatrix} \tag{8.114}$$

$$\{\boldsymbol{u_n}\} = \{a_n, b_n\}^{\mathrm{T}}$$
$$\{\boldsymbol{f_n}\} = \{\xi_n, \eta_n\}^{\mathrm{T}} \tag{8.115}$$

上述式（8.110）、式（8.112）和式（8.114）中的矩阵元素分别为

$$\xi_0 = \frac{1}{2\pi}\int_0^{2\pi}\left(q_v + \frac{\partial q_w}{\partial \theta}\right)\mathrm{d}\theta$$

$$\eta_0 = 0$$

$$\xi_n = \frac{1}{\pi}\int_0^{2\pi}\left(q_v + \frac{\partial q_w}{\partial \theta}\right)\cos n\theta\,\mathrm{d}\theta$$

$$\eta_n = \frac{1}{\pi}\int_0^{2\pi}\left(q_v + \frac{\partial q_w}{\partial \theta}\right)\sin n\theta\,\mathrm{d}\theta$$

$$m_n = \rho A(1 + n^2)$$
$$m_r = I_r/(2\pi a)$$
$$m_a = m/(\pi a)$$
$$g_n = -4\rho A n\Omega$$
$$g_a = 2m\Omega/(\pi a) \tag{8.116}$$
$$k_n = \left(\frac{EI}{a^4}n^2 + \frac{\sigma_\theta^0 A}{a^2}\right)(n^2-1)^2 + \frac{p_0 b}{a}(n^2-1) + k_r n^2 + k_t - \rho A\Omega^2(n^2+1)$$
$$k_R = k_t a^2$$
$$k_{0R} = -k_t a$$
$$k_a = k_r + k_t - \frac{m\Omega^2}{\pi a}$$
$$k_{12} = k_{23} = k_r + k_t$$

式中，m 是轮辋的质量。

2. 非旋转坐标系中轮胎的振动方程

轮胎的传递函数是在非旋转坐标系中测量得到的。因此，轮胎的振动方程需要采用混合模态和物理坐标在非旋转坐标系中表达。对于混合坐标系来说，胎冠圆环的运动方程用模态坐标表达，而轮胎轮辋和轮轴组合体的运动以及接地区内一点的运动用物理非旋转坐标来表达。

在非旋转坐标系中，胎冠圆环的切向位移 $v(\phi,t)$ 可以表示为

$$v(\phi,t) = \sum_{n=0}^{\infty}\{a'_n(t)\cos n\phi + b'_n(t)\sin n\phi\} \tag{8.117}$$

旋转坐标系和非旋转坐标系之间的关系用式（8.30）来定义。将式（8.30）中的第 3 式代入式（8.108）中，并将结果与式（8.117）进行比较，可以得到：

$$a_n = a'_n\cos(n\Omega t) + b'_n\sin(n\Omega t)$$
$$b_n = -a'_n\cos(n\Omega t) + b'_n\sin(n\Omega t) \tag{8.118}$$

同样地，将式（8.30）的第 3 式代入式（8.116）中可以得到：

$$\xi_n = \xi'_n\cos(n\Omega t) + \eta'_n\sin(n\Omega t)$$
$$\eta_n = -\xi'_n\cos(n\Omega t) + \eta'_n\sin(n\Omega t) \tag{8.119}$$

式中，ξ'_n 和 η'_n 是定义在非旋转坐标系中的广义力：

$$\xi'_0 = \frac{1}{2\pi}\int_0^{2\pi}\left(q_v + \frac{\partial q_w}{\partial \phi}\right)\mathrm{d}\phi$$

$$\xi'_n = \frac{1}{\pi}\int_0^{2\pi}\left(q_v + \frac{\partial q_w}{\partial \phi}\right)\cos n\phi \mathrm{d}\phi \tag{8.120}$$

$$\eta'_n = \frac{1}{\pi}\int_0^{2\pi}\left(q_v + \frac{\partial q_w}{\partial \phi}\right)\sin n\phi \mathrm{d}\phi$$

式（8.117）~式（8.119）可以重新写成矩阵格式：

$$\{u_n\} = [R_n]\{u'_n\}$$
$$\{f_n\} = [R_n]\{f'_n\} \tag{8.121}$$

式中，

$$[R_n] = \begin{bmatrix} 1 & 0 & 0 \\ 0 & 1 & 0 \\ 0 & 0 & 1 \end{bmatrix} n = 0$$

$$[R_n] = \begin{bmatrix} \cos\Omega t & \sin\Omega t & 0 & 0 \\ -\sin\Omega t & \cos\Omega t & 0 & 0 \\ 0 & 0 & \cos\Omega t & \sin\Omega t \\ 0 & 0 & -\sin\Omega t & \cos\Omega t \end{bmatrix} n = 1 \tag{8.122}$$

$$[R_n] = \begin{bmatrix} \cos n\Omega t & \sin n\Omega t \\ -\sin n\Omega t & \cos n\Omega t \end{bmatrix} n \neq 0, 1$$

$$\{u'_n\} = \{a'_n, b'_n, \theta_r\}^\mathrm{T} \quad n = 0$$
$$\{u'_n\} = \{a'_n, b'_n, x, z\}^\mathrm{T} \quad n = 1 \tag{8.123}$$
$$\{u'_n\} = \{a'_n, b'_n\}^\mathrm{T} \quad n \neq 0, 1$$

$$\{f'_n\} = \{\xi'_n, \eta'_n, T/(2\pi a)\}^\mathrm{T} \quad n = 0$$
$$\{f'_n\} = \{\xi'_n, \eta'_n, f_x/(\pi a), f_z/(\pi a)\}^\mathrm{T} \quad n = 1 \tag{8.124}$$
$$\{f'_n\} = \{\xi'_n, \eta'_n\}^\mathrm{T} \quad n \neq 0, 1$$

将式（8.121）代入式（8.109）中，可以得到新的运动方程。在新的运动方程中，广义坐标是定义在非旋转坐标系中的。

$$[M'_n]\{\ddot{u}'_n\} + [G'_n]\{\dot{u}'_n\} + [K'_n]\{u'_n\} = \{f'_n\} \tag{8.125}$$

式（8.125）与式（8.109）中的系数矩阵具有几乎相同的形式，唯一的不同是元素值：

$$m'_n = m_n = \rho A(1 + n^2)$$
$$m'_r = m_r = I_r/(2\pi a)$$
$$m'_a = m_a = m/(\pi a)$$
$$g'_n = 2\rho An\Omega(n^2 - 1)$$
$$g'_a = 0 \tag{8.126}$$
$$k'_n = \left(\frac{EI}{a^4}n^2 + \frac{\sigma_\theta^0 A}{a^2}\right)(n^2 - 1)^2 + \frac{p_0 b}{a}(n^2 - 1) + k_r n^2 + k_t - \rho A\Omega^2(n^2 - 1)^2$$
$$k'_R = k_R = k_t a^2$$
$$k'_{0R} = k_{0R} = -k_t a$$

$$k'_a = k_r + k_t$$
$$k'_{12} = k'_{23} = k_r + k_t$$

到目前为止，轮胎和轮辋系统都被看作无阻尼的系统，可以通过阻尼矩阵 $[G'_n]$ 来引入阻尼系数。

$$[G'_n] = \begin{cases} \begin{bmatrix} c'_n & g'_n & 0 \\ g'_n & c'_n & 0 \\ 0 & 0 & c'_r \end{bmatrix} & n = 0 \\ \begin{bmatrix} c'_n & g'_n & 0 & 0 \\ -g'_n & c'_n & 0 & 0 \\ 0 & 0 & c'_a & -g'_a \\ 0 & 0 & g'_a & c'_a \end{bmatrix} & n = 1 \\ \begin{bmatrix} c'_n & g'_n \\ -g'_n & c'_n \end{bmatrix} & n \neq 0, 1 \end{cases}$$

$$c'_n = 2\zeta \sqrt{m'_n k'_n}$$
$$c'_r = 2\zeta \sqrt{m'_r k'_R}$$
$$c'_a = 2\zeta \sqrt{m'_a k'_a} \tag{8.127}$$

式中，ζ 为无量纲阻尼系数（阻尼比）。一般来说，不同的振动模态有不同的值，但常把它看作对于所有模态只有一个值。阻尼系数一般比较难以预测准确，其范围在 2.5% ~ 4.5% 之间。

3. 固定轮胎受到径向力激励时的稳态径向位移响应

Matsubara[22-23] 等人推导了在滚动轮胎胎冠表面受到径向力激励时胎冠表面上得到的稳态径向位移响应的显式运动方程。假设切向上的外部力 q_v 为 0，注意因为是稳态，所以对时间的导数是 0，将式（8.52）对角度 θ 进行微分，将式（8.49）代入微分结果中，得到关于 w 的微分方程：

$$-\frac{EI}{a^4}\left(\frac{\partial^6 w}{\partial \theta^6} + 2\frac{\partial^4 w}{\partial \theta^4} + \frac{\partial^2 w}{\partial \theta^2}\right) + \frac{\sigma_\theta^0 A}{a^2}\left(w + 2\frac{\partial^2 w}{\partial \theta^2} + \frac{\partial^4 w}{\partial \theta^4}\right) - \frac{p_0 b}{a}\left(w + \frac{\partial^2 w}{\partial \theta^2}\right) - k_r \frac{\partial^2 w}{\partial \theta^2} + k_t w + \rho A \Omega^2 \left(\frac{\partial^2 w}{\partial \theta^2} - w\right) = -\frac{\partial^2 q_w}{\partial \theta^2} \tag{8.128}$$

与式（8.117）相同，胎冠圆环的径向位移 $w(\theta, t)$ 表示为

$$w(\theta, t) = \sum_{n=0}^{\infty} \{\alpha_n(t)\cos n\theta + \beta_n(t)\sin n\theta\} \tag{8.129}$$

将式（8.129）代入式（8.128）中，可以得到：

$$\begin{bmatrix} m_n & 0 \\ 0 & m_n \end{bmatrix}\begin{Bmatrix} \ddot{\alpha}_n \\ \ddot{\beta}_n \end{Bmatrix} + \begin{bmatrix} 0 & g_n \\ -g_n & 0 \end{bmatrix}\begin{Bmatrix} \dot{\alpha}_n \\ \dot{\beta}_n \end{Bmatrix} + \begin{bmatrix} k_n & 0 \\ 0 & k_n \end{bmatrix}\begin{Bmatrix} \alpha_n \\ \beta_n \end{Bmatrix}$$
$$= -\frac{1}{\pi}\begin{Bmatrix} \int_0^{2\pi} \frac{\partial^2 q_w}{\partial \theta^2}\cos n\theta d\theta \\ \int_0^{2\pi} \frac{\partial^2 q_w}{\partial \theta^2}\sin n\theta d\theta \end{Bmatrix} \tag{8.130}$$

假设外部力 q_w 用狄拉克函数表示。当在位置 θ_0 处作用有圆频率为 ω 的简谐激励力时，这个

外部力 q_w 可以表示为

$$q_w = -F\cos\omega t \delta(\theta - \theta_0 + \Omega t) \tag{8.131}$$

式中，F 是外部力的幅值。

将式（8.131）代入式（8.130）中得到：

$$\begin{bmatrix} m_n & 0 \\ 0 & m_n \end{bmatrix}\begin{Bmatrix} \ddot{\alpha}_n \\ \ddot{\beta}_n \end{Bmatrix} + \begin{bmatrix} 0 & g_n \\ -g_n & 0 \end{bmatrix}\begin{Bmatrix} \dot{\alpha}_n \\ \dot{\beta}_n \end{Bmatrix} + \begin{bmatrix} k_n & 0 \\ 0 & k_n \end{bmatrix}\begin{Bmatrix} \alpha_n \\ \beta_n \end{Bmatrix}$$
$$= \frac{n^2 F}{\pi}\begin{Bmatrix} -\cos(\omega_+ t - n\theta_0) - \cos(\omega_- t + n\theta_0) \\ \sin(\omega_+ t - n\theta_0) - \sin(\omega_- t + n\theta_0) \end{Bmatrix} \tag{8.132}$$

式中，ω_+ 和 ω_- 分别是前向波和后向波的圆频率，它们可以表示为

$$\begin{aligned} \omega_+ &= \omega + n\Omega \\ \omega_- &= \omega - n\Omega \end{aligned} \tag{8.133}$$

根据式（8.132）求出 α_n 和 β_n，并将它们代入式（8.129）中，可以得到[⊖]：

$$w(\theta,t) = -\frac{F}{2\rho A\pi a}\sum_{n=1}^{\infty}\frac{n^2}{n^2+1}\left[\frac{\cos\{\omega_+ t + n(\theta-\theta_0)\}}{\hat{k}_n - \hat{g}_n\omega_+ - \omega_+^2} + \frac{\cos\{\omega_- t - n(\theta-\theta_0)\}}{\hat{k}_n + \hat{g}_n\omega_- - \omega_-^2}\right]$$

$$\hat{k}_n = \frac{k_n}{m_n} = -\frac{4n\Omega}{n^2+1} \tag{8.134}$$

$$\hat{g}_n = \frac{g_n}{m_n} = \left(\frac{EI}{a^4}n^2 + \frac{\sigma_\theta^0 A}{a^2}\right)\frac{(n^2-1)^2}{\rho A(n^2+1)} + \frac{p_0 b}{\rho Aa}\frac{(n^2-1)}{n^2+1} + \frac{k_r n^2 + k_t}{\rho A(n^2+1)} - \Omega^2$$

将式（8.30）的第三式和 $\theta_0 = \phi_0$ 代入式（8.134）中，非旋转坐标系中的径向位移 $w(\phi,t)$ 可以表示为

$$w(\phi,t) = -\frac{F}{2\rho A\pi a}\sum_{n=1}^{\infty}\frac{n^2}{n^2+1}\left[\frac{\cos\{\omega t + n(\phi-\phi_0)\}}{\hat{k}_n - \hat{g}_n\omega_+ - \omega_+^2} + \frac{\cos\{\omega t - n(\phi-\phi_0)\}}{\hat{k}_n + \hat{g}_n\omega_- - \omega_-^2}\right] \tag{8.135}$$

式（8.135）描述了旋转轮胎对于一点 ϕ_0 位置处的简谐激励振动响应。在式（8.135）中，后向波幅值 $\text{Amplitude}_{\text{backward}}$ 和前向波幅值 $\text{Amplitude}_{\text{forward}}$ 为

$$\text{Amplitude}_{\text{backward}} = \frac{F}{2\rho A\pi a}\sum_{n=1}^{\infty}\left|\frac{n^2}{n^2+1}\frac{1}{\hat{k}_n - \hat{g}_n\omega_+ - \omega_+^2}\right|$$

$$\text{Amplitude}_{\text{forward}} = \frac{F}{2\rho A\pi a}\sum_{n=1}^{\infty}\left|\frac{n^2}{n^2+1}\frac{1}{\hat{k}_n + \hat{g}_n\omega_- - \omega_-^2}\right| \tag{8.136}$$

利用式（8.136），Matsubara[23]等人的研究表明，前向波和后向波对轮胎振动的贡献率与旋转速度 Ω 和激励频率 ω 呈复杂的关系。

8.3.2 轮胎轮辋系统的频率响应函数[⊜]

1. 自由边界条件下轮胎轮辋系统的频率响应函数

假设在自由悬挂轮胎上作用有 5 个外部力：作用在轮辋中心的纵向力 $f_x(t)$、作用在轮辋中心的垂直力 $f_z(t)$、作用在轮辋上的力矩 $T(t)$、作用在胎冠圆环一点上的径向力 $p_w(t)$ 和切向力 $p_v(t)$。

假设式（8.120）中的外部分布力 $q_w(t)$ 和 $q_v(t)$ 用狄拉克函数表示为

$$\begin{aligned} q_w(t) &= p_w(t)\delta\{\phi - \phi_0\}/a \\ q_v(t) &= p_v(t)\delta\{\phi - \phi_0\}/a \end{aligned} \tag{8.137}$$

⊖ 备注 8.8。

⊜ 本节主要基于 Gong 的研究成果。

式中，ϕ_0 定义了外部力的作用位置；$p_w(t)$ 和 $p_v(t)$ 是作用在某点上的径向力和切向力，单位为 N。

将式（8.137）代入式（8.120）可以得到（省略素数）：

$$\begin{aligned}\xi_0 &= p_v/(2\pi a)\\ \xi_n &= (p_v\cos n\phi_0 + p_w n\sin n\phi_0)/(\pi a)\\ \eta_n &= (p_v\sin n\phi_0 - p_w n\cos n\phi_0)/(\pi a)\end{aligned} \quad (8.138)$$

广义力 $\{f_n\}$ 和物理力 $\{f\}$ 之间的关系可以用矩阵形式表示：

$$\{f_n\} = [T_{fn}]\{f\} \quad (8.139)$$

式中，$[T_{fn}]$、$\{f\}$ 和 $\{f_n\}$ 可以表示为

$$[T_{fn}] = \frac{1}{2\pi a}\begin{bmatrix}1 & 0 & 0 & 0 & 0\\ 0 & 0 & 0 & 0 & 0\\ 0 & 0 & 1 & 0 & 0\end{bmatrix} \quad n = 0$$

$$[T_{fn}] = \frac{1}{\pi a}\begin{bmatrix}\cos n\phi_0 & n\sin n\phi_0 & 0 & 0 & 0\\ \sin n\phi_0 & -n\cos n\phi_0 & 0 & 0 & 0\\ 0 & 0 & 0 & 1 & 0\\ 0 & 0 & 0 & 0 & 1\end{bmatrix} \quad n = 1$$

$$[T_{fn}] = \frac{1}{\pi a}\begin{bmatrix}\cos n\phi_0 & n\sin n\phi_0 & 0 & 0 & 0\\ \sin n\phi_0 & -n\cos n\phi_0 & 0 & 0 & 0\end{bmatrix} \quad n \neq 0,1 \quad (8.140)$$

$$\begin{aligned}\{f\} &= \{p_v, p_w, T, f_x, f_z\}^T\\ \{f_n\} &= \{\xi_n, \eta_n, T/(2\pi a)\}^T \quad n = 0\\ \{f_n\} &= \{\xi_n, \eta_n, f_x/(\pi a), f_z/(\pi a)\}^T \quad n = 1\\ \{f_n\} &= \{\xi_n, \eta_n\}^T \quad n \neq 0,1\end{aligned} \quad (8.141)$$

利用式（8.117）（省略素数）以及式（8.49）表示的不可伸张的条件 $w = -\partial v/\partial \phi$，系统的物理位移 $\{u\}$ 和广义位移 $\{u_n\}$ 之间的关系可以表示为

$$\{u\} = \sum_{n=0}^{\infty}[T_{dn}]\{u_n\} \quad (8.142)$$

式中，$[T_{dn}]$、$\{u\}$ 和 $\{u_n\}$ 可以由下式给出：

$$[T_{dn}] = \begin{bmatrix}1 & 0 & 0\\ 0 & 0 & 0\\ 0 & 0 & 1\\ 0 & 0 & 0\\ 0 & 0 & 0\end{bmatrix} \quad n = 0$$

$$[T_{dn}] = \begin{bmatrix}\cos n\phi & \sin n\phi & 0 & 0\\ n\sin n\phi & -n\cos n\phi & 0 & 0\\ 0 & 0 & 0 & 0\\ 0 & 0 & 1 & 0\\ 0 & 0 & 0 & 1\end{bmatrix} \quad n = 1 \quad (8.143)$$

$$[T_{dn}] = \begin{bmatrix}\cos n\phi & \sin n\phi\\ n\sin n\phi & -n\cos n\phi\\ 0 & 0\\ 0 & 0\\ 0 & 0\end{bmatrix} \quad n \neq 0,1$$

$$\{u\} = \{v, w, \theta_r, x, z\} c$$
$$\{u_n\} = \{a_n, b_n, \theta_r\}^T \quad n = 0$$
$$\{u_n\} = \{a_n, b_n, x, z\}^T \quad n = 1$$
$$\{u_n\} = \{a_n, b_n\}^T \quad n \neq 0, 1$$

对式（8.125）进行拉普拉斯变换，可以得到：
$$\{U_n(s)\} = [T_{mn}]\{F_n(s)\} \tag{8.144}$$

式中，
$$[T_{mn}] = \{[M_n]s^2 + [G_s]s + [K_n]\}^{-1} \tag{8.145}$$

对于阶次 $n = 0$ 来说，$[T_{mn}]$ 是一个 3×3 的矩阵；对于阶次 $n = 1$ 来说，它是一个 4×4 的矩阵；对于 $n \neq 0$、1 来说，它是一个 2×2 矩阵。

对于不同的阶次 n，矩阵 $[T_{mn}]$ 的各个元素可以表示如下：

1）对于 $n = 0$[⊖]，

$$[T_{mn}] = \begin{bmatrix} t_{m0}^{11} & t_{m0}^{12} & t_{m0}^{13} \\ t_{m0}^{21} & t_{m0}^{22} & t_{m0}^{23} \\ t_{m0}^{31} & t_{m0}^{32} & t_{m0}^{33} \end{bmatrix}$$

$$= \begin{bmatrix} \dfrac{m_r s^2 + c_r s + k_R}{(m_0 s^2 + c_0 s + k_{0R})(m_r s^2 + c_r s + k_R) - k_{0R}^2} & 0 & \dfrac{-k_{0R}}{(m_0 s^2 + c_0 s + k_{0R})(m_r s^2 + c_r s + k_R) - k_{0R}^2} \\ 0 & \dfrac{1}{m_0 s^2 + c_0 s + k_{0R}} & 0 \\ \dfrac{-k_{0R}}{(m_0 s^2 + c_0 s + k_{0R})(m_r s^2 + c_r s + k_R) - k_{0R}^2} & 0 & \dfrac{m_0 s^2 + c_0 s + k_{0R}}{(m_0 s^2 + c_0 s + k_{0R})(m_r s^2 + c_r s + k_R) - k_{0R}^2} \end{bmatrix}$$
(8.146)

2）对于 $n = 1$[⊖]，

$$[T_{mn}] = \begin{bmatrix} t_{m1}^{11} & t_{m1}^{12} & t_{m1}^{13} & t_{m1}^{14} \\ t_{m1}^{21} & t_{m1}^{22} & t_{m1}^{23} & t_{m1}^{24} \\ t_{m1}^{31} & t_{m1}^{32} & t_{m1}^{33} & t_{m1}^{34} \\ t_{m1}^{41} & t_{m1}^{42} & t_{m1}^{43} & t_{m1}^{44} \end{bmatrix} = \begin{bmatrix} t_{m1}^{11} & 0 & 0 & t_{m1}^{14} \\ 0 & t_{m1}^{22} & t_{m1}^{23} & 0 \\ 0 & t_{m1}^{32} & t_{m1}^{33} & 0 \\ t_{m1}^{41} & 0 & 0 & t_{m1}^{44} \end{bmatrix} \tag{8.147}$$

$$t_{m1}^{11} = \frac{m_a s^2 + c_a s + k_a}{(m_1 s^2 + c_1 s + k_1)(m_a s^2 + c_a s + k_a) - k_1^2}$$

$$t_{m1}^{12} = t_{m1}^{21} = t_{m1}^{13} = t_{m1}^{31} = t_{m1}^{24} = t_{m1}^{42} = t_{m1}^{34} = t_{m1}^{43} = 0$$

$$t_{m1}^{14} = \frac{k_1}{(m_1 s^2 + c_1 s + k_1)(m_a s^2 + c_a s + k_a) - k_1^2}$$

$$t_{m1}^{33} = \frac{m_1 s^2 + c_1 s + k_1}{(m_1 s^2 + c_1 s + k_1)(m_a s^2 + c_a s + k_a) - k_1^2}$$

$$t_{m1}^{22} = t_{m1}^{11}$$

$$t_{m1}^{44} = t_{m1}^{33}$$

$$t_{m1}^{41} = t_{m1}^{14}$$

$$t_{m1}^{23} = t_{m1}^{32} - t_{m1}^{14}$$
(8.148)

3）对于 $n \neq 0$、1，

⊖⊖ 问题8.6。

$$[\boldsymbol{T_{mn}}] = \begin{bmatrix} t_{mn}^{11} & t_{mn}^{12} \\ t_{mn}^{21} & t_{mn}^{22} \end{bmatrix} = \begin{bmatrix} \dfrac{m_n s^2 + c_n s + k_n}{(m_n s^2 + c_n s + k_n)^2 + (g_n s)^2} & \dfrac{-g_n s}{(m_n s^2 + c_n s + k_n)^2 + (g_n s)^2} \\ \dfrac{g_n s}{(m_n s^2 + c_n s + k_n)^2 + (g_n s)^2} & \dfrac{m_n s^2 + c_n s + k_n}{(m_n s^2 + c_n s + k_n)^2 + (g_n s)^2} \end{bmatrix}$$
(8.149)

将式（8.139）和式（8.142）进行拉普拉斯变换，可以得到：

$$\{F_n(s)\} = [T_{fn}]\{F(s)\} \tag{8.150}$$

$$\{U(s)\} = \sum_{n=0}^{\infty}[T_{dn}]\{U_n(s)\} \tag{8.151}$$

式中，$\{U_n(s)\}$ 和 $\{F_n(s)\}$ 分别是广义位移 $\{u_n\}$ 和广义力 $\{f_n\}$ 的拉普拉斯变换。

将式（8.144）和式（8.150）代入式（8.151）中，得到：

$$\{U(s)\} = [T]\{F(s)\} \tag{8.152}$$

式中，$\{U(s)\}$ 和 $\{F(s)\}$ 分别是物理位移 $\{u\}$ 和物理力 $\{f\}$ 的拉普拉斯变换；传递函数矩阵 $[T]$ 是一个 5×5 的矩阵。

$$[T] = \sum_{n=0}^{\infty}[T_{dn}] \cdot [T_{mn}] \cdot [T_{fn}] \tag{8.153}$$

将 $[T_{dn}]$、$[T_{mn}]$ 和 $[T_{fn}]$ 代入式（8.153），传递函数 $[T]$ 可以表示为

$$[T] = \begin{bmatrix} T_{11} & T_{12} & T_{13} & T_{14} & T_{15} \\ T_{21} & T_{22} & 0 & T_{24} & T_{25} \\ T_{31} & 0 & T_{33} & 0 & 0 \\ T_{41} & T_{42} & 0 & T_{44} & 0 \\ T_{51} & T_{52} & 0 & 0 & T_{55} \end{bmatrix} \tag{8.154}$$

式中，传递函数矩阵 $[T]$ 中的各个元素由附录2给出。

式（8.154）表示作用于轮辋上的力矩不会引起任何胎冠圆环的径向位移或者任何的轮辋中心的振动位移（即 $T_{23} = T_{43} = T_{53} = 0$），这是因为力矩只会激励起轮胎和轮辋系统的旋转振动，而胎冠圆环的位移和轮辋中心的位移与旋转振动之间是解耦的。

2. 从轮胎接地点到轮辋轴的力传递函数

从轮胎接地点到轮辋轴的力传递函数对于乘坐舒适性来说是非常重要的，图8.13给出了轮胎的受力示意图。在轮胎和道路的接地点 G 上作用有外力，在轮辋轴心 O 上产生了合力。

根据图8.13，$\phi = \phi_0 = -90°$ 正好满足式（8.154）中的矩阵 $[T]$ 的形式。在轮辋（位于 O 点的 Θ_r、X、Z、T、F_x 和 F_z）和轮胎接地点（位于 G 点的 V、W、P_v、P_w）之间的传递函数可以表示为

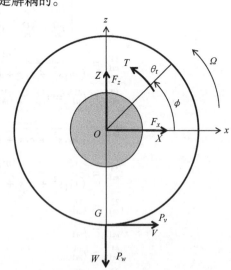

图8.13　轮胎的受力示意图（接地点 G 上作用有外力，O 上产生合力）（$\phi = \phi_0 = -90°$）

$$\begin{Bmatrix} V \\ W \\ \Theta_r \\ X \\ Z \end{Bmatrix} = \begin{bmatrix} H_{11} & H_{12} & H_{13} & H_{14} & 0 \\ H_{21} & H_{22} & 0 & 0 & H_{25} \\ H_{31} & 0 & H_{33} & 0 & 0 \\ H_{41} & 0 & 0 & H_{44} & 0 \\ 0 & H_{52} & 0 & 0 & H_{55} \end{bmatrix} \begin{Bmatrix} P_v \\ P_w \\ T \\ F_x \\ F_z \end{Bmatrix}$$
(8.155)

式中，传递函数矩阵 $[H]$ 的元素由附录3给出。

注意，两个传递函数 H_{12}（在同一个点上胎冠圆环 V 对于径向激励力 P_w 的切向位移响应）和 H_{21}（胎冠圆环 W 对于切向激励力 P_v 的径向位移响应）有相同的幅值，但是符号不同，这是由旋转坐标系的科里奥利效应造成的。在垂直方向上作用于轮辋轴心的激励力并不会带来纵向上的任何响应，而纵向上作用在轮辋轴心的激励力也不会引起垂直方向的任何响应（即 $H_{45} = H_{54} = 0$）。

3. 轮胎胎面上一点与轮辋中心之间的传递函数举例

对自由悬挂、旋转状态的轮胎和轮辋系统的传递函数进行了计算。轮胎规格是175/70R13，计算采用的参数有：$a = 280\text{mm}$（胎冠圆环半径），$b = 130\text{mm}$（胎冠宽度），$\rho A = 2.5\text{kg/m}$（胎冠圆环的线密度），$m = 24.9\text{kg}$（钢制轮辋的质量），$I_r = 0.319\text{kg}\cdot\text{m}^2$（钢制轮辋的转动惯量），$EI = 1.57\text{N}\cdot\text{m}^2$（胎冠圆环的弯曲刚度），$k_r = 1.16\times10^6\text{N}\cdot\text{m}^2$（径向基本弹簧刚度），$k_t = 4.7\times10^5\text{N}\cdot\text{m}^2$（周向基本弹簧刚度），$p_0 = 200\text{kPa}$（充气压力），$\sigma_\theta^0 A = 6.8\text{kN}$（胎冠圆环的周向拉伸力），$\xi = 0.01$（阻尼比）。

图8.14显示了轮胎轮辋系统的传递函数 H_{11}，它是胎冠圆环的切向位移响应对作用在胎冠圆环的切向激励力的传递函数。传递函数 H_{11} 受旋转速度的影响。

通过将 $Z = 0$ 代入式（8.155），得到固定轮辋轴心的响应力 F_z 对作用在胎冠圆环上激励力 P_w 的响应。

$$F_z/P_w = -H_{52}/H_{55} \quad (8.156)$$

图8.15显示了轮胎轮辋系统的传递函数 F_z/P_w。只有胎冠圆环的一阶振动模态所产生的力被传递到轮

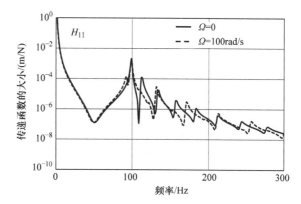

图8.14　轮胎轮辋系统的传递函数 H_{11}（胎冠圆环对作用在切向上的力激励的切向位移响应）

辋上，因为0阶模态只导致轮辋的旋转运动，而 $n \geq 2$ 的高阶振动模态由于对称性并不会将力传递给轮辋。这种现象类似图10.72的现象。注意，这个现象只是针对自由悬挂轮胎和轮辋系统来说的，因为加载后的轮胎由于接地区域的变形失去了对称性，所以 $n \geq 2$ 的振动模态会传递力给轮辋。

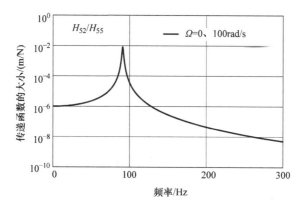

图8.15　轮胎轮辋系统的传递函数 F_z/P_w（H_{52}/H_{55}）

（对于作用于胎冠圆环上的激励 P_w 在固定轴上产生的力响应 F_z）

图 8.16 给出了轮胎轮辋系统的传递函数 H_{22}（胎冠圆环的径向位移对径向激励力的响应）。因为这是径向力对径向位移的传递函数，因此 $n>2$ 的振动都将被传递。比较 $\varOmega=0$ 和 $\varOmega=100\mathrm{rad/s}$ 时的响应结果可以发现，旋转中的轮胎和轮辋系统比非旋转的轮胎和轮辋系统有更多的共振频率，尤其是在高频率范围。这是因为科里奥利效应引起了更多的共振频率的分离，旋转速度导致科里奥利效应得到强化。Kido[24] 在他的研究中表明，在低频路噪的研究中不应该忽略科里奥利效应的影响。

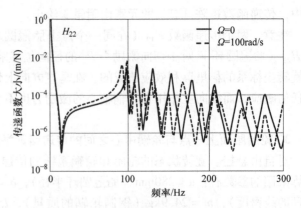

图 8.16 轮胎轮辋系统的传递函数 H_{22}
（胎冠圆环的径向位移对径向激励力的响应）

4. 轮辋和路面轮廓之间的传递函数

根据模态综合法（有时称为受体法），结构体的自由度可以分为两类：边界自由度和非边界自由度，式（8.155）可以分离成：

$$\left\{\begin{array}{c}\{X_{\mathbf{b}}\}\\ \{X_{\mathbf{r}}\}\end{array}\right\}=\left[\begin{array}{cc}[H]_{\mathrm{bb}} & [H]_{\mathrm{br}}\\ [H]_{\mathrm{rb}} & [H]_{\mathrm{rr}}\end{array}\right]\left\{\begin{array}{c}\{F_{\mathbf{b}}\}\\ \{F_{\mathbf{r}}\}\end{array}\right\} \tag{8.157}$$

式中，$\{X_{\mathbf{b}}\}$、$\{F_{\mathbf{b}}\}$ 分别是边界自由度的位移和力的拉普拉斯变换；$\{X_{\mathbf{r}}\}$、$\{F_{\mathbf{r}}\}$ 分别是非边界自由度的位移和力的拉普拉斯变换。例如，W 是与道路粗糙度有关的输入变量，而轮胎/路面接触点的纵向位移 V 为 0，因为 W 和 V 是边界自由度，可以得到 $\{X_{\mathbf{b}}\}=\{V,W\}^{\mathrm{T}}$。式（8.157）可以重新写成：

$$\left\{\begin{array}{c}P_v\\ P_w\\ \varTheta_{\mathrm{r}}\\ X\\ Z\end{array}\right\}=\left[\begin{array}{cc}[H]_{\mathrm{bb}}^{-1} & -[H]_{\mathrm{bb}}^{-1}[H]_{\mathrm{br}}\\ [H]_{\mathrm{rb}}[H]_{\mathrm{bb}}^{-1} & [H]_{\mathrm{rr}}-[H]_{\mathrm{rb}}[H]_{\mathrm{bb}}^{-1}[H]_{\mathrm{br}}\end{array}\right]\left\{\begin{array}{c}V\\ W\\ T\\ F_x\\ F_z\end{array}\right\} \tag{8.158}$$

式中，

$$[H]_{\mathrm{bb}}=\begin{bmatrix}H_{11} & H_{12}\\ H_{21} & H_{22}\end{bmatrix}$$

$$[H]_{\mathrm{br}}=\begin{bmatrix}H_{13} & H_{14} & 0\\ 0 & 0 & H_{25}\end{bmatrix}$$

$$[H]_{\mathrm{rb}}=\begin{bmatrix}H_{31} & 0\\ H_{41} & 0\\ 0 & H_{52}\end{bmatrix} \tag{8.159}$$

$$[H]_{\mathrm{rr}}=\begin{bmatrix}H_{33} & 0 & 0\\ 0 & H_{44} & 0\\ 0 & 0 & H_{55}\end{bmatrix}$$

式 (8.158) 可以重新写成：

$$\begin{Bmatrix} P_v \\ P_w \\ \varTheta_r \\ X \\ Z \end{Bmatrix} = \begin{bmatrix} \alpha_{11} & \alpha_{12} & \cdots & \alpha_{15} \\ \vdots & \vdots & \ddots & \vdots \\ \alpha_{51} & \alpha_{52} & \cdots & \alpha_{55} \end{bmatrix} \begin{Bmatrix} V \\ W \\ T \\ F_x \\ F_z \end{Bmatrix} \quad (8.160)$$

轮辋位移和路面轮廓输入变量 W 之间的传递函数可以写成：

$$H_{\alpha 1} = \frac{Z}{W} = \alpha_{52} = \frac{H_{52}H_{11}}{H_{11}H_{22} - H_{12}H_{21}}$$
$$H_{\alpha 2} = \frac{X}{W} = \alpha_{42} = -\frac{H_{41}H_{12}}{H_{11}H_{22} - H_{12}H_{21}} \quad (8.161)$$

式中，Z 和 X 分别是轮辋对由路面轮廓输入变量 W 对胎冠圆环产生的垂直位移激励引起的垂直和纵向位移响应的拉普拉斯变换。

假设轮辋轴的平动位移被约束，并且可以自由旋转（$X = Z = 0$，$T = 0$）。考虑到边界条件 $V = 0$，那么轮辋轴的响应力和路面谱输入的激励之间的传递函数可以表示为

$$H_{\beta 1} = \frac{F_z}{W} = \frac{\alpha_{42}\alpha_{54} - \alpha_{44}\alpha_{52}}{\alpha_{44}\alpha_{55} - \alpha_{45}\alpha_{54}}$$
$$H_{\beta 2} = \frac{F_x}{W} = \frac{\alpha_{45}\alpha_{52} - \alpha_{55}\alpha_{42}}{\alpha_{44}\alpha_{55} - \alpha_{45}\alpha_{54}} \quad (8.162)$$
$$H_{\beta 3} = \frac{\varTheta_r}{W} = \alpha_{32} + \alpha_{34}H_{\beta 2} + \alpha_{35}H_{\beta 1}$$

式中，F_x、F_z 和 $\varTheta_r$ 分别是轮辋的纵向力和垂直力响应以及轮辋的旋转位移的拉普拉斯变换。

图 8.17 给出了不同边界条件下（$\varOmega = 0$ 和 $\varOmega = 100\text{rad/s}$）的传递函数 $H_{\alpha 1}$ 和 $H_{\beta 1}$。比较 $\varOmega = 0$ 和 $\varOmega = 100\text{rad/s}$ 两个条件下的响应可以发现，旋转轮胎轮辋系统的共振频率要比非旋转轮胎轮辋系统的共振频率范围大，这是因为科里奥利效应产生了共振频率的分离。

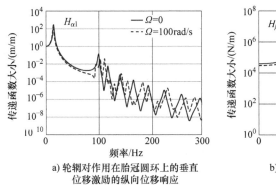
a) 轮辋对作用在胎冠圆环上的垂直位移激励的纵向位移响应

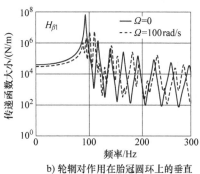
b) 轮辋对作用在胎冠圆环上的垂直位移激励的垂直力响应

图 8.17 不同边界条件下的传递函数 $H_{\alpha 1}$ 和 $H_{\beta 1}$

比较图 8.17（其中 $H_{\alpha 1}$ 是轮辋位移和路面谱输入之间的传递函数，$H_{\beta 1}$ 是轮辋响应力和路面输入之间的传递函数）和图 8.16（其中 H_{22} 是胎冠圆环的位移响应和胎冠圆环上作用的径向激励力之间的传递函数）可以发现，$H_{\alpha 1}$ 和 $H_{\beta 1}$ 的所有共振峰值（除 $H_{\beta 1}$ 第一阶外）都与传递函数 H_{22} 的反共振频率相对应。这个结果与 Potts[12] 的实验结果是一致的。

从图 8.17 中看到，$H_{\alpha 1}$ 中最低频率的共振峰在 $H_{\beta 1}$ 中没有出现，这是因为对于 $H_{\beta 1}$ 来说，轮辋轴是固定约束的，轮辋的效应在传递函数中被消去了。因此，在轮胎振动的理论分析或者实验测试中，利用所谓的自由-自由边界条件将轮辋的质量自由度包括进来是非常重要的。图 8.17b 和图 8.15 的比较表明，$n>2$ 时的胎冠振动模态将会被传递到图 8.17b 中的轮辋上，这取决于接触边界条件或者预设的位移。

8.3.3 由两个频率响应函数决定的轮辋轴自由条件下的传递函数

在轮辋轴自由条件下最简单的识别轮胎传递函数的方法就是测量两个频率响应函数[25]。在接地点和轮辋轴之间的传递函数由下式给出（图 8.18a）：

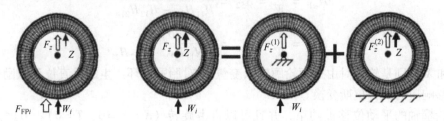

a) 轴自由条件的传递函数　　b) 由两个频率响应函数确定的轴自由条件的传递函数

图 8.18　由两个频率响应函数决定的轮辋轴自由条件下的传递函数

（经 TST 授权，摘自文献 [25]）

$$\begin{Bmatrix} F_z \\ F_{FP1} \\ \vdots \\ F_{FPi} \end{Bmatrix} = \begin{bmatrix} G(\omega) & H_1(\omega) & \cdots & H_n(\omega) \\ H_{21} & H_{22} & \cdots & H_{2j} \\ \vdots & \vdots & \vdots & \vdots \\ H_{i1} & H_{i2} & \cdots & H_{ij} \end{bmatrix} \begin{Bmatrix} Z \\ W_1 \\ \vdots \\ W_i \end{Bmatrix} \quad (8.163)$$

式中，F_z 是轮辋轴力；F_{FPi} 是第 i 个接地点上的力；Z 是轮辋轴在垂直方向的位移；W_i 是第 i 个接地点在接触区域的位移；$H_i(\omega)$ 是轮辋轴被固定（$Z=0$）时垂直方向的力响应和轮胎在接地面内垂直位移激励之间的传递函数；$G(\omega)$ 是轮辋轴固定和接触面固定（$W_i=0$）情况下轮辋垂直方向的力响应和轮辋上垂直位移激励之间的传递函数；H_{ij} 表示其他的传递函数。这些传递函数可以通过两个实验方法来确定，一个实验方法是轮辋轴固定，给胎面一个激励；另一个实验方法是轮胎接地面固定，给轮辋轴一个激励。

一旦确定了传递函数，那么在轮辋轴自由条件下，轮辋轴的力响应就可以由两个轮辋轴力 $F_z^{(1)}$、$F_z^{(2)}$ 的和表示。$F_z^{(1)}$ 是轮辋轴固定时由路面不平带来的轮辋轴力，$F_z^{(2)}$ 是接地面固定由轮辋的运动（图 8.18b）带来的轮辋轴力。

$$\begin{aligned} F_z &= F_z^{(1)} + F_z^{(2)} \\ F_z^{(1)} &= \sum_i H_i(\omega) W_i \\ F_z^{(2)} &= G(\omega) Z \end{aligned} \quad (8.164)$$

利用式（8.164），可以很容易得到轮辋轴自由条件下的传递函数 F_z/W_i。

8.4　轮胎越障模型（行驶平顺性）

轮胎滚过路面凸块时的性能与车辆的行驶平顺性有关。在早期的研究中，人们利用轮胎的包络特性来研究行驶平顺性。轮胎的包络特性是根据复合材料力学[26]以及第 6 章中的线刚度来计算的[11]。从接地区域传递到轮辋轴的动态力可以根据轮胎越过凸块时的外部力来计算，也可以用来计算外部力和轮辋的轴力之间的传递函数[27]。力可以用刚性环模型、柔性环模型或者有限元模型计算。有些学者利用刚性环或者柔性环模型来计算传递函数[21,27-30]，也有些学者采用隐式有限元方法来计算传递函数[31]。一些商业软件，比如 Ftire、CDTire 和 RMODK[31-32]，还有一些瞬态有限元计算软件，可以直接计算轮轴上产生的动态力。

Zegelaar[21]总结了六种不同的模型对轮胎越过凸块进行仿真的情况，如图 8.19 所示。

第一个模型是单点接触模型，由一个弹簧和一个并联的阻尼器组成。这个模型适用于长波路面（路面波长大于 3m）和坡度比较小（小于 5%）的路面。然而，用该模型进行轮胎滚过凸块仿真的计算得出的加速度太大。

第二个模型是滚动接触模型，它包含一个滚过凸块的刚性轮辋、一个弹簧和一个阻尼器。只有一个接触点，忽略刚性轮辋与地面多点接触的特殊情形。小波长的凸块就被该模型给过滤掉了。

第三个模型是固定接地印痕模型，该模型在接触面积内线性分布有弹簧和阻尼。在接触区域内的路面不平是均匀分布的。与单点接触模型相比，该模型可以给出更平滑和更贴合实际的激励。

第四个模型是径向弹簧模型，它与刚体轮辋模型相比有提高。该模型中轮胎不是被简化为滚动的刚体，而是看作径向变形体。人们也提出了一些升级的径向弹簧模型，比如采用非线性退化径向弹簧，还有的采用附加弹簧将径向弹簧连接起来[33]。

第五个模型就是 8.1 节中讨论的刚性环模型，将在 8.4.2 节中进一步讨论。当计算资源有限的时候，也可以在车辆动力学仿真中应用刚性环模型。

第六个模型是弹性环模型或者如 8.2 节中所述的柔性环模型。弹性环模型包括用可变形梁模拟的胎冠圆环以及一些径向和切向分布的胎侧弹簧。这个模型可以用来模拟 300Hz 以内的振动情况，而刚性环模型适用的频率只能达到 100Hz。

其他的流行的模型有有限元模型，它可以直接用来预测轴力[34-38]。因为有限元模型的计算费用昂贵，所以在车辆动力学的仿真中应用有限。

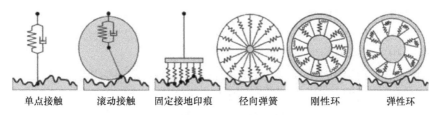

图 8.19　对轮胎越过凸块进行仿真的模型（轮胎/道路界面模型）[21]

8.4.1　包络特性

1. 用复合材料力学进行包络特性分析

图 8.20 显示了当轮胎的轴被约束并且凸块的宽度大于轮胎的接触宽度时轮胎滚过凸块时垂直力的变化[39]。当轮辋轴心刚刚位于凸块之上时，由于轮胎包络特性的存在轴力处于最小值，因此，可以通过减小胎冠圆环的周向弯曲刚度来使轴力减弱。凸块的形状不同，带来的轴力的分布形状也不同。由凸块引起的与时间有关的轴力分布形状并没有拷贝凸块的形状，因此轮胎起着形状滤波器的作用，它可以使凸块形状引起的激励力变得平滑。

Walter[26]利用如图 8.21a 所示的无限长圆柱的周向弯曲问题来研究轮胎的包络特性。将式（2.83）代入式（2.12），可以得到：

$$N_x = A_{xx}\varepsilon_x^0 + A_{xy}\varepsilon_y^0 + A_{xs}\gamma_{xy}^0 + B_{xx}\kappa_x$$
$$M_x = B_{xx}\varepsilon_x^0 + B_{xy}\varepsilon_y^0 + B_{xs}\gamma_{xy}^0 + D_{xx}\kappa_x \tag{8.165}$$

对于式（8.165）的第一个方程来说，在周向弯曲的情况下使满足 $N_x=0$，而且忽略 ε_y^0 项和 γ_{xy}^0 项，可以得到：

$$\varepsilon_x^0 = -(B_{xx}/A_{xx})\kappa_x \tag{8.166}$$

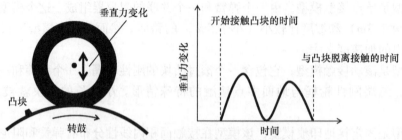

图 8.20 轮胎低速滚过凸块时垂直力的变化
（经 Tokyo Denki University Press 授权，摘自文献 [39]）

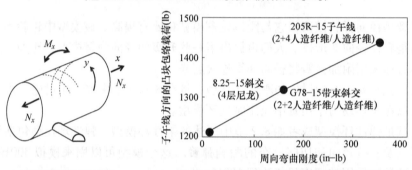

a) 无限长圆柱的周向弯曲　　b) 子午线方向的凸块包络载荷与周向弯曲刚度的关系

图 8.21 子午线方向的凸块包络载荷与周向弯曲刚度之间的关系
（经 TST 授权，摘自文献 [26]）

利用式（8.166）并忽略掉 ε_y^0 项和 γ_{xy}^0 项，式（8.165）的第二个方程可以重写成：

$$M_x = (D_{xx} - B_{xx}^2/A_{xx})\kappa_x = (EI)_x\kappa_x \tag{8.167}$$

式（8.167）中的括号内的项与周向弯曲刚度 $(EI)_x$ 对应。

从图 8.21b 看出，当轮胎压在半径为 2in（1in = 0.0254m）的半圆形凸块上时，轮胎在凸块上的包络力与周向弯曲刚度 $(EI)_x$ 成正比。因为凸块宽度比接地印痕宽，所以包络载荷定义为轮胎胎冠完整包络凸块并与水平面接触时轮胎承受的载荷。径向包络载荷和周向弯曲刚度之间存在良好的一致关系。

2. 用弹性环模型进行包络分析

（1）轮胎包络特性的基本方程　Sakai[11]采用弹性环模型来进行包络分析。假设轮胎轴被固定，轮胎处于静止状态。那么此时对时间的导数项等于 0，并将 $\Omega=0$、$x^* = z^* = 0$ 以及 $\theta_r = 0$ 代入式（8.52）的第一个方程中，可以得到：

$$\frac{EI}{a^4}(v^{(\mathrm{VI})} + 2v^{(\mathrm{IV})} + v'') - \frac{\sigma_\theta^0 A}{a^2}(v^{(\mathrm{IV})} + 2v'' + v) + \frac{p_0 b}{a}(v'' + v) + k_r v'' - k_t v$$
$$= q_v + q_v' \tag{8.168}$$

式中，上标"'"是对角度 θ 的偏微分。

将对角度 θ 的偏微分代入式（8.168），利用式（8.49）的不可伸张的条件消去 v，得到对 w 的微分方程：

$$\frac{EI}{a^4}(w^{(VI)} + 2w^{(IV)} + w'') - \frac{\sigma_\theta^0 A}{a^2}(w^{(IV)} + 2w'' + w) + \frac{p_0 b}{a}(w'' + w) + k_r w'' - k_t w$$
$$= q_v' + q_w'' \tag{8.169}$$

假设 w 采用下式表示:
$$w = Ce^{-\lambda\theta} \tag{8.170}$$

将式 (8.170) 代入式 (8.169), 则式 (8.169) 的特征方程可以写成:
$$\lambda^6 + A_1\lambda^4 + A_2\lambda^2 + A_3 = 0 \tag{8.171}$$

式中,
$$A_1 = 2 - \frac{\sigma_\theta^0 A}{EI}a^2$$
$$A_2 = 1 - \frac{\sigma_\theta^0 A}{EI}a^2 + \frac{p_0 b}{EI}a^3 + \frac{k_r}{EI}a^4 \tag{8.172}$$
$$A_3 = \left(\frac{p_0 b}{EIa} - \frac{k_t}{EI}\right)a^4$$

式 (8.171) 是关于 λ^2 的三次方程, 三次方程解的判别式 D 可以写为⊖
$$D = q_2^2 + q_1^3 \tag{8.173}$$

式中,
$$q_1 = A_2/3 - (A_1/3)^2$$
$$q_2 = (A_1/3)^3 - (A_1/3)(A_2/2) + A_3/2 \tag{8.174}$$

当轮胎静态变形时, 满足 $D<0$ 且 $A_3<0$ 的条件, 那么式 (8.171) 的解 λ^2 就是正值。假设它的解 λ_1^2、λ_2^2、λ_3^2 按从小到大排列, 式 (8.169) 的解可以表示为
$$w(\theta) = C_1 e^{-\lambda_1\theta} + C_1' e^{\lambda_1\theta} + C_2 e^{-\lambda_2\theta} + C_2' e^{\lambda_2\theta} + C_3 e^{-\lambda_3\theta} + C_3' e^{\lambda_3\theta} \tag{8.175}$$

当 $D = q_2^2 + q_1^3 < 0$ 时, 关于 λ^2 的三次方程的解为
$$\lambda_1^2 = 2\sqrt{-q_1}\cos(\phi/3) - A_1/3$$
$$\lambda_2^2 = 2\sqrt{-q_1}\cos(\phi/3 + 2\pi/3) - A_1/3 \tag{8.176}$$
$$\lambda_3^2 = 2\sqrt{-q_1}\cos(\phi/3 + 4\pi/3) - A_1/3$$
$$\cos\phi = q_2/(q_1\sqrt{-q_1}) \quad 0 < \phi < \pi$$

当凸块位于接地印痕的中心的时候, 轮胎的变形在 $\theta=0$ 位置是左右对称的, 如图 8.22 所示。式 (8.175) 可以重新写成:
$$w(\theta) = C_1(e^{-\lambda_1\theta} + e^{-\lambda_1(2\pi-\theta)}) +$$
$$C_2(e^{-\lambda_2\theta} + e^{-\lambda_2(2\pi-\theta)}) +$$
$$C_3(e^{-\lambda_3\theta} + e^{-\lambda_3(2\pi-\theta)}) \tag{8.177}$$

式中, $0 < \lambda_1 < \lambda_2 < \lambda_3$; C_i 是由边界条件确定的常数。

如果在凸块的中心位置轮胎的变形是 d, 边界条件可以写成:
$$w(0) = -d \tag{8.178}$$

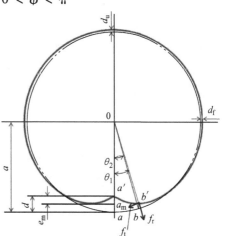

图 8.22 轮胎在凸块上的包络模型
(经 Guranpuri – Shuppan 授权, 摘自文献 [11])

⊖ 备注 8.9。

在图 8.22 中，要使在点 a' 位置处呈左右对称，需要满足如下条件：

$$w'(0) = 0 \tag{8.179}$$

胎冠圆环在圆周方向不可伸张的条件可以表示为

$$\int_0^\pi \sqrt{(a+w)^2 + w'^2}\,\mathrm{d}\theta = \pi a \tag{8.180}$$

利用式（8.178）和式（8.179），可以得到常数 C_i 具有如下关系：

$$C_1 = -[\lambda_2\{d + C_3(1 + \mathrm{e}^{-2\pi\lambda_3})\}(1 - \mathrm{e}^{-2\pi\lambda_2}) - C_3\lambda_3(1 - \mathrm{e}^{-2\pi\lambda_3})(1 + \mathrm{e}^{-2\pi\lambda_2})]/DA$$

$$C_2 = -[C_3\lambda_3(1 + \mathrm{e}^{-2\pi\lambda_1})(1 - \mathrm{e}^{-2\pi\lambda_3}) - \lambda_1\{d + C_3(1 + \mathrm{e}^{-2\pi\lambda_3})\}(1 - \mathrm{e}^{-2\pi\lambda_1})]/DA$$

$$DA = \lambda_2(1 + \mathrm{e}^{-2\pi\lambda_1})(1 - \mathrm{e}^{-2\pi\lambda_2}) - \lambda_1(1 - \mathrm{e}^{-2\pi\lambda_1})(1 + \mathrm{e}^{-2\pi\lambda_2}) \tag{8.181}$$

式中，C_3 是由式（8.180）决定的未知数。

这里我们引入方程：

$$Q = \int_0^\pi \sqrt{(a+w)^2 + w'^2}\,\mathrm{d}\theta - \pi a \tag{8.182}$$

C_3 由条件 $Q = 0$ 来决定。式（8.183）可以重新写成：

$$Q = \sum_{n=0}^{N} \sqrt{\{a + w(n\Delta\theta)\}^2 \Delta\theta^2 + \{w(n\Delta\theta + \Delta\theta) - w(n\Delta\theta)\}^2} - \pi a \tag{8.183}$$

式中，$\Delta\theta$（$=\pi/N$）是一个很小的周向角度。

在图 8.22 中，当胎冠圆环上的点 b 移动到点 b'，根据不可伸张假设，ab 的长度等于 $a'b'$。当点 b 和 b' 距离点 a 的角度分别为 θ_1 和 θ_2 时，我们可以得到：

$$a\theta_1 = \int_0^{\theta_2} \mathrm{d}s = \int_0^{\theta_2} \sqrt{\{a + w(\theta)\}^2 + w'(\theta)^2}\,\mathrm{d}\theta \tag{8.184}$$

胎冠圆环上点 b' 处的径向力 f_r 和周向力 f_t 可以用下面的公式表示：

$$f_r = -w(\theta_1)\hat{k}_r$$

$$f_t = \{a + w(\theta_1)\}(\theta_2 - \theta_1)k_t \tag{8.185}$$

式中，k_r 是修正后的胎侧基本弹簧常数[11]。

考虑到随着变形的增加，径向基本弹簧刚度 k_r 下降，$\hat{k}_r$ 可以表示为

$$\hat{k}_r = k_r(1 + 1.2w/H) \tag{8.186}$$

式中，H 是轮胎的高度。

垂直方向的力 f_z 可以由下式给出：

$$f_z = f_r\cos\theta_1 + f_t\sin\theta_1 \tag{8.187}$$

轮胎承受的垂直载荷 F_z 可以通过将胎体的反力在周向上积分得到：

$$F_z = 2\int_0^\pi f_z\,\mathrm{d}s \tag{8.188}$$

式（8.184）和式（8.188）的解可以表示为

$$a\theta_1 = \sum_{n=0}^{m-1} \sqrt{\{a + w(n\Delta\theta)\}^2 \Delta\theta^2 + \{w(n\Delta\theta + \Delta\theta) - w(n\Delta\theta)\}^2}$$

$$\theta_2 = m\Delta\theta$$

$$F_z = 2\sum_{n=0}^{N-1} f_z(n\Delta\theta)\sqrt{\{a + w(n\Delta\theta)\}^2 \Delta\theta^2 + \{w(n\Delta\theta + \Delta\theta) - w(n\Delta\theta)\}^2} \tag{8.189}$$

利用式 (8.189) 的第一个公式,可以迭代得到式 (8.181) 中的 C_3。利用式 (8.177) 可以得到包络状态轮胎的变形。图 8.22 中由凸块引起的变形量 (包络高度) e_m 表示当轮胎在平直路面上滚动时其变形量是 $d - e_m$,当遇到凸块并完全包络凸块时,引起轮胎的变形会继续增加 e_m。因此,包络高度 e_m 和载荷 F_z 的关系就是轮胎包络特性的重要体现。

(2) 轮胎包络特性分析　轮胎 (175/70R13) 包络凸块时的变形用式 (8.189) 求解。如 8.2.2 节所述,测量得到的周向伸长力 $\sigma_\theta^0 A$ 可以由 $33.3 p_0$ kN 给出,径向和周向基本弹簧常数 (k_r 和 k_t) 可以用式 (8.106) 计算。其他所用的参数为:$p_0 = 200$ kPa,$a = 292$ mm,$b = 120$ mm,$H = 114$ mm,$EI = 1.13$ N·m^2。当凸块的高度是 $d = 5$ mm,计算结果为 $\lambda_1 = 0.442$,$\lambda_2 = 4.20$,$\lambda_3 = 22.0$,$C_1 = 12.5$,$C_2 = -65.7$,$C_3 = 2.98$。

图 8.23a 显示了轮胎在凸块上的变形。图 8.23b 给出了 200kPa 气压和 250kPa 气压下轮胎在凸块上的载荷和位移的关系。图 8.24 给出了 200kPa 气压和 250kPa 气压下轮胎在凸块上的包络高度 e_m 和轮胎位移之间的关系。包络高度 e_m 几乎是轮胎位移的 1/3,并且包络高度对气压不敏感。Sakai[11] 的研究表明计算结果与实验结果比较吻合。

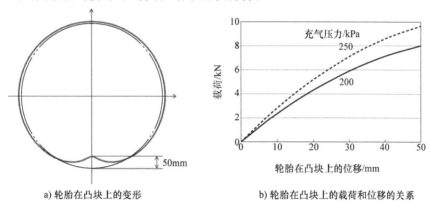

a) 轮胎在凸块上的变形　　b) 轮胎在凸块上的载荷和位移的关系

图 8.23　轮胎的包络特性
(经 Guranpuri - Shuppan 授权,摘自文献 [11])

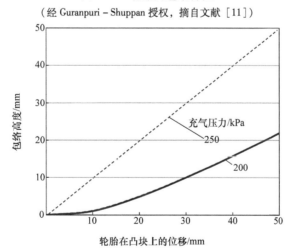

图 8.24　轮胎在凸块上的包络高度和轮胎位移之间的关系
(经 Guranpuri - Shuppan 授权,摘自文献 [11])

图 8.25 给出了轮胎在凸块上顶部的位移 d_u (图 8.22) 随着气压的增加而增加。然而轮胎垂直位置处的位移 d_f 并不随着气压的增加而发生明显的变化。

8.4.2 轮胎包络响应的振动模型

1. 弹性环模型

Zegelaar[21]利用图 8.9 所示的带有胎冠弹簧的弹性环模型来研究轮胎越过梯形凸块时的包络响应。图 8.26a 给出了凸块的形状,用它来模拟路面不平度。

为了求解轮胎和凸块之间的接触问题,可以将接触问题的边界条件设为

$$q_{x,i} = k_{px}(x_{r,i} - x_i) \quad z_{r,i} - z_i > 0$$
$$q_{z,i} = k_{pz}(z_{r,i} - z_i) \quad z_{r,i} - z_i > 0$$
$$q_{x,i} = 0 \quad z_{r,i} - z_i \leq 0$$
$$q_{z,i} = 0 \quad z_{r,i} - z_i \leq 0$$
(8.190)

图 8.25 轮胎在凸块上顶部的位移以及由凸块导致的垂直位移随气压的变化
(经 Guranpuri–Shuppan 授权,摘自文献 [11])

式中,x 轴是水平轴;z 轴垂直于平的接触面;x_i 和 z_i 是弹性环的节点坐标;$x_{r,i}$ 和 $z_{r,i}$ 是凸块的水平和垂直坐标;k_{px} 和 k_{pz} 是胎冠弹簧水平方向和垂直方向单位长度的弹簧常数;$q_{x,i}$ 和 $q_{z,i}$ 是水平方向和垂直方向上单位长度的接触力。接触力与弹性环的节点位移和凸块的坐标之间的差成比例。

接触区域内作用在弹性环上的径向力 $q_{w,i}$ 和切向力 $q_{v,i}$ 可以由下式给出:

$$q_{v,i} = -q_{x,i}\sin\theta_i + q_{z,i}\cos\theta_i$$
$$q_{w,i} = -q_{x,i}\cos\theta_i + q_{z,i}\sin\theta_i$$
(8.191)

式中,θ_i 是胎冠圆环接触点的角度。

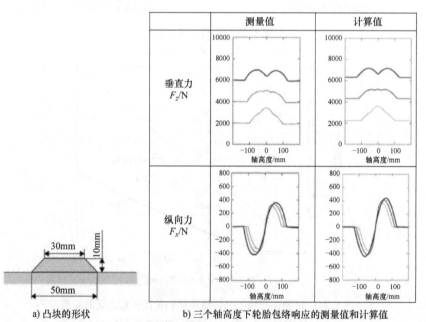

a) 凸块的形状   b) 三个轴高度下轮胎包络响应的测量值和计算值

图 8.26 轮胎在梯形凸块上的包络响应测量值与采用带有胎冠弹簧的弹性环模型计算值

计算所采用基本方程是不带如 8.2.1 节所讨论的不可伸张假设的轮胎模型。带有不可伸张假

设的基本方程可以得到几乎相同的结果，但是由于自由度更少，所以不带不可伸长假设的模型计算时间更短。式（8.53）中的模态阶次数目或者傅里叶级数项数是 30，接触区域沿周向的单元数目是 800。轮胎轮辋系统的参数与 8.3.2 节是相同的。由于垂直载荷从 2kN 变化到 6kN，接触区域内接触节点的个数从 27 变为 55。轮胎的速度是 0.2km/h。

图 8.26b 比较了三个轴高度下轮胎包络响应的测量值和计算值。垂直力 F_z 的变化是由于轮胎在接触区域的边部的垂直刚度比在接触区域的中心大。造成刚度差别的原因，一方面是采用式（8.186）表示的轮胎胎侧基本刚度随着变形发生非线性变化，在第 6.6 节中 Akasaka[40] 也指出了线弹簧的非线性。这影响了垂直力 F_z 的变化，尤其是在大的垂直载荷下影响更大。如果我们不考虑这个非线性，计算得到的力响应将比测量值大。采用简单模型，Dorfi[32] 的研究认为包络特性的这种非线性与带束层的不可伸张的约束条件有关，因为该条件影响了包络过程中接地印痕的长度。

Yamada[31]、Dorfi[32] 和 Haga[41] 采用商业软件计算了轮胎滚过凸块时的轴力，并将计算结果与实测结果进行了对比。Yamada 和 Dorfi 采用的是 FTire（Flexible Belt Tire）轮胎模型[42]，它是一个完全时间积分非线性轮胎模型，而不是将轮胎在一定基础上基于一些边界条件线性化。FTire 轮胎模型需要对轮胎进行一些必要的前处理，以获得胎侧弹簧常数和阻尼特性，以及带束层的刚度特性，这可以利用一些低阶模态实验的模态固有频率等模态参数获得。用户可以不用输入胎侧和带束层弹簧常数。Haga[41] 在整车的多体动力学仿真中利用 CDTire[43] 模型来模拟车辆受到路面凸块冲击后的响应。他给 CDTire 模型增加了非线性弹簧，用来进一步提高对低断面轮胎越障时的纵向力的预测精度。

图 8.27 给出了 195/65R15 轮胎滚过凸块时的力响应的测量值和采用 FTire 模型计算值的比较。轮胎速度是 40km/h，载荷是 4kN，矩形凸块的尺寸是 12.5mm×25mm。从图中看到实验值和计算值在力的幅值、阻尼和频率上是比较一致的。

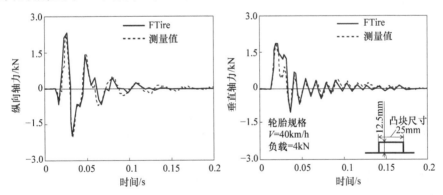

图 8.27 195/65R15 轮胎滚过凸块时的力响应的测量值和采用 FTire 模型计算值的比较
（经 JSAE 授权，摘自文献 [31]）

2. 带有有效平面的刚性环模型

刚性环模型在车辆/轮胎和道路之间的关系研究中曾经被广泛应用。这是因为刚性环模型所需要的计算资源要比弹性环模型少得多。然而，为了用刚性环模型来计算轮胎滚过凸块的响应，路面不平度必须得转换成胎冠圆环的位移或者通过某种滤波技术转换成作用在胎冠圆环上的外部力，在刚性环模型中，胎冠圆环本身保持其刚性和圆环形状。换句话说，相对于轮辋来说，胎冠圆环是作为刚体在运动。本模型的有效频率范围因此被限制在一个比弹性环模型小的范围内。

Zegelaar[21] 采用几何滤波技术将路面不平度转换成有效平面。Zegelaar 的研究成果构成了短波中频轮胎模型（SWIFT）的基本技术基础[44]。SWIFT 轮胎模型可以很好地描述轮胎在面内（纵向和垂向）和面外（横向、外倾和转向）的动力学行为，以及轮胎越过短波长的凸块的运动行为，其表达的上限频率可达到 60Hz。

（1）有效平面　当轮胎滚过不平的路面时，轮胎并不直接将路面不平传递给轮辋，而是由于其有限的尺寸而起到一个几何过滤器的作用。Davis[45]引入了一个等效路面，该等效路面定义了一个有效平面高度 w，也定义了一个有效坡度 β，如图 8.28a~b 所示。等效路面的这两个参数都可以用滚过变化的几何形状的路面的弹性环模型来定义。有效平面高度与垂直力有关，而有效坡度与纵向力有关。Zegelaar 扩展了 Davis 的理论，增加了变化的有效滚动半径，它与纵向力相关联。

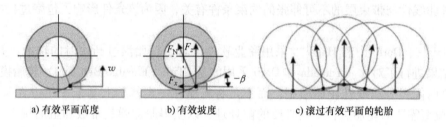

a) 有效平面高度　　b) 有效坡度　　c) 滚过有效平面的轮胎

图 8.28　有效路面的定义[21]

有效平面高度 w 定义为垂直力的变化量除以轮胎的垂直刚度 K_z（轮胎轴的垂直位置是固定的）：

$$w = (F_z - F_{z0})/K_z \tag{8.192}$$

式中，F_z 和 F_{z0} 分别是轮胎位于凸块上的垂直力和轮胎位于平面上的垂直力。

轮胎的垂直刚度 K_z 与变形存在一定关系，但如果把它看作常数，即有效垂直刚度 K_{z0}，则式（8.192）可以重新写成：

$$w = (F_z - F_{z0})/K_{z0} \tag{8.193}$$

式（8.193）表示轮胎越过凸块的非线性行为可以用有效平面高度 w 表示。

如果有效平面与法向力 F_N 垂直，如图 8.28b 所示，那么路面的有效坡度 β 可以表示为

$$\beta = -\tan^{-1}\left(\frac{dw}{ds}\right) = \tan^{-1}\left(\frac{F_x - F_{x0}}{F_z} + \frac{f_r(F_z - F_{z0})}{F_z}\right) \tag{8.194}$$

式中，s 是轮胎滚过的距离；$f_r(F_z - F_{z0})$ 是用来修正滚动阻力引起的变化效应的，但它的贡献是很小的。

与式（8.193）类似，有效平面坡度 β 可以线性化为

$$\beta = -\tan^{-1}\left(\frac{dw}{ds}\right) = \tan^{-1}\left(\frac{F_x - F_{x0}}{F_{z0}} + \frac{f_r(F_z - F_{z0})}{F_{z0}}\right) \tag{8.195}$$

式（8.195）中使用了常数垂直力 F_{z0} 而不是变化的垂直力 F_z。

图 8.29 给出了线性有效路面的两个参数（w, β）的仿真值和测量值，其中轮胎以三个不同的固定轴高度（也就是三个不同的载荷）滚过图 8.26a 所示的凸块。仿真计算采用了 8.4.2 节中所述的弹性环模型，仿真结果与测量结果吻合较好。

（2）作为几何过滤器的基本曲线和两点随动模型　凸块作用在轮胎上的有效激励高度依赖于凸块的形状和载荷。Bandel 和 Monguzzi[46]将轮胎的响应解耦为基本曲线。他们使用了相同的基本曲线，其中一条曲线平移了一定距离，这个距离取决于凸块的几何形状。有效平面高度和有效坡度采用相同的基本曲线来表达，例如都采用半正弦波曲线表达，但是脉冲函数的符号是不同

的,如图 8.30 所示。代表有效平面高度的半个正弦函数的高度表示为 $H/2$,宽度为 λ_{bf},第二个正弦波的偏移量为 λ_{imp}。有效坡度的高度用 A 表示。

基本曲线的和等同于一个基本曲线对于两个脉冲函数的卷积,因为图 8.30 中的有效平面高度和有效坡度类似于图 8.29 中的高度和坡度,图 8.30 中的基本曲线的参数可以通过对弹性环模型的仿真结果或者实验结果的拟合中得到。

Zegelaar[21] 扩展了 Bandel 和 Monguzzi 的理论,他通过一个基本曲线和两点随动模型的混合来表达几何过滤器模型。两点随动模型可以应用于任意道路轮廓。Schmeitz[29] 进一步扩展了 Zegelaar 的模型,成为一个三维模型,通过引入串联鸡蛋模型升级了两点随动模型。这一节对两点随动模型进行讨论。

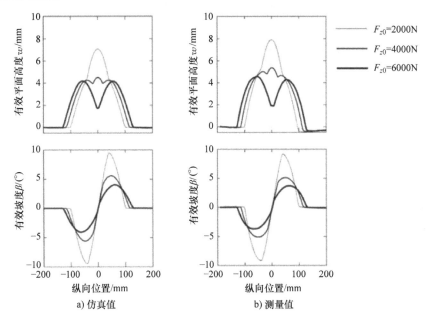

图 8.29 线性有效路面的两个参数的仿真值和测量值[21]

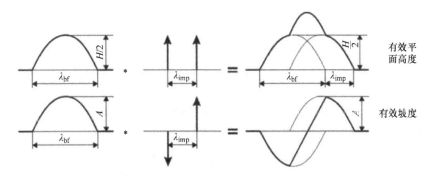

图 8.30 从基本曲线获得的梯形凸块的有效路面[21]

图 8.31 给出了轮胎越过阶梯路面时采用两点随动模型的基本曲线和有效平面高度。采用基本曲线 f_b 将阶梯路面转换成光滑曲线,该基本曲线用 1/4 正弦曲线表示,其长度是 l_b,台阶高度是 $h_{step} = h_b$。有效平面的参数可以通过将水平长度为 l_s 的两点随动模型沿着单个基本曲线 f_b 运动来获得,如图 8.31a 所示。当两点随动模型沿着基本曲线 f_b 运动时,两点之间的中点的轨迹曲线就是有效平面高度 $w(X)$。随动模型与水平面方向形成的倾斜角相当于有效坡度 β_y,

$w(X)$ 和 $\tan\beta_y$ 表示为

$$w(X) = \frac{f_b(X - l_s/2) + f_b(X + l_s/2)}{2}$$

$$\tan\beta_y = \frac{f_b(X - l_s/2) - f_b(X + l_s/2)}{l_s} \quad (8.196)$$

式中，X 是轮辋中心的纵向位置。图 8.31a 有一个参数 l_f，它就是所谓的偏移量，它根据道路的阶梯起点来控制基本曲线的位置。基本曲线可以看作积木，用它来组成任意凸块形状的基本道路轮廓。

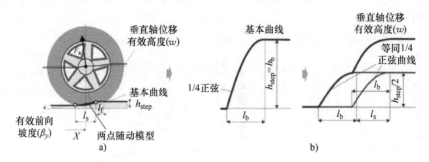

图 8.31 轮胎越过阶梯路面时采用两点随动模型[29]的基本曲线和有效平面高度

如图 8.32 所示，刚体轮辋的中心的运动轨迹等同于一个具有相同半径 a 的圆。基本曲线的形状与刚体轮辋的响应曲线相同。因此曲线的弦长 l_b 可以表示为

$$l_b = \sqrt{a^2 - (a - h_{step})^2} \quad (8.197)$$

基本曲线的长度和偏移量的无量纲参数表示为

$$a = p_{lb} a_0$$
$$l_s = 2 p_{ls} l$$
$$l_f = p_{lf} l_b \quad (8.198)$$

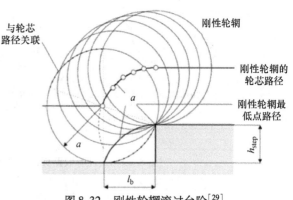

图 8.32 刚性轮辋滚过台阶[29]

式中，a_0 非加载的轮胎半径（充气半径）；l 是接触区的半长度；p_{lb}、p_{ls}、p_{lf} 是拟合参数。

根据 Zegelaar[21] 的研究，两点随动模型的弦长 l_s 不依赖于阶梯高度，它大约是轮胎接地长度 $2l$ 的 80%。基本曲线（1/4 正弦曲线）的弦长 l_b 和偏移量 l_f 几乎与垂直载荷无关，但它们随着阶梯高度 h_{step} 而增加。控制漂移量 p_{lb} 和长度 p_{ls} 的参数值不同的轮胎之间差别不大。控制基本曲线偏移量的参数 p_{lf} 变化可以超过 100%。

（3）轮胎滚过凸块时的力的时域响应　Zegelaar[21] 计算了轮胎滚过如图 8.26a 所示的凸块时垂直轴力的时域响应，并将计算结果与测量结果进行了对比。图 8.33 和图 8.34 给出了不同速度下轮胎垂直力和纵向力的时域响应的测量值和仿真值的对比。计算结果与实测结果吻合比较好。测量值和线性化的计算值之间的差别可能来自于线性化模型的常数垂直刚度和常数驱动刚度，因为 Zegelaar 验证了非线性模型提高了对力的时域响应的预测能力。

3. 使用有效力的刚性环模型

Takayama[27] 将凸块的几何形状转换成有效力，而不是有效平面。他们开发了一个刚性环模型，该模型带着有效力滚过凸块，这个有效力包括与凸块的接触力和与平面的接触力。来自凸块

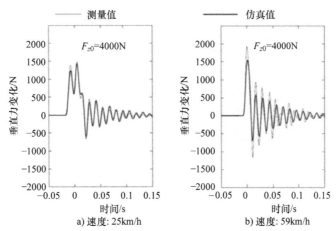

图 8.33 不同速度下轮胎垂直力的时域响应的测量值和仿真值对比

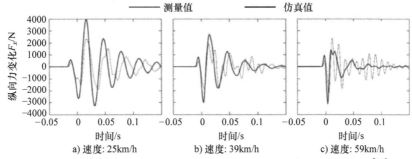

图 8.34 不同速度下轮胎纵向力的时域响应的测量值和仿真值对比[21]

的接触力表示为第 6.6 节和第 8.4.1 节所述的线弹簧与接触凸块后的胎冠圆环的位移的乘积。来自平面的接触力表示为轮胎的垂直刚度与平面位移的乘积。而且，与凸块接触带来的轮胎表面位移和与平面接触带来的轮胎表面位移之间可以通过实验确定。因为轮胎在平面上的位移是通过轮胎接触凸块后的位移表示的，因此，当轮胎准静态地滚过凸块时，有效力就是通过凸块的几何形状来决定的。Takayama 的方法不能应用于任意形状的道路，但是有助于理解轮胎的振动响应机理，也有助于找到提高乘坐舒适性的方法。

图 8.35 给出了测量得到的轮胎速度为 40km/h 时越过凸块的在垂直方向和纵向的轴力时域响应，计算结果和测量结果是吻合的。图 8.35 中用 F_{zpp} 和 F_{xpp} 表示的最大振荡幅值已经被用作衡量轮胎舒适性的指标。图 8.36 比较了 F_{zpp} 和 F_{xpp} 的计算值和测量值。垂直力在 40km/h 时有最大值，而在 60~70km/h 时最小。然而纵向力在 30~50km/h 时有峰值。从定性的角度讲，计算值与测量结果（图中用圆圈表示）一致。

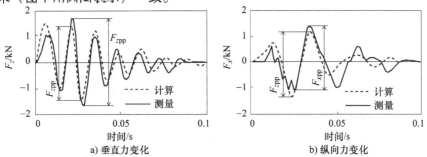

图 8.35 轮胎速度为 40km/h 时越过凸块的在垂直方向和纵向的轴力时域响应
（经 TST 授权，摘自文献 [27]）

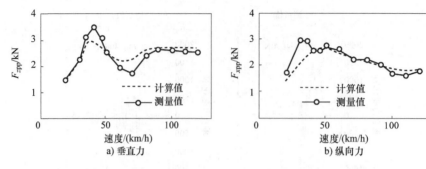

图 8.36 轴力在垂直方向和纵向的最大振荡幅值与速度之间的关系
(经 TST 授权,摘自文献 [27])

垂直轴力的最大振荡幅值对速度的依赖性可以用轮辋轴心的垂直力和作用在轮胎表面的外力之间的传递函数,以及来自凸块的外部力和来自平面的外部力的频谱图来解释。图 8.37a 显示了轮胎越过梯形凸块时垂直轴力的最大振荡幅值。比较两个规格轮胎 185/60R14 和 155SR13 的结果发现,具有较高的高宽比的轮胎(155SR13)在较低速度时垂直轴力的幅值比较低高宽比的轮胎(185/60R14)大,而在较高速度时其垂直轴力的幅值相比却比较小。图 8.37b 显示轴力和作用在轮胎表面的外部力之间的传递函数在 80~90Hz 之间出现峰值,其模态形状表现了胎冠圆环的偏心变形($n=1$ 的第一阶模态)。垂直轴力的振荡因此与 80~90Hz 之间的传递函数的峰值有关。

图 8.37b 显示外部力的频谱图随着速度变化很大,尽管轮胎的固有频率并不随着速度发生很大的改变。因为随着轮胎速度的增加,外部力的频谱图向着高频率方向增加。轮胎振动的偏心振动模态的频率并没有随着速度改变。垂直轴力的幅值的速度依赖性必须与外部力的频谱图的镜像相似。例如,当轮胎速度为 40km/h,155SR13 轮胎外部力的频谱幅值在 80~90Hz 范围内较大,而 185/60R14 轮胎较小。同时,当轮胎速度是 80km/h 时,155SR13 轮胎外部力在 80~90Hz 范围内的幅值较小,而 185/60R14 轮胎较大。

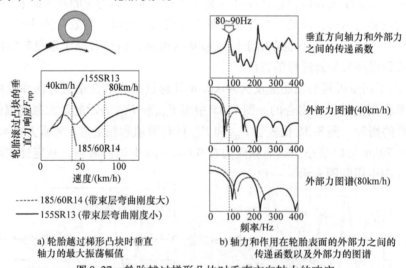

a) 轮胎越过梯形凸块时垂直轴力的最大振荡幅值

b) 轴力和作用在轮胎表面的外部力之间的传递函数以及外部力的图谱

图 8.37 轮胎越过梯形凸块时垂直方向轴力的响应
(经 Tokyo Denki University Press 授权,摘自文献 [39])

图 8.38a 给出了两个不同规格的轮胎来自路面的外部力(包括来自凸块和平路面的力)在时域上的分布。将图 8.38a 的时域力进行傅里叶变换,可以得到如图 8.38b 所示的道路外部力频谱图。两个轮胎的频谱图的差异来自于它们的包络特性的差异。具有较高高宽比的轮胎

（155SR13）带束层的张力比具有较低高宽比的轮胎（185/60R14）小。由于带束层张力的不同，155SR13 规格轮胎的胎冠圆环的弯曲刚度小于 185/60R14 的弯曲刚度，所以 155SR13 规格的轮胎比 185/60R14 轮胎更倾向于容易包络凸块。图 8.38a 中测量得到的 155SR13 轮胎外部力的下降要比 185/60R14 轮胎更大。

图 8.38b 中的外部力的频谱图的第一个峰值相当于图 8.38a 中的第一个模态的外部力，而频谱图的第二个峰值相当于图 8.38a 中的第三个模态的幅值。很容易理解 155SR13 轮胎的第一个模态的外部力幅值比 185/60R14 轮胎的第一个模态的外部力幅值小，而 155SR13 轮胎的第三个模态的外部力幅值比 185/60R14 轮胎的第三个模态的外部力的幅值大。

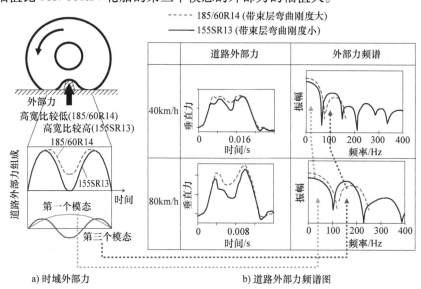

图 8.38 道路引起的外部力和频谱
（经 Tokyo Denki University Press 授权，摘自文献 [39]）

4. 有限元模型

有两种不同的有限元方法来求解轮胎滚过凸块的问题。一种是传递函数法[31]，采用隐式有限元方法来进行轮胎的模态分析，然后用模态分析结果计算传递函数。另一种就是采用显式有限元方法直接计算轮胎滚过凸块时的时域响应[34-38]。因为前一种方法是基于有限元方法的模态分析，该方法比较容易和车辆的模态模型合并，它主要用于车辆的开发中。然而，该方法需要确定从凸块或者路面不平度输入到轮胎上的力。后一种方法不需要输入轮胎的力，但它比前一个方法需要更长的计算时间。

Takata[47]等通过轮胎建模（采用弹性环模型）和采用隐式有限元模型对悬架建模来研究汽车的行驶平顺性，所预测的轴力与实验测量结果非常吻合。Yamada[31]等采用隐式有限元方法来分析轮胎滚过凸块的行为。轮胎的接触区域和安装点采用物理坐标来建模，其他区域采用模态坐标建模。图 8.39 显示采用隐式有限元方法计算得到的非滚动轮胎的固有频率与测量结果吻合比较好，只有百分之几的误差。

这里，轮胎滚过凸块的案例在 ADAMS 中是采用模态轮胎模型进行的瞬态分析。在轮胎接地区域有 101 个物理节点，与车辆的连接采用一个物理节点，这在图 8.40a 中采用圆圈显示。其他的节点采用约束模态技术通过模态模型来建模。轮胎的模型继而用弹性单元被传递给 ADAMS，瞬态分析在 ADAMS 中进行求解。图 8.40b 比较了当轮胎滚过矩形凸块时垂直方向轴力和纵向轴力的有限元计算结果和测量结果。转鼓的直径是 1700mm，轮胎速度是 40km/h，载荷是 4kN。仿

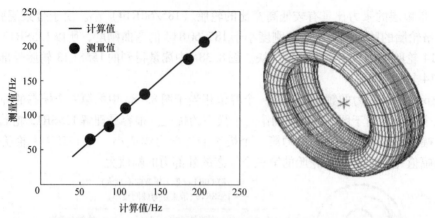

图 8.39 采用隐式有限元方法计算得到的非滚动轮胎的固有频率与测量结果的比较
（经 JSAE 授权，摘自文献 [31]）

真计算结果与测量结果吻合很好。注意到为了与固有频率相一致，模态刚度曾被修改，因为滚动轮胎的固有频率比静态状态的低，而且，模态阻尼也被修改以拟合轴力的测量值。

Kido[24] 采用稳态传递分析方法研究了科里奥利效应对滚过凸块的轮胎的纵向轴力和垂直轴力的影响，如图 8.41 所示。如果在计算的过程中考虑了科里奥利效应的影响，那么峰值频率和力的幅值的计算值与实测结果就比较一致。例如，如果不考虑科里奥利效应和离心力效应，则计算得到的纵向力的幅值就与实测结果有所差别。

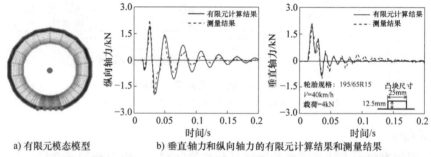

a) 有限元模态模型　　　　b) 垂直轴力和纵向轴力的有限元计算结果和测量结果

图 8.40 轮胎滚过凸块时垂直轴力和纵向轴力的有限元计算值和测量值的对比
（经 JSAE 授权，摘自文献 [31]）

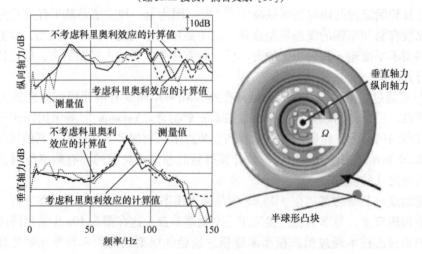

图 8.41 科里奥利效应对轮胎滚过凸块时垂直轴力和纵向轴力的影响
（经 SAE 授权，摘自文献 [24]）

Kamoulakos[34]等首先采用显式有限元技术对滚过凸块的轮胎进行了分析,分析结果表明从定性上讲轴力在时域的变化与实测结果吻合。近些年来,显式有限元方法已经被应用到了轮胎越过凸块的仿真中[35,38]。有限元模拟凸块冲击仿真的结果如图 8.42 所示。

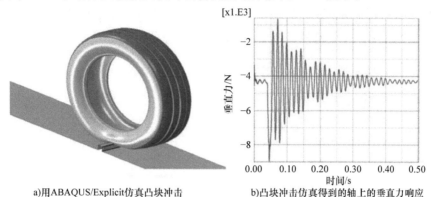

a)用ABAQUS/Explicit仿真凸块冲击　　　b)凸块冲击仿真得到的轴上的垂直力响应

图 8.42　有限元模拟凸块冲击仿真的结果[35]

附录 1　轮胎模态形状的示例

图 8.43 中的 R 和 T 分别表示径向模态和横向模态。不论是横向模态还是径向模态,如果轮胎的变形有偶数个节点,则称为整数模态,如果有奇数个节点,则称为半整数模态。注意,按照惯例,对径向模态振动来说,接触区域并不看作一个节点。然而对于横向模态来说,接触区域可以看作一个节点。图 8.43 中的模态分类适用于欧洲,而美国则采用不同的分类[48]。

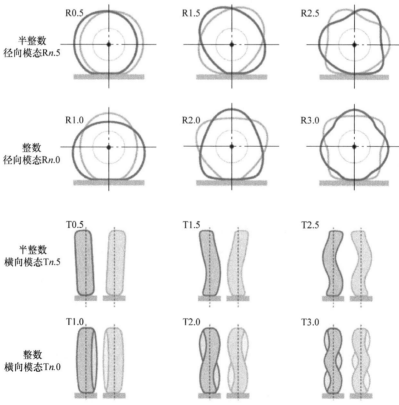

图 8.43　一些典型的轮胎模态形状

（经米其林授权,摘自文献［49］）

载荷状态的轮胎与自由悬置的轮胎模态是不同的。如果其变形节点的个数是偶数,则为整数模态,如果变形节点的个数是奇数,则为半整数模态。模态编号是 0.5、1.5、2.5。模态编号 n 是模态形状节点个数的一半。对于自由悬置的轮胎来说,每阶振动有两种形态,但它们的频率和振形是相同的。然而对于载荷状态的轮胎来说,两个模态会分成频率和形状不同的两个模态。一个模态的节点相当于另一个模态的反节点,因此两个模态是正交的。

附录2 式(8.154)的矩阵元素

式(8.154)的矩阵元素见表 8.1。

表 8.1 式(8.154)的矩阵元素

响应方向	位置	力与位置		矩阵元素[①]
切向位移	ϕ位置胎冠圆环	切向力	ϕ_0 处胎冠圆环	$T_{11} = \dfrac{1}{\pi a}\left[0.5 t_{m0}^{11} + \sum\limits_{n=1}^{\infty}\{t_{mn}^{11}\cos n(\phi-\phi_0) - t_{mn}^{2}\sin n(\phi-\phi_0)\}\right]$
		径向力	ϕ_0 处胎冠圆环	$T_{12} = -\dfrac{1}{\pi a}\sum\limits_{n=1}^{\infty} n\{t_{mn}^{11}\sin n(\phi-\phi_0) + t_{mn}^{12}\cos n(\phi-\phi_0)\}$
		力矩	轮芯	$T_{13} = t_{m0}^{13}/(2\pi a)$
		纵向力	轮芯	$T_{14} = -t_{m1}^{14}\sin\phi/(\pi a)$
		垂直力	轮芯	$T_{15} = t_{m1}^{14}\cos\phi/(\pi a)$
径向位移		切向力	ϕ_0 处胎冠圆环	$T_{21} = \dfrac{1}{\pi a}\sum\limits_{n=1}^{\infty} n\{t_{mn}^{11}\sin n(\phi-\phi_0) + t_{mn}^{12}\cos n(\phi-\phi_0)\}$
		径向力	ϕ_0 处胎冠圆环	$T_{22} = \dfrac{1}{\pi a}\sum\limits_{n=1}^{\infty} n^2\{t_{mn}^{11}\cos n(\phi-\phi_0) - t_{mn}^{12}\sin n(\phi-\phi_0)\}$
		力矩	轮芯	$T_{23} = 0$
		纵向力	轮芯	$T_{24} = t_{m1}^{14}\cos\phi/(\pi a)$
		垂直力	轮芯	$T_{25} = t_{m1}^{14}\sin\phi/(\pi a)$
角位移		切向力	ϕ_0 处胎冠圆环	$T_{31} = t_{m0}^{13}/(2\pi a)$
		径向力	ϕ_0 处胎冠圆环	$T_{32} = 0$
		力矩	轮芯	$T_{33} = t_{m0}^{33}/(2\pi a)$
		纵向力	轮芯	$T_{34} = 0$
		垂直力	轮芯	$T_{35} = 0$
纵向位移	轮芯	切向力	ϕ_0 处胎冠圆环	$T_{41} = -t_{m1}^{14}\sin\phi_0/(\pi a)$
		径向力	ϕ_0 处胎冠圆环	$T_{42} = t_{m1}^{14}\cos\phi_0/(\pi a)$
		力矩	轮芯	$T_{43} = 0$
		纵向力	轮芯	$T_{44} = t_{m1}^{33}/(\pi a)$
		垂直力	轮芯	$T_{45} = 0$
垂直位移		切向力	ϕ_0 处胎冠圆环	$T_{51} = t_{m1}^{14}\cos\phi_0/(\pi a)$
		径向力	ϕ_0 处胎冠圆环	$T_{52} = t_{m1}^{14}\sin\phi_0/(\pi a)$
		力矩	轮芯	$T_{53} = 0$
		纵向力	轮芯	$T_{54} = 0$
		垂直力	轮芯	$T_{55} = t_{m1}^{33}/(\pi a)$

① 问题 8.7。

附录3 式（8.155）的矩阵元素

$$H_{11} = [0.5t_{m0}^{11} + \sum_{n=1}^{\infty} t_{mn}^{11}]/(\pi a) \tag{8.155a}$$

$$H_{12} = -\sum_{n=1}^{\infty} n t_{mn}^{12}/(\pi a) \tag{8.155b}$$

$$H_{13} = t_{m0}^{13}/(2\pi a) \tag{8.155c}$$

$$H_{14} = t_{m1}^{14}/(\pi a) \tag{8.155d}$$

$$H_{21} = -H_{12} \tag{8.155e}$$

$$H_{22} = \sum_{n=1}^{\infty} n^2 t_{mn}^{11}/(\pi a) \tag{8.155f}$$

$$H_{25} = -t_{m1}^{14}/(\pi a) \tag{8.155g}$$

$$H_{31} = t_{m0}^{13}/(2\pi a) = H_{13} \tag{8.155h}$$

$$H_{33} = t_{m0}^{33}/(2\pi a) \tag{8.155i}$$

$$H_{41} = t_{m1}^{14}/(\pi a) = H_{14} \tag{8.155j}$$

$$H_{44} = t_{m1}^{33}/(\pi a) \tag{8.155k}$$

$$H_{52} = -t_{m1}^{14}/(\pi a) = H_{25} \tag{8.155l}$$

$$H_{55} = t_{m1}^{33}/(\pi a) \tag{8.155m}$$

备注

备注8.1 式（8.5）

Sakai[11]在他的书中建议 $\alpha = 1/3$。假设振动速度从胎圈到胎冠线性变化，并且胎冠的振动速度用 v 表示，胎侧等效质量如图8.44所示。胎冠和胎侧的动能 T 可以表示为

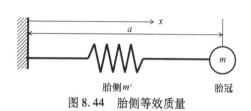

图8.44 胎侧等效质量

$$T = \frac{1}{2}mv^2 + \frac{1}{2}\int_0^a \frac{m'}{a}\left(v\frac{x}{a}\right)^2 dx = \frac{1}{2}v^2\left(m + \frac{1}{3}m'\right) \tag{8.199}$$

式中，a 是胎冠的半径；m' 是两个胎侧的合成质量；m 是胎冠的质量。从式（8.199）看到胎侧的动能等于 $m'/3$ 的动能。

Nakajima 提出了其他的 α 表达式，他利用圆柱模型推导了等效质量，如图8.2所示。假设胎侧的速度 $v(r)$ 从胎圈到胎冠线性变化，可以用下式表示：

$$v(r) = \frac{v_D(r - r_B)}{r_D - r_B} \tag{8.200}$$

式中，v_B 和 v_D 分别是 r_B 和 r_D 处的速度。

胎侧的动能 T 表达式为

$$T = \frac{1}{2}\int_{r_B}^{r_D} 2\pi\rho h v^2 r dr = \frac{\pi\rho h v_D^2 (r_D - r_B)^3 (3r_D + r_B)}{12(r_D - r_B)^2} = \frac{\pi\rho h v_D^2 (r_D - r_B)(3r_D + r_B)}{12} \tag{8.201}$$

式中，ρ 是胎侧的密度；h 是胎侧的厚度。

两个胎侧的合成质量 m' 可以用下式表示：

$$m' = 2\pi\rho h(r_D^2 - r_B^2) \tag{8.202}$$

利用式（8.201）和式（8.202），胎侧的动能 T 可以重写成：

$$T = \frac{m'v_D^2(r_D - r_B)(3r_D + r_B)}{24(r_D^2 - r_B^2)} = \frac{m'v_D^2(3r_D + r_B)}{24(r_D + r_B)} = \frac{3r_D + r_B}{12(r_D + r_B)}\frac{1}{2}m'v_D^2 \tag{8.203}$$

两个胎侧的等效合成质量和 α 可以由下式给出：

$$\text{两个胎侧的等效合成质量} = \frac{3r_D + r_B}{12(r_D + r_B)}m'$$

$$\alpha = \frac{3r_D + r_B}{12(r_D + r_B)} \tag{8.204}$$

另一个 α 模型假设加速度从胎圈到胎冠线性变化。如图 8.2 所示，假设半径 r 处的 z 方向加速度用 $\ddot{z}$ 表示，带束层上的 z 方向加速度用 $\ddot{z}_D$ 表示，$\ddot{z}$ 可以表示为

$$\ddot{z} = \ddot{z}_D(r - r_B)/(r_D - r_B) \tag{8.205}$$

单位周向长度上的惯性力 F 可以表示为

$$F = \frac{2}{r_D}\int_{r_B}^{r_D}\ddot{z}\rho h r dr = \frac{2\rho}{r_D}\int_{r_B}^{r_D}\frac{\ddot{z}_D(r - r_B)}{r_D - r_B}h r dr$$

$$= \frac{2\rho \ddot{z}_D}{r_D(r_D - r_B)}\int_{r_0}^{r_1}(r^2 - r_B r)h dr = \frac{2\rho h \ddot{z}_D}{r_D(r_D - r_B)}\frac{1}{6}(r_D - r_B)^2(2r_D + r_B)$$

$$= \frac{\rho h(r_D^2 - r_B^2)}{3r_D}\ddot{z}_D\left\{1 + \frac{r_D}{r_D + r_B}\right\} \tag{8.206}$$

式中，ρ 是胎侧的密度。

两个胎侧在圆周方向单位长度的合成质量 m' 可以表示为

$$m' = 2\rho h\pi(r_D^2 - r_B^2)/(2\pi r_D) = \rho h(r_D^2 - r_B^2)/r_D \tag{8.207}$$

利用式（8.206）和式（8.207），我们可以得到：

$$F = \frac{m'}{3}\ddot{z}_D\left\{1 + \frac{r_D}{r_D + r_B}\right\} \tag{8.208}$$

当两个胎侧的合成质量位于胎冠上的时候，利用修正参数 α 来获得等效质量，惯性力 F 的表达式为

$$F = \alpha m'\ddot{z}_D \tag{8.209}$$

比较式（8.208）和式（8.209），可以得到 α：

$$\alpha = \frac{1}{3}\left(1 + \frac{r_D}{r_D + r_B}\right) \tag{8.210}$$

Lecomte[49] 的研究报告表明，当轮胎的 $r_D = 346$mm，$r_B = 236$mm 时，$\alpha = 0.92$。然而，当 $\alpha = 0.66$ 时才与实验结果比较吻合。对这个轮胎，Sakai 的模型给出 $\alpha = 0.33$，式（8.204）可以得出 $\alpha = 0.20$，式（8.210）可以得出 $\alpha = 0.53$。

备注 8.2　式（8.32）和式（8.33）

图 8.5b 给出了极坐标系下圆环变形前的微单元 AB 的位置和变形后的单元 $A'B'$ 的位置。变形前 A 点的位置用极坐标表示为 (r, θ)，而点 B 的位置坐标可以表示为 $(r + dr, \theta + d\theta)$，$AB$ 的无限小长度可以表示为

$$ds^2 = dr^2 + (rd\theta)^2 \tag{8.211}$$

圆环变形后，点 A 移动到点 A'，导致在径向和切向上发生的位移是 W 和 V，点 B 移动到点 B'。

点 A' 的位置定义为 $(r+\zeta_r, \theta+\zeta_\theta)$，点 A 和点 B 的位置变为 A' 和点 B' 的位置：

$$A(r,\theta) \rightarrow A'(r+\zeta_r, \theta+\zeta_\theta)$$
$$B(r+dr, \theta+d\theta) \rightarrow B'(r+\zeta_r+dr+d\zeta_r, \theta+\zeta_\theta+d\theta+d\zeta_\theta) \tag{8.212}$$

根据图 8.5b，可以得到：

$$\zeta_\theta \cong \sin\zeta_\theta \cong V/(r+W), \zeta_r \cong \sqrt{(r+W)^2+V^2}-r \cong W \tag{8.213}$$

$A'B'$ 的无限小长度 ds' 可以表示为

$$ds'^2 = (dr+d\zeta_r)^2 + (r+\zeta_r)^2(d\theta+d\zeta_\theta)^2 \tag{8.214}$$

式中，

$$d\zeta_\theta = (\partial\zeta_\theta/\partial\theta)d\theta + (\partial\zeta_\theta/\partial r)dr$$
$$d\zeta_r = (\partial\zeta_r/\partial\theta)d\theta + (\partial\zeta_r/\partial r)dr \tag{8.215}$$

将式（8.215）代入到式（8.214）可以得到：

$$ds'^2 = G_{rr}dr^2 + 2G_{r\theta}drd\theta + G_{\theta\theta}d\theta^2 \tag{8.216}$$

式中，

$$G_{rr} = (r+\zeta_r)^2(\partial\zeta_\theta/\partial r)^2 + (1+\partial\zeta_r/\partial r)^2$$
$$G_{r\theta} = (r+\zeta_r)^2(1+\partial\zeta_\theta/\partial\theta)\partial\zeta_\theta/\partial r + \partial\zeta_r/\partial\theta(1+\partial\zeta_r/\partial r) \tag{8.217}$$
$$G_{\theta\theta} = (r+\zeta_r)^2(1+\partial\zeta_\theta/\partial\theta)^2 + (\partial\zeta_r/\partial\theta)^2$$

根据图 8.45，应变可以重新写为

$$\varepsilon_\theta = (ds'_{\theta\theta} - rd\theta)/rd\theta$$
$$\varepsilon_r = (ds'_{rr} - dr)/dr$$
$$\varepsilon_{r\theta} = \pi/2 - \chi \tag{8.218}$$

根据余弦法则，我们得到：

$$ds'^2 = ds'^2_{rr} + 2\cos\chi ds'_{rr}ds'_{\theta\theta} + ds'^2_{\theta\theta} \tag{8.219}$$

将式（8.216）和式（8.219）进行比较，我们得到：

$$ds'^2_{\theta\theta} = G_{\theta\theta}d\theta^2$$
$$ds'^2_{rr} = G_{rr}dr^2$$
$$\cos\chi ds'_{rr}ds'_{\theta\theta} = G_{r\theta}drd\theta \tag{8.220}$$

将式（8.220）代入到式（8.218）中，得到：

$$\varepsilon_\theta = \sqrt{G_{\theta\theta}}/r - 1$$
$$\varepsilon_r = \sqrt{G_{rr}} - 1$$

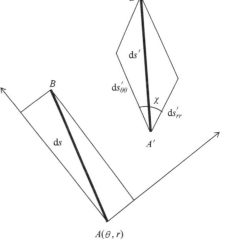

图 8.45 变形前后的胎冠圆环的微元

$$\varepsilon_{r\theta} \approx \sin\varepsilon_{r\theta} - \cos\chi = G_{r\theta}/\sqrt{G_{rr}G_{\theta\theta}} \tag{8.221}$$

根据式（8.213），有：

$$\frac{\partial\zeta_\theta}{\partial\theta} \cong \frac{1}{r+W}\frac{\partial V}{\partial\theta} - \frac{V}{(r+W)^2}\frac{\partial W}{\partial\theta}$$

$$\frac{\partial\zeta_\theta}{\partial r} \cong \frac{1}{r+W}\frac{\partial V}{\partial r} - \frac{V}{(r+W)^2}\left(1+\frac{\partial W}{\partial r}\right)$$

$$\frac{\partial\zeta_r}{\partial\theta} \cong \frac{\partial W}{\partial\theta}$$

$$\frac{\partial\zeta_r}{\partial r} \cong \frac{\partial W}{\partial r}$$

$$\tag{8.222}$$

将式（8.222）代入到式（8.217），可以得到：

$$G_{rr} \cong 1 + 2\frac{\partial W}{\partial r}$$

$$G_{r\theta} \cong r\frac{\partial V}{\partial \theta} - V + \frac{\partial W}{\partial \theta} \tag{8.223}$$

$$G_{\theta\theta} \cong r^2 + 2r\left(W + \frac{\partial V}{\partial \theta}\right) + \left(W + \frac{\partial V}{\partial \theta}\right)^2 + \left(V - \frac{\partial W}{\partial \theta}\right)^2$$

将式（8.223）代入到式（8.221），在环的变形很小的假设下，可以得到：

$$\varepsilon_r = \frac{\partial W}{\partial r}$$

$$\varepsilon_\theta = \frac{1}{r}\left(W + \frac{\partial V}{\partial \theta}\right) + \frac{1}{2r^2}\left(W + \frac{\partial V}{\partial \theta}\right)^2 + \frac{1}{2r^2}\left(V - \frac{\partial W}{\partial \theta}\right)^2 \tag{8.224}$$

$$\varepsilon_{r\theta} = \frac{\partial V}{\partial r} + \frac{1}{r}\left(\frac{\partial W}{\partial \theta} - V\right)$$

如果圆环比较薄，那么就可以应用伯努利 - 欧拉假设，通过环的横截面的面保持平面，并且变形后仍垂直于环的中性面。因此其面内剪切应变很小，可以忽略。唯一需要关注的应变就是切向的应变。径向位移 W 可以近似为中性面的位移，切向位移沿环的厚度方向线性变化。径向位移 W 和切向位移 V 可以表示为

$$W \approx w$$
$$V(y,\theta,t) = v(\theta,t) + y\beta(\theta,t) \tag{8.225}$$

式中，β 是环界面的旋转角度；y 是到中性面的距离（图 8.5b）。

将式（8.225）代入到式（8.224），得到：

$$\varepsilon_\theta = \frac{1}{a+y}\left(w + \frac{\partial v}{\partial \theta} + y\frac{\partial \beta}{\partial \theta}\right) + \frac{1}{2(a+y)^2}\left(w + \frac{\partial v}{\partial \theta} + y\frac{\partial \beta}{\partial \theta}\right)^2 +$$

$$\frac{1}{2(a+y)^2}\left(\frac{\partial w}{\partial \theta} - v - y\beta\right)^2 \tag{8.226}$$

$$\varepsilon_{r\theta} = \frac{1}{a+y}\left(\frac{\partial w}{\partial \theta} - v + a\beta\right)$$

因为圆环是薄的（$h \ll a$），$a+y$ 可以用 a 代替，根据伯努利 - 欧拉方程，式（8.227）中的剪应变 $\varepsilon_{r\theta}$ 等于 0，因此，β 可以写为

$$\beta = \frac{1}{a}\left(v - \frac{\partial w}{\partial \theta}\right) \tag{8.227}$$

将式（8.227）代入到式（8.225）的第一个方程，得到：

$$\varepsilon_\theta = \frac{1}{a}\left(w + \frac{\partial v}{\partial \theta}\right) + \frac{y}{a^2}\left(\frac{\partial v}{\partial \theta} - \frac{\partial^2 w}{\partial \theta^2}\right) + \frac{1}{2a^2}\left(w + \frac{\partial v}{\partial \theta}\right)^2 + \frac{1}{2a^2}\left(\frac{\partial w}{\partial \theta} - v\right)^2 \tag{8.228}$$

Gong[16]在其论文中省略了式（8.228）中的第三项。这是因为如果圆周方向的不可伸张假设是近似满足的，第三项就比其他项更小。

备注8.3　式（8.34）和式（8.35）

如图 8.46 所示，在旋转坐标系中，变形后的位置向量 $\vec{p}$ 可以表示如下：

$$\vec{p} = (a+w)\vec{e}_r + v\vec{e}_\theta \tag{8.229}$$

式中，$\vec{e}_r$ 和 $\vec{e}_\theta$ 是旋转坐标系的单位向量，角速度 Ω 是常数。

在非旋转坐标系中，位置向量 $\vec{r}$ 与位置向量 $\vec{p}$ 之间的关系为

$$\dot{\vec{r}} = \dot{\vec{p}} + \vec{\Omega} \times \vec{p}$$

$$\ddot{\vec{r}} = (\ddot{\vec{p}} + \vec{\Omega} \times \dot{\vec{p}}) + \vec{\Omega} \times (\dot{\vec{p}} + \vec{\Omega} \times \vec{p}) = \ddot{\vec{p}} + 2(\vec{\Omega} \times \dot{\vec{p}}) + \vec{\Omega} \times (\vec{\Omega} \times \vec{p}) \quad (8.230)$$

对式（8.229）进行微分，并利用式（8.230），可以得到：

$$\dot{\vec{r}} = \dot{w}\vec{e}_r + \dot{v}\vec{e}_\theta + \Omega(a+w)\vec{e}_\theta - \Omega v \vec{e}_r = (\dot{w} - \Omega v)\vec{e}_r + \{\dot{v} + \Omega(a+w)\}\vec{e}_\theta$$

$$\ddot{\vec{r}} = (\ddot{w} - \Omega \dot{v})\vec{e}_r + \{\ddot{v} + \Omega \dot{w}\}\vec{e}_\theta + \Omega[(\dot{w} - \Omega v)(\vec{e}_z \times \vec{e}_r) + \{\dot{v} + \Omega(a+w)\}(\vec{e}_z \times \vec{e}_\theta)]$$

$$= [\ddot{w} - 2\Omega \dot{v} - \Omega^2(a+w)]\vec{e}_r + [\ddot{v} + 2\Omega \dot{w} - \Omega^2 v]\vec{e}_\theta \quad (8.231)$$

式（8.232）也可以通过考虑在非旋转坐标系中将 $\vec{e}_r$ 和 $\vec{e}_\theta$ 改变方向得到，满足下面的关系：

$$\dot{\vec{e}}_r = \Omega \vec{e}_\theta$$

$$\dot{\vec{e}}_\theta = -\Omega \vec{e}_r \quad (8.232)$$

备注 8.4 式（8.40）~式（8.43）

式（8.40）

由图 8.47 中显示的力平衡条件可得：

$$2S_0 \sin(d\theta/2) = p_0 b a d\theta + \rho A a^2 \Omega^2 d\theta - k_r w_0 a d\theta \quad (8.233)$$

式中，S_0（$= \sigma_\theta^0 A$）是预张力；$p_0 b a d\theta$ 是充气压力带来的力；$\rho A a^2 \Omega^2 d\theta$ 是离心力；$k_r w_0 a d\theta$ 是初始的径向弹簧力；w_0 是环单元在径向的初始位移。

胡克定律可以表示为

$$\sigma_\theta^0 = E w_0 / a \quad (8.234)$$

合并式（8.233）和式（8.234），并消去 w_0，可以得到：

$$\sigma_\theta^0 A = \frac{p_0 b a + \rho A a^2 \Omega^2}{1 + k_r \dfrac{a^2}{EA}} \quad (8.235)$$

因为胎冠圆环的拉伸刚度 EA 很高，胎冠圆环的预张力可以由下式给出：

$$\sigma_\theta^0 A = p_0 b a + \rho A a^2 \Omega^2 \quad (8.236)$$

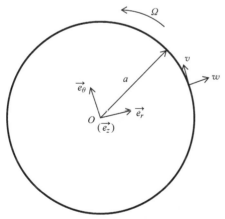

图 8.46　旋转坐标系

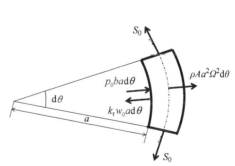

图 8.47　胎冠圆环微元的力平衡

式（8.41）

$$V_2 = ab \int_0^{2\pi} \int_{-h/2}^{h/2} \left(\frac{1}{2} \sigma_\theta \varepsilon_\theta + \sigma_\theta^0 \varepsilon_\theta \right) dy d\theta = ab \int_0^{2\pi} \int_{-h/2}^{h/2} \left(\frac{1}{2} E \varepsilon_\theta^2 + \sigma_\theta^0 \varepsilon_\theta \right) dy d\theta$$

$$= ab \int_0^{2\pi} \int_{-h/2}^{h/2} \left(\frac{1}{2}E\left\{\frac{1}{a}\left(w + \frac{\partial v}{\partial \theta}\right) + \frac{y}{a^2}\left(\frac{\partial v}{\partial \theta} - \frac{\partial^2 w}{\partial \theta^2}\right) + \frac{1}{2a^2}\left(\frac{\partial w}{\partial \theta} - v\right)\right\}^2 + \right.$$
$$\left. \sigma_\theta^0 \left\{\frac{1}{a}\left(w + \frac{\partial v}{\partial \theta}\right) + \frac{y}{a^2}\left(\frac{\partial v}{\partial \theta} - \frac{\partial^2 w}{\partial \theta^2}\right) + \frac{1}{2a^2}\left(\frac{\partial w}{\partial \theta} - v\right)\right\} \right) \mathrm{d}y \mathrm{d}\theta$$

$$= ab \int_0^{2\pi} \int_{-h/2}^{h/2} \left(\frac{1}{2}E\left\{\frac{1}{a^2}\left(w + \frac{\partial v}{\partial \theta}\right)^2 + \frac{y^2}{a^4}\left(\frac{\partial v}{\partial \theta} - \frac{\partial^2 w}{\partial \theta^2}\right)^2\right\} + \sigma_\theta^0\left\{\frac{1}{a}\left(w + \frac{\partial v}{\partial \theta}\right) + \frac{1}{2a^2}\left(\frac{\partial w}{\partial \theta} - v\right)\right\} \right) \mathrm{d}y \mathrm{d}\theta$$

$$V_2 = \frac{1}{2}\int_0^{2\pi} \left[\left\{ 2\sigma_\theta^0 A\left(w + \frac{\partial v}{\partial \theta}\right) + \frac{\sigma_\theta^0 A}{a}\left(v - \frac{\partial w}{\partial \theta}\right)^2 \right\} + \frac{E}{a}\left\{ A\left(w + \frac{\partial v}{\partial \theta}\right)^2 + \frac{1}{a^2}\left(\frac{\partial v}{\partial \theta} - \frac{\partial^2 w}{\partial \theta^2}\right)^2 \right\} \right] \mathrm{d}\theta$$

式 (8.42)

Wei[19] 在式 (8.42) 中添加胎冠 q_β 的力矩功：

$$\delta E_1 = \int_0^{2\pi} \left(q_w \delta w + q_v \delta v + q_\beta \delta \frac{v' - w}{a} \right) a \mathrm{d}\theta + f_x \cdot \delta x^* + f_z \cdot \delta z^* + T\delta\theta_r \tag{8.237}$$

式 (8.43)

内部气压做的功可以为

$$\delta E_2 = \delta p_0 b \int_0^{2\pi} \left(\mathrm{d}A - \frac{a^2}{2}\mathrm{d}\theta \right) \tag{8.238}$$

式中，A 是变形后胎冠圆环的面积，可以表示为

$$A = \frac{1}{2}\int_0^{2\pi} \vec{r} \times \mathrm{d}\vec{r} = \frac{1}{2}\int_0^{2\pi} (x^* \mathrm{d}z^* - z^* \mathrm{d}x^*) \tag{8.239}$$

这里 $\vec{r}$ 是变形后胎冠圆环的向量，x^* 和 z^* 是旋转坐标系中环的位置，如图 8.5 所示，它们可以用下式表示：

$$x^* = (a + w)\cos\theta - v\sin\theta$$
$$z^* = (a + w)\sin\theta + v\cos\theta \tag{8.240}$$

将式 (8.240) 代入到式 (8.239)，由式 (8.239) 可得：

$$\delta E_2 = p_0 b \int_0^{2\pi} \left[\left\{1 + \frac{1}{a}\left(w + \frac{\partial v}{\partial \theta}\right)\right\} \delta w - \frac{1}{a}\left(\frac{\partial w}{\partial \theta} - v\right) \delta v \right] a \mathrm{d}\theta \tag{8.241}$$

备注 8.5 式 (8.46)

$$I = \iint_{t_1}^{t_2} L(w, \dot{w}, w', w'', v, \dot{v}, v') \mathrm{d}\theta \mathrm{d}t$$

$$\delta I = \iint_{t_1}^{t_2} (L_{,w}\delta w + L_{,\dot{w}}\delta \dot{w} + L_{,w'}\delta w' + L_{,w''}\delta w'' + L_{,v}\delta v + L_{,\dot{v}}\delta \dot{v} + L_{,v'}\delta v') \mathrm{d}\theta \mathrm{d}t$$

$$\int_{t_1}^{t_2} L_{,\dot{w}}\delta \dot{w} \mathrm{d}t = [L_{,\dot{w}}\delta \dot{w}]_{t_1}^{t_2} - \int_{t_1}^{t_2} \frac{\partial L_{,\dot{w}}}{\partial t}\delta w \mathrm{d}t$$

$$\int_0^{2\pi} L_{,v'}\delta v' \mathrm{d}\theta = [L_{,v'}\delta v]_0^{2\pi} - \int_0^{2\pi} \frac{\partial L_{,v'}}{\partial \theta}\delta v \mathrm{d}\theta$$

式中，δI 可以用下式表示：

$$\delta I = \int_0^{2\pi} [L_{,\dot{w}}\delta \dot{w}]_{t_1}^{t_2} \mathrm{d}\theta + \int_{t_1}^{t_2} [L_{,w'}\delta w]_0^{2\pi} \mathrm{d}t - \iint \left[\frac{\partial L_{,w''}}{\partial \theta}\delta w\right]_0^{2\pi} \mathrm{d}t + \int_0^{2\pi} [L_{,\dot{v}}\delta v]_{t_1}^{t_2} \mathrm{d}\theta + \int_{t_1}^{t_2} [L_{,v'}\delta v]_0^{2\pi} \mathrm{d}t +$$

$$\iint_{t_1}^{t_2}\left[\left\{L_{,w}-\frac{\partial}{\partial t}L_{,\dot{w}}-\frac{\partial}{\partial \theta}L_{,w'}+\frac{\partial^2}{\partial \theta^2}L_{,w''}\right\}\delta w+\left\{L_{,v}-\frac{\partial}{\partial t}L_{,\dot{v}}-\frac{\partial}{\partial \theta}L_{,v'}\right\}\delta v\right]\mathrm{d}\theta \mathrm{d}t=0$$

备注 8.6　式 (8.92)，式 (8.97) 和式 (8.98)

式 (8.92)

将式 (8.68) 和式 (8.71) 代入到式 (8.72)，得出：

$$\begin{bmatrix} -m_{11}^{(1)}\omega_{1i}^2+k_{11}^{(1)} & \mathrm{j}(g_{12}^{(1)}\omega_{ni}+k_{12}^{(n)}) & k_{13}^{(1)} \\ \mathrm{j}(g_{21}^{(1)}\omega_{ni}+k_{21}^{(n)}) & -m_{22}^{(1)}\omega_{1i}^2+k_{22}^{(1)} & \mathrm{j}k_{23}^{(n)} \\ k_{31}^{(1)} & \mathrm{j}k_{32}^{(n)} & -m_{33}^{(1)}\omega_{ni}^2-g_{33}^{(n)}\omega_{ni}+k_{33}^{(1)} \end{bmatrix}\begin{Bmatrix} A_n \\ B_n \\ C_n \end{Bmatrix}=0$$

$$\{-m_{11}^{(1)}\omega_{1i}^2+k_{11}^{(1)}\}A_n+\mathrm{j}(g_{12}^{(1)}\omega_{ni}+k_{12}^{(n)})B_n+k_{13}^{(1)}C_n=0$$

$$\mathrm{j}(g_{21}^{(1)}\omega_{ni}+k_{21}^{(n)})A_n+\{-m_{22}^{(1)}\omega_{1i}^2+k_{22}^{(1)}\}B_n+\mathrm{j}k_{23}^{(n)}C_n=0$$

$$k_{31}^{(1)}A_n+\mathrm{j}k_{32}^{(n)}B_n+\{-m_{33}^{(1)}\omega_{ni}^2-g_{33}^{(n)}\omega_{ni}+k_{33}^{(1)}\}C_n=0$$

利用第一个和第三个方程可以消去 C_n，得到 A_n/B_n。利用第三个方程和 $D_n=\mathrm{j}A_n/B_n$，可以得到 C_n/A_n。

式 (8.97)

$$v_{ni}+v_{-ni}=B_{ni}\mathrm{e}^{\mathrm{j}(n\theta+\omega_{ni}t)}+B_{-ni}\mathrm{e}^{\mathrm{j}(-n\theta+\omega_{-ni}t)}=B_{ni}\mathrm{e}^{\mathrm{j}(n\theta+\omega_{ni}t)}-B_{ni}\mathrm{e}^{\mathrm{j}(-n\theta-\omega_{ni}t)}$$

$$=2\mathrm{j}B_{ni}\sin(n\theta+\omega_{ni}t)=2\mathrm{j}A_{ni}D_{ni}\sin(n\theta+\omega_{ni}t)$$

式 (8.98)

$$x^*=(u_1+u_{-1})/2=(C_{1i}\mathrm{e}^{\mathrm{j}\omega_{1i}t}+C_{-1i}\mathrm{e}^{\mathrm{j}\omega_{-1i}t})/2$$

$$=(C_{1i}\mathrm{e}^{\mathrm{j}\omega_{1i}t}+C_{1i}\mathrm{e}^{-\mathrm{j}\omega_{1i}t})/2=C_{1i}\cos\omega_{1i}t=A_{1i}E_{1i}\cos\omega_{1i}t$$

$$z^*=(u_{-1}-u_1)/2\mathrm{j}=(C_{-1i}\mathrm{e}^{\mathrm{j}\omega_{-1i}t}-C_{1i}\mathrm{e}^{\mathrm{j}\omega_{1i}t})/2\mathrm{j}$$

$$=(C_{1i}\mathrm{e}^{-\mathrm{j}\omega_{1i}t}-C_{1i}\mathrm{e}^{\mathrm{j}\omega_{1i}t})/2\mathrm{j}=-C_{1i}\sin\omega_{1i}t=-A_{1i}E_{1i}\sin\omega_{1i}t$$

备注 8.7　式 (8.101)

利用式 (8.85) 和式 (8.100)，$w(\phi,t)$ 的表达式为

$$w(\phi,t)=\sum_{i=1}^{2}\sum_{n=0}^{\infty}2A_{ni}\cos\{n\phi+(\omega_{ni}-n\Omega)t\}$$

$$=2\sum_{n=0}^{\infty}[A_{n1}\cos\{n\phi+(\mu_n+p_n-n\Omega)t\}+A_{n2}\cos\{n\phi+(\mu_n-p_n-n\Omega)t\}]$$

用式 (8.85)，$\mu_n-n\Omega$ 可以表示为式 (8.102) 中的 λ_n。因此 $w(\phi,t)$ 可以表示为

$$w(\phi,t)=2\sum_{n=0}^{\infty}[A_{n1}\cos\{(\lambda_n+\bar{p}_n)t+n\phi\}+A_{n2}\cos\{(-\lambda_n+\bar{p}_n)t-n\phi\}]$$

备注 8.8　式 (8.134)

考虑到式 (8.132) 的右端项，α_n 和 β_n 假设可以表示为

$$\alpha_n=c_n\cos(\omega_+t-n\theta_0)+d_n\cos(\omega_-t+n\theta_0)$$

$$\beta_n=-c_n\sin(\omega_+t-n\theta_0)+d_n\sin(\omega_-t+n\theta_0)$$

将上式代入到式 (8.132) 中，可以得到：

$$c_n=-\frac{Fn^2}{2\rho A\pi a(n^2+1)}\frac{1}{\hat{k}_n-\hat{g}_n\omega_+-\omega_+^2}$$

$$d_n=\frac{Fn^2}{2\rho A\pi a(n^2+1)}\frac{1}{\hat{k}_n+\hat{g}_n\omega_--\omega_-^2}$$

利用上式，将 α_n 和 β_n 代入到式 (8.129) 中，可以得到：

$$w(\theta,t) = -\frac{F}{2\rho A\pi a}\sum_{n=1}^{\infty}\frac{n^2}{n^2+1}\Big[\frac{\cos(\omega_+ t - n\theta_0)\cos n\theta + \sin(\omega_+ t - n\theta_0)\sin n\theta}{\hat{k}_n - \hat{g}_n\omega_+ - \omega_+^2} +$$
$$\frac{\cos(\omega_- t + n\theta_0)\cos n\theta - \sin(\omega_- t + n\theta_0)\sin n\theta}{\hat{k}_n + \hat{g}_n\omega_- - \omega_-^2}\Big]$$

备注8.9 式（8.173）

设三次方程为
$$x^3 + A_1 x^2 + A_2 x + A_3 = 0$$

将下面的变换公式应用到上述三次方程中：
$$y = x + A_1/3$$

从而可以得到：
$$y^3 + py + q = 0$$

式中
$$p = \frac{A_2}{3} - \left(\frac{A_1}{3}\right)^2$$

$$q = \frac{A_3}{2} - \frac{A_1 A_2}{6} + \left(\frac{A_1}{3}\right)^3$$

三次方程的判别式 D 的表达式为 $D = q^2 + p^3$，当满足 $D < 0$ 的条件时，可以得到三个实数解。

问题

8.1　证明胎冠绕旋转轴的惯性矩 I_p 可以用式（8.14）中的 $I_p = 2\pi r_D^3 m$ 来表示。

8.2　推导式（8.19）。证明图8.3a中绕点 P 的惯性矩 I_p^P 和图8.3b中绕 x 轴（运动方向）的惯性矩 I_x^P 可以用式（8.20）的 $I_p^P = 4\pi m r^3$ 和式（8.26）的 $I_x^P = 3\pi m r^3$ 来表示。

8.3　推导式（8.48）。

8.4　推导式（8.54）。

8.5　推导式（8.102）。

8.6　推导式（8.146）和式（8.147）。

8.7　推导传递函数 $[T]$ 的各个元素表达式，也就是附录2中的式（8.154）的各矩阵元素。

参考文献

1. JSAE (ed.), *Handbook of vehicle technology, Fundamentals and Theory (in Japanese)* (JSAE, 2008), p. 325
2. J.T. Tielking, Plane Vibration Characteristics of A Pneumatic Tire Model (SAE Paper, No. 650492, 1965)
3. F. Böhm, Mechanik des Gurtelreifens. ATZ **69**(8), 255–261 (1967)
4. S.K. Clark (ed.), Mechanics of pneumatic tires, in *The Tire as a Vehicle Component*, ed. by H.B. Pacejka (National Bureau of Standards, Washington, DC, 1971)
5. S.K. Clark (ed.), *Mechanics of pneumatic tires,* in Analysis of tire properties (Chapter 9), ed. by H.B. Pacejka (U.S. Department of Transportation, 1981)
6. S. Saigal et al., Free vibrations of a tire as a toroidal membrane. J. Sound Vib. **107**, 71–82 (1986)
7. W. Soedel, On the dynamic response of rolling tires according to thin shell approximations. Tire Sci. Technol. **41**, 233–246 (1975)
8. R.F. Keltie, Analytical model of the truck tire vibration sound mechanism. J. Acoust. Soc. Am. **71**, 359–367 (1982)
9. T.L. Richards, Finite element analysis of structural-acoustic coupling in tires. J. Sound Vib. **149**, 235–243 (1991)
10. Y. Nakajima et al., Application of the boundary element method and modal analysis to tire acoustics problem. Tire Sci. Technol. **21**, 66–90 (1993)

11. H. Sakai, *Tire Engineering (in Japanese)*, (Guranpuri-Shuppan, 1987)
12. D.R. Potts et al., Tire vibration. Tire Sci. Technol. **3**(2), 86–114 (1977)
13. S.C. Huang, W. Soedel, Response of rotating rings to harmonic and periodic loading and comparison with the inverted problem. J. Sound Vib. **118**(2), 253–270 (1987)
14. S.C. Huang, The vibration of rolling tyres in ground contact. Int. J. Vehicle Design **13**(1), 78–95 (1992)
15. S.C. Huang, C.K. Su, In-plane dynamics of tires on the road based on an experimentally verified rolling ring model. Vehicle Syst. Dyn. **21**, 247–267 (1992)
16. S. Gong, *A Study of In-Plane Dynamics of Tires*, Ph. D. Thesis, Delft University of Technology, 1993
17. T. Akasaka, M. Hirano, The lowest natural frequency. Fukugo Zairyo **2**(2), 38–40 (1973)
18. T. Akasaka et al., Vibration characteristics of radial tire. Bull. Fac. Eng., Chuo Univ. **22**, 279–303 (1979)
19. Y.T. Wei et al., Ring Model for Pneumatic Tires. Tsinghua Sci. Technol. **7**(5), 496–501 (2002)
20. J.W. Bryan, On the beats in the vibrations of a revolving cylinder or shell. P. Camb. Philos. Soc. **3**, 101 (1890)
21. P.W.A. Zegelaar, *The Dynamic Response of Tires to Brake Torque Variations and Road Unevennesses*, Ph. D. Thesis, Delft University of Technology, 1998
22. M. Matsubara et al., Tire vibration analysis of radial direction on the restraint effect of contact condition. Trans. JSME **80**(811), D0047 (2014)
23. M. Matsubara et al., Tire vibration analysis for radial direction on contact and rolling condition. Trans. JSME **80**(811), D0048 (2014)
24. I. Kido, Tire and Road Input Modeling for Low-Frequency Road Noise Prediction, (SAE Paper, No. 2011-01-1690, 2011)
25. D. Belluzzo et al., New predictive model for the study of vertical forces (up to 250 Hz) induced on the tire hub by road irregularities. Tire Sci. Technol. **30**(1), 2–18 (2002)
26. J.D. Walter et al., Advances in tire composite theory. Tire Sci. Technol. **1**(2), 210–250 (1973)
27. M. Takayama, K. Yamagishi, Simulation model of tire vibration. Tire Sci. Technol. **11**(1–4), 38–49 (1984)
28. Y.T. Wei et al., Analysis of forced transient response for rotating tires using REF models. J. Sound Vib. **320**, 145–162 (2009)
29. A.J.C. Schmeitz, *A Semi-Empirical Model of Pneumatic Tire Rolling Over Arbitrarily Uneven Road Surfaces*, Ph.D. Thesis, Delft University of Technology, 2004
30. C.W. Mousseau, S.K. Clark, An analytical and experimental study of a tire rolling over a stepped obstacle at low velocity. Tire Sci. Technol. **22**(3), 162–181 (1994)
31. H. Yamada, et al., Introduction of tire model for prediction of riding quality (in Japanese), in *Proceedings of the JSAE Conference*, Paper No. 20025068, 2002
32. H.R. Dorfi, A Study of the in-plane force transmission of tires. Tire Sci. Technol. **32**(4), 188–213 (2004)
33. J.M. Badalamenti, G.R. Doyle Jr., Radial-interradial spring tire models. J. Vib. Acoust. Stress Reliab **110**(1), 70–75 (1988)
34. A. Kamoulakos, B.G. Kao, Transient dynamics of a tire rolling over small obstacles—a finite element approach with PAM-SHOCK. Tire Sci. Technol. **26**(1), 84–108 (1998)
35. J.R. Cho et al., Transient dynamic response analysis of 3-d patterned tire rolling over cleat. Eur. J. Mech. A-Solid **24**(3), 519–531 (2005)
36. C. Wei, O.A. Olatunbosun, Transient dynamic behaviour of finite element tire traversing obstacles with different heights. J. Terramech. **56**, 1–16 (2014)
37. V. Kerchman, Tire-suspension-chassis dynamics in rolling over obstacles for ride and harshness analysis. Tire Sci. Technol. **36**(3), 158–191 (2008)
38. H. Surendranath, M. Dunbar, Parallel computing for tire simulations. Tire Sci. Technol. **39**(3), 193–209 (2011)
39. Bridgestone (Ed.), *Fundamentals and Application of Vehicle Tires (in Japanese)*, (Tokyo Denki University Press, 2008)
40. T. Akasaka et al., Deformation analysis of a radial tire based on a crossbar. Tire Sci. Technol. **21**(1), 40–63 (1993)
41. H. Haga, Development of tire model for large input force, in *Proceedings of the JSAE Conference*, (No. 20095684, 2009)
42. M. Gipser, FTIRE, a New Fast Tire Model for Ride Comfort Simulations, in *International ADAMS User's Conference*, (Berlin, 1999)
43. V. Koettgen, Road loads prediction using LMS CDTire, in *LMS Conference*, (Europe, 2006)
44. J.M. van Oosten, H.B. Pacejka, SWIFT-Tire: an accurate tire model for ride and handling studies also at higher frequencies and short road wavelengths, in *ADAMS Users' Conference*, (Orlando, 2000)

45. D.C. Davis, A radial-spring terrain-enveloping tire model. Vehicle Sys. Dyn. **3**, 55–69 (1974)
46. P. Bandel, C. Monguzzi, Simulation model of the dynamic behavior of a tire running over an obstacle. Tire Sci. Technol. **16**(2), 62–77 (1988)
47. N. Takata, et al., A consideration on analysis of ride harshness, JSAE Rev. 54–59 (1984)
48. Michelin, The tire: Mechanical and acoustic comfort, (2002). (http://www.dimnp.unipi.it/guiggiani-m/Michelin_Tire_Noise.pdf)
49. C. Lecomte et al., A shell model for tire belt vibration. J. Sound Vib. **329**, 1717–1742 (2010)

第9章 轮胎的接地特性

轮胎是车辆的唯一接地部件。轮胎接地性能主要是指轮胎的接地压力分布和接地印痕形状。轮胎的接地性能不但与车辆操纵性能有关，而且与乘坐舒适性、噪声、耐久性、滚动阻力、耐磨耗性能以及驱动和制动性能都有关系。轮胎的接地压力分布可以用带有胎冠弹簧的弹性环模型和几何边界条件来预测，也就是说用带有傅里叶级数展开式的弹性环模型和接触边界条件预测。轮胎的接地压力分布还可以用有限元模型来预测。因为轮胎的接地压力分布和接地印痕形状主要受胎冠形状影响，人们采用有限元方法和一些优化技术开发了可以使接地压力分布均匀化的胎冠形状的优化设计方法。实践表明，优化后的胎冠形状可以提高耐磨耗、制动和操纵性能。

9.1 轮胎接地性能的研究

轮胎的接地性能主要指的是轮胎在干燥平路面上的接地压力分布和接地印痕形状。如果轮胎在干燥平路面上的接地性能是好的，那么它在粗糙路面上的接地性能也会是好的。人们在轮胎接地压力分布方面的研究具有悠久的实验、分析和计算研究历史。接地压力分布的分析表明接触问题是与边界条件相关的非线性问题，需要不断迭代计算。近年来，有限元分析技术（FEA）被广泛地应用到了接地压力分布的研究中。

Clark[1]采用弹性环模型来研究旋转中的轮胎的接地压力分布。通过假设在接地区域的胎冠圆环的位移来计算接地压力分布。通过计算接地压力为0的两点间的距离来确定接地长度。Yamagishi和Jenkins[2-4]利用带有胎冠弹簧的弹性环模型来求解接触问题。对接地区域和接触角附近的自由区域应用边界条件进行求解，可以得到总体的轮胎变形。Huang[5]研究了处于点接触的滚动轮胎的振动问题，Huang和Hsu[6]对滚动的轮胎－轮辋－悬架进行了动力学分析，在分析过程中采用了弹性环模型。Gong[7]采用在周向上进行傅里叶级数展开的方法求解了带有胎冠弹簧的弹性环的接触问题。Dohrmann[8]采用了不同于Gong的研究中的接触条件，对无胎冠弹簧的弹性环的接触问题进行了分析。Gasmi等[9]也采用傅里叶级数展开的方法来研究弹性环的接触问题，他采用的是考虑胎冠圆环剪切变形的铁摩辛柯（Timoshenko）梁理论[10]，而不是Gong所采用的欧拉梁理论。

Akasaka和Kabe[11]采用能量法先后求解了轮胎在周向和宽度方向的二维接地压力分布。Akasaka等[12]拓展了Yamagishi的方法，求解了子午线轮胎包括周向和宽度方向在内的多自由度的三维接触问题。Kagami等[13]研究了带有外倾角的三维接触问题。Shiobara等[14-15]将轮胎旋转考虑到了Akasaka[12]的模型中，而Kim等[16]将Kagami等[13]的模型进行了完善，考虑了旋转的效应。如第8章所述，Zegelaar[17]将Gong[7]的模型扩展到了任意形状路面的接触问题。而Maurice[18]和Schmeitz[19]将Zegelaar的模型[17]进行了扩展，可以求解三维接触问题。

很多学者采用FEA来研究轮胎的接触特性。20世纪七八十年代，因为很多商业软件的接触算法不完善，所以先后出现了多个求解方法。

1）轮胎通过实际测量得到的位移进行约束[20]。
2）采用施加位移的方法，进行迭代计算，直到节点上的接触力都是正值[21]。
3）采用影响系数来计算节点力，直到获得想要的平面印痕[22]。
4）在内部开发的有限元软件中采用新的接触算法[23]。

其他的研究者[24-40]通过优化接触算法来研究了接触问题。轮胎的稳态滚动接触问题采用混合的欧拉-拉格朗日运动学来描述,将刚体的旋转用欧拉坐标系描述,将变形用拉格朗日坐标系描述[30-34]。然而,这种方法只能适用于光面胎或者带有中间纵沟的轮胎。拉格朗日滚动流程,也就是既采用隐式有限元建模[35-36],又采用显式有限元建模[37-40],也可以应用到这个问题中。Nakajima[41]等扩展了轮胎的大一统理论(GUTT)[42],通过优化胎冠形状来自由控制接地印痕,这个方法就是 GUTT 在胎冠形状上应用的例子。

9.2 采用弹性环模型进行接触分析

9.2.1 基本方程

Yamagishi 和 Jenkins[2] 采用如图 9.1 所示的轮胎弹性环模型来研究轮胎的接触问题。该模型将胎冠看作弹性圆环,轮辋是刚性的,弹性圆环和轮辋之间用径向弹簧来连接。这些径向弹簧用来模拟充气状态的胎侧。胎冠环外侧的胎冠橡胶用线性弹簧表示。

力的平衡方程在切向和法向上可以表示为①

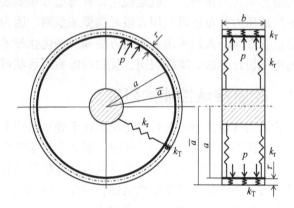

图 9.1 轮胎弹性环模型(侧视图和子午截面图)
(经 J. Appl. Mech. 授权,摘自文献 [2])

$$dT/ds - V/\rho = 0$$
$$T/\rho + dV/ds - f_r = 0 \quad (9.1)$$

式中,T 是胎冠圆环的周向张力;V 是胎冠圆环的横向剪切力;f_r 是胎冠圆环的径向力的密度;ρ 是变形后胎冠圆环的曲率半径;s 是沿胎冠圆环的长度。

弹性圆环的力矩平衡条件可以表示为

$$dM/ds = V \quad (9.2)$$

假设胎冠圆环不可伸张,可以得到:

$$ds = a d\theta \quad (9.3)$$

式中,a 是胎冠圆环的半径;θ 是从垂直轴到未变形的构型的材料点的角度。

将胎冠圆环看作简单的梁,梁的弯矩和曲率变化之间的关系可以表示为

$$M = EI(1/a - 1/\rho) \quad (9.4)$$

式中,E 是梁的杨氏模量;I 是轮胎截面相对于中间轴的第二惯性矩。周向位移 v、径向位移 w 以及它们的导数假设非常小,它们的乘积就更小,可以忽略不计。

变形体的曲率半径可以表示为

$$1/\rho = 1/a - (w'' - v')/a^2 \quad (9.5)$$

式中,带有"'""""的表示关于 θ 的导数。

胎冠不可伸张的假设可以表示为②

$$v' = w + 0 \quad (9.6)$$

利用式 (9.4)~式 (9.6),弯矩 M 可以用下式给出:

$$M = EI(w'' + w)/a^2 \quad (9.7)$$

---

① 备注 9.1。

② 与式 (8.49) 相同。

根据胎冠与地面接触示意图及带束层和胎侧的变形,如图 9.2 和图 9.3 所示,周向上单位长度的径向分布载荷 f_r 可以用下式表示:

$$f_r = bp - 2Q_0 - k_r w - k_T \lambda \qquad (9.8)$$

式中,b 是圆环的宽度;p 是充气压力;Q_0 是充气后胎侧上沿着周向的单位长度的载荷;k_r 是胎侧周向上单位长度的径向基本弹簧常数;k_T 是胎冠弹簧厚度方向上单位长度的弹簧常数;λ 是胎冠圆环的压缩量。

为了求解接触问题,Akasaka[43]首先建议将胎冠弹簧 k_T 施加到胎冠环上。

参考图 9.3a,忽略 6.1.2 节中的结构弹簧,k_r 可以简单地表示为轮胎的径向基本弹簧常数,它来自于轮胎的拉伸刚度[44]⊖。

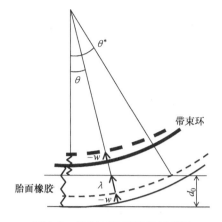

图 9.2 胎冠与地面接触示意图
(经 J. app. Mech 授权,摘自文献 [2])

$$k_r = 2\frac{dQ_0}{dw}\bigg|_{w=0} = p\frac{\cos\phi_s + \phi_s\sin\phi_s}{\sin\phi_s - \phi_s\cos\phi_s} \qquad (9.9)$$

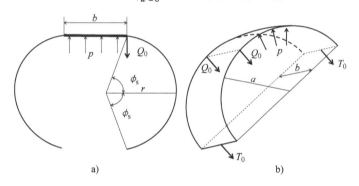

图 9.3 带束层和胎侧的变形

参考图 9.2,胎冠圆环的压缩变形 λ 通过几何关系可以表示为

$$\lambda = w + d_0 - \bar{a}(1 - \cos\theta) \qquad (9.10)$$

式中,d_0 是接触区域中心的位移量;$\bar{a}$ 是胎冠圆环半径。

周向张力 T 可以解耦成两个部分:

$$T = T_0 + \Delta T \qquad (9.11)$$

式中,T_0 是胎冠圆环在充气压力 p 下产生的张力;ΔT 是由于变形额外增加的张力。

根据图 9.3b,力平衡方程为

$$T_0 = abp - 2aQ_0 \qquad (9.12)$$

假设图 9.2 中的 θ^* 是接触角度,也就是接触区域和自由区域交叉位置的角度。可以将边界的连续性条件应用到 θ^* 上,利用式 (9.10),根据在 θ^* 处压缩量 λ 等于 0 的边界条件可以确定位移 d_0,其表达式为

$$d_0 = -w(\theta^*) + \bar{a}(1 - \cos\theta^*) \qquad (9.13)$$

式中,$\bar{a} = a + \tau$,τ 是胎冠橡胶的厚度。

接触压力 q 可以用下式表示:

⊖ 与式 (6.13) 相同。

$$q = k_T \lambda = k_T \{w + d_0 - \bar{a}(1 - \cos\theta)\} \tag{9.14}$$

总的力 F_z 通过将接地压力在接触区域内进行积分得到:

$$F_z = 2b \int_0^{\theta^*} \bar{a} k_T \{w + d_0 - \bar{a}(1 - \cos\theta)\} \mathrm{d}\theta \tag{9.15}$$

将式 (9.5)、式 (9.7)、式 (9.8) 和式 (9.11) 代入到式 (9.1) 和式 (9.2)，忽略掉变形中的二阶小项和更高项，可以得到:

$$\begin{aligned}
\Delta T' - V &= 0 \\
V' + \Delta T - T_0(w'' + w)/a + T_0 - f_r a &= 0 \\
EI(w'' + w')/a^3 - V &= 0
\end{aligned} \tag{9.16}$$

从式 (9.16) 中消去 ΔT 和 V，可以得到:

$$EI(w^{(5)} + 2w^{(3)} + w'')/a^4 - T_0(w^{(3)} + w')/a^2 - f_r' = 0 \tag{9.17}$$

因为在 θ^* 处 f_r' 不连续，所以式 (9.17) 必须在接地区域和自由区域分别求解。通过施加边界条件 $\theta = 0$、θ^*、π，就可以确定两个求解的积分系数。

9.2.2 采用弹性环模型进行轮胎的接触分析

1. 接触区域的求解

将式 (9.8) 和式 (9.10) 代入到式 (9.17)，可以得到[⊖]:

$$w_c^{(5)} + \left(2 - \frac{a^2 T_0}{EI}\right) w_c^{(3)} + \left[1 + \left\{\frac{a^2}{T_0}(k_r + k_T) - 1\right\}\frac{a^2 T_0}{EI}\right] w_c^{(1)} = \frac{a^4 \bar{a} k_T}{EI} \sin\theta \tag{9.18}$$

式中，w_c 是接触区域的径向位移。

式 (9.18) 的特解 w_{cp} 表示为

$$w_{cp} = -\frac{\bar{a} k_T}{k_r + k_T} \cos\theta \tag{9.19}$$

式 (9.18) 的齐次微分方程的特征方程是:

$$\sigma_c^5 + \left(2 - \frac{a^2 T_0}{EI}\right)\sigma_c^3 + \left[1 + \left\{\frac{a^2}{T_0}(k_r + k_T) - 1\right\}\frac{a^2 T_0}{EI}\right]\sigma_c = 0 \tag{9.20}$$

这里我们引入新的参数 δ:

$$\delta^2 = 4EI(k_r + k_T)/T_0^2 \tag{9.21}$$

对于货车/客车轮胎来说，因为充气压力很高，所以 $\delta^2 < 1$ 的条件是满足的，而对于乘用车轮胎来说，因为气压较低，所以 $\delta^2 > 1$。

作为一个例子，我们将讨论货车/客车轮胎的情况。当 $\delta^2 < 1$ 的条件满足时，式 (9.20) 的根为

$$\sigma_c = 0, \pm \gamma_1, \pm \gamma_2 \tag{9.22}$$

式中，γ_1 和 γ_2 可以表示为

$$\begin{aligned}
\gamma_1 &= \sqrt{-1 + \frac{a^2 T_0}{2EI}(1 + \sqrt{1 - \delta^2})} \\
\gamma_2 &= \sqrt{-1 + \frac{a^2 T_0}{2EI}(1 - \sqrt{1 - \delta^2})}
\end{aligned} \tag{9.23}$$

2. 自由区域的解

在自由区域胎冠弹簧的压缩量等于 0，式 (9.8) 的最后一项 $k_T \lambda$ 就可以删掉了。利用

⊖ 备注 9.2。

式 (9.17),自由区的径向位移 w_f 可以表示为

$$w_f^{(5)} + \left(2 - \frac{a^2 T_0}{EI}\right) w_f^{(3)} + \left[1 + \left\{\frac{a^2 k_r}{T_0} - 1\right\}\frac{a^2 T_0}{EI}\right] w_f^{(1)} = 0 \tag{9.24}$$

式 (9.24) 的特征方程为

$$\sigma_f^5 + \left(2 - \frac{a^2 T_0}{EI}\right)\sigma_f^3 + \left[1 + \left\{\frac{a^2 k_r}{T_0} - 1\right\}\frac{a^2 T_0}{EI}\right]\sigma_f = 0 \tag{9.25}$$

这里引入一个新的参数 μ,定义为

$$\mu^2 = 4EI k_r / T_0^2 \tag{9.26}$$

对于货车/客车轮胎来说,由于高气压,满足 $\mu^2 < 1$ 的条件,而对于乘用车轮胎来说,因为气压低,所以满足 $\mu^2 > 1$ 的条件。当满足 $\mu^2 < 1$ 的条件时,式 (9.25) 的根表示为

$$\sigma_f = 0, \pm \gamma_3, \pm \gamma_4 \tag{9.27}$$

式中,γ_3 和 γ_4 可以表示为

$$\begin{aligned}\gamma_3 &= \sqrt{-1 + \frac{a^2 T_0}{2EI}(1 + \sqrt{1 - \mu^2})} \\ \gamma_4 &= \sqrt{-1 + \frac{a^2 T_0}{2EI}(1 - \sqrt{1 - \mu^2})}\end{aligned} \tag{9.28}$$

9.2.3 采用弹性环模型得到轮胎接触问题的解和边界条件

在每一个区域中,齐次微分方程的解有 5 个常数。考虑到图 9.2 的左右对称,周向位移 v、径向位移的切向分量 w' 以及横向剪切力 V 当 $\theta = 0$、π 时必定全为 0。该边界条件可以表示为⊖

$$\begin{aligned} v_c &= 0 \\ w_c^{(1)} &= 0 \qquad \theta = 0 \\ w_c^{(3)} + w_c^{(1)} &= 0 \end{aligned} \tag{9.29}$$

$$\begin{aligned} v_f &= 0 \\ w_f^{(1)} &= 0 \qquad \theta = \pi \\ w_f^{(3)} + w_f^{(1)} &= 0 \end{aligned} \tag{9.30}$$

利用式 (9.6),将 w 针对 θ 进行积分,可以得到每个区域的周向位移 v。

因为位移、切向、力矩、剪切和伸张变形必须在接地角 $\theta = \theta^*$ 处连续,边界条件可以表示为

$$\begin{aligned} v_c &= v_f \\ w_c &= w_f \\ w_c^{(1)} &= w_f^{(1)} \\ w_c^{(2)} + w_c &= w_f^{(2)} + w_f \\ w_c^{(3)} + w_c^{(1)} &= w_f^{(3)} + w_f^{(1)} \end{aligned} \tag{9.31}$$

利用式 (9.16) 的第二个方程,$T_0 + \Delta T$ 的连续性可以表示为⊖

$$\begin{aligned} &\frac{EI}{a^4}(w_c^{(4)} + w_c^{(2)}) + \frac{T_0}{a^2}(w_c^{(2)} + w_c) - k_r w_c \\ &= \frac{EI}{a^4}(w_f^{(4)} + w_f^{(2)}) + \frac{T_0}{a^2}(w_f^{(2)} + w_f) - k_r w_f \end{aligned} \tag{9.32}$$

⊖⊖ 备注 9.3。

式（9.31）和式（9.32）可以简化重新写为

$$v_c = v_f$$
$$w_c = w_f \qquad \theta = \theta^* \qquad (9.33)$$
$$w_c^{(l)} = w_f^{(l)} \ (l=1,2,3,4)$$

从式（9.29）和式（9.30）可以分别得到 3 个边界条件，从式（9.33）可以得到 6 个边界条件。利用这 12 个边界条件可以确定 12 个积分常数。

在接触区域，考虑到式（9.29），齐次微分方程的解可以表示为

$$w_{cg} = c_1 + c_2 \cosh\gamma_1\theta + c_3 \cosh\gamma_2\theta \qquad (9.34)$$

式（9.18）的解可以用式（9.19）和式（9.34）的和来表示：

$$w_c = w_{cg} + w_{cp} = c_1 + c_2\cosh\gamma_1\theta + c_3\cosh\gamma_2\theta - A\cos\theta \qquad (9.35)$$

式中，A 的表达式为

$$A = \bar{a}k_T/(k_r + k_T) \qquad (9.36)$$

利用式（9.6），求式（9.35）关于 θ 的积分，可以得到：

$$v_c = -c_1\theta - c_2/\gamma_1\sinh\gamma_1\theta - c_3/\gamma_2\sinh\gamma_2\theta + A\sin\theta \qquad (9.37)$$

在自由非接地区域，考虑到式（9.30），非接地区域的齐次微分方程的解可以表示为

$$w_f = c_4 + c_5\cosh\gamma_3(\pi-\theta) + c_6\cosh\gamma_4(\pi-\theta) \qquad (9.38)$$

利用式（9.6），将式（9.38）求关于 θ 的积分，可以得到：

$$v_f = -c_4\theta + c_5/\gamma_3\sinh\gamma_3(\pi-\theta) + c_6/\gamma_4\sinh\gamma_4(\pi-\theta) \qquad (9.39)$$

常数 $c_1 \sim c_6$ 可以利用在 $\theta = \theta^*$ 的位置时式（9.33）的连续性条件来确定。

9.2.4 计算结果和实验结果的比较

Yamagishi 和 Jenkins[2] 对比了货车/客车全钢子午线（TBR）轮胎 10.00R20 的接地状态的计算结果和实验结果。注意，在初始下沉量 d_0 给定的情况下，接触角度 θ^* 需要在计算过程中不断迭代计算来确定。计算过程中所用的参数是：$b=140$mm，$a=500$mm，$\tau=22$mm，$t=27$mm，$\bar{a}=527$mm，$E=5$MPa，$I=bt^3/3=0.919\times10^6$mm^4，$EI=4.59$MN·mm^2，$k_T=Eb/\tau=31.8$N/mm^2，$\phi_s=75°$，$Q_0=199.7$N/mm，$k_r=1.7$N/mm^2，$T_0=29$kN，$p=0.7$MPa，$a^2T_0/EI=1580$，$\delta^2=0.735$，$\mu^2=3.71\times10^{-2}$，$\theta^*=18°$，其中，t 是胎冠橡胶和带束层的总厚度。

利用式（9.23）和式（9.28），可以得到 $\gamma_1=34.6$，$\gamma_2=19.6$，$\gamma_3=39.6$，$\gamma_4=3.7$。假设接触角度为 $\theta^*=18°$，式（9.33）的连续性条件确定了关于 6 个未知数 $c_1\sim c_6$ 的线性代数方程组。因为 γ_1 和 γ_3 相当大，系数矩阵是一个病态矩阵。为了避免计算困难，利用式（9.38）和式（9.39）的近似解来对接触问题重新求解。

在自由非接地区域，式（9.38）可以用下式代替：

$$w_f = \bar{c}_4 + \bar{c}_5 e^{-\gamma_3\theta} + \bar{c}_6 e^{-\gamma_4\theta} \qquad (9.40)$$

利用式（9.6），求式（9.40）关于 θ 的积分，可以得到：

$$v_f = \bar{c}_4(\pi-\theta) + \bar{c}_5/\gamma_3 e^{-\gamma_3\theta} + \bar{c}_6/\gamma_4 e^{-\gamma_4\theta} \qquad (9.41)$$

函数 w_f 和 v_f 可以精确地满足式（9.6）和式（9.24），但是只是近似地满足边界条件方程即式（9.30）。

将式（9.35）、式（9.37）、式（9.40）和式（9.41）代入到式（9.33）所表示的在 $\theta^*=18°$ 处几何连续性条件中，可以确定积分计算的常数：$c_1=45.2$，$c_2=1.89\times10^{-6}$，$c_3=1.56\times10^{-3}$，$\bar{c}_4=0.669$，$\bar{c}_5=2.54\times10^3$，$\bar{c}_6=-9.21$。利用式（9.13）计算得到的接地中心处的位移 $d_0=46$mm。胎冠在周向的位移 w 如图 9.4 所示。轮胎接地压力分布如图 9.5 所示。与实验结果

相比，采用式（9.14）计算得到的压力分布偏低。利用式（9.15）计算得到的总的载荷 W 为 29kN。与实验结果 $F_z = 36.3$kN，$d_0 = 46$mm 相比，计算得到的总载荷也是偏低的。

Jenkins[4] 采用相同的理论来求解乘用车轮胎在不同气压下的接地压力分布，如图 9.6 所示，轮胎的下沉量固定为 $d_0 = 40$mm。通过与图 9.5 所示的货车/客车轮胎的接地压力分布对比，我们可以发现乘用车轮胎的接地压力在接地中心区域是下降的。

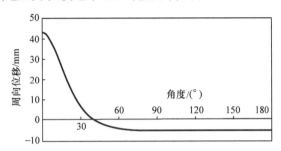

图 9.4　胎冠在周向的位移

（经 J. Appl. Mech 授权，摘自文献 [2]）

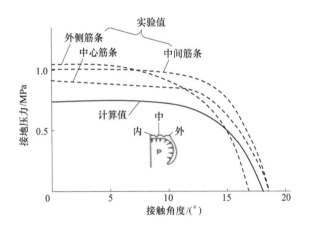

图 9.5　轮胎接地压力分布（TBR 10.00R20）

（经 J. Appl. Mech 授权，摘自文献 [2]）

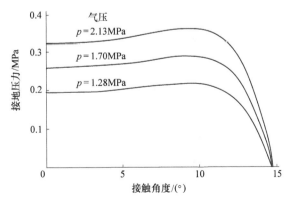

图 9.6　不同气压下的接地压力分布

（经 Vehicle System Dynamics 授权，摘自文献 [4]）

9.3 用弹性环模型展开的傅里叶级数来进行接触分析

9.3.1 弹性环模型和靠近接地区的轮胎变形模型

Gong[7]采用了与Huang[5-6]等相同的模型来求解轮胎弹性环模型的接触问题,他采用傅里叶级数展开来处理轮胎周向的变形。接触分析的弹性环模型如图9.7所示,k_T表示胎冠弹簧常数,而k_r和k_t分别表示轮胎的径向基本弹簧刚度和周向基本弹簧刚度,a是胎冠圆环的半径,$\bar{a}$是胎冠外表面的半径。在图9.7b中,ϕ_f和ϕ_r分别是接地前端和接地后端的接触角,w是胎冠圆环的径向位移,d_0是轮胎在接地中心区的总体位移,也就是下沉量。

根据图9.2,胎冠橡胶的位移λ可以用式(9.10)的结果来近似,其中圆周方向的位移v与径向位移w相比小得多,所以可以忽略掉v。接地压力$q(\phi)$可以采用式(9.14)表示。

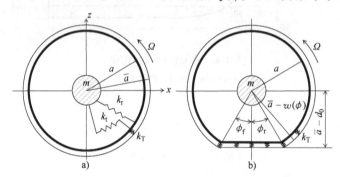

图9.7 接触分析的弹性环模型[7]

9.3.2 接触分析的控制方程

1. 轮胎对集中力的响应

当轮胎的轴固定时,轮胎不可伸长弹性环模型的基本方程可以用式(8.109)表示,车轮只允许以恒定的角速度Ω绕轴旋转,车轮的其他自由度被约束。其动力学方程如下⊖:

$$[M_n]\{\ddot{u}_n\} + [G_n]\{\dot{u}_n\} + [K_n]\{u_n\} = \{f_n\} \qquad (9.42)$$

将橡胶的阻尼系数c_n添加到矩阵$[G_n]$中,矩阵$[M_n]$、$[G_n]$、$[K_n]$和$[u_n]$及$[f_n]$可以表示为

$$[M_n] = \begin{bmatrix} m_n & 0 \\ 0 & m_n \end{bmatrix}$$

$$[G_n] = \begin{bmatrix} c_n & g_n \\ -g_n & c_n \end{bmatrix}$$

$$[K_n] = \begin{bmatrix} k_n & 0 \\ 0 & k_n \end{bmatrix} \qquad (9.43)$$

$$\{u_n\} = \begin{Bmatrix} a_n \\ b_n \end{Bmatrix}$$

$$\{f_n\} = \begin{Bmatrix} \xi_n \\ \eta_n \end{Bmatrix}$$

⊖ 与式(8.109)相同。

式中，m_n 是质量矩阵的一个元素；c_n 和 g_n 是阻尼矩阵 $[G_n]$ 的元素；k_n 是刚度矩阵 $[K_n]$ 的元素；ξ_n 和 η_n 是外力向量 $\{f_n\}$ 的元素。这些元素用式（8.116）来表示，a_n 和 b_n 是周向位移 v 根据旋转角 θ 的傅里叶级数的系数，v 可以表示为[一]

$$v(\theta,t) = \sum_{n=0}^{N} \{a_n(t)\cos(n\theta) + b_n(t)\sin(n\theta)\} \tag{9.44}$$

外力向量 $\{f_n\}$ 可以用式（8.116）表示为[二]

$$\xi_0 = \frac{1}{2\pi}\int_0^{2\pi}\left(q_v + \frac{\partial q_w}{\partial \theta}\right)d\theta$$

$$\xi_n = \frac{1}{\pi}\int_0^{2\pi}\left(q_v + \frac{\partial q_w}{\partial \theta}\right)\cos n\theta d\theta \tag{9.45}$$

$$\eta_n = \frac{1}{\pi}\int_0^{2\pi}\left(q_v + \frac{\partial q_w}{\partial \theta}\right)\sin n\theta d\theta$$

假设轮胎与路面接触的面积很小，作用在轮胎上的广义集中力 $q_w(\theta,t)$ 和 $q_v(\theta,t)$ 可以表示为

$$q_w(\theta,t) = -Q_w\delta\{\theta - (\phi_0 - \Omega t)\}$$
$$q_v(\theta,t) = -Q_v\delta\{\theta - (\phi_0 - \Omega t)\} \tag{9.46}$$

式中，ϕ_0 是非旋转坐标系的角度；Q_w 和 Q_v 是作用在轮胎上的径向外力和周向外力，单位为 N/m；$\delta\{\theta - (\phi_0 - \Omega t)\}$ 是狄拉克 δ 函数。

将式（9.46）代入到式（9.45）可以得到：

$$\xi_0 = Q_v/(2\pi)$$
$$\xi_n = \{Q_v\cos n(\phi_0 - \Omega t) - nQ_w\sin n(\phi_0 - \Omega t)\}/\pi \tag{9.47}$$
$$\eta_n = \{Q_v\sin n(\phi_0 - \Omega t) + nQ_w\cos n(\phi_0 - \Omega t)\}/\pi$$

假设 Q_w 和 Q_v 之间具有很简单的关系，也就是满足：

$$Q_v = \mu Q_w \tag{9.48}$$

式中，μ 是无量纲的变量，也可以看作摩擦系数，它描述了作用在轮胎上的切向力。

将式（9.48）代入到式（9.47），可以得到：

$$\xi_0 = \mu Q_w/(2\pi)$$
$$\xi_n = -\sqrt{\mu^2 + n^2}\sin n(\phi_0 - \Omega t + \psi_n)Q_w/\pi$$
$$\eta_n = -\sqrt{\mu^2 + n^2}\cos n(\phi_0 - \Omega t + \psi_n)Q_w/\pi \tag{9.49}$$

式中，ψ_n 可以由下式给出：

$$\psi_n = \tan^{-1}(-\mu/n)/n \quad n = 1,2,3,\cdots \tag{9.50}$$

式（9.42）可以求解得到 a_n 和 b_n。胎冠圆环在集中接触力下的周向位移 $v(\phi)$ 可以表示为

$$v(\phi) = \sum_{n=0}^{N} A_n\sin n(\phi_0 - \phi + \psi_n + \gamma_n) \tag{9.51}$$

式中，A_n 可以用下式表示[三]：

[一] 与式（8.108）相同。

[二] 见式（8.116）。

[三] 备注 9.4。

$$A_n = -\frac{\sqrt{\mu^2+n^2}}{\pi}\frac{Q_w}{\sqrt{\{k_n-m_n(n\Omega)^2-g_n n\Omega\}^2+(c_n n\Omega)^2}} \quad (9.52)$$

$$\gamma_n = \frac{1}{n}\tan^{-1}\left\{\frac{c_n n\Omega}{k_n-m_n(n\Omega)^2-g_n n\Omega}\right\}$$

利用式（9.6），胎冠圆环的径向位移 $w(\phi)$ 表示为

$$w(\phi) = \sum_{n=0}^{\infty} nA_n \cos n(\phi_0-\phi+\psi_n+\gamma_n) \quad (9.53)$$

式（9.53）和式（9.52）中的位移幅值 A_n 随着 n 的增加而快速下降。

2. 轮胎在平面上的接触分析

（1）基本方程 对于一个自由滚动的轮胎，假设在接地区域只作用有径向的外力，则 $Q_v=0$（$\mu=0$）。因此，即使对于自由滚动条件，水平力方向指向接触印痕的中心。注意，与上述假设相比，测量得到的水平力作用在相反方向上，这将在第 14 章轮胎的磨耗中详细讨论。

利用式（9.52）和式（9.53），轮胎在角度 $\phi=\phi_0$ 的地方承受常数集中载荷 Q_w 时的变形可以表示为

$$w(\phi) = \sum_{n=0}^{N}\{A'_n \cos n(\phi_0-\phi+\gamma_n)Q_w\} \quad (9.54)$$

式中，A'_n 可以表示为

$$A'_n = -\frac{n^2}{\pi}\frac{1}{\sqrt{\{k_n-m_n(n\Omega)^2-g_n n\Omega\}^2+(c_n n\Omega)^2}} \quad (9.55)$$

假设作用在轮胎上的接触力是分布式的径向力 $q(\phi_0)$（$\phi_f \leq \phi_0 \leq \phi_r$）。由 $q(\phi_0)$ 导致的胎冠圆环的总的径向位移 $w(\phi)$ 可以根据叠加原理通过从前端的接触角积分到后端的接触角来获得。

$$w(\phi) = \int_{\phi_f}^{\phi_r}\sum_{n=0}^{N}\{A'_n \cos n(\phi_0-\phi+\gamma_n)q(\phi_0)\}\mathrm{d}\phi_0$$

$$= \sum_{n=0}^{N} A'_n\{\alpha_n \cos n(\phi-\gamma_n)+\beta_n \sin n(\phi-\gamma_n)\} \quad (9.56)$$

式中，α_n 和 β_n 可以表示为

$$\alpha_n = \int_{\phi_f}^{\phi_r} q(\phi)\cos(n\phi)\mathrm{d}\phi$$

$$\beta_n = \int_{\phi_f}^{\phi_r} q(\phi)\sin(n\phi)\mathrm{d}\phi \quad (9.57)$$

需要注意的是，对任意外部力的响应都可以用式（9.53）所表达的格林函数的卷积积分和外部力 $q(\phi_0)$ 来表示。

对于在平直的道路上行驶的滚动轮胎来说，其接触力和胎冠的径向位移必须满足式（9.14），该式给出了接触分析的约束条件。利用式（9.14）和式（9.56），假设轮胎的变形可以仅用傅里叶级数的前 N 阶级数来表达，我们可以得到：

$$\begin{bmatrix}[A] & [B] \\ [C] & [D]\end{bmatrix}\begin{Bmatrix}\{\alpha\} \\ \{\beta\}\end{Bmatrix} = \begin{Bmatrix}\{E\} \\ \{F\}\end{Bmatrix} \quad (9.58)$$

式中，$\{\alpha\}=(\alpha_1,\alpha_2,\cdots,\alpha_i,\cdots,\alpha_N)^{\mathrm{T}}$；$\{\beta\}=(\beta_1,\beta_2,\cdots,\beta_i,\cdots,\beta_N)^{\mathrm{T}}$；$[A]$、$[B]$、$[C]$、$[D]$

分别是 $M \times N$ 的矩阵，它们的元素分别是 a_{ij}、b_{ij}、c_{ij}、d_{ij}；$[E]$ 和 $[F]$ 是 $N \times 1$ 的列向量，它们的元素分别是 e_i 和 f_i。

式（9.58）的显式表达方法见附录，它们主要是接触角 ϕ_f 和 ϕ_r 以及轮胎几何形状的函数。注意在推导附录中的公式的时候，式（9.13）最初是由 Akasaka[43] 提出的，它用来求解接触角 ϕ_r：

$$d_0 = \bar{a}(1 - \cos\phi_r) - w(\phi_r) \tag{9.59}$$

（2）边界条件 在接地前端和接地后端，用式（9.10）表示的胎冠圆环的位移 $\lambda(\phi_f)$ 和 $\lambda(\phi_r)$ 等于0：

$$d_0 = \bar{a}(1 - \cos\phi_f) - w(\phi_f) \tag{9.60}$$

利用式（9.59）和式（9.60），我们可以得到 ϕ_f 和 ϕ_r 之间的关系：

$$w(\phi_f) + \bar{a}\cos\phi_f = w(\phi_r) + \bar{a}\cos\phi_r \tag{9.61}$$

式（9.58）中的未知参数是接触角 ϕ_f 和 ϕ_r，如果对于非旋转轮胎来说，可以省略掉阻尼矩阵 $[G_n]$，那么式（9.61）就可以自动满足 $\phi_f = -\phi_r$ 的关系。同时，对于旋转轮胎来说，如果阻尼矩阵 $[G_n]$ 不为0，那么接触角 ϕ_f 和 ϕ_r 就不再相等。因为滚动阻力会产生力矩，接地前端的角度 ϕ_f 就会变得比后端角度 ϕ_r 大。

接触区域的总的力表示为

$$F_z = a\int_{\phi_f}^{\phi_r} q(\phi)\cos\phi \, d\phi = a\alpha_1$$

$$F_x = -a\int_{\phi_f}^{\phi_r} q(\phi)\sin\phi \, d\phi = -a\beta_1 \tag{9.62}$$

式中，F_x 是滚动阻力，在 ϕ_f 和 ϕ_r 确定后可以计算出 F_x。F_x 在接触问题分析中并不参与迭代收敛计算。

（3）接触分析的迭代过程 在接触分析中垂直位移和垂直载荷是已知的。当知道垂直载荷 F_z 时，接触角 ϕ_f 和 ϕ_r 的初始值可以用下式给出：

$$\phi_r = \sin^{-1}\left(\frac{F_z}{p_0 b \bar{a}}\right) \tag{9.63}$$

$$\phi_f = -(\phi_r + \gamma_1)$$

式中，γ_i 由式（9.52）定义。如果给出了 ϕ_f 和 ϕ_r，则利用附录中给出的方程就可以求解 $w(\phi)$。接触角的迭代计算和总垂直载荷 F_z 的计算可以采用附录中的方程以及式（9.61）和式（9.62）来进行。

当垂直位移 d_0 已知时，接触角 ϕ_f 和 ϕ_r 的初始值可以由下式给出：

$$\phi_r = \tan^{-1}\left(\frac{\sqrt{(2\bar{a} - d_0)d_0}}{\bar{a} - d_0}\right) \tag{9.64}$$

$$\phi_f = -(\phi_r + \gamma_1)$$

接触角的迭代计算和总的位移 d_0 的迭代计算是采用附录中的方程以及式（9.59）和式（9.61）来进行的。

因为接触区的接地压力必须是正值，因此下式成立：

$$0 \leq \lambda = w(\phi) + d_0 - \bar{a}(1 - \cos\phi) \leq \tau \tag{9.65}$$

Gong[7] 的研究成果表明在几乎所有的计算例子中都满足式（9.65）的要求，因此式（9.65）在接触的迭代计算中可以不用来作为一个约束条件。

接触分析的迭代过程可以总结如下：

1）确定目标载荷 F_z 和目标位移 d_0。
2）利用式（9.63）和式（9.64）来得到接触角的初始值。
3）利用式（9.58）来求解 v 和 w。
4）利用式（9.14）计算接地压力分布。
5）利用式（9.62）计算新的总载荷 F_z。
6）替换接触角，计算流程返回到步骤2），继续迭代计算，直到计算出来的载荷和位移等于设定的目标值。

9.3.3 计算值和实验值的比较

图 9.8 给出了乘用车轮胎的胎冠圆环径向位移的计算结果。计算所采用的参数值引用自 Bohm 的论文[45]。阻尼比 ζ 采用式（8.127）的定义，$\zeta = c_n/(2\sqrt{m_n k_n})$，计算过程中取 $\zeta = 0.05$。即便取傅里叶级数大于15，轮胎的径向位移也没有发生什么改变。

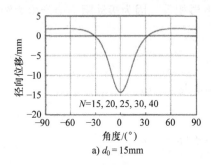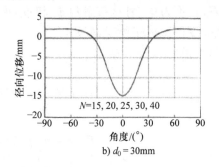

a) $d_0 = 15\text{mm}$ b) $d_0 = 30\text{mm}$

图 9.8 乘用车轮胎的胎冠圆环径向位移的计算结果

图 9.9 给出了两个不同大小的下沉量下轮胎在单位长度上沿周向的接地压力分布。通过比较不同傅里叶级数 N 的计算结果看到，接地压力分布的收敛程度多少慢于位移的收敛程度。为了获得可靠的接地压力分布结果，傅里叶级数的阶次可以选择 30 阶或更高。胎冠位移和接地压力分布的计算收敛速度的差异来自于胎冠橡胶的较高的刚度。

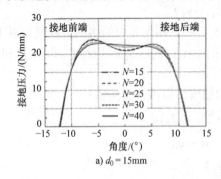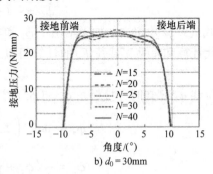

a) $d_0 = 15\text{mm}$ b) $d_0 = 30\text{mm}$

图 9.9 两个不同大小的下沉量下轮胎在单位长度上沿周向的接地压力分布

图 9.10 给出了角速度对接地压力分布的影响，所采用的轮胎模型带有阻尼，其阻尼比选择 $\zeta = 0.15$。从中看到，随着角速度的增加，接地前端的接触角度增加，接地后端的角度变小。随

着角速度的增加，接地前端的接地压力增加，接地后端的接地压力下降。

图 9.11 给出了垂直轴力和轮胎下沉量的关系，轮胎阻尼比 $\zeta=0.1$。垂直刚度是非线性的，注意到垂直轴力和下沉量的非线性关系是通过线性轮胎模型得到的。垂直轴力和下沉量的这种非线性关系并不意味着轮胎模型本身就是非线性的。

图 9.12 给出了接地压力分布的计算值和实验值的比较。图 9.12 与图 9.5 中的图形类似但包含了 Gong 模型的计算结果。图中标有外侧筋条、中间筋条和胎冠中心筋条的曲线是 Yamagishi[2] 的测量结果。Gong[7] 计算了货车轮胎 10.00R20 的接地压力，所采用的参数就是 9.2.4 节中的参数。Gong 的计算结果与实验测量结果吻合较好。

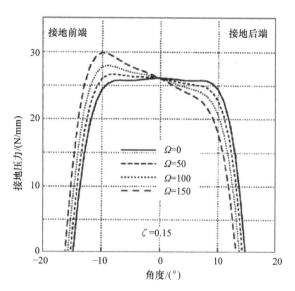

图 9.10 角速度对接地压力分布的影响

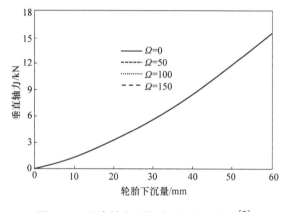

图 9.11 垂直轴力和轮胎下沉量的关系[7]

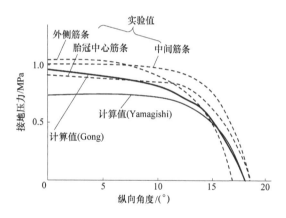

图 9.12 接地压力分布的计算值和实验值的比较[7]

9.4 可实现轮胎接地压力分布自由控制的轮胎胎冠形状优化

对轮胎接地特性的预测已经成为有限元方法应用于轮胎工业的主要目的之一，因为轮胎的接地特性，比如接地压力分布和接地形状，与轮胎的摩擦力和第 7 章的 7.5 节所讨论的各种其他性能有关。近年来，商业软件，比如 ABAQUS、Marc、Adina 等，在轮胎接地特性的预测中广泛应用起来。轮胎的接地压力分布和接地形状可以通过轮胎胎冠形状的设计加以控制，但胎冠的形状过去是可以通过几次轮胎模具的设计并进行多次实验来确定的。不过通过模具实验的方法来确定胎冠形状非常耗时，成本很高。Nakajima[41] 等通过将胎侧的优化方法扩展应用到胎冠形状的设计优化中（已在 5.7 节中进行了讨论），从而成功开发了胎冠形状的优化方法。他们所提出的优化步骤已经在轮胎工业中广泛应用。

9.4.1 胎冠形状优化步骤

轮胎所起的关键作用都是由非常小的与路面的接触界面决定的，对于乘用车轮胎来说，它与路面的接触面积大小与人的脚印差不多。如果只采用胎侧形状那样的优化方法，不能实现对胎冠形状的优化，因为还有两个方面的问题需要解决。一个问题是胎冠形状的设计空间非常复杂，例如，如果把接地压力分布选作胎冠形状优化的客观目标，设计空间将有多个峰值。因此，流行的数学编程的优化方法不能应用于此工作中。另外一个问题是，接触压力分布的分析计算是比较耗费计算资源的，计算成本很高，因为它需要对三维的有限元模型进行计算。

Nakajima[41]基于神经网络原理，采用新的响应面方法，同时解决了上述两个问题，从而第一个成功开发了胎冠形状的优化方法。采用神经网络方法来进行复杂设计空间的优化要比采用多项式函数方法更加可靠。多项式函数方法一般是采用普通的响应面方法[46-47]。更深一步说，为了在有限的计算时间内提高可预测性，在神经网络中用来进行训练的数据量取决于实验设计（DOE）中样本点的个数。因此优化所用的分析次数最多50个。

图9.13中给出了采用神经网络的响应面方法优化流程图。目标函数、设计变量和优化应该考虑的约束项需要首先确定下来。神经网络的学习训练数据可以通过几次有限元分析产生，在有限元分析中设计变量的值可以通过实验设计方法确定，比如采用正交阵列和D-优化设计方法[48]。然后神经网络可以从这些数据中进行学习，获得设计空间的近似解。一旦学习结束，接下来就可以在近似设计空间里进行优化。因为设计空间在神经网络中是通过sigmoid函数的叠加来定义的，从神经网络中回调函数计算耗时很短。因此，在近似设计空间中进行优化可以通过改变初始值或者遗传算法的改变来实现。伪全局优化设计在最后一步得到。

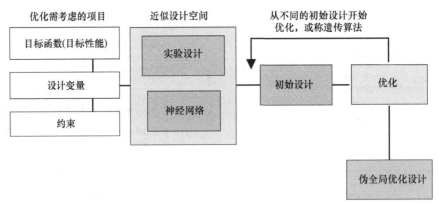

图9.13 采用神经网络的响应面方法优化流程图[41]

9.4.2 乘用车轮胎的目标函数和约束

目标函数定义为

$$f(X) = \sqrt{\sum_{i=1}^{n} s_i (p_i - \bar{p})^2} \quad (9.66)$$

式中，n是接触区域的单元数量；s_i和p_i分别是第i个接触单元的面积和压力；$\bar{p}$是平均接触压力，它的表达式为

$$\bar{p} = \sum_{i=1}^{n} s_i p_i / \sum_{i=1}^{n} s_i \quad (9.67)$$

胎冠形状的设计变量是如图9.14所示的多个弧半径。胎冠形状就是由许多个弧组成的，如果只考虑一半的胎冠宽度，则设计变量有5个。2个设计变量是两段弧的连接点位置，剩余的3个设计变量是3个弧半径$r_i(i=1,2,3)$。按照D-优化方法来选择学习数据，因为如下约束条件已被考虑：

$$r_i \geq r_{i+1} \quad (9.68)$$

采用神经网络进行设计空间的近似后，从 1024 个不同的起点进行优化，这些不同的起点是由每个设计变量的 4 个不同的值构成的。伪全局优化解从这 1024（4^5）个优化值中选择。

9.4.3 对优化胎冠形状的验证

1. 通过胎冠形状优化提高乘用车轮胎的操控性能和耐磨耗性能

目标函数是由式（9.66）定义的压力均匀性。轮胎的规格是 185/70R14，充气压力是 200kPa，垂直载荷是 4.5kN。预测的接地压力分布如图 9.15 所示。优化的胎冠形状使

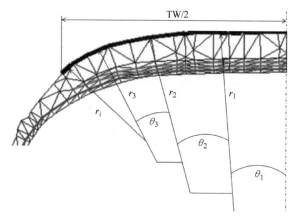

图 9.14 胎冠形状的设计变量

接地压力分布变得更均匀，尤其是在胎肩区域。目标函数的值下降了 22%，接触形状得到了保持。图 9.16 比较了数学编程优化结果和神经网络优化结果。数学编程优化不能实现全局优化，只能得到局部优化结果，因为目标函数的值不能通过迭代而得到提高。然而，后一种方法成功地实现了设计优化。

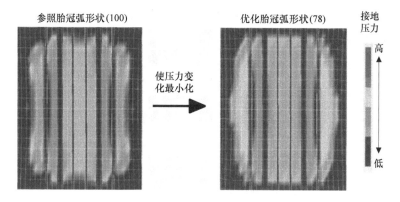

图 9.15 预测的接地压力分布[41]

优化后的轮胎胎冠形状对轮胎性能的影响采用实验胎进行了验证。轮胎规格为 185/70R14，在各部分结构和材料相同的情况下，只是胎冠形状不同，生产了两种不同的实验轮胎。在专业实验场进行的主观评价表明，胎冠形状优化后轮胎的干地和湿地操控性能得到了提高，但其行驶平顺性稍微变差。这个优化技术也被用在了高宽比较小的运动型轮胎（225/50R16）上，因为这是一个高性能轮胎，其操控性能是非常重要的。因此，它的设计目标是使轮胎在直线行驶和转弯时都保持较为均匀的接地压力分布。图 9.17 给出了在直线行驶和转弯过程中接地压力分布的测量值。白色区域是高接地压力区域。从图 9.17 中看到，因为采用了优化的胎冠形状，所以不管是直线行驶还是转弯行驶，轮胎都保持了较好

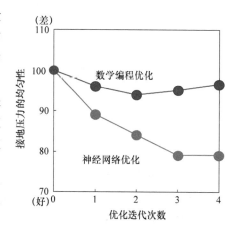

图 9.16 数学编程优化结果和神经网络优化结果比较[41]

的接地压力分布。在实验场进行的主观评价表明干地操控和湿地操控性能得到了提高,尽管行驶平顺性有所下降。

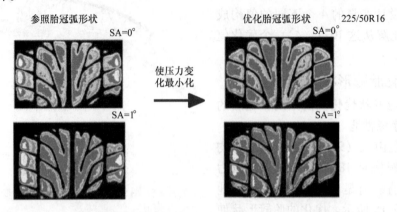

图9.17 在直线行驶和转弯过程中接地压力分布的测量值[41]

同样的理念也应用到了小型货车轮胎185R14中。目标函数同样是均匀的接地压力分布。图9.18a是行驶20000km后的磨耗后轮胎的激光扫描图。黑色区域是磨耗严重区域。图9.18b是磨耗测量结果。优化胎冠形状后的轮胎磨耗较为均匀,因为优化后的胎冠形状减少了胎肩区域接地压力的集中。而且,参照胎的磨耗看起来比优化后的轮胎严重,尤其是在胎肩区域。更进一步地说,优化后轮胎的磨耗寿命要比参照轮胎的磨耗寿命更长。

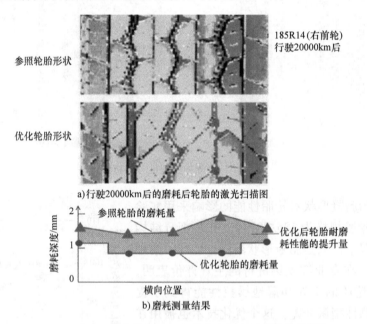

图9.18 通过均匀化接地压力分布来提高耐磨耗性能[41]

2. 摩托车轮胎操控性能的提高

摩托车在转弯过程中有很大的倾斜角,摩托车轮胎在滚动过程中外倾角甚至可以达到45°,因为轮胎的侧倾推力是摩托车轮胎转弯特性的重要方面,瞬态有限元方法可以用来进行侧倾推力的计算求解。轮胎瞬态有限元模型包含大约20000个节点和40000个单元,如图9.19所示。轮胎是摩托车的前轮胎,规格是M120/70ZR17,转鼓直径是1.7m,轮胎和转鼓之间的摩擦系数为 1.0。

采用两类目标函数来进行多目标优化。一类是用下面的公式表示的侧倾推力的线性化：

$$f(X) = \sqrt{\sum_{i=1}^{n}(F_i - \gamma_i \overline{F})^2}$$
(9.69)

式中，F_i 是与第 i 个外倾角 γ_i 对应的侧倾推力；n 是需要考虑的外倾角的个数；$\overline{F}$ 是侧倾推力的梯度的平均值。

$$\overline{F} = \frac{1}{n}\sum_{j=1}^{n}\frac{F_j}{\gamma_j} \quad (9.70)$$

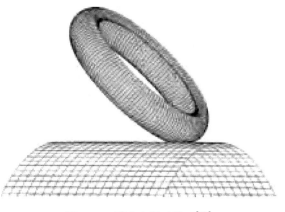

图 9.19 瞬态有限元模型[38]

另一个目标函数是由式（9.66）所定义的接地压力分布的均匀性。轿车轮胎计算接地压力分布的均匀性目标函数时是从 0°外倾角开始的，然而对于摩托车轮胎来说，外倾角是从 45°开始的。

摩托车轮胎的胎冠形状的表示与乘用车子午线轮胎不同。图 9.20 所示的胎冠形状可以用下式表示：

$$r(s) = as^2 + bs + c \quad (9.71)$$

式中，r 是胎冠半径；$r(s)$ 是到胎冠中心的距离 s 的二次多项式函数，因为摩托车轮胎的胎冠形状比乘用车轮胎的胎冠形状圆得多，需要一个灵活表达这个形状的函数。通过比较图 9.20 和图 9.14，式（9.71）的灵活性就是可以理解的。式（9.71）中的设计参数为 a、b 和 c。设计变量的个数从图 9.14 中的 5 个减少到图 9.20 中的 3 个。设计变量减少有利于缩短优化过程中的计算时间。

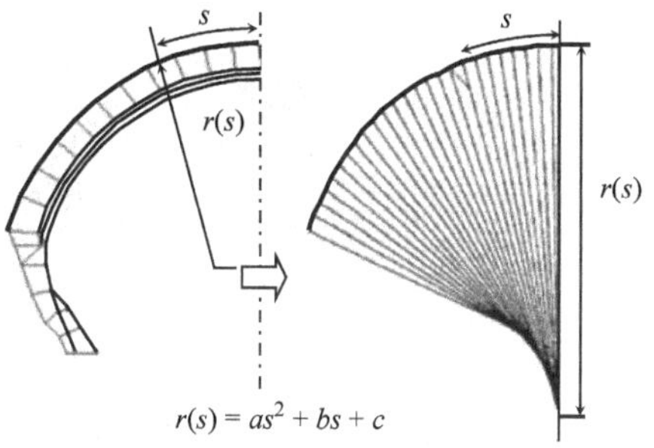

优化流程与图 9.13 所示的乘用车轮胎的优化流程

图 9.20 摩托车轮胎的胎冠形状[38]

相同。采用带有 3 个设计变量的较小的正交矩阵 $L9$（3^4）作为实验设计。三因素三水平的设计变量有 9 个，可以用它来近似设计空间。这个正交矩阵最多可以适应 4 个设计变量的情况。

将这个优化流程应用到摩托车轮胎中，它的充气压力、垂直载荷、速度分别是 250kPa、1.5kN、30km/h，它的外倾角为是 0°~45°。目标函数是接地压力分布的均匀性和侧倾推力的线性。轮胎的宽度与参照胎的宽度相比误差在 ±3mm 以内。

图 9.21 给出了优化后轮胎和参照轮胎的侧倾推力。图 9.21a 是有限元计算结果，图 9.21b 是实测结果。当采用优化后的轮胎时，由式（9.69）定义的侧倾推力的线性提高了 18%。参照轮胎在大外倾角时的侧倾推力的梯度比较低，当外倾角为 45°时，侧倾推力的曲线偏离了线性区，变得不线性了。然而，带有优化胎冠形状的轮胎提高了侧倾推力的线性。

图 9.22 给出了速度为 30km/h、外倾角为 45°时轮胎接地压力分布的预测值。在 45°外倾角下，对于由式（9.66）定义的接地压力分布的均匀性，优化后的轮胎比优化前提高了 40%。优化后的轮胎比参照轮胎有更均匀的接地压力分布，参照轮胎的接地压力分布在接触中心较低，而在印痕的两侧很高。在实验场的主观评价表明，所有的性能，比如直线行驶性能、转弯性能、干路面的操控性能等在形状优化后都得到了提升。

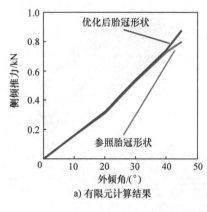
a) 有限元计算结果

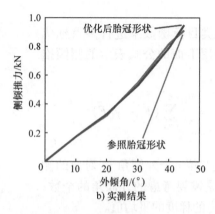
b) 实测结果

图 9.21　优化后轮胎和参照轮胎的侧倾推力[38]

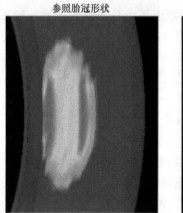
参照胎冠形状

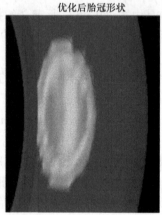
优化后胎冠形状

图 9.22　速度为 30km/h、外倾角为 45°时轮胎接地压力分布的预测值[38]

附录　式（9.58）的显式表达

采用下面的四个方程。

式（9.57）：$\alpha_i = \int_{\phi_f}^{\phi_r} q(\phi)\cos(i\phi)\mathrm{d}\phi$

式（9.14）：$q(\phi) = k_T\lambda(\phi) = k_T\{w(\phi) + d_0 - \bar{a}(1 - \cos\phi)\}$

式（9.56）：$w(\phi) = \sum_{j=0}^{\infty} A'_j\{\alpha_j\cos j(\phi - \gamma_j) + \beta_j\sin j(\phi - \gamma_j)\}$

式（9.59）：$d_0 = \bar{a}(1 - \cos\phi_r) - w(\phi_r)$

α_i 由下式表达：

$$\alpha_i = k_T\int_{\phi_f}^{\phi_r}\left\{\sum_{j=0}^{\infty}A'_j\{\alpha_j\cos j(\phi - \gamma_j) + \beta_j\sin j(\phi - \gamma_j)\} + \bar{a}(1 - \cos\phi_r) - w(\phi_r) - \bar{a}(1 - \cos\phi)\right\}\cos(i\phi)\mathrm{d}\phi$$

$$= k_T\sum_{j=0}^{\infty}A'_j\int_{\phi_f}^{\phi_r}\cos j(\phi - \gamma_j)\cos(i\phi)\mathrm{d}\phi\alpha_j +$$

$$k_\mathrm{T} \sum_{j=0}^{\infty} A'_j \int_{\phi_\mathrm{f}}^{\phi_\mathrm{r}} \sin j(\phi - \gamma_j) \cos(i\phi) \mathrm{d}\phi \beta_j +$$

$$\bar{a} \int_{\phi_\mathrm{f}}^{\phi_\mathrm{r}} (\cos\phi - \cos\phi_\mathrm{r}) \cos(i\phi) \mathrm{d}\phi - \bar{a} w(\phi_\mathrm{r}) \int_{\phi_\mathrm{f}}^{\phi_\mathrm{r}} \cos(i\phi) \mathrm{d}\phi \tag{9.72}$$

式（9.72）中的右端项 α_i 可以由下式给出：

$$k_\mathrm{T} \sum_{j=0}^{\infty} A'_j \int_{\phi_\mathrm{f}}^{\phi_\mathrm{r}} \cos j(\phi - \gamma_j) \cos(i\phi) \mathrm{d}\phi$$

$$= k_\mathrm{T} \sum_{j=0}^{\infty} A'_j \frac{1}{2} \int_{\phi_\mathrm{f}}^{\phi_\mathrm{r}} [\cos\{(j-i)\phi - j\gamma_j\} + \cos\{(i+j)\phi - j\gamma_j\}] \mathrm{d}\phi$$

$$= k_\mathrm{T} \sum_{j=0}^{\infty} A'_j \left[\frac{\sin\{(i-j)\phi_\mathrm{r} + j\gamma_j\} - \sin\{(i-j)\phi_\mathrm{f} + j\gamma_j\}}{2(i-j)} + \frac{\sin\{(i+j)\phi_\mathrm{r} - j\gamma_j\} - \sin\{(i+j)\phi_\mathrm{f} - j\gamma_j\}}{2(i+j)} \right] \tag{9.73}$$

式（9.72）的右侧第 3 项可以用下式给出：

$$\bar{a} \int_{\phi_\mathrm{f}}^{\phi_\mathrm{r}} (\cos\phi - \cos\phi_\mathrm{r}) \cos(i\phi) \mathrm{d}\phi$$

$$= \bar{a} \left[\frac{\sin\{(i-1)\phi_\mathrm{r}\} - \sin\{(i-1)\phi_\mathrm{f}\}}{2(i-1)} + \frac{\sin\{(i+1)\phi_\mathrm{r}\} - \sin\{(i+1)\phi_\mathrm{f}\}}{2(i+1)} \right] - \bar{a} \cos\phi_\mathrm{r} \frac{\sin(i\phi_\mathrm{r}) - \sin(i\phi_\mathrm{f})}{i} \tag{9.74}$$

式（9.72）的右侧第 4 项可以用下式给出：

$$\bar{a} w(\phi_\mathrm{r}) \int_{\phi_\mathrm{f}}^{\phi_\mathrm{r}} \cos(i\phi) \mathrm{d}\phi$$

$$= \bar{a} \sum_{j=0}^{\infty} A'_j \{\alpha_j \cos j(\phi - \gamma_j) + \beta_j \sin j(\phi - \gamma_j)\} \int_{\phi_\mathrm{f}}^{\phi_\mathrm{r}} \cos(i\phi) \mathrm{d}\phi$$

$$= \sum_{j=0}^{\infty} A'_j \cos j(\phi_\mathrm{r} - \gamma_j) \frac{\sin(i\phi_\mathrm{r}) - \sin(i\phi_\mathrm{f})}{i} \alpha_j + \sum_{j=0}^{\infty} A'_j \sin j(\phi - \gamma_j) \frac{\sin(i\phi_\mathrm{r}) - \sin(i\phi_\mathrm{f})}{i} \beta_j \tag{9.75}$$

如果将所有关于 α_j 的项目进行总结，可以得到：

$$\sum_{j=0}^{\infty} A'_j (\eta_{ij} + \xi_{ij}) \alpha_j - \alpha_i / k_\mathrm{T} = e_i \tag{9.76}$$

式中，

$$\eta_{ij} = \frac{\sin\{(i-j)\phi_\mathrm{r} + j\gamma_j\} - \sin\{(i-j)\phi_\mathrm{f} + j\gamma_j\}}{2(i-j)} + \frac{\sin\{(i+j)\phi_\mathrm{r} - j\gamma_j\} - \sin\{(i+j)\phi_\mathrm{f} - j\gamma_j\}}{2(i+j)}$$

$$\xi_{ij} = \cos j(\phi_\mathrm{r} - \gamma_j) \frac{\sin(i\phi_\mathrm{r}) - \sin(i\phi_\mathrm{f})}{i}$$

$$e_i = \bar{a}\left[\frac{\sin\{(i-1)\phi_r\} - \sin\{(i-1)\phi_f\}}{2(i-1)} + \frac{\sin\{(i+1)\phi_r\} - \sin\{(i+1)\phi_f\}}{2(i+1)} - \cos\phi_r \frac{\sin(i\phi_r) - \sin(i\phi_f)}{i}\right]$$

$$a_{ij} = A'_j\left[-\cos j(\phi_r - \gamma_j)\frac{\sin(i\phi_r) - \sin(i\phi_f)}{i} + \frac{\sin\{(i-j)\phi_r + j\gamma_j\} - \sin\{(i-j)\phi_f + j\gamma_j\}}{2(i-j)} + \frac{\sin\{(i+j)\phi_r - j\gamma_j\} - \sin\{(i+j)\phi_f - j\gamma_j\}}{2(i+j)}\right] \quad i \neq j$$

$$a_{ij} = A'_j\left[-\cos j(\phi_r - \gamma_j)\frac{\sin(i\phi_r) - \sin(i\phi_f)}{i} + \cos(j\gamma_j)\frac{\phi_r - \phi_f}{2} + \frac{\sin\{(i+j)\phi_r - j\gamma_j\} - \sin\{(i+j)\phi_f - j\gamma_j\}}{2(i+j)}\right] - \frac{1}{k_T} \quad i = j$$

$$b_{ij} = A'_j\left[-\sin j(\phi_r - \gamma_j)\frac{\sin(i\phi_r) - \sin(i\phi_f)}{i} + \frac{\cos\{(i-j)\phi_r + j\gamma_j\} - \cos\{(i-j)\phi_f + j\gamma_j\}}{2(i-j)} - \frac{\cos\{(i+j)\phi_r - j\gamma_j\} - \cos\{(i+j)\phi_f - j\gamma_j\}}{2(i+j)}\right] \quad i \neq j$$

$$b_{ij} = A'_j\left[-\sin j(\phi_r - \gamma_j)\frac{\sin(i\phi_r) - \sin(i\phi_f)}{i} - \sin(j\gamma_j)\frac{\phi_r - \phi_f}{2} - \frac{\cos\{(i+j)\phi_r - j\gamma_j\} - \cos\{(i+j)\phi_r - j\gamma_j\}}{2(i+j)}\right] \quad i = j$$

$$c_{ij} = A'_j\left[\cos j(\phi_r - \gamma_j)\frac{\cos(i\phi_r) - \cos(i\phi_f)}{i} - \frac{\cos\{(i-j)\phi_r + j\gamma_j\} - \cos\{(i-j)\phi_f + j\gamma_j\}}{2(i-j)} - \frac{\cos\{(i+j)\phi_r - j\gamma_j\} - \cos\{(i+j)\phi_f - j\gamma_j\}}{2(i+j)}\right] \quad i \neq j$$

$$c_{ij} = A'_j\left[\cos j(\phi_r - \gamma_j)\frac{\cos(i\phi_r) - \cos(i\phi_f)}{i} + \sin(j\gamma_j)\frac{\phi_r - \phi_f}{2} - \frac{\cos\{(i+j)\phi_r - j\gamma_j\} - \cos\{(i+j)\phi_f - j\gamma_j\}}{2(i+j)}\right] \quad i = j$$

$$d_{ij} = A'_j\left[\sin j(\phi_r - \gamma_j)\frac{\cos(i\phi_r) - \cos(i\phi_f)}{i} + \frac{\sin\{(i-j)\phi_r + j\gamma_j\} - \sin\{(i-j)\phi_f + j\gamma_j\}}{2(i-j)} - \frac{\sin\{(i+j)\phi_r - j\gamma_j\} - \sin\{(i+j)\phi_f - j\gamma_j\}}{2(i+j)}\right] \quad i \neq j$$

$$d_{ij} = A'_j\left[\sin j(\phi_r - \gamma_j)\frac{\cos(i\phi_r) - \cos(i\phi_f)}{i} + \cos(j\gamma_j)\frac{\phi_r - \phi_f}{2} - \frac{\sin\{(i+j)\phi_r - j\gamma_j\} - \sin\{(i+j)\phi_f - j\gamma_j\}}{2(i+j)}\right] - \frac{1}{k_T} \quad i = j$$

$$e_i = -\bar{a}\left[-\cos\phi_r\frac{\sin(i\phi_r) - \sin(i\phi_f)}{i} + \frac{\sin\{(i-1)\phi_r\} - \sin\{(i-1)\phi_f\}}{2(i-1)} + \frac{\sin\{(i+1)\phi_r\} - \sin\{(i+1)\phi_f\}}{2(i+1)}\right] \quad i \neq 1$$

$$e_i = -\bar{a}\left[-\cos\phi_r\frac{\sin(i\phi_r) - \sin(i\phi_f)}{i} + \frac{\phi_r - \phi_f}{2(i-1)} + \frac{\sin\{(i+1)\phi_r\} - \sin\{(i+1)\phi_f\}}{2(i+1)}\right] \quad i \neq 1$$

$$f_i = \bar{a}\left[-\cos\phi_r \frac{\cos(i\phi_r) - \cos(i\phi_f)}{i} + \frac{\cos\{(i-1)\phi_r\} - \cos\{(i-1)\phi_f\}}{2(i-1)} + \frac{\cos\{(i+1)\phi_r\} - \cos\{(i+1)\phi_f\}}{2(i+1)}\right] \quad i \neq 1$$

$$f_i = \bar{a}\left[-\cos\phi_r \frac{\cos(i\phi_r) - \cos(i\phi_f)}{i} + \frac{\cos\{(i+1)\phi_r\} - \cos\{(i+1)\phi_f\}}{2(i+1)}\right] \quad i = 1$$

备注

备注9.1 式（9.1）

胎冠圆环的单元受力图如图9.23所示，其中的 a 是未变形的胎冠圆环的半径。

切向和法向的力平衡可以表示为

$$\left(T + \frac{dT}{ds}ds\right)\cos\frac{d\phi}{2} - T\cos\frac{d\phi}{2} - V\sin\frac{d\phi}{2} - V\sin\frac{d\phi}{2} - \left(V + \frac{dV}{ds}ds\right)\sin\frac{d\phi}{2} = 0$$

$$-f_r ds + \left(T + \frac{dT}{ds}ds\right)\sin\frac{d\phi}{2} + T\sin\frac{d\phi}{2} - V\cos\frac{d\phi}{2} + \left(V + \frac{dV}{ds}ds\right)\cos\frac{d\phi}{2} = 0$$

忽略高阶项，得到：

$$dT/ds - V/\rho = 0$$
$$T/\rho + dV/ds - f_r = 0$$

式中，s 是沿胎冠圆环的长度。

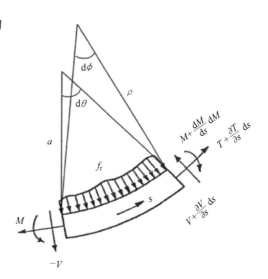

图9.23 胎冠圆环的单元受力图

备注9.2 式（9.18）

当轮辋固定轮胎系统处于静止，式（8.52）重新写为：

$$-\frac{EI}{a^4}\left(\frac{\partial^6 v}{\partial \theta^6} + 2\frac{\partial^4 v}{\partial \theta^4} + \frac{\partial^2 v}{\partial \theta^2}\right) + \frac{\sigma_\theta^0 A}{a^2}\left(v + 2\frac{\partial^2 v}{\partial \theta^2} + \frac{\partial^4 v}{\partial \theta^4}\right) - \frac{p_0 b}{a}\left(v + \frac{\partial^2 v}{\partial \theta^2}\right) - k_r \frac{\partial^2 v}{\partial \theta^2} + k_t v = q_v + \frac{\partial q_w}{\partial \theta}$$

将 $q_v = 0$ 和 $q_w = k_T \lambda$ 代入到上述方程中得到Gong[7]所推导的微分方程：

$$\frac{\partial^6 v}{\partial \theta^6} + \left(2 - \frac{\sigma_\theta^0 A a^2}{EI}\right)\frac{\partial^4 v}{\partial \theta^4} + \left(1 + \frac{k_r a^4}{EI} + \frac{p_0 b a^3}{EI} - \frac{2\sigma_\theta^0 A a^2}{EI}\right)\frac{\partial^2 v}{\partial \theta^2} + \left(\frac{p_0 b a^3}{EI} - k_t\right)v$$
$$= k_T \frac{\partial \lambda}{\partial \theta} = \frac{k_T a^4}{EI}\frac{\partial w}{\partial \theta} - \frac{a^4 \bar{a}}{EI}\sin\theta$$

将 $w = -\partial v/\partial \theta$ 代入带束层不可伸长的关系中可以得到：

$$w^{(6)} + \left(2 - \frac{\sigma_\theta^0 A a^2}{EI}\right)w^{(4)} + \left(1 + \frac{p_0 b a^3}{EI} - \frac{2\sigma_\theta^0 A a^2}{EI} + \frac{(k_r + k_T)a^4}{EI}\right)w^{(2)} - \left(\frac{p_0 b a^3}{EI} - k_t\right)w = \frac{a^4 \bar{a} k_T}{EI}\cos\theta$$

式（9.17）可以重新写成Yamagishi[2]推导的微分方程：

$$w_c^{(5)} + \left(2 - \frac{a^2 T_0}{EI}\right) w_c^{(3)} + \left[1 - \frac{a^2 T_0}{EI} + \frac{a^4(k_r + k_T)}{EI}\right] w_c^{(1)} = \frac{a^4 \bar{a} k_T}{EI} \sin\theta$$

考虑到 $\sigma_\theta^0 A$ 等于 T_0,两个微分方程相同,但是在 Yamagishi 的结果中不包含 k_t 和 $p_0 b$ 项,也不包含某些 $\sigma_\theta^0 A$ 项。然而,两个方程的结果相差很大。

备注 9.3 式 (9.29) 和式 (9.32)

式 (9.29)

利用式 (9.2)、式 (9.3) 和式 (9.7),横向剪切力 V 可以表示为
$$V = \mathrm{d}M/\mathrm{d}(a\theta) = EI(w''' + w')/a^3$$

式 (9.32)

利用式 (9.16) 的第二和第三个公式,$T_0 + \Delta T$ 可以表示为
$$T_0 + \Delta T = EI\left(w^{(4)} + w_c^{(2)}\right)/a^3 + T_0\left(w^{(2)} + w\right)/a + f_r a$$

将式 (9.8) 代入到上式,考虑到在 $\theta = \theta^*$ 的位置 $\lambda = 0$,可以得到:
$$(T_0 + \Delta T)/a = EI\left(w^{(4)} + w_c^{(2)}\right)/a^4 + T_0\left(w^{(2)} + w\right)/a^2 + bp - 2Q_0 - k_r w$$

因此,在 $\theta = \theta^*$ 处,满足边界条件如下:
$$EI\left(w_c^{(4)} + w_c^{(2)}\right)/a^4 + T_0\left(w_c^{(2)} + w_c\right)/a^2 - k_r w_c$$
$$= EI\left(w_f^{(4)} + w_f^{(2)}\right)/a^4 + T_0\left(w_f^{(2)} + w_f\right)/a^2 - k_r w_f$$

备注 9.4 式 (9.52)

式 (9.52) 重新写成:
$$m_n \ddot{a}_n + c_n \dot{a}_n + g_n \dot{b}_n + k_n a_n = -\frac{1}{\pi}\sqrt{\mu^2 + n^2}\sin n(\phi_0 - \Omega t + \psi_n) Q_w$$
$$m_n \ddot{b}_n - g_n \dot{a}_n + c_n \dot{b}_n + k_n a_n = -\frac{1}{\pi}\sqrt{\mu^2 + n^2}\cos n(\phi_0 - \Omega t + \psi_n) Q_w \tag{9.77}$$

假设 a_n 和 b_n 可以表示为
$$a_n = \alpha_n \sin n(\phi_0 - \Omega t + \psi_n + \delta)$$
$$a_n = \beta_n \cos n(\phi_0 - \Omega t + \psi_n + \delta) \tag{9.78}$$

将式 (9.78) 代入到式 (9.77) 可以得到:
$$\alpha_n[k_n - m_n(n\Omega)^2 - g_n n\Omega]\sin n(\phi_0 - \Omega t + \psi_n + \delta) + \beta_n c_n n\Omega \cos n(\phi_0 - \Omega t + \psi_n + \delta)$$
$$= -\frac{1}{\pi}\sqrt{\mu^2 + n^2}\sin n(\phi_0 - \Omega t + \psi_n) Q_w$$
$$\beta_n[k_n - m_n(n\Omega)^2 - g_n n\Omega]\cos n(\phi_0 - \Omega t + \psi_n + \delta) - \alpha_n c_n n\Omega \sin n(\phi_0 - \Omega t + \psi_n + \delta)$$
$$= \frac{1}{\pi}\sqrt{\mu^2 + n^2}\cos n(\phi_0 - \Omega t + \psi_n) Q_w$$
$$\tag{9.79}$$

求解式 (9.79) 可以得到:
$$\alpha_n = -\beta_n$$
$$\alpha_n \sqrt{\{k_n - m_n(n\Omega)^2 - g_n n\Omega\}^2 + (c_n n\Omega)^2}\sin n(\phi_0 - \Omega t + \psi_n + \delta - \gamma_n)$$
$$= -\frac{1}{\pi}\sqrt{\mu^2 + n^2}\sin n(\phi_0 - \Omega t + \psi_n) Q_w$$
$$\beta_n \sqrt{\{k_n - m_n(n\Omega)^2 - g_n n\Omega\}^2 + (c_n n\Omega)^2}\cos n(\phi_0 - \Omega t + \psi_n + \delta - \gamma_n)$$

$$= \frac{1}{\pi}\sqrt{\mu^2 + n^2}\cos n\ (\phi_0 - \Omega t + \psi_n)\ Q_w$$

$$\gamma_n = \frac{1}{n}\tan^{-1}\left\{\frac{c_n n\Omega}{k_n - m_n\ (n\Omega)^2 - g_n n\Omega}\right\} \tag{9.80}$$

从式（9.80），可以得到：

$$\delta = \eta$$

$$\alpha_n = -\beta_n = -\frac{\sqrt{\mu^2 + n^2}}{\pi}\frac{Q_w}{\sqrt{\{k_n - m_n(n\Omega)^2 - g_n n\Omega\}^2 + (c_n n\Omega)^2}} \equiv A_n \tag{9.81}$$

将式（9.78）代入到式（9.44）得到：

$$\begin{aligned}
v(\theta,t) &= \sum_{n=0}^{N}\{a_n(t)\cos(n\theta) + b_n(t)\sin(n\theta)\}\\
&= \sum_{n=0}^{N}A_n\{\sin n(\phi_0 - \Omega t + \psi_n + \delta)\cos(n\theta) - \cos n(\phi_0 - \Omega t + \psi_n + \delta)\sin(n\theta)\}\\
&= \sum_{n=0}^{N}A_n \sin n(\phi_0 - \Omega t - \theta + \psi_n + \delta)\\
&= \sum_{n=0}^{N}A_n \sin n(\phi_0 - \phi + \psi_n + \delta)
\end{aligned} \tag{9.82}$$

参考文献

1. S.K. Clark, *The Rolling Tire Under Load*, SAE Paper, No. 990B, 1965
2. K. Yamagishi, J.T. Jenkins, The circumferential contact problem for the belted radial tire. J. Appl. Mech. **47**, 512–518 (1980)
3. K. Yamagishi, J.T. Jenkins, Singular perturbation solutions of the circumferential contact problem for the belted radial truck and bus tire. J. Appl. Mech. **47**, 519–524 (1980)
4. J.T. Jenkins, The circumferential contact problem for the belted radial passenger car tire. Vehicle Sys. Dyn. **11**, 325–343 (1982)
5. S.C. Huang, The vibration of rolling tyres in ground contact. Int. J. Vehicle Des. **13**(1), 78–95 (1992)
6. S.C. Huang, B.S. Hsu, An approach to the dynamic analysis of rotating tire-wheel-suspension units. J. Sound Vib. **156**(3), 505–519 (1992)
7. S. Gong, *A Study of In-plane Dynamics of Tires*. Ph.D. Thesis, Delft University of Technology, 1993
8. C.R. Dohrmann, Dynamics of a tire wheel-suspension assembly. J. Sound Vib. **210**(5), 627–642 (1998)
9. A. Gasmi et al., Closed-form solution of a shear deformable, extensional ring in contact between two rigid surfaces. Int. J. Solids Struct. **48**, 843–853 (2011)
10. S. Timoshenko, S.W. Krieger, *Theory of Plates and Shell* (McGraw-hill, 1959)
11. T. Akasaka, K. Kabe, Deformation and cord tension of a bias tire in contact with the road. Tire Sci. Technol. **5**(4), 172–201 (1977)
12. T. Akasaka et al., Two-dimensional contact pressure distribution of a radial tire. Tire Sci. Technol. **18**(2), 80–103 (1990)
13. S. Kagami et al., Analysis of the contact deformation of a radial tire with camber angle. Tire Sci. and Technol. **23**(1), 26–51 (1995)
14. H. Shiobara et al., One-dimensional contact pressure distribution of radial tires in motion. Tire Sci. and Technol. **23**(2), 116–135 (1995)
15. H. Shiobara et al., Two-dimensional contact pressure distribution of a radial tire in motion. Tire Sci. and Technol. **24**(4), 294–320 (1996)
16. S. Kim et al., Contact pressure distribution of radial tire in motion with camber angle. Tire Sci. and Technol. **28**(1), 2–32 (2000)
17. P. W. A. Zegelaar, *The dynamic Response of Tyres to Brake Torque Variations and Road Unevennesses*. Ph.D. Thesis, Delft University of Technology, 1998
18. J. P. Maurice, *Short Wavelength and Dynamic Tyre Behavior Under Lateral and Combined Slip Conditions*. Ph.D. Thesis, Delft University of Technology, 2000

19. A.J.C. Schmeitz, *A Semi-empirical Model of Pneumatic Tyre Rolling Over Arbitrarily Uneven Road Surfaces*. Ph.D. Thesis, Delft University of Technology, 2004
20. H. Kaga et al., Stress analysis of a tire under vertical load by a finite element method. Tire Sci. Technol. **5**(2), 102–118 (1977)
21. M.J. Trinko, Ply and rubber stresses and contact forces for a loaded radial tire. Tire Sci. Technol. **11**(1–4), 20–38 (1984)
22. J.T. Tielking, A finite element tire model. Tire Sci. Technol. **11**(1–4), 50–63 (1984)
23. R.A. Ridha et al., Finite element modeling of a homogeneous pneumatic tire subjected to footprint loadings. Tire Sci. Technol. **13**(2), 91–110 (1985)
24. H. Rothert et al., On the contact problem of tires, including friction. Tire Sci. Technol. **13**(2), 111–123 (1985)
25. R. Prabhakaran, Interactive graphics for the analysis of tires. Tire Sci. Technol. **13**(3), 127–146 (1985)
26. G. Laging, H. Rothert, Numerical results of tire-test drum interaction. Tire Sci. Technol. **14**(3), 160–175 (1986)
27. H. Rothert, R. Gall, On the three dimensional computation of steel-belted tires. Tire Sci. Technol. **14**(2), 116–124 (1986)
28. Y. Nakajima, Tire analysis by super-computer. Hitachi-Hyoron **72**(5), 39–44 (1990). (in Japanese)
29. K. Ishihara, Development of a three-dimensional membrane element for the finite element analysis of tires. Tire Sci. Technol. **19**(1), 23–36 (1991)
30. J. Padovan, I. Zeid, On the development of traveling load finite elements. Comput. Struct. **12**, 77–83 (1980)
31. J. Padovan, I. Zeid, Finite element modeling of rolling contact. Comput. Struct. **14**, 163–170 (1981)
32. R. Kennedy, J. Padovan, Finite element analysis of a steady-state rotating tire subjected to point load or ground contact. Tire Sci. Technol. **15**, 243–260 (1987)
33. L.O. Faria et al., A three-dimensional rolling contact model for a reinforced rubber tire. Tire Sci. Technol. **17**(3), 217–233 (1989)
34. L.O. Faria et al., Tire modeling by finite elements. Tire Sci. Technol. **20**(1), 33–56 (1992)
35. A.A. Goldstein, Finite element analysis of a quasi-static rolling tire model for determination of truck tire forces and moments. Tire Sci. Technol. **24**, 278–293 (1996)
36. Y. Kaji, Improvements in tire wear based on 3D finite element analysis, in *Tire Technology EXPO*, 2003
37. M. Shiraishi et al., Simulation of a dynamically rolling tire. Tire Sci. Technol. **28**(4), 264–276 (2000)
38. M. Koide et al., Optimization for motorcycle tire using explicit FEM. Tire Sci. Technol. **29**(4), 230–243 (2001)
39. Y. Osawa, Tire analysis by using new hour-glass control, in *LS-DYNA Users Week*, Tokyo, 2005. (in Japanese)
40. J.C. Cho, B.C. Jung, Prediction of tread pattern wear by an explicit finite element model. Tire Sci. Technol. **35**(4), 276–299 (2007)
41. Y. Nakajima et al., Application of neural network for optimization of tire design. Tire Sci. Technol. **27**(2), 62–83 (1999)
42. Y. Nakajima et al., Theory of optimum tire contour and its application. Tire Sci. Technol. **24**(3), 184–203 (1996)
43. T. Akasaka, K. Kabe, Deformation and cord tension of a bias tire in contact with the road. Tire Sci. Technol. **5**(4), 172–201 (1977)
44. J. Rotta, Zur Statik des Luftreifens. Ing. Archiv, p. 129, 1949
45. F. Böhm, Mechanik des Gurtelreifens. ATZ **69**(8), 255–261 (1967)
46. R. Hecht-Nielsen, *Neurocomputing* (Addison-Wesley, Menlo Park, CA, 1991)
47. G.E.P. Box, N.R. Draper, *Empirical Model-Building and Response Surfaces* (Wiley, New York, NY, 1987)
48. A.C. Atkinson, A.N. Donev, *Optimum Experimental Designs* (Oxford University Press, Oxford, UK, 1992)

第10章 轮胎的噪声

　　轮胎/道路噪声包括轮胎表面的振动噪声和空气动力学噪声。前者通常用三个要素来解释，即施加在轮胎上的激励力、轮胎的振动特性以及轮胎/道路形成的声场。激励力包括由花纹横沟引起的胎面冲击和由道路粗糙度引起的冲击激励。轮胎的振动特性可以用传递函数表示，轮胎的表面振动则可以通过将激励力与传递函数相乘得到。轮胎/道路形成的声场可以由轮胎表面振动通过亥姆霍兹方程计算［即采用边界元法（BEM）］。造成轮胎噪声的最关键因素是激励力，因为其他因素可能无法在不损害轮胎其他性能的前提下通过轮胎设计加以控制。而横向花纹沟槽引起的激励力可以通过唯象模型，借由接地印痕形状、轮胎花纹样式和接地压力分布等进行计算估计，也可通过有限元仿真进行评估。同时，通过测量轮胎在简单粗糙路上滚动时的轴力，采用具有非线性接触刚度的Winker模型或有限元方法进行接触分析，估算由路面粗糙度引起的外激励。轮胎的振动特性可以通过有限元或弹性环模型进行预测。在花纹设计中，采用唯象模型作为设计工具来确定花纹的几何形状，并采用遗传算法对节距排列进行优化。为降低管腔共振噪声，可在纵沟凹槽中增加亥姆霍兹谐振器。此外，还可以采用特殊的轮辋或使用吸声材料来降低轮胎空腔噪声。

10.1 轮胎噪声研究的背景

　　由于交通流量的增加，噪声滋扰问题日益严重，并已成为一个社区噪声环境问题。对于机动车噪声源来说，可分为动力系统噪声、进排气噪声、轮胎与路面接触引起的噪声（即轮胎噪声）。因动力系统噪声得到了显著改善，除车辆在低速时加速外，轮胎噪声在交通噪声中占主导地位[1-2]，例如，轮胎噪声在稳态滚动过程中占车辆总噪声的70%，在加速过程中占20%[3]。

　　根据世界卫生组织的报告[4]，噪声不仅是一个恼人的问题，而且还会对健康造成严重损害，在欧洲西部，与交通有关的噪声每年造成至少100万健康年的损失。新的轮胎噪声法规从2012年开始在欧洲引入，例如，对轿车子午线轮胎（PCR）的新规定比以前的规定更严格，其噪声最高达4dB（A）⊖。亚洲和美国正朝着与欧洲类似的方向发展。

　　虽然降低轮胎噪声是一个紧迫的问题，但轮胎需要同时满足多种性能。例如干地制动性能和湿地制动性能、操控性和耐磨耗性能等。此外，低滚动阻力和轻量化在保护全球环境和节约自然资源方面具有重要意义。因为这些性能相互影响，此消彼长，噪声性能的改善必须同时考虑这些因素。例如，采用硬的胎面橡胶可以提高轮胎的操控性，但是会恶化噪声。总的来说，在不牺牲其他性能的前提下，降低轮胎噪声已成为汽车行业的一个重要课题。轮胎行业和轮胎制造商加快了对轮胎噪声的研究[5]。

　　轮胎噪声的评估方法及其频谱如图10.1所示，包括用于轮胎开发的室内转鼓试验、用于法规认证的车外噪声测试和车内噪声试验。室内转鼓测量的噪声频谱与车外测试的噪声频谱相似，峰值均在1kHz左右，而车内测量的噪声频谱与其他频谱不同。噪声受路面、轮胎花纹、轮胎结构和声场特性的影响。车外噪声包括辐射噪声或空气传播噪声，而车内噪声包括空气传播噪声和结构传播噪声，结构传播噪声可通过轮胎轴从地板和仪表板进行传播。空气传播噪声受车辆的吸

⊖ A为噪声在测量（计算）时的频率加权特性。

隔声性能影响，而结构传播噪声则与车辆的振动特性有关。

车外噪声测试需要在国际标准化组织（ISO）认证的路面上进行，而车内噪声测试则需要在不同的路面上进行。其中，在道路噪声评价中常用的一种道路是用小鹅卵石和沥青制成的。

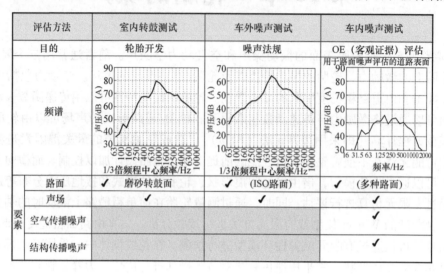

图 10.1　轮胎噪声的评估方法及其频谱

10.2　轮胎噪声的分类

与轮胎有关的车辆噪声可分为匀速通过噪声和加速通过噪声。在 50km/h 时，轮胎对匀速通过噪声的贡献量为 50%～80%，而对加速通过噪声的贡献量为 4%～33%，如图 10.2 所示。因轮胎噪声对匀速通过噪声的贡献较大且欧盟在 2012 年引入了车外轮胎噪声法规和标识系统，目前轮胎噪声的研究也主要集中在匀速通过噪声上。欧盟法规要求在发动机关闭的情况下，以 80km/h 的速度测量车外噪声。

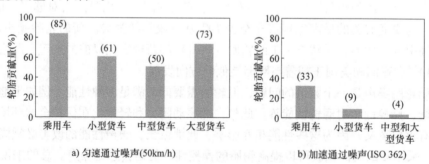

图 10.2　轮胎对匀速通过噪声和加速通过噪声的贡献量
（经 JATMA 许可，摘自参考文献 [3]）

匀速通过噪声在现象上分为轮胎/道路噪声和与车辆相关的噪声，如图 10.3 所示。轮胎/道路噪声又可分为四种，第一种噪声是光滑路面产生的噪声，其与轮胎花纹有关，即所谓的花纹噪声，花纹噪声包括周向沟槽引起的管腔共振噪声、轮胎前后沿沟槽压缩引起的泵气噪声以及轮胎前后沿横向沟槽冲击引起的冲击噪声。第二种噪声是由轮胎接地区滑动引起的高频噪声，其主要是在加速时接地后沿发生。第三种噪声是由路面粗糙度引起的噪声。第四种噪声包括道路空隙引起的泵气噪声。与车辆相关的噪声包括风噪、机械振动噪声和车身振动噪声。

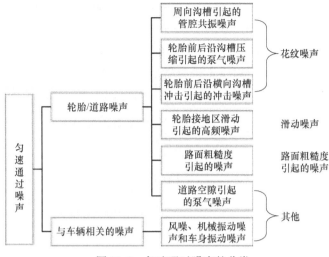

图 10.3 匀速通过噪声的分类

10.3 轮胎/道路噪声的机理

10.3.1 轮胎/道路噪声的机理研究

如 Heckl[6]、Sandberg 和 Ejsmont[7] 所讨论的,轮胎/道路噪声包括轮胎表面振动产生的噪声和与空气动力学相关的噪声。表面振动引起的噪声通常可以用激励力、传递函数和声场三个要素来解释,如图 10.4 所示。激励力包括横向沟槽引起的胎面冲击、黏滑过程和路面粗糙度等,轮胎表面振动的计算方法是将激励力与轮胎表面振动输入和输出之间的传递函数相乘,然后通过亥姆霍兹方程由表面振动计算轮胎/道路辐射噪声。由于路面粗糙度影响轮胎/道路辐射噪声的大小,所以测量车外噪声需要在 ISO 法规定义的特定道路上进行。因噪声法规首次在欧盟发布,所以对路面粗糙度与轮胎/道路噪声关系的研究主要是在欧盟进行的。

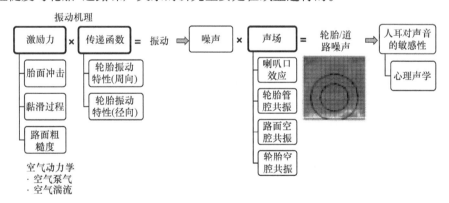

图 10.4 轮胎/道路噪声机理

传递函数包括轮胎的周向和径向的振动特性。在 100Hz 以下低频范围内,轮胎振动表现可以看作弹簧和质量组合体。在 100~300Hz 的低频范围内,轮胎表现为处于均匀分布的弹簧基础上的一维拉伸欧拉梁。在 300~1000Hz 的中频范围内,轮胎表现得像一个二维平面板或圆柱形壳体。在 1kHz 的频率下,与带束层宽度有对应关系的噪声的半波长和轮胎/道路噪声则由前沿和后沿的局部变形决定。

声场决定了声波的主频率和传播方向。声场包括喇叭口效应、轮胎管腔共振、轮胎空腔共振和路面空腔共振等。喇叭口效应放大1000Hz左右的噪声，此频率也是轮胎/道路形成的楔形形状的共振频率。

最后，人耳对声音的敏感性在心理声学领域里进行研究。这三个因素（即激励力、传递函数和声场）对轮胎/道路噪声的贡献取决于轮胎类型、驾驶条件和道路类型。

10.3.2 轮胎受到的激励力

作用在轮胎上最重要的激励力是胎面冲击，如图10.5所示。

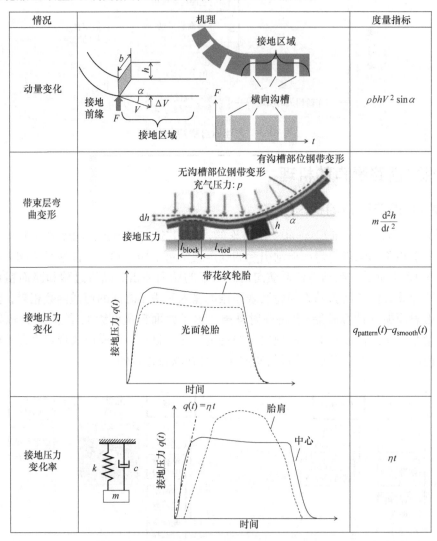

图10.5 带花纹轮胎接地前沿和后沿的激励力机理

1. 由接地前沿和后沿的动量变化引起的激励力

外力F是由车轮前后沿横向沟槽或路面粗糙度引起的胎面质量的动量变化而产生的，如图10.5所示。如果没有横沟，胎面橡胶就会连续进入旋转轮胎的接地区域，且在轮胎的前沿和后沿没有力的变化。然而，当横向沟槽进入或离开接地区域时则会产生冲击作用。作用于轮胎接地前、后沿的外力F可以表示为

$$F = \rho b h V \Delta V = \rho b h V^2 \sin\alpha \qquad (10.1)$$

式中，ρ、b、h、V和α分别是胎冠的密度、筋条的宽度、沟槽深度、速度和前后沿接触角。胎

面冲击产生的激励力与速度的平方成正比。

当 $\rho = 1\text{g/cm}^3$, $b = 20\text{mm}$, $h = 8\text{mm}$, $V = 80\text{km/h}$ (22.2m/s), $\alpha = 3°$时，根据式（10.1）估算出冲击力为 $F = 0.41\text{N}$。根据式（10.1）来看，可以通过减小 α 来降低轮胎/道路噪声，具体可以通过增加带束层的周向张力来增加带束层的弯曲刚度来实现，也可以减小沟槽深度 h 或减小密度，从而减小 $\rho b h$。

2. 带束层弯曲变形

如果没有沟槽，带束层在接地区域上几乎是平的。然而，如图 10.5 和图 10.6 所示[8]，在接地区域花纹块和沟槽部位产生了弯曲变形。接地压力 p_{contact} 的分布影响花纹块上带束层的弯曲变形，由接地压力引起的最大弯曲位移可以用 $\text{d}h$ 来表示，如图 10.6a 所示，其表示为

$$\text{d}h = 5 p_{\text{contact}} l_{\text{block}}^4 / (384 EI) \tag{10.2}$$

式中，带束层的弯曲刚度 EI 可以根据式（2.75）计算。$EI(=D_{xx})=30.4\text{N}\cdot\text{m}$，是乘用车轮胎的斜交带束层在角度为 $\alpha = \pm 20°$ 的计算值。

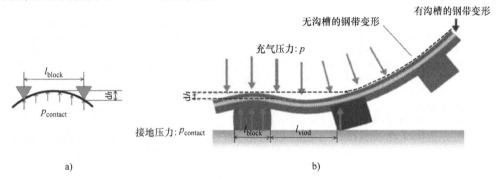

图 10.6　路面作用在花纹块上的冲击力
（经米其林许可，摘自参考文献［8］）

假设接触压力 $p_{\text{contact}} = 400\text{kPa}$，花纹块在周向的长度为 $l_{\text{block}} = 2\times 10^{-2}\text{m}$，花纹块的面积是 $S = 4\text{cm}^2$（即 2cm 宽，2cm 长），每个花纹块上花纹和带束层的质量 $m = 10\text{g}$，速度 $V = 80\text{km/h}$（22.2m/s）。将这些值代入式（10.2）计算得到：$\text{d}h = 2.7\times 10^{-2}\text{mm}$。

花纹块与路面充分接触的时间由以下公式得到：

$$\text{d}t_{\text{touch}} = l_{\text{block}}/V = 0.22/22.2/0.9\text{ms} \tag{10.3}$$

带束层的名义速度为

$$\text{d}h/\text{d}t = \text{d}h/\text{d}t_{\text{touch}} = 0.03\text{m/s} \tag{10.4}$$

花纹块和带束层的加速度为⊖

$$\frac{\text{d}^2 h}{\text{d}t^2} = \frac{2\text{d}h/\text{d}t}{\text{d}t_{\text{touch}}/2} = 133\text{m/s}^2 \tag{10.5}$$

作用在带束层上的力可通过以下公式计算

$$F = m\text{d}^2 h/\text{d}t^2 = 1.33\text{N} \tag{10.6}$$

这个值与通过式（10.1）计算的结果相近，式（10.6）表明，激励力与轮胎速度的平方成正比。

因轮胎噪声与激励力成正比，可以通过减少 $\text{d}h$ 来降低轮胎噪声。使用该模型，可以通过增加带束层的弯曲刚度、增加带束层的张力、降低胎面橡胶模量、降低胎面厚度或降低接触压力等手段来降低轮胎噪声。

⊖　备注 10.1。

3. 前沿和后沿的接地压力变化及接地压力变化率

轮胎花纹对轮胎噪声的影响可以通过图 10.5 第四行中光面轮胎和带花纹轮胎接地压力的差异来模拟。另一个方法是查看前沿和后沿接地压力的变化率，如图 10.5 最后一行所示，其结果表明，所测轮胎的胎肩区接地压力分布呈抛物线形，中心呈梯形。

考虑到接地压力在前沿和后沿分别随时间线性增大或减小，则强迫振动方程为

$$m\ddot{x} + c\dot{x} + kx = \eta t \tag{10.7}$$

式中，η 是一个常数，表示接地压力相对于时间的斜率；x 是轮胎表面的位移。

通过引入新的参数对上式进行变换：

$$\ddot{x} + 2\zeta\omega_n\dot{x} + \omega_n^2 x = q(t) \tag{10.8}$$

式中，$\zeta = c/\sqrt{km}$；$\omega_n = \sqrt{k/m}$；$q(t) = \eta t/m$。

式 (10.8) 的解可表示为

$$x = e^{-\zeta\omega_n t} \frac{1}{\omega_n \sqrt{1-\zeta^2}} \int_0^t e^{\zeta\omega_n t'} q(t') \sin\{\omega_n \sqrt{1-\zeta^2}(t-t')\} dt' \tag{10.9}$$

采用式 (10.9)，轮胎表面速度 $\dot{x}$ 可表示为

$$\dot{x} = \frac{\eta}{m\omega_n^2} \left[1 - e^{-\zeta\omega_n t} \left\{ \cos\left(\omega_n \sqrt{1-\zeta^2} t\right) + \frac{\zeta}{\sqrt{1-\zeta^2}} \sin\left(\omega_n \sqrt{1-\zeta^2} t\right) \right\} \right] \tag{10.10}$$

由于轮胎噪声与表面速度 $\dot{x}$ 成正比，因此轮胎噪声与前沿或后沿处的压力斜率 η 成正比。由于轮胎中心的 η 值大于轮胎肩区的 η 值，因此轮胎中心的振动幅值可能大于轮胎胎肩区域的振动幅值。

如图 10.5 第二行所示，η 值随 α 角的减小而减小，因此可以通过增加带束层的弯曲刚度和张力或降低胎面橡胶模量来降低轮胎噪声。Doan 等人[9]通过实验表明，接地压力和带束层的弯曲刚度的比值与轮胎噪声有很好的相关性，其他通过减少 η 来降低轮胎噪声的方式有：减少花纹沟的宽度 l_{void} 或减少花纹深度，如图 10.5 所示。

4. 唯象学模型

中岛幸雄[10]开发了一种唯象学模型，通过使用 CAD 数据中的花纹几何形状和接地印痕形状来计算胎面冲击噪声。他假设激励力是沿着接地线在轮胎的前沿和后沿产生的。当轮胎以速度 V 滚动时，前后边缘的接触线沿圆周方向在每个时间步 Δt 上移动长度 $V\Delta t$。激励力的变化可以通过时间的函数计算出来。此唯象学模型将在第 10.7 节中讨论。

5. 轮胎花纹块所受激励力的测量

很难测量轮胎花纹块所产生的激励力，但 Liu 等人[11-13]试图采用一种特殊的装置来测量作用在花纹块的激励力。他们所测的花纹块的垂向和切向力的形状与轮胎磨损试验装置测量的花纹块中心力相似。因为轮胎花纹所产生的激励力应该是一个有花纹轮胎的力减去一个没有花纹轮胎（即光面轮胎）的激励力来计算，所以他们所测量的激励力不能用来估计轮胎噪声。

10.3.3 黏滑和黏着效应

随着牵引力或制动力的增大，黏滑和黏着效应产生的噪声增大。黏滑噪声是由轮胎胎面与路面在接地区域打滑产生的，而黏着效应是在后缘部位胎面和路面脱离引起的胎面胎侧振动产生的。在加速过程中，黏着效应占据了轮胎噪声的主导地位，其噪声的频率远远超过了 1kHz。

10.3.4 路面粗糙度引起的轮胎激励力

经验表明，轮胎性能随路面类型的变化而变化，而路面的主要特征是路面粗糙度。例如，轮

胎的制动距离与路面微观和宏观表面粗糙度有关，因为两者都会影响轮胎和路面之间的接触状态。如图 10.7 所示，路面具有微观纹理（微观粗糙度）和宏观纹理（宏观粗糙度）两个尺度。米其林[8]出版的资料中，路面微观粗糙度的标准偏差在 0.001~0.1mm 之间，宏观粗糙度的标准偏差在 0.1~10mm 之间。世界公路协会（PIARC）定义宏观纹理波长在 0.5~50mm 之间，与骨料[14]的粒径等级有关。同时，因骨料纹理关系，路面微观纹理的波长小于 0.5mm。路面纹理和轮胎性能之间的关系（2）如图 10.8 所示。车外噪声主要相关波长为 0.5~5mm，当纹理波长为 0.5~5mm 时噪声减小，当纹理波长为 5~100mm 时噪声增大[15]。

路面粗糙度引起的激励可能比轮胎花纹引起的激励更强，特别是在路面非常粗糙的情况下。在粗糙的道路上行驶时产生的车内

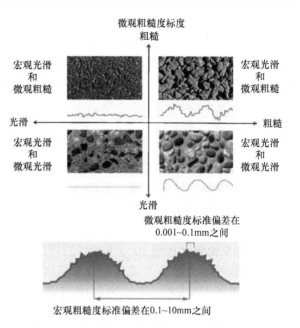

图 10.7　路面纹理和轮胎性能之间的关系（1）
（经米其林许可，摘自参考文献［8］）

噪声称为路噪，其频率范围为 100~500Hz。定义路噪所用的频率范围取决于汽车主机厂，但路噪的确是一种重要的车内噪声。人们提出了几种预测轮胎/道路接触行为的方法，这将会在第 10.12 节中讨论。

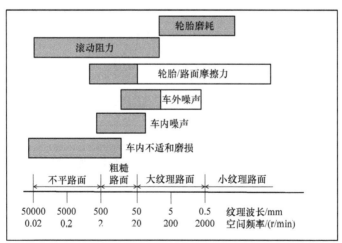

图 10.8　路面纹理和轮胎性能之间的关系（2）[14]
注：较浅的阴影表示该范围内路面纹理对性能有利，而较深的阴影表示不利。

10.3.5　轮胎/道路噪声源

从 20 世纪 60 年代开始，人们就利用单个传声器、传声器阵列、声强传感器、附着在轮胎表面的加速度传感器、测量胎侧加速度的激光多普勒设备和声全息设备来寻找轮胎/道路噪声的来源[16-17]。图 10.9 显示了按照日本汽车标准协会（JASO）C606-86[3]程序测量的轮胎噪声时域波形。单横沟轮胎的噪声表明，滚动轮胎的横向沟槽与路面接触时，在轮胎的接地前沿和后沿产生噪声。Doan 等人[9]使用安装在带束层中心、靠近带束层边缘和胎侧的加速度计测量了轮胎表

面的法向振动,其加速度自功率谱如图 10.10 所示。从图 10.10 可以看出,胎面部分的加速度大于胎侧的加速度,特别是在 1kHz 左右。测量的三种不同结构轮胎的前、后沿加速度水平与其滑行噪声水平具有相关性。胎肩部振动与轮胎噪声的相关系数高于胎面中心振动与轮胎噪声的相关系数。这可能是因为胎肩位于胎侧附近,易于将振动传播到胎侧,而且,胎肩位于测量传声器附近。Perisse[18]对胎面和胎侧的振动进行了测量,其结果表明,在 500Hz 以上的频率,振动能量集中在接触区附近,接触区前方的振动能量大于接触区后方的振动能量。

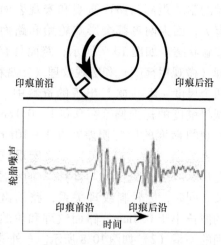

图 10.9 轮胎噪声时域波形

Koike 等人[19]用两个传声器测量了带有横沟花纹的斜交货/客车轮胎(规格 10.00R20)的声压和声强分布,结果表明轮胎噪声源位于接地前沿和后沿。中岛幸雄等人[16-17]测量了带有横沟花纹的货/客车子午线轮胎(规格 10.00R20)的转鼓声强。图 10.11 的阴影区域表示高声强,轮胎噪声源随频率范围的变化而变化。在 300Hz 以下的低频范围,噪声源位于胎侧部位且与轮胎振动模态相关;在 300Hz~1kHz 的中频范围,噪声源位于接地区域附近的胎侧部位;在 1kHz 以上的高频范围,噪声源位于接地前沿和后沿。在 1kHz 以下的噪声源为胎侧振动,1kHz 以上的噪声源为胎面振动。

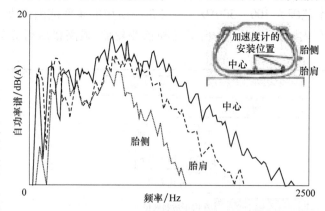

图 10.10 带束层中心、靠近带束层边缘和胎侧的加速度自功率谱

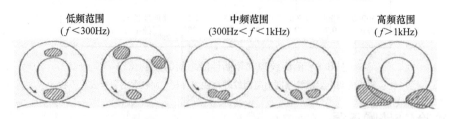

图 10.11 带有横沟花纹的货/客车子午线轮胎(规格 10.00R20)的转鼓声强
(经 Nippon Gomu Kyokai 许可,摘自参考文献 [17])

Satomi 等人[20]通过在不同条件下测量不同轮胎的噪声来进行噪声源分离,如图 10.12 所示,他们测量采用了花纹沟槽被聚氨酯填充的轮胎、花纹沟槽和轮胎内腔都进行聚氨酯填充的轮胎及吸收花纹冲击噪声的特殊路面等。采用 205/65R15 规格四季轮胎,按照 JASO C606 标准进行噪

声测试。可以通过各方案从 A~F 的条件下的声压级差异进行声源识别。例如，图中的 A-B 指的是普通轮胎和沟槽填满聚氨酯的轮胎之间的噪声差异。因为轮胎沟槽在聚氨酯封堵的情况下，噪声不包括泵气噪声和管腔共振噪声，所以，通过 A-B 可以分离出泵气噪声和管腔共振噪声的贡献量。B-C 是指花纹沟槽填满聚氨酯的轮胎和它在声学包装道路上测量的噪声差异。由此花纹冲击引起的噪声贡献和滑移引起的振动可以被分离。D-E 指的是花纹沟槽和空腔都进行聚氨酯填充的轮胎和轻接触状态下的轮胎之间的噪声差异。在 D-E 比较中，可以分离出胎面和胎侧弯曲或剪切引起的噪声贡献量。

噪声源		花纹泵气噪声、管腔共振噪声	花纹冲击引起的噪声	其他(其他振动引起的噪声)	空腔噪声	风噪
贡献量计算		A-B	B-C	D-E	C-D	E-F
机理	激励力	—	• 胎面花纹路面不平度 • 胎面振动	• 接地区域变形 • 胎面花纹	• 轮胎空腔	• 胎面花纹 • 轮胎表面
	振动	• 沟槽中的空气振动	• 胎面振动 • 接地边缘滑移	• 胎面 • 胎侧	—	—
	辐射	• 管腔共振	• 胎面辐射 • 喇叭口效应	• 胎面 • 胎侧	—	• 胎面 • 胎侧

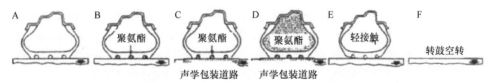

图 10.12 在不同条件下测量不同轮胎的噪声来进行噪声源分离
（经 JSAE 许可，摘自参考文献 [20]）

图 10.13 显示了不同车速下各种噪声源对轮胎噪声的贡献。通过 A-B 计算得到的第一个噪声源是轮胎花纹的泵气噪声和管腔共振噪声，其对轮胎整体噪声的贡献量在低速时较大，并且贡献量随速度增加而逐渐减小。由 B-C 计算得到的第二个噪声源是花纹的冲击噪声和由滑移而引起的振动噪声，它的贡献量不随速度而改变。由 D-E 得到的第三个噪声源来自于其他机制（例如轮胎变形引起的噪声），其贡献量随速度的增加而增大。图 10.14 显示了主要噪声源频率和速

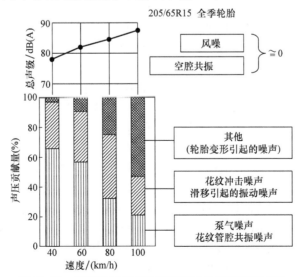

图 10.13 不同车速下各种噪声源对轮胎噪声的贡献
（经 JSAE 许可，摘自参考文献 [20]）

度的相关性[20]。第一噪声源峰值在1kHz左右,其与管腔共振频率相同。第二噪声源具有多个峰值频率,分别对应于节距噪声的第一和第二阶次。节距噪声的基频是由一系列相同节距产生的。第三噪声源也具有多个峰值频率,对应于节距噪声的第一和第二基频,其噪声水平在200~400Hz频率范围内较高,这与胎面和胎侧的弯曲振动有关。

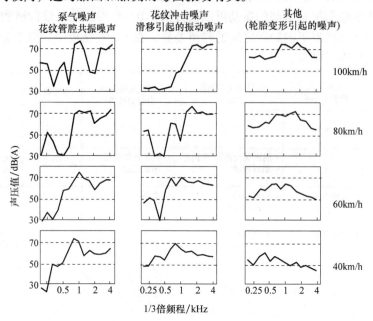

图10.14 主要噪声源频率和速度的相关性
(经JSAE许可,摘自参考文献 [20])

Tomita[21]通过测量各种轮胎在不同条件下的匀速通过噪声来分离多个噪声源,例如使用光面胎、使用聚氨酯封堵纵沟的轮胎、采用可吸收冲击的地毯路面等。Tomita的研究是基于车内噪声测试,Satomi的研究是基于室内转鼓测试,但从两种测试的结果中得出了相似的结论。

10.3.6 轮胎的传递函数

轮胎的传递函数定义为轮胎传递的振动与其所受的激励力的比值,可用固有频率、相应的振动模态和固有阻尼系数表示。这些特性可以通过弹性环模型或在第8章讨论的有限元进行仿真计算。轮胎振动由作用在轮胎胎面上的周向和径向的外力激励起来,并且该振动逐渐衰减。轮胎噪声与振动幅值成正比,模态振型和波长与轮胎噪声辐射效率有关。

1. 轮胎振动模态及部件对轮胎噪声的贡献

Brinkmeier[22]对轮胎进行了有限元分析,结果表明,特征值的密度随着频率的增加而增加,如图10.15所示。轮胎以20km/h运动时总共有3500个特征值,在1kHz内以每20Hz为一阶段约有60个特征值,1.5kHz时约140个特征值。在这个高频范围内,大约每0.15Hz计算一个新的特征值。轮胎模型的所有部件(例如带束层或胎侧)的振动频率一直可以达到400Hz,而更多的局部模态(例如在胎肩部位或在胎面的小区域范围内)出现在更高的频率范围。

Brinkmeier[23]采用有限元方法对某轿车轮胎不同部件(材料组)对总特征能的贡献进行了识别。图10.16显示了轮胎各部分对总特征能的相对贡献,纵坐标是特征能与各材料群的自由度数的比值。可以看出,在300Hz以下的低频率下,胎面占主导地位,其中带束层弯曲模态主导滚动轮胎的频率响应。在300~800Hz的中频范围中,胎侧模态占主导地位。在800Hz以上的高频,轮胎表面能量对噪声起到非常重要的作用,许多局部模态分布在整个轮胎结构上。这些结果与图10.11的结果相对应。

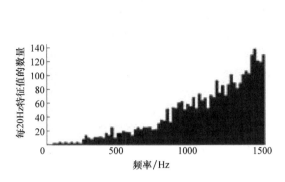
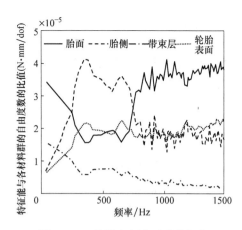

图 10.15 特征值分布直方图
（经 Tire Sci. Technol 许可，摘自参考文献 [22]）

图 10.16 轮胎各部分对总特征能的相对贡献[23]

2. 轮胎噪声的振动模态及声辐射效率

声辐射效率的定义是轮胎辐射的实测声功率除以无限障板中活塞辐射的声功率。声辐射效率的物理解释如图 10.17 所示，轮胎谐振振动场中相邻相元之间发生声短路。残余辐射是由边缘或棱角引起的。轮胎的辐射效率值较低，也支持了这一解释，这进一步表明轮胎共振振动场的主要部分是无效的声辐射器。当声波和结构波长之间的关系如上所述时，我们发现只有结构边界附近或激励力的 1/4 结构波长内的结构区域才会向远场[24-25]辐射声能。

图 10.18 所示为板内弯曲波在空气中声波的产生。波满足如下关系：

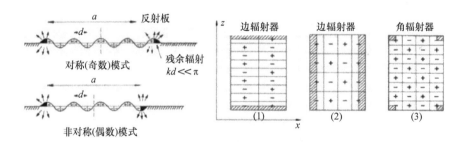

图 10.17 声辐射效率的物理解释
（经 Elsevier 许可，摘自参考文献 [25]）

$$\lambda = V/f \tag{10.11}$$

式中，λ 是波长 (m)；V 是传播速度 (m/s)，不同介质的传播速度不同，一般与频率有关；f 为频率 (Hz)。

为满足式 (10.11)，必须以一定的角度 α 进行辐射。参照图 10.18，我们得到：

$$\sin\alpha = \lambda_{air}/\lambda_{flex} \tag{10.12}$$

式中，λ_{flex} 和 λ_{air} 分别为结构波长和空气声波长。这意味着只有波长 $\lambda_{flex} > \lambda_{air}$ 才可以有效地辐射声音。另外，根据波数 ($k = 2\pi/\lambda$)，我们得到：

$$k_{flex} < k_{air} \tag{10.13}$$

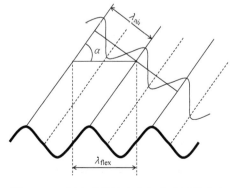

图 10.18 板内弯曲波在空气中声波的产生

式中，k_{flex}和k_{air}分别为结构波数和空气声波数。

对于波长较短的波，有一种叫作水动力短路的效应。这可以解释为小于$\lambda_{\text{air}}/2$距离的高压区和低压区之间的一种压力均衡。这意味着如果一个模态共振频率位于图10.19实线以上，那么它就能有效地辐射声音。因此，为了确定哪些模态对声辐射是重要的，必须知道它们在频率-周波域中的行为。

Reiter[26]研究了货车轮胎的振动特性。在所研究的所有共振频率下，从模态振动模式观察到的结构波长都比空气中相关的声音波长短。

3. 波在轮胎中的传播速度和轮胎噪声的声辐射效率

Pinington 和 Briscoe[27]对轮胎的波的类型和色散关系进行了分类，见表10.1。波数可以定义如下⊖：

$$\begin{aligned}
\text{张力波}: k_{\text{tx}} &= \omega\sqrt{\mu_x/T_x} \\
\text{弯曲波}: k_{\text{bx}} &= \sqrt{\omega}\sqrt[4]{\mu_x/D_x} \\
\text{剪切波}: k_{\text{sx}} &= \omega\sqrt{\mu_x/S_x} \\
\text{纵向波}: k_{\text{cl}} &= \omega\sqrt{\rho/E_x}
\end{aligned} \quad (10.14)$$

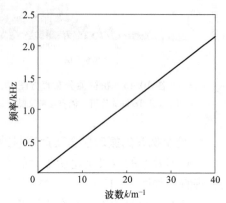

图10.19 空气中声波的色散关系：$f = ck/(2\pi)$（此处c是空气中的声速）

式中，μ_x、ρ、T_x、D_x、S_x、E_x分别是带束层单位面积上的质量、带束层的密度、带束层单位拉伸张力、带束层单位宽度的弯曲刚度、带束层单位宽度剪切刚度和杨氏模量。

波速c由以下公式得到：

$$c = \omega/k \quad (10.15)$$

表10.1 波的类型和色散关系（k是波数，f是频率）

波的类型		频率范围/Hz	波速/(m/s)	色散关系
张力波		$f < 100 \sim 200$	$60 \sim 110$	$k \propto f$
弯曲波		$100 \sim 200 < f < 2\text{k} \sim 4\text{k}$	100 ($f=100\text{Hz}$) 350 ($f=1\text{kHz}$)	$k \propto \sqrt{f}$
剪切波		$2\text{k} \sim 4\text{k} < f$	$200 \sim 350$	$k \propto f$
旋转波		$2\text{k} \sim 4\text{k} < f$	$200 \sim 500$	$k \propto f$
纵向波		$2\text{k} \sim 4\text{k} < f$	$200 \sim 500$	$k \propto f$

⊖ 问题10.1。

由于张力波的波速较低，不满足式（10.13）的条件，因此张力波不能有效地辐射声波。弯曲波在低频时速度较低，在高频时速度较高。因此，弯曲波在低频时不满足式（10.13）的条件，但在高频时满足。弯曲波在高频处垂直于轮胎表面的位移较小，且在高频处出现图10.17所示的声短路，因此弯曲波不能有效地辐射声音。剪切波具有与弯曲波相同的性质。旋转波和纵向波尽管波速很高，但因为垂直于轮胎表面的位移很小，也不能有效地辐射声音。

如图10.20所示，Bolton等人[28-29]将轮胎振动的实测波速与10.13.1节中弹性环模型的预测结果进行了对比。在他们的轮胎弹性环模型中有两种波，即弯曲波和伸展波，前者的传播速度（80m/s）比后者（120m/s）慢。模态振型用周向模态 n 和横截面模态 m 表示。可以看出，即使在更高的频率，只有第一截面模态（$m=1$）能够有效地辐射声音，因为这是唯一高于图10.19和式（10.15）所表示的声波在空气中的色散关系的模态。大多数轮胎波都是低效的声辐射器，因为它们的波数大于声波的波数 k_{air}。

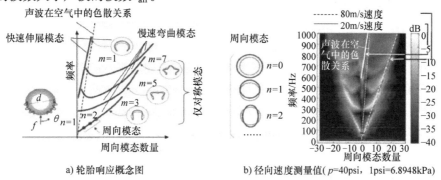

a) 轮胎响应概念图　　b) 径向速度测量值（p=40psi，1psi=6.8948kPa）

图 10.20　胎面中心点驱动时的轮胎动态响应（见备注10.2）[28-29]

10.3.7　声场特性

轮胎的声场特征包括管腔共振、喇叭口效应以及路面和轮胎的空腔共振，如图10.4所示。管腔共振噪声是轮胎花纹进入和滚出路面时，沟槽壁的振动和空气扰动产生的噪声。共振频率是由周向沟槽、横沟槽及路面形成的管道长度决定的。对于乘用车轮胎，管腔共振主要对轮胎噪声1kHz左右的频段有几分贝的影响。因轮胎旋转过程中纵沟的管腔长度不会改变，这是纵沟轮胎的主要噪声。值得注意的是，斜沟槽与纵沟相结合的花纹形式，也会发生管腔共振噪声，这时共振频率是分散的。

在轮胎的周向沟槽中，管腔共振噪声源位于管腔前缘和后缘的开口端。第一共振频率 f_1 由以下公式计算：

$$f_1 = \frac{c}{2(L+\delta)} \tag{10.16}$$

式中，L 是接地区域长度（管腔长度）；c 是声速；δ 是实验得到的开口修正系数。

请注意，共振频率不是由轮胎的转速决定，而是仅由管腔的几何形状决定的。对于乘用车轮胎，管腔共振的频率范围为800~1000Hz。

喇叭口效应与轮胎和路面的几何形状有关，轮胎和路面的前沿和后沿类似于喇叭形状。接触区域呈指数扩展的几何形状为喇叭口效应提供了接触边缘狭窄喉部与周围空气之间的阻抗匹配。这种声辐射的放大效应是大多数噪声源位于10.3.5节所讨论的接触区及其附近的原因之一。放大效应影响300Hz以上的整个频率范围，最高影响频率在1~3kHz之间。曾有在轮胎中心平面放大高达25dB噪声的报道。圆形胎肩、减小轮胎宽度或增加轮胎表面与路面之间的夹角等可降低喇叭口效应[30-31]，但很难在不损害其他性能的情况下大幅降低喇叭口效应。管腔共振和喇叭口效应将分别在10.9节和10.11节中详细讨论。

10.3.8 泵气噪声

Hayden[32]提出了第一个基于空气动力学机理的泵气噪声半定量模型。他认为声音是轮胎进入接地区域后沟槽中的气体突然被挤出所致的。Gagen[33]通过解析和数值解欧拉方程分析了泵气噪声。Kim[34]等人利用Kirchholl积分解和计算流体动力学得到的时空非定常流动数据预测了泵气噪声。

流致噪声是由湍流中的涡旋产生的，噪声分析常用的是Lighthill方程[35]，如下：

$$\left(\frac{1}{c_0^2}\frac{\partial^2}{\partial t^2} - \nabla^2\right)[c_0^2(\rho - \rho_0)] = \frac{\partial^2 T_{ij}}{\partial x_i \partial x_j} \tag{10.17}$$

式中，ρ、ρ_0、c_0分别是空气密度、平均密度和声速；T_{ij}是Lighthill张量，由以下公式获得：

$$T_{ij} = \rho v_i v_j + \{(p - p_0) - c_0^2(\rho - \rho_0)\}\delta_{ij} - \sigma_{ij} \tag{10.18}$$

式中，v_i、p、p_0和σ_{ij}分别是流体的速度、压力、平均压力和应力张量；δ_{ij}是Kronecker函数。式（10.18）的第一项是雷诺应力张量。第二项是密度为ρ_0的理想流体对声速c_0的压力引起的动量传递，由压力幅值的非线性项产生。第三项是与声波衰减有关的线性项。

对式（10.17）积分，利用关系式$p = c^2\rho$，可以得到远场声辐射：

$$p^2 = 4\pi r^2 c^2 \frac{\rho^2}{\rho_0} \approx \frac{\rho_0}{c} V_{\text{fluid}}^4 l^2 + \frac{\rho_0}{c^3} V_{\text{fluid}}^6 l^2 + \frac{\rho_0}{c^5} V_{\text{fluid}}^8 l^2 \tag{10.19}$$

式中，V_{fluid}为流体速度；l为涡旋尺度。

由式（10.19）可知，由源（单极子）引起的噪声与速度的四次方成正比，由动量变化（偶极子）引起的噪声与速度的六次方成正比，四极涡非定常运动引起的噪声与速度的四次方成正比。如果轮胎噪声可以用单极子来表示，那么声功率就与速度的四次方成正比，声压就与速度的平方成正比。

图10.21为接地区域中胎肩横沟槽体积变化[36]。图10.21下图为沟槽体积Vol/Vol$_0$的变化，其中，Vol$_0$为非接地自由区域沟槽体积，Vol为接地区域沟槽体积。

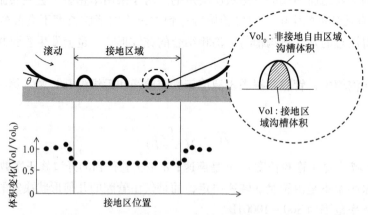

图10.21 接地区域中胎肩横沟槽体积变化[36]

沟槽的体积在接地前沿和后沿突然变化。由于前后沿沟槽受到压缩或伸张，空气从前沿沟槽排出，从后沿沟槽进入。泵气噪声在前沿和后沿的相位可能相差180°。同时，接地区域上的沟槽体积不发生变化。因此，泵气噪声的来源可能位于体积变化率较高的前沿和后沿。此外，沟槽的突然变化会引起胎面和沟壁的振动，这些振动可能是除了泵气噪声外轮胎噪声的其他来源。

10.3.9 轮胎噪声与速度的关系

在室内转鼓噪声试验和室外道路噪声试验中，噪声声压的速度依赖性 p（dB）可以表示为

$$p = A + B\log V \tag{10.20}$$

式中，A 和 B 是根据测量曲线拟合的系数；V 是轮胎速度。参数 A 和 B 的物理意义[7]还没有明确。然而，参数 A 和 B 的物理意义可以用 10.3.2 和 10.3.8 节给出的激励力和泵气噪声的速度依赖性来解释。

参考图 10.3，假设轮胎/道路噪声由泵气噪声和胎面冲击噪声之和表示。根据式（10.19）中单极子源的表示，泵气噪声与空气流速 V_{fluid} 的平方成正比。因为从沟槽泵出的空气的速度 V_{fluid} 正比于轮胎的速度 V，泵气噪声正比于 aV^2，其中 a 是一个常数。同时，胎面冲击噪声与速度的平方成正比（即 bV^2），则轮胎/道路总噪声可表示为

$$p = 20\log(aV^2 + bV^2) = 40\log(a+b) + 40\log V \tag{10.21}$$

Kuijpers[37] 报告了式（10.20）中的参数 B 接近 40。图 10.22 显示了在 JASO 室内转鼓试验[3]中测量的各种轮胎花纹噪声的速度依赖性。通过将锯齿形+横沟花纹轮胎的噪声减去锯齿形花纹轮胎的噪声，可以估计出带横沟花纹轮胎的噪声与速度的关系。图 10.23 比较了测量得到的横沟花纹轮胎噪声的速度依赖性与根据式（10.21）计算得到的速度依赖性之间的差别。选择 40km/h 作为参考速度，如果轮胎噪声与 V 成正比，则轮胎噪声表示为 $20\log(V/40)$；如果轮胎噪声与 V^2 成正比时，轮胎噪声用 $40\log(V/40)$ 表示。在 40~80km/h 的速度范围内，轮胎噪声与 V 成正比，在 80~100km/h 的速度范围内，轮胎噪声与 V^2 成正比。

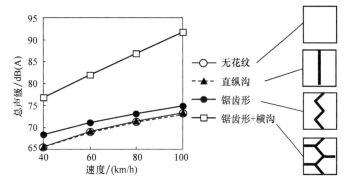

图 10.22 在 JASO 室内转鼓试验中测量的各种轮胎花纹噪声的速度依赖性

10.3.10 轮胎不均匀引起的轮胎振动和轮胎噪声

轮胎的均匀性与形状圆度和刚度圆度有关。轮胎的均匀性可以用轴力的变化来表征，包括径向力变化（RFV）、横向力变化（LFV）、纵向力变化（TFV）和锥度。这些不均匀性会影响车辆的振动和噪声。表 10.2 给出了轮胎均匀性与车辆振动特性的关系，与 RFV 和 LFV 相比，TFV 在低速时很小，但在高速时增加。因此，需要进行高速均匀性试验。

图 10.24 为轴振动在速度域和频域的频谱[38]。根据以下公式，将 RFV 和 TFV 的非均匀模态谐波数 n 从速度域转换到频域：

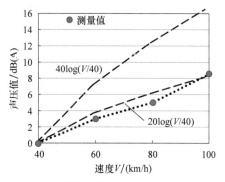

图 10.23 测量得到的横沟花纹轮胎噪声的速度依赖性与根据式（10.21）计算得到的速度依赖性的对比

$$f = nV/L \tag{10.22}$$

其中,f是频率;L是轮胎的周向长度;V是轮胎的速度;n是不均匀谐波阶数。

RFV 的峰值频率在 80Hz 左右,与径向一阶模态相对应。TFV 的峰值频率在 30Hz 左右,对应扭转一阶模态。注意,轮胎不均匀不仅导致轮胎振动,还会导致轰鸣噪声。

表 10.2 轮胎均匀性与车辆振动特性的关系

均匀性		振动	车辆现象
径向不圆不平衡	RFV	高速抖动(80~160km/h)	车身、座椅和转向盘垂向振动
	TFV	高速摆振(90~120km/h)	转向盘在转向方向上的振动
横向不圆	LFV	低速横向振动(30~50km/h)	座椅横向振动
		低速摆振(20~60km/h)	转向盘处的横向低频振动
锥度	—	—	车辆受拉力

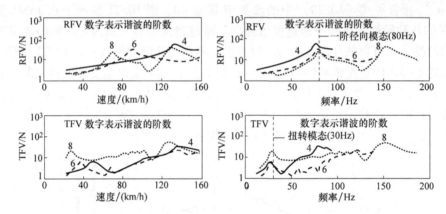

图 10.24 轴振动在速度域和频域的频谱

(经 JSAE 许可,摘自参考文献 [38])

10.4 通过花纹设计改善轮胎/道路噪声的方法

关于轮胎/道路噪声,人们已针对轮胎设计的每个要素进行了研究,如轮胎轮廓、花纹、结构和材料。针对低粗糙度路面匀速通过噪声来说,贡献最大的是轮胎花纹,轮胎花纹设计包括周向、横向、深度方向的沟槽设计和钢片设计,如图 10.25 所示。轮胎花纹中对轮胎噪声影响最大的设计元素是纵沟和横沟(斜沟槽)。关于横沟角度对应的节距噪声机理将在第 10.7 节中讨论。

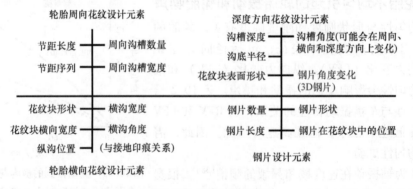

图 10.25 轮胎花纹设计

表 10.3 总结了降低噪声的方法,如降低管腔共振噪声、胎面冲击噪声和其他噪声的方法,

以及在货/客车轮胎的噪声降低应用案例中[3]的相互平衡。轮胎花纹的设计元素包括横沟、纵沟及特殊沟槽、刀片、节距的设计；结构/材料设计元素包括胎面刚度、胎面质量、胎侧刚度、胎侧质量和胎圈刚度等；轮胎形状设计元素包括胎冠宽度、冠部形状和胎体形状。

表 10.3 货/客车轮胎的降噪措施和相互平衡

部件		降低噪声的方法	降低噪声的程度			其他性能
			管腔共振噪声	胎面冲击噪声	其他噪声	
轮胎花纹	横沟	减少体积	○	○	—	湿地制动 磨耗、重量
		优化沟槽形状	○	○	—	—
		优化沟槽位置	△	○	—	不均匀磨耗
	纵沟	减少体积	○	△	—	湿地制动 磨耗、重量
		优化沟槽形状和位置	△	△	—	摇摆
	特殊沟槽	独特形状沟槽	○	—	—	湿地制动 不均匀磨耗
	刀片	长度或数量的减少	—	○	—	湿地制动 不均匀磨耗
	节距	节距数量减少	○	○	—	湿地制动 磨耗、重量
		节距排列优化	—	△	—	不均匀磨耗
结构/材料	胎冠	低弹性的橡胶	—	○	○	操纵性 磨耗、耐久性
		厚的胎冠橡胶	—	○	○	耐久性 重量
		刚性带束层	—	○	○	重量 耐久性、舒适性
	胎体	刚性帘线	—	○	△	重量 耐久性、舒适性
		增强型胎侧	—	○	△	重量 耐久性、舒适性
	胎圈	增强型胎圈	—	△	△	重量 耐久性、舒适性
轮胎形状	胎冠部位	窄的胎冠宽度	○	○	○	操纵性 磨耗
		优化的冠部形状	△	○	△	不均匀磨耗
	胎体部位	优化的胎体形状	—	○	○	操纵性 不均匀磨耗

注：○为影响大，△为影响小，—为无影响。
（经 JATMA 授权，摘自文献 [3]）

当使用这些设计元素来降低轮胎噪声时，需要权衡利弊。例如，减少横向沟槽的体积可以改善轮胎噪声,但这会降低湿滑路面的制动性能,增加轮胎重量。因此,在轮胎开发中必须将各种设计要素结合起来,同时满足各种性能要求。

10.5 轮胎噪声模型

轮胎噪声模型分为统计模型[39]、唯象模型[10]、解析模型[6,40-44]、计算力学模型、混合模型和特殊的噪声模型,见表10.4。利用统计模型对轮胎和路面的通过噪声数据进行统计预测。

表10.4 轮胎噪声模型的比较

模型		特点
统计模型		◆ 用于预测通过噪声的统计模型 HyRoNE ◆ 不需要轮胎参数,它只适合于特定轮胎
唯象模型		◆ 可以用计算机定性地预测光滑路面上花纹对轮胎噪声的影响 ◆ 适用于花纹设计
解析模型	弹性基础上的环模型	◆ 低于300Hz 或400Hz ◆ 定性预测
	弹性基础上的正交各向异性板模型	◆ 采用非线性接触刚度,包含道路不平度影响 ◆ 可以预测的频率达到2000Hz
计算力学模型	FEA+边界元法(BEM)	◆ 考虑了轮胎花纹、结构和声场特点
	FEA+逆有限元法(IFEM)	
	波动有限元法(WFEA)+BEM	◆ 与 FEA 方法相比,占用的计算资源较小,但不考虑轮胎和路面之间的接触
	统计能量法(SEA)	◆ 可以考虑高频率,但只是定性 ◆ 与车辆模型共同使用
混合模型		◆ 物理模型和统计模型的混合,用于预测通过噪声,软件名称为 SPERoN ◆ 综合了不同轮胎、路面和速度条件,由3200个数据块组成
		◆ 物理模型和统计模型的混合,用于预测通过噪声,名称为 TRIAS
特殊的噪声模型		◆ 车辆驾驶室内噪声 ◆ 优化的节距排列顺序 ◆ 空腔共振噪声 ◆ 管腔共振噪声 ◆ 喇叭口效应 ◆ 路面粗糙度带来的外部激励力

唯象模型用于二维几何图形预测节距噪声,这将在第10.7节中详细讨论。它是最常用的花纹设计工具之一。

解析模型,如弹性环或正交各向异性板模型可以预测轮胎的振动,并且可以通过将振动与声场模型相结合来确定轮胎的辐射声音。弹性环模型适用于400Hz以下的轮胎噪声预测,而正交各向异性板模型适用于400Hz以上的轮胎噪声预测。这是因为400Hz以上的轮胎噪声波长与带束层宽度有关,需要考虑带束层宽度的模型。

计算力学方法分为 FEA/BEM 方法,其中 FEA 方法用于振动分析,BEM 用于声学分析[16-17,22-23,45-47];FEA/IFEM 方法,分别用于振动分析与声学分析[48-50];WFEM/BEM 方法,分别用于振动分析与声学分析[51-59];统计能量法(SEA)[60-62]和混合模型方法[39,63-65]。

混合模型方法将分析模型与统计模型相结合。混合模型的例子包括作为德国项目一部分而开发的滚动噪声统计物理求解系统（SPERoN）和 TNO 开发的轮胎 - 道路相互作用声学模拟（TRI-AS）系统。请注意，SPERoN 和 TRIAS 的目的不是开发低噪声轮胎，而是开发新的低噪声路面纹理。

其他特殊噪声模型包括喇叭口效应模型[30-31,66-70]、空腔共振噪声模型[71-80]和管腔共振噪声模型[81-82]。我们首先讨论车辆内部噪声模型，然后讨论表 10.4 中列出的噪声模型。

10.6 车内噪声模型

10.6.1 轮胎/轮辋/悬架模型

Tozawa 和 Suzuki[83]使用轮胎/轮辋/悬架模型研究了轮胎对车辆内部噪声的影响。轮胎/车轮的传递特性表示为

$$\begin{Bmatrix} F_1 \\ F_2 \end{Bmatrix} = \begin{bmatrix} K_{11} & K_{12} \\ K_{21} & K_{22} \end{bmatrix} \begin{Bmatrix} X_1 \\ X_2 \end{Bmatrix} \tag{10.23}$$

式中，F_i 是力；X_i 是位移；K_{ij} 是轮胎/轮辋的动态刚度矩阵；下标 1 表示点 1，即轮胎胎面的激励点；下标 2 表示点 2，即图 10.26 中连接轮胎轮轴和车轮的点。动态刚度矩阵 K_{ij} 是通过径向激励胎面，测量轮胎和车轮的加速度，并用实验确定的 15 个模态参数来表示的。作为修正质量在轮胎模态模型中加入了径向和扭转的刚体模态，为了保证高频区的精度，模型中还包括残余刚度。

图 10.26 为不接地的轮胎/轮辋/悬架模型。当轮胎胎面受到的外力较弱时，该模型只包括悬架减振系统。轮胎/轮辋/悬架系统的传递率表示为

$$\begin{Bmatrix} F_1 \\ F_2 \\ F_3 \end{Bmatrix} = \begin{bmatrix} K_{11} & K_{12} & 0 \\ K_{21} & K_{22} + j\omega C_2 + k_2 & -(j\omega C_2 + k_2) \\ 0 & -(j\omega C_2 + k_2) & -M_3\omega^2 + j\omega(C_2 + C_3) + k_2 + k_3 \end{bmatrix} \begin{Bmatrix} X_1 \\ X_2 \\ X_3 \end{Bmatrix} \tag{10.24}$$

式中，M_3 是等效簧下质量；k_2、C_2 分别是连接部分的等效弹簧常数和等效阻尼常数；k_3、C_3 分别是悬架减振系统的等效弹簧常数和等效阻尼常数。当激励力 F_1（$F_2 = F_3 = 0$）作用于式（10.24）时，得到轮胎轴 X_3 在点 3 处的位移。

图 10.27 比较了轮胎/轮辋/悬架系统传递率的计算结果和测量结果，传递率定义为点 3 处加速度对点 1 处激振力的响应（$\ddot{X}_3/F_1$）。轮胎尺寸为 165/70SR13。轮胎 A 有两层胎体，而轮胎 B 有一层胎体。计算结果与实测结果一致性良好。图 10.27b 中的四个峰对应如下振动模态。

（1）峰值 a（轮胎 A 的振动频率为 100Hz，轮胎 B 的振动频率为 85Hz） 振动模态，该振动模态下轮胎胎冠车轮的振动相位相反。轮胎横截面有两个节点，如图 10.28 所示。

（2）峰值 b（轮胎 A 和 B 的振动频率都在 260Hz）

（3）峰值 c（轮胎 A 和 B 的振动频率都在 300Hz）相位振动。

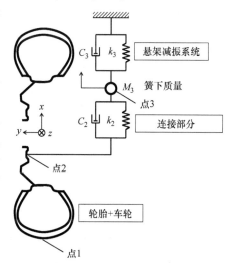

图 10.26 不接地的轮胎/轮辋/悬架模型
（经 JSAE 许可，摘自参考文献 [83]）

空腔共振模态。

振动模态，车轮和非簧载质量以相反的

（4）峰值 d（轮胎 A 的振动频率为 370Hz，轮胎 B 的振动频率为 270Hz）振动模态，此时轮胎胎面和车轮的振动相位相反，轮胎截面上有四个节点，如图 10.28 所示。

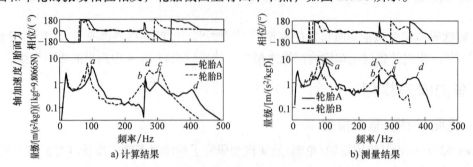

图 10.27　轮胎/轮辋/悬架系统传递率的计算结果和测量结果对比
（经 JSAE 许可，摘自参考文献 [83]）

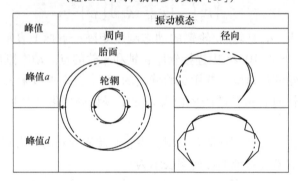

图 10.28　峰值 a 和 d 处的轮胎振动模态

举例来说，要降低轮胎 100～250Hz 的噪声，那 a 和 d 的峰值频率应远离 100～250Hz 区域。其目标是在减小峰值频率 f_a 的同时，增加峰值频率 f_d。峰值 a 和 d 可以通过改变轮胎结构来控制。当轮胎结构由双层胎体 A 改为单层胎体 B 时，峰值频率 f_a 和 f_d 均减小。然而，如图 10.29 所示，50km/h 速度下的内部噪声要小得多。

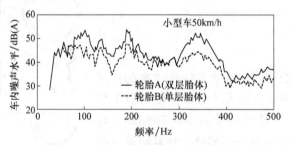

图 10.29　两个不同轮胎的实测车内噪声频谱图
（经 JSAE 许可，摘自参考文献 [83]）

10.6.2　结构传播噪声和空气传播噪声对车内噪声的贡献

汽车内部噪声是由激励力的响应产生的，并通过结构和空气两条路径传播，如图 10.30 所示，这也是汽车整车厂非常关心的方面。为了在频域内控制车内噪声，必须明确两种噪声传播路径的作用机理。Saguchi 等人[84]提出了以下步骤来估计车内噪声（图 10.31）。

1）结构传播噪声是通过将单轮的主轴力振动与车辆振动传递率相乘来估计的。
2）空气传播噪声是由轮胎辐射噪声乘以单轮的车内噪声传递率来估计的。
3）单个车轮引起的车内噪声是结构传播噪声和空气传播噪声的和。

4) 车辆内部噪声是四个轮胎对车内噪声贡献的总和。

图 10.32 比较了测量得到的单轮滚动时的车内噪声和使用图 10.31 中的基本概念估计的车内噪声。事先对图 10.31 中的传递率进行测量，通过乘以测量得到的主轴力变化和轮胎辐射噪声来进行估算。车内噪声 $P_{estimated}$ 是在空气传播噪声 P_{air} 的基础上，再加上结构传播的噪声 $P_{structure}$：

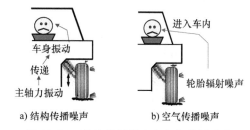

图 10.30 结构传播噪声和空气传播噪声
（经 SAE 许可，摘自参考文献 [84]）

$$|P_{estimated}|^2 = |P_{structure}|^2 + |P_{air}|^2 \tag{10.25}$$

除了轮胎台架共振的影响，预测的内部噪声与实测的内部噪声在总体趋势上是一致的。因此，该方法是研究车内噪声贡献的有效方法。

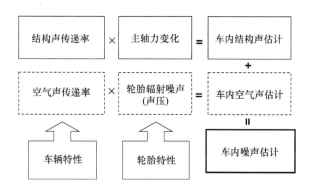

图 10.31 估计车内噪声
（经 SAE 许可，摘自文献 [84]）

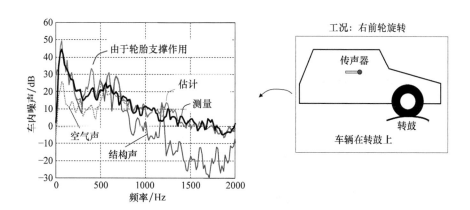

图 10.32 单轮滚动时的车内噪声测量结果和估计结果对比
（经 SAE 许可，摘自参考文献 [84]）

图 10.33 显示了两种车辆（轿车和小型货车）的结构传播噪声和空气传播噪声对车内噪声的贡献。500Hz 以下的频段以结构传播噪声为主，700Hz 以上的频段以空气传播噪声为主。不同车型的结构传播噪声和空气传播噪声的贡献趋势是不同的。

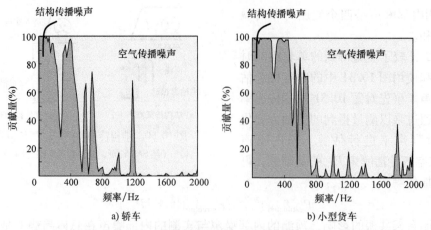

图 10.33 两种车辆的结构传播噪声和空气传播噪声对车内噪声的贡献
（经 SAE 许可，摘自参考文献 [84]）

10.7 花纹节距噪声的唯象模型

10.7.1 节距噪声的频谱分析

轮胎在圆周方向上有重复的花纹。节距是指轮胎胎面上的一个沟槽与其相邻的沟槽上相同点沿轮胎周向之间的距离。轮胎花纹激发的轮胎噪声频谱在基频 f_F 和高阶谐波附近有峰值。f_F 表示由花纹节距噪声引起的基频及其谐波，可以表示为

$$f_F = NV/(2\pi r_e) \tag{10.26}$$

式中，V 是轮胎速度；N 是花纹节距在圆周方向上重复的次数；r_e 是有效滚动半径。

沿整个轮胎圆周的固定节距长度导致固定的噪声频率，从而产生巨大的刺耳噪声。因此，采用不同节距随机分布来分散噪声频率，从而降低噪声水平。测量得到的轮胎噪声频谱上仍能观察到在轮胎基频 f_F 及谐波处存在宽广的峰值。

虽然波形可以表示为如图 10.9 所示的指数衰减正弦函数，但我们可以简单地用脉冲函数来近似表示它。因此，我们用狄拉克脉冲函数的序列来近似模拟沟槽序列：

$$f(t) = \sum_{i=1}^{N} \delta(t - t_i) \tag{10.27}$$

$$t_i = L_i/V (i = 1, \cdots, N)$$

式中，L_i 是圆周方向上测量得到的某点到参考点的长度；V 是轮胎速度；δ 是脉冲函数，可以表示为

$$\begin{aligned} \delta(t - t_i) &= 1 \quad t = t_i \\ \delta(t - t_i) &= 0 \quad t \neq t_i \end{aligned} \tag{10.28}$$

如果对式（10.27）进行傅里叶级数展开，则轮胎噪声频谱在频域上可以表示为

$$f(t) = \frac{a_0}{2} + \sum_{n=1}^{\infty} \left(a_n \cos \frac{2\pi n}{T} t + b_n \sin \frac{2\pi n}{T} t \right) \tag{10.29}$$

式中，a_n 和 b_n 可以表示为：

$$a_n = \frac{2}{T} \int_0^T f(t) \cos \frac{2\pi n}{T} t \, dt \tag{10.30}$$

$$b_n = \frac{2}{T} \int_0^T f(t) \sin \frac{2\pi n}{T} t \, dt$$

式中，T 是旋转周期，将式（10.27）导入式（10.30）可得：

$$a_n = \frac{2}{T}\sum_{i=1}^{N}\cos\frac{2\pi n}{T}t_i$$
$$b_n = \frac{2}{T}\sum_{i=1}^{N}\sin\frac{2\pi n}{T}t_i$$
（10.31）

第 n 阶谐波的幅值可以表示为

$$c_n = \sqrt{a_n^2 + b_n^2}$$
（10.32）

图 10.34 显示了使用式（10.32）计算的单节距和变节距的轮胎节距噪声频谱[35]。轮胎噪声频谱峰值通过变节距方法来进行降低。变节距处理使得频谱分布广泛。这与白噪声的情况类似，白噪声在每个频率上都有相同的幅值。因此，音调噪声可以通过节距变化处理来改善。在无节距变化的频谱中，可以看到 N 次谐波的峰值，其与基频相对应。节距序列优化技术将在 10.8 节中讨论。

图 10.35 比较了轮胎接地前沿处测量的噪声谱和根据式（10.32）计算的噪声谱。轮胎速度为 100km/h，节距数为 60。噪声模型对 1kHz 以下的测量值是一个很好的预测器，因为节距噪声模型可以分析 1kHz 以下的频率范围，采用脉冲函数对噪声输入近似计算是令人满意的。

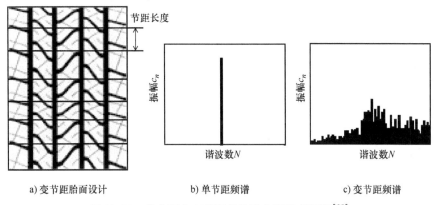

a) 变节距胎面设计　　b) 单节距频谱　　c) 变节距频谱

图 10.34　单节距和变节距的轮胎节距噪声频谱[85]

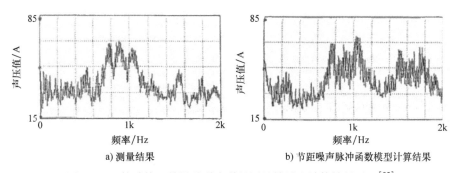

a) 测量结果　　b) 节距噪声脉冲函数模型计算结果

图 10.35　轮胎接地前沿处噪声谱的测量结果和计算结果对比[85]

10.7.2　魔术角理论（矩形印痕）

1. 魔术角理论

第 10.7.1 节只考虑了周向脉冲函数的序列，这是一维理论。通过考虑横沟角度对节距噪声的影响，将该理论推广到二维理论。如图 10.36 所示，从轮胎中心选择轮胎花纹，对轮胎花纹进行简化建模。当第 i 横沟角度为 θ_i 时，横沟在圆周方向上的位置表示为

$$x_i(y) = \tan\theta_i y + \xi_i \quad (i = 1, \cdots, N) \tag{10.33}$$

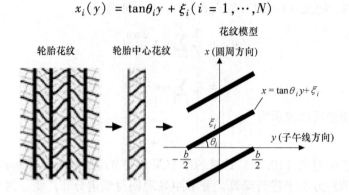

图 10.36 考虑花纹样式的节距噪声模型

式中，ξ_i 是从参考点开始测量的圆周方向的长度；y 是子午坐标。

对于横沟与地面接触时产生的脉冲函数模型，可以表示为

$$\begin{aligned}f(t,y) &= \gamma \sum_{i=1}^{N}\delta[t - t_i(y)]\\ t_i(y) &= x_i(y)/V \quad (i = 1,\cdots,N)\end{aligned} \tag{10.34}$$

式中，t_i 是 y 处横沟与地面接触时的时间；γ 是横向单位长度的外力（N/m）；V 是速度。

考虑 10.3.2 节中前沿和后沿动量变化所产生的外力，γ 可以假定是子午线方向上的一个常数。此外，假设轮胎噪声 $F(t)$ 与外力屈服成正比。

$$F(t) = \int_{-\frac{b}{2}}^{\frac{b}{2}} f(t,y)\,\mathrm{d}y \tag{10.35}$$

式中，b 是横沟的宽度。

将傅里叶级数代入式（10.34）和式（10.35），可以得到：

$$\begin{aligned}f(t,y) &= \gamma \frac{a_0(y)}{2} + \gamma \sum_{n=1}^{\infty}\left(a_n(y)\cos\frac{2\pi n}{T}t + b_n(y)\sin\frac{2\pi n}{T}t\right)\\ F(t) &= \frac{\bar{a}_0}{2} + \sum_{n=1}^{\infty}\left(\bar{a}_n\cos\frac{2\pi n}{T}t + \bar{b}_n\sin\frac{2\pi n}{T}t\right)\end{aligned} \tag{10.36}$$

采用式（10.31）和式（10.34），$\bar{a}_n$ 和 $\bar{b}_n$ 可以表示为

$$\begin{aligned}\bar{a}_n &= \gamma \int_{-\frac{b}{2}}^{\frac{b}{2}} a_n(y)\,\mathrm{d}y = \gamma \frac{2}{T}\int_{-\frac{b}{2}}^{\frac{b}{2}}\sum_{i=1}^{N}\cos\frac{2\pi n t_i(y)}{T}\mathrm{d}y\\ \bar{b}_n &= \gamma \int_{-\frac{b}{2}}^{\frac{b}{2}} b_n(y)\,\mathrm{d}y = \gamma \frac{2}{T}\int_{-\frac{b}{2}}^{\frac{b}{2}}\sum_{i=1}^{N}\sin\frac{2\pi n t_i(y)}{T}\mathrm{d}y\end{aligned} \tag{10.37}$$

然后，将式（10.33）和式（10.34）代入式（10.37），我们可以得到：

$$\begin{aligned}\bar{a}_n &= \gamma \frac{L}{\pi n}\sum_{i=1}^{N}\frac{1}{\tan\theta_i}\sin\left(\frac{\pi n b}{L}\tan\theta_i\right)\cos\left(\frac{2\pi n}{L}\xi_i\right)\\ \bar{b}_n &= \gamma \frac{L}{\pi n}\sum_{i=1}^{N}\frac{1}{\tan\theta_i}\sin\left(\frac{\pi n b}{L}\tan\theta_i\right)\sin\left(\frac{2\pi n}{L}\xi_i\right)\end{aligned} \tag{10.38}$$

式中，L 是由 $L = TV$ 定义的轮胎周长。

包括横沟角度影响的节距噪声表达为

$$\bar{c}_n = \sqrt{\bar{a}_n^2 + \bar{b}_n^2} \tag{10.39}$$

假设所有的横沟角度一致，即 $\theta_i = \theta$（$i = 1, \cdots, N$）。

式（10.39）可以写为

$$\bar{c}_n(\theta) = \gamma \left| \frac{L}{\pi n \tan\theta} \sin\left(\frac{\pi n b}{L}\tan\theta\right) \right| d_n = \gamma \left| b \frac{\sin\left(\frac{\pi n b}{L}\tan\theta\right)}{\frac{\pi n b}{L}\tan\theta} \right| d_n = \gamma b P_n(\theta) d_n \tag{10.40}$$

式中，d_n 是与节距变化相关的参数，可以表达为

$$d_n = \sqrt{\left(\sum_{i=1}^{N} \cos\frac{2\pi n \xi_i}{L}\right)^2 + \left(\sum_{i=1}^{N} \sin\frac{2\pi n \xi_i}{L}\right)^2} \tag{10.41}$$

由式（10.40）可知，轮胎节距噪声可由这四项参数相乘表示：激励力 γ 的密度、横沟宽度 b、沟槽角度 $P_n(\theta)$ 的影响和随节距变化 d_n 的影响。

$P_n(\theta)$ 是一个当 $\theta = 0$ 时轮胎噪声归一化的函数，其表达式为

$$P_n(\theta) = \frac{\bar{c}_n(\theta)}{\bar{c}_n(0)} = \left| \frac{\sin\left(\frac{\pi n b}{L}\tan\theta\right)}{\frac{\pi n b}{L}\tan\theta} \right| \tag{10.42}$$

式（10.42）⊖ 表示横沟角度对节距噪声的影响。横沟角度对节距噪声的影响如图 10.37 所示，其中 n 为 60，L 为 1800mm，b 为 20mm。如果谐波数量等于花纹重复数量 N，那么 $P_n(\theta)$ 会变大。n 选择乘用车轮胎的常用节距数量 60，黑色圆圈表示在 40km/h、60km/h、80km/h 和 100km/h 速度下的平均总体噪声。在消声室内，采用 3m 的室内转鼓和砂纸表面对节距数量为 60 的单节距轮胎进行测量。轮胎节距噪声理论与实测结果吻合较好，在横向方向上，轮胎节距噪声随横沟角度的增大而减小。

$P_n(\theta)$ 在角度 θ_i^M（$i = 1, 2, \cdots, \infty$）上有多个零值，这些角被称为魔术角，在魔术角上其节距噪声为零。魔术角表示为

$$\theta_i^M = \tan^{-1}\frac{iL}{Nb} \quad (i = 1, \cdots, \infty) \tag{10.43}$$

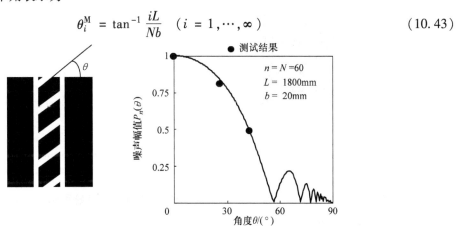

图 10.37 横沟角度对节距噪声的影响[10]

⊖ 问题 10.3。

魔术角的几何意义如图 10.38 所示。在第一个魔术角 θ_1^M 处，由于横沟的末端与下一个横沟的开始相同，因此横沟产生的噪声不沿圆周方向变化，也就是说，噪声被消除了。轮胎有无数个魔术角。

2. 理论与实验的比较

测量了轮胎横沟角度为 0°、25° 和 40° 时的噪声。花纹节距重复次数为 60，无节距变化。图 10.39 给出了横沟角度在各种速度下对测量噪声级的影响。轮胎噪声随横沟角度的增加而降低。此外，为了验证魔术角的存在，在魔术角 θ_1^M（56.3°）附近开了几个不同横沟角度的花纹。图 10.40 中黑色圆圈表示的是在 40km/h、60km/h、80km/h 及 100km/h 速度下测量得到的轮胎接地前缘附近的平均整体噪声水平，实线是式（10.42）的计算结果。魔术角的理论与测量结果具一致性，即使是魔术角附近的测量结果也与理论结果有良好的相关性。

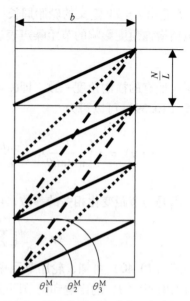

图 10.38　魔术角的几何意义（问题 10.4）

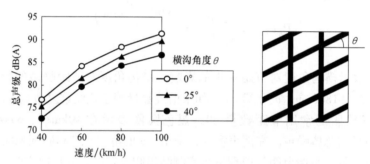

图 10.39　横沟角度在各种速度下对测量噪声级的影响

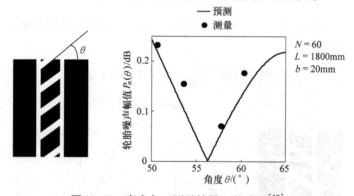

图 10.40　魔术角（测量结果）的验证[10]

10.7.3　魔术角理论（六角形印痕）

如果轮胎接地形状为六角形，接触角 ϕ 如图 10.41 的左侧图所示，则魔术角理论必须修正。将式（10.42）中的 $\tan\theta$ 替换为 $(\tan\theta - \tan\phi)$：

$$P_n(\theta) = \frac{c_n(\theta)}{c_n(0)} = \left| \frac{\sin\left\{\dfrac{\pi n b}{L}(\tan\theta - \tan\phi)\right\}}{\dfrac{\pi n b}{L}(\tan\theta - \tan\phi)} \right| \tag{10.44}$$

图 10.41 的右侧图显示了接触角 ϕ 为 20°时的轮胎噪声。当胎肩接地长度小于中心接地长度时,轮胎噪声对横沟角度 θ 的变化不敏感,与此同时,当胎肩接地长度大于中心接地长度时,轮胎噪声对横沟角度 θ 的变化敏感。

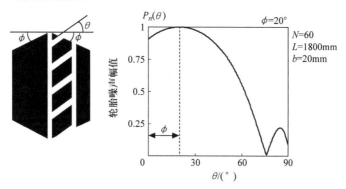

图 10.41　六边形接地印痕轮胎噪声的计算结果(包括印痕前沿)

假设轮胎噪声为前沿噪声和后沿噪声之和,且假设这两种噪声信号相位相同,轮胎噪声则可以根据以下公式计算:

$$P_n(\theta) = w_1 \left\| \frac{\sin\left\{\frac{\pi nb}{L}(\tan\theta - \tan\phi)\right\}}{\frac{\pi nb}{L}(\tan\theta - \tan\phi)} \right\| + w_2 \left\| \frac{\sin\left\{\frac{\pi nb}{L}(\tan\theta + \tan\phi)\right\}}{\frac{\pi nb}{L}(\tan\theta + \tan\phi)} \right\| \quad (10.45)$$

式中,w_1 和 w_2 分别是前沿和后沿对轮胎噪声的贡献。图 10.42 所示为接触角 ϕ 为 20°,$w_1 = w_2 = 0.5$ 时的轮胎噪声。轮胎噪声随横沟角度的增大而减小,且魔术角的作用消失。

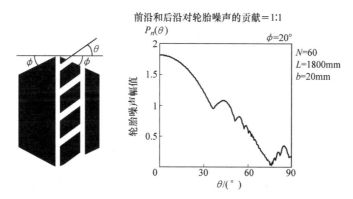

图 10.42　六边形接地印痕轮胎噪声的计算结果(包括印痕前沿和后沿)

10.7.4　魔术形状理论

在魔术角理论中,假设外力 γ 的密度在径向上是均匀的。本节考虑当 $\gamma(y)$ 表示的外力密度在子午线方向上变化时如何进行轮胎噪声的优化。由于优化后的花纹不能用式(10.33)的线性方程表示,所以横沟形状必须用一般形式表示:

$$x_j(y) = g_j(y) + \xi_j \quad (10.46)$$

式中,$x_j(y)$ 是圆周方向从参考点测量到的第 j 个横沟的位置;$g_j(y)$ 是横沟形状的函数;ξ_j 为节距变化确定的坐标。

当接地形状为矩形时,可以将式(10.46)代入式(10.34)来表示轮胎噪声:

$$f(t,y) = \sum_{j=1}^{N} \gamma(y)\delta\left(t - \frac{g_j(y) + \xi_j}{V}\right) \tag{10.47}$$

将式（10.47）代入式（10.35）得到轮胎噪声 $F(t)$。通过傅里叶变换，$F(t)$ 可以表示为

$$F(t) = \int_0^{\frac{b}{2}} f(t,y)\mathrm{d}y = \sum_{i=1}^{N} a_n \mathrm{e}^{-\mathrm{i}\omega_n t} \tag{10.48}$$

式中，a_n 是第 n 次谐波的噪声幅值。假设左右对称，只考虑一半的接地印痕。ω_n 由以下公式得到：

$$\omega_n = 2\pi n/T \tag{10.49}$$

a_n 可以通过傅里叶反变换得到[⊖]：

$$a_n = \frac{1}{T}\int_0^T F(t)\mathrm{e}^{\mathrm{i}\omega_n t}\mathrm{d}t = \frac{1}{T}\int_0^{\frac{b}{2}}\int_0^T f(t,y)\mathrm{e}^{\mathrm{i}\omega_n t}\mathrm{d}t\mathrm{d}y \tag{10.50}$$

将式（10.47）代入式（10.50）得到：

$$a_n = \frac{1}{T}\int_0^{\frac{b}{2}}\int_0^T \sum_{j=1}^{N}\gamma(y)\delta\left(t - \frac{g_j(y)+\xi_j}{V}\right)\mathrm{e}^{\mathrm{i}\omega_n t}\mathrm{d}t\mathrm{d}y = \frac{1}{T}\sum_{j=1}^{N}\mathrm{e}^{\frac{\omega_n \xi_j}{V}}\int_0^{\frac{b}{2}}\gamma(y)\mathrm{e}^{\mathrm{i}\frac{\omega_n g_j(y)}{V}}\mathrm{d}y \tag{10.51}$$

利用式（10.49）和式（10.51），再加上 $L = TV$ 和 $T\omega_n = 2\pi n$，a_n 可以表示为

$$a_n = \frac{1}{T}\sum_{j=1}^{N}\mathrm{e}^{\mathrm{i}\frac{2\pi n\xi_j}{L}}\int_0^{\frac{b}{2}}\gamma(y)\mathrm{e}^{\mathrm{i}\frac{2\pi n g_j(y)}{L}}\mathrm{d}y \tag{10.52}$$

假设 $\gamma(y)$ 为

$$\gamma(y) = \frac{2}{b}\left\{\alpha\left(\frac{b}{2} - y\right) + \beta y\right\} \tag{10.53}$$

式中，α、β 分别是轮胎中心（$y=0$）、轮胎胎肩（$y=b$）处的外力密度，若 α 不等于 β，则不再存在魔术角。因此，优化的横沟形状称为魔术形状，必须通过优化确定。假设所有横沟形状 $g_j(y)$ 对于所有节距都相同，$g_j(y)$ 在轮胎中心与 θ_2^M 相切，如图 10.43 所示，$\alpha = 1.0$，$\beta = 0.5$，$g_j(y)$ 可以表示为

$$g_j(y) = g(y) = y\tan\theta_2^M + \sum_{i=2}^{P}\mu_i y^i \tag{10.54}$$

式中，P 是多项式的阶数；μ_i 是设计变量。最小化轮胎噪声的目标函数定义为

$$\|a_n\|_2 \propto \left\|\int_0^{\frac{b}{2}}\gamma(y)\mathrm{e}^{\mathrm{i}\frac{2\pi n g(y)}{L}}\mathrm{d}y\right\|_2 \tag{10.55}$$

式中，$\|\cdot\|_2$ 是欧几里得范数。

采用序列二次规划方法计算出最佳横沟形状，参数 b、L、n、P、α、β 分别为 150mm、2000mm、50、5、1.0、0.5。式（10.54）中设计变量为 μ_i。图 10.44 显示了优化后的横沟角为粗实线，魔术角为细实线，以供参考。优化后的横沟角与魔术角不同（$\theta_2^M = 46.8°$），且优化后的横沟胎肩区切向斜率小于中心区。这是因为胎肩区受外力的密度较低，所以需要通过减小胎肩的横沟角来增加外力的密度，使之与中心的值相匹配。优化后的横沟形状的轮胎噪声是魔术角噪声的百分之一。优化后的横沟形状，称为魔术形状，取决于 α、β 和接地印痕形状。如果 α 和 β

⊖ 问题 10.5。

的值相近，则式（10.54）优化后的魔术形状 $g(y)$ 仅表示式（10.54）中第一项的魔术角，如果 α 和 β 的值相差很大，则魔术角的形状差别很大。

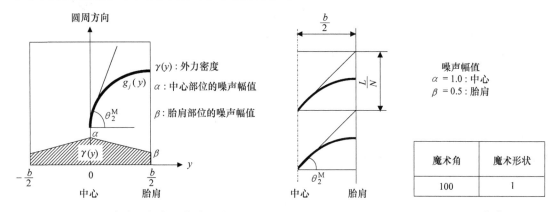

图 10.43　用魔术形状表示轮胎花纹　　　　图 10.44　魔术形状的效应[10]

10.7.5　实际花纹的轮胎噪声预测与实测结果的比较

轮胎噪声模型可以很容易地扩展到图 10.45 所示的复杂模式。因为轮胎噪声只有在横沟滚入或滚出地面时才会产生，所以可以方便地在花纹中移动印痕边缘来考虑花纹与印痕边缘的关系。在轮胎速度 V 时，这个运动的长度在每个时间间隔 Δt 上变成 $V\Delta t$。当外力用脉冲函数表示时，轮胎噪声在时域上可以用图 10.45 的右图来描述。外力的振幅与 $\Delta y \gamma(y)$ 成正比，其中 Δy 是时间 t 和 $t + \Delta t$ 之间的横沟单元长度的横向分量，$y\gamma(y)$ 是外力横向位置 y 处的密度。很明显，这个轮胎噪声模型包含 10.7 节中讨论的横沟角度的影响。Δy 随横沟角度的增大而减小。

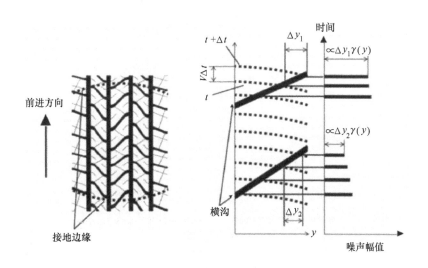

图 10.45　实际花纹在时域的外力变化

假设外力的密度在子午线方向上是均匀的，则预测的轮胎噪声的表达式为

$$\text{prediction} = \sum_{n=1}^{200} c_n A_n \tag{10.56}$$

式中，n 是谐波数；A_n 是 A 计权；c_n 是利用图 10.45 中外力变化的傅里叶变换计算出的第 n 次谐波幅值。

将预测的轮胎噪声与测量结果进行比较,如图 10.46 所示。轮胎噪声(A 计权总声级)在消声室内使用直径为 3m 的转鼓,以 100km/h 的速度测量。预测结果与实测结果吻合较好。需要注意的是,为了进一步提高预测能力,需要测量轮胎接地前后沿子午线方向激励力的密度分布大小。自相关专利(美国专利,"模拟轮胎胎面噪声及其模拟器的方法",第 5,295,087 号,1991 年)失效以来,该方法已经成为轮胎行业普遍采用的标准方法。

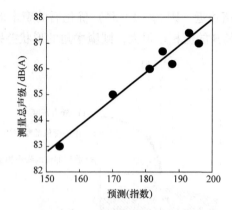

图 10.46 预测结果和测量结果之间的比较[10]

10.7.6 轮胎花纹对轮胎噪声影响的其他研究

Campanac[86] 将弹性环模型的模态分析与摄动理论相结合,研究了轮胎花纹对轮胎噪声的影响。轮胎胎面花纹沟槽导致胎面质量、弯曲刚度和旋转轮胎的拉伸刚度的周期性变化。这些变化可以被看作由光面轮胎的刚度变化引起的摄动。Andersson 等人[87] 测量了轮胎花纹对径向驱动点加速度(运动性)的影响,如图 10.47 所示。带沟槽轮胎的运动行为不同于光面轮胎,其机理见表 10.5。在低频(300Hz 以下),轮胎花纹对径向运动性的影响较小,因为低频振动模态是由轮胎结构决定的,花纹的影响可以忽略。在中频(从 300Hz 到 1kHz),径向驱动点的运动性变大,因为轮胎胎面上的花纹沟槽降低了胎面质量和弯曲刚度。此外,在中频时,径向运动性由横向横截面模态决定(图 10.20),模态振幅随沟槽花纹增加。在高频(1kHz 以上),轮胎胎面上的花纹沟槽反而使径向驱动点的运动性下降。这是因为驱动点的运动性是由高频下的局部变形决定的,而带沟槽的花纹降低了局部刚度。然而,这两项研究都没有考虑轮胎花纹对外部激励力的影响,正如我们在第 10.7 节中讨论的那样,因此他们的模型在应用方面受到限制。

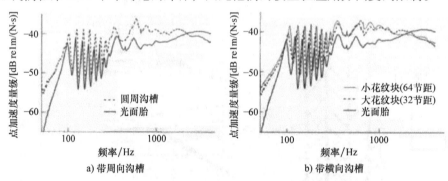

图 10.47 轮胎花纹对径向驱动点加速度的影响
(经 Acta Acust. United AC 许可,摘自参考文献 [87])

表 10.5 轮胎花纹对径向驱动点运动性的影响和机理

频率范围	径向驱动点运动性	机理	胎冠变形
低频 $f<300Hz$	光面胎与花纹胎相同	振动模态由轮胎结构决定,花纹的影响可以忽略	255Hz 的径向激励下的变形(轮胎的振动行为类似环)
中频 $300Hz<f<1kHz$	光面胎小于花纹胎	花纹沟槽降低了胎冠的质量密度和弯曲刚度	轮胎类似板,横向截面模态决定了振动行为

频率范围	径向驱动点运动性	机理	胎冠变形
高频 $f>1\text{kHz}$	光面胎大于花纹胎	花纹沟槽降低了胎冠的局部刚度	4kHz 径向激励下的形状（局部变形） 

10.8 轮胎花纹节距排列优化

10.8.1 花纹节距排列优化中的困难

花纹节距排列是由一系列整数定义的，例如 1233233311233332212… 为三个节距的节距排列。每个整数代表着圆周方向上的一个节距。关于节距排列的研究过去是有限的，其一是 Varterasian[88] 的研究，他利用调频理论对节距排列建模。Willet[89] 在对由横向沟槽产生的一系列脉冲激励进行频谱分析时，研究了节距排列对频谱的影响。

缺少研究的一个原因是在寻找最优的节距排列时需要考虑大量的组合。当有节距总个数是 60，这 60 个节距又分成 3 个大小种类，每种节距有 20 个数量时，节距排列组合的数量是天文数字，即 $(60-1)!/(20!)^3 \approx 10^{25}$。如果评估一个节距排列需要 1/1000s 的处理时间，则需要 300 万亿年才能得到最优排列。因此，如果我们像在轮胎工业中使用的那样，采用随机搜索的方法搜索整个轮胎节距排列的设计空间，我们无法克服所谓的维度问题[90-93]。而且，在优化问题中最常使用的技术——数学编程方法，也不能用于设计变量用整数来表示的整型问题。因此，第 2.4.3 节讨论的遗传算法已被应用于节距排列的优化。因为遗传算法是一种不基于灵敏度分析的优化技术，所以可以将遗传算法应用于整型问题。Nakajima 等[94-96] 首次将遗传算法应用于节距排列的优化，该方法获得了普利司通公司专利[97]。由于该专利已经失效，使用遗传算法优化节距排列可能会在轮胎行业流行，Hoffmeister 等[98] 采用与 Nakajima 相似的方式使用遗传算法研究了节距排列优化。

10.8.2 节距排列优化参数

1. 设计变量

设计变量 X_i 为周向节距长度，式（10.27）中的 t_i 定义为

$$t_i = \frac{1}{V}\sum_{k=1}^{i-1} X_k \tag{10.57}$$

式中，V 是轮胎的滚动速度。参考点可以在任何地方选择，因为节距噪声是周期性的，因此，我们选择 t_1 作为参考点，$t_1 = 0$。

2. 目标函数

优化过程中必须明确目标函数的定义，例如，可以选择频谱幅值或频谱偏差。利用下面的方程，将频谱幅值目标函数表示为一个极小值和极大值问题：

$$\text{Minimize:} \max(c_i)\ (i = n_{\min}, \cdots, n_{\max}) \tag{10.58}$$

这里 c_i 由式（10.32）定义。$n_{\min}$ 和 $n_{\max}$ 是用于评估目标函数的谐波序号的最小值和最大值。

频谱偏差表示对平均频谱幅值或信息熵的偏差。如果频谱偏差最小，则每个谐波序号的频谱幅值相同。因此，我们可以通过使频谱偏差最小来获得白噪声。表示频谱偏差的一种方法是使用

以下公式：

$$f(X) = \sqrt{\sum_{i=n_{\min}}^{n_{\max}} (c_i - \bar{c})^2} \tag{10.59}$$

式中，$\bar{c}$ 是 c_i 的平均振幅，表示为

$$\bar{c} = \frac{1}{n_{\max} - n_{\min} + 1} \sum_{i=n_{\min}}^{n_{\max}} c_i \tag{10.60}$$

3. 约束

为了确保不牺牲其他性能，需要有约束。例如，当小节距与大节距相邻时，由于小节距与大节距之间剪切力的不平衡，就会出现不规则磨损。为了避免不规则磨损，需要控制相邻节距的比例。例如，约束可以用下面的方程表示：

$$\frac{1}{\text{ratio}} \leqslant \frac{X_{j+1}}{X_j} \leqslant \text{ratio} \quad j = 1, \cdots, N-1 \quad \frac{1}{\text{ratio}} \leqslant \frac{X_N}{X_1} \leqslant \text{ratio} \tag{10.61}$$

式中，ratio 是相邻节距的尺寸比约束。

10.8.3 遗传算法

1. 字符串表示

设计变量的编码方法是遗传算法的重要组成部分，影响遗传算法（GAs）的效率和可靠性。二进制表示在 GAs 中很流行。为了获得一组设计变量的字符串表示，每个节距表示为固定长度的由 0 和 1 组成的字符串，这些 0 和 1 是二进制编码数的组成部分。当有 5 个节距尺寸时，需要用 3 位字符串来表示一个节距。例如，二进制数 000 和 100 对应于节距 1 和 5，但二进制数 101 和 111 不对应于任何一种节距。因此，本应用程序采用十进制表示法。第 1 代计算中的字符串所代表的十进制数由随机数确定。

2. 繁殖

一旦给出了 N 个字符串的种群，并分配了每个字符串的适应度值，遗传搜索就可以进行繁殖。繁殖是一个过程，那些适应性水平较高的字符串被分配到一个配对池中，在那里它们等待其他两个操作符的行动。

在这个过程中使用轮盘选择。轮盘上的第 i 个字符串所占的面积按比例 $f_i/\sum f_i$ 进行分配，其中 f_i 是第 i 个字符串的适应度函数的值。计算适应度值的适应度函数可以通过目标函数和与约束相关的罚函数来定义。可以将轮盘视为随机数生成器，调用轮盘来确定要复制的字符串，如图 10.48 所示。必须设计一个合适的函数来为每个字符串赋值。

3. 交叉

交叉允许种群中幸存的字符串交换它们的特征。单点交叉分三个步骤进行。第一步，使用轮盘选择从配对池中选择两个新复制的字符串。第二步，从这两个字符串中随机选择任意位置。第三步是在交叉点后交换所有字符。可以有多个交叉点。假设式（10.62）中的序列（a）和序列（b）配对，交叉位点为位置 2 和位置 4。两点交叉的过程如下所示。

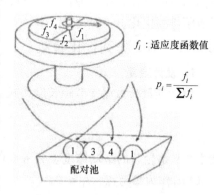

图 10.48 繁殖操作[85]

$$\begin{aligned}\text{父代}(a) &= 12 \mid 54 \mid 2343521 \cdots \\ \text{父代}(b) &= 42 \mid 13 \mid 5223413 \cdots\end{aligned} \tag{10.62}$$

其中的"∣"表示一个交叉点。交叉后，两个后代为

$$\text{后代}(a') = 12 | 13 | 2343521\cdots$$
$$\text{后代}(b') = 42 | 54 | 5223413\cdots \quad (10.63)$$

后代（a'）由父代（a）的第一部分、父代（b）的中间和父代（a）的尾部组成。同理，后代（b'）由父代（b）的第一部分、父代（a）的中间和父代（b）的尾部组成。由式（10.62）和式（10.63）可见，通过交换字符串的一部分，交叉操作可以创建一个新的节距序列设计。虽然已经提出了均匀交叉作为另一种交叉操作，但在此应用中采用了两点交叉。

4. 突变

突变是在繁殖和交叉过程中防止有价值遗传物质过早丢失的一种保险策略。它对应于在群体中选择字符串，随机确定字符串上的一个位置，并使用一个随机数在那个位置改变节距大小。虽然变异是遗传算法中不可缺少的一个过程，但它发生的概率很低，在本应用中只有4%，仅次于繁殖和交叉。例如，当突变发生在3号位置时，我们表示为

$$\text{突变前} = 12242343521\cdots$$
$$\text{突变后} = 12\underline{5}42343521\cdots \quad (10.64)$$

10.8.4 有成长的遗传算法

1. 成长的概念

简单遗传算法的收敛历程如图10.49所示，简单的遗传算法在节距排列的优化中工作得很好。目标函数为频谱偏差，种群规模、交叉概率和变异概率分别为500、0.8和0.04。节距种类数、最大和最小节距的尺寸比值以及节距总数分别为5、11/7和66。此外，相邻节距尺寸的比率被限制为小于9/7，以防止相邻节距的差异过大。目标函数的最小值随着迭代次数的增加而减小。在优化过程中，通过对每次迭代中的目标函数的最大值与最小值的差异的判断，保持了遗传物质的多样性。

然而，一个简单的遗传算法需要大量的种群才能得到一个好的解决方案。为了解决这一问题，Sugimoto[99]最早提出了成长操作。在使用图10.50中的成长算子的遗传算法流程图中，初始种群由每个字符串满足约束条件的随机数生成。收敛准则是下列条件之一。

1）代数达到预定值。
2）拥有最高适应度的字符串数达到种群的10%以上。
3）适应度的最佳值没有在连续20代中更新。

利用爬山技术构造生长算子以达到局部最优，并由生长概率控制。例如，当每个过程的概率为0.5时，一半的种群被选中，以使迭代结果更好。

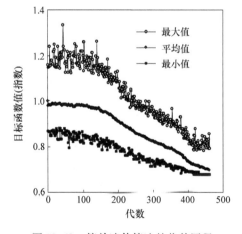

图10.49 简单遗传算法的收敛历程

2. 用于成长操作的爬山技术：触发器算法

成长算子中使用的触发器算法是一种爬山技术，它从随机生成的点开始，在允许的最陡峭的方向上提高函数，直到函数不能再提高为止。触发器算法基于以下步骤，如图10.51所示。

1）确定执行交换操作的范围。
2）选择一对进行交换操作的节距。
3）交换节距生成新的排列。
4）当新排列满足约束条件时，进行下一步。否则，转到步骤2）选择不同的一对节距。

5)求新排列的目标函数。

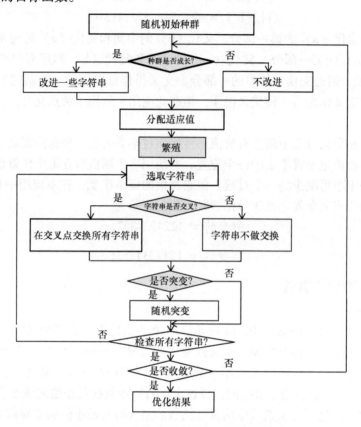

图 10.50　成长算子的遗传算法流程图[85]

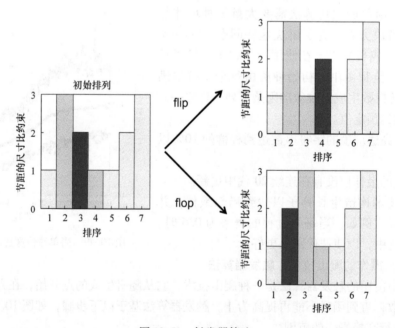

图 10.51　触发器算法

6)如果交换范围没有超过给定值,则扩大交换范围,转步骤2),否则转下一步。

7)如果新排列的目标函数优于当前最优排列,则新排列在迭代中成为最优排列。

8）否则，转步骤2）选择不同的一对节距。
9）如果新排列对目标函数没有改善，则存储最终结果，否则转到步骤2）。

10.8.5 实验与讨论

1. 遗传算法的参数研究

遗传算法需要几个参数，如种群大小、交叉概率、变异概率和生长概率。由于这些参数依赖于具体的应用，我们首先需要进行参数研究。图 10.52 显示了种群规模对目标函数值的影响。目标函数为使频谱峰值最小化，交叉概率和变异概率分别为 0.8 和 0.04。使用的种群越多，可以实现的目标函数的改进就越大。图 10.53 显示了种群规模对目标函数值收敛历程的影响。当种群规模小于 500 时，采用第二收敛准则，即具有最高适应度的字符串数量达到种群大小的 10%。同时，当种群规模为 1000 时，采用第三收敛准则，也就是说，适应度的最佳值不会在连续 20 代中更新。因此，收敛对于小种群来说还为时过早。当种群变大时，需要更多的繁殖次数来收敛，从而实现更大的改进。由于计算时间随种群大小而增加，因此必须选择适当的种群大小，以便在合理的计算时间内获得最优解。

在本例中，当使用较高的交叉概率时，可获得较大的改进，最高可达 0.8。如果交叉概率过高，则上一代最优序列会因交叉而消失。因此，非常高的交叉概率并不能有效地提高目标函数的值。低变异概率优于零变异概率，最优变异概率在 0.04 左右。低变异概率似乎增加了搜索范围，防止了问题解的过早收敛。

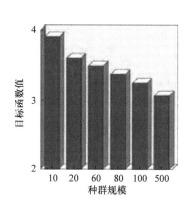

图 10.52 种群规模对目标函数值的影响[85]

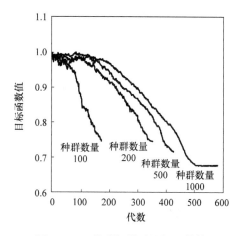

图 10.53 种群规模对目标函数值收敛历程的影响[85]

2. 利用成长算子对简单遗传算法进行改进

图 10.54 显示了成长算子对目标函数值的影响。种群规模、交叉概率、变异概率和生长概率分别为 100、0.8、0.04 和 0.25。故意选择低种群来观察成长算子的效果。当不采用成长算子时，第 200 代左右采用第二收敛准则。由于第二收敛准则是适应度最高的字符串数量达到种群大小的 10%，因此在这种情况下存在过早收敛。同时，当使用成长算子时，第一收敛准则在第 300 代使用。由于第一收敛准则是代数达到预定值，因此不会发生过早收敛。目标函数的值即使在年轻一代中也有所提高，并且在优化过程中因成长算子而逐渐提高。具有生长的遗传算法可实际应用于小种群或中种群。

图 10.55 比较了使用成长型遗传算法计算的目标函数值和随机生成的值。横轴是目标函数值，纵轴是目标函数值对应的频率。目标函数是使频谱峰值最小化。在随机数生成中，有 5×10^5

节距排列被评估。与此同时，使用成长型遗传算法评估 3.7×10^5 节距排列就可以得到最优。采用成长型遗传算法生成的最优排列的目标函数值低于采用随机数生成的最优排列。因此，成长型遗传算法是一种比随机数生成更好、更有效的搜索方法。

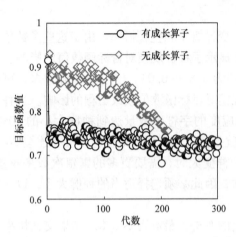

图 10.54　成长算子对目标函数值的影响[85]

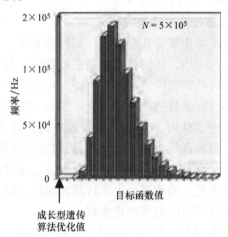

图 10.55　使用成长型遗传算法计算的目标函数值和随机生成的值对比[85]

3. 节距大小对目标函数值的影响

频率调制理论[88]解释了最大和最小节距尺寸的比值对节距噪声的影响。载波表示为

$$e(t) = A\sin\phi(t)$$
$$\phi(t) = \int \omega(t) \mathrm{d}t \tag{10.65}$$

式中，A 是振幅；$\omega(t)$ 是角频率，随时间变化，表示为

$$\omega(t) = \omega_c + \omega_d \cos(\omega_m t) \tag{10.66}$$

式中，ω_c 是载波频率，对应于圆周方向上均匀间隔花纹设计的频率；ω_d 是表示频率调制范围的一个参数，它与节距变化引起的频率与载波频率之间的频率差值有关；ω_m 是调制频率。将式（10.66）代入式（10.65）得到

$$e(t) = A\sin\{\omega_c + \omega_d \cos(\omega_m t)\} \tag{10.67}$$

式（10.67）可以写为

$$e(t) = A\sum_{n=-\infty}^{\infty} J_n(m_f)\sin(\omega_c + n\omega_m)t \tag{10.68}$$

式中，$J_n(m_f)$ 为第一类贝塞尔函数，对应 $\omega_c + n\omega_m$ 频率处的频谱幅值；m_f 是调频指数，表示为

$$m_f = \omega_d / \omega_m \tag{10.69}$$

图 10.56 显示了 m_f 对频谱色散的影响。$e(t)$ 的频率在 $(\omega_c - \omega_d) \sim (\omega_c + \omega_d)$ 之间变化，频率变化的范围与最大节距长度 $p_{\max}$ 和最小节距长度 $p_{\min}$ 的差值有关

$$\omega_c - \omega_d \propto 1/p_{\max} \tag{10.70}$$
$$\omega_c + \omega_d \propto 1/p_{\min}$$

因此，ω_d 遵循以下关系：

$$\omega_d \propto \frac{1}{p_{\min}} - \frac{1}{p_{\max}} = \frac{p_{\max} - p_{\min}}{p_{\max} p_{\min}} \tag{10.71}$$

如果 ω_m 是常数，则 m_f 符合如下关系：

$$m_f \approx p_{\max} - p_{\min} \tag{10.72}$$

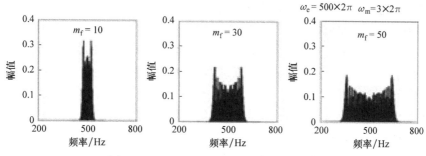

图 10.56 调频指数 m_f 对频谱色散的影响

当 m_f 或最大和最小节距尺寸差变大时,频谱变得均匀,谱峰减小,如图 10.56 所示。

图 10.57 显示了最大和最小节距比率对遗传算法计算的节距噪声的影响。目标函数为最小化频谱峰值,节距尺寸个数和节距数量分别为 5 和 66。随着最大和最小节距尺寸比的增加,目标函数的值减少,这与调频理论一致。然而,似乎有一个最佳比在 1.6 左右。

4. 最优节距排列的降噪效果

采用最优排列和随机生成的排列对轮胎噪声进行评估。选取频谱偏差和频谱峰值作为优化的目标函数。有 5 个节距尺寸,最大和最小节距尺寸比是 11/7,节距的数量是 66。相邻节距的尺寸比限制在 9/7。

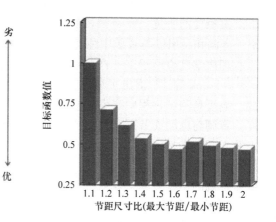

图 10.57 节距尺寸比(最大节距/最小节距)对遗传算法计算的节距噪声的影响[85]

从图 10.58 可以看出,这两个优化排列在滑行通过噪声测试和室内噪声测试方面都优于随机排列。比较两种优化排列在不同目标函数下的噪声性能,结果表明,在改善噪声性能方面,频谱偏差的目标函数优于频谱峰值的目标函数。由于改变节距排列不会影响轮胎的其他性能,因此采用该排列可以在不牺牲其他性能的前提下改善轮胎噪声。

目标函数	随机排列 最小频谱峰值	优化排列 最小频谱峰值	优化排列 最小频谱偏差
计算频谱	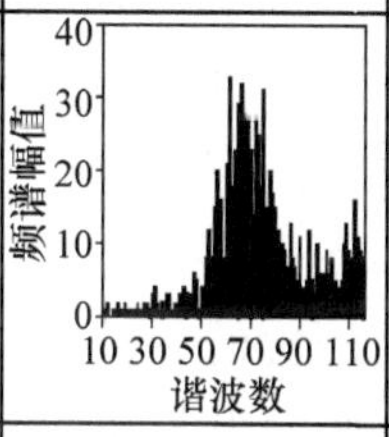	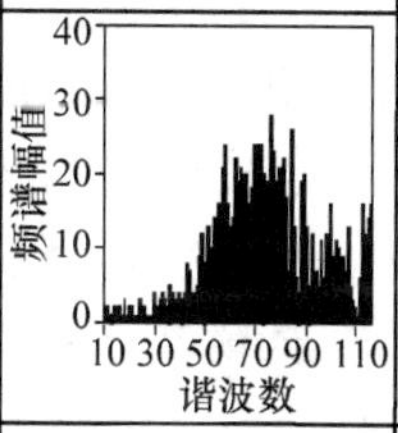	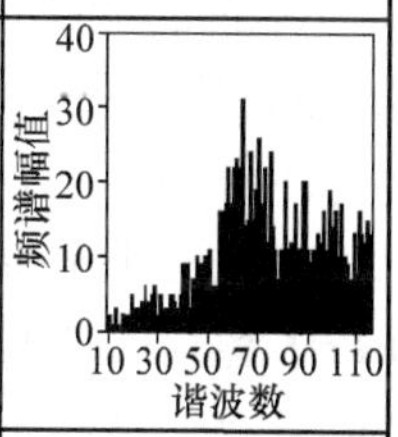
滑行通过噪声/dB(A)	72.5	▲ 0.3	▲ 0.7
室内转鼓噪声/dB(A)	75.9	▲ 1.3	▲ 2.2

图 10.58 最优节距排列对轮胎噪声改善[85]

10.8.6 利用心理声学参数表征轮胎声品质

1. 轮胎噪声与心理声学参数

作为声学分析仪,人体声学器官具有良好的性能和通用性。作为声学传感器,人体的声学功能不能用物理参数来描述,例如频率或波形分析等。然而,现在已经确定了与声音主观评价相关的心理声学参数[100-104]。

心理声学参数的例子有响度、尖锐度、粗糙度、抖动强度、音调和突出度。响度属于强度感觉的范畴,单位为 sone。尖锐度与愉悦感觉密切相关,它的单位是 acum。粗糙度是由于调制频率在15~300Hz范围内信号的快速变换而产生的,其单位为 asper。波动强度与引起两种听觉感觉的调制声音有关,也就是说,在低到20Hz的调制频率下产生强度波动的听觉,而在高调制频率下产生粗糙的听觉。波动强度在频率为4Hz时达到最大值(即持续时间为0.25s),单位为 vacil。音调和突出度与音质中纯音的比例有关,其单位为 tu。

心理声学已应用于工业产品。例如在评价空调时,响度值越低越好,而尖锐度有一个最佳值[105]。Frank 等[106]提出了车内轮胎声品质偏好方程,该方程由响度、频谱平衡和音调分量项组成。响度是测试过程中产生的整体声级的一种度量,频谱平衡是中频部分与低频和高频的偏离程度,音调与由胎面节距序列而产生的阶次相关成分有关。本节计算了各种指标来量化每一个维度以及心理声学指标,如抖动强度、粗糙度和音调,以开发声品质偏好方程。主观评价与声品质偏好方程的决定系数 R^2 为 0.94。Brandel 等[107]研究表明,车内声品质可以用响度、尖锐度、粗糙度和音调的回归方程来表示。

2. 轮胎声品质的心理声学参数

用于表征轮胎声品质的心理声学参数取决于噪声的类型。为寻找适合于轮胎声品质的心理声学参数,在试验场利用人工对不同轮胎在道路上的4种车内噪声进行花纹噪声评估。在滑行测试中,车速从60km/h下降到38km/h,记录20s的噪声评价数据,比如包括10s的轮胎噪声数据和10s的静默状态。9名工程师通过交替聆听控制噪声和由扬声器产生的评价噪声来评估轮胎噪声。评估者年龄在20~40岁之间,听觉正常。采用1~10的10点评价法对轮胎噪声进行主观评价。主观听觉感受与声学参数的相关系数分别为声压级为-0.58、音调为-0.98、抖动强度为-0.54、粗糙度为-0.41、响度为-0.19、尖锐度为0.52。负相关系数值越大,主观评价越好,值越小,噪声水平越好。虽然音调的相关系数很高,但主观感受可能不能只用一个参数来表征。

为了弄清心理声学参数与轮胎噪声的关系,只改变节距序列,对10种相同声压级的轮胎噪声进行了建模。评估数据长度为20s,包括10s的轮胎噪声,它是由系统产生的节距合成噪声,以及10s的静默。9名评估员通过交替聆听标准噪声和由扬声器产生的评价噪声来评估合成的轮胎噪声。评估者年龄在20~40岁之间,听觉正常。他们用1~5的5点评价方法对轮胎噪声进行了评价。心理声学参数与主观评价的相关性分析如图10.59所示。对各种心理声学参数的回归方程进行了检验。最佳回归方程的确定系数为 $R^2=0.85$,预测轮胎噪声声品质为

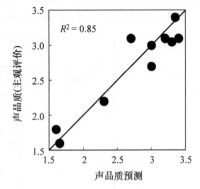

图 10.59 心理声学参数与主观评价的相关性分析

$$\text{predicted tire noise quality} = a_1 - (a_2 \times \text{tonality} + a_3 \times \text{fluctuation\_strength}) \quad (10.73)$$

式中,a_i ($i=1, 2, 3$) 是常数;tonality 是音调;fluctuation_strength 是声强。声品质可以通过追踪式(10.73)给出的较大值的节距序列来控制。

10.9 管腔共振噪声

10.9.1 管腔共振噪声及带有简单子谐振器的共振频率

如图 10.1 所示，在匀速通过噪声测试中声压级峰值频率通常在 1kHz 左右。虽然有几个因素会影响 1kHz 附近的噪声水平，但轮胎工业界公认的产生峰值的主要原因是轮胎周向沟槽的管腔共振。管腔共振频率由式（10.16）给出。

Fujiwara 等人[82]提出了一种新花纹，利用子谐振器来控制管腔噪声。图 10.60 显示了三种类型的子谐振器。图 10.60a 显示了由具有均匀截面面积的管形成的子谐振器（旁支管型）。基本共振频率为

$$f = c/(4L_r) \tag{10.74}$$

式中，L_r 是管子的长度。图 10.60b 显示了带有窄颈和腔的亥姆霍兹型子谐振器。该谐振器的基本共振频率由下式给出[25]：

$$f = \frac{c}{2\pi}\sqrt{\frac{S}{(L_h + \delta)V}} \tag{10.75}$$

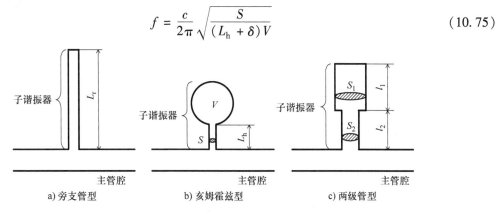

图 10.60 三种类型的子谐振器

（经 Tire Sci. Technol 许可，摘自参考文献 [82]）

式中，S、L_h 分别是颈部横截面面积和长度；δ 是末端修正因子；c 是声速；V 是腔体体积。

更一般地，如图 10.60c 所示，由两级管组成的子谐振器的基本共振频率为

$$\tan\left(\frac{2\pi f}{c}l_1\right)\tan\left(\frac{2\pi f}{c}l_2\right) - \frac{S_2}{S_1} = 0 \tag{10.76}$$

式中，l_i（$i = 1, 2$）是各级管的长度；S_i（$i = 1, 2$）是截面面积[81]。如果子谐振器的几何形状很简单，我们可以很容易地利用这些公式来预测共振频率。

10.9.2 带有简单谐振器的轮胎噪声

Fujiwara 等[82]通过实验提出并验证了利用子谐振器减小管腔共振的方法。如果一个横向沟槽形成一个分离的腔（即横沟的一端终止在花纹条上且另一端与一个周向沟槽合并），该沟槽成为一个子谐振器。在 225/45R17 规格光面轮胎上雕刻三种胎面花纹。花纹 A 只有一个周向纵沟，而花纹 B 增加了一个长度为 85mm 的旁支管型子谐振器。花纹 C 是亥姆霍兹型子谐振器，颈部长度为 10mm，颈部横截面面积为 4mm^2，腔体体积为 1000mm^3。花纹 B 和 C 的子谐振器被设计在 1kHz 共振。

轮胎加载在平板上，体积速度激励器产生白噪声。在管腔中心处测量声压级，获得阻抗特性。将声源放置在距离接地中心 0.4m 处，测量阻抗（声压/体积速度）。图 10.61 显示了子谐振器对管腔共振噪声的影响。如果没有子谐振器，在 1kHz 左右会出现一个尖峰。然而，因为子谐

振器的存在，阻抗在1kHz得到减少且峰值分裂成两个。因子谐振器的共振效应，共振分裂峰不会超过原始峰的大小。

将子谐振器技术应用于实际花纹，并在ISO 10844—2021《声学 测量道路车辆及其轮胎发出的声音的试验轨道规范》标准下的路面进行了车辆试验验证。轮胎尺寸为225/45R17，充气压力为190kPa。测试符合法规2001/43/EC。图10.62为胎面花纹的A计权总声压级。在整体（O.A.）值方面，带有子谐振器的花纹比块状花纹低0.8dB。声压级的降低是由于子谐振器的作用。不仅如此，在湿路面上，即使在轮胎花纹中加入子谐振器，轮胎的制动性能也不会恶化，因为周向沟槽和横向沟槽的体积都没有减少。

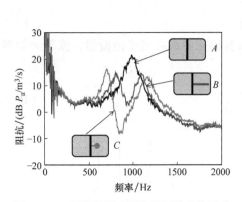

图10.61 子谐振器对管腔共振噪声的影响
（经Tire Sci. Technol许可，摘自参考文献［82］）

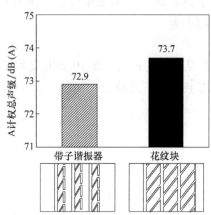

图10.62 胎面花纹的A计权总声压级
（经Tire Sci. Technol许可，摘自参考文献［82］）

10.9.3 其他降低管腔共振噪声的技术

普利司通[5]提出了一种降低管腔共振噪声的独特技术，就是在周向沟槽内插入薄橡胶栅栏。该技术如图10.63所示，称为槽栅栏。栅栏实际上是声音空间中的障碍物。橡胶栅栏的节距长度设计小于管腔长度。由于式（10.16）中的实际L随轮胎滚动而变化，共振频率会分散。这种效果有助于降低重型货车轮胎产生的噪声，然而，橡胶栅栏可能会降低水滑性能。普利司通将槽栅栏技术应用于货车/客车轮胎。如图10.64所示，转鼓试验中，在50km/h的速度下，在峰值频率处，噪声降低了几分贝（A），在更高的速度下，噪声降低幅度会更大。

TBR 435/45R22.5

图10.63 沟槽共振噪声的槽栅栏技术
（经Tokyo Denki University Press许可，摘自参考文献［5］）

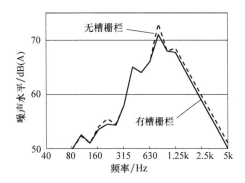

图 10.64 使用槽栅栏技术降低噪声

10.10 轮胎空腔噪声

10.10.1 空腔噪声特性

使用频率响应函数（FRF）测量轮胎空腔共振，该函数是轴向力输出与轮胎胎面输入的比值。基本声腔共振频率对应于沿空腔环面传播的平面波，即轮胎的周长等于声波长。Sakata 等[71]、Thompson 等[72]、Yamauchi 和 Akiyoshi[75] 以及 Gunda 等[78] 已经使用简单的一维模型或有限元模型来预测加载轮胎的空腔共振频率。Richards[73] 利用轴对称有限元分析和沿圆周方向的傅里叶展开计算了结构声腔耦合公式中的传递率，Molisani[88] 对圆柱形空腔应用了封闭形式的分析模型。研究结果表明，轮胎空腔共振在加载轮胎噪声频谱的 200~300Hz 波段表现为两个明显的窄峰。这是因为加载轮胎的变形破坏了腔体的轴对称，并导致共振分裂成两个封闭共振。Yamaguchi 和 Akiyoshi[75] 利用他们的理论发明了一种特殊的车轮来改善峰值形状。

图 10.65 显示了自由工况的轮胎的频响函数（在轮胎胎面单点激励，在轮辋上得到加速度响应）只有一个峰值，而加载工况的轮胎频响函数有两个分离的峰值——高频 f_h 和低频 f_l，轮胎空腔共振的模态振型如图 10.66 所示。

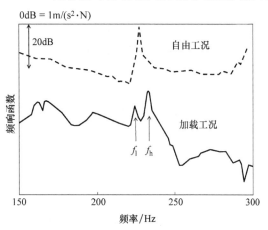

图 10.65 不同工况下车辆室内噪声频响函数
（经 JSAE 许可，摘自参考文献 [75]）

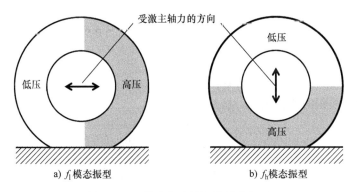

a) f_l 模态振型   b) f_h 模态振型

图 10.66 轮胎空腔共振的模态振型
（经 JSAE 许可，摘自参考文献 [75]）

图 10.67 显示了当激励施加到轮胎胎面时，在轮辋点上的三个方向输出的频响函数。轮辋在 z 方向上以较高的共振频率 f_h 振动，在 x 方向上以较低的共振频率 f_l 振动。f_l 随着车速的增加而减小，f_h 随着车速的增加而增加。此外，f_h 和 f_l 的平均值也略有增加。

10.10.2 空腔噪声基本方程

1. 平面波共振

Thompson[72] 利用平面波共振理论分析了空腔噪声。使用不同截面面积的组合波导对接地状态的轮胎空腔进行建模，空腔共振的波导模型如图 10.68 所示。任意点的压强和速度方程是①

$$p_i = A_1 e^{j(\omega t - kx)}$$
$$p_r = B_1 e^{j(\omega t + kx)}$$
$$U_i = \frac{S}{\rho c} A_1 e^{j(\omega t - kx)} \quad (10.77)$$
$$U_r = \frac{S}{\rho c} B_1 e^{j(\omega t + kx)}$$

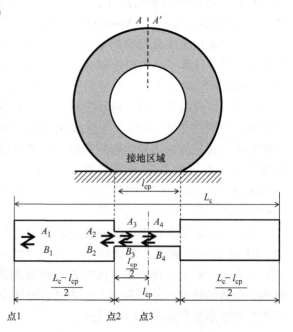

图 10.67 三个方向输出的频响函数
（轮胎规格：195/65R15）
（经 JSAE 许可，摘自参考文献 [75]）

式中，p_i 是入射压强；p_r 是向左移动的声波的压强；U_i 是向右移动的体积的速度；U_r 是向左移动的体积的速度；A_1 和 B_1（一般为复数）是振幅函数；ω 是声音的角频率；k（$=\omega/c$）是波数；ρ 是空气密度；c 是声速；S 是无偏转横截面积。

由图 10.68 可知，在点 1（$x=0$）处，空气压力和速度方程为

$$p = (p_i + p_r)\big|_{\substack{x=0 \\ t=0}} = A_1 + B_1$$
$$U = (U_i - U_r)\big|_{\substack{x=0 \\ t=0}} = \frac{S}{\rho c}(A_1 - B_1) \quad (10.78)$$

在点 2（$x=l_1$）处，一侧的振幅项为

$$A_2 = A_1 e^{-jkl_1}$$
$$B_2 = B_1 e^{jkl_1} \quad (10.79)$$

这里，l_1 是点 1 到点 2 的距离：

$$l_1 = L_c/2 - l_{cp}/2 \quad (10.80)$$

在点 2 处，除了面积的变化之外，振幅项是①

$$A_3 = \frac{m+1}{2m}A_2 + \frac{m-1}{2m}B_2$$
$$B_3 = \frac{m-1}{2m}A_2 + \frac{m+1}{2m}B_2 \quad (10.81)$$

---

① 备注 10.3。

式中，m 是未接地空腔横截面积与接地区域横截面积之比。

$$m = S_{cp}/S \tag{10.82}$$

式中，S_{cp} 是接触区域的横截面积。

在点 3 处，振幅项表示为

$$A_4 = A_3 e^{-jkl_2}$$
$$B_4 = B_3 e^{jkl_2} \tag{10.83}$$
$$l_2 = l_{cp}/2$$

式中，l_{cp} 是接地长度。

利用边界条件和几何对称性求解轮胎空腔的固有频率。注意，模型对点 3 是对称的，两种最低阶模态的形状如图 10.69 所示。必须允许在轮胎空腔开口处有一个节点或一个反节点来形成一个波导。对于模态 1，点 1（$x=0$）处的声速是一个最大值，则有

$$A_1 = -B_1 \tag{10.84}$$

在点 3（$x=L_c/2$）处，声速达到最大值，由此可得

$$A_4 = -B_4 \tag{10.85}$$

将这些边界条件应用于式（10.83），将式（10.79）和式（10.81）代入结果，进行必要的代数运算，得到⊖

$$(m+1)\sin k(l_1+l_2) + (m-1)\sin k(l_1-l_2) = 0 \tag{10.86}$$

或

$$m\sin kl_1 \cos kl_2 + \cos kl_1 \sin kl_2 = 0 \tag{10.87}$$

或

$$\tan k\frac{L_c}{2} = \frac{\sin kl_{cp}}{\dfrac{m+1}{m-1} + \cos kl_{cp}} \tag{10.88}$$

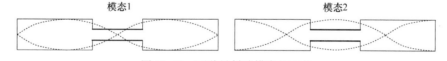

图 10.69 两种最低阶模态的形状

（经 Tire Sci. Technol 许可，摘自参考文献 [72]）

对于图 10.69 中的模态 2，边界条件为⊖

$$A_1 = B_1$$
$$A_4 = B_4 \tag{10.89}$$

将这些边界条件应用于式（10.83），将式（10.79）和式（10.81）代入结果，并进行必要的代数运算，得到

$$(m+1)\sin k(l_1+l_2) - (m-1)\sin k(l_1-l_2) = 0 \tag{10.90}$$

或

$$\sin kl_1 \cos kl_2 + m \cos kl_1 \sin kl_2 = 0 \tag{10.91}$$

或

$$\tan k\frac{L_c}{2} = \frac{-\sin kl_{cp}}{\dfrac{m+1}{m-1} - \cos kl_{cp}} \tag{10.92}$$

将式（10.88）与式（10.92）相结合，两种模态的解可以写成

⊖⊖ 备注 10.3。

$$\tan k\frac{L_c}{2} = \frac{\pm \sin k l_{cp}}{\frac{m+1}{m-1} \pm \cos k l_{cp}}. \tag{10.93}$$

该表达式可以用数值方法求解，但可以通过一阶假设得到一个简单的表达式。从接地轮胎的几何形状来看，L_c 比 l_{cp} 大得多。假设 $k l_{cp}$ 是小的，$k L_c/2$ 是大的，有

$$\begin{aligned}\cos k l_{cp} &\cong 1 \\ \sin k l_{cp} &\cong k l_{cp} \\ \tan(k L_c/2) &\cong \pi - k L_c/2\end{aligned} \tag{10.94}$$

将式（10.94）代入式（10.93）得到

$$k = \frac{2\pi}{\frac{m+1}{m-1} \pm \cos k l_{cp}} \tag{10.95}$$

或

$$f = \frac{c}{L_c \pm (1-m) l_{cp}} \tag{10.96}$$

由于式（10.96）预测了接地轮胎的两种固有频率，因此模态 1 和 2 对应的 f_l 和 f_h 表示为

$$\begin{aligned}f_l &= \frac{c}{L_c + (1-m) l_{cp}} \\ f_h &= \frac{c}{L_c - (1-m) l_{cp}}\end{aligned} \tag{10.97}$$

接地轮胎的模态 1 是较低频率，其频率低于非接地轮胎。模态 2 的频率高于非接地轮胎。

2. 未变形轮胎圆柱腔内的波共振

Molisani 等[74]应用了如图 10.70 所示的有限圆柱腔的封闭解析模型。未变形圆柱的声固有频率表示为

$$f_{lqp} = c\sqrt{\left(\frac{p\pi}{a-b}\right)^2 + \left(\frac{2l}{a+b}\right)^2 + \left(\frac{q\pi}{L}\right)^2} \quad b > 0.5a \tag{10.98}$$

声腔模态振型表示为

$$\psi_{lqp}(r,\theta,x) = \rho c^2 G_{pl}(r) \cos(p\theta) \cos(k_{xq} x) \quad q, p, l = 0,1,2\cdots \tag{10.99}$$

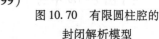

图 10.70 有限圆柱腔的封闭解析模型

式中，

$$G_{pl}(r) = Y'_p(k_{pl}) J_p\left(k_{pl}\frac{r}{a}\right) - J'_p(k_{pl}) Y_p\left(k_{pl}\frac{r}{a}\right) \tag{10.100}$$

式中，J_p 是第一类贝塞尔函数；Y_p 是第二类贝塞尔函数。

3. 空腔噪声的能量法

（1）空腔噪声的动能和势能　Yamauchi 和 Akiyoshi[75]利用能量法研究了空腔噪声。在图 10.71 的柱坐标系中，轮胎声腔用 θ 处的角位移 ψ 表示。r 为车轮中心到轮胎横截面声腔重心的距离。声腔的动能 T 和势能 V 表示为

$$\begin{aligned}T &= \frac{1}{2}\int_0^{2\pi} \rho A r^3 \left(\frac{\partial \psi(\theta,t)}{\partial t}\right)^2 d\theta \\ V &= \frac{1}{2}\int_0^{2\pi} E A r \left(\frac{\partial \psi(\theta,t)}{\partial \theta}\right)^2 d\theta\end{aligned} \tag{10.101}$$

式中，ρ、A、E 分别是轮胎车轮总成内部气体的密度、横截面积和体积弹性模量。

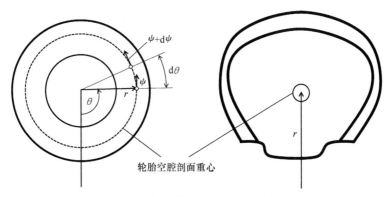

图 10.71 空腔噪声和轮胎横截面坐标系
(经 JSAE 许可,摘自参考文献 [75])

(2) 固有频率 在轮胎处于自由悬挂的情况下,半径 r 和横截面积 A 在圆周方向上不改变。将瑞利-里茨法应用于式 (10.101),固有频率 f_b 表示为

$$f_b = \frac{1}{2\pi r}\sqrt{\frac{E}{\rho}} \tag{10.102}$$

在轮胎加载的情况下,r 和 A 在周向发生变化,用傅里叶级数表示:

$$r = \bar{r} + \Delta r(\theta) = \bar{r} + r_0 + r_{c1}\cos\theta + r_{c2}\cos2\theta + \cdots + r_{s1}\sin\theta + r_{s2}\sin2\theta + \cdots$$
$$A = \bar{A} + \Delta A(\theta) = \bar{A} + A_0 + A_{c1}\cos\theta + A_{c2}\cos2\theta + \cdots + A_{s1}\sin\theta + A_{s2}\sin2\theta + \cdots$$
(10.103)

式中,$\bar{r}$ 和 $\bar{A}$ 分别是自由悬挂的轮胎的内腔半径和横截面积值。

将式 (10.103) 代入式 (10.101),采用瑞利-里茨法得到加载轮胎的固有频率 f 为

$$f = \frac{1}{2\pi r}\sqrt{\frac{E}{\rho}\frac{\int_0^{2\pi}(\bar{A}+\Delta A)(\bar{r}+\Delta r)\left(\frac{\partial U(\theta)}{\partial \theta}\right)^2 d\theta}{\int_0^{2\pi}(\bar{A}+\Delta A)(\bar{r}+\Delta r)^3 U(\theta)^2 d\theta}} \tag{10.104}$$

式中,U 是角位移的自然振型,是 θ 的函数。

本节只对用 $\sin\theta$ 或 $\cos\theta$ 表示的 U 的 1 阶模态进行研究,因为高于 1 阶模态的模态不会对车轮轴上的力有贡献,如图 10.72 所示。加号表示向内的径向作用力,减号表示向外的径向作用力。力矢量的方向表明,车轮在 1 阶模态振动中是垂直激励的,但力矢量在 2 阶模态和 3 阶模态中抵消了,所以没有激励作用于车轮。因此,只有 1 阶空腔共振模态对道路噪声有影响。

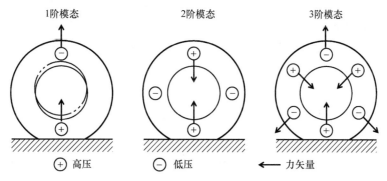

图 10.72 轮胎空腔共振模态
(经 Tire Sci. Technol 许可,摘自参考文献 [71])

将式（10.103）代入式（10.104），忽略 2 阶以上，利用三角函数的正交性，得到 $\sin\theta$ 模态的固有频率为

$$f_\mathrm{h} = f_\mathrm{b} \sqrt{\dfrac{1 + \dfrac{2A_0 + A_{c2}}{2\bar{A}} + \dfrac{2r_0 + r_{c2}}{2\bar{r}}}{1 + \dfrac{2A_0 - A_{c2}}{2\bar{A}} + \dfrac{6r_0 - 3r_{c2}}{2\bar{r}}}} \qquad (10.105)$$

$\cos\theta$ 模态的固有频率表示为

$$f_\mathrm{l} = f_\mathrm{b} \sqrt{\dfrac{1 + \dfrac{2A_0 - A_{c2}}{2\bar{A}} + \dfrac{2r_0 - r_{c2}}{2\bar{r}}}{1 + \dfrac{2A_0 + A_{c2}}{2\bar{A}} + \dfrac{6r_0 + 3r_{c2}}{2\bar{r}}}} \qquad (10.106)$$

由于式（10.105）给出的频率大于式（10.106）给出的频率，所以 f_h 用式（10.105）表示，f_l 用式（10.106）表示。图 10.66 中 f_h 和 f_l 的模态振型由压力 p 与质点角位移 ψ 的关系得到。

$$p = -E\partial\psi/\partial\theta \qquad (10.107)$$

10.10.3 改善轮胎空腔共振的方法

轮胎生产厂家已经提出了许多改善空腔共振噪声的方法，例如，在轮胎内黏上吸声材料以吸收声压，在车轮上安装亥姆霍兹共振器以吸收空腔共振时的声音。将轮胎内的空气替换为式（10.102）中 ρ 和 E 不同的其他气体来将空腔共振频率移到对车内噪声不敏感的频率区域。Yamauchi 和 Akiyoshi[75]发明了一种新型轮毂，该轮毂总成内的声腔横截面积的重心半径 r 和声腔横截面积 A 在圆周方向上发生变化。

1. 轮毂总成内的可变半径和可变横截面积

（1）理论背景　假设自由悬挂的轮胎半径 r 和声腔横截面积 A 沿圆周方向变化。Δr^* 和 ΔA^* 这两个参数的变化，可由傅里叶级数表达。当轮胎以角速度 Ω（rad/s）滚动时，Δr^* 和 ΔA^* 表示为

$$\begin{aligned}\Delta r^* &= r_0^* + r_{c1}^*\cos(\theta + \Omega t) + r_{c2}^*\cos2(\theta + \Omega t) + \cdots + \\ &\quad r_{s1}^*\sin(\theta + \Omega t) + r_{s2}^*\sin2(\theta + \Omega t) + \cdots \\ \Delta A^* &= A_0^* + A_{c1}^*\cos(\theta + \Omega t) + A_{c2}^*\cos2(\theta + \Omega t) + \cdots + \\ &\quad A_{s1}^*\sin(\theta + \Omega t) + A_{s2}^*\sin2(\theta + \Omega t) + \cdots \end{aligned} \qquad (10.108)$$

式中，t 是时间，将 Δr^* 和 ΔA^* 代入式（10.103），加载轮胎的半径和声腔横截面积分别表示为

$$\begin{aligned} r &= \bar{r} + \Delta r + \Delta r^* \\ A &= \bar{A} + \Delta A + \Delta A^* \end{aligned} \qquad (10.109)$$

将式（10.109）代入式（10.101），采用瑞利-里兹法导出固有频率。因为固有模态振型 U 在 $\theta = 0$ 轴上不再对称，它们应该用 $\sin(\theta + \delta)$ 和 $\cos(\theta + \delta)$ 表示。固有频率 f_h 和 f_l 分别为

$$\begin{pmatrix} f_\mathrm{l} \\ f_\mathrm{h} \end{pmatrix} = f_\mathrm{b}\sqrt{\dfrac{1 + \Pi + \Theta}{1 + \Lambda + \Gamma}}$$

$$\Pi = \dfrac{A_0 + A_0^*}{\bar{A}} \mp \dfrac{A_{c2}\alpha - A_{s2}\beta}{2\bar{A}} \mp \dfrac{(A_{c2}^*\alpha - A_{s2}^*\beta)\cos2\Omega t + (A_{c2}^*\beta + A_{s2}^*\alpha)\sin2\Omega t}{2\bar{A}}$$

$$\Theta = \dfrac{r_0 + r_0^*}{\bar{r}} \mp \dfrac{r_{c2}\alpha - r_{s2}\beta}{2\bar{r}} \mp \dfrac{(r_{c2}^*\alpha - r_{s2}^*\beta)\cos2\Omega t + (r_{c2}^*\beta + r_{s2}^*\alpha)\sin2\Omega t}{2\bar{r}}$$

$$\Lambda = \dfrac{A_0 + A_0^*}{\bar{A}} \mp \dfrac{A_{c2}\alpha - A_{s2}\beta}{2\bar{A}} \pm \dfrac{(A_{c2}^*\alpha - A_{s2}^*\beta)\cos2\Omega t + (A_{c2}^*\beta + A_{s2}^*\alpha)\sin2\Omega t}{2\bar{A}}$$

$$\varGamma = \frac{6(r_0 + r_0^*)}{2\bar{r}} \pm \frac{3(r_{c2}\alpha - r_{s2}\beta)}{2\bar{r}} \pm \frac{3(r_{c2}^*\alpha - r_{s2}^*\beta)\cos 2\Omega t + 3(r_{c2}^*\beta + r_{s2}^*\alpha)\sin 2\Omega t}{2\bar{r}}$$

(10.110)

式中，$\alpha = \cos(2\delta)$；$\beta = \sin(2\delta)$；f_b 由式（10.102）给出。

对于滚动轮胎来说，激励力的方向和频率的变化如图 10.73 所示。因此固有模态分散在广泛的频率范围内，而新车轮的效果相当于一个大阻尼效果。

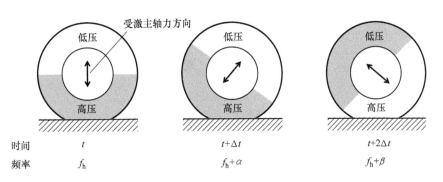

图 10.73 激励力的方向和频率的变化
（经 JSAE 许可，摘自参考文献 [75]）

（2）验证 式（10.110）表明，通过增加与 $\sin 2\theta$、$\cos 2\theta$、r_{c2}^*、r_{s2}^*、A_{c2}^*、A_{s2}^* 相关的系数，频率分散增加。新车轮的零件对称地位于轮辋的对面，如图 10.74 所示。图 10.74a～b 分别对应于具有封闭边缘的附加件的车轮和具有开放边缘的附加件的车轮。封闭边缘车轮的圆周方向上的 r 和 A 存在变化，但开放边缘车轮的 r 和 A 不存在变化。图 10.75 显示了在 50km/h 转鼓试验中测得的车辆内部噪声。封闭边缘的车轮在降低空腔共振噪声方面有效，而开放边缘的车轮则无效。由于两个车轮的刚度值几乎相同，因此降噪机理不是车轮刚度的变化，而是腔体截面积的调制。

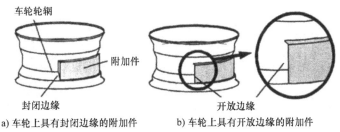

图 10.74 具有封闭边缘附加件的车轮和具有开放边缘附加件的车轮
（经 JSAE 授权，摘自文献 [75]）

2. 亥姆霍兹谐振器

图 10.76 显示了普利司通提出的多气室车轮[108]。该车轮与第 10.9.1 节中提出的想法相同，通过采用亥姆霍兹谐振器来改善空腔共振噪声。多气室车轮的设计将车内噪声中空腔噪声的声压峰值降低了 7dB（A）。

3. 吸声材料

Tanaka 和 Fujisawa[79] 表明，通过在轮胎内粘贴吸声材料，可以降低车辆内空腔共振噪声的峰值，如图 10.77 所示。Jessop 等人[109]表明，当轮胎填充纤维吸声材料时，空腔模态消失。

4. 气体成分

氦气中的声速是空气中声速的近 3 倍，氦气和空气混合物中的声腔噪声频率更高。图 10.78 显示了氦气和空气混合物中空腔噪声的频率偏移。图 10.78 的纵轴是测量得到的车轮中心和接地区域之间的动态刚度幅值。轮胎尺寸为 295/65R15，载荷为 4880N，充气压力为 206kPa。

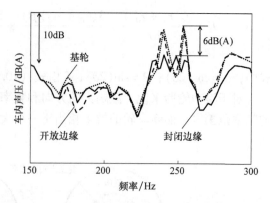

图 10.75　50km/h 转鼓试验中测得的车辆内部噪声
（经 JSAE 许可，摘自参考文献 [75]）

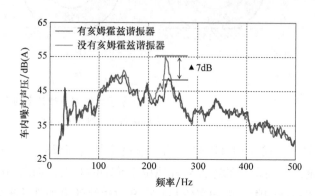

图 10.76　多气室车轮和使用多气室车轮改善空腔噪声

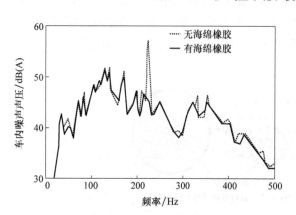

图 10.77　吸声材料对空腔共振噪声的影响
（经 JSAE 许可，摘自参考文献 [79]）

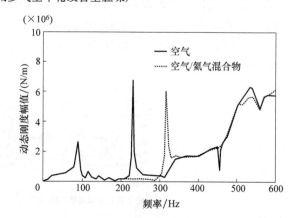

图 10.78　氦气和空气混合物中空腔噪声的频率偏移[77]

10.11　喇叭口效应

10.11.1　喇叭口效应的研究综述

胎面和路面之间形成的喇叭形半封闭空间会放大声压[30-31,66-70]。Ronneberger[69]解释这种现象为喇叭口效应，其特点是，在由喇叭形状和尺寸确定的某个频率以上，楔形区域的振动可以有效地转换为声功率。放大程度由对应对象的共振频率的波长和对应于周围介质的共振频率的波长来解释。在非常低的频率下,辐射效率很低,并且随着频率的增加,辐射效率增加。当轮胎共振频率处的波长接近空气中声音的波长时,轮胎的噪声辐射效率达到最大值。重合频率取决于轮胎半径和模态阶数。Peeters[110]的实验表明,货车轮胎的尺寸较大,会在较低的频率范围(315~800Hz)内增强喇叭效应。同时,轿车轮胎的喇叭口效应提高了辐射效率,尤其是在中频范围内(约1kHz)。喇叭口效应产生的声压放大效果在轮胎平面上为10~20dB,在其他方向上则显著降低。Kropp等人[30]研究了圆柱体和平面产生的喇叭口效应。他们使用了基于多极综合的二维模型和二维边界元法。由于喇叭口效应,声源辐射的声音在轮胎平面上1kHz左右大约放大20dB,在轮胎侧面大约放大5dB。Graf等人[32]使用三维边界元法研究了喇叭口效应,以确定圆柱体效应的宽度和放大的方向性。

10.11.2 喇叭口效应的射线理论

用Ronneberger的楔形模型[69]来说明喇叭口效应,Kuo等人[70]应用射线理论来分析喇叭口效应。楔形的几何结构如图10.79所示,其中α为楔形角。点声源S位于距离楔形顶点d_0处,观察者的位置与道路的距离为L,角度为ϕ。入射角θ_n定义为入射声波与道路或楔形表面法线之间的夹角,下标n指的是在反射点P_n处的第n次反射,该反射点与楔形顶点距离为d_n。第n个反射点与$(n+1)$个反射点之间的移动距离记为l_n。

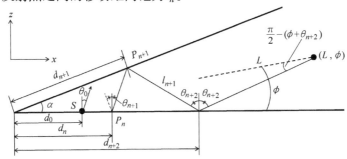

图10.79 楔形的几何结构[70]

根据射线几何和正弦定律,得到θ_n、d_n、l_n的递推公式:

$$\theta_{n+1} = \theta_n + \alpha$$
$$\frac{d_{n+1}}{\cos\theta_n} = \frac{l_n}{\cos\alpha} = \frac{d_n}{\cos\theta_{n+1}}$$

(10.111)

根据声源处发射角θ_0可以重铸这些方程:

$$\theta_{n+1} = \theta_0 + n\alpha$$
$$d_i = \frac{d_0\cos\theta_0}{\cos\theta_i}$$
$$l_i = \frac{d_0\cos\theta_0\sin\alpha}{\cos\theta_i\cos(\theta_i+\alpha)}$$

(10.112)

当声源处角度为θ_0的射线经过$2M$反射到达观察者(L,ϕ)时,射线的最后一段一定已经离开道路。由正弦定律,可以得到未知数θ_0和l_{2M}的方程⊖:

$$L = \frac{d_0\cos\theta_0}{\cos(\theta_0+2M\alpha+\phi)}$$
$$l_{2M} = \frac{L\sin\phi}{\cos(\theta_0+2M\alpha)}$$

(10.113)

⊖ 备注10.4。

同样地，如果声波的反射次数是奇数（$2M+1$），我们得到

$$\frac{d_0\cos\theta_0}{\cos[\theta_0 + (2M+1)\alpha - \phi]} = L$$

$$l_{2M+1} = \frac{L\sin(\alpha - \phi)}{\cos[\theta_0 + (2M+1)\alpha]}$$
(10.114)

由于反射面是平的，波的振幅衰减与总传播距离 Σl_n 成反比。

10.11.3 射线理论与测量值的比较

Kuo 等[70]比较了基于射线理论的喇叭口效应的声压放大效果和实验测量结果之间的差别，如图 10.80 所示。对式（10.112）~式（10.114）进行了多重反射数值求解。在互易测量中，扬声器放置在 $(L, \phi) = (1.92\text{m}, 2.5°)$，传声器安装在 $d_0 = 70\text{mm}$。选择了 10°和 20°两个楔形角。利用带楔形的频响函数（FRF）除以不带楔形的频响函数来计算放大效应。由于射线理论是高频近似，除了预期会出现的低频差异外，一致性良好。对大楔形角 $\alpha = 20°$，5kHz 以上高频噪声的放大效应进行了正确的预测。

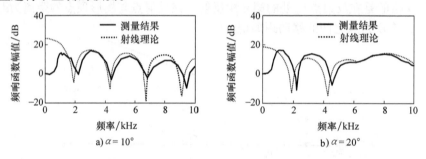

图 10.80 基于射线理论的喇叭口效应的声压放大效果和实验测量结果的比较[70]

10.11.4 喇叭口效应的其他实验研究

图 10.81 显示了楔形宽度 b 和角度 α 对喇叭口效应的影响。板的宽度越宽，楔角越小，喇叭口效应的放大系数越大。图 10.82 显示了轮胎宽度和扁平率（长宽比）对喇叭口效应的影响。扬声器位于接地区域外侧的轮胎中心，传声器侧向移动到接地区域外侧。断面宽度越宽、扁平比越低的轮胎，其喇叭口放大效应越大。由于 225/50R16 轮胎与 195/70R14 轮胎相比，带束层张力较大，轮胎宽度较大，楔角较低，因此前者的放大倍数大于后者。

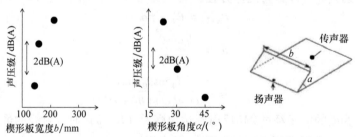

图 10.81 楔形板宽度和角度对喇叭口效应的影响（500~2000Hz）

Iwao 和 Yamazaki[66]测量了轮胎的喇叭口效应，如图 10.83 所示。一个扬声器被埋在路面上，靠近轮胎和路面的接触点。在有轮胎和没有轮胎的情况下测量扬声器辐射的声音。在 300Hz 以上的频率范围内观察到超过 10dB（A）的放大效应。图 10.84 显示，无论测量传声器的横向位置如何，当角位置约为 10°时，辐射效率最高。测量时，扬声器放置在轮胎胎面中央。由于 10°

处的角位置是接触区域正外部的一个点,扬声器会在接触区域正外部激励轮胎,因此声压级会迅速增加。

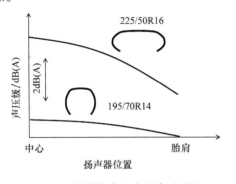

图 10.82 轮胎宽度和扁平率对喇叭口效应的影响(500~2000Hz)

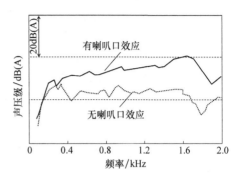

图 10.83 轮胎的喇叭口效应引起的放大
(经 JSAE 许可,摘自参考文献[66])

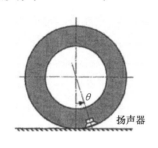

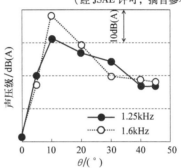

图 10.84 振动位置对辐射效率的影响
(经 JSAE 许可,摘自参考文献[66])

10.12 作用于轮胎的外部激励力模型及轮胎与路面粗糙度的相互作用

有三种方法用于识别由轮胎花纹或道路纹理引起的外力,见表 10.6。一种混合模型是将一个简单模型与测量结果相结合,例如,将接地压力或者反作用力的测量结果与用简单形状表示的路面粗糙度进行结合。另一个混合模型将实测的胎侧振动和频响函数进行结合,用来估计轮胎在接触区域的变形。解析模型是基于 Boussinesq 理论、Hertz 理论、Galin 解的格林函数得到的,或者是基于由 Yang 解确定的非线性弹簧的 Winker 模型得到的。计算模型是二维或三维的轮胎和道路有限元模型。

表 10.6 识别由轮胎花纹或道路纹理引起的外力的方法

方法	识别外力的方法
混合模型	测量或预测接地压力分布和印痕形状
	测量胎侧振动和频响函数
	通过代表路面粗糙度的简单形状的粗糙度测量反作用力
解析模型	基于 Boussinesq 理论或 Hertz 理论
	Galin 解的格林函数
	Yang 解确定的非线性弹簧的 Winker 模型
计算模型	二维或三维轮胎和道路有限元模型

10.12.1 路面粗糙度的表示

路面粗糙度对轮胎噪声的影响如图 10.8 所示。预测轮胎振动和由路面粗糙度产生的相关噪声需要路面几何形状和拓扑知识。Graham 等人[111]开发了一种模拟方法,该方法仅从路面粗糙度的直线测量结果生成完整的二维高度图,并利用真实的沥青路面验证了该方法。Pinnington[112-113]开发了一个分形包络模型,该模型覆盖了宽波长范围的轮胎/道路相互作用。Brinkmeierp[49]利用滤波器函数来处理由薄铝箔制成的粗糙表面的压痕数据。滤波器函数使用移动平均滤波器构造,其中滤波器内核的大小由表面参数(标准偏差、平均幅值、偏斜度、峰度、承载比曲线和高度分布直方图)以及最能反映铝箔变形段特性的频谱图来进行调整。Suh[114]提出了一种将粗糙的道路轮廓表示为由道路轮廓和车速计算得到的频谱的方法。Yamada 等人[115]使用多个小圆柱体代表道路的宏观粗糙度,这些圆柱体的直径、高度和密度由道路粗糙度决定。

10.12.2 混合模型

Shima 和 Doan[116]利用 CAD 数据、静态有限元预测的接地形状和接地压力分布,计算了作用在轮胎上的外力。他们还应用了 Nakajima[10]提出的接触线偏移的方法。Cesbron[117]利用接地压力来识别作用在轮胎上的外力。

Koizumi 等人[118]、Belluzzo[119]、Shibata[120]和 Nakagawa[121]使用实测传递函数来识别路面施加在轮胎上的外力。例如,Shibata 利用测量得到的粗糙路面上车轮中心的垂直位移以及整个接地区域的垂直位移与车轮中心位移之间的传递函数来估计等效路面粗糙度。利用车辆的声学传递函数、悬架有限元模型和估计的等效路面粗糙度,对轮胎/道路噪声中的车内噪声进行了预测。

Yamada 等人[115]假设道路粗糙度可以用一个圆柱形粗糙度表示。在带有一个圆柱形粗糙度的平面上测量了轮胎对一个圆柱形粗糙度的反作用力。通过对路面粗糙度的所有反作用力求和,计算出作用在轮胎上的总外力。

1. 频响函数法

Koizumi[118]使用频响函数的逆函数来估计外力。在线性系统中,胎侧振动位移 X_{sidewall} 可以用频响函数 H_{as} 和轴向载荷 F_{axis} 表示为

$$X_{\text{sidewall}}(\omega) = H_{as}(\omega)F_{\text{axis}}(\omega) \tag{10.115}$$

其中胎侧振动的位移是由扫描激光多普勒振动计测量的。轴向力通过频响函数的逆来得到:

$$F_{\text{axis}}(\omega) = \boldsymbol{H_{as}}(\omega)^+ X_{\text{sidewall}}(\omega) \tag{10.116}$$

式中,$\boldsymbol{H_{as}}(\omega)^+$ 是伪逆矩阵。此外,轮胎在接触面积 $X_{\text{contact}}(\omega)$ 中的挠度计算为

$$X_{\text{contact}}(\omega) = H_{ac}(\omega)F_{\text{axis}}(\omega) \tag{10.117}$$

式中,$H_{ac}(\omega)$ 是轮胎在接地区挠度与轴向力的频响函数。轮胎在接地区域的挠度由式(10.116)和式(10.117)计算为

$$X_{\text{contact}}(\omega) = H_{ac}(\omega)\boldsymbol{H_{as}}(\omega)^+ X_{\text{sidewall}}(\omega) \tag{10.118}$$

如果在非滚动轮胎的平面激励试验中测量式(10.115)和式(10.117)的频响函数,可以使用式(10.118)计算路面输入。

2. 轮胎在粗糙路面滚动时的轴力预测

Yamada 等人[115]利用基于轮胎有限元模型和路面不平度的外力模型预测了轮胎在粗糙路面滚动时的轴力。如图 10.85 所示,使用激光仪器测量道路纹理,道路粗糙度由一系列简单圆柱形的突出物表示。圆柱体的直径等于平均高度处的平均粗糙度长度,圆柱体的高度是用平均高度以上的粗糙度面积除以直径得到的,道路纹理模型如图 10.86 所示。因此,路面粗糙度由一个圆柱体表示,其特征是高度和直径,而圆柱体的分布密度是由测量的路面粗糙度决定的。

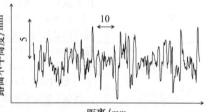

图 10.85 道路纹理的测量[115]

通过转鼓试验机测量了由于圆柱体冲击而输入到轮胎的外力，如图 10.87 所示。在接触区域的前沿和后沿有两个轴力峰值。由前沿圆柱冲击所测得的外力幅值是后沿的两倍。由于橡胶是黏弹性的，在接地前沿发生的变形不会在后沿恢复。而且，由于接触区域中圆柱体被胎面橡胶包覆，因此接触区域的这些变形不会对轴力起作用。轮胎在粗糙路面上滚动时的轴力可以用有限元模型来预测，这些力施加在了接地前沿和接地后沿上，如图 10.88 所示。将预测结果与模拟试验场路面的转鼓试验机测量结果进行比较，从定性上看，预测结果与测量结果一致，如图 10.89 所示。

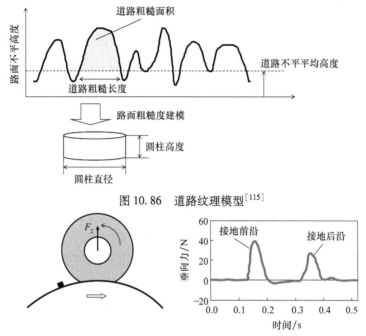

图 10.86　道路纹理模型[115]

图 10.87　轮胎滚过圆柱体时测得的轴力[115]

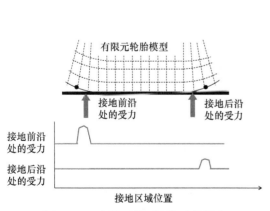

图 10.88　有限元模型和接地前沿和接地后沿处的外力[115]

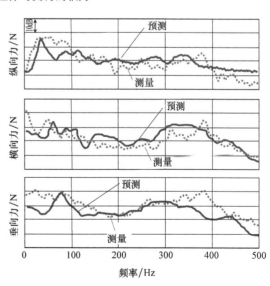

图 10.89　激励力的预测结果和在模拟试验场路面的转鼓试验机测量结果的对比[115]

10.12.3 解析模型

路面粗糙度产生的外部激励力可以通过求解接触问题来计算。常用的方法是采用基于格林函数的边界元法，用解析解求解刚体与弹性材料接触时的压力分布。Johnson[122]利用基于Boussinesq 势能理论的格林函数描述了道路不平度引起的外力的基本理论。Fujikawa 等人[123]使用 Hertz 理论代替 Boussinesq 势能理论。Cesbron[124-125]扩展了 Johnson 的理论，将接触牵引力都包括在内，Dubois 等人[126]进一步提出了一种比直接反演方法更有效地解决轮胎/道路接触问题的方法[122]。Clapp[127]采用了 Galin[128]推导的经典二维接触理论。

Johnson 的方法包括基于 Boussinesq 理论的两个步骤。假设弹性半空间在板条上受法向压力 $p(x)$ 和切向牵引力 $q(x)$ 作用，如图 10.90 所示。Boussinesq 势能理论中位移的解析解表示为

$$\frac{\partial u_z}{\partial x} = -\frac{2(1-v^2)}{\pi E}\int_{-b}^{a}\frac{p(s)}{x-s}\mathrm{d}s + \frac{(1-2v)(1+v)}{E}q(s) \tag{10.119}$$

当切向牵引力为 0 时，位移 u_z 用格林函数 $g(x,\xi)$ 和式（10.119）表示为

$$u_z(x) = \int g(x,\xi)p(\xi)\mathrm{d}\xi$$

$$g(x,\xi) = -\frac{2(1-v^2)}{\pi E}\ln|x-\xi| \tag{10.120}$$

将道路剖面的几何形状划分为小单元，式（10.120）可根据边界元方程表示为

$$\{u_z\}_i = -\frac{2(1-v^2)}{\pi E}\sum C_{ij}p_j \tag{10.121}$$

式中，C_{ij} 是影响系数矩阵。在接触约束条件下，法向压力分布 $p(x)$ 可由式（10.121）求解。

Wullens 和 Kropp[129]将 Johnson 的方法应用于轮胎与路面相互作用的三维接触模型。当轮胎在转鼓上的 ISO 10844 标准模拟路面上滚动时，他们测量了轮胎中心沟槽处的径向加速度，然后将测量结果与基于 Winker 模型的正交各向异性板模型的计算结果进行比较，两者相关性良好，如图 10.91 所示。

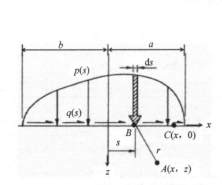

图 10.90 通过法向压力 $p(x)$ 和切向牵引力 $q(x)$ 在板条（$-b<x<a$）上加载的弹性半空间

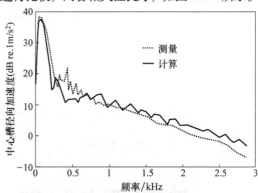

图 10.91 80km/h 时中心槽径向加速度的计算和测量平均功率谱[129]

Andersson 和 Kropp[51-52]进一步将他们的模型扩展为具有非线性接触刚度的 Winker 模型。利用预先计算的接触力格林函数的卷积积分计算轮胎的动态响应。该模型对道路几何形状进行了详细的三维扫描，并将小尺度粗糙度的影响作为接触单元之间的非线性弹簧加以考虑。非线性弹簧常数由 Yang[130]推导的不可压缩材料的压痕力计算得到，道路剖面和五个相应典型刚度函数如图 10.92 所示。举例来说，图 10.92a 中有 5 个接触区域，每个区域的刚度与图 10.92b 中以数字表示的非线性刚度曲线相对应。界面的表观接触刚度是实际接触面积的函数。载荷越高，主动节点越多，刚度越高。这就产生了一种非线性压痕力，对于小压痕尤为明显。在接触算法中，路

面粗糙度通过罚函数转化为非线性弹簧刚度的变化。轮胎花纹可以用修正的非线性弹簧来表示，在沟槽处弹簧刚度为0。

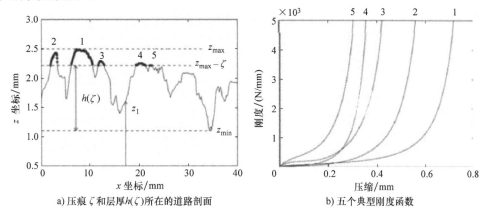

a) 压痕 ζ 和层厚 $h(\zeta)$ 所在的道路剖面　　b) 五个典型刚度函数

图 10.92　道路剖面和五个相应典型刚度函数

（经 J. Sound Vib 许可，摘自参考文献 [51]）

10.12.4　二维或三维有限元分析

轮胎的接触问题可以通过二维或三维有限元分析来解决。Saguchi 等人[48]将三维有限元法应用于轮胎的准静态滚动接触分析，其中外力是通过将有胎面花纹轮胎的接触力与无胎面花纹轮胎的接触力相减来计算的。Koishi 等人[45]采用两步三维有限元法计算外力，在第一步中，计算了带有胎面花纹的轮胎的接触压力变化，在第二步中，采用只有纵向沟槽的轮胎模型，将第一步得到的接触力变化映射到有纵向沟槽的轮胎上。然后，为满足接触区域附近边界条件的一致性，利用滚动轮胎的简化刚度矩阵将接触压力的变化转化为给定的位移变化量。通过 Guyan 约简得到了简化后的刚度矩阵。Brinkmeier 等人[49]在滚动轮胎有限元模拟中使用基于路面数据的谐波激励函数进行接触公式计算。

Kropp[40-41]和 O'Boy[42]将路面的微观粗糙度转化为非线性接触刚度，而路面的宏观粗糙度采用空间傅里叶级数建模。采用有限元法模拟轮胎的横截面，采用波导法表示轮胎的周向振动场，采用 WFEM 法计算轮胎的外力。注意，WFEM 只考虑了几何和材料的非线性，因此它的预测能力是有限的。

10.13　轮胎噪声预测

表 10.7 总结了轮胎噪声预测方面的研究成果。参考图 10.4 所示的内容，轮胎噪声的预测需要用到路面和轮胎花纹之间所产生的外部激励力模型、轮胎表面振动与外部激励力之间的传递函数模型以及轮胎表面振动引起的车外噪声的声学预测模型。传递函数模型分为解析模型和有限元模型，它们又可以进一步细分为三维模型和沿周向传播的轴对称模型（即 WFEM）。声学模型分为 BEM、IFEMs（在最外层使用特殊单元）和统计模型，在统计模型中轮胎噪声是从测量的轮胎噪声数据库中预测的。

表 10.7　轮胎噪声预测方面的研究成果

研究者	激励力模型			传递函数模型		声学预测模型		备　注
	花纹	道路粗糙度		有限元模型	解析模型	边界元模型	其他	
		宏观	微观					
Nakajima[17]	√	—	—	√	—	√	—	花纹导致的外部激励力可由 CAD 图纸得到，接地印痕形状随着时间移动

425

(续)

研究者	激励力模型			传递函数模型		声学预测模型		备注
	花纹	道路粗糙度		有限元模型	解析模型	边界元模型	其他	
		宏观	微观					
Doan, et al[9]	—	√	—	—	—	—	—	外部激励力采用接地压力分布和圆柱形凸起导致的胎面刚度来计算
Ni, et al[46]	—	—	—	√	—	√	—	轮胎和轮辋混合建模
Yamada, et al[115]	—	√	—	√	—	—	—	道路粗糙度由圆柱凸起表示，为了道路噪声（500Hz以下）预测需要计算出轮轴力
Kuijpers[37]	—	√	√	—	—	√	√	混合模型（SPERoN）
SILENCE project	—	√	√	—	√	√	—	WFEM 和 Kropp 模型，将轮胎看作是与地面接触的圆柱，并具有非线性刚度
Shima, Doan[116]	√	√	—	√	—	√	—	从轮胎花纹的CAD图纸来计算外部激励力，接地印痕形状随时间移动
Saguchi, et al[84]	√	—	—	√	—	—	√	用带有花纹的轮胎有限元模型来计算激励力
Anderson, et al[52]	—	√	√	—	—	—	√	用格林函数来表示不可压缩弹性模型
Biermann, et al[47] Brinkmeier, et al[49-50]	—	√	—	√	—	√	—	德国政府"安静交通"项目，分析滚动轮胎的特征值，频率可达1.5kHz
O'Boy, Dowling[42]	(√)	√	√	—	√	√	—	用弯曲板模型来推导传递函数（可以达到2.5kHz）
Koishi, et al[45]	√	—	—	√	—	—	√	用带有花纹的轮胎有限元模型计算激励力
Kropp, et al[59]	—	√	—	—	√	—	√	接触区域的位移通过力与预先计算的脉冲响应函数之间的卷积来计算。WFEM（轴对称轮胎模型）高达3kHz
Kuijpers[37] Beckenbauer, et al[63]	√	√	√	—	√	—	√	混合模型（SPERoN），通过统计方法预测噪声

10.13.1 利用轮胎振动解析模型和噪声辐射边界元法预测轮胎噪声的步骤

轮胎振动的解析模型可以分为环模型（忽略宽度方向的变化）[6,43,131-138]、板模型（忽略轮胎曲率）[41,63,138-139]和圆柱壳模型[42,140-149]，如图10.93所示。第8.2和8.3节中提到的环形模型最先由 Tielking[131] 和 Böhm[43] 开始研究，并被许多研究者应用于轮胎噪声分析。在低频范围内,轮胎表现得像弹性支撑的梁,采用圆环模型分析轮胎的频散关系。在400Hz以上,即乘用车轮胎的波导特性从一维到二维的过渡点,轮胎噪声的波长与带束层宽度的量级相同。因此,采用板模型或柱模型来分析400Hz以上的弯曲波传播。在500~3000Hz的频率范围内,采用包含张力、横向剪切、转动惯量和弯曲的无限平板模型,在这个频率范围内,实验无法观测到带束层弯曲波的模态行为。

表10.8总结了轮胎解析模型的研究情况。Kim等人[145]表明,圆柱壳的曲率产生径向、轴向和周向运动的耦合行为,因此径向运动和相关的频散特性受到中性面变形的影响,特别是在环的固有频率以下的频率。这些所谓的膜效应增加了弯曲波的相位速度。Lecomte等人[147-149]提出了频率范围为0~500Hz的圆柱壳模型的复杂公式。公式表达包括带束层宽度、曲率和各向异性的影响,也明确地模拟了轮胎胎侧。该模型对于由径向激励导致的径向响应的预测结果与实验结果在300Hz和1kHz下均吻合良好。Dowling[142]将圆柱壳模型与边界元法相结合来预测轮胎噪声。他指出,轮胎半径的增加降低了表面速度,从而降低了轮胎噪声4dB(A),而通过喇叭口效应的加强,轮胎噪声增加了2~3dB(A)。

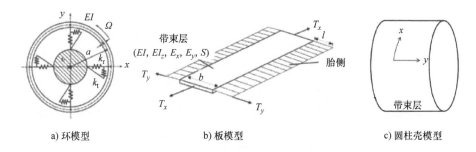

a) 环模型　　　　b) 板模型　　　　c) 圆柱壳模型

图10.93　轮胎振动的解析模型

表10.8　轮胎解析模型的研究情况

研究者	带束层刚度						张力		刚度(胎体等)			备注
	弯曲			伸张		剪切	周向	子午线方向	弯曲	径向	周向	
	EI	EI_z	EI_{xy}	E_x	E_y	S	T_x	T_y	EI	k_r	k_t	
Tielking[131]	√	—	—	√	—	—	√	—	—	√	—	环模型
Böhm[43]	√	—	—	√	—	—	√	—	—	√	—	环模型
Pacejka[132]	√	—	—	√	—	—	√	—	—	√	—	环模型
Padovan[133]	√	—	—	—	—	—	√	—	—	√	—	环模型
Keltie[140]	√	√	—	√	√	√	—	—	—	—	—	各向同性圆柱壳
Heckl[6] Kung, et al[134] Kropp[137] Kim, Soedel[136]	√	—	—	√	—	—	√	—	—	√	√	环模型
Gong[135]	√	—	—	√	—	—	√	—	—	√	√	环模型
Campanac, et al[86]	√	—	—	√	—	—	√	—	—	√	√	环模型,并且采用摄动理论考虑了胎面花纹

(续)

研究者	带束层刚度						张力		刚度（胎体等）			备注
	弯曲			伸张		剪切	周向	子午线方向	弯曲	径向	周向	
	EI	EI_z	EI_{xy}	E_x	E_y	S	T_x	T_y	EI	k_r	k_t	
Pinnington[138]	√	√	—	√	√	√	√	√	—	—	—	梁模型扩展到板模型以适应二维带束层模型
Larsson, Kropp[41]	√	√	—	√	√	√	√	—	—	√	—	双层各向同性板
Muggleton, et al[139]	√	√	√	√	√	—	√	—	√	—	—	胎体和带束层为正交各向异性板模型
Kim, Bolton[141]	√	√	—	√	√	—	√	√	—	—	—	圆柱壳
Dowling[142]	√	√	—	√	√	—	√	√	—	—	—	圆柱壳
Pinnington[144]	√	√	—	√	√	√	√	√	—	—	√	二维带束层模型和胎侧模型的混合模型
Kim, et al[145]	√	√	—	√	√	—	√	—	—	—	—	圆柱壳
Lopez, et al[146]	√	√	—	√	√	—	√	√	—	—	—	圆柱壳
O'Boy, Dowling[42]	√	√	—	√	√	—	√	√	√	—	—	各向同性板
Lecomte, et al[148-149]	—	√	√	√	—	—	√	√	—	—	—	正交各向异性圆柱壳
Beckenbauer, et al[63]	√	√	√	—	—	—	√	√	√	—	—	正交各向异性板

研究者	阻尼（胎体等）		带束层阻尼			旋转的影响		备注
	径向	周向	弯曲	剪切	其他	向心力	科里奥利力	
	c_r	c_t	c_b	c_s				
Tielking[131]	—	—	—	—	—	√	√	环模型
Böhm[43]	—	—	—	—	—	√	—	环模型
Pacejka[132]	—	—	—	—	—	√	√	环模型
Padovan[133]	√	—	—	—	—	√	√	环模型
Keltie[140]	—	—	—	—	√	—	—	各向同性圆柱壳
Heckl[6] Kung, et al[134] Kropp[137] Kim, Soedel[136]	—	—	—	—	—	—	—	环模型
Gong[135]	—	—	—	—	—	√	√	环模型
Campanac, et al[86]	—	—	—	—	—	√	√	环模型，花纹用摄动理论考虑
Pinnington[138]	—	—	√	√	—	—	—	将梁模型扩展到板模型，从而建立二维带束层模型
Larsson, Kropp[41]	—	—	—	—	—	—	—	双层各向同性板
Muggleton, et al[139]	—	—	√	—	—	—	—	带束层和胎侧采用各向异性板模型

（续）

研究者	阻尼（胎体等）		带束层阻尼			旋转的影响		备注
	径向	周向	弯曲	剪切		向心力	科里奥利力	
	c_r	c_t	c_b	c_s	其他			
Kim, Bolton[141]	—	—	—	—	√	√	√	圆柱壳
Dowling[142]	√	—	—	—	√	—	—	圆柱壳
Pinnington[144]	—	—	√	√	—	√	√	二维带束层模型和胎侧模型的混合模型
Kim, et al[145]	—	—	—	—	—	—	—	圆柱壳
Lopez, et al[146]	—	—	—	—	—	√	√	圆柱壳模型
O'Boy, Dowling[42]	—	—	—	—	√	—	—	各向同性板
Lecomte, et al[148-149]	—	—	—	—	—	√	√	正交各向异性壳
Beckenbauer, et al[63]	—	—	—	—	—	—	—	正交各向异性板

轮胎宽度从 0.25 到 0.1m 的减小降低了固有频率，使其远离花纹激励频率因此轮胎噪声降低了 4dB（A），且因为喇叭口效应的减弱，进一步降低了 3~5dB（A）。轮胎胎肩处以 0.06m 为半径的胎冠形状由方形变为圆形，弱化了"喇叭口效应"，轮胎噪声降低了 1~2dB（A）。

10.13.2 基于有限元分析和边界元法的轮胎噪声预测方法

通过 10.7.5 节中介绍的程序，可以很好地预测花纹引起的轮胎噪声。该方法在预测轮胎噪声时考虑了花纹形状，但却无法考虑沟槽宽度、沟槽深度、轮胎形状和轮胎结构。Koopmann[150]将边界元法应用于轮胎噪声问题，发现当点载荷以正弦简谐激励作用于轮胎胎面中心时，加载轮胎与路面接触区域附近的声强较高。Nakajima 等人[16-17]按照 10.7.5 节中的步骤预测了花纹引起的激励，并利用预测的轮胎振动和边界元法进行声学分析，预测了空气传播噪声。采用轴对称有限元法和激励力法对轮胎进行模态分析，预测轮胎振动，其计算公式与 WFEM 相同。Saguchi 等人[44-84]和 Koishi 等人[44]对 Nakajima 的方法进行了扩展，进行了三维有限元分析，估计轮胎胎面花纹引起的激励、轮胎模态分析和声学分析，从而预测空气传播噪声和结构传播噪声。

此外，为了考虑旋转的影响，研究了陀螺系统的线性化特征值问题[46,48-49,151-152]。在任意拉格朗日-欧拉相对运动学框架中描述滚动轮胎的运动。引入一个空间固定的网格，使材料颗粒在网格内移动。在稳态滚动平衡状态的基础上进行特征值分析。在任意欧拉-拉格朗日系统中，特征向量是复数的，这类似于一般的黏性阻尼系统。特征向量称为复固有模态。在一般阻尼系统中，由于每个自由度的阻尼因子是自由变化的，因此每个自由度的相位是不同的。因此，对于每个模态，固有模态的振幅为最大值的时间是不同的。固有模态振动幅值最大的点在分析对象中运动，就像波浪运动一样。

另一种方法是 WFEM[53-59]，它可以预测轮胎在数千赫兹时的振动响应，该方法计算成本低，且包含轮胎结构的细节，但由于公式的限制，无法对轮胎进行接触分析。

1. 利用有限元法和边界元法预测车外噪声

（1）车外轮胎噪声预测系统　Nakajima 等人[16-17]首先利用计算力学开发了一种实用的轮胎空气传播噪声预测系统，如图 10.94 所示。通过有限元模态分析来预测轮胎的模态特性，采用第 10.7.5 节中提到的方法计算外部激励力，最后利用上述得到的外部激励力和模态特性计算轮胎表面速度。通过这个过程，可以估计轮胎节距序列和花纹几何形状对轮胎噪声的影响。边界元法预测了声压、声强和声贡献率。由于有限元分析中考虑了轮胎轮廓、材料阻尼和结构等轮胎设计参数，轮胎工程师可以评估如何改变设计、在哪里改变设计从而可以影响噪声辐射的大小。通过对边界元分析结果的后处理，可以计算得到声贡献率，其可用于预测轮胎表面对轮胎噪声是否有贡献以及这个贡献的大小。由于储能模量和损耗模量与频率有关，提出了一种逐步线性的方法来进行特征值分析，分析过程中在不同频带采用了一样的平均杨氏模量。

（2）作用于轮胎的外部激励力　由于胎面花纹块对地面产生冲击，空气被泵入或泵出沟槽，轮胎在接地前沿和接地后沿受到外力的激励。外力的频率是由周向沟槽数量和轮胎的角速度决定的。正如在第 10.7.5 节中讨论的，外部激励力的振幅是由印痕形状和沟槽角度决定的。根据节距序列、印痕形状和速度信息，从 CAD 数据中计算出外部激励力的幅值。然后考虑印痕形状的相位差，将花纹引起的激励力分解到有限元模型的前沿和后沿的每个节点中。由于空气从前沿的沟槽中抽出来，在后沿的沟槽中被吸进去，所以外力的符号在前沿为正，后沿为负。

图 10.94　轮胎空气传播噪声预测系统[16]

虽然假设轮胎噪声是由径向沟槽产生的，但即使是光面轮胎也会产生噪声，如背景噪声。考虑到背景噪声的存在，因此在外力中加入白噪声，并将白噪声输入力的幅值作为可调参数。

（3）声贡献率　边界元分析后处理中的声学贡献分析有助于确定要对哪个表面进行降噪处理[153]。设 e 点处的声压 $\vec{P}$ 为第 i 个振动单元引起的声压 $\vec{p}_i$ 之和，如图 10.95 所示。

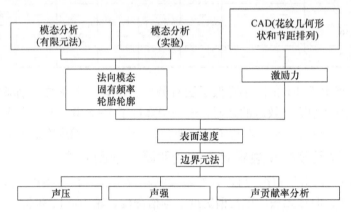

图 10.95　声贡献率

$$\vec{P} = \sum_{i=1}^{N} \vec{p}_i \tag{10.122}$$

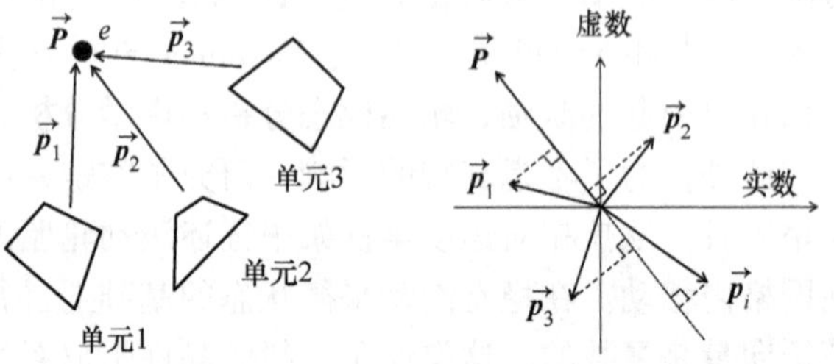

式（10.122）两边同时乘以 $\vec{P}/|\vec{P}|^2$，得到

$$1 = \sum_{i=1}^{N} \vec{P} \cdot \vec{p}_i / |\vec{P}|^2 \tag{10.123}$$

第 i 单元的声贡献率见式（10.123）。当 $\vec{P}$ 与 $\vec{p}_i$ 相位差在 90°以内时，声贡献率为正，当相位差超过 90°时，声贡献率为负。为了降低 e 点处的声压，当第 i 单元的贡献率为正（负）时，第 i 单元的振动幅值应减小（增大）。

（4）空载轮胎 BEM 预测的验证　通过与空腔共振噪声测量值的比较，验证了 BEM 预测的正确性。自由悬挂的轮胎由轮胎内部的扬声器激励，在距离轮胎胎侧 3cm 处测量声压。轮胎和车轮的四分之一模型由 36 个等参数八节点单元和 117 个节点建立，给这些节点施加测量得到的法向表面速度。为了防止 BEM 中的非唯一性问题,在轮胎模型内部额外选择了 5 个外部点[154]。空腔噪声有三个峰值,分别代表 2 阶(470Hz)、3 阶(700Hz)和 4 阶(920Hz)模态。从图 10.96可以看出,BEM 对声压分布的预测与测量结果吻合较好,最大偏差为 3dB(A)。

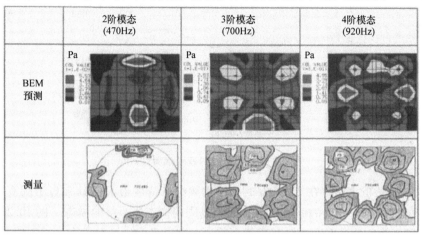

图 10.96　胎侧附近平面上测量和预测的声压分布[16]

图 10.97 中的等高线图为距轮胎胎侧 8.65cm 处 A 点和 B 点处声压的声贡献率。A 点的激励频率为 470Hz,B 点的激励频率为 700Hz。通过 BEM 结果的后处理,从式(10.123)计算得到的声贡献率来看胎侧贡献较大。根据质量效应,利用 0.1cm 厚度的黏土控制胎侧振动振幅。对于 A 点,通过将黏土黏在正贡献部分,测量的声压降低了 2.1dB。对于 B 点,通过将黏土黏在负贡献部分,测量的声压增加了 1.4dB。噪声水平根据声贡献率符号不同而变化,与预期一致,验证了声贡献率是控制噪声的有效工具。

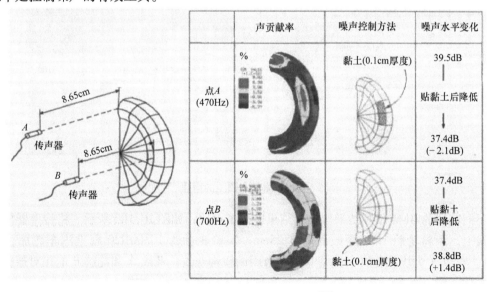

图 10.97　声贡献率和噪声控制[16]

(5)载荷轮胎 BEM 预测验证　将距离轮胎胎侧 10cm 处的测量平面的 BEM 声强预测结果与实验结果进行了比较。将传声器放置在轮胎中心线上,轮胎到传声器的距离为 2m。该轮胎是一种货/客车轮胎(10.00R20)单节距横向花纹。充气压力为 725kPa,载荷为 24kN。如图 10.98 所示,总声级在速度为 27km/h 时出现一个陡峰,在速度为 36km/h 时出现一个宽峰。根据式(10.26)计算,速度为 27km/h 和 36km/h 时,花纹引起的基频分别为 85Hz 和 109Hz。在 BEM

预测中，500Hz以下的1400个模态被用来预测高达500Hz的轮胎振动。根据10.7.5节中讨论内容，外力矢量可以通过节距序列确定，并应用于前缘和后缘。从图10.99可以看出，除36km/h时的固有频率与测量值相差9Hz，整体测量值的声强分布与BEM预测结果非常吻合。

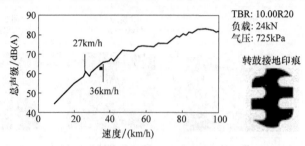

图10.98 声压级的速度依赖性[16]

对声贡献率的分析表明，在27km/h时，对主频谱峰值的最大贡献来自于固有频率为85Hz、165Hz和329Hz的模态。轮胎的固有模态，无论是周向模态还是横向模态（图10.20），如果有偶数个节点，则定义为整数模态，如果有奇数个节点，则定义为半整数模态。根据定义，27km/h时的最大贡献模态分别为周向的第3、8、11阶模态和横向的第1、1、5阶。36km/h时的最大贡献模态与上述情况类似，但模态的固有频率为100Hz、116Hz、224Hz和329Hz，周向和横向模态数分别为4、5、12、11和1、1、1、5。

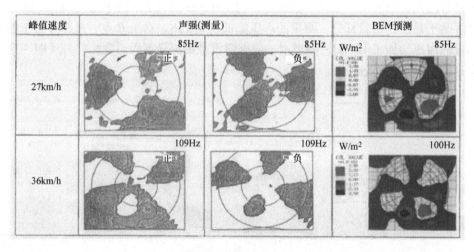

图10.99 测量和预测的声强[16]

将不同花纹的BEM预测结果与实验结果进行了对比，如图10.100所示。将传声器放置在轮胎中心线上，距离轮胎1m，距鼓面高度25cm。实验轮胎为10.00R20载重汽车轮胎，速度为70km/h。花纹A为块状花纹，花纹B为单节距的横沟花纹。花纹A和花纹B的相对振幅与实验结果相关性一致。

采用10.00R20斜交货/客车轮胎，验证了BEM对车外噪声的预测能力。考虑了将胎体由尼龙变为聚酯，将缓冲层由尼龙改为钢丝两种情况。

2. 利用有限元法和边界元法对车辆内部噪声（空气传播噪声和结构传播噪声）进行预测

（1）空气传播噪声预测 汽车内部噪声包括空气传播噪声和结构传播噪声，如图10.30所示。Saguchi等人[48]首次开发了一种用于预测车辆内部噪声的程序。他们遵循了Nakajima的方法[16-17]来预测空气传播的噪声，但外部激励力的估算却没有遵循这个方法。外力估算没有采用

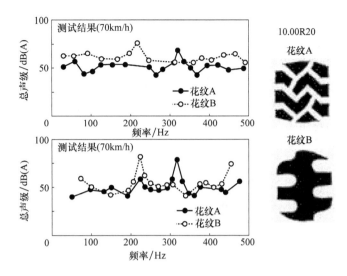

图 10.100　不同花纹的 BEM 预测结果和实验结果对比[16]

图 10.45 所示的程序,而是根据图 10.101 中的用于外力预测的有限元轮胎模型,利用准静态滚动接触分析来预测带花纹轮胎与光面轮胎的接地压力,通过花纹胎和光面胎的接地压力的差别来计算外部激励力。轮胎的外力预测必须采用精细网格划分的有限元模型。

将外力从精细的有限元模型映射到一个相对粗糙的网格模型进行振动分析。尽管粗网格模型缺乏精确再现胎面花纹复杂性的能力,但它对包括空腔共振响应在内的振动频率高达 1kHz 的轮胎振动具有出色的预测能力。图 10.102 比较了驱动点处(在此点测量加速度和激励力)的声质量(A_0/F_0)的预测值和测试值。

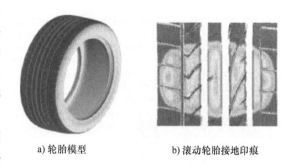

a) 轮胎模型　　b) 滚动轮胎接地印痕

图 10.101　用于外力预测的有限元轮胎模型[48]

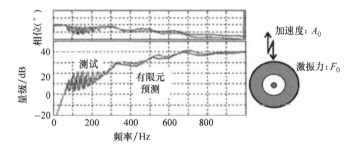

图 10.102　驱动点处的声质量(A_0/F_0)的预测值和测试值的比较[48]

在预测轮胎振动阶段,除外部激励力的作用节点外,轮胎接触面内的所有节点都是完全固定的。振动分析采用模态法的时间响应分析,利用计算得到的应变能和橡胶损耗系数估计各模态的模态阻尼。由于橡胶的材料性能对频率有很强的依赖性,因此必须根据所关注的频率来选择材料属性。映射的外力作用于接地区域前沿和后沿。

在进行声辐射分析之前,对喇叭口效应等声学特性的预测结果与实验结果进行了比较。采用四面体声学网格技术,将接触沟槽的声场从整个声场中分离出来进行建模。对于外边界条件,在声场的半球面上定义了有限元。喇叭口效应预测如图10.103所示,开放空间的声学特征有限元预测结果与测量结果吻合较好。

图10.104为轮胎胎侧附近某点辐射噪声的声压结果。比较了两种具有相同增强结构和胎体结构的胎面花纹。测试轮胎在第二中心肋上有斜沟槽,在胎肩肋上有横沟槽,轮胎A和轮胎B的沟槽宽度各不相同。由于这两个花纹样式被认为是相同的,使用10.7.5节中介绍的简单噪声预测程序将获得相同的轮胎噪声。但利用有限元模型可以正确地预测这些花纹的优劣顺序,并能很好地捕捉到胎面花纹设计变化的影响。

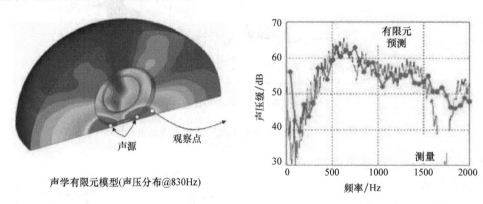

图10.103　喇叭口效应预测[48]

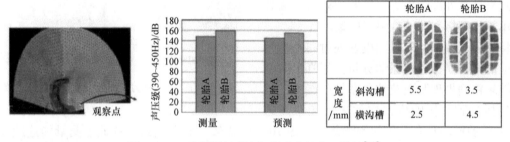

图10.104　胎侧附近某点辐射噪声的声压结果[48]

(2) 主轴力变化的预测　通过准静态分析,可以预测主轴力的变化,从而可以计算内部噪声。接地区域内反力的时间变化与主轴力变化相等。图10.105显示了两种不同花纹的主轴力在移动距离中的变化以及主轴力峰峰值的变化。两种不同花纹主轴力变化的峰峰值有限元预测结果与测试结果吻合较好。

(3) 汽车内部噪声预测　辐射噪声通过车窗等部位进入车内,成为车内噪声(空气传播噪声路径)。空气传播噪声的预测是通过将预测的辐射噪声与测量得到的车辆传递率相乘。在结构传播噪声预测中,通过准静态滚动接触分析预测主轴力的变化,然后将主轴力的变化传递给悬架和车身,最终将其作为车内噪声(即结构传播噪声路径)传递给乘员。如果通过实验得到车辆传递率特性[84],则通过将主轴振动与车辆传递率相乘来预测结构传播噪声。最后将空气传播噪声和结构传播噪声相加来预测车内噪声。

3. 利用WFEM和BEM预测空气传播噪声

Kropp等人[59]利用WFEM、接触模型和BEM分析了滚动轮胎辐射噪声,研究了路面粗糙度对轮胎/道路噪声的影响。图10.106是Kropp的轮胎/道路噪声模型示意图。他们采用WFEM(轴对称有限元法之一)分析轮胎振动,用解析接触模型分析外力,用BEM分析声辐射。首先,

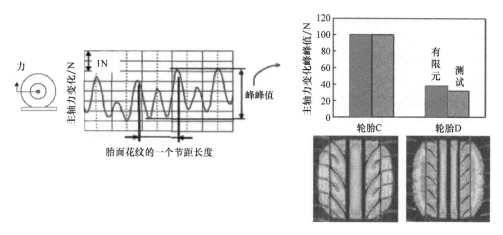

图 10.105　两种不同花纹的主轴力在移动距离中的变化以及主轴力峰峰值的变化[48]

他们使用二维接触模型和二维 BEM 来建立声辐射模型，然后将模型扩展到三维模型。图 10.107 显示了用于 WFEM 和 BEM 模型计算的网格，其中轮胎网格包括 46 个壳体单元（用于轮胎结构）和 20 个实体单元（用于轮胎胎面）。

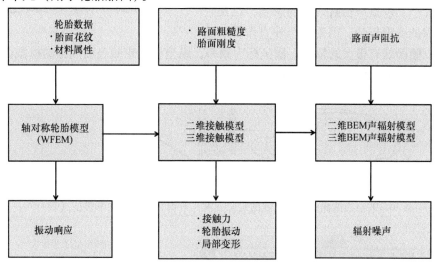

图 10.106　Kropp 的轮胎/道路噪声模型示意图[37]

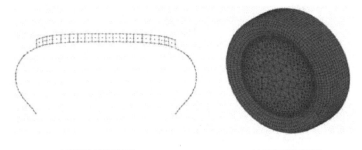

a) WFEM模型网络　　　　b) BEM模型网络

图 10.107　用于 WFEM 和 BEM 模型计算的网格
（经 J. Sound Vib 许可，摘自文献 [59]）

图 10.108 显示，即使使用二维模型，计算出的（光面轮胎）声压级与在 ISO 法规路面以

80km/h 的速度测量出的（带有纵向沟槽的轮胎）声压级也很一致。计算结果是以轮胎为中心的半径为 1m 的半圆上声压平方的平均值。测量结果为三个传声器位置上的平均值。三个传声器位置离地面 0.35m，离轮胎中心 1m。其中两个传声器位置在轮胎的前缘和后缘平面上，而第三个传声器位置垂直于轮胎平面。

研究发现轮胎噪声主要由低阶横向模态和周向模态（图 10.20）产生，其中呼吸模态（零阶周向模态）对 300~600Hz 影响尤为明显。

Waki 等人[57]通过考虑声辐射效率来识别噪声辐射部件。横向波数 k_1 可以从图 10.109 所示的横截面模态振型计算出来。根据 $k_{flex}^2 = k_c^2 + k_1^2$，结构波数 k_{flex} 由周向波数 k_c 和侧向波数 k_1 决定，声波波数为 k_{air}（$= \omega/c$），其中 ω 为角频率，c 为声速。参照式（10.13），得到如图 10.109 所示的简化声辐射效率模型。

图 10.110 显示了表现振动场功率和 A 计权振动场功率的大小，包括声辐射效率的影响，以及它们在 680Hz 时的变形形状。因为一个外力作用于胎面中心，所以胎面处有很大的辐射。横坐标为频率，纵坐标为轮胎表面周围的横截面位置。变形形状由多种模态组成，但包含声辐射效率影响的变形形状只包含波长较长的模态。

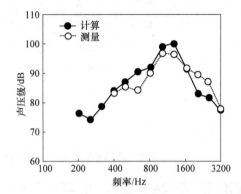

图 10.108　80km/h 时 ISO 法规路面上测量和计算声压级的比较

（经 J. Sound Vib 许可，摘自参考文献 [59]）

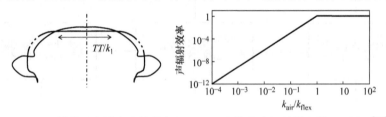

图 10.109　横截面中横向波数的定义（左）和简化声辐射效率模型（右）[57]

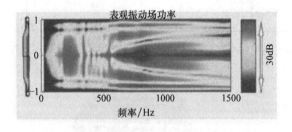
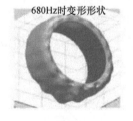
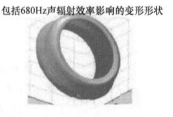

图 10.110　表观振动场功率和 A 计权振动场功率（包括声辐射效率的影响，以及它们在 680Hz 时的变形形状）[57]

10.13.3 解析模型与 WFEM 的比较

图 10.111 比较了使用旋转圆环模型、正交各向异性板模型、铁摩辛柯梁模型和 Pahlevani 等人[155]研究的 WFEM 计算的径向驱动点运动性结果。旋转圆环模型和铁摩辛柯梁模型在低频时与 WFEM 结果非常一致，而在高频时，正交各向异性板模型给出的点移动性与 WFEM 的结果相似。

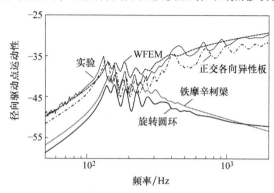

图 10.111　径向驱动点运动性结果比较[155]

10.13.4 统计能量法

统计能量法（SEA）描述的是输入功率与传输功率以及耗散功率之间的平衡。在 SEA 中，功率流由耦合损耗因子表示，耦合损耗因子取决于波速。Lee 等人[60,62]和 Bremner 等人[61]将 SEA 应用于轮胎噪声。Lee 等人将点迁移率与测量值进行了比较。预测的点迁移率与公布的测量值吻合良好，误差在 3dB 以内。由于从理论上很难估计 SEA 所用的材料属性，因此必须通过测量获得。而且，测量中必须包括拉伸对材料属性的影响。因此，SEA 在轮胎上的应用研究可能会受到限制。

10.13.5 混合模型：TRIAS 和 SPERoN

轮胎-道路相互作用声学模拟（TRIAS）[63-64]模型由 TNO 开发。如图 10.112 所示，TRIAS 由三个部分组成。道路设计声学仿真（RODAS）是路面特性的输入模块。当没有可用的测量结果时，可以使用 RODAS 从道路结构参数推断道路的输入特性。轮胎设计声学仿真（TYDAS）是轮胎特性的输入模块。根据 RODAS 和 TYDAS 的输出，通过 FEA 和 BEM 可以预测包括路面粗糙度、喇叭口效应和道路吸声系数等在内的通过噪声。

滚动噪声的统计物理解释（SPERoN）模型是德国研究项目"路面纹理对轮胎/道路噪声的影响"的一部分[156]。SPERoN 模型的目的有两个：用于评估现有路面纹理的声学质量以及开发新的低噪声路面纹理。该模型不用于开发低噪声轮胎，尽管它可以深入了解相关轮胎参数。

SPERoN 模型[39]是一种混合模型，它提供了路面纹理和轮胎噪声之间的直接关系。该模型基于对滑行实验的噪声级（LAmax）频谱的回归分析，其包括四个参数：车速、接地压力的频率变换谱、轮胎宽度和纹理轮廓形状因子，如图 10.113 所示。接地压力使用二维（即线接触）Clapp 模型[128]计算。由于轮胎之间的差异是统计平均值，因此 SPERoN 模型不能用于研究轮胎设计参数对轮胎噪声的影响。图 10.114 显示了使用 SPERoN 模型获得的各种密度路面的滑行噪声测量值与计算值的比较。每个点都是宽度为 195mm 的轮胎的平均值。SPERoN 模型的性能与其他轮胎/道路噪声模型[39]的性能相当，尽管 SPERoN 模型预测的绝对水平仅适用于高密度（混凝土或沥青）路面上的乘用车轮胎。多孔沥青路由于空隙而具有吸声特性，因此轮胎/道路噪声较小，只能相对预测此路面纹理的声学性能。

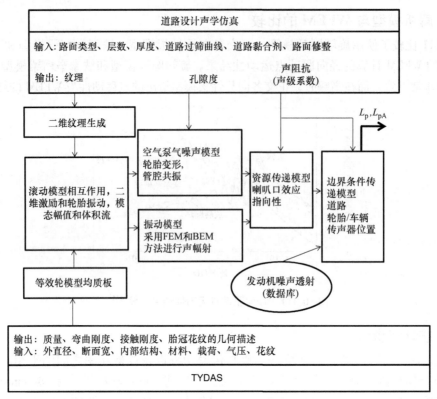

图 10.112　TRIAS 模型[64]

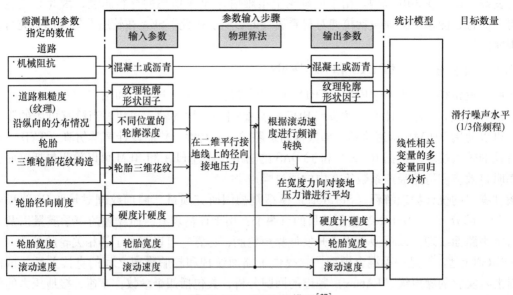

图 10.113　SPERoN 模型[37]

10.13.6　关于轮胎噪声的其他研究

Miyama 等人[157]进行了一项研究,通过悬架/车轮/轮胎有限元分析,改善 100~250Hz 的车内轮胎/道路噪声。他们确定了轮胎的 7 个固有频率来改善轮胎/道路噪声。为了同时满足轮胎/道路噪声和操控性能,目标是 7 个固有频率中有 3 个降低,2 个增加,2 个不变。通过优化轮胎结构以满足该目标。从胎圈到胎侧的弯曲刚度降低,胎面弯曲刚度增加。胎侧和胎肩的质量减小,胎面质量增大。轮胎优化结构后车内轮胎/道路噪声降低了几分贝。

10.13.7 轮胎滚动对固有频率的影响

众所周知,一旦轮胎开始滚动,轮胎的固有频率就会降低[158-163]。此外,由于橡胶的动态刚度随激励频率而变化,因此在通过FEA定量预测轮胎的传递率时,橡胶的杨氏模量必须随频率而变化。Saguchi等人[158]提出了轮胎滚动对固有频率影响的机理。

1. 固有频率随滚动速度和载荷的变化

Saguchi等人[158]利用作用在胎面上的激振力和轴力之间的力传递率,测量了不同速度和载荷下轮胎固有频率的变化,如图10.115所示。由于轮胎滚动,固有频率急剧变化,然后随着速度的增加逐渐变化。因此,即使在低速下,滚动轮胎的振动特性也会发生显著变化,如图10.115a所示,固有频率随着载荷的增加而降低。

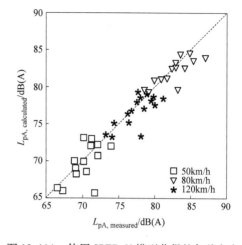

图10.114 使用SPERoN模型获得的各种密度路面的滑行噪声测量值与计算值比较[37]

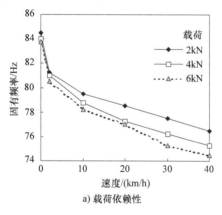

a) 载荷依赖性

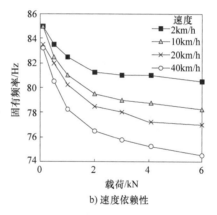

b) 速度依赖性

图10.115 不同速度和载荷下轮胎固有频率的变化
(经JSAE授权,摘自文献［158］)

2. 轮胎滚动引起固有频率变化的机理

轮胎每次旋转,胎面橡胶都由接地区域的接地力激励。假设滚动轮胎中的应力/应变变化可通过静止轮胎接地区域中的激励近似表示。图10.116为在接地区域处激发的轮胎动态刚度的变化。激励频率为2Hz,水平轴具有对数刻度。轮胎的动态刚度随着激振振幅的增大而减小,其可能是因为橡胶的动态刚度随着激振力振幅的增大而减小,橡胶动态剪切模量与应变振幅的关系如图10.117所示。

Saguchi等人[158]在接地区域激励的同时锤击胎面,测量了第一径向模态固有频率的变化。如图10.118所示,固有频率随着接地区域的激励振幅而降低。激励频率为5Hz时,轮胎的固有频率比激励频率为2Hz时降低得更多。图10.118与图10.115a的对比表明,接地区域处的激励振幅和固有频率分别对应于轮胎的载荷和速度。

图10.119显示了根据图10.116计算的轮胎动刚度斜率的绝对值与各种轮胎以10km/h的速度滚动下的固有频率降低相关性良好。因此,如果胎面橡胶的动态刚度具有较大的应变振幅依赖性,则轮胎的固有频率可能会因轮胎滚动而大幅降低。

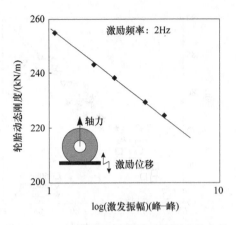

图 10.116　在接地区域轮胎动态刚度的变化
（经 JSAE 许可，摘自参考文献 [158]）

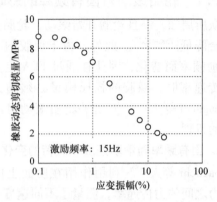

图 10.117　橡胶动态剪切模量与应变振幅的关系
（经 JSAE 许可，摘自参考文献 [158]）

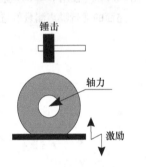

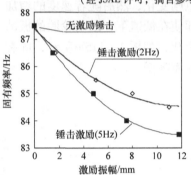

图 10.118　接地区域激励期间的固有频率与激励振幅的关系
（经 JSAE 许可，摘自参考文献 [158]）

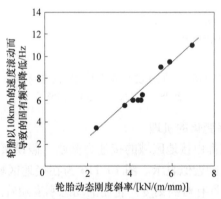

图 10.119　轮胎以 10km/h 速度滚动时固有频率的降低与轮胎的动态刚度斜率的相关性
（经 JSAE 许可，摘自参考文献 [158]）

问题

10.1　使用式（10.14），根据 $c = \omega/k$ 计算每种模态下的相位速度。使用参数为 $\mu_x = 15 \sim 35\text{kg/m}^2$，$D_x = 107\text{N/m}$，$S_x = 6 \times 10^5 \text{N/m}$，$\rho = 1.6 \times 10^3 \text{kg/m}^3$，$S_x = Gh = 1.0 \times 10^4 \text{N/m}$，$T_x = 6.0 \times 10^4 \text{N/m}$，$E_x = 7.5 \times 10^8 \text{Pa}$。

10.2　空气泵气产生的外力可以用气流动量的变化来解释。由于沟槽体积的速度变化与轮胎速度 V 成正比，因此来自凹槽的气流速度 V_{air} 也与轮胎速度 V 成正比。由于空气泵气 $P_{\text{air\_pumping}}$ 产

生的外力与 V_{air}^2 成正比，因此也与 V^2 成正比，即 $P_{\text{air\_pumping}} = a V^2$。

如第 10.3.2 节所述，胎面冲击与 V^2 成正比。虽然空气泵气的机理与胎面冲击的机理不同，但从外力的角度来看，可以以类似的方式处理来处理。计算横向槽滚动进入矩形接地区域时泵气产生的外力。胎面冲击产生的外力第 10.3.2 节中计算值约为 0.4N。比对空气泵气产生的外力与胎面冲击产生的外力。在计算过程中，速度为 80km/h，槽深为 8mm，槽宽为 5mm，花纹肋宽度为 20mm，空隙率为槽宽的 40%，空气密度 ρ 为 1.29kg/m³。

10.3 推导式（10.42）。

10.4 假设横沟的角度随节距变化而变化，且沟槽端部位于圆周方向上的相同位置，如图 10.120 所示。将图 10.38 中的轮胎噪声与图 10.120 中的轮胎噪声进行比较。

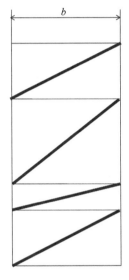

图 10.120 沟槽结构

10.5 证明式（10.50）中的 $a_n = \dfrac{1}{T}\int_0^T F(t)\mathrm{e}^{\mathrm{i}\omega_n t}\mathrm{d}t$。

10.6 正交各向异性板的导纳 $Y(\omega)$ 表示为 $Y(\omega) = \dfrac{1}{8\sqrt{m}\sqrt[4]{D_{xx}D_{yy}}}$。其中 m 是单位面积质量，D_{xx} 是周向弯曲刚度，D_{yy} 是横向弯曲刚度。如图 10.121 所示，带槽轮胎的质量减少为 8%。假设带束层结构和材料特性如图 2.12 和式（2.73）所示，且弯曲中性轴位于两条带束层之间。评估光面轮胎和带凹槽轮胎的迁移率（包括 2mm 的防滑基部胶厚度，10mm 胎面厚度的光滑轮胎和平均胎面厚度为 8.5mm 的凹槽轮胎）。

 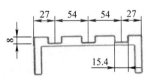

图 10.121 带槽轮胎

(经 Acta Acust. United AC 许可，摘自参考文献 [87])

备注

备注10.1　式（10.5）

假设加速度为常数，初始条件由 $h(0)=0$，$dh/dt|_{t=0}=0$ 给出。$h(t)$ 由 $h(t)=at^2$ 给出，其中 a 为常数。在 dt_{touch} 期间，当平均速度为 dh/dt_{touch} 时，a 由下式给出：

$$a = \frac{dh}{dt_{touch}} \bigg/ \frac{dt_{touch}}{2}$$

由于加速度由 $2a$ 给出，因此加速度表示为

$$\frac{d^2 h}{dt^2} = 2 \frac{dh}{dt_{touch}} \bigg/ \frac{dt_{touch}}{2}$$

备注10.2　截止频率（接通频率）

直角笛卡儿坐标系下 $x-z$ 平面上薄板的弯曲波方程由下式给出：

$$D\left(\frac{\partial^4 w}{\partial x^4} + 2\frac{\partial^4 w}{\partial x^2 \partial z^2} + \frac{\partial^4 w}{\partial z^4}\right) = -m\frac{\partial^2 w}{\partial t^2} \tag{10.124}$$

考虑到一个简单的简谐平面波可表示为

$$w(x,z,t) = \widetilde{w}\exp[j(\omega t - k_x x - k_z z)] \tag{10.125}$$

将式（10.125）代入式（10.124）得到

$$[D(k_x^4 + 2k_x^2 k_z^2 + k_z^4) - m\omega^2]\widetilde{w} = 0 \tag{10.126}$$

或

$$D(k_x^2 + k_z^2)^2 - m\omega^2 = 0 \tag{10.127}$$

如果 $k_b^2 = k_x^2 + k_z^2$，可以得到：

$$Dk_b^4 - m\omega^2 = 0 \tag{10.128}$$

图 10.122 所示的平板的波导是一个无限长度的、宽度均匀为 l 的条形，它位于提供简单支撑的边界之间[162]。w 表示为

$$w = \widetilde{w}_0 \sin(p\pi x/l)\exp\{j(\omega t - k_{zp} z)\} \tag{10.129}$$

这里，k_{zp} 是对应于波导模态传播的波数：

$$k_{zp}^2 = k_b^2 - k_x^2 = k_b^2 - \left(\frac{p\pi}{l}\right)^2$$

$$= \omega\left(\frac{m}{D}\right)^{1/2} - \left(\frac{p\pi}{l}\right)^2 \tag{10.130}$$

图 10.122 定性地描述了这种关系。式（10.130）表明，仅在满足条件 $\omega > (p\pi/l)^2 (D/m)^{1/2}$ 的频率下，p 的每个值才存在实（传播）解。$k_{zp}=0$ 时的频率是长度为 l 的简支梁的共振频率，它们被称为第 p 阶波导模态的截止频率。低于截止频率时，该模态无法有效传播波的能量，其振幅在远离激发点时呈指数衰减。在模态截止频率下，模态相位速度 $C_{ph} = \omega/k_{zp}$ 为无穷大，模态群速度 $C_g = \partial\omega/\partial k_{zp}$ 为 0。

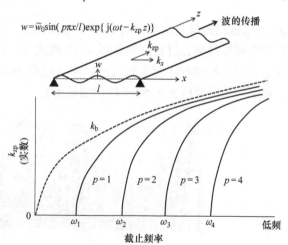

图 10.122　简支平板条的波导行为[162]

备注10.3 式（10.77），式（10.81），式（10.86）和式（10.88）

式（10.77）

考虑到 $p = \rho c V$ 的关系，其中 V 是粒子速度，体积速度 U 用 $U = VS = Sp/(\rho c)$ 表示。

式（10.81）

式（10.81）通过以下求解得到

$$A_2 + B_2 = A_3 + B_3$$

$$\frac{S}{\rho c}(A_2 - B_2) = \frac{S_{cp}}{\rho c}(A_3 - B_3) \Rightarrow A_2 - B_2 = m(A_3 - B_3)$$

式（10.86）

将式（10.77）代入式（10.81），然后将式（10.81）代入式（10.83），得到

$$A_4 = A_1 e^{-jkl_2}\left(\frac{m+1}{2m}e^{-jkl_1} - \frac{m-1}{2m}e^{jkl_1}\right)$$

$$B_4 = A_1 e^{jkl_2}\left(\frac{m-1}{2m}e^{-jkl_1} - \frac{m+1}{2m}e^{jkl_1}\right)$$

将上述方程代入式（10.85）得出：

$$(m+1)\{e^{-jk(l_1+l_2)} - e^{jk(l_1+l_2)}\} + (m-1)\{e^{-jk(l_1-l_2)} - e^{jk(l_1-l_2)}\} = 0$$

式（10.88）

式（10.87）可以写为

$$m \sin\left(k\frac{L_c - l_{cp}}{2}\right)\cos\left(k\frac{l_{cp}}{2}\right) + \cos\left(k\frac{L_c - l_{cp}}{2}\right)\sin\left(k\frac{l_{cp}}{2}\right) = 0$$

将上述方程转换为

$$\{m(\cos kl_{cp} + 1) + 1 - \cos kl_{cp}\}\tan k\frac{L_c}{2} - (m-1)\sin kl_{cp} = 0$$

$$\tan k\frac{L_c}{2} = \frac{(m-1)\sin kl_{cp}}{m+1+(m-1)\cos kl_{cp}} = \frac{\sin kl_{cp}}{\frac{m+1}{m-1} + \cos kl_{cp}}$$

备注10.4 射线理论和式（10.113）

射线理论

假设一条射线具有时间依赖性 $e^{-i\omega t}$ 和波数 k。射线可以表示为 $p(s) = A(s)e^{iks}$，其中 s 是沿射线测量的距离，以及相关的振幅 $A(s)$ 和相位 ks。根据射线理论，能量通量沿任何射线管守恒，如图10.123所示。因此，$A^2(s)d\Sigma(s)/\rho c$ 是常数，其中 $d\Sigma(s)$ 是射线管的横截面积。元素面积 $d\Sigma(s)$ 具有两个高斯土方向（1 和 2），以及曲率 $\sigma_1 + s$ 和 $\sigma_2 + s$ 的主半径。从物理上讲，σ_1 和 σ_2 是从 $s = 0$ 到两个主方向上焦散线的距离。因此，面积变化率为 $d\Sigma(s)/d\Sigma(0) = (\sigma_1 + s)(\sigma_2 + s)/(\sigma_1\sigma_2)$，这将导致 s 处的射线振幅：

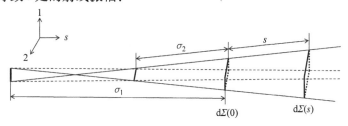

图10.123 射线管

$$A(s) = A(0)\left(\frac{\sigma_1\sigma_2}{(\sigma_1+s)(\sigma_2+s)}\right)^{1/2} \quad (10.131)$$

当来自焦散 S 的入射声射线被刚性表面反射时,反射线在反射点不改变相位。声线从假象的焦散 S' 处发射,其振幅导致点 O 处的声压为 $p(0)$,如图 10.124 所示。因此,结合上述等式,S 处的射线为

$$p(s) = p(0)\left(\frac{\sigma_1\sigma_2}{(\sigma_1+s)(\sigma_2+s)}\right)^{1/2} e^{iks} \quad (10.132)$$

式中,σ_2 是从 O 到第二主方向上射线焦散的距离。从基本几何关系中,得到:

$$\sigma_1 = \frac{\rho_1 R\cos\theta}{2\rho_1 + R\cos\theta} \quad (10.133)$$

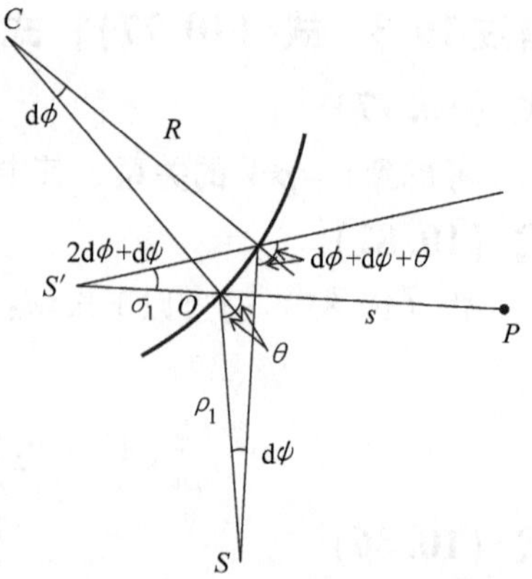

图 10.124 平滑曲面的光线反射

对于圆柱形轮胎,沿轮胎带束层宽度方向的曲率半径无限大。将 $R = \infty$ 代入式(10.133),并将后缀从 1 改为 2,得到:

$$\sigma_2 = \rho_2 \quad (10.134)$$

递归应用式(10.132)计算轮胎表面上每次反射的射线振幅。

式(10.133)的推导

利用图 10.124 所示的正弦定理,得到:

$$\frac{R\mathrm{d}\phi}{\sin(2\mathrm{d}\phi+\mathrm{d}\psi)} = \frac{\sigma_1}{\sin\left(\frac{\pi}{2}-\frac{3}{2}\mathrm{d}\phi-\theta-\mathrm{d}\psi\right)}$$

$$\frac{R\mathrm{d}\phi}{\sin(\mathrm{d}\psi)} = \frac{\rho_1}{\sin\left(\frac{\pi}{2}-\frac{\mathrm{d}\phi}{2}-\theta-\mathrm{d}\psi\right)}$$

根据上述方程,得到:

$$R\left\{\cos\theta-\sin\theta\left(\mathrm{d}\psi+\frac{3}{2}\mathrm{d}\phi\right)\right\}\mathrm{d}\phi = \sigma_1(2\mathrm{d}\phi+\mathrm{d}\psi)$$

$$R\left\{\cos\theta-\sin\theta\left(\mathrm{d}\psi+\frac{\mathrm{d}\phi}{2}\right)\right\}\mathrm{d}\phi = \rho_1\mathrm{d}\psi$$

忽略方程中的值很小的项,得到:

$$R\cos\theta\frac{\mathrm{d}\phi}{\mathrm{d}\psi} = \sigma_1\left(2\frac{\mathrm{d}\phi}{\mathrm{d}\psi}+1\right)$$

$$R\cos\theta\frac{\mathrm{d}\phi}{\mathrm{d}\psi} = \rho_1$$

通过消除 $\mathrm{d}\phi/\mathrm{d}\psi$,得到 $\sigma_1 = \rho_1 R\cos\theta/(2\rho_1+R\cos\theta)$。

式(10.113)

$$\frac{d_{2M}}{\sin\left\{\frac{\pi}{2}-(\phi+\theta_{2M})\right\}} = \frac{L}{\sin\left\{\frac{\pi}{2}+\theta_{2M}\right\}}$$

$$\frac{d_{2M}}{\cos(\phi+\theta_{2M})} = \frac{d_0\cos\theta_0}{\cos(\phi+\theta_{2M})\cos\theta_{2M}} = \frac{L}{\cos\theta_{2M}}$$

$$\frac{l_{2M}}{\sin\phi} = \frac{L}{\sin\left\{\frac{\pi}{2}+\theta_{2M}\right\}}$$

$$\theta_{2M} = \theta_0 + 2M\alpha$$

参考文献

1. K. Hardy, Noise. Tire Technol. Int. 32–35 (2002)
2. U. Sandberg, Tyre/road noise - myths and realities. Internoise **2002**, 35–55 (2002)
3. JATMA (ed.) *On Noise Due to Tire and Road (7th version)* (JATMA, 2004) (in Japanese)
4. WHO, *Burden of Disease from Environmental Noise. Quantification of Healthy Life Years Lost in Europe* (World Health Organization, 2011)
5. Bridgestone (ed.) *Fundamentals and Application of Vehicle Tires* (Tokyo Denki University Press, Tokyo, 2008) (in Japanese)
6. M. Heckl, Tyre noise generation. Wear **113**, 157–170 (1986)
7. U. Sandberg, J.A. Ejsmont, Tyre/road noise reference book, in *Informex* (2002)
8. Michelin, The tyre: mechanical and acoustic comfort (Societe de Technologie Michelin, 2002). http://www.dimnp.unipi.it/guiggiani-m/Michelin_Tire_Noise.pdf
9. V.Q. Doan et al., Investigation into the influence of tire construction on coast-by noise. Tire Sci. Technol. **23**(2), 96–115 (1995)
10. Y. Nakajima, Theory on pitch noise and its application. J. Vib. Acoust. **125**(3), 252–256 (2003)
11. F. Liu et al., Modeling of tread block contact mechanics using linear viscoelastic theory. Tire Sci. Technol. **36**(3), 211–226 (2008)
12. F. Liu et al., Prediction of tread block forces for a free-rolling tyre in contact with a smooth road. Wear **269**, 672–683 (2010)
13. F. Liu et al., Prediction of tread block forces for a free-rolling tyre in contact with a rough road. Wear **282–283**, 1–11 (2012)
14. ISO 13473-1, in Characterization of Pavement Texture by Use of Surface Profiles—Part 1: Determination of Mean Profile Depth (1997)
15. PIARC, Optimization of surface characteristics, in *Report to the XVIIIth World Road Congress 1987*, Brussels, Belgium (Technical Committee on Surface Characteristics, World Road Association (PIARC), Paris, 1987)
16. Y. Nakajima et al., Application of the boundary element method and modal analysis to tire acoustics problem. Tire Sci. Technol. **21**, 66–90 (1992)
17. Y. Nakajima, Application of BEM and FEM modal analysis to tire noise. Nippon Gomu Kyokaishi **66**(6), 433–441 (1993). (in Japanese)
18. J. Perisse, A study of radial vibrations of a rolling tyre for tyre road noise characterisation. Mech. Syst. Signal Pr. **16**(6), 1043–1058 (2002)
19. H. Koike et al., Noise source identification of tire/road noise. Noise Control **22**, 11–13 (1998). (in Japanese)
20. M. Satomi, et al., Study on sound source separation of tire pattern noise, in *Proceedings of JSAE Conference*, No. 882147 (1988)
21. N. Tomita, Low noise pavement and tire-road noise. Sound Control **23**, 142–147 (1999). (in Japanese)
22. M. Brinkmeier et al., A finite element approach to the transient dynamics of rolling tires with emphasis on rolling noise simulation. Tire Sci. Technol. **35**(3), 165–182 (2007)
23. M. Brinkmeier, U. Nackenhorst, An approach for large-scale gyroscopic eigenvalue problems with application to high-frequency response of rolling tires. Compu. Mech. **41**, 503–515 (2008)
24. E. Skudrzyk, *Simple and Complex Vibratory Systems,* (The Pennsylvania State University Press, University Park, 1968)
25. F. Fahy, *Foundation of Engineering Acoustics* (Elsevier, Amsterdam, 2001)
26. W.F. Reiter Jr., Resonant sound and vibration characteristics of a truck tire. Tire Sci. Technol. **2**(2), 130–141 (1974)
27. R.J. Pinnington, A.R. Briscoe, A wave model for a pneumatic tyre belt. J. Sound Vib. **253**(5), 941–959 (2002)
28. J.S. Bolton, et al., The wave number decomposition approach to the analysis of tire vibration, in *Noise Conference*, vol. 98, Michigan (1998), pp. 97–102
29. J.S. Bolton, Y.J. Kim, in *Visualization of the tire vibration and sound radiation and modeling of tire vibration with an emphasis on wave propagation*. Technical Report, The Institute for Safe, Quiet and Durable Highways (2003). Available at: http://ntl.bts.gov/lib/24000/24600/24635/index.html
30. W. Kropp et al., On the sound radiation from tyres. ACUSTICA-Acta Acustica **87**, 769–779 (2000)
31. R.A.G. Graf et al., On the horn effect of a tyre/road interface, part I: experiment and computation. J. Sound Vib. **256**(3), 417–431 (2002)

32. R.E. Hayden, Roadside noise from the interaction of a rolling tire with road surface, in *Proceedings of Purdue Noise Conference*, West Lafayette, IN (1971), pp. 62–67
33. M.J. Gagen, Novel acoustic sources from squeezed cavities in car tires. J. Acoust. Soc. Am. **106**(2), 794–801 (1999)
34. S. Kim et al., Prediction method for tire air-pumping noise using a hybrid technique. J. Acoust. Soc. Am. **119**(6), 3799–3812 (2006)
35. D.G. Crighton, et al., *Modern Methods in Analytical Acoustics* (Springer, Berlin, 1992)
36. Y. Nakajima, Analytical model of longitudinal tire traction in snow. J. Terramechanics **40**(1), 63–82 (2004)
37. A.H.W.M. Kuijpers, Tyre/road noise modelling: the road from a tyre's point-of-view. Report No. M + P.MVW.01.8.1 (2001)
38. M. Yabu, The characterisitcs of tire on NVH, in *Symposium of JSAE*, 9435225 (1994)
39. T. Beckenbauer, et al., Tyre/road noise prediction: a comparison between the SPERoN and HyRoNE models—part I, in *Euronoise Acoustics'08* (2008)
40. W. Kropp, A mathematical model of tyre noise generation. Int. J. Vehicle Des. **6**, 310–329 (1999)
41. K. Larsson, W. Kropp, A high-frequency three-dimensional tyre model based on two coupled elastic layers. J. Sound Vib. **253**(4), 889–908 (2002)
42. D.J. O'Boy, A.P. Dowling, Tyre/road interaction noise—Numerical noise prediction of a patterned tyre on a rough road surface. J. Sound Vib. **323**, 270–291 (2009)
43. F. Böhm, Mechanik des Gürtelreifens. Archive Appl. Mech. **3**, 582–101 (1966)
44. P. Kindt et al., Development and validation of a three-dimensional ring-based structural tyre model. J. Sound Vib. **326**, 852–869 (2009)
45. M. Koishi, et al., Radiation noise simulation of a rolling tire excited by tread pattern, in *SIMULIA Customer Conference* (2011)
46. E.J. Ni et al., Radiated noise from tire/wheel vibration. Tire Sci. Technol. **25**(1), 29–42 (1997)
47. J. Biermann et al., Computational model to investigate the sound radiation from rolling tires. Tire Sci. Technol. **35**(3), 209–225 (2007)
48. T. Saguchi, et.al, Tire radiation-noise prediction using FEM, in *Inter-noise 2006*, Honolulu, USA (2006)
49. M. Brinkmeier, U. Nackenhorst, Computational investigations on the dynamics of tires rolling on rough roads. Tire Sci. Technol. **37**(1), 47–59 (2009)
50. M. Brinkmeier et al., A finite element approach for the simulation of tire rolling noise. J. Sound Vib. **309**, 20–39 (2008)
51. P.B.U. Andersson, W. Kropp, Time domain contact model for tyre/road interaction including nonlinear contact stiffness due to small-scale roughness. J. Sound Vib. **318**, 296–312 (2008)
52. P.B.U. Andersson, et al., Numerical modelling of tyre/road interaction. Univ. Pitesti Sci. Bull. Automotive Ser. **22**(1) (2008)
53. B.R. Mace et al., Finite element prediction of wave motion in structural waveguides. J. Acoust. Soc. Am. **117**(5), 28350–2843 (2005)
54. W. Kropp, et al., Reduction potential of road traffic noise. Appl. Acous. (2007)
55. Y. Waki et al., Free and forced vibrations of a tyre using a wave/finite element approach. J. Sound Vib. **323**, 737–756 (2009)
56. P. Sabiniarz, W. Kropp, A waveguide finite element aided analysis of the wave field on a stationary tyre, not in contact with the ground. J. Sound Vib. **329**, 3041–3064 (2010)
57. Y. Waki, et al., Estimation of noise radiating parts of a tire using the wave finite element method, in *Proceedings of Inter-noise 2011* (2011)
58. C. Hoever, in *The influence of modelling parameters on the simulation of car tyre rolling losses and rolling noise*. Ph.D. Thesis, Chalmers University of Technology (2012)
59. W. Kropp et al., On the sound radiation of a rolling tyre. J. Sound Vib. **331**, 1789–1805 (2012)
60. J.J. Lee, A.E. Ni, Structure-Borne tire noise statistical energy analysis model. Tire Sci. Technol. **25**(3), 177–186 (1997)
61. P. Bremner, et al., A model study of how tire construction and material affect vibration-radiated noise, in *SAE Paper*, No. 972049 (1997)
62. J.J. Lee et al., Structure-borne vibration transmission in a tire and wheel assembly. Tire Si. Technol. **26**(3), 173–185 (1998)
63. T. Beckenbauer, et al. Simulation of tyre/road noise as a tool for the evaluation of the acoustic behavior of road surfaces, in *5th Eurasphalt & Eurobitume Congress*, Istanbul (2012)

64. F.D. Roo, et al., Predictive performance of the tyre-road noise model TRIAS, in *Inter-noise 2001*, Hague, Netherlands (2001)
65. M. Li, et al., New approach for modelling tyre/road noise, in *Inter-noise 2009*, Canada (2009)
66. K. Iwao, I. Ymamazaki, A study on the mechanism of tire/road noise. JSAE Rev. **17**, 139–144 (1996)
67. N.A. Nilsson, Possible method of reducing external tyre noise", Proc. Int. Tire Noise Conf. 1979, Stockholm, Sweden, 1979
68. K. Klaus, D. Ronneberger, Noise radiation from rolling tires—sound amplification by the "horn-effect", in *Inter-noise 1982*, San Francisco, USA (1982)
69. D. Ronneberger, Towards quantitative prediction of tyre/road noise, in *Workshop on Rolling Noise Generation* (Institute fur Technisc Technische Universitat, Berlin, 1989)
70. C.Y. Kuo et al., Horn amplification at a tyre/road interface-Part II: ray theory and experiment. Inter-noise **1999**, 125–130 (1999)
71. T. Sakata et al., Effects of tire cavity resonance on vehicle road noise. Tire Sci. Technol. **18**(2), 68–79 (1990)
72. J.K. Thompson, Plane wave resonance in the air cavity as a vehicle interior noise source. Tire Sci. Technol. **23**(1), 2–10 (1995)
73. T.L. Richards, Finite element analysis if structural-acoustic coupling in tyres. J. Sound Vib. **149**, 235–243 (1991)
74. L.R. Molisani et al., A coupled tire structure/acoustic cavity model. Int. J. Solid Struct. **40**, 5125–5138 (2003)
75. H. Yamaguchi, Y. Akiyoshi, Theoretical analysis of tire acoustic cavity noise and proposal of improvement technique. JSAE Rev. **23**, 89–94 (2002)
76. J.J. Lee et al., Structure-borne vibration transmission in a tire and wheel assembly. Tire Sci. Technol. **26**(3), 173–185 (1998)
77. M.J. Subler, et al., Experimental study of the acoustic cavity resonance in automobile tire dynamic response, in *Proceedings of ASME, Noise Control and Acoustic Division*, vol. 26 (1999), pp. 177–183
78. R. Gunda et al., Analytical model of tire cavity resonance and coupled tire/cavity modal model. Tire Sci. Technol. **28**(1), 33–49 (2000)
79. M. Tanaka, K. Fujisawa, Development of low noise tire. JSAE J. **60**(4), 81–84 (2006). (in Japanese)
80. H.M.R. Aboutorabi, L. Kung, Application of coupled structural acoustic analysis and sensitivity calculations to a tire noise problem. Tire Sci. Technol. **40**(1), 25–41 (2012)
81. A. Selamet et al., Theoretical, computational and experimental investigation of Helmholtz resonators with fixed volume: lumped versus distributed analysis. J. Sound Vib. **187**(2), 358–367 (1995)
82. S. Fujiwara et al., Reduction of tire groove noise using slot resonators. Tire Sci. Technol. **37**(3), 207–223 (2009)
83. Y. Tozawa, Y. Suzuki, Road noise and tire vibration characteristics. JSAE J. **40**(12), 1624–1929 (1986). (in Japanese)
84. T. Saguchi, et al., Vehicle interior noise prediction using tire characteristics and vehicle transmissibility, in *SAE Paper*, No. 2007-01-1533 (2007)
85. Y. Nakajima, A. Abe, Application of genetic algorithms of optimization of tire pitch sequences. Jpn. J. Ind. Appl. Math. **17**(3), 403–426 (2000)
86. P. Campanac et al., Application of vibration analysis of linear systems with time-periodic coefficients to dynamics of a rolling tyre. J. Sound Vib. **231**, 37–77 (2000)
87. P. Andersson et al., High frequency dynamic behaviour of smooth and patterned passenger car tyres. Acta Acustica United Acustica **90**(3), 445–456 (2004)
88. J.H. Varterasian, Quieting noise mathematically—its application to snow tires, in *SAE Paper*, No. 690520 (1969)
89. P.R. Willett, Tire tread pattern sound generation. Tire Sci. Technol. **3**(4), 252–266 (1975)
90. Japanese Patent No. 3-23366
91. Japanese Patent No. 4-232105
92. Japanese Patent No. 4-363234
93. European Patent No. 0 543 493 A1
94. Y. Nakajima, et al., New tire design procedure based on optimization technique, in *SAE Paper*, 960997 (1996)
95. A. Abe et al., Optimum Young's modulus distribution in tire design. Tire Sci. Technol. **24**, 204–219 (1996)
96. Y. Nakajima et al., Theory of optimum tire contour and its application. Tire Sci. Technol. **24**,

184–203 (1996)
97. U. S. Patent, in *Method of determining a pitch arrangement of a tire*. US258567, US5717613
98. K.M. Hoffmeister, J.E. Bernard, Tread pitch arrangement optimization through the use of a genetic algorithm. Tire Sci. Technol. **26**(1), 2–22 (1998)
99. H. Sugimoto, Discrete optimization of truss structures and genetic algorithms, in *Proceedings of Korea-Japan Joint Seminar on STRUCTURAL OPTIMIZATION* (1992)
100. E. Zwicker, H. Fastl, *Psychoacoustics: Facts and Models* (Springer, Berlin, 1990)
101. M. Ohashi, et al., in *Noise quality evaluation system*. Technical Report of Onosokki, No. 11 (1998), p. 23
102. B. Moor, (translated by K. Ogushi), in *Introduction of Psychoacoustics* (Seishinshobou, 1994)
103. H. Fastl, Calibration signals for meters of loudness, sharpness, fluctuation strength, and roughness. Inter-noise **93**, 1257–1260 (1993)
104. F.S. Buss, in *Subjective perception of pattern noise, a tonal component of the tyre/road noise, and its objective characterization by spectral analysis and calculating contours*. Ph. D. Thesis, Oldenburg (2006)
105. M. Kikuchi, et al., Evaluation of timbre of air-conditioner noise, in *Proceedings of Acoustical Society of Japan* (1992), p. 699
106. E.C. Frank, et al., In-vehicle tire sound quality prediction from tire noise data, in *SAE Paper*, 2007-1-2253 (2007)
107. F.K. Brandel, et al., Objective assessment of vehicle noise quality as a basis for sound engineering, in *JSAE Conference*, Paper No. 9833368 (1998)
108. Japanese Patent No. 2008-58458
109. A.M. Jessop, J.S. Bolton, Tire surface vibration and sound radiation resulting from the tire cavity mode. Tire Sci. Technol. **39**(4), 245–255 (2011)
110. B. Peeters, et al., Reduction of the horn effect for car and truck tyres by sound absorbing road surfaces, in *Inter-noise 2010*, Lisbon (2010)
111. W.R. Graham et al., Characterisation and simulation of asphalt road surfaces. Wear **271**, 734–747 (2011)
112. R.J. Pinnington, A particle-envelope surface model for road-tyre interaction. Int. J. Solid Struct. **49**, 546–555 (2012)
113. R.J. Pinnington, Tyre-road contact using a particle–envelope surface model. J. Sound Vib. **332**, 7055–7075 (2013)
114. J. Suh, et al., Development of input loads for road noise analysis, in *SAE Paper*, 2003-01-1608 (2003)
115. H. Yamada, et al., Development of road noise prediction method, in *JSAE Conference*, Paper No. 20005007 (2000)
116. I. Shima, V.Q. Doan, Method of simulating tire noise. Trans. JSAE **37**(6), 27–31 (2006)
117. J. Cesbron et al., Experimental study of tyre/road contact forces in rolling conditions for noise prediction. J. Sound Vib. **320**, 125–144 (2009)
118. T. Koizumi et al., An analysis of radiated noise from rolling tire vibration. JSAE Review **24**, 465–469 (2003)
119. D. Belluzzo et al., New predictive model for the study of vertical forces (up to 250 Hz) induced on the tire hub by road irregularities. Tire Sci. Technol. **30**(1), 2–18 (2002)
120. T. Shibata, et al., Proposal for the modeling method of the input for road noise and verification for accuracy of prediction analysis, in *Proceedings of JSAE Conference*, Paper No. 20025457 (2002)
121. T. Nakagawa, et al., An analyzing method of the exciting force on tire for road noise, in *Proceedings of JSAE Conference*, Paper No. 9838570 (1998)
122. K.L. Johnson, *Contact Mechanics* (Cambridge University Press, Cambridge, 1985)
123. T. Fujikawa et al., Definition of road roughness parameters for tire vibration noise control. Appl. Acoust. **66**, 501–512 (2005)
124. J. Cesbron et al., Numerical and experimental study of multi-contact on an elastic half-space. Int. J. Mech.l Sci. **51**, 33–40 (2009)
125. J. Cesbron, H.P. Yin, Contact analysis of road aggregate with friction using a direct numerical method. Wear **268**, 686–692 (2010)
126. G. Dubois et al., Numerical evaluation of tyre/road contact pressures using a multi-asperity approach. Int. J. Mech. Sci. **54**, 84–94 (2012)
127. T.G. Clapp et al., Development and validation of a method for approximating road surface texture-induced contact pressure in tire-pavement interaction. Tire Sci. Technol. **16**(1), 2–17 (1988)
128. L.A. Galin, Contact problems in the theory of elasticity, Department of Mathematics, North

Carolina State University, Raleigh, N.C. (1961)
129. F. Wullens, W. Kropp, A three-dimensional contact model for tyre/road interaction in rolling conditions. Acta Acustica United Acustica **90**, 702–711 (2004)
130. F. Yang, Indentation of an incompressible elastic film. Mech. Mater. **30**, 275–286 (1998)
131. J.T. Tielking, Plane vibration characteristics of a pneumatic tire model, in *SAE Paper*, No. 650491 (1965)
132. H.B. Pacejka, Tire in-plane dynamics, in *Mechanics of Pneumatic Tires*, ed. by S.K. Clark (National Beaureau of Standards Monograph, 1971)
133. J. Padovan, On viscoelasticity and standing waves in tires. Tire Sci. Technol. **4**(4), 233–246 (1976)
134. L.E. Kung et al., Free vibration of a pneumatic tire-wheel unit using a ring on an elastic foundation and a finite element model. J. Sound Vib. **107**(2), 181–194 (1986)
135. S. Gong, in *A study of in-plane dynamics of tires*. Ph. D. Thesis, Delft University of Technology (1993)
136. Y.K. Kim, W. Soedel, On ring models for tire vibrations, in *Noise-Con 98* (1998), Michigan, pp. 91–96
137. W. Kropp, Structure-borne sound on a smooth tyre. Appl. Acoust. **26**, 181–192 (1989)
138. R.J. Pinnington, Radial force transmission to the hub from an unloaded stationary tyre. J. Sound Vib. **253**(5), 961–983 (2002)
139. J.M. Muggleton et al., Vibrational response prediction of a pneumatic tyre using an orthotropic two-plate wave model. J. Sound Vib. **264**, 929–950 (2003)
140. R.F. Keltie, Analytical model of the truck tire vibration sound mechanism. J. Acoust. Soc. Am. **71**(2), 359–367 (1982)
141. Y.J. Kim, J.S. Bolton, Effects of rotation on the dynamics of a circular cylindrical shell with application to tire vibration. J. Sound Vib. **275**, 605–621 (2004)
142. A. Dowling, Design and implementation of solution at validation sites work package test of new quiet passenger tyre designs, in *TIP4-CT-2005-516420* (2005)
143. R.J. Pinnington, A wave model of a circular tyre. Part 1: belt modelling. J. Sound Vib. **290**, 101–132 (2006)
144. R.J. Pinnington, A wave model of a circular tyre. Part 2: side-wall and force transmission modelling. J. Sound Vib. **290**, 133–168 (2006)
145. B.S. Kim et al., The identification of sound generating mechanisms of tyres. Appl. Acoust. **68**, 114–133 (2007)
146. I. Lopez et al., Modelling vibrations on deformed rolling tyres-a modal approach. J. Sound Vib. **307**, 481–494 (2007)
147. C. Lecomte, W.R. Graham, in *A tyre belt model based on a 2D beam theory*. Technical Report, CUED/A-AERO/TR.28 (2008)
148. C. Lecomte et al., Validation of a Belt Model for Prediction of Hub Forces from a Rolling Tire. Tire Sci. Technol. **37**(2), 62–102 (2009)
149. C. Lecomte et al., A shell model for tyre belt vibrations. J. Sound Vib. **329**, 1717–1742 (2010)
150. G.H. Koopmann, Application of sound intensity computations based on the Helmholtz equation, in *11 e ICA*, Paris (1983), p. 83
151. I. Kido, Tire and road input modeling for low-frequency road noise prediction, in *SAE Paper*, No. 2011-01-1690 (2011)
152. P. Kindt et al., Effects of rotation on the tire dynamic behavior: experimental and numerical analyses. Tire Sci. Technol. **41**(4), 248–261 (2013)
153. S. Suzuki, et al., Coupling of the boundary element method and modal analysis for structural acoustic problems. Trans. JSME, **52**, 310–317 (1985) (in Japanese)
154. H.A. Schenck, Improved integral formulation for acoustic radiation problems. J. Acoust. Soc. Am. **44**, 41–58 (1968)
155. L. Pahlevani, et al., Tire/road dynamic contact; study of different approaches to modelling of a tire, in *Proceedings of 9th International Conference on Structural Dynamics* (2014), pp. 1783–1788
156. T. Beckenbauer, et al, Influence of the road surface texture on the tyre road noise, Research program 03.293R95M, German Ministry of Transport and German Highway Research Institute (2001)
157. Y. Miyama et al., Development of tire eigenvalue control technology for optimization of road noise spectrum. Trans. JSAE **40**(5), 1133–11138 (2009)
158. T. Saguchi, Influence of the rolling condition given to the natural frequency of a tire, in *JSAE Symposium*, No. 9840829 (1998)
159. B. Mills, J.W. Dunn, The mechanical mobility of rolling tyres, in *Proceedings of Vibration and Noise in Motor Vehicles (IMechE C104/7)*, London, UK (1971), pp. 90–101

160. T. Ushijima, M. Takayama, Modal analysis of tire and system simulation, in *SAE Paper*, No. 880585 (1988)
161. E. Vinesse, Tyre vibration testing from modal analysis to dispersion relations, in *Proceedings of ISATA 88*, vol. 1, Paper No. 88048 (1988)
162. F. Fahy, P. Cardonio, *Sound and Structural Vibration*, 2nd edn. (Academic Press, New York, 2007)
163. http://webistem.com/acoustics2008/acoustics2008/cd1/data/articles/000417.pdf. Accessed Feb 23 2019

第 11 章 轮胎的侧偏特性

车辆的运动取决于轮胎和路面产生的力和力矩,因为轮胎是车辆与地面的唯一接触部件。因此,轮胎的力和力矩就成为轮胎力学的一个重要方面。在车辆动力学领域,大家都认为建立轮胎模型是最困难的任务。车辆动力学中的轮胎模型可以分为理论模型和经验模型,比如魔术公式模型。理论模型的例子有:实心模型、刚性环模型、柔性(弹性)环模型和有限元模型。弹性环模型可以进一步细分,这些细分的条件有:沿移动方向的接地压力分布形状(抛物线或广义抛物线)、滑移条件(纯滑移或者复合工况滑移)、滑移的幅值(小滑移或大滑移)、时间依赖性(稳态或瞬态)、温度效应(包含或不包含)。为了提高车辆的转向性能,引入了轮胎力和力矩的性能标准。而且,定位参数对车辆转向性能的影响也可以用轮胎的力和力矩来解释。

11.1 用于侧偏特性的轮胎模型

用于车辆动力学的轮胎模型分为理论模型和经验模型。理论模型是力学模型,用它来计算轮胎的力和力矩。侧偏特性的理论模型可以进一步划分为几个模型,如图 11.1 所示。图 11.2a 中的实心模型不考虑胎体的变形和胎冠环(带束层)的变形。图 11.2b 中的刚性环模型考虑了胎体的变形,但没有考虑胎冠环的变形,图 11.2c 中的柔性环(弹性环)模型考虑了胎体和胎冠环的变形,图 11.2d 中的有限元模型是在 FEA 中应用的[1-2]。除了有限元模型以外,其他的理论模型中的胎冠均采用刷子模型来模拟,在刷子模型中,胎冠橡胶的小单元的变形独立于所施加的力的方向,就像刷子的鬃毛一样。

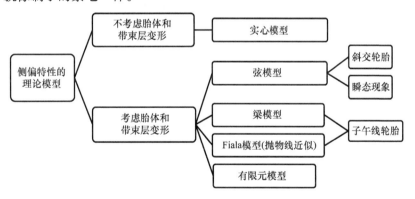

图 11.1 侧偏特性的理论模型

实心模型的截面变形如图 11.2a 的右图所示。侧向力的产生是由于胎冠橡胶的剪切变形。剪切位移不断增加,直到开始滑动时,此时剪切力等于最大静摩擦力。在达到滑移点后,胎冠开始横向滑移,并且在接地后端胎冠移动回到原来的位置。轮胎的侧向力可以表示为

$$侧向力 = \int_A (每单位面积的胎冠横向弹簧刚度) \times (胎冠位移) dA \qquad (11.1)$$

式中,A 是接触面积。

对于图 11.2b 中的刚性环模型来说,胎冠圆环的行为像一个刚体。然而,这个刚性环可以发生扭转变形和横向变形,因为胎冠圆环是建立在胎体弹簧之上的。当刚性环以侧偏角 α 滚动时,

就会产生横向位移和横向滑移。图 11.2b 和图 11.2a 的比较表明，两者的区别是胎冠圆环中心的刚体位移 y_0 和扭转位移。刚性环模型的侧向力可以用式（11.1）表示。从 O 点到 A 点是黏着区，而滑移区是从 A 点到接地后端（$x = l$）。与此同时，弦模型一般用于车辆的简单瞬态分析中。

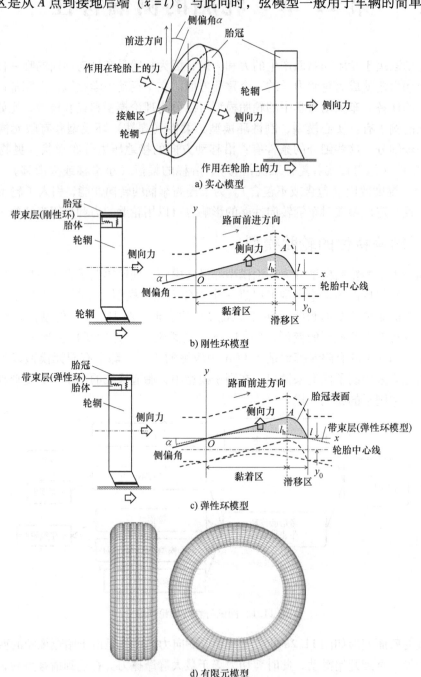

图 11.2 侧偏特性轮胎理论六分力计算模型比较
（经 Guranpuri - Shuppan 授权，摘自文献 [2]）

图 11.2c 的弹性环模型一般用于子午线轮胎的分析。带束层用梁来代替，称为梁模型。Fiala[3] 用抛物线来逼近梁的面内变形，忽略了带束层张力的影响。他的模型称为 Fiala 模型。当弹性环模型以侧偏角 α 滚动时，用倾斜的线表示的弹性环模型的胎冠剪切变形比刚性环模型的剪切变形小，这是由于胎冠圆环发生了弯曲变形。因此，弹性环模型的侧向力要比刚性环模型的侧

向力小。Fiala 模型的侧向力与实测值吻合较好,但回正力矩与实测值吻合较差。Frank[4]扩展了 Fiala 模型的功能,他在求解这类问题时考虑了梁的张力和接触区域的分布力。他也采用与测量得到的接地压力分布相似的形式来表示接地压力分布。Sakai[5-8]从理论上研究了轮胎的力和力矩,他将 Fiala 和 Frank 的研究成果扩展到同时考虑转向和驱动/制动力的复合滑移工况。Sakai 的模型将复合滑移中的力和力矩看作稳态侧偏角和稳态的纵向滑移率的函数,因此并不能很好地预测瞬态现象,比如车辆的 J 形转向工况。Kabe 和 Miyashita[9-11]以及 Mizuno 等人[12-13]扩展了 Sakai 模型,考虑了由侧向力和驱动/制动力导致的压力分布形状的变化。Pearson 等人[14-16]提出的瞬态轮胎模型,考虑了温度对瞬态力和力矩的影响。他们的模型称为 TameTire 模型。他们的研究结果表明 TameTire 模型可以很好地预测轮胎的瞬态行为。

人们开发了不同的物理轮胎模型。SWIFT 模型是荷兰应用科学研究组织(TNO)基于 Zegelaar[17]和 Maurice[18]的研究成果开发的轮胎模型。Ftire 模型是由 Gipser[19-22]开发的轮胎模型。RMOD - K 模型由 Oertel 和 Fandre[23]开发。Hankook 轮胎模型由 Gim 等开发[24-27]。这些轮胎模型不但用来描述车辆的转向现象,而且还用于评价车辆-悬架-轮胎系统的乘坐舒适性能。Lugner 等人[28]发表了一篇论文对这些模型的效果进行了比较。

图 11.2d 是有限元模型,图中给出了轮胎形状和结构的一些细节,可以用于定量预测轮胎的侧偏特性。然而,由于轮胎的有限元模型计算成本很高,将它应用于车辆动力学性能的预测和提高是有限的。该模型主要应用于轮胎产品的开发中。同时,经验模型是一个数学公式模型,它来自于对室内实验数据的拟合,主要应用于车辆动力学仿真中。最著名的经验模型就是 Pacejka[1]提出的魔术公式模型,本书只讨论理论模型。

表 11.1 总结了本章所讨论的轮胎模型的特点,有压力分布形状、滑移条件、胎冠圆环(带束层)面内弯曲变形、轮胎扭转变形、胎冠环的平移和横向位移、接触区域内轮胎受力点的位置变化、摩擦系数对滑移速度/温度的依赖性以及瞬态温度。

表 11.1 本章所讨论的轮胎模型的特点

模型参数		实心模型	Fiala 模型 11.1[a]	Sakai 模型			新 Fiala 模型 11.5[a]	TameTire 模型 11.7[a]
				11.2[a]	11.3[a]	11.4[a]		
压力分布形状	抛物线	√	√		√			未公开
	广义抛物线			√		√		
	广义斜抛物线						√	
滑移条件	纯滑移	√	√	√	√	√	√	√
	复合滑移				√	√	√	√
变形	胎冠圆环(带束层)面内弯曲变形		√	√	√	√	√	未公开
	轮胎扭转变形			√	√	√	√	
	胎冠环的平移和横向位移			√	√	√		
	接触区域内轮胎受力点的位置变化						√	
摩擦系数	滑移速度依赖			√	√	√		√
	温度依赖							√
瞬态温度								√

注:√代表在模型中考虑,上标 a 代表章节。

侧偏角 α 下轮胎的力和力矩是采用如图 11.3 所示的坐标系来表示的。一个坐标系固定在轮辋上，另一个坐标系固定在车辆上。有必要理解轮胎的力和力矩是定义在哪个坐标系上的。定义车辆的前进方向为 X' 轴，横向与之垂直的轴称为 Y' 轴。轮辋所指的方向为 X 轴，横向与之垂直的轴称为 Y 轴。F_x^{drag} 是拖拽阻力，F_x 称为制动力（纵向力）。F_y^{CF} 称为转向力（侧偏力），F_y 称为侧向力。这些力的作用点位于接地面内，该作用点位于轮辋中心点在地面的投影点 O 的后面，它在沿 X 轴方向上到 O 点的距离是 t。此外称 t_{trail} 为气胎拖距。

设 F 为轮胎所受的总的摩擦力，F_x^{drag}、F_x、F_y^{CF}、F_y 之间的关系是：

$$F^2 = F_x^2 + F_y^2 = (F_x^{\mathrm{drag}})^2 + (F_y^{\mathrm{CF}})^2$$

$$F_x^{\mathrm{drag}} = F_y \sin\alpha + F_x \cos\alpha$$

$$F_y^{\mathrm{CF}} = F_y \cos\alpha - F_x \sin\alpha$$

(11.2)

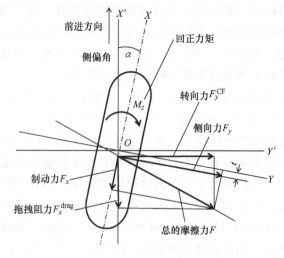

图 11.3 坐标系
（经 Guranpuri – Shuppan 授权，摘自文献 [2]）

当在转鼓试验机上采用力传感器测量这些力的时候，测量得到的是 F_x^{drag} 和 F_y^{CF}，当采用轮辋上的力传感器测量这些力的时候，测量得到的是 F_x 和 F_y。

11.1.1 用于纯侧偏工况的带有刷子模型的实心轮胎模型

1. 带有刷子模型的实心轮胎模型的基本方程

图 11.4 是实心轮胎模型示意图，它把胎冠单元看作刷毛，刷毛的特性用 7.1 节所述的胎冠单元的剪切弹簧来表示。当刷毛在接地区域滚动的时候，在接地前端它们垂直于接地面。当作用在胎冠单元上的力小于最大摩擦力的时候，胎冠单元黏附在接地面上。如果这个力大于最大摩擦力，胎冠单元就会在接触面内滑移。滑移分为横向滑移、周向滑移和复合滑移。当只发生横向滑移或者周向滑移的时候，称为纯滑移。因为横向滑移的基本方程与周向滑移的相似，所以首先讨论横向滑移的基本方程[⊖]。

图 11.5 给出了以恒定侧偏角运动的带刷子模型的实心轮胎模型受力图。图中黏着区有一条平行于速度 V 方向的直线，它在滑移区变成了一条曲线。滑移区可获得的摩擦力比侧向力小。黏着区的横向位移 v 和单位面积的侧向力 f_y 可以用下式给出：

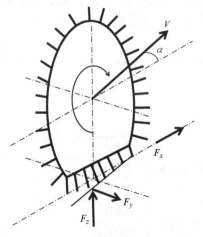

图 11.4 实心轮胎模型示意图

$$v = x \tan\alpha$$
$$f_y = C_y v = C_y x \tan\alpha$$

(11.3)

式中，α 是侧偏角；C_y 是胎冠单位面积的剪切弹簧常数。

在小侧偏角下，侧向力 F_y 和回正力矩 M_z 在矩形接地面内的表达式分别为

⊖ 备注 11.1。

$$F_y = b\int_0^l f_y \mathrm{d}x = C_y b\int_0^l v \mathrm{d}x = C_y b\int_0^l x\alpha \mathrm{d}x = \frac{C_y b l^2}{2}\alpha$$

$$M_z = -b\int_0^l f_y\left(x - \frac{l}{2}\right)\mathrm{d}x = -C_y b\int_0^l v\left(x - \frac{l}{2}\right)\mathrm{d}x = -\frac{C_y b l^3}{12}\alpha$$

(11.4)

式中，b 是接地宽度。

侧偏刚度 $C_{F\alpha}$ 和回正刚度 $C_{M\alpha}$ 分别由下式给出：

$$C_{F\alpha} = \partial F_y/\partial \alpha = C_y b l^2/2$$

$$C_{M\alpha} = -\partial M_z/\partial \alpha = C_y b l^3/12$$

(11.5)

假设摩擦系数 μ 是有限值，接地压力 q_z 用抛物线表示：

$$q_z = \frac{6F_z}{bl}\frac{x}{l}\left(1 - \frac{x}{l}\right)$$

(11.6)

式中，F_z 是轮胎承受的垂直载荷。

最大的可能的摩擦力分布可以用下式给出：

$$|q_{y,\max}| = \mu q_z = \frac{6\mu F_z}{bl}\frac{x}{l}\left(1 - \frac{x}{l}\right)$$

(11.7)

在图 11.6 中，从接地前端到滑动点的距离用 l_h 表示，也就是从黏着区过渡到滑移区的距离。在 $x = l_h$ 位置，由式（11.3）的第二个方程和式（11.7）之间的力平衡条件可得：

$$|f_y| = C_y l_h |\tan\alpha| = |q_{y,\max}| = \frac{6\mu F_z}{bl^3}l_h(l - l_h)$$

(11.8)

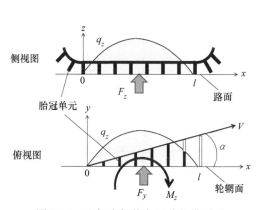

图 11.5　以恒定侧偏角运动的带刷子模型的实心轮胎模型受力图

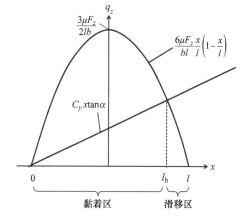

图 11.6　周向的接地压力分布

发生完全滑移时的侧偏角 α_{sl}，利用式（11.8）中的 $l_h = 0$ 的条件，用下式表示：

$$\tan\alpha_{sl} = 6\mu F_z/(C_y b l^2)$$

(11.9)

侧向力 F_y 和回正力矩 M_z 可以通过在黏着区 $0 \leq x \leq l_h$ 和滑移区 $l_h \leq x \leq l$ 内的积分得到。黏着区的侧向力 F_y^{adhesion} 和滑移区的侧向力 F_y^{sliding} 可以用下式给出 ⊖：

$$F_y^{\text{adhesion}} = b\int_0^{l_h} C_y x |\tan\alpha|\mathrm{d}x = \frac{C_y b |\tan\alpha|}{2}l_h^2 = \mu F_z\left(\phi - \frac{2}{3}\phi^2 + \frac{1}{9}\phi^3\right)\mathrm{sgn}\,\alpha$$

$$F_y^{\text{sliding}} = b\int_{l_h}^l \frac{6\mu F_z}{wl^3}x(l-x)\mathrm{d}x = \mu F_z\left(\frac{1}{3}\phi^2 - \frac{2}{27}\phi^3\right)\mathrm{sgn}\,\alpha$$

(11.10)

⊖ 问题 11.1。

式中，sgn α 是符号单位，当 α≥0 时表示正值，当 α<0 时表示负值；ϕ 的表达式为

$$\phi = C_{F\alpha}|\tan\alpha|/(\mu F_z) \tag{11.11}$$

通过 F_y^{adhesion} 和 F_y^{sliding} 相加可以得到轮胎的侧向力 F_y，该力可以用无量纲形式来表达：

当 $|\alpha|<\alpha_{\text{sl}}$ 时，

$$F_y/(\mu F_z) = \phi - \phi^2/3 + \phi^3/27 \tag{11.12}$$

当 $|\alpha|>\alpha_{\text{sl}}$（但 $<\pi/2$）时，

$$F_y/(\mu F_z) = \text{sgn }\alpha \tag{11.13}$$

黏着区和滑移区对总的侧向力的贡献如图 11.7 所示，当 $\phi=3$ 时侧向力 F_y 变得最大。轮胎侧向力 F_y 达到最大时的侧偏角可以表示为

$$\tan\alpha = 3\mu F_z/C_{F\alpha} \tag{11.14}$$

最大侧向力的值 $F_y^{\max}$ 表示为

$$F_y^{\max} = \mu F_z \tag{11.15}$$

回正力矩 M_z 也可以表示成无量纲形式。

当 $|\alpha|<\alpha_{\text{sl}}$ 时，

$$\frac{M_z}{l\mu F_z} = -\left(\frac{1}{6}\phi - \frac{1}{6}\phi^2 + \frac{1}{18}\phi^3 - \frac{1}{162}\phi^4\right) \tag{11.16}$$

其中当 $\phi=3/4$ 时取得峰值为 27/512，如图 11.8 所示[1]。回正力矩 M_z 取得最大值时的侧偏角可以用下式表示：

$$|\tan\alpha| = 3\mu F_z/(4C_{F\alpha}) = (\tan\alpha_{\text{sl}})/4 \tag{11.17}$$

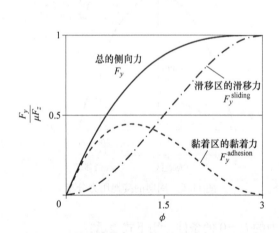

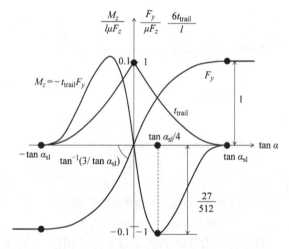

图 11.7 黏着区和滑移区对总的侧向力的贡献

图 11.8 刷子模型的特点：侧向力 F_y、回正力矩 M_z 和气胎拖距 t_{trail} 的关系[1]

最大的回正力矩 $M_z^{\max}$ 表示为

$$M_z^{\max} = \frac{27}{512}l\mu F_z \tag{11.18}$$

当 $|\alpha|>\alpha_{\text{sl}}$（但 $<\pi/2$）时，

$$M_z = 0 \tag{11.19}$$

气胎拖距 t_{trail} 是侧向力 F_y 作用点到接触中心 O 的距离，可以用下式表达：

当 $|\alpha|<\alpha_{\text{sl}}$ 时，

$$t_{\text{trail}} = -\frac{M_z}{F_y} = \frac{l}{6} \frac{\phi - \phi^2 + \frac{1}{3}\phi^3 - \frac{1}{27}\phi^4}{\phi - \frac{1}{3}\phi^2 + \frac{1}{27}\phi^3} \tag{11.20}$$

当 $|\alpha| > \alpha_{\text{sl}}$（但 $< \pi/2$）时，

$$t_{\text{trail}} = 0 \tag{11.21}$$

前述的关系如图 11.8 所示。当 $\alpha \to 0$ 时，式（11.20）可以简写为[⊖]

$$t_{\text{trail}} = t_{\text{trail 0}} = -M_z/F_y\big|_{\alpha \to 0} = l/6 \tag{11.22}$$

这个值小于通常遇到的实际值。Pacejka[1] 通过引入弹性胎体，建议 $t_{\text{trail}} \approx 0.5l$。

2. Gough 图

在所谓的 Gough 图中，纵坐标是侧向力 F_y，横坐标是回正力矩 M_z。弯曲的实线表示一系列不同的垂直载荷 F_z 下的侧向力和回正力矩的关系曲线。弯曲的虚线代表的是不同的侧偏角，图中的实直线代表不同的气胎拖距。这个图不是很常用，但是它可以非常清楚地表明侧向力和回正力矩之间的联系。图 11.9a 就是货车用轮胎 9.00-20 在干燥路面上的测量值。图 11.9b 显示了计算得到的带有刷子模型的实心轮胎模型的回正力矩和侧向力之间的关系。计算时考虑了侧偏刚度和垂直载荷之间的非线性关系，所采用的方法就是使胎冠的弹簧刚度随着垂直载荷线性地减少[1]。

图 11.9a 显示，在较大的侧偏角 α 下，侧向力 F_y 是饱和的，货车轮胎的侧向力 F_y 并不随着垂直载荷 F_z 的增加而线性地增加。同时，在图 11.9b 中看到，在带有刷子模型的实心轮胎模型的计算结果中，侧向力 F_y 并没有达到饱和。而且，实际的轮胎产生的回正力矩要比带有简单刷子模型的实心轮胎模型的计算结果大。回正力矩在获得最大侧向力之前就已经达到了峰值。通常人们认为超过回正力矩峰值后"路感"的消失对于驾驶员来说就是一个提示，驾驶员正处在转向极限中。

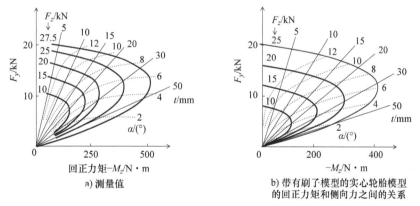

a) 测量值

b) 带有刷子模型的实心轮胎模型的回正力矩和侧向力之间的关系

图 11.9 货车轮胎的 Gough 图的测量值和计算值对比

11.1.2 弦模型

1. 弦模型的基本方程

图 11.10 所示为弦模型[29-32]的示意图，带有张力的弦和轮辋中心之间靠弹簧来支撑，弦在周向上不可变形。根据图 11.11，宽度为 b、长度为 $\mathrm{d}x$ 的胎冠单元的力平衡条件可以写为

$$f_y \mathrm{d}x - k_s v \mathrm{d}x - D + D + \frac{\partial D}{\partial x}\mathrm{d}x - S_1 \frac{\partial v}{\partial x} + S_1\left(\frac{\partial v}{\partial x} + \frac{\partial^2 v}{\partial x^2}\mathrm{d}x\right) = 0 \tag{11.23}$$

⊖ 问题 11.2。

式中，v 是弦在 y 方向的位移；k_s、S_1、D 和 f_y 分别是沿圆周方向上单位长度的横向胎体弹簧常数、沿圆周方向上弦的张力、接触区域内的剪切力和侧向力。

剪切力 D 与剪切角的变化率成正比：

$$D = S_2 \partial v / \partial x \tag{11.24}$$

式中，S_2 是与剪切变形有关的张力。

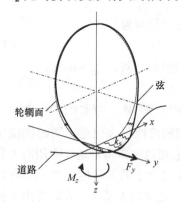

图 11.10　弦模型的示意图[29]

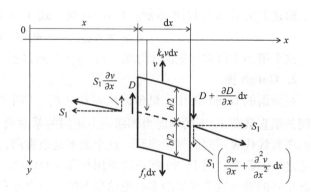

图 11.11　弦模型的胎冠单元的力平衡[29]

这里引入等效的总的张力 S（$= s_1 + s_2$）。利用式（11.24），式（11.23）可以简写成

$$S \partial^2 v / \partial x^2 - k_s v = -q_y \tag{11.25}$$

因为在接触区域外，f_y 为零，式（11.25）可以重写成

$$S \partial^2 v / \partial x^2 - k_s v = 0 \quad |x| > a \tag{11.26}$$

式中，a 是接地长度的一半。

图 11.12 所示为在接地区域附近弦模型的变形。这里也引入了松弛长度 σ 的概念，它的表达式是：

$$\sigma = \sqrt{S/k_s} \tag{11.27}$$

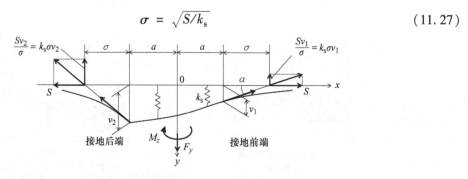

图 11.12　在接地区域附近弦模型的变形[29]

利用式（11.27），式（11.26）可以重写为

$$\sigma^2 \partial^2 v / \partial x^2 - v = 0 \quad |x| > a \tag{11.28}$$

如果松弛长度比轮胎的周长短，那么在接地后端的位移 v_2 就不受接地前端的位移 v_1 的影响，在接地区域以外弦的位移可以在接地前端和接地后端分别独立求解：

$$\begin{aligned} v &= C_1 e^{-x/\sigma} & x > a \\ v &= C_2 e^{x/\sigma} & x < -a \end{aligned} \tag{11.29}$$

考虑到边界条件：在 $x = a$ 处 $v = v_1$，在 $x = -a$ 处 $v = v_2$，可以得到：

$$\partial v/\partial x = -v_1/\sigma \quad x \downarrow a \tag{11.30}$$
$$\partial v/\partial x = v_2/\sigma \quad x \uparrow -a$$

式中，$x \downarrow a$ 表示 x 随着 a 增大逐渐减小；而 $x \uparrow -a$ 表示 x 随着 $-a$ 增大逐渐增大。

考虑到在接地区域的接地前端的内侧和外侧弦的斜率是连续的，可以得到：

$$\partial v/\partial x = -v_1/\sigma \quad x \uparrow a, x = a, x \downarrow a \tag{11.31}$$

2. 弦模型的力和力矩

弦模型的力和力矩可以从如图 11.12 所示的接地区域的位移 v、沿圆周方向的单位长度的胎体横向弹簧常数 k_s 和弦的张力 S 来计算。侧向力 F_y 表示为

$$F_y = k_s \int_{-a}^{a} v \mathrm{d}x + S(v_1 + v_2)/\sigma \tag{11.32}$$

绕 O 点的回正力矩可以通过将横向和周向的分量进行相加得到。由弦的横向位移 v 引起的回正力矩 M'_z 表达式为

$$M'_z = k_s \int_{-a}^{a} vx \mathrm{d}x + S(a + \sigma)(v_1 - v_2)/\sigma \tag{11.33}$$

由弦的周向位移 u 引起的回正力矩 M_z^* 表达式为

$$M_z^* = -C_x \int_{-a}^{a} \int_{-\frac{b}{2}}^{\frac{b}{2}} uy \mathrm{d}x \mathrm{d}y \tag{11.34}$$

式中，C_x 是胎冠在周向上单位面积的剪切弹簧常数，总的回正力矩 M_z 可以表示为

$$M_z = M'_z + M_z^* \tag{11.35}$$

假设接地区域内弦的横向位移 v 可以用给定侧偏角 α 下的直线来表达，忽略周向的位移 u，v 可以表示为

$$v = \alpha(a - x + \sigma) \tag{11.36}$$

将式（11.36）代入式（11.32）和式（11.33），可以得到：

$$\begin{aligned} F_y &= C_{F\alpha}\alpha \\ M_z &= -C_{M\alpha}\alpha \\ C_{F\alpha} &= 2k_s(\sigma + a)^2 \\ C_{M\alpha} &= 2k_s a\{\sigma(\sigma + a) + a^2/3\} \end{aligned} \tag{11.37}$$

11.1.3 梁模型和 Fiala 模型

1. 梁模型和 Fiala 模型概述

图 11.13 给出了 Fiala 模型的示意图[3]，其中的 D 代表刚性轮辋，B 是用来表示子午线轮胎的带束层的圆形梁，C 代表胎体的弹簧，T 是胎冠橡胶。圆形梁的面内弯曲刚度是 EI_z，其中 I_z 是圆环截面的惯性矩，E 是带束层沿周向的杨氏模量。k_s 是曾在 6.1.3 节和 6.4.2 节讨论过的沿圆周方向上单位长度的胎体的横向基本弹簧常数。当侧向力 F_y 作用在圆形梁上的时候，圆形梁的变形可以用位于弹性基础上的梁的弯曲问题来求解，如图 11.14 所示。当梁上作用有分布式的外部力 $w(x)$ 的时候，梁的横向位移 y 的微分方程为

$$EI_z \mathrm{d}^4 y/\mathrm{d}x^4 + k_s y = w(x) \tag{11.38}$$

特别地，当在 $x = 0$ 处作用有集中力的时候，边界条件可以表示为 $w(x)|_{x=0} = F_y$。考虑到横向位移 y 的左右对称，则 $\mathrm{d}y/\mathrm{d}x = 0$ 的条件是满足的。利用胎体弹簧的反作用力的积分必定等于

侧向力 F_y 的条件，y 可以用下式表示[1]：

$$y = \frac{\lambda F_y}{2k_s} e^{-\lambda x} (\cos\lambda x + \sin\lambda x) \tag{11.39}$$

其中的 λ 可以表示为

$$\lambda = \sqrt[4]{k_s/(4EI_z)} \tag{11.40}$$

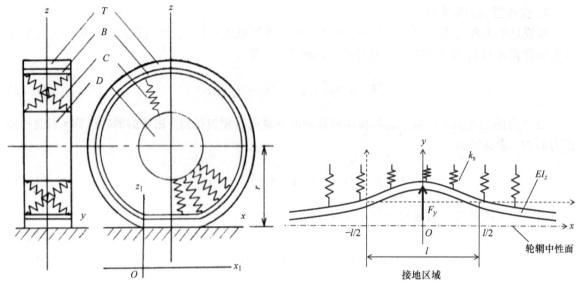

图 11.13 Fiala 模型的示意图
（经 Guranpuri - Shuppan 授权，摘自文献 [2]）

图 11.14 弹性基础上的梁的弯曲变形

将式（11.39）针对 λx 应用泰勒级数展开，横向位移 y 可以用抛物线函数表达[2]：

$$y = \frac{\lambda F_y}{2k_s} (1 - \lambda^2 x^2) \tag{11.41}$$

图 11.15 显示了侧偏角为 α 时滚动中的轮胎在接地区域附近胎冠基部（带束层）和胎面的变形。路面上的点沿着直线 ABD 运动，而胎冠基部（带束层）上的点沿着直线 AC 运动。胎面上的点与道路上的点 A 接触，直线运动至滑动起始点 B，进而滑动到点 C。AB 区间是黏着区，BC 区间是滑移区。假设接地区域内梁的变形可以用 (x_1, y_b) 坐标系表达，其中接地前端带束层的位置是原点，则 y_b 可以表示为

$$y_b = \frac{\delta}{C_y} F_y \frac{x_1}{l} \left(1 - \frac{x_1}{l}\right) \tag{11.42}$$

$$\delta = C_y \lambda^3 l^2 / (2k_s)$$

式中，C_y 是胎冠橡胶单位面积的横向剪切弹簧常数，它的量纲是 FL^{-3}（F 代表力，L 代表长度），在黏着区，单位面积的侧向力 f_y 与胎面和胎冠基部之间的位移差值成正比：

$$f_y(x_1) = C_y(x_1 \tan\alpha - y_b) \tag{11.43}$$

黏着区的侧向力 F'_y 可以通过从原点到起滑点 l_h 对 f_y 进行积分获得：

$$F'_y = C_y \int_0^{l_h} b\left\{ x_1 \tan\alpha - \frac{\delta}{C_y} F_y \frac{x_1}{l}\left(1 - \frac{x_1}{l}\right) \right\} dx_1 \tag{11.44}$$

---

[1] 备注 11.2。
[2] 备注 11.3。

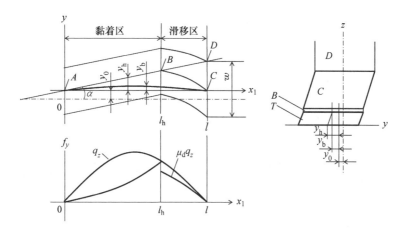

图 11.15 侧偏角为 α 时滚动中的轮胎在接地区域附近胎冠基部和胎面变形
（经 Guranpuri – Shuppan 授权，摘自文献 [2]）

在黏着区的回正力矩 M'_z 定义为在距离轮胎的接地中心（也就是轮辋中心在接地区域的投影点）$x_1 = l/2$ 处绕 z 轴的力矩。M'_z 可以通过从原点到起滑点 l_h 对侧向力 F_y 产生的力矩进行积分得到：

$$M'_z = C_y \int_0^{l_h} b \left\{ x_1 \tan \alpha - \frac{\delta}{C_y} F_y \frac{x_1}{l}\left(1 - \frac{x_1}{l}\right) \right\} \left(x_1 - \frac{l}{2}\right) dx_1 \tag{11.45}$$

假设轮胎的接地形状是矩形，而接地压力分布 q_z 沿周向是抛物线形，沿宽度方向是均匀的，q_z 可以表示为

$$q_z = 4 p_m \frac{x_1}{l}\left(1 - \frac{x_1}{l}\right) \tag{11.46}$$

式中，p_m 是接地压力的最大值。在整个接地区域内对接地压力的积分等于轮胎的垂直载荷 F_z，从而，

$$F_z = 2 p_m l b / 3 \tag{11.47}$$

在滑移区，摩擦力与接地压力成正比，滑移区的侧向力 F''_y 可以表示为

$$F''_y = \int_{l_h}^{l} 4 b \mu_d p_m \frac{x_1}{l}\left(1 - \frac{x_1}{l}\right) dx_1 \tag{11.48}$$

式中，μ_d 是动摩擦系数。滑移区的回正力矩 M''_z 表示为

$$M''_z = \int_{l_h}^{l} 4 b \mu_d p_m \frac{x_1}{l}\left(1 - \frac{x_1}{l}\right)\left(x_1 - \frac{l}{2}\right) dx_1 \tag{11.49}$$

利用式（11.43）和式（11.46），可以得到起滑点 l_h 的表达式[注]：

$$l_h = l \left(1 - \frac{C_y l \tan \alpha}{4 \mu_s p_m + \delta F_y}\right) \tag{11.50}$$

式中，μ_s 是静摩擦系数。

根据上述公式，轮胎的侧向力 F_y 和回正力矩 M_z 分别为

$$F_y = F'_y + F''_y = C_y l_h^2 b \left\{\frac{1}{2}\tan \alpha - \frac{\delta F_y}{C_y l}\left(\frac{1}{2} - \frac{l_h}{3l}\right)\right\} + 4 \mu_d b p_m l \left(\frac{l}{6} - \frac{l_h^2}{2l^2} + \frac{l_h^3}{3l^3}\right) \tag{11.51}$$

$$M_z = M'_z + M''_z = C_y l_h^2 b \left(\frac{l_h}{3} - \frac{l}{4}\right)\tan \alpha + \frac{l_h^2}{l^2} b \left(\frac{\delta F_y}{4} + \mu_d p_m\right)(l - l_h)^2$$

⊖ 备注 11.4。

因为 F_y 包含在上述公式的右端项中,在 $\alpha = 0$ 处利用逐次逼近方法,Sakai[2] 将 F_y 和 M_z 表达为

$$F_y = C_{F\alpha}\tan\alpha - \frac{C_{F\alpha}^2}{3\mu_s F_z}\left(1 + \frac{\delta' l}{6}\right)\left(2 - \frac{\mu_d}{\mu_s}\right)\tan^2\alpha + \frac{C_{F\alpha}^3}{27\mu_s^2 F_z^2}\left(1 + \frac{11}{6}\delta' l + \frac{5}{18}\delta'^2 l^2\right)\left(3 - 2\frac{\mu_d}{\mu_s}\right)\tan^3\alpha$$

$$M_z = \left(1 + \frac{\delta' l}{6}\right)^2 l \left[\frac{C_{F\alpha}}{6\left(1 + \frac{\delta' l}{6}\right)}\tan\alpha - \frac{C_{F\alpha}^2}{6\mu_s F_z}\left(2 - \frac{\mu_d}{\mu_s}\right)\tan^2\alpha + \frac{C_{F\alpha}^3}{27\mu_s^2 F_z^2}\left\{\frac{9}{2} + \frac{33}{4}\delta' l - 6\frac{\mu_d}{\mu_s}\left(\frac{1}{2} + \frac{4}{3}\delta' l\right)\right\}\tan^3\alpha - \frac{C_{F\alpha}^4}{324\mu_s^3 F_z^3}\left[8 + \frac{68}{3}\delta' l + \frac{29}{9}\delta'^2 l^2 - \frac{\mu_d}{\mu_s}\left\{6 + 5\delta' l + \frac{13}{6}\delta'^2 l^2 - \frac{\mu_d}{\mu_s}\delta' l\left(1 + \frac{\delta' l}{6}\right)\right\}\right]\tan^4\alpha\right]$$

(11.52)

式中,$\delta' = b\delta$;$C_{F\alpha}$ 是侧偏刚度,其表达式为

$$C_{F\alpha} = \frac{C_y b l^2}{2\left(1 + \frac{b\delta l}{6}\right)} = \frac{b l^2 C_y}{2\left(1 + \frac{b\lambda^3 l^3}{12 k_s}C_y\right)} \tag{11.53}$$

如果动摩擦系数和静摩擦系数相同,并且带束层的弯曲刚度是无限大,那么就满足 $\mu_d = \mu_s = \mu$ 和 $\delta = 0$ 的条件。将这两个关系式代入到式(11.52)中,就可以得到与 Fiala 模型结果相同的方程。

$$F_y = C_{F\alpha}\tan\alpha - \frac{C_{F\alpha}^2}{3\mu F_z}\tan^2\alpha + \frac{C_{F\alpha}^3}{27\mu^2 F_z^2}\tan^3\alpha$$

$$M_z = l\left[\frac{C_{F\alpha}}{6}\tan\alpha - \frac{C_{F\alpha}^2}{6\mu F_z}\tan^2\alpha + \frac{C_{F\alpha}^3}{18\mu^2 F_z^2}\tan^3\alpha - \frac{C_{F\alpha}^4}{162\mu^2 F_z^3}\tan^4\alpha\right]$$

(11.54)

注意式(11.54)和式(11.12)及式(11.16)是相同的。

图 11.16 比较了 Fiala 模型、根据式(11.54)计算的带束层刚度无限大模型、采用式(11.52)计算的有限弯曲刚度模型计算结果以及不同轮胎的侧向力和回正力矩的测试结果。ϕ 采用式(11.11)来定义。从中看出,即便没有考虑带束层的弯曲刚度,侧向力的计算结果与实测结果吻合也较好,然而计算得到的回正力矩因为没有考虑带束层的弯曲变形而比实测值低。

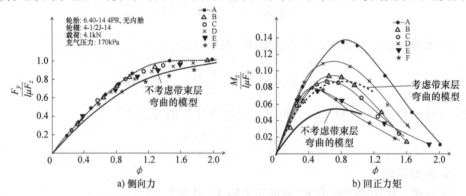

图 11.16 考虑带束层弯曲和不考虑带束层弯曲的 Fiala 模型的计算值和测量值对比
(经 Guranpuri – Shuppan 授权,摘自文献 [2])

2. 轮胎设计因素对侧偏刚度的影响

Tanaka 和 Kageyama[33-34] 研究了轮胎设计因素对侧偏刚度的载荷依赖性的影响,侧偏刚度的载荷依赖性是车辆动力学的一个重要影响因素,将在 11.9 节中详细讨论。式(11.53)可以重新写成:

$$\frac{1}{C_{F\alpha}} = \frac{1}{bC_y}\frac{2}{l^2} + \frac{\lambda^3}{k_s}\frac{l}{6} + A \tag{11.55}$$

式中，A 是附加的常数，用它来得到更好的回归系数。

测量各种不同载荷和气压下的侧偏刚度 $C_{F\alpha}$ 和接地长度 l，通过回归分析来确定 $1/(bC_y)$、λ^3/k_s 和 A。利用式（11.39），轮胎的横向弹簧常数 K_y 为

$$K_y = \left.\frac{F_y}{y}\right|_{x=0} = \frac{\lambda}{2k_s} \tag{11.56}$$

利用式（11.40）和式（11.56），可以得到带束层的面内弯曲刚度 EI_z 和胎侧的刚度 k_s：

$$EI_z = \sqrt{\frac{1}{8K_y(\lambda^3/k_s)^3}}$$

$$k_s = \sqrt{\frac{K_y^3(\lambda^3/k_s)}{8}} \tag{11.57}$$

EI_z 和 k_s 是由实测的 K_y 和通过回归分析确定的 λ^3/k_s 来计算的。更进一步地说，接地长度 l、K_y 和 EI_z 是通过回归分析得到的关于载荷和充气压力的函数，$C_{F\alpha}$ 可以用式（11.55）来计算。注意这些参数可以用前述各章节内容进行验证，6.1.3 节和 6.4.2 节所讨论的简单模型可以用于验证 k_s，可以用第 2.3 节的内容验证 EI_z，可以用第 9.3 节的内容验证 l。

图 11.17 给出了轮胎 155/80R13 回归方程得到的侧偏刚度和实验测量值。回归方程与实测结果比较一致。图 11.18 给出了设计参数对侧偏刚度的影响，图中是采用回归方程进行预测的结果。$C_{F\alpha}$ 随着胎面橡胶剪切弹簧刚度的增加而增加。重载时，对应于前轮的 $C_{F\alpha}$ 随着面内弯曲刚度 EI_z 的增加而增加，也随着胎体的横向基本弹簧常数 k_s 的增加而增加。然而，轻载时，对应着后轮轮胎的 $C_{F\alpha}$ 随着接地长度 l 的增加而增加。由于车辆的直线稳定性随着后轮的 $C_{F\alpha}$ 的增加而提高，$C_{F\alpha}$ 的增加可以通过减小带束层的面外弯曲刚度从而增加接地长度来实现。根据第 2.4 节，带束层的面外弯曲刚度随着带束层角度的增加而下降，随着带束层厚度的减小而下降。带束层的面内弯曲刚度 EI_z 可以通过减小带束层宽度和增加带束层角度来减小。

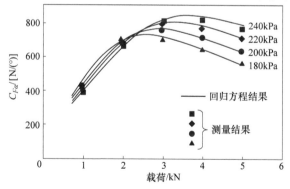

图 11.17　轮胎 155/80R13 回归方程得到的侧偏刚度和实验测量值

（经 JSAE 授权，摘自文献 [33]）

图 11.19 显示了带束层角度和充气压力对带束层的面内弯曲刚度和接地长度的影响。带束层角度为 26°的轮胎直线行驶稳定性的主观评价结果要好于带束层角度为 23°的情况[34]。这是因为在轻载下侧偏刚度 $C_{F\alpha}$ 对 EI_z 不敏感，而对于带束层角度为 26°的轮胎来说，它具有更长的接地长度，$C_{F\alpha}$ 在轻载下则随着接地长度的增加而提高。

3. 带有外倾角的轮胎的侧向力（侧倾推力）

利用 Fiala 模型，Abe[35] 推导得到了轮胎的侧倾推力表达式，也就是由外倾角带来的轮胎侧

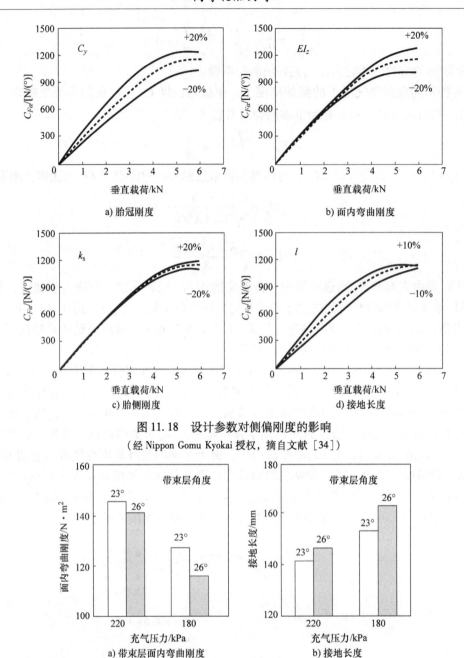

图 11.18 设计参数对侧偏刚度的影响
（经 Nippon Gomu Kyokai 授权，摘自文献 [34]）

图 11.19 带束层角度和充气压力对带束层面内弯曲刚度和接地长度的影响
（经 Nippon Gomu Kyokai 授权，摘自文献 [34]）

向力。图 11.20 显示了带有外倾角 γ 的轮胎的变形。当轮胎上作用有外倾角的时候，即便侧偏角为零，胎冠基部在路面上的投影轨迹 y_c 表示为一条椭圆，而不是一条直线。与图 11.14 中的带束层的弯曲变形类似，y_c 可以用抛物线模型来近似⊖：

$$y_c = -\frac{l^2 \sin\gamma x_1}{2r_e} \frac{x_1}{l}\left(1 - \frac{x_1}{l}\right) \cong -\frac{l^2 \gamma}{2r_e} \frac{x_1}{l}\left(1 - \frac{x_1}{l}\right) \tag{11.58}$$

式中，r_e 是胎冠基部的有效滚动半径，可以表示为

⊖ 备注 11.5。

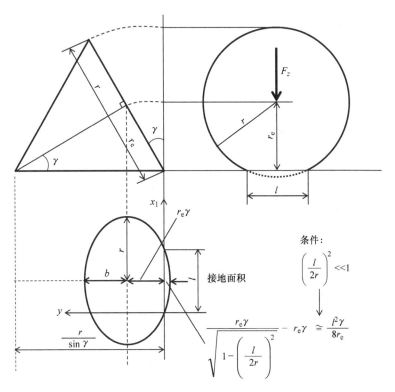

图 11.20 带有外倾角 γ 的轮胎的变形[35]

$$r_e = r - F_z/R_\delta \tag{11.59}$$

式中，r 是充气但没有承受载荷的胎冠基部（Belt）半径；R_δ 是第 6.2.3 节讨论的偏心弹簧刚度。

如果侧倾推力 F_c 作为集中力作用在接地区域的中心上，参考式（11.42），由侧倾推力导致的胎冠基部的弯曲变形 y_b 可以表示为

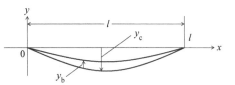

图 11.21 外倾角下胎冠变形

$$y_b = \frac{\delta}{C_y} F_c \frac{x_1}{l}\left(1 - \frac{x_1}{l}\right) \tag{11.60}$$

根据图 11.21，胎冠的剪切变形可以表示为 $-(y_c - y_b)$，侧倾推力可以表示为

$$F_c = -b\int_0^l C_y(y_c - y_b)\mathrm{d}x_1 = bC_y\left(\frac{l^2\gamma}{2r_e} - \frac{\delta}{C_y}F_c\right)\int_0^l \frac{x_1}{l}\left(1 - \frac{x_1}{l}\right)\mathrm{d}x_1 \tag{11.61}$$

对式（11.61）在接触面内进行积分，得到 F_c 的表达式：

$$F_c = \frac{C_y b l^2}{2\left(1 + \frac{b\delta l}{6}\right)}\frac{l\gamma}{6r_e} = \frac{C_{F\alpha}l}{6r_e}\gamma \equiv K_c\gamma \tag{11.62}$$

式（11.62）表明侧倾推力 F_c 正比于侧倾角 γ。利用式（11.53），比例系数 K_c 称为侧倾推力系数，用下式表示：

$$K_c = \frac{lC_{F\alpha}}{6r_e} \tag{11.63}$$

注意由侧倾推力导致的绕 z 轴的力矩等于零，因为侧倾推力的分布是对称的，如图 11.21 所示。

11.1.4 不同轮胎模型的力和力矩的比较

Frank[4]在 Fiala 模型中考虑了带束层的周向张力 T，将外部集中力修改为分布式的外部力。这就得到了基本方程[一]：

$$EI_z \frac{\partial^4 y}{\partial x^4} - T\frac{\partial^2 y}{\partial x^2} + k_s y = w(x) \quad (11.64)$$

式（11.64）是一个通用方程，可以用于任何轮胎。用于斜交轮胎的模型称为弦模型，它的基本方程可以用式（11.64）表示，此时 $EI_z = 0$。子午线轮胎的梁模型和 Fiala 模型可以用式（11.64）表示，此时 $T = 0$。

Pacejka[1]比较了不同轮胎模型的侧向力和回正力矩，如图 11.22 所示。这些曲线的计算基础是：弦模型（$EI_z = 0$）、梁模型（$T = 0$）、Fiala 模型（对称式胎体抛物线变形）、刷子模型（带有刚性胎体）。

每个模型的胎冠单元的弹簧常数相同，模型 a、b、c 的参数对峰值侧向力和小侧偏角下的侧向力的实测值拟合最好。模型 c 和 a 的侧向力曲线一致。当模型 d 的胎冠单元的刚度较低时，刷子模型和 Fiala 模型的侧向力特征没有区别。

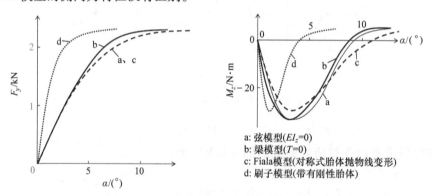

图 11.22 不同轮胎模型的侧向力和回正力矩的比较[1]

11.2 大侧偏角下的侧偏特性

Sakai[2]开发了可以预测大侧偏角下的侧向力和回正力矩的轮胎模型，他做出了如下的修正：
1）当外倾角存在的时候，带束层可以在侧向力的作用下绕 x 轴扭转。
2）如果侧偏角改变，则带束层可以在回正力矩的作用下绕 z 轴扭转。
3）橡胶的动摩擦系数随着滑移速度而改变，从静摩擦到动摩擦滑动点的摩擦系数是变化的。
4）接地压力分布可以用广义抛物线函数进行近似，这将在 11.2.4 节中详细讨论。

11.2.1 由侧向力导致的胎冠圆环横向变形

由侧向力导致的胎冠圆环的横向变形可以通过将图 6.21 中的扭转变形添加到式（11.42）所给出的胎冠圆环的弯曲变形来实现。考虑到式（6.44）的扭转角相当于式（11.58）中的外倾角 γ，由胎冠圆环的扭转导致的接地区域内胎冠圆环的位移 y_c 可以表示为[二]

$$y_c = \frac{l^2 F_y}{2R_{mz}} \frac{x_1}{l}\left(1 - \frac{x_1}{l}\right) \quad (11.65)$$

[一] 备注 11.6。

[二] 备注 11.7。

式中，R_{mz}是轮胎的扭转刚度。

利用式（6.39）和式（6.49），当胎冠宽度小时，R_{mz}可以表示为$R_{mz} = 3r^2K_y/2$，其中的K_y是轮胎的横向弹簧刚度。因此式（11.65）可以重写为

$$y_c = \frac{F_y l^2}{3r^2 K_y} \frac{x_1}{l}\left(1 - \frac{x_1}{l}\right) \tag{11.66}$$

将式（11.65）的y_c与式（11.42）的y_b相加，胎冠圆环总的横向位移可以写为

$$y = y_b + y_c = \left(\frac{\delta}{C_y} + \frac{l^2}{3r^2 K_y}\right) F_y \frac{x_1}{l}\left(1 - \frac{x_1}{l}\right) \tag{11.67}$$

11.2.2　由回正力矩导致的绕 z 轴的扭转变形

如果胎冠圆环的刚度很大以至于胎冠圆环像刚体一样绕着垂直z轴扭转，扭转刚度R_{mz}可以用式（6.38）表示。当轮胎在回正力矩M_z的作用下发生扭转时，侧偏角会随着扭转角的增加而减小。有效的侧偏角α可以写为

$$\alpha = \alpha_0 - M_z/R_{mz} \tag{11.68}$$

式中，α_0是轮辋处的侧偏角。

11.2.3　橡胶的动摩擦系数随着滑动速度的变化

橡胶的动摩擦系数μ_d随着滑动速度$|V'|$的增加而降低：

$$\mu_d = \mu_{d0} - \alpha_V |V'| \tag{11.69}$$

式中，μ_{d0}是橡胶的静摩擦系数；α_V是表示摩擦系数的速度依赖性的常数。

根据图 11.15，其中轮胎只有侧偏角，当道路上的点以速度V从B点移动到D点，胎冠上的点从D移动到C。滑移发生在从l_h到l的滑移区。因此滑移区的平均滑动速度$|V'|$可以按下式给出：

$$|V'| = lV\sin\alpha/(l - l_h) \tag{11.70}$$

式中，V是轮胎速度。

将式（11.70）代入到式（11.69）可以得到：

$$\mu_d = \mu_{d0} - \alpha_V lV\sin\alpha/(l - l_h) \tag{11.71}$$

11.2.4　接地压力分布的形状

轮胎的接地压力分布的形状与 Fiala 模型中所采用的抛物线形式不同，因此 Sakai[2] 提出可以用广义的抛物线函数q_z来表示接地压力分布的形状：

$$q_z = \frac{n+1}{n} \frac{2^n F_z}{l^{n+1} b}\left\{\left(\frac{l}{2}\right)^n - \left(x_1 - \frac{l}{2}\right)^n\right\} \tag{11.72}$$

式中，b是接地宽度；l是接地长度；F_z是垂直载荷；x_1是测量点到接地前端的距离；n是控制接地压力分布的参数，如果是轿车子午线轮胎，则$n = 4$比较合适。

11.2.5　带有大侧偏角的轮胎侧偏特性模型

当轮胎以侧偏角α滚动时，对应的横向位移Δy是定义在以接地前端为原点的坐标系中的，如图 11.15 所示。利用式（11.67），在距离x_1处对应的横向位移Δy可以用下面的公式表示：

$$\Delta y = x_1 \tan\alpha - (y_b + y_c) = x_1 \tan\alpha - \left(\frac{\delta}{C_y} + \frac{l^2}{3r^2 K_y}\right) F_x \frac{x_1}{l}\left(1 - \frac{x_1}{l}\right) \tag{11.73}$$

起滑点l_h可以通过剪切力和最大摩擦力的平衡求得，利用式（11.72）和式（11.73），l_h可以由下式确定：

$$\frac{n+1}{n}\frac{2^n F_z \mu_s}{l^{n+1} b}\left\{\left(\frac{l}{2}\right)^n - \left(x_1 - \frac{l}{2}\right)^n\right\} = C_y\left\{x_1 \tan\alpha - \left(\frac{\delta}{C_y} + \frac{l^2}{3r^2 K_y}\right)F_y \frac{x_1}{l}\left(1 - \frac{x_1}{l}\right)\right\}$$
(11.74)

式 (11.74) 可以用迭代算法很容易求解。在 $l_h < 0$ 的情况下，可以先用 $l_h = 0$。利用式 (11.44)，黏着区的侧向力 F'_y 由下式给出：

$$F'_y = C_y l_h^2 b\left\{\frac{1}{2}\tan\alpha - \left(\frac{\delta}{C_y} + \frac{l^2}{3r^2 K_y}\right)\frac{F_y}{l}\left(\frac{1}{2} - \frac{l_h}{3l}\right)\right\}$$
(11.75)

利用式 (11.45)，黏着区的回正力矩 M'_z 由下式给出：

$$M'_z = C_y l_h^2 b\left(\frac{l_h}{3} - \frac{l}{4}\right)\tan\alpha + \left(\delta + \frac{l^2 C_y}{3r^2 K_y}\right)\frac{F_y b l_h^2}{4l^2}(l_h - l)^2$$
(11.76)

滑移区的侧向力 F''_y 可以由下式给出：

$$F''_y = \frac{n+1}{n}\frac{2^n F_z \mu_d}{l^{n+1}}\int_{l_h}^{l}\left\{\left(\frac{l}{2}\right)^n - \left(x_1 - \frac{l}{2}\right)^n\right\}\mathrm{d}x_1$$

$$= \frac{n+1}{n}\frac{2^n F_z \mu_d}{l^{n+1}}\left[\left(\frac{l}{2}\right)^n(l - l_h) - \frac{1}{n+1}\left\{\left(\frac{l}{2}\right)^{n+1} - \left(l_h - \frac{l}{2}\right)^{n+1}\right\}\right]$$
(11.77)

滑移区的回正力矩 M''_z 可以由下式给出：

$$M''_z = \frac{n+1}{n}\frac{2^n F_z \mu_d}{l^{n+1}}\int_{l_h}^{l}\left\{\left(\frac{l}{2}\right)^n - \left(x_1 - \frac{l}{2}\right)^n\right\}\left(x_1 - \frac{l}{2}\right)\mathrm{d}x_1$$

$$= \frac{n+1}{n}\frac{2^n F_z \mu_d}{l^{n+1}}\left[\frac{1}{2}\left(\frac{l}{2}\right)^n\left\{\left(\frac{l}{2}\right)^2 - \left(l_h - \frac{l}{2}\right)^2\right\} - \frac{1}{n+2}\left\{\left(\frac{l}{2}\right)^{n+2} - \left(l_h - \frac{l}{2}\right)^{n+2}\right\}\right]$$
(11.78)

总的侧向力 F_y 可以通过将式 (11.75) 和式 (11.77) 相加得到：

$$F_y = C_y l_h^2 b\left\{\frac{1}{2}\tan\alpha - \left(\frac{\delta}{C_y} + \frac{l^2}{3r^2 K_y}\right)\frac{F_y}{l}\left(\frac{1}{2} - \frac{l_h}{3l}\right)\right\} + \frac{n+1}{n}\frac{2^n F_z \mu_d}{l^{n+1}}\left[\left(\frac{l}{2}\right)^n(l - l_h) - \frac{1}{n+1}\left\{\left(\frac{l}{2}\right)^{n+1} - \left(l_h - \frac{l}{2}\right)^{n+1}\right\}\right]$$
(11.79)

总的回正力矩 M_z 可以通过将式 (11.76) 和式 (11.78) 相加得到：

$$M_z = C_y l_h^2 b\left(\frac{l_h}{3} - \frac{l}{4}\right)\tan\alpha + \left(\delta + \frac{l^2 C_y}{3r^2 K_y}\right)\frac{F_y b l_h^2}{4l^2}(l_h - l)^2 +$$

$$\frac{n+1}{n}\frac{2^n F_z \mu_d}{l^{n+1}}\left[\frac{1}{2}\left(\frac{l}{2}\right)^n\left\{\left(\frac{l}{2}\right)^2 - \left(l_h - \frac{l}{2}\right)^2\right\} - \frac{1}{n+2}\left\{\left(\frac{l}{2}\right)^{n+2} - \left(l_h - \frac{l}{2}\right)^{n+2}\right\}\right]$$
(11.80)

忽略滚动阻力，图 11.3 中的转向力 F_y^{CF} 可以由下式给出：

$$F_y^{\mathrm{CF}} = F_y \cos\alpha$$
(11.81)

包含侧向力效应的滚动阻力（或称为拖拽阻力）F_x^{drag} 可以表示为

$$F_x^{\mathrm{drag}} = F_y \sin\alpha + \eta F_z \cos\alpha$$
(11.82)

式中，η 是滚动阻力系数。

求解式 (11.79) 需要进行迭代计算，因为式 (11.79) 的两侧都有侧向力 F_y，计算流程如下：

1) 输入接地长度 l、接地宽度 b、胎冠单位面积的横向剪切弹簧常数 C_y、轮胎的横向刚度 K_y、轮胎的扭转刚度 R_{mz}、垂直载荷 F_z、充气压力 p、决定轮胎接地压力分布的参数 n、带束层的面内弯曲刚度 EI_z、滚动阻力系数 η、轮胎半径 r、静摩擦系数 μ_s、滑移速度为零附近的动摩擦系数 μ_{d0}、动摩擦系数的速度依赖系数 α_V、轮胎的线速度 V、侧偏角 α、侧向力的初始值 F_{y1}。

2) 利用式 (11.74) 计算 l_h。

3) 利用式 (11.79) 计算侧向力 F_y，并将它表示为 F_{y2}，利用式 (11.80) 计算回正力矩 M_z。利用式 (11.68) 修正侧偏角。

4) 求第 i 次侧向力与第 $i+1$ 次侧向力的差，判断收敛性。

5) 如果没有收敛，用 $(F_{yi}+4F_{yi+1})/5$ 来代替 F_{yi+1}，然后返回到 2) 去计算第 $i+2$ 个侧向力 F_{yi+2}。如果收敛，则输出计算结果。

图 11.23 显示了不同速度下计算得到的侧向力、拖拽阻力和回正力矩。计算采用的滚动阻力系数 $\eta = 0.03$。从图中看到，随着速度的提高，侧向力下降，这是因为随着轮胎速度的增加，滑移速度在增加，而滑移速度的增加会导致动摩擦系数下降。

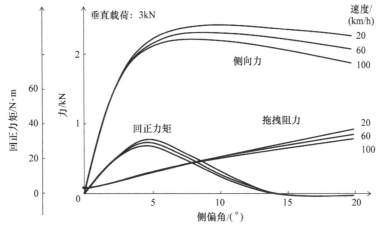

图 11.23 不同速度下计算得到的侧向力、拖拽阻力和回正力矩
(经 Guranpuri - Shuppan 授权，摘自文献 [2])

11.3 驱动/制动过程中小侧偏角下的侧偏特性

11.3.1 基本方程

1. 复合滑移下轮胎的变形

Sakai[2] 将第 11.1.3 节中的理论推广到了驱动/制动时带有小侧偏角的工况。设接地区域内胎冠基部的平均速度为 V_B，基于轮胎轴坐标系的道路速度为 V_R，滑移率 s 定义为⊖：

$$\text{制动}: s = \frac{V_R \cos\alpha - V_B}{V_R \cos\alpha} > 0$$
$$\text{驱动}: s = \frac{V_R \cos\alpha - V_B}{V_B} < 0 \tag{11.83}$$

式中，α 是侧偏角。注意 Sakai 定义的滑移率和 Pacejka 是不同的。

轮胎的胎冠用刷子模型来表示，单位面积的胎面橡胶剪切弹簧常数在 x 方向和 y 方向上分别

⊖ 备注 11.8。

用 C_x 和 C_y 表示。假设胎冠基部的弯曲变形可以忽略,接地压力分布可以用抛物线形式进行近似表达,设道路的速度是 V_R ($=V$),胎冠基部的平均速度是 V_B ($=r_e\Omega$),其中 r_e 是有效滚动半径,Ω 是角速度。

图 11.24 所示为复合滑移中的轮胎变形,路面上一个点在时间 t 内从 A 移动到位置 (x_R, y_R) 处,坐标系为 $x_1 - y_1$。时间 t 的测量是从点 A 离开接地前端位置开始的。那么位置 (x_R, y_R) 表示为

$$x_R = V_R t \cos\alpha$$
$$y_R = V_R t \sin\alpha \tag{11.84}$$

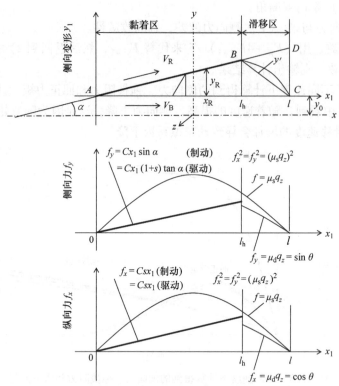

图 11.24 复合滑移中的轮胎变形
(经 Guranpuri – Shuppan 授权,摘自文献 [2])

同时,胎冠基部的点在 t 时间内从 A 点移动到了 (x_B, y_B),所采用的坐标系是 $x_1 - y_1$,位置 (x_B, y_B) 可以表示为

$$x_B = V_B t$$
$$y_B = 0 \tag{11.85}$$

利用式 (11.82) 和式 (11.83),胎冠基部和路面点之间沿 x 轴和 y 轴的相对位移 $\Delta x'$ 和 $\Delta y'$ 可以用下式表示:

$$\Delta x' = (V_R \cos\alpha - V_B)t$$
$$\Delta y' = V_R t \sin\alpha \tag{11.86}$$

假设 x_1 在制动工况定义为 $x_1 = V_R t \cos\alpha$,驱动工况定义为 $x_1 = V_B t$。利用滑移率 s,式 (11.83) 和式 (11.86) 可以重写为

制动工况下 ($s > 0$),

$$\Delta x' = s x_1$$
$$\Delta y' = x_1 \sin\alpha \tag{11.87}$$

驱动工况下（$s<0$），

$$\Delta x' = sx_1$$
$$\Delta y' = x_1(1+s)\tan\alpha \tag{11.88}$$

2. 黏着区的侧向力和回正力矩

利用式（11.87）和式（11.88），黏着区单位面积的力 f_x 和 f_y 可以表示为

制动工况下（$s>0$），

$$f_x = C_x s x_1$$
$$f_y = C_y x_1 \sin\alpha \tag{11.89}$$

驱动工况下（$s<0$），

$$f_x = C_x s x_1$$
$$f_y = C_y x_1(1+s)\tan\alpha \tag{11.90}$$

从接地前端到起滑点 l_h 对 f_x 和 f_y 进行积分，纵向力 F'_x 和侧向力 F'_y 可以用下面的公式表达：

制动工况下（$s>0$），

$$F'_x = b\int_0^{l_h} C_x s x_1 \, dx_1$$
$$F'_y = b\int_0^{l_h} C_y x_1 \sin\alpha \, dx_1 \tag{11.91}$$

驱动工况下（$s<0$），

$$F'_x = b\int_0^{l_h} C_x s x_1 \, dx_1$$
$$F'_y = b\int_0^{l_h} C_y x_1 (1+s)\tan\alpha \, dx_1 \tag{11.92}$$

将 f_x 和 f_y 绕 z 轴产生的力矩进行积分，这些力矩过接触中心点（也就是压力分布的重心点），黏着区内的回正力矩 M'_z 可以表示为

制动工况下（$s>0$），

$$M'_z = b\int_0^{l_h} \left\{ f_y\left(x_1 - \frac{l}{2}\right) - f_x y_1 \right\} dx_1$$
$$= b\int_0^{l_h} \left\{ C_y\left(x_1 - \frac{l}{2}\right) x_1 \sin\alpha - C_x(y_0 + x_1 \tan\alpha) s x_1 \right\} dx_1 \tag{11.93}$$

驱动工况下（$s<0$），

$$M'_z = b\int_0^{l_h} \left\{ f_y\left(x_1 - \frac{l}{2}\right) - f_x y_1 \right\} dx_1$$
$$= b\int_0^{l_h} \left\{ C_y\left(x_1 - \frac{l}{2}\right) x_1 (1+s)\tan\alpha - C_x(y_0 + x_1 \tan\alpha) s x_1 \right\} dx_1 \tag{11.94}$$

这里，y_1 是如图 11.24 所示的横向上 f_x 的重心点的坐标。

$$y_1 = y_0 + x_1 \tan\alpha \tag{11.95}$$

式中，$x_1\tan\alpha$ 是 f_x 的重心由侧偏角 α 带来的位置变化，其中假设 f_x 在横向上是均匀的。y_0 是接触面的横向位移，它由下式给出：

$$y_0 = F_y/K_y \tag{11.96}$$

这里，K_y 是轮胎的横向弹簧刚度。

l_h 根据胎面橡胶的剪切力的合力等于最大摩擦力来计算，如果在各个方向上静摩擦力是相同的，那么这个力的平衡方程式为

$$(q_z\mu_s)^2 = f_x^2 + f_v^2 \tag{11.97}$$

其中 q_z 是由式（11.46）给出的抛物线函数。如果假设 $\alpha \ll 1$，$s \ll 1$，并且 $C_x = C_y = C$，利用式（11.46）、式（11.89）~式（11.90）和式（11.97），则可以得到 l_h 的表达式[○]：

$$l_h = l\left(1 - \frac{C_F}{3\mu_s F_z}\sqrt{\tan^2\alpha + s^2}\right) \tag{11.98}$$

$$C_F = Cbl^2/2$$

式中，F_z 是由式（11.47）给出的载荷。

3. 滑移区的侧向力和回正力矩

如图 11.25 所示，V' 是胎冠基部和道路之间的相对滑动速度，V_R 是道路速度，V_B 是胎冠基部的速度，根据图 11.25，可以得到下面的关系[○]：

$$s\tan\theta = \tan\alpha(0 \leq \theta \leq \pi) \tag{11.99}$$

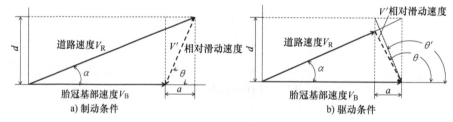

a) 制动条件　　　　　　b) 驱动条件

图 11.25　相对滑动速度 V'、道路速度 V_R、胎冠基部速度 V_B 的关系

滑移区的侧向力可以由下式求出：

$$F''_x = b\int_{l_h}^{l}\mu_d q_z\cos\theta dx_1$$

$$F''_y = b\int_{l_h}^{l}\mu_d q_z\sin\theta dx_1 \tag{11.100}$$

假设在滑移区胎冠近似沿着图 11.24 中的直线 BC 运动，可以绕 z 轴进行积分得到力矩。那么滑移区内产生的回正力矩可以表示为

$$M''_z = b\int_{l_h}^{l}\mu_d p\left\{-y'\cos\theta + \left(x_1 - \frac{l}{2}\right)\sin\theta\right\}dx_1 \tag{11.101}$$

这里 y' 是直线 BC 到 x 轴的横向距离：

$$y' = \frac{(x_1 - l)l_h\tan\alpha}{l_h - l} + y_0 \tag{11.102}$$

○ 备注 11.9。

○ 备注 11.10。

其中 y_0 由式（11.96）给出。

4. 轮胎的侧向力和回正力矩

轮胎在小侧偏角 α 和小滑移率 s 下的侧向力和回正力矩可通过将黏着区和滑移区的侧向力和回正力矩分别进行相加得到，将这些表达式进行积分，可以清晰地得到以下力和力矩：

制动工况下（$s>0$）[⊖]，

$$F_x = C_{F\alpha}s\left(\frac{l_h}{l}\right)^2 + F_z\mu_c\left(1-\frac{l_h}{l}\right)^2\left(1+2\frac{l_h}{l}\right)hs$$

$$F_y = C_{F\alpha}\left(\frac{l_h}{l}\right)^2\sin\alpha + F_z\mu_d\left(1-\frac{l_h}{l}\right)^2\left(1+2\frac{l_h}{l}\right)h\tan\alpha$$

$$M_z = C_{F\alpha}\left(\frac{l_h}{l}\right)^2\frac{1}{6}\{(4l_h-3l)\sin\alpha - 6y_0 s - 4sl_h\sin\alpha\} -$$

$$F_z\mu_d hs\left\{\frac{1}{2}\left(1-\frac{l_h}{l}\right)^2\left(1+3\frac{l_h}{l}\right)l_h\tan\alpha + y_0\left(1-\frac{l_h}{l}\right)^2\left(1+2\frac{l_h}{l}\right)\right\} +$$

$$\frac{3}{2}F_z\mu_d h\left(1-\frac{l_h}{l}\right)^2\left(\frac{l_h}{l}\right)^2 l\tan\alpha \tag{11.103}$$

驱动工况下（$s<0$）[⊖]，

$$F_x = C_{F\alpha}s\left(\frac{l_h}{l}\right)^2 + F_z\mu_d\left(1-\frac{l_h}{l}\right)^2\left(1+2\frac{l_h}{l}\right)hs$$

$$F_y = C_{F\alpha}(1+s)\left(\frac{l_h}{l}\right)^2\tan\alpha + F_z\mu_d\left(1-\frac{l_h}{l}\right)^2\left(1+2\frac{l_h}{l}\right)h\tan\alpha$$

$$M_z = C_{F\alpha}\left(\frac{l_h}{l}\right)^2\frac{1}{6}\{(1+s)(4l_h-3l)\tan\alpha - 6y_0 s - 4sl_h\tan\alpha\} -$$

$$F_z\mu_d \frac{s}{\sqrt{\tan^2\alpha + 2s\tan^2\alpha + \frac{s^2}{\cos^2\alpha}}}\left\{\frac{1}{2}\left(1-\frac{l_h}{l}\right)^2\left(1+3\frac{l_h}{l}\right)l_h\tan\alpha + y_0\left(1-\frac{l_h}{l}\right)^2\left(1+2\frac{l_h}{l}\right)\right\} +$$

$$\frac{3}{2}F_z\mu_d \frac{s}{\sqrt{1+2s+\frac{s^2}{\sin^2\alpha}}}l\left(1-\frac{l_h}{l}\right)^2\left(\frac{l_h}{l}\right)^2 \tag{11.104}$$

式中，

$$h = \frac{1}{\sqrt{\tan^2\alpha + s^2}} \tag{11.105}$$

$$l_h = l\left(1 - \frac{C_{F\alpha}}{3\mu_s F_z}\sqrt{\tan^2\alpha + s^2}\right)$$

如果侧偏角 α 很小，制动工况的方程几乎与驱动工况相同，因为式（11.105）要求 $l_h > 0$，式（11.103）和式（11.104）的可行区域可以由下面的条件确定：

$$\tan^2\alpha + s^2 \leq (3\mu_s F_z/C_{F\alpha})^2 \tag{11.106}$$

11.3.2 计算举例

图 11.26 给出了不同侧偏角和滑移率下的纵向力计算结果。图 11.27 给出了不同侧偏角和滑移率下的侧向力和回正力矩的计算结果。将图 11.26 和图 11.27 的结果进行整合，纵向力和侧向

⊖ 问题 11.3。

⊖ 问题 11.3，备注 11.11。

力之间的关系以及纵向力和回正力矩之间的关系如图 11.28 所示。计算所采用的参数是：垂直载荷 $F_z = 4kN$，接地长度 $l = 243mm$，轮胎横向弹簧刚度 $K_y = 2.5kN/cm$，制动/驱动刚度（纵向刚度）$C_{Fs} = C_{F\alpha} = 57.2kN$，摩擦系数 $\mu_s = 1.0$，$\mu_d = 0.7$。

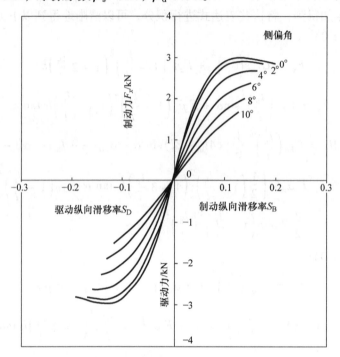

图 11.26 不同侧偏角和滑移率下的纵向力计算结果

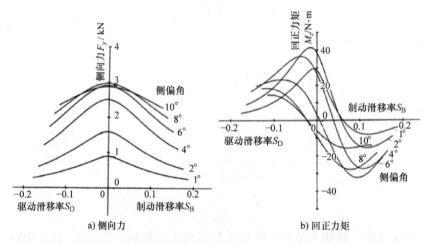

a) 侧向力　　　　　　　　　b) 回正力矩

图 11.27 不同侧偏角和滑移率下的侧向力和回正力矩的计算结果
（经 Guranpuri – Shuppan 授权，摘自文献 [2]）

根据 Sakai[2] 的研究结果，图 11.26、图 11.27 和图 11.28 的结果与斜交轮胎的测量结果比较一致，但与子午线轮胎有差别。通过比较式（11.103）和式（11.104）可以发现，当侧偏角和滑移率比较小的时候，制动状态的侧向力要比驱动状态的侧向力大。然而，虽然不知道轮胎的规格和结构，但在图 11.29 的纵向力和侧向力关系的测量结果中，制动状态和驱动状态却呈现相反的规律。这是因为 Sakai 的模型假设接地压力分布即使在纵向力的作用下也没有发生改变。因此，在新 Fiala 模型中，必须考虑由纵向力导致的接地压力分布的改变。这将在 11.5 节中讨论。

第 11 章　轮胎的侧偏特性

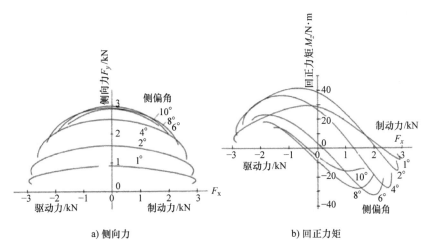

a) 侧向力　　　　b) 回正力矩

图 11.28　纵向力和侧向力之间的关系以及纵向力和回正力矩之间的关系
（经 Guranpuri – Shuppan 授权，摘自文献 [2]）

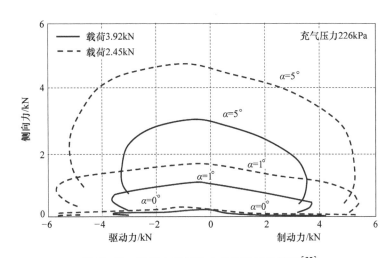

图 11.29　纵向力和侧向力关系的测量结果[35]

11.4　驱动/制动过程中大侧偏角的侧偏特性

11.4.1　摩擦圆模型

当轮胎上作用有复合力的时候，合力必定比由 Amonton – Coulomb 摩擦理论得到的最大摩擦力小。这个条件可以表示为

$$\sqrt{F_x^2 + F_y^2} \leq \mu F_z \tag{11.107}$$

式中，F_y 是轮胎侧向力；F_x 是轮胎的纵向力；F_z 是轮胎的载荷；μ 是摩擦系数。

式（11.107）的左项可以用图 11.30 表示，它称为摩擦圆。合力向量必然位于这个圆内。

图 11.30 的左图表示当 $F_x = 0$ 时的侧向力，其中 A_0 和 F_{y0} 分别是侧偏角 α_{max} 和 α_0 的侧向力。侧向力 F_y 随着纵向力 F_x 的增加而减小。当在侧偏角 α_{max} 下侧向力达到最大值 F_y^{max} 时，F_y^{max} 的表达式为

$$F_y^{max} = \sqrt{(\mu F_z)^2 - F_x^2} \tag{11.108}$$

假设侧向力在所有侧偏角下都以相同的比例下降，如图 11.30 所示，当轮胎上作用有纵向力

475

F_x 的时候,式(11.108)可以重写为

$$\frac{F_y}{F_{y0}} = \frac{A}{A_0} = \frac{F_y^{\max}}{\mu F_z} = \frac{\sqrt{(\mu F_z)^2 - F_x^2}}{\mu F_z} \tag{11.109}$$

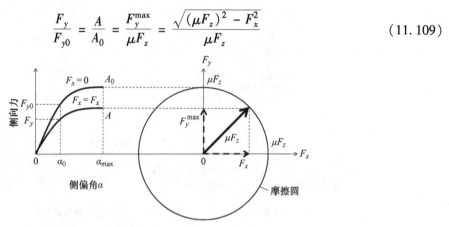

图 11.30 在 F_x 等于零时的摩擦圆和侧向力

更进一步地,式(11.109)可以重新写成

$$\left(\frac{F_x}{\mu F_z}\right)^2 + \left(\frac{F_y}{F_{y0}}\right)^2 = 1 \tag{11.110}$$

在侧偏角为 α_0 时的侧向力 F_y 和纵向力 F_x 之间的关系可以用图 11.31a 的椭圆曲线来表示,它称为摩擦椭圆[35]。在侧偏角为 $\alpha_{\max}$ 时,此时侧向力达到最大值,摩擦椭圆变成摩擦圆。图 11.31b 显示带有复合滑移的侧偏特性可以仅从摩擦圆的数据进行估计。比较图 11.31b 和图 11.29 的测量结果发现,除了在大滑移区以外,侧偏特性都可以用摩擦圆来表示。摩擦圆的缺点是它不能表达大滑移率下的侧偏特性。

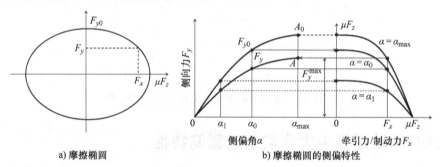

a) 摩擦椭圆   b) 摩擦椭圆的侧偏特性

图 11.31 摩擦椭圆及其侧偏特性

11.4.2 Sakai 模型

1. 基本方程

Sakai[2]通过采取类似 11.2 节的修正方法,开发了适用于大侧偏角和大滑移率的复合侧偏特性轮胎模型。图 11.32 给出了在侧偏角 α 和滑移率 s 下轮胎滚动时的胎冠基部和胎冠表面的变形。在轮胎坐标系下,道路上一点沿着 AD 运动,速度为 V_R。胎冠基部沿着 AQC 运动,速度为 V_B。假设在时间 t 内,道路上的一点从 A 点移动到 R 点,而胎冠基部

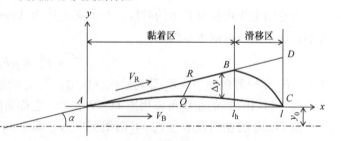

图 11.32 在侧偏角 α 和滑移率 s 下轮胎滚动时的胎冠基部和胎冠表面变形

第 11 章 轮胎的侧偏特性

的一点从 A 点移动到 Q 点。那么 R 点的位置可以表示为

$$x_R = V_R t \cos\alpha$$
$$y_R = V_R t \sin\alpha \tag{11.111}$$

根据式（11.67）所表示的带束层的弯曲变形，胎冠基部 Q 点的位置可以表示为

$$x_Q = V_B t$$
$$y_Q = \left(\frac{\delta}{C_y} + \frac{l^2}{3r^2 K_y}\right) F_y \frac{V_B t}{l}\left(1 - \frac{V_B t}{l}\right) \tag{11.112}$$

R 点和 Q 点之间的相对位移 Δx 和 Δy 可以由下式给出：

$$\Delta x = V_R t \cos\alpha - V_B t$$
$$\Delta y = V_R t \sin\alpha - \left(\frac{\delta}{C_y} + \frac{l^2}{3r^2 K_y}\right) F_y \frac{V_B t}{l}\left(1 - \frac{V_B t}{l}\right) \tag{11.113}$$

黏着区的位置 x 处（B 点）的单位面积的力可以通过将侧向和周向位移与胎冠弹簧的单位面积的胎冠刚度 C_x 和 C_y 相乘得到。利用式（11.83）作为滑移率的表达式，可以得到：
在制动状态下（$s > 0$，$V_R t \cos\alpha = x$），

$$f_x = C_x s x$$
$$f_y = C_y \left\{ x\tan\alpha - \left(\frac{\delta}{C_y} + \frac{l^2}{3r^2 K_y}\right) F_y (1-s) \frac{x}{l}\left(1 - (1-s)\frac{x}{l}\right)\right\} \tag{11.114}$$

在驱动状态下（$s < 0$，$V_B t = x$），

$$f_x = C_x s x$$
$$f_y = C_y \left\{ (1+s) x\tan\alpha - \left(\frac{\delta}{C_y} + \frac{l^2}{3r^2 K_y}\right) F_y \frac{x}{l}\left(1 - \frac{x}{l}\right)\right\} \tag{11.115}$$

起滑点 l_h 由下式决定：

$$q_z \mu_s = \sqrt{f_x^2 + f_y^2} \tag{11.116}$$

这里，q_z 是由式（11.72）给出的广义抛物线函数，式（11.116）可以重写成如下公式。
在制动状态下（$s > 0$），

$$\frac{n+1}{n} \frac{2^n F_z \mu_s}{l^{n+1} b} \left\{ \left(\frac{l}{2}\right)^n - \left(x - \frac{l}{2}\right)^n \right\}$$
$$= \sqrt{(C_x s x)^2 + C_y^2 \left\{ x\tan\alpha - \left(\frac{\delta}{C_y} + \frac{l^2}{3r^2 K_y}\right) F_y (1-s) \frac{x}{l}\left(1 - (1-s)\frac{x}{l}\right)\right\}^2} \tag{11.117}$$

在驱动状态下（$s < 0$），

$$\frac{n+1}{n} \frac{2^n F_z \mu_s}{l^{n+1} b} \left\{ \left(\frac{l}{2}\right)^n - \left(x - \frac{l}{2}\right)^n \right\}$$
$$= \sqrt{(C_x s x)^2 + C_y^2 \left\{ (1+s) x\tan\alpha - \left(\frac{\delta}{C_y} + \frac{l^2}{3r^2 K_y}\right) F_y \frac{x}{l}\left(1 - \frac{x}{l}\right)\right\}^2} \tag{11.118}$$

在黏着区，纵向力 F'_x、侧向力 F'_y、回正力矩 M'_z 可以由下式给出。
在制动状态下（$s > 0$），

$$F'_x = b\int_0^{l_h} f_x dx = b\int_0^{l_h} C_x s x dx = \frac{C_x b l_h^2}{2} s$$

$$F'_y = b\int_0^{l_h} f_y dx = b\int_0^{l_h} C_y \left\{ x\tan\alpha - \left(\frac{\delta}{C_y} + \frac{l^2}{3r^2 K_y}\right) F_y (1-s) \frac{x}{l}\left[1 - (1-s)\frac{x}{l}\right]\right\} dx$$

$$= bC_y l_h^2 \left\{ \frac{1}{2}\tan\alpha - \left(\frac{\delta}{C_y} + \frac{l^2}{3r^2 K_y}\right) F_y \frac{(1-s)}{l}\left(\frac{1}{2} - \frac{(1-s)l_h}{3l}\right) \right\}$$

$$M'_z = b\int_0^{l_h} \left\{ -f_x y + f_y\left(x - \frac{l}{2}\right) \right\} dx \tag{11.119}$$

假设纵向力 F'_x 作用在接地中心（接地压力分布的重心），并且接地中心的横向位移是 y_0，回正力矩可以重写成：

$$M'_z = -y_0 F'_x + b\int_0^{l_h} C_y \left\{ x\tan\alpha - \left(\frac{\delta}{C_y} + \frac{l^2}{3r^2 K_y}\right) F_y (1-s)\frac{x}{l}\left(1 - (1-s)\frac{x}{l}\right) \right\}\left(x - \frac{l}{2}\right) dx$$

$$= -y_0 F'_x + bC_y l_h^2 \left(\frac{l_h}{3} - \frac{l}{4}\right)\tan\alpha -$$

$$bC_y\left(\frac{\delta}{C_y} + \frac{l^2}{3r^2 K_y}\right) F_y (1-s)\frac{l_h^2}{l}\left\{\frac{l_h}{3} - \frac{(1-s)l_h^2}{4l} - \frac{1}{4} + \frac{(1-s)l_h}{6}\right\} \tag{11.120}$$

在驱动状态下（$s<0$），

$$F'_x = b\int_0^{l_h} f_x dx = b\int_0^{l_h} C_x sx dx = \frac{C_x b l_h^2}{2}s$$

$$F'_y = b\int_0^{l_h} f_y dx = b\int_0^{l_h} C_y \left\{ (1+s)x\tan\alpha - \left(\frac{\delta}{C_y} + \frac{l^2}{3r^2 K_y}\right) F_y \frac{x}{l}\left(1 - \frac{x}{l}\right) \right\} dx$$

$$= bC_y l_h^2 \left\{ \frac{1+s}{2}\tan\alpha - \left(\frac{\delta}{C_y} + \frac{l^2}{3r^2 K_y}\right)\frac{F_y}{l}\left(\frac{1}{2} - \frac{l_h}{3l}\right) \right\}$$

$$M'_z = b\int_0^{l_h} \left\{ -f_x y + f_y\left(x - \frac{l}{2}\right) \right\} dx$$

$$= -y_0 F'_x + b\int_0^{l_h} C_y \left\{ (1+s)x\tan\alpha - \left(\frac{\delta}{C_y} + \frac{l^2}{3r^2 K_y}\right) F_y \frac{x}{l}\left(1 - \frac{x}{l}\right) \right\}\left(x - \frac{l}{2}\right) dx$$

$$= -y_0 F'_x + bC_y(1+s)l_h^2\left(\frac{l_h}{3} - \frac{l}{4}\right)\tan\alpha + bC_y\left(\frac{\delta}{C_y} + \frac{l^2}{3r^2 K_y}\right) F_y \frac{1}{4}\left(\frac{l_h}{l}\right)^2 (l-l_h)^2 \tag{11.121}$$

接地中心的横向位移 y_0 可以采用与式（11.96）相近的公式给出：

$$y_0 = F_y / K'_y \tag{11.122}$$

式中，K'_y 是轮胎的横向弹簧常数。注意 K'_y 要比第 6.2.2 节中的轮胎横向弹簧常数 K_y 要大，这是因为 K_y 的模型没有考虑由横向位移给横向接地压力分布带来的变化，而 K'_y 则考虑了由横向变形带来的接地压力分布的非对称性，因此，K'_y 可能依赖于胎冠形状。

图 11.33 给出了道路速度 V_R、胎冠基部速度 V_B 和滑移速度 V'' 之间的关系。滑移角为 θ。利用图 11.33 的正弦和余弦法则，可以得到：

$$V''^2 = V_R^2 + V_B^2 - 2V_R V_B \cos\alpha \tag{11.123}$$

$$\sin(\pi - \theta) = V_R / V'' \sin\alpha$$

利用式（11.83）关于滑移率的定义，可以得到下面的关系。

在制动状态下（$s>0$）[○]，

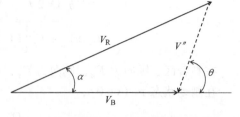

图 11.33 道路速度、胎冠基部速度和滑移速度的关系（滑移角为 θ）

○ 备注 11.12。

$$V_R = V \tag{11.124}$$
$$V'' = V\sqrt{1 + (s^2 - 1)\cos^2\alpha}$$

在驱动状态下 $(s<0)$ [○],

$$V_B = V \tag{11.125}$$
$$V'' = V\sqrt{\tan^2\alpha + 2s\tan^2\alpha + \frac{s^2}{\cos^2\alpha}}$$

注意，式（11.125）不能应用于侧偏角接近 90° 的工况。

滑移角 θ 可以用下式表达：

在制动状态下 $(s>0)$ [○]，

$$\theta = \tan^{-1}(\tan\alpha/s) \tag{11.126}$$

在驱动状态下 $(s<0)$ [○]，

$$\theta = \pi + \tan^{-1}\{(1+s)\tan\alpha/s\} \tag{11.127}$$

考虑到 V'' 是整个接地区域长度上的滑移速度的平均值，当轮胎在滑移区内只发生滑移时，那么滑移区内的平均滑移速度 V' 可以由下式给出：

$$V' = V''l/(l - l_h) \tag{11.128}$$

动摩擦系数随着滑移速度增加而降低，可以由式（11.69）来表示。

利用接地压力的分布函数式（11.72），在滑移区内进行积分，纵向力 F''_x、侧向力 F''_y、回正力矩 M''_z 可以由下面的公式表示：

$$F''_x = \frac{n+1}{n}\frac{2^n F_z \mu_d}{l^{n+1}}\int_{l_h}^{l}\left\{\left(\frac{l}{2}\right)^n - \left(x - \frac{l}{2}\right)^n\right\}\cos\theta dx$$
$$= \frac{n+1}{n}\frac{2^n F_z \mu_d}{l^{n+1}}\left[\left(\frac{l}{2}\right)^n(l - l_h) - \frac{1}{n+1}\left\{\left(\frac{l}{2}\right)^{n+1} - \left(l_h - \frac{l}{2}\right)^{n+1}\right\}\right]\cos\theta$$

$$F''_y = \frac{n+1}{n}\frac{2^n F_z \mu_d}{l^{n+1}}\int_{l_h}^{l}\left\{\left(\frac{l}{2}\right)^n - \left(x - \frac{l}{2}\right)^n\right\}\sin\theta dx$$
$$= \frac{n+1}{n}\frac{2^n F_z \mu_d}{l^{n+1}}\left[\left(\frac{l}{2}\right)^n(l - l_h) - \frac{1}{n+1}\left\{\left(\frac{l}{2}\right)^{n+1} - \left(l_h - \frac{l}{2}\right)^{n+1}\right\}\right]\sin\theta$$

$$M''_z = -\frac{F''_x F_y}{K'_y} + \frac{n+1}{n}\frac{2^n F_z \mu_d}{l^{n+1}}\int_{l_h}^{l}\left\{\left(\frac{l}{2}\right)^n - \left(x - \frac{l}{2}\right)^n\right\}\left(x - \frac{l}{2}\right)\sin\theta dx$$
$$= -\frac{F''_x F_y}{K'_y} + \frac{n+1}{n}\frac{2^n F_z \mu_d}{l^{n+1}}\left[-\left(\frac{l}{2}\right)^{n+1}(l - l_h) + \left(\frac{l}{2}\right)^n\frac{(l^2 - l_h^2)}{2} - \frac{1}{n+2}\left\{\left(\frac{l}{2}\right)^{n+2} - \left(l_h - \frac{l}{2}\right)^{n+2}\right\}\right]\sin\theta \tag{11.129}$$

总的轮胎侧向力和回正力矩由它们各自在黏着区和滑移区的分量进行叠加得到，驱动和制动状态下的方程可以用下面的积分形式进行表示：

在制动状态下 $(s>0)$，$s_1 = 1$，并且 $s_2 = 1 - s$。

在驱动状态下 $(s<0)$，$s_1 = s + 1$，并且 $s_2 = 1$。

○ 备注 11.12。

○○ 备注 11.13。

$$F_x = \frac{C_x b l_h^2}{2} s + \frac{n+1}{n} \frac{2^n F_z \mu_d}{l^{n+1}} \Big[\Big(\frac{l}{2}\Big)^n (l-l_h) - \frac{1}{n+1} \Big\{ \Big(\frac{l}{2}\Big)^{n+1} - \Big(l_h - \frac{l}{2}\Big)^{n+1} \Big\} \Big] \cos\theta$$

$$F_y = b C_y l_h^2 \Big\{ \frac{s_1}{2} \tan\alpha - \Big(\frac{\delta}{C_y} + \frac{l^2}{3r^2 K_y}\Big) F_y \frac{s_2}{l} \Big(\frac{1}{2} - \frac{s_2 l_h}{3l}\Big) \Big\} +$$

$$\frac{n+1}{n} \frac{2^n F_z \mu_d}{l^{n+1}} \Big[\Big(\frac{l}{2}\Big)^n (l-l_h) - \frac{1}{n+1} \Big\{ \Big(\frac{l}{2}\Big)^{n+1} - \Big(l_h - \frac{l}{2}\Big)^{n+1} \Big\} \Big] \sin\theta$$

$$M_z = -\frac{F_x F_y}{K'_y} + b C_y s_1 l_h^2 \Big(\frac{l_h}{3} - \frac{l}{4}\Big) \tan\alpha -$$

$$b C_y \Big(\frac{\delta}{C_y} + \frac{l^2}{3r^2 K_y}\Big) F_y s_2 \frac{l_h^2}{l} \Big\{ \frac{l_h}{3} - \frac{s_2 l_h^2}{4l} - \frac{l}{4} + \frac{s_2 l_h}{6} \Big\} +$$

$$\frac{n+1}{n} \frac{2^n F_z \mu_d}{l^{n+1}} \Big[- \Big(\frac{l}{2}\Big)^{n+1} (l-l_h) + \Big(\frac{l}{2}\Big)^n \frac{(l^2 - l_h^2)}{2} -$$

$$\frac{1}{n+2} \Big\{ \Big(\frac{l}{2}\Big)^{n+2} - \Big(l_h - \frac{l}{2}\Big)^{n+2} \Big\} \Big] \sin\theta \tag{11.130}$$

其中 l_h 根据下式来确定:

$$\frac{n+1}{n} \frac{2^n F_z \mu_s}{l^{n+1} b} \Big\{ \Big(\frac{l}{2}\Big)^n - \Big(l_h - \frac{l}{2}\Big)^n \Big\}$$

$$= \sqrt{(C_x s l_h)^2 + C_y^2 \Big\{ l_h s_1 \tan\alpha - \Big(\frac{\delta}{C_y} + \frac{l^2}{3r^2 K_y}\Big) F_y s_2 \frac{l_h}{l} \Big(1 - s_2 \frac{l_h}{l}\Big) \Big\}^2} \tag{11.131}$$

注意,当 $l_h < 0$,则令 $l_h = 0$。

因为回正力矩带来了轮胎的扭转变形,所以有效侧偏角 α 小于轮辋的侧偏角 α_0。有效侧偏角 α 可以用式(11.68)来表示。

2. 计算举例

当计算侧向力、纵向力和回正力矩时,其计算的流程与第 11.2 节相同。Sakai[2]用横向力和纵向力来计算侧向力和回正力矩,如图 11.34 和图 11.35 所示。计算所用的参数有接地长度

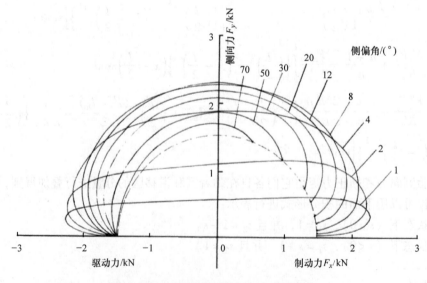

图 11.34 复合滑移时的侧向力和纵向力
(经 Guranpuri-Shuppan 授权,摘自文献 [2])

$l = 100$mm,接地宽度 $b = 120$mm,轮胎半径 $r = 270$mm,胎冠的剪切弹簧刚度 $C_x = C_y = 100$MPa/m,载荷 $F_z = 3$kN,速度 $V = 60$km/h,胎体的基本横向弹簧常数 $k_s = 158$kN/m^2,轮胎的横向弹簧刚度 $K_y = 50$kN/m,带束层的面内弯曲刚度 $EI_z = 2.5$kN·m^2,轮胎的扭转刚度 $R_{mz} = 10$kN·m/rad,静摩擦系数 $\mu_s = 1.1$,动摩擦系数 $\mu_d = 0.8$,摩擦系数下降常数 $\alpha_V = 0.005$,充气压力为200kPa。胎体的横向弹簧常数与充气压力有关。摩擦椭圆的缺陷(在大侧偏角下摩擦椭圆不能表达侧偏特性)可以用Sakai的理论弥补。

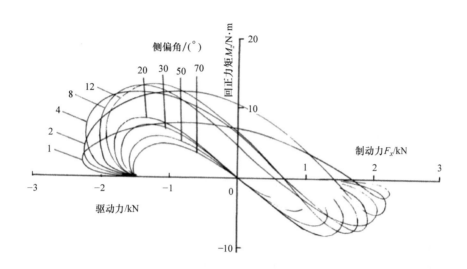

图 11.35 复合滑移时的回正力矩
(经 Guranpuri – Shuppan 授权,摘自文献 [2])

然而,大侧偏角和大滑移率下,Sakai 的理论也预测到了制动状态的侧向力比驱动状态的侧向力大。图 11.29 的测量结果显示了相反的关系。这可能是因为 Sakai 模型假设接地压力分布在纵向力存在时并不发生改变。

11.5 新 Fiala 模型

Miyashita 和 Kabe[9-11] 修改了第 11.2 节中的 Sakai 的模型,考虑了外力的作用导致的接地压力分布在周向上的改变。其理论中所用的参数是通过对小侧偏角下轮胎力和力矩的载荷依赖性测试数据进行曲线拟合得到的。利用这些参数,可以计算大侧偏角和大滑移率下的轮胎侧偏特性。

11.5.1 用于小侧偏角的新 Fiala 模型

1. 基本方程

小侧偏角下接地区域内轮胎胎冠的变形包括胎面橡胶剪切、带束层弯曲和带束层扭转,如图 11.36 所示。

在小侧偏角下,将 $l_h \cong l$ 代入式 (11.51),利用式 (11.41) 的第二个方程,侧向力 F_y 和回正力矩 M_z 可以用下面的公式表示:

$$F_y = \frac{C_y l^2 b}{2}\left(\tan \alpha - \frac{\delta F_y}{3lC_y}\right) = \frac{C_y l^2 b}{2}\left(\tan \alpha - \frac{\lambda^3 l F_y}{6 k_s}\right) \quad (11.132)$$

$$M_z = (C_y l^3 b/12)\tan \alpha \quad (11.133)$$

采用与式 (11.93) 相同的方式,通过添加纵向力 f_x 对 M_z 的贡献到式 (11.133) 中,修正

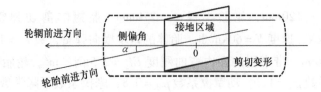

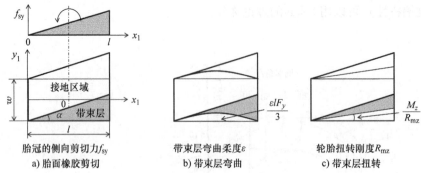

图 11.36 小侧偏角下接地区域内胎冠的变形
（经 TST 授权，摘自文献 [9]）

后的回正力矩 M_z 可以用下式表示[○]：

$$M_z = (C_y l^3 b/12 - f_x l^2 b/2)\tan\alpha \tag{11.134}$$

其中，假定 f_x 在横向上是均匀分布的。

更进一步地，假设 f_x 与平均接地压力 F_z/bl 成正比，f_x 可以用下式表示：

$$f_x = \xi F_z/(bl) \tag{11.135}$$

式中，ξ 是通过对测试数据进行曲线拟合得到的参数。

式（11.132）可以被重写成：

$$F_y = C_{F\alpha\_0}(\tan\alpha - \varepsilon l F_y/3) \tag{11.136}$$

式中，ε 是胎冠基部的横向弯曲变形的柔度。

$$\varepsilon = \lambda^3/(2k_s) \tag{11.137}$$

$C_{F\alpha\_0}$ 是实心轮胎模型的侧偏刚度，可以用式（11.5）来表示：

$$C_{F\alpha\_0} = C_y l^2 b/2 \tag{11.138}$$

式（11.133）可以重写为

$$M_z = \overline{C}_{M\alpha\_0}\tan\alpha \tag{11.139}$$

其中 $\overline{C}_{M\alpha\_0}$ 包含用式（11.5）表示的实心轮胎模型的回正刚度和由纵向力 f_x 导致的力矩：

$$\overline{C}_{M\alpha\_0} = C_y l^3 b/12 - f_x l^2 b/2 = C_y l^3 b/12 - \xi F_z l/2 \tag{11.140}$$

有效侧偏角（亦即带束层的侧偏角）α，用式（11.68）表示，包含轮辋的侧偏角 α_0 和由回正力矩导致的轮胎的扭转角。

利用式（11.68）、式（11.136）和式（11.139），新 Fiala 模型的侧偏刚度 $C_{F\alpha\_\text{NeoFiala}}$ 和回正刚度 $C_{M\alpha\_\text{NeoFiala}}$ 可以表示为[○]

$$C_{F\alpha\_\text{NeoFiala}} = \frac{\partial F_y}{\partial \alpha_0}\bigg|_{\alpha_0=0} = \left(\frac{1}{C_{F\alpha\_0}} + \frac{1}{3}\varepsilon l\right)^{-1}\left(1 + \frac{\overline{C}_{M\alpha\_0}}{R_{mz}}\right) \tag{11.141}$$

$$C_{M\alpha\_\text{NeoFiala}} = \frac{\partial M_z}{\partial \alpha_0}\bigg|_{\alpha_0=0} = \left(\frac{1}{\overline{C}_{M\alpha\_0}} + \frac{1}{R_{mz}}\right)^{-1}$$

○ 问题 11.4。

式中，C_y 是单位面积胎冠剪切弹簧常数；R_{mz} 是轮胎的扭转刚度。ε、λ 和 R_{mz} 的表达式为

$$\varepsilon = 4^{-5/4}(EI_z)^{-3/4}k_s^{-1/4}$$
$$\lambda = \{k_s/(4EI_z)\}^{1/4} \quad (11.142)$$
$$R_{mz} = k_s\pi r^3$$

其中 ε 和 R_{mz} 可以通过轮胎结构参数进行控制，比如轮胎半径 r、胎冠的面内弯曲刚度 EI_z、胎侧的横向基本弹簧常数。注意，接地长度 l 和接地宽度 b 的载荷依赖性导致了 $C_{F\alpha}$ 和 $C_{M\alpha}$ 的载荷依赖性。

2. 理论和实验的比较

Miyashita 和 Kabe[9-10] 测量了各种不同载荷下的 $C_{F\alpha}$ 和 $C_{M\alpha}$ 以及接地长度 l 和接地宽度 b，所用的轮胎是 195/65R15，充气压力为 200kPa，参照载荷为 4kN。利用式（11.136）和式（11.139），通过对测量数据 $C_{F\alpha}$ 和 $C_{M\alpha}$ 进行曲线拟合获得了 C_y、ε、R_{mz} 和 ξ。曲线拟合使预测值和实验值之间的最小均方根值（误差）R 最小化。

$$R = g_f\sum_{i=1}^{N}(\Delta F_{yi})^2 + g_m\sum_{i=1}^{N}(\Delta M_{yi})^2 \quad (11.143)$$

式中，ΔF_{yi} 和 ΔM_{yi} 均是测量值和计算值之间的差；g_f 和 g_m 是权重系数，由下式定义：

$$g_f = 1/\sigma_f^2$$
$$g_m = 1/\sigma_m^2 \quad (11.144)$$

式中，σ_f^2 和 σ_m^2 分别是不同载荷条件下测量得到的 $C_{F\alpha}$ 和 $C_{M\alpha}$ 的方差。

当轮辋的侧偏角为 $\alpha_0 = 1.10°$ 时，识别得到的参数为 $C_y = 99.1$MPa/m，$\varepsilon = 5.28\times10^{-5}N^{-1}\cdot$m^{-1}，$R_{mz} = 7.68$kN·m/rad。胎冠的弯曲刚度和轮胎单位面积的横向基本弹簧刚度可以利用所辨识的参数进行计算，例如 $EI_z = 1.17$kN·m^2，$k_s = 77.6$kN/m^2。EI_z 和 k_s 的值与采用简单轮胎力学模型计算得到的结果一致[9-10]。

图 11.37a、b 给出了刚性环模型（$\varepsilon = 0$，$R_{mz} = \infty$）、Fiala 模型（$\varepsilon \neq 0$，$R_{mz} = \infty$）、新 Fiala 模型和测量值之间的侧偏刚度和回正刚度对比。Fiala 模型可以很好地预测 $C_{F\alpha}$，但对大载荷时的 $C_{M\alpha}$ 预测效果不好，而新 Fiala 模型对这两个参数的预测效果都比较好。这是因为在 Fiala 模型中没有考虑轮胎的扭转变形，因此在 Fiala 模型中不包含式（11.141）中的 $1/R_{mz}$，但 Fiala 模型仍然可以对 $C_{F\alpha}$ 有比较好的预测效果。为了补偿式（11.141）中的 $\overline{C}_{M\alpha\_0}/R_{mz}$ 项，Fiala 模型中的 ε 要比新 Fiala 模型中的 ε 大。

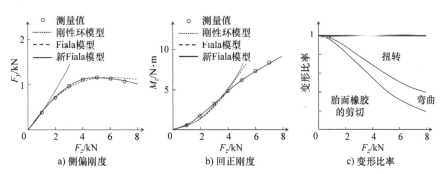

图 11.37 $C_{F\alpha}$ 和 $C_{M\alpha}$ 的载荷依赖性理论值和测量值的比较以及胎冠变形的成分分析

（经 TST 授权，摘自文献 [9]）

图 11.37c 给出了胎面橡胶的剪切、弯曲和扭转对接地区域变形的贡献（即变形比率）。在

新Fiala模型中剪切、弯曲和扭转的变形比率分别是50%、20%和30%。计算所用的载荷是4kN，充气压力为210kPa。对于重载来说，扭转的变形比率增加。

11.5.2 新Fiala模型应用于复合滑移工况

1. 复合滑移工况的新Fiala模型（制动）

Mizuno[12]修改了Sakai的理论以求解11.4节中的复合滑移问题，他采用的是与Miyashita和Kabe相同的方法[9,10]。对于自由滚动轮胎来说，如图11.38所示，周向的接地压力分布$q_z(x_1)$是关于原点O对称的。同时，在转向过程中，原点O在(x_1, y_1)坐标系中向前移动，而且压力分布变得不对称，呈现前大后小的趋势。由式（11.72）给出的压力分布因此变成了一个广义的斜抛物线函数，用它可以表示压力分布$q_z(x_1)$的前倾趋势：

$$q_z(x_1) = \frac{n+1}{n}\frac{F_z}{wl}D_{\text{gsp}}\left(\frac{x_1}{l}; n, \zeta\right) \tag{11.145}$$

$$D_{\text{gsp}}\left(\frac{x_1}{l}; n, \zeta\right) = \left(1 - \left|2\frac{x_1}{l} - 1\right|^n\right)\left\{1 - \zeta\left(2\frac{x_1}{l} - 1\right)\right\}$$

广义斜抛物线函数$D_{\text{gsp}}(x_1/l; n, \zeta)$可以非常容易地表达接地压力分布$q_z(x_1)$的前倾现象，它用参数$n$控制压力分布的形状，用参数$\zeta$来控制前倾角度，如图11.38所示。

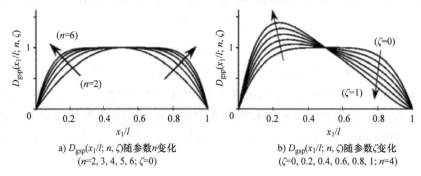

a) $D_{\text{gsp}}(x_1/l; n, \zeta)$随参数$n$变化
($n=2, 3, 4, 5, 6; \zeta=0$)

b) $D_{\text{gsp}}(x_1/l; n, \zeta)$随参数$\zeta$变化
($\zeta=0, 0.2, 0.4, 0.6, 0.8, 1; n=4$)

图11.38 周向的接地压力分布采用归一化的双抛物线模型$D_{\text{gsp}}(x_1/l; n, \zeta)$
（经TST授权，摘自文献[10]）

用于计算复合滑移（制动）状态的轮胎侧偏特性的基本方程和计算流程如下：

1）接地压力分布采用广义斜抛物线函数，见式（11.145）。

2）通过倾斜参数ζ，使接地压力分布在圆周方向上能够产生回馈，而接地区域在圆周方向的移动x_c可以用下式来计算：

$$\zeta = C_{M\zeta}M_z$$
$$x_c/l = 1/2 - C_{Mc}M_z/l^2 \tag{11.146a}$$

或者用下式计算：

$$\zeta = -C_\zeta F_x$$
$$x_c/l = 1/2 + C_{xc}F_x \tag{11.146b}$$

3）M_z被反馈给车轮的侧偏角α_0，用以计算有效侧偏角$\alpha^{\ominus}$。

$$\alpha = \alpha_0 - M_z/R_{mz} \tag{11.147}$$

4）确定滑移点r_h（当$r_h < 0$时用$r_h = 0$代替）。将式（11.114）和式（11.145）代入式（11.116），可以得到：

$\ominus$ 与式（11.68）相同。

$$2r_{\mathrm{h}}[C_{Fs\_0}^2 s^2 + C_{F\alpha\_0}^2 \{\tan\alpha - \varepsilon l F_y(1-s)(1-(1-s)r_{\mathrm{h}})\}^2]^{1/2}$$
$$= \mu_{\mathrm{s}} \frac{n+1}{n} F_z D_{\mathrm{gsp}}(r_{\mathrm{h}}; n, \zeta) \tag{11.148}$$

其中，r_{h}、C_{Fs_0}、$C_{F\alpha\_0}$ 可以表示为

$$\begin{aligned} r_{\mathrm{h}} &= l_{\mathrm{h}}/l \\ C_{Fs\_0} &= C_x b l^2/2 \\ C_{F\alpha\_0} &= C_y b l^2/2 \end{aligned} \tag{11.149}$$

5）确定滑动方向角 θ。

从式（11.99）可以得到：

$$\theta = \tan^{-1}(\tan\alpha/s) \tag{11.150}$$

6）计算动摩擦系数 μ_{d}。

将式（11.124）和式（11.128）代入到式（11.69），可以得到：

$$\mu_{\mathrm{d}}(s, \alpha_0, V) = \mu_{\mathrm{d}0} - \alpha_V \frac{V\{1 + (s^2-1)\cos^2\alpha\}^{1/2}}{1 - r_{\mathrm{h}}} \tag{11.151}$$

其中需要注意，制动速度 V 就等于图 11.32 中的道路速度 V_{R}。

7）计算制动过程中的纵向力 $F_x(s, \alpha_0, V)$。

从式（11.119）和式（11.129），可以得到：

$$F_x(s, \alpha_0, V) = C_{Fs\_0} r_{\mathrm{h}}^2 s + \frac{n+1}{n} \mu_{\mathrm{d}}(s, \alpha_0, V) F_z \cos\theta \int_{r_{\mathrm{h}}}^1 D_{\mathrm{gsp}}(t; n, \zeta) \mathrm{d}t \tag{11.152}$$

式中，$t = x_1/l$。

8）计算制动状态的侧向力 $F_y(s, \alpha_0, V)$。

从式（11.119）和式（11.129），可以得到[⊖]：

$$F_y(s, \alpha_0, V) = 2C_{F\alpha\_0} \int_0^{r_{\mathrm{h}}} [t\tan\alpha - \varepsilon l F_y(1-s)t\{1-(1-s)t\}] \mathrm{d}t +$$
$$\frac{n+1}{n} \mu_{\mathrm{d}}(s, \alpha_0, V) F_z \sin\theta \int_{r_{\mathrm{h}}}^1 D_{\mathrm{gsp}}(t; n, \zeta) \mathrm{d}t \tag{11.153}$$

式中，第一项是黏着区的分量 F_{ya}；第二项是滑移区的分量 F_{ys}。

9）计算制动状态的回正力矩 $M_z(s, \alpha_0, V)$。

在大侧偏角的条件下，接地印迹中心点从小侧偏角时的点 $(l/2, 0)$ 移动到点 $(x_{\mathrm{c}}, y_{\mathrm{c}})$，回正力矩是定义在图 11.36 中的轮辋中心在地面的投影点 $O(x_{\mathrm{c}}, y_{\mathrm{c}})$ 上的。如果位置向量用 $\vec{r} = (x_1 - x_{\mathrm{c}})\vec{i} + (y_1 - x_{\mathrm{c}})\vec{j}$ 来表示，力的向量在黏着区用 $\vec{f} = f_x \vec{i} + f_y \vec{j}$ 表示，在滑移区用 $\vec{f} = \mu_{\mathrm{d}} q_z (\vec{i}\cos\theta + \vec{j}\sin\theta)$ 表示，绕 O 点的回正力矩 M_z 可以用下式表示：

$$M_z = \int_0^w \int_0^{l_{\mathrm{h}}} \vec{r} \times \vec{f} \, \mathrm{d}x_1 \mathrm{d}y_1 + \int_0^w \int_{l_{\mathrm{h}}}^l \mu_{\mathrm{d}} q_z \vec{r} \times (\vec{i}\cos\theta + \vec{j}\sin\theta) \, \mathrm{d}x_1 \mathrm{d}y_1$$
$$= \int_0^w \int_0^{l_{\mathrm{h}}} f_y(x_1, y_1)(x_1 - x_{\mathrm{c}}) \mathrm{d}x_1 \mathrm{d}y_1 - \int_0^w \int_0^{l_{\mathrm{h}}} f_x(x_1, y_1)(y_1 - y_{\mathrm{c}}) \mathrm{d}x_1 \mathrm{d}y_1$$
$$+ \int_0^w \int_{l_{\mathrm{h}}}^l \mu_{\mathrm{d}} q_z \vec{r} \times (\vec{i}\cos\theta + \vec{j}\sin\theta) \mathrm{d}x_1 \mathrm{d}y_1 \tag{11.154}$$

⊖ 备注 11.15。

其中的 × 表示向量的叉乘，θ 表示滑移方向角。在黏着区，式（11.154）第二项中的 $y_1 - y_c$ 可以表示为

$$y_1 - y_c = x_1 \tan\alpha \tag{11.155}$$

参考图 11.24，滑移区的位置向量用 $\vec{r} = (x_1 - x_c)\vec{i} + y'\vec{j}$ 表示。将式（11.155）和位置向量 $\vec{r}$ 代入到式（11.154）中，可以得到：

$$\begin{aligned}M_z(s,\alpha_0,V) &= M_z' + M_z'' \\ &= b\int_0^{l_h}\{-f_x x_1\tan\alpha + f_y(x_1-x_c)\}\mathrm{d}x_1 + \\ &\quad b\int_{l_h}^{l}\mu_d q_z\{-y'\cos\theta + (x_1-x_c)\sin\theta\}\mathrm{d}x_1\end{aligned} \tag{11.156}$$

将代表 y' 的式（11.102）、代表 f_x 和 f_y 的式（11.114）、代表 q_z 的式（11.145）代入到式（11.156）中，可以得到[⊖]：

$$\begin{aligned}M_z(s,\alpha_0,V) = & 12C_{M\alpha\_0}\int_0^{r_h}\left[t\tan\alpha - \varepsilon lF_y(1-s)t\{1-(1-s)t\}\right]\left(t-\frac{x_c}{l}\right)\mathrm{d}t + \\ & \frac{n+1}{n}\mu_d(s,\alpha_0,V)F_z l\sin\theta\int_{r_h}^{1}D_{\mathrm{gsp}}(t;n,\zeta)\left(t-\frac{x_c}{l}\right)\mathrm{d}t - \\ & r_h\tan\alpha\left[4C_{Ms\_0}sr_h^2 + \frac{n+1}{n}\mu_d(s,\alpha_0,V)F_z l\cos\theta\int_{r_h}^{1}D_{\mathrm{gsp}}(t;n,\zeta)\frac{1-t}{1-r_h}\mathrm{d}t\right] - \\ & \frac{n+1}{n}\mu_d(s,\alpha_0,V)F_z l\cos\theta\int_{r_h}^{1}D_{\mathrm{gsp}}(t;n,\zeta)\frac{y_0}{l}\mathrm{d}t\end{aligned}$$

(11.157)

式中，第一项和第二项是由侧向力带来的回正力矩 M_{zy}；第三项和第四项是由纵向力分量带来的回正力矩 M_{zx}。$C_{M\alpha\_0}$ 和 C_{Ms_0} 由下式给出：

$$C_{M\alpha\_0} = bC_y l^3/12 \tag{11.158}$$
$$C_{Ms\_0} = bC_x l^3/12$$

式（11.102）中的 y' 所包含的 y_0 是图 11.24 中的 AC 线的横向位移，它的表达式为

$$y_0 = F_y/K_y \tag{11.159}$$

式中，K_y 是轮胎的横向弹簧刚度。

10) 回到步骤 1）直到 F_y 和 M_z 收敛。

用于复合滑移的新 Fiala 模型的流程图如图 11.39 所示[13]。注意参数 ε 和参数 R_{mz} 的值以及式（11.146）中的参数 C_ζ 和 C_{xc} 的值都是通过对小侧偏角下 $C_{F\alpha}$ 和 $C_{M\alpha}$ 的载荷依赖性曲线进行曲线拟合后得到的，这些已经在 11.5.1 节中进行了讨论。

2. 复合滑移工况（驱动）的基本方程

除了前述所用的方程以外，带有驱动状态的复合滑移的基本方程需要用下面的公式来代替。

⊖ 备注 11.15。

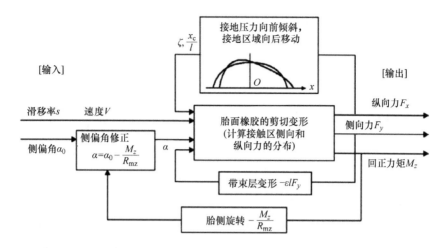

图 11.39 用于复合滑移的新 Fiala 模型的流程图[13]

注意这里先假设驱动速度 V 等于如图 11.32 所示的轮胎的旋转线速度 V_B。

1) 确定起滑点 r_h（如果 $r_h < 0$，则令 $r_h = 0$）。

将式（11.115）和式（11.145）代入到式（11.116），可以得到：

$$2r_h [C_{Fs\_0}^2 s^2 + C_{F\alpha\_0}^2 \{(1+s)\tan\alpha - \varepsilon l F_y (1 - r_h)\}^2]^{1/2}$$
$$= \mu_s \frac{n+1}{n} F_z D_{gsp}(r_h; n, \zeta) \qquad (11.160)$$

2) 确定滑动方向角 θ。

从式（11.127），可以得到

$$\theta = \pi + \tan^{-1}[(1+s)\tan\alpha/s] \qquad (11.161)$$

3) 确定驱动状态的纵向力 $F_x(s, \alpha_0, V)$。

从式（11.121）和式（11.129），可以得到：

$$F_x(s, \alpha_0, V) = C_{F\alpha\_0} r_h^2 s + \frac{n+1}{n} \mu_d(s, \alpha_0, V) F_z \cos\theta \int_{r_h}^{1} D_{gsp}(t; n, \zeta) dt \qquad (11.162)$$

4) 确定驱动状态的侧向力 $F_y(s, \alpha_0, V)$。

从式（11.121）和式（11.129），可以得到：

$$F_y(s, \alpha_0, V) = 2C_{F\alpha\_0} \int_0^{r_h} \{(1+s)t\tan\alpha - \varepsilon l F_y t(1-t)\} dt +$$
$$\frac{n+1}{n} \mu_d(s, \alpha_0, V) F_z \sin\theta \int_{r_h}^{1} D_{gsp}(t; n, \zeta) dt \qquad (11.163)$$

5) 确定驱动状态的回正力矩 $M_z(s, \alpha_0, V)$。

将代表 y' 的式（11.102）、代表 f_x 和 f_y 的式（11.115）、代表 q_z 的式（11.145）代入到式（11.156）中，可以得到⊖

⊖ 备注 11.16。

$$M_z(s,\alpha_0,V) = 12C_{M\alpha\_0}\int_0^{r_h}\{(1+s)t\tan\alpha - \varepsilon lF_y t(1-t)\}\left(t - \frac{x_c}{l}\right)dt +$$

$$\frac{n+1}{n}\mu_d(s,\alpha_0,V)F_z l\sin\theta\int_{r_h}^{1}D_{gsp}(t;n,\zeta)\left(t - \frac{x_c}{l}\right)dt +$$

$$r_h\tan\alpha\left[4C_{Ms\_0}sr_h^2 + \frac{n+1}{n}\mu_d(s,\alpha_0,V)F_z l\cos\theta\int_{r_h}^{1}D_{gsp}(t;n,\zeta)\frac{1-t}{1-r_h}dt\right] -$$

$$\frac{n+1}{n}\mu_d(s,\alpha_0,V)F_z l\cos\theta\int_{r_h}^{1}D_{gsp}(t;n,\zeta)\frac{y_0}{l}dt \tag{11.164}$$

3. 新 Fiala 模型和实测结果的比较

图 11.40 给出了滑移率是零的条件下新 Fiala 模型计算得到侧向力和回正力矩与实测值的对比[10]。轮胎规格是 195/65R15，载荷是 4kN，充气压力是 200kPa，速度是 10km/h，外倾角为 0°。反馈参数采用式（11.146a）来计算。计算中所用的参数是：$l = 124\text{mm}$，$\mu_s = 1.53$，$\mu_d = 1.13$，$n = 4.49$，$C_{M\zeta} = 7.72\times10^{-3}\text{N}^{-1}\cdot\text{m}^{-1}$，$C_{Mc} = 2.37\times10^{-5}\text{N}^{-1}\cdot\text{m}^{-1}$，$C_{F\alpha} = 144\text{kN}$。

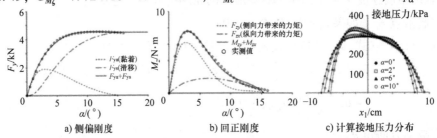

a) 侧偏刚度　　b) 回正刚度　　c) 计算接地压力分布

图 11.40　新 Fiala 模型计算得到侧向力和回正力矩与实测值的对比
（经 TST 授权，摘自文献 [10]）

新 Fiala 模型的计算结果与实测结果比较一致，直到大侧偏角下仍如此。利用式（11.153）计算得到的侧向力 F_y 是黏着区的侧向力分量 F_{ya} 和滑移区的侧向力分量 F_{ys} 的和。用式（11.157）计算得到的回正力矩 M_z 是纵向力引起的回正力矩分量 M_{zx} 和侧向力引起的回正力矩分量 M_{zy} 的和。

复合滑移下新 Fiala 模型的参数是通过对纯侧偏或纯滑移条件下的测量数据进行曲线拟合得到的。纯侧偏条件下的数据是加载与卸载侧偏角时的数据。轮胎的规格是 235/50R18，载荷分别是 2.9kN、5kN、7.1kN，充气压力是 200kPa，速度是 80km/h，外倾角是 0°。反馈参数利用式（11.146b）来计算。通过对纯侧偏（滑移）数据的曲线进行拟合得到的参数值为：$C_{F\alpha\_0} = 224.1\text{kN/rad}$，$C_{M\alpha\_0} = 2.32\text{kN/rad}$，$\mu_s = 1.94$，$\mu_d(s=0) = 0.998$，$\mu_d(s=0.5) = 0.88$，$\mu_d(s=1.0) = 0.762$，$n = 4.35$，$C_\zeta = 0.057\text{N}^{-1}$，$C_{xc} = 2.2\times10^{-6}\text{N}^{-1}$，$C_y = 0.189\text{MPa/m}$，$\varepsilon = 2.48\times10^{-5}\text{N}^{-1}\cdot\text{m}^{-1}$，$R_{mz} = 19.6\text{kN}\cdot\text{m/rad}$，$k_s = 176.8\text{kN/m}^3$，$EI_z = 2.44\text{kN}\cdot\text{m}^2$。

图 11.41 和图 11.42 比较了纯侧偏和纯滑移条件下新 Fiala 模型计算得到的纵向力、侧向力和回正力矩与实测值。作为参考，图中也给出了魔术公式[1]的计算结果。采用新 Fiala 模型计算得到的纵向力、侧向力和回正力矩与实测结果吻合，但是魔术公式的结果在大侧偏角时会偏离实测值。因为魔术公式采用三角函数，回正力矩在侧偏角超过 15°后有增加的趋势。

图 11.43 比较了复合滑移下新 Fiala 模型计算得到的摩擦圆和实测值。新 Fiala 模型的结果与实测结果比较吻合。即便是新 Fiala 模型的计算参数来自于纯侧偏数据的曲线拟合，该模型也可以用于复合滑移工况的侧偏特性研究。

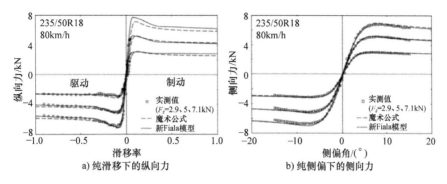

图 11.41　纯滑移和纯侧偏条件下新 Fiala 模型计算得到的纵向力和侧向力与实测值的比较[13]

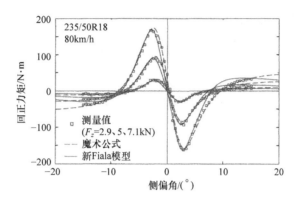

图 11.42　纯侧偏下新 Fiala 模型计算得到的回正力矩与实测值的比较[13]

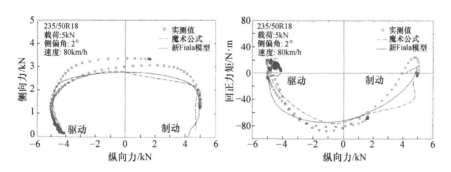

图 11.43　复合滑移下新 Fiala 模型计算得到的摩擦圆和实测值的比较

11.6　动态侧偏特性

11.6.1　低速下的动态侧偏特性轮胎模型

1. 侧向力的动态特性

轮胎的动态侧偏特性对于车辆的瞬态行为很重要。假设侧偏角瞬间施加在低速滚动的轮胎上，因为速度低，所以可以忽略惯性力和陀螺效应。如图 11.44 所示，旋转轮胎的横向位移用 y 表示[35]。接地区内轮胎的横向速度用 $\dot{y}$ 表示，接触面的侧偏角，也就是轮胎的前进方向与轮辋的指向之间的夹角，用 $\alpha - \dot{y}/V$ 表示，其中 V 是车速。轮胎的瞬态侧向力 F_y 可以表示为

$$F_y = C_{F\alpha}(\alpha - \dot{y}/V) \tag{11.165}$$

式中，$C_{F\alpha}$ 是侧偏刚度。

F_y 还可以表示为

$$F_y = K_y y \tag{11.166}$$

式中，K_y 是轮胎的横向弹簧刚度。

利用式（11.165）和式（11.166）消去 y，可以得到：

$$\frac{C_{F\alpha}}{K_y V}\frac{\mathrm{d}F_y}{\mathrm{d}t} + F_y = C_{F\alpha}\alpha \tag{11.167}$$

利用关系式 $x = Vt$ 对式（11.167）进行变形，可以得到：

$$\frac{C_{F\alpha}}{K_y}\frac{\mathrm{d}F_y}{\mathrm{d}x} + F_y = C_{F\alpha}\alpha(x) \tag{11.168}$$

对式（11.168）进行拉普拉斯变换，得到⊖：

$$\frac{F_y(s)}{\alpha(s)} = \frac{C_{F\alpha}}{1 + T_1 s} \tag{11.169}$$

$$T_1 = C_{F\alpha}/K_y$$

式（11.169）意味着 F_y 的动态特性可以用一阶滞后模型来表示，其时间常数为 T_1。

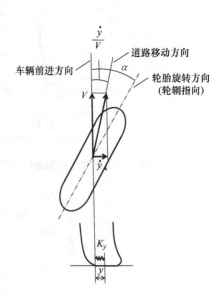

图 11.44 动态侧偏特性轮胎模型[35]

如果在 $t = 0$ 时刻侧偏角 α_0 作用在轮胎上，式（11.168）的初始条件表示为

$$\alpha(x) = \alpha_0 H(x)$$
$$H(x) = 0 \quad x < 0$$
$$H(x) = 1 \quad x > 0 \tag{11.170}$$

式中，$H(x)$ 是 Heaviside 函数（即阶跃函数）。考虑到 $H(x)$ 的拉普拉斯变换式为 $1/s$，对式（11.168）进行拉普拉斯变换，得到：

$$\frac{F_y}{\alpha_0} = K_y \frac{1}{s\left(s + \dfrac{K_y}{C_{F\alpha}}\right)} = \frac{C_{F\alpha}}{T_1}\frac{1}{s\left(s + \dfrac{1}{T_1}\right)} \tag{11.171}$$

对式（11.171）进行拉普拉斯逆变换，得到：

$$\frac{F_y}{\alpha_0} = \frac{C_{F\alpha}}{T_1}\int_0^x e^{-\frac{x}{T_1}}\mathrm{d}x = C_{F\alpha}(1 - e^{-\frac{x}{T_1}}) \tag{11.172}$$

如图 11.45 所示，在 $t = 0$ 时刻侧偏角 α_0 作用到轮胎上，侧向力 F_y 跟随滚动距离 x 而改变，侧偏角作用后的初期 F_y 跟随距离 x 线性变化，然后逐渐达到稳态值 $C_{F\alpha}\alpha_0$。利用式（11.172）得到的预测值与实验结果吻合较好。

将式（11.169）中的 s 用 $j\omega$ 代替，则侧向力 F_y 的频率响应函数可以表示为

$$\frac{F_y(j\omega)}{\alpha(j\omega)} = \frac{C_{F\alpha}}{1 + jT_1\omega} \tag{11.173}$$

式中，ω 是路径频率（rad/m）。

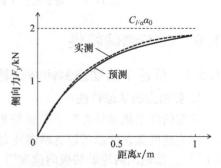

图 11.45 轮胎动态侧偏特性的预测值和实测值的比较

（经 Guranpuri – Shuppan 授权，摘自文献 [2]）

⊖ 备注 11.17。

利用式（11.173），增益 g_f 和相位滞后角 ϕ_f 可以表示为

$$g_f = \frac{K_y C_{F\alpha}}{\sqrt{K_y^2 + C_{F\alpha}^2 \omega^2}}$$
$$\phi_f = \tan^{-1}\left(\frac{C_{F\alpha}\omega}{K_y}\right) \tag{11.174}$$

Sakai[2] 将根据式（11.174）的计算结果和实测结果进行了对比，图 11.46 给出了斜交轮胎和子午线轮胎在低速下的侧向力 F_y 的频率响应函数，从中看出计算值与实测值吻合较好。在低路径频率下增益 g_f 随着侧偏刚度的增大而增大。然而在高路径频率下，增益 g_f 随着侧偏刚度的减小和轮胎横向刚度的增加而增大，相位角 ϕ_f 随着侧偏刚度的减小和横向刚度的增加而减小。斜交轮胎的频率响应比子午线轮胎的频率响应更好，这是因为斜交轮胎的相位滞后角比子午线轮胎的相位滞后角小。造成这个现象的原因是斜交轮胎的时间常数（松弛长度）由于它的低侧偏刚度和高横向刚度而比较小。注意，尽管斜交轮胎的相位滞后角比子午线轮胎小，对于操控性主观评价来说，仍然是子午线轮胎好于斜交轮胎。这可能是由于子午线轮胎的侧向力增益比斜交轮胎大很多。

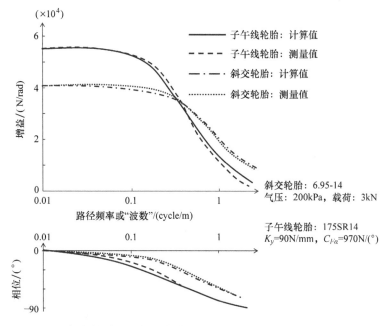

图 11.46 斜交轮胎和子午线轮胎在低速下的侧向力 F_y 的频率响应函数

2. 回正力矩的动态特性

瞬态的回正力矩 M 包含两个部分：一个是由稳态工况下的侧向力 F_y 乘以稳态的气胎拖距 t_{trail} 得到的回正力矩 M_z，另一个是由轮胎的扭转产生的转矩 M_t。回正力矩 M_z 相对于侧偏角的频率响应函数可以用一阶滞后模型来近似表示，因为侧向力 F_y 的动态性能可以用前述的一阶滞后模型来描述：

$$\frac{M_z(s)}{\alpha(s)} = \frac{t_{trail} C_{F\alpha}}{1 + T_2 s} \tag{11.175}$$

式中，T_2 是时间常数。

当在 $t=0$ 时刻轮胎突然获得一个瞬态侧偏角时，轮胎发生扭转从而产生了转矩。这个转矩成为瞬态滚动的轮胎的回正力矩的组成部分。同时，因为轮胎的初始转角可以看作是 $t=0$ 时刻

的侧偏角 α，并且随着时间会逐渐趋于 $0°$，所以由轮胎的扭转产生的转矩 M_t 的瞬态响应可以用下面的先行模型 $\dfrac{M_t(s)}{\alpha(s)}$ 表示：

$$\frac{M_t(s)}{\alpha(s)} = R_{mz} - \frac{R_{mz}}{1+T_3 s} = \frac{R_{mz}T_3 s}{1+T_3 s} \tag{11.176}$$

式中，R_{mz} 是轮胎的扭转刚度，用式（6.38）表示。

瞬态回正力矩 M 可以通过将 M_z 和 M_t 相加得到⊖：

$$\frac{M(s)}{\alpha(s)} = \frac{M_z(s)}{\alpha(s)} + \frac{M_t(s)}{\alpha(s)} = \frac{t_{trail}C_{F\alpha}}{1+T_2 s} + \frac{R_{mz}T_3 s}{1+T_3 s}$$

$$= t_{trail}C_{F\alpha} \frac{1 + \left(1 + \dfrac{R_{mz}}{t_{trail}C_{F\alpha}}\right)T_3 s + \dfrac{R_{mz}}{t_{trail}C_{F\alpha}}T_2 T_3 s^2}{1+(T_2+T_3)s + T_2 T_3 s^2} \tag{11.177}$$

回正力矩 M 的频率响应函数由下式给出：

$$\frac{M(j\omega)}{\alpha(j\omega)} = t_{trail}C_{F\alpha} \frac{1 - \dfrac{R_{mz}}{t_{trail}C_{F\alpha}}T_2 T_3 \omega^2 + j\left(1 + \dfrac{R_{mz}}{t_{trail}C_{F\alpha}}\right)T_3 \omega}{1 - T_2 T_3 \omega^2 + j(T_2+T_3)\omega} \tag{11.178}$$

利用式（11.178），Abe[35] 计算了低速下的斜交轮胎和子午线轮胎的回正力矩的动态特性，结果如图 11.47 所示。Sakai[2] 采用不同的方法得到了相同的公式，结果表明斜交轮胎和子午线轮胎的回正力矩的动态特性与实测值吻合较好。

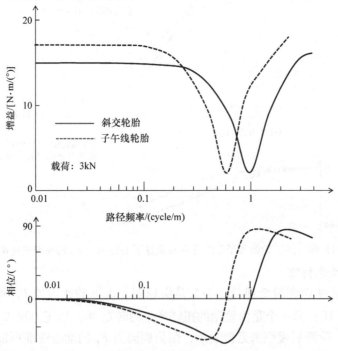

图 11.47　低速下斜交轮胎和子午线轮胎的回正力矩动态特性结果[35]

3. 侧倾推力的动态特性

当 $t=0$ 时刻滚动轮胎上作用有外倾角时，侧倾推力的动态特性里没有时间滞后。这与侧偏特性的侧向力和回正力矩不同，因为轮胎发生侧偏时侧向力和回正力矩是随着滚动距离的增加逐

⊖　备注 11.17。

渐建立的，而发生外倾时，侧倾变形和侧倾推力几乎是同时产生的。

11.6.2 高速下轮胎的动态侧偏特性模型

高速时轮胎的动态侧偏特性是非常重要的，因为它与车辆在高速道路上的快速小角度转向特性有关。高速时的侧偏特性与低速时的侧偏特性不同，因为在高速时不但要考虑轮胎和轮辋激起的陀螺力矩，而且还需要考虑胎冠的振动。

如图 11.48a 所示，在高速时通过操纵轮辋给轮胎施加一个瞬态的侧偏角，子午线轮胎接地区域附近的胎冠在陀螺力矩的作用下发生横向变形，同时，轮胎上部的胎冠沿相反方向发生横向变形。由陀螺力矩导致的接地区域内的横向变形延迟了横向力的产生。这种延迟随着轮胎横向刚度的增加而减小，也随着惯性矩的减小而减小。当侧偏角瞬间施加到斜交轮胎上时，只产生部分的胎冠变形，陀螺力矩对斜交轮胎的响应的影响比较轻微。

如图 11.48b 所示，当子午线轮胎高速下突然受到一个路面施加的侧偏角时，或者突然受到来自平带式试验机的侧偏角时，轮胎受到横向力的作用，该力使轮胎产生横向变形，同时导致绕垂直轴的逆时针方向的陀螺力矩产生。因为轮胎的前端向左扭转而后端向右扭转，陀螺力矩导致侧偏角减小，并进而导致侧向力响应的延迟增加。

陀螺力矩与角速度和角动量的乘积成正比。考虑到角动量的轴与轮胎的旋转轴不一致，角动量与变形速度 $(1/K_y)\,\mathrm{d}F_y/\mathrm{d}t$ 和轮胎惯性质量 m_{tread} 的乘积成正比，陀螺力矩 M_{gyr} 可以表示为

$$M_{\text{gyr}} = c_{\text{gyr}} V \frac{m_{\text{tread}}}{K_y} \frac{\mathrm{d}F_y}{\mathrm{d}t} \tag{11.179}$$

式中，c_{gyr} 是陀螺力矩的一个常数；K_y 是轮胎的横向弹簧刚度。

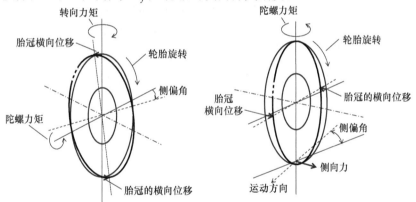

a) 轮胎转弯时胎冠的陀螺力矩　　b) 当路面对轮胎作用有侧偏角时的陀螺力矩

图 11.48　高速下的陀螺力矩⊖

（经 Guranpuri - Shuppan 授权，摘自文献 [2]）

11.6.3 利用新 Fiala 模型来获得轮胎的动态侧偏特性

Miyashita[36] 利用新 Fiala 模型来研究轮胎的动态特性。利用式 (11.136)、式 (11.139) 和式 (11.147)，小侧偏角稳态滚动轮胎的侧向力 F_y 和回正力矩 M_z 可以表示为

$$F_y = C_{F\alpha\_0}(\alpha_0 - \varepsilon l F_y/3 - M_z/R_{\text{mz}}) \tag{11.180}$$

$$M_z = \bar{C}_{M\alpha\_0}(\alpha_0 - M_z/R_{\text{mz}}) \tag{11.181}$$

侧偏特性由稳态的接地区域的变形决定。同时，在瞬态条件下，侧偏特性受接地区变形的影响。为了描述接地区变形，引入了渐近线长度 η 的概念，如图 11.49 所示。渐近线长度等于松弛长度 σ 的两倍再加上实际的接地长度 $l^{[1]}$。

⊖　备注 11.18。

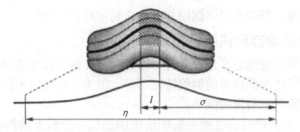

图 11.49 瞬态转弯时轮胎的变形（接地长度为 l，松弛长度为 σ，渐近线长度为 η）

$$\eta = 2\sigma + l \tag{11.182}$$

速度为 V 的轮胎在时间 $\delta t = \eta/V$ 内移动的距离是 η。假设在时间 δt 内 F_y 和 M_z 的变化量在式（11.180）和式（11.181）的基础上影响了 F_y 和 M_z 的时间依赖性，则 F_y 和 M_z 的动态侧偏特性可以表示为①

$$F_y(t) = C_{F\alpha\_0}\left\{\alpha_0(t) - \frac{\varepsilon l}{3}F_y(t) - \frac{\varepsilon l}{3}\frac{\mathrm{d}F_y(t)}{\mathrm{d}t}\frac{\eta}{v} - \frac{M_z(t)}{R_{mz}} - \frac{1}{R_{mz}}\frac{\mathrm{d}M_z(t)}{\mathrm{d}t}\frac{\eta}{v}\right\} \tag{11.183}$$

$$M_z(t) = \overline{C}_{M\alpha\_0}\left\{\alpha_0(t) - \frac{M_z}{R_{mz}} - \frac{1}{R_{mz}}\frac{\mathrm{d}M_z(t)}{\mathrm{d}t}\frac{\eta}{V}\right\} \tag{11.184}$$

在小侧偏角下，渐近线长度 η 和接地长度 l 的关系可以表示为

$$\eta = \kappa l \tag{11.185}$$

式中，κ 是一个常数。

将式（11.183）和式（11.184）进行拉普拉斯变换，可以得到：

$$F_y(s) = C_{F\alpha\_0}\left\{\alpha_0(s) - \frac{\varepsilon l}{3}F_y(s) - \frac{\varepsilon l}{3}sF_y(s)\frac{\eta}{V} - \frac{M_z(t)}{R_{mz}} - \frac{1}{R_{mz}}sM_z(s)\frac{\eta}{V}\right\} \tag{11.186}$$

$$M_z(t) = \overline{C}_{M\alpha\_0}\left\{\alpha_0(s) - \frac{M_z(s)}{R_{mz}} - \frac{1}{R_{mz}}sM_z(s)\frac{\eta}{V}\right\} \tag{11.187}$$

式中，$\overline{C}_{M\alpha\_0}$ 由式（11.140）定义；$s = \mathrm{j}\omega$，用于频域分析。

利用式（11.186）和式（11.187），关于阶跃输入侧偏角 $\alpha_0(s)$ 的侧向力和回正力矩的传递函数表示为

$$\begin{aligned}\frac{F_y(s)}{\alpha_0(s)} &= \frac{C_{F\alpha\_\mathrm{NeoFiala}}}{(1+T_1 s)(1+T_2 s)} \\ \frac{M_z(s)}{\alpha_0(s)} &= \frac{C_{M\alpha\_\mathrm{NeoFiala}}}{1+T_2 s}\end{aligned} \tag{11.188}$$

其中，$C_{F\alpha\_\mathrm{NeoFiala}}$ 和 $C_{M\alpha\_\mathrm{NeoFiala}}$ 由式（11.141）给出，其他的参数由下式确定：

$$\begin{aligned}T_1 &= \frac{C_{F\alpha\_0}\varepsilon\kappa l^2}{V(3 + C_{F\alpha\_0}\varepsilon l)} = \frac{C_{F\alpha\_\mathrm{NeoFiala}}}{K_{\mathrm{dr}}V} \\ T_2 &= \frac{\overline{C}_{M\alpha\_0}\kappa l}{V(\overline{C}_{M\alpha\_0} + R_{mz})} = \frac{\overline{C}_{M\alpha\_\mathrm{NeoFiala}}}{K_{\mathrm{rr}}V} \\ K_{\mathrm{dr}} &= \frac{3}{\varepsilon\kappa l^2\left(1 + \frac{\overline{C}_{M\alpha\_0}}{R_{mz}}\right)} \\ K_{\mathrm{rr}} &= \frac{R_{mz}}{\kappa l}\end{aligned} \tag{11.189}$$

---

① 备注 11.19。

式中，T_1 是横向弯曲变形的时间常数；T_2 是扭转变形的时间常数；K_{dr} 是横向弯曲变形的刚度；K_{rr} 是扭转变形的刚度。

注意式（11.188）的第一个方程与式（11.169）是不同的。这是因为在式（11.169）中不包含由于轮胎扭转带来的转矩。而且，式（11.188）的第二个方程与式（11.178）也是不同的，这是因为轮胎扭转引起的转矩并不包含在式（11.188）的第二个方程中。

图 11.50a、b 给出了轮胎在阶跃输入下的侧向力 F_y 和回正力矩 M_z 的响应，轮胎规格是 195/65R15，充气压力是 200kPa，速度是 10km/h。计算所用的参数是利用 11.5.1 节所述的小侧偏角下稳态时的侧偏特性对载荷的依赖性，从实验数据中拟合得到的，拟合时 $\kappa = 12$。从图 11.50a、b 的比较看出，回正力矩 M_z 对角阶跃输入的响应要比侧向力 F_y 更快。图 11.50c 显示了胎面橡胶剪切、带束层的横向弯曲和胎侧扭转变形对轮胎变形的贡献（即轮胎变形比率）。图 11.50c 显示出，当 $t = 0$ 时胎侧的扭转变形是轮胎变形的最大贡献者。胎面橡胶的剪切变形的贡献和带束层的横向弯曲变形的贡献是逐渐提高的。

文献［13］讨论了当阶跃输入的侧偏角 $\alpha_0 = 1°$ 时，回正力矩和侧向力的瞬态响应，也就是轮胎设计参数对增益和时间常数的影响。轮胎的设计参数有：胎冠橡胶的横向剪切模量 G_{tr}、带束层面内弯曲刚度 EI_z、胎体的横向基本弹簧常数 k_s、接地长度 l。注意胎冠橡胶的剪切模量 G_{tr} 与 $C_{F\alpha\_0}$ 中包含的胎冠橡胶的剪切弹簧刚度 C_y 有关，C_y 的表达式为

$$C_y = G_{tr}/H \tag{11.190}$$

式中，H 是花纹沟深度。

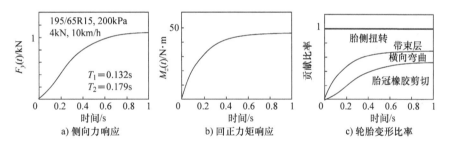

a) 侧向力响应　　b) 回正力矩响应　　c) 轮胎变形比率

图 11.50　阶跃输入 1°侧偏角的瞬态侧向力 F_y 响应、瞬态回正力矩 M_z 响应，以及胎面橡胶剪切、带束层横向弯曲和胎侧扭转变形对轮胎变形的贡献

（经 JSAE 授权，摘自文献［36］）

侧向力 F_y 的瞬态响应的增益和时间常数随着 G_{tr}、l、EI_z 和 k_s 的提高而提高。G_{tr} 和 l 的提高在短期内会降低 F_y，但在长期内会提高 F_y。同时，增加 EI_z 和 k_s 会在短期和长期内增加 F_y。设计参数 k_s 对回正力矩 M_z 的响应的影响与对侧向力 F_y 的响应的影响一致，EI_z 对 M_z 没有影响。

图 11.51 给出了阶跃输入侧偏角 $\alpha_0 = 1°$ 时侧向力 F_y 和回正力矩 M_z 的增益和相位角的频率响应。轮胎的规格是 205/55ZR16，充气压力是 230kPa，载荷是 4.22kN，速度是 5km/h、40km/h 和 120km/h，因此涵盖了比较宽的路径频率范围。式（11.169）的第一相位滞后模型用虚线表示，式（11.188）所代表的新 Fiala 模型用实线表示，它是第二滞后模型。从图 11.51a 看这两个模型的结果是相同的。从图 11.51b 看，在测量结果中小于 -90° 的相位角是减小的。新 Fiala 模型的结果与测量结果具有相同的趋势，然而第一相位滞后模型在高频时与 -90° 的曲线渐近。

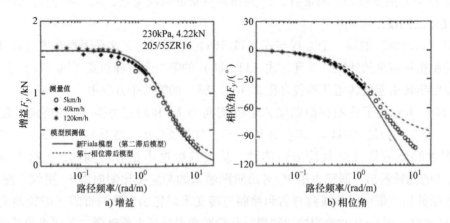

图 11.51 阶跃输入侧偏角 $\alpha_0 = 1°$ 时侧向力和回正力矩的增益和相位角的频率响应

（经 JSAE 授权，摘自文献 [36]）

11.7 热力学轮胎模型

胎冠橡胶的性能对温度比较敏感，它导致轮胎的侧偏特性具有温度依赖性。Mizuno 等[37-38]对魔术公式[1]进行了修正，使魔术公式包含温度对侧向力的影响。魔术公式关于侧向力的最初方程为

$$F_y = D\sin[C\tan^{-1}\{B\alpha - E(B\alpha - \tan^{-1}(B\alpha))\}] + S_v \quad (11.191)$$

修正后的魔术公式为

$$F_y(T) = D[T]\sin[C\tan^{-1}\{B[T]\alpha - E(B[T]\alpha - \tan^{-1}(B[T]\alpha))\}] + S_v \quad (11.192)$$

式中，T 是轮胎表面的温度。

侧向力对温度的依赖性取决于 $D(T)$ 和 $B(T)$，它们可以通过测量轮胎表面温度和对应的侧向力来确定。Higuchi[39]的研究报告了对魔术公式模型的修正以及魔术公式模型中的参数的值。

Pearson 和其他的研究者[14-17]开发了一个热力学轮胎模型，称为 TameTire 模型。它可以用来预测轮胎的瞬态运动行为，而修正的魔术公式只能被用来衡量轮胎的稳态行为。TameTire 轮胎模型是一个物理模型，它考虑了轮胎的各种特性，比如接地区域的大小尺寸、胎冠、胎侧和带束层的刚度以及橡胶的物理特性。图 11.52 给出了 TameTire 模型，它将热力学模型加入轮胎力学中，因为胎面橡胶的性能受轮胎的热力学状态影响很大。该模型基于刷子模型，摩擦定律依赖于接地压力、滑移速度和接地温度。刷子单元上产生的剪切力是剪切模量和轮胎胎冠橡胶温度的函数。

在热力学模型中，热量来自于橡胶的摩擦生热以及轮胎滚动过程中不断受到的压缩和剪切变形导致的应变能损失。这些热量传给了路面，与周围的空间进行热交换，这些决定了胎面的总热量。在胎面厚度方向上应用一维的热力学方程，就可以确定胎冠的外表面和内部的温度分布情况。在轮胎转动一圈的过程中温度在宽度方向上传递和平均。TameTire 的 105 个输入参数采用非标准实验步骤确定。图 11.53 显示了在侧偏角不变的情况下侧向力随着滚动时间的变化关系，以及测量值、TameTire 仿真计算结果和魔术公式（MF5.2）仿真计算结果。TameTire 模型给出的轮胎瞬态特性与测量结果更吻合。

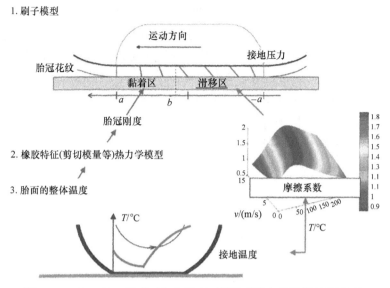

图 11.52　TameTire 模型（包含温度对摩擦系数和橡胶模量的影响）

（经 TST 授权，摘自文献 [14]）

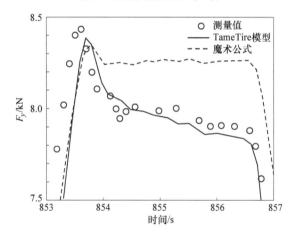

图 11.53　在侧偏角不变的情况下侧向力随着滚动时间的变化关系，以及测量值、
TameTire 仿真计算结果和魔术公式仿真计算结果

（经 TST 授权，摘自文献 [4]）

11.8　侧偏特性的有限元模型

有限元方法也常用来进行轮胎侧偏特性的研究。Goldstein[40]采用隐式有限元方法来分析低速滚动条件下的货车轮胎的力和力矩特性。另外，还有任意的 Lagrangian – Eulerian 方法应用于小侧偏角下的隐式计算中[41-42]。

因为隐式有限元方法会遇到收敛问题，所以人们在大侧偏角和大滑移率的仿真中应用了显式有限元仿真技术[43-49]。尽管有限元方法应用于轮胎的侧偏特性的研究受一定限制，人们仍然期望在将来的侧偏特性仿真中可以考虑温度对摩擦系数和橡胶黏弹性的影响。

11.8.1　轮胎的有限元模型

Osawa[48]利用 LS – Dyna 软件采用显式有限元方法来分析轮胎（215/55R17，气压 210kPa）的瞬态行为。橡胶采用实体建模，材料特性采用线性黏弹性，带束层和胎体帘线采用正交各向异性的壳单元建模。路面和轮辋采用刚性壳单元建模,摩擦系数定义为与滑动速度有关,图11.54为用于侧偏特性的有限元模型,以及稳态滚动轮胎的侧向力和回正力矩的实测值与有限元计算值的对比。从图中对比来看,除了侧偏角超过10°后回正力矩误差变大外,其他在侧偏角超过4°的时候计算结果与实测结果之间非常接近,吻合较好。图11.55为有限元计算得到的轮胎纵向力和实测值的比较,从中看到直到大滑移率下结果吻合都较好。

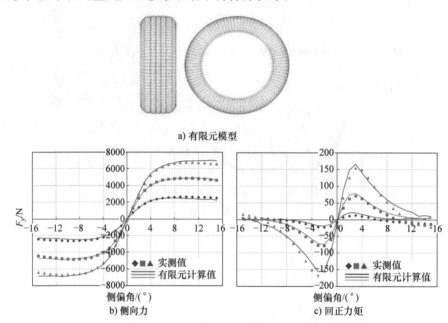

图 11.54 用于侧偏特性的有限元模型,以及稳态滚动轮胎的侧向力和回正力矩的实测值与有限元计算值的对比[48]

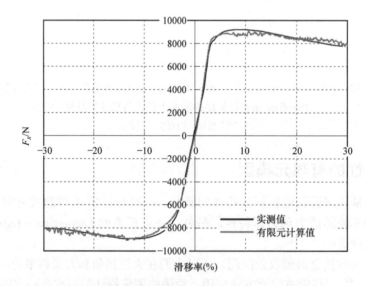

图 11.55 有限元计算得到的轮胎纵向力和实测值的比较[48]

11.8.2 有限元技术在车辆/轮胎系统中的应用

因为轮胎是车辆与地面之间的唯一接触部件,所以在为车辆设计合适的轮胎时需要研究车辆/轮胎之间的相互作用关系,然而,在极端操作条件下并没有采用有限元方法来研究车辆与轮胎之间的关系行为，这是因为分析滚动中的轮胎的大变形行为是很困难的。Fukushima[50]等采用 LS – DYNA来对车辆J形转向过程进行仿真，研究轮胎和车辆之间的行为，将仿真结果和实验结果进行了比较。急转弯时轮胎的变形仿真如图11.56所示[50]。虽然在实验中观察不到瞬态行为，但仿真可以给出轮胎在转向过程中的瞬态接地压力分布。因此可以通过仿真看到实验看不到的现象。

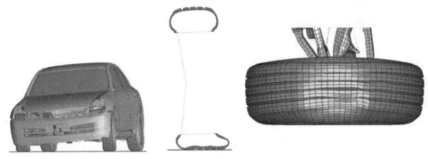

a) 车辆转弯　　　　　　b) 右前轮的接地和变形

图 11.56　急转弯时轮胎的变形仿真

（经 SAE 授权，摘自文献［50］）

11.9　轮胎特性和车辆动力学

11.9.1　轮胎的非线性侧偏特性对车辆转向性能的影响

轮胎的侧向力和回正力矩与侧偏角和滑移率之间的关系是非线性的。而且，这种非线性会随着道路温度、行驶距离、轮胎磨耗和载荷的改变而改变。

将侧偏刚度与载荷之间的非线性特性作为一个例子来考虑。可以把车辆的简单运动方程看作一个自行车模型，每个轴上的两个轮胎用一个轮胎来等效。当车辆上作用有离心力和纵向力的时候，在前后轴和左右轮之间发生载荷转移。前后轴和左右轮之间的载荷转移分别称为横向侧倾运动和纵向俯仰运动。轮胎的侧向力和载荷之间是凸形抛物线关系，其非线性如图11.57所示。

随着载荷转移量的增加，轴上的侧向力会减少。在转向的时候，内侧车轮的载荷 F_{z1} 减小，外侧车轮的载荷 F_{z2} 增大。因此，当有横向载荷转移时，作用在两个轮上的侧向力的和小于没有载荷转移时 (F_{zn}) 的侧向力。这个特性就是通用汽车（General Motors）的轮胎性能体系（TPC）中的载荷转移灵敏度（G 函数），将在11.9.2节中详细讨论。为了提高操控性能，轮胎都被换成了宽基低断面轮胎，这是因为宽基低断面轮胎随载荷改变的非线性特性要比窄基高断面轮胎小。

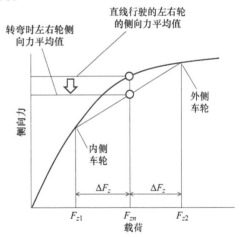

图 11.57　侧向力与载荷之间的非线性

11.9.2　轮胎特性体系

通用汽车[51]在1974年提出了轮胎性能标准（Tire Performance Criteria）体系。该标准体系利用如下参数来衡量轮胎的侧偏特性：侧向力系数（F 函数）、回正力矩系数、载荷灵敏度（H 函数）和载荷转移灵敏度（G 函数）。

侧向力系数（F 函数）是24psi气压下100%额定载荷时轮胎在1°侧偏角下的侧向力与额定

载荷 F_z 的比值,如图 11.58a 所示。这个参数是对车辆/轮胎系统保持线性方向控制能力最有影响的参数。与此相似,回正力矩系数定义为 24psi 充气压力下 100% 额定载荷时轮胎在 1°侧偏角下的回正力矩与额定载荷 F_z 的比值,如图 11.58b 所示。轮胎产生的回正力矩的大小,结合所需的车辆前悬架的回正柔度,决定了车辆的转向控制行为。另外,轮胎所产生的回正力矩是转向盘对驾驶员的任何车辆操纵行为产生回馈力的重要体现。

载荷灵敏度(H 函数)用以衡量轮胎在 1°侧偏角时侧向力随着载荷的增加而增加的程度。载荷灵敏度一般是额定载荷 F_z 的 0.8~1.0 倍,如图 11.59a 所示。这个参数是很重要的,因为它可以帮助确定在各种静态载荷条件下车辆的方向控制性能保持的程度。这对于在各种载荷条件下进行车辆操控是很重要的。

载荷转移灵敏度(G 函数)是用来衡量当一个轮胎载荷下降一定的量,而另一个轮胎又上升相同的量时,两个轮胎总的侧向力损失。这种情况在车辆高速转向时对一对前轮或后轮来说是很有代表性的,也就是在较大的侧向加速度下发生横向载荷传递时的车辆性能。这个函数一般在 4°侧偏角以及 0.4~1.6 倍的额定载荷之间进行评估,如图 11.59b 所示。这个参数非常重要,因为它与车辆高侧向加速度时的操纵性能相关。

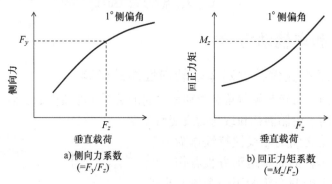

图 11.58 侧向力系数和回正力矩系数
(经 SAE 授权,摘自文献 [51])

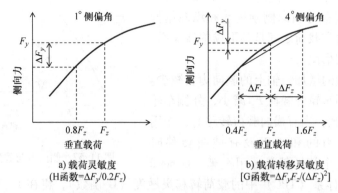

图 11.59 载荷灵敏度(H 函数)和载荷转移灵敏度(G 函数)
(经 SAE 授权,摘自文献 [51])

Tsukijihara[52]将侧向力系数 $C_{F\alpha}$ 表示为载荷 F_z 的三次多项式函数:

$$C_{F\alpha}(F_z) = a_3 F_z^3 + a_2 F_z^2 + a_1 F_z \tag{11.193}$$

式中,$a_i(i=1,2,3)$ 是系数,它们由测量数据的曲线拟合得到,当车辆转向时,部分载荷 ΔF_z 从左侧轮胎转移到右侧轮胎上或者从右侧转移到左侧轮胎上。侧向力系数的平均值 $\overline{C}_{F\alpha}$ 可以用载荷为 $F_z + \Delta F_z$ 的轮胎的侧向力系数和载荷为 $F_z - \Delta F_z$ 的轮胎的侧向力系数采用下式计算得到:

$$\frac{\overline{C}_{F\alpha}}{F_z} = \frac{C_{F\alpha}(F_z + \Delta F_z) + C_{F\alpha}(F_z - \Delta F_z)}{2F_z} \quad (11.194)$$

$$= a_1 + a_2 F_z + a_3 F_z^2 + (a_2 F_z + 3a_3 F_z^2)\left(\frac{\Delta F_z}{F_z}\right)^2$$

上式中的第一项大概与 F 函数有关，第二项与 G 函数有关，这些函数表示为

$$f(F_z) = \alpha_1 + a_2 F_z + a_3 F_z^2$$
$$g(F_z) = -a_2 F_z - 3a_3 F_z^2 \quad (11.195)$$

H 函数大体可以认为等于侧向力系数关于载荷的导数，表示为

$$h(F_z) = \frac{\partial C_{F\alpha}}{\partial F_z} = a_1 + 2a_2 F_z + 3a_3 F_z^2 \quad (11.196)$$

利用式（11.195）和式（11.196），$a_i(i=1,2,3)$ 可以用下面三个方程表示：

$$a_1 = 3f(F_z) - g(F_z) - 2h(F_z)$$
$$a_2 = \{-3f(F_z) + 2g(F_z) + 3h(F_z)\}/F_z \quad (11.197)$$
$$a_3 = \{f(F_z) - g(F_z) - h(F_z)\}/F_z^2$$

图 11.60 中以 F、G、H 函数的形式表现了侧向力系数对载荷的依赖性。F 函数与侧偏刚度的幅值有关，G 函数与曲线的曲率有关，H 函数与曲线的斜率有关。

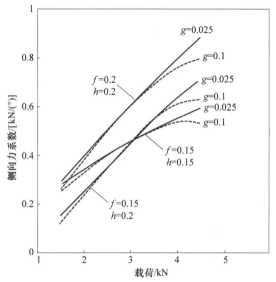

图 11.60　侧向力系数对载荷的依赖性——F、G、H 函数
（经 SAE 授权，摘自文献 [52]）

图 11.61 给出了不同的 F、G、H 函数下轮胎的转向性能，这些性能由 Tsukijihara[52] 从等半径稳态绕圆实验的数据处理得到。实验采用的是小型的后轮驱动车辆，乘坐 1 人或者 5 人。图 11.61a 显示当 G 函数值较小时轮胎的转向特性与侧向加速度呈线性关系。但是在高侧向加速度时若 G 函数突然变大，车辆则会急剧变为过度转向。H 函数与前轴和后轴的侧偏刚度的差异有关，一个较大的 H 函数会导致车辆有轻微的不足转向特性。F 函数的值较大时导致线性的转向特性。因此，G 函数值越小，轮胎的转向特性越好。转向特性随着 F 函数和 H 函数的相对值而变化，人们期望的结果是 F 函数值和 H 函数值相近。注意，在前面的讨论中，回正力矩的影响被忽略了。但是回正力矩导致的转向柔度不可以忽略。

根据 Iida[53] 的研究成果，人们期望轮胎的侧偏刚度大，而且与载荷之间呈线性关系，这一

般通过在相对较轻的载荷时采用大规格轮胎来实现,这样使轮胎的作用区间在线性范围内。例如,低断面较宽的轮胎对于操纵性能是有利的,但是设计者必须考虑操纵性、成本和乘坐舒适性之间的平衡。

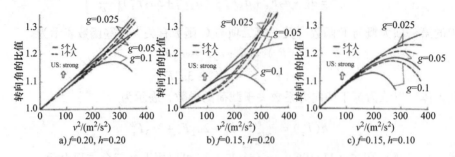

图 11.61　不同的 F、G、H 函数下轮胎的转向性能
(经 JSAE 的授权,摘自文献[52])

11.9.3　车轮定位和车辆动力学

1. 初始的前束角对转向特性的影响

(1) 侧偏刚度的载荷依赖性　Yamamoto[54]从理论上研究了初始前束角对转向特性的影响,他采用了等效侧偏刚度的概念。如图 11.62 所示,许多车辆在后轴上采用了正的前束和负的外倾角,这是因为在后轴上采用正的前束和负的外倾角提高了后轴的等效侧偏刚度⊖,从而可以提高车辆的稳定性。

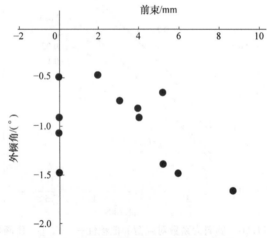

图 11.62　后轴的前束和外倾角的关系
(经 JSAE 授权,摘自文献[54])

如图 11.57 所示,侧向力随着载荷变化的非线性关系导致侧偏刚度 $C_{F\alpha}$ 与载荷之间也是非线性关系。这个非线性可以用载荷的二次方的函数关系来表示。归一化的侧偏刚度 C 定义为侧偏刚度和载荷的比值,因此归一化的侧偏刚度可以用载荷 F_z 的线性函数表示:

$$F_y = C_{F\alpha}\alpha \tag{11.198}$$

$$C_{F\alpha} = CF_z = \{C_n - \varepsilon(F_z - F_{zn})\}F_z = (C_n + \varepsilon F_{zn})F_z - \varepsilon F_z^2 \tag{11.199}$$

$$C = C_{F\alpha}/F_z = C_n - \varepsilon(F_z - F_{zn}) \tag{11.200}$$

式中,C_n 是参考载荷 F_{zn} 的侧偏刚度;F_y 是侧向力;ε 是如图 11.63 所示的侧偏刚度的载荷依赖系数。

⊖　备注 11.20。

（2）转向时载荷转移下的轴力 这里只分析后轴的前束角对侧偏特性的影响，因为前轴和后轴的分析方法是一样的，所以这里只拿后轴作为例子。假设初始前束角为 δ_{r0}（正的前束），车身的侧偏角为 α_r，如图 11.64 所示。转向过程中内侧轮胎和外侧轮胎的侧向力 F_{y_r1} 和 F_{y_r2} 可以表示为

$$F_{y\_r1} = C_{F\alpha\_r1}(\alpha_r - \delta_{r0})$$
$$F_{y\_r2} = C_{F\alpha\_r2}(\alpha_r + \delta_{r0}) \tag{11.201}$$

式中，$C_{F\alpha\_r1}$ 和 $C_{F\alpha\_r2}$ 分别是内侧轮胎和外侧轮胎的侧偏刚度。

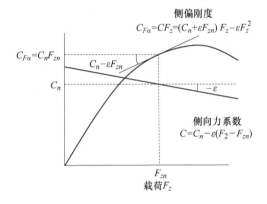

图 11.63 侧偏刚度的载荷依赖系数
（经 JSAE 授权，摘自文献 [54]）

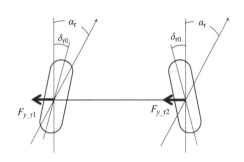

图 11.64 初始前束角和侧偏角
（经 JSAE 授权，摘自文献 [54]）

从式（11.199）可以得到：

$$C_{F\alpha\_r1} = (C_r + \varepsilon \Delta F_{zr})(F_{zr} - \Delta F_{zr})$$
$$C_{F\alpha\_r2} = (C_r - \varepsilon \Delta F_{zr})(F_{zr} + \Delta F_{zr}) \tag{11.202}$$

式中，F_{zr} 是直线前进时的后轮载荷；C_r 是直线前进时后轮的侧向力系数；ΔF_{zr} 是转向时后轴的载荷转移量。

综合式（11.201）和式（11.202），后轴的侧向力 F_{yr} 可以表示为

$$F_{yr} = F_{y\_r1} + F_{y\_r2} = 2\{(C_r F_{zr} - \varepsilon \Delta F_{zr}^2)\alpha_r + (C_r - \varepsilon F_{zr})\Delta F_{zr}\delta_{r0}\} \tag{11.203}$$

在稳态滚动中，F_{yr} 和 ΔF_{zr} 可以表示为

$$F_{yr} = l_f m A_y / l = d_r m A_y \tag{11.204}$$
$$\Delta F_{zr} = H R_r m A_y / T \tag{11.205}$$

式中，m 是汽车质量；l 是轴距；l_f 是车辆质心到前轴的距离；d_r 是后轴承担的载荷比例，$d_r = l_f/l$；T 是轮距；H 是车辆的质心高度；R_r 是后轴的侧倾刚度比率；A_y 是侧向加速度。

从式（11.203）~式（11.205）可以得到：

$$\alpha_r = \frac{\left\{\dfrac{d_r}{2} - \dfrac{H}{T}R_r(C_r - \varepsilon F_{zr})\delta_{r0}\right\}m A_y}{C_r F_{zr} - \varepsilon\left(\dfrac{H}{T}R_r m A_y\right)^2} \tag{11.206}$$

假设表观侧偏角 α_r 是没有前束角时的侧偏角。利用式（11.204）和式（11.206），轮胎的等效侧偏刚度 $C_{F\alpha}^*$ 可以表示为

$$C_{F\alpha}^* = \frac{1}{2}\frac{F_{yr}}{\alpha_r} = \frac{C_r F_{zr} - \varepsilon\left(\dfrac{H}{T}R_r m A_y\right)^2}{1 - 2\dfrac{H}{T}\dfrac{R_r}{d_r}(C_r - \varepsilon F_{zr})\delta_{r0}} \tag{11.207}$$

同时,轮胎直线行进时的侧偏刚度 $C_{F\alpha\_r}$ 可以用下式表达:

$$C_{F\alpha\_r} = C_r F_{zr} \tag{11.208}$$

(3) 侧偏刚度相对于侧向加速度的放大系数 侧偏刚度受前束角和内外两侧的轮胎的载荷转移影响,侧偏刚度的变化率 e_r 可以用式(11.207)除以式(11.208)得到:

$$e_r = \frac{C_{F\alpha}^*}{C_{F\alpha\_r}} = \frac{1 - \dfrac{\varepsilon}{C_r F_{zr}}\left(\dfrac{H}{T} R_r m A_y\right)^2}{1 - 2\dfrac{H}{T}\dfrac{R_r}{d_r}(C_r - \varepsilon F_{zr})\delta_{r0}} \tag{11.209}$$

式(11.209)中的分子解释为轮胎的等效侧偏刚度,由于侧偏刚度的载荷依赖性,它随着侧向加速度 A_y 的平方增加而下降。另外,分母中包含初始前束角 δ_{r0} 对等效侧偏刚度的影响。等效侧偏刚度随着正前束减小而增加。

图 11.65 显示了与侧向加速度有关的侧偏刚度放大系数的变化情况。从式(11.209)来判断,初始前束角对等效侧偏刚度的影响并不依赖于侧向加速度,即便是在 0°侧偏角下(直线运动),初始前束角也放大了等效侧偏刚度。需要注意的是,初始前束角对等效侧偏刚度的影响并没有因为左侧和右侧轮胎的前束的对称性而被抵消,即使是在由左右轮的前束产生的侧向力被抵消的情况下。

(4) 初始前束角对等效侧偏刚度的影响 将 $A_y = 0$ 代入到式(11.209)中就可以得到初始前束角对直线前行状态的轮胎的等效侧偏刚度的影响。侧偏刚度的变化率 e_r,也就是直线前行的后轴轮胎的侧偏刚度的放大系数,可以用下面的公式表达:

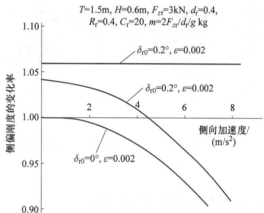

图 11.65 与侧向加速度有关的侧偏刚度放大系数的变化情况
(经 JSAE 授权,摘自文献[54])

$$e_r = \frac{1}{1 - 2\dfrac{H}{T}\dfrac{R_r}{d_r}(C_r - \varepsilon F_{zr})\delta_{r0}} \tag{11.210}$$

正的前束角使等效侧偏刚度增加,这种放大作用通过增加 H/T(车辆的质心高度与轮距的比值)、提高 R_r(后轴的侧倾刚度比值)以及通过降低 $d_r = l_f/l$(后轴的载荷比例值)得到强化。如果将式(11.210)中的 r 用 f 代替,就可以得到直线前进的前轴轮胎的放大系数。而且,式(11.210)还显示出,前束角对等效侧偏刚度的影响随着 $C_r - \varepsilon F_{zr}$ 增加而增加(或者对于前轴轮胎来说随着 $C_f - \varepsilon F_{zf}$ 增加而增加)。

将式(11.199)针对 F_z 进行偏微分,并代入 $F_z = F_{zn}$,可以得到:

$$(\partial C_{F\alpha}/\partial F_z)_{F_z = F_{zn}} = C_n - \varepsilon_{zn} \tag{11.211}$$

$C_n - \varepsilon F_{zn}$ 是侧偏刚度与载荷关系曲线上在载荷 F_{zn} 处的斜率,如图 11.63 所示。初始前束角的影响是通过增加 $C_n - \varepsilon F_{zn}$ 的值来增加等效侧偏刚度的。很有意思的是,当在重载荷下 $C_n - \varepsilon F_{zn}$ 的值变为负值时,等效侧偏刚度会随着前束角而减小。前束角对等效侧偏刚度的影响在轻载和重载时规律是相反的。

图 11.66 为不同初始前束角、不同轮胎/悬架特性和不同的车辆尺寸下的侧偏刚度放大系数。初始前束角为 0.2°(相当于半径为 300mm 的轮胎前束值为 4.2mm)。即使采用相同的前束角,

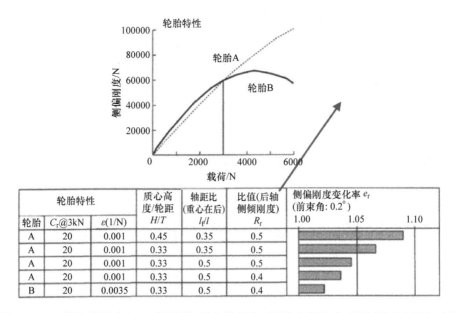

图 11.66 不同初始前束角、不同轮胎/悬架特性和不同的车辆尺寸下的侧偏刚度放大系数
(经 JSAE 授权,摘自文献 [54])

前束对等效刚度的影响也会随着轮胎、悬架和车辆的不同而不同。

2. 初始外倾角对转向性能的影响

假设侧倾推力可以用外倾角和侧倾刚度的线性方程表示。侧倾刚度定义为侧倾推力对外倾角的微分,当侧倾刚度是常数时,侧倾推力 P 可以表示为

$$P = QF_z\gamma \tag{11.212}$$

式中,Q 是用载荷 F_z 归一化后的侧倾刚度;γ 是外倾角。

当初始前束角 δ_{i0} 和初始外倾角 γ_{i0} 给定时,右侧和左侧轮胎的侧向力可以用下式表示:

$$\begin{aligned} F_{i1} &= \{(C_i + \varepsilon\Delta F_{zi})(\alpha_i - \delta_{i0}) + Q\gamma_{i0}\}(F_{zi} - \Delta F_{zi}) \\ F_{i2} &= \{(C_i - \varepsilon\Delta F_{zi})(\alpha_i + \delta_{i0}) - Q\gamma_{i0}\}(F_{zi} + \Delta F_{zi}) \end{aligned} \tag{11.213}$$

式中,F_{zi} 是直线前行轮胎的载荷;C_i 是直线前行轮胎的侧向力系数;ΔF_{zi} 是左右两个轮胎之间的载荷转移量;α_i 是表观侧偏角。

按照与式(11.203)~式(11.208)相同的步骤,初始定位参数引起的侧偏刚度放大系数为

$$e_i = \frac{1 - \dfrac{\varepsilon}{C_i F_{zi}}\left(\dfrac{H}{T}R_i m A_y\right)^2}{1 - 2\dfrac{H}{T}\dfrac{R_i}{d_i}\{(C_i - \varepsilon F_{zi})\delta_{i0} - Q\gamma_{i0}\}} \tag{11.214}$$

初始外倾角对等效侧偏刚度的影响不依赖于侧向加速度,负的外倾角使 0°侧偏角下(例如直行)的等效侧偏刚度得以放大。

为了理解外倾角对直线行驶状态的轮胎的等效侧偏刚度的影响,将 $A_y = 0$ 代入到式(11.214)中,得到:

$$e_i = \frac{1}{1 - 2\dfrac{H}{T}\dfrac{R_i}{d_i}\{(C_i - \varepsilon F_{zi})\delta_{i0} - Q\gamma_{i0}\}} \tag{11.215}$$

式(11.215)表示负的外倾角会使等效侧偏刚度增加,H/T、R_r 和 $d_r = l_f/l$ 也会影响等效侧偏刚度,这与前束的情形是类似的。

前束角的影响条件与外倾角的影响条件是一样的，可以用下式表示：
$$\gamma_{i0} = -(C_i - \varepsilon F_{zi})/Q\delta_{i0} \tag{11.216}$$

对于普通车辆来说，上式中 $(C_i - \varepsilon F_{zi})/Q$ 的取值范围为 $10 \sim 20$，因此外倾角对等效侧偏刚度的影响是前束角对等效侧偏刚度影响的百分之几。

问题

11.1 推导式 (11.10)。

11.2 根据式 (11.22)，小侧偏角下气胎拖距是接地长度的 1/6。考虑轮胎的变形可以用图 11.5 的三角形表示，证明式 (11.22)。

11.3 推导式 (11.103) 和式 (11.104)。

11.4 推导式 (11.141)。

备注

备注 11.1

根据式 (11.87) 和式 (11.88)，沿圆周方向的位移 $\Delta x'$ 可以用 $\Delta x' = sx_1$ 表示，其中 s 是滑移率。同时，从式 (11.3) 可知，横向位移 v 可以用 $v = \alpha x$ 表示。比较这两个表达式，如果两个值都很小，则可以认为滑移率 s 相当于侧偏角 α（单位弧度）。

备注 11.2 式 (11.39)

式 (11.38) 的特征方程可以通过将 $w(x) = 0$ 和 $y = e^{\alpha x}$ 代入来得到。通过引入参数 $\lambda = \sqrt[4]{k_s/(4EI_z)}$，特征方程可以表示为 $\alpha^4 + 4\lambda^4 = 0$。这个方程的解为 $\alpha = (1 \pm i)\lambda, (-1 \pm i)\lambda$，因此，$y$ 可以表示为

$$y = e^{\lambda x}(C_1 \cos\lambda x + C_2 \sin\lambda x) + e^{-\lambda x}(C_3 \cos\lambda x + C_4 \sin\lambda x)$$

考虑到边界条件 $y(\infty) = 0$，可以得到 $C_1 = C_2 = 0$。根据对称边界条件 $y'(0) = 0$ 可以得到 $C_3 = C_4$。因此，y 的表达式为

$$y = C_3 e^{-\lambda x}(\cos\lambda x + \sin\lambda x)$$

根据外力和胎体的弹性力的平衡条件，可以得出：

$$F_y = 2k_s \int_0^\infty y(x) dx = 2k_s C_3 e^{-\lambda x} \int_0^\infty (\cos\lambda x + \sin\lambda x) dx = 2k_s C_3/\lambda$$

因此，y 可以表达成：

$$y = \frac{\lambda F_y}{2k_s} e^{-\lambda x}(\cos\lambda x + \sin\lambda x)$$

备注 11.3 式 (11.41)

当 λ 很小时，利用关系 $e^{-\lambda} \cong 1 - \lambda x$，$\cos(\lambda x) \cong 1$，$\sin(\lambda x) \cong \lambda x$，可以得到：

$$y = \frac{\lambda F_y}{2k_s} e^{-\lambda x}(\cos\lambda x + \sin\lambda x) \cong \frac{\lambda F_y}{2k_s}(1 - \lambda^2 x^2)$$

备注 11.4 式 (11.50)

利用式 (11.43) 和式 (11.46)，以及在起滑点 $x_1 = l_h$ 位置 $f_y = \mu_s q_z$ 的关系，l_h 可以看作下式的解：

$$x_1 \tan\alpha - \frac{\delta}{C_y} F_y \frac{x_1}{l}\left(1 - \frac{x_1}{l}\right) = 4\mu_s p_m \frac{x_1}{l}\left(1 - \frac{x_1}{l}\right)$$

备注 11.5 式（11.58）

图 11.20 的椭圆方程是：
$$(x_1 - l/2)^2/r^2 + (y - r_e\sin\gamma)^2/b^2 = 1$$

因为椭圆经过位置（$x_1 = y_1 = 0$），b 的表达式为
$$b = r_e\sin\gamma/\sqrt{1 - (l - 2r_e)^2}$$

假设 y_c 是胎冠基部的行驶轨迹。考虑到关系 $r = r_e$，$y_{c,max}$（y_c 的最大值）可以表示为

$$y_{c,max} = -(b - r_e\sin\gamma) = -\left(\frac{r_e\sin\gamma}{\sqrt{1 - \frac{l^2}{4r^2}}} - r_e\sin\gamma\right) \cong -\frac{l^2 r_e\sin\gamma}{8r^2} \cong -\frac{l^2\sin\gamma}{8r_e}$$

$$\cong -\frac{l^2\gamma}{8r_e}$$

如果把 y_c 表示为抛物线，则可以得到 y_c 的表达式：
$$y_c = C\frac{x_1}{l}\left(1 - \frac{x_1}{l}\right)$$

根据在 $x_1 = l/2$ 处 $y_c = y_{c,max}$ 的条件，可以得出 $C = -l^2\sin\gamma/(2r_e)$。

备注 11.6 式（11.64）

式（11.64）的推导是通过将与周向张力 T 有关的项添加到式（11.38）中。图 11.67 显示了带束层微单元包括张力在内的力平衡状态。长度为 dx 的微单元沿 y 轴的力平衡方程为

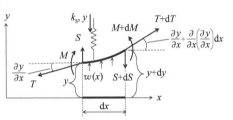

图 11.67 带束层微单元包括张力在内的力平衡状态

$$-T\frac{\partial y}{\partial x} + (T + dT)\left(\frac{\partial y}{\partial x} + \frac{\partial^2 y}{\partial x^2}dx\right) + S - (S + dS) - k_s y dx + w(x)dx = 0 \qquad (11.217)$$

式中，S 是剪切力；k_s 是轮胎胎侧的横向基本弹簧常数；$w(x)$ 是分布式外力。

因为 y 只是 x 的函数，偏微分方程变成了常规的微分方程：
$$Td^2y/dx^2 = dS/dx - k_s y + w(x) = 0 \qquad (11.218)$$

其中，剪切力 S 和力矩 M 的关系是：
$$dM - Sdx = 0 \qquad (11.219)$$

力矩 M 由下式给出：
$$M = EI_z d^2y/dx^2 \qquad (11.220)$$

式中，EI_z 是胎冠基部的弯曲刚度。将式（11.219）和式（11.220）代入到式（11.218），可以得到下式：
$$EI_z d^4y/dx^4 - Td^2y/dx^2 + k_s y = w(x) \qquad (11.221)$$

在 $w(x) = 0$ 的条件下，根据第 3 章附录中的式（3.225），y 可以由下式给出：
$$y = \frac{\delta F_y}{4k_s}e^{-\lambda_1 x}\left(\cos\lambda_2 x + \frac{\lambda_1}{\lambda_2}\sin\lambda_2 x\right) \qquad (11.222)$$

$$\delta = (\lambda_1^2 + \lambda_2^2)/\lambda_1 \qquad (11.223)$$

$$\lambda_1 = \sqrt[4]{\frac{k_y}{4EI_z}}\sqrt{1 + \frac{T}{\sqrt{4EI_z k_s}}}$$

$$\lambda_2 = \sqrt[4]{\frac{k_y}{4EI_z}}\sqrt{1 - \frac{T}{\sqrt{4EI_z k_s}}} \qquad (11.224)$$

对于乘用车带束子午线轮胎来说，式（11.224）中的参数 $T/\sqrt{4EI_zk_s}$ 的值为 0.02，因此胎冠圆环的周向张力项是可以忽略的。

备注11.7 式（11.65）

带束层在侧向力的作用下绕 x 轴扭转。由于扭转变形的存在，在接地区域的带束层产生横向位移，这个横向位移可以采用与图 11.20 所示的侧倾推力导致的带束层的横向变形相同的公式来表示。参考备注 11.5，当轮胎的转角为 θ 时，横向的最大位移 y_c^{max} 可以用 $y_c^{max} = l^2\theta/(8r)$ 表示。轮胎的横向刚度 K_y 可以用周向上单位长度的轮胎基本弹簧常数 k_s 来表示⊖：

$$K_y = 2\pi r k_s/3$$

式中，r 是轮胎的半径。

利用式（6.43），转角 θ 为

$$\theta = rF_y/R_{mz}$$

通过将 $B = 0$ 代入到式（6.38）中，在半径 r_A 处沿圆周方向上单位长度的面外扭转弹簧刚度 R_{mz} 可以表示为 $R_{mz} = \pi r^3 k_s$，考虑到关系：

$$\theta = \frac{rF_y}{R_{mz}} = \frac{rF_y}{\pi r^2 k_s} = \frac{F_y}{\pi r^2}\frac{2\pi r}{3K_y} = \frac{2F_y}{3rK_y}$$

y_c^{max} 可以表示为

$$y_c^{max} = l^2\theta/(8r) = F_y l^2/(12r^2 K_y)$$

假设 y_c 用下式表达：

$$y_c = A\frac{x_1}{l}\left(1 - \frac{x_1}{l}\right)$$

y_c 的最大值为 $y_c^{max} = A/4$。将这个方程与上面的方程相比，A 的值为

$$A = F_y l^2/(3r^2 K_y)$$

备注11.8 式（11.83）

Pacejka[1] 引入了两个滑移率，一个为实际的纵向滑移率 s，另一个为理论纵向滑移率 σ_x，它们的表达式为

$$s = -V_{sx}/V_R = -(V_R - V_B)/V_R = -(V_R - r_e\Omega)/V_R$$
$$\sigma_x = -V_{sx}/V_B = s/(1+s)$$

式中，V_{sx} 是纵向滑移速度；r_e 是有效滚动半径；Ω 是轮胎角速度。

s 在制动状态下是负值，在驱动状态下是正值。s 的取值范围从 -1 到 ∞。另外，本书根据式（11.83）来定义滑移率 s，因此在制动和驱动状态下 s 是不同的。那么与 s 有关的量在 $s = 0$ 时是不连续的。如果采用 Pacejka 的定义，就不会发生这种导数不连续的情况。但在驱动状态下 s 有可能变得无穷大。Sakai 建议 s 的取值范围是 $-1 \sim 1$，对于制动工况来说 s 的值是正的，对于驱动工况来说 s 的值为负。因此读者必须注意这个定义的使用条件。

备注11.9 式（11.98）

l_h 是下面这个方程的解。

在制动工况（$s > 0$），

$$4\mu_s p_m \frac{x}{l}\left(1 - \frac{x}{l}\right) = x\sqrt{C_x^2 s^2 + C_y^2 \sin^2\alpha}$$

$$x = l\left(1 - \frac{l}{4\mu_s p_m}\sqrt{C_x^2 s^2 + C_y^2 \sin^2\alpha}\right)$$

⊖ 与式（6.48）相同。

假设 $C_x = C_y = C$，考虑到 $p_m = 3F_z/(2lb)$，并且 $C_{F\alpha} = Cl^2 b/2$，可以得到：

$$l_h = l\left(1 - \frac{C_{F\alpha}}{3\mu_s F_z}\sqrt{s^2 + \sin^2\alpha}\right) \cong l\left(1 - \frac{C_{F\alpha}}{3\mu_s F_z}\sqrt{s^2 + \tan^2\alpha}\right)$$

在驱动工况（$s < 0$），

$$x = l\left(1 - \frac{l}{4\mu_s p_m}\sqrt{C_x^2 s^2 + C_y^2(1+s)^2 \tan^2\alpha}\right)$$

其中，$C_x = C_y = C$，并且，采用与制动状态相似的方法，可以得到：

$$l_h = l\left(1 - \frac{C_{F\alpha}}{3\mu_s F_z}\sqrt{s^2 + (1+s)^2 \tan^2\alpha}\right) \cong l\left(1 - \frac{C_{F\alpha}}{3\mu_s F_z}\sqrt{s^2 + \tan^2\alpha}\right)$$

备注 11.10　式（11.9）

下面的关系是根据图 11.25 得到的。

在制动工况下，

$$s = \frac{V_R\cos\alpha - V_B}{V_R\cos\alpha} = \frac{a}{a + V_B},\ \tan\theta = \frac{d}{a},\ \tan\alpha = \frac{d}{a + V_B} \Rightarrow \frac{a}{a + V_B}\frac{d}{a} = \frac{d}{a + V_B}$$

$$\Rightarrow s\tan\theta = \tan\alpha$$

在驱动工况下，

$$s = \frac{V_R\cos\alpha - V_B}{V_B} = \frac{a}{V_B}$$

$$\tan\theta \approx \tan\theta' = \frac{d}{a},\ \tan\alpha = \frac{d}{V_B} \Rightarrow \frac{a}{V_B}\frac{d}{a} = \frac{d}{V_B} \Rightarrow s\tan\theta = \tan\alpha$$

备注 11.11　式（11.104）

利用式（11.99），可以得到：

$$\sin\theta = \tan\alpha/\sqrt{s^2 + \tan^2\alpha} = h\tan\alpha$$

$$\cos\theta = s/\sqrt{s^2 + \tan^2\alpha} = hs$$

式（11.104）可以表示为 α 和 s 的函数。

备注 11.12　式（11.124）和式（11.125）

在制动工况下，从式（11.83）可以得到：

$$s = (V_R\cos\alpha - V_B)/(V_R\cos\alpha) > 0 \rightarrow s = 1 - V_B/(V_R\cos\alpha) \rightarrow V_B/V_R$$
$$= (1 - s)\cos\alpha$$

将上述公式代入到式（11.123）的第一个方程可以得到：

$$V''^2 = V_R^2 + V_B^2 - 2V_R V_B\cos\alpha = V_R^2\left\{1 + \left(\frac{V_B}{V_R}\right)^2 - 2\frac{V_B}{V_R}\cos\alpha\right\}$$

$$= V_R^2\{1 + (1-s)^2\cos^2\alpha - 2(1-s)\cos^2\alpha\}$$

$$= V_R^2\{1 + (1 - 2s + s^2)\cos^2\alpha - 2(1-s)\cos^2\alpha\}$$

$$= V_R^2\{1 + (s^2 - 1)\cos^2\alpha\}$$

在驱动状态下，从式（11.83）可以得到：

$$s = (V_R\cos\alpha - V_B)/V_B < 0 \rightarrow s = -1 + V_R\cos\alpha/V_B \rightarrow V_R/V_B$$
$$= (1 + s)/\cos\alpha$$

同样地，将上述方程代入到式（11.123）的第一个方程中，可以得到：

$$V''^2 = V_R^2 + V_B^2 - 2V_R V_B \cos\alpha = V_B^2\left\{1 + \left(\frac{V_R}{V_B}\right)^2 - 2\frac{V_R}{V_B}\cos\alpha\right\}$$

$$V_B^2\left\{1 + \frac{(1+s)^2}{\cos^2\alpha} - 2(1+s)\right\} = \frac{V_B^2}{\cos^2\alpha}\{1 + 2s + s^2 - \cos^2\alpha - 2s\cos^2\alpha\}$$

$$= \frac{V_B^2}{\cos^2\alpha}\{\sin^2\alpha + 2s\sin^2\alpha + s^2\} = V_B^2\left\{\tan^2\alpha + 2s\tan^2\alpha + \frac{s^2}{\cos^2\alpha}\right\}$$

备注 11.13　式（11.126）和式（11.127）

在制动状态下（$s>0$），从式（11.123）和式（11.124）可以得到：

$$\sin\theta = \frac{V_R}{V''}\sin\alpha = \frac{V_R \sin\alpha}{V_R\sqrt{1+(s^2-1)\cos^2\alpha}} = \frac{\sin\alpha}{\sqrt{\sin^2\alpha + s^2\cos^2\alpha}} = \frac{1}{\sqrt{1+\frac{s^2}{\tan^2\alpha}}}$$

$$\cos\theta = \sqrt{1-\sin^2\theta} = \sqrt{1 - \frac{1}{1+\frac{s^2}{\tan^2\alpha}}} = \frac{\frac{s}{\tan\alpha}}{\sqrt{1+\frac{s^2}{\tan^2\alpha}}}$$

$$\tan\theta = \frac{\tan\alpha}{s}$$

在驱动状态下（$s<0$），利用关系式 $V_R/V_B = (1+s)/\cos\alpha$ 以及式（11.123）和式（11.125）可以得到：

$$\sin\theta = \frac{V_R}{V''}\sin\alpha = \frac{V_R \sin\alpha}{V_B \frac{\sqrt{\sin^2\alpha + 2s\sin^2\alpha + s^2}}{\cos\alpha}}$$

$$= \frac{1+s}{\cos\alpha}\frac{\sin\alpha}{\frac{\sqrt{\sin^2\alpha + 2s\sin^2\alpha + s^2}}{\cos\alpha}} = \frac{(1+s)\sin\alpha}{\sqrt{\sin^2\alpha + 2s\sin^2\alpha + s^2}}$$

$$\cos\theta = \sqrt{1-\sin^2\theta} = \sqrt{1 - \frac{(1+s)^2 \sin^2\alpha}{\sin^2\alpha + 2s\sin^2\alpha + s^2}} = \frac{s\cos\alpha}{\sqrt{\sin^2\alpha + 2s\sin^2\alpha + s^2}}$$

$$\tan\theta = \frac{(1+s)\tan\alpha}{s}$$

因为在驱动工况下满足 $s<0$ 的条件，可以得到：

$$\theta = \pi + \tan^{-1}\left(\frac{1+s}{s}\tan\alpha\right)$$

备注 11.14　式（11.134）

式（11.119）的第三个方程是：

$$M_z = b\int_0^l \left\{f_y\left(x - \frac{l}{2}\right) - f_x y\right\}\mathrm{d}x$$

假设 f_x 在宽度方向均匀分布，y 用式（11.95）表示。利用关系 $\alpha \ll 1$，式（11.95）中的 y_0 就可以省略。由 f_x 导致的力矩 M_{zx}（M_z 的分量）可以表示为

$$M_{zx} = -b\int_0^l f_x y \mathrm{d}x = -b\int_0^l f_x x\tan\alpha \mathrm{d}x = (f_x l^2 b/2)\tan\alpha$$

备注11.15 式(11.153)和式(11.157)

式(11.153)

从式(11.119)和式(11.129)可以得到：

$$F_y(s,\alpha_0,V) = F_y' + F_y'' = b\int_0^{l_h} f_y dx_1 + b\int_{l_h}^{l} \mu_d q_z(x_1)\sin\theta dx_1$$

$$= bC_y\int_0^{l_h}\left\{x_1\tan\alpha - \varepsilon l^2 F_y(1-s)\frac{x_1}{l}\left(1-(1-s)\frac{x_1}{l}\right)\right\}dx_1 + b\int_{l_h}^{l}\mu_d \frac{n+1}{n}\frac{F_z}{wl}D_{gsp}\left(\frac{x_1}{l};n,\zeta\right)\sin\theta dx_1$$

$$= bC_y l^2\int_0^{r_h}\{t\tan\alpha - \varepsilon l F_y(1-s)t(1-(1-s)t)\}dt + \frac{n+1}{n}\mu_d(s,\alpha_0,V)F_z\sin\theta\int_{r_h}^{l}D_{gsp}(t;n,\zeta)dt$$

式(11.157)

式(11.156)可以重新写成：

$$M_z(s,\alpha_0,V) = b\int_0^{l_h}\{-f_x y + f_y(x_1 - x_c)\}dx_1 + b\int_{l_h}^{l}\mu_d q_z\{-y'\cos\theta + (x_1 - x_c)\sin\theta\}dx_1$$

上式中的一个项可以表示为

$$b\int_0^{l_h} f_x y dx_1 = b\int_0^{l_h} C_x s x_1 y dx_1 = bC_x s\int_0^{l_h} x_1^2\tan\alpha dx_1 = \frac{bC_x l_h^2 s\tan\alpha}{3}$$

$$= \frac{bC_x l^3 r_h^3 s\tan\alpha}{3} = 4C_{Ms\_0}r_h^3 s\tan\alpha$$

式中，

$$C_{Ms\_0} = bC_x l^3/12$$

利用0°外倾角时的式(11.114)，上式中的第二项可以表示为

$$b\int_0^{l_h} f_y(x_1 - x_c)dx_1 = bC_y\int_0^{l_h}\left\{x_1\tan\alpha - \frac{\delta}{C_y}F_y(1-s)\frac{x_1}{l}\left(1-(1-s)\frac{x_1}{l}\right)\right\}(x_1 - x_c)dx_1$$

$$= bC_y l^3\int_0^{r_h}\{t\tan\alpha - \varepsilon l F_y(1-s)t(1-(1-s)t)\}\left(x - \frac{x_c}{l}\right)dt$$

$$= 12C_{M\alpha\_0}\int_0^{r_h}\{t\tan\alpha - \varepsilon l F_y(1-s)t(1-(1-s)t)\}\left(t - \frac{x_c}{l}\right)dt$$

式中，

$$C_{M\alpha\_0} = bC_y l^3/12$$

上式中的其他项可以由下式给出：

$$b\int_{l_h}^{l}\mu_d q_z(x_1 - x_c)\sin\theta dx_1 = b\mu_d\sin\theta l^2\int_{r_h}^{i}\frac{n+1}{n}\frac{F_z}{wl}D_{gsp}\left(\frac{x_1}{l};n,\zeta\right)\left(t - \frac{x_c}{l}\right)dt$$

$$= \frac{n+1}{n}\mu_d l F_z\sin\theta\int_{r_h}^{i} D_{gsp}\left(\frac{x_1}{l};n,\zeta\right)\left(t - \frac{x_c}{l}\right)dt$$

$$b\int_{l_h}^{l}\mu_d q_z y'\cos\theta dx_1 = b\mu_d\cos\theta\int_{l_h}^{l}\frac{n+1}{n}\frac{F_z}{wl}D_{\text{gsp}}\left(\frac{x_1}{l};n,\zeta\right)\left\{\frac{(x_1-l)l_h\tan\alpha}{l_h-l}+y_0\right\}dx_1$$

$$=\frac{n+1}{n}\mu_d F_z l\cos\theta\int_{r_h}^{l}D_{\text{gsp}}\left(\frac{x_1}{l};n,\zeta\right)\left\{\frac{(t-1)r_h\tan\alpha}{r_h-1}+\frac{y_0}{l}\right\}dt$$

$$=\frac{n+1}{n}\mu_d F_z l\cos\theta r_h\tan\alpha\int_{r_h}^{l}D_{\text{gsp}}\left(\frac{x_1}{l};n,\zeta\right)\frac{t-1}{r_h-1}dt+$$

$$\frac{n+1}{n}\mu_d F_z l\cos\theta\int_{r_h}^{l}D_{\text{gsp}}\left(\frac{x_1}{l};n,\zeta\right)\frac{y_0}{l}dt$$

备注 11.16　式（11.164）

将代表 y' 的式（11.102）、代表 0°外倾角时的 f_y 的式（11.115）和代表 q_z 的式（11.145）代入到式（11.156），可以得到：

$$M_z(s,\alpha_0,V)=M_z'+M_z''=b\int_0^{l_h}\{-f_x y+f_y(x_1-x_c)\}dx_1+b\int_{l_h}^{l}\mu_d q_z\{-y'\cos\theta+(x_1-x_c)\sin\theta\}dx_1$$

$$b\int_0^{l_h}f_y(x_1-x_c)dx_1=bC_y\int_0^{l_h}\left\{(1+s)x_1\tan\alpha-\varepsilon l^2 F_y\frac{x_1}{l}\left(1-\frac{x_1}{l}\right)\right\}(x_1-x_c)dx_1$$

$$=bC_y l^3\int_0^{r_h}\{(1+s)t\tan\alpha-\varepsilon l F_y t(1-t)\}\left(t-\frac{x_c}{l}\right)dt$$

$$=12C_{M\alpha\_0}\int_0^{r_h}\{(1+s)t\tan\alpha-\varepsilon l F_y t(1-t)\}\left(t-\frac{x_c}{l}\right)dt$$

其他项的推导与备注 11.15 中的式（11.157）的推导类似。

备注 11.17　式（11.169）和式（11.177）

Iida[53]利用式（11.169）和式（11.177）讨论了轮胎动态特性中的时间常数 T_1、T_2、T_3。

时间常数 T_1：

1）钢丝带束子午线轮胎的时间常数 T_1 比斜交轮胎大。
2）提高充气压力会使时间常数 T_1 略微减小。
3）轮辋宽度增加会降低时间常数 T_1。
4）增加载荷会降低 T_1。
5）增加侧偏角会降低 T_1。

时间常数 T_2 和 T_3：

1）T_2 的性质与 T_1 类似。
2）T_3 的性质不同于 T_1，例如 T_3 不依赖于充气压力和侧偏角，子午线轮胎的 T_3 值要小于斜交轮胎的 T_3 值。

备注 11.18　高速下的陀螺效应

高速下的陀螺效应原理如图 11.68 所示。

备注 11.19　式（11.183）

考虑到图 11.39 中的反馈回路，式（11.183）可以重新写成：

$$F_y(t) = C_{F\alpha\_0}\left(\alpha_0 - \frac{1}{3}\varepsilon l F_y(t+\delta t) - \frac{M_z(t+\delta t)}{R_{mz}}\right)$$

利用泰勒级数展开并将 $\delta t = \eta/V$ 代入到上述公式，可以得到：

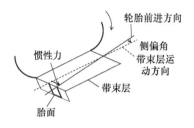
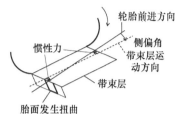

a) 轮胎转向时胎冠的陀螺力矩　　　b) 路面对轮胎施加侧偏角时的轮胎

图 11.68　高速下的陀螺效应原理

$$F_y(t) = C_{F\alpha\_0}\left[\alpha_0 - \frac{1}{3}\varepsilon l\left\{F_y(t) + \frac{dF_y(t)}{dt}\delta t\right\} - \left\{\frac{M_z(t)}{R_{mz}} + \frac{dM_z(t)}{R_{mz}dt}\delta t\right\}\right]$$

$$= C_{F\alpha\_0}\left\{\alpha_0(t)\frac{\varepsilon l}{3}F_y(t) - \frac{\varepsilon l}{3}\frac{dF_y(t)}{dt}\frac{\eta}{V} - \frac{M_z(t)}{R_{mz}} - \frac{1}{R_{mz}}\frac{dM_z(t)}{dt}\frac{\eta}{V}\right\}$$

备注 11.20　车辆和轮胎性能的稳定性[55]

车辆的操控性能根据稳定性因子 SF 的不同以及横摆共振频率 ω_n 的不同进行分类，它们的表达式[35]为

$$SF = -\frac{2m}{l}\frac{l_f C_{F\alpha\_f} - l_r C_{F\alpha\_r}}{C_{F\alpha\_f}C_{F\alpha\_r}}$$

$$\omega_n = \frac{2(C_{F\alpha\_f}+C_{F\alpha\_r})}{mV}\sqrt{\frac{l_f l_r}{k^2}}\sqrt{1+SFV^2}$$

$$I = mk^2$$

式中，$C_{F\alpha\_f}$ 和 $C_{F\alpha\_r}$ 分别是前后轮胎的侧偏刚度；l_f 和 l_r 分别是前轮到质心的距离和后轮到质心的距离；m 是汽车质量；l 是车辆轴距；I 是车辆的惯性矩；k 是车辆的横摆半径；V 是车速。

车辆稳定性的提高可以通过提高稳定性因子来实现，而车辆的响应性能的提高则可以通过提高横摆共振频率实现。Okano 等[55]研究了不同轮胎的主观评价结果与车辆的稳定性因子和横摆共振频率之间的关系。如图 11.69 所示，通过提高稳定性因子和横摆共振频率，操纵性能的主观评价结果得以提高。换句话来说，当稳定性因子的值保持在某个范围内时，通过提高横摆共振频率可以提高主观评价的结果。图 11.70 给出了前后轴轮胎的侧偏刚度对稳定性因子和横摆共振频率的影响。后轴轮胎侧偏

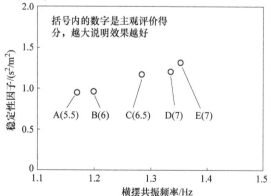

图 11.69　主观评价结果与稳定性因子/横摆共振频率的关系

（经 JSAE 授权，摘自文献 [55]）

刚度对稳定性因子和横摆共振频率的影响比前轴轮胎大。此外，车辆的变道性能的提升可以通过提高后轮侧偏刚度来实现。

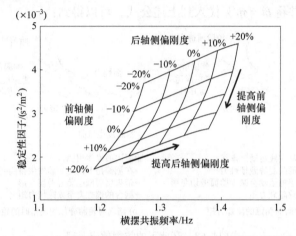

图 11.70　前后轴轮胎的侧偏刚度对稳定性因子和横摆共振频率的影响
（经 JSAE 授权，摘自文献 [55]）

参考文献

1. H.B. Pacejka, *Tyre and Vehicle Dynamics* (Butterworth Heinemann, 2002)
2. H. Sakai, *Tire Mechanics* (Guranpuri-Shuppan, 1987). (in Jsapanese)
3. E. Fiala, Seitenkrafte am Rollenden Luftreifen. VDI Zeitschrift **96**, 973–979 (1954)
4. E. Frank, Grundlagen zur Berechnung der Seitenführungskennlinien von Reifen. Kautchuk und Gummi **18**(8), 515–533 (1965)
5. H. Sakai, Theoretical and experimental studies on the dynamic properties of tyres. Part 1: review of theories of rubber friction. Int. J. Vehicle Des. **2**(2), 78–110 (1981)
6. H. Sakai, Theoretical and experimental studies on the dynamic properties of tyres. Part 2: experimental investigation of rubber friction and deformation of a tyre. Int. J. Vehicle Des. **2**(3), 182–226 (1981)
7. H. Sakai, Theoretical and experimental studies on the dynamic properties of tyres. Part 3: calculation of the six components of force and moment of a tyre. Int. J. Vehicle Des. **2**(3), 335–372 (1981)
8. H. Sakai, Theoretical and experimental studies on the dynamic properties of tyres. Part 4: investigations of the influences of running conditions by calculation and experiment. Int. J. Vehicle Des. **3**(3), 333–375 (1982)
9. K. Kabe, N. Miyashita, A new analytical tire model for cornering simulation. Part I: cornering power and self-aligning torque power. Tire Sci. Technol. **34**(2), 84–99 (2006)
10. N. Miyashita, K. Kabe, A new analytical tire model for cornering simulation. Part II: cornering power and self-aligning torque power. Tire Sci. Technol. **34**(2), 100–118 (2006)
11. N. Miyashita et al., Analysis model of myu-S curve using generalized skewed-parabola. JSAE Rev. **24**, 87–92 (2003)
12. M. Mizuno, et al., The method of making tire model for vehicle dynamics analysis–extension to full set tire model using tire data under pure conditions, in *Proceedings of JSAE Conference*, No. 20075936, 2007
13. M. Mizuno, *Study on Tire Model for Vehicle Dynamics*. Ph.D. Thesis, Nagoya University, 2010 (in Japanese)
14. M. Pearson et al., TameTire: introduction to the model. Tire Sci. Technol. **44**(2), 102–119 (2016)
15. B. Durand-Gasselin et al., Assessing the thermos-mechanical TaMeTirE model in offline vehicle simulation and driving simulator tests. Vehicle Sys. Dyn. **48**(Supplement), 211–229 (2010)
16. P. Fevier, I.G. Fandard, Thermische und mechanische Reifenmodellierung zur Simulation des Fahrvehaltens. ATZ Worldw. **110**, 26–31 (2008)
17. P.W.A. Zegelaar, *The Dynamic Response of Tyres to Brake Torque Variations and Road Unevennesses*. Ph.D. Thesis, University of Delft of Tecnology, 1998
18. J.P. Maurice, *Short Wavelength and Dynamics Tyre Behaviour Under Lateral and Combined Slip Conditions*. Ph.D. Thesis, University of Delft of Tecnology, 1999
19. M. Gipser, DNS-tire, a dynamical nonlinear spatial tire model in vehicle dynamics, in *Proceedings of 2nd Workshop on Road Vehicle-Systems and Related Mathematics*, pp. 29–48,

Torino, Italy, 1987
20. M. Gipser, et al., Dynamics tyre forces response to road unevenness, in *Proceedings of 2nd International Colloquium on Tyre Models for Vehicle Dynamics Analysis, Supplement to Vehicle System Dynamics*, vol. 27, pp. 94–108, 1997
21. M. Gipser, FTire, a new fast tire model for ride comfort simulation, in *International ADAMS User's Conference*, Berlin, Germany, 1999
22. M. Gipser, FTire–the tire simulation model for all applications related to vehicle dynamics. Vehicle Sys. Dyn. **45**(Supplement), 139–151 (2007)
23. C. Oertel, A. Fandre, Ride conform simulations and steps towards life time calculations: RMOD-K and ADAMS, in *International ADAMS User's Conference*, Berlin, Germany, 1999
24. G. Gim, P.E. Nikravesh, An analytical model of pneumatic tires for vehicle dynamic simulations, part 1: pure slips. Int. J. Vehicle Des. **11**(6), 589–618 (1990)
25. G. Gim, P.E. Nikravesh, An analytical model of pneumatic tires for vehicle dynamic simulations, part 2: comprehensive slips. Int. J. Vehicle Des. **12**(1), 19–39 (1991)
26. G. Gim, P.E. Nikravesh, An analytical model of pneumatic tires for vehicle dynamic simulations: part 3. Validation against experimental data. Int. J. Vehicle Des. **12**(2), 217–228 (1991)
27. G. Gim, P.E. Nikravesh, A three-dimensional tire model for steady-state simulations of vehicles, SAE Paper, No. 931913, 1993
28. Eds, P. Lugner and M. Plochl, Tire Model Performance Test (TMPT). Supplement to Vehicle System Dynamics, Vol. 45, Taylor & Francis, 2007
29. A. Higuchi, *Transient Response of Tyres at Large Wheel Slip and Camber*. Ph.D. Thesis, University of Delft, 1997
30. von B. Schlippe, R. Dietrich, Das Flattern eines bepneuten Rades, Bericht 140 der Lilienthal Gesellschaft, 1941
31. R.F. Smiley, Correlation and extension of linearized theories for tire motion and wheel shimmy, NASA Report 1299, 1957
32. L. Segel, Force and moment response of pneumatic tires to lateral motion inputs. Trans. ASME, J. Eng. Ind. **88B**, 37–44 (1966)
33. K. Tanaka, I. Kageyama, Study of tire model for the estimation of design parameters. Trans. JSAE **30**(2), 99–104 (1999)
34. K. Tanaka, I. Kageyama, Study of tire design methodology based on vehicle dynamics and tire mechanics. Nippon Gomukyoukai Shi **79**(4), 225–230 (2006)
35. M. Abe, *Vehicle Dynamics and Control* 2nd ed. (Denkidaigaku ShuppanKyoku, Tokyo, 2012)
36. N. Miyashita, A study of transient cornering property by use of an analytical tire model, Trans. JSAE, No. 92-20135366, 2013
37. M. Mizuno et al., The development of tire side force model considering the dependence of surface temperature of tire. Rev. Automot. Eng. **25**, 227–230 (2004)
38. M. Mizuno et al., Development of tire force model for vehicle dynamics analysis including the effect of tire surface temperature. Trans. JSME **71**(711), 3208–3215 (2005). (in Japanese)
39. A. Higuchi, Tire model for vehicle dynamic analysis. Trans. JSAE **45**(1), 101–107 (2014)
40. A.A. Goldstein, Finite element analysis of a Quasi-static rolling tire model for determination of truck tire forces and moments. Tire Sci. Technol. **24**(4), 278–293 (1996)
41. O.A. Olatunbosun, O. Bolarinwa, FE simulation of the effect of tire design parameters on side forces and moments. Tire Sci. Technol. **32**(3), 146–163 (2004)
42. J. Qi et al., Validation of a steady-state transport analysis for rolling treaded tires. Tire Sci. Technol. **35**(3), 183–208 (2007)
43. M. Koishi et al., Tire cornering simulation using an explicit finite element analysis code. Tire Sci. Technol. **26**(2), 109–119 (1998)
44. E. Tonuk, Y.S. Unlusoy, Prediction of automobile tire cornering force characteristics by finite element modelling and analysis. Comput. Struct. **79**, 1219–1232 (2001)
45. K. Kabe, M. Koishi, Tire cornering simulation using the finite element analysis. J. Appl. Polym. Sci. **78**, 1566–1572 (2000)
46. M. Shiraishi et al., Simulation of dynamically rolling tire. Tire Sci. Technol. **28**(4), 264–276 (2000)
47. K.V.N. Rao et al., Transient finite element analysis of tire dynamic behavior. Tire Sci. Technol. **31**(2), 104–127 (2003)
48. Y. Osawa, Tire analysis by using new hour-glass control (in Japanese), in *LS-DYNA User's Conference*, Tokyo, 2005
49. H.H. Liu, Load and inflation effects on force and moment of passenger tires using explicit transient dynamics. Tire Sci. Technol. **35**(1), 41–55 (2007)
50. T. Fukushima et al., Vehicle cornering and braking behavior simulation using a finite element method, SAE-2005-01-0384, http://papers.sae.org/2005-01-0384/, 2005
51. K. G. Peterson et al., General Motors tire performance criteria (TPC) specification system, SAE Paper, No. 741103, 1974

52. M. Tsukijihara, Effect of tire performance on controllability and stability of vehicles. JSAE J. **36**(3), 305–309 (1982)
53. S. Iida, K. Katada, Effect of tire dynamic properties on vehicle handling and stability. JSAE J. **38**(3), 320–325 (1984)
54. M. Yamamoto, Effect of wheel alignment on handling and stability. JSAE J. **54**(11), 10–15 (2000). (in Japanese)
55. T. Okano, K. Ishii, *Effect of Tire Cornering Properties on Vehicle Handling and Stability*. JSAE Paper, No. 9631182, 1996

第 12 章 轮胎的牵引性能

轮胎的牵引性能对于车辆的安全来说非常重要。针对不同的路面，比如干路面、湿路面、冰路面、雪地路面、泥泞路面等，有不同的轮胎模型可以用来研究它。轮胎在制动和驱动状态的牵引性能采用简化的解析模型来研究，该模型通过将转弯状态的 Fiala 模型进行扩展而得到。其中的一个模型把接地区域的压力分布看作是不随制动和驱动力而变化的，在黏着区和滑移区之间的起滑点可以用简单的方程来确定。另一个模型考虑了接地压力分布随着驱动力和制动力的变化，在黏着区和滑移区之间的起滑点可以通过逐步迭代确定。轮胎的水滑现象可以通过轮胎载荷和流体动压力之间的平衡来分析，可以采用二维雷诺方程来分析将水挤压出花纹沟槽的现象，也可以采用计算流体力学（CFD）来进行三维的水滑仿真，在计算流体力学中将轮胎进行有限元建模，对水进行有限体积法建模。轮胎在雪地上的性能可以用解析模型进行分析，此时雪的剪切强度由雪的密度来确定，也可以通过采用与水滑仿真类似的计算流体力学来分析。轮胎在冰上的牵引性能用刷子模型来分析，摩擦特性采用在冰上的摩擦模型，它的摩擦系数是滑移速度和其他热力学参数的函数。其他的刷子模型还可以考虑自由滚动轮胎剪切力的分布。轮胎在泥地的牵引性能分析可以采用解析模型，其中轮胎的变形根据轮胎的刚度和泥地的载荷保持特性之间的差值分为刚体模式和弹性变形模式，也可以采用与水滑仿真类似的 CFD 方法来进行仿真。有限元方法在轮胎花纹的设计中越来越被广泛采用，它可以用来研究花纹设计与湿地牵引、雪地牵引和泥地牵引性能之间的关系。

12.1 轮胎在干路面和湿路面上的牵引性能

12.1.1 驱动和制动状态下不考虑接地压力分布变化的轮胎牵引模型

1. 制动状态轮胎牵引性能模型

通过将主要用于侧偏特性分析的 Fiala[1] 模型进行拓展，开发了用于驱动和制动状态牵引性能分析的简单解析模型。如图 11.6 所示，假设轮胎沿周向的接地压力分布 q_z 是抛物线形式，接地印痕的形状是矩形：

$$q_z(x) = 4p_m \frac{x}{l}\left(1 - \frac{x}{l}\right) \tag{12.1}$$

式中，l 是接地长度；p_m 是最大压力；x 是从接地区的印痕前沿到印痕内某点的周向距离。将式（12.1）在接地区域内进行积分，可以得到载荷 F_z 的表达式：

$$F_z = \frac{2}{3} p_m b l \tag{12.2}$$

式中，b 是接地宽度。利用式（12.2），式（12.1）可以重新写成：

$$q_z(x) = \frac{6F_z}{bl} \frac{x}{l}\left(1 - \frac{x}{l}\right) \tag{12.3}$$

参考图 12.1 和式（11.83），0°侧偏角下制动状态的滑移率可以表示为

$$s = \frac{x - x'}{x} = \frac{V_R t - V_B t}{V_R t} = \frac{V_R - V_B}{V_R} \quad s > 0 \tag{12.4}$$

式中，x' 是接地区域内胎面上一点到接地印痕前沿的距离；V_R 是车辆的速度（或者转鼓测试时

转鼓的速度）；V_B 是胎冠基部的速度。滑动速度或者说车辆速度与轮胎胎冠基部速度的差值 ΔV_x 为

$$\Delta V_x = V_R - V_B \tag{12.5}$$

胎冠的纵向剪切位移 Δx 表示为

$$\Delta x = x - x' = sx \tag{12.6}$$

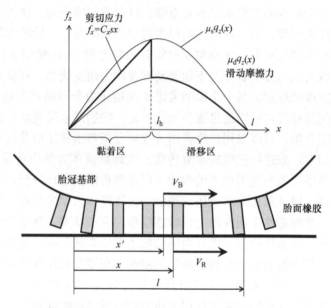

图 12.1　滑动过程中的胎冠剪切

图 12.1 表示当最大静摩擦力 $\mu_s q_z(x)$ 大于剪切力 f_x 时，胎冠表面和路面之间不会发生滑动，这个时候的接地区域称为黏着区。同时，当最大静摩擦力 $\mu_s q_z(x)$ 小于剪切力 f_x 时，胎冠在路面上发生相对滑动，这个时候的接触面称为滑移区。μ_s 称为静摩擦系数⊖。起滑点是黏着区和滑移区的交界点，它到接地前沿的距离为 l_h。

黏着区域内单位面积的纵向剪切力 $f_x^{(a)}$ 由下式给出：

$$f_x^{(a)} = C_x \Delta x = C_x sx \tag{12.7}$$

式中，C_x 是胎冠橡胶在纵向上单位面积内的弹簧刚度。

假设静摩擦系数 μ_s 是常数，动摩擦系数 μ_d 随着滑动速度 $|V'|$ 的增加而降低。更进一步地说，可以假设两个摩擦系数都与压力分布无关。μ_d 可以近似用式（11.69）表示。

利用式（12.3）和式（12.7），黏着区和滑移区的起滑点 l_h 的表达式为

$$l_h = l\left(1 - \frac{C_{Fs}s}{3\mu_s F_z}\right) \tag{12.8}$$

如果出现 $l_h < 0$ 的情况，则令 $l_h = 0$。C_{Fs} 称为制动刚度，也就是单位面积内制动力与滑移率的比值。在小滑移率范围内，C_{Fs} 可以表示为

$$C_{Fs} = bC_x l^2 / 2 \tag{12.9}$$

注意，在小滑移率范围内，驱动力与制动力可以采用相同的方程表达。因此，C_{Fs} 也称为驱动刚度。

在滑移区内，$x \geq l_h$，摩擦力表示为

⊖　备注 12.1。

$$f_x^{(s)} = \mu_d q_z \tag{12.10}$$

因为滑移区位于 $x = l_h$ 和 $x = l$ 之间，平均滑移速度由下式给出：

$$V' = sV_R l/(l - l_h) \tag{12.11}$$

将式（12.11）代入到式（11.69），滑移区的动摩擦系数为

$$\mu_d = \mu_{d0} - \alpha_V sV_R l/(l - l_h) \tag{12.12}$$

2. 轮胎制动力的计算

通过将式（12.7）和式（12.10）在接地区域内进行积分，可以得到轮胎制动力：

$$F_x = b\int_0^l f_x dx = b\left(\int_0^{l_h} f_x^{(a)} dx + \int_{l_h}^l f_x^{(s)} dx\right) = \frac{1}{2}C_x b r_h^2 s + \mu_d F_z(1 - 3r_h^2 + 2r_h^3)$$
$$= C_{Fs} r_h s + \mu_d F_z(1 - 3r_h^2 + 2r_h^3) \tag{12.13}$$

式中，

$$r_h = l_h/l \tag{12.14}$$

这个制动力的方程与侧偏时侧向力的方程具有相同的形式。将侧偏角 $\tan\alpha$ 和侧偏刚度 $C_{F\alpha}$ 用滑移率 s 和制动刚度 C_{Fs} 来代替，忽略式（11.52）中的带束层的弯曲变形（$\delta' = 0$），式（12.13）可以重新表示为滑移率 s 的函数⊖：

$$F_x = C_{Fs} s - \frac{C_{Fs}^2}{3\mu_s F_z}\left(2 - \frac{\mu_d}{\mu_s}\right)s^2 + \frac{C_{Fs}^3}{27\mu_s^2 F_z^2}\left(3 - 2\frac{\mu_d}{\mu_s}\right)s^3 \tag{12.15}$$

Miyashita[2] 将 F_x 取最大值时的滑移率 s^{peak} 和最大制动力 F_x^{max} 表示为

$$s^{\text{peak}} = \frac{3\mu_s F_z}{C_{Fs}} \frac{\dfrac{\mu_s}{\mu_d}}{3\dfrac{\mu_s}{\mu_d} - 2} \equiv \frac{3\mu_s F_z}{C_{Fs}} P\left(\frac{\mu_s}{\mu_d}\right)$$

$$F_x^{\text{max}} = \mu_d F_z \frac{4\left(\dfrac{\mu_s}{\mu_d}\right)^4 - 3\left(\dfrac{\mu_s}{\mu_d}\right)^2}{\left(3 - \dfrac{\mu_s}{\mu_d} - 2\right)^2} \equiv \mu_d F_z M\left(\frac{\mu_s}{\mu_d}\right)$$
$$\tag{12.16}$$

s^{peak} 随着 C_{Fs}、F_z、μ_s 和 μ_d 的变化而变化，而 F_x^{max}/F_z 不是 C_{Fs} 的函数，而是 μ_s 和 μ_d 的函数。

图 12.2 给出了式（12.16）中的 $P(X)$ 和 $M(X)$ 关于 X 的函数曲线，其变量是 $X = \mu_s/\mu_d$。在这里定义一个参数临界滑移率 s^{critical}，它是当接地区域全部变为滑移区时的滑移率。将起滑点 $l_h = 0$ 代入式（12.8），得到临界滑移率的表达式如下：

$$s^{\text{critical}} = 3\mu_s F_z/C_{Fs} \tag{12.17}$$

s^{peak} 随着 $X = \mu_s/\mu_d$ 的提高而降低。在

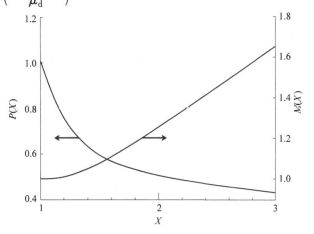

图 12.2 方程 $P(X)$ 和 $M(X)$ 关于 X 的函数曲线
（经 JSAE 授权，摘自参考文献 [2]）

⊖ 备注 12.2。

特殊情况 $\mu_s/\mu_d = 1$ 时，$s^{peak} = s^{critical}$。

当整个接地区域都成为滑移区时（$l_h = 0$），式（12.13）中的黏着项等于零，制动力 F_x 由下式给出：

$$F_x = \mu_d F_z \quad (12.18)$$

图 12.3 的右图显示了采用式（12.16）计算得到的黏着区的剪切力和滑移区的滑动摩擦力对总的制动力的贡献。图中的纵轴采用轮胎载荷进行了归一化。在 $0 \leq s \leq s^{critical}$ 时，接地区域内既有黏着区也有滑移区，然而在 $s^{critical} \leq s \leq 1$ 时，接地区域全部是滑移区。因此在小滑移率情况下黏着区的剪切力处于主导地位，在大的滑移率下滑移区的摩擦力占主导地位。注意图 12.3 与图 11.7 相似。

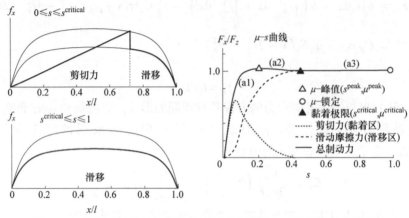

图 12.3 黏着区的剪切力和滑移区的滑动摩擦力对总的制动力的贡献
（经 JSAE 授权，摘自参考文献 [2]）

3. 计算结果和实验结果的对比

Yamazaki[3] 将式（12.15）的计算结果与实验结果进行了对比。轮胎规格是 185/70R13，充气压力是 190kPa，转鼓试验机的转鼓表面采用砂纸（600 目）覆盖。计算中所用的参数有：$C_x = 0.133\text{MPa/mm}$，$b = 101\text{mm}$，$l = 129\text{mm}$，$\mu_{0d} = 1.3$，在 $V' = 30\text{km/h}$ 时，$\mu_d = 1.0$，$F_z = 1.96$、2.94、3.92、4.90kN。图 12.4 表明计算结果与实验结果吻合比较好。

4. 各种滑移速度下摩擦系数和滑移率之间的关系

Yamazaki[3] 的研究表明，用来代表制动力的合适参数不是滑移率而是滑动速度。图 12.5 和图 12.6 分别给出了室内干路面和室外湿路面上归一化摩擦系数 $\mu_x(=F_x/F_z)$ 和滑移率之间的关系[4]。从中看到归一化摩擦系数在同样的滑移率下随着车辆速度 V_R 变化很大。归一化摩擦系数达到最大时的滑移率也随着速度而改变。这是因为动摩擦系数 μ_d 的表达式中不仅包含滑移率，而且还包括车辆速度 V_R：

$$\mu_d = \mu_s - \alpha_V |V_s| = \mu_s - \alpha_V s V_R \quad (12.19)$$

式（12.19）显示动摩擦系数 μ_d 可以仅表示为滑动速度 $|V_s|$ 的函数。因此，如果归一化摩擦系数 μ_x 被看作滑动速度 V_s 的函数，则摩擦系数 $\mu_x(=F_x/F_z)$ 可以用一条曲线表示，如图 12.7 和图 12.8 所示。

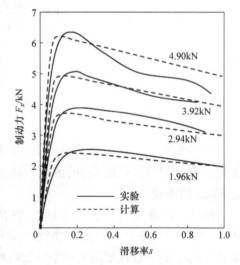

图 12.4 实验结果和计算结果之间的比较
（经 JARI 授权，摘自文献 [3]）

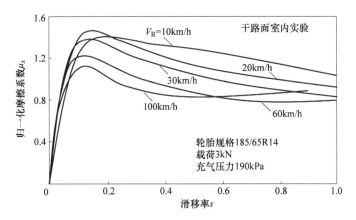

图 12.5　归一化摩擦系数和滑移率的关系（干路面）
（经 Nippon Gomu Kyokai 授权，摘自参考文献 [4]）

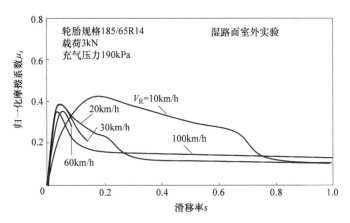

图 12.6　归一化摩擦系数和滑移率的关系（湿路面）
（经 Nippon Gomu Kyokai 授权，摘自参考文献 [4]）

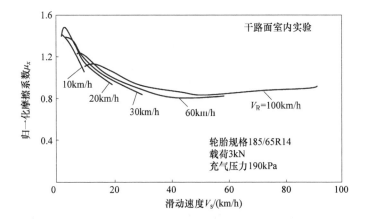

图 12.7　归一化摩擦系数和滑动速度之间的关系（干路面）
（经 Nippon Gomu Kyokai 授权，摘自参考文献 [4]）

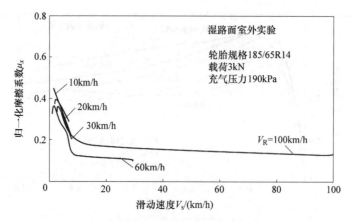

图 12.8 归一化摩擦系数和滑动速度之间的关系（湿路面）
（经 Nippon Gomu Kyokai 授权，摘自参考文献 [4]）

12.1.2 包含驱动和制动状态接地压力分布变化的轮胎牵引模型

1. 梯形接地压力分布的轮胎牵引模型

Yamazaki[4] 将轮胎的牵引模型进行了扩展，使模型中包含由驱动和制动力而导致的接地压力分布的变化。他假设在驱动和制动过程中接地压力的分布呈梯形。沿圆周方向上接地压力分布的斜率随纵向力而改变。当轮辋上作用有制动力矩时，接触面上就产生了制动力。而且，力的作用点也会由于轮胎的纵向位移 δ 的存在以及接地压力分布的不均匀而发生一个位移 ε，如图 12.9 所示。利用测量得到的 ε 和 F_x 之间的关系，可以建立在制动和驱动状态下包含接地压力分布变化的轮胎牵引模型。

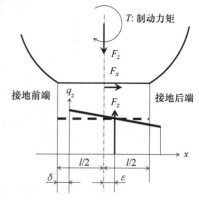

图 12.9 制动或驱动力下梯形接地压力分布模型

图 12.10 比较了驱动或制动状态下，利用轮胎模型得到的接地压力分布以及实际测量得到的接地压力分布。轮胎规格为 185/70R14（轮辋 5J-14），充气压力是 200kPa。

图 12.11 比较了纵向力的计算结果和实测结果。从图中看到，在小的滑移率区间内，驱动状态的纵向力和滑移率的曲线斜率比制动状态更为陡峭。这是因为驱动状态的黏着区要比制动状态的黏着区大，同时驱动状态在接地区后端的压力分布比较高，如图 12.10 所示。

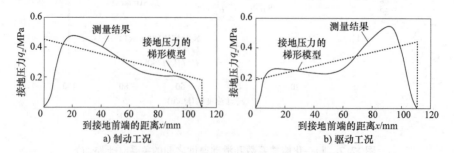

图 12.10 利用轮胎模型得到的接地压力分布以及实际测量得到的接地压力分布
（经 JARI 授权，摘自文献 [3]）

图 12.12 显示了不同的动态纵向弹簧常数 R_x 下轮胎纵向力的计算值。随着 R_x 的增加,最大驱动力下降而最大制动力提升。达到最大驱动力时的滑移率的值要比达到最大制动力时的滑移率的值小。注意,在第 6.2.5 节中已经讨论过纵向弹簧常数 R_x,它还可以称为纵向刚度。

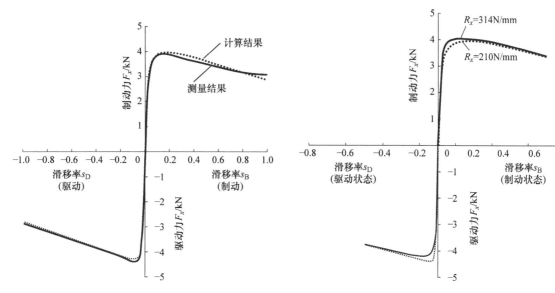

图 12.11 纵向力的计算结果与实测结果比较
(经 JARI 授权,摘自文献 [3])

图 12.12 不同的动态纵向弹簧常数 R_x 下轮胎纵向力的计算值
(经 JARI 授权,摘自文献 [3])

图 12.13 给出了制动工况下带有不同纵向刚度的轮胎接地压力分布的概念模型,用它们可以区分不同的机理。当相同的制动力矩作用在纵向刚度不同的轮胎上时,纵向刚度大的轮胎引起的纵向位移小,而纵向刚度小的轮胎引起的纵向位移大。因此,纵向刚度大的轮胎接地压力分布的斜率比较平,而纵向刚度比较小的轮胎接地压力分布的斜率比较陡。因为纵向刚度比较大的轮胎在接地后沿的接地压力分布高于纵向刚度比较小的轮胎,因此其制动力要比纵向刚度小的轮胎大。同时,在驱动状态下,情况正好相反,纵向刚度比较大的轮胎的驱动力比纵向刚度小的轮胎稍小。

Yamazaki[5] 的研究表明,具有较大纵向刚度的轮胎爬坡性能要比纵向刚度小的轮胎要好。这是因为在爬坡过程中的接地压力分布与制动状态的接地压力分布类似。图 12.14 显示了轮胎的动态纵向刚度和带有防抱死制动系统(ABS)的车辆的制动距离之间的关系。随着纵向刚度 R_x 的增加,制动距离也在减少。因此,为了在制动过程中有效利用 ABS,应该提高纵向刚度 R_x,这样可以保证在制动工况下接地压力分布不会变化太大。

2. 制动和驱动过程中伴随带束层面外弯曲的广义抛物线接地压力分布轮胎的牵引模型

(1)基本方程 Araki 和 Sakai[6] 提出了制动和驱动过程中带束层面外弯曲变形导致接地压力分布发生变化的轮胎纵向力模型。尽管这个模型与第 12.1.2 节中的模型类似,但这个模型不需要确定参数来描述接地压力分布随纵向力的变化。然而,它假设接地压力分布的变化是纵向力导致的带束层面外弯曲变形带来的,如图 12.15 所示。

自由滚动轮胎接地区域内的纵向力 f_0 可以用下面的公式近似表示:

$$f_0 = -aC_x h(x/l-1)(x/l-1/2)x \tag{12.20}$$

式中,C_x 是胎冠单位面积的纵向剪切弹簧刚度;h 是胎冠厚度;a 是常数;x 是距离接地印痕前

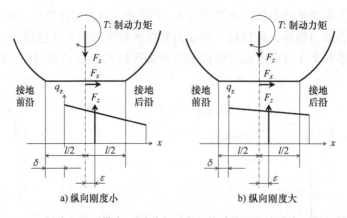

图 12.13　制动工况下带有不同纵向刚度的轮胎接地压力分布的概念模型

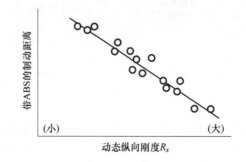

图 12.14　轮胎的动态纵向刚度和带有 ABS 的车辆的制动距离之间的关系

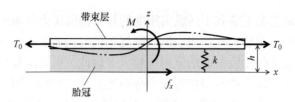

图 12.15　由纵向力导致的带束层面外弯曲变形
（经 JSAE 授权，摘自文献 [6]）

沿的距离。

驱动/制动状态单位面积的总的纵向力 f_x^{total} 可以通过将自由滚动状态的剪切力和驱动/制动状态的剪切力相加得到。利用式（12.7）、式（12.10）、式（12.20），f_x^{total} 可以表示为

$$f_x^{\text{total}} = f_0 + f_x \tag{12.21}$$

式中，f_x 是驱动/制动状态单位面积的纵向力。

轮胎的接地压力分布受纵向力导致的带束层面外弯曲变形的影响。厚度方向上与带束层有关的力平衡方程可以写为⊖：

$$EI\frac{\mathrm{d}^4 z}{\mathrm{d}x^4} - T_0 \frac{\mathrm{d}^2 z}{\mathrm{d}x^2} + kz = 0 \tag{12.22}$$

式中，T_0 是带束层的周向张力；EI 是带束层的面外弯曲刚度；k 是单位周向长度上胎冠在厚度方向的弹簧刚度：

$$k = C_z b \tag{12.23}$$

⊖　与式（11.64）相同。

式中，b 是带束层宽度；C_z 是胎冠厚度方向上单位面积的弹簧常数。

注意式（12.22）的解是关于原点对称的，在 x 无穷大时为零。如果满足条件 $T_0 < \sqrt{4EIk}$，参考备注 11.6，其解为

$$z = A\mathrm{e}^{-\lambda_1 x}\sin(\lambda_2 x) \tag{12.24}$$

式中，

$$\lambda_1 = \sqrt[4]{k/4EI}\sqrt{1 + T_0/\sqrt{4EIk}} \tag{12.25}$$

$$\lambda_2 = \sqrt[4]{k/4EI}\sqrt{1 - T_0/\sqrt{4EIk}}$$

力矩平衡方程为

$$EIz'' = -M/2 \tag{12.26}$$

式中，M 是集中力矩。

利用式（12.24）和式（12.26），当弯曲力矩 M 作用在带束层的 x_a 点时，带束层的位移 $z(x)$ 为

$$z(x) = \frac{M}{4\lambda_1\lambda_2 EI}\exp(-\lambda_1|x - x_a|)\sin\{\lambda_2(x - x_a)\} \tag{12.27}$$

假设接地压力受带束层的位移 $z(x)$ 的影响，集中力矩导致的接地压力变化 $q_1(x)$ 表示为

$$q_1(x) = -\frac{C_z M}{4\lambda_1\lambda_2 EI}\exp(-\lambda_1|x - x_a|)\sin\{\lambda_2(x - x_a)\} \tag{12.28}$$

黏着区单位长度的弯曲力矩 m 为

$$m = bhf_x^{\mathrm{total}} \tag{12.29}$$

式中，h 是胎冠厚度；f_x^{total} 是单位面积的剪切力。

滑动区内单位长度的力矩 m' 是：

$$m' = q_z(x)bh\mu_{\mathrm{d}}s/|s| \tag{12.30}$$

式中，$q_z(x)$ 是纵向力存在时的接地压力分布；s 是滑移率。

$$\mu_s q_z(l_h) = f_x^{\mathrm{total}}(l_h) \tag{12.31}$$

利用式（12.30）和式（12.31），利用叠加原理，由弯矩带来的接地压力分布的变化是：

$$q_1(x) = -\frac{C_z}{4\lambda_1\lambda_2 EI}\Big[\int_0^{l_h} m(x_a)\exp(-\lambda_1|x - x_a|)\sin\{\lambda_2(x - x_a)\}\mathrm{d}x_a + \int_{l_h}^{l} m'(x_a)\exp(-\lambda_1|x - x_a|)\sin\{\lambda_2(x - x_a)\}\mathrm{d}x_a\Big] \tag{12.32}$$

纵向力存在的情况下，接地压力分布 $q_z(x)$ 是：

$$q_z(x) = q_0(x) + q_1(x) + A \tag{12.33}$$

式中，q_0 是自由滚动状态的接地压力分布，它可以采用式（11.72）的广义抛物线函数表示。参数 A 的确定可以通过载荷 F_z 等于接地压力分布乘以接触面积来得到：

$$F_z = b\int_{x_1}^{x_2}\{q_0(x) + q_1(x) + A\}\mathrm{d}x \tag{12.34}$$

式中，x_1 和 x_2（$x_1 < x_2$）是如下方程的解：

$$q_0(x) + q_1(x) + A = 0 \tag{12.35}$$

制动力 F_x 可以按下式计算：

$$F_x = b\int_{x_1}^{l_h} f_x^{\mathrm{total}}\mathrm{d}x + b\int_{l_h}^{x_2} q_z(x)\mu_{\mathrm{d}}\mathrm{d}x \tag{12.36}$$

式中，μ_d 是动摩擦系数，由式 (11.69) 给出。

注意在求解 F_x 的过程中需要进行迭代计算，因为式 (12.36) 中的 l_h 是随着 $q_z(x)$ 而变化的。

（2）计算实例　图 12.16 给出了驱动工况下计算得到的接地压力和纵向力分布。胎冠厚度（胎面外表面到两层带束层中间的距离）$h = 25\text{mm}$。图 12.17 显示了接地压力的变化以及不同滑移率下纵向力的分布。图 12.18 给出了制动和驱动工况下纵向力的绝对值。驱动工况下的最大纵向力大于制动工况的纵向力。这与图 12.11 得到的结论相同。

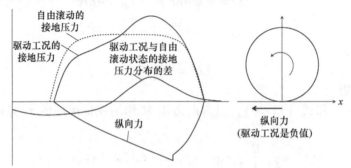

图 12.16　驱动工况下计算得到的接地压力和纵向力分布
（经 JSAE 授权，摘自文献 [6]）

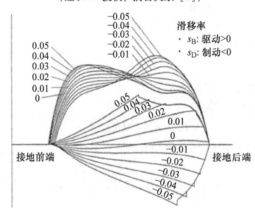

图 12.17　接地压力的变化以及不同滑移率下纵向力的分布（其中的数字表示滑移率）
（经 JSAE 授权，摘自文献 [6]）

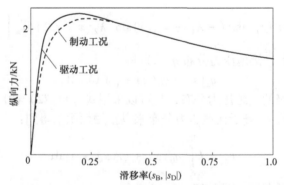

图 12.18　制动和驱动工况下纵向力的绝对值
（经 JSAE 授权，摘自文献 [6]）

3. 广义斜抛物线函数的轮胎牵引模型

Miyashita[2] 等利用斜抛物线函数来代表纵向力作用下的倾斜的压力分布，开发了带有广义斜抛物线函数的轮胎模型。广义斜抛物线函数用式 (11.145) 来表示。带有广义斜抛物线函数的

轮胎纵向力的基本方程为

$$q_z(x) = AD_{\text{gsp}}(t;n,\zeta)$$

$$Abl\int_0^l D_{\text{gsp}}(t;n,q)\mathrm{d}t = F_z$$

$$C_x s_B l_h = \mu_s A D_{\text{gsp}}(t;n,\zeta)$$

$$s_B^{\text{critical}} = \lim_{l_h \to 0} \frac{\mu_s A D_{\text{gsp}}(t;n,\zeta)}{C_x l_h} \tag{12.37}$$

$$\frac{F_x(s_B)}{F_z} = \frac{Abl}{F_z}\left[\frac{\mu_s}{2}\frac{l_h}{l}D_{\text{gsp}}\left(\frac{l_h}{l};n,\zeta\right)\right] + \mu_d\int_{\frac{l_h}{l}}^l D_{\text{gsp}}(t;n,\zeta)\mathrm{d}t \quad (0 \leq s_B \leq s_B^{\text{critical}})$$

$$= \mu_d \, (s_B^{\text{critical}} \leq s_B \leq 1)$$

式中，$t = x/l$；A 是归一化系数，用于平衡总的载荷 F_z；l_h 是起滑点；s_B^{critical} 是临界滑移率，发生临界滑移时接地面处于全部的滑移状态；参数 μ_d、μ_s、C_x、n 和 ζ 的值采用式（12.37）从 F_x/F_z 和 s_B 的测量值中进行曲线拟合得到。

图 12.19 给出了在湿路面上 μ - 滑移率曲线的测量结果和曲线拟合结果。轮胎规格是 195/65R17，载荷是 4kN，充气压力是 200kPa。利用式（12.37），黏着区和滑移区对制动力的贡献是可以区分开的。

图 12.20 左图给出了不同速度下的 μ - 滑

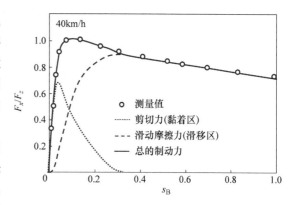

图 12.19　在湿路面上 μ - 滑移率曲线的测量结果和曲线拟合结果
（经 JSAE 授权，摘自文献 [2]）

移率的关系曲线，从中可以看到速度对它的影响。图 12.20 的右图给出了不同速度下接地压力分布，从滑移率 $s_B = 0$ 到 $s_B = 1.0$ 进行平均。接地压力分布的 n 值随着速度的变化从 3.66 变为 4.89，而接地压力分布的 ζ 值随着速度的变化从 0.21 变为 0.83。最大制动力随着速度的增加而减小，这是因为动摩擦系数不但受滑移率控制，而且也受滑动速度的控制，这在 12.1.1 节中已经进行了讨论。

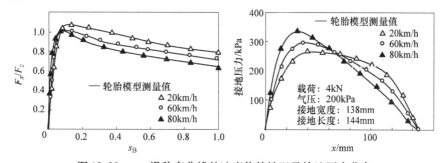

图 12.20　μ - 滑移率曲线的速度依赖性以及接地压力分布
（经 JSAE 授权，摘自参考文献 [2]）

12.1.3　驱动和制动工况下的瞬态轮胎模型

1. 波动制动力矩下轮胎的变形

Araki 和 Sakai[6] 研究了驱动和制动工况下轮胎的瞬态模型。图 12.21 显示了制动工况的瞬态轮胎模型，在随着轮胎转轴移动的坐标系中，道路以速度 V_R 向右运动。当波动制动力矩作用在滑移率为零的轮胎上时，制动力 f_x 也是波动的。假设带束层的速度 V_B 在波动力矩 T 下也是波动的，V_B 可以表示为

$$V_B = V_R + \Delta V \tag{12.38}$$

式中，ΔV 是带束层和道路之间的相对速度，可以表示为

$$\Delta V = a\sin\omega t \tag{12.39}$$

这里的 a 和 ω 分别是波动速度的幅值和频率。

假设在时刻 t，轮胎上的一点位于坐标原点（也就是接地前沿），在时间 $t+\tau$，轮胎外表面的一点位于：

$$x_1 = V_R \tau \tag{12.40}$$

带束层的位置：

$$x_2 = V_B \tau = V_R \tau + \int_t^{t+\tau} a\sin(\omega\tau)\mathrm{d}\tau \tag{12.41}$$

道路的位置 x_1 和带束层的位置 x_2 之间的相对位移是：

$$\Delta x_1 = x_1 - x_2 = -\int_t^{t+\tau} a\sin(\omega\tau)\mathrm{d}\tau = -(a/\omega)\{\cos\omega(\tau+t) - \cos\omega t\} \tag{12.42}$$

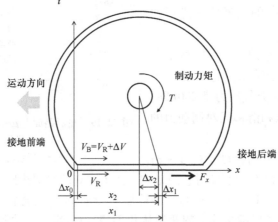

图 12.21 制动工况的瞬态轮胎模型

道路位置 x_1 处单位面积的纵向力 f_x 为

$$f_x = C_x \Delta x_1 = -C_x(a/\omega)\{\cos\omega(\tau+t) - \cos\omega t\} \tag{12.43}$$

式中，C_x 是胎冠在周向上单位面积的剪切弹簧常数。

假设在小的波动幅值范围内，接地面内没有发生滑移，轮胎的纵向力 F_x 由在接地区域内对单位面积的纵向力 f_x 进行积分得到：

$$\begin{aligned}
F_x &= -C_x ab/\omega \int_0^l \{\cos\omega(\tau+t) - \cos\omega t\}\mathrm{d}x \\
&= -C_x ab/\omega \int_0^{l/V_R} \{\cos\omega(\tau+t) - \cos\omega t\} V_R \mathrm{d}\tau \\
&= -C_x ab/\omega \left\{\left(\frac{V_R}{\omega}\sin\frac{\omega l}{V_R} - l\right)\cos\omega t + \frac{V_R}{\omega}\left(\cos\frac{\omega l}{V_R} - 1\right)\sin\omega t\right\}
\end{aligned} \tag{12.44}$$

式中，b 是接地区宽度。

第 12 章 轮胎的牵引性能

假设轮胎纵向弹簧刚度 R_x 可以用式（6.56）表示，整个轮胎带束层和轮辋轴心之间的相对位移 Δx_2 可以表示为

$$\Delta x_2 = \frac{F_x}{R_x} = -\frac{C_x ab}{R_x \omega} \left\{ \left(\frac{V_R}{\omega} \sin \frac{\omega l}{V_R} - l \right) \cos \omega t + \frac{V_R}{\omega} \left(\cos \frac{\omega l}{V_R} - 1 \right) \sin \omega t \right\} \tag{12.45}$$

将上式对时间 t 进行微分，带束层的速度和轮辋轴心的速度之间的相对速度 ΔV_2 可以表示为

$$\Delta V_2 = \frac{d\Delta x_2}{dt} = -\frac{C_x ab}{R_x} \left\{ \left(\frac{V_R}{\omega} \sin \frac{\omega l}{V_R} - l \right) \sin \omega t - \frac{V_R}{\omega} \left(\cos \frac{\omega l}{V_R} - 1 \right) \cos \omega t \right\} \tag{12.46}$$

轮胎带束层和道路接地前端之间的相对位移的波动 Δx_0 可以通过对式（12.39）进行积分求出：

$$\Delta x_0 = \int (V_R - V_B) dt = -\int \Delta dt = -\int a\sin\omega t\, dt = (a/\omega)\cos\omega t \tag{12.47}$$

考虑到 Δx_0 是轮胎带束层和道路之间的相对位移，Δx_2 是轮辋轴心与轮胎带束层之间的位移，轮辋轴心和道路之间的相对位移 Δx 可以表示为

$$\Delta x = \Delta x_0 + \Delta x_2 = (a/\omega)\sqrt{A^2 + B^2} \sin(\omega t + \phi_1) \tag{12.48}$$

式中，A、B 和 ϕ_1 由下式给出：

$$A = 1 + \frac{C_x b}{R_x} \left(l - \frac{V_R}{\omega} \sin \frac{\omega l}{V_R} \right)$$

$$B = \frac{C_x b V_R}{\omega R_x} \left(1 - \cos \frac{\omega l}{V_R} \right) \tag{12.49}$$

$$\phi_1 = \tan^{-1} \frac{A}{B}$$

2. 动态纵向弹簧常数和瞬态驱动刚度

利用式（12.45）和式（12.49），动态纵向弹簧常数 G_d 可以表示为

$$G_d = \left| \frac{F_x}{\Delta x} \right| = \frac{C_x b}{\sqrt{A^2 + B^2}} \sqrt{\left(\frac{V_R}{\omega} \sin \frac{\omega l}{V_R} - l \right)^2 + \frac{V_R^2}{\omega^2} \left(\cos \frac{\omega l}{V_R} - 1 \right)^2} \tag{12.50}$$

考虑到整个轮胎带束层的速度与轮辋速度之间的相对值可以通过接地前沿的相对速度 $V_R - V_B$ 和 ΔV_2 表示，那么滑移率表示为[⊖]

$$s = (V_R - V_B - \Delta V_2)/V_R = (-\Delta V - \Delta V_2)/V_R \tag{12.51}$$

利用式（12.39）和式（12.46），式（12.51）可以重写为

$$s = -(a/V_R)\sqrt{A^2 + B^2} \sin(\omega t + \phi_2) \tag{12.52}$$

$$\phi_2 = \tan^{-1}(B/A)$$

瞬态驱动刚度 K_d 可以由下式给出：

$$K_d = \left| \frac{F_x}{s} \right| = \frac{C_x b V_R}{\omega \sqrt{A^2 + B^2}} \sqrt{\left(\frac{V_R}{\omega} \sin \frac{\omega l}{V_R} - l \right)^2 + \frac{V_R^2}{\omega^2} \left(\cos \frac{\omega l}{V_R} - 1 \right)^2} \tag{12.53}$$

从式（12.50）和式（12.53），可以得到：

$$K_d = (V_R/\omega) G_d \tag{12.54}$$

在式（12.50）和式（12.54）中取极限 $V_R/\omega \to 0$ 以及 $V_R/\omega \to \infty$，可以得到[⊖]：

⊖ 备注 12.3。

$$K_d = C_{Fs} \quad \omega/V_R \to 0 \quad (12.55)$$
$$G_d = G_x \quad \omega/V_R \to \infty$$

式中,C_{Fs}是式(12.9)中的制动刚度;G_x是静态扭转弹簧常数,当轮胎上作用有力矩时包含胎冠的剪切弹簧效应。

利用轮胎的纵向弹簧刚度R_x和胎冠的纵向弹簧刚度C_xbl,可以得到G_x的表达式[⊖]:

$$G_x = R_x C_x bl/(R_x + C_x bl) \quad (12.56)$$

3. 动态纵向弹簧刚度和瞬态驱动刚度的计算举例

Araki 和 Sakai[6] 计算了某规格轮胎的动态纵向弹簧刚度G_d和瞬态驱动刚度K_d,轮胎接地长度$l=150$mm,如图 12.22 所示。动态纵向弹簧刚度G_d在低通频率下比较小,在高通频率时动态纵向刚度逐渐增加,当通过频率超过大约 1cycle/m 的时候甚至接近静态纵向刚度G_x。同时,瞬态驱动刚度K_d在较低的通过频率下几乎等于静态驱动刚度,在较高的通过频率(大约超过 0.2cycle/m)时下降很快。出现这个现象的原因是在高的通过频率下,驱动和制动力产生的压力分布的变化使纵向力F_x弱化。

图 12.22b 是对图 12.22a 在速度域内的重新绘制,这里带束层的波动频率是 1Hz。在低速下动态纵向弹簧刚度等于静态纵向弹簧刚度,当速度升高超过 1m/s 时,随着速度的升高,动态纵向弹簧刚度迅速下降。当速度超过 10m/s 时轮胎的动态纵向弹簧刚度下降到原来的五分之一。

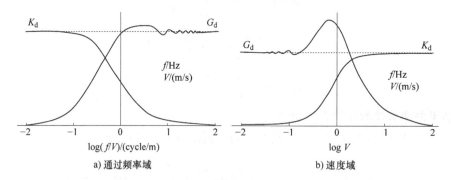

图 12.22 通过频率和速度对轮胎动态纵向弹簧刚度和瞬态驱动刚度的影响
(经 JSAE 授权,摘自文献 [6])

12.1.4 ABS 对轮胎制动性能的影响

ABS 通过调整制动压力使滑移率保持在合理水平区间,从而避免了轮胎的抱死,也避免了不受控制的轮胎抱死拖滑。因为现在 ABS 已经被当作标准件而广泛接受,因此研究 ABS 对轮胎制动性能的影响是很重要的。

Yamazaki[7] 的研究表明,带有 ABS 的车辆的制动距离随着动态纵向刚度的增加而缩短。同时,Adcox[8] 和 Anderson[9] 等采用 LuGre 摩擦模型和基于 ABS 的液压制动模型开发了轮胎/轮辋模型。他们的仿真结果对制动距离的预测比较好,测试的 ABS 算法对轮胎扭转刚度和阻尼的改变比较稳定,除了在极端低值以外。ABS 的算法对环的惯性比对轴/轮辋的惯性更为灵敏。作为数值方法,显式有限元(FEA)方法被用来进行带花纹轮胎的制动距离的预测,对 ABS 对制动距离的影响进行了研究[10]。

Hosome[11] 等利用 5 条不同花纹的轮胎对带有 ABS 的车辆的制动距离进行了研究,提出了一个评价方法,这个方法称为累计摩擦系数 μ 方法,该方法定义为滑移率的概率(图 12.23)乘以

⊖ 备注 12.3。

用载荷归一化后的制动力（即 μ_x）然后进行求和。从图 12.24 看出，累计摩擦系数是制动距离的一个很好的评价尺度。图 12.25 给出了不同 ABS 控制值的滑移率概率。从图中看到，较高的制动压力阈值下的制动距离比较低的制动压力阈值的制动距离短。这是因为如果 ABS 有较高的制动阈值，则图 12.23 中的最大值附近的 μ_x 对轮胎的制动来说是有效的。

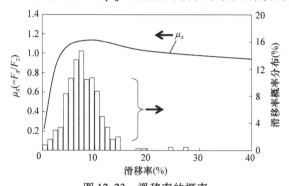

图 12.23 滑移率的概率

（经 JSAE 授权，摘自文献 [11]）

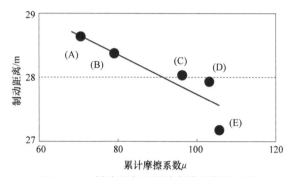

图 12.24 制动距离和累计摩擦系数的关系

（经 JSAE 授权，摘自文献 [11]）

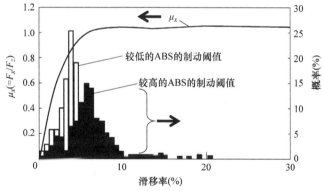

图 12.25 不同 ABS 控制值的滑移率概率

（经 JSAE 授权，摘自文献 [11]）

12.2 水滑现象

12.2.1 水滑现象中的三区概念

水滑现象指的是轮胎以高速滚过积水路面时由于流体动力而产生的漂浮在水面上的现象。水滑现象是轮胎花纹设计时需要考虑的重要性能，因为轮胎一旦发生水滑现象，车辆就会失去控制。因此许多研究者和工程师都曾研究过水滑现象。人们对与水滑现象有关的一些因素，比如道路纹理、充气压力、轮胎速度、胎面花纹、载荷和水膜深度，已经进行了大量的实验研究[12-18]。在大部分的解析研究工作中，人们一般采用二维的雷诺方程进行研究，在一些研究中也考虑了流体/固体的相互作用[19-36]。图 12.26 给出了两种类型的水滑现象，一个叫部分水滑现象，另一个叫完全水滑现象。水滑的临界速度指的是从部分水滑现象向完全水滑现象转换时的轮胎速度。部分水滑现象可以用三区的概念进行解释，其中 A 区称为未打破的水膜，B 区称为部分打破的薄水膜，C 区称为接地区。而完全水滑现象只有 A 区和 B 区。

在 A 区，轮胎完全浮在水面上，由较厚的水膜带来的流体动压力（水的惯性力）处于主导地位。B 区是从漂浮区转向接地区的过渡区域，这个区域是较浅的水膜带来的黏性水滑区。C 区是接地区，该区内轮胎和路面之间的摩擦系数占主导。本书只考虑流体动力学占主导的 A 区和 B 区。

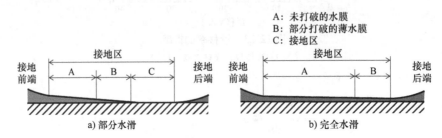

图 12.26　两种类型的水滑现象[36]

12.2.2　完全水滑的模型

图 12.27 中的流体力学压力 p_f 和浮力 L 可以表示为

$$p_f = \rho V^2 / 2$$
$$L = C_L A \rho V^2 / 2 \tag{12.57}$$

式中，A 是轮胎胎面面积；ρ 是水的密度；C_L 是抬升指数；V 是轮胎前进速度。

载荷 F_z 表示为

$$F_z = \bar{q}_z A \tag{12.58}$$

式中，$\bar{q}_z$ 是平均接地压力，它与充气压力有关。根据浮力 L 和载荷 F_z 的力平衡关系可以得出水滑的临界速度 V_{cr}：

$$V_{cr} = \sqrt{2/\rho C_L} \sqrt{\bar{q}_z} \equiv k \sqrt{\bar{q}_z} \tag{12.59}$$

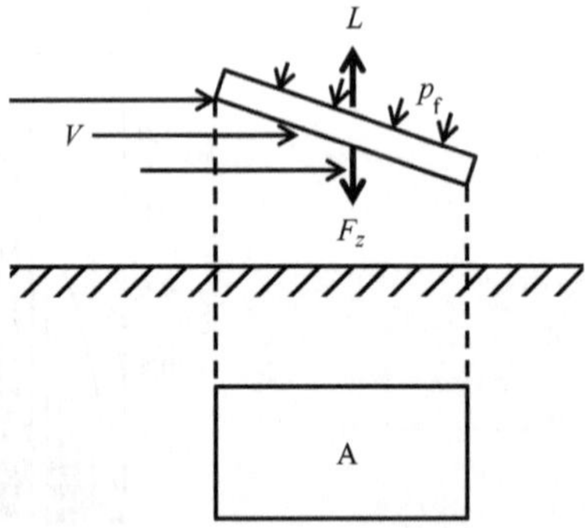

式中，k 是常数。因为抬升指数 C_L 包括在常数 k 中，k 值的确定是比较困难的。因此，水滑的临界速度 V_{cr} 可以采用流体压力 p_f 和轮胎的最大接地压力之间的平衡来衡量。假设接地压力 q_z 可以用抛物线形式表示，其最大接地压力用 p_m 来表示。更进一步地说，p_m 的值假设为充气压力 p 的 1.55 倍，p_m 可以表示为⊖：

$$p_m = 1.55p \tag{12.60}$$

图 12.27　完全水滑的模型

如果流体压力大于最大接地压力，则轮胎将漂浮在水上。因此完全水滑时的轮胎临界速度可以用下式表示：

⊖　备注 12.4。

$$\rho V_{cr}^2/2 = p_m = 1.55p \tag{12.61}$$

式(12.61)可以重新写为

$$V_{cr} = 6.3\sqrt{p} \tag{12.62}$$

式中,V_{cr}是水滑速度(km/h);p是轮胎气压(kPa)。

式(12.62)与图12.28中的Horner和Joyner的方程相似,只是系数6.3和系数9有差别,但这个差别也仅是因为单位的差别。图12.28比较了式(12.62)和航空斜交轮胎及其他类斜交轮胎的测量结果,式(12.62)的计算结果与实测结果比较吻合。注意完全水滑的临界速度与载荷没有关系。

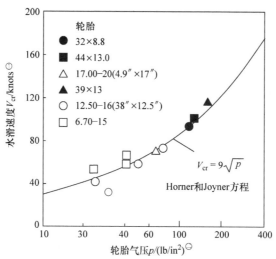

图12.28 水滑速度(实测值和计算值)
(经SAE授权,摘自文献[15])

12.2.3 部分水滑的模型

用两种解析方法建立了部分水滑的轮胎模型。一种方法是利用流体动力和接地力之间的平衡关系[20]来分析图12.26中B区和C区的接地长度,临界水滑速度就等于接地长度为零时的速度。另一种方法是分析被轮胎挤压的水膜的厚度[19],根据轮胎通过接地长度的时间与水的厚度被挤压为零所需要的时间相等的条件来确定水滑速度。

1. 基于力平衡方法的部分水滑模型

Akasaka[20]利用图12.29的模型研究了斜交轮胎的水滑现象。假设接地压力在宽度方向上是均匀的,纵向的接地压力分布呈抛物线形式,接地面积包含与图12.26b中的区域A和区域B相对应的厚水膜区域和薄水膜区域,在厚水膜区域,水的流体动压力向上作用在轮胎胎面上,轮胎和道路之间没有形成直接的接触。然而,在薄水膜区域,轮胎胎面与道路的粗糙表面发生接触,以支撑部分载荷。

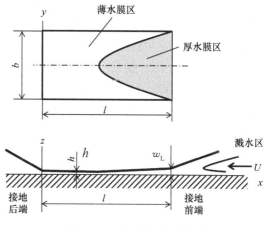

图12.29 部分水滑的模型

⊖ knots是速度单位,即节,1节 = 1.852km/h。

⊖ lb/in²是压强单位,1lb/in² = 6.895kPa。

利用斯托克斯（Stokes）方程，利用薄水膜的厚度为 2mm 的条件可以计算出斜交轮胎的临界水滑速度。图 12.30 的结果表明，从定性的角度来讲，Akasaka 的计算结果与 Meyer[37] 和 NASA[15] 的经验结果比较一致。

2. 基于水膜挤压方法的部分水滑模型

（1）基本方程　Sakai[19] 通过建立两个平板之间的水膜挤压模型来研究部分水滑现象。他假设道路是平的，只是道路上面有小的粗糙度。如图 12.31 所示，水被轮胎挤压向前排出，水流方向与横向的夹角是 θ，坐标系是固定在路面上的。被挤压的水流速度是 f，因为将该现象作为三维流体来求解比较困难，这里只考虑完全水滑发生之前的现象。如果假设接地长度大于胎冠宽度和水的深度，该现象可以简单地模型化为胎冠向下挤压轮胎和道路之间的水膜，轮胎和道路之间的水被横向挤压出去。

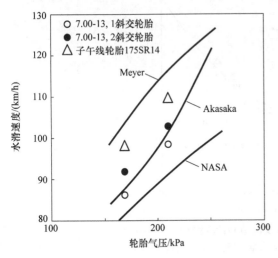

图 12.30　轮胎的临界水滑速度（$h=2\text{mm}$）[20]

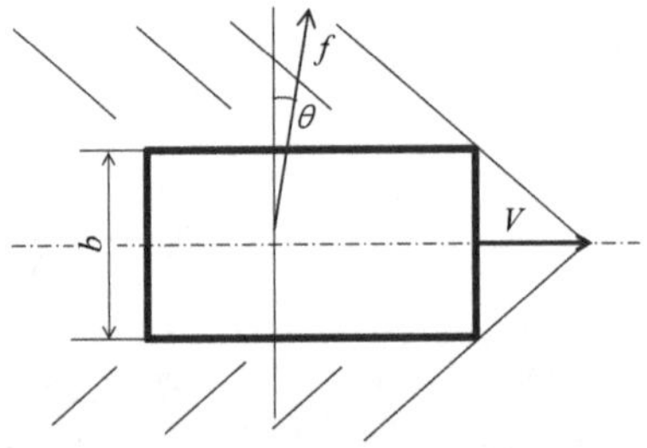

图 12.31　轮胎周围的水流模型
（经 Guranpuri – Shuppan 授权，摘自文献 [19]）

沿周向的接地压力分布可以用式（12.1）表示为抛物线形式。如图 12.32 所示，板的宽度是 b，板的周向长度是 Δx，板压向水膜的力是 ΔF。水被挤压沿横向流动（y 方向）。假设子午线轮胎的弯曲刚度很大，不发生板的弯曲变形。

水流在纵向（x）、横向（y）和垂直方向（z）的速度分别表示为 u、v、w。因为与接地长度相比，u 可以被忽略，与水膜厚度相比，w 也可以忽略，所以水的速度可以表示为⊖

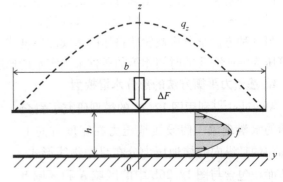

图 12.32　两个平行板之间的二维流动模型
（经 Guranpuri – Shuppan 授权，摘自文献 [19]）

$$\begin{aligned} u &= 0 \\ w &= 0 \\ v &= f(y,z,t) \end{aligned} \tag{12.63}$$

在道路和板之间的水膜的厚度随着时间的增加而减小，不可压缩流体的连续性方程的微元

⊖　备注 12.4。

（图 12.33）为

$$y\mathrm{d}h/\mathrm{d}t = -h\bar{f} \tag{12.64}$$

式中，$\bar{f}$ 是 y 方向的平均速度：

$$\bar{f} = \frac{1}{h}\int_0^h f(y,z,t)\mathrm{d}z \tag{12.65}$$

因为从式（12.64）来判断 $\bar{f}$ 是 y 的线性函数，式（12.65）中的 f 同样也是 y 的线性函数。因此有下面的关系：

$$\partial^2 f/\partial y^2 \approx 0 \tag{12.66}$$

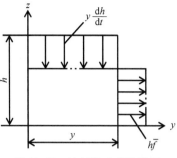

图 12.33 连续性方程的微元

根据纳维-斯托克斯（Navier-Stokes）方程：

$$\begin{aligned}
\rho\frac{\partial u}{\partial t}+\rho\left(u\frac{\partial u}{\partial x}+v\frac{\partial u}{\partial y}+w\frac{\partial u}{\partial z}\right) &= -\frac{\partial p_\mathrm{f}}{\partial x}+\eta\left(\frac{\partial^2 u}{\partial x^2}+\frac{\partial^2 u}{\partial y^2}+\frac{\partial^2 u}{\partial z^2}\right) \\
\rho\frac{\partial v}{\partial t}+\rho\left(u\frac{\partial v}{\partial x}+v\frac{\partial v}{\partial y}+w\frac{\partial v}{\partial z}\right) &= -\frac{\partial p_\mathrm{f}}{\partial y}+\eta\left(\frac{\partial^2 v}{\partial x^2}+\frac{\partial^2 v}{\partial y^2}+\frac{\partial^2 v}{\partial z^2}\right) \\
\rho\frac{\partial w}{\partial t}+\rho\left(u\frac{\partial w}{\partial x}+v\frac{\partial w}{\partial y}+w\frac{\partial w}{\partial z}\right) &= -\frac{\partial p_\mathrm{f}}{\partial z}+\eta\left(\frac{\partial^2 w}{\partial x^2}+\frac{\partial^2 w}{\partial y^2}+\frac{\partial^2 w}{\partial z^2}\right)-\rho g
\end{aligned} \tag{12.67}$$

式中，ρ 是流体密度；η 是流体黏度；p_f 是流体压力。

根据上述假设，式（12.67）可以重新写为：

$$\begin{aligned}
&\frac{\partial p_\mathrm{f}}{\partial x}=0 \\
&\eta\frac{\partial^2 f}{\partial z^2}-\frac{\partial p_\mathrm{f}}{\partial y}-\rho f\frac{\partial f}{\partial y}-\rho\frac{\partial f}{\partial t}=0 \\
&\frac{\partial p_\mathrm{f}}{\partial z}=0
\end{aligned} \tag{12.68}$$

因为 f 是 y 的线性函数，f 可以表示为

$$f = yg(z,t) \tag{12.69}$$

将式（12.69）代入到式（12.68）的第二个方程，$\partial p_\mathrm{f}/\partial y$ 可以表示为

$$\partial p_\mathrm{f}/\partial y = yk(z,t) \tag{12.70}$$

因为式（12.70）中的 p_f 在板的边缘（$y=\pm b/2$）等于零，所以 p_f 可以表示为

$$p_\mathrm{f} = (1/2)\times(y^2-b^2/4)k(z,t) \tag{12.71}$$

当轮胎在 x 方向以速度 V 运动时，作用在板的小微元 Δx 上的力 ΔF 发生与接地压力分布同样的变化。因此 ΔF 可以表示为

$$\Delta F = 4p_\mathrm{m}h\beta Vt/l(1-Vt/l)\Delta x \tag{12.72}$$

式中，β 的值由接触力和载荷之间的力平衡方程来确定。

ΔF 和流体动压力之间的平衡方程为

$$\Delta F = \int_{-\frac{b}{2}}^{\frac{b}{2}} p_\mathrm{f}\mathrm{d}y\Delta x \tag{12.73}$$

将式（12.71）和式（12.72）代入到式（12.73），$k(z,t)$ 可以表示为

$$k(z,t) = -\frac{48}{b^2}p_\mathrm{m}\beta\frac{Vt}{l}\left(1-\frac{Vt}{l}\right) \tag{12.74}$$

将式（12.74）代入到式（12.71）可以得到：

$$p_f = -\frac{24p_m\beta}{b^2}\left(y^2 - \frac{b^2}{4}\right)\frac{Vt}{l}\left(1 - \frac{Vt}{l}\right) \tag{12.75}$$

上面的方程表示，两个平行板之间的流体动压力分布在 y 方向上可以表示为一个抛物线函数，将式（12.75）代入到式（12.73），轮胎的载荷 F_z 和最大接地压力 p_m 之间的关系可以表示为

$$F_z = \int_0^l \Delta F \mathrm{d}x = 2p_m b\beta l/3 \tag{12.76}$$

假设接地压力 $q_z(x,y)$ 在纵向和宽度方向上都可以表示为抛物线形式：

$$q_z(x,y) = 4p_m \frac{x}{l}\left(1 - \frac{x}{l}\right)\left(1 - \frac{y^2}{(b/2)^2}\right) \tag{12.77}$$

载荷 F_z 可以由下式给出：

$$F_z = \int_0^l \int_{-b/2}^{b/2} q_z(x,y)\mathrm{d}x\mathrm{d}y = p_m bl/2 \tag{12.78}$$

比较式（12.76）和式（12.78），可以得到 $\beta = 3/4$。

当一个板首先与水进行接触的时候，与 f 有关的水的速度是低的，而式（12.68）中的第二个方程表示的加速度较高。因此式（12.68）中的第二个方程的第三项可以被忽略。

将式（12.69）和式（12.75）代入到式（12.68）的第二个方程中，受挤压的水的基本方程可以表示为

$$\mu\frac{\partial^2 g}{\partial z^2} - \rho\frac{\partial g}{\partial t} = -\frac{48p_m\beta}{b^2}\frac{Vt}{l}\left(1 - \frac{Vt}{l}\right) \tag{12.79}$$

边界条件和初始条件为

$$\begin{aligned}g = 0 \quad &\text{当} \quad z = 0, h \text{ 时}\\ g = 0 \quad &\text{当} \quad t = 0 \text{ 时}\end{aligned} \tag{12.80}$$

式（12.79）的解是：

$$g = \sum_{n=1}^{\infty}\frac{192p_m h^2\beta}{(2n-1)^3\pi^3\eta b^2 l}\left[Vt\left(1-\frac{Vt}{l}\right) + \frac{h^2}{(2n-1)^2\pi^2 v}\times\right.$$
$$\left.\left\{\frac{2V^2}{l}t - \left(V + \frac{2V^2 h^2}{(2n-1)^2\pi^2 vl}\right)\left(1 - \exp\left(-\frac{(2n-1)^2\pi^2 v}{h^2}t\right)\right)\right\}\right]\times$$
$$\sin\frac{(2n-1)\pi}{h}z \tag{12.81}$$

式中，v 是动态黏度，由 $v = \eta/\rho$ 来确定。这里重新回顾下面的关系：

$$\begin{aligned}Vt &= x\\ \mathrm{d}h/\mathrm{d}t &= V\mathrm{d}h/\mathrm{d}x\end{aligned} \tag{12.82}$$

利用式（12.65）、式（12.69）和式（12.82），式（12.64）可以重写为

$$\frac{\mathrm{d}h}{\mathrm{d}x} = -\frac{1}{V}\int_0^h g(z,t)\mathrm{d}z \tag{12.83}$$

将式（12.81）代入到式（12.83），利用式（12.76）消去 $p_m\beta$，可以得到：

$$\frac{\mathrm{d}h}{\mathrm{d}x} = -\sum_{n=1}^{\infty}\frac{576F_z h^3}{(2n-1)^4\pi^4\eta b^3 l^2 V}\left[\left(x - \frac{x^2}{l}\right) + \frac{h^2}{(2n-1)^2\pi^2 v}\times\right.$$
$$\left.\left\{\frac{2V}{l}x - \left(V + \frac{2V^2 h^2}{(2n-1)^2\pi^2 vl}\right)\left(1 - \exp\left(-\frac{(2n-1)^2\pi^2 vx}{Vh^2}\right)\right)\right\}\right] \tag{12.84}$$

在一个平面上的小的粗糙度可以用三角形简单模型化，如图 12.34 所示。三角形的高度是 $\bar{t}$，垂直角度是 90°。

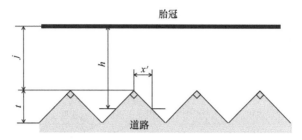

图 12.34　用三角形表示的道路粗糙度模型
（经 Guranpuri – Shuppan 授权，摘自文献 [19]）

假设胎冠表面和三角形端点的距离是 j。距离三角形端点的横向距离是 x'，那么在 x' 位置处胎冠表面到三角形表面的水膜的深度 h 可以表示为

$$h = j + x' \tag{12.85}$$

平均水膜厚度可以用下式表示：

$$h = j + \bar{t}/2 \tag{12.86}$$

由式（12.84）给出的胎冠的下沉率 $\mathrm{d}h/\mathrm{d}x$ 包含 h^2 和 h^3，水膜厚度的平方项和立方项的平均值可以由下式给出[⊖]：

$$\begin{aligned} \langle h^2 \rangle &= j^2 + j\bar{t} + \bar{t}^2/3 \\ \langle h^3 \rangle &= j^3 + 1.5 j^2 \bar{t} + j\bar{t}^2 + \bar{t}^3/4 \end{aligned} \tag{12.87}$$

式（12.86）的微分得到：

$$\mathrm{d}h/\mathrm{d}x = \mathrm{d}j/\mathrm{d}x \tag{12.88}$$

将式（12.87）和式（12.88）代入到式（12.84），水膜厚度的变化可以表示为

$$\frac{\mathrm{d}j}{\mathrm{d}x} = -\sum_{n=1}^{\infty} \frac{576 F_z (j^3 + 1.5 j^2 \bar{t} + j\bar{t}^2 + 0.25 \bar{t}^3)}{(2n-1)^4 \pi^4 \eta b^3 l^2 V} \left[\left(x - \frac{x^2}{l} \right) + \frac{j^2 + j\bar{t} + \bar{t}^2/3}{(2n-1)^2 \pi^2 v} \times \right. \\ \left. \left\{ \frac{2V}{l} x - \left(V + \frac{2V^2 (j^2 + j\bar{t} + \bar{t}^2/3)}{(2n-1)^2 \pi^2 vl} \right) \left(1 - \exp\left(-\frac{(2n-1)^2 \pi^2 vx}{V(j^2 + j\bar{t} + \bar{t}^2/3)} \right) \right) \right\} \right] \tag{12.89}$$

（2）计算值和实测值的比较　Sakai[19] 采用数值方法——龙格 – 库塔方法来求解式（12.89）。图 12.35 给出了水膜厚度和与道路接触前的行驶距离之间的关系。计算所用的参数是 $F_z = 3\mathrm{kN}$，$\rho = 1000 \mathrm{kg/m^3}$，$\bar{t} = 1\mathrm{mm}$，$l = 160\mathrm{mm}$，$h_0 = 10\mathrm{mm}$，$b = 103\mathrm{mm}$，$\eta = 1.02 \times 10^{-3} \mathrm{Pa \cdot s}$。在轮胎与道路接触之前（与板接触路面的时间有关），计算的水膜厚度随着行驶距离的增加而减小，在进入完全水滑状态之前，水膜的形状看起来像楔子。在与道路接触前，行驶的距离（与零水膜厚度有关）随轮胎速度的提高而提高。当发生完全水滑时，接触道路前行驶的距离等于接地长度（160mm）。临界速度由这个条件来决定。

图 12.36 显示了临界水滑速度随着水膜厚度、道路粗糙度和速度的变化，此时道路的粗糙度 $\bar{t}$ 等于 1mm 或者 0.2mm，初始的水膜厚度 h_0 等于 1、2、5、10mm。水滑的临界速度随着水膜厚度的增加而降低，随着粗糙度的下降，水滑速度也降低。

上述模型的雷诺数为 $Re = fh/v = bh_0 V_c/(4vl) = 5 \times 10^4$，其中 $V_c = 30\mathrm{m/s}$，$v(= \eta/\rho) = 10^{-6}$

⊖　备注 12.4。

m²/s，$h_0 = 10$mm，$b = 103$mm，$l = 160$mm。尽管在上面的讨论中假设流体具有层流特性，但因为相对较高的雷诺数的存在还会发生湍流。水滑的临界速度可能会比上面的计算结果小，因为计算结果是基于层流的假设的。

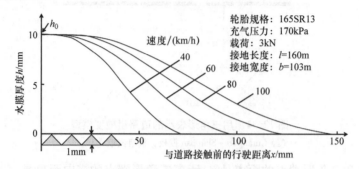

图 12.35 水膜厚度和与道路接触前的行驶距离之间的关系
（经 Guranpuri - Shuppan 授权，摘自参考文献 [9]）

(3) 道路保留率 当胎冠表面与道路表面在 x_0 处接触时，道路保留率 K 定义为由接地区域承担的载荷（这不包括水压承担的部分）与轮轴总载荷的比值。K 的计算方法是从位置 x_0 到 l 对式（12.1）进行积分，然后再除以轮轴总的载荷：

$$K = \frac{1}{\frac{2}{3}p_m l}\int_{x_0}^{l} 4p_m \frac{x}{l}\left(1 - \frac{x}{l}\right)dx = 1 + 2\left(\frac{x_0}{l}\right)^3 - 3\left(\frac{x_0}{l}\right)^2$$

（12.90）

图 12.37 给出了不同路面粗糙度下的道路保留率和速度的关系。轮胎规格是 165SR13，充气压力是 170kPa，载荷是 3kN。由于黏度效应，水滑现象在光滑道路上（道路粗糙度 $\bar{t}$ 比较小）的时候容易发生，即使道路的水膜深度比较小也是如此。图 12.38 给出了不同的水膜厚度和速度下的道路保留率。从中看到，如果水膜的厚度超过 5mm，那么即使是在 $\bar{t}$ 较大的粗糙道路上，在相对较低的速度下也容易发生水滑现象。如果水膜厚度超过了 5mm，则道路保留率并不会发生很大的变化。

图 12.39 的虚线给出了接地宽度相同时，不同的充气压力和速度下的道路保留率。在接地宽度不变的情况下，道路保留率随着充气压力的提高而减小，这与 Albert[12] 用子午线轮胎做的实验结果相同。另外，图 12.39 中在相同的充气压力下实线图和虚线图的比较也可以反映出道路保留率随着接地宽度的减小而增加。这个结果与 NASA[15] 的实验结果是一致的。

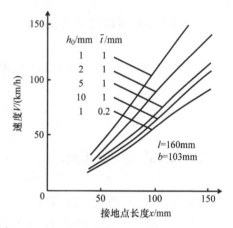

图 12.36 临界水滑速度随着水膜厚度、道路粗糙度和速度的变化（165SR13，充气压力170kPa，载荷3kN）
（经 Guranpuri - Shuppan 授权，摘自文献 [19]）

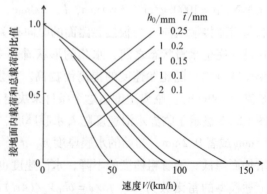

图 12.37 不同路面粗糙度下的道路保留率和速度的关系
（经 Guranpuri - Shuppan 授权，摘自参考文献 [19]）

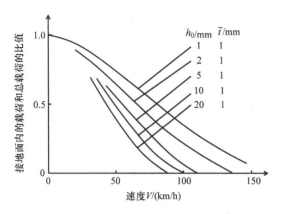

图 12.38　不同的水膜厚度和速度下的道路保留率
（经 Guranpuri‑Shuppan 授权，摘自文献 [19]）

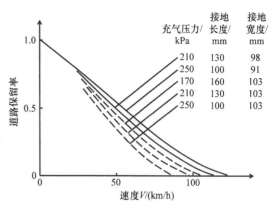

图 12.39　不同充气压力和速度下的道路保留率
（经 Guranpuri‑Shuppan 授权，摘自文献 [19]）

12.2.4　利用计算流体力学方法来预测水滑现象

1. CFD 仿真技术在水滑现象中的应用

CFD 技术第一次应用于分析水滑现象是采用了二维的雷诺方程，考虑了流体和固体的相互作用[38-39]。后来三维的 CFD 仿真技术应用到了水滑现象的分析中，采用了纳维‑斯托克斯方程，考虑了自由面和湍流模型[40-41]。

进行轮胎的水滑仿真有三个要求：三维模型中的流体/固体相互作用、滚动轮胎的分析、实际的胎面花纹几何形状的模型化。尽管在之前的水滑仿真[38-40]中考虑了流体和固体的相互作用，但另外的两个要求过去没有考虑。Seta 和 Nakajima[42-44]第一次建立了新的水滑仿真的数字计算流程，在这个计算流程中考虑了上面的三个要求，并将仿真技术应用于轮胎花纹的设计中。他们利用商业显式有限元软件 MSC. Dytran 来进行计算，轮胎建模采用拉格朗日方程进行有限元建模，流体采用欧拉方程进行有限体积法（FVM）建模[45]。而且，轮胎和流体之间的界面采用通用耦合方法建模。因为主要研究图 12.26 中的 A 区的动态水滑现象，他们忽略了水的黏度。

利用 Seta 和 Nakajima 提出的同样的仿真流程，以及 Bridgestone 在 2002 年授权的专利[46]，研究者又进一步研究了临界水滑速度[47-48]，花纹对水滑的影响[49]以及湿路面上的制动距离[50-51]。

Osawa 和普利司通公司的 Nakajima[52]开发了凹槽墙技术，通过 CFD 实现了对主沟内的湍流的抑制，通过实际轮胎的验证提高了轮胎的水滑性能。

2. 水滑仿真的验证

图 12.40 给出了带有实际花纹的滚动轮胎的水滑仿真的例子，可以发现水流流入轮胎的两个周向纵沟和横沟。轮胎的速度为 60km/h，规格为 205/55R16，充气压力是 220kPa，载荷是 4.5kN。给轮胎模型施加指定的平动速度和旋转速度。轮胎和道路之间的摩擦系数为零。水膜厚度是 10mm，水池的流体边界条件是墙边界，没有水向外流出。

在仿真中采用了显式有限元方法和显式有限体积法，在流体动压力变得稳定后对水流进行了评估。图 12.41 比较了水流的计算结果和实测结果。从玻璃板下拍摄的照片显示了轮胎滚过水膜时的水的流动情况。实验和仿真中采用的水膜厚度是 10mm，速度是 60km/h。本仿真中虽然忽略了水的黏度，但水流的计算结果与实验测量结果在定性上是比较一致的。

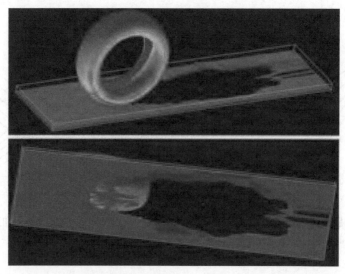

图12.40 带有实际花纹的滚动轮胎的水滑仿真的例子[42]

计算结果　　　　　　　　　实测结果

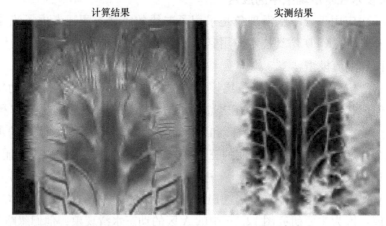

图12.41 水流的计算结果和实测结果[42]

3. 水滑仿真的全局和局部分析

　　滚动轮胎的水滑仿真需要大量的计算时间,尤其是对于带有完整的胎冠实际花纹的轮胎仿真来说更是如此。因此基于全局－局部分析方法的新的仿真流程出现了,可以用它来预测实际的轮胎花纹周围的水流情况[42]。在如图12.42所示的全局－局部仿真分析的方案中,首先在全局分析中进行光面轮胎的仿真分析,考虑流体和固体的相互作用。在全局分析中得到带束层的位移历史。在将实际的轮胎花纹模型黏附到带束层模型上后,根据全局分析的位移计算得到规定的速度施加到局部分析的带束层上。因此局部分析作为一个独立的分析过程而存在。因为局部模型比全局模型更精确,局部模型中的节点坐标不必与全局坐标中的相同。局部模型中的指定速度可以利用单元的插值函数来确定。

　　局部分析也考虑流体/固体的相互作用。因为局部模型是独立于全局模型的,胎面花纹的设计细节的小的变化对水滑的影响可以通过改变局部模型的方式来进行分析。计算时间可以大幅度缩减。

4. 通过水滑仿真来开发新的花纹设计

　　在开发新的花纹设计技术时采用了全局－局部水滑仿真技术,为了控制胎冠花纹周围的水流,研究了花纹形状的三维设计方法。可以通过边部倒角花纹块形状设计使花纹块尖端的水流变

 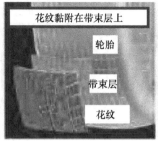 

图 12.42　全局 – 局部仿真分析[42]

得顺滑，如图 12.43 所示。图中给出了典型的花纹块边部的尺寸和形状，胎冠花纹的沟深是 8mm。为了研究有无边部倒角花纹块对水滑的影响，进行了两种花纹（有无倒角花纹块）的滚动轮胎的仿真。带有边部倒角花纹块的轮胎其水流比无边部倒角花纹块的轮胎的水流更平滑，如图 12.44 所示。这就表明带有边部倒角花纹块的轮胎可以避免花纹块周围的流体动压力的增加。水滑速度的测量结果表明边部倒角花纹块的存在可以使水滑速度提高 1km/h，这就说明边部倒角花纹块在提高水滑速度和水滑性能方面有很好效果。

通过水滑仿真技术，开发了一个专门用于一级方程式（Formula One）赛车的新的湿地花纹，由于比赛速度很高，由此导致的水滑现象在高端赛车中比较常见，但是胎冠花纹的设计曾经只能依靠设计者的经验通过试错法来进行。花纹设计的流程从光面轮胎的仿真开始。前轮轮胎的流线仿真结果是不对称的，因为有外倾角的存在。后轮轮胎的流线仿真结果是对称的，如图 12.45 所示。在此计算中速度是 200km/h，水膜厚度是 2.0mm。

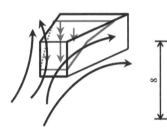 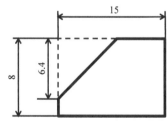 

图 12.43　边部倒角花纹块的形状（单位：mm）[42]

根据预测的水流结果，可以设计胎冠纵沟的几何形状。因为水流预示了水排出接地区域时的流向，因此如果雕刻的沟槽与光面胎水流的几何形状相同，那么就可以将水高效地排出接地区域，如图 12.45 和图 12.46 所示。前轮轮胎和后轮轮胎的沟的定位从中心区的周向逐步向胎肩部位的横向过渡。沟的结构对于前轮轮胎来说变得不对称，因为接地区域的中心线由于外倾角的存在不在轮胎几何形状的中心上。对标轮胎花纹的流体压力和新花纹的流体压力如图 12.47 所示。括号内的数字表示流体压力的指数，从图 12.47 看出新花纹的水滑性能好于旧花纹。新花纹的场地绕圈时间变得更短。

最后，为一级方程式赛车设计了新的湿地花纹，花纹块的沟壁形状进行了特殊设计。通过增加一个小的刀槽，可以进一步提高花纹块的排水能力。采用全局 – 局部分析方法对这类花纹沟块的排水能力进行了预测和优化，如图 12.48 所示。通过添加刀槽，流体动压力得到明显降低，场地实验的绕圈时间也变得更短。

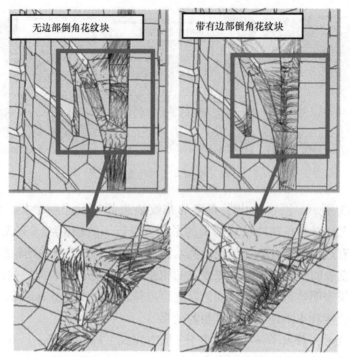

图 12.44　带有边部倒角花纹块和无边部倒角花纹块的轮胎水流情况[42]

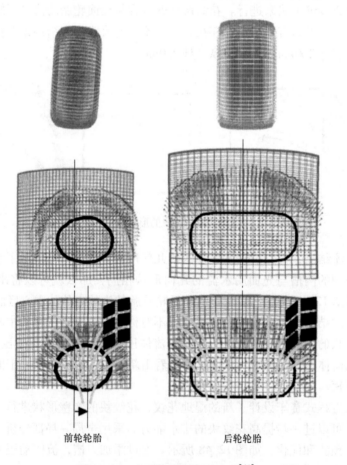

前轮轮胎　　　　　后轮轮胎

图 12.45　光面轮胎的表面流动[44]

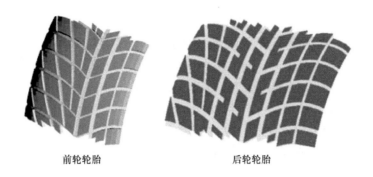

图 12.46　方程式赛车轮胎的新花纹样式[44]

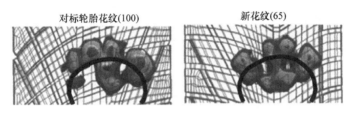

图 12.47　对标轮胎花纹流体压力和新花纹的流体压力[44]

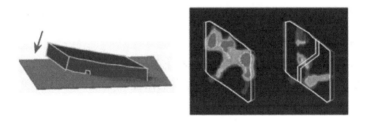

图 12.48　刀槽对流体动压力的影响[44]

5. 凹槽墙技术提高水滑性能

Osawa 和 Nakajima[52]开发了凹槽墙技术，在主要的纵沟内壁设计许多凹槽，这些凹槽使沟壁附近的湍流得到降低，如图 12.49 所示。利用计算流体力学方法，平面上的涡度要比具有凹槽墙技术的表面涡度更大。因为湍流和凹槽墙技术的凹槽顶点接触，所以涡度被限制在凹槽墙上。凹槽墙技术被应用到了乘用车子午线轮胎的主沟设计中，实践证明这有助于提高实验的水滑性能结果。

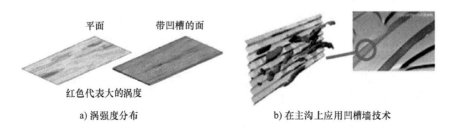

图 12.49　利用凹槽墙技术提升水滑性能[52]（见彩插）

12.3 雪地牵引性能

12.3.1 宽泛路面条件下提高轮胎性能的困难

车辆行驶在各种道路条件下,比如干燥路面、湿路面、冰地路面和雪地路面,因此轮胎制造商生产的轮胎需要在各种路面条件下都有好的性能。在现有的传统轮胎技术下,单独提高一个方面的轮胎性能是不困难的,然而,一个性能的提高往往导致其他性能的下降。

作为一个例子,一个非镶钉轮胎,也就是冬季使用的非镶钉轮胎,它在冰地或雪地路面上有特殊的性能[5,53-63],然而,要同时提高它在冰地和雪地的性能却是很困难的。图 12.50 显示了在雪地和冰地路面上的与轮胎海陆比有关的不相容的困难,也就是海陆比和轮胎接地印痕面积之间的关系。当轮胎胎冠花纹印痕中海的比率上升时,有利于提高雪地牵引性能,但它在冰地路面上的牵引性能就会下降,因为轮胎和冰面之间的接触面积减少了。虽然海陆比是花纹设计的重要因素,但仅仅通过改变海陆比这个参数却不能解决这个两难的不相容问题。

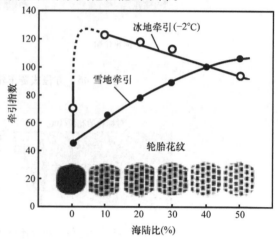

图 12.50 在雪地和冰地路面上的与轮胎海陆比有关的不相容的困难[60]

12.3.2 雪地路面上轮胎的牵引性能模型

对于定义材料性能来说,雪是最为复杂的材料之一。很难观察轮胎和雪之间的相互作用行为。直到现在也无法采用室内仪器和人工雪进行雪地路面轮胎性能测试实验。进行轮胎在雪地上的性能实验受季节条件和实验区域的影响。而且,研究轮胎在雪地上的性能主要是定性的,很难将这些研究结果直接应用于轮胎设计。试错法,也就是通过进行大量测量和实验来研究,被普遍地应用到了提高轮胎雪地性能的研究工作中。

过去的雪地轮胎性能研究验证了雪地牵引性能的一些概念和思路[22,61-64]、车辆在雪地上的操纵性能[65-66]、轮胎设计参数和轮胎雪地性能之间的一些关系[67-68],以及轮胎在雪地上的实验方法[69-71];此外,还验证了雪的性能测量方法和简单的雪的模型[72-76]、轮胎或橡胶块的雪地牵引性能的有限元方法[77-85]、跟踪雪地车辆性能[86-87]、雪的复杂建模[88-92]。

雪被认为是一种黏弹性的[77]、基于微观结构的材料[88,89]。在先前的研究中,雪被简化为弹塑性材料,也就是忽略了它的黏性,并且是各向同性。人们研究了雪的弹塑性材料模型,算法上采用的是大应变的有限元方法[78-79],将弹塑性模型应用到了单个花纹块在雪地上的数值分析中[80],进行了带有横向花纹沟的轮胎滚过雪地的二维分析[81]、带有刚性轮辋的光面轮胎滚过雪地的三维有限元分析[82],为了进行轮胎仿真,利用剪切盒实验测试了雪的性能[83]。尽管存在很多用于分析雪地牵引性能的有限元模型,但它们一直不能用于实际的花纹性能仿真和优化。Seta[84]建立了一个数字化分析流程,它可以用于实际花纹在雪地上的性能预测优化,Choi[85]根据 Seta 的方法进一步研究了同样的问题。

12.3.3 轮胎在雪地上的牵引性能的解析模型

1. 橡胶在雪路面上的摩擦机理

Ella 等人[64]提出了 4 个橡胶在雪地上的摩擦机理,其示意图如图 12.51 所示。

1) 微观和宏观层面抵抗在锯齿上滑动所产生的反作用力（图 12.51a）。

2) 由于范德华键存在产生的分子间的黏附力，它在位置 1、2、3 产生并断裂消除（图 12.51b）。

3) 耕地效应和摩擦导致的犁削力（图 12.51c）。

4) 融化的水层提供润滑作用，这使摩擦系数减小，水膜层的厚度随着雪颗粒与橡胶表面接触时间的延长而增加（图 12.51d）。

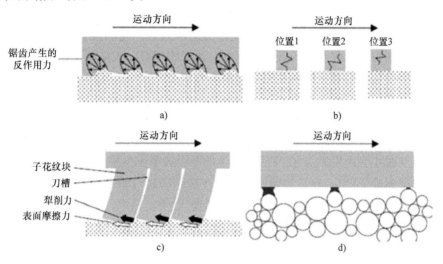

图 12.51　橡胶在雪地上的摩擦机理示意图
（经 Tribol 授权，摘自文献 [64]）

2. 轮胎在雪地上的牵引性能的解析模型

（1）轮胎在雪地上的牵引解析模型　Nakajima[61]通过将 Brownes 的定性模型[22]进行扩展，开发了轮胎在雪地上的纵向力解析预测模型。本模型中考虑了雪地的特性，可以进行雪地性能的定量分析。本模型包含图 12.52 中的四个力。

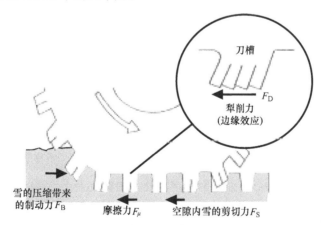

图 12.52　轮胎在雪地上的牵引性能示意图[61]

1) F_B 是制动力，由于压缩接地区前端的雪而产生。它可以从轮胎几何形状、雪的深度和雪的特性来解析地计算。雪的特性决定了轮胎会陷入雪中的深度。在前面的章节中所提到的橡胶在雪上的摩擦机理不包括这个力。

2) F_S 是雪中的剪切力。雪被滚动中的轮胎挤压进空隙中，并被垂直载荷压缩。雪可以维持剪切力，因为它的剪切强度由于垂直力的压缩而增加。这个剪切应力处于雪的剪切强度以内，它是由于轮胎胎面花纹和雪之间复杂的相互作用而产生的。如果胎面花纹或者雪的条件发生改变，雪中的剪切应力的分布将会发生变化，比如雪的深度和雪的密度发生变化。在前面章节的雪地摩擦机理的表述中不包含这个力的因素。

3) F_μ 是轮胎和雪地路面之间的摩擦力。它由胎冠橡胶的实际摩擦系数决定，也由轮胎和雪地之间的实际接触面积决定。F_μ 可以由光面轮胎在雪地上抱死拖滑产生的滑动摩擦力来确定。这个力是除了前面章节提到的犁削力之外的其他摩擦力成分之一。

4) F_D 是花纹块和刀槽边部的犁削力，也称为边缘效应。轮胎滚动时，这些边缘侵入雪的表面。因为这个犁削力与花纹刀槽的数量强相关，边缘效应可以大体从花纹块的边缘长度加以估计。在前面的章节中这个力被看作摩擦力中的犁削力成分。

小的滑移率下牵引力的表达式为

$$小滑移率下雪地牵引力 = F_S + F_\mu + F_D - F_B \quad (12.91)$$

在大的滑移率下，雪在空隙处的剪切力 F_S 对牵引力没有贡献，因为只有当轮胎的剪切应力小于雪的剪切强度时才会产生 F_S。在高的滑移条件下因为雪发生脆裂，所以 F_S 变小。这个假设在剪切盒实验中得到验证[83]，在该实验中，雪发生剪切破裂后剪切力立刻变为常数。由压缩带来的制动力 F_B 对牵引力没有贡献，因为轮胎没有向前运动。结果，大滑移率下牵引力表示为

$$大滑移率下雪地牵引力 = F_\mu + F_D \quad (12.92)$$

采用相同的方法，雪地上的制动力可以表示为

$$小滑移率下雪地制动力 = -(F_S + F_\mu + F_D + F_B) \quad (12.93)$$

$$大滑移率下雪地制动力 = -(F_\mu + F_D + F_B) \quad (12.94)$$

式中，负号表示制动力，大滑移率下 F_S 对制动力没有贡献。

轮胎在雪地上的牵引力系数和滑移率的关系如图12.53所示。雪地牵引力系数等于雪地牵引力与轮胎法向载荷之间的比值。它与花纹设计和轮胎滑移率有关。在实验中，不同的花纹雕刻在相同的轮胎上，胎面橡胶是相同的。当滑移率在20%~30%之间时，牵引力系数达到最大。这是因为随着剪切变形的增加，牵引力随着滑移率而增大。但在空隙处，在大滑移率时并没有产生雪的剪切力。带花纹轮胎和光面轮胎的区别就是空隙处的剪切力，当滑移率小于30%时，剪切力最大，当滑移率很大时，剪切力消失。在小的滑

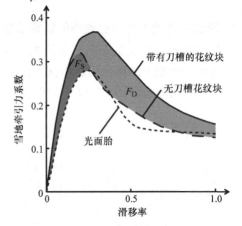

图12.53 轮胎在雪地上的牵引力系数和滑移率的关系[84]

移率下，空隙处的雪可以保持牵引力，因为空隙处雪的剪应力小于雪的剪切强度。然而在大的滑移率下，由于空隙处雪的破裂，雪的牵引力会减小。带有刀槽的花纹块和无刀槽花纹块之间的区别是犁削力，因为犁削力在各种滑移率下都影响牵引力。

(2) 四个力的评价 式(12.91)中的四个力通过考虑雪的特性进行评价。雪的特性在压缩实验中定义为雪的密度的函数。制动力 F_B 是在轮胎接地前端根据雪的压缩力来计算的。轮胎在雪上的摩擦力 F_μ 假设可以采用 Amonton-Coulomb 法则表示，该法则可以通过采用光面轮胎进行滑动实验来测量。雪在空隙处的最大剪切力 F_S 可以表示为

$$F_S = \int_{A_y} \tau(\rho) \, dA_y \tag{12.95}$$

式中，$\tau(\rho)$、ρ 和 A_y 分别是雪的剪切强度、雪的密度和接地区域内空隙的剪切面积。因为雪的剪切强度是雪的密度的函数[86-87]，空隙处雪的密度利用轮胎的空隙收缩率来进行估计。

如图 12.54 所示，测量得到的轮胎空隙体积在进入接地面后收缩，然后在接地面内保持不变，离开接地面后恢复。因此，雪的密度必然在接地面内较大，大于在其他区域的密度。

假设接地区域内的雪的密度 ρ 与道路上自由状态的雪的密度 ρ_0 之间的关系可以用下式表示：

$$\rho = f(\rho_0, \mathrm{Vol}/\mathrm{Vol}_0) \tag{12.96}$$

式中，Vol 和 Vol_0 分别是接地区域内和接地区域外的空隙体积；$\mathrm{Vol}/\mathrm{Vol}_0$ 是空隙收缩率。

假设接地区域内空隙剪切面积 A_y 可以用下式计算：

$$A_y = A_0 \mathrm{Vol}/\mathrm{Vol}_0 \tag{12.97}$$

式中，A_0 是未加载的轮胎的空隙面积。

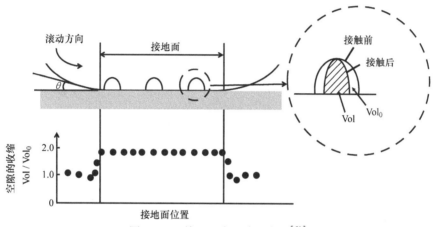

图 12.54　接地面内空隙的变形[61]

将式（12.96）和式（12.97）代入到式（12.95），其中的雪的剪切强度 $\tau(\rho)$ 可以采用文献 [72] 中的实验方法通过测量得到，这就得到 F_S 和 $\mathrm{Vol}/\mathrm{Vol}_0$ 之间的关系，如图 12.55 所示。雪的剪切强度 $\tau(\rho)$ 随着 $\mathrm{Vol}/\mathrm{Vol}_0$ 的增加而增加，然而，空隙的剪切面积 A_y 随着 $\mathrm{Vol}/\mathrm{Vol}_0$ 的增加而减小。在某个 $\mathrm{Vol}/\mathrm{Vol}_0$ 下，剪切力 F_S 就会达到最大。这表明，存在一个合适的最优收缩率，这可能受轮胎花纹、结构和胎侧形状的控制。

犁削力或者边缘效应是由花纹块的边缘和刀槽带来的。参考式（12.92），单位边长的犁削力可以用滑移率为 1.0 时的牵引力来估计，用来做实验的轮胎花纹边缘长度不同，其他参数都相同。假设即使添加刀槽，摩擦力 F_μ 也不发生变化，刀槽的每单位的边长力与块的每单位边长的力相同，上层雪的密度是 0.3~0.5g/cm³ 时，压缩雪的每单位边长的犁削力估计是 10N/mm，犁削力可以用下式计算：

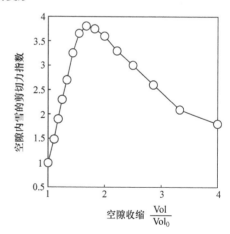

图 12.55　雪剪切力 F_S 和 $\mathrm{Vol}/\mathrm{Vol}_0$ 之间的关系[61]

$$F_D = 10 \times 印痕内边长的和 \tag{12.98}$$

式中，F_D 的单位是 N，边长是边的横向分量，单位是 mm。

3. 雪地道路上轮胎牵引力解析模型的验证

轮胎的静态牵引力利用式（12.91）来计算，将计算结果与测量结果进行比较。下雪后某天进行测量，上层雪的密度是 $0.3 \sim 0.5 \mathrm{g/cm^2}$，如图 12.56 所示，静态牵引（指数）的测量结果与预测结果比较吻合。如图 12.57 所示，滑移率为 1.0 时牵引力的测量值和利用式（12.92）计算得到的结果一致性很好。

假设摩擦力 F_μ 和犁削力 F_D 不随雪的类型而改变，四个力的贡献可以被预测。图 12.58 显示了计算得到的四个力对静态雪地牵引力的贡献，这也可以从 12.56 中的星号看出来。对于新鲜雪来说，雪在空隙中的剪切力 F_S 和摩擦力 F_μ 占较大份额。考虑到雪的类型对牵引的影响，可以分别计算新鲜雪和旧雪对牵引的影响。从 F_B 和 F_S 对牵引的贡献来说，新鲜的雪要大于旧的雪。F_B 对新鲜的雪贡献较大的原因是轮胎在新鲜的雪的压缩率大于旧的雪。同时，F_S 对新鲜的雪贡献较大的原因是新鲜的雪的剪切强度对雪密度的敏感性要大于旧的雪的强度对密度的敏感性。

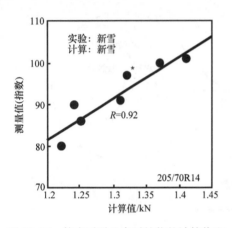
图 12.56 静态时雪地牵引性能的计算值和测量值比较[61]

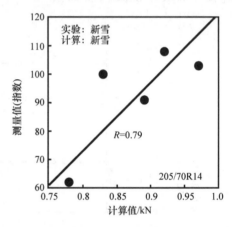
图 12.57 滑移率为 1.0 时雪地牵引力的测量值和计算值的对比[61]

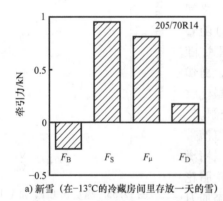
a) 新雪（在-13℃的冷藏房间里存放一天的雪）

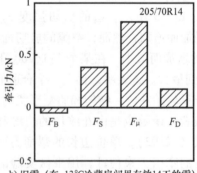
b) 旧雪（在-13℃冷藏房间里存放14天的雪）

图 12.58 计算得到的四个力对静态雪地牵引力的贡献[6]

12.3.4 轮胎在雪地上的牵引性能的有限元仿真

1. 雪的数字模型

Seta[84]等首先采用计算力学方法系统分析了带有实际花纹的轮胎在雪地上的牵引力特性。

他们聚焦于雪在空隙处的剪切力,如图 12.52 所示,这些剪切力来自于胎冠花纹和雪之间的复杂相互作用。轮胎采用有限元方法建模,采用的是拉格朗日网格,雪采用有限体积法,建模采用的是欧拉网格。轮胎和雪之间的相互作用采用通用耦合方法来计算,它允许在拉格朗日网格和欧拉网格之间自动交互计算。弹塑性采用 Mohr – Coulomb 屈服模型⊖:

$$\tau = c + \sigma\tan\phi \tag{12.99}$$

式中,τ 是剪切应力;c 是黏附力;ϕ 是内部摩擦角;σ 是与剪切面垂直的应力。对于雪来说,其 Mohr – Coulomb 屈服模型所采用的黏附力是 0.016MPa,内部摩擦角是 31°。

将剪切盒实验的数字仿真结果与文献 [78] 中的结果比较,验证了雪的 Mohr – Coulomb 屈服模型。在文献 [78] 中采用了 Cam – Clay 屈服模型来模拟雪。如图 12.59 所示,剪切盒实验所用到的设备包括上咬合器和下咬合器。当上下咬合器在裂缝处剪切时,上咬合器被压缩。可以观察到 Mohr – Coulomb 屈服模型的变形和塑性应变分布与 Cam – Clay 屈服模型的相同。剪切盒实验中水平位移和雪剪应力之间的关系如图 12.60 所示。尽管在本研究中剪应力的峰值大于实验结果和文献 [78] 中的有限元仿真结果,但这个结果定性上是比较吻合的。

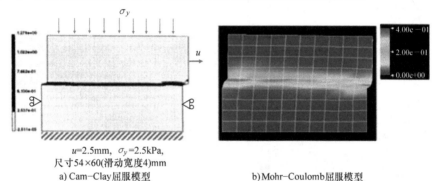

u=2.5mm, σ_y=2.5kPa,
尺寸 54×60(滑动宽度 4)mm
a) Cam-Clay 屈服模型   b) Mohr-Coulomb 屈服模型

图 12.59 剪切盒实验中塑性变形和塑性应变的分布比较(图 a 来自文献 [78])[84]

2. 轮胎雪地牵引的有限元仿真

在研究带有实际花纹的轮胎在雪地上的性能时也采用了数字仿真方法。在这个仿真的过程中忽略了刀槽和轮胎与雪之间的摩擦系数,因为这个仿真的主要目的是聚焦于研究空隙中雪的剪切力。仿真得到的雪地表面以及雪覆盖的路面照片对比如图 12.61 所示。仿真得到的胎面花纹在雪地上留下的印痕与实际图片在定性上吻合很好。

数字仿真的优势是可以看到在实验过程中看不到的现象。例如,轮胎和雪之间的剪应力分布可以通过仿真计算出来,如图 12.62 所示。剪应力主要出现在胎面花纹的横沟上。通过对比不同花纹的横沟上产生的剪应力,可以有效提高花纹设计效率和质量。

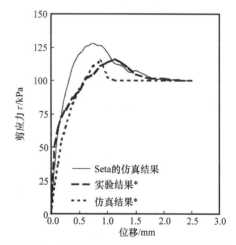

图 12.60 剪切盒实验中水平位移和雪剪应力之间的关系[84](带 * 的数据来自文献 [78])

3. 可预测性的验证

通过比较实验结果和几个基本胎面花纹的仿真结果,可以证明仿真的可预测性是有效的。轮

⊖ 备注 12.5。

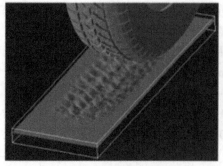
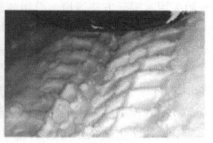

a) 仿真得到的雪地表面　　　　　　　b) 雪覆盖的路面照片

图 12.61　仿真得到的雪地表面以及雪覆盖的路面照片[84]

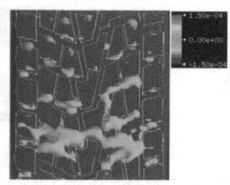

a) 仿真得到的雪的变形　　　　　　　b) 接地面内剪应力分布

图 12.62　仿真得到的雪的变形和接地面内剪应力分布[84]

胎规格是 195/65R15，充气压力是 200kPa，载荷是 4.0kN，速度是 60km/h，滑移率是 30%。图 12.63 显示了横向花纹沟的宽度对雪地牵引性能的影响。两个花纹周向花纹沟的宽度是相同的，不同是的横向花纹沟的宽度。随着横向花纹沟宽度的增加，平均的牵引力增加，仿真结果和实验结果都是如此。

a) 窄沟　　　　　　　　　　　　　　b) 宽沟

图 12.63　横向花纹沟的宽度对雪地牵引性能的影响[84]

图 12.64 显示的几个花纹是为了研究横向花纹沟的倾斜角度对雪地牵引性能的影响。图中三个花纹的横向沟的倾斜角度（与横向的夹角）分别是 0°、30°和 -30°。三个不同横沟倾斜角度下实测的雪地牵引性能和仿真得到的牵引性能进行对比，如图 12.65 所示。仿真得到的规律与实验结果是相同的。然而，对于雪地制动力来说，仿真预测的结果是 0°横沟的制动力大于 -30°横沟的制动力，但实验结果却是相反的。尽管牵引力主要产生于空隙区，但由于雪的压缩作用，制动力主要产生于接地前端。尽管有此不同，但预测结果与实验结果在定性上是比较吻合的。

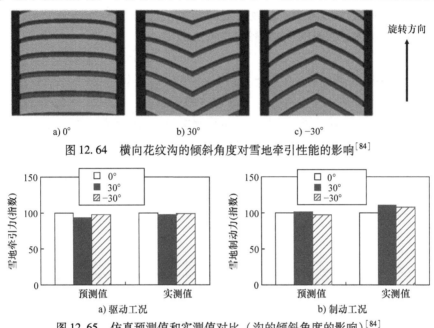

图 12.64　横向花纹沟的倾斜角度对雪地牵引性能的影响[84]

图 12.65　仿真预测值和实测值对比（沟的倾斜角度的影响）[84]

12.4　冰面上的牵引性能

12.4.1　冰面摩擦的研究

Petrenko 和 Whiteworth[93]的著作、Maeno[94]的著作以及 Kietz[95]的论文都系统地描述了冰的摩擦特性。许多科学家对橡胶在冰上的摩擦进行了大量研究[96-101]。在冰上较低的摩擦系数的机理一般被解释为压融作用，但是现在人们更容易接受摩擦生热机理[96]。冰上的摩擦系数比较低，是因为在冰上有一层准液态层，它在 0℃ 下的剪切强度很低，所以摩擦力很低，如图 12.66 所示。准液态层的深度随着温度的降低从融化点的最大值单调减少，如图 12.67 所示。

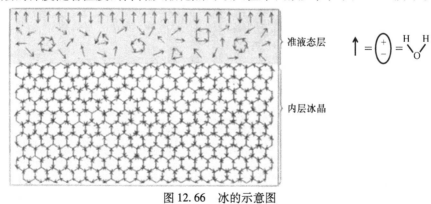

图 12.66　冰的示意图
（经 Hokkaido University Press 授权，摘自文献 [94]）

图 12.68 显示了不同温度和速度下冰和冰之间的动摩擦系数。冰和冰之间的动摩擦系数与摩擦过程中产生的润滑层的厚度紧密相关。在非常低的速度和温度下，冰面上产生的融化水很少，黏着导致的冰的剪切变形是冰的摩擦力的主要来源。在较高的速度和载荷下，较高的摩擦热量导致润滑层的存在，提高了融化水膜和准液态层的厚度，从而导致了摩擦力的减少。准液态层的厚度（单位是 nm）可以表示为冰的温度 T_{ice} 和融化层的水的温度 T_m 之差的函数[101]。

$$准液态层的厚度 = 34 - 21\log(T_m - T_{ice}) \quad (12.100)$$

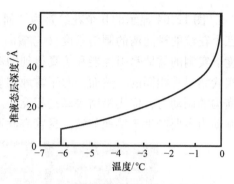

图 12.67 准液态层深度和温度的关系
（经 Hokkaido University Press 授权，
摘自参考文献 [94]）

图 12.69 显示了不同加载时间下多晶冰的压痕硬度与绝对温度的函数关系，这是在改变压痕压力的情况下测量得到的。冰的压痕硬度在 0℃ 附近迅速下降，因此在冰的熔点附近产生了比较软的一层。

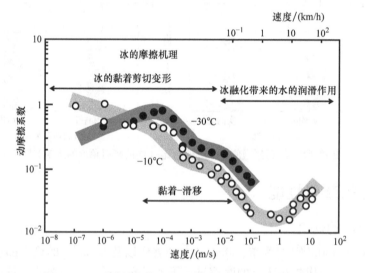

图 12.68 不同温度和速度下冰和冰之间的动摩擦系数
（经 Hokkaido University Press 授权，摘自参考文献 [94]）

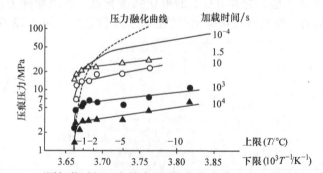

图 12.69 不同加载时间下多晶冰的压痕硬度与绝对温度的函数关系[100]

12.4.2 冰面上轮胎牵引特性的研究

带有镶钉的冬季轮胎在冰上和雪地上有超强的制动性能，但它行驶在没有冰或雪的路面上时因为对地面的犁削作用会产生粉尘污染。在 1990 年日本禁止镶钉轮胎在道路上行驶后，日本市场上出现了没有镶钉但带有很多刀槽的轮胎，称为非镶钉冬季轮胎。灰尘的沉积作用大大减小了，但是冬季特有的事故明显随着非镶钉轮胎的投用而增多了，如图 12.70 所示。非镶钉冬季胎的花纹如图 12.71 所示，因为在许多国家都禁止使用镶钉轮胎，对冰地摩擦性能的研究主要集中于亚洲东北部和欧洲。日本的研究集中于提高轮胎在冰面上的摩擦系数，而不是在雪地上的摩擦特性，因为在冰上驾驶车辆是危险的。另外，冰和轮胎外表面之间的相互作用可以采用室内传感器通过冰面进行观察，这种观察对于冰面来说是容易的，对于雪地来说就不太容易了。

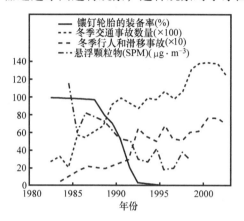

图 12.70 灰尘污染和事故与镶钉劳务出口胎的使用情况的关系
（经 JSAE 授权，摘自文献 [102]）

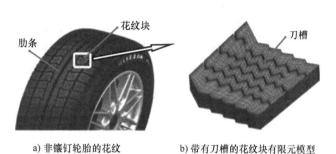

图 12.71 非镶钉冬季轮胎的花纹[103]

在冰面上的摩擦机理可以分成五大类：①滞后；②黏着；③犁削；④黏性剪切；⑤挤压或将水从接地区擦除。过去的研究主要关注机理①～④，并没有考虑机理⑤。过去研究的课题是橡胶块在冰上的摩擦系数[56,104-105]、刀槽对橡胶块在冰上的摩擦系数的影响[106-111]、冰上的摩擦系数和橡胶的特性[56,112]、利用解析轮胎模型[113]得到轮胎在冰上的摩擦系数、纵向刚度和轮胎在冰上的性能的关系[5]；包含接地区温度升高的冰摩擦的理论模型、由干摩擦力和融化区的黏性力[114-121]决定的冰面上的摩擦力、带刀槽的胎面橡胶块的显式有限元分析方法[103,122]。Bhoopalam 和 Sandu[123]对轮胎在冰面上的性能所进行的研究进行了总结。

非镶钉轮胎在冰面的摩擦系数已经提高了两倍，这归功于轮胎制造商做出的持续的改善提高，如图 12.72 所示。这个巨大的提高是借助于同期两个主要的技术来实现的，也就是配方技术和花纹（刀槽）的设计技术。刀槽就是花纹块上的一个很窄的沟，它提高了花纹在冰面上的摩擦系数，它不但能吸收并且能从轮胎和道路之间擦除水膜，而且它还可以犁削冰面。然而，当轮胎花纹上带有太多的刀槽时，轮胎在冰面上的摩擦系数有

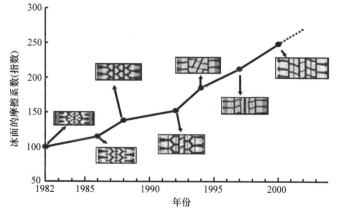

图 12.72 冰面的摩擦系数的提高[103]

可能降低，因为太多的刀槽导致花纹块容易发生大的弯曲变形降低了接触区内真实的接触面积。如果采用硬的胎面胶提高花纹块的刚度，抑制花纹块的弯曲变形，在冰面上的摩擦系数不会提

高,因为接触的真实面积减少,如 7.4.1 节所述。因此,新的刀槽技术出现,它所追求的是在不增加橡胶硬度的情况下,保持刀槽很多时的花纹块的真实接触面积不减少。

12.4.3 橡胶块在冰面上的摩擦系数

Mitsuhashi[108]研究了带有刀槽的花纹块在冰面上的摩擦系数,图 12.73 表明提高胎面花纹块的倾斜角度到 15°,可以使冰面摩擦系数提高。这是因为随着倾斜角的增加,真实的接触面积 S 所占的百分比下降,但是花纹块的犁削效应(边缘效应)随着倾斜角度的增加而增加。在倾斜角度为 15°时冰面摩擦系数接近最大,倾斜角度为 50°时摩擦系数最小。在倾斜角大于 50°时,小花纹块的侧面因为大的弯曲变形而接触冰面。

Tomoda 等[56]测量了橡胶的硬度带来的影响,以及接触压力对冰面摩擦系数的影响,如图 12.74 所示。冰面摩擦系数随着橡胶硬度的降低而增加,直到某个合适的值达到最大,如果硬度继续降低变得太软则会减少摩擦系数。这是因为橡胶样品的大的弯曲变形的存在导致真实的接触面积下降。冰面摩擦系数的峰值随着接触压力的提高而降低,随着接触压力的增加会移动到较高硬度橡胶的对应值。这是因为高接触压力会发生大的弯曲变形。

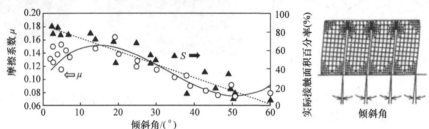

图 12.73 摩擦系数和实际的倾斜角和接触面积百分比
(经 Nippon Gomu Kyokai 授权,摘自文献 [108])

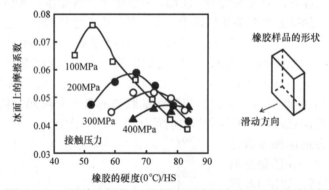

图 12.74 不同橡胶硬度和不同接触压力下在冰面上的摩擦系数
(经 Nippon Gomu Kyokai 授权,摘自文献 [56])

12.4.4 轮胎冰面摩擦系数的解析研究

Evans[114]通过考虑热流首先开发了冰面轮胎摩擦系数的解析模型。Oksanen 和 Keinonen[115]扩展了 Evans 的思想,假设摩擦力来自于轮胎和冰面之间的水层的黏性剪切力。Hayhoe 和 Shapley[116]更进一步拓展了 Oksanen 的思想,从干滑动和流体摩擦两个方面来计算摩擦力。Peng 等[117-118]在 Hayhoe 和 Shapley 的基础上进一步研究。Wiese 等[121]进一步将前述的热力学守恒定律扩展到了微观尺度,考虑了橡胶微凸体的大小和微观真实的接触面积。另外,由橡胶的粗糙表面导致的融化水的微观挤出现象也加以考虑。表 12.1 汇总比较了冰面摩擦系数不同的热力学模型。考虑的项目有:传导到轮胎和冰的热量(瞬态或稳态)、融化冰的热量、流体摩擦产生的热量、两个区域(干滑动区域和融化水区域)、流体压力分布、融化水的厚度、橡胶粗糙度导致的水的挤压。

表 12.1 冰面摩擦系数不同的热力学模型的比较

研究者	热条件			融化冰的热量	流体摩擦产生的热量	两个区域（干滑动和融化水）	流体压力分布	融化水的厚度	橡胶粗糙度导致的水的挤压
	轮胎		冰						
	瞬态	稳态	瞬态						
Evans 等人[114]		√		√					
Oksanen 和 Keinonen 模型[115]	√	√	√	√				√	
Hayhoe 和 Shapley[116]			√	√	√	√		√	
Peng[117]	√		√	√	√		√	√	√
Peng[118]	√		√	√	√			√	
Wiese[121]	√		√	√					√

1. Evans 模型

Evans[114]基于宏观热流的角度，开发了用于冰面轮胎摩擦系数的解析摩擦模型。假设轮胎在冰面上以滑动速度 V_s 进行滑动，单位时间内传导的热量与滑动速度无关。因此，对于每单位长度的轨道来说，热传导相反将与滑动速度 V_s 相关。每单位长度的轨迹上将界面传导给轮胎的热量 Q_r（单位为 J/单位长度）可以表示为

$$Q_r = Ak(T_m - T_0)/V_s \tag{12.101}$$

式中，T_m 是冰的融化温度；T_0 是轮胎的温度；A 是常数，取决于接触面积的大小（有长度单位）；k 是轮胎表面的热传导系数。

从接触界面到每单位长度的轨道传递的热量 Q_i（单位为 J/单位长度）可以用下式表示⊖：

$$Q_i = B(T_m - T_0)/V_s^{1/2} \tag{12.102}$$
$$B = 2k_i b\{l/(\pi\alpha_i)\}^{1/2}$$

式中，k_i 是冰的热传导率；α_i 是冰的热扩散系数；l 是接地长度；b 是接地宽度。利用式（12.101）和式（12.102），考虑到融化冰需要的热量，冰上的摩擦系数 μ 为

$$\mu = (Q_r + Q_i + Q_m)/F_z \equiv \mu_r + \mu_i + \mu_m \tag{12.103}$$

式中，F_z 是垂直载荷；Q_m 是融化单位长度的轨迹上的冰需要的热量；μ_r 与 $1/V_s$ 呈正比，而 μ_i 与 $1/\sqrt{V_s}$ 呈正比。随着 μ_m 的增加，μ 是下降的，如图 12.75a~b 所示。这是因为在较高的 μ_m 区域融化的水膜是比较厚的。随着胎面橡胶的热传导系数 k 的增加，轮胎的摩擦系数 μ 也在增加，因为这意味着从界面传递到轮胎的热量 Q_r 也在增加，如图 12.75c 所示。

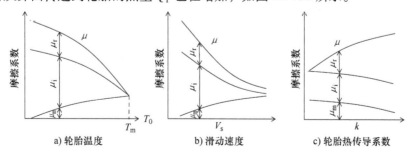

图 12.75 摩擦系数与轮胎温度、滑动速度和热传导系数的关系曲线[114]

⊖ 备注 12.6。

Giessler[120]通过纵向牵引实验,测量了冬季轮胎的表面温升。在此过程中轮胎最大的摩擦功率是3kW,轮胎表面温度的最大差别是6K,虽然这些数据是轮胎在雪路面上得到的,但在冰上也许可以得到相似的结果。

2. Hayhoe 和 Shapley 的模型

(1) 界面上的温度变化和热流 Hayhoe 和 Shapley[116]将接触区域划分成两个区域,也就是所谓的干滑动摩擦区域和融化水区域,开发了冰面上轮胎滑动的解析摩擦模型。在接触前端发生干滑动摩擦,一直到表面温度达到融化点这个区域内都属于干滑动摩擦,如图 12.76 所示。做了下面的一些假设:

1) 界面内的摩擦产生的热量没有传递给轮胎(橡胶的热传导率是冰的十分之一)。
2) 整个接触区域内法向压力分布是均匀的。
3) 接触区域内干滑动摩擦区的摩擦系数是常数。
4) 轮胎表面是光滑的。

界面上的温度变化是⊖:

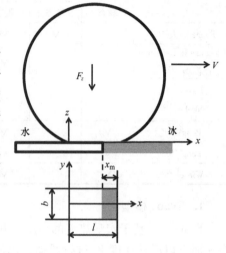

图 12.76 轮胎在冰面上滑动示意图

$$\Delta T = \frac{\dfrac{2\dot{Q}_s}{k_i}\left(\dfrac{\alpha_i t}{\pi}\right)^{\frac{1}{2}}}{\dfrac{k_t}{k_i}\left(\dfrac{\alpha_i}{\alpha_t}\right)^{\frac{1}{2}} + 1} \qquad (12.104)$$

式中,t 是加热时间;$\dot{Q}_s$ 是热通量;k_i 和 k_t 分别是冰的热传导率和胎面橡胶的热传导率;α_i 和 α_t 分别是冰的热扩散率和胎面橡胶的热扩散率。

如果界面内产生的所有热量都传递给了冰,将 $k_t = 0$ 代入式 (12.104),可以得到:

$$\Delta T = \frac{2\dot{Q}_s}{k_i}\left(\frac{\alpha_i t}{\pi}\right)^{\frac{1}{2}} \qquad (12.105)$$

式中,ΔT 是冰的温度和界面温度或者冰的融化温度之间的差值;$\dot{Q}_s$ 是来自滑动摩擦的热通量;k_i 是冰的热传导率;α_i 是冰的热扩散率。

如果轴速度 V 是常数,那么独立的变量就从时间转变为距离:

$$x = Vt \qquad (12.106)$$

式中,x 是到接地区前端的距离。

将式 (12.106) 代入到式 (12.105) 可以得到:

$$\Delta T = \frac{2\dot{Q}_s}{k_i}\left(\frac{\alpha_i}{\pi V}\right)^{\frac{1}{2}} x^{\frac{1}{2}} \qquad (12.107)$$

利用式 (12.107) 和 $\Delta T = T_b$,到接地前端的距离 x_m,在这里冰的温度达到开始融化的温度,可以表示为

$$x_m = \frac{\pi V}{\alpha_i}\left(\frac{k_i T_b}{2\dot{Q}_s}\right)^2 \qquad (12.108)$$

由滑动摩擦导致的单位面积的热通量 $\dot{Q}_s$ 为

⊖ 备注 12.7。

$$\dot{Q}_s = \mu_d p V_s \tag{12.109}$$

式中，μ_d 是在冰上的干滑动摩擦系数；p 是界面上的平均接触压力；V_s 是轮胎和冰之间的相对滑动速度。

在薄膜内由流体摩擦产生的每单位水平截面面积的热通量 $\dot{Q}_f$ 为

$$\dot{Q}_f = \eta V_s^2 / h \tag{12.110}$$

式中，η 是融化水的黏度；h 是水膜的厚度。

以给定速率能使冰融化的热量可以在体积单元内积分得到，这个体积单元的长度是 dx，厚度是 h，宽度是 b，如图 12.77 所示。在时间 dt 内水膜的厚度增加 dh，在时间 dt 内融化厚度为 dh 的水所需的热量为：

$$\dot{Q}_{melt} = \rho L b dh dx / dt \tag{12.111}$$

式中，ρ 是冰的密度；L 是冰的潜热。

单位宽度和单位长度的冰所需的热通量 $\dot{Q}_m$ 为

$$\dot{Q}_m = \dot{Q}_{melt}/(bdx) = \rho L dh/dt = \rho L V dh/dx \tag{12.112}$$

对于传递到冰的热量的第一次近似计算，这个现象采用半无限实体模型进行模拟，它有初始的体积温度 T_b 和表面温度

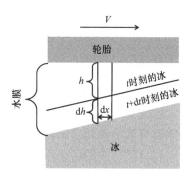

图 12.77 冰的表面融化区水膜深度的变化

0℃。传递到冰的表面热流的求解可以看作是到接地区域的距离的函数⊖：

$$\dot{Q}_c = k_i T_b \sqrt{V/(\pi \alpha_i x)} \tag{12.113}$$

（2）冰上流体区的摩擦系数　流体摩擦产生的热量必然等于传递给融化后的冰水的热量以及传递给冰的热量之和：

$$\dot{Q}_f - \dot{Q}_m - \dot{Q}_c = 0 \tag{12.114}$$

这里引入下面参数：

$$A = \frac{\eta V_s^2}{\rho L V} \tag{12.115}$$

$$B = \frac{k_1 T_b}{\rho L |\pi \alpha_1 V|^{\frac{1}{2}}}$$

式中，A 和 B 分别是摩擦热流与融化热流的比值和传导热流与融化热流的比值。

利用式（12.110）和式（12.112），式（12.113）和式（12.114）可以重新写为

$$dh/dx = A/h - B/x^{1/2} \tag{12.116}$$

式（12.116）的解析解为

$$h = B\left\{\left(\frac{2A}{B^2+1}\right)^{\frac{1}{2}} - 1\right\} x^{\frac{1}{2}} = Cx^{\frac{1}{2}}$$

$$C = B\left\{\left(\frac{2A}{B^2+1}\right)^{\frac{1}{2}} - 1\right\} \tag{12.117}$$

其中应用了边界条件 $x=0$ 处的 $h=0$。

（3）包含干滑动摩擦区和融化水区的轮胎在冰上的摩擦系数　在抱死车轮的接地区域内产生的总的摩擦力可以通过将干滑动摩擦区的摩擦贡献和融化水区的摩擦贡献相加得到。在滑动区内的摩擦力 F_s 可以写为

⊖ 备注 12.7。

$$F_s = \mu_d p b x_m \tag{12.118}$$

式中，p 是平均接触压力。

将式（12.108）和式（12.109）代入到式（12.118）得到：

$$F_s = \frac{\pi b V}{4\alpha_i \mu_d p}\left(\frac{k_i T_b}{V_s}\right)^2 \tag{12.119}$$

根据式（12.117），流体摩擦区的力 F_f 可以写为

$$F_f = b\int_0^{l-x_m}\frac{\eta V_s}{h}dx = b\eta V_s\int_0^{l-x_m}\frac{1}{Cx^{1/2}}dx = \frac{2b\eta V_s}{C}(1-x_m)^{\frac{1}{2}} \tag{12.120}$$

注意到 F_f 与法向压力无关。而且，注意到随着接地区横纵比（宽度/长度）的增加，F_f 也在增加。因为 x_m 的值不随横纵比的改变而改变，滑动摩擦力随着横纵比的增加而增加。

由式（12.116）描述的模型只有在高速滑动的条件下才能成立，因为这个模型假设冰面的整体温度就是融化点的温度。Hayhoe 和 Shapley[116] 因此推导得到了更为准确的传导模型，其中式（12.113）中的 $\dot{Q}_c$ 由下式表示⊖：

$$\dot{Q}_c(z) = k_i T_b\sqrt{\frac{V}{\pi\alpha_i(x-x_m)}} \tag{12.121}$$

这里 $z=x/x_m$。在融化区域（$x \gg x_m$）对于水膜厚度的微分方程可以重新写为

$$\frac{dh}{dx} = \frac{A}{h} - \frac{Q_c(z)}{\rho L V} \quad x \gg x_m \tag{12.122}$$

因为式（12.122）的一个解析解还没有被发现，因此这个方程的求解必须借助数字积分方法，例如采用龙格 - 库塔法，采用可变步长。

利用式（12.120）~式（12.122）来求解 h，得到的摩擦系数表达式为

$$\mu = (F_s + F_f)/F_z \tag{12.123}$$

式中，$F_z(=pbl)$ 是垂直载荷。

（4）轮胎在冰面上的摩擦系数的计算值和测量值比较　Hayhoe 和 Shapley[116] 比较了轮胎在冰面上摩擦系数的测量值和计算值。计算所需的水的参数有：$\eta = 1.787\times 10^{-3}\mathrm{Pa\cdot s}$；轮胎的参数有：$\alpha_t = 0.11\times 10^{-6}\mathrm{m^2/s}$，$k_t = 0.17\mathrm{W/(m\cdot K)}$，$l = 0.1\mathrm{m}$，$b = 0.14\mathrm{m}$，$F_z = 2.7\mathrm{kN}$；冰的参数有：$\alpha_i = 1.17\times 10^{-6}\mathrm{m^2/s}$，$k_i = 2.1\mathrm{W/(m\cdot K)}$，$\rho = 910\mathrm{kg/m^3}$，$L = 333\mathrm{J/kg}$。

对于水层厚度很小的情况，因为轮胎和冰之间的水层厚度足够小，流体的剪切应力超过了干滑动摩擦区的剪应力，因此，在仿真中，最大流体剪应力的上限就是干滑动摩擦区滑动的剪应力，其导致的热通量等于相同的比例。

图 12.78 给出了抱死拖滑的光面轮胎在冰面上滑动时的摩擦系数的测量值和计算值。干滑动摩擦区的滑动摩擦系数只在低滑动速度下有影响。图 12.79 显示了不同温度下抱死的光面轮胎在冰面上拖滑时的摩擦系数。随着整体温度的升高，摩擦系数下降。这个规律与在其他图中得到的规律相近，除了在温度接近零、速度接近零的区域以外。

表 12.2 给出了与图 12.79 相关的接地后端的

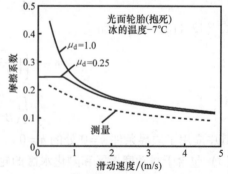

图 12.78　抱死拖滑轮胎在冰面上滑动时的摩擦系数的测量值和计算值

（经 SAE 授权，摘自文献 [116]）

⊖　备注 12.7。

干滑动摩擦区的长度和水膜厚度。随着冰的温度的降低,干滑动摩擦区移动到接地印痕的后端区域,水膜厚度降低。

表 12.2 与图 12.79 相关的接地后端干滑动摩擦区的长度和水膜厚度 ($V_s = 10\text{m/s}$,$l = 100\text{mm}$)

$T_b/℃$	接地后端干滑动摩擦区的长度 x_m/mm	接地后端水膜厚度 $h/\mu\text{m}$
-0.01	0	3.41
-4.0	2.04	2.27
-8.0	8.15	1.57
-12.0	18.31	1.1

3. Peng 的模型

(1) 冰面上的摩擦系数 Peng[117,118]应用雷诺方程⊖来分析图 12.76 中的接触区的流体区,假设融化水在 x 方向的流动是可以忽略的,可以得到:

$$\partial p_f / \partial x = 0 \qquad (12.124)$$

式中,p_f 是流体压力。将式(12.124)代入雷诺方程,横向排挤出的水流的流动方程为⊖

$$\frac{\partial^2 p_f}{\partial y^2} = \frac{12\eta}{\rho h^3} \frac{\partial}{\partial y}\left(\rho h \frac{V_1 + V_2}{2}\right) \equiv -\frac{12\eta}{\rho h^3}\dot{m} \qquad (12.125)$$

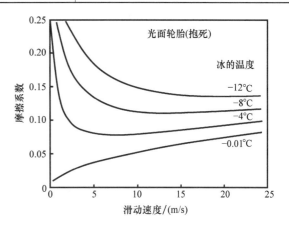

图 12.79 不同温度下抱死的轮胎在冰面上拖滑时的摩擦系数

(经 SAE 授权,摘自文献 [116])

式中,$\dot{m}$ 是单位面积、单位时间内泄流出的水的质量,这个泄流是真实的胎面花纹和道路纹理的挤压效应的结果;h 是水的厚度;ρ 是水的密度;η 是水的黏度;V_1 和 V_2 分别是在 y 方向上 $z=0$ 和 $z=h$ 处的水的速度。在边界条件 $p_f(b/2)=0$ 和 $\mathrm{d}p_f/\mathrm{d}y|_{y=0}=0$ 处,式(12.125)的解为

$$p_f = \frac{6\eta}{\rho h^3}\dot{m}\left(\frac{b^2}{4} - y^2\right) \qquad (12.126)$$

融化水的载荷能力对于一个矩形接地区域来说可以表示为

$$F_{zm} = \int_{\frac{b}{2}}^{\frac{b}{2}}\int_{x_m}^{l} p_f \mathrm{d}x\mathrm{d}y = \frac{\eta\dot{m}(1-x_m)b^3}{\rho h^3} \qquad (12.127)$$

假设流体区域的平均界面压力 F_{zm}/A_m,其中 $A_m = (l-x_m)b$ 是融化水的面积,与轮胎的平均接地压力相等,可以得到:

$$p = F_z/A = F_{zm}/A_m = \dot{m}b^2/(\rho h^3)\ (=p_f) \qquad (12.128)$$

式中,F_z 是轮胎总的垂直载荷;A 是接触区域的面积。

利用式(12.128),泄流的水的质量 $\dot{m}$ 为

$$\dot{m} = p\rho h^3/(\eta b^2) \qquad (12.129)$$

融化层的能量平衡可以表示为

$$\rho \mathrm{d}e/\mathrm{d}t = \mathrm{div}(k\nabla T) + \sigma_{ij}\partial v_i/\partial x_j \qquad (12.130)$$

⊖ 雷诺方程在备注 12.8 中进行了解释。

⊖ 备注 12.8。

式中，e 是单位体积的液体的内能；k 是水的热传导率；σ_{ij} 是应力张量的分量。

在能量传导是一维的并且垂直于截面的假设条件下，式（12.130）可以重写为

$$k\frac{\partial^2 T}{\partial z^2} + \eta\left(\frac{\partial v_x}{\partial z}\right)^2 = 0 \tag{12.131}$$

在边界条件 $T|_{z=h} = T_t$ 和 $T|_{z=0} = T_m$ 下，式（12.130）的解为

$$T - T_m = (T_t - T_m)\frac{z}{h} + \frac{\eta}{2k}\left(\frac{V_s}{h}\right)^2 (hz - z^2) \tag{12.132}$$

式中，T_t 和 T_m 分别是轮胎表面的温度和冰的融化温度。

在 $z=h$ 处单位面积水膜传出的热量为 Q_t，在 $z=0$ 处为 Q_i，在时间 $(l-x_m)/V$ 内由于温度梯度而传入的热量：

$$Q_t = \int\left(-k\frac{dT}{dz}\bigg|_{z=h}\right)dt = \left(k\frac{T_m - T_t}{h} + \frac{\eta V_s^2}{2h}\right)\frac{l-x_m}{V}$$

$$Q_i = \int\left(-k\frac{dT}{dz}\bigg|_{z=h}\right)dt = \left(-k\frac{T_m - T_t}{h} + \frac{\eta V_s^2}{2h}\right)\frac{l-x_m}{V} \tag{12.133}$$

利用式（12.121），在时间 $(l-x_m)/V$ 内，单位面积内从融化区域平均传递到轮胎表面的热量 Q'_t 和传递到冰面的热量 Q'_i 可以表示为①

$$Q'_t = \frac{1}{V}\int_{x_m}^{l}\dot{Q}_c dx = 2k_t(T_t - T_0)\left(\frac{l-x_m}{\pi\alpha_t V}\right)^{\frac{1}{2}}$$

$$Q'_i = \frac{1}{V}\int_{x_m}^{l}\dot{Q}_{c\_ice} dx = 2k_i(T_m - T_0)\left(\frac{l-x_m}{\pi\alpha_i V}\right)^{\frac{1}{2}} \tag{12.134}$$

式中，T_0 是冰的整体初始温度；下标 t 和 i 分别表示轮胎和冰。

融化冰所需的热量 Q'_L 可以写成：

$$Q'_L = \dot{m}L(l-x_m)/V \tag{12.135}$$

假设，

$$T_t - T_0 \approx T_m - T_0 \equiv T_b \tag{12.136}$$

能量平衡可以重新写成：

$$Q_t + Q_i = Q'_t + Q'_i + Q'_L \tag{12.137}$$

将式（12.133）~式（12.136）代入到式（12.137），可以得到：

$$\eta\frac{V_s^2}{h}\frac{l-x_m}{V} = \dot{m}L\frac{l-x_m}{V} + 2T_b(C_t + C_i)\left(\frac{l-x_m}{V}\right)^{\frac{1}{2}} \tag{12.138}$$

式中，

$$C_t = k_t/\sqrt{\pi\alpha_t}$$
$$C_i = k_i/\sqrt{\pi\alpha_i} \tag{12.139}$$

将式（12.129）代入到式（12.138），可以得到关于 h 的表达式：

$$C_1 - C_2 h - C_3 h^4 = 0 \tag{12.140}$$

式中，

$$C_1 = \eta V_s^2$$
$$C_2 = 2T_b(C_t + C_i)\sqrt{V/(l-x_m)} \tag{12.141}$$
$$C_3 = p\rho L/(\eta b^2)$$

---

① 备注 12.8。

将式（12.106）的关系式 $x = Vt$ 和式（12.136）的关系式 $\Delta T = T_b$ 代入式（12.104），可以确定相变位置 x_m 的表达式：

$$x_m = \frac{\pi V}{\alpha_i} \left(\frac{T_b}{2\dot{Q}_s} k_i \overline{C} \right)^2 \tag{12.142}$$

式中，

$$\dot{Q}_s = \mu_d p V_s \tag{12.143}$$
$$\overline{C} = C_t / C_i + 1$$

这里的 $\dot{Q}_s$ 是干滑动摩擦区的摩擦热量，μ_d 是干滑动摩擦区的摩擦系数。

在 $t = 0$ 到 $t = x_m / V$ 时间内，单位面积的干滑动摩擦区摩擦产生的热量 Q_d 可以表示为

$$Q_d = \dot{Q}_s x_m / V = \mu_d p V_s x_m / V \tag{12.144}$$

在 $t = 0$ 到 $t = l/V$ 时间内，单位接触面积内产生的摩擦热量 Q_m 可以由下式给出：

$$Q_m = \mu_m p V_s l / V \tag{12.145}$$

式中，μ_m 是接触区域内平均摩擦系数。

如果 p 和 l 已经给定，则 h 的值可以用式（12.140）得到。

假设在接触区域内融化水处于热平衡状态，用于融化冰的热量可以忽略，热能平衡状态可以用式（12.134）（它使融化区和轮胎表面之间的热处于平衡状态）和式（12.144）（干滑动摩擦区的摩擦能量）表示。

$$(Q_t' + Q_i') A_m + Q_d (A - A_m) = Q_m A \tag{12.146}$$

式中，A 是矩形接地面积；A_m 是融化区的矩形接地面积。这两个面积可以用下式计算：

$$A = bl \tag{12.147}$$
$$A_m = b(l - x_m)$$

从上面的方程可以得到：

$$\mu_m = \frac{2T_b(C_i + C_t)}{pV_s} \left(\frac{l - x_m}{l} \right)^{\frac{3}{2}} \left(\frac{V}{l} \right)^{\frac{1}{2}} + \mu_d \left(\frac{x_m}{l} \right)^2 \tag{12.148}$$

式中，x_m 由式（12.142）给出。

（2）仿真结果和测量结果之间的比较　Peng[118] 将仿真结果和测量结果进行了比较。图 12.80 和图 12.81 对比了采用 Hayhoe 和 Shapley 模型即式（12.123）的结果、采用 Peng 模型即式（12.148）的计算结果以及实测结果。图 12.80 给出了抱死拖滑的摩擦系数，图 12.81 给出了接地压力对橡胶块在冰上的摩擦系数的影响。计算需要的参数与图 12.78 和图 12.79 所用的参数相同，除了在较低的滑动速度有所差别外，其他滑动速度下计算结果与实测值在定性上是比较吻合的。Peng 的结果比 Hayhoe 和 Shapley 的结果更好，部分原因可能是在做研究的速度范围内，摩擦热能不足以融化冰，并且在界面内准水层起到主导作用。

4. Oksanen 模型

Oksanen[115] 也提出了一种轮胎在冰面上的摩擦模型，类似于前面所讨论的 Evans 的模型。其中轮胎和冰之间的摩擦能等于从冰传导到轮胎的热能和冰的潜热。轮胎在冰上的摩擦系数可以表示为⊖

$$\mu = \frac{1}{2} \frac{b}{F_z} \left(\frac{l}{2V_s} \right)^{\frac{1}{2}} \hat{C} + \left\{ \left(\frac{b^2 l}{4 F_z^2 2 V_s} \right) \hat{C}^2 + \frac{\eta V_s A L \rho_i b}{F_z^2} \right\}^{\frac{1}{2}}$$

⊖ 备注 12.9。

$$\hat{C} = \Delta T_i (k_i c_i \rho_i)^{\frac{1}{2}} + \Delta T_t (k_t c_t \rho_t)^{\frac{1}{2}} \tag{12.149}$$

式中，$A(=bl)$ 是真实的接触面积；l 是沿滑动方向的真实接触区域的长度；b 是与滑动方向垂直的真实接触区域的宽度；V_s 是滑动速度；F_z 是载荷；k_i、c_i 和 ρ_i 分别是冰的热传导率、比热容和密度；ΔT_i 是接触面和冰的温差；L 是冰的潜热；k_t、c_t 和 ρ_t 分别是轮胎的热传导率、比热容和密度；ΔT_t 是接触面和轮胎之间的温差；η 是水的黏度；ρ 是水的密度。

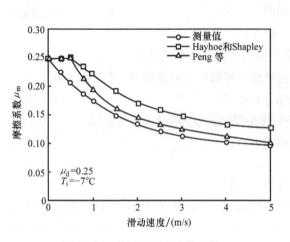

图 12.80 抱死拖滑的摩擦系数
（经 SAE 授权，摘自文献 [118]）

图 12.81 接地压力对橡胶块在冰面上的摩擦系数的影响
（经 SAE 授权，摘自文献 [118]）

Nihei 和 Shimizu[119] 比较了利用式（12.149）计算得到的轮胎的摩擦系数和采用室内转鼓试验机测量得到的摩擦系数，如图 12.82 所示。在计算中，他们假设接触面的长度 l 和宽度 b 等于光面轮胎（175/70SR13）的矩形接地面的长度（0.13m）和宽度（0.11m），然而 Oksanen 等假设接触面的 l 和 b 是小的。而且，他们假设轮胎和冰的温度是 0℃，这就意味着在轮胎和冰之间没有温度传递。

Nihei 和 Shimizu[119] 使用了两类冰，A 冰采用柱状晶体（用于制冰的水的温度是 5℃），B 冰也采用柱状晶体（用于制冰的水的温度是 9℃），但 B 冰的晶体种子比 A 冰大。冰的材料参数采用纯冰的参数。计算结果与测量结果吻合较好，但在低速滑行时，温度低于 -5℃，测量结果比计算结果大，测量结果有峰值，A 冰的峰值与 B 冰的峰值不同。

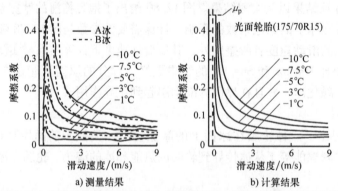

a) 测量结果　　　　　　　　　b) 计算结果

图 12.82 抱死状态的轮胎在冰上的摩擦系数（测量结果和计算结果）
（经 JSAE 授权，摘自文献 [119]）

5. 刷子模型和 Oksanen 模型的混合

Nihei 和 Shimizu[119] 针对光面轮胎在冰上的摩擦系数，提出了采用式（12.149）的解析模型和刷子模型的混合模型，参考式（12.13），假设接触压力可以用 $n=4$ 的式（11.72）所代表的广义抛物线函数来近似，制动力 F_x 表示为

$$F_x = C_x sb \int_0^{l_h} x\mathrm{d}x + \int_{l_h}^{l} \frac{5}{4} \frac{2^4 F_z \mu_d}{l^5} \left\{ \left(\frac{l}{2}\right)^4 - \left(x - \frac{l}{2}\right)^4 \right\} \mathrm{d}x \tag{12.150}$$

式中，C_x 是单位面积的纵向胎冠弹簧常数；s 是滑移率；x 是纵向坐标，其原点在接地前端；μ_d 是滑动摩擦系数；l_h 是起滑点，由下式决定：

$$C_x sb l_h = \frac{5}{4} \frac{2^4 F_z \mu_d}{l^5} \left\{ \left(\frac{l}{2}\right)^4 - \left(l_h - \frac{l}{2}\right)^4 \right\} \tag{12.151}$$

滑动摩擦系数 μ_d 表示为

$$\mu_d = \mu + (\mu_p - \mu) e^{\varepsilon(l_h - x)} \tag{12.152}$$

式中，μ 由式（12.149）给出，μ_p 是由实验测量值决定的最大摩擦系数，如图12.82a所示。而且，在滑动速度低于 μ_p 对应的速度时，μ_d 假设等于最大摩擦系数 μ_p。ε 由下式给出：

$$\varepsilon = \tau \overline{V}_s \tag{12.153}$$
$$\overline{V}_s = sVl/(l - l_h)$$

式中，$\overline{V}_s$ 是滑动区的平均滑动速度；V 是车辆的线速度；τ 是常数，它与从 μ_p 转换到 μ 的松弛时间有关。如果 τ 值较大，则转变会快速发生。

图12.83比较了根据式（12.149）计算得到的轮胎的摩擦系数 $\frac{F_x}{F_z}$ 和测量结果。转鼓的速度是 20km/h，轮胎的速度从 20km/h 以 4km/h/s 的减速度下降到 0km/h。单位面积的胎冠弹簧常数 C_x 为 $2 \times 10^7 \mathrm{kN/m^3}$，$\mu_p$ 和 τ 通过实验测量结果进行曲线拟合得到，实验时的温度是 -5℃，如图12.83所示。图12.83显示，计算结果与 -1℃ 和 -3℃ 时的实验测量结果吻合较好。此时，摩擦能对冰的融化有强烈的影响。同时，计算结果与小于 -3℃ 时的测量结果稍微有点误差。如果轮胎在冰上的摩擦系数 μ 可以用式（12.149）建模，并且 τ 的值可以适当确定，则轮胎在冰上的制动力可以用刷子模型描述。

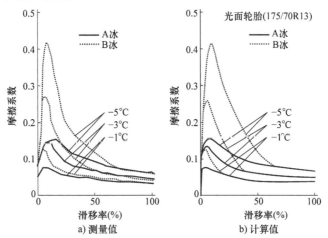

图12.83 摩擦系数和滑移率的关系（测量值和计算值）

12.4.5 轮胎在冰上的制动力和驱动力解析模型

1. 在冰上自由滚动轮胎的纵向剪切力

Sakai[19]定义的制动和驱动条件下的滑移率为

$$s_B = (V_R - V_B)/V_R \quad s_B \geqslant 0 \quad (制动)$$
$$s_D = (V_R - V_B)/V_B \quad s_D < 0 \quad (驱动) \tag{12.154}$$

式中，V_B 是胎冠基部的速度；V_R 是车辆的速度（如果是采用转鼓测试，则是转鼓面的速度）。

注意，根据图 12.1，如果是制动状态，则采用胎面橡胶的位置 x，如果是驱动状态，则使用胎冠基部的位置 x'。采用接触区域的前端作为原点，位移 x 等于 $V_R \Delta t$，而位移 x' 等于 $V_B \Delta t$。Δt 在制动工况下是胎冠橡胶移动距离 x 所需的时间，而在驱动状态下是胎冠基部移动距离 x' 所需的时间。胎冠基部和道路之间的相对位移由下式给出：

$$x - x' = (V_R - V_B)\Delta t = s_B x \quad (制动)$$
$$x - x' = (V_R - V_B)\Delta t = s_D x' \quad (驱动) \tag{12.155}$$

制动状态的纵向力 f_{x_B} 和驱动状态的纵向力 f_{x_D} 由下式给出。

$$f_{x\_B} = C_x(x - x') = C_x s_B x$$
$$f_{x\_D} = C_x(x - x') = C_x s_D x' \tag{12.156}$$

式中，C_x 是胎冠在纵向上每单位面积的剪切弹簧刚度。

Yamazaki[113] 开发了轮胎在冰面上制动和驱动时的牵引力模型。因为冰面上的纵向力很小，那么在开发冰面上的牵引力模型时必须考虑自由滚动轮胎在接地区域的剪切力分布。图 12.84 给出了干燥路面上自由滚动轮胎的剪切力的测量值。在接地前端附近的接触区作用有沿运动方向的力（驱动力），在接地后端附近的接地区域内作用有与前进方向相反的力（制动力）。因为干燥路面上的摩擦系数高，滑移发生在接地前端和后端附近。

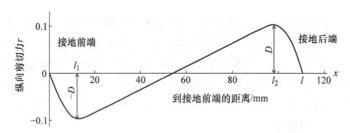

图 12.84 干燥路面上自由滚动轮胎的剪切力的测量值
（经 Nippon Gomu Kyokai 授权，摘自参考文献 [113]）

图 12.85 给出了在冰面上自由滚动轮胎的剪切力分布模型。如果在冰面上自由滚动轮胎剪切力分布与在干路面上有高摩擦系数的自由滚动轮胎的剪切力分布相同，那么在有大剪切力的区域将发生滑移，如图 12.85 所示。因此，在接地区域，黏着区和滑移区将发生混合，在冰面上，自由滚动轮胎的剪切力分布可以表示为

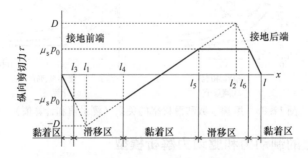

图 12.85 在冰面上自由滚动轮胎的剪切力分布模型

$$\tau = -\frac{D}{l_1}x \quad 0 \leq x \leq l_3$$

$$\tau = -\mu_s p_0 \quad l_3 \leq x < l_4$$

$$\tau = \frac{2D}{l_2 - l_1}x - \frac{Dl}{l_2 - l_1} \quad l_4 \leq x < l_5 \quad (12.157)$$

$$\tau = \mu_s p_0 \quad l_5 \leq x < l_6$$

$$\tau = -\frac{D}{l_1}x + \frac{Dl}{l_1} \quad l_6 \leq x < l$$

式中，l_1 和 l_2 是如图 12.84 所示的在干路面上纵向剪切力的峰值的位置；D 是干燥路面上的最大剪切力；μ_s 是静摩擦系数；p_0 是接触压力，假设接触压力在周向上是均匀的。

干燥路面上的接触压力分布随着驱动力和制动力的变化而变化，然而在冰面上接触压力的分布不会随着驱动力和制动力的变化而发生大的变化。l_1、l_2 和 D 的值可以通过测量干路面上剪切力来得到。$l_3 \sim l_6$ 可以通过下式给出：

$$l_3 = \frac{\mu_s p_0 l_1}{D}$$

$$l_4 = \frac{l}{2} - \frac{\mu_s p_0 (l_2 - l_1)}{2D} \quad (12.158)$$

$$l_5 = \frac{l}{2} + \frac{\mu_s p_0 (l_2 - l_1)}{2D}$$

$$l_6 = l - l_3$$

式中，l_2 假设符合下式：

$$l_2 = l - l_1 \quad (12.159)$$

注意，在式（12.158）的第四个公式的推导中应用到了式（12.159）。

2. 冰面上轮胎制动力

冰面上轮胎的制动力包括式（12.156）中的代表制动状态的纵向力 f_{x_B} 和式（12.157）所代表的自由滚动状态的剪切力 τ。图 12.86 ~ 图 12.89 给出了纵向剪应力分布，它们不但取决于滑移率 s_B，而且还取决于 l_1、l_2、D、μ_s、μ_d 和 C_x。当滑移率 s_B 比较小的时候，黏着区位于 $0 \sim \xi_3$ 和 $\xi_5 \sim l$，而滑移区位于 $\xi_3 \sim \xi_5$，如图 12.86 所示。

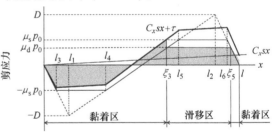

图 12.86 纵向剪应力分布（$0 \leq s_B < s_1$）

在 $\xi_5 \sim l$ 这个区域内，单位面积的剪切力 f_x 可以表示为

$$f_x(x) = C_x s_B (x - \xi_5) + \tau = \left(C_x s_B - \frac{D}{l_1}\right)x + \frac{Dl}{l_1} - C_x s_B \xi_5 \quad \xi_5 \leq x < l \quad (12.160)$$

考虑到关系 $f_x(\xi_5) = \mu_d p_0$，ξ_5 可以表示为

$$\xi_5 = l - \frac{l_1 u_d p_0}{D} \quad (12.161)$$

其中的动摩擦系数 μ_d 假设可以表示为

$$\mu_d = \mu_s - (\mu_s - \mu_0)s_B \quad \text{制动工况} \tag{12.162}$$
$$\mu_d = \mu_s + (\mu_s - \mu_0)s_D \quad \text{驱动工况}$$

式中，μ_s 是静摩擦系数；μ_0 是滑移率 $s_B = 1$ 或者 $s_A = -1$ 时的动摩擦系数。

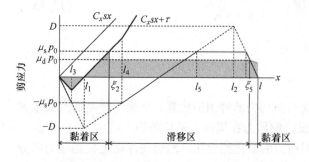

图 12.87 纵向剪应力分布（$s_1 \leqslant s_B < s_2$） 　　图 12.88 纵向剪应力分布（$s_2 \leqslant s_B < s_3$）

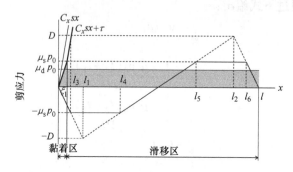

图 12.89 纵向剪应力分布（$s_3 \leqslant s_B$）

在区域 $l_4 \sim \xi_3$ 范围内，单位面积的剪切力 f_x 可以表示为

$$f_x(x) = C_x s_B x + \tau = C_x s_B x + \frac{2D}{l_2 - l_1}x - \frac{Dl}{l_2 - l_1} \quad l_4 \leqslant x < \xi_3 \tag{12.163}$$

利用关系 $f_x(\xi_3) = \mu_s p_0$，ξ_3 可以表示为

$$\xi_3 = \frac{\mu_s p_0 + \dfrac{Dl}{l_2 - l_1}}{C_x s_B + \dfrac{2D}{l_2 - l_1}} \tag{12.164}$$

当图 12.86 中的滑移率增加时，滑移区出现在 $l_3 \sim \xi_2$ 的范围内，如图 12.87 所示。这个区域内的剪切力 f_x 可以表示为

$$f_x(x) = C_x s_B x + \tau = C_x s_B x - \mu_s p_0 \quad l_3 \leqslant x < \xi_2 \tag{12.165}$$

利用关系式 $f_x(\xi_2) = \mu_s p_0$，ξ_2 可以表示为

$$\xi_2 = 2\mu_s p_0 / (C_x s_B) \tag{12.166}$$

利用关系式 $f_x(l_4) = \mu_s p_0$，当滑移区开始出现在 $l_3 \sim l_4$ 的区间内时，此时的临界滑移率 s_1 可以表示为

$$s_1 = \frac{4\mu_s p_0}{C_x \left\{ l \dfrac{\mu_s p_0 (l_2 - l_1)}{D} \right\}} \tag{12.167}$$

如果滑移率进一步增加，那么滑移区出现在 $\xi_5 \sim l$ 的区域内。利用关系 $f_x(l) = \mu_d p_0$ 和式（12.160）和式（12.161），此时的临界滑移率 s_2 表示为

$$s_2 = D/(C_x l_1) \tag{12.168}$$

如果滑移率进一步增加，滑移区出现在 $0 \sim \xi_3$ 的区域内，该区域的剪切力 f_x 可以表示为

$$f_x(x) = C_x s_B x + \tau = C_x s_B x - \frac{D}{l_1}x \quad 0 \leq x < \xi_1 \tag{12.169}$$

利用关系式 $f_x(\xi_1) = \mu_s p_0$，ξ_1 可以表示为

$$\xi_1 = \mu_s p_0 / \left(C_x s_B + \frac{D}{l_1} \right) \tag{12.170}$$

利用关系 $f_x(l_3) = \mu_s p_0$，当滑移区开始出现在如图 12.89 所示的 $0 \sim l_3$ 的区间内时，此时的临界滑移率 s_3 可以表示为

$$s_3 = 2D/(C_x l_1) \tag{12.171}$$

轮胎在冰面上的纵向力 F_x 可以表示为

1) $0 \leq s_B < s_1$ 的范围内：

$$\begin{aligned} F_x = b\int_0^l (f_x + \tau)\mathrm{d}x &= b\int_0^{l_3} C_x s_B x \mathrm{d}x - b\int_0^{l_3} \frac{D}{l}x \mathrm{d}x + b\int_{l_3}^{l_4} C_x s_B x \mathrm{d}x - \\ & b\int_{l_3}^{l_4} \mu_s p_0 \mathrm{d}x + b\int_{l_4}^{\xi_3} C_x s_B x \mathrm{d}x + b\int_{l_4}^{\xi_3} \left(\frac{2D}{l_2 - l_1}x - \frac{Dl}{l_2 - l_1} \right)\mathrm{d}x + \\ & b\int_{\xi_3}^{\xi_5} \mu_d p_0 \mathrm{d}x + b\int_{\xi_5}^l C_x s_B (x - \xi_5)\mathrm{d}x + b\int_{\xi_5}^l \left(-\frac{D}{l_1}x + \frac{Dl}{l_1} \right)\mathrm{d}x \end{aligned} \tag{12.172}$$

2) 在 $s_1 \leq s_B < s_2$ 的范围内：

$$\begin{aligned} F_x = & b\int_0^{l_3} C_x s_B x \mathrm{d}x - b\int_0^{l_3} \frac{D}{l_1}x \mathrm{d}x + b\int_{l_3}^{\xi_2} C_x s_B x \mathrm{d}x - b\int_{l_3}^{\xi_2} \mu_s p_0 \mathrm{d}x + \\ & b\int_{\xi_2}^{\xi_5} \mu_d p_0 \mathrm{d}x + b\int_{\xi_5}^l C_x s_B (x - \xi_5)\mathrm{d}x + b\int_{\xi_5}^l \left(-\frac{D}{l_1}x + \frac{Dl}{l_1} \right)\mathrm{d}x \end{aligned} \tag{12.173}$$

3) 在 $s_2 \leq s_B < s_3$ 的范围内：

$$\begin{aligned} F_x = & b\int_0^{l_3} C_x s_B x \mathrm{d}x - b\int_0^{l_3} \frac{D}{l_1}x \mathrm{d}x + b\int_{l_3}^{\xi_2} C_x s_B x \mathrm{d}x - \\ & b\int_{l_3}^{\xi_2} \mu_s p_0 \mathrm{d}x + b\int_{\zeta_2}^l \mu_d p_0 \mathrm{d}x \end{aligned} \tag{12.174}$$

4) 在 $s_3 \leq s_B$ 的情况下：

$$F_x = b\int_0^{\xi_1} C_x s_B x \mathrm{d}x - b\int_0^{\xi_1} \frac{D}{l_1}x \mathrm{d}x + b\int_{\xi_1}^l u_d p_0 \mathrm{d}x \tag{12.175}$$

这里 b 是接触宽度，注意 F_x 的方程依赖于 l_1、l_2、D、μ_s、μ_d 和 C_x。

3. 轮胎在冰面上的驱动力

当滑移率 s_D 小的时候，黏着区位于 $0 \sim \xi_1$ 和 $\xi_3 \sim l$，而滑移区位于 $\xi_1 \sim \xi_3$，如图 12.90 所示。在 $0 \sim \xi_1$ 的范围内，单位面积的剪切力 f_x 可以表示为

$$f_x(x') = C_x s_D x' + \tau = \left(C_x s_D - \frac{D}{l_1} \right)x' \quad 0 \leq x' < \xi_1 \tag{12.176}$$

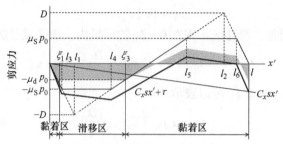

图 12.90 纵向剪应力分布（$0 \leq |s_D| < |s_1|$）

利用关系式 $f_x(\xi_1) = -\mu_s p_0$，ξ_1 可以表示为

$$\xi_1 = -\mu_s p_0 \Big/ \Big(C_x s_D - \frac{D}{l_1} \Big) \tag{12.177}$$

$\xi_3 \sim l_5$ 区域内轮胎单位面积的剪切力 f_x 可以表示为

$$f_x(x') = C_x s_D(x' - \xi_3) + \tau = \Big(C_x s_D + \frac{2D}{l_2 - l_1} \Big) x' - C_x s_D \xi_3 - \frac{Dl}{l_2 - l_1} \quad \xi_3 \leq x' < l_5 \tag{12.178}$$

利用关系式 $f_x(\xi_3) = -\mu_d p_0$，ξ_3 可以表示为

$$\xi_3 = \frac{l}{2} - \frac{\mu_d p_0 (l_2 - l_1)}{2D} \tag{12.179}$$

在 $l_6 \sim l$ 的区域内每单位面积的剪切力 f_x 可以表示为

$$f_x(x') = C_x s_D(x' - \xi_3) + \tau = \Big(C_x s_D - \frac{D}{l_1} \Big) x' - C_x s_D \xi_3 + \frac{Dl}{l_1} \quad l_6 \leq x' < l \tag{12.180}$$

当滑移率提高的时候，滑移区出现在如图 12.91 所示的 $l_6 \sim l$ 的区域内，利用关系式 $f_x(\xi_5) = -\mu_s p_0$，ξ_3 可以表示为

$$\xi_5 = -\frac{-\mu_s p_0 + C_x s_D \xi_3 - \frac{Dl}{l_1}}{C_x s_D - \frac{D}{l_1}} \tag{12.181}$$

如图 12.91 所示，考虑到 $f_x(l) = -\mu_s p_0$，利用式（12.180），当滑移区开始出现在区域 $l_6 \sim l$ 的时候，临界滑移率 s_1 可以利用下面的公式表示：

$$s_1 = -\frac{\mu_s p_0}{C_x \Big\{ \frac{1}{2} + \frac{\mu_d p_0 (l_2 - l_1)}{2D} \Big\}} \tag{12.182}$$

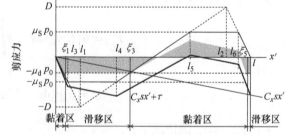

图 12.91 纵向剪应力分布（$|s_1| \leq |s_D| < |s_2|$）

当滑移率增加的时候，滑移区开始出现在如图 12.92 中的 $l_5 \sim l_6$ 区域。$l_4 \sim l_5$ 区域的每单位面积的剪切力 f_x 可以表示为

$$f_x(x') = C_x s_D(x' - \xi_3) + \tau = C_x s_D x' + \mu_s p_0 - C_x s_D \xi_3 \quad l_5 \leq x' < \xi_4 \tag{12.183}$$

利用关系式 $f_x(\xi_4) = -\mu_s p_0$，ξ_4 可以表示为

$$\xi_4 = -\frac{2\mu_s p_0}{C_x s_D} + \xi_3 = -\frac{2\mu_s p_0}{C_x s_D} + \frac{-\mu_d p_0 + \frac{Dl}{l_2 - l_1}}{\frac{2D}{l_2 - l_1}} \tag{12.184}$$

利用关系 $f_x(l_6) = -\mu_s p_0$,滑移区开始出现在 $l_5 \sim l_6$ 这个区域时,临界滑移率 s_2 可以表示为

$$s_2 = -\frac{4\mu_s p_0}{C_x\left\{l - 2l_1 + \dfrac{\mu_s p_0(l_2 - l_1)}{D}\right\}} \tag{12.185}$$

当滑移率进一步提高时,$l_4 \sim l$ 的黏着区消失了,如图 12.93 所示。$0 \sim \xi_1$ 的区域内剪切力 f_x 可以用式 (12.176) 表示。利用式 (12.158) 和式 (12.178) 以及关系式 $f_x(l_5) = -\mu_d p_0$,当 $l_4 \sim l$ 的黏着区消失的时候,此时对应的临界滑移率 s_3 可以用下式表示:

$$s_3 = -\frac{2D}{C_x(l_2 - l_1)} \tag{12.186}$$

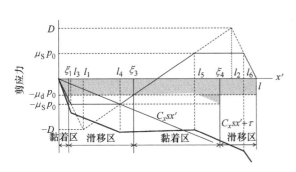

图 12.92 纵向剪应力分布($|s_2| \leq |s_D| < |s_3|$)

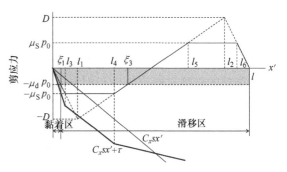

图 12.93 纵向剪应力分布($|s_3| \leq |s_D|$)

当满足 $|s_1| < |s_2| < |s_3|$ 的关系时,纵向力 F_x 有如下几种情况:

1) 在 $0 \leq |s_D| \leq |s_1|$ 的情况下:

$$\begin{aligned}F_x =\ & b\int_0^{\xi_1} C_x s_D x' dx' - b\int_0^{\xi_1} \frac{D}{l_1} x' dx' - b\int_{\xi_1}^{\xi_3} u_d p_0 dx' + b\int_{\xi_3}^{l_5} C_x s_D(x' - \xi_3) dx' + \\ & b\int_{\xi_3}^{l_5}\left(\frac{2D}{l_2 - l_1} x' - \frac{Dl}{l_2 - l_1}\right) dx' + b\int_{l_5}^{l_6} C_x s_D(x' - \xi_3) dx' + b\int_{l_5}^{l_6} \mu_s p_0 dx' + \\ & b\int_{l_6}^{l} C_x s_D(x' - \xi_3) dx' + b\int_{l_6}^{l}\left(-\frac{D}{l_1} x' + \frac{Dl}{l_1}\right) dx'\end{aligned} \tag{12.187}$$

2) 在 $|s_1| \leq |s_D| \leq |s_2|$ 的情况下:

$$\begin{aligned}F_x =\ & b\int_0^{\xi_1} C_x s_D x' dx' - b\int_0^{\xi_1} \frac{D}{l_1} x' dx' - b\int_{\xi_1}^{\xi_3} \mu_d p_0 dx' + b\int_{\xi_3}^{l_5} C_x s_D(x' - \xi_3) dx' + \\ & b\int_{\xi_3}^{l_5}\left(\frac{2D}{l_2 - l_1} x' - \frac{Dl}{l_2 - l_1}\right) dx' + b\int_{l_5}^{l_6} C_x s_D(x' - \xi_3) dx' + b\int_{l_5}^{l_6} \mu_s p_0 dx' + \\ & b\int_{l_6}^{l} C_x s_D(x' - \xi_3) dx' + b\int_{l_6}^{l}\left(-\frac{D}{l_1} x' + \frac{Dl}{l_1}\right) dx'\end{aligned} \tag{12.188}$$

3) 在 $|s_2| \leq |s_D| \leq s_3|$ 的情况下:

$$F_x = b\int_0^{\xi_1} C_x s_D x' dx' - b\int_0^{\xi_1} \frac{D}{l_1} x' dx' - b\int_{\xi_1}^{\xi_3} \mu_s p_0 dx' + b\int_{\xi_3}^{l_5} C_x s_D (x' - \xi_3) dx' +$$
$$b\int_{\xi_3}^{l_5} \left(\frac{2D}{l_2 - l_1} x' - \frac{Dl}{l_2 - l_1}\right) dx' + b\int_{l_5}^{\xi_4} C_x s_D (x' - \xi_3) dx' + \quad (12.189)$$
$$b\int_{l_5}^{\xi_4} \mu_s p_0 dx' - b\int_{\xi_4}^{l} \mu_d p_0 dx'$$

4) 在 $|s_3| \leqslant |s_D|$ 的情况下:

$$F_x = b\int_0^{\xi_1} C_x s_D x' dx' - b\int_0^{\xi_1} \frac{D}{l_1} x' dx' - b\int_{\xi_1}^{l} \mu_d p_0 dx' \quad (12.190)$$

4. 实验测量结果和计算结果的对比

测试的轮胎规格是 185/70R14, 它有 5 条直的纵沟, 气压为 200kPa, 速度为 30km/h, 计算中用到的其他参数有 $l = 129$mm, $F_z = 3.5$kN, $C_x = 0.248$MPa/mm, $b = 100$mm, $p_0 = 271$kPa, $\mu_s = 0.11$, $\mu_0 = 0.05$, $l_1 = 15$mm。制动状态的临界滑移率为 $s_1 = 6.0 \times 10^{-3}$, $s_2 = 2.7 \times 10^{-2}$, $s_3 = 5.4 \times 10^{-2}$。驱动状态的临界滑移率为 $s_1 = -1.7 \times 10^{-3}$, $s_2 = -4.3 \times 10^{-3}$, $s_3 = -8.2 \times 10^{-3}$, 如图 12.94 所示,计算结果与测量结果相比吻合程度较好。在大的滑移率的时候,轮胎的纵向力线性地增加和减少。轮胎纵向剪应力的最大值在更大的滑移率下随着滑移率的增加而减小,因为滑动摩擦系数随着滑移率的增加而降低。驱动力的最大值大于制动力的最大值。将图 12.86 中的剪应力分布与图 12.90 中的剪应力分布进行对比,显示出接地后端的制动剪应力在驱动状态中大大地减小了。

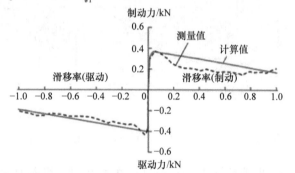

图 12.94 纵向力与滑移率的关系以及测量值和计算值的比较(测量值摘自文献[107])

(经 Nipoon Gomu Kyohai 授权, 摘自文献[113])

12.4.6 带有三维钢片的大变形橡胶块有限元仿真

Katayama[103]首先在带有多个三维钢片的大变形橡胶块的仿真中采用了瞬态有限元分析仿真技术,这部分内容在第 7 章的 7.6 节中有过讨论。他们开发了三维钢片技术,可以抑制弯曲变形,实验结果表明,对于抱死滑移的轮胎来说,带有三维钢片的轮胎制动距离比带有直钢片的轮胎缩短了 5%,注意,三维钢片的开发正是通过观察钢片之间的界面行为而引起的,这些不可能在室内的实验装置中从冰面下观察到。

12.5 轮胎在冰面和雪面上牵引性能的逻辑树

图 12.95 给出了轮胎在冰面和雪面上牵引性能的逻辑树,在逻辑树中描述了各种牵引机理以及提高轮胎花纹性能的设计方法。轮胎在冰面和雪面上的牵引性能的机理有:水的排出、水的擦除、摩擦和边缘效应。摩擦力包括流体动力学、黏着和滞后力。轮胎在雪面上的牵引机理还有附加机理,即空隙内雪的剪应力,然而其水的排出机理和水的擦除机理可以忽略。这个逻辑树中提供了各种设计方法用来提高轮胎在冰面和雪面上的性能。

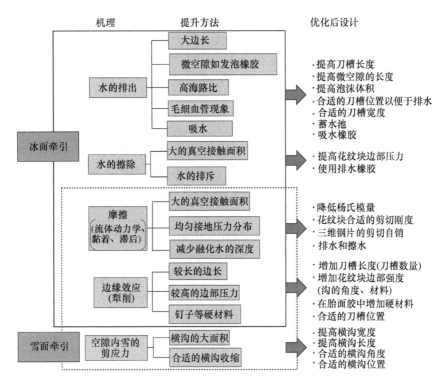

图 12.95 轮胎在冰面和雪面上牵引性能的逻辑树

12.6 轮胎在土壤道路上的牵引性能

12.6.1 轮胎在土壤道路上的牵引性能研究

建筑机械用的轮胎，矿用货车轮胎和农用车轮胎是在松软的土地上工作的，这类轮胎的研究是在地面力学领域中进行的，地面力学聚焦于特种车辆和特殊道路条件。关于轮胎/土壤的相互作用问题的典型研究是农业轮胎的牵引力。轮胎在松软可变形土壤上的牵引力研究方法可以分成基于实验方法的直接评价法、经验法、半经验法和数字仿真方法。

对于直接评价法来说，许多研究者开发了室内单轮胎测试试验机（简称单胎试验机）[124-125]，用它来评价轮胎牵引性能和滑移率之间的关系以及与所施加的载荷之间的关系，因为采用室内测试方法可以控制土壤条件。然而，将单胎试验机的结果与实际尺寸的农业轮胎的结果进行关联是困难的。许多轮胎设计者想知道轮胎下面的土壤的变形运动情况，它与横沟花纹的几何设计有很大的关系，也与轮胎牵引性能有很大的关系。因而，一些研究者曾使用很小的设备作为追踪器来测量他们的位置，以定量研究土壤运动[126-129]。

就半经验法来说[130-149]，Bekker 首先利用压力沉降方程预测了运动阻力。根据剪切盒实验的结果得到了剪切应力和滑移位移的关系，从这个关系出发计算得到了总体的牵引力。Wong[130-131]、Bekker[132-134]、Muro[135]、Ito[141]、Janosi 和 Hanamoto[142]、Kacigin 和 Guskov[143]、Wong 和 Preston-Thomas[144]等提出了几个剪切应力和滑移位移之间的关系表达式。大部分这类关系式都写为由 Mohr-Coulomb 失效准则所决定的最大剪切应力的函数，轮胎的变形可以假设为无下沉量的刚体状态，或者有下沉量的弹性状态。一些商业软件利用这些方法[145-146]来评价轮胎的牵引力。

在数字仿真方法中，尽管很多研究[147-153]采用 FEA 来研究轮胎/土壤之间的相互作用，但很少有研究考虑实际的带有横沟的花纹。Oida 等人[153]提出了一种通用分析方法，它通过对第 12.2.4 节和第 12.3.4 节所讨论过的 Seta 和 Nakajima 的分析流程的扩展来分析实际的轮胎花纹的牵引性能。另外的数字仿真方法是离散有限元方法[154-158]，该方法模型是由许许多多的离散的小颗粒构成的。因为在离散有限元方法中相邻的小颗粒可以相互接触，这个方法可以用于土壤的变形分析。

12.6.2 轮胎变形和土壤的剪切应力

在土壤路面上滚动的轮胎的变形是根据轮胎刚度和松软路面的载荷保持特性之间的差别来进行分类的。一种变形状态称为刚体状态，此状态下轮胎的刚度很大，在和土壤接触的过程中看作是像刚体一样没有变形。另一种变形状态就是弹性变形，此时轮胎的刚度比道路的刚度还低，在接触区域轮胎发生了变形。

平均接地压力 $\bar{q}_z$ 假设为轮胎充气压力 p_i 和胎体帘线的压力 p_c 的和，而 p_c 与图 6.5 所示的结构弹簧常数有关。如图 12.96 所示，当平均接地压力 $\bar{q}_z$ 小于由道路特性决定的临界压力 p_{cr} 时，轮胎可以看作刚体状态，而当平均接地压力 $\bar{q}_z$ 大于道路特性决定的临界压力 p_{cr} 时，可以将轮胎看作弹性状态。确定轮胎变形状态的步骤将在第 12.6.4 节中进行讨论。

土壤的特性可以用图 12.97 中的装置进行确定。利用这个装置可以测量压力和土壤下沉量，以及剪应力和剪切位移。Bekker[134]通过实验方法推导出了接触压力 $\bar{q}_z$ 和土壤在 z 方向的下沉量之间的关系：

$$\bar{q}_z = (k_c/b + k_\phi)z^n \tag{12.191}$$

式中，b 是矩形接地形状中较短的边长；n 是由实验来决定的参数；k_c 和 k_ϕ 是土壤的常数，它们是用两种不同尺寸的板进行刺穿实验来测量的常数。

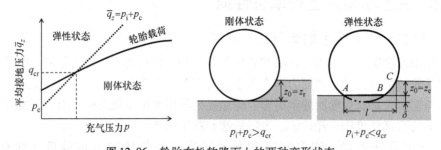

图 12.96 轮胎在松软路面上的两种变形状态
（经 Terranmechanics Research Group 授权，摘自文献 [136]）

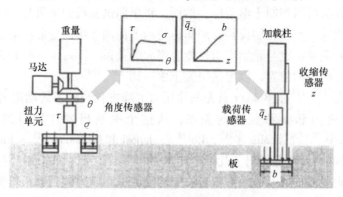

图 12.97 测量土壤特性的装置
（经 Terranmechanics Research Group 授权，摘自文献 [136]）

根据在剪切实验中测得的剪切特性，可以将土壤分成两种类型，如图 12.98 所示。一种类型称为脆性土壤，这类土壤的剪应力在剪切位移 j_0 处有峰值剪应力 τ_{max}，随着剪切位移的增大，剪应力逐渐下降为 τ_r。另一种类型就是塑性土壤，该类土壤的剪应力随着剪切位移的增加逐渐增加，达到最大值 τ_{max} 后趋于稳定，这可以由 Mohr – Coulomb 屈服准则来表达：

$$\tau = (c + \sigma \tan\phi)(1 - e^{-j/K}) = \tau_{max}(1 - e^{-j/K}) \tag{12.192}$$

式中，K 是水平方向的剪切变形模量；c 是黏合常数；ϕ 是内摩擦角；σ 是垂直于剪切面的应力；j 是剪切位移。K 的值由剪应力曲线的原点初始段的切线和大剪切位移下的饱和剪应力来决定，如图 12.98 所示。利用式 (12.192)，剪应力曲线的初始段的斜率可以表示为

$$\mathrm{d}\tau/\mathrm{d}j \big|_{j=0} = (\tau_{max}/K) e^{-j/K} \big|_{i=0} = \tau_{max}/K \tag{12.193}$$

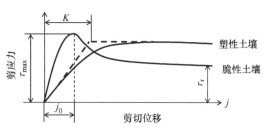

图 12.98　两种类型的剪应力和剪切位移的曲线[134]

K 与土壤的压缩特性有关，对于松软的沙类土壤来说，K 的值为 25mm，而对于无摩擦的黏土来说，K 的值为 6mm[130]。

同时，图 12.98 中的脆性土壤的剪应力可以由两个指数函数的差来表示：

$$\tau = \frac{(c + \sigma \tan\phi)}{y_{max}} \{\exp(-K_2 + \sqrt{K_2^2 - 1})K_1 j - \exp(-K_2 - \sqrt{K_2^2 - 1})K_1 j\} \tag{12.194}$$

式中，K_1 和 K_2 是常数；y_{max} 是大括号内的表达式的最大值。

12.6.3　土壤的牵引性能

大家都知道轮胎在土壤上的牵引性能可以分成两个部分。一个部分是总的牵引力，它是由摩擦力和轮胎上的横沟效应导致的。另一个部分是运动阻力，它是轮胎在前进过程中压缩土壤和将土壤向两侧分开引起的。

净牵引力等于用总的牵引力减去运动阻力，净牵引力 NT 可以写为

$$NT = GT_{FR} + GT_{SL} + GT_{PF} - R_c \tag{12.195}$$

式中，GT_{FR} 是摩擦牵引力；GT_{SL} 是横沟上滑移位移产生的牵引力；GT_{PF} 是土壤的被动破坏导致的牵引力；R_c 是土壤压缩导致的运动阻力，如图 12.99 所示。GT_{FR} 产生于轮胎和土壤接触的表面，是由土壤的外部摩擦引起的。同时，GT_{SL} 是土壤的内部摩擦力引起的。尽管 GT_{FR} 和 GT_{SL} 从本质上说不是同一个力，它们在半经验方法中都包含在了由土壤滑移位移导致的剪切力中。半经验模型包含 GT_{FR} 和 R_c，然而计算模型中包含以上 4 个力。

12.6.4　半经验理论的基本方程

1. 准静态运动阻力

（1）刚体状态　刚体状态的运动阻力 R_c 可以通过将作用在轮胎表面的法向应力的水平分量从最大下沉量点到开始下沉点进行积分得到。简化的轮胎/土壤相互作用模型如图 12.100 所示。利用式 (12.191)，R_c 可以表示为

$$R_c = b \int_0^{z_0} \bar{q}_z \mathrm{d}x = b \int_0^{z_0} \left(\frac{k_c}{b} + k_\phi\right) z^n \mathrm{d}z = b \left(\frac{k_c}{b} + k_\phi\right) \frac{z_0^{n+1}}{n+1} \tag{12.196}$$

式中，b 是轮辋宽度；R_c 等于单位长度上宽度为 b 的平板沿法向从 0 压缩到 z_0 所做的功。因此，运动阻力也称为压缩阻力。

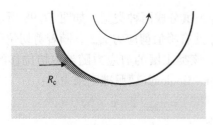
a) 土壤压缩导致的运动阻力

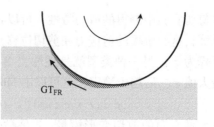
b) 摩擦牵引力

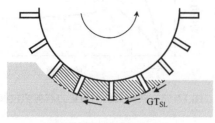
c) 横沟上滑移位产生的牵引力

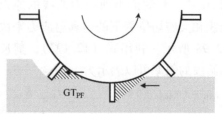
d) 土壤的被动破坏导致的牵引力

图 12.99　净牵引力

（经 TST 授权，摘自文献 [153]）

式（12.196）中的最大下沉量 z_0 可以通过载荷 F_z 和法向应力（平均接地压力）$\bar{q}_z$ 的平衡得到。

$$F_z = b\int_0^{l_1} \bar{q}_z \mathrm{d}x = b\int_0^{l_1}\left(\frac{k_c}{b}+k_\phi\right)z^n \mathrm{d}x \tag{12.197}$$

参考图 12.100，存在如下几何关系：

$$x^2 = \{2r-(z_0-z)\}(z_0-z) \tag{12.198}$$

式中，r 是轮胎半径。

当下沉量 z_0 较小时，x 可以由下式给出：

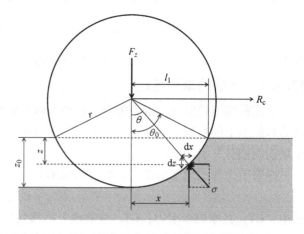

图 12.100　简化的轮胎/土壤相互作用模型

$$x^2 = 2r(z_0-z) \tag{12.199}$$

利用式（12.199），引入参数 t，$z_0-z=t^2$，式（12.197）重写为

$$F_z = b\left(\frac{k_c}{b}+k_\phi\right)\int_0^{z_0}\frac{z^n\sqrt{r}}{\sqrt{2}\sqrt{z_0-z}}\mathrm{d}z = b\left(\frac{k_c}{b}+k_\phi\right)\sqrt{2r}\int_0^{\sqrt{z_0}}(z_0-t^2)^n\mathrm{d}t \tag{12.200}$$

在上面的方程中对 $(z_0-t^2)^n$ 应用泰勒级数展开式，可以得到 $(z_0^n-nz_0^{n-1}t^2+\cdots)$。只考虑第一项和第二项，并进行积分，可以得到：

$$F_z = \frac{b(k_c/b+k_\phi)\sqrt{2z_0 r}}{3}z_0^n(3-n) \tag{12.201}$$

利用式（12.201），刚体状态的最大下沉量 $z_0(=z_r)$ 可以表示为

$$z_0 = \left[\frac{3F_z}{b(3-n)(k_c/b+k_\phi)\sqrt{2r}}\right]^{2/(2n+1)} \tag{12.202}$$

574

将式 (12.202) 代入到式 (12.196)，可以得到运动阻力 R_c：

$$R_c = 1 \frac{1}{(3-n)^{(2n+2)/(2n+1)}(n+1)b^{1/(2n+1)}(k_c/b+k_\phi)^{1/(2n+1)}}\left[\frac{3F_z}{\sqrt{2r}}\right]^{(2n+2)/(2n+1)}$$
(12.203)

运动阻力 R_c 可以通过提高接触宽度 b 或提高轮胎半径 r 来得以减小。然而，提高轮胎半径 r 比提高接触宽度 b 要有效得多。

(2) 弹性状态　图 12.96 的右侧图中在平直区域 $A-B$ 内的压力是 $p_i + p_c$，利用式 (12.191)，最大下沉量 z_0 可以由下式给出：

$$z_0 = \left(\frac{p_i + p_c}{k_c/b + k_\phi}\right)^{1/n}$$
(12.204)

将式 (12.204) 代入到式 (12.196) 得到：

$$R_c = \frac{b(p_i + p_c)^{(n+1)/n}}{(n+1)(k_c/b + k_\phi)^{1/n}}$$
(12.205)

注意，因为接触宽度 b 是矩形接地区的长度较小的一侧，b 肯定比式 (12.204) 和式 (12.205) 中的接触长度要小。

(3) 确定土壤变形状态的简单方法　在接触压力表达式 $p_i + p_c$ 中很难确定胎体压力 p_c，因为 p_c 随着充气压力和载荷的改变而改变。因此引入了平均压力 p_g：

$$p_g = F_z/A$$
(12.206)

式中，F_z 是轮胎载荷；A 是接触面积。F_z 和 A 可以利用由轮胎制造商提供的广义的下沉量图来估计。

同时，用式 (12.202) 中的刚体状态的最大下沉量 z_0 替代式 (12.191) 中的 z，临界接触压力 p_{gcr} 由下式给出：

$$p_{gcr} = (k_c/b + k_\phi)^{1/(2n+1)}\left[\frac{3F_z}{b(3-n)\sqrt{2r}}\right]^{2n/(2n+1)}$$
(12.207)

如果 $p_g > p_{gcr}$，则应用刚体状态，如果 $p_g < p_{gcr}$，则应用弹性状态。

2. 驱动状态轮胎的牵引性能

(1) 刚体状态　在地面力学中，滑移率 s 定义为

$$s = (V_B - V_R)/V_B$$
(12.208)

式中，V_R 是车辆的速度（室内转鼓测试时则为转鼓线速度）；$V_B(= r\Omega)$ 是轮胎的线速度。

注意在地面力学的滑移率定义与式 (11.83) 中的定义是不同的。驱动状态滑移率是正值，制动状态滑移率是负值。驱动和制动状态采用一个方程来定义。

轮胎和道路之间的相对滑移速度 V_s 与剪切位移 j 有关：

$$dj/dt = V_s$$
(12.209)

式中，t 是从开始接触土壤到当前的时间。

参考图 12.101，在刚体状态下，沿轮胎表面的滑移速度可以表示为角度 θ 的函数：

$$V_s = r\Omega - V_R\cos\theta = r\Omega\{1 - (V_R/r\Omega)\cos\theta\} = r\Omega\{1 - (1-s)\cos\theta\}$$
(12.210)

将式 (12.210) 代入到式 (12.209) 并进行积分，可以得到：

$$j = \int_0^t V_s dt = \int_\theta^{\theta_1} r\Omega\{1 - (1-s)\cos\theta\}d\theta/\Omega$$
$$= r\{(\theta_1 - \theta) - (1-s)(\sin\theta_1 - \sin\theta)\}$$
(12.211)

式中，θ_1 是轮胎开始与路面接触位置的角度。

将式（12.211）代入到式（12.193），剪应力 $\tau(\theta)$ 可以表示为

$$\tau(\theta) = \{c + \sigma(\theta)\tan\phi\}\left[1 - \exp\left\{-\frac{r}{k}\{(\theta_1 - \theta) - (1-s)(\sin\theta_1 - \sin\theta)\}\right\}\right] \quad (12.212)$$

式（12.212）中的 $\sigma(\theta)$ 可以看作是下沉量的函数，用式（12.191）来计算。

图 12.102 给出了驱动状态的刚体轮胎的剪应力和法向应力的计算值和测量值的比较。轮胎的直径是 1.25m，轮胎的宽度是 0.15m，轴载荷是 89kN，滑移率是 22%，实验是在压缩沙土上进行的。计算结果与测量结果比较吻合。

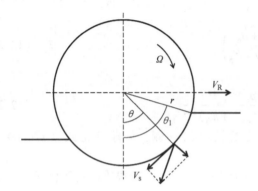

图 12.101　在刚体状态的滑移速度

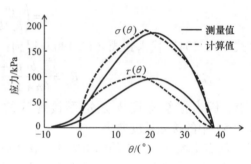

图 12.102　驱动状态的刚体轮胎的剪应力和法向应力的计算值和测量值的比较[137]

一旦确定了法向和剪应力，则牵引力、运动阻力和接触载荷就可以得到。假设滑移率很大，剪应力 $\tau(\theta)$ 的符号在接触区内不发生变化。根据图 12.103，总的牵引力 GT 可以通过仅将法向应力 $\sigma(\theta)$ 和剪应力 $\tau(\theta)$ 的正的水平方向的分量进行积分得到：

$$GT = br\left\{\int_{\theta_2}^{\theta_1}\tau(\theta)\cos\theta d\theta - \int_{\theta_2}^{0}\sigma(\theta)\sin\theta d\theta\right\} \quad (12.213)$$

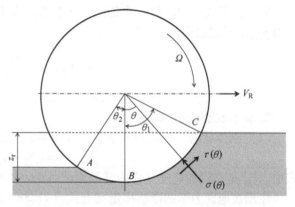

图 12.103　刚体状态车轮在土壤上的牵引模型[135]

其中剪应力 $\tau(\theta)$ 的符号在 $\theta_2 \sim \theta_1$ 的范围内不发生改变。注意 θ_1 的符号是正的，而 θ_2 的符号是负的。运动阻力 R_c 可以通过仅将剪应力的负的纵向部分进行积分得到：

$$R_c = br\int_0^{\theta_1}\sigma(\theta)\sin\theta d\theta \quad (12.214)$$

用来确定最大下沉量的接触载荷 F_z 可以由下式给出：

$$F_z = br\int_{\theta_2}^{\theta_1}\{\sigma(\theta)\cos\theta + \tau(\theta)\sin\theta\}d\theta \quad (12.215)$$

注意轮胎的净牵引力 NT 定义为牵引力和运动阻力的差值：

$$\mathrm{NT} = \mathrm{GT} - R_c = br\left\{\int_{\theta_2}^{\theta_1}[\tau(\theta)\cos\theta - \sigma(\theta)\sin\theta]d\theta\right\} \tag{12.216}$$

(2) 弹性状态　根据图 12.104，总的牵引力 GT 用下式给出：

$$\mathrm{GT} = br\left[\int_{\theta_c}^{\theta_1}\tau(\theta)\cos\theta d\theta + \frac{1}{r}\int_0^{l_{AB}}\tau(x)dx + \int_{\theta_2}^{\theta_c}\{\tau(\theta)\cos\theta - \sigma(\theta)\sin\theta\}d\theta\right] \tag{12.217}$$

式中，b 是接触宽度，满足 $l_{AB}=2r\cos\theta_c$ 和 $\cos\theta_1 = \cos\theta_c - z_c/r$ 的关系；θ_1 是接地前沿的接触角；θ_2 是接地后沿的接触角，θ_2 可以通过在土壤上的重复加载实验通过接地压力 p_g 来确定。

运动阻力 R_c 可以由下式确定：

$$R_c = br\int_{\theta_c}^{\theta_1}\sigma(\theta)\sin\theta d\theta \quad (12.218)$$

考虑到法向应力是均匀的，并且在图 12.104 中的区域 AB 范围内等于 p_g，载荷 F_z 可以由下式给出：

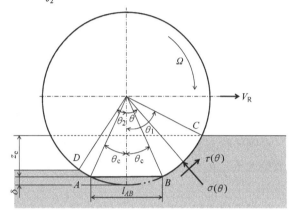

图 12.104　弹性状态车轮在土壤上的牵引模型[136]

$$F_z = br\left[\int_{\theta_c}^{\theta_1}\{\sigma(\theta)\cos\theta + \tau(\theta)\sin\theta\}d\theta + 2p_g\sin\theta_c + \int_{\theta_2}^{\theta_c}\{\sigma(\theta)\cos\theta + \tau(\theta)\sin\theta\}d\theta\right]$$

(12.219)

净轮胎牵引力 NT 由式（12.216）所代表的总的牵引力 GT 与由式（12.218）所代表的运动阻力 R_c 的差值来决定。

3. 计算举例

图 12.105 给出了 G - Clough[140] 的实验结果，图中分别给出了土壤上轮胎的最大牵引系数和最大运动阻力系数随着轮胎直径 r 和轮辋宽度 $\bar{b}$ 的变化情况。其中的牵引系数和运动阻力都采用载荷进行了归一化。测量是在各种不同土壤条件下进行的。随着轮胎直径 r 的增加和轮辋宽度 $\bar{b}$ 的增加，最大牵引系数是增加的，而最大运动阻力系数是减小的。这些实验结果与式（12.203）相比，从定性来看是一致的。

4. 横沟花纹对牵引力的影响

横沟花纹对牵引力的影响可以从图 12.106 的两个状态来估计，其中 h_1 是横沟的高度，d 是横沟底部的直径，r 是轮胎的直径，p_t 是横沟顶部的接地压力，p_{ca} 是横沟底部的接地压力，λ 是横沟顶部的面积与

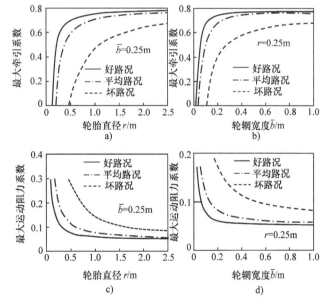

图 12.105　轮胎设计参数对土壤牵引力的影响[140]

总的胎面面积的比值。当横沟顶部的下沉量 z_r 或 z_e 比横沟的高度 h_1 小的时候，胎体不会与道路接触，满足 $p_{ca}=0$ 的条件。

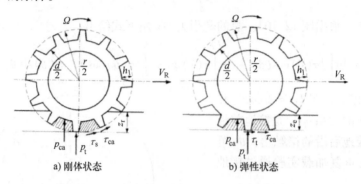

图 12.106　横沟花纹对牵引力的影响[131]

在刚体状态下，p_t 与接触面积的比值 λ 对应，而 p_{ca} 与接触面积的比值 p_e 对应，接触面积的有效接地压力 p_e 定义为：

$$p_e = \lambda p_t + (1-\lambda) p_{ca} \tag{12.220}$$

横沟的顶部的下沉量 z_r 可以用准静态运动阻力中相同的步骤来确定，p_t 和 p_{ca} 可以利用得到的 z_r 来计算。将这些数值代入到式（12.220）中，可以得到有效临界压力 p_{ecr}。当有效临界压力 p_{ecr} 小于式（12.206）中的平均接地压力 p_g（可以用归一化的下沉量图表来计算）时，带有横沟的轮胎此时必定处于刚体状态。横沟顶部和底部的牵引力（s_t 和 s_{ca}）可以采用式（12.213）~式（12.216）所描述的相同的方法来确定。

在图 12.106 中的弹性状态中，横沟的顶部的下沉量 z_e 和胎体的下沉量 $z_e - h_1$ 可以从平均接地压力 p_{av} 的计算得到，p_{av} 的表达式为

$$p_{av} = \lambda p_t + (1-\lambda) p_{ca} \tag{12.221}$$

式中，p_t 是 z_e 的函数；p_{ca} 是 $z_e - h_1$ 的函数。

如果采用式（12.204）所描述的方法确定了 z_e，那么就可以利用所得到的 z_e 来确定 p_t 和 p_{ca}。横沟顶部和底部的牵引力（s_t 和 s_{ca}）可以采用与本节驱动状态轮胎的牵引性能的弹性状态部分相同的方法来确定。

12.6.5　轮胎在土壤上牵引的有限元研究

1. 土壤模型

Oida 等[153]采用显式有限元和有限体积法仿真技术来研究轮胎在土壤的牵引性能，并对结果的可预测性进行了验证。土壤的材料模型采用 Mohr – Coulomb 塑性模型，该模型也曾在第 12.3.4 节中研究雪地牵引时作为雪的材料模型。在 Mohr – Coulomb 塑性模型中有两个重要的塑性参数，也就是黏合系数 c 和内部摩擦角 ϕ。利用带有剪切环的圆锥灌入仪可以测量这两个参数，圆锥灌入仪可以测量圆锥灌入阻力和剪切阻力。

土壤模型的验证可以通过比较剪切盒实验结果和仿真结果来进行。图 12.107 表明土壤中的等效剪切应变集中于一个由上部的盒子和下部的盒子所形成的窄带中。图 12.108 中表示实验结果和仿真结果一致性很好。

2. 在不同的土壤条件下的牵引性能预测

在数字仿真中，可以根据仿真得到的与土壤接触的轮胎表面的应力来计算总的牵引力 GT 和运动阻力 R_c。这个仿真中用到的轮胎模型如图 12.109 所示。轮胎规格是 540/65R30，充气压力

为240kPa，载荷为32.86kN。轮胎建模采用拉格朗日单元，厚度为0.326m的土壤采用欧拉单元，忽略土壤和轮胎表面之间的摩擦系数。

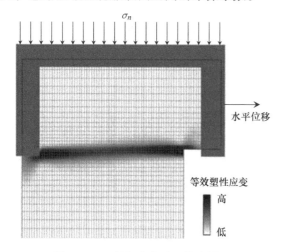

图12.107 剪切盒实验的仿真模型
（经TST授权，摘自参考文献[153]）

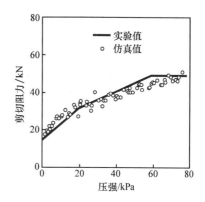

图12.108 剪切阻力的实验值和仿真值的对比
（经TST授权，摘自文献[153]）

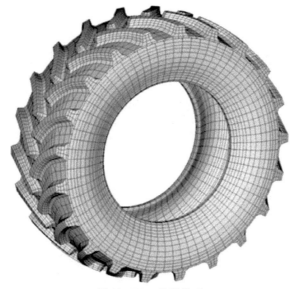

图12.109 轮胎模型
（经TST授权，摘自文献[153]）

图12.110显示了计算得到的滑移率接近100%时的轮胎车辙形状以及松软土壤圆锥贯通阻力。轮胎的下沉量接近110mm，这个结果从定性看与一般的现象比较吻合。图12.111是轮胎以30%的驱动滑移率在硬土壤表面滚动时的流体流动图。从图中看到，轮胎下面的土壤向后流动，土壤的运动受到了与轮胎表面相接触的土壤黑影区的限制，总的牵引力是主要的，运动阻力是较低的。滑移率为30%时的总的牵引力来自于花纹横沟推动土壤向后的反力。图12.112中的右图给出了该状态的单位面积的运动阻力分布。运动阻力主要来自于横沟的上表面。同时，图12.112的左图给出了单位面积的总的牵引力分布。总的牵引力主要来自于接地前端的横沟的沟壁反力。

3. 可预测性的验证

为了评价预测结果的准确性，制作了四个轮胎，即A~D，见表12.3，进行了牵引力的测量。

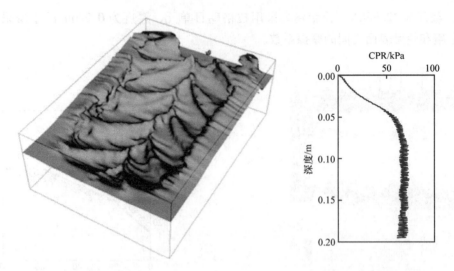

图 12.110　计算得到的滑移率接近 100% 时的轮胎车辙形状（左）以及松软土壤圆锥贯通阻力（CPR）（右）

图 12.111　轮胎以 30% 的驱动滑移率在硬土壤表面滚动时的流体流动图
（经 TST 授权，摘自文献 [153]）

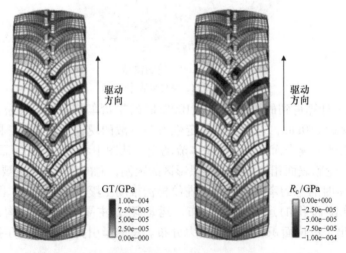

图 12.112　滑移率为 30% 时轮胎单位面积的总的牵引力（左）和运动阻力分布（右）
（经 TST 授权，摘自文献 [153]）

轮胎的规格是 540/65R30，充气压力是 240kPa，载荷是 32.86kN。测量场地表面有草，是耕耘之前的一个状态，有相对较硬的土壤。轮胎有不同的节距数目和不同的横沟角度，但其横沟的截面几何形状是一样的，这可以对比节距数目和花纹块拔模角度不同带来的影响。表 12.3 中给出了牵引指数的计算结果和实验结果。在同样的场地上每个轮胎测量两次净牵引力。轮胎 C 的第二次测量结果显示有更大的牵引力。因为那次实验的土壤条件可能比其他几次实验有更大的硬度，这个结果被认为不是很正常。

将轮胎 A 和轮胎 B 的结果进行比较，将轮胎 C 和轮胎 D 的结果进行比较，它们分别带有不同的拔模角度。通过比较表明，更小的拔模角度可以得出更好的牵引效果。仿真结果表明，轮胎 A 比轮胎 B 的牵引性能好，而轮胎 C 比轮胎 D 的牵引性能好。另外，如果将轮胎 A 的结果和轮胎 C 的结果比较，轮胎 B 的结果和轮胎 D 的结果比较，它们分别具有相同的拔模角度，但是节距数不同，就会发现节距数目少的轮胎具有更好的牵引效果。就更好的牵引性能来说，计算结果和实验结果具有相同的轮胎的排序。因此可以得出结论，仿真方法可以应用于实际的轮胎花纹的牵引性能的评价中。

表 12.3　牵引指数的计算结果和实验结果（经 TST 授权，摘自文献 [153]）

		A	B	C	D
花纹					
节距数		21	21	23	23
拔模角度		小	大	小	大
计算结果		100	74	96	70
实验结果	草地（第一次）	100	86	93	82
	草地（第二次）	100	95	109[a]	87

注：上标 a 表示异常数据。

备注

备注 12.1　Moore[159] 提出的摩擦力模型

Moore 给出的摩擦力模型为

$$\hat{F}_\mu = F_{adhesion} + F_{hysteresis} + F_{plough}$$

式中，$F_{adhesion}$ 是橡胶和路面之间的黏着力；$F_{hysteresis}$ 是橡胶由滞后效应带来的摩擦力；F_{plough} 是犁削力，包含橡胶分子链的断裂效应。更深一步地说，橡胶和硬的道路（比如铺装道路）之间的摩擦系数为

$$\mu_{adhesion} = C_1 K(E'/p^r) \tan\delta$$
$$\mu_{hysteresis} = C_2 (p/E') \tan\delta$$

式中，$\mu_{adhesion}$ 与黏着摩擦力有关的摩擦系数；$\mu_{hysteresis}$ 是与滞后摩擦力有关的摩擦系数；C_1 和 C_2 是常数；K 是界面的剪应力；p 是接触压力；$\tan\delta$ 是橡胶的损失正切；E' 是储能杨氏模量；r 是值不超过 1 的常数，这个在第 7.4 节中讨论过，根据式（7.138），Hertz 理论给出的结果是 $r=1/3$。

备注 12.2　式（12.15）和式（12.16）

在式（11.52）中，参数变化为 $C_{F\alpha} \to C_{Fs}$，$\tan\alpha \to s_B$，那么在推导 F_x 的过程中可以利用 $\delta'=0$ 的条件。将 F_x 对 s_B 进行微分，可以得到：

$$\frac{\mathrm{d}F_x}{\mathrm{d}s_B} = C_{Fs}s_B - \frac{2C_{Fs}^2}{3\mu_s F_z}\left(2 - \frac{\mu_d}{\mu_s}\right)s_B + \frac{C_{Fs}^3}{9\mu_s^2 F_z^2}\left(3 - 2\frac{\mu_d}{\mu_s}\right)s_B^2 = 0$$

$$\rightarrow \left\{\frac{C_{Fs}}{3\mu_s F_z}\left(3 - 2\frac{\mu_d}{\mu_s}\right)s_B - 1\right\}\left(\frac{C_{Fs}}{3\mu_s F_z}s_B - 1\right) = 0$$

$$\rightarrow s_B = \frac{3\mu_s F_z}{C_{Fs}}\frac{\frac{\mu_s}{\mu_d}}{3\frac{\mu_s}{\mu_d} - 2}, \frac{3\mu_s F_z}{C_{Fs}}$$

备注 12.3　式（12.51），式（12.55）和式（12.56）

式（12.51）

注意 Δx_1 是带束层和道路之间从接地印痕前端到位置 x_1 的相对位移的累计值。同时，Δx_0 是某个时刻的带束层和路面之间的相对位移值。图 12.21 表示轮胎处于制动状态，所以滑移率是正值，并且等于下式：

$$s = \frac{V_R - (V_B + \Delta V_2)}{V_R} = \frac{-\Delta V - \Delta V_2}{V_R}$$

式（12.55）和式（12.56）

参考图 12.21，可以得到：

$$\Delta x_2 = \frac{F_x}{R_x}$$

$$\Delta x_1 = \frac{F_x}{C_x wl}$$

参考图 12.21，将力矩施加到接触面内，可以得到：

$$\Delta x = \Delta x_1 + \Delta x_2$$

$$G_x = \frac{F_x}{\Delta x} = \frac{F_x}{\frac{F_x}{C_x bl} + \frac{F_x}{R_x}} = \frac{R_x C_x bl}{R_x + C_x bl}$$

参考式（12.9），C_{Fs} 的表达式为 $C_{Fs} = C_x bl^2/2$。

取极限 $\omega/V_R \rightarrow 0$，可以得到：

$$A = 1 + \frac{C_x b}{R_x}\left(l - \frac{V_R}{\omega}\sin\frac{\omega l}{V_R}\right) = 1 + \frac{C_x b}{R_x}\left(1 - l\sin\frac{\omega l}{V_R}\Big/\frac{\omega l}{V_R}\right) \rightarrow 1$$

$$B = \frac{C_x b V_R}{\omega R_x}\left(\cos\frac{\omega l}{V_R} - 1\right) \rightarrow 0$$

$$\sqrt{\left(\frac{V_R}{\omega}\sin\frac{\omega l}{V_R} - l\right)^2 + \frac{V_R^2}{\omega^2}\left(\cos\frac{\omega l}{V_R} - 1\right)^2}$$

$$\cong \sqrt{\left(l\sin\frac{\omega l}{V_R}\Big/\frac{\omega l}{V_R} - l\right)^2 + \frac{V_R^2}{\omega^2}\left(\frac{\omega^2 l^2}{2V_R^2}\right)^2} \cong \frac{\omega l^2}{2V_R}$$

$$K_d = \frac{C_x bV}{\omega\sqrt{A^2 + B^2}}\sqrt{\left(\frac{V_R}{\omega}\sin\frac{\omega l}{V_R} - l\right)^2 + \frac{V_R^2}{\omega^2}\left(\cos\frac{\omega l}{V_R} - 1\right)^2} \rightarrow \frac{C_x bV_R}{\omega}\frac{\omega l^2}{2V_R}$$

$$= \frac{C_x bl^2}{2}$$

取极限 $\omega/V_R \rightarrow \infty$，可以得到：

$$A = 1 + \frac{C_x b}{R_x}\left(l - \frac{V_R}{\omega}\sin\frac{\omega l}{V_R}\right) \to 1 + \frac{C_x bl}{R_x}$$

$$B = \frac{C_x b V_R}{\omega R_x}\left(\cos\frac{\omega l}{V_R} - 1\right) \to 0$$

$$G_d = \frac{C_x b}{\sqrt{A^2 + B^2}}\sqrt{\left(\frac{V_R}{\omega}\sin\frac{\omega l}{V_R} - l\right)^2 + \frac{V_R^2}{\omega^2}\left(\cos\frac{\omega l}{V_R} - 1\right)^2} \to \frac{C_x bl}{1 + \frac{C_x bl}{R_x}}$$

$$= \frac{C_x R_x bl}{R_x + C_x bl}$$

备注 12.4　式（12.60）、式（12.63）和式（12.87）

如果接地压力分布用抛物线来表示,最大接地压力 p_m 等于 1.5 倍的平均压力 p_{av} ($p_m = 1.5 p_{av}$)。由于轮胎的弯曲刚度,平均压力 p_{av} 将大于充气压力 p ($p_{av} > p$)。

式（12.63）

真实轮胎的边界条件表示为：在胎肩部位,$u = v$,在胎冠中心,$u = 0$,$v \neq 0$。因此,式（12.63）并不适合于轮胎。

式（12.87）（图 12.113）

$$h(x) = j + \frac{\bar{t}}{w}x$$

$$\overline{h^2} = \frac{1}{w}\int_0^w h^2(x)\,dx = \frac{1}{w}\int_0^w \left(j + \frac{\bar{t}}{w}x\right)^2 dx = j^2 + j\bar{t} + \bar{t}^2/3$$

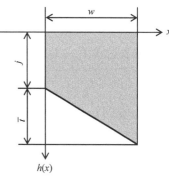

图 12.113　水层的平均厚度

备注 12.5　式（12.99）

Mohr - Coulomb 失效准则可以通过各种正应力 σ 下的剪切实验来确定。Mohr - Coulomb 失效准则指的是当 Mohr 圆与式（12.99）所代表的直线接触时,此时会发生塑性变形。假设在图 12.114a 的点 A 触发了失效准则,σ 轴和点 A 与 Mohr 圆的圆心的连线之间的夹角为 2θ（这里反时针为正值）。图 12.114a 中的 $A(\sigma, \tau)$ 表示在坐标系的角 θ（与最大应力 σ_1 沿顺时针方向的夹角）处的应力场。因此,剪应力 τ 是作用在图 12.114b 中的 $A - A$ 平面的。剪应力 $-\tau$ 是作用在 $A' - A'$ 平面上的,它与图 12.114b 中的最大应力 σ_1 的作用方向所夹的角为 $\pi/2 - \theta$。根据内摩擦理论,面 $A - A$ 和 $A' - A'$ 将成为滑移面。

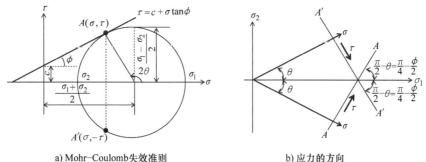

a) Mohr-Coulomb 失效准则　　b) 应力的方向

图 12.114　Mohr - Coulomb 失效准则的物理意义

备注 12.6　用于半无限实体[160]的热流方程式（12.102）、式（12.113）和式（12.121）

半无限实体的热传导控制方程为

$$\frac{\partial T}{\partial t} = \alpha \frac{\partial^2 T}{\partial z^2} \quad 0 \leqslant z < \infty, t \geqslant 0$$
$$T = T_0 \quad 0 \leqslant z < \infty, t = 0 \tag{12.222}$$

式（12.222）的解为

$$T(z,t) = T_0 \operatorname{erf}\left(\frac{z}{2\sqrt{\alpha t}}\right) \tag{12.223}$$

式中，$\operatorname{erf}(z)$ 的定义为

$$\operatorname{erf}(z) = \frac{2}{\sqrt{\pi}} \int_0^z e^{-\xi^2} d\xi \tag{12.224}$$

假设初始条件和边界条件定义为

$$T = T_0 \quad 0 \leqslant t \leqslant l/V$$
$$T = T_m \quad z = 0 \tag{12.225}$$

式（12.222）和式（12.225）的解为

$$T_m - T = (T_m - T_0) \operatorname{erf}\left(\frac{z}{2\sqrt{\alpha t}}\right) \tag{12.226}$$

热流率 $\dot{Q}_c$ 是：

$$\dot{Q}_c = -k \frac{dT}{dz}\bigg|_{z=0} = k(T_m - T_0) \frac{1}{\sqrt{\pi \alpha t}} \tag{12.227}$$

根据表达式 $T_m - T_0 = T_b$，利用 $t = x/V$ 的关系可以将时域转换成空间域，得到：

$$\dot{Q}_c = -k \frac{dT}{dz}\bigg|_{z=0} = kT_b \left(\frac{V}{\pi \alpha x}\right)^{\frac{1}{2}} \tag{12.228}$$

在 $t=0$ 到 $t=l/V$ 时间段内，单位面积内流过的总热量可以用下式表示：

$$Q = \int_0^{l/V} \dot{Q}_c dt = 2k(T_m - T_0) \left(\frac{l}{\pi \alpha V}\right)^{\frac{1}{2}} \tag{12.229}$$

备注 12.7　半无限实体内的热流方程式（12.104）[106]

考虑到在 $x=0$ 的位置热量的流动是指定的时间的函数，初始温度是 0℃，单位时间、单位面积的热流量 $\dot{Q}$ 是常数，$\dot{Q}$ 可以表示为

$$\dot{Q} = -k \frac{\partial T}{\partial x} \tag{12.230}$$

在温度为 T 时，$\dot{Q}$ 满足微分方程：

$$\frac{\partial \dot{Q}}{\partial t} = -\alpha \frac{\partial^2 \dot{Q}}{\partial x^2} \quad x > 0, t > 0 \tag{12.231}$$

式中，α 是热扩散常数。在下面条件下：

$$\dot{Q} = \dot{Q}_0 \quad x = 0, t > 0 \tag{12.232}$$

式（12.231）的解为

$$\dot{Q} = \dot{Q}_0 \operatorname{erfc}\left(\frac{x}{2\sqrt{\alpha t}}\right) \tag{12.233}$$

$\operatorname{erfc}(x)$ 定义为

$$\operatorname{erfc}(x) = 1 - \operatorname{erf}(x) = \frac{2}{\sqrt{\pi}} \int_x^\infty e^{-\xi^2} d\xi$$

$$\operatorname{erf}(x) = \frac{2}{\sqrt{\pi}} \int_0^x e^{-\xi^2} d\xi \tag{12.234}$$

根据式（12.230）和式（12.232）得到：

$$T = \frac{\dot{Q}_0}{k}\int_x^\infty \mathrm{erfc}\left(\frac{x}{2\sqrt{\alpha t}}\right)\mathrm{d}x = \frac{2\dot{Q}_0\sqrt{\alpha t}}{k}\mathrm{ierfc}\left(\frac{x}{2\sqrt{\alpha t}}\right)$$

$$= \frac{2\dot{Q}_0}{k}\left\{\left(\frac{\alpha t}{\pi}\right)^{\frac{1}{2}}\mathrm{e}^{-\frac{x^2}{4\alpha t}} - \frac{x}{2}\mathrm{erfc}\left(\frac{x}{2\sqrt{\alpha t}}\right)\right\} \quad (12.235)$$

在式（12.235）的推导中，采用分部积分法，可以得到：

$$\mathrm{ierfc}(x) = \frac{2}{\sqrt{\pi}}\int_x^\infty\int_\eta^\infty \mathrm{e}^{-\xi^2}\mathrm{d}\xi\mathrm{d}\eta$$

$$= \frac{2}{\sqrt{\pi}}\left[\eta\int_\eta^\infty \mathrm{e}^{-\xi^2}\mathrm{d}\xi\right]_x^\infty - \frac{2}{\sqrt{\pi}}\int_x^\infty \eta\mathrm{e}^{-\eta^2}\mathrm{d}\eta$$

$$= -\frac{2}{\sqrt{\pi}}x\int_x^\infty \mathrm{e}^{-\xi^2}\mathrm{d}\xi + \frac{1}{\sqrt{\pi}}\mathrm{e}^{-x^2}$$

$$= \frac{1}{\sqrt{\pi}}\mathrm{e}^{-x^2} - x\,\mathrm{erf}(x) \quad (12.236)$$

式中，

$$\mathrm{ierfc}(x) = \int_x^\infty \mathrm{erfc}(\xi)\mathrm{d}\xi \quad (12.237)$$

在 $x=0$ 处，温度由下式给出：

$$T = \frac{2\dot{Q}_0}{k}\left(\frac{\alpha t}{\pi}\right)^{\frac{1}{2}} \quad (12.238)$$

上述的讨论可以扩展到无限复合材料固体中。假设在 $x>0$ 的区域内，这种固体是一种物质，它的材料特性是 k_1、ρ_1 和 α_1。而在 $x<0$ 的区域是另外一种物质，它的材料特性是 k_2、ρ_2 和 α_2。在 $x=0$ 分界平面处边界条件为

$$T_1 = T_2 \quad x=0,\ t>0$$
$$k_1\frac{\partial T_1}{\partial x} = k_2\frac{\partial T_2}{\partial x} \quad x=0,\ t>0 \quad (12.239)$$

其中，在 $x>0$ 的区域内温度用 T_1 表示，在 $x<0$ 的区域内温度用 T_2 表示。

假设在 $t>0$ 时，在 $x=0$ 的面上每单位时间单位面积上以常数 Q_0 提供热量。与式（12.235）相同，假设：

$$T_1 = \frac{2\dot{Q}_{01}\sqrt{\alpha_1 t}}{k_1}\mathrm{ierfc}\left(\frac{x}{2\sqrt{\alpha_1 t}}\right) \quad x>0$$

$$T_2 = \frac{2\dot{Q}_{02}\sqrt{\alpha_2 t}}{k_2}\mathrm{ierfc}\left(\frac{|x|}{2\sqrt{\alpha_2 t}}\right) \quad x<0 \quad (12.240)$$

其中，未知常数 T_1 和 T_2 可以从 $x=0$ 的位置处的边界条件求出来，即

$$\frac{\dot{Q}_{01}\sqrt{\alpha_1}}{k_1} = \frac{\dot{Q}_{02}\sqrt{\alpha_2}}{k_2}$$
$$\dot{Q}_{01} + \dot{Q}_{02} = \dot{Q}_0 \quad (12.241)$$

因此：

$$T_1 = \frac{2\dot{Q}_0 \sqrt{\alpha_1 \alpha_2 t}}{k_1 \sqrt{\alpha_2} + k_2 \sqrt{\alpha_1}} \text{ierfc}\left(\frac{x}{2\sqrt{\alpha_1 t}}\right) \quad x>0 \tag{12.242}$$

$$T_2 = \frac{2\dot{Q}_0 \sqrt{\alpha_1 \alpha_2 t}}{k_1 \sqrt{\alpha_2} + k_2 \sqrt{\alpha_1}} \text{ierfc}\left(\frac{|x|}{2\sqrt{\alpha_2 t}}\right) \quad x<0$$

考虑到 $\text{ierfc}(0) = 1/\sqrt{\pi}$ 和 $T_1|_{x=0} = \Delta T$,由式(12.242)可以得到:

$$\Delta T = \frac{2\dot{Q}_0 \sqrt{\alpha_1 \alpha_2 t}}{k_1 \sqrt{\alpha_2} + k_2 \sqrt{\alpha_1}} \frac{1}{\sqrt{\pi}} = \frac{\frac{2\dot{Q}_0}{k_1}\left(\frac{\alpha_1 t}{\pi}\right)^{\frac{1}{2}}}{\frac{k_2}{k_1}\left(\frac{\alpha_1}{\alpha_2}\right)^{\frac{1}{2}} + 1} \tag{12.243}$$

备注12.8 式(12.125)和式(12.134)

式(12.125)

纳维-斯托克斯方程用式(12.67)表示。在薄膜润滑问题中,$\partial^2/\partial z^2$ 项是主要的,采用的是修正后的雷诺数 Re_{mod},而不是普通的雷诺数 Re:

$$Re_{\text{mod}} = \frac{\text{inertia term}}{\text{viscosity term}} = \frac{\rho U^2/l}{\eta U/h^2} = \frac{\rho Ul}{\eta}\left(\frac{h}{l}\right)^2 = Re\left(\frac{h}{l}\right)^2 \tag{12.244}$$

式中,U 是水相对于轮胎的速度;h 是水层的厚度;l 是接地长度。

因为在小雷诺数 Re_{mod} 下,与黏度项相比,惯性项可以忽略不计,式(12.67)可以简化为

$$\begin{aligned} \frac{\partial p_f}{\partial x} &= \eta \frac{\partial^2 u}{\partial z^2} \\ \frac{\partial p_f}{\partial y} &= \eta \frac{\partial^2 v}{\partial z^2} \\ \frac{\partial p_f}{\partial z} &= 0 \end{aligned} \tag{12.245}$$

式(12.245)称为斯托克斯方程。假设边界条件为

$$\begin{aligned} u = U_1, v = V_1, w = W_1 \quad & z = 0(\text{道路平面}) \\ u = u_2, v = V_2, w = W_2 \quad & z = h(\text{轮胎表面}) \end{aligned} \tag{12.246}$$

式中,U_2、V_2 和 W_2 是 $z=h$ 处水沿 x、y、z 三个方向的速度。假设轮胎是光面的,则可以认为 $W_2=0$。当不发生横向滑移时可以认为道路平面($z=0$)上的速度 $V_1=0$。如果在光滑的路面上没有水流扰流,则 z 方向没有水流的流动,可以认为 z 方向上道路平面($z=0$)的速度是 $W_1=0$。

自由面的边界条件是:

$$p_f = 0 \tag{12.247}$$

因此,水滑现象的基本方程是式(12.245),边界条件方程(12.246)和式(12.247)。符合边界条件式(12.246)的式(12.245)的解可以用下面公式表示:

$$\begin{aligned} u &= -\frac{1}{2\eta}\frac{\partial p_f}{\partial x}z(h-z) + U_1\left(1-\frac{z}{h}\right) + U_2\frac{z}{h} \\ v &= -\frac{1}{2\eta}\frac{\partial p_f}{\partial y}z(h-z) + V_1\left(1-\frac{z}{h}\right) + V_2\frac{z}{h} \end{aligned} \tag{12.248}$$

式中,流体的平均速度 $\bar{u}$ 和 $\bar{v}$ 可以用下式表示:

$$\begin{aligned} h\bar{u} &= \int_0^h u\,\mathrm{d}z = -\frac{1}{12\mu}\frac{\partial p_f}{\partial x}h^3 + \frac{1}{2}(U_1 + U_2)h \\ h\bar{v} &= \int_0^h v\,\mathrm{d}z = -\frac{1}{12\mu}\frac{\partial p_f}{\partial y}h^3 + \frac{1}{2}(V_1 + V_2)h \end{aligned} \tag{12.249}$$

假设在平均水的厚度 h 的条件下满足连续性方程的条件，则可以得到：

$$\int_0^h \left(\frac{\partial u}{\partial x} + \frac{\partial v}{\partial y} + \frac{\partial w}{\partial z}\right)\mathrm{d}z = 0 \tag{12.250}$$

将上述的方程进行重写，可以得到[⊖]：

$$0 = \frac{\partial}{\partial x}\int_0^h u\,\mathrm{d}z + \frac{\partial}{\partial y}\int_0^h v\,\mathrm{d}z + \left[-\frac{\partial h}{\partial x}(u)_{z=h} - \frac{\partial h}{\partial y}(v)_{z=h} + (w)_{z=0}^{z=h}\right] \tag{12.251}$$

其中，方括号 [ ] 中的项等于零，因为它是轮胎和道路表面的水的速度的垂向分量。利用流体的平均速度 $\bar{u}$ 和 $\bar{v}$ 的定义式 (12.249)，式 (12.251) 可以重写为

$$\frac{\partial(h\bar{u})}{\partial x} + \frac{\partial(h\bar{v})}{\partial y} = 0 \tag{12.252}$$

将式 (12.249) 代入到式 (12.252) 可以得到：

$$\frac{\partial}{\partial x}\left(h^3 \frac{\partial p_\mathrm{f}}{\partial x}\right) + \frac{\partial}{\partial y}\left(h^3 \frac{\partial p_\mathrm{f}}{\partial y}\right) = F(x,y) \tag{12.253}$$

式 (12.253) 称为雷诺方程，$F(x,y)$ 可以表示为

$$F(x,y) = 12\eta h \frac{\partial}{\partial x}\left(\frac{U_1+U_2}{2}\right) + 12\eta \frac{\partial h}{\partial x}\left(\frac{U_1+U_2}{2}\right) + \\ 12\eta h \frac{\partial}{\partial y}\left(\frac{V_1+V_2}{2}\right) + 12\eta \frac{\partial h}{\partial y}\left(\frac{V_1+V_2}{2}\right) \tag{12.254}$$

如果忽略掉 x 方向的流动，式 (12.254) 可以简化为

$$F(x,y) = 12\eta h \frac{\partial}{\partial y}\left(\frac{V_1+V_2}{2}\right) + 12\eta \frac{\partial h}{\partial y}\left(\frac{V_1+V_2}{2}\right) = 12\eta \frac{\partial}{\partial y}\left(h\frac{V_1+V_2}{2}\right) \tag{12.255}$$

式 (12.134)

利用式 (12.121) 可以得到：

$$\int_{x_\mathrm{m}}^l \dot{Q}_\mathrm{c}\,\mathrm{d}t = \frac{1}{V}\int_{x_\mathrm{m}}^l \dot{Q}_\mathrm{c}\,\mathrm{d}x = \frac{1}{V}\int_{x_\mathrm{m}}^l k_\mathrm{i} T_\mathrm{b}\sqrt{\frac{V}{\pi\alpha_\mathrm{i}(x-x_\mathrm{m})}}\mathrm{d}x = 2k_\mathrm{i} T_\mathrm{b}\left\{\frac{l-x_\mathrm{m}}{\pi\alpha_\mathrm{t} V}\right\}^{\frac{1}{2}}$$

备注 12.9 式 (12.149)[115]

在时间间隔 l/V 内传导到冰的热量 Q_c1 可以用下式表示：

$$Q_\mathrm{c1} = \frac{k_1 bl\Delta T_1}{\delta}\frac{l}{V} \tag{12.256}$$

式中，l 是轮胎的接地长度；b 是接地宽度；V 是轴的速度；k_1 是冰的热传导率；ΔT_1 是冰和接触面之间的温度差；δ 是热量传入的冰层的厚度，这个热量等于存储在加热层中的能量，可以表示为

$$Q_\mathrm{c1\_stored} = \rho_1 bl\delta c_1 \Delta T_1/2 \tag{12.257}$$

式中，ρ_1 是冰的密度；c_1 是冰的热容。

利用式 (12.256) 和式 (12.257)，可以消去厚度 δ：

$$Q_\mathrm{c1} = bl\Delta T_1\left(\frac{l}{2V}\right)^{\frac{1}{2}}(k_1 c_1 \rho_1)^{\frac{1}{2}} \tag{12.258}$$

考虑到热量也从接触面传递到轮胎，因此总的热传导 Q_c 为

$$Q_\mathrm{c} = bl\left(\frac{l}{2V}\right)^{\frac{1}{2}}\left\{\Delta T_1(k_1 c_1 \rho_1)^{\frac{1}{2}} + \Delta T_2(k_2 c_2 \rho_2)^{\frac{1}{2}}\right\} \tag{12.259}$$

⊖ 备注 12.10。

式中，k_2 是轮胎的热传导率；ΔT_2 是接触面和轮胎内部温度的差值；ρ_2 是胎冠橡胶的密度；c_2 是胎冠橡胶的热容。

厚度为 d 的冰层融化需要的热量为 Q_m：

$$Q_m = bldL\rho_1 \tag{12.260}$$

式中，L 是冰融化的潜热。

在时间间隔 l/V 内产生的摩擦能量 Q_f 为

$$Q_f = \mu F_z V_s l/V \tag{12.261}$$

式中，F_z 是轮胎的垂直载荷；μ 是轮胎在冰上的摩擦系数；V_s 是滑动速度。

利用方程 $Q_f = Q_c + Q_m$，根据式（12.259）～式（12.261），可以得到：

$$\mu F_z V_s \frac{l}{V} = bl\left(\frac{l}{2V}\right)^{\frac{1}{2}} \{\Delta T_1 (k_1 c_1 \rho_1)^{\frac{1}{2}} + \Delta T_2 (k_2 c_2 \rho_2)^{\frac{1}{2}}\} + bldL\rho_1 \tag{12.262}$$

从上式可以求出水层的厚度 d：

$$d = \frac{1}{L\rho_1}\left[\frac{\mu F_z V_s}{bV} - \left(\frac{l}{2V}\right)^{\frac{1}{2}} \{\Delta T_1 (k_1 c_1 \rho_1)^{\frac{1}{2}} + \Delta T_2 (k_2 c_2 \rho_2)^{\frac{1}{2}}\}\right] \tag{12.263}$$

忽略在干滑动摩擦区的摩擦力，轮胎和冰面之间的水层的黏性剪切力产生的摩擦力 F_μ 可以写为

$$F_\mu = \tau bl = \eta \frac{dv}{dy} bl = \eta \frac{V_s}{d} bl \tag{12.264}$$

式中，τ 是剪应力；η 是水的黏度。

考虑到 $F_\mu = \mu F_z$，将式（12.263）代入到式（12.264）中，得到：

$$\mu^2 - \frac{b}{F_z}\frac{V}{V_s}\left(\frac{l}{2V}\right)^{\frac{1}{2}} \{\Delta T_1 (\lambda_1 c_1 \rho_1)^{\frac{1}{2}} + \Delta T_2 (\lambda_2 c_2 \rho_2)^{\frac{1}{2}}\} \mu - \frac{\eta V bl L\rho_1 b}{F_z^2} = 0 \tag{12.265}$$

当轮胎被抱死时，满足 $V_s = V$，将这个关系代入到式（12.265）中，可以得到 μ：

$$\mu = \frac{b}{2F_z}\left(\frac{l}{2V_s}\right)^{\frac{1}{2}} \{\Delta T_1 (k_1 c_1 \rho_1)^{\frac{1}{2}} + \Delta T_2 (k_2 c_2 \rho_2)^{\frac{1}{2}}\} + \left[\frac{b^2 l}{8F_z^2 2V_s}\{\Delta T_1 (k_1 c_1 \rho_1)^{\frac{1}{2}} + \Delta T_2 (k_2 c_2 \rho_2)^{\frac{1}{2}}\}^2 + \frac{\eta_0 V_s bl L\rho_1 b}{F_z^2}\right]^{\frac{1}{2}} \tag{12.266}$$

备注 12.10　式（12.251）

$$\int u(x,y,z)\mathrm{d}z = U(x,y,z)$$

$$\int_0^{h(x,y)} u(x,y,z)\mathrm{d}z = U[x,y,h(x,y)] - U(x,y,0)$$

$$\frac{\partial}{\partial x}\int_0^{h(x,y)} u(x,y,z)\mathrm{d}z = \frac{\partial}{\partial x}U[x,y,h(x,y)] + \frac{\partial}{\partial h}U[x,y,h(x,y)]\frac{\partial h}{\partial x} - \frac{\partial}{\partial x}U(x,y,0)$$

$$\int_0^{h(x,y)} \frac{\partial}{\partial x}u(x,y,z)\mathrm{d}z = \frac{\partial}{\partial x}U[x,y,h(x,y)] - \frac{\partial}{\partial x}U(x,y,0)$$

$$\int_0^{h(x,y)} \frac{\partial}{\partial x}u(x,y,z)\mathrm{d}z = \frac{\partial}{\partial x}\int_0^{h(x,y)} u(x,y,z)\mathrm{d}z - \frac{\partial}{\partial h}U[x,y,h(x,y)]\frac{\partial h}{\partial x}$$

$$= \frac{\partial}{\partial x}\int_0^{h(x)} u(x,y,z)\mathrm{d}z - u[x,y,h(x,y)]\frac{\partial h}{\partial x}$$

参考文献

1. E. Fiala, Seitenkrafte am rollenden Luftreifen. VDI Z. **96** (1954)
2. N. Miyashita et al., Analytical model of my–S curve using generalized skewed-parabola. JSAE Rev. **24**, 87–92 (2003)
3. S. Yamazaki et al., A study on braking and driving properties of automotive tires. Int. J. Automot. Eng. **23**(2), 97–102 (1992) (in Japanese)
4. S. Yamazaki, Mechanics of myu-S characteristics of tire and its application. Nippon Gomu Kyokaishi **74**(4), 143–147 (2001) (in Japanese)
5. S. Yamazaki et al., Relationship between fore–aft stiffness of studless tire and hill-climbing performance. Nippon Gomu Kyokaishi **70**, 608–617 (1997) (in Japanese)
6. K. Araki, H. Sakai, Theoretical study on tractive and braking characteristics of tire. Trans. JSAE, No. 9122125 (1991) (in Japanese)
7. S. Yamazaki, Structural mechanics of tire and braking performance. Nippon Gomu Kyokaishi **80**(4), 147–152 (2007) (in Japanese)
8. J. Adcox et al., Interaction of anti–lock braking systems with tire torsional dynamics. Tire Sci. Technol. **40**(3), 171–185 (2012)
9. J.R. Anderson et al., Interaction of a slip-based antilock braking system with tire torsional dynamics. Tire Sci. Technol. **43**(3), 182–194 (2015)
10. J.R. Cho et al., Estimation of dry road braking distance considering frictional energy of patterned tires. Finite Elem. Anal. Des. **42**, 1248–1257 (2006)
11. T. Hosome, et al., Experimental study of ABS performance from the viewpoint of tire characteristics, in *Proceedings of the JSAE Conference*, Paper No. 9941232 (1994) (in Japanese)
12. B.J. Albert, J.C. Walker, Tyre to wet road friction. Proc. Inst. Mech. Eng. **180**, 105 (1965–1966)
13. B.J. Allbert, Tires and hydroplaning. SAE Paper, No. 680140 (1968)
14. R.W. Yeager, J.L. Tuttle, Testing and analysis of tire hydroplaning. SAE Paper, No. 720471 (1972)
15. W.B. Horner, U.T. Joyner, Pneumatic tire hydroplaning and some effects on vehicle performance. SAE Paper, No. 970C (1965)
16. A.L. Browne, Tire deformation during dynamic hydroplaning. Tire Sci. Technol. **3**(1), 16–28 (1975)
17. H. Sakai, et al., The effect of hydroplaning on the dynamic characteristics of car, truck and bus tires. SAE Paper, No. 780195 (1978)
18. M. Yagita et al., Effects of a ground plate on magnus effect of a rotating cylinder. Trans. JSME B **62**(596), 1294–1299 (1996) (in Japanese)
19. H. Sakai, *Tire Engineering* (Guranpuri-Shuppan, 1987) (in Japanese)
20. T. Akasaka, M. Takayama, A study on hydroplaning. Bull. Facul. Sci. Eng. Chuo Univ. **17**, 27–40 (1974)
21. D.F. Moore, *The Friction of Pneumatic Tyres* (Elsevier Scientific Publishing Company, Amsterdam, 1975)
22. D.F. Hays, A.L. Browne (eds.), *The Physics of Tire Traction—Theory and Experiment* (Plenum Press, 1974)
23. D.F. Moore, On the inclined non-inertial sinkage of a flat plate. J. Fluid Mech. **20**, 321 (1964)
24. D. Whicker et al., Some effect of inclination on elastohydrodynamic squeeze film problems. J. Fluid Mech. **78**, 247–260 (1976)
25. S.K. Agrawall, J.J. Henry, A simple tire deformation model for the transient aspect for hydroplaning. Tire Sci. Technol. **8**(3–4), 23 (1980)
26. D.F. Moore, A review of squeeze films. Wear **8**, 245–263 (1965)
27. D.F. Moore, A theory of viscous hydroplaning. Int. J. Mech. Sci. **9**, 797–810 (1967)
28. R.J. Boness, A theoretical treatment of the aquaplaning tyre. Automob. Eng., 260–264 (1968)
29. A.L. Browne et al., Dynamic hydroplaning of pneumatic tires. Wear **20**, 1–28 (1972)
30. A.L. Browne, Computer-aided prediction of the effect of tire tread pattern design on thick film wet traction. Research Publication, GMR-2487 (1977)
31. A.L. Browne, Predicting the effect of tire tread pattern design on thick film wet traction. Tire Sci. Technol. **5**(6), 6–28 (1977)
32. A.L. Browne et al., The significance of tread element flexibility to film wet traction. Tire Sci. Technol. **3**(4), 215–234 (1975)
33. S.M. Rohde, On the combined effects of tread element flexibility and pavement microstructure on thin film wet traction. SAE Paper, No. 770277 (1977)

34. A.L. Browne, D. Whicker, Design of thin tread elements for optimum thin film wet traction. SAE Paper, No. 770278 (1977)
35. K.S. Lee, Effects of sipes on the viscous hydroplaning of pneumatic tires. Tire Sci. Technol. **26**(1), 23–35 (1998)
36. S.K. Clark (eds.), *Mechanics of Pneumatic Tires* (U.S. Government Printing Office, 1971)
37. W.E. Meyer, Looking at the trouble spot where the rubber meets the road. SAE J. **72**, 36–40 (1964)
38. M. Okamura, T. Someya, Research of hydroplaning (1). Trans. JSME **43**(374), 3932–3943 (1977) (in Japanese)
39. M. Okamura, T. Someya, Research of hydroplaning (2). Trans. JSME **43**(374), 3944–3953 (1977) (in Japanese)
40. H. Grogger, M. Weiss, Calculation of the three-dimensional free surface flow around an automobile tire. Tire Sci. Technol. **24**(1), 39–49 (1996)
41. H. Grogger, M. Weiss, Calculation of the hydroplaning of a deformable smooth-shaped and longitudinally-grooved tire. Tire Sci. Technol. **25**(4), 265–287 (1997)
42. E. Seta et al., Hydroplaning analysis by FEM and FVM: effect of tire rolling and tire pattern on hydroplaning. Tire Sci. Technol. **28**(3), 140–156 (2000)
43. Y. Nakajima, Numerical simulation of tire traction on various road conditions. Rubber Chem. Technol. **80**(3), 412–435 (2007)
44. Y. Nakajima, Hydroplaning analysis by FEM and FVM: effect of tire rolling and tire pattern on hydroplaning. Int. J. Automot. Technol. **1**(1), 26–34 (2000)
45. MSC.Dytran User's Manual, MSC Software Corporation (2002)
46. US 6,430,993 B1
47. T.W. Kim, H.Y. Jeong, Hydroplaning simulations for tires using FEM, FVM and an asymptotic method. Int. J. Automot. Technol. **11**, 901–908 (2010)
48. S.S. Kumar et al., Study of hydroplaning risk on rolling and sliding passenger car. Proc. Soc. Behav. Sci. **53**, 1020–1028 (2012)
49. T. Okano, M. Koishi, A new computational procedure to predict transient hydroplaning performance of a tire. Tire Sci. Technol. **29**(1), 2–22 (2001)
50. J.R. Cho et al., Braking distance prediction by hydroplaning analysis of 3-D patterned tire model. J. Syst. Des. Dynam. **1**, 298–409 (2007)
51. J.-T. Chiu, C.-R. Shui, Analysis of the wet grip characteristics of tire tread patterns. Tire Sci. Technol. **46**(1), 2–15 (2018)
52. Bridgestone, AQ DONUTS-II Technology Guide (2000)
53. S. Nishina, K. Ohoyama, Tire snow traction performance. JSAE J. **43**(3), 42–46 (1989)
54. M. Tsukijihara, Tire cornering characteristics on snow and ice, in *JSAE Symposium*, No. 906501 (1990) (in Japanese)
55. T. Sakamoto, Y. Hirata, Development of studless tire (passenger tire). Nippon Gomu Kyokaishi **65**, 713–720 (1992) (in Japanese)
56. H. Tomoda, Y. Ishikawa, Development of studless tire (truck/bus tire). Nippon Gomu Kyokaishi **65**, 721–730 (1992) (in Japanese)
57. E. Hiroki, Evaluation of studless tire-I. Nippon Gomu Kyokaishi **65**, 738–745 (1992) (in Japanese)
58. K. Horiuchi, Evaluation of studless tire-II. Nippon Gomu Kyokaishi **65**, 746–752 (1992) (in Japanese)
59. E. Hiroki, On the cornering characteristics of studless tires for winter season with an ice and snow tires testing machine. JSAE J. **46**(6), 108–113 (1992) (in Japanese)
60. H. Ueyama, Tire friction characteristics on snow and ice surface, in *Proceedings of the JSAE Conference*, No. 9631191, 1996 (in Japanese)
61. Y. Nakajima, Analytical model of longitudinal tire traction in snow. J. Terramech. **40**(1), 63–82 (2004)
62. Y. Nakajima, Study on snow traction (I). Technical report (Bridgestone Corporation, 1980) (in Japanese)
63. Y. Nakajima, Study on snow traction (II). Technical report (Bridgestone Corporation, 1981)
64. S. Ella et al., Investigation of rubber friction on snow for tyres. Tribol. Int. **59**, 292–301 (2013)
65. A.L. Brown, A study of vehicle performance in snow. J. Terramech. **16**, 153–162 (1979)
66. G.L. Blaisdell, W.L. Harrison, Measurement of snow surface and tire performance evaluation. SAE Paper, No. 820346 (1982)
67. T.R. Nesbitt, D.J. Barron, Prediction of driving traction performance on snow. SAE Paper, No. 800836 (1980)
68. G.P. Buchner, et al., Evaluation of empirical tread design predictions of snow traction as measured with a self-contained traction vehicle. SAE Paper, No. 820345 (1982)
69. W.R. Janowski, Tire traction testing in the winter environment. SAE Paper,

No. 800839 (1980)
70. J.V. Kneip, et al., European winter tire testing. SAE Paper, No. 800837 (1980)
71. D.C. Domeck, Winter tire testing as seen by the independent tester. SAE Paper, No. 820344 (1982)
72. T. Muro, N.R. Yong, Rectangular plate loading test on snow. J. Jpn. Soc. Snow Ice **42**, 17–24 (1980) (in Japanese)
73. T. Muro, N.R. Yong, Vane cone test on snow. J. Jpn. Soc. Snow Ice **42**, 25–32 (1980) (in Japanese)
74. N. Maeno, T. Kuroda, *Structure of Snow and Ice and Physical Properties* (Kokinshoin, 1986) (in Japanese)
75. M. Salm, Mechanical properties of snow. Rev. Geophys. Phys. **20**, 1–19 (1982)
76. S.C. Colbeck, The kinetic friction of snow. J. Glaciol. **34**(78), 28 (1988)
77. G. Meschke, A new viscoplastic model for snow at finite strains, in *4th International Conference on Computational Plasticity* (Pineridge Press, 1995), p. 2295
78. G. Meschke, C.H. Liu, The Cam–Clay model at finite strains: algorithmic aspects and finite element analysis of snow, in *Computer Methods and Advances in Geomechanics, Proceedings of the IACMAG 94* (1994), pp. 623–628
79. G. Meschke et al., Large strain finite element analysis of snow. J. Eng. Mech. ASCE **22**, 591–602 (1996)
80. R. Mundl et al., Friction mechanism of tread blocks on snow surfaces. Tire Sci. Technol. **25**, 245–264 (1997)
81. C.W. Fervers, Tyre and soft soil interaction-research with fem, in *Proceedings of the FISITA Conference* (Praque, 1996)
82. S. Shoop, et al., *Snow-Tire FEA* (Tire Technology International, 1999), pp. 20–25
83. I. Lahtinen, et al., Snow surface model for tyre performance simulation, in *Proceedings of the FISITA Conference*, Seoul, No. F2000G352 (2000)
84. E. Seta et al., Prediction of snow/tire interaction using explicit FEM and FVM. Tire Sci. Technol. **31**(3), 173–188 (2003)
85. J.H. Choi et al., Numerical investigation of snow traction characteristics of 3-D patterned tire. J. Terramech. **49**, 81–93 (2012)
86. T. Muro, N.R. Yong, On trafficability of tracked oversnow vehicle. J. Jpn. Soc. Snow Ice **42**, 93–100 (1980) (in Japanese)
87. T. Muro, N.R. Yong, On drawbar pull of tracked oversnow vehicle. J. Jpn. Soc. Snow Ice **42**, 101–108 (1980) (in Japanese)
88. M. Mellor, A review of basic snow mechanics, in *International Symposium Snow Mechanics*, vol. 114 (IAHS-AISH Publication, Grindelwald, Switzerland, 1974), pp. 251–291
89. M. Schneebeli et al., Measuring snow microstructure and hardness using high resolution penetrometer. Cold Reg. Sci. Technol. **30**, 101–114 (1999)
90. J.B. Johnson, M. Schneebeli, Characterizing the microstructural and micromechanical properties of snow. Cold Reg. Sci. Technol. **30**, 91–100 (1999)
91. J.C. Simo, Algorithms for static and dynamic multiplicative plasticity that preserve the classical return mapping schemes of the infinitesimal theory. Comput. Meth. Appl. Mech. Eng. **99**(1), 61–112 (1992)
92. J.C. Simo, G. Meschke, A new class of algorithms for classical plasticity extended to finite strains: application to geomaterials. Comput. Mech. **11**, 253–278 (1993)
93. V.F. Petrenko, R.W. Whitewisth, *Physics of Ice* (Oxford University Press, 1999)
94. N. Maeno, *Science of Ice* (Hokkaido University Press, 1981) (in Japanese)
95. A.-M. Kietzig et al., Physics of ice friction. J. Appl. Phys. **107**, 081101 (2010)
96. F.P. Bowden, T.P. Hughes, The mechanism of sliding on ice and snow. Proc. R. Soc. Lond. A Math. **172**, 0280–0298 (1939)
97. A. Ahagon et al., Friction on ice. Rubber Chem. Technol. **61**, 14–35 (1988)
98. Y. Furukawa, Ice surface is melting! Why is it so slippy? JSME J. **112**(1086), 402–405 (2009)
99. A.-M. Kietzig et al., Ice friction: the effects of surface roughness, structure, and hydrophobicity. J. Appl. Phys. **106**, 024303 (2009)
100. B. Barnes et al., The friction and creep of polycrystalline ice. Proc. R. Soc. Lond. A **324**, 127–155 (1971)
101. A. Doppenschmidt, Die Eisoberflache. Ph.D. thesis (Johannes-Gutenberg-Universitat, Mainz, 1999)
102. M. Nihei, Characteristics of tires on texture of iced road surface, in *Proceedings of the JSAE Conference*, No. 20084076 (2008)
103. M. Katayama, et al., Development of studless pattern by using PAM-CRASH, in *PAM-CRASH User's Conference* (Tokyo, 2000) (in Japanese)

104. K. Mitsuhashi et al., Ice friction characteristics of studless tire. Nippon Gomu Kyokaishi **70**, 140–146 (1997) (in Japanese)
105. G. Skouvaklis et al., Friction of rubber on ice: a new machine, influence of rubber properties and sliding parameters. Tribo. Int. **49**, 44–52 (2012)
106. E. Hiroki, K. Horiuchi, Frictional force and edge effect of studless tires on ice surface, in *JSAE Conference*, No. 9437917 (1994)
107. E. Hiroki, Slip friction factor, amount of water formation and amount of drainage by sipe edge on ice, in *JSAE Conference*, No. 9731677 (1997)
108. K. Mitsuhashi et al., Comparison of the frictional property between studless-tires on icy road and inclined angle of sipes of small block. Nippon Gomu Kyokaishi **71**, 626–631 (1998) (in Japanese)
109. S. Yamazaki et al., Effect of number of sipes in tread block on the friction coefficient. JARI Res. J. **21**, 31–34 (1999) (in Japanese)
110. S. Yamazaki, Tribology of tire. Nippon Gomu Kyokaishi **72**, 229–235 (1999) (in Japanese)
111. S. Yamazaki et al., Effects of the number of siping edges in a tire tread block on friction property and contact with an icy road. Tire Sci. Technol. **28**(1), 58–69 (2000)
112. Y. Ishikawa, Frictional property of tire-friction coefficient and characteristics of tread compound. Nippon Gomu Kyokaishi **70**, 193–203 (1997) (in Japanese)
113. S. Yamazaki, Mechanism of interfacial behavior between tire and ice. Nippon Gomu Kyokaishi **65**, 731–737 (1992) (in Japanese)
114. D.C.B. Evans et al., The kinetic friction of ice. Proc. R. Soc. Lond. A Math. **347**, 493–512 (1976)
115. P. Oksanen, J. Keinonen, The mechanism of friction on ice. Wear **78**, 315–324 (1982)
116. G.F. Hayhoe, C.G. Shapley, Tire force generation on ice. SAE Paper, No. 890028 (1989)
117. X.D. Peng, et al., A tire traction modeling for use in ice mobile. SAE Paper, No. 1999-01-0478 (1999)
118. X.D. Peng, et al., A new method for determining tire traction on ice. SAE Paper, No. 2000-01-1640 (2000)
119. M. Nihei, K. Shimizu, Effect of frictional heat in tire characteristics on ice friction model and experimental results of smooth tire, in *JSAE Conference*, No. 9437908 (1994)
120. M. Giessler et al., Influence of friction heat on tire traction on ice and snow. Tire Sci. Technol. **38**(1), 4–23 (2010)
121. K. Wiese et al., An analytical thermodynamic approach to friction of rubber on ice. Tire Sci. Technol. **40**(2), 124–150 (2012)
122. K. Hofstetter et al., Sliding behaviour of simplified tire tread patterns investigated by means of FEM. Comput. Struct. **84**, 1151–1163 (2006)
123. A.K. Bhoopalam, C. Sandu, Review of the state of the art in experimental studies and mathematical modeling of tire performance on ice. J. Terramech. **53**, 19–35 (2014)
124. R.G. Pope, The effect of wheel speed on rolling resistance. J. Terramech. **8**(1), 51–58 (1971)
125. Z. Wang, A.R. Reece, The performance of free rolling rigid and flexible wheels on sand. J. Terramech. **21**(4), 347–360 (1984)
126. J.Y. Wong, Behavior of soil beneath rigid wheels. J. Agr. Eng. Res. **12**(4), 257–269 (1967)
127. E.J. Windish, R.N. Yong, The determination of soil strain-rate behavior beneath a moving wheel. J. Terramech. **7**(1), 55–67 (1970)
128. M. Ueno, et al., A development of analyzing system for strain and stress of soil under the wheel, in *Proceedings of the 10th International Conference of ISTVS* (1990), pp. 265–276
129. K. Hashiguchi et al., Image processing on-line measurement for soil displacement. J. Jpn. Soc. Agr. Mach. **60**(6), 11–18 (1998) (in Japanese)
130. J.Y. Wong, *Theory of Ground Vehicles*, 3rd edn. (Wiley, 2001)
131. J.Y. Wong, *Terramechanics and Off-Road Vehicles* (Elsevier, 1989)
132. M.G. Bekker, *Theory of Land Locomotion* (The University of Michigan Press, 1956)
133. M.G. Bekker, *Off the Road Locomotion* (The University of Michigan Press, Ann Arbor, 1960)
134. M.G. Bekker, *Introduction to Terrain-Vehicle Systems* (The University of Michigan Press, Ann Arbor, MI, 1969)
135. T. Muro, *Terramechanics* (Gihoudou-Shuppan, 1993) (in Japanese)
136. Terramechanics research group (ed.), *Mechanics for Off-the-Road Tire* (Terramechanics Research Group, 1999) (in Japanese)
137. J.Y. Wong, A.R. Reece, Prediction of rigid wheel performance based on the analysis of soil-wheel stresses, part I. Performance of driven rigid wheel. J. Terramech. **4**(1), 81–98 (1967)
138. J.Y. Wong, A.R. Reece, Prediction of rigid wheel performance based on the analysis of soil-wheel stresses, part II. Performance of towed rigid wheels. J. Terramech. **4**(2), 7–25 (1967)
139. R.G. Pope, The effect of sinkage rate on pressure sinkage relationships and rolling resistance

in real and artificial clays. J. Terramech. **6**(4), 31–38 (1969)
140. D.G.- Clough, Selection of tyre sizes for agricultural vehicles. J. Agr. Eng. Res. **25**(3), 261–271 (1980)
141. H. Itoh, Study on the turning behavior of a 4WD–4WS tractor. Ph.D. thesis (Kyoto University, 1994)
142. Z. Janosi, B. Hanamoto, Analytical determination of drawbar pull as a function of slip for tracked vehicles in deformable soils, in *Proceedings of the 1st International Conference on Terrain-Vehicle Systems* (Turin, 1961)
143. V.V. Kacigin, V.V. Guskov, The basis of tractor performance theory. J. Terramechaics **5**(3), 43–66 (1968)
144. J.Y. Wong, J. Preston-Thomas, On the characterization of the shear stress-displacement relationship of Terrain. J. Terramech. **19**(4), 225–234 (1983)
145. AESCO (Automotive Engineering Software & Consulting), ORSIS (Off Road Systems Interactive Simulation), http://www.english.orsis.de/index.html
146. AESCO (Automotive Engineering Software & Consulting), AS2TM, http://www.tire-soil.de/
147. T. Hiroma et al., Finite element analysis for tractive performance of a rigid wheel (part 1), analysis using loading and unloading models of soil. J. Jpn. Soc. Agr. Mach. **61**(1), 115–121 (1999) (in Japanese)
148. T. Hiroma et al., Finite element analysis for tractive performance of a rigid wheel (part 2), tractive performance and stress distribution in soil. J. Jpn. Soc. Agr. Mach. **61**(1), 123–129 (1999) (in Japanese)
149. T. Hiroma et al., Analysis of the soil deformation beneath a wheel by finite element method (part 3), analysis considering the viscoelastic properties of soil. J. Jpn. Soc. Agr. Mach. **56**(6), 3–10 (1994) (in Japanese)
150. N.H. Abu-Hamdeh, R.C. Reeder, Measuring and predicting stress distribution under tractive devices in undisturbed soils. Biosyst. Eng. **85**(4), 493–502 (2003)
151. G. Regli et al., Material laws as a basis for simulation models for the calculation of wheel-soil interaction examination using the finite element method. J. Terramech. **30**(3), 165–179 (1993)
152. C.H. Liu, J.Y. Wong, Numerical simulations of tire-soil interaction based on critical state soil mechanics. J. Terramech. **33**(5), 209–221 (1996)
153. S. Oida et al., Soil/tire interaction analysis using FEM and FVM. Tire Sci. Technol. **33**(1), 38–62 (2005)
154. M. Momotsu, et al., Simulation of interaction between soil and rotary blade by modified distinct element method, in *Proceedings of the 7th European ISTVS Conference* (Ferrara, 1997), pp. 572–579
155. A. Oida, et al., Simulation of soil deformation under a track shoe by the DEM, in *Proceedings of the 7th European ISTVS Conference* (Ferrara, 1997), pp. 155–162
156. H. Tanaka, et al., Simulation of soil deformation and resistance at bar penetration by the distinct element method, in *Proceedings of the 12th International Conference of ISTVS* (Beijing, 1996), pp. 21–28
157. H. Fujii, et al., Analysis of interaction between Lunar Terrain and Treaded Wheel by distinct element method, in *Proceedings of the 14th International Conference of ISTVS* (Vicksburg, MS, USA, 2002)
158. H. Nakashima, A. Oida, Algorithm and implementation of soil–tire contact analysis code based on dynamic FE-DE method, in *Proceedings of the 14th International Conference of ISTVS* (Vicksburg, MS, USA, 2002)
159. D.F. Moore, *The Friction and Lubrication of Elastomers* (Pergamon Press, Oxford, New York, 1972)
160. H.S. Carslaw, J.C. Jaeger, *Conduction of Hear in Solids*, 2nd edn. (Clarendon Press, 2011)

第13章 轮胎的滚动阻力

轮胎的滚动阻力（RR）取决于三个因素：①在滚动轮胎的周期性变形过程中橡胶和骨架材料的能量损失；②接地区域的摩擦能量；③轮胎的空气阻力。轮胎滚动阻力的90%是由第一个因素导致的，因此为了降低轮胎的滚动阻力，减少能量损失是最主要的办法。人们开发了很多的能量损失的计算方法，从而可以提高对滚动阻力的预测能力，例如基于非线性损失角正切的方法以及考虑到损失角正切的温度依赖性的方法。滚动阻力的预测往往采用解析的方法，比如弹性环模型和胎面橡胶的模型，或者采用有限元的方法。滚动阻力对燃油消耗的贡献取决于车辆、道路纹理和驾驶条件。尽管滚动阻力的测量是在0°侧偏角的稳态状态下进行的，但瞬态滚动阻力或者带有侧偏角以及处于滑移状态的滚动阻力也需要进行测量，以便进行滚动阻力的建模，从而用于考虑滚动阻力对燃油经济性的影响。人们采用有限元方法，结合优化措施来降低轮胎的滚动阻力。下一代的低滚动阻力轮胎一般通过减重或减小规格来实现。

13.1 轮胎的滚动阻力研究

13.1.1 轮胎的滚动阻力发展历程

在欧盟范围内，在2006年，23%的二氧化碳排放来自于道路交通领域[1]。为了阻止气候变暖，汽车工业界通过提高车辆的燃油经济性来减低二氧化碳的排放水平。消费者燃油成本增加的压力是另一个驱动因素。为了提高轮胎平均的利用率和效率，日本[2]、欧盟[3]和美国[4]都相继推出了相关法规，要求轮胎生产企业为消费者提供关于轮胎的滚动阻力等信息。

各种类型的能量损失对车辆阻力的贡献取决于驾驶条件，如图13.1所示。货车/客车轮胎的滚动阻力对车辆阻力的贡献在城市道路上为20%，在高速公路上为40%。这是因为在高速公路上加速减速的频率非常低，从而导致燃油消耗减少。一般来说，对于轿车的阻力来说，轮胎的滚动阻力贡献约占10%，对于满负荷的载重货车来说占20%[5-8]。

如图13.2所示[6]，在过去的20年里，轮胎的滚动阻力已经被降低了20%。这是因为，就

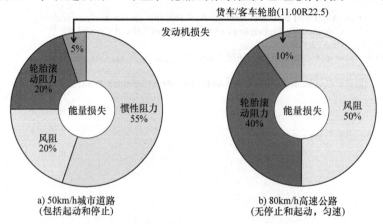

图13.1 轮胎滚动阻力对车辆总的阻力的贡献[6]

像 Schuring 和 Futamura[9-10] 所总结的那样,大部分的滚动阻力研究都是由轮胎制造企业完成的,这些研究包括在轮胎和橡胶上进行的实验研究,以及对纤维增强橡胶复合材料的研究。研究的手段有解析轮胎模型、有限元模型,开发评价方法,研究橡胶配方以及高分子材料的纳米设计技术。本章主要讨论解析轮胎模型和有限元模型。

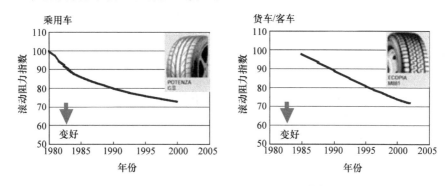

图 13.2 轮胎滚动阻力的减少趋势[6]

13.1.2 轮胎的能量损失

当轮胎上的滞后材料在轮胎滚动过程中经受周期性变形的时候,一些变形能就变成了热能,从而导致滚动阻力。滚动的阻力定义为轮胎每行驶单位距离损失的能量,其单位为 N。滚动阻力因此可以看作是接触面内所有纵向切向力的标量和,它的作用方向平行于轮辋中性面[11]。轮胎的滚动阻力取决于三个因素:

1) 由周期性变形导致的轮胎内的橡胶材料和增强材料的能量损失。
2) 接触面内的摩擦能量。
3) 轮胎受到的风阻。

90% 以上的滚动阻力都是由第一个因素导致的,因此为了降低轮胎的滚动阻力,最重要的是降低轮胎的能量损失。能量损失是由橡胶材料和增强材料的黏弹性导致的。对于弹性材料来说,其加载和卸载的应力/应变曲线是重合的,然而对于黏弹性材料来说,其加载和卸载的应力应变曲线不是重合的。加载和卸载曲线之间所包络的面积就是能量损失。尽管橡胶材料的黏弹性随着温度、应变速率(频率)和应变幅值而变化,但经常把橡胶材料看作是线性黏弹性材料。当应力 σ 以正弦形式作用在橡胶上时,由此产生的应变 ε 会有时间的迟滞。

如图 13.3 所示,应力和应变的表达式为

$$\varepsilon = \varepsilon_0 \sin\omega t$$
$$\sigma = \sigma_0 \sin(\omega t + \delta)$$

(13.1)

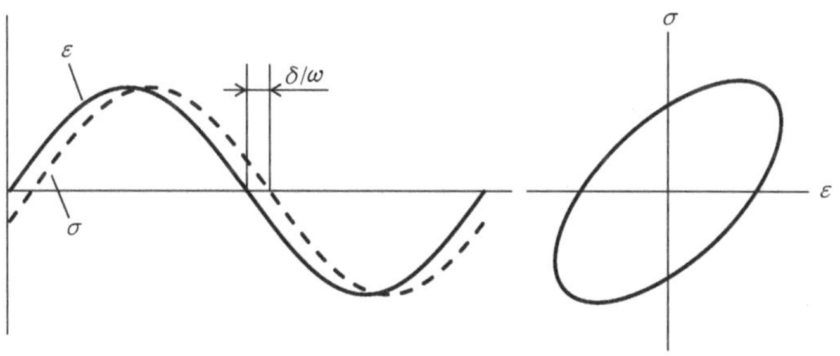

图 13.3 应力、应变和能量损失

式（13.1）中的第二个方程可以用下面的公式代替：
$$\sigma = (E'\sin\omega t + E''\cos\omega t)\varepsilon_0 \tag{13.2}$$
式中，E'是储能模量；E''是损失模量。

对比式（13.1）和式（13.2），E'和E''可以表示为
$$E' = (\sigma_0/\varepsilon_0)\cos\delta$$
$$E'' = (\sigma_0/\varepsilon_0)\sin\delta \tag{13.3}$$

E''和E'的比值定义为损失角正切 $\tan\delta$：
$$E''/E' = \tan\delta \tag{13.4}$$

轮胎转动一周内单位体积的应变能损失 w_{loss} 可以用下面的公式表示：
$$w_{\text{loss}} = \int_0^{2\pi}\sigma d\varepsilon = \int_0^{2\pi/\omega}\sigma\dot{\varepsilon}dt = \pi\varepsilon_0^2 E'' = \pi\varepsilon_0^2 E'\tan\delta \tag{13.5}$$

w_{loss}等于图13.3中的椭圆的面积。将式（13.5）除以一个圆周的弧度2π，可以得到$\varepsilon_0^2 E'\tan\delta/2$，从中看到能量损失等于与储能模量有关的应变能和$\tan\delta$的乘积。

13.1.3　轮胎应变能损失的计算

1. 相位滞后模型

滚动轮胎内部的某个部位的应力应变曲线通常是一个简单的循环，如图13.3所示。计算轮胎能量损失的最简单方法就是采用傅里叶级数展开来处理应力应变沿圆周方向的变化：
$$\varepsilon = \sum_n (\varepsilon_{\text{ns}}\sin n\theta + \varepsilon_{\text{nc}}\cos n\theta)$$
$$\sigma = \sum_n (\sigma_{\text{ns}}\sin n\theta + \sigma_{\text{nc}}\cos n\theta) \tag{13.6}$$
式中，θ是圆周方向的角度。

图13.4给出了应力的计算结果和傅里叶级数展开的近似结果的比较。从中看到傅里叶级数展开是对应力的很好的近似。考虑到式（13.6）中应力的相位滞后δ，应力可以表示为
$$\sigma = \sum_n \{\sigma_{\text{ns}}\sin(n\theta + \delta) + \sigma_{\text{nc}}\cos(n\theta + \delta)\} \tag{13.7}$$

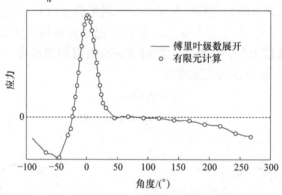

图13.4　应力的计算结果和傅里叶级数展开的近似结果的比较
（经 Tokyo Denki University Press 授权，摘自文献 [13]）

将式（13.6）的第一个方程和式（13.7）代入到轮胎应变能损失的定义中，则应变能损失 W 可以表示为[12-13]㊀

㊀ 问题13.1。

$$
\begin{aligned}
W &= \int_V \sigma \mathrm{d}\varepsilon = \iint_{A\,0}^{2\pi} \sigma \frac{\mathrm{d}\varepsilon}{\mathrm{d}\theta} r \mathrm{d}\theta \mathrm{d}A \\
&= \iint_{A\,0}^{2\pi} \left[\sum_n \{ \sigma_{\mathrm{ns}} \sin(n\theta + \delta) + \sigma_{\mathrm{nc}} \cos(n\theta + \delta) \} \right] \\
&\quad \left[\sum_n n(\varepsilon_{\mathrm{ns}} \cos n\theta - \varepsilon_{\mathrm{nc}} \sin n\theta) \right] r \mathrm{d}\theta \mathrm{d}A \\
&= \int_A \pi r \sum_n \left[n(\sigma_{\mathrm{ns}}\varepsilon_{\mathrm{ns}} + \sigma_{\mathrm{nc}}\varepsilon_{\mathrm{nc}}) \sin\delta + n(\sigma_{\mathrm{nc}}\varepsilon_{\mathrm{ns}} - \sigma_{\mathrm{ns}}\varepsilon_{\mathrm{nc}}) \cos\delta \right] \mathrm{d}A
\end{aligned} \tag{13.8}
$$

式中，A 是截面积；r 是圆柱坐标系的半径。

单位滚动距离的滚动阻力 RR 为

$$
\mathrm{RR} = \sum_i W_i / (2\pi r_{\mathrm{e}}) \tag{13.9}
$$

式中，W_i 是轮胎上第 i 个小微元的能量损失，用式（13.8）来计算；r_{e} 是轮胎的有效滚动半径。

式（13.8）是一个好的近似计算公式，用它可以计算橡胶的应变能损失。然而，在大的滞后角 δ 的情况下用它计算应变能损失不太合适。因为式（13.8）中是 $\sin\delta$ 和 $\cos\delta$，这可能会使计算结果偏小。

2. Kelvin－Voigt 模型

计算滚动阻力的另一个方法是采用 Kelvin－Voigt 模型，如图 13.5所示[14]。Kelvin－Voigt 模型的应力应变关系表示为

$$
\sigma = E\varepsilon + C\dot{\varepsilon} \tag{13.10}
$$

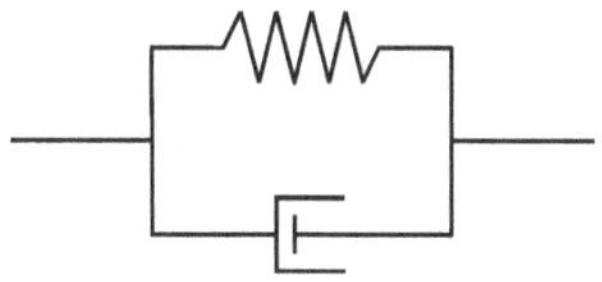

图 13.5　Kelvin－Voigt 模型

轮胎的应变能损失密度 W 可以用下式给出：

$$
\begin{aligned}
W &= \iint_{A\,0}^{2\pi} \sigma \mathrm{d}\varepsilon r \mathrm{d}A = \iint_{A\,0}^{2\pi} (E\varepsilon + C\dot{\varepsilon}) \mathrm{d}\varepsilon r \mathrm{d}A \\
&= \iint_{A\,0}^{2\pi} \left(E\varepsilon + C \frac{\mathrm{d}\varepsilon}{\mathrm{d}\theta} \frac{\mathrm{d}\theta}{\mathrm{d}t} \right) \frac{\mathrm{d}\varepsilon}{\mathrm{d}\theta} \mathrm{d}\theta r \mathrm{d}A \\
&= \iint_{A\,0}^{2\pi} E\varepsilon \frac{\mathrm{d}\varepsilon}{\mathrm{d}\theta} \mathrm{d}\theta r \mathrm{d}A + \iint_{A\,0}^{2\pi} C \frac{\mathrm{d}\varepsilon}{\mathrm{d}\theta} \frac{\mathrm{d}\theta}{\mathrm{d}t} \frac{\mathrm{d}\varepsilon}{\mathrm{d}\theta} \mathrm{d}\theta r \mathrm{d}A
\end{aligned} \tag{13.11}
$$

从式（13.2）和式（13.4）可以得到：

$$
\sigma = (E' \sin\omega t + E' \tan\delta \cos\omega t) \varepsilon_0 \tag{13.12}
$$

将 $\varepsilon = \varepsilon_0 \sin\omega t$ 代入到式（13.10），将结果与式（13.12）进行对比，可以得到下面的对应关系：

$$
\begin{gathered}
E \leftrightarrow E' \\
\omega C \leftrightarrow E' \tan\delta \leftrightarrow E \tan\delta
\end{gathered} \tag{13.13}
$$

将式（13.6）代入到式（13.11），第一项是 0，只剩下第二项。利用式（13.13）的对应关系，可以得到：

$$
\begin{aligned}
W &= \iint_{A\,0}^{2\pi} C \frac{\mathrm{d}\varepsilon}{\mathrm{d}\theta} \frac{\mathrm{d}\theta}{\mathrm{d}t} \frac{\mathrm{d}\varepsilon}{\mathrm{d}\theta} \mathrm{d}\theta r \mathrm{d}A = \frac{\tan\delta}{\omega} \iint_{A\,0}^{2\pi} E\omega \frac{\mathrm{d}\omega}{\mathrm{d}\theta} \frac{\mathrm{d}\varepsilon}{\mathrm{d}\theta} \mathrm{d}\theta r \mathrm{d}A \\
&= \tan\delta \iint_{A\,0}^{2\pi} \frac{\mathrm{d}\sigma}{\mathrm{d}\theta} \frac{\mathrm{d}\varepsilon}{\mathrm{d}\theta} \mathrm{d}\theta r \mathrm{d}A
\end{aligned} \tag{13.14}
$$

将式（13.6）代入到式（13.14），得到：

$$W = \int_A \sum_n n^2 \pi (\sigma_{ns}\varepsilon_{ns} + \sigma_{nc}\varepsilon_{nc}) \tan\delta r \mathrm{d}A \quad (13.15)$$

通过将 W 除以 $2\pi r_e$ 可以得到滚动阻力（RR）。式（13.15）表明，如果轮胎的各个材料的 $\tan\delta$ 相同，则应变能损失与 $\tan\delta$ 成正比。式（13.15）所表示的 W 随着 δ 的增加而增加，即便是在大的 δ 下也是如此。因此式（13.15）比式（13.8）更适合用来评估滚动阻力（RR）。

3. 其他模型

Luchini[15]采用定向增量滞后（DIH）理论开发了计算滞后损失的方法，它采用基于应变的模型，采用增量方程来处理轮胎内部的非正弦应力应变循环。Terziyski 和 Kennedy[16]拓展了该理论，结果表明采用该理论预测的滚动阻力是实测滚动阻力的 $75\% \sim 79\%$。然而，DIH 理论的可预测性是有限的，因为它不能正确地计算交变的应变能带来的能量损失。Akutagawa 等[17]通过在式（13.15）中考虑了材料的非线性黏弹性，提高了滚动阻力的可预测性，这些内容将在13.5.3 节中进行详细讨论。

13.1.4 轮胎滚动阻力的模型

通过考虑轮胎上每个部位的各种变形类型，人们提出了各种各样的关于轮胎滚动阻力的解析模型。例如，轮胎胎冠的压缩变形就像是常应力变形，因为即便是轮胎的结构改变了，它的接地压力的变化仍然较小。同时，胎冠的弯曲和剪切变形就像是常应变变形，下面将在第 13.1.6 节和 13.6.2 节对这些进行详细讨论。

Klingbeil[18]和 Chakko[19]开发了解析轮胎模型，该模型将轮胎的截面分成几个区域，在每个区域内进行变形的分类定义，据此计算能量损失，但他们的模型过高估计了胎侧和胎体对滚动阻力的影响。Stutts 和 Soedel[20]将轮胎看作是由径向弹簧和周向上具有等效阻尼系数和等效张力的薄膜网络构成的。他们定性预测了滚动阻力随着轮胎速度增加而增加的情况。

FEA 方法已经被广泛地应用于轮胎滚动阻力的分析中，这将在第 13.5 节进行详细讨论。FEA 方法可以预测轮胎的每个部分对滚动阻力的贡献，但是它却不能清晰地区分轮胎滚动阻力的各个机理。因此，为了提高轮胎滚动阻力性能，既需要解析研究，也需要计算研究来深入洞察轮胎滚动阻力机理。本节讨论 Nakajima 的解析模型，它基于 Yamagishi 和 Jenkins 开发的轮胎接地解析模型，这些已经在第 9.2 节进行了讨论[21]。

1. 轮胎接地的解析模型

（1）基本方程 给第 9.2 节所述的 Yamagishi 和 Jenkins[21]开发的轮胎接地解析模型增加了胎侧的剪切弹簧。轮胎胎冠上的微单元示意图如图 13.6 所示，基本方程是：

$$\frac{\mathrm{d}\tau}{\mathrm{d}s} + \frac{\mathrm{d}T}{\mathrm{d}s} - \frac{V}{\rho} = 0$$
$$\frac{T}{\rho} + \frac{\mathrm{d}V}{\mathrm{d}s} - f_r = 0 \quad (13.16)$$

式中，f_r 是沿圆周方向每单位长度的等效载荷；τ 是每单位长度的胎侧的剪切力；T 是带束层周向的张力；V 是胎冠的剪切力；s 是周向长度；a 是轮胎变形前的半径；ρ 是变形后的轮胎半径；τ 的表达式为

$$\tau = -k_t v \quad (13.17)$$

式中，v 是胎冠圆环圆周方向的位移；k_t 是胎侧沿圆周方向的每单位长度的剪切弹簧常数。

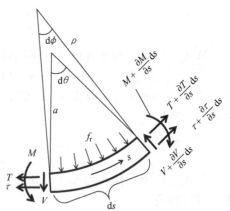

图 13.6 轮胎胎冠上的微单元示意图

将式 (9.3)、式 (9.5) 和式 (9.11) 代入到式 (13.16)，可以得到：

$$\begin{gathered} \Delta T' - V + \tau' = 0 \\ V' + \Delta T - \frac{T_0}{a}(w'' + w) + T_0 - f_r a = 0 \\ \frac{EI}{a^3}(w''' + w') - V = 0 \end{gathered} \tag{13.18}$$

式中，w 是胎冠的径向位移；上标表示对 θ 的微分。

利用式 (13.18)，消去 V 和 ΔT，可以得到下式：

$$\frac{EI}{a^4}(w''' + w')''' + \frac{EI}{a^4}(w''' + w')' - \frac{T_0}{a^2}(w'' + w)'' - f_r'' + \tau' = 0 \tag{13.19}$$

（2）接地区域的位移微分方程 利用式 (9.6)、式 (9.8)、式 (9.10) 和式 (13.17) 来求解式 (13.19)，可以得到接地区域的微分方程：

$$\begin{aligned} w^{(6)} &+ \left(2 - \frac{a^2 T_0}{EI}\right)w^{(4)} + \left[1 + \left\{\frac{a^2}{T_0}(k_r + k_T) - 1\right\}\frac{a^2 T_0}{EI}\right]w^{(2)} - \frac{a^2 k_t}{EI}w \\ &= \frac{a^3 \bar{a} k_T}{EI}\cos\theta \end{aligned} \tag{13.20}$$

式 (13.20) 的特解为

$$w_{cp} = \frac{\bar{a} k_T}{a(k_r + k_t + k_T)}\cos\theta \tag{13.21}$$

式 (13.20) 的特征方程是：

$$\sigma_c^6 + \left(2 - \frac{a^2 T_0}{EI}\right)\sigma_c^4 + \left[1 + \left\{\frac{a^2}{T_0}(k_r + k_T) - 1\right\}\frac{a^2 T_0}{EI}\right]\sigma_c^2 - \frac{a^4 k_t}{EI} = 0 \tag{13.22}$$

当式 (13.22) 的根是实数的时候，将它们表示为 $\sigma_c = \pm\gamma_1, \pm\gamma_2, \pm\gamma_3$，式 (13.20) 的一般解为

$$w_{cg} = c_1 \cosh\gamma_1\theta + c_2 \cosh\gamma_2\theta + c_3 \cosh\gamma_3\theta \tag{13.23}$$

微分方程式 (13.20) 的解 w_c 是特解和一般解的和：

$$w_c = w_{cg} + w_{cp} = c_1 \cosh\gamma_1\theta + c_2 \cosh\gamma_2\theta + c_3 \cosh\gamma_3\theta - A\cos\theta \tag{13.24}$$

式中，

$$A = \frac{\bar{a} k_T}{a(k_r + k_t + k_T)} \tag{13.25}$$

当式 (13.22) 的根既有实部也有虚部的时候，分别用 $\sigma_c = \pm\gamma_1, \pm\beta_1 \pm \beta_2 i$ 表示。与式 (13.24) 相似，该方程的解为

$$w_c = c_1 \cosh\gamma_1\theta + c_2 \cosh\beta_1\theta\cos\beta_2\theta + c_3 \sinh\beta_1\theta\sin\beta_2\theta - A\cos\theta \tag{13.26}$$

（3）接地区域外部的位移微分方程 接地区域外部的胎冠圆环的压缩必定是零。因此，将 $k_T = 0$ 代入到式 (13.20)，接地区域外的径向位移的微分方程 w_f 可以由下式给出：

$$w_f^{(6)} + \left(2 - \frac{a^2 T_0}{EI}\right)w_f^{(4)} + \left[1 + \left\{\frac{a^2 k_r}{T_0} - 1\right\}\frac{a^2 T_0}{EI}\right]w_f^{(2)} - \frac{a^4 G}{EI}w_f = 0 \tag{13.27}$$

式 (13.27) 的特征方程为

$$\sigma_f^6 + \left(2 - \frac{a^2 T_0}{EI}\right)\sigma_f^4 + \left[1 + \left\{\frac{a^2 k_r}{T_0} - 1\right\}\frac{a^2 T_0}{EI}\right]\sigma_f^2 - \frac{a^4 G}{EI} = 0 \tag{13.28}$$

当式 (13.22) 的根是实数的时候，用 $\sigma_f = \pm\gamma_4, \pm\gamma_5, \pm\gamma_6$ 来表示它们，式 (13.27) 的

解是：

$$w_f = c_4 e^{-\gamma_4 \theta} + c_5 e^{-\gamma_5 \theta} + c_6 e^{-\gamma_6 \theta} \tag{13.29}$$

当式（13.22）的根既有实数也有虚数的时候，将它们表示为：$\sigma_c = \pm \gamma_2$，$\pm \beta_3 \pm \beta_4 i$。式（13.27）的解是：

$$w_f = c_4 e^{-\gamma_4 \theta} + c_5 e^{-\beta_3 \theta}\cos\beta_4\theta + c_6 e^{-\beta_3 \theta}\sin\beta_4\theta \tag{13.30}$$

利用式（9.6）中的带束层的不可伸张特性，式（13.24）和式（13.26）可以分别用沿周向的位移 v_c 表示：

$$v_c = -\frac{c_1}{\gamma_1}\sinh\gamma_1\theta - \frac{c_2}{\gamma_2}\sinh\gamma_2\theta - \frac{c_3}{\gamma_3}\sinh\gamma_3\theta + A\sin\theta \tag{13.31}$$

$$v_c = -\frac{c_1}{\gamma_1}\sinh\gamma_1\theta - \frac{c_2}{\beta_1^2 + \beta_2^2}(\beta_1\sinh\beta_1\theta\cos\beta_2\theta + \beta_2\cosh\beta_1\theta\sin\beta_2\theta) - \\ \frac{c_3}{\beta_1^2 + \beta_2^2}(\beta_1\sinh\beta_1\theta\sin\beta_2\theta - \beta_2\sinh\beta_1\theta\cos\beta_2\theta) + A\sin\theta \tag{13.32}$$

式（13.29）和式（13.30）也可以分别用圆周方向的位移 v_f 表示：

$$v_f = \frac{c_4}{\gamma_4}e^{-\gamma_4\theta} + \frac{c_5}{\gamma_5}e^{-\gamma_5\theta} + \frac{c_6}{\gamma_6}e^{-\gamma_6\theta} \tag{13.33}$$

$$v_f = -\frac{c_4}{\gamma_4}e^{-\gamma_2\theta} + \frac{c_5}{\beta_3^2 + \beta_4^2}e^{-\beta_3\theta}(\beta_3\cos\beta_4\theta - \beta_4\cos\beta_4\theta) + \\ \frac{c_6}{\beta_3^2 + \beta_4^2}e^{-\beta_3\theta}(\beta_3\sin\beta_4\theta + \beta_4\cos\beta_4\theta) \tag{13.34}$$

（4）边界条件 由于结构的对称性，上述方程的边界条件是在 $\theta = 0$、π 时周向位移和剪切力等于0。这个边界条件用公式表示为

$$v_c(= w_c') = w_c''' + w_c' = 0 \quad (\theta = 0) \tag{13.35}$$
$$v_f(= w_f') = w_f''' + w_f' = 0 \quad (\theta = \pi)$$

将式（13.31）和式（13.32）代入到式（13.35）的第一个方程，将式（13.33）和式（13.34）代入到式（13.35）的第二个方程，那么式（13.35）可以用这些方程去近似。

其他的边界条件有：在接地区和非接地区（$\theta = \theta^*$）的连接点上，径向位移、径向位移的一阶导数、径向位移的二阶导数（力矩）、位移的三阶导数（剪切力）和位移的四阶导数（张力）必须连续。这些边界条件可以表示为

$$\begin{aligned} v_c &= v_f \\ w_c &= w_f \\ w_c^{(l)} &= w_f^{(l)} \quad (l = 1, \cdots, 4) \end{aligned} \tag{13.36}$$

系数 $c_1, c_2, \cdots, c_6$ 可以采用从式（13.36）导出的联立方程来求解：

$$\sum_{j=1}^{6} A_{ij} C_j = B_i \quad (i = 1, \cdots, 6) \tag{13.37}$$

式中，A_{ij} 和 B_i 是与轮胎形状和结构有关的参数矩阵；C_j 是系数矩阵。

这个方程组的求解步骤是：

1）对于给定的轮胎载荷，先指定一个接地角度 θ^*。
2）利用式（9.15）计算轮胎载荷 F_z。
3）不断交替进行上面两个步骤的计算过程，直到接地角 θ^* 收敛于稳定的值。

2. 轮胎的应变能损失

假设橡胶的损失角正切（tanδ）是常数，并且橡胶的应力应变关系是线性的。橡胶在一个应力应变循环周期内的应变能损失密度 w_{loss} 可以采用式（13.5）进行计算。胎冠橡胶由弯曲变形导致的应力应变曲线是图 13.7 中的两个循环圈。这是因为胎冠的曲率在圆周方向上是变化的。从点 1 开始，由于接地变形，第 3 点的曲率大于第 1 点的曲率，第 2 点的曲率几乎为 0。由弯曲变形导致的应力在点 1 处为 0，在点 3 和点 4 上伸张应力是最大的。在点 2 上存在压缩应力。

考虑到图 13.7 中的双循环圈，由胎冠的弯曲变形引起的每单位周向长度的能量损失 $w_{\text{tread\_bending}}$ 表示为

$$w_{\text{tread\_bending}} = \pi E_t I_1 \tan\delta_t \{ (\kappa_3 - \kappa_1)^2 + (\kappa_3 - \kappa_2)^2 \} \tag{13.38}$$

式中，E_t 和 $\tan\delta_t$ 分别是胎冠橡胶的杨氏模量和损失角正切；$I_1 = h_t^3 b/12$，其中 h_t 是胎冠厚度，b 是胎冠橡胶的宽度；κ_3、κ_1 和 κ_2 分别是位于接地印痕前端和后端（点 3）、与接地印痕中心点相对的自由端（点 1）以及接地印痕中心点（点 2）位置处的最大曲率。

同时，因为轮胎在转动一圈的过程中胎面橡胶只被压缩一次，每单位周向长度胎面橡胶的压缩能量损失 $w_{\text{tread\_compression}}$ 可以由下式给出：

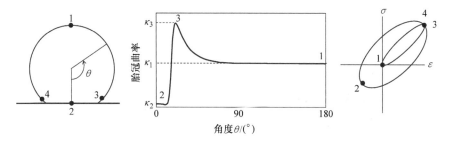

图 13.7　由胎冠的弯曲和胎冠曲率在圆周方向的变化导致的应力应变曲线

$$w_{\text{tread\_compression}} = \pi E b h_t \tan\delta (\varepsilon_1 - \varepsilon_2)^2 \tag{13.39}$$

式中，ε_1 和 $\varepsilon_2 (=0)$ 分别是接地区域的压缩应变和接地区域以外的压缩应变。

胎侧每周向单位长度的能量损失可以由下式给出：

$$w_{\text{side\_bending}} = \pi E_s I_2 \tan\delta_s \left(\frac{1}{r_2} - \frac{1}{r_1} \right)^2 \tag{13.40}$$

式中，r_2 和 r_1 分别是当胎侧用弦模型来表达时，接地区域和非接地区域的胎侧的半径；E_s 和 $\tan\delta_s$ 分别是胎侧橡胶的杨氏模量和损失角正切；$I_2 = h_s^3 l/12$，其中的 l 和 h_s 分别是胎侧的长度和厚度。

每单位周向长度的胎侧由剪切造成的能量损失 $w_{\text{side\_shear}}$ 为

$$w_{\text{side\_shear}} = \pi G_s l h_s \tan\delta_s (\gamma_1 - \gamma_t)^2 \tag{13.41}$$

式中，γ_1 和 γ_t 分别是在接地前端和接地后端的最大和最小剪切应变，大小相同，符号相反；G_s 是胎侧的剪切刚度。

3. 计算值和测量值的对比

人们将解析模型的计算结果与带有矩形花纹块的轮胎的实验结果进行了对比，实际轮胎的花纹海陆比与解析模型相同。所采用的轮胎规格是 165SR13，其高宽比是 0.82，充气压力为 170kPa，载荷是 3860N。从图 13.8 来看，沿圆周方向的径向位移的计算值与测量值吻合得比较好。图 13.9 给出了沿圆周方向的接地压力的计算值和测量值的比较，因为计算得到的印痕长度大于测量得到的印痕长度，计算得到的接地压力稍微比测量得到的结果小。

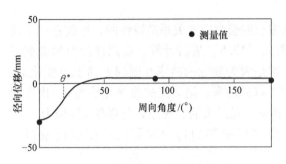

图 13.8 沿圆周方向的径向位移的
计算值和测量值的比较

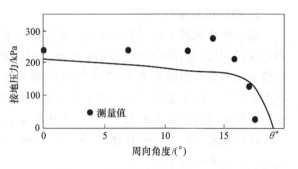

图 13.9 沿圆周方向的接地压力的
计算值和测量值的比较

图 13.10 比较了具有不同高宽比的轮胎的滚动阻力（指数）的计算值和测量值，滚动阻力是通过将式（13.38）~式（13.41）的结果进行相加后得到的。滚动阻力的计算值不到测量值的一半，这可能是因为在计算过程中没有考虑胶芯胶、带束层的层间胶以及内衬层胶等其他橡胶部件。轮胎规格对滚动阻力的影响采用解析模型进行了计算。在轮辋尺寸不变的情况下，通过将胎冠宽度从 165SR13 变化到 185/75R13 和 205/65R13，实现了不同的高宽比的计算，在这些模型中胎侧的形状没有变化。计算结果表明，随着轮胎宽度的增加（高宽比减小），滚动阻力下降，这个结果从定性上来说与测量结果一致。

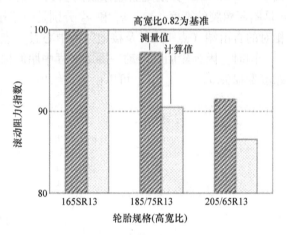

图 13.10 具有不同高宽比的轮胎的滚动阻力
（指数）的计算值和测量值的比较

图 13.11 给出了轮胎部件的变形模式对滚动阻力的贡献。断面较宽的轮胎（高宽比小）的胎冠弯曲能量更小，因为它的接地长度更短。同时，胎冠橡胶压缩产生的滚动阻力随着高宽比的减小而增加，这是因为随着高宽比的减小，虽然接地面积更大，或者说接地压力更小，压缩导致的能量密度减小，但胎冠橡胶的体积增加了。图 13.10 中的趋势是由胎冠橡胶的弯曲能量决定的。

13.1.5 胎冠橡胶能量损失的简单模型

1. 滚动阻力和轮胎花纹

轮胎的胎冠对滚动阻力的贡献是最大的。胎冠的变形包括在接地前端和接地后端的周向弯曲变形、接地区域内的剪切变形和压缩变形，如图 13.12 所示。

表 13.1 总结了胎冠花纹（给轮胎增加沟槽和刀槽）对滚动阻力的影响，例如，当胎冠上有横向沟槽的时候，胶的体积的减少、周向弯曲变形和胎冠剪切刚度减小导致滚动阻力降低。然而滚动阻力随着温度降低（冷却效果）而增加，同时，压缩变形增加也会增加滚动阻力。沟槽对滚动阻力的影响比刀槽的影响更大。纵沟对滚动阻力的影响与横沟的影响类似，但影响力度不如横沟。同时要注意，胎面花纹对滚动阻力的影响还取决于轮胎的种类。乘用子午线轮胎（PCR轮胎）有了花纹以后滚动阻力下降，然而货/客车子午线轮胎（TBR轮胎）有了胎面花纹后滚动阻力升高。这是因为对于TBR轮胎来说，压缩导致的应变能随着花纹的出现大幅增加，而PCR

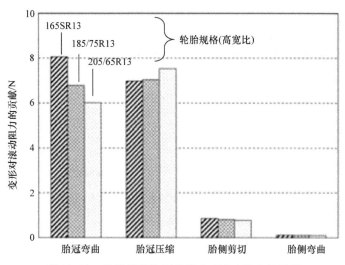

图 13.11　轮胎部件的变形模式对滚动阻力的贡献

轮胎却增加不显著。

Luchini[22]利用实验方法和计算方法研究了花纹沟的深度对中等规格的货车子午线轮胎滚动阻力的影响，他们得出的结论是两者之间没有简单的线性关系。

2. 胎冠橡胶能量损失的简单模型

（1）胎面橡胶能量损失的简单模型　Rhyne 和 Cron[23]在分析充气压力、载荷和胎面橡胶的模量对滚动阻力影响的过程中考虑了两个主要的胎面橡胶变形模式（即压缩和纵向剪切模式）。图 13.13a 给出了由充气压力导致的施加在胎面上的压缩应力以及所引起的路面反力的示意图。压缩应力 σ_z 的大小一般认为等于充气压力 p：

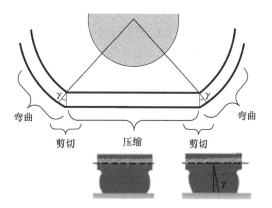

图 13.12　滚动轮胎的胎冠橡胶变形

$$\sigma_z = p \tag{13.42}$$

表 13.1　胎冠花纹（给轮胎增加沟槽和刀槽）对滚动阻力的影响

与滚阻有关的因素		横向分量		纵向分量	
		沟槽	刀槽		
体积		◎	○	◎	○
tanδ 温度效应		××	×	××	×
应变能	弯曲	◎	◎	○	○
	剪切	◎	◎	○	○
	压缩	××	×	××	×

注：◎—更好，○—有改善，××—更差，×—有点差。

压缩应力随着胎面橡胶体积分数的减少而增加，这是因为考虑到花纹的影响。但是，在这里不考虑这种增加。图 13.13b 给出了相对不可伸张的带束层和与干路面上接触的胎面之间的纵向剪切应变，这个纵向剪切应变近似可以表示为

$$\gamma_{xz} \approx x/R_b \tag{13.43}$$

式中，x 是到接地印痕中心的距离；R_b 是带束层的半径。

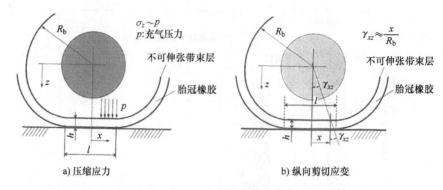

a) 压缩应力 b) 纵向剪切应变

图 13.13 施加在二维轮胎模型上的应力和应变
(经 TST 授权,摘自文献 [23])

最大剪切应变为

$$\gamma_{xz} \approx l/(2R_b) \tag{13.44}$$

式中,l 是接地印痕的长度。接地前端和后端附近的弯曲变形导致剪切变形减少,实际的剪切变形可能比这个最大的剪应变小。沿纵向和横向的胎冠的法向应力可以认为是 0。

利用胡克定律,胎冠的应力和应变张量可以写为

$$\boldsymbol{\sigma}_{ij} = \begin{bmatrix} 0 & 0 & \dfrac{E}{3R_b}x \\ 0 & 0 & 0 \\ \dfrac{E}{3R_b} & 0 & -p \end{bmatrix}$$

$$\boldsymbol{\varepsilon}_{ij} = \begin{bmatrix} \dfrac{\nu p}{E} & 0 & \dfrac{x}{2R_b} \\ 0 & \dfrac{\nu p}{E} & 0 \\ \dfrac{x}{2R_b} & 0 & -\dfrac{p}{E} \end{bmatrix} \quad (i,j=x,y,z) \tag{13.45}$$

式中,$E/3$ 是胎冠的剪切模量;E 是杨氏模量;$\nu(=1/2)$ 是胎面橡胶的泊松比。

根据式(13.45),每单位体积的胎面橡胶在一个循环中所损失的能量可以写为

$$E_{\text{loss}} = \int \sigma_{ij} \mathrm{d}\varepsilon_{ij} = \int \sigma_{zz} \mathrm{d}\varepsilon_{zz} + 2\int \sigma_{xz} \mathrm{d}\varepsilon_{xz} \tag{13.46}$$

如果胎面橡胶的应力 σ_{ij} 和应变 ε_{ij} 可以用式(13.1)的形式来表示,σ_{ij} 和 ε_{ij} 可以用正弦函数来表达,它们的应力幅值和应变幅值分别为:$\sigma_{zz0}(=-p/2)$、$\varepsilon_{zz0}[=-p/(2E)]$、$\sigma_{xz0}[=-E/(6R_b)]$ 以及 $\varepsilon_{xz0}[=-l/(4R_b)]$。因此,通过对式(13.46)进行积分,得到:

$$E_{\text{loss}} \int_0^{\frac{2\pi}{\omega}} \sigma_{zz} \mathrm{d}\varepsilon_{zz} + 2\int_0^{\frac{2\pi}{\omega}} \sigma_{xz} \mathrm{d}\varepsilon_{xz} = \pi(\sigma_{zz0}\varepsilon_{zz0} + 2\sigma_{xz0}\varepsilon_{xz0})\sin\sigma \tag{13.47}$$

式(13.47)可以重新写为

$$E_{\text{loss}} = \pi\left(\frac{p^2}{4E} + \frac{El^2}{12R_b^2}\right)\sin\delta \tag{13.48}$$

其中式(13.48)⊖的第一项代表胎面的压缩,第二项代表胎面的剪切。

⊖ 备注 13.1,问题 13.2。

胎面橡胶的体积 Vol 用下式计算：

$$\text{Vol} = 2\pi R_b bh \text{csr} \tag{13.49}$$

式中，b 是胎冠宽度；h 是胎冠厚度；csr（the contact surface ratio）是海陆比，也就是橡胶部分占整个胎冠部分的比例。

假设接地区域是矩形的，接地长度可以表示为

$$l = F_z/(pb) \tag{13.50}$$

式中，F_z 是轮胎的载荷。

将式（13.49）和式（13.50）代入到式（13.48），可以得出滚动阻力 F_R：

$$F_R = \frac{E_{\text{loss}}\text{Vol}}{2\pi R_b} = \pi\left(\frac{p^2 b}{4E} + \frac{EF_z^2}{12p^2 R_b^2 b}\right)\text{csr}h\sin\delta \tag{13.51}$$

其中，式（13.51）的第一项代表胎面橡胶的压缩贡献，第二项代表胎面橡胶的周向剪切贡献。

滚动阻力系数（RRC，单位为 kg/t）是将式（13.51）的结果除以轮胎载荷 F_z 并乘以 1000：

$$\text{RRC} = 1000\pi\left(\frac{p^2 b}{4E} + \frac{EF_z}{12p^2 R_b^2 b}\right)\text{csr}h\sin\delta \tag{13.52}$$

图 13.14 显示了式（13.52）中的各项以及它们的加和。式（13.52）中所用的参数的值取自 205/55R16 规格的轮胎。胎面橡胶压缩的贡献随着气压的增大而增加，而剪切的贡献随着气压增加而减小，这是因为在载荷固定的情况下接地长度减小了。在特定的充气压力下计算得到的 RR 达到了最小。图 13.15 给出了具有不同胎面橡胶模量 E 的轮胎的滚动阻力系数 RRC 的变化。模量的改变影响了滚动阻力 RR 达到最小值时的充气压力，但并没有改变其最小值。

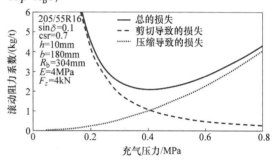

图 13.14　胎冠能量损失的分量
（经 TST 授权，摘自文献 [23]）

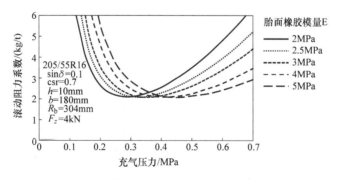

图 13.15　具有不同胎面橡胶模量的轮胎的滚动阻力系数的变化
（经 TST 授权，摘自文献 [23]）

图 13.16 比较了不同载荷下轮胎的滚动阻力系数 RRC 的计算结果和实验结果。滚动阻力系数的计算采用的是式（13.52），所采用的参数是 235/45R17 规格轮胎的参数。因为图 13.16b 仅仅给出的是简单的胎面橡胶模型的结果，真实的滚动阻力系数的值不能从定性上比较，但它们的特征是一样的。图 13.16 中在 1kN 和 2kN 载荷下实验曲线和理论曲线在几乎相同的充气压力下达到了最小值。较高的载荷时的曲线在最大气压之前没有达到最小值。实验数据显示，向着最小

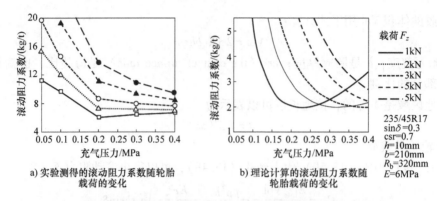

a) 实验测得的滚动阻力系数随轮胎载荷的变化

b) 理论计算的滚动阻力系数随轮胎载荷的变化

图 13.16 不同载荷下轮胎的滚动阻力系数的计算结果和实验结果
（经 TST 授权，摘自文献 [23]）

值下降的速率和越过最小值后逐步升高的速率比根据式（13.52）计算得到的曲线变化速率小。

（2）最小滚动阻力的确定 式（13.51）可以重写为

$$F_R = \frac{\pi}{4} C \left(A + \frac{B^2}{3A} \right) \tag{13.53}$$

式中，

$$A = p^2 b / E$$
$$B = F_z / R_b \tag{13.54}$$
$$C = \text{csr} h \sin\delta$$

式（13.53）表明滚动阻力由三个相互独立的参数控制。

为了减少滚动阻力，必须使 C 或者式（13.53）中的括号内的项达到最小化。参数 C 由胎面橡胶的体积和橡胶的损失特性控制，同时，式（13.53）的括号内的项可以通过下面的条件最小化：

$$A = B/\sqrt{3} \tag{13.55}$$

这个关系与式（13.51）的剪切项和压缩项相等的关系相互等效。图 13.14 表明如果剪切项和压缩项相等，则滚动阻力达到最小。

将式（13.55）代入到式（13.51），可以得到滚动阻力 RR 达到最小的表达式 F_{Rmin}：

$$F_{Rmin} = \pi / (2\sqrt{3}) CB \tag{13.56}$$

同样地，式（13.52）给出了最小的滚动阻力系数 RRC_{min} 的表达式：

$$RRC_{min} = \frac{1000\pi}{2\sqrt{3}} \frac{C}{R_b} \tag{13.57}$$

一旦胎冠厚度、接地面积比（海陆比）和胶料的损失特性确定了，则最小的滚动阻力系数 RRC_{min} 只依赖于带束层半径 R_b，随着轮胎直径的增加，滚动阻力的最小值会减小。

式（13.55）的参数关系可以重写为

$$E F_z = \sqrt{3} R_b b p^2 \tag{13.58}$$

如果给定了轮胎的半径和胎面宽度，以及载荷和胎面橡胶的模量，那么可以用式（13.58）来估计使滚动阻力最小的充气压力。

3. 带纵沟轮胎的滚动阻力

Nakajima 按照第 7.3.1 节所讨论的 Akasaka 关于花纹块压缩的解析研究成果[24]，研究了轮胎花纹对滚动阻力的影响。花纹块的应变能密度 $\overline{U}$ 可以用式（7.58）来给出。因为 Akasaka 的模型假设二维花纹块处于平面应变状态，所以它可以用来表示带有周向纵沟的胎面橡胶的应变能。总的应变能 U 包含与各个应变分量有关的应变能成分：

$$U = U_x + U_z + U_{xz}$$

$$U_x = G \int_{-\frac{a}{2}}^{\frac{a}{2}} \int_0^h \varepsilon_{xx}^2 \mathrm{d}x\mathrm{d}z$$

$$U_z = G \int_{-\frac{a}{2}}^{\frac{a}{2}} \int_0^h \varepsilon_{zz}^2 \mathrm{d}x\mathrm{d}z$$

$$U_{xz} = \frac{G}{2} \int_{-\frac{a}{2}}^{\frac{a}{2}} \int_0^h \gamma_{xz}^2 \mathrm{d}x\mathrm{d}z \tag{13.59}$$

式中，$G(=E/3)$ 是橡胶的剪切模量。

将式（7.51）和式（7.55）代入到式（13.59），进行积分，可以得到：

$$\frac{U_x}{G} = \frac{1}{2}ah\alpha^2 + \frac{4}{3\pi}ah\alpha^3 + \frac{3}{32}ah\alpha^4$$

$$\frac{U_z}{G} = \frac{4}{\pi^2}ah\alpha^2 - \left(\frac{8}{\pi^3}ah + \frac{\pi}{12}\frac{a^3}{h}\right)\alpha^3 + \left(\frac{4}{\pi^4}ah + \frac{1}{12}\frac{a^3}{h} + \frac{3\pi^4}{32\times 80}\frac{a^5}{h^3}\right)\alpha^4 \tag{13.60}$$

$$\frac{U_{xz}}{G} = \frac{\pi^2}{48}\frac{a^3}{h}\alpha^2 + \frac{\pi}{18}\frac{a^3}{h}\alpha^3 + \frac{\pi^2}{12\times 16}\frac{a^3}{h}\alpha^4$$

其中 α 可以通过求解式（7.64）来得到。考虑到式（13.59），每个应变分量的应变能密度 $\overline{U}_x$、$\overline{U}_z$、$\overline{U}_{xz}$ 可以表示为

$$\frac{\overline{U}_x}{G} = \frac{1}{ah}\int_{-\frac{a}{2}}^{\frac{a}{2}} \int_0^h \varepsilon_{xx}^2 \mathrm{d}x\mathrm{d}z$$

$$\frac{\overline{U}_z}{G} = \frac{1}{ah}\int_{-\frac{a}{2}}^{\frac{a}{2}} \int_0^h \varepsilon_{zz}^2 \mathrm{d}x\mathrm{d}z \tag{13.61}$$

$$\frac{\overline{U}_{xz}}{G} = \frac{1}{2ah}\int_{-\frac{a}{2}}^{\frac{a}{2}} \int_0^h \gamma_{xz}^2 \mathrm{d}x\mathrm{d}z$$

图 13.17 显示了当周向纵沟的条数 n 从 0 变换到 4 时每个应变分量的应变能密度的变化。采用式（13.60）计算时所用到的各个参数是：花纹条的宽度 $a = 150/(n+1)$ mm，接地宽度是 150mm，纵沟的深度是 $h = 8$ mm，橡胶的剪切模量是 $G = 1$ MPa。作用在乘用车轮胎上的载荷是 $P = 40$ N/mm，轮胎和路面之间的摩擦系数为无限大。与剪切应变有关的应变能密度 $\overline{U}_{xz}$ 大于与压缩应变有关的应变能密度 $\overline{U}_z$ 和横向正应变的应变能密度 $\overline{U}_x$。这是因为在乘用车轮胎中压缩应变相对较小。注意在计算的过程中没有考虑花纹沟的宽度为零的情况和相邻的纵沟相互接触的情况。

滚动轮胎的肋条的截面变形不同于肋条以无限大摩擦系数与路面接触时的变形。因为轮胎有弧度形状，滚动轮胎的肋条是从接地前端开始逐渐与地面接触的。滚动轮胎的肋条的截面变形可

以按第 7.3.1 节所述的步骤进行简单的计算。图 13.18 给出了道路摩擦系数对应变能密度的影响。计算采用的参数是 $a = 30\text{mm}$，$h = 8\text{mm}$，$G = 1\text{MPa}$，$P = 40\text{N/mm}$。肋条的应变能随着式（7.80）的参数 B 的值而改变，它控制了肋条的圆筒状的变形。$B = 0$ 表示接触面的摩擦系数是无限大，$B = \pi/2$ 和 $B = \pi$ 分别对应有限摩擦系数的情况和摩擦系数为 0 的情况。总的应变能随着摩擦系数的降低而增加，因为这会增加压缩位移。注意到剪切应变能大于其他的应变能成分，即便是在零摩擦系数下也是如此。

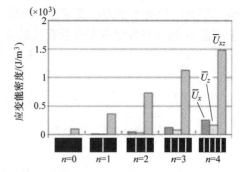

图 13.17　当周向纵沟的条数 n 从 0 变换到 4 时每个应变分量的应变能密度的变化

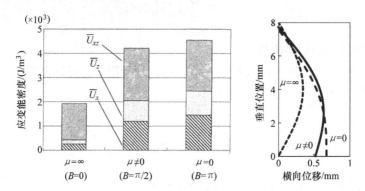

图 13.18　道路摩擦系数 μ 对法向应变分量的应变能密度 $\overline{U}_x$、压缩应变分量的应变能密度 $\overline{U}_z$ 及剪切应变能密度 $\overline{U}_{xz}$ 的影响

13.1.6　变形指数

Futamura[25]根据能量损失针对胎面橡胶的变形分类提出了"变形指数"的概念。胎面橡胶的变形可以分成三个类别：恒应变、恒应力和恒定应变能：

$$\text{energy\_loss} = DE''/E^{*n} + F \quad (13.62)$$

式中，D 是常数；F 是残余能量损失；E'' 是损失模量；E^* 是复合模量；n 是变形指数。变形指数 n 的值在 0 和 2.0 之间。如果 $n = 0$，则该能量损失过程是一个恒定的最大应变过程；如果 $n = 1$，它就是一个恒定能量过程；如果 $n = 2$，它是恒定最大应力过程。各种轮胎性能都可以用这个变形指数的值来进行表征。例如，滚动阻力的变形指数 n 取值的范围从 0.5 到 1.1 不等，这是通过相关性研究确定了的。

变形指数也可以采用解析的方法或者有限元的方法[26]，通过分析应变能相对于杨氏模量的敏感度来确定。应变能关于橡胶的剪切模量或者杨氏模量的敏感度 Sensitivity 可以由下式定义：

$$\text{Sensitivity} = \{U_i(G + \Delta G) - U_i(G)\}/U_i(G) \quad (13.63)$$

式中，G 是橡胶的剪切模量。当剪切模量下降 10% 时，如果应变能也下降 10%，那么变形就是恒应变变形。当剪切模量下降 10% 时，如果应变能增加 10%，这个变形就是恒应力变形。如果剪切模量下降 10% 时，应变能为常数不变，则这个变形就是恒定应变能变形。

应变能对剪切模量的敏感度如图 13.19 所示，其给出了当橡胶的剪切模量下降 10% 时由式（13.60）计算得到的应变能分量的占比的变化。计算过程中用到的参数是 $a = 30\text{mm}$，$h = $

8mm，$G=1$MPa，$P=40$N/mm。因为当剪切模量下降10%时，应变能分量大约增加了10%，所以肋条的变形大体可以看作是恒应力变形。有意思的是，与其他分量相比，压缩应变能 U_z 稍微偏离了恒应力变形。

13.1.7 转鼓曲率对轮胎滚动阻力的影响

轮胎的滚动阻力一般是用转鼓试验机来测量的，因为转鼓试验机易于维护，然而汽车的燃油经济性是在平直的道路上进行评价的。因此，在转鼓上测量得到的滚动阻力值需要转化为平路面的值。图 13.20 给出了转鼓测试结果和平直路面测试结果的对比[27]，从图中看两者有较好的相关性。

Clark[28] 给出了平路面的滚动阻力 RR_{flat} 和转鼓面的滚动阻力 RR_{drum} 之间的对应关系：

$$RR_{drum} = RR_{flat}\sqrt{1+r/R} \tag{13.64}$$

式中，R 为转鼓的半径；r 是轮胎的半径。Luchini[27] 对这个关系式进行了验证，他将 Clark 的方法应用于载重货车轮胎的研究中。

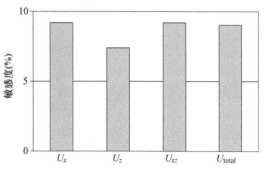

图 13.19 应变能对剪切模量的敏感度

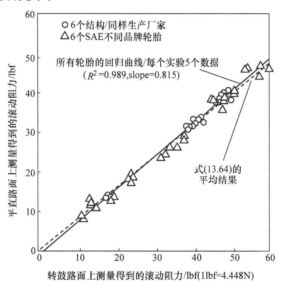

图 13.20 转鼓测试结果和平直路面测试结果的对比
（经 SAE 授权，摘自文献 [27]）

用式 (13.64) 表示的由转鼓的曲率导致的滚动阻力可以从附加应力来计算，而这个附加应力一般认为与轮胎的下沉量成正比。在图 13.21a 中，轮胎在转鼓上的接地长度 l 可以表示为

$$l \cong 2R\gamma \cong 2r\theta \tag{13.65}$$

加载轮胎在转鼓上的垂直位移 δ 可以由下式给出：

$$\delta = r(1-\cos\theta) + R(1-\cos\gamma) \cong r\theta^2/2 + R\gamma^2/2 \tag{13.66}$$

将式 (13.66) 代入到式 (13.65) 可以得到：

$$\delta = (l^2/8)(1/r + 1/R) \tag{13.67}$$

从上面的方程中求解接地长度 l，可以得到：

$$l = 2\sqrt{2\delta}(1/r + 1/R)^{-1/2} \tag{13.68}$$

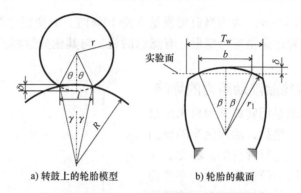

a) 转鼓上的轮胎模型　　　b) 轮胎的截面

图 13.21　在转鼓上测量轮胎滚动阻力的模型
（经 SAE 授权，摘自文献 [27]）

在图 13.21b 中，轮胎在转鼓上的接地宽度 b，可以表示为

$$b \cong 2r_1\beta \tag{13.69}$$

式中，r_1 为胎冠半径。

胎冠宽度 T_w 由下式给出：

$$T_w = cr_1 \tag{13.70}$$

式中，c 是由轮胎的规格和胎冠半径决定的常数。将式（13.70）代入到式（13.69）可以得到：

$$b \cong 2(T_w/c)\beta \tag{13.71}$$

根据图 13.21b，垂直位移 δ 可以表示为

$$\delta = r_1(1 - \cos\beta) \cong (T_w/2c)\beta^2 \tag{13.72}$$

利用式（13.71），式（13.72）可以重写为

$$\delta = \frac{T_w}{2c}\left(\frac{bc}{2T_w}\right)^2 \tag{13.73}$$

根据上面的方程来求解 b，可以得到：

$$b = 2(2T_w\delta/c)^{1/2} \tag{13.74}$$

利用接地长度 l 和接地宽度 b，可以求得接地面积 Area：

$$\text{Area} = lb = 2K\sqrt{2\delta}(1/r + 1/R)^{-1/2} \times 2 \times (2T_w\delta/c)^{1/2} \tag{13.75}$$

其中，新引入的参数 K 与接地形状有关。$K = 1$ 和 $K = \pi/4$ 分别对应于矩形和椭圆形的接地形状。将式（13.75）中的参数进行整理，并用 $\overline{K}$ 来表示，可以得到：

$$\text{Area} = \overline{K}\delta(1/r + 1/R)^{-1/2} \tag{13.76}$$

将平均接地压力用 q_0 来表示，垂直载荷 F_z 可以表示为

$$F_z = \text{Area} q_0 = \overline{K}q_0\delta(1/r + 1/R)^{-1/2} \tag{13.77}$$

求解上式得到位移 δ：

$$\delta = (F_z/\overline{K}q_0)(1/r + 1/R)^{1/2} \tag{13.78}$$

假设滚动阻力 RR 与最大垂直位移 δ 和平均接地压力 q_0 的乘积成正比，并且假定转鼓上得到的平均接地压力 q_{0_drum} 等于平面上的平均接地压力 q_{0_flat}。平路面上的最大垂直位移 δ_{flat} 由式（13.78）所表示的转鼓面上的最大垂直位移 δ_{drum} 在半径 R 为无限大时确定。当载荷 F_z 是常数时，转鼓面上的滚动阻力 RR_{drum} 和平面上的滚动阻力 RR_{flat} 的比值可以采用与式（13.64）相同的方程形式来表示：

$$\frac{\text{RR}_{drum}}{\text{RR}_{flat}} = \frac{q_{0\_drum}\delta_{drum}}{q_{0\_flat}\delta_{flat}} = \sqrt{\frac{1}{r} + \frac{1}{R}} \bigg/ \sqrt{\frac{1}{r}} = \sqrt{1 + \frac{r}{R}} \tag{13.79}$$

Freudenmann 等[29]开发了一个综合实验平台,该平台可以在半径不同的两个外部转鼓上测量滚动阻力,也可以在连续式平直轨道上测量滚动阻力。在这个装置的 3 种不同表面上,对 6 条不同规格轮胎在不同的操作参数(如气压和轮胎载荷)下的滚动阻力进行了测量。将在外转鼓上测量得到的滚动阻力根据 Clark 的公式转换为平直表面的滚动阻力,将这个转换后的滚动阻力与实际在钢平带上测量得到的滚动阻力进行比较,从比较结果看,式(13.79)需要进一步修正。修正方程为

$$\frac{\mathrm{RR_{drum}}}{\mathrm{RR_{flat}}} = \sqrt{1 + \xi \frac{r}{R}} \tag{13.80}$$

式中,ξ 是修正系数,它由轮胎载荷 F_z、充气压力 p(bar)和它们的系数 β_0、β_1、β_2 和 β_3 组成。

F_z 是轮胎载荷,它定义为由欧洲轮胎轮辋技术组织(ETRTO)的标准来确定的最大轮胎载荷的一个比例,在下式中采用十进制小数(%/100)来表示:

$$\xi = \beta_0 + \beta_1(1/F_z) + \beta_2 p + \beta_3 p/F_z \tag{13.81}$$

未知系数 β_0、β_1、β_2 和 β_3 通过大量实验数据采用最小二乘法进行拟合确定。基于完全回归模型,得到的转换公式为

$$\frac{\mathrm{RR_{drum}}}{\mathrm{RR_{flat}}} = \sqrt{1 + \left(0.16 - 0.19\frac{1}{F_z} + 0.12p + 0.16\frac{p}{F_z}\right)\frac{r}{R}} \tag{13.82}$$

通过考虑轮胎性能和简化式(13.82),最终的转换公式可以为

$$\frac{\mathrm{RR_{drum}}}{\mathrm{RR_{flat}}} = \sqrt{1 + \left(-0.0116 + 0.3838\frac{H}{\mathrm{SW}}\frac{p}{F_z}\right)\frac{r}{R}} \tag{13.83}$$

式中,H 是轮胎断面高度;SW 是断面宽度。

对采用大鼓面和小鼓面的测量结果运用式(13.79)和式(13.83)进行了转化,并计算了它们的标准偏差,采用式(13.83)转换的标准偏差是采用式(13.79)转换的标准偏差的六分之一。

13.1.8 路面纹理对滚动阻力的影响

DeRaad[30]研究了路面纹理对滚动阻力的影响。图 13.22a 比较了乘用车轮胎在 6 种不同的路面纹理状态的道路上的滚动阻力,这些路面纹理从抛光水泥路到粗糙沥青路都有。这 6 种路面的外轮廓形状如图 13.22b 所示。从图 13.22 中看出,轮胎在粗密封层沥青路面(第 6 种路面)上的滚动阻力比新水泥路面(第 2 种路面)高 33%,然而,轮胎在抛光水泥路面(第 1 种路面)上的滚动阻力比新水泥路面的滚动阻力低 12%。

13.1.9 轮胎滚动阻力的评价方法

轮胎的滚动阻力可以用力、力矩和能量来评价。最常用的测量滚动阻力的方法是测力法,如图 13.23 所示。力传感器安装在轮胎轴上,测量得到的轴力 F_{spindle} 按照下面的公式转换成滚动阻力:

$$F_{\mathrm{RR}} = F_{\mathrm{spindle}}(R + r_{\mathrm{L}})/R \tag{13.84}$$

式中,R 是转鼓的半径;r_{L} 是转鼓表面到轮轴的距离。

在 SAE J1269 中,采用多点法测量滚动阻力,乘用车轮胎的滚动阻力值 F_{RR} 采用下面的回归方程计算:

$$F_{\mathrm{RR}} = F_z(A_0 + A_1 F_z + A_2 \cdot 1/p) \tag{13.85}$$

式中,F_z 是轮胎的垂直载荷;p 是轮胎的充气压力;$A_i(i=0,1,\cdots)$ 是最小二乘回归模型的系数。

对于轻型货车子午线轮胎来说,滚动阻力表示为

$$F_{\mathrm{RR}} = A_0 + A_1 F_z + A_2 \cdot 1/p + A_3 F_z/p + A_4 F_z/p^2 \tag{13.86}$$

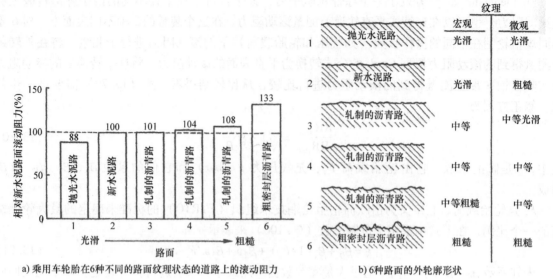

a) 乘用车轮胎在6种不同的路面纹理状态的道路上的滚动阻力   b) 6种路面的外轮廓形状

图 13.22 　路面纹理对滚动阻力的影响

（经 SAE 授权，摘自文献 [30]）

SAE J2452 采用逐步减速方法来测量滚动阻力对速度的依赖性。在实验过程中分别测量 6 个或更多个速度下的滚动阻力，测量过程中在每个速度下稳定一段时间进行测量，以保证测量结果的精度。分别测量在正转和反转中的不同速度下的滚动阻力，然后将结果进行平均以消除垂直和纵向传感器的交互影响。

对于乘用车轮胎进行 4 个点的载荷/气压配置矩阵方法的测量，而对于轻型货车轮胎来说，采用 5 点配置矩阵。结果采用经验模型进行数据拟合，该模型如下：

$$F_{RR} = p^{\alpha} F_z^{\beta}(a + bV + cV^2) \quad (13.87)$$

这个方程已经证明适合于较宽范围的轮胎载荷、气压和速度的测试[31]。

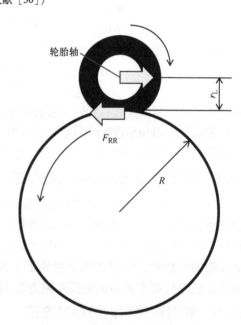

图 13.23 　测力法测量滚动阻力

13.2　侧偏过程和驱动/制动过程中的滚动阻力

13.2.1　侧偏过程的滚动阻力

Sakai[32] 对侧偏过程中的滚动阻力进行了研究。侧偏过程中的阻力（称为侧偏阻力 R_c）是运动方向各种力的合力，包含侧向力成分 F_y 和滚动阻力成分 F_x^{cf}。同时，与运动方向垂直的力是侧偏力 F_c，如图 13.24 所示。R_c 和 F_c 表示为

$$\begin{aligned} R_c &= F_y \sin\alpha + F_x^{cf} \cos\alpha \\ F_c &= F_y \cos\alpha - F_x^{cf} \sin\alpha \end{aligned} \quad (13.88)$$

F_x^{cf} 与侧向力 F_y 和载荷 F_z 有关，表示为

第 13 章 轮胎的滚动阻力

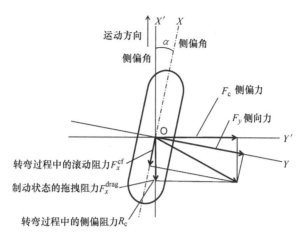

图 13.24 侧偏过程中的侧向力、侧偏力、滚动阻力以及侧偏阻力
(经 Guranpuri – Shuppan 授权,摘自文献 [32])

$$F_x^{cf} \cong R_0 \sqrt{1+(F_y/F_z)^2} \qquad (13.89)$$

式中,R_0 是自由滚动状态的滚动阻力。

利用式 (13.88) 和式 (13.89),侧偏阻力 R_c 在小侧偏角下可以近似表示为

$$\begin{aligned} R_c &= F_y \sin\alpha + F_x^{cf}\cos\alpha = \frac{F_c + F_x^{cf}\sin\alpha}{\cos\alpha}\sin\alpha + \\ &\quad R_0 \left\{1 + \left(\frac{F_y}{F_z}\right)^2\right\}^{1/2}\cos\alpha \\ &\cong R_0 \left\{1 + \left(\frac{F_c}{F_z}\right)^2\right\}^{1/2} + F_c\tan\alpha \end{aligned} \qquad (13.90)$$

在小侧偏角范围内,侧偏力 F_c 可以进一步近似表示为

$$F_c \cong F_y \cong C_{F\alpha}\alpha \qquad (13.91)$$

式中,$C_{F\alpha}$ 是侧偏刚度。

将式 (13.91) 代入到式 (13.90) 可以得到:

$$R_c \cong R_0\left\{1+\left(\frac{F_c}{F_z}\right)^2\right\}^{1/2} + \frac{F_c^2}{C_{F\alpha}} \qquad (13.92)$$

式 (13.92) 的第一项与轮胎的变形有关,第二项与横向滑移导致的摩擦损失 (摩擦能) 有关。因为第二项与侧偏刚度成反比关系,侧偏刚度应该更大以减小第二项。

图 13.25 给出子午线轮胎和斜交轮胎在侧偏过程中测量得到的侧向力系数和滚动阻力系数与侧偏角的关系。图 13.26 给出了侧偏过程中测量得到的滚动阻力系数与侧向力系数的关系。图 13.25 和图 13.26 的结果可以近似用式 (13.89) 表示。

图 13.27 给出了小侧偏角下侧偏过程中的滚动阻力。侧偏损失不是在 0°侧偏角下取得最小值,而是在某个小侧偏角下最小,这是带束层角度效应和锥度的影响。使滚动阻力最小的侧偏角几乎与使磨耗最小的侧偏角相同。使滚动阻力最小的侧偏角与式 (13.92) 的第二项有关,并由总的侧向力等于 0 的条件来决定,总的侧向力包括侧偏角引起的侧向力、带束层角度效应和锥度效应引起的侧向力,这些在第 14.9.3 节中用式 (14.151) 进行了讨论。当车辆直线行驶时车辆的滚动阻力可能是最小的,在这个情况下总的侧向力为 0[33]。

Peckelsen 和 Gauterin[34] 测量了跑气保用轮胎的滚动阻力,目的是研究悬架几何 (前束和外

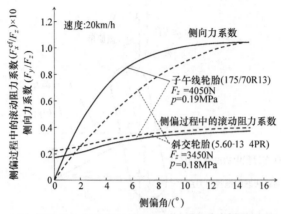

图 13.25　子午线轮胎和斜交轮胎在侧偏过程中测量得到的侧向力系数和
滚动阻力系数（RRC）与侧偏角的关系
（经 Guranpuri – Shuppan 授权，摘自文献［32］）

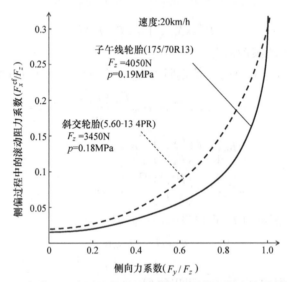

图 13.26　侧偏过程中测量得到的滚动阻力系数与侧向力系数的关系
（经 Guranpuri – Shuppan 授权，摘自文献［32］）

倾角）对滚动阻力的影响。他们发现前束对滚动阻力的影响可以用抛物线方程表示，然而外倾角对滚动阻力的影响可以忽略。由前束和外倾角导致的滚动阻力的变化最高可以达到5%。

13.2.2　稳态滚动中滚动阻力和纵向力的关系

在稳态中，滚动阻力还会随着纵向力（驱动力或制动力）而改变。Schuring[35]根据测量得到的能量损失提出了用纵向力来计算此时的滚动阻力 $RR_{fore-aft\_force}$ 的方法：

$$RR_{fore-aft\_force} = T\omega/V + F_x \tag{13.93}$$

式中，T 是车轮转矩；ω 是车轮的旋转角速度；V 是轮胎线速度；F_x 是纵向力。注意在本书中驱动力是正值。

图 13.28 给出了乘用车轮胎 6.45S14 0°侧偏角下在不同垂直载荷 F_z 下测量得到的滚动阻力与纵向力 F_x 的关系。图 13.29 给出了乘用车轮胎 6.45S14 0°侧偏角下在不同垂直载荷 F_z 下滚动阻力与纵向力的关系。在纵向力存在的情况下，滚动阻力的最小值不是出现在纵向力为 0 的时候，而是出现在较低的驱动力下。

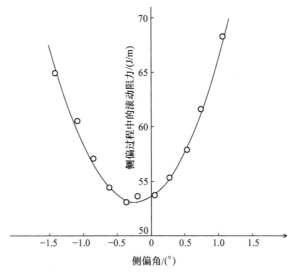

图 13.27　小侧偏角下侧偏过程中的滚动阻力（FR78-14 乘用车轮胎，载荷 5.7kN，气压 195kPa）
（经 TST 授权，摘自文献 [33]）

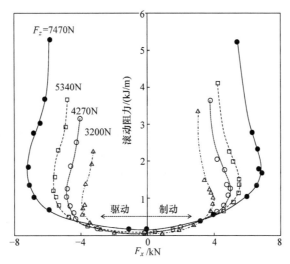

图 13.28　乘用车轮胎 6.45S14 0°侧偏角下在不同垂直载荷 F_z 下测量得到的滚动阻力与纵向力 F_x 的关系
（经 TST 授权，摘自文献 [35]）

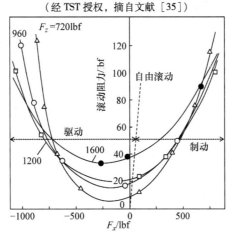

图 13.29　乘用车轮胎 6.45S14 0°侧偏角下在不同垂直载荷 F_z 下滚动阻力与纵向力的关系
（经 TST 授权，摘自文献 [35]）

Sakai[32]将在纵向力存在的情况下的滚动阻力 $RR_{fore-aft\_force}$ 表示为如下形式：

$$RR_{fore-aft\_force} = R_0 + F_x^2/C_{Fs} \tag{13.94}$$

上述方程的第二项等于由纵向力引起的每单位行驶距离的摩擦能，这将在第14.2.2节进行讨论。纵向力存在的情况下的滚动阻力 $RR_{fore-aft\_force}$ 与纵向力 F_x 的平方成正比，与驱动刚度 C_{Fs} 成反比。要减小滚动阻力，可以通过提高驱动刚度 C_{Fs} 来实现。图13.30给出了稳态下有纵向力存在的情况下子午线轮胎和斜交轮胎的滚动阻力系数与纵向力系数的关系。纵向力存在时子午线轮胎的滚动阻力系数比斜交轮胎的要小。

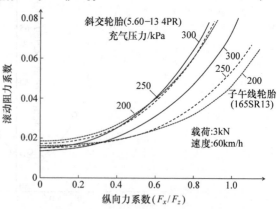

图13.30 稳态下有纵向力存在的情况下子午线轮胎和斜交轮胎的滚动阻力系数与纵向力系数的关系
（经 Guranpuri-Shuppan 授权，摘自文献[32]）

在 $F_x + R_0 = 0$（$R_0 > 0$，$F_x < 0$，驱动状态）条件下，此时总的纵向力为0，由纵向力引起的摩擦能应该是最小的。而且，考虑到在 $F_x = 0$ 时 $RR_{fore-aft\_force}$ 等于 R_0，式（13.94）可以修改为

$$RR_{fore-aft\_force} = R_0 + \frac{(F_x + R_0)^2 - R_0^2}{C_{Fs}} \tag{13.95}$$

Mogi 等[36]研究了驱动刚度对车辆燃油效率的影响。根据美国联邦实验程序（FTP）-72 的 UDDS 和 LA#4 测试规程，在驱动状态下，通过底盘上安装的测功机来测量燃油效率。轮胎规格采用 205/55R16，改变胎面橡胶的滞后损失和杨氏模量，对它们的燃油效率进行比较。从测试结果可以得出结论，如果滞后损失是相同的，那么较大的驱动刚度可以降低轮胎的滚动阻力，这个结果与式（13.94）和式（13.95）所展示的结果一样。

13.3 瞬态滚动阻力

13.3.1 瞬态滚动阻力概述

轮胎滚动阻力的测量是在对轮胎进行预热后，在恒定的温度下轮胎处于稳态滚动时进行的。然而，轮胎的使用状态通常是瞬态的，因此人们开发了 SAE J 2452 标准用来测量瞬态的滚动阻力。转鼓上测量得到的稳态滚动阻力通常表示为速度的函数，然而瞬态条件下测量得到的滚动阻力不但是速度的函数，还是时间、轮胎温度和与温度相关的橡胶的 $\tan\delta$ 的函数。

图13.31 显示了损失角正切 $\tan\delta$ 的温度依赖性以及滚动阻力随着时间的变化。滚动阻力一开始随着时间而下降，15min 后达到稳态。这个现象可以用橡胶材料的 $\tan\delta$ 与温度之间的关系来解释。橡胶材料的 $\tan\delta$ 在轮胎温度比较低的时候是较大的值，然后随着轮胎由橡胶能量损失而导致的温度升高而逐渐减小。对于较大规格的轮胎来说，由于它的热容量更大，它的温度需要更长的时间来达到平衡。对于货/客车轮胎来说，它们的预热时间是 2h，而对于轿车轮胎来说，其在转鼓上的预热时间是 30min。

Mars 和 Luchini 等[37-38]提出了一个预测模型，用该模型可以根据稳态测试得到的滚动阻力来预测瞬态的滚动阻力。Nielsen 和 Sandberg[39]也提出了一个基于稳态测试结果来预测瞬态滚动阻力的预测模型，该模型是速度和轮胎温度的函数。

上述模型的基本概念都认为可以用稳态的滚动阻力和瞬态的温度来计算瞬态的滚动阻力。更进一步地说，本章所讨论的由 Mars 等[37]开发的预测瞬态滚动阻力的简单模型做了下述假设：

1）轮胎内部的温度是均匀的。
2）滚动阻力所做的所有功都转换成了热量。
3）橡胶的滞后损失角正切 $\tan\delta$ 受温度的影响，稳态的滚动阻力和瞬态的滚动阻力由温度和 $\tan\delta$ 决定。
4）充气压力是常数。这个假设与常规的使用条件不相符，但是在 SAE J2452 中充气压力是常数。

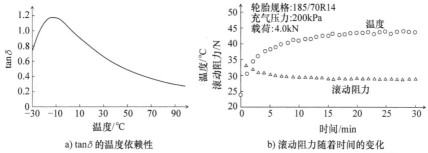

a) $\tan\delta$ 的温度依赖性
b) 滚动阻力随着时间的变化

图 13.31　损失角正切 $\tan\delta$ 的温度依赖性以及滚动阻力随时间的变化[5]

13.3.2　稳态滚动时轮胎的温度

稳态情况下内部生热率 $\dot{Q}_{\text{gen}}$ 等于向周围环境的传热率 $\dot{Q}_{\text{surr}}$：

$$\dot{Q}_{\text{gen}} - \dot{Q}_{\text{surr}} = 0 \tag{13.96}$$

根据上述假设 2），轮胎产生的热能 $\dot{Q}_{\text{gen}}$ 是由稳态滚动阻力 R^* 产生的：

$$\dot{Q}_{\text{gen}} = VR^* \tag{13.97}$$

$\dot{Q}_{\text{surr}}$ 由下式表示：

$$\dot{Q}_{\text{surr}} = hA(T^* - T_\infty) \tag{13.98}$$

式中，T_∞ 是环境温度；T^* 是稳态下的轮胎温度；h 是传热系数；A 是轮胎上对流传热的面积。

假设传热系数 h 是速度的函数，h 可以表示为

$$h = h_0 (V/V_0)^q = \beta V^q \tag{13.99}$$

式中，V_0 是轮胎的参考速度；h_0 是参考导热系数；β 是常数，$\beta = h_0/V_0^q$，q 是测得的常数。

式（13.96）~式（13.99）中的 T^* 表示为

$$T^* = \frac{V^{1-q} R^*}{\beta A} + T_\infty \tag{13.100}$$

13.3.3　瞬态下的滚动阻力和轮胎温度

瞬态中的能量平衡可以通过在式（13.96）中增加由热惯性 $\dot{Q}_{\text{stored}}$ 导致的热能储存速率来表示，这样可以保证瞬态的能量平衡：

$$\dot{Q}_{\text{gen}} - \dot{Q}_{\text{surr}} = \dot{Q}_{\text{stored}} \tag{13.101}$$

$\dot{Q}_{\text{stored}}$ 与轮胎质量 m、轮胎热容 C 和轮胎瞬时升温速度的乘积成正比：

$$\dot{Q}_{\text{stored}} = mC\mathrm{d}T/\mathrm{d}t \tag{13.102}$$

与式（13.97）类似，瞬态情况下内部热生成率 $\dot{Q}_{\text{gen}}$ 可以表示为

$$\dot{Q}_{\text{gen}} = VR \tag{13.103}$$

式中，R 是瞬态滚动阻力。

利用假设 3），R 用下式表示：

$$R = R^* \{1 + \alpha(T^* - T)\} \tag{13.104}$$

式中，R^* 是稳态的滚动阻力；T^* 是稳态滚动轮胎的温度；T 是轮胎瞬态滚动状态的温度；α 是正的常数。

考虑到式（13.98）和式（13.99）在瞬态状态下是有效的，将式（13.98）、式（13.102）、式（13.103）和式（13.104）代入到式（13.101）中，可以得到：

$$VR^* \{1 + \alpha(T^* - T)\} - \beta V^q A(T - T_\infty) = mC\mathrm{d}T/\mathrm{d}t \tag{13.105}$$

用式（13.100）消去式（13.105）中的稳态温度 T^*，瞬态滚动轮胎的温度 T 可以用轮胎的稳态滚动阻力 R^* 来表示：

$$mC\frac{\mathrm{d}T}{\mathrm{d}t} = (\beta A V^q + \alpha V R^*)(T_\infty - T) + VR^* + \frac{\alpha}{\beta A} V^{2-q} R^{*2} \tag{13.106}$$

其中的输入数据是轮胎的初始温度 $T|_{t=0}$、轮胎的稳态滚动阻力 R^* 和轮胎的速度时间历程 $V(t)$。采用龙格-库塔法来求解式（13.106），就可以得到瞬态滚动轮胎的温度 $T(t)$。然后，可以采用式（13.104）来求解瞬态滚动轮胎的滚动阻力 $R(t)$。

13.3.4 短时间内速度发生改变的瞬态滚动阻力

当轮胎的速度在短时间内发生改变时，轮胎的瞬态滚动阻力 $R(t)$ 可以对式（13.104）重写，用下式表示：

$$R(t) = R^*_{V(t)} \{1 + \alpha[T^*_{V(t)} - T(t)]\} \tag{13.107}$$

式中，$R^*_{V(t)}$ 和 $T^*_{V(t)}$ 分别是轮胎在速度 $V(t)$ 下的稳态滚动阻力和稳态温度。因为轮胎在短时间内速度发生了变化，所以可以假设轮胎的温度是常数，将 $T(t)$ 表示为 $T|_{t=0}$，式（13.105）重写为

$$R(t) = R^*_{V(t)} \{1 + \alpha(T^*_{V(t)} - T|_{t=0})\} \tag{13.108}$$

式中，$T|_{t=0}$ 是轮胎在 $t=0$ 时的温度。将式（13.100）代入到式（13.108）中，得到：

$$R(t) = R^*_{V(t)} \left\{ 1 + \frac{\alpha}{\beta A}(V^{1-q} R^*_{V(t)} - V^{1-q}_{\mathrm{eq}} R^*_{\mathrm{eq}}) \right\} \tag{13.109}$$

式中，V_{eq} 是轮胎稳态速度；R^*_{eq} 是稳态时轮胎在 $t=0$ 时的滚动阻力。

将轮胎在 80km/h 时的滚动阻力表示为 $R_{80\mathrm{kph}}$，R^*_{eq} 假设可以用速度的抛物线函数来表示：

$$R^*_{\mathrm{eq}} = R_{80\mathrm{kph}} (V/V_{80\mathrm{kph}})^2 \tag{13.110}$$

Luchini 和 Popio[38] 计算了 P235/70R16 轮胎的瞬态滚动阻力，所采用的计算参数为 $\alpha = 0.0061/℃$，$C = 1300\mathrm{J}/(\mathrm{kg} \cdot ℃)$，$h_0 = 40\mathrm{W}/(\mathrm{m}^2 \cdot ℃)$，$q = 0.5$。参数 q 和 h_0 可以通过将按照 SAE J2452 所做的实验测试数据基于式（13.109）进行数据拟合得到。图 13.32 的结果表明计算数据与实验结果吻合较好，计算数据和实验数据之间只相差 1~4N。

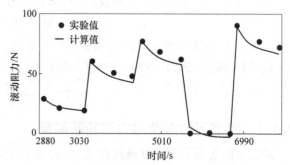

图 13.32 基于 SAE J2452 实验标准的滚动阻力的计算值和实验值

（经 TST 授权，摘自文献 [38]）

13.4 轮胎的滚动阻力和燃油经济性

13.4.1 滚动阻力和燃油经济性的关系

1. 汽车的能量损失

有一个通用的计算模型可以预测车辆进行常规行驶时克服外部阻力所需要的能量。Burgoss

和 Choi[40] 将车辆需要的总的能量划分成 5 种类型：

$$U_{\text{tot}} = U_r + U_a + U_i + U_g + U_c$$
$$= C_{\text{RR}} mg\cos\beta d_r + \frac{1}{2}\rho A_f C_d V_r^2 d_a + \qquad (13.111)$$
$$C_i m \frac{dV}{dt} d_i + mg\sin\beta d_g + \frac{m^2 V_v^4}{r_c^2 C_{\alpha v}} d_c$$

这里，U_{tot}、U_r、U_a、U_i、U_g 和 U_c 分别是汽车需要的总能量、滚动阻力产生的能量、空气阻力的能量、加速阻力的能量、重量阻力的能量和侧偏阻力的能量。d_r、d_a、d_i 和 d_c 分别是各个外部力所作用的距离。C_{RR} 是滚动阻力系数，β 是道路倾角，ρ（$=1.3\text{kg/m}^3$）是空气的密度。C_d 是风阻系数。目前市场上的轿车的风阻系数在 0.28 ~ 0.35 之间⊖，尽管从空气动力学的角度将车辆的风阻系数可以设计到最低 0.18。货车的风阻系数在 0.5 ~ 1.5 之间。V_r 是车辆的相对速度（考虑到风速的影响），C_i 是旋转惯性加速度的质量修正系数，m 是车辆的质量，$C_i m$ 是汽车的等效质量（一般为汽车质量的 104%），dV/dt 是加速度，g 是重力加速度，$C_{\alpha v}$ 是总的侧偏刚度，r_c 是从质心开始的侧偏轨迹半径，V_v 是车辆的速度。

图 13.33 给出了重量为 1430kg 的中等大小的轿车在行驶过程中 5 种类型的阻力对总的阻力的贡献[40]。计算用的道路是 UBR 和 LBR。UBR 是一种单车道道路，而 LBR 是快速路。在 LBR 工况滚动阻力对整车能量消耗的贡献是 31%，而在 UBR 工况的贡献是 34%。

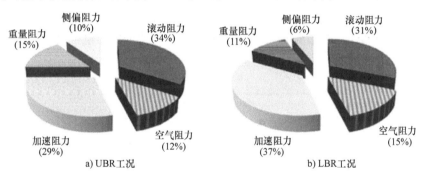

图 13.33 重量为 1430kg 的中等大小的轿车在行驶过程中 5 种类型的阻力对总的阻力的贡献[40]

Michelin[41] 将车辆的能量需求分为 4 类，并将滚动阻力列为车辆 4 种驾驶工况类型的阻力之一。这 4 种驾驶工况类型是由 Directive 98/69/EC 来定义的，分别为城市工况、郊区工况（如旁路）、在主要道路和次要道路上行驶工况、在高速公路上行驶工况，如图 13.34 所示。汽车在这 4 种工况条件下行驶时，轮胎的滚动阻力对总阻力的贡献在 10% ~ 70% 之间，高速公路行驶的平均贡献约为 20%，郊区工况为 25%，在城市工况或主要及次

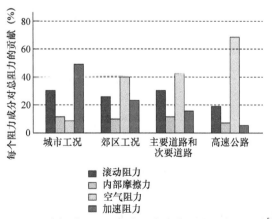

图 13.34 4 种驾驶工况下每个阻力成分对总阻力的贡献[41]

⊖ 备注 13.2。

要道路上为30%。

An 和 Ross[42]调查了滚动阻力对燃油能量消耗的贡献，这些结果汇总在图 13.35 中，所采用的车辆为 20 世纪 80 年代的 Jetta，包含 4 种标准驾驶工况：EPA 城市工况、EPA 高速工况，欧盟 ECE15 工况以及日本 10-15 工况。根据工况的不同，滚动阻力占燃油能量消耗的 8% ~ 18%。

2. 期望的滚动阻力

人们采用实验方法和建模仿真的方法研究了滚动阻力对于燃油消耗的贡献。一些学者给出了货车或者轿车的几个结果[9,10,31,43]，Grover 和 Bordelton[44]提出了一个新的评价指标，称为平均等效滚动阻力（Mean Equivalent Rolling Force，MERF），它给出了针对特定工况条件的平均滚动阻力。因此 MERF 可以用作指定轮胎的设计目标，它可以作为车辆在标准的城市/高速工况下行驶时，衡量轮胎对燃油消耗的相对贡献的代表性参数。

因为平均等效滚动阻力代表了指定行驶工况下轮胎产生的平均阻力，它应该能够更好地与该行驶工况下的车辆的燃油经济性联系起来。利用式（13.87），平均等效滚动阻力可以表示为

$$\mathrm{MERF} = \int p^{\alpha} F_z^{\beta}(a + bV + cV^2)\mathrm{d}t / \int \mathrm{d}t \tag{13.112}$$

作为平均等效滚动阻力的广义概念，期望的滚动阻力也可以通过引入轮胎的使用条件的附加参数来定义。期望的滚动阻力 $\langle \mathrm{RR} \rangle$ 可以表示为

$$\langle \mathrm{RR} \rangle = \iiint \mathrm{RR}(\alpha, s, p, V, T, F_z) f(\alpha, s, p, V, T, F_z) \mathrm{d}\alpha \mathrm{d}s \mathrm{d}p \mathrm{d}V \mathrm{d}T \mathrm{d}F_z \tag{13.113}$$

式中，$f(\alpha, s, p, V, T, F_z)$ 是概率函数；$\mathrm{RR}(\alpha, s, p, V, T, F_z)$ 是滚动阻力，表示它是侧偏角 α、滑移率 s、充气压力 p、速度 V、轮胎温度 T 和载荷 F_z 的函数。这个思想也可以用于室外磨耗实验中，这将在第 14.11 节进行阐述。

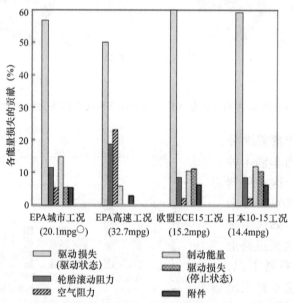

图 13.35 20 世纪 80 年代后期各种驾驶循环路况下不同因素对燃油消耗的贡献
（经 SAE 授权，摘自文献 [42]）

3. 滚动阻力降低对燃油消耗的贡献

Schuring 和 Redfield[45]定义滚动阻力对燃油消耗的贡献 TRR 如下：

○ mpg 为 mile/gal，即英里每加仑。

$$\text{TRR} = \frac{P_{\text{RR}}}{P_e} = \frac{V\sum_i F_{Ri}}{V\rho_E/M} = \frac{M}{\rho_E}\sum_i F_{Ri} \qquad (13.114)$$

式中，P_{RR} 是轮胎消耗的功率；P_e 是燃油提供的总功率；V 是车速；F_{Ri} 是第 i 个轮胎的滚动阻力；ρ_E 是燃油的能量密度（J/L）；M 是每单位体积的燃油消耗行驶的距离（即燃油里程）（m/L）。

例如，一个满载的以柴油发动机为动力的带拖车的货车，它的性能参数是：$M = 1.7 \text{km/L}$，$\rho_E = 3.5 \times 10^7 \text{J/L}$，$\sum F_{Ri} = 3\text{kN}$。根据上述数据，对于该满载车辆来说，滚动阻力对燃油消耗的贡献占 15%。

Schuring 和 Redfield[45] 认为每单位行驶距离消耗的燃油体积数可以用下式表示：

$$F_{\text{con}} = 1/M = F_{\text{con0}} + \alpha \sum_i F_{Ri} \qquad (13.115)$$

式中，F_{con0} 是车辆安装的轮胎的滚动阻力为"0"时消耗的燃油；α 是滚动阻力对燃油消耗 F_{con} 的贡献率，Schuring 和 Futamura[10] 的研究表明，α 对车辆的类型和车辆的行驶状态以及轮胎的滚动阻力不敏感。对于不同类型的轿车和载重货车来说，α 的取值范围在 0.06（小轿车）~ 0.13mL/(km·N)（载重货车）之间。表 13.2 给出了车辆的燃油消耗数据和用来表示滚动阻力贡献的参数[10]。

表 13.2 车辆的燃油消耗数据和用来表示滚动阻力贡献的参数[10]

车辆类型	F_{con0}/(mL/km)		α/[mL/(km·N)]	
	平均	标准偏差	平均	标准偏差
轿车	103	26	0.093	0.035
载重货车	340	60		

Schuring 和 Redifield[45] 提出了回报因子以评价滚动阻力对燃油经济性的影响。假设滚动阻力的变化 $\Delta\sum_i F_{Ri}$ 引起了燃油消耗的线性变化 ΔF_{con}，ΔF_{con} 可以表示为

$$\Delta F_{\text{con}} = \alpha \Delta \sum_i F_{Ri} \qquad (13.116)$$

由式（13.115）和式（13.116）可以得到：

$$\frac{\Delta F_{\text{con}}}{F_{\text{con}}} = \frac{\alpha \Delta \sum_i F_{Ri}}{F_{\text{con0}} + \alpha \sum_i F_{Ri}} = \frac{\Delta \sum_i F_{Ri}}{\sum_i F_{Ri}} \frac{1}{1 + \frac{F_{\text{con0}}}{\alpha \sum_i F_{Ri}}} \equiv R_{\text{factor}} \frac{\Delta \sum_i F_{Ri}}{\sum_i F_{Ri}} \qquad (13.117)$$

式中，R_{factor} 是回归系数，可以表示为

$$R_{\text{factor}} = \frac{1}{1 + \frac{F_{\text{con0}}}{\alpha \sum_i F_{Ri}}} \qquad (13.118)$$

回归系数代表单位滚动阻力的降低带来的燃油节约量。当燃油消耗变化很小的时候，有下式成立：

$$\Delta F_{\text{con}}/F_{\text{con}} \cong -\Delta M/M \qquad (13.119)$$

式中，$\Delta M/M$ 是燃油里程方面的相对变化。它们之间的关系是：

$$R_{\text{factor}}（回归系数）= 燃油消耗变化百分数 / 滚动阻力变化百分数 \qquad (13.120)$$

图 13.36 表明，对于大型的较重的轿车来说，其回归系数是 20% 左右，对于较小和较轻的装配有子午线轮胎的轿车来说是 10%，装配有斜交轮胎的货车是 33%，装配有子午线轮胎的货车是 25%。式（13.114）重写为

$$\text{TRR}(\%) = 100(M/\rho_E)mg\overline{C}_r \qquad (13.121)$$

式中，m 是车辆的重量；$\overline{C}_r$ 是车辆轮胎的平均滚动阻力系数。

图 13.37 表明，满载的货车与轮胎有关的燃油消耗 TRR（%）要比轿车的燃油消耗更大。

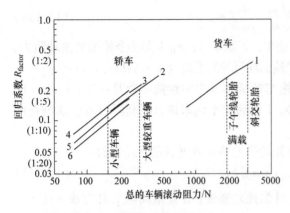
图 13.36 轿车轮胎和货车轮胎的回归系数
（经 SAE 授权，摘自文献 [45]）

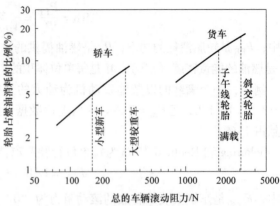
图 13.37 轮胎在轿车和货车的燃油消耗中所占比例
（经 SAE 授权，摘自文献 [45]）

Bradley 和 Delaval[46] 研究了滚动阻力和燃油消耗之间的关系。他们将车辆的燃油消耗 F_{con}（L/m）表示为

$$F_{con} = F_{RM}/(\rho_E \eta) \tag{13.122}$$

式中，F_{RM} 是与运动方向相反的力（N）；ρ_E 是燃油的能量密度（J/L）；η 是发动机效率。

与式（13.111）相近，与运动方向相反的力可以表示为

$$F_{RM} = C_{RR}mg + \frac{1}{2}\rho C_d A_f V_r^2 + C_i m \frac{dV}{dt} + mg\sin\beta + \frac{P_{int}}{V} \tag{13.123}$$

式中，P_{int} 是内部机械和零件的摩擦功率；V 是车辆的速度。

注意发动机的效率 η 在整个驾驶周期内都是受滚动阻力影响的，因为在给定的发动机速度下所需的转矩减小。为了建立燃油消耗 F_{con} 与滚动阻力系数 C_{RR} 之间的灵敏度关系，可以采用式（13.122）所表示的燃油消耗与 F_{RM} 和发动机效率 η 之间的导数，将他们作为 C_{RR} 的函数：

$$\frac{dF_{con}}{dC_{RR}} = \frac{1}{\rho_E \eta}\frac{dF_{RM}}{dC_{RR}} - \frac{F_{RM}}{\rho_E \eta^2}\frac{d\eta}{dC_{RR}} \tag{13.124}$$

式（13.124）的第一项非常容易确定，可以用 F_{RM} 对 C_{RR} 的导数，即车辆的载荷 mg 来简化。式（13.124）可以重写为

$$dF_{con} = \left(\frac{1}{\rho_E \eta} - \frac{F_{RM}}{\rho_E \eta^2 mg}\frac{d\eta}{dC_{RR}}\right)mg dC_{RR} \tag{13.125}$$

与式（13.116）相似，式（13.125）可以重写为

$$\Delta F_{con} = \alpha \Delta C_{RR} mg \tag{13.126}$$

式中，α 可以表示为

$$\alpha = \frac{1}{\rho_E \eta} - \frac{F_{RM}}{\rho_E \eta^2 mg}\frac{d\eta}{dC_{RR}} \tag{13.127}$$

Bradley 和 Delaval[46] 通过实验比较了燃油消耗和轮胎滚动阻力的关系，如图 13.38 所示。所采用的车辆有紧凑型轿车、中型轿车和轻型货车。所有的测试结果都与每个车辆的最具燃油经济性的轮胎进行比较和归一化。图中的实线显示的是式（13.126）所描述的模型的计算结果，其中灵敏度系数 α 为 0.082mL/(km·N)，还用到了 C_{RR}（kg/t）、车辆的重量 m（t）以及重力加速度 g。他们的研究结果还表明，式（13.126）很大程度上是独立于车辆的行驶道路类型和车辆的类型的，但它随着燃油的类型而发生改变。

如果假设发动机的效率 η 相对于滚动阻力系数 C_{RR} 的导数是 0,灵敏度系数 α 可以用燃油能量密度和发动机效率的乘积的倒数来近似:

$$\alpha = 1/(\rho_E \eta) \quad (13.128)$$

设 E10 汽油的能量密度 ρ_E 为 33.2MJ/L,有效的发动机效率为 30%,可以得到灵敏度系数 α 的计算结果为 $0.100\text{mL}/(\text{km}\cdot\text{N})$,而实测的结果为 $0.082\text{mL}/(\text{km}\cdot\text{N})$。为了与灵敏度系数 α 的测量值相匹配,需要的有效发动机效率为 37%,这是不太合理的一个较高的值。这些结果说明,发动机效率对滚动阻力系数的导数不应该被忽略。

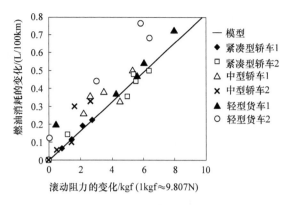

图 13.38 燃油消耗和滚动阻力的关系
(经 TST 授权,摘自文献 [46])

LaCLair 和 Truemner[47] 利用 AVL CRUISE 软件[48] 计算了货车的回报因子。货车上安装的所有轮胎的总的滚动阻力是 1824N,货车的总载荷是 29900kg。其结果为:对于次要道路行驶条件的回报因子是 15%,高速公路行驶条件的回报因子是 23%。Guillou 和 Bradley[49] 测量和计算了轿车、轻型货车和载重货车在各种驾驶条件下的回报因子,所采用的软件是 CRUISE。轿车的发动机是 1.81L/156hp 增压发动机(车辆的重量是 1760kg),轻型货车的发动机是 2.01L/115hp 发动机(车辆的重量是 2500kg),载重货车有典型的欧洲长距离行驶架构,采用两轴驱动,发动机型号是 121L/480hp,有三个拖车轴,总载荷量是 26t。

表 13.3 和表 13.4 表明在恒定速度下仿真计算得到的回报因子与实验测量值吻合很好。而且,仿真计算得到的回报因子随着车辆的类型而改变(例如轿车、轻型货车或者载重货车),也随着驾驶工况的改变而改变(如驱动工况)。

表 13.3 实验测量和仿真计算得到的轿车和轻型货车在各种道路行驶条件下的回报因子(基于文献 [49] 计算)

车辆类型	90km/h 的匀速		新的欧洲行驶循环(NEDC)	郊区道路	城市道路
	测量(%)	仿真计算(%)	仿真计算(%)		
轿车(1.81L/156hp,1hp=745.7W,1760kg)	19	20	15	18	10
轻型货车(2.01L/115hp,2500kg)	21	22	15	20	10

表 13.4 实验测量和仿真计算得到的载重货车在各种道路行驶条件下的回报因子(基于文献 [49] 计算)

车辆类型	80km/h 的匀速		高速公路	区域使用
	测量(%)	仿真计算(%)	仿真计算(%)	
载重货车(121L/480hp,26t)	32	30	32	21

Nakamura 等[50] 在 Holmberg 等[51] 研究的基础上,对在平路面上以 60km/h 速度匀速行驶的轿车的能耗明细进行了评测,轿车采用的是 1.8L 的发动机,生产日期是 2010 年,如图 13.39 所示,稳态下燃油消耗总的值是 100%。发动机的机械功率输出是 40%,排气系统和冷却系统损失是 60%。在机械输出的 40% 中,净输出是 20%,摩擦损失是 20%。在净输出的 20% 中,传动系和差速器的损失占 5%,其他的 15% 是车轮系统的损失。在车轮系统的 15% 中,轮胎的滚动阻力占 7.5%。

轮胎对燃油经济性的贡献是 7.5%,这个数值要比图 13.33、图 13.34 和图 13.35 中的 LBR、城市道路和高速公路行驶工况的数值小很多了。这个差异可以这样理解,即图 13.39 中的贡献是基于即使轮胎的滚动阻力降低,但其他的与摩擦有关的能量损失并没有发生变化这样的假设的。

Nakamura 等考虑到 Holmberg 的建议,重新计算了燃油消耗构成[51]。Holmberg 认为摩擦能量损失的降低将会使燃油经济性提高 3 倍,因为它既可以降低排放,也可以降低冷却损失,并且

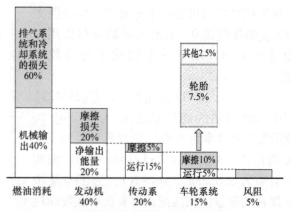

图 13.39 轿车以 60km/h 的速度在平路面上行驶时燃油消耗的构成 (%)

(经 JSAE 授权,摘自文献 [50])

是在同样的比例的情况下。考虑到滚动阻力降低带来的燃油经济性 3 倍的改善,滚动阻力的贡献将会是 7.5/0.4 = 18.75%,这与图 13.33、图 13.34 和图 13.35 中在 LBR、城市道路和高速公路得到的情况相近。

Barrand 和 Bokar[52] 利用 AVL CRUISE 软件预测了轮胎的滚动阻力对燃油消耗的贡献,结果见表 13.5。轮胎对燃油消耗的贡献不是常数,而是取决于燃油类型、使用条件、车辆规格和滚动阻力系数 (C_{RR})。

表 13.6 列出了采用 AVL CRUISE 软件计算得到的在轿车和载重货车使用低滚动阻力轮胎对燃油节约的贡献。驾驶工况和道路类型只对降低滚动阻力的成果有轻微的影响。这个结论与 Schuring 和 Futamura[10] 的结论是相同的,他们的结果表明式 (13.116) 中的系数 α 对车辆的类型、驾驶条件和滚动阻力不敏感。

表 13.5 轮胎的滚动阻力对燃油消耗的贡献[52]

轿车 (1.5t)	轮胎滚动阻力的贡献 (C_{RR} =10kg/t) (%)	重型货车 (40t)	轮胎滚动阻力的贡献 (C_{RR} =5kg/t) (%)
美国 FTP-75	15~20	城市道路	15~25
美国高速公路燃油经济性测试 (HWFET)	25~30	区域使用	20~30
欧洲 NEDC	20~25	长途运输	30~40
日本 10-15 工况	15~20	—	
城市道路 (满载)	5~20	—	
郊区道路 (满载)	10~25	—	
高速公路 (满载)	15~30	—	

表 13.6 在轿车和载重货车使用低滚动阻力轮胎对燃油节约的贡献[52]

轿车 (1.5t) 3.0L 发动机	燃油消耗 (L/100km)		燃油节约 (%)
	C_{RR} =10kg/t	C_{RR} =8kg/t	
美国 FTP-75	9.38	9.18	2.1
美国 HWFET	6.49	6.26	3.5
欧洲 NEDC	9.83	9.62	2.1
日本 10-15 工况	11.46	11.24	1.9
东京城市道路	14.99	14.80	1.3
日本第二道路	8.08	7.87	2.6
日本高速道路	6.97	6.76	3.0

(续)

载重货车（40t） 12.0L 柴油发动机	燃油消耗/(L/100km)		燃油节约（%）
	$C_{RR}=5.5$kg/t	$C_{RR}=4.5$kg/t	
郊区使用（满载）	50.1	48.4	3.4
区域使用（满载）	46.5	44.8	3.7
长途使用（满载）	35.1	33.0	6.0

13.4.2 绿色轮胎的滚动阻力降低对燃油消耗的影响

1. 绿色轮胎在电动汽车和燃油汽车的能量消耗中的对比

Nakate 等[53]开发了一个特殊的底盘测功机，在该底盘测功机上可以改变旋转次数、转矩、垂直载荷和环境温度，可以在各种驱动状态下测量轮胎的能量损失，这与式（13.112）所定义的平均等效滚动阻力具有相同的概念。利用这个底盘测功机，他们测量了绿色轮胎（也就是低滚动阻力轮胎）和标准轮胎在电动汽车和一般燃油汽车上使用时对燃油经济性的贡献。在减速车辆实验中绿色轮胎比标准轮胎滚动阻力系数小35%，所采用的车辆是一个质量为1100kg的轿车，发动机排量为1.5L。

与式（13.114）相似，轮胎对燃油车辆在各种行驶状态下的燃油消耗的贡献可以定义如下：

$$轮胎对燃油消耗的贡献(\%) = (W_{tire}/E_{gasoline}) \times 100 \quad (13.129)$$

式中，W_{tire}是采用底盘测功机测量得到的各种行驶工况下的每单位行驶距离的轮胎能量损耗（kJ/km）；$E_{gasoline}$是燃油消耗（kJ/km）。另外，轮胎对电动车辆在各种工况下的燃油消耗的贡献可以定义如下：

$$轮胎对燃油消耗的贡献(\%) = (W_{tire}/E_{EV}) \times 100 \quad (13.130)$$

式中，E_{EV}是采用交流电力的电动车辆的能量消耗。

图 13.40 显示了各种工况下轮胎对燃油汽车燃油消耗的贡献。所采用的车辆是重量为1000kg的轿车（燃油车型D），发动机为1.5L。除了拥挤道路外，在其他各种工况下标准轮胎对燃油消耗的贡献是5%~6%，然而绿色轮胎对燃油消耗的贡献只有3%~4%。

图 13.41 比较了绿色轮胎和标准轮胎对 JC08 模式下燃油汽车（标准轮胎）和电动汽车（绿色轮胎）燃油消耗的贡献。燃油车辆 J 是小型货车，质量为 1700kg，发动机为 2.3L 燃油发动机。

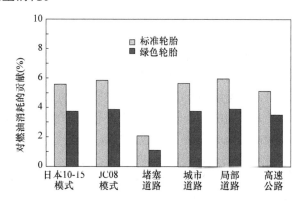

图 13.40 各种工况下轮胎对燃油汽车燃油消耗的贡献
（经 JSAE 授权，摘自文献 [53]）

EV – X 是电动汽车，质量是 1110kg，电动汽车 EV – Y 的质量是 1520kg。轮胎对电动汽车能量消耗的贡献是对燃油车能量消耗贡献的 4 倍还多，这是因为电动汽车的能量效率较高，所以在式（13.129）和式（13.130）中 E_{EV} 要比 $E_{gasoline}$ 小很多。

2. 温度对绿色轮胎滚动阻力的影响

图 13.42 给出了橡胶黏弹性的温度依赖性和轮胎性能之间的经验关系[6]。轮胎性能包括在冰上的制动距离、在湿路面上的制动距离、在干路面上的制动距离以及滚动阻力。每个性能都可

以由对应温度范围的 tanδ 的值来决定。

例如，因为滚动阻力与胎面橡胶在轮胎每转动一圈的过程中所经历的变形有关，作用在胎面橡胶上面的外部力的作用频率在 10～100Hz 之间，这取决于轮胎的旋转速度。然而，根据制动距离测量结果，制动时作用在胎面橡胶的外部力的频率为 10^4～10^6Hz。因此，制动力的作用频率远高于产生滚动阻力的外部力的作用频率。这是因为在制动过程中，橡胶受到路面粗糙度的影响而发生微观的变形。

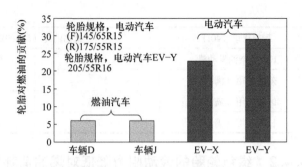

图 13.41　绿色轮胎和标准轮胎对 JC08 模式下燃油汽车和电动汽车燃油消耗的贡献

（经 JSAE 授权，摘自文献 [53]）

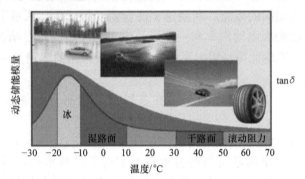

图 13.42　橡胶黏弹性的温度依赖性和轮胎性能之间的经验关系[6]

橡胶的黏弹性通常在输入频率为 10Hz 时进行评价。因为轮胎胎面橡胶的温度范围一般在 50～60℃，滚动轮胎的输入频率范围一般在 10～100Hz，轮胎的滚动阻力可以用 50～60℃ 范围内在输入频率为 10Hz 的情况下测量得到的 tanδ 来评价。轮胎的温度与滚动阻力有关，但是路面的温度与制动性能有关。因此，在湿路面上滑动的轮胎的温度和输入频率范围分别是 30℃ 和 10^4～10^6Hz。利用在黏弹性材料中得到广泛应用的时温等效原理（Williams–Landel–Ferry 方程），温度为 30℃ 和频率范围为 10^4～10^6Hz 可以转换成温度为 0℃，频率为 10Hz。因此，湿路面上的制动性能可以用温度为 0℃ 和频率为 10Hz 时的 tanδ 来表示。因为在湿路面、冰路面和干路面上的轮胎温度是不同的，所以用于衡量在冰路面和干路面上制动性能的 tanδ 的温度不同于用于湿路面制动性能的 tanδ 的温度。通过提高 tanδ 可以提高轮胎的制动性能，然而如果要提高滚动阻力性能，必须降低 tanδ。图 13.42 表明，在进行材料设计时，要同时提高湿路面的制动性能和滚动阻力性能，需要提高 0℃ 的 tanδ 值，而且降低 50～60℃ 的 tanδ 值。

为了同时满足降低滚动阻力和提高湿地制动性能的要求，轮胎工业界在从 20 世纪 80 年代以来的 30 多年里一直在努力改进 tanδ 的温度依赖性能。然而，当前低滚动阻力的轮胎（环保轮胎）面临的一个问题是它不能让车辆在冬季和夏季具有同样的燃油经济性[54]。这是因为为了保证湿路面上的制动性能，现在的低滚动阻力轮胎的胎面橡胶的 tanδ 设计成在 0℃ 较高，而在 50～60℃ 时又较低。剩余的任务就是要在不依赖于 tanδ 的温度相关性的情况下，同时具有低的滚动阻力和高的湿地制动性能。

Okubo 等[55] 的研究表明，充气压力高的轮胎的回报因子小于充气压力是标准值的轮胎的回报因子。他们利用式（13.113）计算了期望的滚动阻力系数，在计算过程中只考虑了速度 V 和轮胎的温度 T。图 13.43 给出了三个不同气压下的滚动阻力系数的预测值和测量值。图中的"转鼓测量滚动阻力"表示采用 ISO 实验标准（ISO 28580）测量的轮胎稳态温度来计算期望的滚动阻力，然而图中的"真实驾驶"表示从前轮驱动车辆的真实驾驶工况中测量得到的温度来计算预期的滚动阻力。

在实际的行驶过程中，前轮的滚动阻力预测值小于后轮，然而在转鼓测试中前轮和后轮的滚动阻力系数几乎是相同的。这是因为在实际的行驶过程中，前轮的载荷和行驶条件比较复杂，加之驱动力和制动力的影响，导致前轮的温度比后轮的温度要高。而在转鼓测试过程中轮胎的温度是稳定的。非常有意思的是，在实际的行驶过程中，通过在高速下提高充气压力，前轮的滚动阻力系数预测值变小，这是因为此时轮胎的温度更低了。

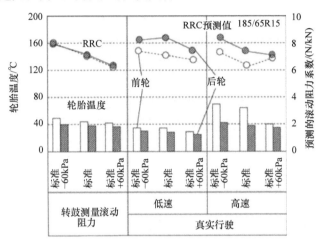

图 13.43 三个不同气压下的滚动阻力系数的预测值和测量值
（经 JSAE 授权，摘自文献［55］）

13.4.3 除降低轮胎滚动阻力外其他的提高燃油经济性的方法

1. 轮胎的空气动力学特性对燃油经济性的影响

为了提高汽车的燃油经济性，人们对车辆的空气阻力进行了很多研究。大家都知道，在方程式赛车（Formula One car）中轮胎会影响尾流的分布从而影响赛车的气动阻力。最近也有人开始研究轮胎设计因素对轿车的气动阻力的影响。Kobayakawa 等[56]采用 CFD 仿真和风洞测试的方法进行了相关研究，表明轮胎花纹和胎冠形状影响轮胎的气动阻力。Kato 等[57]采用 CFD 仿真的方法研究了轮胎胎侧上的飞边对轮胎周围气流的影响，研究结果表明胎侧上的飞边可以降低轮胎温度。Koishi[58]的 CFD 仿真计算结果和实验测量结果表明，轮胎内侧的飞边提高了轮胎的风阻，但却可以使车辆的风阻降低。Kuwayama 等[59-60]的研究表明，如果将轮胎的规格从 205/50R18 变为 155/55R19，则车辆的风阻可以降低 5%，燃油经济性也可以有一定的提高。

2. 可以提高燃油经济性的轮胎/悬架系统

燃油经济性可以用标准的行驶循环来测量，测量过程中车辆在平直道路上直线行驶，带有加速和减速过程。当轮胎有前束角或外倾角时，即便车辆在平直道路上直线行驶也会有侧向力产生。因此，对于燃油经济性的测量来说，轮胎的前束角和外倾角越小越好，同样地，轮胎的带束层角度效应低的话也可以提高燃油经济性。

13.5 滚动阻力的数值仿真

13.5.1 采用有限元方法来预测滚动阻力

由于计算机计算速度的限制，人们最初是采用轴对称有限元方法来预测轮胎的滚动阻力。采用带有圆周方向正弦扩展的轴对称有限元模型来计算轮胎的滚动阻力[61-62]。为了提高预测能力，专门开发了在平路面轮胎的接触算法。滚动阻力用式（13.15）计算[62]。这个方程考虑了充气过程中的几何和材料非线性，但这些非线性无法在接触分析中加以考虑。尽管这个方法不能定量地预测滚动阻力，但是它的计算成本是便宜的。这个方程因此可以与优化程序结合，从而产生新的轮胎科技，这些将在 13.6.2 节中详细讨论。近年来，Hoever 和 Fraggstedt 等重新审视了轴对称有限元方法[63-65]，也就是所谓的波导有限元方法，目的是在滚动阻力的计算中考虑路面粗糙度的影响。波导有限元方法的预测能力是有限的，因为在和路面接触的区域无法考虑几何和材料的非线性。

近年来，滚动阻力的预测主要是采用三维有限元仿真技术。Luchini[15] 提出了 DIH 理论，Terziyski 和 Kennedy[16] 扩展了该理论，但是 DIH 理论的预测能力也是有限的，这些在 13.1.3 节中进行了讨论。Akutagawa 等[17] 在滚动损失的预测中采用三维有限元技术，这些将在 13.5.3 中进行讨论。

Ghoreishy[66] 采用 ABAQUS 软件应用任意的欧拉-拉格朗日架构来预测轮胎的滚动阻力，而不是采用能量损失的方法。橡胶的超弹性行为采用 Ogden 模型[67] 来创建：

$$W = \sum_{i=1}^{N} \frac{2\mu_i}{\alpha_i^2}(\lambda_1^{\alpha_i} + \lambda_2^{\alpha_i} + \lambda_3^{\alpha_i} - 3) \tag{13.131}$$

式中，W 是应变能密度；μ_i 和 α_i 是用实验来确定的材料参数；λ_1、λ_2、λ_3 分别是第一、第二和第三主伸长率。

橡胶材料的损失特征可以用 Prony 级数来表达：

$$\mu_i^R = \mu_i^0 \left[1 - \sum_{i=1}^{N} g_i(1 - e^{-\frac{t}{\tau_i}}) \right] \tag{13.132}$$

式中，μ_i^R 和 μ_i^0 分别是式（13.131）中 Ogden 模型参数的松弛形式和初始值；τ_i 和 g_i 分别是用实验来确定的松弛时间和材料参数。要预测滚动阻力需要进行两项分析。一项分析不考虑黏弹性，另一项分析需要考虑黏弹性。图 13.44 给出了这两种情况稳态滚动轮胎的纵向力和旋转角速度的关系，这里橡胶的损失特性采用单项 Prony 级数来表示。自由旋转的速度在纵向力为 0 的点上确定。滚动阻力可以用这两项分析结果的差异来计算得到。预测的滚动阻力是 54N，与实际的测量结果（52.6N）比较一致。

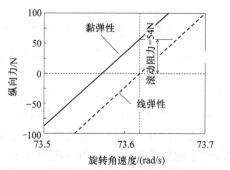

图 13.44　考虑和不考虑黏弹性时稳态滚动轮胎的纵向力和旋转角速度的关系[66]

Suwannachit 和 Nackenhorst[68] 在应用任意欧拉-拉格朗日构型的过程中采用更为复杂的材料模型。他们使用的是轮胎橡胶材料的连续介质力学描述，包括大变形、黏弹性滞后、动态刚性化、内部生热和温度依赖性。这个方法的主要思想是，在强大的任意的欧拉-拉格朗日构型下，将连续介质模型和一个合适的求解算法进行结合，用于热机耦合问题的求解。虽然他们在论文中没有对轮胎滚动阻力进行描述，但他们的方法可能是预测轮胎滚动阻力的最好的方法之一。

13.5.2　用于预测滚动阻力的模型

要开发综合的预测滚动阻力的模型需要考虑许多的因素。Whicker 等[69-70] 提出了预测滚动阻力的框图，它包括 4 个主要的分析模块，如图 13.45 所示。

在变形模块中,非线性有限元必须考虑大位移和大的转动。在能量损耗模块中,用材料的损失角正切来计算能量损耗,并将这些能量损耗转换成内部热源。可能有必要对橡胶材料极强的非线性黏弹性特性以及它对温度和应变水平的强依赖性,也就是佩恩效应进行分析和解析。换句话说,能量损耗依赖于温度和应变水平,反过来应变水平又依赖于能量损耗。在热模块中,上一步计算得到的热源是输入,在计算轮胎内部温度场的时候需要用到迭代计算来求解热机耦合问题,在计算收敛的情况下进一步计算滚动阻力。

道路的粗糙度也影响滚动阻力,这在13.1.8节中有过讨论。为了在滚动阻力的计算中考虑轮胎和道路纹理之间的相互作用,有必要求解复杂的接触问题。虽然轮胎工业的研究者过去因为问题太复杂而避开了与道路的复杂相互作用问题,但为了应对全球气候变暖问题,与道路的相互作用问题受到了欧洲研究者的重视[63-65]。

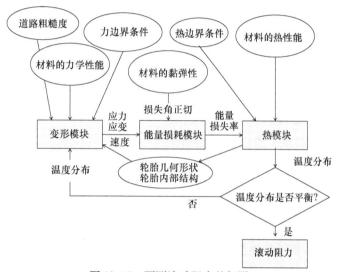

图13.45 预测滚动阻力的框图
(经SAE授权,摘自文献[69])

13.5.3 损失模量的非线性问题

1. 橡胶的非线性黏弹性方程

在滚动阻力的计算中,有许多的方法包含损失模量的非线性。Arutagawa等[17]对式(13.15)进行了修改,用于计算应变能损失。

$$W = \sum_n n^2 \pi (\sigma_{ns}\varepsilon_{ns} + \sigma_{nc}\varepsilon_{nc}) \tan\delta(I_1) \tag{13.133}$$

其中的损失角正切 $\tan\delta$ 具有应变依赖性,可以通过应变不变量 I_1 表示。

$$I_1 = \lambda_1^2 + \lambda_2^2 + \lambda_3^2 \tag{13.134}$$

这里,λ_i($i=1,2,3$)表示主伸长率。

非线性黏弹性特性与填料的网状结构关系非常密切。Davies等[71]提出的连续介质方程给出了橡胶的剪切模量 G 的表达式,它是不变量 I_1 的函数:

$$G = A(I_1 - 3 + C^2)^{-n/2} + 4K(I_1 - 3)^2 \tag{13.135}$$

式中,n 是参数,代表小应变非线性,它与填料网络的断裂有关;A 是100%应变时的割线剪切模量;C 是填料网络开始断裂时的应变;K 与有限拉伸效应有关。

根据 Kraus[72] 和 Ulmer[73] 的结果,储能剪切模量 G' 和损失剪切模量 G'' 的表达式为

$$G' = A(I_1 - 3 + C^2)^{-n/2} + G'_\infty \tag{13.136}$$

$$G'' = D\{(I_1 - 3)^{\frac{b}{2}} + B\}(I_1 - 3 + C^2)^{-P} + G''_\infty \tag{13.137}$$

式中，D、b、B、C 和 P 是与填料网络有关的物理常数。上面两个方程中的 G'_∞ 和 G''_∞ 应与有限伸长效应有关，在应变小于 100% 时由于有限伸长的效应不重要，所以可以忽略掉这两项。

根据式（13.136）和式（13.137），损失角正切的应变依赖性可以用下式表示：

$$\tan\delta = a(I_1 - 3)^{\frac{b}{2}}(I_1 - 3 + C^2)^d + \tan\delta \big|_{I_1 \to 3} \tag{13.138}$$

式中，a、b、C 和 d 是通过实验数据的曲线拟合确定的参数；$\tan\delta \big|_{I_1 \to 3}$ 是应变为 0 时的 $\tan\delta$ 值。

式（13.136）～式（13.138）可以用 $I_1 = \gamma^2 + 3$ 重写为剪切应变 γ 的函数⊖：

$$G' = A(\gamma^2 + C^2)^{-\frac{n}{2}} \tag{13.139}$$

$$G'' = D(\gamma^b + B)(\gamma^2 + C^2)^{-P} \tag{13.140}$$

$$\tan\delta = a\gamma^b(\gamma^2 + C^2)^d + \tan\delta \big|_{\gamma \to 0} \tag{13.141}$$

式（13.139）～式（13.141）的非线性黏弹性对于典型乘用车胎配方的动态黏弹性的应变依赖的表征是有效的。测量条件是：简单剪切模式，频率是 10Hz，温度为 60℃，剪切应变范围是 0.1%～40%。

图 13.46 给出了 $\tan\delta$ 和 $\log(I_1 - 3)$ 的关系曲线，实线是根据非线性黏弹性方程（NVE）即式（13.141）计算得到的结果，黑点是实测结果。从图上看，计算结果与实测结果一致性较好。另外还需注意的是，式（13.136）～式（13.141）可以很好地用于各种变形模式、各种温度和频率条件下的各种橡胶的预测。

2. 轮胎滚动阻力的测量值和预测值的比较

采用三维有限元仿真技术，在轮胎滚动阻力的计算中采用了非线性黏弹性方程。对每种橡胶材料的非线性黏弹性参数进行了测量和确定。在

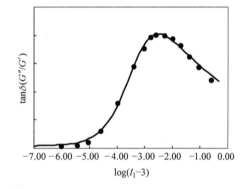

图 13.46 $\tan\delta$ 和 $\log(I_1 - 3)$ 的关系曲线[17]

有限元计算过程中也考虑到了式（13.139）的 G' 的应变依赖性。然后又考虑了 $\tan\delta$ 的应变依赖性，它由式（13.141）表示。总的能量损失 W 由式（13.133）计算。

对具有不同配方和不同结构的轮胎 225/60R16 的滚动阻力进行了计算，也计算了 155/65R15 规格的相同结构不同配方时的滚动阻力。对于轮胎 225/60R16 来说，分别用 NVE 方法（非线性黏弹性方程）和传统的线性应力/应变方程［式（13.15）］进行了滚动阻力计算。图 13.47 给出了滚动阻力的室内转鼓测量结果和有限元计算结果的相关性，从图上看，采用非线性方程计算得到的滚动阻力与实验结果具有良好的吻合性。传统的线性应力/应变方程计算得到的滚动阻力比测量结果低 30%。通过采用 NVE 方法，滚动阻力的预测精度得到提升。

图 13.48 比较了 3 种滚动阻力计算模型的结果，这 3 个模型分别是：采用式（13.8）的应力滞后模型、由式（13.15）所定义的线性黏弹性模型，以及非线性黏弹性模型。选取同规格 225/60R16 两个轮胎，分别称为轮胎 A、轮胎 B，进行计算和测试。两个轮胎的橡胶的滞后特性不一样，结构一样。轮胎的排名都可以用每个模型进行预测，NVE 模型结果与测量结果相比从定性上来说吻合很好。

⊖ 问题 13.3。

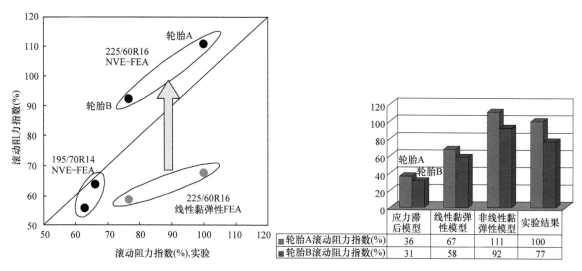

图 13.47 滚动阻力的室内转鼓测量结果和有限元计算结果的相关性[7]

图 13.48 3 种滚动阻力计算模型结果比较

13.6 降低滚动阻力的技术

13.6.1 滚动阻力的逻辑树

逻辑树是一个有用的工具,利用它可以深入观察和了解轮胎的性能。逻辑树可以分成两类,一类是"为什么"逻辑树,另一类是"怎么办"逻辑树,并且"为什么"逻辑树存在于"怎么办"逻辑树之前。

图 13.49 给出了轮胎滚动阻力的逻辑树,与滚动阻力有关的滞后损失定义为 3 个参数的乘积,即体积、应变能和 $\tan\delta$。滚动阻力随着这 3 个值的降低而降低。例如,为了降低橡胶的体积,可以使橡胶厚度减薄(减重),也可以提高胎面花纹海陆比;为了降低应变能,可以使恒应

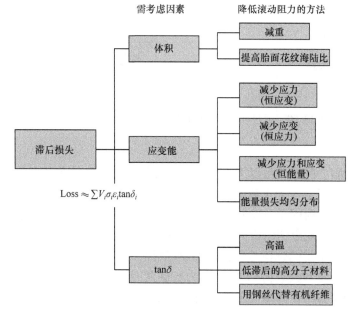

图 13.49 轮胎滚动阻力的逻辑树

变区域的应力降低（例如 PCR 轮胎的胎肩部位），也可以使恒应力区域的应变降低（例如 PCR 轮胎的胎冠中部和 TBR 轮胎的胎冠部位），还可以降低恒能量区域的应力和应变降低，并使能量损失的分布更加均匀化；为了降低 tanδ，可以使轮胎的温度提高，采用低滞后的高分子材料，用钢丝代替有机纤维。还可以借助逻辑树获得其他方法。在更深入地了解如何降低滚动阻力方面，优化技术将会成为一个有用的工具。

13.6.2 采用优化技术来降低滚动阻力

1. 胎侧形状

用于优化胎侧形状的设计程序称为 GUTT，已经在第 5.7 节中进行过讨论，它可以用来进行滚动阻力的优化。尽管胎冠是影响轮胎滚动阻力的最主要部件，但通过胎冠橡胶的设计来降低滚动阻力往往会使磨耗性能和制动性能受到影响。另外，磨耗和制动性能对胎侧形状不如对胎冠那么敏感。

采用优化技术[74]，通过胎侧形状的优化来降低滚动阻力的技术已经有学者在研究。在研究中采用了轴对称有限元分析，这个过程中需要用到大型计算机资源进行优化和敏感度的迭代计算。目标函数是降低应变能损失，约束条件是胎体帘线的圆周长度的变化不能超过初始长度的 2%。

从图 13.50 看出，通过对 TBR 轮胎的形状优化使滚动阻力降低了 8%，特别是胎冠区域的应变能损失得到了降低[74]。采用优化后的胎侧形状进行轮胎试做，试做轮胎的滚动阻力降低了 5%，轮胎滚动阻力得以降低的机理是胎侧形状的优化使带束层的张力得以提高，因此，在较高的带束层张力下，接地前端和接地后端的弯曲能量降低，带束层的层间剪应变能也得以降低。

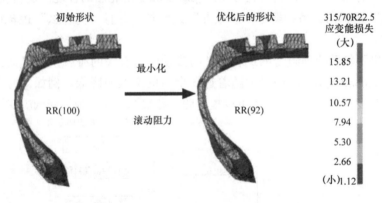

图 13.50 通过优化轮廓形状来降低 TBR 轮胎滚动阻力[74]

2. 轮胎规格

轮胎规格对滚动阻力的影响可以用载荷因子来解释，它是轮胎载荷与额定最大载荷的比值，额定最大载荷在法规中规定（即承载能力）⊖。因为每个轮胎规格的最大载荷都是由气压和轮胎尺寸决定的，通过引入载荷因子，轮胎规格和充气压力对滚动阻力的影响都可以考虑进去。

图 13.51 为在法规中规定的轮胎的最大载荷和同规格轮胎的滚动阻力之间的关系[5]。水平轴表示载荷因子（即所承受的载荷与轮胎最大额定载荷的比值），它取决于充气压力。除了在很大载荷因子下（即低气压和大载荷），滚动阻力与载荷因子的相关性很好。为了降低轮胎的载荷因子，或者在不改变轮胎半径和充气压力的情况下提高最大载荷，必须提高轮胎的体积，比如增

⊖ 备注 13.3。

加轮胎的断面宽度，增加轮胎的胎圈着合宽度，或者减小轮胎的胎圈直径。因为轮胎的胎圈直径与制动器的空间有关，只有轮胎宽度可以调整，备注13.3中的式（13.154）表明，在提高轮胎的载荷能力方面，对于相似的形状来说，增加轮胎宽度比减小轮胎的直径更加有效。

随着轮胎断面宽度的增加，可以预测轮胎的滚动阻力下降，因为随着断面宽度的增加，轮胎的应变能会下降。同时，胎冠的体积随着宽度的增加也增加，因为胎冠的宽度与轮胎断面的宽度是成比例的。考虑到滚动阻力与应变能和胶料的体积的乘积成正比，那么为了降低滚动阻力，可能有一个最优的断面宽度。然而，采用实验方法来寻找最优的轮胎尺寸是困难的，因为这会需要许多的轮胎模具，制作许多的实验轮胎，成本很高。Nakajima[75-76]利用优化技术获得了对降低滚动阻力来说最优的断面宽度和轮胎的尺寸。

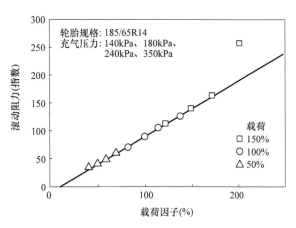

图13.51 法规中规定的轮胎的最大载荷和同规格轮胎滚动阻力之间的关系[5]

在优化过程中，轮胎的胎冠宽度和形状都被选定为优化设计变量，其中轮胎形状是由多段弧来表示的，如图13.52所示。轮胎断面宽度和轮辋宽度在优化中需要由选定的胎冠宽度重新确定，因为断面宽度和胎冠宽度之间要保持一定比例，轮辋宽度和胎冠宽度之间也需要保持一定的比例。轮辋直径、轮胎外直径和轮胎的载荷是固定的。优化后的轮胎形状和最优的轮胎规格尺寸都可以通过添加胎冠宽度作为设计变量来实现。

如果轮胎的初始规格是165R13，优化后的轮胎规格变为225/60R13，利用FEA和式（13.15）进行计算，轮胎的滚动阻力可以降低25%。最优的规格尺寸由应变能损失和橡胶体积的相互协调确定。图13.53的结果表明，在带束层端部，应变能密度损失下降了[75]。

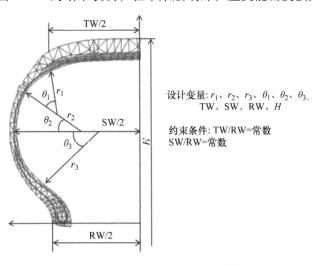

图13.52 优化轮胎尺寸的设计变量

对滚动阻力的优化预测采用实验轮胎进行了验证，如图13.54所示，轮胎的胎冠宽度进行了系统的调整。胎面的海陆比是相同的，每个轮胎上雕刻了矩形花纹块。充气压力是170kPa、

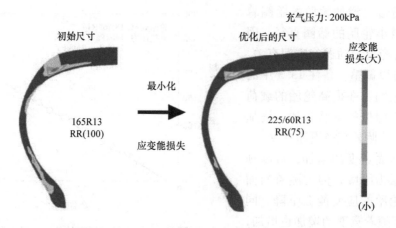

图 13.53　通过优化轮胎尺寸优化滚动阻力[75]

210kPa 和 250kPa。就轮胎滚动阻力来说，最理想的高宽比是 60% ~ 65%，这与图 13.53 的预测结果几乎相同。

Tamano[77]通过实验研究了轮胎规格对滚动阻力的影响，所采用的轮胎结构和材料几乎相同。比较了具有相同断面宽度和相同轮辋直径的轮胎的滚动阻力，比如 195/60R14、195/65R14 和 195/70R14 轮胎，研究结果表明 65 系列轮胎的滚动阻力比 60 系列和 70 系列轮胎的滚动阻力要低，如图 13.55 所示。

Diller 等[78]用 445/40R22.5 规格的轮胎代替了原车安装的两个标准规格 11R22.5 轮胎，测量了由此带来的载重货车的燃油节约值。因为单个宽基轮胎的滚动阻力小于标准规格轮胎的滚动阻力，所以按照 SAE J1321 测试方法，这会减少 8.7% 的燃油消耗。

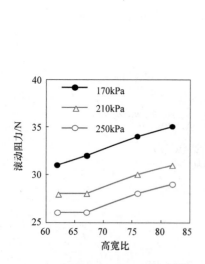

图 13.54　轮胎尺寸优化的验证[75]

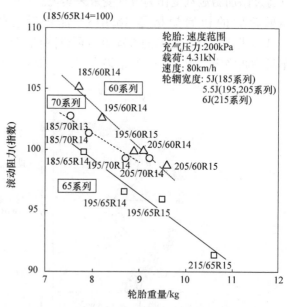

图 13.55　轮胎尺寸对滚动阻力的影响[77]

3. 杨氏模量的分布

滚动阻力随着橡胶的损失角正切（$\tan\delta$）的减小而减小。在 $\tan\delta$ 相同时，还有什么其他橡胶的性能影响滚动阻力？Abe 等[26]的研究表明在橡胶的杨氏模量发生改变，而其 $\tan\delta$ 不发生改变的情况下，优化杨氏模量的分布可以使滚动阻力减小。这里的设计变量是进行有限元分析时每种材料的杨氏模量，目标函数是轮胎的总的应变能损失最小。近来人们开发了一种半解析的敏感度分析流程，用它可以进行大规模设计变量的优化，同时计算时间减少了原来的十分之一左右。

图 13.56 给出了轿车轮胎 185/65R14 和货车轮胎 295/75R22.5 各部分优化杨氏模量的结果。设计变量是轮胎各部位的杨氏模量，约束条件是初始杨氏模量的 50%~150%。在这两个轮胎中预估的应变能损失降低了 18%。PCR 轮胎（轿车轮胎）和 TBR 轮胎（货车轮胎）之间的优化的杨氏模量的区别在于胎冠和胎圈，在轿车轮胎中胎冠杨氏模量的优化结果是提高 37%，而货车轮胎中胎冠的杨氏模量提高了 50%。

采用新的胎面胶来生产 TBR 实验胎，其胎面橡胶的模量比对标胎的要高，但其损失角正切 tanδ 几乎相同，利用转鼓试验机测量样胎的滚动阻力，充气压力为 725kPa，发现轮胎的滚动阻力比原对标胎降低 18%。

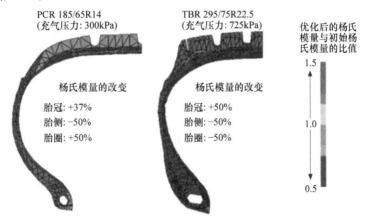

图 13.56　轿车轮胎 185/65R14 和货车轮胎 295/75R22.5 各部分优化杨氏模量的结果[26]

为了弄清 PCR 轮胎和 TBR 轮胎优化的杨氏模量分布差异的差别，对 PCR 轮胎各橡胶单元的优化后的杨氏模量进行计算。图 13.57 表明，PCR 轮胎胎冠中心区域的杨氏模量提高了 50%，这与 TBR 轮胎的胎冠杨氏模量的变化相同。同时，胎肩位置的杨氏模量下降了。当给轮胎施加载荷时，径向压缩变形主要发生在杨氏模量高的地方，比如 TBR 轮胎的胎冠区域和 PCR 轮胎的胎冠中心区域。同时，那些杨氏模量比较低的地方产生面内剪切变形，比如轿车轮胎的胎肩部位。PCR 轮胎和 TBR 轮胎之间优化后杨氏模量的差别来自于 PCR 轮胎和 TBR 轮胎胎冠和胎肩的变形差异。

更进一步地说，为了区分前述的 PCR 轮胎的胎肩和胎冠中心的变形区别，选择设计变量为胎冠中心和胎肩的杨氏模量。图 13.58 给出了优化后的胎肩和胎冠中心的杨氏模量，从中看到，尽管优化后的胎冠中心的杨氏模量没有发生变化，但随着充气压力的增加，优化后的胎肩部位的杨氏模量也增加。这是因为提高充气压力后剪切变形下降了。200kPa 气压下，PCR 轮胎的剪切变形在胎冠中心小，在胎肩位置大。同时，随着气压的增加，胎肩位置的剪切变形变小了，在 40kPa 下，PCR 轮胎的胎冠的行为变得与 TBR 轮胎的类似。

注意，优化后杨氏模量的分布表明了变形指数的类型，这在第 13.1.6 节中已经讨论过。当优化后的杨氏模量达到最大的边部约束条件时，该区域位于恒应力区域。同时，如果优化后的杨氏模量达到最小的边部约束条件时，该区域位于恒应变区域，如图 13.57 所示。无论气压是多少，PCR 轮胎的胎冠中间区域的变形就是恒应力区域。同时，随着气压的增加，PCR 轮胎的胎肩区域的变形从恒应变区域变化到恒应力区域。

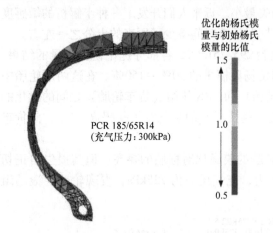

图13.57 优化的杨氏模量和初始杨氏模量的比值[26]

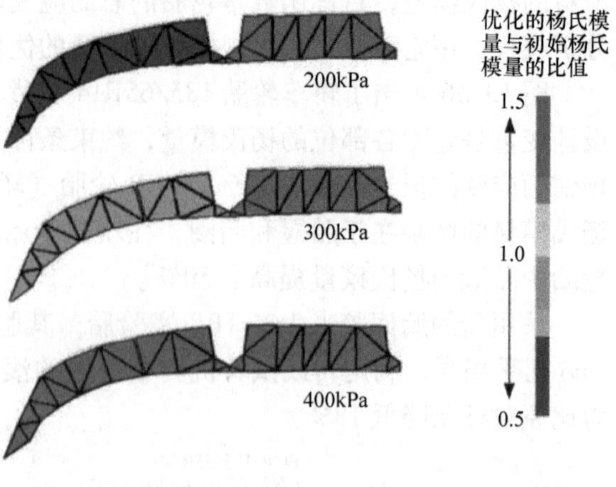

图13.58 优化后的胎肩和胎冠中心的杨氏模量[26]

4. 接地压力分布

众所周知，当轮胎冠弧半径提高到某个值时滚动阻力会下降。因为胎冠在接地区域变得平整，所以当冠弧半径增大时，轮胎断面内的弯曲变形就减小了。图13.59给出了冠弧半径对滚动阻力的影响[5]。然而，不能简单地在轮胎设计中使用大的冠弧半径，因为冠弧半径还影响磨耗和高速耐久性。

采用优化技术，就如在第9.4节中所讨论的那样，通过修改冠弧形状可以控制接地压力分布。Nakajima等[76,79]通过冠弧形状的

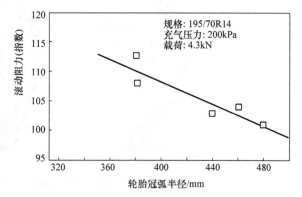

图13.59 冠弧半径对滚动阻力的影响

优化研究了接地压力分布对滚动阻力的影响。目标函数是在不改变胎冠中心和胎肩的接地长度的比值的情况下获得均匀的压力分布，如图9.15所示。优化后的轮胎用转鼓测试滚动阻力，滚动阻力下降3%。这个滚动阻力的下降得益于接地压力均匀化后，胎肩的接地压力减小，胎肩区域的压缩应变减小了。通过冠弧形状的优化，在不影响和牺牲其他性能的情况下，轮胎的滚动阻力降低了。其他的性能，比如操纵性能和干地制动性能也提高了。剩余的唯一问题就是乘坐舒适性稍微有点损失。

第7章中还讨论了优化接地压力分布使其分布更均匀的花纹块形状。Nakajima等[80]将这种优化的花纹块形状应用到了225/55R16轮胎上，采用了实际的花纹形式，如图7.53所示。在转鼓试验机上测量带有优化花纹块的轮胎的滚动阻力，发现优化花纹块的形状后，要比平直的花纹块的滚动阻力下降3%。导致滚动阻力下降的原因是花纹块边部的接地压力下降，桶状变形得到抑制，如图13.60所示。通过这样，滚动阻力下降的同时，没有牺牲其他性能，甚至其他性能也提高了。

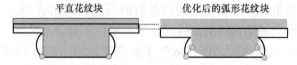

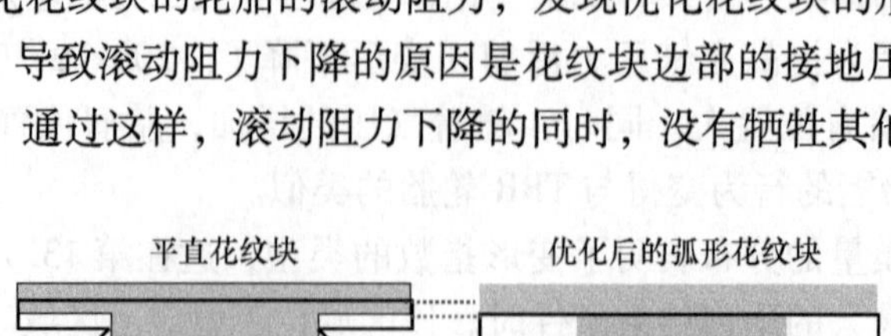

图13.60 表面平直花纹块和优化后的弧形花纹块变形比较

5. 利用优化技术来探寻降低滚动阻力的新的手段

优化技术有时会给我们带来从未见过的设计。如果给优化工具设定了更为广泛的设计空间范围，就可能产生更新的设计。轮胎的胎体帘线的形状因此可以表示为拉格朗日多项式函数而不是多段弧。甚至，轮胎的外轮廓也被添加到设计变量中。目标函数就是降低能量损失，轮胎的规格是 185/65R14，充气压力是 200kPa。

初始轮廓和优化后轮廓的应变能损失的分布如图 13.61 所示[76]。从图中看到，胎圈区域突出以适合轮辋的轮廓，胎体帘线也变成了波浪状。优化后的滚动阻力比初始轮胎的滚动阻力降低 24%。带束层区域的应变能损失因为更大的带束层张力而降低，胎圈的应变能损失因为外轮廓形状更加适应轮辋轮廓而降低。尽管由于制造工艺的原因不可能生产出这样的轮胎，但我们可以获得降低滚动阻力的灵感。

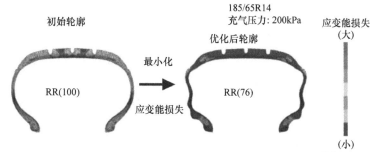

图 13.61　初始轮廓和优化后轮廓的应变能损失的分布[76]

13.6.3　轮胎的花纹对滚动阻力的影响

Sakai[32]测量了轮胎花纹对滚动阻力的影响，他采用的轮胎有光面胎、带有 2~6 个纵沟的纵沟轮胎和带有 25~75 个横沟的轮胎，既有斜交轮胎也有子午线轮胎，如图 13.62 所示。对于货/客车轮胎和轻型货车轮胎来说，随着纵沟和横沟数量的增加，轮胎的滚动阻力也增加。这是因为对于纵沟和横沟轮胎来说，它经历了冷却效应，花纹块内的应变能增加了，这在第 13.1.5 中介绍过。同时，对于乘用车轮胎来说，随着花纹沟的增加，轮胎的滚动阻力下降。这是因为乘用车轮胎接地压力比较小，其花纹不会发生很大的变形，随着花纹沟数量的增多，橡胶的体积减小，所以滚动阻力减小。

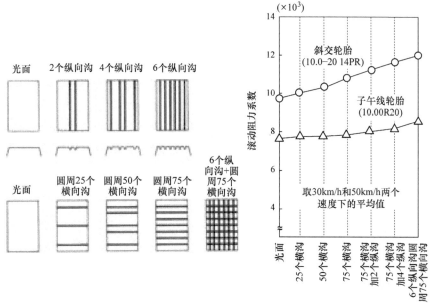

图 13.62　轮胎花纹对滚动阻力系数的影响

（经 Guranpuri – Shuppan 授权，摘自文献［32］）

Uemura 和 Saito[81] 测量了花纹刚度对乘用车轮胎 185/65R14 的滚动阻力系数的影响,如图 13.63 所示。他们测试了两种胎面胶料,在标准充气压力下,花纹块刚度小的轮胎滚动阻力比花纹块刚度大的轮胎小。然而,在大的充气压力下,具有较小花纹块刚度的轮胎滚动阻力高于具有较大花纹块刚度的轮胎的滚动阻力。因此,对于应用于较大充气压力条件的轮胎来说,一般采用较大花纹块刚度的胎面花纹,这样可以抑制压缩变形,减小滚动阻力。Cho 等[82-83]研究了不同花纹形式对滚动阻力的影响,他采用的是三维有限元分析模型,材料参数选取线性黏弹性损耗模型。他的研究结果表明,通过给花纹块添加横向刀槽或者修改花纹,可以使滚动阻力下降 8%。

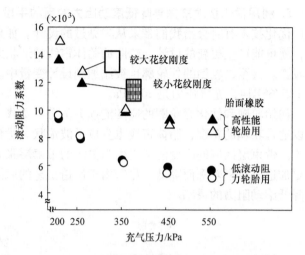

图 13.63 花纹刚度对滚动阻力系数的影响[81]

13.6.4 充气压力对滚动阻力的影响

大家都知道充气压力对滚动阻力有较大影响。图 13.64 给出了乘用车轮胎带有胎面橡胶和不带胎面橡胶时滚动阻力系数与充气压力的关系。带有胎面橡胶的轮胎的滚动阻力系数随着气压的增加而减小,当充气压力为 450kPa 时达到最小值。从图 13.64 还可以发现,与图 13.14 所反映的趋势相近,随着充气压力的增加,压缩应变能增加,然而剪切应变能却是减小的。

使滚动阻力最小的充气压力可以用式(13.58)进行计算确定。图 13.65 给出了一个太阳能汽车所用的轮胎,其规格是 2.25-15。将 $E=6$MPa,$F_z=1$kN,$R_b=240$mm 和 $b=22$mm 代入到式(13.58),由此可以计算得到使滚动阻力最低的充气压力为 $p=640$kPa。这个充气压力与太阳能汽车轮胎所使用的充气压力非常接近,为 800kPa 左右[81,84-85]。

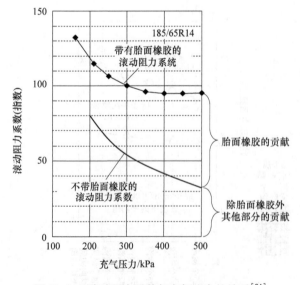

图 13.64 滚动阻力系数与充气压力的关系[84]

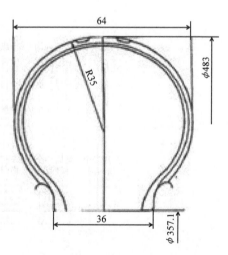

图 13.65 太阳能汽车所用的轮胎
(规格 2.25-15,充气压力 800kPa)[84]

13.6.5 其他可以用来降低滚动阻力的设计参数

应变能由6个成分组成,对应于应变的6个分量。当轮胎的设计发生改变时,尽管应变能的某个分量会增加,但其他分量有可能下降。如果在轮胎的新设计中使应变能的一个较大分量下降,那么轮胎的滚动阻力就可以降低,即使小的应变能分量增加。

图13.66为乘用车轮胎和货/客车轮胎各部分对滚动阻力的贡献。从中看到胎冠的贡献是最大的,然而胎侧的贡献是较小的。当胎侧的弹簧常数下降时,胎侧的应变能提高,而胎冠的应变能会下降,总的应变能损失会跟着下降。用轮胎的垂直刚度来代替胎侧的弹簧刚度,垂直刚度对滚动阻力的影响如图13.67所示。从中看到,轮胎滚动阻力随着轮胎垂直刚度的增加而降低。然而我们知道,轮胎的操控性能由于垂直刚度变小而变差。

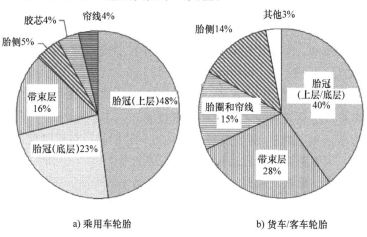

a) 乘用车轮胎　　　　b) 货车/客车轮胎

图13.66　乘用车轮胎和货/客车轮胎各部分对滚动阻力的贡献[6]

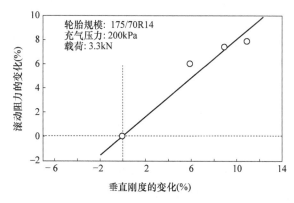

图13.67　垂直刚度对滚动阻力的影响

13.7 未来的轮胎

13.7.1 从轮胎设计到移动设计

与移动性有关的功能特性包括燃油经济性、噪声、安全(比如制动性能)、操控性能、乘坐舒适性、耐久性和磨耗性能。轮胎几乎与所有的移动性功能特性有关,但如果只考虑轮胎,则很难提高所有的性能。例如,利用白炭黑技术可以同时提高滚动阻力性能和湿路面的制动性能,但是这个技术会使磨耗性能下降。滚动阻力性能、湿地制动性能和磨耗性能三者称为魔法三角,因为不能同时满足这三个性能。

考虑到降低轮胎的滚动阻力是轮胎工业界的最重要的研究主题之一，那么将来的轮胎会是什么样的？从图 13.68 看到，自行车轮胎的滚动阻力只有乘用车轮胎滚动阻力的 1/3，这是由于自行车轮胎不但充气压力很高，而且橡胶的用量很少[86]。因此为了降低轮胎滚动阻力，轮胎可能会变成小尺寸、高充气压力的轮胎。因为支撑轮胎的高充气压力需要大的周向刚度，所以其结构可能有斜交和周向的带束层。就滚动阻力来说，最合适的斜交带束层结构可以采用 3.2.3 节[86] 所

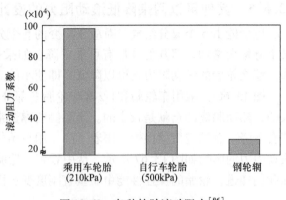

图 13.68　各种轮胎滚动阻力[86]

讨论的复合材料力学结构。应变能损失的来源之一是在斜交带束层结构中的层间剪切应力 τ_{zx}，利用式（3.29）和式（3.33），τ_{zx} 可以表示为

$$\tau_{zx} \propto E_{yy}E_{xs} - E_{ys}E_{xy} \approx E_T E_L \sin\alpha\cos^3\alpha(2 - \tan^2\alpha)/2 \tag{13.142}$$

当带束层的角度满足关系式 $\tan^2\alpha = 2$（也就是 $\alpha = 54.7°$，称为特殊角度）时，在斜交带束层中这个剪切应力等于 0。然而，带有特殊斜交角度的轮胎的带束层刚度与周向附有橡胶的斜交带束层的刚度相同。当给斜交带束层结构增加一层角度为 0 的第三层时，其周向刚度必定因此而得到加强。所以，将来的低滚动阻力轮胎应该是缩小尺寸的轮胎，它的斜交带束层的角度是特殊角度，并且斜交带束层又被角度为 0 的高模量环带进一步增强。

这种具有新的三层带束层结构的小尺寸轮胎在高的充气压力下可能具有较差的乘坐舒适性，制动性能不好，磨耗和操控性能较差。提升小尺寸轮胎这些较差的性能的方法是在设计过程中考虑所有的设计变量，也就是不但考虑轮胎的设计因素，还要考虑道路设计因素和车辆因素。

轮胎、道路和车辆对车辆运动性能的贡献是不同的。如果每个设计因素提高移动性能的某个确定方面，那么移动性能的每个方面都将得到满足。例如，轮胎的设计因素能够大大降低轮胎噪声和滚动阻力。如果在缩小尺寸的轮胎上两个性能都得到了提高，那些被降低的性能特征必须用道路和车辆的设计因素来解决。制动性能可以通过智能交通系统来提高（比如道路-车辆交互系统或者行人-车辆交互系统），这个应用将来希望可以推广到全球。更进一步地说，制动性能可以通过透水性更好的道路来实现。操控性能可以通过控制技术来实现，例如电子稳定性控制技术或者自动驾驶技术。如果利用轮胎的设计因素来提高轮胎移动性的某些性能，而其他的性能通过车辆设计和道路设计的手段去解决，那么所有的移动性能都将变好

13.7.2　下一代低滚动阻力轮胎的规格和尺寸

Kuwayama 等[59-60] 提出了一个缩小尺寸的轮胎[87]，如图 13.69 所示，它的充气压力高，半径很大，以保证滚动阻力和其他性能的兼容性。他们比较了普通轮胎和缩小尺寸的高充气压力、大直径轮胎的性能，普通轮胎的规格是 175/65R15，充气压力是 220kPa。缩小尺寸的轮胎规格是 155/55R19，充气压力是 320kPa。他们的研究表明对于大直径的轮胎来说，其操控性能和制动性能更好。155/55R19 的海陆比是 18%，而 175/65R15 的海陆比是 30%。由于 155/55R19 具有较高的气压和更少的橡胶，155/55R19 的滚动阻力比 175/65R15 的滚动阻力小 30%。由于 155/55R19 有更长的接地印痕和更小的海陆比，它的侧偏刚度比 175/65R15 大 17%。由于 155/55R19 轮胎断面宽度比较窄，所以在从 120km/h 到 0km/h 的减速实验中，155/55R19 的空气阻力比 205/50R18 小 5% 左右。因为两者之间的正面投影面积只相差 1%，因此 155/55R19 可能可以进

一步提高车辆的空气流体特性。大直径的缩小尺寸的轮胎已经被宝马（BMW）作为电动汽车标配轮胎。

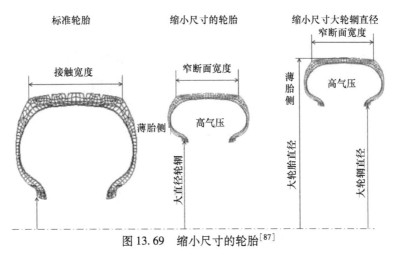

图 13.69　缩小尺寸的轮胎[87]

问题

13.1　证明式（13.8）在 $n=1$ 的情况下与式（13.5）相同。

13.2　推导式（13.48）。

13.3　证明当试样上作用有剪切应变 γ 时，第一应变不变量 I_1 可以表示为 $I_1 = \gamma^2 + 3$。

13.4[41]

轮胎的滚动阻力可以表示为

$$F_{RR} = kp^{\alpha} F_z^{\beta}$$

式中，p 是充气压力；F_z 是轮胎载荷；k 对于给定的轮胎来说是常数。对于一般的轿车轮胎来说，$\alpha = -0.4$，$\beta = 0.85$。对于高速公路上使用的货车轮胎来说，$\alpha = -0.2$，$\beta = 0.9$。

轮胎气压和载荷的改变对滚动阻力的影响可以用下式给出：

$$F_{RR} = F_{RR\_ISO} \left(\frac{p}{p_{ISO}}\right)^2 \left(\frac{F_z}{F_{z\_ISO}}\right)^{\beta}$$

式中，F_{RR_ISO}、p_{ISO} 和 F_{z_ISO} 分别是参考轮胎的滚动阻力、充气压力和载荷。对于载荷恒定的乘用车轮胎，当轮胎的充气压力从 2.1bar（推荐气压）下降到 1.1bar 时，轮胎滚动阻力升高的百分比是多少？

13.5[41]

胎冠花纹块在接地的时候不但承受剪切力，而且还要承受接地区域内的压力。参考图 13.70，从几何上证明胎冠的剪应变在接地前端和后端可以表示为

$$d/h \approx \tan\alpha_{\text{transition}} \approx \sqrt{2\Delta h / R_{\text{transition}}}$$

式中，$\alpha_{\text{transition}}$ 是过渡区的角度；$R_{\text{transition}}$ 是过渡区的曲率半径；d 是胎冠在接地前端和接地后端的剪切位移；h 是花纹块的高度；Δh 是接地前端和后端胎冠的压缩位移。这个轮胎模型是由 Koutny[88] 提出的⊖。

然后，当初始花纹块的厚度是 $h=10$mm 时，计算轿车轮胎（195/60R15）的花纹的剪应变，其压缩位移是 $\Delta h = 0.5$mm，过渡区的曲率半径（包含胎冠花纹块厚度）是 $R_{\text{transition}} = 0.155$m。

⊖　备注 13.4。

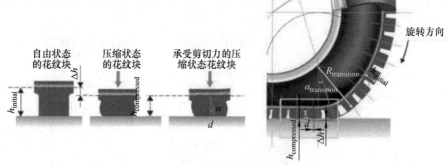

图 13.70 轮胎胎冠花纹块的剪应变[41]

13.6[41]

承受弯曲变形的胎冠花纹块的最大应变（拉伸或压缩应变）可以由下式给出：

$$\varepsilon_{\text{bending}} = h(1/R_f - 1/R_i)$$

式中，h 是胎冠厚度；R_i 是初始曲率半径；R_f 是最终的曲率半径（在变形过程中）。

胎面花纹块每个点上对应的弯曲应变（局部弯曲率）与该点到带束层的距离成正比。对于轿车轮胎（195/60R15）来说，计算当轮胎上每个点进入过渡区域时轮胎发生弯曲时的纵向应变，如图 13.71 所示。计算时胎冠橡胶的厚度是 $h = 9\text{mm}$，轮胎胎上部自由端的半径是 $R_{\text{upp}} = 0.3\text{m}$，过渡区的半径是 $R_{\text{transition}} = 0.145\text{m}$。

13.7[41]

物体的压缩应变（$\varepsilon_{\text{compression}}$）定义为变形量（$\Delta h$）与初始高度（$h_{\text{initial}}$）的比值。压缩应变的大小取决于作用在物体表面的压力（σ）和物体的刚度［模量 $M(\varepsilon)$］：

$$\varepsilon_{\text{compression}} = \Delta h / h_{\text{initial}}$$

$$\varepsilon_{\text{compression}} = \sigma / M(\varepsilon)$$

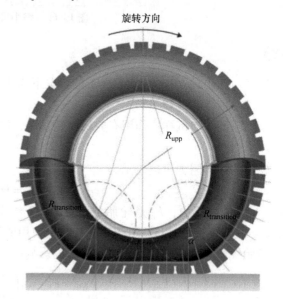

图 13.71 带有三个相切圆弧的 Kougny 模型
（经 Michelin 授权，摘自文献 [41]）

刚度取决于物体的压缩应变。这是因为橡胶材料是不可压缩的，当胎面橡胶块承受垂向压缩时，它会向侧方向扩展。胎面橡胶块被压缩得越厉害，它产生的抵抗压缩的力越大，也就是说它的刚度增加。胎面橡胶块变硬的趋势依赖于橡胶块的高宽比，或者说依赖于 7.2 节所提到的橡胶块的形状系数。考虑到胎面橡胶块刚度变化与橡胶块的形状有关，橡胶块的压缩应变可以用下式计算：

$$\varepsilon_{\text{compression}} = 0.33\{1 - e^{\sigma/(M_{10}S)}\}$$

式中，σ 是施加在橡胶块上的压力（MPa）；M_{10} 是橡胶的伸长率为 10% 时的模量（MPa）；S 是形状系数，它的定义是约束面的面积与自由面的面积的比值，这些在 7.2 节中有讨论。

图 13.72 中的形状系数 $S = A/A'$，其中 $A' = 2(A_1 + A_2)$。作用在橡胶块的接地区内的压力（p_{contact}）取决于海陆比（Void）和轮胎的充气压力（p_{tire}）。接地区内的平均压力非常接近于轮胎的气压，也就是说对于轿车轮胎来说大致等于 2.1bar，对于货车轮胎来说等于 8bar。然而，胎

冠花纹包含花纹沟（沟槽），它们的面积大约占轮胎胎面面积的 30%。其他的 70% 才是与路面真实接触的面积。在和路面接触的时候，施加在胎面花纹块上的平均压力大约高出 45%，也就是对于轿车轮胎来说会达到 3bar，对于货车轮胎来说会达到 11bar。

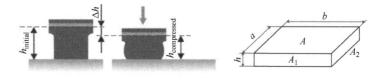

图 13.72 形状系数计算模型

$$p_{contact} = p_{tire}/(1 - \text{Void})$$

设胎面橡胶块的初始尺寸是 $a \times b \times h = 20\text{mm} \times 20\text{mm} \times 10\text{mm}$，计算一个轿车轮胎（195/60R15）的压缩应变 $\varepsilon_{compression}$ 和变形量 Δh，考虑到橡胶块上有刀槽，可以给 A' 增加 25% 的面积。那么带有刀槽的花纹块的形状系数可以按下式计算：

$$S = \frac{A}{A' + 0.25A'} = \frac{20 \times 20}{1.25 \times 2 \times (10 \times 20 + 10 \times 20)} = 0.4$$

备注

备注 13.1　式 (13.48)

假设能量损失等于应变能乘以 $\tan\delta$，那么式 (13.48) 可以用下面的方程来代替：

$$\begin{aligned}
E_{loss} &= \tan\delta \left(\int \sigma_{zz} d\varepsilon_{zz} + 2\int \sigma_{xz} d\varepsilon_{xz} \right) \\
&= \tan\delta \left(\frac{1}{2} E\varepsilon_{zz0}^2 + \frac{2}{l} \int_{-\frac{l}{2}}^{\frac{l}{2}} \frac{Ex}{3R_b} \frac{x}{2R_b} dx \right) \\
&= \tan\delta \left(\frac{p^2}{2E} + \frac{El^2}{36R_b^2} \right)
\end{aligned} \tag{13.143}$$

比较式 (13.48) 和式 (13.143)，上述方程中的压缩项所带来的能量损失是式 (13.48) 的 64%，上述方程中剪切项所带来的能量损失是式 (13.48) 的 11%。剪切能量损失存在较大差距的原因是式 (13.48) 中的能量损失包含一个幅值为 $El/(6R_b)$ 的剪应力循环 [从 $-El/(6R_b)$ 到 $El/(6R_b)$]，而式 (13.143) 中的能量损失包含 2 个幅值为 $El/(12R_b)$ 的剪应力循环 [从 0 到 $El/(6R_b)$]。

备注 13.2　同时具有平动和转动的轮胎——轮辋组合体的惯性[41]

惯性力的定义为

$$F_{inertia} = F_{translation\_inertia} + F_{rotation\_inertia} = M\dot{V} + I\dot{\omega}/r_e \tag{13.144}$$

式中，M 是物体的质量；I 是转动惯量；$\dot{V}$ 是加速度；$\dot{\omega}$ 是角加速度；r_e 是有效滚动半径。如果没有滑移，角加速度可以表示为

$$\dot{\omega} = \dot{V}/r_e \tag{13.145}$$

将式 (13.145) 代入到式 (13.144) 可以得到：

$$F_{inertia} = \left(M + \frac{I}{r_e^2} \right) \dot{V} \tag{13.146}$$

为了计算一个同时进行旋转和平动的物体的惯性，需要考虑采用物体的等效质量 M_{eq}，而不是其实际的质量 M。以 175/70R13 轮胎为例，$M_{wheel} = 6.1\text{kg}$，$I_{wheel} = 0.125\text{kg} \cdot \text{m}^2$，$M_{tire} = 7\text{kg}$，$I_{tire} = 0.456\text{kg} \cdot \text{m}^2$，$r_e = 0.28\text{m}$，$(I_{wheel} + I_{tire})/r_e^2 = 7.4\text{kg}$，$M_{tire} + M_{wheel} = 13.1\text{kg}$，那么计算得到的等效质量为 $M_{eq\_tire+wheel} = 20.5\text{kg}$。在本例中等效质量比轮胎和轮辋的总质量大 56%。

典型的数值如下所述：

1）考虑到所有旋转部件（轮胎轮辋组合体、发动机、驱动系）的旋转惯性，车辆的等效质量比车辆的原有质量大4%。

2）轮胎轮辋组合体的等效质量比轮辋和轮胎的总质量还大50%。

图13.73显示了欧洲法规Directive 98/69/EC驾驶循环规定的初级城市驾驶工况的车辆所遇到的阻力。计算所用的车辆质量是1100kg，空气阻力AC_D的迎风面积是$0.65m^2$，滚动阻力系数为12kg/t，内部摩擦力是50N，发动机功率为51kW。

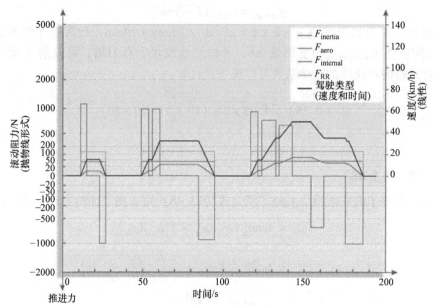

图13.73 欧洲法规Directive 98/69/EC驾驶循环规定的初级城市驾驶工况的车辆遇到的阻力
（经Michelin授权，摘自文献［41］）

备注13.3 载荷因子[5]

在日本汽车法规JIS（JIS D4202）中规定的载荷能力W（kg）由式（13.147）定义。

$$W = K \times 4 \times 10^{-4} \times p^{0.585}(D+S)S^{1.39}$$

$$S = S_1\left\{180 - \sin^{-1}\frac{W_1}{S_1}\right\}/141.3 \tag{13.147}$$

式中，K是载荷能力系数；p是充气压力（kg/cm^2）；D是轮辋直径（mm），它由轮辋的名义直径乘以25.4得到；S_1是轮胎的断面宽度（mm）；W_1是轮辋着合宽度（mm）；S是轮胎安装到轮辋上后的虚拟断面宽度，它约等于轮胎设计断面宽度S_1的62.5%。

上述方程是在假设宽度为S_1的轮胎安装在宽度为W_1的轮辋上时截面形状是圆形的基础上推导得到的。上述方程已经采用了很长时间，它适合于高宽比接近1.0的轮胎使用。高宽比减小以后，轮胎的载荷能力方程修改为

$$S_d = S_0 - 0.937d_1 \tag{13.148}$$

式中，S_d代替了原来的S；S_0是轮胎安装在着合宽度为轮胎宽度的70%的轮辋上后的断面宽度；d_1是高宽比为1.0的轮胎和较小的高宽比的轮胎的断面高度的差。

载荷能力系数K取决于轮胎的类型和使用条件（比如单胎或者双胎）。对于轿车轮胎来说，K的取值范围为1.0～1.36，对于轻型货车轮胎来说，K的取值范围为1.05～1.57，对于货/客车用轮胎来说，K的取值范围为1.05～1.42。注意K的值不是理论计算得到的，而是通过实验或经验得

第13章 轮胎的滚动阻力

到的。

当轮胎是薄膜的时候，它的载荷 W 可以表示为

$$W = Aq_z \tag{13.149}$$

式中，A 是接地面积；q_z 是接地压力。对于薄膜结构来说，接地压力与充气压力相等。

轮胎接地模型如图 13.74 所示。假设轮胎可以用柱状圆环代替，接地形状可以用椭圆来表示，椭圆的长轴是 l，短轴是 b，那么 l 和 b 可以由下式表示：

$$l/2 = \sqrt{h}\sqrt{2a-h}$$
$$b/2 = \sqrt{h}\sqrt{2S-h} \tag{13.150}$$

式中，h 是轮胎加载后的变形量。接地面积 A 可以由下式给出：

$$A = (\pi l/2)(b/2) = \pi h \sqrt{(2a-h)(2S-h)} \approx 2\pi h \sqrt{aS} \tag{13.151}$$

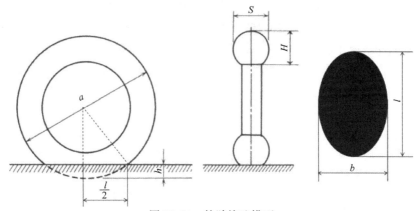

图 13.74 轮胎接地模型
（经 Sankaido 授权，摘自文献 [5]）

引入柔度因子 δ，加载轮胎的下沉量 h 可以表示为

$$h = \delta H \tag{13.152}$$

式中，H 是轮胎断面高度。

将式 (13.151) 和式 (13.152) 代入式 (13.149)，载荷能力 W 可以表示为

$$W = 2\pi p \delta H \sqrt{aS} \tag{13.153}$$

因为轮胎的耐久性能与柔度因子 $\delta(=h/H)$ 有关，δ 作为定义载荷能力 W 的参数，它是一个常数。

例如，当轮胎截面形状相似的时候，那么它们的 H/S 值就是相同的。载荷能力 W 可以由下式给出：

$$W = ka^{1/2}S^{3/2} \tag{13.154}$$

如果式 (13.154) 中的充气压力 p 是常数，k 也是常数。式 (13.154) 表明，当轮胎的截面形状相似时，在提高轮胎的载荷能力方面，增加轮胎的宽度 S 比减小轮胎的直径 a 更加有效。

假设轮胎 A 和 C 在相同的充气压力下有相似的形状，如图 13.75 所示。将相似的方程代入到式 (13.154) 中，轮胎 C 的载荷能力 (W_C) 和轮胎 A 的载荷能力 (W_A) 之间的关系是：

$$W_C = (S_2/S_1)^2 W_A$$
$$p_A = p_C \tag{13.155}$$

作为另一个例子，假设轮胎 B 和轮胎 C 有相同的截面形状，但轮胎 B 的轮辋直径比轮胎 C 的轮辋直径小，如图 13.75 所示。由于轮胎 B 和轮胎 C 的轮辋直径不同，轮胎 B 的载荷能力 (W_B) 要小于轮胎 C 的载荷能力 (W_C)。

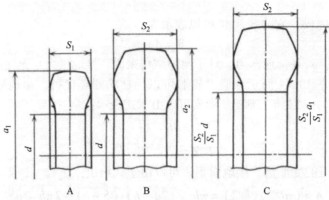

图 13.75　具有相同轮辋着合直径、不同断面宽度的轮胎的载荷和充气压力的标准

当轮胎的直径和断面宽度相同的时候，随着轮辋直径的增加，式（13.154）的载荷因子下降，如图 13.76 的左图所示。当轮胎的直径不变化，只有轮辋着合直径增大的时候，为了保持同样的载荷能力，轮胎的断面宽度必须增加，如图 13.76 的右图所示。

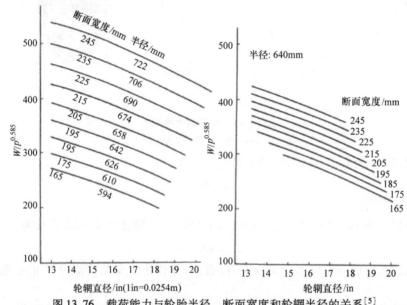

图 13.76　载荷能力与轮胎半径、断面宽度和轮辋半径的关系[5]

备注 13.4　Koutny 轮胎模型[88]

Koutny 的轮胎模型是一个经验轮胎模型，他认为加载轮胎的子午线可以用 3 段弧表示，如图 13.77 所示。轮胎上某点的极角 ϕ 是从 SD 直线开始测量的。在接地区域（$0 \leqslant \phi \leqslant \psi_1$）内曲率是 0，在自由区域（$\psi \leqslant \phi \leqslant \pi$）内曲率是 $1/r_c$，在过渡区域（$\psi_1 \leqslant \phi \leqslant \psi$）内曲率是 $1/(k_c r_c)$，其中 $0 \leqslant k_c \leqslant 1$ 是经验系数。

假设在 $\psi \leqslant \phi \leqslant \pi$ 范围内，未发生变形的半径为 r_c^0 的圆的圆心 S 也是子午线圆弧的圆心，位移 x 的方程可以用下式表达：

$$(1-k_c)r_c\cos\psi + r_c k_c = r_c^0 - x \Rightarrow r_c = \frac{r_c^0 - x}{(1-k_c)\cos\psi + k_c} \tag{13.156}$$

在下沉量为 x 时，令 $2U(x)$ 代表子午线在圆周方向的长度，显然，$U(0) = \pi r_c^0$，并且，

$$U(x) = (1-k_c)r_c\sin\psi + k_c r_c\psi + r_c(\pi - \psi) \tag{13.157}$$

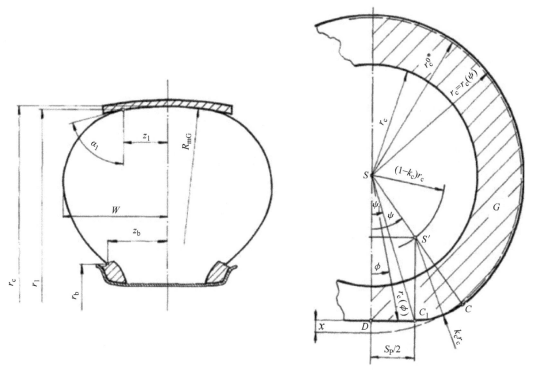

图 13.77 Koutny 的轮胎模型
(经 TST 授权，摘自文献 [88])

用 $K(x)$ 来表示子午线的收缩长度，可以得到：

$$U(x) + K(x) - U(0) = 0 \tag{13.158}$$

将式（13.156）和式（13.157）代入到式（13.158），可以得到角度 ψ 的表达式：

$$\frac{(r_c^0 - x)\{\pi + (1 - k_c)(\sin\psi - \psi)\}}{(1 - k_c)\cos\psi + k_c} + K(x) - \pi r_c^0 = 0 \tag{13.159}$$

这里，k_c 和 $K(x)$ 可以用对实验数据进行曲线拟合的方式来确定，其表达式为

$$k_c(x) = \frac{6 + 5\dfrac{W}{L_0}}{30\sqrt{41 - \left(1 - \dfrac{x}{r_c^0}\right)^2}}$$

$$K(x) = k_G \left(\frac{x}{r_c^0}\right)^3 \tag{13.160}$$

式中，W 是轮胎的断面宽度的 $\dfrac{1}{2}$，如图 13.77 所示。系数 k_G 为

$$k_G = 3500 e^{-6C}(k_G' e^{-4C} - 0.4)$$

$$C = \frac{W}{L_0}\sqrt{\frac{z_1 r_c^0}{50 L_0}} \tag{13.161}$$

k_G' 随着带束层刚度的增加而增加，对于货/客车子午线轮胎 11.00R20 来说，$k_G' = 1.1$。

关于变形量 x 的式（13.158）只能用数值方法来求解，半径 r_c 对极角 ϕ 的依赖性是可以描述的：

$$r_c(\phi) = \begin{cases} \dfrac{r_c^0 - x}{\cos\phi} & 0 \leqslant \phi \leqslant \psi_1 \\ r_c\{(1 - k_c)\cos(\psi - \phi) + \sqrt{k_c^2 - (1 - k_c)^2 \sin^2(\psi - \phi)}\} & \psi_1 \leqslant \phi \leqslant \psi \\ r_c & \psi \leqslant \phi \leqslant \pi \end{cases} \tag{13.162}$$

式中，

$$\psi_1 = \tan^{-1}\frac{(1-k_c)r_c\sin\psi}{r_c^0 - x} \qquad (13.163)$$

参考文献

1. Annual European community greenhouse gas inventory 1990–2006 and inventory report 2008, Technical Report No 6/2008, European Commission, DG Environment, European Environment Agency, May 2008
2. Japan Automobile Tyre Manufacturers Association, *Guideline for Tyre Labeling to Promote the Use of Fuel Efficient Tyres (Labeling System)*. Available at: http://www.jatma.or.jp/english/labeling/outline.html
3. European Union, *On the Labelling of Tyres with Respect to Fuel Efficiency and Other Essential Parameters*, REGULATION (EC), No. 1222/2009 (Official Journal of the European Union, 2009)
4. National Highway Traffic Safety Administration, *Tire Fuel Efficiency Consumer Information Program*, Docket No. NHTSA-2010-0036 (2010)
5. Yokohama Rubber (ed.), *Study on Vehicle Tires (in Japanese)*, Sankaido (1995)
6. Bridgestone, *Bridgestone Environmental Report 2002*
7. D.E. Hall, J.C. Moreland, Fundamentals of rolling resistance. Rubber Chem. Technol. **74**(3), 525–539 (2001)
8. Tires and Passenger Vehicle Fuel Economy: Informing Consumers, Improving Performance. Technical Report 286, Committee for the National Tire Efficiency Study, Transportation Research Board, Board on Energy and Environmental Systems (2006)
9. D.J. Schuring, The rolling loss of pneumatic tires. Rubber Chem. Technol. **53**(3), 600–727 (1980)
10. D.J. Schuring, S. Futamura, Rolling loss of pneumatic highway tires in the eighties. Rubber Chem. Technol. **63**(3), 315–367 (1990)
11. Society of Automotive Engineers, *Stepwise Coast-down Methodology for Measuring Tire Rolling Resistance*, SAE J2452 (2009)
12. Z. Shida et al., A rolling resistance simulation of tires using static finite element analysis. Tire Sci. Technol. **27**(2), 84–105 (1999)
13. Bridgestone (ed.), *Fundamentals and Application of Vehicle Tires (in Japanese)* (Tokyo Denki University Press, 2008)
14. T.C. Warholic, Tire rolling loss prediction from the finite element analysis of a statically loaded tire, Mater Thesis, University of Akron (1987)
15. J.R. Luchini et al., Tire rolling loss computation with the finite element method. Tire Sci. Technol. **22**(4), 206–222 (1994)
16. J. Terziyski, R. Kennedy, Accuracy, sensitivity, and correlation of FEA-computed coastdown rolling resistance. Tire Sci. Technol. **37**(1), 4–31 (2009)
17. K. Akutagawa et al., *Application of Non-linear FEA to Tyre Rolling Resistance Simulation* (ECCMR, London, UK, 2003)
18. W.W. Klingbeil, *Theoretical Prediction of Test Variable Effects, Including Twin-rolls, on Rolling Resistance*, SAE Paper, No. 800088 (1988)
19. M.K. Chakko, Analysis and computation of energy loss in radial tires. Tire Sci. Technol. **12**(1–4), 3–22 (1984)
20. D.S. Stutts, W. Soedel, A simplified dynamic model of the effect of internal damping on the rolling resistance in pneumatic tires. J. Sound Vib. **155**, 153–164 (1992)
21. K. Yamagishi, J.T. Jenkins, The circumferential contact problem for the belted radial tire. J. Appl. Mech. **47**, 512–518 (1980)
22. J.R. Luchini et al., Tread depth effects on tire rolling resistance. Tire Sci. Technol. **29**(3), 134–154 (2001)
23. T.B. Rhyne, S.M. Cron, A study on minimum rolling resistance. Tire Sci. Technol. **40**(4), 220–233 (2012)
24. T. Akasaka et al., Analysis of the contact deformation of tread blocks. Tire Sci. Technol. **20**(4), 230–253 (1992)
25. S. Futamura, Effect of material properties on tire performance characteristics—Part II, Tread material. Tire Sci. Technol. **18**(1), 2–12 (1990)
26. A. Abe et al., Optimum young's modulus distribution in tire design. Tire Sci. Technol. **24**, 204–219 (1996)
27. J.R. Luchini, *Test Surface Curvature Reduction Factor for Truck Tire Rolling Resistance*, SAE Paper, No. 821264 (1982)

28. S.K. Clark, *Rolling Resistance Forces in Pneumatic Tires*, U.S. Department of Transportation, TSC Rep. No. DOT-TSC76-1 (1976)
29. T. Freudenmann et al., Experimental determination of the effect of the surface curvature on rolling resistance measurements. Tire Sci. Technol. **37**(4), 254–278 (2009)
30. L.W. DeRaad, *The Influence of Road Surface Texture on Tire Rolling Resistance*, SAE Paper, No. 780257 (1978)
31. A.N. Gent, J.D. Walter, *The Pneumatic Tire* (NHTSA, 2005)
32. H. Sakai, *Tire Engineering (in Japanese)*, Guranpuri-Shuppan (1987)
33. D.J. Schuring et al., Power requirements of tires and fuel economy. Tire Sci. Technol. **2**(4), 261–285 (1974)
34. U. Peckelsen, F. Gauterin, Influence of real operating conditions on total rolling resistance. ATZ Worldwide **115**, 54–59 (2013)
35. D.J. Schuring, Energy loss of pneumatic tires under freely rolling, braking, and driving conditions. Tire Sci. Technol. **4**(1), 2–15 (1976)
36. E. Mogi et al., *Study on Contribution of Tire Driving Stiffness to Vehicle Fuel Economy*, SAE Paper, No.2012-01-0794 (2012)
37. W.V. Mars, J.R. Luchini, An analytical model for transient rolling resistance behavior of tires. Tire Sci. Technol. **27**(3), 161–175 (1999)
38. J.R. Luchini, J.A. Popio, Modeling transient rolling resistance of tires. Tire Sci. Technol. **35**(2), 118–140 (2007)
39. L. Nielsen, T. Sandberg, *A New Model for Rolling Resistance of Pneumatic Tires*, SAE Paper, No. 2002-01-1200 (2002)
40. S.C. Burgess, J.M.J. Choi, A parametric study of the energy demands of car transportation: a case study of two competing commuter routes in the UK. Transport. Res. D **8**, 21–36 (2003)
41. Michelin, *The Tyre: Rolling Resistance and Fuel Saving*, Societe de Technologie Michelin, 2003. http://www.dimnp.unipi.it/guiggiani-m/Michelin_Tire_Rolling_Resistance.pdf
42. F. An, M. Ross, *A Model of Fuel Economy and Driving Patterns*, SAE Paper, No. 930328 (1993)
43. Transportation Research Board, Tires and passenger vehicle fuel economy—informing consumers, improving performance. Transport. Res. Board Special Report 286 (2006)
44. P.S. Grover, S.H. Bordelon, *New Parameters for Comparing Tire Rolling Resistance*, SAE Paper, No. 1999-01-0787 (1999)
45. D.J. Schuring, J.S. Redfield, *Effect of Tire Rolling Loss on Fuel Consumption of Trucks*, SAE Paper, No. 821267 (1982)
46. C.R. Bradley, A. Delaval, On-road fuel consumption testing to determine the sensitivity coefficient relating changes in fuel consumption to changes in tire rolling resistance. Tire Sci. Technol. **41**(1), 2–20 (2013)
47. T.J. LaClair, R. Truemner, *Modeling of Fuel Consumption for Heavy-Duty Trucks and the Impact of Tire Rolling Resistance*, SAE Paper, No. 2005-01-3550 (2005)
48. A VL Cruise v3.1—Fuel Economy Simulation Software
49. M. Guillou, C. Bradley, *Fuel Consumption Testing to Verify the Effect of Tire Rolling Resistance on Fuel Economy*, SAE International, No. 2010-01-0763 (2010)
50. T. Nakamura et al., Improvement of fuel efficiency in case of reduction in tire rolling resistance, in *Proceedings of the JSAE Conference*, No. 20145714 (2014)
51. K. Holmberg et al., Global energy consumption due to friction in passenger cars. Tribo. Int. **47**, 221–234 (2012)
52. J. Barrand, J. Bokar, *Reducing Tire Rolling Resistance to Save Fuel and Lower Emissions*, SAE Paper, No. 2008-01-0154 (2008)
53. N. Nakate et al., The loss evaluation method to predict tire influences on fuel consumption of mode driving, in *Proceedings of the JSAE Conference*, No. 20125663 (2012)
54. H. Suzuki et al., Research on rolling resistance measurement with higher accuracy—validity of temperature correction to rolling resistance coefficient at low rolling resistance tires, in *Proceedings of the JSAE Conference*, No. 20125688 (2012)
55. R. Ookubo, K. Oyama, Effects of tyre tread temperature under actual driving on tyre characteristics. Trans. JSAE **44**(2), 499–504 (2013)
56. A. Kobayakawa et al., *A Study on Tire Aerodynamics*, JSAE Paper, No. 90-20135310 (2013)
57. K. Kato et al., Enhancement of tire durability by considering air flow field. Tire Sci. Technol. **37**(2), 103–121 (2009)
58. M. Koishi, Application of the simulation to elevate the product value (in Japanese). JSME J. **116**(1131), 101–103 (2013)
59. I. Kuwayama et al., *Development of Next Generation Ecology Tire Technology*, JSAE Paper, No. 90-20135154 (2013)

60. I. Kuwayama et al., Expansion of ologic technology for eco-friendly vehicles. Tire Sci. Technol. **45**(4), 288–306 (2017)
61. H. Kaga et al., Stress analysis of a tire under vertical load by a finite element method. Tire Sci. Technol. **5**(2), 102–118 (1977)
62. Y. Nakajima, Application of computational mechanics to tire design—yesterday, today, and tomorrow. Tire Sci. Technol. **39**(4), 223–244 (2011)
63. C. Hoever et al., Investigation of stress-distribution in a car tyre with regards to rolling resistance, in *Proceedings of the ISMA 2010* (2010)
64. M. Fraggstedt, Power dissipation in car tyres, Ph.D. Thesis, Royal Institute of Technology (2006)
65. C. Hoever, The influence of modelling parameters on the simulation of car tyre rolling losses and rolling noise, Ph.D. Thesis, Chalmers University of Technology (2012)
66. M.H.R. Ghoreishy, *Rolling resistance simulation* (Tire Tech. Int, Annual Review, 2013), pp. 84–86
67. R.W. Ogden, *Non-linear Elastic Deformations* (Ellis Horwood Limited, 1984)
68. A. Suwannachit, U. Nackenhorst, A novel approach for thermomechanical analysis of stationary rolling tires within an ALE–kinematic framework. Tire Sci. Technol. **41**(3), 174–195 (2013)
69. D. Whicker et al., *The Structure and Use of the GMR Combined Thermo-Mechanical Tire Power Loss Model*, SAE Paper, No. 810164 (1981)
70. D. Whicker et al., A thermomechanical approach to tire power loss modeling. Tire Sci. Technol. **9**(1), 3–18 (1981)
71. C.K.L. Davies et al., Characteriza-tion of the behaviour of rubber for engineering design purposes. 1. Stress-strain relations. Rubber Chem. Technol. **67**, 716–728 (1995)
72. G. Kraus, *In Reinforcement of Elastomers* (Wiley Inter-Sci, New York, 1965)
73. J.D. Ulmer, Strain dependence of dynamic mechanical properties of carbon black-filled rubber compounds. Rubber Chem. Technol. **69**, 15 (1996)
74. Y. Nakajima et al., Theory of optimum tire contour and its application. Tire Sci. Technol. **24**, 184–203 (1996)
75. Y. Nakajima, *New Tire Design Procedure Based on Optimization Technique*, SAE Paper, No. 960997 (1996)
76. Y. Nakajima, Technology development to decrease rolling resistance of tire by optimization technology (in Japanese). JARI Res. J. **21**, 305–313 (1999)
77. A. Tamano, Technology to decrease RR (in Japanese). Nippon Gomu Kyokaishi **69**(11), 749–756 (1996)
78. T.T. Diller et al., *Development of the Texas Drayage Truck Cycle and its use to determine the Effects of Low Rolling Resistance Tires on the NO_x Emissions and Fuel Economy*, SAE Paper, No. 2009-01-0943 (2009)
79. Y. Nakajima et al., Application of neural network for optimization of tire design. Tire Sci. Technol. **27**(2), 62–83 (1999)
80. Y. Nakajima et al., Surface shape optimization of tire pattern by optimality criteria. Tire Sci. Technol. **31**(1), 2–18 (2003)
81. Y. Uemura, S. Saito, Reduction of rolling resistance under high inflation pressure—electric vehicle tyre. Kautsch. Gummi Kunstst. **48**, 515–520 (1995)
82. J.R. Cho et al., Numerical estimation of rolling resistance and temperature distribution of 3-D periodic patterned tire. Int. J. Solid Struct. **50**, 86–96 (2013)
83. J.R. Cho et al., Finite element estimation of hysteretic loss and rolling resistance of 3-D patterned tire. Int. J. Mech. Mater. Des. **9**, 355–366 (2013)
84. Y. Uemura, S. Suzuki, New tire and technology (in Japanese). The Tire Monthly Co. (1994), pp. 58–65
85. A. Tamano, Technology to decrease rolling resistance of tire (in Japanese). Nippon Gomu Kyokaishi **69**(11), 749–756 (1996)
86. Y. Nakajima, Current status and future of tire technology (in Japanese). Nippon Gomu Kyokaishi **85**(6), 178–182 (2012)
87. Y. Ikeda, A. Kato, S. Kohjiya, Y. Nakajima, *Rubber Science: A Modern Approach* (Springer, Heidelberg, 2017)
88. F. Koutny, A method for computing the radial deformation characteristics of belted tires. Tire Sci. Technol. **4**(3), 190–212 (1976)

第 14 章 轮胎的磨耗特性

从现象学的角度看，磨耗不但具有物理因素特征，比如断裂，而且还具有化学因素特征，比如氧化。物理因素特征是本书的重点讨论内容，它与磨粒磨损中相对强的剪切力有关。磨耗深度与摩擦能几乎成正比，摩擦能是剪应力和滑移量的乘积，可以通过测量接地印迹内滑移区域的滑移量和剪切力来计算获得，也可以通过使用解析模型或有限元模型来估算摩擦能。磨耗寿命的估计可以通过将外力直方图和外力直方图对应的摩擦能的乘积进行积分来实现。此外，用来考察磨耗进展的模型可以用解析模型或有限元模型来进行研究。作为附加主题，本章也将阐明一种对角形磨耗的模型、一种室内磨耗评价方法以及降低磨耗的方法。

14.1 轮胎的磨耗

14.1.1 轮胎和橡胶的磨耗

轮胎的磨耗问题可以分为磨耗寿命和不规则磨耗。磨耗寿命是轮胎正常行驶过程中的磨耗，是轮胎直至磨完（磨耗至磨耗标示位置）所行驶的距离。不规则磨耗是指在使用过程中轮胎的胎冠某些部分磨耗快于其他部分，导致轮胎的使用寿命缩短。根据磨耗后的表现，不规则磨耗有许多类型[1]，如图 14.1 所示。这些不规则磨耗的机理是各种各样的，本章将对这些机理进行讨论。

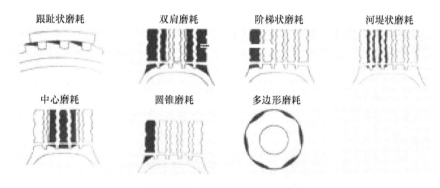

图 14.1 不规则磨耗的类型
（经 Tokyo Denki University 授权，摘自文献 [1]）

同时，橡胶的磨耗从现象学上来说不但有物理因素特征，比如断裂，也有化学因素特征，比如氧化。

过去对橡胶磨耗的研究主要集中于物理因素，比如重点研究磨耗和断裂以及磨耗和黏弹性之间的关系。当橡胶发生磨耗的时候，在磨耗后的表面上留下了刻划的纹理，这称为磨纹。图 14.2 所示磨纹的产生机理可以用橡胶的裂纹生长机理来解释[2-4]。磨纹是在很强的剪切力作用下产生的，伴随着相邻纹理的分离，两个相邻磨纹之间的距离 L 和深度 H 与作用在橡胶上剪切力的大小成比例。磨纹的方向与剪切力的方向垂直，底部裂纹的截面形状如图 14.2 中的右图所示。另外，当剪切力比较小时，磨纹并不是很清晰。磨纹不清晰的磨耗现象可能主要是由化学因素导致的，也可能是物理因素导致的，因为剪切力比较小，所以磨耗速度慢[1]。

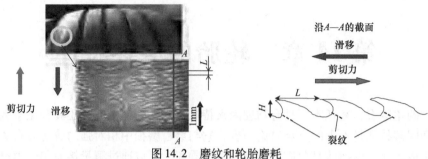

图 14.2 磨纹和轮胎磨耗
（经 Tokyo Denki University 授权，摘自文献 [1]）

14.1.2 磨耗能和胎冠磨耗

人们通过磨耗能或者摩擦能 E^w 来分析研究轮胎的磨耗，它是由滑移产生的能量，一般用单位面积内的剪应力向量 $\vec{\tau}$ 和滑移位移向量 $\vec{S}$ 的点乘来表示：

$$E^w = \int_0^l \vec{\tau} \cdot d\vec{S} = \int_0^l (\tau_x dS_x + \tau_y dS_y) \tag{14.1}$$

式中，l 是接地长度；τ_x 和 τ_y 分别是剪应力在 x 方向和 y 方向的分量；S_x 和 S_y 分别是滑移位移在 x 方向和 y 方向的分量。因此，即便是橡胶上作用有很大的剪应力，但当没有发生滑移的时候，磨耗就不会发生。

橡胶的磨耗体积 W 由摩擦能和橡胶的耐磨性来决定：

$$W = \bar{k}^{\beta_1}(E^w)^{\beta_2} \tag{14.2}$$

式中，$\bar{k}$ 定义为单位摩擦能产生的磨耗体积，$\bar{k}$ 是反映橡胶耐磨性的一个参数，是环境条件的函数，这些条件包括道路粗糙度、温度、湿度；β_1 和 β_2 是材料参数，这些材料参数不但取决于材料本身，而且与道路表面状态和环境变量，如温度等有关。β_1 和 β_2 一般通过实验来决定，通常约等于 1。

Yamazaki[5-6]将采用室内平带式磨耗试验机得到的磨耗体积和摩擦能进行了对比研究，测试过程中平带上贴了砂纸。实验过程中测量了滑移位移 S_x 和 S_y，以及压力分布 $q_z(x)$，摩擦能 E^w 可以用下式求解：

$$E^w = \int_0^l \mu_d q_z(x) \sqrt{\left(\frac{dS_x}{dx}\right)^2 + \left(\frac{dS_y}{dx}\right)^2} dx \tag{14.3}$$

式中，μ_d 是动摩擦系数。图 14.3a 比较了轮胎行驶 1000km 后的摩擦能和胎冠磨耗的关系。式（14.2）中 β_2 可能比 1 稍大一些。图 14.3b 给出了不同外倾角下胎冠磨耗和摩擦能关系。因为摩擦能很好地描述了轮胎的磨耗，轮胎的磨耗可以用式（14.2）表示。就如我们将在第 14.11.5 节中讨论的那样，市场上轮胎的磨耗寿命可以用室内实验的摩擦能试验机测量得到的摩擦能来评价。

14.1.3 与轮胎磨耗有关的因素

Sakai[7]测量了能量磨耗率（即单位磨耗能损失的质量）随着滑移速度、轮胎表面温度和平均接地压力的变化情况，他采用的是 185/65R14 光面轮胎，如图 14.4 所示。他采用平带式室内磨耗试验机来进行磨耗验证，该平带式磨耗试验机上铺设有砂纸。侧偏角是 15°，载荷是 2kN。图中的纵坐标表示能量磨耗率，它对应着式（14.2）中的两个参数 $\beta_1 = \beta_2 = 1$ 时的橡胶的耐磨指数 $\bar{k}$。

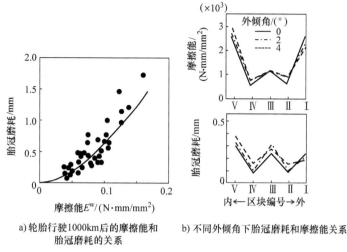

a) 轮胎行驶1000km后的摩擦能和胎冠磨耗的关系

b) 不同外倾角下胎冠磨耗和摩擦能关系

图 14.3 胎冠磨耗和摩擦能的关系
（经 TST 授权，摘自文献 [5]）

能量磨耗率与滑移速度和轮胎表面温度之间的关系如图 14.4a~b 所示，它们之间的关系就如同橡胶的摩擦系数与滑移速度和温度之间的关系。图 14.4a 表明能量磨耗率在某个滑移速度下达到最大值。这是因为根据图 13.42 中的时温等效原理，滑移速度等效于轮胎温度，如高的滑移速度等效于低的轮胎温度。

图 14.4c 显示了平均接地压力对轮胎磨耗的影响。通过将充气压力从 50kPa 逐步调整到 300kPa，可以实现对平均接地压力的改变。能量磨耗率随着平均接地压力的提高而提高，即使摩擦系数随着平均接地压力的提高而降低。

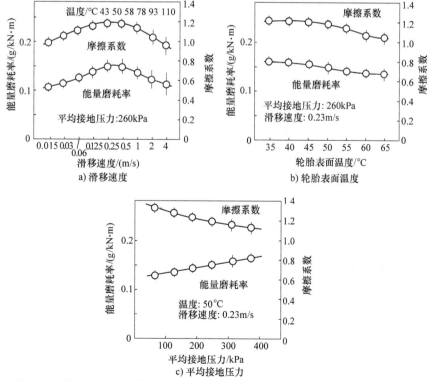

a) 滑移速度

b) 轮胎表面温度

c) 平均接地压力

图 14.4 能量磨耗率随着滑移速度、轮胎表面温度和平均接地压力的变化情况
（经 Guranpuri-Shuppan 授权，摘自文献 [7]）

图 14.5 显示了影响轮胎磨耗的因素。轮胎设计因素包括结构、轮廓形状、花纹、胎面橡胶、充气压力。轮胎制造因素就是均匀性。道路因素包括道路表面的宏观和微观粗糙度、道路的坡度和道路纹理的分布（表面曲率）。自然环境因素包括温度和天气。车辆因素包括载荷、轮胎位置、悬架类型和四轮定位。驾驶条件和驾驶员影响了驾驶类型的几个方面，如车辆的速度和加速度。因为很多因素都影响轮胎的磨耗，因此通过室内实验或者仿真来预测磨耗是很困难的。

Maitre 等[8]采用室外的车队实验来评估各种因素对轮胎磨耗率的影响。他建立了 n 个重要影响因素对磨耗率的贡献指数，各种因素的贡献指数各不相同，道路的贡献指数是 1，驾驶条件和驾驶员的贡献指数是 15，其他各因素在这两者之间，如图 14.6 所示。

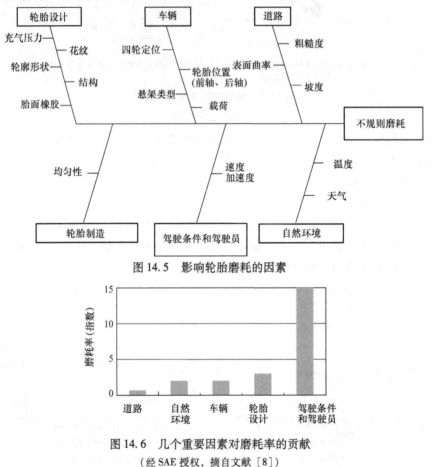

图 14.5 影响轮胎磨耗的因素

图 14.6 几个重要因素对磨耗率的贡献
（经 SAE 授权，摘自文献 [8]）

14.2 小侧偏角和小滑移率情况下的磨耗

14.2.1 侧偏过程中的摩擦能

Schallamach 和 Turner[9]首先研究出了一种轮胎磨耗解析模型，他采用椭圆形压力分布推导得到了摩擦能的计算公式。Yamazaki 等人[5]采用抛物线形式的压力分布，得到了与 Scllallamach 和 Turner 相似的摩擦能方程。

在小侧偏角和小滑移率下，采用图 11.4 中的刷子模型来建立磨耗模型[10-13]。假设压力分布是抛物线形式的，侧偏角比较小，而且假设带束层在周向和侧向的收缩很小，扭转刚度和面内弯曲刚度很大，带束层对轮胎磨耗的影响可以忽略。

图 14.7 给出了侧偏过程中的轮胎磨耗模型。侧偏角为 α，在距离接地前端 x 处带束层和胎面橡胶之间的相对位移是 Δx，在 x 处的侧向剪应力 f_y 可以表示为

$$f_y = C_y \Delta x = C_y x \tan\alpha \quad (14.4)$$

式中，C_y 是胎冠在单位面积上的侧向剪切弹簧常数。

接地压力 $q_z(x)$ 表示为

$$q_z(x) = 4p_m \frac{x}{l}\left(1 - \frac{x}{l}\right) \quad (14.5)$$

式中，p_m 是最大接地压力。

载荷 F_z 由式（14.6）给出：

$$F_z = 2p_m lb/3 \quad (14.6)$$

其中，接触形状假设是长度为 l、宽度为 b 的矩形。

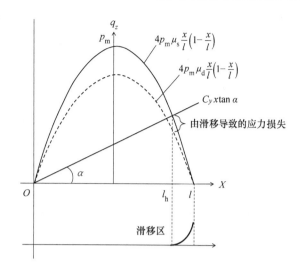

图 14.7 侧偏过程中的轮胎磨耗模型

单位面积内的剪应力等于起滑点 l_h 位置单位面积的最大摩擦力，利用式（14.4）和式（14.5），可以得到：

$$C_y l_h \tan\alpha = \mu_s q_z(l_h) = 4\mu_s p_m \frac{l_h}{l}\left(1 - \frac{l_h}{l}\right) \quad (14.7)$$

式中，μ_s 是静摩擦系数。

这里引入一个新的参数 ζ_y，定义为

$$\zeta_y = C_y l \tan\alpha / (4\mu_s p_m) \quad (14.8)$$

l_h 表示为

$$\begin{aligned} l_h &= l(1 - \zeta_y) \quad 0 \leq \zeta_y \leq 1 \\ l_h &= 0 \quad\quad\quad\quad 1 \leq \zeta_y \end{aligned} \quad (14.9)$$

这表明当满足 $\zeta_y = 1$ 时，滑移在整个接触区域内发生。

假设侧偏角 α 比较小，带束层的面内弯曲刚度比较大，那么利用在滑移区 $l_h \leq x \leq l$ 内力的平衡条件，滑动的距离 S_y 可以用式（14.10）计算：

$$C_y(x\tan\alpha - S_y) = \mu_d q_z(x) \quad (14.10)$$

式中，μ_d 是动摩擦系数。将式（14.10）进行整理，可以得到 S_y 的表达式：

$$S_y = x\tan\alpha - \mu_d q_z(x)/C_y \quad (14.11)$$

注意，磨耗只发生在滑移区 l_h 到 l 的范围内，每旋转一圈单位面积内的摩擦能 E_y^w 可以用式（14.12）求解：

$$\begin{aligned} E_y^w &= \int_0^{2\pi r_e} \mu_d q_z(x) \mathrm{d}S_y = \int_{l_h}^{l} \mu_d q_z(x) \mathrm{d}S_y = \int_{l_h}^{l} \mu_d q_z(x) \frac{\mathrm{d}S_y}{\mathrm{d}x} \mathrm{d}x \\ &= \mu_d \tan\alpha \int_{l_h}^{l} q_z \mathrm{d}x + \frac{1}{2}\frac{\mu_d^2}{C_y} q_z^2(l_h) \end{aligned} \quad (14.12)$$

式中，r_e 是有效滚动半径。

将式（14.5）和式（14.9）代入式（14.12），可以得到下面的解：

1) 在 $0 \leqslant \zeta_y \leqslant 1$（也就是在黏着区内）[1]时，

$$E_y^w = \frac{(4p_m)^2}{C_y}\left\{\mu_s\mu_d\zeta_y\left(\frac{1}{2}\zeta_y^2 - \frac{1}{3}\zeta_y^3\right) + \frac{\mu_d^2}{2}\zeta_y^2(1 - 2\zeta_y + \zeta_y^2)\right\} \tag{14.13}$$

假设 $\mu_s = \mu_d$（$\equiv \mu$），式（14.13）可以简化为

$$E_y^w = \frac{(4\mu p_m)^2}{2C_y}\zeta_y^2\left(1 - \zeta_y + \frac{1}{3}\zeta_y^2\right) \tag{14.14}$$

2) 在 $1 < \zeta_y$ 时（也就是在整个接地区域都发生滑动）[1]，

$$E_y^w = \frac{(4p_m)^2}{6C_y}\mu_s\mu_d\zeta_y \tag{14.15}$$

假设 $\mu_s = \mu_d$（$\equiv \mu$），式（14.15）可以简化为

$$E_y^w = \frac{(4\mu p_m)^2}{6C_y}\zeta_y \tag{14.16}$$

图 14.8 给出了根据式（14.14）和式（14.16）计算得到摩擦能（指数）和滑移区比例 ζ_y 之间的关系。摩擦能（指数）$E_y^{w(\text{index})}$ 是将式（14.14）和式（14.16）除以 $(4\mu p_m)^2/(2C_y)$ 计算得到的：

$$\begin{aligned} E_y^{w(\text{index})} &= \zeta_y^2(1 - \zeta_y + \zeta_y^2/3) & 0 \leqslant \zeta_y \leqslant 1 \\ E_y^{w(\text{index})} &= \zeta_y/3 & 1 < \zeta_y \end{aligned} \tag{14.17}$$

图 14.9 给出了摩擦能（指数）和侧偏角之间的关系，计算所用的参数是 $\mu = 1.0$，$l = 160\text{mm}$，$C_y = 27\text{MPa/mm}$，$p_m = 400\text{kPa}$。在大侧偏角下，摩擦能升高得很快。这是因为式（14.12）的第一项在大侧偏角下处于主导地位，摩擦能不是胎面橡胶的剪切弹簧刚度的函数，而是侧偏角、摩擦系数和接地压力的函数。

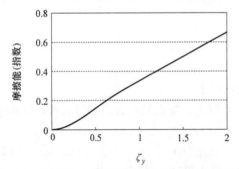

图 14.8 摩擦能（指数）和滑移区比例之间的关系   图 14.9 摩擦能（指数）和侧偏角之间的关系

在式（14.14）中，如果侧偏角 α 很小，摩擦能的表达式为

$$E_y^w \cong \frac{(4\mu p_m)^2}{2C_y}\zeta_y^2 = \frac{C_y l^2}{2}\tan^2\alpha \cong \frac{C_y l^2}{2}\alpha^2 \tag{14.18}$$

正如在 11.1 节中所述，当带束层的面内弯曲刚度较大的时候，侧偏刚度 $C_{F\alpha}$ 和侧向力 F_y 可以表示为[2][3]

$$F_y = C_{F\alpha}\alpha \tag{14.19}$$

---

[1][1] 问题 14.1。

[2] 与式（11.4）相同。

[3] 与式（11.5）相同。

$$C_{F\alpha} = C_y bl^2/2 \tag{14.20}$$

将式 (14.19) 和式 (14.20) 代入式 (14.18), 可以得到:

$$E_y^w = F_y^2/(bC_{F\alpha}) \tag{14.21}$$

侧偏工况中的摩擦能与侧向力 F_y 的平方成正比, 与侧偏刚度 $C_{F\alpha}$ 成反比。这个方程称为侧偏条件下的 Schallamach 磨耗方程。

14.2.2 纵向力作用下的摩擦能以及由纵向力和侧向力共同作用下的摩擦能

纵向力导致的摩擦能可以采用与侧偏条件下的侧向力导致的摩擦能相似的方程来表示。为了计算纵向力导致的摩擦能, 可以用滑移率 s 来代替侧向力导致的摩擦能计算公式中的 $\tan\alpha$。就如在前一节所讨论的, 单位面积的纵向力导致的摩擦能 E_x^w 可以用下式表示:

$$E_x^w = \frac{(4p_m)^2}{C_x}\left\{\mu_s\mu_d\zeta_x\left(\frac{1}{2}\zeta_x^2 - \frac{1}{3}\zeta_x^3\right) + \frac{\mu_d^2}{2}\zeta_x^2(1 - 2\zeta_x + \zeta_x^2)\right\} \tag{14.22}$$

式中,

$$\zeta_x = C_x ls/(4\mu_s p_m) \tag{14.23}$$

式中, C_x 是胎冠沿圆周方向单位面积的剪切弹簧常数。

假设 $\mu_s = \mu_d$ ($\equiv \mu$), 式 (14.22) 可以简化为

$$E_x^w = \frac{(4\mu p_m)^2}{2C_x}\zeta_x^2\left(1 - \zeta_x + \frac{1}{3}\zeta_x^2\right) \tag{14.24}$$

当滑移率 s 小的时候, 式 (14.24) 可以进一步进化为

$$E_x^w \cong \frac{(4\mu p_m)^2}{2C_x}\zeta_x^2 = \frac{C_x l^2}{2}s^2 \tag{14.25}$$

纵向力 F_x 和驱动刚度 C_{Fs} 表示为

$$F_x = C_{Fs}s \tag{14.26}$$

$$C_{Fs} = C_x bl^2/2 \tag{14.27}$$

将式 (14.26) 和式 (14.27) 代入式 (14.25), 可以得到:

$$E_x^w = F_x^2/(bC_{Fs}) \tag{14.28}$$

利用式 (14.21) 式 (14.28), 轮胎转动一圈过程中由纵向力和侧向力共同导致的摩擦能 E^w 可以表示为

$$E^w = E_x^w + E_y^w = \frac{1}{b}\left(\frac{F_x^2}{C_{Fs}} + \frac{F_y^2}{C_{F\alpha}}\right) \tag{14.29}$$

单位接触面积单位运行距离内产生的摩擦能 $\overline{E}^w$ 可以用 E^w 除以每圈转动的行驶距离 $2\pi r_e$ 计算得到:

$$\overline{E}^w = \frac{E_x^w + E_y^w}{2\pi r_e} = \frac{1}{2\pi r_e b}\left(\frac{F_x^2}{C_{Fs}} + \frac{F_y^2}{C_{F\alpha}}\right) \tag{14.30}$$

式中, r_e 是轮胎的有效滚动半径, 这个公式就是 Schallamach 的包含纵向力和侧向力的磨耗计算公式。

Sakai[12] 和 Veith[13] 从他们的实验结果中提出, Schallamach 和 Turner[11] [式 (14.29)] 的理论方程必须按下式进行进一步的修正:

$$E^w = kF^n \tag{14.31}$$

式中, F 是外力; k 是常数; 指数 n 的取值范围是 $2 \sim 4$。式 (14.31) 对应式 (14.2), 指数 n 的值取决于侧偏角、道路纹理的特性和炭黑颗粒的性能。

14.2.3 橡胶的滞后损失对摩擦能的影响

Schallamach[14]研究了胎面的剪切弹簧的滞后特性对轮胎磨耗的影响。他假设橡胶的理想化的滞后循环如图14.10所示。材料在增加应力和减少应力的过程中遵守胡克定律，但在这两个过程中的模量是不同的。在图14.10中，在提升侧向力的过程中，胎面橡胶的行为用剪切弹簧刚度来表征，即 $C_y = C_y^{up}$；在降低侧向力的过程中，其弹簧剪切刚度用 $C_y = C_y^{down}$ 来表示。两个弹簧的剪切弹簧刚度比值为

$$\rho = C_y^{down}/C_y^{up} \tag{14.32}$$

这是应力循环期间可恢复的最大存储能量的分数，称为胎面橡胶的回弹。

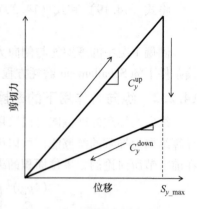

图 14.10 理想化的滞后循环

胎冠的下沉量如图14.11所示。一旦一个单元达到它的最大应力，相应的变形量 S_{y_max} 保持为常数，直到局部压力下降到 $\mu q_z(x) = C_y^{down} S_{y\_max}$。变形量沿着曲线 $\mu q_z(x) = C_y^{down} S_{y\_max}$ 下降。

在 $l_h > l/2$ 的时候，如图14.11a所示，利用式（14.12）计算得到的摩擦能为

$$E_y^w = \int_0^{2\pi r_e} \mu_d q_z(x) dS_y = \int_{l_h}^{l} \mu_d q_z(x) dS_y = \int_{l_h}^{l} \mu_d q_z(x) \frac{dS_y}{dx} dx$$

$$= \mu \tan\alpha \int_{l_h}^{l} q_z(x) dx + \frac{1}{2} \frac{\mu^2}{C_y^{down}} q_z^2(x_h) \tag{14.33}$$

其中，x_h 如图14.11所示。利用式（14.32），式（14.33）可以重写为⊖：

$$E_y^w = \left\{ \mu\tan\alpha \int_{l_h}^{l} q_z(x) dx + \frac{1}{2} \frac{\mu^2}{C_y^{up}} q_z^2(l_h) \right\} - \left\{ \frac{1}{2} \frac{\mu^2}{C_y^{up}} q_z^2(l_h)(1-\rho) \right\} \tag{14.34}$$

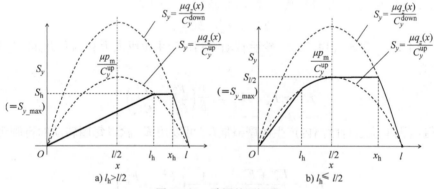

图 14.11 胎冠的下沉量

在 $l_h \leq l/2$ 的时候，如图14.11b所示，摩擦能表示为

$$E_y^w = \left\{ \mu\tan\alpha \int_{l_h}^{l} q_z(x) dx + \frac{1}{2} \frac{\mu^2}{C_y^{up}} q_z^2(l_h) \right\} - \left\{ \frac{1}{2} \frac{\mu^2}{C_y^{up}} q_z^2(l/2)(1-\rho) \right\} \tag{14.35}$$

式（14.34）和式（14.35）⊖的第一项对应于式（14.12）。参考式（14.8），在小侧偏角时，式（14.34）可以重写为

⊖⊖ 备注14.1。

$$E_y^w = \rho \frac{(4\mu p_m)}{2C_y^{up}} \zeta_y^2 = \rho \frac{C_y^{up} l^2}{2} \alpha^2 \tag{14.36}$$

利用式（14.19）和式（14.20），式（14.36）可以重写为

$$E_y^w = \rho F_y^2/(bC_{F\alpha}^{up}) \tag{14.37}$$

式中

$$C_{F\alpha}^{up} = C_y^{up} bl^2/2 \tag{14.38}$$

考虑滞后损失的橡胶的摩擦能表达式为

$$\overline{E^w} = \frac{E_x^w + E_y^w}{2\pi r_e} = \frac{\rho}{2\pi r_e b}\left(\frac{F_x^2}{C_{Fs}^{up}} + \frac{F_y^2}{C_{F\alpha}^{up}}\right) \tag{14.39}$$

式中，C_{Fs}^{up} 由下式给出：

$$C_{Fs}^{up} = C_x^{up} bl^2/2 \tag{14.40}$$

式（14.39）和式（14.30）的比较表明，橡胶的滞后损失可以减少摩擦能，因为 ρ 的值小于 1。

图 14.12 给出了利用式（14.34）和式（14.35）计算得到的侧偏工况下的轮胎的摩擦能，从中可以看出滞后损失对摩擦能的影响。滞后参数 ρ 的值从 0.25 变化到 1.0，变化的间隔为 0.25。计算所用的参数与图 14.9 中的参数相同：$\mu = 1.0$，$l = 160\text{mm}$，$C_{Fs}^{up} = 27\text{MPa/mm}$，$p_m = 400\text{kPa}$。由图 14.11 中的 $l_h = l/2$ 所定义的临界侧偏角大约为 $\alpha = 1.06°$，从中看到随着滞后损失的增加，摩擦能下降。

在大侧偏角下，式（14.33）中的第一项是主要的，因此摩擦能与胎面橡胶的剪切弹簧刚度关系不大。但是，在小侧偏角下，式（14.33）的第二项就成为主要的，因此摩擦

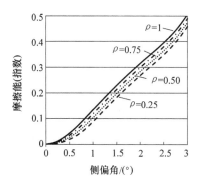

图 14.12 侧偏工况下的轮胎的摩擦能

能与橡胶的回弹性成正比，并且与侧偏角的平方成正比。Schallamach 和 Turner[11] 用实验手段验证了滞后损失对轮胎磨耗的影响，结果如图 14.13 所示。实验过程中采用了 9 种不同的炭黑增强胎面胶，胎面胶的橡胶是不同的。图 14.13a 表明，侧偏角为 15° 时，实验得到的轮胎磨耗与在橡胶上做的滑动磨损实验结果并不相关。同时，如果橡胶的回弹性与 ρ 相关，乘以利用式（14.37）所得到的滑动磨损的结果，那么得到实验点都集中于如图 14.13b 所示的直线周围。该图表明，橡胶的滞后损失或回弹性，在橡胶的磨耗中是重要的。

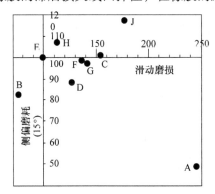 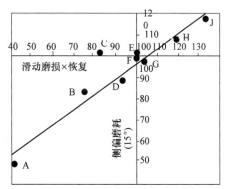

a) 侧偏中由滑动磨损带来的磨耗　　b) 滑动磨损与回弹对侧偏滑动磨损的影响

图 14.13 滞后损失对轮胎磨耗的影响

（经 RCT 授权，摘自文献 [14]）

14.3 均匀磨耗情况下的磨耗寿命

14.3.1 基本方程

Mashita[15]提出了一个均匀磨耗的轮胎磨耗寿命预测模型，该模型考虑了轮胎结构、轮胎规格和驱动状态。该模型可以预测磨耗深度与行驶距离之间的磨耗曲线。在这个模型中，做了一些假设：

1) 轮胎的磨耗是由侧向力和纵向力决定的。
2) 侧向力和纵向力分别与侧偏角和滑移率成正比。
3) 胎冠橡胶的弹簧常数与花纹深度成反比。

利用式（14.30），每单位面积单位行驶距离与纵向力有关的摩擦能 $\overline{E}_x^w$ 和与侧向力有关的摩擦能 $\overline{E}_y^w$ 可以用下式表示：

$$\overline{E}_x^w = \frac{1}{2\pi r_e b} \frac{F_x^2}{C_{Fs}} = \frac{1}{2\pi r_e b} \frac{(a_x/g)^2 F_z^2}{C_{Fs}}$$
$$\overline{E}_y^w = \frac{1}{2\pi r_e b} \frac{F_y^2}{C_{F\alpha}} = \frac{1}{2\pi r_e b} \frac{(a_y/g)^2 F_z^2}{C_{F\alpha}} \tag{14.41}$$

式中，F_x 和 F_y 分别是纵向力和侧向力；F_z 是作用在轮胎上的载荷；C_{Fs} 和 $C_{F\alpha}$ 分别是轮胎的驱动刚度和侧偏刚度；a_x 和 a_y 分别是轮胎在 x 方向和 y 方向的加速度。

假设由纵向力和侧向力导致的磨耗发生频率分别用 p 和 q 表示，那么每单位面积单位行驶距离的总的摩擦能 $\overline{E}^w$ 用下式表示：

$$\overline{E}^w = p\overline{E}_x^w + q\overline{E}_y^w$$
$$p + q = 1 \tag{14.42}$$

纵向力导致的苛刻度 S_x 和侧向力导致的苛刻度 S_y 分别定义为

$$S_x = p(a_x/g)^2$$
$$S_y = q(a_y/g)^2 \tag{14.43}$$

式中，g 是重力加速度。

将式（14.41）和式（14.43）代入式（14.42）中得到：

$$\overline{E}^w = \frac{1}{2\pi r_e b}\left(\frac{S_x}{C_{Fs}} + \frac{S_y}{C_{F\alpha}}\right) F_z^2 \tag{14.44}$$

考虑到假设条件3），每单位面积胎冠的剪切弹簧常数 C_x 和 C_y 可以用下式给出⊖：

$$G_x/H = C_x$$
$$G_y/H = C_y \tag{14.45}$$

式中，G_x 和 G_y 分别是胎冠沿纵向的剪切弹性模量和沿侧向的剪切弹性模量；H 是花纹深度，花纹深度随着行驶距离的增加而减小。

假设胎冠的面内弯曲变形只由侧向力产生。将式（11.40）和式（11.45）代入式（11.53），则可以得到驱动刚度 C_{Fs} 和侧偏刚度 $C_{F\alpha}$，用下式⊖表示：

$$C_{Fs} = \frac{bl^2 G_x}{2H}$$

⊖⊖ 备注14.2。

$$C_{F\alpha} = \left(\frac{2H}{bl^2 G_y} + \frac{1}{12\sqrt{2} \sqrt[4]{(EI_z)^3 k_s}} \right)^{-1} \tag{14.46}$$

式中，l 和 b 分别是接地长度和接地宽度；EI_z 是胎冠的面内弯曲刚度；k_s 是胎侧单位周向长度的横向基本弹簧刚度。

假设式（14.2）中的 $\beta_2 = 1$，每单位行驶距离的磨耗深度 h 与每单位行驶距离的摩擦能 $\overline{E^w}$ 成正比，磨耗深度 h 和行驶距离 L 之间的关系可以用下面的微分方程表示：

$$dh/dL = \overline{k} \, \overline{E^w} \tag{14.47}$$

式中，$\overline{k}$ 是常数，代表每单位摩擦能单位行驶距离带来的磨耗深度，它的值由实验确定，取决于橡胶材料本身、温度、道路粗糙度。

从式（14.44）和式（14.47），可以得到：

$$\frac{dh}{dL} = kF_z^2 \left(\frac{S_x}{C_{Fs}} + \frac{S_y}{C_{F\alpha}} \right)$$

$$H = H_0 - h \tag{14.48}$$

式中，$k = \overline{k}/2\pi r_e b$；$H_0$ 是初始花纹深度。

考虑初始条件是在距离 $L = 0$ 时磨耗深度 $h = 0$，式（14.48）的解为

$$h = \left(H_0 + \frac{\kappa_2}{\kappa_1} \right)(1 - e^{-\kappa_1 L})$$

$$\kappa_1 = \frac{2kF_z^2}{bl^2} \left(\frac{S_x}{G_x} + \frac{S_y}{G_y} \right) \tag{14.49}$$

$$\kappa_2 = \frac{klF_z^2 S_y}{12\sqrt{2} \sqrt[4]{(EI_z)^3 k_s}}$$

由式（14.49）所表示的磨耗曲线表明，轮胎的磨耗深度 h 可以表示为行驶距离 L 的指数函数，外力对磨耗的影响包含在参数 κ_1 和 κ_2 中。式（14.46）显示 C_{Fs} 和 $C_{F\alpha}$ 随着行驶距离的增加而增加。因为随着行驶距离的增加，花纹深度减小。因此，轮胎磨耗的速率 dh/dL 随着行驶距离的增加而减小，尤其是在磨耗寿命的末期更是如此。这个结论对于均匀磨耗来说是适用的，但当发生不规则磨耗的时候，磨耗的区域倾向于比没有磨耗的区域磨耗更快，这个现象称为自励磨耗[16]，这部分内容将在第14.8节进一步讨论。

14.3.2 计算值和实验值的比较

Mashita[15] 比较了采用式（14.49）的计算结果和实验结果。表14.1 给出了车队测试的实验条件。图14.14 表明计算结果与实验结果比较吻合。磨耗速度随着行驶距离的增加而减小。式（14.49）的磨耗曲线由参数 κ_1 和 κ_2 决定，它们是与轮胎结构和驱动条件有关的常数。

表 14.1 车队测试的实验条件[16]

项目	轮胎 A	轮胎 B	轮胎 C
规格	10.00-20	11.00R20	185/70HR14
结构类型	斜交轮胎	子午线轮胎	子午线轮胎
充气压力/kPa	725	725	170
载荷/kg	2400	2700	350
轴位	后轴	后轴	前轴
路线	铺装道路	普通道路	铺装道路
κ_1	0.0184	0.0215	0.0341
κ_2	0.208	0.0754	0.0193

图 14.15 显示了影响货车/客车轮胎 10.00R20 磨耗寿命的因素。控制参数是 $G_{x0}=0.5\text{MPa}$，$G_{y0}=0.55\text{MPa}$，$EI_{z0}=1.5\text{GN}\cdot\text{mm}^2$，$k_{s0}=0.6\text{N/mm}^2$，$S_{x0}=0.025$，$S_{y0}=0.05$，$k=0.001\text{mm}/(\text{N}\times10^3\text{km})$，$H_0=16.5\text{mm}$，$b=185\text{mm}$，$l=265\text{mm}$，$F_z=24.7\text{kN}$。

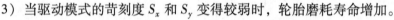

从图 14.15 中可以得到如下结论：

1）当胎冠的剪切模量 G_x 和 G_y、胎侧的横向基本弹簧刚度 k_s、带束层的面内弯曲刚度 EI_z 增加时，轮胎的磨耗寿命增加。

2）胎侧的横向基本弹簧常数 k_s 对磨耗寿命的影响比较小。

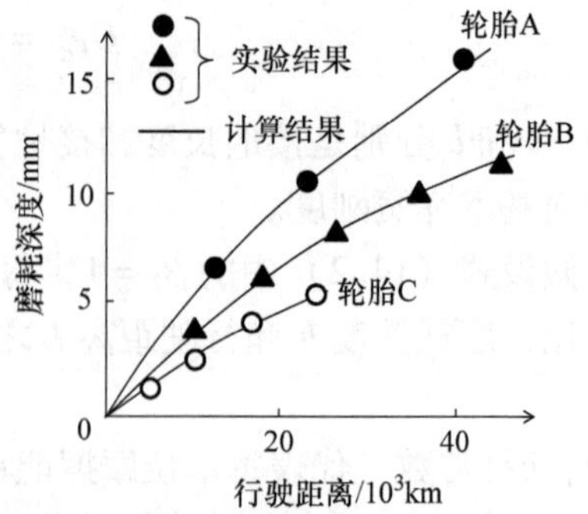

图 14.14 轮胎磨耗的计算结果和车队实验结果的比较

（经 JSAE 授权，摘自文献 [15]）

3）当驱动模式的苛刻度 S_x 和 S_y 变得较弱时，轮胎磨耗寿命增加。

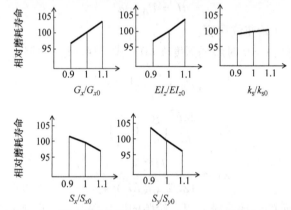

图 14.15 影响货车/客车轮胎 10.00R20 磨耗寿命的因素

（经 JSAE 授权，摘自文献 [15]）

14.4 复合材料力学和磨耗

Gough[17] 利用悬臂梁来表示带束层的变形，这个变形包括剪切变形 d_1 和弯曲变形 d_2，如图 7.3 所示。在接地区域的中心位置作用有横向力 P，接地区域的接地长度为 L，杨氏模量为 E，剪切模量为 G。最大的下沉量 d 由下式给出⊖：

$$d = d_1 + d_2 = \frac{PL}{4AG} + \frac{PL^3}{48EI} \tag{14.50}$$

式中，A 为横截面积；I 是梁的惯性矩。注意，这里考虑的是轮胎接地印迹内的面内载荷。

将式（14.50）重新写为刚度形式 K_{Gough}（也就是所谓的 Gough 刚度），利用典型的轮胎尺寸 A、I 和 L（Gough 认为这些尺寸与轮胎松弛长度有关），可以得到：

$$K_{\text{Gough}} = \frac{P}{d} = \frac{EG}{\frac{L}{4A}E + \frac{L^3}{48I}G} \tag{14.51}$$

总之，式（14.51）可以重写为

$$K_{\text{Gough}} = A_{xx}A_{ss}/(C_1 A_{xx} + C_2 A_{ss}) \tag{14.52}$$

式中，A_{xx} 和 A_{ss} 分别是胎冠区域帘线 - 橡胶复合材料的周向模量和剪切模量；C_1 和 C_2 是常数，

⊖ 备注 14.3。

Gough 用到的常数是 $C_1 = 3.85\text{in}^{-1}$ 和 $C_2 = 66\text{in}^{-1}$，对于小规格轮胎来说这些都是典型的值。

在 Gough 早期工作的思想中，式（14.52）中的弹性常数 A_{xx} 和 A_{ss} 可以用式（2.14）中定义的矩阵 [A] 的元素来确定。

图 14.16 中给出了带束层与子午线方向的夹角为 60°~80°时计算得到的 Gough 刚度 K_{Gough} 的变化情况[18]。注意当带束层角度在 72°~74°之间的时候，耐磨耗能力达到最大值。

Daniels[19]研究了轮胎的 Gough 刚度和胎冠磨耗寿命之间的关系，如图 14.17 所示。随着 Gough 刚度的增加，磨耗寿命增加。然而，胎面磨耗寿命曲线在 Gough 刚度很大的时候趋于平缓，因为即便是带束层的刚度无限大，也仍将会有有限的磨耗。

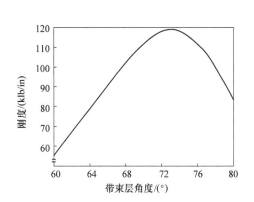
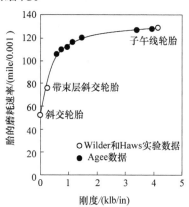

图 14.16 人造丝/钢丝子午线轮胎的 Gough 刚度 K_{Gough} 和带束层角度的关系[18]

图 14.17 Gough 刚度和胎冠磨耗寿命之间的关系 （经 TST 授权，摘自文献 [19]）

14.5 简单外力作用下的磨耗和不规则磨耗

Nakajima 开发了简单外力作用下的磨耗及不规则磨耗的模型。通过假设一个指定的外力形式，可以确定轮胎的磨耗或者不规则磨耗的方程。考虑式（14.47）的初始条件 $h|_{L=0} = 0$，轮胎运行 L_0 的距离后磨耗深度可以表示为

$$h = \int_0^{L_0} \bar{k}\, \overline{E}^w \, dL = L_0 < \bar{k}\, \overline{E}^w > \quad (14.53)$$

如果将 $\bar{k}$ 看作常数，式（14.53）可以重写为

$$\frac{1}{L_0} \int_0^{L_0} \bar{k}\, \overline{E}^w \, dL = \bar{k} \langle \overline{E}^w \rangle \quad (14.54)$$

式中，$\langle \overline{E}^w \rangle$ 是预期的单位行驶距离单位面积的摩擦能，即

$$\langle \overline{E}^w \rangle = \frac{1}{L_0} \int_0^{L_0} \overline{E}^w \, dL \quad (14.55)$$

假设这个预期的摩擦能只是侧偏角 α 的函数，那么对作用在轮胎上的任意的外部力可以引入关于侧偏角 α 的概率函数 $f(\alpha)$。如果在侧偏角 α 下的摩擦能用 $\overline{E}^w(\alpha)$ 来表示，则摩擦能的期望值用下式表示：

$$\langle \overline{E}^w \rangle = \int \overline{E}^w(\alpha) f(\alpha) \, d\alpha \quad (14.56)$$

作为简单的例子，这里讨论当侧偏角 α 按正弦规律变化时的摩擦能的期望值，这对应于绕 8 字磨耗实验，α 的值可以表示为

$$\alpha = \alpha_0 + \alpha_m \sin(2\pi L/L_0) \tag{14.57}$$

式中，α_0 由第 14.9 节所讨论的带束层残余效应或者四轮定位的前束角来决定；α_m 是最大侧偏角。

式（14.57）就代表绕 8 字磨耗实验，则式（14.55）可重写为[①]

$$\langle \overline{E}^w \rangle = \frac{1}{L_0} \int_0^{L_0} \overline{E}^w \mathrm{d}L = \frac{2}{L_0} \int_{\alpha_0 - \alpha_m}^{\alpha_0 + \alpha_m} \overline{E}^w \frac{\mathrm{d}L}{\mathrm{d}\alpha} \mathrm{d}\alpha \tag{14.58}$$

式中，$(2/L_0)(\mathrm{d}L/\mathrm{d}\alpha)$ 是正弦侧偏角 α 的概率函数 $f(\alpha)$。

利用式（14.57），$f(\alpha)$ 可以写为

$$f(\alpha) = \frac{2}{L_0} \frac{\mathrm{d}L}{\mathrm{d}\alpha} = \frac{2}{L_0} \frac{L_0}{2\pi \sqrt{\alpha_m^2 - (\alpha - \alpha_0)^2}} = \frac{1}{\pi \sqrt{\alpha_m^2 - (\alpha - \alpha_0)^2}} \tag{14.59}$$

利用式（14.30），仅由侧向力导致的单位行驶距离单位面积的摩擦能 $\overline{E}^w$ 可以表示为

$$\overline{E}^w = \overline{E}_y^w = \frac{1}{2\pi r_e b} \frac{F_y^2}{C_{F\alpha}} = \frac{C_{F\alpha}}{2\pi r_e b} \alpha^2 \tag{14.60}$$

如果 $a(y)$ 是由 1° 侧偏角导致的单位行驶距离单位面积的摩擦能，y 是胎冠表面子午线方向的一点的位置，式（14.60）可以重写为

$$\overline{E}^w = a(y)\alpha^2 \tag{14.61}$$

将式（14.59）和式（14.61）代入式（14.56），可以得出：

$$\langle \overline{E}^w \rangle = \int_\alpha \overline{E}^w(\alpha) f(\alpha) \mathrm{d}\alpha = \frac{1}{\pi} \int_{\alpha_0 - \alpha_m}^{\alpha_0 + \alpha_m} a(y) \frac{\alpha^2}{\sqrt{\alpha_m^2 - (\alpha - \alpha_0)^2}} \mathrm{d}\alpha \tag{14.62}$$

假设胎冠表面子午线方向上摩擦能的分布在 $\alpha > 0$ 时为 a^+，而当 $\alpha \leq 0$ 时为 a^-，在图 14.18 所示的简单情况下，$a(y)$ 假设可以用下面的表达式表示：

$$\begin{aligned} a(y) = a^+ = a_0 + \beta y & \quad \alpha > 0 \\ a(y) = a^- = a_0 - \beta y & \quad \alpha \leq 0 \end{aligned} \tag{14.63}$$

式中，胎冠表面的子午线位置 y 是从胎冠中心开始测量的；a^+ 和 a^- 分别对应于左转和右转；a_0 是 a^+ 和 a^- 的平均摩擦能。

例如，a^+ 所对应的 βy 表示右胎肩区域（$y > 0$）的摩擦能大于左胎肩区域（$y < 0$）的摩擦能。将式（14.63）代入式（14.62），得出子午线方向的摩擦能分布[②]：

$$\langle \overline{E}^w \rangle \cong \left(\frac{\alpha_m^2}{2} + \alpha_0^2 \right) a_0 + \frac{4}{\pi} \alpha_m \alpha_0 \beta y \tag{14.64}$$

其中，βy 与胎肩磨耗有关，α_0 与带束层角度效应和前束角有关，α_m 与侧向力的正弦幅值有关。α_0 与轮胎的均匀磨耗有关，与侧向力的平方或侧偏角的平方成正比，如图 14.18 所示。

作为第二个例子，当侧向力的概率函数 $f(\alpha)$ 是高斯分布时，式（14.56）可以重写为

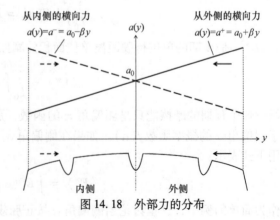

图 14.18 外部力的分布

[①] 备注 14.4。

[②] 备注 14.5。

$$\langle \overline{E}^w \rangle = \int_\alpha \overline{E}^w(\alpha) f(\alpha) d\alpha = \int_{\alpha_0-\alpha_m}^{\alpha_0+\alpha_m} a(y) \frac{\alpha^2}{\sqrt{2\pi}\sigma} e^{-\frac{(\alpha-\alpha_0)^2}{2\sigma^2}} d\alpha \tag{14.65}$$

将式（14.63）代入式（14.65）可以得到[○]：

$$\langle \overline{E} \rangle^w = (\sigma^2 + \alpha_0^2) a_0 + 2\sqrt{\frac{2}{\pi}} \sigma \alpha_0 \beta y \tag{14.66}$$

由高斯分布得到的式（14.66）与具有正弦形式的侧向力的式（14.64）具有相似的形式。将两个方程进行对比表明，式（14.66）的侧向力标准偏差 σ 相当于式（14.64）中的正弦幅值 $\alpha_m/\sqrt{2}$。

图 14.19 给出了当 $\alpha_0 = 0.1°$，$\alpha_m = 1.5°$ 和 $\sigma = 0.5$ 时的外部力的正弦分布概率函数和高斯分布概率函数。

14.6 复合滑移中的磨耗

14.6.1 复合滑移的摩擦能模型

Nakajima 基于 Sakai 的侧偏理论[20]开发了复合滑移的摩擦能模型。利用式（11.89）和式（11.90），复合滑移时的剪应力 f_x 和 f_y 可以用式（14.67）表示：

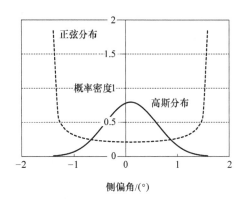

图 14.19 外部力的正弦分布概率函数和高斯分布概率函数

制动状态（$s > 0$），

$$\begin{aligned} f_x &= C_x sx \\ f_y &= C_y x \sin\alpha \\ f &= \sqrt{f_x^2 + f_y^2} = x\sqrt{C_x^2 s^2 + C_y^2 \sin^2\alpha} \end{aligned} \tag{14.67}$$

驱动状态（$s < 0$），

$$\begin{aligned} f_x &= C_x sx \\ f_y &= C_y x(1+s)\tan\alpha \\ f &= \sqrt{f_x^2 + f_y^2} = x\sqrt{C_x^2 s^2 + C_y^2(1+s)^2\tan^2\alpha} \end{aligned} \tag{14.68}$$

如果压力分布呈现抛物线形式，接地区域的起滑点用 l_h 表示，则

$$f = \mu_s q_z(l_h) = 4\mu_s p_m \frac{l_h}{l}\left(1 - \frac{l_h}{l}\right) \tag{14.69}$$

式中，μ_s 是静摩擦系数。

利用式（11.98），起滑点 l_h 为

$$l_h = l\left(1 - \frac{C_F}{3\mu_s F_z}\sqrt{\tan^2\alpha + s^2}\right) \tag{14.70}$$

式中，$C_F (= Cl^2 b/2)$ 是滑移方向的刚度，当只有侧向滑移时它等于侧偏刚度 $C_{F\alpha}$，当只有纵向滑移时它就是驱动刚度 C_{Fs}。

假设胎冠表面的滑移距离用 S_{combined} 表示，力的平衡方程是

$$f - CS_{\text{combined}} = \mu_d q_z(x) \tag{14.71}$$

[○] 备注 14.6。

滑移距离可以用下式求解：
$$S_{\text{combined}} = \{f - \mu_d q_z(x)\}/C \tag{14.72}$$
式中，C 是胎冠沿合力方向的每单位面积的剪切弹簧刚度。

参考式（7.14），C 可以用沿主轴方向每单位面积的剪切弹簧常数 C_X 和 C_Y 表示：
$$C = \sqrt{C_X^2 \cos^2\phi + C_Y^2 \sin^2\phi} \tag{14.73}$$
式中，ϕ 是滑移方向与 X 方向的夹角。

同时，参考图 11.25，滑移方向与胎冠基部的运动速度方向之间的夹角 θ 可以表示为

制动状态（$s > 0$），
$$\theta = \tan^{-1}(f_y/f_x) = \tan^{-1}\left(\frac{C_y \sin\alpha}{C_x s}\right) \tag{14.74}$$

驱动状态（$s < 0$），
$$\theta = \tan^{-1}(f_y/f_x) = \pi + \tan^{-1}\left\{\frac{C_y(1+s)\tan\alpha}{C_x s}\right\} \tag{14.75}$$

考虑到磨耗发生在滑移区，轮胎每转动一圈在单位面积上产生的摩擦能 E^w 用下式表示：
$$E^w = \int_0^{2\pi r_e} \mu_d q_z(x) \, dS_{\text{combined}} = \int_{l_h}^{l} \mu_d q_z(x) \, dS_{\text{combined}} = \int_{l_h}^{l} \mu_d q_z(x) \frac{dS_{\text{combined}}}{dx} dx \tag{14.76}$$
式中，μ_d 是动摩擦系数。

将式（14.72）代入式（14.76），可以得到下面的公式：

1) 在 $0 \leqslant l_h \leqslant l$（同时存在黏着区和滑移区）的情况下：

制动状态（$s > 0$）[⊖]，
$$E^{w(\text{braking})} = \frac{2\mu_d p_m l}{3C} \sqrt{C_x^2 s^2 + C_y^2 \sin^2\alpha}\left\{1 - 3\left(\frac{l_h}{l}\right)^2 + 2\left(\frac{l_h}{l}\right)^3\right\} + \frac{8\mu_d^2 p_m^2}{C}\left(\frac{l_h}{l}\right)^2\left(1 - \frac{l_h}{l}\right)^2 \tag{14.77}$$

驱动状态（$s < 0$）[⊖]，
$$E^{w(\text{driving})} = \frac{2\mu_d p_m l}{3C} \sqrt{C_x^2 s^2 + C_y^2(1+s)^2 \tan^2\alpha}\left\{1 - 3\left(\frac{l_h}{l}\right)^2 + 2\left(\frac{l_h}{l}\right)^3\right\} + \frac{8\mu_d^2 p_m^2}{C}\left(\frac{l_h}{l}\right)^2\left(1 - \frac{l_h}{l}\right)^2 \tag{14.78}$$

如果胎冠花纹是像四边形那样的规则多边形，满足 $C_x = C_y = C$ 的条件，式（14.77）和式（14.78）可以简化为
$$E^{w(\text{braking})} = \frac{2\mu_d p_m l}{3} \sqrt{s^2 + \sin^2\alpha}\left\{1 - 3\left(\frac{l_h}{l}\right)^2 + 2\left(\frac{l_h}{l}\right)^3\right\} + \frac{8\mu_d^2 p_m^2}{C}\left(\frac{l_h}{l}\right)^2\left(1 - \frac{l_h}{l}\right)^2$$

$$E^{w(\text{driving})} = \frac{2\mu_d p_m l}{3} \sqrt{s^2 + (1+s)^2 \tan^2\alpha}\left\{1 - 3\left(\frac{l_h}{l}\right)^2 + 2\left(\frac{l_h}{l}\right)^3\right\} + \frac{8\mu_d^2 p_m^2}{C}\left(\frac{l_h}{l}\right)^2\left(1 - \frac{l_h}{l}\right)^2 \tag{14.79}$$

⊖⊖ 备注 14.7。

利用式（14.6）的关系 $p_m = 3F_z/(2lb)$，式（14.79）中的摩擦能可以表示为载荷 F_z 的函数，而不是用最大接触压力 p_m 来表示，则

$$E^{w(braking)} = \frac{2\mu_d F_z}{b}\sqrt{s^2 + \sin^2\alpha}\left\{1 - 3\left(\frac{l_h}{l}\right)^2 + 2\left(\frac{l_h}{l}\right)^3\right\} +$$

$$\frac{18\mu_d^2 F_z^2}{Cl^2 b^2}\left(\frac{l_h}{l}\right)^2\left(1 - \frac{l_h}{l}\right)^2$$

$$E^{w(driving)} = \frac{\mu_d F_z}{b}\sqrt{s^2 + (1+s)^2\tan^2\alpha}\left\{1 - 3\left(\frac{l_h}{l}\right)^2 + 2\left(\frac{l_h}{l}\right)^3\right\} +$$

$$\frac{18\mu_d^2 F_z^2}{Cl^2 b^2}\left(\frac{l_h}{l}\right)^2\left(1 - \frac{l_h}{l}\right) \tag{14.80}$$

2）在 $l_h < 0$（只存在滑移区）的情况下：

在制动状态（$s > 0$）[⊖]，

$$E^{w(braking)} = \frac{\mu_d F_z}{bC}\sqrt{C_x^2 s^2 + C_y^2 \sin^2\alpha} \tag{14.81}$$

在驱动状态（$s < 0$）[⊖]，

$$E^{w(driving)} = \frac{\mu_d F_z}{bC}\sqrt{C_x^2 s^2 + C_y^2(1+s)^2\tan^2\alpha} \tag{14.82}$$

假设存在关系 $C_x = C_y = C$，式（14.81）和式（14.82）可以简化为

$$E^{w(braking)} = \frac{\mu_d F_z}{b}\sqrt{s^2 + \sin^2\alpha}$$

$$E^{w(driving)} = \frac{\mu_d F_z}{b}\sqrt{s^2 + (1+s)^2\tan^2\alpha} \tag{14.83}$$

14.6.2 复合滑移下的摩擦能计算

计算复合滑移状态下的摩擦能所采用的参数与第 11.3.2 节中的参数相同：$F_z = 4kN$，$l = 243mm$，$b = 100mm$，$C = 2MPa/mm$，$\mu_s = 1.0$，$\mu_d = 0.7$。图 14.20 和图 14.21 给出了轮胎每旋转一圈单位面积上的复合滑移中的摩擦能。制动条件下的摩擦能比驱动条件下的摩擦能稍微大些。在滑移率和侧偏角较小的情况下，摩擦能与滑移率或侧偏角的平方成正比。

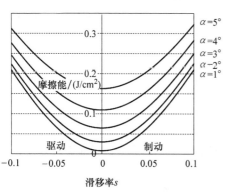

图 14.20 轮胎每旋转一圈单位面积上的复合滑移中的摩擦能（1）

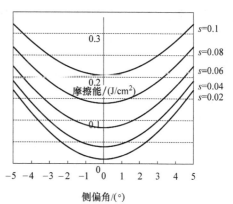

图 14.21 轮胎每旋转一圈单位面积上的复合滑移中的摩擦能（2）

⊖⊖ 备注 14.7。

14.7 刷子模型在磨耗理论中的扩展

14.7.1 在滑移区的横向滑移模型

Fujikawa 和 Yamazaki[21]基于第 14.2 节中所述的刷子模型，将磨耗模型扩展到了可以定量预测接地后端的滑移。在刷子模型中，接地后端的滑移距离 $S_{y\_trailing\_edge}$ 为胎冠基部和胎冠表面的相对位移，将 $x = l$ 代入到式（14.11），$S_{y\_trailing\_edge}$ 可以表示为

$$S_{y\_trailing\_edge} = l\tan\alpha \tag{14.84}$$

式中，l 是接地长度；α 是侧偏角。

然而，在小侧偏角下，$S_{y\_trailing\_edge}$ 大于胎冠表面的真实滑移距离[21-22]。

图 14.22 展示了胎冠中心处胎冠基部和胎冠表面的侧向位移的测量结果[23]。轮胎规格是 185/70R13，载荷是 3.1kN，侧向力是 310N，轮胎前进速度是 20mm/s。侧向滑移距离几乎是胎冠基部位移的一半。同时，$S_{y\_trailing\_edge}$ 的值大约就是胎冠基部位移。差异的存在是由于刷子模型的假设，即每个刷子单元独立行为，相互不关联，并且橡胶的阻尼可以忽略。

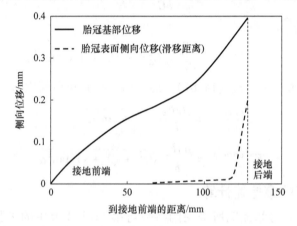

图 14.22 胎冠中心处胎冠基部和胎冠表面的侧向位移的测量结果
（经 TST 授权，摘自文献 [23]）

为了改善用式（14.84）计算得到的滑移距离的误差，在计算滑移区侧向局部滑移时分别引入了单个单元和 3 个单元的计算模型，单个单元的计算模型包括一个弹簧和一个黏壶，3 个单元的计算模型包括 3 个弹簧和 3 个阻尼，这是为了考虑相邻花纹块的相互作用，如图 14.23 和图 14.24 所示。

对于单个单元模型，有如下假设：
1）胎冠基部是刚性的。
2）摩擦系数是常数。
3）胎冠橡胶块可以用刷子模型来代表，其中相邻的橡胶块不发生相互作用。
4）如图 14.23b 所示，接地区域内花纹块上的载荷 F_{z_block} 在接地后端部位可以用线性函数表示：

$$F_{z\_block} = q_z \text{Barea} = Ax + B$$
$$x = Vt \tag{14.85}$$

式中，q_z 是接地区域内的压力分布；Barea 是单元的面积（400mm^2），单元的长度是 20mm，宽度是 20mm，深度是 8mm；t 是接触运动时间；V 是轮胎速度；A 和 B 是常数。

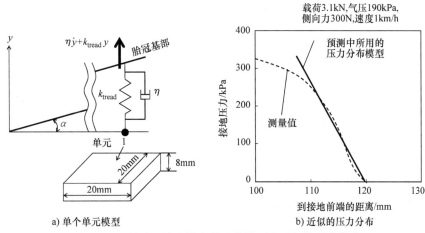

图 14.23 滑移区域内单个单元的模型和近似的压力分布
(经 JSAE 授权,摘自文献 [21])

根据假设 1),带束层的变形可以忽略,黏着区的侧向位移 y 可以表示为

$$y = V_y t$$
$$V_y = V\sin\alpha \tag{14.86}$$

式中,V_y 是道路和胎冠基部之间的相对侧向速度;α 是侧偏角。

从式 (14.19) 和式 (14.20) 可以得到 α 的表达式:

$$\alpha = 2F_y/(\mathrm{csr}C_y bl^2) \tag{14.87}$$

式中,C_y 是单位面积的胎冠的剪切弹簧常数;csr 是接触面积比,是接触面积内花纹块的面积与总面积的比值。

14.7.2 单个单元模型

图 14.23a 给出了单个单元模型,其中的 η 是单元的阻尼系数,k_{tread} 是单元的剪切弹簧常数,k_{tread} 由下式给出:

$$k_{\mathrm{tread}} = \mathrm{Barea}\, C_y \tag{14.88}$$

式中,Barea 是单元的面积。

单个单元模型在滑移区的力平衡方程表示为

$$\eta \dot{y} + k_{\mathrm{tread}} y = \mu F_{z\_\mathrm{block}} \tag{14.89}$$

式中,μ 是摩擦系数;F_{z_block} 由式 (14.85) 给出。

为了简化,静摩擦系数和动摩擦系数都假设为 μ。当在 $t = t_c$ 开始发生滑移时,通过将式 (14.85) 和式 (14.86) 代入到式 (14.89),t_c 可以表示为

$$t_c = \frac{\mu B - \eta V\sin\alpha}{V(k_{\mathrm{tread}}\sin\alpha - \mu A)} \tag{14.90}$$

开始发生滑移后所经过的时间 T 可以表示为

$$T = t - t_c \tag{14.91}$$

式 (14.89) 的初始条件是在 $T=0$,也就是 $t = t_c$ 时,式 (14.86) 成立。

式 (14.89) 的解是[⊖]

$$y = \frac{\mu}{k_{\mathrm{tread}}}\left\{AV\left(T + t_c - \frac{\eta}{k_{\mathrm{tread}}}\right) + B\right\} + \frac{\eta V}{k_{\mathrm{tread}}}\left(\frac{\mu A}{k_{\mathrm{tread}}} - \sin\alpha\right)\mathrm{e}^{-\frac{k_{\mathrm{tread}}}{\eta}T} \tag{14.92}$$

⊖ 备注 14.8。

胎冠表面的横向滑动位移 y_{slip} 由下式给出：

$$y_{\text{slip}} = y - V_y t \tag{14.93}$$

14.7.3　3个单元的模型

Fujikawa 和 Yamazaki[21]进一步将单个单元的模型扩展为 3 个单元的模型，每个单元包括一个弹簧和一个阻尼，可以考虑每个单元之间的相互作用。图 14.24 给出局部滑移的 3 个单元模型。其中，一个胎冠花纹块可以用 3 个小块的单元表示，按照它们的相互接触顺序分别是单元 3、单元 2 和单元 1。一个小单元通过剪切弹簧和另一个单元相连接，剪切弹簧的常数是 k_2。单元 1、2、3 的载荷分别是 F_{z1}、F_{z2} 和 F_{z3}，它们分别是整个块的载荷 F_{z_block} 的 1/3。每个小单元的剪切弹簧常数 k'_{tread} 和阻尼系数 η' 都是整个块的剪切弹簧常数 k_{tread} 和阻尼系数 η 的 1/3。

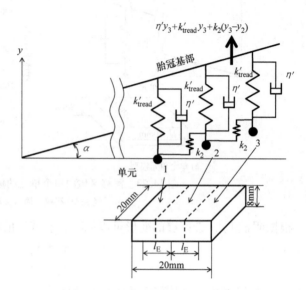

图 14.24　局部滑移的 3 个单元模型
（经 JSAE 授权，摘自文献 [21]）

与式（14.85）相同，假设：

$$\begin{aligned} F_{z1} &= Ax_1 + B, & x_1 &= (t-\tau)V \\ F_{z2} &= Ax_2 + B, & x_2 &= tV \\ F_{z3} &= Ax_3 + B, & x_3 &= (t+\tau)V \end{aligned} \tag{14.94}$$

式中，x_1、x_2 和 x_3 分别是单元 1、2、3 与接地印痕前端的距离；t 是单元 2 距离第一次接触后经过的时间；τ 是每个单元距离第一次接触的时间间隔；τ 的表达式为

$$\tau = l_E/V \tag{14.95}$$

式中，l_E 是相邻单元的距离。

在黏着区内，单元 1、2、3 的侧向位移 y_1、y_2、y_3 可以表示为

$$\begin{aligned} y_1 &= (t-\tau)V_y \\ y_2 &= tV_y \\ y_3 &= (t+\tau)V_y \end{aligned} \tag{14.96}$$

当所有的 3 个单元都在黏着区内时，它满足下面的条件：

$$|\eta' \dot{y}_3 + (k'_{\text{tread}} + k_2)y_3 - k_2 y_2| \leq \mu F_{z3} \tag{14.97}$$

当只有单元 3 进入滑移区内时，侧向的位移、速度和力平衡可以表示为

$$\begin{aligned} y_1 &= (t-\tau)V_y \\ y_2 &= tV_y \\ \dot{y}_1 &= \dot{y}_2 = V_y \\ \eta' \dot{y}_3 + (k'_{\text{tread}} + k_2)y_3 - k_2 y_2 &= \mu F_{z3} \end{aligned} \tag{14.98}$$

当只有单元 3 进入滑移区域内时：

$$|\eta' V_y + k'_{\text{tread}} V_y(t+\tau) - k_2 V_y \tau| > \mu F_{z3}$$

$$|\eta' \dot{y}_2 + (k'_{\text{tread}} + 2k_2)y_2 - k_2(y_1 + y_3)| \leq \mu F_{z2} \quad y_3 \leq l \tag{14.99}$$

当单元3在接地区域外,单元2在黏着区时,作用在单元3上的外力是0,参考图14.24,胎冠花纹块的状态和力平衡方程条件是

$$\begin{aligned} y_1 &= (t - \tau)V_y \\ y_2 &= tV_y \\ \eta' \dot{y}_3 + (k'_{\text{tread}} + k_2)y_3 - k_2 y_2 &= 0 \end{aligned} \tag{14.100}$$

$$|\eta' \dot{y}_2 + (k'_{\text{tread}} + 2k_2)y_2 - k_2(y_1 + y_3)| \leq \mu F_{z2} \quad l < y_3 \tag{14.101}$$

当单元3在接触区域外,单元2处于滑移区,单元1处于黏着区时,胎冠花纹块的力平衡方程为

$$\begin{aligned} y_1 &= (t - \tau)V_y \\ \eta' \dot{y}_2 + (k'_{\text{tread}} + 2k_2)y_2 - k_2(y_1 + y_3) &= \mu F_{z2} \\ \eta' \dot{y}_3 + (k'_{\text{tread}} + k_2)y_3 - k_2 y_2 &= 0 \end{aligned} \tag{14.102}$$

$$|\eta' V_y + (k'_{\text{tread}} + 2k_2)V_y t - k_2(y_1 + y_3)| > \mu F_{z2} \tag{14.103}$$

$$|\eta' \dot{y}_1 + (k'_{\text{tread}} + k_2)y_1 - k_2 y_2| \leq \mu F_{z1} \quad y_2 \leq l \quad l \leq y_3$$

为了分析单元2的行为,y_2 和 $\dot{y}_2$ 可以采用龙格-库塔方法进行计算。侧向滑动距离 y_{s2} 和横向滑移速度 $\dot{y}_{s2}$ 可以表示为

$$\begin{aligned} y_{s2} &= y_2 - V_y t \\ \dot{y}_{s2} &= \dot{y}_2 - V_y \end{aligned} \tag{14.104}$$

14.7.4 计算值和测量值的对比

将单个单元和3个单元模型的计算结果与实测结果进行了对比。单个单元的计算模型采用下面的参数:$\alpha = 0.205°$,$k_{\text{tread}} = 63.9\text{N/mm}$,$\eta = 0.072\text{N·s/mm}$,$A = -10.7\text{N/mm}$,$B = 1275\text{N}$,$\mu = 0.7$,$\text{csr} = 0.64$,$b = 115\text{mm}$,$l = 119.5\text{mm}$,$C_y = 0.16\text{MPa/mm}$,$F_y = 300\text{N}$,$V = 1.39\text{km/h}$。其中,$k_{\text{tread}}$ 和 η 采用橡胶的剪切实验结果,橡胶样品的长度是20mm,宽度是20mm,深度是8mm。

同时,3个单元的模型计算所采用的参数值是单个单元的模型计算参数值的1/3,分别是:$k'_{\text{tread}} = 21.3\text{N/mm}$,$\eta' = 0.024\text{N·s/mm}$,$A' = -3.56\text{N/mm}$,$B' = 425\text{N}$,$l_E = 6.67\text{mm}$。3个单元模型的其他参数与单个单元模型的相同。在3个单元模型中,相邻小单元的剪切弹簧常数采用了 $k_2 = 2k'_{\text{tread}}$ 的关系式[○]。

图14.25和图14.26给出了采用单个单元模型和3个单元模型计算得到的和测量的侧向滑移的结果比较,速度分别为1km/h和39km/h。利用式(14.84)计算得到的接地后端的滑移距离是0.43mm。同时,图14.25显示测量得到的侧向滑移距离约是0.1mm,这比采用式(14.84)计算得到的距离小。3个单元模型的计算结果比单个单元模型的计算结果与实测值更接近,这是因为,即使单元3离开了接地区,它仍然被单元1和单元2约束。图14.26表明,采用这两个模型计算得到的滑移距离在较高的速度下结果相近,这是因为在单个单元模型的计算中在较高速度下有较高的阻尼效应。

图14.27给出了采用3个单元模型计算得到的侧向滑移速度和测量值比较,轮胎前进速度是39km/h。实测结果和计算结果吻合较好,滑移区内的平均横向滑移速度是整个接地区域内平均滑移速度 $V\sin\alpha$ 的2~3倍。

○ 备注14.9。

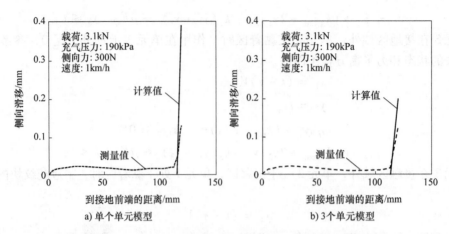

图 14.25 采用单个单元模型和 3 个单元模型计算得到的和测量的侧向滑移的结果比较（速度为 1km/h）

（经 JSAE 授权，摘自文献 [21]）

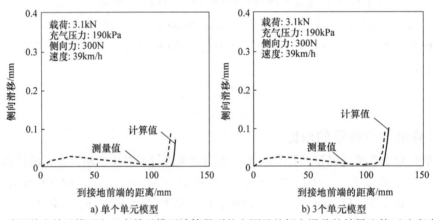

图 14.26 采用单个单元模型和 3 个单元模型计算得到的和测量的侧向滑移的结果比较（速度为 39km/h）

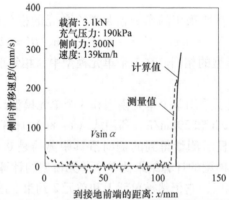

图 14.27 采用 3 个单元模型计算得到的侧向滑移速度和测量值比较

（经 JSAE 授权，摘自文献 [21]）

14.8 不规则磨耗的发展

14.8.1 阶梯状磨耗和河堤状磨耗

如图 14.1 所示，阶梯状磨耗和河堤状磨耗是常发生于货/客车用轮胎在平直的道路上稳态行驶时的不规则磨耗,如在高速公路上行驶时容易发生此类磨耗。图 14.28 给出了不规则磨耗(阶梯状和河堤状磨耗)的发展过程,阶梯状磨耗和河堤状磨耗的发展过程通常分为 4 个阶段:

1) 侧向力导致胎面花纹上产生不规则磨耗的磨耗源。磨耗后,胎面花纹条的截面形状在边部是圆钝的,磨纹是顺着圆周方向的。因为外部力的方向与磨纹的方向垂直,这种不规则磨耗的主要原因是侧向力。

2) 不规则磨耗产生。磨纹在侧向上出现,磨耗是由纵向力导致的,尤其是制动力。

3) 在纵向力的作用下,不规则磨耗向花纹条中心发展(自励磨耗)。磨纹也是在侧向上产生,主要是由纵向力导致的磨耗。正常磨耗的区域和不规则磨耗的区域之间的段差变得更大,在宽度方向上阶梯的倾斜度变得更加陡峭。磨耗后,胎冠的外观很差,将会导致客户的抱怨。在磨耗区域有明显的侧向磨纹,不规则磨耗的胎冠向前滑动(与旋转方向相反)。同时,在均匀磨耗的区域,磨纹不是那么清晰,外部力可能从各个方向作用在这个区域上。

4) 不规则磨耗最终覆盖整个花纹条上,称为花纹条冲击或者阶梯磨耗。

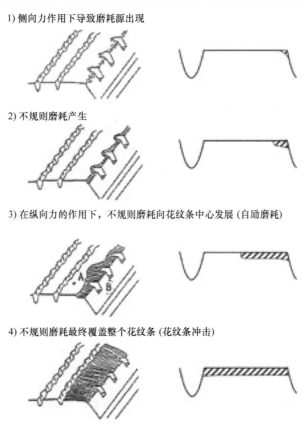

图 14.28 不规则磨耗(阶梯状和河堤状磨耗)的发展过程

14.8.2 双胎磨耗模型(周向力作用在自由滚动的双胎上)

货车/客车的后轴或者自由轴上一般安装两个轮胎。如图 14.29 所示,当不同半径的轮胎安装在一起作为双胎使用时,那么它们的磨耗状态会变得较差。假设双胎在没有侧向力的情况下自由滚动,双胎的半径分别为 r_1 和 r_2($r_1 > r_2$),双胎的驱动刚度分别为 D_1 和 D_2,双胎的有效滚动半径是 r_e。轮胎 1 上产生沿着运动方向的驱动力 F_1,轮胎 2 上产生与运动方向相反的制动力

F_2,它们可以表示为

$$F_1 = D_1 s_1 = D_1(r_1 - r_e)/r_e$$
$$F_2 = D_2 s_2 = D_2(r_2 - r_e)/r_e \quad (14.105)$$

式中,s_1 和 s_2 是两个轮胎的滑移率。

因为在双胎自由滚动状态下两个力的合力等于0,从关系 $F_1 + F_2 = 0$ 可以得到有效滚动半径:

$$r_e = (D_1 r_1 + D_2 r_2)/(D_1 + D_2) \quad (14.106)$$

将式(14.106)代入式(14.105),可以得到:

$$F_1 = -F_2 = D_1 D_2(r_1 - r_2)/(D_1 r_1 + 2D_2 r_2) \quad (14.107)$$

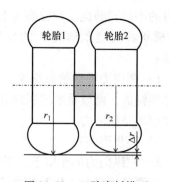

图 14.29 双胎磨耗模型

轮胎1和轮胎2单位长度的摩擦能 $E_x^{w(1)}$ 和 $E_x^{w(2)}$ 与两个轮胎半径的差值的平方成正比:

$$E_x^{w(1)} = F_1 s_1 = D_1 D_2^2 (r_1 - r_2)^2 / (D_1 r_1 + D_2 r_2)^2$$
$$E_x^{w(2)} = F_2 s_2 = D_1^2 D_2 (r_1 - r_2)^2 / (D_1 r_1 + D_2 r_2)^2 \quad (14.108)$$

当轮胎2比轮胎1窄很多的时候,满足 $D_1 \gg D_2$ 的条件,轮胎2的摩擦能 $E_x^{w(2)}$ 表达式可以简化为

$$E_x^{w(2)} = F_2 s_2 = D_2 (r_1 - r_2)^2 / r_1^2 = D_2 (\Delta r/r_1)^2 \quad (14.109)$$

$E_x^{w(2)}$ 仍然与半径的差值 Δr 的平方成正比。

在滚珠轴承的磨耗中也观察到了这个现象。当半径为 R 的滚珠轴承在半径为 R' 的槽中滚动,并且 R' 稍微比 R 大的时候,滚珠轴承的接触形状是椭圆,滚珠的中心移动速度大于边缘的移动速度,如图 14.30 所示。那么滚珠的边缘处于制动条件下,滚珠边缘就会产生滑动,这就是所谓的差速滑动。当中心和边缘的接触长度不同时,总是会发生差速滑动。为了改善由于差速滑动带来的磨耗,滑槽往往采用所谓的加冕工艺使其具有特殊的截面形状。

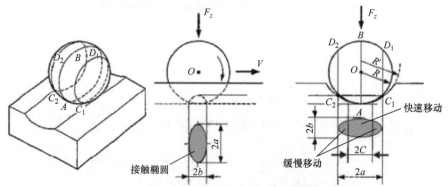

图 14.30 由差速滑动导致的滚珠轴承的不规则磨耗
(经 Fujikoshi 授权,摘自文献 [24])

14.8.3 阶梯状磨耗的发展模型

1. 轮胎的不规则磨耗模型

Hanzaka 和 Nakajima[25] 开发了轮胎的阶梯状不规则磨耗的模型,由纵向力导致的不规则磨耗可以用第14.8.2节中所述的双胎磨耗模型来分析。图 14.31 给出了纵向力导致的不规则磨耗的模型,其中 h 是胎冠橡胶的厚度,δ 是花纹条不规则磨耗的段差,Δr 是轮胎胎冠中心和胎肩位置的半径差值(图 14.31a),或者说是正常磨耗和不规则磨耗后的半径差值(图 14.31b)。

因为 Δr 相当于双胎的半径差,所以 Δr 的定义依赖于相互作用的区域。例如,当不规则磨耗是由花纹条间相互作用导致的时候，Δr 的定义如图 14.31a 所示；同样，当不规则磨耗是由花纹条内部相互作用导致的时候，Δr 的定义如图 14.31b 所示[26-27]。

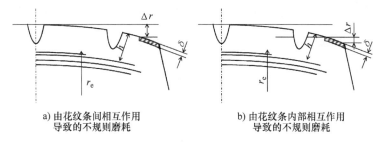

a) 由花纹条间相互作用
导致的不规则磨耗

b) 由花纹条内部相互作用
导致的不规则磨耗

图 14.31　由纵向力导致的轮胎不规则磨耗模型[27]

假设接触形状是矩形，正常磨耗区域的接地长度和不规则磨耗区域的接地长度分别是 l_0 和 l，不规则磨耗的段差是 δ。具有不规则磨耗的轮胎的接地长度 l 和最大接地压力 p_m 不能通过解析方法求解，它们可以通过有限元分析求解。在有限元分析中，花纹条的某个部分凹陷量是 δ，可以求出凹陷区域的接地长度 l 和最大接地压力 p_m，如图 14.32 所示。δ 和 l 随着不规则磨耗的段差而发生变化，它们的函数关系为

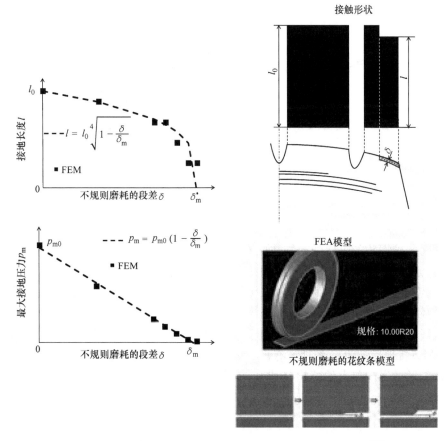

图 14.32　由磨耗段差 δ 导致的接地长度和接地压力的变化[25]

$$\begin{aligned} l &= l_0 \sqrt[4]{1 - \delta/\delta_m} \\ p_m &= p_{m0}(1 - \delta/\delta_m) \end{aligned} \tag{14.110}$$

式中,p_{m0} 是正常磨耗区域的最大接地压力;δ_m 是不规则磨耗的临界段差,当发生临界段差时,不规则磨耗区域与地面不接触。因此,如果 δ 大于 δ_m,则不会发生磨耗。

如果第 7.3.2 节中所述的胎冠橡胶的表观杨氏模量用 $\bar{E}$ 来表示,不规则磨耗的临界段差 δ_m 可以用下式计算:

$$\delta_m = hp_{m0} / \bar{E} \tag{14.111}$$

更进一步地说,接地压力分布可以表示为广义抛物线函数[○]:

$$q_z(x) = \frac{n+1}{n} \frac{2^n F_z}{l^{n+1} b} \left\{ \left(\frac{l}{2}\right)^n - \left(x - \frac{l}{2}\right)^n \right\} \tag{4.112}$$

式中,n 是常数,通常它的值为 4;F_z 是载荷;b 是接地宽度。

2. 纵向力模型

(1) 自由滚动条件下的轮胎均匀磨耗 即便是在自由滚动条件下,由带束层和胎冠表面的相对位移而导致的接地后端摩擦能的存在也会发生轮胎磨耗。图 14.33 给出了胎冠的剪切变形,这个剪切变形是自由滚动条件下带束层的弯曲造成的。当接地前端与带束层垂直的线 $A-A'$ 滚动进入接地区域成为线 $B-B'$ 的时候,线 $B-B'$ 相对于与带束层垂直的线 $B-B''$ 有一个剪切角度 γ。如果在厚度方向上角度 γ 是常数,那么带束层和胎冠表面的相对位移就是 γH。

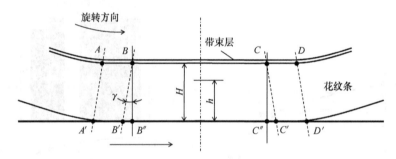

图 14.33 由带束层的弯曲导致的胎冠的剪切变形
(经 Guranpuri - Shuppan 授权,摘自文献 [20])

如果胎冠每单位面积的纵向弹簧常数用 C_x 表示,则每单位面积的纵向剪力就是 $C_x \gamma H$。如果轮胎的滚动阻力很小,那么接地区域内剪力的积分的和就是 0,那么剪力的分布就是反对称的。当带束层从 B 点运动到 C 点时,胎面从 B' 点运动到 C' 点,那么在接触区域内,胎冠橡胶运动的速度就高于带束层的运动速度。

图 14.34 表明,自由滚动轮胎的纵向剪力在距离接地前端为 l_1 的地方有最大驱动力(沿滚动方向),在距离接地后端为 l_1 的地方有最大的制动力(与滚动方向相反)。

自由滚动轮胎的纵向剪力的建模是建立在压缩只发生于接触区域的假设。周向的压缩应变 $\varepsilon_x (\leqslant 0)$ 表示为

$$\varepsilon_x = \varepsilon_0 \left\{ 1 - \left(\frac{x}{l/2}\right)^2 \right\} \tag{14.113}$$

其中的坐标原点是接地区域的中心,$\varepsilon_0 (\leqslant 0)$ 是原点处的压缩应变。接地区域内的平均压缩应变 ε_{av} 可以用下式计算:

○ 与式 (11.72) 相同。

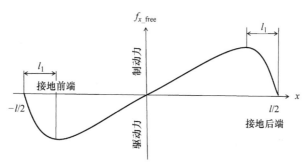

图 14.34 自由滚动轮胎的纵向剪力
(经 Guranpuri – Shuppan 授权，摘自文献 [20])

$$\varepsilon_{av} = \frac{1}{l}\int_{-\frac{l}{2}}^{\frac{l}{2}} \varepsilon_x dx = 2\varepsilon_0/3 \tag{14.114}$$

ε_0 可以通过测量加载后轮胎周向长度的变化来计算。

由胎冠基部的压缩应变 ε_x 导致的周向相对位移 Δx 可以表示为

$$\Delta x = \int_{-\frac{l}{2}}^{x}(\varepsilon_{av} - \varepsilon_x)dx = \frac{4}{3}\varepsilon_0 x\left(\frac{x}{l}+\frac{1}{2}\right)\left(\frac{x}{l}-\frac{1}{2}\right) \tag{14.115}$$

当胎冠和路面之间没有滑移的时候，自由滚动轮胎沿周向的单位面积的纵向力 f_{x_free} 表示为

$$f_{x\_free} = \frac{4}{3}C_x \varepsilon_0 x\left(\frac{x}{l}+\frac{1}{2}\right)\left(\frac{x}{l}-\frac{1}{2}\right) \tag{14.116}$$

式中，C_x 是每单位面积的胎冠的纵向弹簧常数。C_x 可以用胎冠橡胶的剪切模量 G 和花纹深度 h 来表示：

$$C_x = G/h \tag{14.117}$$

另外，货车/客车轮胎的一个花纹条内的侧向剪应力 f_y 不但来自转弯过程中的侧向力，而且还来自直线行驶时由高的接地压力导致的桶状变形，这个由桶状变形导致的侧向剪应力 f_y 如图 14.35 所示。该图显示了花纹条的截面变形分布，与图 7.20 所显示的类似。宽度方向 f_y 的斜率与垂直压缩位移有关，这个压缩位移与花纹条的接地压力 $q_z(x)$ 成正比。在花纹条的局部坐标系 ξ 内 f_y 可以表示为

$$f_y = -a_w q_z(x)\xi \tag{14.118}$$

式中，a_w 是与形状系数 S 有关的常数，花纹条的剪切模量见式 (7.78)。

(2) 自由滚动条件下的不规则磨耗　参考式 (14.67)，轮胎胎冠每单位面积的纵向力 f_{x_slip} 可以用下式表示：

$$f_{x\_slip} = C_x s x \tag{14.119}$$

滑移率 s 由花纹条之间的相互作用和花纹条内部的相互作用来决定，是花纹条内部位置的函数。

磨耗后花纹条的局部坐标系 ξ 在图 14.36 中进行定义。花纹条的平均磨耗深度由下式给出：

$$\delta_{av} = \frac{1}{b}\int_{-b/2}^{b/2}\delta(\xi)d\xi \tag{14.120}$$

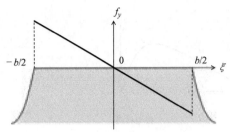
图 14.35 由桶状变形导致的侧向剪应力

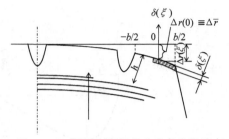
图 14.36 不规则磨耗的花纹条的滑移率

花纹条间相互作用导致的滑移率 s_{inter} 由下式给出：

$$s_{\text{inter}} = \frac{\Delta \bar{r} + \delta_{\text{av}}}{r_e}, \tag{14.121}$$

式中，$\Delta \bar{r}$ 由胎冠形状定义，其表达式为 $\Delta \bar{r} \equiv \Delta r(0)$；$r_e$ 是有效滚动半径。
另外，花纹条内部相互作用导致的滑移率 s_{intra} 由下式给出：

$$s_{\text{intra}}(\xi) = \frac{\Delta r(\xi) + \delta(\xi) - (\Delta \bar{r} + \delta_{\text{av}})}{r_e - (\Delta \bar{r} + \delta_{\text{av}})} \tag{14.122}$$

综合考虑花纹条内部作用和花纹条间作用后，滑移率表示为

$$s = s_{\text{inter}} + s_{\text{intra}} \tag{14.123}$$

一个花纹条的不规则磨耗区域内的滑移率 $s(\xi)$ 可以表示为

$$s(\xi) = \frac{\Delta r(\xi) + \delta(\xi)}{r_e} \tag{14.124}$$

将式（14.116）代入到式（14.119）中，单位面积总的纵向力 f_x 表示为

$$f_x = f_{x\_\text{free}} + f_{x\_\text{slip}} \tag{14.125}$$

3. 综合力作用下的轮胎解析磨耗模型

综合力作用下的起滑点 l_h 由下式给出：

$$\sqrt{f_x^2 + f_y^2} = \mu_s q_z(l_h) \tag{14.126}$$

这里引入单位向量 $\vec{i}_f$ 来代表合力的方向：

$$\vec{i}_f = \frac{1}{\sqrt{f_x^2 + f_y^2}} \begin{Bmatrix} f_x \\ f_y \end{Bmatrix} \tag{14.127}$$

式中，$\begin{Bmatrix} f_x \\ f_y \end{Bmatrix}$ 是每单位面积的力向量。滑移向量定义为 $\begin{Bmatrix} S_x \\ S_y \end{Bmatrix}$。

总之，滑动区域（$l_h < x < l$）内滑移向量为

$$\begin{Bmatrix} f_x \\ f_y \end{Bmatrix} - [C] \begin{Bmatrix} S_x \\ S_y \end{Bmatrix} = \frac{\mu_d q_z(x)}{\sqrt{f_x^2 + f_y^2}} \begin{Bmatrix} f_x \\ f_y \end{Bmatrix} \tag{14.128}$$

式中，$[C]$ 是胎冠每单位面积的弹簧常数矩阵。参考式（7.11），$[C]$ 可以表示为

$$[C] = \begin{bmatrix} C_x & C_{xy} \\ C_{xy} & C_y \end{bmatrix} = [Q]^T \begin{bmatrix} \bar{k}_X & 0 \\ 0 & \bar{k}_Y \end{bmatrix} [Q] \tag{14.129}$$

式中，$\bar{k}_X$ 和 $\bar{k}_Y$ 是沿 X 方向和 Y 方向每单位面积的主要刚度；$[Q]$ 是旋转矩阵，定义为

$$[Q] = \begin{bmatrix} \cos\phi & -\sin\phi \\ \sin\phi & \cos\phi \end{bmatrix} \tag{14.130}$$

式中，ϕ 是 Y 轴与车辆的右侧方向 y 轴的夹角。
在复合力作用下轮胎的摩擦能为

$$E^w = E_x^w + E_y^w = \int_{l_h}^{l} \frac{\mu_d q_z(x)}{\sqrt{f_x^2 + f_y^2}} \begin{Bmatrix} f_x \\ f_y \end{Bmatrix}^T \cdot \frac{d}{dx} \begin{Bmatrix} S_x \\ S_y \end{Bmatrix} dx$$

$$= \int_{l_h}^{l} \frac{\mu_d q_z(x)}{\sqrt{f_x^2 + f_y^2}} f_x \frac{dS_x}{dx} dx + \int_{l_h}^{l} \frac{\mu_d q_z(x)}{\sqrt{f_x^2 + f_y^2}} f_y \frac{dS_y}{dx} dx \tag{14.131}$$

根据式（14.128），$\begin{Bmatrix} S_x \\ S_y \end{Bmatrix}$的表达式为

$$\begin{Bmatrix} S_x \\ S_y \end{Bmatrix} = \left(1 - \frac{\mu_d q_z(x)}{\sqrt{f_x^2 + f_y^2}}\right) [C]^{-1} \begin{Bmatrix} f_x \\ f_y \end{Bmatrix} \tag{14.132}$$

为了简化，假设存在关系$\bar{k}_X = \bar{k}_Y = C_x$，利用式（14.118）、式（14.125）和式（14.129），式（14.132）可以重写为

$$\begin{Bmatrix} S_x \\ S_y \end{Bmatrix} = \left(1 - \frac{\mu_d q_z(x)}{\sqrt{f_x^2 + f_y^2}}\right) \begin{Bmatrix} sx \\ -C_x^{-1} a_w q_z(x) \xi \end{Bmatrix} \tag{14.133}$$

4. 花纹条磨耗过程中磨耗形状的预测

花纹条的截面磨耗形状随着运行距离而改变，可以利用式（14.131）进行预测。货车/客车轮胎自由滚动条件下磨耗形状的计算所采用的参数有：$r = 500$mm，$\Delta r(0) = 0.5$mm，$l_0 = 285$mm，$\mu = 0.7$，$p_{m0} = 1.2$MPa，$E = 10$MPa，$G = 1.4$MPa，$h = 22$mm，$a_w = 0.026$mm^{-1}，$\varepsilon_0 = -0.06$。

花纹条磨耗形状的计算需要按下面的步骤不断迭代：

1) 初始的不规则磨耗是0，$\delta_0(\xi) = 0$。
2) 花纹条宽度方向的摩擦能$E^w(\xi)$利用式（14.131）进行计算，其中ξ是花纹条内的位置。
3) 第1）步的磨耗深度利用式（14.47）的$\Delta\delta_i(\xi) = kE^w(\xi)$来计算，$k$是每单位摩擦能引起的磨耗深度。
4) 磨耗深度更新：$\delta_{i+1}(\xi) = \delta_i(\xi) + \Delta\delta_i(\xi)$，然后重新自第2）步开始计算。

图14.37显示了磨耗进展仿真中截面磨耗形状的变化。图中的数字相当于迭代的次数。起始位置在花纹条的中心，$\xi = \pm 21$mm相当于花纹条的边部。图14.38显示了由周向制动力导致的摩擦能E_x^w和由侧向力导致的摩擦能E_y^w的变化。图14.37和图14.38中的数字是相互对应的。

起初，在摩擦能E_x^w和E_y^w（数字1、2、3）作用下，不规则磨耗源在花纹条的边部产生

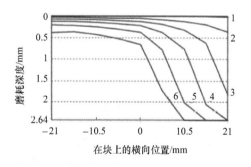

图14.37 磨耗进展仿真中截面磨耗形状的变化[27]

（$\xi = 21$mm）。随着不规则磨耗δ的发展（数字4~6），滑移率也在增加，E_x^w的峰值逐渐向花纹条中心移动。同时，花纹条边部的E_x^w和E_y^w随着接地压力的减小而减小（数字4~6）。因此，阶梯状磨耗在摩擦能E_x^w（数字4~6）的作用下继续从边部向花纹条中心发展，预测磨耗发展的过程与观测到的现象非常一致，如图14.28所示。

随着不规则磨耗的段差δ的增加，摩擦能也逐步增加，直到不规则磨耗区域的磨耗速度快于正常磨耗区的磨耗。这个现象称为自励磨耗。在这之后，摩擦能随着δ的增加而减少，在临界磨

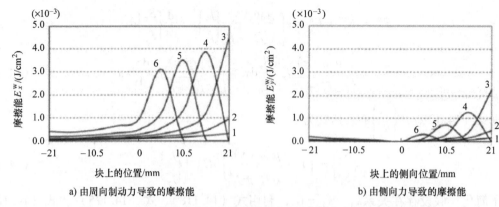

a) 由周向制动力导致的摩擦能　　　　　　b) 由侧向力导致的摩擦能

图 14.38　由周向制动力导致的摩擦能 E_x^w 和由侧向力导致的摩擦能 E_y^w

耗段差 δ_m 处摩擦能成为 0。因为滑移率 s 随着磨耗段差 δ 的增加而增加，但接地压力 $q_z(x)$ 随着 δ 的增加而减小，所以在某个磨耗段差下摩擦能成为最大值。

为了分析摩擦能在某个磨耗段差下出现最大值的背后的机理，式（14.131）可以重写为

$$E^w = \int_{l_h}^{l} \mu_d q_z(x) \frac{d\sqrt{S_x^2 + S_y^2}}{dx} dx \approx \mu_d q_{z\_average} \left. \frac{d\sqrt{S_x^2 + S_y^2}}{dx} \right|_{average} (l - l_h) \quad (14.134)$$

式中，$\mu_d q_{z\_average}$ 和 $d\sqrt{S_x^2 + S_y^2}/dx|_{average}(l-l_h)$ 分别是滑移区内的平均剪应力和平均滑移距离。

图 14.39 显示了花纹条边部（$\xi = 21\,mm$）不规则磨耗发展过程中平均剪应力和平均滑移距离的变化。平均剪应力对摩擦能的贡献大于平均滑移距离的贡献。而且，对于平均滑移来说，平均滑移距离的变化率 $d\sqrt{S_x^2 + S_y^2}/dx|_{average}$ 并没有随着 δ 发生大的改变，然而（$l - l_h$）项却随着 δ 的增加而增加。

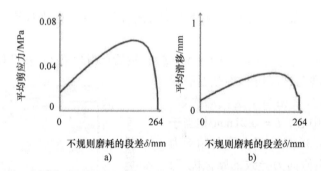

图 14.39　不规则磨耗发展过程中平均剪应力和平均滑移距离的变化

5. 磨耗深度对不规则磨耗的影响

利用式（14.131）计算得到的摩擦能包含由周向制动力和侧向力而导致的摩擦能。由普利司通公司的 Okuni 提出的不规则磨耗图（图 14.40），显示了花纹条边部的摩擦能和阶梯磨耗量 δ 之间的关系。周向制动力导致的摩擦能比侧向力导致的摩擦能在任何磨耗量 δ 下都大。这个结果与图 14.28 所示的结果相同，对于大的磨耗段差 δ 来说，磨纹是通过周向制动力产生的。因此，自励磨耗主要是由制动力导致的摩擦能产生的。

如图 14.40 所示，在 $\delta = 0$ 时，周向制动力导致的摩擦能大于侧向力导致的摩擦能。这个结果与图 14.28 所示的结果并不相符，因为在图 14.28 中，磨纹最初是由侧向力导致的。导致这个差别的原因可能是模型只考虑了自由滚动条件，而市场上的轮胎在转弯过程中会承受侧向力。

6. 轮胎设计因素对不规则磨耗的影响

轮胎设计因素对由制动力产生的摩擦能的影响可以用式（14.131）来分析。将第14.8.3节中所采用的参数作为控制参数。设计因素的变化包括杨氏模量 E（剪切模量 G）提高10%，式（14.112）中的最大接地压力 p_{m0} { = $5F_z/(4lb)$ } 增加10%（附带接地长度 l_0 在载荷不变的情况下下降10%），最大接地长度 l_0 增加10%（在载荷不变的情况下接地压力 p_{m0} 下降10%），Δr 增加10%，它与轮胎的冠部形状有关，花纹深度 h 增加10%，摩擦系数减少10%。注意，在载荷是常数的情况下，即便存在磨耗，货车/客车轮胎的接地宽度也不会发生变化，因此在固定载荷的情况下，当充气压力发生改变时，$l_0 p_{m0}$ = 常数的关系是满足的。

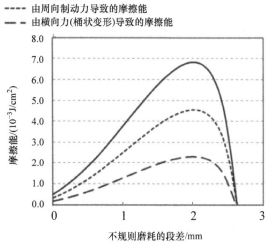

图14.40 不规则磨耗图

图14.41~图14.45给出了计算得到的设计因素对不规则磨耗（摩擦能）的影响。为了具有良好的外观表现，可以通过减少临界磨耗段差 δ_m 来减少不规则磨耗，以及在某些磨耗段差 δ 上通过减少摩擦能峰值来减小不规则磨耗。通过分析图14.41~图14.45，可以得到下面的结论：

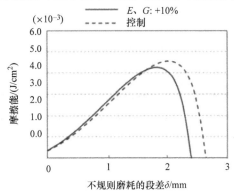

图14.41 轮胎设计因素对摩擦能的影响（杨氏模量 E 提高10%，剪切模量 G 提高10%）[27]

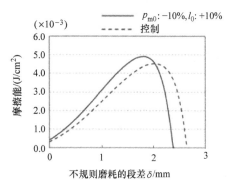

图14.42 轮胎设计因素对摩擦能的影响（最大接地压力降低10%，接地长度 l_0 增加10%）[25]

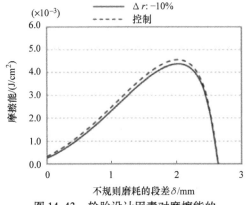

图14.43 轮胎设计因素对摩擦能的影响（Δr 下降10%）[25]

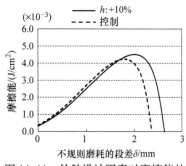

图14.44 轮胎设计因素对摩擦能的影响（胎冠厚度 h 增加10%）[25]

1）如果胎冠橡胶具有较大的杨氏模量 E（剪切模量 G），则可以产生较小的临界不规则磨耗段差，以及较小的摩擦能峰值。

2）较长的接地长度可以导致较小的临界不规则磨耗段差，但会导致较大的摩擦能峰值，这是因为较长的接地长度可能会使最大接地压力 p_{m0} 变小。然而，为了使接地长度 l_0 变长，轮胎的充气压力必须减小。充气压力的减少会导致轮胎的耐久寿命缩短。

3）较小的 Δr 会产生较小的摩擦能峰值，这是因为它的滑移率比较小。然而，如果 Δr 太小，那么在花纹条的边部接地压力变得很大，接地压力的集中会由于侧向变形分量的存在而导致摩擦能提高，也会使其他性能变差。因此，必须有一个合适的 Δr 值，这是可以通过胎冠形状的设计来加以控制的。

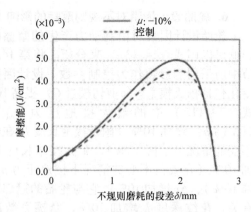

图 14.45　轮胎设计因素对摩擦能的影响（摩擦系数 μ 减少10%）[25]

4）浅的花纹深度会导致较小的临界不规则磨耗段差，以及较小的摩擦能峰值。后一个结果对应于第 14.3 节所得出的结论。但前面的结果不能通过第 14.3 节所述的轮胎模型得到。注意，浅的花纹深度会导致较短的磨耗寿命。

5）不规则磨耗会因较小的摩擦系数而恶化。

14.9　车辆四轮定位参数对轮胎磨耗的影响

14.9.1　车辆模型中轮胎的外部力

Yamazaki[26-27] 等人采用简单的车辆模型研究了车辆的定位参数对轮胎磨耗的影响，并采用平带式室内磨耗试验机对结果进行了验证。Kohmura 等人[28] 利用相似的车辆模型研究了轮胎的磨耗体积以及胎冠中心磨耗和胎肩磨耗的比率。

假设车辆向前直行，轮胎有带束层角度效应和锥度效应，车辆的侧偏角用 β 表示，前轮转向角用 δ 表示，外倾角和前束只施加在前轮上，如图 14.46 所示。

图 14.46 中的符号意义如下：

l、l_f、l_r 分别是车辆的轴距、前轮到质心的距离、后轮到质心的距离。

γ、δ、β 分别是前束角、转向角、车辆侧偏角。

α_L、α_R 分别是左前轮侧偏角和右前轮侧偏角。

C_{fL}、C_{fR} 分别是左前轮侧向力和右前轮侧向力。

M_{fL}、M_{fR} 分别是左前轮回正力矩和右前轮回正力矩。

C_r 是后轴的侧向力。

M_r 是后轴的回正力矩。

C_{Pf}、C_{Pr} 分别是前轮带束层角度效应力和后轮带束层角度效应力。

M_{Pf}、M_{Pr} 分别是前轮带束层角度效应力力矩和后轮带束层角度效应力力矩。

C_{of}、C_{or} 分别是前轮锥度力和后轮锥度力。

M_{of}、M_{or} 分别是前轮锥度力产生的力矩和后轮锥度力产生的力矩。

K_f、K_r 分别是前轮侧偏刚度和后轮侧偏刚度。

T_f、T_r 分别是前轮回正刚度和后轮回正刚度。

C_t 是外倾推力。

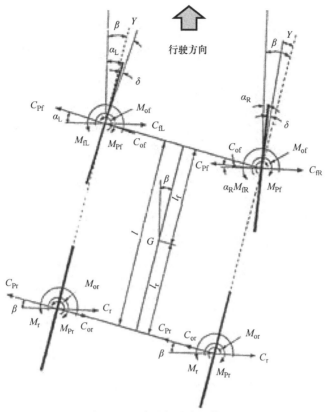

图 14.46 直线行驶车辆模型
(经 TST 授权,摘自文献 [26])

图 14.46 中的符号规则是:如果侧向力的作用方向朝向车辆运动方向的右侧,则侧向力为正值。如果力矩的方向是逆时针,则力矩为正值,否则为负值。如果角度沿顺时针方向,则该角度为正值。

图 14.46 中的侧向力平衡方程为

$$C_{fL} + C_{fR} + 2C_r - C_{Pf}\cos\alpha_L - C_{Pf}\cos\alpha_R - 2C_{Pr}\cos\beta = 0 \tag{14.135}$$

其中,假设 C_{of} 和 C_{or} 对于左右两侧的轮胎来说相互抵消了。假设 α_L、α_R 和 β 都 $\ll 1$,式 (14.135) 可以重新写成:

$$C_{fL} + C_{fR} + 2C_r - 2C_{Pf} - 2C_{Pr} = 0 \tag{14.136}$$

图 14.46 中的力矩平衡方程为

$$M_{fL} + M_{fR} + 2M_r - 2M_{Pf} - 2M_{Pr} + 2C_{Pf}l_f - 2C_{Pr}l_r - C_{fL}l_f\cos\beta - C_{fR}l_f\cos\beta + 2C_r l_r\cos\beta = 0 \tag{14.137}$$

对于左右两侧的轮胎来说,其 M_{of} 和 M_{or} 假设相互抵消了。假设 α_L、α_R 和 β 都 $\ll 1$,式 (14.137) 可以重写成:

$$M_{fL} + M_{fR} + 2M_r - 2M_{Pf} - 2M_{Pr} + 2C_{Pf}l_f - 2C_{Pr}l_r - C_{fL}l_f - C_{fR}l_f + 2C_r l_r = 0 \tag{14.138}$$

假设 α_L、α_R 和 β 都 $\ll 1$,则有如下关系:

$$C_{fL} = \alpha_L K_f \quad C_{fR} = \alpha_R K_f \quad C_r = \beta K_r$$
$$M_{fL} = \alpha_L T_f \quad M_{fR} = \alpha_R T_f \quad M_r = \beta T_r \tag{14.139}$$

进一步地分析,存在如下的几何关系:

$$\alpha_L = \beta - \delta + \gamma$$
$$\alpha_R = \beta - \delta - \gamma \quad (14.140)$$

利用式（14.136）~式（14.140），可以得到转向角 δ 和车辆的侧偏角 β：

$$\delta = \left(1 + \frac{K_r}{K_f}\right)\beta - \frac{C_{Pf} + C_{Pr}}{K_f}$$

$$\beta = \frac{C_{Pr}l - \dfrac{T_f}{K_f}(C_{Pf} + C_{Pr}) + M_{Pf} + M_{Pr}}{T_r + K_r l - \dfrac{K_T}{K_f}T_f} \quad (14.141)$$

注意，式（14.141）中 β 和 δ 不是前束角 γ 的函数[①]。

对于直线行驶的轮胎来说，左前轮的侧向力 S_L 和右前轮的侧向力 S_R 可以表示为

$$S_L = (\beta - \delta + \gamma)K_f - C_{Pf} + C_{of} - C_t$$
$$S_R = (\beta - \delta - \gamma)K_f - C_{Pf} - C_{of} - C_t \quad (14.142)$$

引入参数 A_0：

$$A_0 = (\beta - \delta)K_f - C_{Pf} \quad (14.143)$$

式（14.142）可以重写为

$$S_L = A_0 + \gamma K_f + C_{of} - C_t$$
$$S_R = A_0 - \gamma K_f - C_{of} + C_t \quad (14.144)$$

其中 A_0 对于左右两侧的轮胎有相同的符号，但（$\gamma K_f + C_{of} - C_t$）对于左右两侧的轮胎来说具有不同的符号。

14.9.2　优化前束角以提高轮胎磨耗性能

为了优化直线前行车辆前轴轮胎的磨耗性能，两个轮胎的侧向力应该等于 0。式（14.144）有两个量，一个量对于左右两侧的轮胎来说符号不同，另一个量并不改变符号。因为如果式（14.144）中的 $S_L = S_R = 0$，可以使轮胎磨耗最小，那么使轮胎磨耗最小的条件可以表示为

$$A_0 = 0$$
$$\gamma K_f + C_{of} - C_t = 0 \quad (14.145)$$

从式（14.145）可以得出使磨耗最小的前束角的值：

$$\gamma = (C_t - C_{of})/K_f \quad (14.146)$$

假设四个轮胎有相同的性能，回正刚度（T_f 和 T_r）和其他力矩（如 M_{Pf}）比较小，那么式（14.141）的第二个公式可以简化为

$$\beta = C_{Pr}/K_r \quad (14.147)$$

式（14.147）意味着车辆的侧偏角 β 只取决于后轴的力平衡。利用式（14.141）的第一个方程和式（14.147），可以得到：

$$\beta - \delta = C_{Pf}/K_f \quad (14.148)$$

当侧倾推力和锥度比较小的时候，利用式（14.146）可以得到当轮胎的前束角为零时（$\gamma = 0$）磨耗最小。如果前束角为零，那么前轮的左右两个轮胎的侧偏角是相同的，前轮的侧向力和为零：

$$\alpha_L = \alpha_R = \beta - \delta = C_{Pf}/K_f \quad (14.149)$$

注意，这个侧偏角是为了抵消式（14.149）中带束层的角度效应力的。

---

① 备注 14.10。

14.9.3 计算结果和测量结果的比较

1. 前束角对磨耗的影响

Yamazaki 等人[26]采用实验验证了前束角对磨耗的影响。图 14.47 给出了当外倾角为零时,前束角对侧向力影响的测量结果和采用式(14.142)的计算结果。计算结果与试验结果吻合较好。当前束角 $\gamma = -0.06°$ 时,左前轮和右前轮的侧向力等于零。

图 14.48 给出了前束角对前轮磨耗的影响,分别采用实车测试和平带式室内磨耗试验机来验证。当前束角 $\gamma = -0.1°$(负前束)时,轮胎的磨耗变得均匀,此时作用在前轮的侧向力几乎为零。当前束为正时,轮胎发生胎肩磨损。图 14.47 和图 14.48 表明,在侧向力为零时磨耗最小。

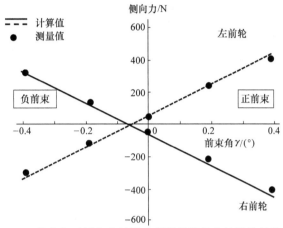

图 14.47 前束角对侧向力的影响的测量结果和计算结果的对比
(经 TST 授权,摘自文献 [26])

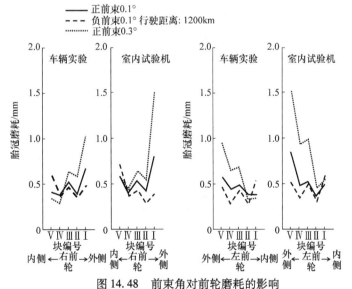

图 14.48 前束角对前轮磨耗的影响
(经 TST 授权,摘自文献 [26])

2. 外倾角对磨耗的影响

Yamazaki 等人[27]采用室内平带式磨耗试验机研究了外倾角对磨耗的影响。在初始外倾角为零的情况下,给轮胎施加侧偏角,以便使前轮的侧向力为零。将式(14.146)、式(14.148)代入式(14.140),利用条件 $C_t = 0$,所施加的侧偏角 α_R 为

$$\alpha_R = \beta - \delta - \gamma = C_{Pf}/K_f + C_{of}/K_f \tag{14.150}$$

进一步给轮胎施加外倾角，考察外倾角对轮胎磨耗的影响。对于子午线轮胎 185/70R14 来说，选择 $K_f = 970\text{N}/(°)$，$C_{Pf} = -238\text{N}$，$C_{of} = -56\text{N}$，将这些值代入到式（14.150）中，给轮胎一个侧偏角 $\alpha_R = -0.3°$，使轮胎所受的侧向力为零。另外，对于规格为 6.45-14 的斜交轮胎，$K_f = 550\text{N}/(°)$，$C_{Pf} = -3\text{N}$，$C_{of} = -59\text{N}$，给它施加一个侧偏角 $\alpha_R = -0.11°$，使它的侧向力等于零。

图 14.49 显示了外倾角对胎面磨耗的影响。通过在车轮外面施加一个侧偏角产生侧向力，用这个侧向力来抵消锥度效应和带束层角度效应施加在轮胎上的向外的力。即便是 0° 外倾角，也从两侧给轮胎施加了力，因此在磨耗实验中轮胎的外倾角是变化的。随着外倾角的增加，轮胎内侧胎肩的磨耗是增加的。

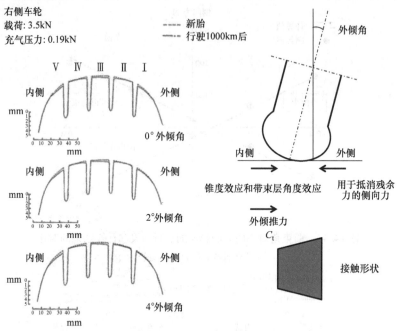

图 14.49　外倾角对胎面磨耗的影响
（经 TST 授权，摘自文献 [26]）

3. 带束层角度效应对磨耗的影响

Yamazaki[27] 等人通过实验研究了带束层角度效应对磨耗的影响。当锥度力很小的时候，作用在轮胎上的总侧向力主要包括带束层角度效应力和由侧偏角引起的侧向力。因此，能够抵消带束层角度效应力的侧偏角可以用下式计算：

$$\alpha = C_{Pf}/K_f \tag{14.151}$$

图 14.50a 显示了轮胎花纹和磨耗深度的测量点，采用平带式室内磨耗试验机来评价总侧向力对不规则磨耗的影响。外倾角设为 0°，只评估带束层角度效应的影响。垂直轴代表 A 点和 B 点磨耗深度的差别，总侧向力随着侧偏角而变化。通过将式（14.151）中的侧偏角施加到轮胎上以使总侧向力为零，从而使不规则磨耗最小化。

图 14.51 总结了外倾角和前束角对不规则磨耗的影响。在轮胎有负前束（或正前束）的情况下，轮胎的内侧（或外侧）比外侧（或内侧）磨耗更多，这是由于有从轮胎的内侧（或外侧）作用的侧向力。

当轮胎上作用有正（或负）外倾角时，侧倾推力就会从内侧（或外侧）作用在轮胎上。如图 14.49 所示，如果轮胎有正外倾角，则轮胎的内侧磨耗就会比外侧多。然而，在正外倾角的情况下也会发生外侧磨耗，因为有作用在轮胎外侧的制动力。这是因为轮胎外侧的滚动半径小于内侧的滚动半径，轮胎外侧常作用有制动力，这些在 14.8.3 节中已经讨论过。

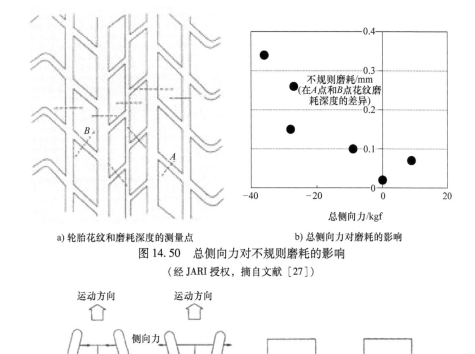

a) 轮胎花纹和磨耗深度的测量点　　b) 总侧向力对磨耗的影响

图 14.50　总侧向力对不规则磨耗的影响

（经 JARI 授权，摘自文献 [27]）

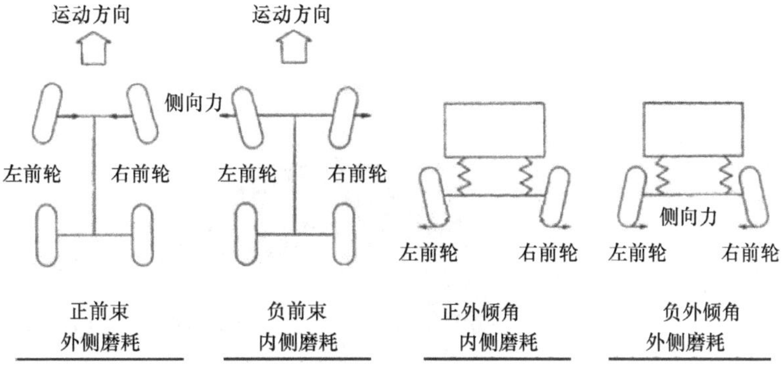

图 14.51　外倾角和前束角对不规则磨耗的影响

（经 JARI 授权，摘自文献 [27]）

14.10　对角线磨耗和多边形磨耗

14.10.1　轮胎的对角线磨耗和多边形磨耗现象

Shepherd[29] 通过测量接地印痕内的三轴向应力分布来计算磨耗能，采用特殊形式的磨耗能来衡量轮胎的对角线磨耗。图 14.52a 显示了接地印痕内 5 个花纹条的磨耗指标，图中的灰色区域表示磨耗指标较高。注意，这个指标并没有很高的代表性，因为没有测量滑移情况。在轮胎接地印痕一侧的接地前端磨耗指标较高，而在有前束和外倾角的情况下，在相反的一侧的接地后端有较高的磨耗指标。图 14.52b 给出了对角线磨耗的后视图。对角线磨耗通常发生于具有正前束和负外倾角的后轮上，尤其容易发生在前轮驱动的轿车上，后轴的左右轮胎从车辆后方看有 V 形的磨耗。预测结果与观察到的结果是一致的，但在这篇论文中没有进一步给出对角线磨耗的机理。

Sueoka 等人[30,31] 将轮胎看作不稳定的时间滞后振动系统⊖，图 14.53 中的多边形磨耗是一种自励磨耗，在磨耗的早期阶段磨耗源已经发生。由石子的撞击作用、轮胎的不均匀或者制动造成的平点的存在，导致在胎面上产生径向凹坑，形成磨耗源。磨耗源在圆周方向和侧向上发展，不规则磨耗在整个轮胎上扩展起来。

⊖　备注 14.11。

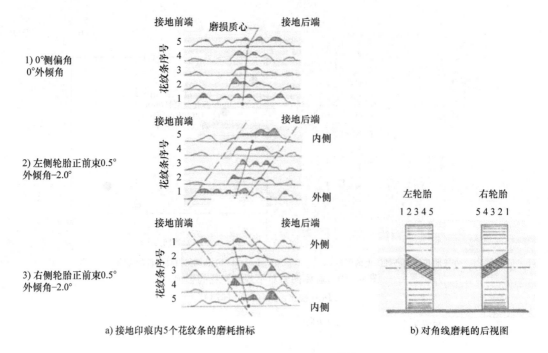

图 14.52 对角线磨耗模型[29]

多边形磨耗的轮胎有如下特征:

1) 多边形磨耗常发生于从动轮(自由滚动轮胎)上,不发生于驱动轮上,尤其容易发生在前轮驱动轿车的后轮上。

2) 带有大的前束角的轿车容易发生多边形磨耗。

3) 造成多边形磨耗的一个重要原因是轮胎垂直振动,轮胎的固有频率高于多边形的边数与轮胎每秒转动次数的乘积。

图 14.53 多边形磨耗
(经 JSME 授权,摘自文献 [30])

4) 多边形磨耗从轮胎的外部胎肩开始发生,向里面发展。当从轿车的后面看时,左侧和右侧轮胎的多边形磨耗会形成一个 V 字形,如图 14.52b 所示。

5) 轿车轮胎和货车/客车轮胎的多边形磨耗的边数是不同的,一般在 10~20 块不等。

6) 多边形磨耗常发生在行驶 25000~40000km 之间。

7) 多边形磨耗常发生于经常行驶在高速公路的轿车上,尤其是在夏天充气压力较低的情况下,在光滑沥青路上行驶的轿车更容易发生。

8) 多边形磨耗的严重程度取决于道路状况、温度、胎冠橡胶的性能。

9) 发生多边形磨耗时驾驶员会听到异响,因为它产生的噪声频率超过了 60Hz。

14.10.2 多边形磨耗的模型

Sueoka 等人[30]将图 14.54 所示的多边形磨耗的轮胎振动模型应用到多边形磨耗的分析中,在分析中采用了如下的假设:

1) 胎冠只在主固有频率上发生垂直振动,这个振动模态的质量 m 位于轮胎的带束层上。胎

冠的弹簧常数是 K_T，胎冠的阻尼系数是 η_T，胎侧的垂直弹簧常数和阻尼系数分别是 k_r 和 η_r。

2) 胎冠质量的位移 $X(t)$ 是从初始压缩状态的平衡点开始测量的。

3) 胎冠的磨耗深度与侧向力幅值成正比。胎冠的累计磨耗深度 $U(t)$ 是包含 $U(t-T)$ 的微分方程的解，其中 T 是转动周期。这个模型是一个时间滞后模型。

4) 由3) 中的时间滞后效应导致常规磨耗变得不稳定，才发生了多边形磨耗。在常规磨耗情况下，轮胎的垂直位移为 $V_0(t)$。

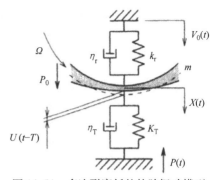

图 14.54　多边形磨耗的轮胎振动模型

轮胎和道路之间的接触力 $P(t)$ 由下式给出：

$$P(t) = P_0 + \eta_T \dot{W}_2(t) + K_T W_2(t) \tag{14.152}$$

式中，$P(t)$ 总是正值；P_0 是初始的压力，包含重力；$W_2(t)$ 是胎冠弹簧的位移，它包含磨耗的影响：

$$W_2(t) = X(t) - U(t-T) \tag{14.153}$$

式中，$U(t)$ 是胎冠在时间 t 通过接地区域时的累计磨耗深度，而 $U(t-T)$ 是胎冠在前一个旋转过程中在时间 $t-T$ 时的累计磨耗深度。因此式 (14.152) 代表了包含时间滞后效应的接地力，胎冠在 $t-T$ 时已经有了累积的磨耗，这个磨耗后的胎冠在 t 时刻又进入接地区域。

当侧偏角 α 和外倾角 γ 非常小的时候，侧向力 $P_s(t)$ 和侧倾推力 $P_c(t)$ 可以表示为

$$\begin{aligned} P_s(t) &= a_s P(t) \alpha \\ P_c(t) &= a_c P(t) \gamma \end{aligned} \tag{14.154}$$

式中，$P(t)$ 是接地压力；a_s 和 a_c 可以看作常数。

在 SAE 坐标系中，当侧偏角和外倾角为正值的时候，侧向力的方向和侧倾推力的方向是相反的，轮胎的总侧向力 $F(t)$ 用下式表示：

$$F(t) = P_s(t) - P_c(t) = (a_s \alpha - a_c \gamma) P(t) \tag{14.155}$$

多边形磨耗的原因一般认为是侧向力，因为这种磨耗多发生于从动轮，而不是驱动轮。轮胎和路面之间的接触区域用接触点来表示。

假设瞬间磨耗 $W(t)$ 与侧向力的 n 次方成正比，可以表示为

$$W(t) = \bar{k} |F(t)|^n = \bar{k} \beta^n P^n(t) \tag{14.156}$$

式中，$\beta = |a_s \alpha - a_c \gamma|$；$\bar{k}$ 是胎面橡胶的耐磨指数。

轮胎在 t 时刻的累计磨耗 $U(t)$ 是它在 $t-T$ 时刻的累计磨耗 $U(t-T)$ 与当前时刻瞬间磨耗 $W(t)$ 的和，表示为

$$U(t) = U(t-T) + W(t) = U(t-T) + \bar{k} \beta^n p^n(t) \tag{14.157}$$

当从初始平衡点开始测量位移时，胎冠的运动方程为

$$m\ddot{X}(t) + \eta_r \dot{W}_1(t) + k_r W_1(t) + \eta_T \dot{W}_2(t) + K_T W_2(t) = 0 \tag{14.158}$$

式中，$W_1(t)$ 是胎侧弹簧 k_r 的位移。

$$W_1(t) = X(t) - V_0(t) \tag{14.159}$$

常规磨耗的解是 $P(t) = P_0$。将 $P(t) = P_0$ 代入式 (14.152)，可以得到 $W_2(t) = 0$，$\dot{W}_2(t) = 0$。而且，在式 (14.158) 中也满足 $\ddot{X}(t) = 0$，$W_1(t) = 0$，$\dot{W}_1(t) = 0$ 的条件。下标为 0 的常规磨耗的解为[○]

○　备注 14.12。

$$X_0(t) = V_0(t) = U_0(t-T) = \bar{k}\beta^n P_0^n t/T \tag{14.160}$$

轮胎磨耗的稳定性可以用公式来判断。在这些公式中，用 $x(t)$ 和 $u(t)$ 表示的小变化与 $X_0(t)$ 和 $U_0(t)$ 相加：

$$\begin{aligned} X(t) &= X_0(t) + x(t) \\ U(t) &= U_0(t) + u(t) \end{aligned} \tag{14.161}$$

将式（14.152）和式（14.161）代入式（14.157）和式（14.158），可以得出：

$$m\ddot{x}(t) + \eta_r \dot{x}(t) + k_r x(t) + \eta_T\{\dot{x}(t) - \dot{u}(t-T)\} + K_T\{x(t) - u(t-T)\} = 0$$
$$u(t) = u(t-T) + \bar{k}\beta^n P_0^{n-1} n[\eta_T\{\dot{x}(t) - \dot{u}(t-T)\} + K_T\{x(t) - u(t-T)\}] \tag{14.162}$$

在式（14.162）⊖中引入变量替换，使周期为 2π：

$$\begin{aligned} \tau &= \Omega t \\ \Omega &= 2\pi/T \end{aligned} \tag{14.163}$$

当所有的初始值都为零的时候，通过对式（14.162）进行拉普拉斯变换，可以得到：

$$\{m\Omega^2 s^2 + (\eta_T + \eta_r)\Omega s + K_T + k_r\}\tilde{X}(s) - (\eta_T \Omega s + K_T)e^{-2\pi s}\tilde{U}(s) = 0$$
$$\bar{k}\beta^n P_0^{n-1} n(\eta_T \Omega s + K_T)\tilde{X}(s) + [\{1 - \bar{k}\beta^n P_0^{n-1} n(\eta_T \Omega s[\{1 - \bar{k}\beta^n P_0^{n-1} n(\eta_T \Omega s + K_T)\}] + K_T\}e^{-2\pi s} - 1]\tilde{U}(s) = 0 \tag{14.164}$$

式中，$\tilde{X}(s)$ 和 $\tilde{U}(s)$ 分别是 $x(t)$ 和 $u(t)$ 的拉普拉斯变换。

如果将式（14.164）中的系数矩阵表示为 $[A]$，那么式（14.164）为

$$\det[A] = 0 \tag{14.165}$$

式中，

$$[A] = \begin{bmatrix} m\Omega^2 s^2 + (\eta_T + \eta_r)\Omega s + K_T + k_r & -(\eta_T \Omega s + K_T)e^{2\pi s} \\ \bar{k}\beta^n P_0^{n-1} n(\eta_T \Omega s + K_T) & \{1 - \bar{k}\beta^n P_0^{n-1} n(\eta_T \Omega s + K_T)\}e^{-2\pi s} - 1 \end{bmatrix} \tag{14.166}$$

由于时间滞后元素的影响，式（14.165）是一个超越矩阵，那么关于它的解 s 就会有无数个。将 $s = \sigma + jN$ 代入到式（14.165）中，其中 $j = \sqrt{-1}$，σ 和 N（$N > 0$）是实数。利用式（14.165）的实部和虚部都是零的条件，可以得到联立方程。联立方程中的 σ 和 N 可以通过 Newton-Raphson 方法求解。如果所有解的实部是负值（$\sigma < 0$），则该系统稳定的。如果系统至少有一个解的实部是正值（$\sigma > 0$），则该系统不稳定，就会发生多边形磨耗。轮胎以角速度 Ω 旋转时每旋转一圈振动次数为 N，这就是它发生边数为 N 的多边形磨耗的原因。

在给定的 N 值下，为了分析系统的不稳定性，采用 Newton-Raphson 方法求解式（14.165），得到 Ω 和 σ。通过将 $\sigma = 0$ 代入式（14.165）进行求解，可以得到稳定和不稳定的边界条件。

14.10.3 货车/客车轮胎的多边形磨耗的计算和测量结果对比

充气压力为 784kPa 时货车/客车子午线轮胎的多边形磨耗的分析所采用的参数为：$a_s = 0.097$，$a_c = 0.0012$，$m = 23$kg，$K_T = 1.22$MN/m，$\eta_T = 343$N·s/m，$k_r = 3.68$MN/m，$\eta_r = 520$N·s/m，$r = 510$mm，$\alpha = 0.5°$，$\gamma = 1°$，$n = 1$⊜。

图 14.55 显示了多边形磨耗的区域。其中，图 14.55a 横坐标为轮胎每秒的转数 f（$= \Omega/$

⊖ 备注 14.12。
⊜ 备注 14.13。

2π),纵坐标为多边形磨耗的边数 N,此时的 $\bar{k}=2.9\times10^{-14}\mathrm{m/N}$。图 14.55a 中的实线表示多边形磨耗发生的不稳定区域,此时的 σ 为正值;图 14.55a 中的虚线表示稳定区域,此时的 σ 为负值。$\Omega_1(=f_1/f)$ 为一阶固有频率与 f 的比值。一阶模态固有频率是图 8.2 中的偏心频率,对于货车/客车轮胎来说,该频率为 70~80Hz。图 14.55b 显示了当 $N=10$ 时的 σ 值。正的 σ 的幅值意味着系统的不稳定趋势大小。

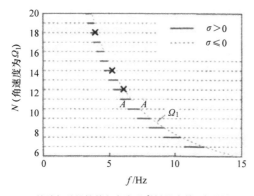 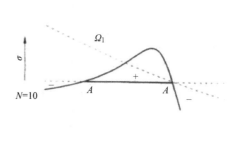

a) 轮胎每秒的转数和多边形磨耗的边数之间的关系　　　　b) 不稳定区域的不稳定性

图 14.55　多边形磨耗的区域

(经 JSME 授权,摘自文献 [30])

从图 14.55 中可以得到如下的结论:

1) 轮胎多边形磨耗的形状是一个常规多边形,其边的个数是整数。不稳定区域位于 Ω_1 曲线的左侧。也就是,轮胎每秒的转数小于垂直方向振动的一阶固有频率与多边形磨耗的边数的比值。同时,多边形磨耗不会出现在 Ω_1 曲线的右侧。

2) 当 σ 的正值很大的时候不稳定已经发生。因此,多边形磨耗经常发生,并且在图 14.55b 的右侧边界上快速发展,这位于 Ω_1 曲线附近。最大的正的 σ 值大约是 10^{-9}。

3) 多边形磨耗边数随着轮胎旋转速度的变化而变化,当旋转速度接近两个整数 N_1 和 N_2 时,多边形磨耗的边数取决于分别对应于 N_1 和 N_2 的 σ 值的大小。

计算表明,参数 $\bar{k}$ 的值并不影响不稳定的范围,而是影响不稳定的程度。较小的 $\bar{k}$ 值提高了不稳定性。因为 $\bar{k}$ 和 n 在式(14.156)中是耦合的,参数 n 也不影响不稳定的范围。然而,胎侧的阻尼系数 η_r 影响不稳定的范围,较大的 η_r 扩大了不稳定范围。

货车/客车子午线轮胎的多边形磨耗用室内的转鼓磨耗试验机进行了测试。载荷和速度是常数,其前束角和外倾角分别是 1°和 1.5°。图 14.55 中的"×"表示转鼓实验中有多边形磨耗出现,多边形磨耗位于磨耗模型右侧边界附近的不稳定区域。这个计算结果与实验结果比较一致。

14.11　室内磨耗评价

14.11.1　室内磨耗评价的方法

有许多评价轮胎磨耗的方法,这依赖于评价的目的[26,32-37]。表 14.2 为室外磨耗、室内磨耗实验和磨耗仿真计算评价方法的比较。室外磨耗评价也许是最适合的,因为与特定区域有关的实验条件,如道路粗糙度、温度和驾驶类型,都可以加以考虑。然而,评价过程比较漫长且代价高昂。车队磨耗实验通常需要几个月,而商业实验有时需要 1 年甚至更长时间[38]。更进一步地说,有些影响因素,如气候、道路粗糙度、车辆悬架和驾驶员都会对结果产生影响。从室外磨耗实验中不能提取磨耗的机理。

在室内磨耗实验评价中，室内转鼓磨耗试验机测试方法比摩擦能试验机测试方法更加常用和流行。这是因为室内转鼓磨耗试验机测试方法可以考虑精确的轮胎受力谱，有一个连续的磨损表面，其测试环境条件也是可控的，还可以加速磨耗实验，可以评价磨耗的进展。然而，室内转鼓磨耗试验机测试方法的评价周期远长于摩擦能试验机测试方法。室内转鼓实验也不好区分磨耗机理和不规则磨耗的机理，而摩擦能试验机可以让我们通过观察滑移和接触应力的分布来区分磨耗机理。

解析轮胎模型根据轮胎模型参数和轮胎设计参数之间的关系可以协助洞察轮胎磨耗机理并加以区分。因为解析轮胎模型需要很短的计算时间，它可以与车辆模型结合使用来预测摩擦能[39]。然而，它的应用范围受到一定限制，因为它只是定性的预测。FEA 模型可以在合理的时间内利用合适的成本预测摩擦能。然而，天气、道路纹理和粗糙度对磨耗的影响现阶段无法加以考虑，FEA 模型的预测能力还不足以代替转鼓实验或者室外实验。

表 14.2 室外磨耗、室内磨耗实验和磨耗仿真计算评价方法的比较

评价方法		优势	劣势
室外磨耗		在市场条件下进行磨耗评价，测试条件与特殊区域道路条件有关，如道路粗糙度等	周期长，费用高。受天气、道路粗糙度和驾驶行为影响
室内磨耗实验	转鼓磨耗试验机	气候条件、道路粗糙度和驾驶习惯都是可以控制的，可以用来评价磨耗的进展	• 转鼓曲率的影响 • 很难用于磨耗机理研究 • 比摩擦能试验机耗时更长
	摩擦能试验机	• 评价周期短，费用低 • 通过考虑滑移和接触应力分布，可以用于机理研究	只能用来评价新胎（不能用于评估磨耗进展）
磨耗仿真计算	解析轮胎模型	通过模型参数来进行机理的评价	• 定性的预测 • 应用范围有限
	FEA 模型	• 定量评价 • 可以通过结果分析来进行机理预测 • 可以用来开发轮胎而不进行样胎的生产	• 难以预测天气、道路纹理和粗糙度的影响 • 仍不足以广泛应用于轮胎设计

14.11.2 室内磨耗实验的基本步骤

Stalnaker 和 Turner[36] 提出了室内磨耗实验的步骤，如图 14.56 所示。有 3 个主要的步骤，第一步是通过场地测试方法或者车辆动力学仿真方法来确定与实际的道路外部力相近的轮胎受力历史，轮胎的受力历史转换成外部力的柱状图；第二步是利用转鼓磨耗试验机进行磨耗实验，或者利用摩擦能试验机进行摩擦能评价，或者利用第 14.6 ~14.8 节中的解析轮胎模型进行摩擦能评价，或者采用 FEA 方法进行评价；第三步是采用式（14.47）进行磨耗深度的计算，这就需要用第二步中计算得到的摩擦能以及测量得到的橡胶的耐磨指数 k 采用响应面来表示，这个过程中要测量几种简化条件下的摩擦能，这将在第 14.11.5 节中详细讨论，继而可以评估磨耗后轮胎的形状。

14.11.3 施加在轮胎上的外部力表征

1. 驾驶苛刻度指数

Veith[10-11] 提出了驾驶苛刻度指数（DSN），这是一个当轮胎有侧向力作用时直接与磨耗速度成正比的参数。当车辆以恒定的车速 V 绕半径为 R 的圆行驶时，侧向力用重力的单位表示为

$$F_{y\_vehicle} = (W_{vehicle}/g)V^2/R = W_{vehicle}g_i \tag{14.167}$$

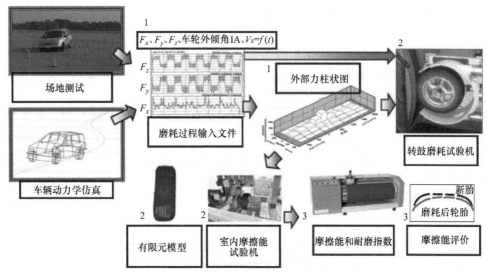

图 14.56 室内磨耗实验的步骤
（经 TST 授权，摘自文献 [36]）

$$g_i = V^2/(Rg) \tag{14.168}$$

式中，$F_{y\_vehicle}$ 是车辆总的侧向力；$W_{vehicle}$ 是车辆的总重量；g 是重力加速度。

驾驶苛刻度指数 DSN 是对式（14.21）中的 F_y^2 的简单评价，定义为轮胎每旋转一圈的侧向加速度的平方和除以旋转的圈数，并使用车辆总重量进行归一化。

$$\text{DSN} = \frac{1}{N} \sum \left(\frac{g_i}{100}\right)^2 \left(\frac{F_z}{F_{z,R}}\right)^2 \tag{14.169}$$

式中，F_z 是实际的轮胎载荷；$F_{z,R}$ 是轮胎的额定载荷。

外部力一般定义为现场测量得到的外部力与时间的关系，或者用车辆模型得到的外部力与时间的关系，如图 14.56 所示。有两种确定外部力特性的方法：第一种方法是建立若干驱动文件，该文件用时域的方式给出了轮胎所受的外部力和外倾角；第二种方法是将驱动文件转换成概率事件频率（如数学中的概率密度函数），它可以是纵向力和侧向力的函数。

转鼓式磨耗试验机或平带式磨耗试验机由一系列驱动文件控制，模拟轮胎实际使用中的外部力的概率事件频率或者时域内的受力和外倾角。图 14.57 给出了 Yamazaki[26] 测量得到的车辆质心的侧向加速度分布。

2. 驱动文件法

产生驱动文件的典型方法是采用旋转式轮辋载荷传感器测量车辆在不同比例的道路上行驶时的轮辋力[38]，这些不同比例的道路是为了磨耗模拟而设计的。另一个方法是用二阶响应面方法来估算轮胎的力和车轮外倾角，这样要用到与之对应的纵向加速度 A_x、侧向加速度 A_y、垂直加速度 A_z，以及车辆的前进速度 V_x 和 $C(=A_y/V_x^2)$，C 是包含道路曲率和阿克曼效应的量[36]。通常期望同

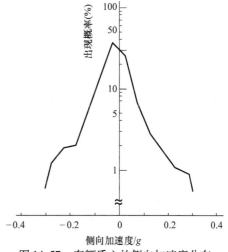

图 14.57 车辆质心的侧向加速度分布
（经 TST 授权，摘自文献 [26]）

时测量得到 IA（车轮外倾角），尽管这个测量需要额外的仪器和设备。通常认为，在磨耗实验过

程中利用有限的磨耗道路采样就可以建立满足室内磨耗测试所需要的代表整个磨耗道路特征的路谱。

此外，还有一种替代的方法是采用车辆动力学模型，如 ADAMS 车辆模型或者 CarSim 车辆模型，来提供轮胎的力和外倾角的数据，进行回归分析。此时，成千上万千米的道路数据和车辆速度的历史数据就可以得到。

图 14.58 上方的图显示了各种表征路谱的映射变量 A_x、A_y、V_x，这些过程包括各种速度和转弯半径下的转弯、典型的高速工况的加速和减速，以及完全制动。在图 14.58 的剩余的几幅图中给出了右前轮的三个分力 F_x、F_y、F_z 在这些过程中的变化情况。每个力都给出了载荷传感器的测试结果和计算机模型的计算结果。粗的黑色实线是测试结果，白色的细线是计算机模型计算结果。从图中可以看出，在各种工况条件下，计算机模型的计算结果与测试的结果吻合都很好，从放大图中看得更清晰。

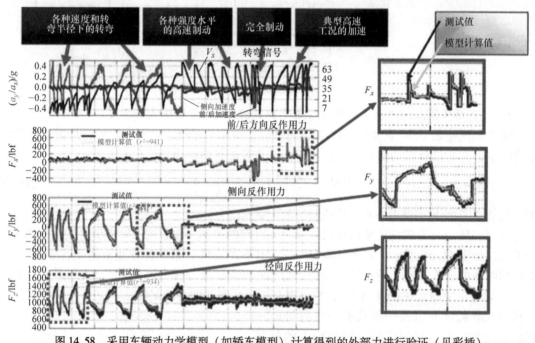

图 14.58 采用车辆动力学模型（如轿车模型）计算得到的外部力进行验证（见彩插）
（经 TST 授权，摘自文献 [36]）

3. 采用概率事件频率（概率密度函数）的方法

轮胎磨耗可以采用概率密度函数和摩擦能来评价。轮胎的预期摩擦能 $\langle \overline{E}^w \rangle$ 可以用下式定义：

$$\langle \overline{E}^w \rangle = \iint \overline{E}^w(F_x, F_y) f(F_x, F_y) \mathrm{d}F_x \mathrm{d}F_y \tag{14.170}$$

式中，$f(F_x, F_y)$ 是外部力的概率密度函数；$\overline{E}^w$ 是采用摩擦能试验机、解析轮胎模型或者 FEA 方法确定的摩擦能。

Yamazaki 等人[28]、Kohmura 等人[28]、Kobayashi 等人[40]、Zheng 等人[41]、Cho[42]采用这个方法来预测轮胎磨耗。注意，摩擦能试验机和 FEA 方法是基于固定的外部力而不是随时间变化的外部力来预测轮胎摩擦能的。

举例来说，外部力的概率密度函数是采用测量得到的加速度的直方图来表示，该直方图分为 9 个区域[41]。Cho[42]采用外推插值法将概率密度函数分为 45 个区域，如图 14.59 所示。Cho 的方法概述如下：
1) 确定外部力的概率事件频率，用图 14.59 中所示的格子线的交叉点显示。
2) 任意的外部力可以采用等参形状函数 N_I 来分配到网格线的交叉点上。

$$N_I(\xi,\eta) = (1 + \xi_I\xi)(1 + \eta_I\eta)/4 \tag{14.171}$$

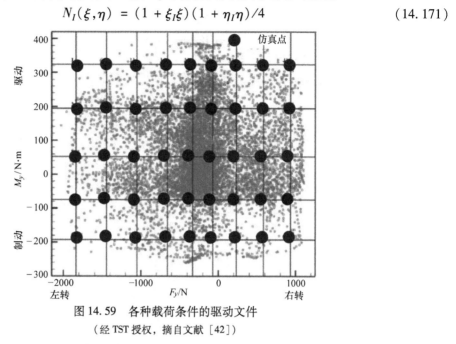

图 14.59　各种载荷条件的驱动文件
（经 TST 授权，摘自文献 [42]）

式中，ξ_I 和 η_I 取值为 ± 1；ξ 和 η 代表单元内的局部坐标系；N_I 的值是外部力分配到每个单元的第 I 点的值。

如果外部力分配到格子的外面，适当地分配这些外部力到最靠近交叉点的地方。

3) 用下面的公式计算 f_I（也就是格子线的每个交叉点事件频率的积分值）。

$$\overline{E}_I f_I = \sum_{i=1}^{N_e} \sum_{j=1}^{N_f} N_I^i(\xi_j,\eta_j)\,\overline{E}_j l_j / L \tag{14.172}$$

式中，L 是总的行驶距离；ξ_j 和 η_j 是单元坐标，如果每个分布载荷点的垂直坐标和水平坐标已经知道，则这个单元坐标很容易计算；N_e 是与第 I 节点相连接的单元总数；N_f 是第 i 个单元内分布载荷点的个数；l_j 和 $\overline{E}_j$ 分别是行驶距离和用响应面法预测的第 j 点的摩擦能；$\overline{E}_I$ 是网格线第 I 个交叉点的摩擦能。

图 14.60 显示了预测得到的摩擦能 $\overline{E}_I$ 的响应面，其中用力矩 M_y 代替了纵向力 F_x。图 14.61 给出了每个简化载荷条件下的综合出现频率。

4) 根据下面的两个公式计算网格线第 I 个交叉点的外倾角 IA_I 和平均垂直载荷 F_{ZI}：

$$IA_I = \frac{\sum_{i=1}^{N_e} \sum_{j=1}^{N_f} N_I^i(\xi_j,\eta_j) IA_j}{\sum_{i=1}^{N_e} \sum_{j=1}^{N_f} N_I^i(\xi_j,\eta_j)}$$

$$F_{ZI} = \frac{\sum_{i=1}^{N_e} \sum_{j=1}^{N_f} N_I^i(\xi_j,\eta_j) F_{zj}}{\sum_{i=1}^{N_e} \sum_{j=1}^{N_f} N_I^i(\xi_j,\eta_j)} \tag{14.173}$$

式中，IA_j 和 F_{zj} 分别是第 i 个单元的第 j 点的外倾角和垂直载荷。

图 14.62 显示了第 I 个交叉点的外倾角和垂直载荷。摩擦能的响应面可以表示为

$$\overline{E}^w(x,y,F_x,F_y,F_z,IA) = a_0(x,y) + a_1(x,y)F_x + a_2(x,y)F_y + a_3(x,y)F_z +$$

$$a_4(x,y)\text{IA} + a_5(x,y)F_xF_y + a_6(x,y)F_xF_z +$$
$$a_7(x,y)F_x\text{IA} + a_8(x,y)F_yF_z + a_9(x,y)F_y\text{IA} +$$
$$a_{10}(x,y)F_z\text{IA} + a_{11}(x,y)F_x^2 + a_{12}(x,y)F_y^2 +$$
$$a_{13}(x,y)F_z^2 + a_{14}(x,y)\text{IA}^2 \tag{14.174}$$

式中，F_x、F_y、F_z 分别是 x、y、z 方向的外部力；IA 是车轮倾斜角（外倾角）；下标 x、y 分别表示所评价的轮胎的胎冠的位置；系数 a_i（$i=1, 2, \cdots, 14$）采用最小二乘法对测量得到的或者仿真得到的各个简化载荷条件下的摩擦能进行处理来确定。

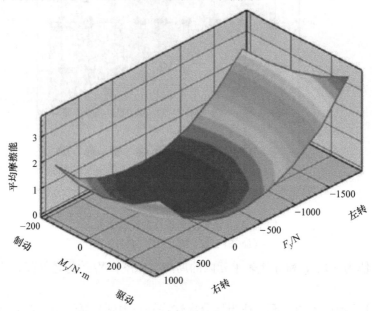

图 14.60 预测得到的摩擦能的响应面
（经 TST 授权，摘自文献 [42]）

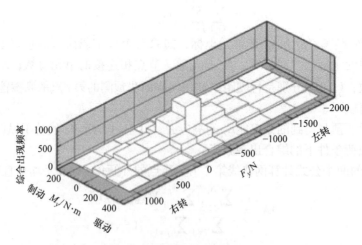

图 14.61 每个简化载荷条件下的综合出现频率[42]

如图 14.62 所示，外倾角和垂直载荷高度依赖于侧向力和纵向力[42]。式 (14.174) 的摩擦能响应面可以简化为

$$\overline{E}^w(x,y,F_x,F_y) = a_0(x,y) + a_1(x,y)F_x + a_2(x,y)F_y + a_3(x,y)F_xF_y +$$
$$a_4(x,y)F_x^2 + a_5(x,y)F_y^2 \tag{14.175}$$

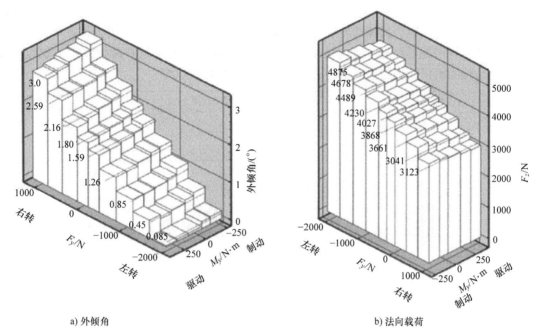

a) 外倾角　　　　　　　　　　　　　　b) 法向载荷

图 14.62　简单载荷条件下第 I 个交叉点的外倾角和垂直载荷

（经 TST 授权，摘自文献 [42]）

14.11.4　室内转鼓磨耗实验

Stalnaker 和 Turner[36] 比较了车队磨耗实验结果和按照轮胎质量评级系统（UTQG）路线进行的室内转鼓磨耗实验结果。UTQG 中规定的轮胎磨耗路线的长度是 48300km（3000mile），轮胎的换位测量间隔是 8050km（5000mile）。图 14.63 给出了用激光扫描设备测量的外胎肩胎踵/胎趾处不规则磨耗的测量结果。因为室外道路实验轮胎的磨耗比室内转鼓磨耗实验方法的磨耗要多，所以扫描时激光探头垂直偏移，以便使花纹块的上表面更容易比较。胎踵/胎趾磨耗的纹理与实测结果非常接近。

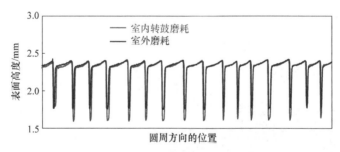

a) 沿下图中的白色水平线进行激光扫描，测量外胎肩的磨耗情况

b) 室内实验

c) 室外实验

图 14.63　用激光扫描设备测量的外胎肩胎踵/胎趾处的不规则磨耗的测量结果（见彩插）

（经 TST 授权，摘自文献 [36]）

图 14.64 比较了室内实验和室外实验轮胎外胎肩的磨耗情况。通过从新胎轮廓中减去磨耗后轮胎的轮廓，得到了胎冠磨损掉的轮廓，如图 14.64 中的下图所示。室内实验和室外实验后的轮胎有相似的不规则磨耗的纹理。室内转鼓磨耗和室外道路磨耗的磨耗寿命相关性系数的平方是 0.86，因为转鼓的磨损面的因素，室内磨耗速度比室外磨耗快 50%。

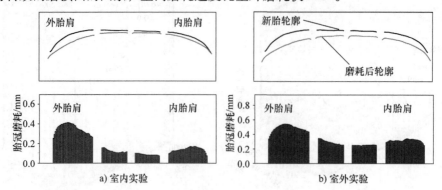

图 14.64 室内实验和室外实验轮胎外胎肩磨耗情况比较
（经 TST 授权，摘自文献 [36]）

14.11.5 摩擦能试验机

图 14.65 为摩擦能试验机，它包括一个静态的实验台面，上面嵌有一个三轴向压力传感器。为了计算摩擦能，需要分开或者同时测量接触应力和滑移距离。过去的滑移量通常是采用一个针式位移传感器来测量[43]，但针孔会给测量结果带来误差。为了消除针孔给测量带来的误差，采用了视频图像传感器来代替针式位移传感器，通过追踪轮胎上的标记点的变形来测量滑移量[22,43-46]，一些学者对摩擦能试验机进行了一些研究[43,45]。摩擦能试验机很难用来评估磨耗进展，该设备常用来评估新胎的摩擦能情况。

Kobayashi 等人[40]用摩擦能试验机来评估轮胎的常规磨耗和不规则磨耗。用潜在玻璃板内的三轴向压力传感器来测量接触区域内轮胎受到的三个方向上的侧向应力、纵向应力和垂直应力。滑移距离采用跟踪点的位移捕捉来进行测量。

图 14.65 摩擦能试验机

轮胎花纹的磨耗可以采用期望摩擦能 $\langle E^w(x, y) \rangle$ 来进行评估，在轮胎花纹上的某点 (x, y) 上应用式（14.170）来进行计算：

$$\langle E^w(x,y)\rangle = \iint_{F_x F_y} \overline{E}^w(x,y,F_x,F_y)f(F_x,F_y)\mathrm{d}F_x\mathrm{d}F_y \tag{14.176}$$

式中，$f(F_x,F_y)$ 是外部力的事件出现频率。摩擦能 $\overline{E}^w(x, y, F_x, F_y)$ 用式（14.175）来表示。

图 14.66a 显示了摩擦能试验机测量结果，而图 14.66b 显示了在轮胎的白色点上测量得到的摩擦能分布。图 14.67 为各种外力条件下的摩擦能测量结果，分别给出了在制动、驱动和侧偏过程三个状态的情况。图 14.67 中的实线表示轮胎自由滚动时的摩擦能，而点画线表示了轮胎在不同的外部力下的摩擦能。

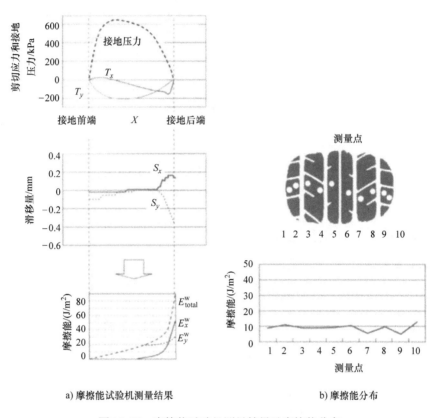

a) 摩擦能试验机测量结果　　　　b) 摩擦能分布

图 14.66　摩擦能试验机测量结果及摩擦能分布
（经 Tokyo Denki University 出版社授权，摘自文献 [1]）

轮胎的磨耗寿命取决于磨耗最快的那个沟槽。因此市场上轮胎的磨耗寿命用下式估计：

$$\text{WearLife} = \text{Min}\left\{\frac{\overline{k}AH}{\langle E^w(x,y)\rangle}\right\} \tag{14.177}$$

式中，$\overline{k}$ 是胎面橡胶的耐磨指数；H 是有效花纹沟深度，它等于花纹沟的初始深度减去磨耗标记的高度（1.6mm）；A 是磨耗评价指标和市场上轮胎的磨耗寿命之间的转换系数。

$$A = 市场上的磨耗寿命 / 磨耗指数 \tag{14.178}$$

图 14.68 为市场上轮胎的平均磨耗寿命和采用式（14.178）计算预测的磨耗寿命之间的关系，从中可以看出，预测值和实际的市场平均磨耗寿命之间吻合较好。

注意一侧的胎肩磨耗可以用两侧胎肩的磨耗差别来评估，而跟趾状磨耗可以用接地前端和接地后端的花纹块的摩擦能差别来表示。

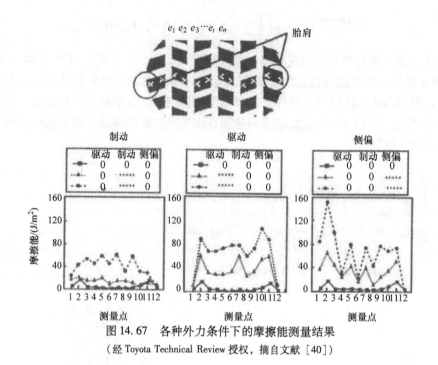

图 14.67　各种外力条件下的摩擦能测量结果
（经 Toyota Technical Review 授权，摘自文献 [40]）

14.11.6　采用 FEA 方法进行磨耗预测

1. 磨耗的有限元模型

从 20 世纪 90 年代开始，人们就研究将有限元方法用于磨耗的评价。根据有限元求解方程、有限元的步骤、接触算法和花纹的类型将有限元方法在轮胎磨耗中的应用进行了分类。不同有限元分析步骤下的磨耗预测结果对比见表 14.3。在接触算法中，拉格朗日乘子法要比罚函数方法更好一些，因为在拉格朗日乘子法中可以严格地满足接触边界条件。尽管罚函数方法可以使求解过程比较容易收敛，但是它却容易在整个接触区域内给出发生滑移的解。因此，采用罚函数方法得到的摩擦能不如采用拉格朗日乘子法得到的摩擦能更好。

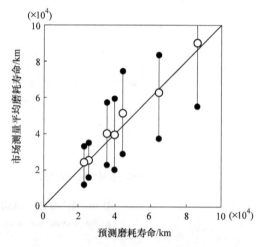

图 14.68　市场上轮胎的平均磨耗寿命和采用式（14.178）计算预测的磨耗寿命之间的关系
（经 Toyota Technical Review 授权，摘自文献 [40]）

表 14.3　不同有限元分析步骤下的磨耗预测结果对比

分析种类		接触算法	花纹		时间	预测能力
算法	步骤		周向纵沟	花纹块		
隐式	滚动接触	拉格朗日乘子法	√	√	长	好
		罚函数法	√	√		一般
	稳态滚动	拉格朗日乘子法	√	—	短	好
		罚函数法	√	—		一般
显式	滚动接触	罚函数法	√	√	长	不好

预测摩擦能的第一个方法是稳态滚动接触分析。这个方法可以应用于任何类型的胎面花纹,如果采用比较密的网格,那么它的预测能力是较好的。但它需要计算很长时间[47-48]。因此 Kaji[49] 采用全局-局部分析的方法来预测摩擦能,如图 14.69 所示。这个预测方法与第 12.2.4 节中讨论的水滑仿真方法相同。全局-局部分析方法首先被 Gall[50] 应用于轮胎花纹的分析中,后来很多学者[49-51]也采用了这个方法。在全局分析中,先用条形花纹轮胎(带纵沟的轮胎)来进行滚动接触分析,然后把计算得到的位移作为边界条件,进行局部花纹块的摩擦能分析。该方法可以使我们以较为合理的计算时间实现块状花纹的详细的摩擦能分布分析。

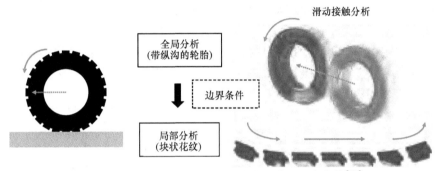

图 14.69 采用全局-局部分析的方法来预测摩擦能[49]

近年来,最流行的方法是利用隐式有限元分析中的稳态传输函数[41,52-54]。对于滚动接触处理的第一种方法发表于 20 世纪 80 年代早期[55-58]。基于牛顿定律的求解方程使刚度矩阵是非对称的,而且,需要形状函数的二阶导数。第二种方法是采用 Oden 和 Lin[59] 提出的相对运动方程。滚动(也就是变形梯度乘法分解)的相对运动描述和任意的拉格朗日-欧拉表述之间的关联性由 Nackenhorst[60-61] 进行了验证。任意的拉格朗日-欧拉描述或稳态的传输函数已经成为最为流行的求解轮胎磨耗问题的方法。因为摩擦能只产生于接地后端的小区域,接地印迹内的摩擦能分布如图 14.70 所示,所以可以采用将接地后端区域的网格加密的方法,以便于精确预测应力和滑移。然而,这个方法只可以应用于稳态现象中,且只能应用于带纵沟的轮胎磨耗中。

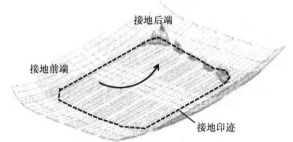

图 14.70 接地印迹内的摩擦能分布
(经 TST 授权,摘自文献 [41])

显式有限元分析方法也被人们用来进行轮胎的磨耗预测,它采用滚动接触而不是静态接地印痕来进行分析。这个方法可以用于任何类型的花纹[42,62-64]。例如,Cho[64] 利用 ADAMS 软件的虚拟驾驶仿真定义了轮胎的驱动和载荷条件。三维带花纹轮胎在每个驾驶状态下的摩擦能通过动态滚动分析的摩擦系数来进行预测,但是这些预测没有经过实验结果的验证。虽然在几篇论文中人们采用显式有限元方法来分析轮胎磨耗,但是,由于在接触算法中使用了罚函数方法,它的预测能力和水平可能较差[65]。

2. 摩擦系数模型

磨耗的数值仿真中一个重要的参数是摩擦系数。简单的 Amonton-Coulomb 摩擦模型并不适合于橡胶材料,因为橡胶的摩擦依赖于接触压力、滑动速度、道路粗糙度和温度。Kennedy[53]的研究结果表明,如果采用 Amonton – Coulomb 摩擦模型,会使摩擦能的仿真结果在花纹条的边部出现极高的峰值。

橡胶材料的一个简单的被广泛接受的摩擦系数模型是 Savkoor 半经验模型,它考虑了各种外部影响因素:

$$\mu_d = \left(\frac{p}{p_0}\right)^{-k} \left[\mu_0 + (\mu_m - \mu_0)\exp\left\{-h^2\log^2\left(\frac{|V_s|}{V_m}\right)\right\}\right] \quad (14.179)$$

式中,p 是法向压力;p_0 是初始的法向接触压力;k 是压力的指数函数的指数;μ_0 是初始的静摩擦系数;μ_m 是最大摩擦系数;V_s 是标量滑移速度;V_m 是摩擦系数取最大值时的标量滑移速度;h 是速度参数。这些参数依赖于橡胶混合物、道路粗糙度和温度,它们采用实验的方法来确定。局部摩擦模型减少了花纹条边部积累的面内应力,这是由于该模型降低了发生局部滑移的阈值。

3. 磨耗仿真技术的验证和应用

Zheng[41]采用磨耗仿真技术不断迭代,实现了轮胎磨耗过程的仿真。每个迭代过程限定胎冠的磨耗量为 0.1~0.2mm。对于给定的行驶距离,轮胎横截面上胎冠的磨耗增量可以用摩擦能曲线和式(14.2)来进行计算。通过将胎冠上磨耗后的橡胶消除来实现对轮胎模型的修改。修改后的轮胎模型重新用于新的一轮的稳态磨耗仿真中,并计算出新的轮胎磨耗轮廓。不断重复这个过程直到获得想要的磨耗深度或者达到需要的行驶距离。图 14.71 给出了左前轮的胎冠磨耗轮廓横截面的测量值和仿真计算值。对于该研究所采用的轮胎模型来说,要实现最大 6~9mm 的磨耗深度需要迭代计算 30~50 次。

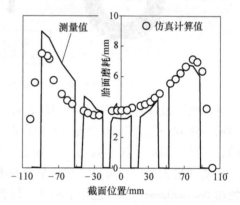

图 14.71 左前轮的胎冠磨耗轮廓横截面的测量值和仿真计算值
(经 TST 授权,摘自文献 [41])

Cho[42]采用了与 Zheng 类似的方法来实现磨耗的预测。图 14.72 和图 14.73 给出了磨耗预测值和室内的磨耗实验值的对比。磨耗轮廓的总体趋势和跟趾状磨耗的轮廓与室内转鼓实验方法的结果比较吻合,但是在胎肩部位磨耗的预测值要比室内实验值低得多。

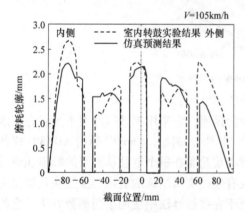

图 14.72 截面磨耗轮廓
(经 TST 授权,摘自文献 [42])

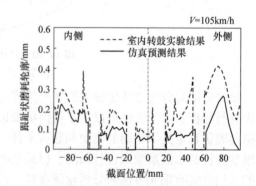

图 14.73 跟趾状磨耗轮廓
(经 TST 授权,摘自文献 [42])

4. 数字磨耗仿真带来的新技术

Kaji[49]采用隐式有限元仿真技术，通过全局–局部的磨耗仿真分析，研究了花纹块的三维形状对磨耗的影响。而摩擦能试验机由于三轴力传感器的尺寸的原因，无法测量花纹块边部的摩擦能。他所用的轮胎规格是 LVR 195/70R15，该案例研究比较了常规花纹块形状的摩擦能分布和具有平缓边部曲线的花纹块［也就是所谓的自适应接触（AC）花纹块］的摩擦能分布。自适应接触花纹块采用了第 7.5.2 节中所讨论的优化方法来优化花纹块的形状，使花纹块在接地中保持均匀的接地压力分布。如图 14.74 所示，计算得到的传统花纹块边部的摩擦能大于 AC 花纹块边部的摩擦能[51]。如图 14.75 所示，AC 花纹块周向剪切应力和滑移较小，这是因为 AC 花纹块的边部是逐渐接触地面的，而传统花纹块是同时接触地面的[51]。

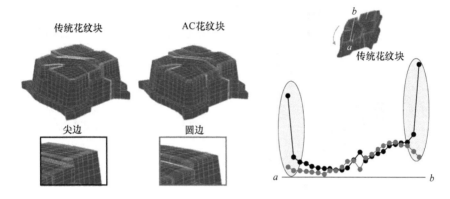

图 14.74　摩擦能分布的比较[51]

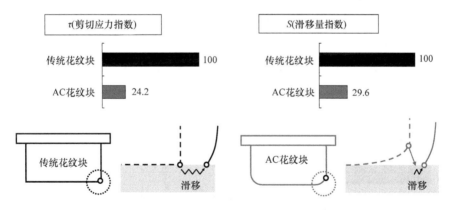

图 14.75　花纹块边部的切向牵引和滑移[51]

AC 花纹块的有效性也在室内的转鼓磨耗试验机上进行了验证。图 14.76 给出了传统花纹块和 AC 花纹块磨耗后的轮廓和磨损量对比。与传统花纹块相比，AC 花纹块的磨耗是均匀的，这表明有限元方法和室内磨耗方法的相关性是比较好的。因为 AC 花纹块迟滞了磨耗进程，它改善了跟趾状磨耗性能，如图 14.77 所示。图 14.78 的前轴和驱动轴（后轴）轮胎的实验结果证明了 AC 花纹块能够提高磨耗寿命。

Hofstetter[66]等以热力耦合方式采用有限元方法计算了轮胎的磨耗。计算得到的磨耗发展历程与实验结果吻合较好。

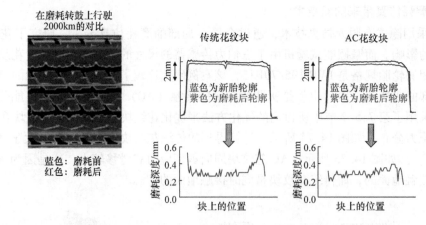

图 14.76 传统花纹块和 AC 花纹块磨耗后的轮廓和磨损量对比[49]（见彩插）

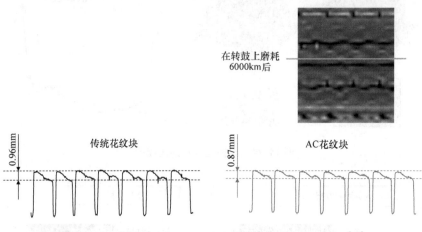

图 14.77 传统花纹块和 AC 花纹块的跟趾状磨耗的段差[49]

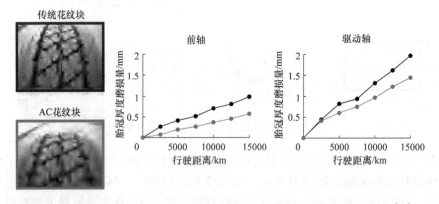

图 14.78 传统花纹块和 AC 花纹块的轮胎在公共道路上的车辆磨耗实验[49]

14.11.7 耐磨性

1. 橡胶耐磨性的评价

橡胶的耐磨性能一般采用室内实验装置进行评价。在磨耗后的橡胶试样上常见到如图 14.2 所示的磨纹，尤其是当施加到橡胶试样上的力比较大时看得更清楚。然而，在乘用车子午线轮胎的胎面上难以见到这种磨纹，但橡胶块边部的磨耗或跟趾状磨耗除外。这可能是良好的道路维护或者较低的滚动阻力导致磨耗的苛刻度或者外部力的幅值变小了的缘故。因此，可能存在两种磨耗机理，一种是磨粒磨损，它可以产生磨纹，另一种磨耗机理不产生磨纹。

Veith[67-68]提出了两种磨耗机理，称为 E 磨耗和 P 磨耗，如图 14.79 所示。E 磨耗对应于由 Schallamach 所提出的磨粒磨损，在磨粒磨损中橡胶样品黏着在道路突起上，并发生弹性变形。E 磨耗的 E 就来自单词"Elastic"。在 E 磨耗中，具有低的玻璃化转变温度的橡胶，比如说聚丁二烯橡胶，具有较好的抗磨耗性能，因为它比较柔软，即便是外部力以高的频率作用到轮胎上也是如此。在 P 磨耗中，橡胶在路面的凸起上滑动，在这个过程中会被拉伸并发生断裂。在 P 磨耗中，橡胶的行为不像是弹性材料而像是塑性材料，P 磨耗的 P 也就是来自英文单词"Plastic"。P 磨耗发生在磨耗苛刻度低的时候，比如较低的路面粗糙度和较低的温度时。具有高的玻璃化转变温度的橡胶在 P 磨耗中有较好的耐磨耗性能。

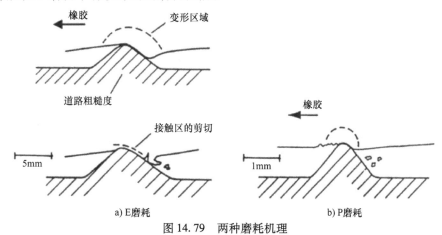

图 14.79 两种磨耗机理
（经 Nippon Gomu Kyokai 授权，摘自文献 [17]）

图 14.80 给出了玻璃化转变温度对橡胶耐磨指数的影响。如图中的黑色点所表示的，如果磨耗苛刻度比较低（P 磨耗），则玻璃化转变温度对橡胶的耐磨指数没有影响，然而，如果磨耗苛刻度比较高（E 磨耗）[16]，则随着玻璃化转变温度的提高，橡胶的耐磨指数降低。尽管侧重于高磨耗苛刻度（E 磨耗）条件下的传统室内磨耗评价方法已被广泛采用，但仍然需要一种综合考虑采用包括 E 磨耗和 P 磨耗在内的新的评价方法和流程。

2. 采用橡胶的耐磨指数来评价轮胎磨耗

（1）采用橡胶试片磨耗试验机的实验步骤 Fujikawa[69-70]比较了用平带式室内磨耗试验机实验得到的轮胎磨耗速率和用橡胶试片磨耗试验机实验得到的橡胶磨耗速率，轮胎行驶 400km 后，测量胎面上多点的磨耗深度并取平均值，用这个平均值作为磨耗速率的评价指标。

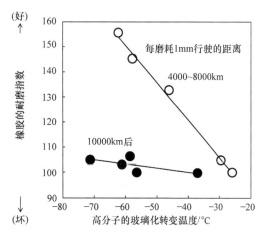

图 14.80 玻璃化转变温度对橡胶耐磨指数的影响
（经 Nippon Gomu Kyokai 授权，摘自文献 [16]）

轮胎的规格是 185/70R13，充气压力是 190kPa，外倾角是 0°，侧向力是 340N，速度是

60km/h，他们也测量了轮胎转弯过程中在接地后端的滑动距离、平均滑动速度和平均接地压力，结果如图14.81所示。图14.81b中的轮胎以60km/h转弯时的平均滑动速度是用测量得到的轮胎速度为0.1km/h的结果计算出来。轮胎的滑动速度大约是轮胎旋转速度的1/50。滑移期间的接地压力小于接地印痕内的平均压力（约300kPa），因为胎冠沿着接地后端滑移，此处的接地压力比平均接地压力小。

用橡胶试片磨耗试验机测量得到的橡胶的等效磨耗速率 A_{TE} 可以表示为

$$A_{TE} = A_W S_U \tag{14.180}$$

式中，A_W 是橡胶的稳态磨耗速率（mm/cycle），它是用橡胶试片磨耗试验机测量得到的；S_U 是轮胎每行驶单位距离（1km）胎面的滑动距离（m/km），可以表示为

$$S_U = (D_T/2r_e)S_1 \tag{14.181}$$

式中，D_T 是轮胎的行驶距离（1km）；r_e 是轮胎的有效滚动半径（m）；S_1 是轮胎每转动一圈胎冠的滑动距离。

A_W 的表达式为

$$A_W = a(V_{sm} + b)q_{zm}^n \tag{14.182}$$

式中，a、b 和 n 是对各种橡胶试片磨耗实验结果进行回归分析后确定的常数。将轮胎的平均滑动速度 V_{sm} 和平均接地压力 q_{zm} 代入到式（14.182），利用式（14.180），橡胶试片的等效磨耗速率 A_{TE} 就可以计算出来。

图14.82给出了橡胶试片的等效磨耗速率和实际胎面的磨耗速率的关系，从中看到在轮胎的各个部位两者吻合较好[69]。

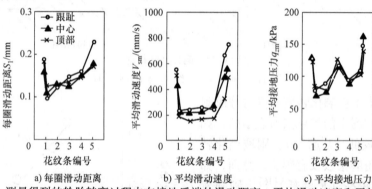

a) 每圈滑动距离   b) 平均滑动速度   c) 平均接地压力

图14.81 测量得到的轮胎转弯过程中在接地后端的滑动距离、平均滑动速度和平均接地压力
（经 Nippon Gomu Kyokai 授权，摘自文献[69]）

（2）新的兰伯恩磨耗试验 Togashi 和 Mouri[16]的研究表明，现有的磨耗实验并不能令人满意地再现上述的磨耗苛刻度较低的 P 磨耗。他们通过模仿轮胎的使用条件，为兰伯恩（Lambourn）磨耗试验提出了一个新的试验条件。

1）接地压力。在新的兰伯恩磨耗试验中橡胶试样的载荷 F_z 由下式确定：

$$F_z = A \bar{q}_z \tag{14.183}$$

式中，$\bar{q}_z$ 是轮胎的平均接地压力；A 是橡胶试样的接触面积。虽然 A 是根据橡胶的杨氏模量

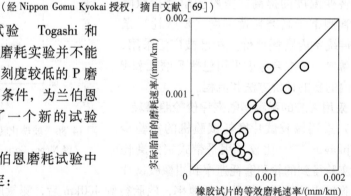

图14.82 橡胶试片的等效磨耗速率和实际胎面的磨耗速率的关系
（经 Nippon Gomu Kyokai 授权，摘自文献[69]）

发生变化的,但是 F_z 不会发生改变。

2) 外部力的频率。由于设备规格和功能的限制,很难使橡胶试样的旋转速度与轮胎的旋转速度相同。因此,橡胶试样的旋转速度必须进行调整,目的是使外部力的频率或者是单位时间的旋转次数与轮胎的相同。兰伯恩磨耗试验中橡胶试样的旋转速度 V_{sample} 可以由下式给出:

$$V_{sample} = V_{tire}/R \tag{14.184}$$

式中,r 是橡胶试样的半径;V_{tire} 是轮胎的速度;R 是轮胎的半径。

3) 从测试表面去除黏附的橡胶粉尘。橡胶试样的磨耗实验(JIS – K6264)采用了尺寸为 80 目、具有牢固的黏合强度的金刚砂作为磨石。因此橡胶试样经历的是 E 磨耗。如果磨耗实验是在低滑移率下进行的,磨下的橡胶粉尘黏在橡胶试样和转鼓的表面,因为黏附在转鼓上的橡胶降低了磨耗的速度,所以为了保证磨耗效果,必须在橡胶试样表面喷洒一种除尘材料,比如滑石粉、黏土、云母粉、面粉或者玉米粉。如果橡胶试样上喷洒了除尘材料,橡胶试样就会表现出 P 磨耗特性,高滑移除外。这是因为橡胶试样和转鼓之间的摩擦系数变得与轮胎和路面之间的摩擦系数一样。注意因为除尘材料的量和喷洒频率影响磨耗速率,因此需要仔细控制。

4) 滑动速度。橡胶的摩擦系数不是滑移率的函数,而是滑动速度的函数,因此使橡胶试样的滑动速度与轮胎的滑动速度相同是非常重要的。轮胎的滑移率 s_{tire} 和橡胶试样的滑移率 s_{sample} 可以表示为

$$s_{tire} = V_{s\_tire}/V_{tire}$$
$$s_{sample} = V_{s\_sample}/V_{sample} \tag{14.185}$$

式中,V_{s_tire} 和 V_{s_sample} 分别是轮胎的滑动速度和橡胶的滑动速度;V_{tire} 和 V_{sample} 分别是轮胎的速度和橡胶试样的速度。

根据轮胎滑动速度和橡胶试样滑动速度相同的条件可以得出:

$$V_{s\_tire} = V_{s\_sample} \tag{14.186}$$

从式(14.185)和式(14.186),可以得到:

$$s_{sample} = (V_{tire}/V_{sample})s_{tire} \tag{14.187}$$

(3) 新兰伯恩磨耗试验的验证　在室外道路磨耗试验中,车辆的质心在横向和纵向的平均加速度为 $1.5 \sim 2.5 m/s^2$,横向加速度为 $1.5 \sim 2.5 m/s^2$ 时对应的轮胎的平均侧偏角约为 $0.8°$,转换成滑移率就是 1% [$\approx 100\tan(0.8\pi/180)$]。然而,如果在兰伯恩磨耗试验中只施加 1% 的滑移率,重现性比较差,实验过程比较长。

在 $s_{tire}=1\%$、$V_{tire}=90km/h$、$V_{sample}=3km/h$ 的时候,用式(14.187)计算得到的橡胶试样的滑移率为 $s_{sample}=30\%$。在一个滑移率为 30% 的新的兰伯恩磨耗试验中,具有低的玻璃化转变温度的橡胶表现出好的耐磨性,其磨纹看起来像 E 磨耗的纹理特征。在滑移率小于 30% 的新的兰伯恩磨耗试验中,玻璃化转变温度的效应消失了,观察不到清晰的磨损纹理,就像在 P 磨耗中的一样。

(4) 实验室磨耗试验机(LAT100)　Grosh[71]开发了室内磨耗试验机(实验室磨损试验机,即 LAT100),并提出了用于衡量胎面橡胶耐磨性的实验程序。耐磨性的方程包含对数求和,用方括号表示:

$$[A] = a + b_1[U] + b_2[V] + b_3[U][V] \tag{14.188}$$

式中,$[A]$ 是磨损量的对数;$[U]$ 是摩擦能的对数;$[V]$ 是速度的对数。

为了确定式(14.188)中的 4 个系数,至少需要 4 个不同的实验条件,特别是需要两个不同的摩擦能设定(如侧偏角和载荷)和两个速度设定。

共进行了 7 种不同橡胶在铝 24 表面上的室内实验,图 14.83 为橡胶的道路磨耗实验和基于

室内磨耗试验机的测试并采用式（14.188）仿真计算得到的磨耗性能分级结果，从中看出仿真实验可以对橡胶的耐磨性进行很好的分级，并且各种情况下与道路磨耗实验结果相同。

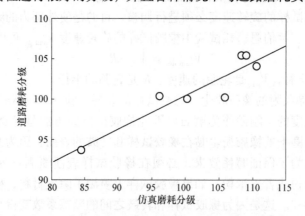

图 14.83　橡胶的道路磨耗实验和基于室内磨耗试验机的测试并采用
式（14.188）仿真计算得到的磨耗性能分级结果
（经 RCT 授权，摘自文献 [71]）

14.12　提高耐磨耗性能和不规则磨耗性能的方法

14.12.1　接地压力分布和不规则磨耗

普利司通公司的 Ogawa 等开发了轿车轮胎不规则磨耗的评价标准，如图 14.84 所示，图中给出了轿车轮胎的自由滚动状态的接地压力分布和不规则磨耗类型之间的关系。横坐标表示接地压力分布的局部平衡指标，所谓的局部平衡指标，指的是胎肩的外侧的接地压力 P_{sho_out} 和胎肩的内侧的接地压力 P_{sho_in} 之间的比值。纵坐标表示接地压力分布的全局平衡，它指的是胎肩区域的平均接地压力 P_{sho} 和胎冠中心的平均接地压力 P_{center} 的比值。这两个无量纲的指标表示为

$$全局平衡 = P_{sho}/P_{center}$$
$$局部平衡 = P_{sho\_out}/P_{sho\_in} \tag{14.189}$$

这些指标可以用室内装置进行测量，或者也可以从 FEA 中计算得到，大致对应于轮胎接地印痕。当全局平衡参数比较大时，胎肩接地长度会较长，而当局部平衡参数较大时，外侧胎肩的接地长度会较长。

图 14.84 中的点代表测量得到的各种规格和各种结构的新轮胎的评价指标。对于乘用车子午线轮胎来说，市场调查中发现的磨耗类型可以被归结为 3 大区。第 1 区是由侧向力导致的胎肩磨耗，第 2 区是正常磨耗，第 3 区是主要用于高速公路行驶的轮胎的胎冠中心磨耗或者肩部磨耗。因此轮胎设计时应该考虑一般的情况，也就是接地压力分布位于第 2 区的情况，即正常磨耗情况。因为接地压力分布随着使用条件而变化，比如随着充气压力和载荷而变化，那么合适的评价指标也会随着这些因素而变化，更进一步地说，如果轮胎是用在具有较强的侧向力的市场上，比如日本或者欧洲市场，则应该设计轮胎让它具有第 3 区的评价指标。如果轮胎是应用于经常直线行驶的市场，比如美国市场，则可以将轮胎设计成具有第 1 区的评价指标。

注意，如我们在第 9.4.3 节所讨论的，通过优化胎冠形状可以使接地压力分布更均匀，从而提高轮胎的磨耗性能和抗不规则磨耗性能。这些轮胎的评价指标都位于第 2 区。注意，为了提高磨耗性能而进行形状优化的思想也应用到了球轴承的槽的设计中，这就是所称的皇冠沟槽，其沟槽的边部的半径小于沟槽中心的半径，如图 14.30 所示。

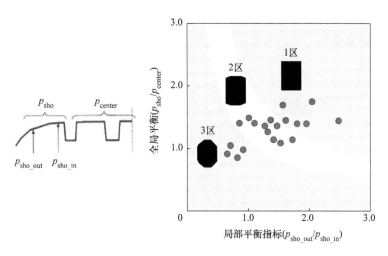

图 14.84　轿车轮胎自由滚动状态的接地压力分布和不规则磨耗类型之间的关系

14.12.2　用于吸收导致不规则磨耗的制动力的花纹条（即制动控制花纹条）

图 14.85 给出了货/客车轮胎常见的不规则磨耗现象，这些不规则磨耗是由第 14.8.3 节所讨论过的制动力导致的自励磨耗引起的[72]。这些不规则磨耗可以通过减少制动力来得以减少。普利司通公司的 Kukimoto 和 Ogawa 开发了制动控制花纹条（BCR）技术，如图 14.86a 所示，它是一个窄的比旁边的花纹条矮的花纹条。图 14.87 给出了增加 BCR 后的平均周向剪切力的变化情况。因为这个花纹条吸收了相邻主花纹条上的制动力，根据牛顿第三定律，相邻的主花纹条上就产生了驱动力。主要花纹条的自励磨耗性能可以由 BCR 得以改善，尤其是对于经常在高速公路上直线行驶的货/客车轮胎来说更为有效。注意，BCR 对制动力的吸收功能类似于图 14.29 中的双胎磨耗机理。

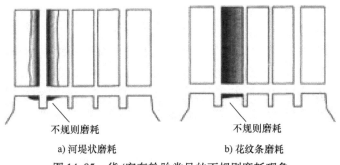

a) 河堤状磨耗　　　　　　b) 花纹条磨耗

图 14.85　货/客车轮胎常见的不规则磨耗现象

（经 Nippon Goum Kyokai 授权，摘自文献 [72]）

制动控制花纹条本身通过自励磨耗机理进行磨耗，但它与主花纹条之间的磨耗段差基本维持到磨耗寿命的终了，因为如果两者的段差提高得太多，则 BCR 的磨耗速度会下降，从而保持原来的段差不变，这在第 14.8.3 节中已经讨论过了。

14.12.3　用于抵抗侧向力的防护沟

图 14.86b 中的胎肩部位的细窄纵沟称为防护沟，因为该防护沟外侧的窄的花纹条在接地过程中与主纵沟接触，抑制了主花纹条由侧向力带来的磨耗。如果防护沟相对于主花纹条稍微凹陷，那么就可以像 BCR 的机理一样抑制相邻的主花纹条的自励磨耗。因此防护沟不但对由侧向力引起的不规则磨耗有效，而且对由周向力引起的不规则磨耗也有效，因此防护沟在货/客

车轮胎和轻型货车轮胎中得以使用。注意,防护沟的位置和深度需要仔细考虑,要考虑到实际使用过程中的侧向力的大小。

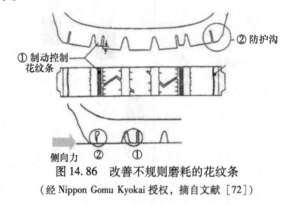

图 14.86 改善不规则磨耗的花纹条
(经 Nippon Gomu Kyokai 授权,摘自文献 [72])

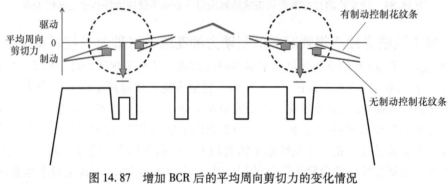

图 14.87 增加 BCR 后的平均周向剪切力的变化情况
(经 Nippon Gomu Kyokai 授权,摘自文献 [72])

14.12.4 三维圆顶形花纹块

对于货/客车轮胎来说,由于胎肩位置的滚动半径小于胎冠中心区域的半径,所以胎肩花纹块上会产生制动力。因此胎肩位置比胎冠中心位置更容易发生跟趾状磨耗。一旦发生跟趾状磨耗,那么根据自励磨耗的机理它将进一步扩展。普利司通公司的 Masaoka 和 Nakajima 发明了如图 14.88 所示的三维圆顶形花纹块技术,用该技术所设计的花纹块在接地前端和接地后端的边部像圆形的穹顶一样轻微凹陷[72]。在减少跟趾状磨耗方面圆顶形花纹块是有效的,常应用于圆圈所示的区域。

可减少跟趾状磨耗的圆顶形花纹块的第一个机理是花纹块的接地前端的磨耗的增加。接地区域的带束层发生横向位移,如图 14.88b 中的虚线表示,这个现象同样可以采用第 16.3.2 中的带束层角度效应力来解释。当圆顶形橡胶块进入接地区的时候,与后端相比,橡胶块的轻微凹陷的前端与接地区域的内侧相接触,当花纹块离开接地区的时候,花纹块的前端比后端发生更多的横向滑移,这样就使花纹块的前端的摩擦能大于后端的摩擦能。

可减少跟趾状磨耗的圆顶形花纹块第二个机理是花纹块边缘的凹陷形状,使花纹块的前端和后端的圆周方向的桶状变形被抑制,如图 14.88c 所示。因为减少了圆顶形花纹块的后端的制动力,那么圆顶形花纹块后端的摩擦能也减少了。注意,因为花纹块的表面是处于均匀磨耗的状态,所以直到轮胎磨耗寿命的后期圆顶形花纹块的形状也不会发生大的变化。如果圆顶的高度过小,则圆顶形花块的效果就弱,但是如果圆顶的高度太大,则花纹块中心的接地压力会增加。因此需要根据使用条件精确设计圆顶的高度。圆顶形花纹块主要是应用在货/客车轮胎和轻型货

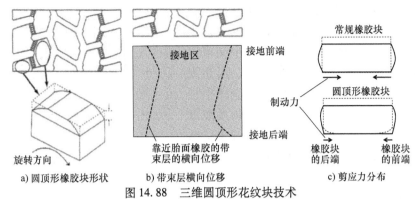

a) 圆顶形橡胶块形状　　b) 带束层横向位移　　c) 剪应力分布

图 14.88　三维圆顶形花纹块技术
（经 Nippon Gomu Kyokai 授权，摘自文献 [72]）

车轮胎上。

14.12.5　橡胶块的表面形状

可以使接地压力分布均匀的花纹块的表面形状是采用如第 7.5.2 节和第 14.11.6 节所讲的优化技术来实现的。图 14.74～图 14.78 表明，优化后的花纹块形状可以减少磨耗或者不规则磨耗，这些主要用于夏季乘用车轮胎和轻型货车轮胎。

14.12.6　三维刀槽

当非镶钉轮胎的花纹块上作用有剪切力的时候，花纹块上的许多刀槽会使花纹块的倾斜变形增加。这个变形会导致跟趾状磨耗，这进一步会使轮胎在干地、冰地和雪地上的制动性能下降。图 7.59 表明，当刀槽在深度方向上被做成曲折形状（也就是三维钢片）时，相邻的小花纹块相互支撑，共同抵抗剪切力。由于三维刀槽抑制了花纹块的倾斜变形，所以跟趾状磨耗、制动性能等其他性能都得到了提高。

14.12.7　波浪形带束层结构

人们开发了低高宽比、宽断面的超大单胎来代替双胎。该类轮胎的好处在于滚动阻力低，可以节省轮胎占用的空间，从而提高车辆承载能力，可以降低底盘的高度，从而比较容易地上下乘员或者装载货物，还可以减少整车的重量。然而，如果在超级单胎上采用如图 14.89 所示的常规的带束层结构，那么轮胎充气后的径向变形（径向成长）就会像图 14.90 那样不均匀[73]。图 14.90 中的两条线分别表示胎冠中心的径向成长量和胎冠上某点处的最大成长量，如果这两条线是分开的，那么就意味着不均匀的径向成长，

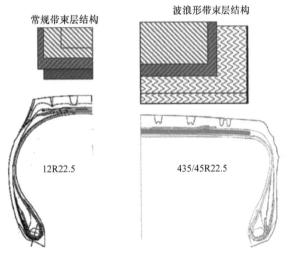

图 14.89　波浪形带束层结构[73]

而且，在使用过程中，带束层之间橡胶的蠕变作用会导致这个趋势变大，从而导致磨耗性能和耐久性能变得更差。因为图 14.89 中的常规带束层结构包含若干有倾斜角的钢丝带束层，这类结构在高宽比低于 65% 时性能表现较差。

普利司通公司的 Kono 等发明了如图 14.89 所示的波浪形带束层结构来解决上述问题，他在胎冠上增加了波浪形的带束层[73]。因为带束层钢丝是波浪形的，在低的拉伸变形时它的刚度较

低，但在高的拉伸应变下其刚度高。利用其低拉伸变形时的低刚度特点，我们可以采用常规的工艺生产波浪形带束层结构的轮胎，而使用过程中又可以利用它的高拉伸刚度特性来抑制径向成长。因为周向拉伸应力由波浪形带束层承受，那么就会减小带束层的层间剪应变。更明确地说，通过控制波浪形带束层的波长和幅值，可以使具有波浪形带束层结构的轮胎在充气后保持均匀的径向成长，从而可以提高不规则磨耗性能和轮胎的耐久性能。

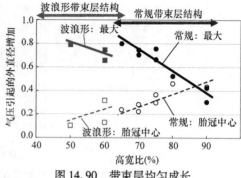

图 14.90　带束层均匀成长

14.12.8　其他提高磨耗性能的方法

与橡胶有关的磨耗性能的研究不是本书的重点，但本节会总结一下 Wada[74] 关于短纤维增强橡胶材料（SFRR）的磨耗性能的研究内容。就像在第 1.8 节中讨论 SFRR 的力学性能时所讲的那样，SFRR 采用氯丁橡胶作为基体材料，采用聚酰胺短纤维作为增强材料。采用表面覆盖有耐磨布的转鼓研究了短纤维的方向角对 SFRR 的磨耗性能的影响。

图 14.91 表明，当短纤维的方向角与转鼓表面垂直时它的比磨耗率最小，其次是方向角与转鼓面平行（纵向）的情况，而方向角与转鼓面呈横向的情况时最差的。这是因为短纤维相对于转鼓面横向或者纵向排列时更容易被切断或从 SFRR 上剖落下来，而方向角垂直于转鼓面就不容易被切断或剖落。

纤维方向	纵向	横向	垂直
磨耗转鼓实验	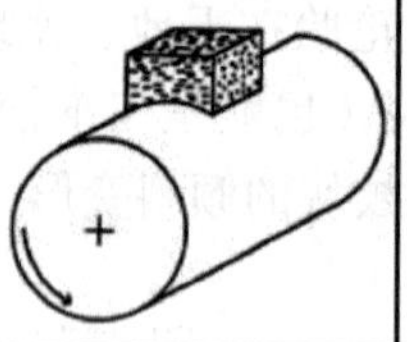	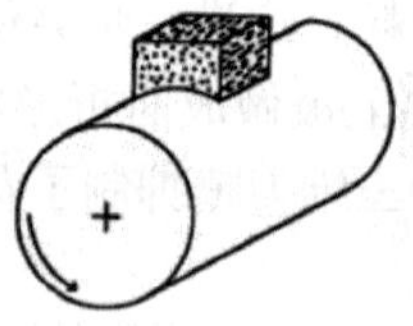	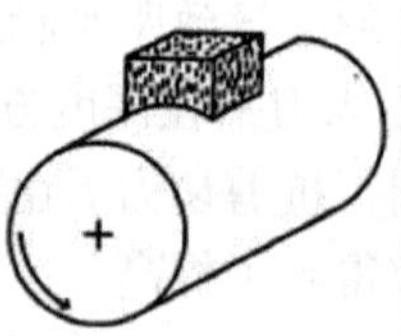
比磨耗率 /[mm³/(N·m)]	5.7(100)	13.1(230)	2.9(51)

图 14.91　不同纤维方向角时的比磨耗率的变化

（经 Nippon Gomu Kyokai 授权，摘自文献［74］）

问题

14.1　推导式（14.13）和式（14.15）。

备注

备注 14.1　式（14.34）和式（14.35）

1）当 $l_h > l/2$ 时，

$$\begin{aligned} S_y &= 0 & 0 \leq x < h \\ S_y &= x\tan\alpha - S_h & l_h \leq x < x_h \\ S_y &= x\tan\alpha - \mu q_z(x)/C_y^{\text{down}} & x_h \leq x < l \end{aligned} \tag{14.190}$$

滑动点的力平衡可以用下式表示：

$$C_y^{\text{up}}\tan\alpha l_h = \mu q_z(l_h) = 4\mu p_m \frac{l_h}{l}\left(1 - \frac{l_h}{l}\right) \tag{14.191}$$

引入新的参数：

$$\zeta_y = C_y^{\text{up}}\tan\alpha/(4\mu p_m) \tag{14.192}$$

l_h 用下面的公式表示：

$$l_h = l(1 - \zeta_y) \quad 0 \leq \zeta_y \leq 1$$
$$l_h = 0 \quad 1 < \zeta_y \tag{14.193}$$

x_h 表示为

$$S_h = \tan\alpha\, l_h = \mu q_z(l_h)/C_y^{up} = \mu q_z(x_h)/C_y^{down} \tag{14.194}$$

从而得到：

$$q_z(x_h) = (C_y^{down}/C_y^{up})q_z(l_h) = \rho q_z(l_h) \tag{14.195}$$

式中，

$$\rho = C_y^{down}/C_y^{up} \leq 1 \tag{14.196}$$

摩擦能 E_y^w 可以由下式给出：

$$\begin{aligned}
E_y^w &= \int_0^{2\pi r} \mu q_z(x)\,\mathrm{d}y = \int_{l_h}^{l} \mu q_z(x)\frac{\mathrm{d}y}{\mathrm{d}x}\mathrm{d}x = \int_{l_h}^{x_h} \mu q_z(x)\tan\alpha\, \mathrm{d}x + \\
&\quad \int_{x_h}^{l} \mu q_z(x)\left(\tan\alpha - \frac{\mu q_z'(x)}{C_y^{down}}\right)\mathrm{d}x \\
&= \mu\tan\alpha\int_{l_h}^{l} q_z(x)\mathrm{d}x - \frac{1}{2}\frac{\mu^2}{C_y^{down}}\int_{x_h}^{l}\frac{\mathrm{d}q_z^2(x)}{\mathrm{d}x}\mathrm{d}x \\
&= \mu\tan\alpha\int_{l_h}^{l} q_z(x)\mathrm{d}x + \frac{1}{2}\frac{\mu^2}{C_y^{down}}q_z^2(x_h)
\end{aligned} \tag{14.197}$$

将式（14.195）代入到式（14.197）可以得到：

$$\begin{aligned}
E_y^w &= \mu\tan\alpha\int_{l_h}^{l} q_z(x)\mathrm{d}x + \frac{1}{2}\frac{\mu^2}{C_y^{up}}q_z^2(l_h) - \frac{1}{2}\frac{\mu^2}{C_y^{up}}q_z^2(l_h) + \frac{1}{2}\rho\frac{\mu^2}{C_y^{up}}q_z^2(l_h) \\
&= \left\{\mu\tan\alpha\int_{l_h}^{l} q_z(x)\mathrm{d}x + \frac{1}{2}\frac{\mu^2}{C_y^{up}}q_z^2(l_h)\right\} - \left\{\frac{1}{2}\frac{\mu^2}{C_y^{up}}q_z^2(l_h)(1-\rho)\right\}
\end{aligned} \tag{14.198}$$

式（14.198）的第一项是没有滞后损失的摩擦能，而第二项是由滞后损失带来的摩擦能。因为满足 $(1-\rho) \geq 0$ 的条件，所以滞后损失会导致摩擦能下降。

2) 当 $l_h \leq l/2$ 时，

$$\begin{aligned}
S_y &= 0 & 0 \leq x < l_h \\
S_y &= x\tan\alpha - \mu q_z(x)/C_y^{up} & l_h \leq x < l/2 \\
S_y &= x\tan\alpha - S_{l/2} & l/2 \leq x < x_h \\
S_y &= x\tan\alpha - \mu q_z(x)/C_y^{down} & x_h \leq x < l
\end{aligned} \tag{14.199}$$

其中 l_h 由式（14.191）给出，x_h 由下式给出：

$$S_{l/2} = \mu p_m/C_y^{up} = \mu q_z(l/2)/C_y^{up} = \mu q_z(x_h)/C_y^{down} \tag{14.200}$$

从而可以得到：

$$q_z(x_h) = (C_y^{down}/C_y^{up})q_z(l/2) = \rho q_z(l/2) \tag{14.201}$$

摩擦能 E_y^w 可以由下式给出：

$$\begin{aligned}
E_y^w &= \int_{l_h}^{l} \mu q_z(x)\frac{\mathrm{d}y}{\mathrm{d}x}\mathrm{d}x = \int_{l_h}^{l/2} \mu q_z(x)\left(\tan\alpha - \frac{\mu q_z'(x)}{C_y^{up}}\right)\mathrm{d}x + \int_{l/2}^{x_h} \mu q_z(x)\tan\alpha\, \mathrm{d}x + \\
&\quad \int_{x_h}^{l} \mu q_z(x)\left(\tan\alpha - \frac{\mu q_z'(x)}{C_y^{down}}\right)\mathrm{d}x = \mu\tan\alpha\int_{l_h}^{l} q_z(x)\mathrm{d}x - \frac{1}{2}\frac{\mu^2}{C_y^{up}}\int_{l_h}^{l/2}\frac{\mathrm{d}q_z^2(x)}{\mathrm{d}x}\mathrm{d}x -
\end{aligned}$$

$$\frac{1}{2}\frac{\mu^2}{C_y^{\text{down}}}\int_{x_h}^{l}\frac{\mathrm{d}q_z^2(x)}{\mathrm{d}x}\mathrm{d}x$$

$$=\mu\tan\alpha\int_{l_h}^{l}q_z(x)\mathrm{d}x - \frac{1}{2}\frac{\mu^2}{C_y^{\text{up}}}\{q_z^2(l/2)-q_z^2(l_h)\} + \frac{1}{2}\frac{\mu^2}{C_y^{\text{down}}}\{q_z^2(x_h)\}$$

$$=\mu\tan\alpha\int_{l_h}^{l}q_z(x)\mathrm{d}x + \frac{1}{2}\frac{\mu^2 q_z^2(l_h)}{C_y^{\text{up}}} - \frac{1}{2}\frac{\mu^2}{C_y^{\text{up}}}q_z^2(l/2) + \frac{1}{2}\frac{\mu^2}{C_y^{\text{down}}}\{q_z^2(x_h)\} \quad (14.202)$$

将式 (14.201) 代入到式 (14.202) 可以得到：

$$E_y^w = \left\{\mu\tan\int_{l_h}^{l}q_z(x)\mathrm{d}x + \frac{1}{2}\frac{\mu^2}{C_y^{\text{up}}}q_z^2(l_h)\right\} - \left\{\frac{1}{2}\frac{\mu^2}{C_y^{\text{up}}}q_z^2(l/2)(1-\rho)\right\} \quad (14.203)$$

式 (14.203) 的第一项是没有滞后损失的摩擦能，方程的第二项是由滞后损失带来的摩擦能，因为满足 $(1-\rho) \geq 0$ 的条件，滞后损失会使摩擦能减少。

备注 14.2　式 (14.45) 和式 (14.46)

式 (14.45)

参考图 14.92，F_y 由下式给出：

$$F_y = G\gamma S = G(y/H)ab = (G/H)aby$$

式中，G 和 γ 分别是橡胶的剪切模量和剪应变；y 是剪切位移。考虑到 C_y 是胎冠橡胶的单位面积剪切弹簧常数，可以得到 $C_y = G/H$。当考虑到胎冠花纹的时候，C_y 就不能简单地用剪切模量来表示，因此需要用到在第 7.1 节中讨论的橡胶块的刚度。

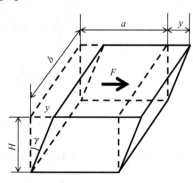

图 14.92　胎冠花纹的剪切变形

式 (14.46)

根据式 (11.53)，可以得到：

$$C_{F\alpha} = \frac{bl^2 C_y}{2\left(1+\frac{b\lambda^3 l^3}{12k_s}C_y\right)} = \frac{1}{\frac{2}{bl^2 C_y}+\frac{b\lambda^3 l^3}{6bl^2 C_y k_s}C_y} = \frac{1}{\frac{2H}{bl^2 G_y}+\frac{\lambda^3 l}{6k_s}}$$

将关系式 $\lambda = \sqrt[4]{k_s/(4EI_z)}$ 代入到上述方程中，可以得到：

$$C_{F\alpha} = \frac{1}{\frac{2H}{bl^2 G_y}+\sqrt[4]{\frac{k_s^3}{4^3(EI_z)^3}}\frac{l}{6k_s}} = \frac{1}{\frac{2H}{bl^2 G_y}+\frac{l}{12\sqrt{2}\sqrt[4]{(EI_z)^3 k_s}}}$$

备注 14.3　式 (14.50)

参照图 14.93，从材料力学的公式中可以得到 $d_2 = PL^3/(48EI)$。利用关系式 $\tau = G\gamma$，并且注意到接触区域内的面内弯曲问题可以用长度为 $L/2$，承受载荷为 $P/2$ 的悬臂梁的弯曲问题来近似，从而得到：

$$\frac{P/2}{A} = G\frac{d_1}{L/2} \rightarrow d_1 = \frac{PL}{4AG}$$

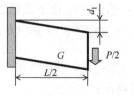　　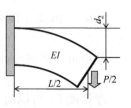

a) 剪切变形　　　　　　　b) 弯曲变形

图 14.93　胎冠花纹块的剪切和弯曲变形

备注 14.4　式 (14.58)

式 (14.58) 第三项的值为 2 的原因是，当积分变量从 L 变为 α 的时候，从 $\alpha_0 - \alpha_m$ 到 $\alpha_0 +$

α_m 的积分被执行了两次。

备注 14.5　式（14.64）

$$\frac{1}{\pi}\int_0^{\alpha_0+\alpha_m}\frac{\alpha^2}{\sqrt{\alpha_m^2-(\alpha-\alpha_0)^2}}d\alpha = \frac{3}{2\pi}\alpha_m\alpha_0\sqrt{1-\left(\frac{\alpha_0}{\alpha_m}\right)^2}+\frac{1}{2}\left(\frac{\alpha_m^2}{2}+\alpha_0^2\right)+$$

$$\frac{1}{\pi}\left(\frac{\alpha_m^2}{2}+\alpha_0^2\right)\sin^{-1}\left(\frac{\alpha_0}{\alpha_m}\right)$$

$$\frac{1}{\pi}\int_{\alpha_0-\alpha_m}^0\frac{\alpha^2}{\sqrt{\alpha_m^2-(\alpha-\alpha_0)^2}}d\alpha = \frac{1}{\pi}\int_0^{-\alpha_0+\alpha_m}\frac{\alpha^2}{\sqrt{\alpha_m^2-(\alpha+\alpha_0)^2}}d\alpha$$

利用上面的关系，$\langle E^w \rangle$ 可以用下式表示：

$$\langle E^w \rangle = \frac{1}{\pi}\int_{\alpha_0-\alpha_m}^0 a^-\frac{\alpha^2}{\sqrt{\alpha_m^2-(\alpha-\alpha_0)^2}}d\alpha+\frac{1}{\pi}\int_0^{\alpha_0+\alpha_m}a^+\frac{\alpha^2}{\sqrt{\alpha_m^2-(\alpha-\alpha_0)^2}}d\alpha$$

$$= \left(\frac{\alpha_m^2}{2}+\alpha_0^2\right)\alpha_0+\frac{2}{\pi}\left\{\left(\frac{\alpha_m^2}{2}+\alpha_0^2\right)\sin^{-1}\left(\frac{\alpha_0}{\alpha_m}\right)+\frac{3}{2}\alpha_m\alpha_0\sqrt{1-\left(\frac{\alpha_0}{\alpha_m}\right)^2}\right\}by$$

当左侧和右侧的横向力有相同的幅值时，满足 $\alpha_m \gg \alpha_0$ 的条件。将上式进行泰勒展开，可以得到：

$$\langle E^w \rangle \cong \left(\frac{\alpha_m^2}{2}+\alpha_0^2\right)a_0+\frac{4}{\pi}\alpha_m\alpha_0 by$$

备注 14.6　式（14.66）

$$\int_0^{\alpha_0+\alpha_m}\frac{\alpha^2}{\sqrt{2\pi}\sigma}e^{-\frac{(\alpha-\alpha_0)^2}{2\sigma^2}}d\alpha \cong \int_0^\infty\frac{\alpha^2}{\sqrt{2\pi}\sigma}e^{-\frac{(\alpha-\alpha_0)^2}{2\sigma^2}}d\alpha = \frac{1}{\sqrt{2\pi}\sigma}\int_{-\alpha_0}^\infty x^2 e^{-\frac{x^2}{2\sigma^2}}dx +$$

$$\frac{2\alpha_0}{\sqrt{2\pi}\sigma}\int_{-\alpha_0}^\infty xe^{-\frac{x^2}{2\sigma^2}}dx+\frac{\alpha_0^2}{\sqrt{2\pi}\sigma}\int_{-\alpha_0}^\infty\frac{x^2}{\sqrt{2\pi}\sigma}e^{-\frac{x^2}{2\sigma^2}}dx$$

$$= -\frac{\sigma\alpha_0}{\sqrt{2\pi}}e^{-\frac{\alpha_0^2}{2\sigma^2}}+\frac{\sigma^2}{2}\text{erfc}\left(-\frac{\alpha_0}{\sqrt{2}\sigma}\right)+\frac{2\sigma\alpha_0}{\sqrt{2\pi}}e^{-\frac{\alpha_0^2}{2\sigma^2}}+\frac{\alpha_0^2}{2}\text{erfc}\left(-\frac{\alpha_0}{\sqrt{2}\sigma}\right)$$

$$= \frac{\sigma\alpha_0}{\sqrt{2\pi}}e^{-\frac{\alpha_0^2}{2\sigma^2}}+\frac{\sigma^2+\alpha_0^2}{2}\text{erfc}\left(-\frac{\alpha_0}{\sqrt{2}\sigma}\right)$$

式中，

$$\text{erfc}(x) = 1-\text{erf}(x)$$

$$\text{erf}(x) = \frac{2}{\sqrt{\pi}}\int_0^x e^{-t^2}dt = \frac{2}{\sqrt{\pi}}\left(x-\frac{x^3}{3}+\cdots\right)$$

$$\text{erf}(x) = -\text{erf}(-x)$$

$$\int_{\alpha_0-\alpha_m}^0\frac{\alpha^2}{\sqrt{2\pi}\sigma}e^{-\frac{(\alpha-\alpha_0)^2}{2\sigma^2}}d\alpha \cong \int_{-\infty}^0\frac{\alpha^2}{\sqrt{2\pi}\sigma}e^{-\frac{(\alpha-\alpha_0)^2}{2\sigma^2}}d\alpha$$

$$= \frac{1}{\sqrt{2\pi}\sigma}\int_{\alpha_0}^\infty x^2 e^{-\frac{x^2}{2\sigma^2}}dx-\frac{2\alpha_0}{\sqrt{2\pi}\sigma}\int_{\alpha_0}^\infty xe^{-\frac{x^2}{2\sigma^2}}dx+\frac{\alpha_0^2}{\sqrt{2\pi}\sigma}\int_{\alpha_0}^\infty\frac{x^2}{\sqrt{2\pi}\sigma}e^{-\frac{x^2}{2\sigma^2}}dx$$

$$= -\frac{\sigma\alpha_0}{\sqrt{2\pi}}e^{-\frac{\alpha_0^2}{2\sigma^2}} + \frac{\sigma^2+\alpha_0^2}{2}\mathrm{erfc}\left(\frac{\alpha_0}{\sqrt{2}\sigma}\right)$$

$$\langle E^{\mathrm{w}}\rangle = \frac{1}{L_0}\int_{\alpha_0-\alpha_{\mathrm{m}}}^{\alpha_0+\alpha_{\mathrm{m}}} a(y)\frac{\alpha^2}{\sqrt{2\pi}\sigma}e^{-\frac{(\alpha-\alpha_0)^2}{2\sigma^2}}\mathrm{d}\alpha$$

$$= \frac{\sigma^2+\alpha_0^2}{2}\left\{\mathrm{erfc}\left(\frac{\alpha_0}{\sqrt{2}\sigma}\right) + \mathrm{erfc}\left(-\frac{\alpha_0}{\sqrt{2}\sigma}\right)\right\}a_0 +$$

$$\left[\frac{2\sigma\alpha_0}{\sqrt{2\pi}}e^{-\frac{\alpha_0^2}{2\sigma^2}} + \frac{\sigma^2+\alpha_0^2}{2}\left\{-\mathrm{erfc}\left(\frac{\alpha_0}{\sqrt{2}\sigma}\right) + \mathrm{erfc}\left(-\frac{\alpha_0}{\sqrt{2}\sigma}\right)\right\}\right]by$$

利用以下关系式：

$$\mathrm{erfc}\left(\frac{\alpha_0}{\sqrt{2}\sigma}\right) + \mathrm{erfc}\left(-\frac{\alpha_0}{\sqrt{2}\sigma}\right) = 2 - \mathrm{erf}\left(\frac{\alpha_0}{\sqrt{2}\sigma}\right) - \mathrm{erf}\left(-\frac{\alpha_0}{\sqrt{2}\sigma}\right)$$

$$= 2 - \mathrm{erf}\left(\frac{\alpha_0}{\sqrt{2}\sigma}\right) + \mathrm{erf}\left(\frac{\alpha_0}{\sqrt{2}\sigma}\right) = 2$$

$$\left\{-\mathrm{erfc}\left(\frac{\alpha_0}{\sqrt{2}\sigma}\right) + \mathrm{erfc}\left(-\frac{\alpha_0}{\sqrt{2}\sigma}\right)\right\} = \mathrm{erf}\left(\frac{\alpha_0}{\sqrt{2}\sigma}\right) - \mathrm{erf}\left(-\frac{\alpha_0}{\sqrt{2}\sigma}\right)$$

$$= 2\mathrm{erf}\left(\frac{\alpha_0}{\sqrt{2}\sigma}\right)$$

上述关于 $\langle E^{\mathrm{w}}\rangle$ 的方程可以简化成：

$$\langle E^{\mathrm{w}}\rangle = (\sigma^2+\alpha_0^2)a_0 + \left[\frac{\sqrt{2}\sigma\alpha_0}{\sqrt{\pi}}e^{-\frac{\alpha_0^2}{2\sigma^2}} + (\sigma^2+\alpha_0^2)\mathrm{erf}\left(\frac{\alpha_0}{\sqrt{2}\sigma}\right)\right]by$$

假设 $\sigma \gg \alpha_0$，并且将上式中的第二项用泰勒公式展开，可以得到：

$$\frac{\sqrt{2}\sigma\alpha_0}{\sqrt{\pi}}e^{-\frac{\alpha_0^2}{2\sigma^2}} + (\sigma^2+\alpha_0^2)\mathrm{erf}\left(\frac{\alpha_0}{\sqrt{2}\sigma}\right) = \frac{\sqrt{2}\sigma\alpha_0}{\sqrt{\pi}} + (\sigma^2+\alpha_0^2)\frac{2}{\sqrt{\pi}}\frac{\alpha_0}{\sqrt{2}\sigma} \cong 2\sqrt{\frac{2}{\pi}}\sigma\alpha_0$$

备注14.7　式（14.77）~式（14.78），式（14.81）~式（14.82）

1) 当 $0 \le l_{\mathrm{h}} \le l$ 时，

在制动状态（$s>0$）下，

$$E^{\mathrm{w(braking)}} = \int_{l_{\mathrm{h}}}^{l}\mu_{\mathrm{d}}q_z(x)\frac{\mathrm{d}y}{\mathrm{d}x}\mathrm{d}x$$

$$= \int_{l_{\mathrm{h}}}^{l}\mu_{\mathrm{d}}q_z(x)\left(\frac{\sqrt{C_x^2s^2\cos^2\alpha + C_y^2\sin^2\alpha}}{C} - \frac{\mu_{\mathrm{d}}q_z'(x)}{C}\right)\mathrm{d}x$$

$$= \mu_{\mathrm{d}}\frac{\sqrt{C_x^2s^2\cos^2\alpha + C_y^2\sin^2\alpha}}{C}\int_{l_{\mathrm{h}}}^{l}q_z(x)\mathrm{d}x - \frac{1}{2}\frac{\mu_{\mathrm{d}}^2}{C}\int_{l_{\mathrm{h}}}^{l}\frac{\mathrm{d}q_z^2(x)}{\mathrm{d}x}\mathrm{d}x$$

$$= \mu_{\mathrm{d}}\frac{\sqrt{C_x^2s^2\cos^2\alpha + C_y^2\sin^2\alpha}}{C}\int_{l_{\mathrm{h}}}^{l}q_z\mathrm{d}x - \frac{1}{2}\frac{\mu_{\mathrm{d}}^2}{C}q_z^2(x)\Big|_{l_{\mathrm{h}}}^{l}$$

$$= \mu_{\mathrm{d}}\frac{\sqrt{C_x^2s^2\cos^2\alpha + C_y^2\sin^2\alpha}}{C}\int_{l_{\mathrm{h}}}^{l}q_z\mathrm{d}x + \frac{1}{2}\frac{\mu_{\mathrm{d}}^2}{C}q_z^2(l_{\mathrm{h}})$$

第 14 章 轮胎的磨耗特性

$$= \frac{2\mu_d p_m l}{3C} \sqrt{C_x^2 s^2 \cos^2\alpha + C_y^2 \sin^2\alpha} \left\{ 1 - 3\left(\frac{l_h}{l}\right)^2 + 2\left(\frac{l_h}{l}\right)^3 \right\} + \frac{8\mu_d^2 p_m^2}{C} \left(\frac{l_h}{l}\right)^2 \left(1 - \frac{l_h}{l}\right)^2$$

在驱动状态（$s<0$）下，

$$E^{w(\text{driving})} = \frac{2\mu_d p_m l}{3C} \sqrt{C_x^2 s^2 + C_y^2(1+s)^2 \tan^2\alpha} \left\{ 1 - 3\left(\frac{l_h}{l}\right)^2 + 2\left(\frac{l_h}{l}\right)^3 \right\} + \frac{8\mu_d^2 p_m^2}{C} \left(\frac{l_h}{l}\right)^2 \left(1 - \frac{l_h}{l}\right)^2$$

为了简化，假设 $C_x = C_y = C$，考虑到关系式 $p_m = 3F_z/(2lb)$，可以得到：

$$E^{w(\text{braking})} = \frac{\mu_d F_z}{b} \sqrt{s^2 \cos^2\alpha + \sin^2\alpha} \left\{ 1 - 3\left(\frac{l_h}{l}\right)^2 + 2\left(\frac{l_h}{l}\right)^3 \right\} + \frac{18\mu_d^2 F_z^2}{Cl^2 b^2} \left(\frac{l_h}{l}\right)^2 \left(1 - \frac{l_h}{l}\right)^2$$

$$E^{w(\text{driving})} = \frac{\mu_d F_z}{b} \sqrt{s^2 + (1+s)^2 \tan^2\alpha} \left\{ 1 - 3\left(\frac{l_h}{l}\right)^2 + 2\left(\frac{l_h}{l}\right)^3 \right\} + \frac{18\mu_d^2 F_z^2}{Cl^2 b^2} \left(\frac{l_h}{l}\right)^2 \left(1 - \frac{l_h}{l}\right)^2$$

2）当 $l_h < 0$ 时，

在制动状态（$s>0$）下，

$$E^{w(\text{braking})} = \int_0^l \mu_d q_z(x) \frac{dS_y}{dx} dx = \frac{2\mu_d p_m l}{3C} \sqrt{C_x^2 s^2 \cos^2\alpha + C_y^2 \sin^2\alpha}$$

$$= \frac{\mu_d F_z}{bC} \sqrt{C_x^2 s^2 \cos^2\alpha + C_y^2 \sin^2\alpha}$$

在驱动状态（$s<0$）下，

$$E^{w(\text{driving})} = \frac{2\mu_d p_m l}{3C} \sqrt{C_x^2 s^2 + C_y^2(1+s)^2 \tan^2\alpha}$$

$$= \frac{\mu_d F_z}{bC} \sqrt{C_x^2 s^2 + C_y^2(1+s)^2 \tan^2\alpha}$$

假设 $C_x = C_y = C$，可以得到：

$$E^{w(\text{braking})} = \frac{\mu_d F_z}{b} \sqrt{s^2 \cos^2\alpha + \sin^2\alpha}$$

$$E^{w(\text{driving})} = \frac{\mu_d F_z}{b} \sqrt{s^2 + (1+s)^2 \tan^2\alpha}$$

备注 14.8 式 (14.92)

将式（14.85）代入式（14.89）中，得到：

$$\eta \dot{y} + k_{\text{tread}} y = \mu(AVt + B)$$

上述微分方程的解为：

$$y = \xi e^{-\frac{k_{\text{tread}}}{\eta} t} + \frac{\mu}{k_{\text{tread}}} \left\{ AV\left(t - \frac{\eta}{k_{\text{tread}}}\right) + B \right\}$$

考虑到初始条件，可以得到：

$$V_y t_c = \xi e^{-\frac{k_{\text{tread}}}{\eta}t_c} + \frac{\mu}{k_{\text{tread}}}\left\{AV\left(t_c - \frac{\eta}{k_{\text{tread}}}\right) + B\right\}$$

$$\xi = -\left[\frac{\mu}{k_{\text{tread}}}\left\{AV\left(t_c - \frac{\eta}{k_{\text{tread}}}\right) + B\right\} - V_y t_c\right]e^{\frac{k_{\text{tread}}}{\eta}t_c}$$

利用式（14.85）和式（14.86），在 $t = t_c$ 时，式（14.89）可以重写为

$$\eta V\sin\alpha + k_{\text{tread}} V t_c \sin\alpha = \mu(AVt_c + B)$$

上述方程重新写为

$$\mu A - k_{\text{tread}}\sin\alpha = (\eta V\sin\alpha - \mu B)/(Vt_c)$$

将上述公式代入到求解 ξ 的公式中，可以得到：

$$\xi = -\left[\frac{\mu}{k_{\text{tread}}}\left(-\frac{\eta}{k_{\text{tread}}}AV + B\right) + \frac{1}{k_{\text{tread}}}(-\mu B + \eta V\sin\alpha)\right]e^{\frac{k_{\text{tread}}}{\eta}t_c}$$

$$= \frac{\eta V}{k_{\text{tread}}}\left(\frac{\mu A}{k_{\text{tread}}} - \sin\alpha\right)e^{\frac{k_{\text{tread}}}{\eta}t_c}$$

将 ξ 和 $t = T + t_c$ 代入到 y 的求解公式中，可以得到：

$$y = \frac{\mu}{k_{\text{tread}}}\left\{AV\left(T + t_c - \frac{\eta}{k_{\text{tread}}}\right) + B\right\} + \frac{\eta V}{k_{\text{tread}}}\left(\frac{\mu}{k_{\text{tread}}}A - \sin\alpha\right)e^{-\frac{t_{\text{tread}}}{\eta}T}$$

备注 14.9　两个相邻花纹块的剪切弹簧常数

Fujikawa[23]计算了花纹块的内部剪切刚度。如图 14.94 所示，在纵向位置 x 和垂直位置 z 处的剪应变 γ 可以表示为

$$\gamma(x,z) = \frac{z}{h}\left\{\frac{\delta_y(x + l_E) - \delta_y(x)}{l_E}\right\}$$

式中，l_E 是相邻单元之间的距离。

作用在胎面单元上的剪切力 $f(x)$ 可以表示为

$$f(x) = bG\int_0^h \gamma(x,z)\mathrm{d}z = \frac{bhG}{2}\left\{\frac{\delta_y(x + l_E) - \delta_y(x)}{l_E}\right\} = \frac{bhG}{2l_E}\Delta\delta_y$$

从上述方程中，可以得到内部剪切刚度 k_2，$k_2 = bhG/(2l_E)$，其中 b 是橡胶块的宽度。同时，橡胶块上一个单元的剪切刚度 t'_{tread} 用 $t'_{\text{tread}} = bl_E G/h$ 表示。对于大小为 20mm（长）×20mm（宽）×8mm（高）的橡胶块来说，考虑到它的高度为 8mm，$l_E = 20/3$mm，$b = 20$mm，内部剪切刚度和橡胶块的某个单元的剪切刚度之间的关系为 $k_2 = 0.72 t'_{\text{tread}}$。因此，Fujikawa 关于 $k_2 = 2t'_{\text{tread}}$ 的假设对这个橡胶块来说是不合适的。

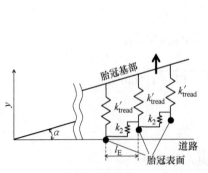
a) 局部滑移模型

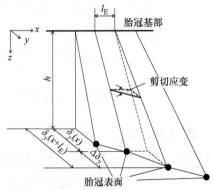
b) 胎冠的剪切变形

图 14.94　局部滑移模型和胎冠的剪切变形

（经 JSAE 授权，摘自文献 [21]）

备注 14.10 式（14.141）

利用式（14.136）、式（14.139）和式（14.140），可以得到：

$$\delta = (1 + K_r/K_f)\beta - (C_{Pf} + C_{Pr})/K_f$$

利用式（14.138）和式（14.139）以及上面的方程，可以得到用于求解车辆的侧偏角 β 的方程。

备注 14.11 时滞系统

当单自由度系统的运动方程的弹性项部分存在时间迟滞的时候，其运动方程变成了 $m\ddot{x}(t) + c\dot{x}(t) + kx(t-\tau) = 0$。当时间延迟小的时候，利用方程 $x(t-\tau) = x(t) - \tau\dot{x}(t)$，上述公式重新写为 $m\ddot{x}(t) + (c - k\tau)\dot{x}(t) + kx = 0$。如果满足 $c - k\tau < 0$ 的条件，则系统会发生不稳定振动。如果时间延迟不小，通过对原方程应用拉普拉斯变换，可以得到系统的特征方程 $ms^2 + cs + ke^{-\tau s} = 0$。因为这个特征方程包含 $e^{-\tau s}$ 项，所以方程的解有无穷多个。这是因为对于任何一个 n，关系式 $e^{-j(\theta + 2n\pi)} = e^{j\theta}$（$j = \sqrt{-1}$）都是成立的。这是时间迟滞系统的特点。

备注 14.12 式（14.160）和式（14.162）

式（14.160）

从关系式 $W_1(t) = 0$ 和 $W_2(t) = 0$，可以得到 $X_0(t) = V_0(t) = U_0(t - T)$。

利用式（14.157），可以得到：

$$U_0(t) = U_0(t - T) + \bar{k}\beta^n P_0^n$$

根据关系式 $\ddot{X}(t) = 0$ 和初始条件 $X_0(0) = 0$，可以得到 $X_0(t) = At$，其中的 A 是常数。从关系式 $X_0(t) = U_0(t - T)$，$U_0(t)$ 是一个关于 t 的线性函数。利用上述方程，$U_0(t)$ 和 $U_0(t - T)$ 可以由下面的公式给出：

$$U_0(t) = \bar{k}\beta^n P_0^n(t + T)/T$$
$$U_0(t - T) = \bar{k}\beta^n P_0^n t/T$$

式（14.162）

根据式（14.152），可以得到：

$$P(t) = P_0 + p(t)$$

式中，

$$p(t) = \eta_T \dot{W}_2(t) + K_T W_2(t)$$

将式（14.152）和式（14.161）代入到式（14.157），可以得到：

$$\begin{aligned}U_0(t) + u(t) &= U_0(t - T) + u(t - T) + \bar{k}\beta^n \{P_0 + p(t)\}^n \\ &\cong U_0(t - T) + u(t - T) + \bar{k}\beta^n P_0^n(t) + \bar{k}\beta^n n P_0^{n-1}(t)p(t) \\ &= U_0(t - T) + u(t - T) + \bar{k}\beta^n P_0^n(t) + \bar{k}\beta^n n P_0^{n-1}(t)\{\eta_T \dot{W}_2(t) + K_T W_2(t)\}\end{aligned}$$

式中，

$$U_0(t) = U(t - T) + W(t) = U_0(t - T) + \bar{k}\beta^n P_0^n(t)$$
$$W_2(t) = X_0(t) + x(t) - U_0(t - T) - u(t - T) = x(t) - u(t - T)$$

从上述方程中可以得到：

$$u(t) = u(t - T) + \bar{k}\beta^n P_0^{n-1} n[\eta_T \{\dot{x}(t) - \dot{u}(t - T)\} + K_T\{x(t) - u(t - T)\}]$$

备注 14.13

Schallamach 的方程由式（14.30）给出，对应于 $n = 2$。

参考文献

1. Bridgestone (ed.), *Fundamentals and Application of Vehicle Tires (in Japanese)* (Tokyo Denki University Press, 2008)
2. A. Schallamach, Friction and abrasion of rubber. Wear **1**, 384–417 (1957–1958)
3. A. Schallamach, Recent advances in knowledge of rubber friction and tire wear. Rubber Chem. Technol. **41**, 209–244 (1968)
4. Y. Uchiyama, Development of the rubber friction and wear (in Japanese). Nippon Gomu Kyokaishi **80**(4), 120–127 (2007)
5. S. Yamazaki et al., Indoor test procedures for evaluation of tire tread wear and influence of suspension alignment. Tire Sci. Technol. **17**(4), 236–273 (1989)
6. S. Yamazaki, Influence of drum curvature on tire tread wear in indoor tire wear testing (in Japanese). JARI Res. J. **19**(4) (1997)
7. H. Sakai, Study on wear of tire tread—friction and wear at large slip speed (in Japanese). Nippon Gomu Kyokaishi **68**, 251–257 (1995)
8. O.L. Maitre, et al., *Evaluation of Tire Wear Performance*, SAE Paper, No. 980256 (1998)
9. A. Schallamach, D.M. Turner, Wear of slipping wheels. Wear **3**, 1–25 (1960)
10. A.G. Veith, The Driving Severity Number (DSN)—a step toward quantifying treadwear test conditions. Tire Sci. Technol. **14**(3), 139–159 (1986)
11. P.S. Pillai, Friction and wear of tires, in *Friction, Lubrication, and Wear Technology*, ed. By P.J. Blau (ASM Handbook, 1992), vol. 18, pp. 578–581
12. H. Sakai, Study on wear of tire tread—friction and wear at small slip angle (in Japanese). Nippon Gomu Kyokaishi **68**, 39–46 (1995)
13. A.G. Veith, Accelerated tire wear under controlled conditions-II, Some factors that influence tire wear. Rubber Chem. Technol. **46**, 821–842 (1973)
14. A. Schallamach, The role of hysteresis in tire wear and laboratory abrasion. Rubber Chem. Technol. **33**, 857–867 (1960)
15. T. Mashita, Recent study on tire wear (in Japanese), in *Symposium of Vehicle Dynamics and Tire*, JSAE (1983)
16. M. Togashi, H. Mouri, Evaluation and technology for improvement on tire wear and irregular wear (in Japanese). Nippon Gomu Kyokaishi **69**, 739–748 (1996)
17. V.E. Gough, Stiffness of cord and rubber constructions. Rubber Chem. Technol. **41**, 988–1021 (1968)
18. S.K. Clark (ed.), *Mechanics of Pneumatic Tire* (U.S. Government Printing Office, 1981)
19. B.K. Daniels, A note on Gough stiffness and tread life. Tire Sci. Technol. **5**(4), 226–231 (1977)
20. H. Sakai, *Tire Engineering (in Japanese)* (Guranpuri-Shuppan, 1987)
21. T. Fujikawa, S. Ymamazaki, Tire tread slip at actual vehicle speed. Trans. JSAE **26**(3), 97–102 (1995)
22. J.J. Lazeration, An investigation of the slip of a tire tread. Tire Sci. Technol. **25**(2), 78–95 (1997)
23. T. Fujikawa et al., Tire model to predict treadwear. Tire Sci. Technol. **27**(2), 106–125 (1999)
24. Fujikoshi Corporation, in *Technology seminar: Introduction to tribology*, Machi-Business News, vol 7 (2005)
25. T. Hanzaka, Y. Nakajima, *Physical Wear Model on Wear Progress of Irregular Wear of Tires (Case of River Wear of Truck & Bus Tires)* (FISITA World Automotive Congress, Busan, 2016)
26. S. Yamazaki et al., Indoor test procedures for evaluation of tire treadwear and influence of suspension alignment. Tire Sci. Technol. **17**(4), 236–273 (1989)
27. S. Yamazaki et al., Influences of toe and camber angie on tire wear (in Japanese). JARI Res. J. **9**(12), 473–476 (1987)
28. S. Kohmura et al., in *Estimation Method of Tire Tread Wear on a Vehicle*, SAE Paper, No. 910168 (1991)
29. W.K. Shepherd, Diagonal wear predicted by a simple wear model, in *The Tire Pavement Interface*, ed. by M.G. Pottinger, T.J. Yager, ASTM STP 929, American Society for Testing and Materials (1986), pp. 159–179
30. A. Sueoka et al., Polygonal wear of automobile tires (in Japanese). Trans. JSME (C) **62**(600), 3145–3152 (1996)
31. A. Sueoka et al., Polygonal wear of automobile tires. JSME Int. J. (C) **40**(2), 209–217 (1997)
32. H. Sakai, Friction and wear of tire tread rubber. Tire Sci. Technol. **24**(3), 252–275 (1996)
33. C. Wright et al., Laboratory tire wear simulation derived from computer modeling of suspension dynamics. Tire Sci. Technol. **19**(3), 122–141 (1991)

34. S. Yamazaki, Evaluation method of friction and wear, and points to consider (in Japanese). Nippon Gomu Kyokaishi **74**(1), 12–17 (2001)
35. D.O. Stalnaker et al., Indoor simulation of tire wear: some case studies. Tire Sci. Technol. **24**(2), 94–118 (1996)
36. D.O. Stalnaker, J.L. Turner, Vehicle and course characterization process for indoor tire wear simulation. Tire Sci. Technol. **30**(2), 100–121 (2002)
37. E.F. Knuth et al., *Advances in Indoor Tire Tread Wear Simulation*, SAE Paper, No. 2006-01-1447 (2006)
38. R. Loh, F. Nohl, in *Multiaxial Wheel Transducer, Application and Results*, VDI Berichte, No. 741 (1989)
39. H. Lupker et al., Numerical prediction of car tire wear. Tire Sci. Technol. **32**(3), 164–186 (2004)
40. H. Kobayashi et al., Estimation method of tread wear life (in Japanese). Toyota Tech. Rev. **50**(1), 50–55 (2000)
41. D. Zheng, Prediction of tire tread wear with FEM steady state rolling contact simulation. Tire Sci. Technol. **31**(3), 189–202 (2003)
42. J.C. Cho, B.C. Jung, Prediction of tread pattern wear by an explicit finite element model. Tire Sci. Technol. **35**(4), 276–299 (2007)
43. S. Yamazaki, Evaluation procedures and properties of tire treadwear (in Japanese). Jidosha Kenkyu **13**(4), 116–126 (1991)
44. T. Fujikawa, S. Yamazaki, Tire tread slip at actual vehicle speed (in Japanese). Jidosha Kenkyu **16**(5), 178–181 (1994)
45. S. Knisley, A correlation between rolling tire contact friction energy and indoor tread wear. Tire Sci. Technol. **30**(2), 83–99 (2002)
46. http://autoc-one.jp/special/1204863/photo/0003.html. Accessed 27 April 2018
47. A.A. Goldstein, Finite element analysis of a quasi-static rolling tire model for determination of truck tire forces and moments. Tire Sci. Technol. **24**(4), 278–293 (1996)
48. R. Gall et al., Some notes on the finite element analysis of tires. Tire Sci. Technol. **23**(3), 175–188 (1995)
49. Y. Kaji, in *Improvements in Tire Wear Based on 3D Finite Element Analysis*, Tire Technology EXPO (2003)
50. G. Meschke et al., 3D simulations of automobile tires: material modeling, mesh generation and solution strategies. Tire Sci. Technol. **25**(3), 154–176 (1997)
51. E. Seta et al., Hydroplaning analysis by FEM and FVM: effect of tire rolling and tire pattern on hydroplaning. Tire Sci. Technol. **28**(3), 140–156 (2000)
52. A. Becker, B. Seifert, Simulation of wear with a FE tyre model using a steady state rolling formulation. Contact Mechanics III (1997), pp. 119–128
53. K.R. Smith et al., Prediction of tire profile wear by steady-state FEM. Tire Sci. Technol. **36**(4), 290–303 (2008)
54. J. Qi et al., Validation of a steady-state transport analysis for rolling treaded tires. Tire Sci. Technol. **35**(3), 183–208 (2007)
55. J. Padovan, I. Zeid, On the development of traveling load finite elements. Comput. Struct. **12**, 77–83 (1980)
56. I. Zeid, J. Padovan, Finite element modeling of rolling contact. Comput. Struct. **14**, 163–170 (1981)
57. J. Padovan, O. Paramadilok, Transient and steady state viscoelastic rolling contact. Comput. Struct. **20**(1–3), 545–553 (1985)
58. R. Kennedy, J. Padovan, Finite element analysis of a steady-state rotating tire subjected to a point load or ground contact. Tire Sci. Technol. **15**(4), 243–260 (1987)
59. J.T. Oden, T.L. Lin, On the general rolling contact problem for finite deformations of a viscoelastic cylinder. Comput. Meth. Appl. Mech. Eng. **57**, 297–376 (1986)
60. U. Nackenhorst, On the finite element analysis of steady state rolling contact, in *Contact Mechanics-Computational Techniques*, ed. by M.H. Aliabadi, C.A. Brebbia (Computational Mechanics Publication, Southampton, Boston, 1993), pp. 53–60
61. U. Nackenhorst, The ALE-formulation of bodies in rolling contact—theoretical foundations and finite element approach. Comput. Meth. Appl. Mech. Eng. **193**, 4299–4432 (2004)
62. M. Shiraishi et al., Simulation of dynamically rolling tire. Tire Sci. Technol. **28**(4), 264–276 (2000)
63. M. Koishi, Z. Shida, Multi-objective design problem of tire wear and visualization of its pareto solutions. Tire Sci. Technol. **34**(3), 170–194 (2006)

64. J.R. Cho et al., Abrasive wear amount estimate for 3D patterned tire utilizing frictional dynamic rolling analysis. Tribo. Int. **44**, 850–858 (2011)
65. A.R. Savkoor, On the friction of rubber. Wear **8**, 222–237 (1965)
66. K. Hofstetter et al., Sliding behaviour of simplified tire tread patterns investigated by means of FEM. Comp. Struct. **84**, 1151–1163 (2006)
67. A.G. Veith, A review of important factors affecting treadwear. Rubber Chem. Technol. **65**, 601–659 (1992)
68. A.G. Veith, Tire treadwear—the joint influence of compound properties and environmental factors. Tire Sci. Technol. **23**(4), 212–237 (1995)
69. T. Fujikawa, Tire tread wear prediction by rubber pad wear test (in Japanese). Nippon Gomu Kyokaishi **71**, 154–160 (1998)
70. T. Fujikawa et al., Tire wear caused by mild tread slip. Rubber Chem. Technol. **70**, 573–583 (1997)
71. K.A. Grosch, Correlation between road wear of tires and computer road wear simulation using laboratory abrasion data. Rubber Chem. Technol. **77**, 791–814 (2002)
72. A. Tomita, Technology for improvement on tire irregular wear (in Japanese). Nippon Gomu Kyokaishi **76**, 52–57 (2003)
73. K. Kato, K. Kadota, On development of the super-single drive (GMD) tyre, in *7th International Symposium Heavy Vehicle Weights & Dimensions*, Delft, Netherlands, 2002
74. N. Wada et al., Effect of filled fibers and their orientations on the wear of short fiber reinforced rubber composites. Nippon Gomu Kyokaishi **66**(8), 572–584 (1993)

第 15 章 轮 胎 驻 波

当车速超过临界速度时,轮胎在胎侧和胎面区域会发生驻波现象。驻波可采用两种方法进行研究:解析法和有限元法。解析法可采用薄膜模型或弹性环模型,其可进一步分为波传播法和共振法。本章讨论驻波的解析法和有限元法。

15.1 轮胎驻波的研究

驻波现象最早被 Gardner 和 Worswick[1] 观测到。图 15.1 中斜交轮胎驻波发生在接地区域的后缘,可以观察到轮胎宽度在圆周方向上变窄或变宽[2]。在观察者看来,轮胎中的这些波似乎是静止的,但其实它们是以轮胎的旋转速度绕轮胎传播。因此,人们感觉不到由波产生的振动。

由于驻波的产生,轮胎表面产生较大位移,从而在轮胎材料中产生大量能量,这会发生轮胎快速失效或严重影响车辆的操控。驻波现象通常在高速行驶的轮胎中观察到,如飞机轮胎、赛车轮胎,以及少部分的乘用车轮胎。需要注意的是,轮胎通常有一个速度等级,该等级表示实验确定的最大车速,低于该速度时,轮胎可以安全使用。但是,由于轮胎维护不当,例如充气不足或重载,人们可能会在速度远低于额定速度时遇到驻波现象。

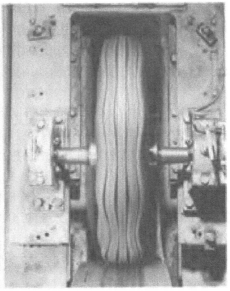

图 15.1 斜交轮胎驻波(轮胎规格:5.60-13,充气压力:120kPa,速度:200km/h)
(经 Guranpuri - Shuppan 授权,摘自参考文献 [2])

从 Turner[3] 的研究开始,在 1970 年之前,发表了许多关于这一现象的理论模型,如 Ames[4] 的论文中所述。在驻波的研究中采用了两种方法:解析法和有限元法。

解析方法可进一步分为波传播法[2,5-17]和共振法[18-20]。波传播法采用不同简化模型中自由波传播的微分方程,通常为一维梁模型、膜模型或壳模型。当出现驻波时,临界速度与方程中的所有时间导数均为零有关。因此,可以得到一个代数方程,其根给出了驻波发生时临界速度的表达式。

在共振法中,参考 Soedel[18],轮胎的临界滚动速度由共振条件进行物理表达:

$$\Omega = \Omega_n/n \tag{15.1}$$

式中,Ω 是轮胎周围接触力的角速度;n 是轮胎在圆周方向上的第 n 阶常规弯曲模态(图15.2的左图表示 $n=5$ 的模态振型);Ω_n 是轮胎相应的固有频率。

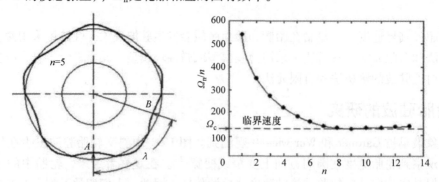

图 15.2 无阻尼情况下的共振模态(左图)和临界速度(右图)
(经 J. Sound Vib 授权,摘自参考文献 [18])

上述条件是在以下物理基础上得出的:在振动周期 $T = \dfrac{2\pi}{\Omega_n}$,当接触力从点 A 移动到点 B(即与第 n 阶共振模态波长 λ 相对应的距离)时,轮胎发生共振。然后,参考图15.2的右图,驻波现象首次出现的最低滚动速度 Ω_c,由最小值表达为

$$\Omega_c = (\Omega_n/n)_{\min} \tag{15.2}$$

需要注意的是,由于阻尼的存在,驻波在实际中的起始速度高于理论确定值。

由于无法考虑因轮胎复合材料和结构形式而产生的驻波现象的非线性,因此解析模型的精度和适用性不太令人满意。为了克服解析法的局限性,20 世纪 70 年代末引入了一种采用有限元分析的数值方法[21-26]。

表 15.1 为研究轮胎驻波的文献总结。分析模型根据分析维度、参数类型和建模策略(如波传播法或共振法)进行了分类。一维模型只考虑周向,二维模型同时考虑周向和宽度方向。如 Pacejka[12] 所述,这些模型的方程不同,但结果相差不大。在表 15.1 和图 15.3 中,EI 是带束层的弯曲刚度,E_x 是带束层在周向上的拉伸刚度,T_x 和 T_y 分别是胎面在周向和宽度方向上的张力,k_r 是胎体的径向弹簧常数,k_t 是胎体的周向弹簧常数,c_r 是胎体的径向阻尼,c_t 是胎体的周向阻尼,c_x 是带束层在周向上的阻尼。有限元分析可分为显式有限元分析和隐式有限元分析。

表 15.1 研究轮胎驻波的文献总结

研究方法	学者	带束层刚度		张力		胎体弹簧常数		胎体阻尼		带束层阻尼	注释
		EI	E_x	T_x	T_y	k_r	k_t	c_r	c_t	c_x	
解析方法	Akasaka[6]	√	√	√	√						环形壳模型(波传播)
	Sakai[7]			√	√						斜交轮胎的带状模型
	Akasaka, Yamagishi[8]			√	√						斜交轮胎的环形薄膜模型(波传播)
	Akasaka, Sakai[9], Akasaka et al.[10]	√		√	√		√				带束斜交轮胎的环形壳模型(波传播)
	Soedel[18]										没有特殊的模型,只是概念模型(共振)

第15章 轮胎驻波

（续）

研究方法	学者	带束层刚度		张力		胎体弹簧常数		胎体阻尼		带束层阻尼	注释
		EI	E_x	T_x	T_y	k_r	k_t	c_r	c_t	c_x	
解析方法	Padovan[19]	√		√		√		√		√	弹性基础上的环模型
	Pacejka[12]	√	√	√		√		√			弹性基础上的圆柱壳模型（波传播）
	Kwon，Prevorsek[13]			√		√		√			圆形薄膜模型（波传播）
	Endo et al.[14]	√	√	√			√				弹性基础上的环模型（波传播）
	Sakai[2]	√									带状模型
	Sakai[2]	√		√		√					弹性基础上的环模型（共振）
	Huang，Soedel[20]	√	√	√			√	√			带有模态扩展的弹性基础上的环模型（共振）
	Vinesee，Nicollet[15]				√			√			环形薄膜模型（波传播）
	Chatterjee et al.[11]			√		√					圆环薄膜模型（波传播）
	Metrikine，Tochilin[16]	√		√		√					成像法带状模型
	Krylov，Gilbert[17]	√		√		√		√			带状模型（波传播）
有限元方法	Padovan[22]	圆形壳模型（隐式方法的共振）									
	Zeid，Padovan[23]	二维滚动接触方程模型（隐式方法）									
	Oden，Lin[24]	采用任意拉格朗日-欧拉的自适应网格（ALE）方法的二维模型（隐式方法）									
	Kennedy，Padovan[25]	三维滚动接触式（隐式方法）									
	Brockman，Braisted[26]	圆周方向进行正弦扩展的轴对称模型（隐式共振）									
	Cho et al.[21]	三维模型（显式方法）									

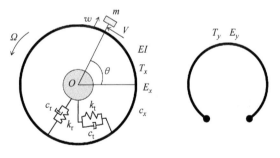

图 15.3 轮胎解析模型

15.2 驻波的简单解释

假设航道中的船舶移动速度快于波浪传播速度，如图15.4所示，则船头激波的角度 θ 表示为

$$\sin\theta = V_c/V \tag{15.3}$$

式中，V 是船速；V_c 是波传播速度。

由于菱形船头激波的移动速度与船舶相同，因此从船舶上观察时，它似乎是静止的。

如图15.5所示，当环形轮胎展开为平板时，在固定于轮胎上的旋转坐标系中，外力方向与轮胎旋转方向相反[2]。外力相当于图 15.4 中的船舶。当轮胎速度高于轮胎中的波速时发生驻波，其相当于船头激波或声音中的马赫波。与航道中船舶的船头激波类似，驻波在轮胎中传播。由于宽度方向上的波传播到胎圈并被胎圈反射，因此该波成为类似弦振动的驻波。因此，图 15.5 中展开轮胎驻波形状不同于图 15.4 中的菱形形状。图 15.5 中的下图显示了第一阶和第三阶模态的波形。

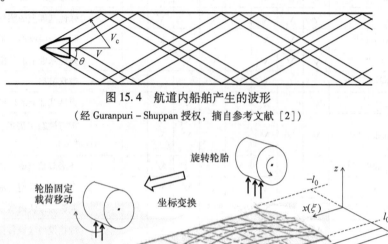

图 15.4　航道内船舶产生的波形
（经 Guranpuri‑Shuppan 授权，摘自参考文献 [2]）

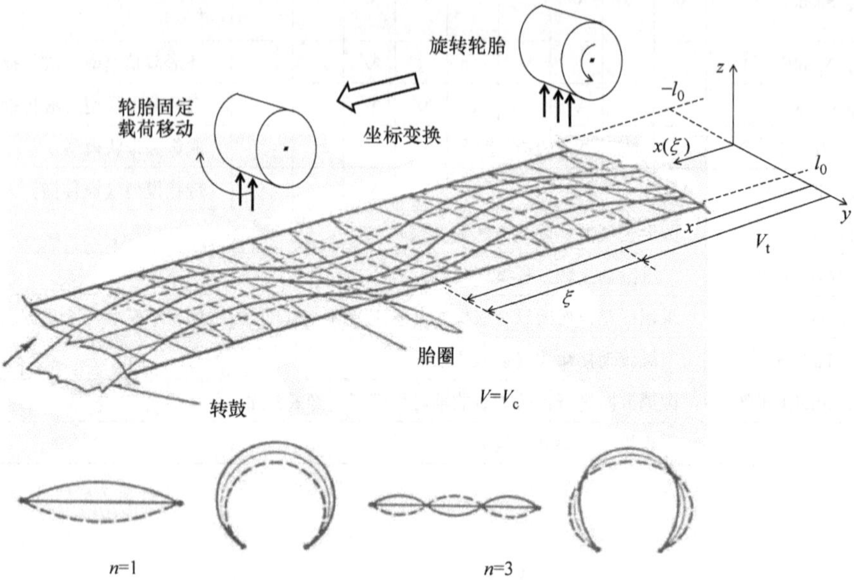

图 15.5　展开轮胎的断面波形
（Guranpuri‑Shuppan 授权，摘自参考文献 [2]）

15.3　斜交轮胎中驻波的一维模型

15.3.1　薄膜理论

1. 薄膜理论的基本方程

Sakai[2] 建立了驻波的一维模型。当斜交轮胎充气压力过高时，胎体的弯曲刚度可以忽略不计，可以将薄膜理论应用于驻波。此外，为了简单起见，忽略了胎体的径向刚性。图 15.6 中胎体张力和充气压力 p 之间的力平衡表示为

$$p = \frac{T_\phi}{r} + \frac{T_\theta}{a} \tag{15.4}$$

式中，T_ϕ 和 T_θ 分别是图 15.7 中宽度和圆周方向上的胎体张力；r 和 a 分别是轮胎横截面半径和与轮胎半径相对应的主曲率半径。

当帘线角度为 α 时，T_ϕ 和 T_θ 可通过宽度方向上单位长度的帘线张力 T_c 表示：

$$T_\phi = T_c \sin^2\alpha \tag{15.5}$$
$$T_\theta = T_c \cos^2\alpha$$

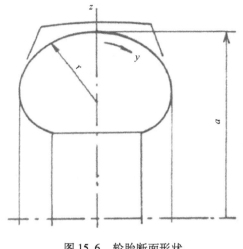

图 15.6 轮胎断面形状

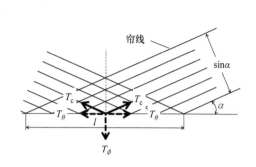

图 15.7 帘线角度和张力

T_ϕ 和 T_θ 之间的关系是

$$T_\phi = T_\theta \tan^2\alpha \tag{15.6}$$

根据式 (15.4) 和式 (15.6),可以得到:

$$T_\theta = \frac{par}{a\tan^2\alpha + r} \tag{15.7}$$

假设 x 和 y 方向分别对应于图 15.5 中的圆周和宽度方向。波动方程用垂直于平面的位移 w 表示为

$$\rho \frac{\partial^2 w}{\partial t^2} = T_x \frac{\partial^2 w}{\partial x^2} + T_y \frac{\partial^2 w}{\partial y^2} \tag{15.8}$$

式中,ρ 是单位面积胎面密度;T_x 和 T_y 分别对应于 T_θ 和 T_ϕ。

为了观察固定(非旋转)坐标系 ξ 中的驻波,将固定在轮胎 x 上的旋转坐标系转换为

$$\xi = x + Vt \tag{15.9}$$

式中,V 是轮胎速度。

利用式 (15.9),将式 (15.8) 改写为

$$(\rho V^2 - T_x)\frac{\partial^2 w}{\partial \xi^2} + 2\rho V \frac{\partial^2 w}{\partial \xi \partial t} + \rho \frac{\partial^2 w}{\partial t^2} - T_y \frac{\partial^2 w}{\partial y^2} = 0 \tag{15.10}$$

在胎面处产生的波沿 x 和 y 方向传播,沿 y 方向传播的波通过在胎圈处反射形成驻波。由于斜交轮胎的帘线角度小于 45°,满足 $T_x > T_y$ 的要求,因此圆周方向上的传播速度快于宽度方向上的传播速度。假设宽度方向上的驻波波形如图 15.5 所示,式 (15.10) 可通过分离变量法进行求解。因此,假设 w 表示为

$$w = Y(y)z(\xi) \tag{15.11}$$

将式 (15.11) 代入式 (15.10) 得到:

$$(\rho V^2 - T_x)\frac{\partial^2 z}{\partial \xi^2}Y + 2\rho V \frac{\partial^2 z}{\partial \xi \partial t}Y + \rho \frac{\partial^2 z}{\partial t^2}Y - T_y \frac{\partial^2 Y}{\partial y^2}z = 0 \tag{15.12}$$

将分离变量法应用于式 (15.12),得到:

$$\frac{(\rho V^2 - T_x)\dfrac{\partial^2 z}{\partial \xi^2} + 2\rho V \dfrac{\partial^2 z}{\partial \xi \partial t} + \rho \dfrac{\partial^2 z}{\partial t^2}}{T_y z} = \frac{\dfrac{\partial^2 Y}{\partial y^2}}{Y} = -b \quad (15.13)$$

式（15.13）产生两个微分方程：

$$\frac{\partial^2 Y}{\partial y^2} = -bY \quad (b > 0)$$

$$(\rho V^2 - T_x)\frac{\partial^2 z}{\partial \xi^2} + 2\rho V \frac{\partial^2 z}{\partial \xi \partial t} + \rho \frac{\partial^2 z}{\partial t^2} = -bT_y z \quad (15.14)$$

考虑到驻波在宽度方向形成，等式（15.14）的第一个解为

$$Y = \cos\frac{n\pi}{2l_0}y \quad n = 1,3,5,\cdots \quad -l_0 \leqslant y \leqslant l_0 \quad (15.15)$$

式中，$2l_0$ 是胎体从胎圈到胎圈的横截面长度；n 是横向振动波的谐波数。使用式（15.14）和式（15.15）的第一个公式，b 的计算值如下：

$$b = \left(\frac{n\pi}{2l_0}\right)^2 \quad n = 1,3,5,\cdots \quad (15.16)$$

式（15.15）的振动模态如图 15.5（$n=1, 3$）所示。

式（15.14）的第二个方程可使用拉普拉斯变换求解：

$$Z(\xi,s) = \int_0^\infty z(\xi,t)\mathrm{e}^{-st}\mathrm{d}t \quad (15.17)$$

应用拉普拉斯变换，式（15.14）的第二个方程可改写为

$$(\rho V^2 - T_x)\frac{\partial^2 Z}{\partial \xi^2} + 2\rho V s\frac{\partial Z}{\partial \xi} + (bT_y + \rho s^2)Z = 0 \quad (15.18)$$

在此引入新参数：

$$V_c^2 = \frac{T_x}{\rho}$$

$$\omega^2 = \frac{bT_y}{\rho} = \left(\frac{n\pi}{2l_0}\right)^2 \frac{T_y}{\rho} \quad (15.19)$$

式（15.18）中的 Z 可以表示为

$$Z = A\mathrm{e}^{\lambda\xi} \quad (15.20)$$

式（15.18）的特征方程为

$$(V^2 - V_c^2)\lambda^2 + 2Vs\lambda + \omega^2 + s^2 = 0 \quad (15.21)$$

式（15.21）的解为

$$\lambda_{1,2} = \frac{Vs \pm \sqrt{(V_c^2 - V^2)\omega^2 + V_c^2 s^2}}{V_c^2 - V^2} \quad (15.22)$$

式中，λ_1 和 λ_2 对应于式（15.22）中解的正负根。波形的解取决于轮胎速度 V 和在 V_c 处的变化，V_c 为驻波的临界速度。根据式（15.7）和式（15.9），V_c 可以表示为

$$V_c = \sqrt{\frac{T_x}{\rho}}\left(\equiv\sqrt{\frac{T_\theta}{\rho}}\right) = \sqrt{\frac{par}{\rho(atan^2\alpha + r)}} \quad (15.23)$$

2. $V < V_c$ 的求解

将拉普拉斯变换应用于初始条件 $Z|_{\xi=0} = A_1$，可以得到：

$$Z|_{\xi=0} = A_1/s \quad (15.24)$$

考虑到远处的位移为零,满足关系:$Z|_{\xi \to \pm\infty} = 0$。因此,式(15.20)可改写为

$$Z = \frac{A_1}{s}e^{\lambda_2|\xi|} \tag{15.25}$$

由于驻波在轮胎长时间滚动后处于稳定状态,因此相对于时间的导数将为零。因此,

$$\lim_{t \to \infty} z = \lim_{s \to 0} sZ \tag{15.26}$$

将式(15.25)代入式(15.26)得到:

$$\lim_{t \to \infty} z = A_1 e^{-\frac{\omega\xi}{\sqrt{V_c^2 - V^2}}} \tag{15.27}$$

稳态下的驻波表示为

$$z = A_1 e^{-\frac{\omega\xi}{\sqrt{V_c^2 - V^2}}} \tag{15.28}$$

参照图 15.8,转鼓上轮胎的变形 d 近似表示为

$$d = \frac{\theta_0^2}{2}a\left(1 + \frac{a}{R_D}\right) \tag{15.29}$$

式中,θ_0 是轮胎在转鼓上的接触角。

在图 15.8 的右图中,轮胎坐标系中转鼓形状 w_0 表示为

$$w_0 = \frac{\xi^2 - \xi_0^2}{2}\left(\frac{1}{a} + \frac{1}{R_D}\right) \tag{15.30}$$

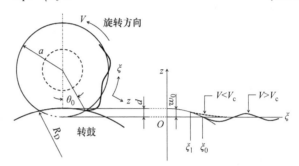

图 15.8 轮胎在转鼓上及分离情况
(经 Guranpuri - Shuppan 许可,摘自参考文献 [2])

假设轮胎在 $\xi = \xi_1$ 时与转鼓分离,对 $\xi = \xi_1$ 处位置和斜率应用连续性条件,可以得到:

$$\begin{aligned} z|_{\xi=\xi_1} &= w_0|_{\xi=\xi_1} \\ \frac{\partial z}{\partial \xi}\bigg|_{\xi=\xi_1} &= \frac{\partial w_0}{\partial \xi}\bigg|_{\xi=\xi_1} \end{aligned} \tag{15.31}$$

将式(15.28)和式(15.30)代入式(15.31),ξ_1 和驻波的振幅 A_1 表示如下:

$$\xi_1 = \sqrt{\xi_0^2 + \frac{1}{\lambda_0^2}} - \frac{1}{\lambda_0}$$

$$A_1 = -\frac{\xi_0^2 - \xi_1^2}{2}\left(\frac{1}{a} + \frac{1}{R_D}\right)e^{\frac{\omega\xi_1}{\sqrt{V_c^2 - V^2}}} \tag{15.32}$$

式中,

$$\lambda_0 = \frac{\omega}{\sqrt{V_c^2 - V^2}}$$

$$\omega^2 = \left(\frac{n\pi}{2l_0}\right)^2 \frac{T_y}{\rho} = \left(\frac{n\pi}{2l_0}\right)^2 \frac{T_x}{\rho}\tan^2\alpha = \left(\frac{n\pi}{2l_0}\right)^2 V_c^2 \tan^2\alpha \tag{15.33}$$

将式(15.32)代入式(15.28)得到:

$$z = -\frac{\xi_0^2 - \xi_1^2}{2}\left(\frac{1}{a} + \frac{1}{R_D}\right)e^{-\lambda_0(\xi-\xi_1)} \tag{15.34}$$

将式(15.15)和式(15.34)代入式(15.11),驻波引起的轮胎变形如下:

$$w = -\frac{\xi_0^2 - \xi_1^2}{2}\left(\frac{1}{a} + \frac{1}{R_D}\right)e^{-\lambda_0(\xi-\xi_1)}\cos\frac{n\pi}{2l_0}y \tag{15.35}$$

径向位移在周向上呈指数减小。

3. $V > V_c$ 的求解

考虑到驻波是一种稳态现象,其对时间的导数为零。该条件可用 $s = 0$ 表示。当将 $s = 0$ 代入式(15.22)时,λ_1 和 λ_2 变为虚数。因为 λ_1 和 λ_2 是相同的,所以 z 和 λ(即 λ_1 和 λ_2 的实部)表示为

$$z = A_2 \sin\lambda(\xi + \xi') \quad \xi > 0$$

$$\lambda = \frac{\omega}{\sqrt{V^2 - V_c^2}} \tag{15.36}$$

$\xi = \xi_0$ 时的分离条件为

$$z\big|_{\xi=\xi_0} = w_0\big|_{\xi=\xi_0} = 0$$
$$\frac{\partial z}{\partial \xi}\bigg|_{\xi=\xi_0} = \frac{\partial w_0}{\partial \xi}\bigg|_{\xi=\xi_0} \tag{15.37}$$

将式(15.30)和式(15.36)代入式(15.37)得到:

$$\xi' = -\xi_0$$
$$A_2 = -\frac{\xi_0}{\lambda}\left(\frac{1}{a} + \frac{1}{R_D}\right) \tag{15.38}$$

将式(15.15)和式(15.36)代入式(15.11),驻波引起的轮胎变形如下:

$$w = -\frac{\xi_0}{\lambda}\left(\frac{1}{a} + \frac{1}{R_D}\right)\sin\lambda(\xi - \xi_0)\cos\frac{n\pi}{2l_0}y \tag{15.39}$$

使用式(15.33)和式(15.36)的第二个等式,驻波的振幅 A、波长 L 和频率 f 可通过式(15.39)获得,如下所示:

$$\begin{aligned} A &= \frac{\xi_0}{\lambda}\left(\frac{1}{a} + \frac{1}{R_D}\right) = \frac{2l_0\cot\alpha}{n\pi}\xi_0\left(\frac{1}{a} + \frac{1}{R_D}\right)\sqrt{\left(\frac{V}{V_c}\right)^2 - 1} = a_1\sqrt{\left(\frac{V}{V_c}\right)^2 - 1} \\ a_1 &= \frac{2l_0\cot\alpha}{n\pi}\xi_0\left(\frac{1}{a} + \frac{1}{R_D}\right) \\ L &= \frac{2\pi}{\lambda} = \frac{4l_0\cot\alpha}{n}\sqrt{\left(\frac{V}{V_c}\right)^2 - 1} \\ f &= \frac{V}{L} = \frac{n\tan\alpha}{4l_0}\frac{VV_c}{\sqrt{V^2 - V_c^2}} \end{aligned} \tag{15.40}$$

式中,a_1 是由轮胎结构、轮胎规格和转鼓半径确定的常数。

4. 展开轮胎上的波形

如果轮胎速度低于驻波的临界速度 V_c,则径向位移沿圆周方向呈指数衰减,如式(15.35)和图 15.9a 所示。同时,如果轮胎速度高于驻波的临界速度 V_c,驻波在接地区域后缘形成,如图 15.9b 所示。谐波数 $n = 1$ 的驻波经常出现,但 $n = 3$ 的驻波也可能发生在胎面较薄且横截面半径较大的轮胎中。

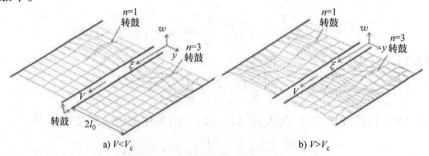

图 15.9 展开轮胎上的波形

(经 Guranpuri - Shuppan 授权,摘自参考文献 [2])

当充气压力增加时,由于 θ_0 减小,ξ_0 减小。因此,根据式(15.40),驻波的振幅 A 随着充气压力的增加而减小。当载荷增加时,由于 θ_0 增加,ξ_0 增加。因此,驻波的振幅 A 随着载荷的增加而增加。

15.3.2 考虑向心力影响的驻波临界速度

在高速时,向心力对驻波的影响不可忽略。胎面单位面积的向心力的作用类似于充气压力的增加。胎面处的压力 p(考虑向心力的影响)表示为

$$p = p_0 + \rho V_{c1}^2/a \tag{15.41}$$

式中,a 是轮胎半径;ρ 是单位面积的轮胎质量;p_0 是充气压力;V_{c1} 是考虑向心力影响的驻波临界速度。考虑式(15.23)中的关系 $V_c = V_{c1}$,并将式(15.41)代入式(15.23),驻波的临界速度 V_{c1} 由下式给出:

$$V_{c1} = \sqrt{\frac{p_0 r}{\rho}} \cot\alpha \tag{15.42}$$

这就是 Turner[3] 推导的著名方程。

15.3.3 驻波的能量消耗

Sakai[2] 从驻波的能量消耗分析了驻波。转鼓在车轮中心固定的坐标系中以速度 V 在胎面上移动。当 V 高于驻波临界速度 V_c 时,在接地区域后缘外侧形成驻波。波的能量以 V_c 的速度传播,且每单位时间新形成一个长度为 V 的波。该能量与滚动阻力或波阻力有关。因为每单位体积的波能量 E 与振幅 A 和频率 f 乘积的平方成正比。E 表示为

$$E \propto f^2 A^2 \tag{15.43}$$

将式(15.40)中的第一个和第四个方程式代入式(15.43)得到:

$$E \propto V^2 \tag{15.44}$$

因此,单位体积的波能量 E 与轮胎速度 V 的平方成正比。功率消耗 H 由下式给出:

$$H \propto EV \propto V^3 \tag{15.45}$$

当轮胎速度远高于 V_c 时,功率消耗 H 与轮胎速度 V 的立方成正比。

图 15.10 显示了轮胎速度和功率消耗的关系。功率消耗的斜率在临界速度下发生变化,因此,从功率消耗的角度来看,临界速度由低速和高速线的交叉点定义。在低于 V_c 的速度下,功率消耗与 V 的 1.3 次方成正比,在高于 V_c 的速度下,功率消耗与 V 的 3.3 次方成正比。在功率消耗为临界速度 2~3 倍的速度下,可以直观地观察到驻波[2]。

15.3.4 计算与实验的比较

Turner[3] 在改变充气压力的同时,测量了规格为 3.50-18 的斜交轮胎的驻波。他将实验结果与使用式(15.42)的预测结果进行了比较。预测使用参数为 $\alpha = 25°$,$a = 320$mm,$r = 40$mm,$\rho = 1.96 \times 10^{-9}$ kg·s²/mm³(单位面积轮胎质量),$p = 10$、15、20、25lb/in²。

图 15.11 为充气压力和驻波临界速度之间的关系[6],其中圆圈标记的是 Turner 的测量值[3]。式(15.42)高估了驻波的临界速度。

图 15.12 比较了驻波临界速度[测量值和使用式(15.42)的预测值]。测试轮胎是摩托车和轻型货车的斜交轮胎。临界速度被确定为功率消耗斜率变化点的速度。预测结果与实验测量结果比较吻合,产生差异的原因可能是未考虑胎体和胎侧的弯曲刚度。

Gardner 和 Worswick[1] 比较了驻波振幅的测量值和使用式(15.40)的第一个方程的预测值。在预测中,通过将预测值与测量值进行曲线拟合来确定 V_c 和比例常数 a_1。实验轮胎规格为 5.75-16(4PR)的斜交轮胎。如图 15.13 所示,预测结果与测量结果吻合良好,驻波振幅随轮胎速度增加而增加。

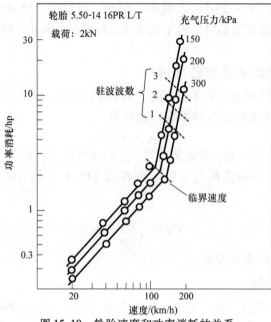

图 15.10 轮胎速度和功率消耗的关系
（经 Guranpuri – Shuppan 授权，摘自参考文献 [2]）

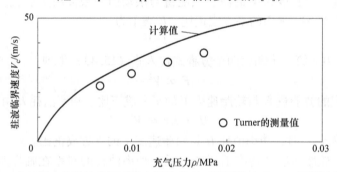

图 15.11 充气压力和驻波临界速度之间的关系（圆圈代表 Turner 的测量值[3]）[6]

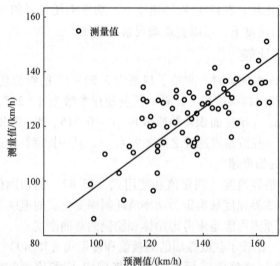

图 15.12 驻波临界速度 [测量值和使用式（15.42）的预测值]
（经 Guranpuri – Shuppan 授权，摘自参考文献 [2]）

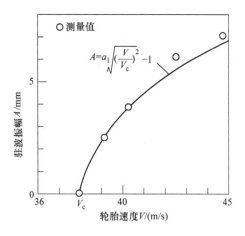

图 15.13 驻波振幅与轮胎速度的关系（测量值和预测值）[6]

15.4 子午线轮胎驻波的一维模型（即弹性基础上有张力的梁）

弹性环模型或弹性基础上的梁模型不仅用于第 8 章和第 10 章中讨论的子午线轮胎的振动和噪声分析，还应用于驻波分析。自 Bohm[5] 提出弹性基础上的梁模型以来，已经提出了各种不同的驻波模型，见表 15.1。例如，Huang 和 Soedel[20] 使用了集中移动载荷下的弹性环模型，得出了驻波不会形成的结论。此外，他们提到，科里奥利力对固有频率的影响很大，而向心力和胎侧基本弹簧常数对固有频率的影响很小。径向基本弹簧常数 k_r 对固有频率的影响大于周向基本弹簧常数 k_t。Kwon 等人[13] 提出了具有基本阻尼系数的膜模型，并报告称阻尼系数强烈影响驻波的临界速度。

15.4.1 波传播方法

在子午线轮胎模型中，带束层建模为施加张力的无限长梁，胎侧建模为连接到梁的弹簧。该模型与第 11.1.4 节中的轮胎转向力模型相似，尽管在转向时分析横向变形与在驻波中分析垂直变形存在差异。外力以轮胎的移动速度沿梁移动。Sakai[2] 和 Krylov 及 Gilbert[17] 使用狄拉克函数表示外力。同时，Metrikine 和 Tochilin[16] 使用无限多个狄拉克函数表示外力，因轮胎被视为圆柱体，其间隔则为轮胎的圆周长度。他们表明驻波发生在移动载荷的后面（即轮胎后缘的后面）。

参考式（11.64），图 15.14 中模型的控制方程为

$$m\frac{d^2 w}{dt^2} + EI\frac{d^4 w}{dx^4} - T_x\frac{d^2 w}{dx^2} + k_r w = P\delta(x) \tag{15.46}$$

式中，w 是垂直位移；m 是从胎圈到胎面单位圆周长度的质量；EI 是梁的弯曲刚度；T_x 是周向张力；k_r 是径向弹簧常数。

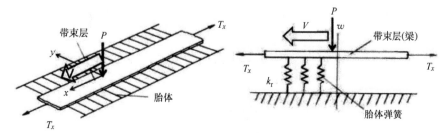

图 15.14 弹性基础上张力梁子午线轮胎模型
（经 Guranpuri‑Shuppan 授权，摘自参考文献 [2]）

假设式（15.46）的解是：

$$w = A\sin\kappa(x - v_\phi t) \tag{15.47}$$

式（15.47）表示波数为 κ 的 $A\sin(\kappa x)$ 波以相速度 v_ϕ 传播。将式（15.47）代入式（15.46）并消除外力项，得到特征方程为

$$-m\kappa^2 v_\phi^2 + EI\kappa^4 + T_x\kappa^2 + k_r = 0 \tag{15.48}$$

求解关于 v_ϕ 的公式（15.48），可以得到：

$$v_\phi = \sqrt{\frac{EI\kappa^2}{m} + \frac{T_x}{m} + \frac{k_r}{m\kappa^2}} \tag{15.49}$$

根据所谓的频散关系，相速度随着波数 κ（$=2\pi/\lambda$，λ 是波长）而变化。

波能的传播速度 v_g 称为群速度，相速度 v_ϕ 和群速度 v_g 之间的关系由 $\frac{d\omega}{d\kappa}$ 定义。利用关系 $v_\phi = \frac{\omega}{\kappa}$，可以得到：

$$v_g = \frac{d\omega}{d\kappa} = v_\phi + \frac{dv_\phi}{d\kappa}\kappa \tag{15.50}$$

使用式（15.50），沿着带束层的群速度如下：

$$v_g = v_\phi + \frac{\dfrac{EI\kappa^2}{m} - \dfrac{k_r}{m\kappa^2}}{\sqrt{\dfrac{EI\kappa^2}{m} + \dfrac{T_x}{m} + \dfrac{k_r}{m\kappa^2}}} \tag{15.51}$$

回想一下算术平均值大于几何平均值的关系。将此关系应用于式（15.49），可以得到：

$$\frac{EI\kappa^2}{m} + \frac{k_r}{m\kappa^2} \geqslant 2\frac{\sqrt{EIk_r}}{m} \tag{15.52}$$

当 κ 在式（15.49）中改变时，在 $EI\kappa^2/m = k_r/(m\kappa^2)$ 的条件下，v_ϕ 成为最小 $v_{\min}$。$v_{\min}$ 表示为

$$v_{\min} = \sqrt{\frac{T_x}{m} + 2\frac{\sqrt{EIk_r}}{m}} \quad EI\kappa^2 = \frac{k_r}{\kappa^2} \tag{15.53}$$

相速度 v_ϕ 和群速度 v_g 的关系为

$$\begin{aligned}
\kappa^4 &= k_r/EI \text{ 时}, v_g = v_\phi \\
\kappa^4 &> k_r/EI \text{ 时}, v_g > v_\phi \\
\kappa^4 &< k_r/EI \text{ 时}, v_g < v_\phi
\end{aligned} \tag{15.54}$$

使用式（15.9）将坐标 x 和速度 V 转换为固定坐标系 ξ，式（15.46）改写为

$$EI\frac{\partial^4 w}{\partial \xi^4} + k_r w + mV^2\frac{\partial^2 w}{\partial \xi^2} + 2mV\frac{\partial^2 w}{\partial \xi \partial t} + m\frac{\partial^2 w}{\partial t^2} - T_x\frac{\partial^2 w}{\partial \xi^2} = P\delta(\xi) \tag{15.55}$$

消除外力项，并对式（15.55）应用拉普拉斯变换，可以得到：

$$EI\frac{d^4 W}{d\xi^4} + (mV^2 - T_x)\frac{d^2 W}{d\xi^2} + 2mVs\frac{dW}{d\xi} + (k_r + ms^2)W = 0 \tag{15.56}$$

式中，

$$\begin{aligned}
T_x/m &= V_p^2 \\
k_r/m &= \omega^2 \\
EI/m &= \zeta^2
\end{aligned} \tag{15.57}$$

式（15.56）改写为

$$\zeta^2 \frac{d^4 W}{d\xi^4} + (V^2 - V_p^2)\frac{d^2 W}{d\xi^2} + 2Vs\frac{dW}{d\xi} + (\omega^2 + s^2)W = 0 \tag{15.58}$$

假设 W 用 $W = e^{-\lambda\xi}$ 表示，则式（15.58）的特征方程为

$$\zeta^2 \lambda^4 + (V^2 - V_p^2)\lambda^2 + 2Vs\lambda + (\omega^2 + s^2) = 0 \tag{15.59}$$

由于驻波是一种在稳定状态下发生的现象，通过将 $s=0$ 代入式（15.59），可以得到 λ 的解，记为 $\pm\lambda_1$ 和 $\pm\lambda_2$，λ_1 和 λ_2 表示如下：

$$\begin{aligned}\lambda_1 &= \frac{1}{\zeta}\sqrt{\frac{1}{2}\{(V_p^2 - V^2) + \sqrt{(V_p^2 - V^2 - 2\zeta\omega)(V_p^2 - V^2 + 2\zeta\omega)}\}} \\ \lambda_2 &= \frac{1}{\zeta}\sqrt{\frac{1}{2}\{(V_p^2 - V^2) - \sqrt{(V_p^2 - V^2 - 2\zeta\omega)(V_p^2 - V^2 + 2\zeta\omega)}\}}\end{aligned} \tag{15.60}$$

由于临界速度出现在稳态振动和瞬态振动的转变处，因此可通过将式（15.60）中的平方根项设置为0来获得临界速度。因此，稳态下的临界转速表示为上临界转速 V_U 和下临界转速 V_L：

$$\begin{aligned}V_L^2 &= V_p^2 - 2\zeta\omega \\ V_U^2 &= V_p^2 + 2\zeta\omega\end{aligned} \tag{15.61}$$

利用式（15.58），将式（15.61）改写为

$$\begin{aligned}V_L &= \sqrt{\frac{T_x}{m} - 2\frac{\sqrt{EIk_r}}{m}} \\ V_U &= \sqrt{\frac{T_x}{m} + 2\frac{\sqrt{EIk_r}}{m}}\end{aligned} \tag{15.62}$$

V_U 是相速度（传播速度）的最小值，其表达式与式（15.53）相同。

可以将式（15.55）的通解分为3类。

(1) $V < V_L$　式（15.60）的 λ_1 和 λ_2 是实数，式（15.55）的通解为

$$w = Ae^{\lambda_1\xi} + Be^{-\lambda_1\xi} + Ce^{\lambda_2\xi} + De^{-\lambda_2\xi} \tag{15.63}$$

位移 u 随 ξ 呈指数减小。

(2) $V_L \leq V < V_U$　式（15.60）的 λ_1 和 λ_2 是复共轭，式（15.55）的通解为

$$w = A_1 e^{\lambda_1\xi}(\sin\lambda_2\xi + A_2\cos\lambda_2\xi) + B_1 e^{-\lambda_1\xi}(\sin\lambda_2\xi + B_2\cos\lambda_2\xi) \tag{15.64}$$

必须满足 $A_1 = 0$，因为在式（15.64）中，u 在较大的 ξ 处不发散。

(3) $V_U \leq V$

式（15.60）的 λ_1 和 λ_2 是复数，式（15.55）的通解为

$$w = C_1(\sin\lambda_1\xi + C_2\cos\lambda_1\xi) + C_3(\sin\lambda_2\xi + C_4\cos\lambda_2\xi) \tag{15.65}$$

如果施加外力的速度高于波的相速度（即传播速度），则合成波由两个不同波长的波产生。
总之，驻波的临界速度 V_c 由下式给出：

$$V_c = \sqrt{\frac{T_0}{m} + 2\frac{\sqrt{EIk_r}}{m}} \tag{15.66}$$

V_c 随 T_0/m 和 $\sqrt{EIk_r}/m$ 的增大而增大。

15.4.2　共振法

Sakai[2]采用共振法预测了轮胎设计参数对临界速度的影响。当车轮被固定且没有外力作用在弹性梁轮胎模型时，由 Gong[27] 导出式（8.52）的第一个方程是：

$$-\frac{EI}{a^4}\left(\frac{\partial^6 v}{\partial \theta^6}+2\frac{\partial^4 v}{\partial \theta^4}+\frac{\partial^2 v}{\partial \theta^2}\right)+\frac{\sigma_\theta^0 A}{a^2}\left(v+2\frac{\partial^2 v}{\partial \theta^2}+\frac{\partial^4 v}{\partial \theta^4}\right)-\frac{p_0 b}{a}\left(v+\frac{\partial^2 v}{\partial \theta^2}\right)-k_r\frac{\partial^2 v}{\partial \theta^2}+k_t v +$$
$$\rho A\left\{\ddot{v}-\frac{\partial^2 \ddot{v}}{\partial \theta^2}-4\Omega\frac{\partial \dot{v}}{\partial \theta}+\Omega^2\left(\frac{\partial^2 v}{\partial \theta^2}-v\right)\right\}=0$$

(15.67)

式中，v 是胎面的周向位移；θ 是周向角度。

带束层的不可伸张条件为

$$w = -\partial v/\partial \theta \tag{15.68}$$

式中，w 是胎面的径向位移。

将关于 θ 的偏导数应用于式（15.67），然后使用式（15.68），可以得到：

$$m(\ddot{w}''-\ddot{w}+4\Omega \dot{w}'-\Omega^2 w''+\Omega^2 w)+\frac{EI}{a^4}(w^{(\text{VI})}+2w^{(\text{IV})}+w'')-$$
$$\frac{T_0}{a^2}(w+w^{(\text{IV})})+\frac{p_0 b}{a}(w+w'')+\left(k_r-\frac{2T_0}{a^2}\right)w''-k_t w = 0 \tag{15.69}$$

式中，$m = \rho A$，$T_0 = A\sigma_\theta^0$。

式（15.69）的解为

$$w = B\sin\kappa(a\theta - v_\phi t) \tag{15.70}$$

式（15.70）显示波数为 κ 的波 $B\sin(\kappa a\theta)$ 以速度 v_ϕ 沿胎面周向传播。

将式（15.70）代入式（15.69），并使用关系式 $v_\phi = a\Omega$，我们得到

$$m\kappa^2\left(\kappa^2 a^2 + 6 + \frac{1}{\kappa^2 a^2}\right)v_\phi^2 = \frac{EI}{a^2}\kappa^2(\kappa^2 a^2 - 1)^2 + T_0\left(\kappa^4 a^2 + \frac{1}{a^2}\right)+$$
$$p_0 b\left(\kappa^2 a - \frac{1}{a}\right)+(k_r a^2 - 2T_0)\kappa^2 + k_t \tag{15.71}$$

通过求解关于 v_ϕ 的式（15.71），可以得到：

$$v_\phi^2 = \frac{\frac{EI}{a^2}\kappa^2(\kappa^2 a^2 - 1)^2 + T_0\left(\kappa^4 a^2 + \frac{1}{a^2}\right)+p_0 b\left(\kappa^2 a - \frac{1}{a}\right)+(k_r a^2 - 2T_0)\kappa^2 + k_t}{m\kappa^2\left(\kappa^2 b^2 + 6 + \frac{1}{\kappa^2 a^2}\right)} \tag{15.72}$$

从共振法[18]的观点来看，驻波的临界速度对应于式（15.72）中关于波数 κ 的最小速度 v_ϕ。请注意，κa 是一个无量纲参数，对应于沿轮胎周向的波数（即圆周方向的模态数）。

图 15.15 显示了使用式（15.72）计算的充气压力对驻波临界速度的影响。使用 Sakai[2] 确定的规格为 175/70R13 的轮胎参数：$m = \rho A = 0.25 \times 10^{-6}$ kg/mm，$a = 292$ mm，$b = 114$ mm，$T_0 = A\sigma_\theta^0 = 3.4 \times 10^4 p_0$ N，$EI = 1.13 \times 10^6$ N·mm^2，$k_r = 5.2p_0 + 0.25$ N/mm^2，$k_t = 0.64p_0 + 0.3$ N/mm^2，其中 p_0 的单位为 MPa。

图 15.16 显示了参数变化 10% 时驻波临界速度的变化[2]。充气压力的标准条件为 $p_0 = 0.2$ MPa。式（15.72）中的最小值是所有计算中 $\kappa a = 9$ 时的值。

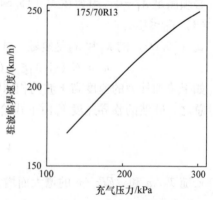

图 15.15　充气压力对驻波临界速度的影响［使用式（15.72）计算值］

充气压力、胎面质量和带束层张力对临界速度的影响很大。如 Huang 和 Soede[20] 所述，基本径向弹簧常数 k_r 的影响比周向弹簧常数 k_t 的影响更大。然而，胎体的两种弹簧常数对临界速度的影响都相对较弱。

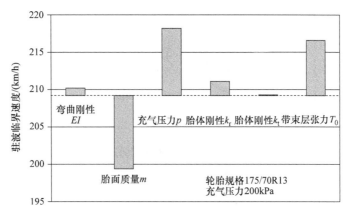

图 15.16　参数变化 10% 时驻波临界速度的变化
（经 Guranpuri - Shuppan 授权，摘自参考文献 [2]）

15.5　基于 FEA 的轮胎驻波预测

解析轮胎模型可用于定性预测驻波的临界速度，并阐明驻波的机理。然而，在具体的轮胎设计中，它不能用于改善驻波。因此，计算力学如 FEA，已应用于驻波现象的研究。

Padovan[22] 使用包含阻尼特性的壳模型，采用共振法预测了驻波的临界速度。Kennedy 和 Padovan[25] 使用包含阻尼特性的三维有限元模型预测了驻波现象。Brockman 和 Braisted[26] 使用在圆周方向上正弦展开的轴对称模型，采用共振法预测了驻波的临界速度。Cho 等人[21] 使用 ABAQUS/explicit 研究驻波，如图 15.17 所示。与仅具有纵沟的简单模型相比，带花纹的轮胎模型能够更准确地预测驻波的临界速度。预测的临界速度为 182km/h，而实测的临界速度为 190km/h。

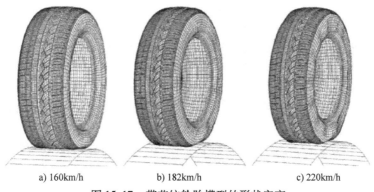

a) 160km/h　　　　b) 182km/h　　　　c) 220km/h

图 15.17　带花纹轮胎模型的形状突变
（经 J. Sound Vib 授权，摘自参考文献 [21]）

图 15.18 显示了总应变能的时间历程[21]。所有瞬态动态滚动仿真均在 1.5s 内完成，包括充气和静态接触步骤的模拟时间为 0.35s，动态滚动步骤的模拟时间为 1.15s。可以观察到总应变能在临界速度下突然增加，这与图 15.10 所示的功率消耗突然增加相似。总应变能突然增加的临界时间取决于充气压力和载荷。

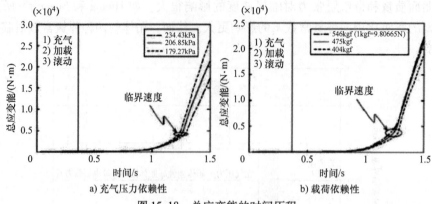

a) 充气压力依赖性 b) 载荷依赖性

图 15.18　总应变能的时间历程

（经 J. Sound Vib 授权，摘自参考文献 [21]）

备注

备注 15.1　式（15.10）

式（15.8）使用固定坐标系，而式（15.10）使用旋转坐标系。因此，每个坐标系中的时间导数满足以下关系：

$$\frac{\partial}{\partial t_{\text{rotation}}} = \frac{\partial}{\partial t_{\text{fixed}}} + \frac{\partial}{\partial \xi}\frac{\partial \xi}{\partial t_{\text{fixed}}} = \frac{\partial}{\partial t_{\text{fixed}}} + V\frac{\partial}{\partial \xi}$$

$$\frac{\partial^2}{\partial t_{\text{rotation}}^2} = \frac{\partial^2}{\partial t_{\text{fixed}}^2} + 2V\frac{\partial^2}{\partial \xi \partial t_{\text{fixed}}} + V^2\frac{\partial^2}{\partial \xi^2}$$

(15.73)

上述第二个方程中的第二项与科里奥利力有关，第二项的贡献小于第一项和第三项的贡献。

备注 15.2　式（15.29）和式（15.30）

转鼓上轮胎变形如图 15.19 所示。

$$d = R_D(1 - \cos\psi_0) + a(1 - \cos\theta_0) \approx \frac{1}{2}(R_D\psi_0^2 + a\theta_0^2)$$

$$R_D\psi_0 = a\theta_0$$

$$d = \frac{1}{2}\left\{R_D\left(\frac{a\theta_0}{R_D}\right)^2 + a\theta_0^2\right\} = \frac{\theta_0^2}{2}a\left(1 + \frac{a}{R_D}\right)$$

(15.74)

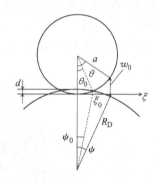

图 15.19　转鼓上轮胎变形

当转鼓的形状在轮胎的坐标系中表示时，轮胎表面和转鼓表面之间的距离 w_0，对应于从轮胎表面到转鼓表面的位移，由下式给出：

$$w_0 = \frac{a^2\theta^2}{2}\left(\frac{1}{a} + \frac{1}{R_D}\right) - d$$

(15.75)

利用关系 $\xi_0 = a\theta_0$ 和 $\xi = a\theta$，w_0 改写为

$$w_0 = \frac{\xi^2 - \xi_0^2}{2}\left(\frac{1}{a} + \frac{1}{R_D}\right)$$

(15.76)

参考文献

1. E.R. Gardner, T. Worswick, Behaviour of tyres at high speed. Trans. I.R.I. **27**, 127–146 (1951)
2. H. Sakai, *Tire Engineering* (Guranpuri-Shuppan, 1987) (in Japanese)
3. D.M. Turner, Wave phenomina in tyres at high speed, in *Proceedings of 3rd Rubber Technology*, London (1954), pp. 735–748
4. W.F. Ames, Waves in tyres: part I: literature review on travelling waves. Tex. Res. J. **40**, 498–503 (1970)

5. F. Böhm, Zu Startik und Dynamik des Gurtelreifens. ATZ **69**(8), 255–261 (1967)
6. T. Akasaka, Standing wave of running tire with high speed. Bull. Fac. Eng., Chuo Univ. **B-5**(11), 1–9 (1959)
7. H. Sakai, Radial vibrations of a pneumatic tyre at high speed. JSAE J. **19**(7), 504–510 (1965). (in Japanese)
8. T. Akasaka, K. Yamagishi, On the standing waves in the shell wall of a running tyre. Trans. Jpn. Soc. Aero. Space Sci. **11**(18), 12–20 (1968)
9. T. Akasaka, Y. Sakai, On the standing waves in radial tire. Fukugo Zairyo **1**(1), 26–34 (1972)
10. T. Akasaka et al., Critical velocity due to standing wave in radial tire. Fukugo Zairyo **3**(3), 8–11 (1974)
11. A. Chatterjee et al., On contact-induced standing waves in rotating tires: experiment and theory. J. Sound Vib. **227**, 1049–1081 (1999)
12. H. Pacejka, Analysis of tire properties, in *Mechanics of Pneumatic Tires*, ed. by S.K. Clark (U.S. Department of Transportation, 1981)
13. Y.D. Kwon, D.C. Prevorsek, Formation of standing waves in radial tires. Tire Sci. Technol. **12**(1–4), 44–63 (1984)
14. M. Endo et al., Flexural vibration of a thin rotating ring. J. Sound Vib. **92**, 261–272 (1984)
15. E. Vinesee, H. Nicollet, Surface waves on the rotating tyre: an application of functional analysis. J. Sound Vib. **126**, 85–96 (1988)
16. A.V. Metrikine, M.V. Tochilin, Steady-state vibrations of an elastic ring under moving load. J. Sound Vib. **232**(3), 511–524 (2000)
17. V. Krylov, O. Gilbert, On the theory of standing waves in tyres at high vehicle speeds. J. Sound Vib. **329**, 4398–4408 (2010)
18. W. Soedel, On the dynamic response of rolling tyres according to thin shell approximations. J. Sound Vib. **41**, 233–246 (1975)
19. J. Padovan, On viscoelasticity and standing waves in tires. Tire Sci. Technol. **4**(4), 233–246 (1976)
20. S.C. Huang, W. Soedel, Effects of Coriolis acceleration on the free and forced in-plane vibrations of rotating rings on elastic foundation. J. Sound Vib. **115**, 253–274 (1987)
21. J.R. Cho et al., Numerical investigation of tire standing wave using 3-D patterned tire model. J. Sound Vib. **305**, 795–807 (2007)
22. J. Padovan, On standing waves in tires. Tire Sci. Technol. **5**(2), 83–101 (1977)
23. I. Zeid, J. Padovan, Finite element modeling of rolling contact. Comput. Struct. **14**, 163–170 (1981)
24. J.T. Oden, T.L. Lin, On the general rolling contact problem for finite deformations of a viscoelastic cylinder. Comput. Meth. Appl. Mech. Eng. **57**, 297–367 (1986)
25. R. Kennedy, J. Padovan, Finite element analysis of a steady-state rotating tire subjected to a point load or ground contact. Tire Sci. Technol. **15**(4), 243–260 (1987)
26. R.A. Brockman, W.R. Braisted, Critical speed estimation for aircraft tires. Tire Sci. Technol. **22**(2), 121–144 (1994)
27. S. Gong, in *A Study of In-plane Dynamics of Tires*. Ph.D. Thesis, Delft University of Technology (1993)

第 16 章 轮胎的摇摆和车辆跑偏

摇摆是车辆直线前进过程中的一种操控现象，这种操控现象是由道路坡度、车辙不均匀、路面排水沟槽和道路不平等引起的。尤其对于安装有子午线轮胎的中等客车和货车来说，当它们行驶在高速路上，在车辙的作用下会发生摇摆。因为这些车辆的接地区比全尺寸大型车辆的接地区窄，而这些大型车辆的接触区容易产生车辙。由车辙导致的摇摆可以用侧倾推力的大小和侧倾推力的载荷依赖性解释。排水沟槽导致的摇摆可以用有限元方法分析，也可以采用接地区内的剪切力分布的解析模型来分析。车辆的跑偏可以用带束层结构刚度的正交各向异性和花纹刚度的各向异性来解释。受到面外弯曲变形和面内剪切变形的耦合影响，载荷轮胎的带束层会发生扭转变形，轮胎内会产生残余侧向力。而且，对于具有点对称形式的花纹的轮胎来说，当外部力作用在刚性是各向异性的花纹上时，轮胎上还会产生扭转力矩。带束层结构和花纹形式对车辆跑偏的贡献几乎是相同的。

16.1 由车辙导致的摇摆

16.1.1 由车辙导致的摇摆现象

如图 16.1 所示，轮胎在运行过程中并不完全位于车辙内，而是位于车辙边部的坡度上[1]。对于宽断面、低高宽比的宽基轮胎来说尤其容易发生车辆摇摆。Yamashita 和 Shiraishi[1] 根据轮胎的侧向力和由道路坡度导致的重力分量之间的不平衡来分析车辆摇摆现象。Kato 和 Haraguchi[2] 综合考虑侧向力和绕转向轴的力矩来分析车辆摇摆现象。Nagai[3-5] 和 Kageyama[6] 利用车辆动力学方法来分析货车的摇摆现象。Kobayashi[7] 基于车辆动力学理论，研究了固定转向盘转角时沿有车辙的道路行驶时车辆的横摆角速度和主观评价感觉之间的关系。Sasaki[8] 利用商用多体动力学软件 ADAMS 分析了货车的摇摆现象。

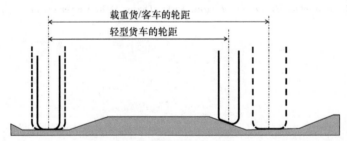

图 16.1 在两个车辙的间距不变的情况下车辆轮距对车辙作用力的影响
（经 TST 授权，摘自文献 [1]）

Yamashita 和 Shiraishi[1] 将摇摆现象分成了 3 种情况。第一种情况如图 16.2a 所示，当车辆进入道路上的车辙时，车辙的坡度会使车辆进入车辙的底部，这会使车辆在横摆方向和侧向产生大的加速度。在如图 16.2b 所示的第二种情况中，当车辆在车辙上行驶的时候，需要施加大的方向修正才能保持在车辙上行驶，这同样也会导致在横摆方向和侧向产生大的加速度。在如图 16.2c 所示的第三种情况中，当车辆驶出车辙的时候，为了使车辆不至于滑入车辙的底部，需要有很大的转向盘转角。这会导致产生很大的侧向力，当车辆驶出车辙后会有横摆方向的晃动。这个晃动如果不能很快衰减则会产生摇摆。接下来将讨论这 3 种情况下的晃动机理。

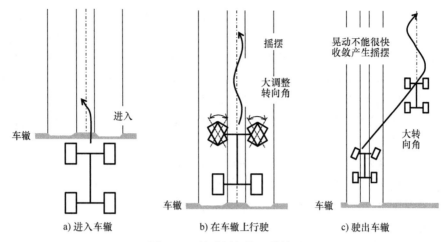

a) 进入车辙　　　　b) 在车辙上行驶　　　　c) 驶出车辙

图 16.2　轮胎摇摆的 3 种情况
（经 TST 授权，摘自文献 [1]）

16.1.2　基于轮胎力学的车辙摇摆理论

1. 轮胎在车辙上的力平衡

图 16.3 显示了轮胎在车辙的坡度上行驶时的侧向力 F_y，它包含侧偏力 CF、侧倾推力 CT 和轮胎垂直载荷 F_z 的横向分量 $F_z\sin\theta$。

$$F_y = \text{CF} + F_z\sin\theta - \text{CT} \cong \text{CF} + F_z\left(\theta - \frac{\text{CT}}{F_z}\right) = \text{CF} + F_z\theta\left(1 - \frac{C_{F\gamma}}{F_z}\frac{\gamma}{\theta}\right)$$

$$\gamma = \theta - \gamma_0 \tag{16.1}$$

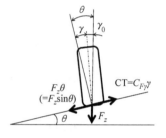

图 16.3　轮胎在车辙坡度上行驶时的侧向力

式中，θ 是道路的坡度角度；γ 是外倾角；γ_0 是初始外倾角；$C_{F\gamma}$ 是外倾刚度。为了简化，假设初始的外倾角为 0，即 $\gamma_0 = 0$。式（16.1）可以重新写成：

$$F_y = \text{CF} + F_z\theta(1 - C_{F\gamma}/F_z) \tag{16.2}$$

Yamashita 和 Shiraishi[1] 讨论了轮胎的性能对图 16.2 中所述的 3 种情况的摇摆现象的影响。在第一种情况下（图 16.2a），当轮胎进入路上的车辙的时候，力 f 的强烈不平衡导致轮胎快速滑向车辙的底部，如图 16.4a 所示。力 f 来自于轮胎所承受的坡道横向力 $F_z\theta$ 和侧倾推力 CT 的差值。高的侧倾刚度因此会加重车辆的摇摆现象。

在第二种情况下（图 16.2b），当轮胎沿着车辙行驶的时候，仅靠转向盘修正对于保持道路行驶是不够的。不平衡的力 f 会随着道路坡度 θ 的连续变大而提高，如图 16.4b 所示。

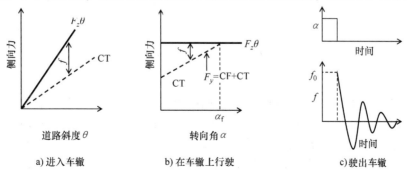

a) 进入车辙　　　　b) 在车辙上行驶　　　　c) 驶出车辙

图 16.4　轮胎摇摆的 3 种情况下的力平衡
（经 TST 授权，摘自文献 [1]）

为了减小不平衡的力f，侧向力F_y需要变大。如果侧偏力CF和侧倾推力CT因为大的外倾刚度和大的侧偏刚度而得到加强，摇摆的现象会得到改善，进行转向角修正的频率会得到减少。

在第三种情况下（图16.2c），当轮胎驶出车辙的时候，道路坡度从θ变到0。如图16.4c所示，当轮胎驶出车辙时，会在轴上产生初始的不平衡力f_0。因为不平衡的力f会在轮胎驶出车辙后上下振荡，所以转向盘需要修正。因此，第三种情况与车辆稳定性有关，它可以用备注11.20中所讨论的稳定性因子进行理论化表示。为了改善摇摆现象，可以提高横摆的共振频率和稳定因子，还可以减小初始不平衡力f_0。

从轮胎性能的立场看，又希望得到大的外倾刚度和大的侧偏刚度，与前轮轮胎相比，这些性能对于后轮轮胎来说更加重要。对于普通轮胎来说，考虑到在这3种情况中一个共同的要求是轮胎的外倾刚度要足够大，然而，这个要求在外倾推力很大的情况下不一定能满足，就比如轿车所用的低高宽比轮胎的情况。

2. 侧倾推力和车辙摇摆

当轮胎在车辙的坡道表面上滚动时，根据式（16.2），残余侧向力可以用$F_z\theta(1-C_{F\gamma}/F_z)$来表示。因为$|1-C_{F\gamma}/F_z|$有更小的值，车辙的摇摆性能变得更好。图16.5表明，对于斜交轮胎或者子午线轮胎来说，如果扰动幅值的度量$|1-C_{F\gamma}/F_z|$较小，车辙摇摆的主观感觉在轻型货车的情况下就会更好一些[9]。

一般情况下，中等大小的车辆或者说轻型货车所用的子午线轮胎的侧倾推力要比轮胎承受的载荷的横向分量小。因此这些车辆在陷入车辙中的时候会产生问题。与此同时，乘用车所用的低高宽比的轮胎的侧倾推力要大于轮胎所承受载荷的横向分量，这类轿车在驶出车辙时也会遇到问题。因此，需要提高中等大小的汽车或者轻型货车所用的轮胎的侧倾推力，而且需要减小低高宽比的轿车轮胎的侧倾推力。

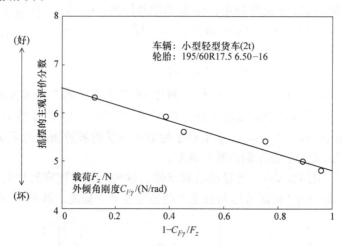

图16.5 客观数据和主观评价之间的关系
（经JSAE授权，摘自文献[9]）

Yamashita等[1]测量了斜交轮胎和子午线轮胎的胎冠在不同的外倾角下的变形，外倾角对轮胎的胎冠变形的影响如图16.6所示。斜交轮胎和子午线轮胎的侧倾刚度分别是100N/(°)和20N/(°)。导致这个差别的主要原因是当斜交轮胎在坡度路面上滚动的时候，它的胎肩发生很大的变形，而对于子午线轮胎来说，在胎肩区域的变形是轻微的。因此必须提高胎肩部位的胎冠变形，从而使子午线轮胎的侧倾推力变大。

如图16.7所示，为了提高侧倾推力，有两个设计选项。一个选项是降低胎冠刚度，另一个

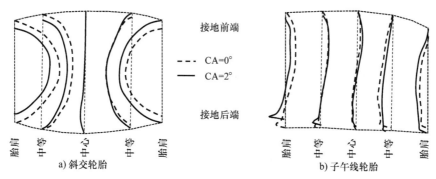

图 16.6　外倾角对轮胎的胎冠变形的影响
（经 TST 授权，摘自文献 [1]）

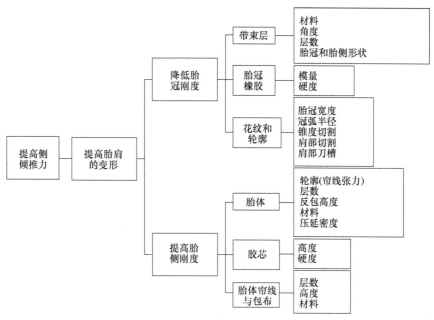

图 16.7　可以用于提高侧倾推力的设计选项
（经 TST 授权，摘自文献 [1]）

选项是提高胎侧刚度，从而可以抑制胎侧的变形。胎冠的刚度由带束层、胎冠橡胶、花纹和轮廓来决定。胎侧的刚度由胎体、胎体帘线与包布及胶芯决定。需要注意的是，这些参数还影响轮胎的其他性能，比如操控性能、滚动阻力性能和胎面磨耗性能。

Okano[9]研究了胎冠轮廓和带束层结构对侧倾推力的影响规律，结果如图 16.8 所示。从中看到，通过减少带束层层数可以提高车辙摇摆性能，因为它减少了胎冠的刚度。另外通过使冠弧变圆，使自由滚动的轮胎的横向剪切力得以加强也可以使车辙摇摆性能变好。

16.1.3　基于车辆动力学的车辙摇摆理论

在车辆摇摆的过程中，横摆角速度随时间而变化，因此选择横摆角速度的峰峰值作为摇摆的度量。图 16.9 结果表明，摇摆现象的主观评价结果与横摆角速度的峰峰值相关性很好。Kobayashi[7]利用小规模的车辆动力学模型，从横摆角速度和车辆的横向运动来分析摇摆现象。

图 16.10 给出了在道路车辙中的两轮车辆动力学模型[7]。假设轮胎以 0°侧偏角（CF = 0）在车辙的斜坡面上滚动。前轮和后轮所处的坡度是相同的（即 $\theta_f = \theta_r \equiv \theta$），前轮和后轮的外倾角都是 0（$\gamma_f = \gamma_r \equiv 0$）。根据式（16.1），两轮车辆模型的质心的旋转和平动运动方程可以表示为

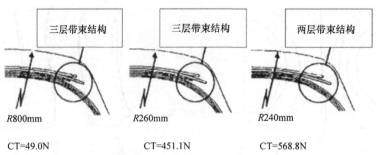

图 16.8　胎冠轮廓和带束层结构对侧倾推力的影响规律
（经 JSAE 授权，摘自文献 [9]）

$$I_z \dot{r} = F_{zf}\theta\left(1 - \frac{C_{F\gamma f}}{F_{zf}}\right)L_f - F_{zr}\theta\left(1 - \frac{C_{F\gamma r}}{F_{zr}}\right)L_r$$

$$\frac{F_{zf} + F_{zr}}{g}\ddot{y} = -F_{zf}\theta\left(1 - \frac{C_{F\gamma f}}{F_{zf}}\right) - F_{zr}\theta\left(1 - \frac{C_{F\gamma r}}{F_{zr}}\right)$$

(16.3)

式中，r 是质心横摆角速度；y 是质心的横向位移；I_z 是车辆的横摆转动惯量；F_{zf} 和 F_{zr} 分别是前轴和后轴的轮胎载荷；$C_{F\gamma f}$ 和 $C_{F\gamma r}$ 分别是前轴和后轴的侧倾刚度；L_f 和 L_r 分别是质心到前轴的距离和质心到后轴的距离；g 是重力加速度。L_f 和 L_r 可以分别用下面的公式表达：

$$L_f = \frac{F_{zr}}{F_{zf} + F_{zr}}L$$

$$L_r = \frac{F_{zf}}{F_{zf} + F_{zr}}L$$

$$L = L_f + L_r$$

(16.4)

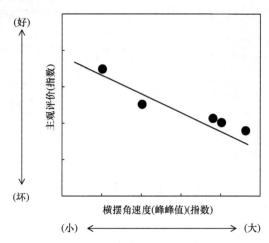

图 16.9　主观评价结果和测量得到的横摆角速度的峰峰值关系
（经 JSAE 授权，摘自文献 [7]）

式中，L 是车辆的轴距。

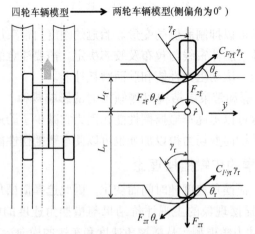

图 16.10　在道路车辙中的两轮车辆动力学模型
（经 JSAE 授权，摘自文献 [7]）

从式（16.3）可以知道，横摆运动和侧向运动由 $1 - C_{F\gamma f}/F_{zf}$ 和 $1 - C_{F\gamma r}/F_{zr}$ 的大小和符号决

定，因此这可以作为前后轴车辙摇摆的度量。

图 16.11 比较了轮胎 A 和轮胎 B 的侧倾推力[7]，这两个轮胎的侧倾推力对载荷的依赖性是不同的。轮胎 A 的侧倾推力是非线性的，它在较小的载荷下比较强，而在较大的载荷下比较弱。然而，轮胎 B 的侧倾推力是线性的。当轮胎 B 安装在后轴的时候，车辆横摆的波动小，当轮胎 A 安装在后轴的时候车辆横摆的波动较大。因此轮胎 B 比轮胎 A 有更好的车辙摇摆性能。当轮胎 A 和轮胎 B 都安装在前轴的时候，车辆的横摆波动不发生变化。对于图 16.5 中的单轮轮胎模型来说，具有较大的侧倾刚度的轮胎主观评价结果比较好，然而图 16.11 表明，虽然小于某个载荷时，轮胎 A 的侧倾推力都大于轮胎 B 的侧倾推力，但是轮胎 A 的主观评价结果要比轮胎 B 坏。因为不能只用轮胎模型（单轮轮胎模型）来研究车辙摇摆现象，所以需要开发两轮车辆动力学模型。

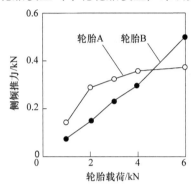

图 16.11　轮胎 A 和轮胎 B 的侧倾推力的比较
（经 JSAE 授权，摘自文献 [7]）

图 16.12 表明，安装有轮胎 A 和轮胎 B 的车辆的车辙摇摆的差别可以用式（16.3）中的 $C_{F\gamma}/F_z$ 来解释。对于前轮驱动的车辆来说，考虑到前轴的载荷 F_{zf} 要大于后轴的载荷 F_{zr}，那么轮胎 A 满足关系式 $C_{F\gamma f}/F_{zf} \geq 1$，$C_{F\gamma r}/F_{zr} \geq 1$，并且 $C_{F\gamma f}/F_{zf} < C_{F\gamma r}/F_{zr}$，如图 16.12 所示。因此，从式（16.3）中可以得到 $\dot{r} > 0$，并且 $\ddot{y} > 0$。同时，轮胎 B 满足关系式 $C_{F\gamma f}/F_{zf} < 1$，$C_{F\gamma r}/F_{zr} < 1$ 以及 $C_{F\gamma f}/F_{zf} = C_{F\gamma r}/F_{zr}$，如图 16.12 所示。因此，从式（16.3）中可以得到 $\dot{r} = 0$，并且 $\ddot{y} < 0$。

图 16.12 中的轮胎 A 和轮胎 B 的结果总结在如图 16.13 所示的车辙摇摆图中[7]，其中前轴和后轴轮胎的横向加速度分别用前轴的 $C_{F\gamma f}/F_{zf}$ 和后轴的 $C_{F\gamma r}/F_{zr}$ 来表示。例如，在 $\theta_f = \theta_r = 6°$ 的情况下，如果侧倾推力随着载荷增加而线性地增加（对于轮胎 B），横摆角速度 $\dot{r}$ 小，车辙摇摆的主观评价结果提高。

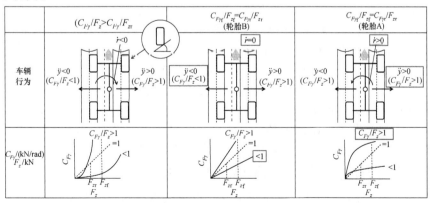

图 16.12　不同侧倾推力特征下的车辆行为
（经 JSAE 授权，摘自文献 [7]）

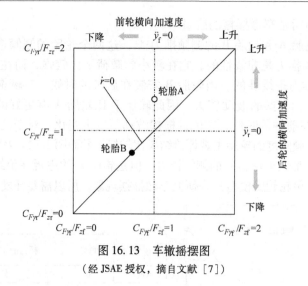

图 16.13 车辙摇摆图

（经 JSAE 授权，摘自文献 [7]）

16.2 雨水沟槽摇摆现象

16.2.1 对雨水沟槽摇摆的研究

雨水沟槽是道路上纵向直沟槽，它们在下雨时可以把水排出路面，雨水沟槽的截面如图 16.14 所示。因为美国加利福尼亚州少雨，所以人们雨天驾驶的经验少，一旦有雨，经常发生车辆事故。因此，为了交通事故，加利福尼亚州的道路一般有雨水沟槽，它可以避免车辆在下雨时发生滑移。不同国家或不同地方的雨水沟槽类型是不同的，加利福尼亚的雨水沟槽的间距是 19mm，而日本的 Tohoku 的雨水沟槽间距是 50mm。当轮胎的

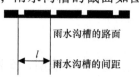

图 16.14 雨水沟槽的截面

纵向沟槽的间距与雨水沟槽间距几乎相同时，那么在直行时容易发生跑偏的危险。因此轮胎制造商在设计轮胎花纹时采用与雨水沟槽间距不同的纵沟间距。对于只有纵向沟槽的轮胎来说，可以比较容易地预测它的雨水沟槽的摇摆性能，但是对于块状花纹轮胎和"之"字形花纹的轮胎来说，因为很难将它们与直沟槽的轮胎花纹进行等效，所以很难预测它们的雨水沟槽的摇摆性能。

Tarpinian 和 Culp[10] 开发了一种将轮胎花纹和高速公路的雨水沟槽进行调配的方法。Doi 和 Ikeda[11] 提出了一个简单的预测方法，它可以根据轮胎的周向纵沟和雨水沟槽的相对位置关系来预测轮胎在雨水沟槽上的摇摆性能。他们的预测方法的基础是当轮胎冠部的纵沟边部落入道路雨水沟槽中的时候，在弹出之前会首先产生侧向力，从而导致摇摆现象。

Nakajima[12-13] 开发了一个解析模型，可以利用该模型来预测复杂的轮胎花纹在雨水沟槽上产生的摇摆现象。他的方法是基于轮胎和雨水沟槽之间的相对位置导致的残余侧向力。悬垂于雨水沟槽上的胎面花纹部分不产生侧向力，因为带有沟槽的路面在侧向上踏入轮胎印迹时，侧向应力和侧向力的净值发生改变。他的研究表明，随着轮胎和道路之间的残余侧向力的变化量的增加，预测得到的沟槽摇摆性能也会变差，残余侧向力的变化量是用来衡量雨水沟槽摇摆现象的好的参数。Mundl[14] 在开发花纹设计工具的过程中采用同样的思路来预测雨水沟槽的摇摆性能，Peters[15] 和 Mundl[16] 采用有限元方法来预测雨水沟槽的摇摆性能。

16.2.2 带有纵沟的轮胎在雨水沟槽上的摇摆理论

简单轮胎花纹在雨水沟槽上的摇摆理论认为，当周向沟槽遇到雨水沟槽时，在轮胎和路面之间产生约束反力。当雨水沟槽的间距为 l，雨水沟槽的中心点的坐标可以表示为 $(0, l, 2l, \cdots, nl)$，其中的 n 是雨水沟槽的总数。轮胎的纵向沟槽的中心坐标表示为 $(y_0, y_1, y_2, \cdots, y_m)$，其中 m 是

如图 16.15 中所示的纵沟的数量。当轮胎沿直线滚动时，它几乎与雨水沟槽平行，但它与沟槽之间还是有一个小的角度，因此纵沟相当于与侧向之间有个夹角。雨水沟槽与第 i 个纵沟之间的距离 $x_i(i=1,2,\cdots,m)$ 可以表示为

$$x_i = jl - y_i \quad (j-1)l \leqslant y_i < jl \quad (i=1,\cdots,m; j=1,\cdots,n) \tag{16.5}$$

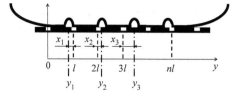

图 16.15 雨水沟槽摇摆模型

假设当相对距离是零时相互作用的反力是 D，那么 D 可以表示为

$$D(x) = \sum_{i=1}^{m} \delta(x - x_i) \tag{16.6}$$

式中，$\delta(x-x_i)$ 是狄拉克 δ 函数，由下式定义：

$$\int h(x)\delta(x-x_i)\mathrm{d}x = h(x_i) \tag{16.7}$$

式中，$h(x)$ 是任意函数；x_i 是积分范围。

因为 $D(x)$ 成为一个与雨水沟槽的间距 l 有关的周期性函数，如图 16.16 所示，那么轮胎和雨水沟槽之间的相互作用可以傅里叶级数展开式的系数表示：

$$D(x) = \frac{a_0}{2} + \sum_{n=1}^{\infty}\left(a_n\cos\frac{2\pi n}{l}x + b_n\sin\frac{2\pi n}{l}x\right) \tag{16.8}$$

式中，a_n 和 b_n 是傅里叶级数的系数，可以表示为

$$\begin{aligned}
a_n &= \frac{2}{l}\int_0^l D(x)\cos\left(\frac{2\pi n}{l}x\right)\mathrm{d}x = \frac{2}{l}\sum_{i=1}^{m}\cos\frac{2\pi n}{l}x_i \\
b_n &= \frac{2}{l}\int_0^l D(x)\sin\left(\frac{2\pi n}{l}x\right)\mathrm{d}x = \frac{2}{l}\sum_{i=1}^{m}\sin\frac{2\pi n}{l}x_i
\end{aligned} \tag{16.9}$$

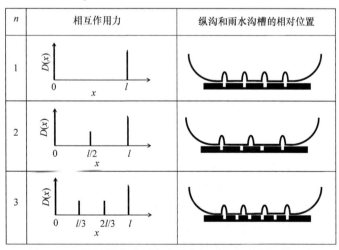

图 16.16 轮胎纵沟和雨水沟槽的相对位置与相互作用力

第 n 阶谐波的幅值为

$$A_n = \sqrt{a_n^2 + b_n^2} \tag{16.10}$$

A_1 所对应的状态是轮胎纵沟的位置恰巧与雨水沟槽的位置相同，A_2 所对应的状态是轮胎纵沟的位置与雨水沟槽的位置之间正好相差 $l/2$。当第 1 阶谐波 A_1 的幅值较大时，那么意味着轮胎

纵沟和雨水沟槽的重合性越高。因此，第 1 阶谐波 A_1 的幅值与从第 2 阶谐波开始直到某个阶次的谐波幅值的和的比值看起来与雨水沟槽的摇摆性能有较大的关系。因此，可以把下式的 F 值当作雨水沟槽摇摆性能的评价参数：

$$F = -\log\left(A_1^2 / \sum_{i=2}^{5} A_i^2\right) \qquad (16.11)$$

尽管式（16.11）的分母是从第 2 阶到第 5 阶的谐波的幅值的平方和，但该式得到的 F 值仍然对参与求和的个数不敏感。例如，从第 2 阶到第 5 阶求和所得到的 F 值与从第 2 阶到第 20 阶求和得到的 F 值的相关性系数是 0.99。

利用式（16.11）所求得的 F 值与不同规格的轿车子午线轮胎得到的主观评价结果进行对比，如图 16.17 和图 16.18 所示。主观评价采用 10 分制，主观评价实验在加利福尼亚州进行（普通的驾驶员可以感知 3 分的差别，经过特殊培训的驾驶员可以感知 1 分的差别）。

图 16.17 显示了只有纵向沟槽的轮胎的主观评价结果和摇摆指数之间的对比关系。从中看到，对于只有纵沟的轮胎来说，F 值和主观评价结果的相关性系数的平方 R^2 是 0.87。图中虚线相连的两个黑点分别表示采用同一套轮胎的两个车辆。尽管轮

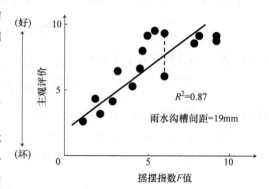

图 16.17 驾驶员对雨水沟摇摆的主观评价的预测（带直的纵沟的花纹）[13]

胎是相同的，但主观评价的感觉是不同的。这种不同可能与车辆的不同有关，比如车辆的阻尼、车辆的中心稳定性、悬架的设计、前后轴驱动、轮胎沟槽和雨水沟槽之间的相对位置，以及轮轴不同导致的左侧轮胎和右侧轮胎的沟槽和雨水沟槽的相对位置的差异。

图 16.18 给出了带有"之"字形沟槽的花纹和不带纵沟的块状花纹的结果。不带直的纵沟的块状花纹轮胎或曲折的"之"字形花纹轮胎的主观评价结果优于带有直的纵沟的花纹轮胎的结果。这是因为"之"字形花纹沟槽与雨水沟槽不会相互重合，"之"字形沟槽的边部刚度比直沟槽的边部刚度低。在计算"之"字形或不带纵沟的块状花纹轮胎的 F 值时，需要将这类花纹等价成直沟槽的花纹。这个等效的直沟槽的中心坐标 $(y_0, y_1, y_2, \cdots, y_m)$ 由接地印痕横方向的海陆比的峰值位置来确定。然而，将复杂的花纹等

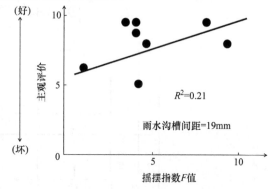

图 16.18 驾驶员对雨水沟摇摆的主观评价的预测（"之"字形花纹和块状花纹）[13]

效成带有直沟槽的简单花纹有时是比较困难的。对于带有"之"字形花纹或者不带直纵沟的块状花纹来说，其 F 值和主观评价结果之间的相关性系数的平方是 0.21。因为复杂花纹轮胎的主观评价结果不能简单地用 F 值来预测，所以在实际的花纹设计中 F 值的应用是有限的。而且，雨水沟槽的间距对主观评价结果的影响也不能用 F 值很好地预测。

16.2.3　应用于实际轮胎花纹的雨水沟槽摇摆现象的解析理论

1. 轮胎在路面上滚动时接地面内的剪应力分布

通过考虑直线滚动前进的轮胎和地面之间的接触面的横向剪切力的平衡，开发了雨水沟槽摇摆现象的解析理论[13]。带有纵沟的轮胎的平均横向剪应力 τ_y 可以用光面轮胎的平均横向剪应力

τ_y^0 和桶形变形带来的平均剪应力 τ_y^{barrel} 来表示：

$$\tau_y = \tau_y^0 + \tau_y^{barrel} \tag{16.12}$$

上面公式等号右边前面的 τ_y^0 是带有曲率半径的物体在平面上加载后产生的，可以用式（7.78）的 $\tau_{xz}|_{z=0}$ 来表示。而后面的 τ_y^{barrel} 是由物体的桶形变形产生的，可以用式（14.118）的 f_y 表示。

根据式（7.78），因为光面轮胎具有很大的形状系数 S，所以它不会发生桶状变形，因此对于光面轮胎来说，τ_y^{barrel} 可以假设为 0，τ_y^0 可以用光面轮胎的测量值来计算。如图 16.19 所示，它给出了测量得到的光面轮胎的横向剪应力分布，τ_y^0 可以表示为

$$\tau_y^0 = -ay \tag{16.13}$$

式中，y 是从接地印痕中心开始的横向距离（mm）；a 是系数，对于这个轮胎（两层带束层的 165SR13 子午线轮胎）来说，a 的值为 4kPa/mm。

为了计算 τ_y^{barrel}，在光面轮胎上雕刻一个深度为 8mm 的矩形橡胶块。在每个橡胶块上选择横向的 3 个测量点，测量这 3 点的平均横向剪应力，结果如图 16.20 所示。τ_y^{barrel} 是橡胶块上的局部应力。如图 16.21 所示，橡胶块的应力分布有点对称性。

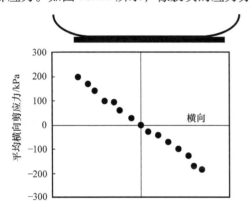

图 16.19　光面轮胎的横向剪应力分布[13]　　图 16.20　带有直纵沟的轮胎横向剪应力分布[13]

因此，τ_y^{barrel} 可以从 τ_y 中减去 τ_y^0 得到，由下式表示：

$$\tau_y^{barrel} = \overline{a}_w \xi(y) \tag{16.14}$$

式中，$\xi(y)$ 是局部坐标系，它的坐标原点在橡胶块的中心，如图 16.22 所示。τ_y^0 和 τ_y^{barrel} 分别用虚线和实线来表示。因为 τ_y^{barrel} 与桶形变形有关，它肯定受钢片和橡胶模量的影响。为了研究橡胶块的剪切弹簧常数（刚度）对 τ_y^{barrel} 的影响，雕刻具有不同刀槽的花纹（深度 8mm），测量它们的横向剪应力，如图 16.23 和图 16.24 所示[13]。平均局部剪应力系数 $\overline{a}_w$（kPa/mm）与 τ_y^{barrel} 有关，并且受刀槽的类型的影响。

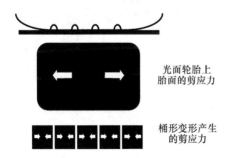

图 16.21　光面轮胎上胎面的剪应力和
桶形变形产生的剪应力

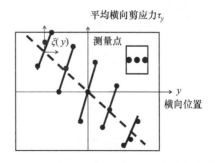

图 16.22　剪应力的测量和剪应力模型[13]

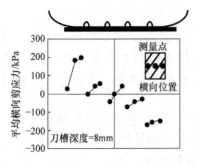
图 16.23 带有斜刀槽的横向剪应力[13]

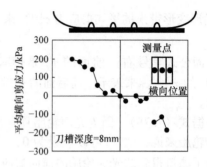
图 16.24 带有纵向刀槽的横向剪应力[13]

图 16.25 给出了由桶形变形产生的平均局部剪应力系数 $\bar{a}_w$ 和橡胶块的横向剪切弹簧常数 K_B（N/mm）的关系。$\bar{a}_w$ 与横向剪切弹簧常数 K_B 成正比：

$$\bar{a}_w = 0.42 K_B \quad (16.15)$$

式中，K_B 可以用解析方法计算，也可以采用第 7.1 节所述的有限元方法来计算。将式（16.13）~式（16.15）代入到式（16.12），τ_y 可以近似用下式表示：

$$\tau_y = -4y + 0.42 K_B \xi(y) \quad (16.16)$$

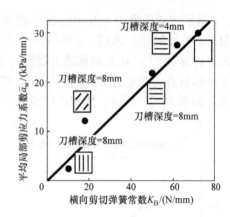

图 16.25 由桶形变形产生的平均局部剪应力系数和橡胶块的横向剪切弹簧常数的关系

2. 轮胎在带有雨水沟槽的路面上滚动时接地区的剪应力分布

利用式（16.16）来表示的[13]接地区内的平均横向剪应力分布如图 16.26 所示。当轮胎在带有雨水沟槽的路面上滚动时，假设平均横向剪应力分布不受雨水沟槽的影响。在这个假设的基础上，雨水沟槽对横向剪应力的影响，可以通过简单地把剪应力从未接触路面的橡胶中剔除而加以考虑，如图 16.27 所示。轮胎在带有雨水沟槽的路面上行走时的横向轴力可以通过将横向剪应力进行积分而计算，如图 16.27 所示。

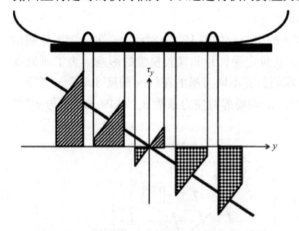

图 16.26 接地区内的平均横向剪应力分布[13]

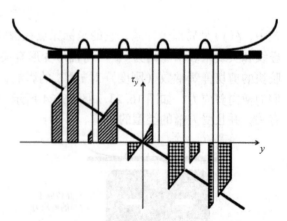

图 16.27 轮胎在雨水沟槽路面上的剪应力分布[13]

3. 花纹对雨水沟槽摇摆的影响

为了确定花纹对雨水沟槽摇摆现象的影响，需要计算实际的花纹上剪应力的分布。对于直沟花纹轮胎来说，由桶形变形产生的剪应力与到花纹中心的距离成正比，如图 16.22 所示。我们可以将这个思路拓展到更加复杂的花纹上。图 16.28 的虚线给出了"之"字形曲折花纹和直沟花纹在横向上的中心。如果沿着花纹的中心改变局部坐标系的原点 ξ，那么就可以在不改变式（16.16）的情况下，很轻易地估算花纹对雨水沟槽摇摆现象的影响。图 16.29 给出了当把轮胎与雨水沟槽之间的相对位置进行改变时残余侧向力的改变量。轮胎的规格是 165SR13，雨水沟槽的间距是 19mm。曲折花纹比直沟花纹有更小的剪切力的峰峰值 F_{pp}。更进一步地说，随着曲折花纹沟槽幅值从 4mm 增加到 8mm，F_{pp} 的值下降。

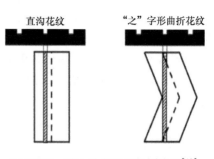

图 16.28　雨水沟槽和局部坐标系[13]

随着橡胶块的剪切弹簧常数的改变，剪应力的分布也会发生改变。当采用了软的橡胶或者给块状花纹增加刀槽的时候，剪应力分布的概念图如图 16.30 所示。采用硬橡胶（杨氏模量为 100）和软橡胶（杨氏模量为 25）对残余侧向力的影响如图 16.31 所示。软橡胶的杨氏模量是硬橡胶杨氏模量的四分之一。通过增加刀槽或者采用软化的胎面橡胶，可以使 F_{pp} 下降。

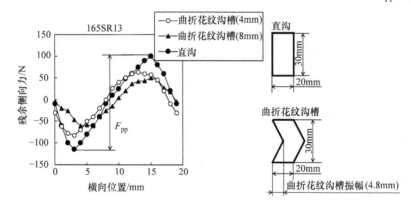

图 16.29　当把轮胎与雨水沟槽之间的相对位置进行改变时残余侧向力的改变量
（间距为 19mm 的雨水沟槽情况）[13]

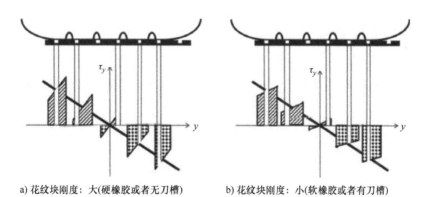

图 16.30　剪应力分布的概念图[13]

4. 雨水沟槽摇摆的解析模型的验证

根据主观评价结果，可以就雨水沟槽摇摆现象得到如下结论：
1) 当雨水沟槽的间距和轮胎纵沟的间距几乎相同的时候，摇摆现象会变更差。
2) "之"字形曲折花纹的摇摆现象要好于直沟槽花纹。

3)随着"之"字形花纹沟在横向的幅值的增大,摇摆现象会变弱,性能变好。

4)如果雨水沟槽的间距比较长,那么它的摇摆现象会变得比短雨水沟槽间距的路面好。

5)带有刀槽的花纹要比不带刀槽的花纹的摇摆性能更好。

6)带有软橡胶的花纹要比硬橡胶的摇摆性好。

如前所述,所有的表述都可以利用雨水沟槽的摇摆现象的解析模型进行预测,尽管上述4)~5)在本书中没有提供。

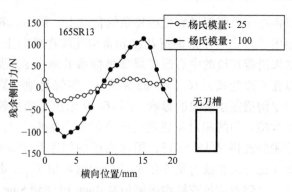

图16.31 采用硬橡胶和软橡胶对残余侧向力的影响[13]

5. 预测雨水沟槽摇摆性能的解析模型在实际花纹上的应用

如图16.32所示,当将雨水沟槽摇摆性能的解析模型应用于实际的轮胎花纹的时候,首先需要找到横向剪应力的分布中心,称为中性线,用中性线来确定剪应力分布。如图16.33所示,对于不带刀槽的花纹块或者带有相互接触的刀槽的花纹块来说,用虚线表示的中性线与花纹块的横向的中性线相同。对于带有不相互接触的刀槽的花纹块来说,它的中性线变得比较复杂。如图16.33所示,桶状变形导致的剪应力被刀槽阻断,因为刀槽的边部与花纹块的边部具有相同的变形行为。

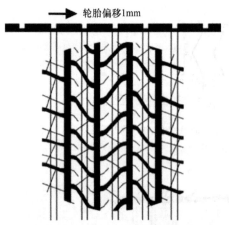

图16.32 实际轮胎花纹的应用

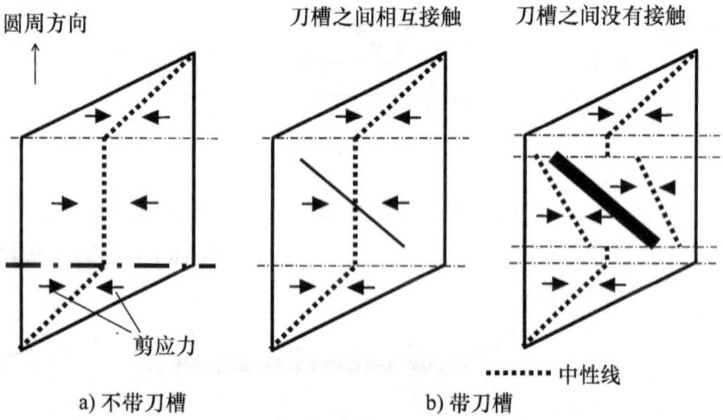

图16.33 横向剪应力的中性线

图16.34中给出了雨水沟槽摇摆的评价参数F_{pp}和主观评价结果之间的相关性。相关性研究考虑了市场上的不同规格的轿车子午线轮胎,这些轮胎的花纹不但包括带有直沟和曲折沟及刀槽的花纹,而且还包括带有刀槽的复杂的块状花纹。随着F_{pp}的降低,主观评价结果提高。相关性系数的平方$R^2=0.9$。

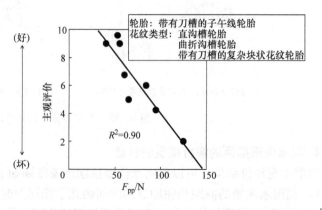

图16.34 雨水沟槽摇摆的评价参数F_{pp}和主观评价结果之间的相关性[13]

16.2.4 用 FEA 技术研究雨水沟槽摇摆现象

Peters[15]采用有限元技术来计算接地印迹内的剪应力分布,他将全局-局部分析方法应用于复杂花纹的研究中,这与第 12.2.4 节中所描述的方法相同[17]。为了计算轮胎在带有雨水沟槽路面上的残余侧向力,他采用了与 Nakajima 相同的方法,已经在第 16.2.3 节中进行了讨论。在将与雨水沟槽有关的一定比例的侧向应力分布去除后,可以计算得到剩余部分的侧向力。然后将雨水沟槽的位置进行横向移动,重复相同步骤进行计算。图 16.35 给出了平均残余侧向力的变化量的计算值[15],与图 16.29 和图 16.31 的结果相近。从图 16.36 可以看出,采用有限元预测的残余侧向力的峰峰值的平均值与主观评价结果之间相关性比较好,$R^2 = 0.82$。

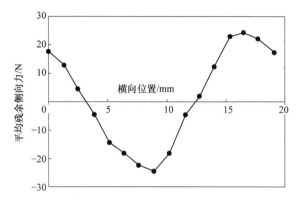

图 16.35 平均残余侧向力的变化量的计算值
(经 TST 授权,摘自文献 [15])

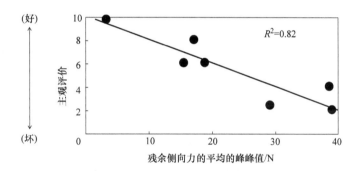

图 16.36 基于有限元方法的雨水沟槽摇摆评价结果和基于 SAE 主观评价的结果之间的相关性
(经 TST 授权,摘自文献 [15])

16.3 车辆跑偏

车辆跑偏现象指的是当放开转向盘时,在平直的路面上行驶的汽车会向一侧行驶而偏离原来的轨迹。跑偏受轮胎的影响很大。Pottinger[18]对车辆跑偏进行了系统的总结。Topping[19]第一个给出了车辆跑偏的清晰的解释。人们一般基于轮胎力学的基础来研究车辆的跑偏现象,比如说带束层角度效应和锥度与带束层的复合材料力学之间的关系研究[20-22]、通过变化带束层和胎体的帘线角度[23]来控制残余侧向力(RCF)、胎面花纹对 RCF 的影响的研究[14,24-29]、四轮定位对 RCF 的影响研究[28,30-33]。而且,有限元方法(FEA)已经应用于 RCF 的预测[6,34]。

图 16.37 给出了车辆跑偏的测试步骤。一开始驾驶员握牢转向盘,以 100km/h 的速度行驶,然后双手放开转向盘,让车辆行驶 100m,测量这个过程中侧向的偏离距离,就得到了跑偏量。为了剔除道路坡度(路拱)和风的影响,反方向驾驶汽车再做一次实验并进行测量,采用这两

次实验的结果平均值作为最终结果。

图 16.38 给出了车辆跑偏的影响因素，从中看到车辆跑偏不仅包含汽车的因素，而且还包括轮胎和路面的因素及其他因素。与汽车有关的因素是由制造非均匀性或者维修保养不善导致的四轮定位不对称而产生的平均主销后倾角、外倾不对称量、主销后倾不对称量、摩擦力矩不对称量。与轮胎有关的因素包括胎冠形状、带束层结构（比如带束层角度效应）、轮胎花纹（横沟角度和花纹块形状）。轮胎的胎冠形状影响带束层的应力分布。如第 2.3.2 节所述，剪应力使带束层发生绕垂直 z 轴的扭

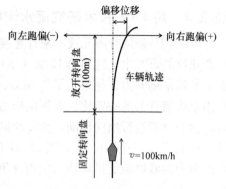

图 16.37 车辆跑偏的测试步骤

转变形，由此带来带束层的残余回正力矩。轮胎带束层角度也会产生角度效应。当花纹的各个花纹块刚度不同的时候，或者花纹被压缩的时候，力偶的存在会产生力矩，这个力矩会使轮胎沿着垂直轴旋转，这就是所谓的花纹转向。由于重力分量的作用，道路坡度也会使车辆发生跑偏。更进一步地说，速度、加速度、载荷、充气压力、磨耗、转向系摩擦都会影响车辆跑偏。总之，轮胎的带束层结构和花纹对于车辆跑偏来说是两个重要因素。

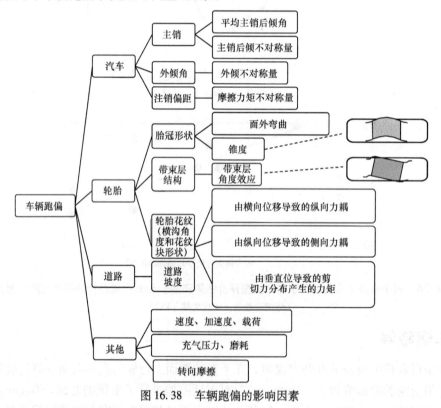

图 16.38 车辆跑偏的影响因素

16.3.1 小侧偏角下轮胎的力和力矩

1. 轮胎的力和力矩

车辆跑偏可以用小侧偏角下的轮胎性能来进行理论分析，因为此时车辆在沿直线前进。轮胎的力和力矩通常在如图 16.39 所示的右手直角坐标系内定义[35]。前进的方向定义 x 轴，y 轴与此垂直并指向汽车的右侧，而 z 轴垂直于 xy 平面并指向地面。注意侧偏角的定义在修正前后的 SAE 坐标系中是不同的，本章采用修正后的 SAE 坐标系的定义，如图 16.39 所示。转鼓试验机

的坐标系固定在转鼓上,如图 16.40a 所示。因为转鼓试验机是用于在工厂中测量轮胎的均匀性的,带束层角度效应力(PS)可以用正转(顺时针旋转)(CW)时和反转(逆时针旋转)(CCW)时的侧向力来计算。然而,车辆动力学的坐标系是固定在汽车上的,如图 16.40b 所示。图 16.40b 的上图相当于车辆的右侧轮胎,而下图则代表车辆的左侧轮胎。注意,图 16.39 的坐标系与图 16.40b 的坐标系相同。

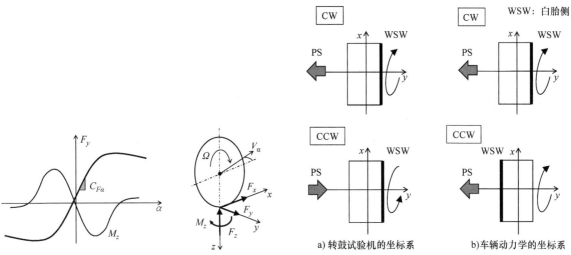

图 16.39 用于定义轮胎力和力矩的右手直角坐标系

图 16.40 转鼓试验机的坐标系和车辆动力学的坐标系

假设在转鼓试验机上进行了轮胎的顺时针和逆时针实验。力的方向不随正转和反转而改变的侧向力称为锥度力。锥度力与带束层的圆锥形状有关,该圆锥形状是由轮胎的左右两个胎肩的周长不相等造成的,如图 16.41 所示。因为锥度力和侧倾推力具有相同的属性,它被称为伪侧倾。与此同时,轮胎顺时针旋转和逆时针旋转时力的方向发生改变的侧向力称为带束层角度效应力(PS),如图 14.40a 所示。因为带束层角度效应力与由侧偏角而产生的侧向力具有相同的属性,所以称为伪侧偏[20]。

Pottinger[20] 研究了具有相同结构的子午线轮胎的带束层角度效应力和锥度效应力的概率分布情况,如图 16.42 所示。他的研究发现,轮胎的带束层角度效应力的概率分布的发散性小,主要由轮胎的设计因素决定;而锥度力的发散性较大,主要由生产工艺决定。带束层角度效应力是一种偏置效应,而锥度力具有随机效应。

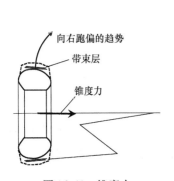

图 16.41 锥度力

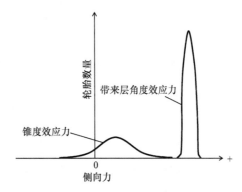

图 16.42 具有相同结构的子午线轮胎的带束层角度效应力和锥度效应力的概率分布情况
(经 SAE 授权,摘自文献 [20])

假设 0°侧偏角下顺时针旋转的轮胎的侧向力和回正力矩分别用 $\mathrm{LF}_{\mathrm{cw}}^{0}$ 和 $\mathrm{AT}_{\mathrm{cw}}^{0}$ 表示，而 0°侧偏角下逆时针旋转时侧向力和回正力矩分别用 $\mathrm{LF}_{\mathrm{ccw}}^{0}$ 和 $\mathrm{AT}_{\mathrm{ccw}}^{0}$ 表示。根据图 16.43，那么侧向力和回正力矩的带束层角度效应力和锥度效应力的分量在图 16.40b 的坐标系下可以表示为

$$F_y^{\mathrm{CT}} = (\mathrm{LF}_{\mathrm{cw}}^{0} - \mathrm{LF}_{\mathrm{ccw}}^{0})/2$$
$$F_y^{\mathrm{PS}} = (\mathrm{LF}_{\mathrm{cw}}^{0} + \mathrm{LF}_{\mathrm{ccw}}^{0})/2$$
$$M_z^{\mathrm{CT}} = (\mathrm{AT}_{\mathrm{cw}}^{0} - \mathrm{AT}_{\mathrm{ccw}}^{0})/2$$
$$M_z^{\mathrm{PS}} = (\mathrm{AT}_{\mathrm{cw}}^{0} + \mathrm{AT}_{\mathrm{ccw}}^{0})/2 \tag{16.17}$$

式中，F_y^{CT}、F_y^{PS}、M_z^{CT}、M_z^{PS} 分别是锥度力、带束层角度效应力、锥度力的回正力矩和带束层角度效应力的回正力矩。

在车辆跑偏的评价中，侧向力 LF 和回正力矩 AT 是在小侧偏角下测量得到的（例如 0°和 ±1°）。如果力和力矩是在转鼓上测量得到的，那么他们对结果的评价就会偏低，因为在转鼓上测量的印痕是较短的。因此用于评价车辆跑偏的力和力矩必须采用平带式轮胎六分力试验机完成，目的是剔除转鼓曲率的影响。

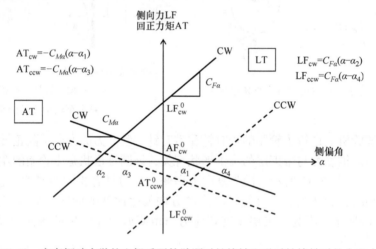

图 16.43 在车辆动力学的坐标系下轮胎顺时针旋转和逆时针旋转时的力和力矩

如图 16.44 所示，当侧向力 LF = 0 时，在它对应的侧偏角 α_2 下回正力矩 AT 不为零，因为 LT 的曲线和 AT 并不在 x 轴上有交点。侧向力为零的侧偏角 α_2 所对应的回正力矩 AT 的值称为残余回正力矩（RAT），而回正力矩为零的侧偏角 α_1 所对应的侧向力 LF 成为残余侧向力（RCF）。$\alpha_1 - \alpha_2$ 称为回正力矩静态相位差（ATSP）。RAT、RCF 和 ATSP 是车辆跑偏的评价参数。某个评价参数可以用另外的评价参数来表示。

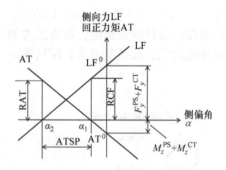

图 16.44 小侧偏角下的侧向力和回正力矩

在图 16.44 中，侧偏角为零（$\alpha = 0°$）时的侧向力 LF^0 是锥度力 F_y^{CT} 和带束层角度效应力 F_y^{PS} 的和。同样，在图 16.44 中，侧偏角为零（$\alpha = 0°$）时的回正力矩 AT^0 是锥度力矩 M_z^{CT} 和带束层角度效应力矩 M_z^{PS} 的和。

图 16.44 中的 AT 和 LF 可以由下式给出：

$$\mathrm{LF} = C_{F\alpha}\alpha + F_y^{\mathrm{PS}} + F_y^{\mathrm{CT}} \tag{16.18}$$

$$AT = -C_{M\alpha}\alpha + M_z^{PS} + M_z^{CT} \tag{16.19}$$

式中，$C_{F\alpha}(= \partial LF/\partial \alpha)$ 和 $C_{M\alpha}(= \partial AT/\partial \alpha)$ 是侧偏刚度和回正刚度。利用式（16.18）和式（16.19）消去变量 α，可以得到：

$$AT = -(C_{M\alpha}/C_{F\alpha})LF + (C_{M\alpha}/C_{F\alpha})(F_y^{PS} + F_y^{CT}) + M_z^{PS} + M_z^{CT} \tag{16.20}$$

将 LF = 0 代入到式（16.20）中，可以得到 RAT 的表达式：

$$RAT = (C_{M\alpha}/C_{F\alpha})(F_y^{PS} + F_y^{CT}) + M_z^{PS} + M_z^{CT} \tag{16.21}$$

将 AT = 0 代入到式（16.20）中，可以得到 RCF 的表达式：

$$RCF = (C_{F\alpha}/C_{M\alpha})(M_z^{PS} + M_z^{CT}) + F_y^{PS} + F_y^{CT} \tag{16.22}$$

利用式（16.21）和式（16.22），RAT 和 RCF 的关系（图 16.45）可以表示为

$$RAT = (C_{M\alpha}/C_{F\alpha})RCF \tag{16.23}$$

参考图 16.44，RAT 和 RCF 的表达式为：

$$RCF = C_{F\alpha}(\alpha_1 - \alpha_2) \tag{16.24}$$

$$RAT = C_{M\alpha}(\alpha_1 - \alpha_2)$$

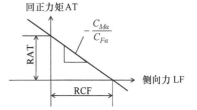

图 16.45 残余回正力矩和残余侧向力的关系

RCF、RAT 和（$\alpha_1 - \alpha_2$）（用于表达 ATSP）的相互关系为

$$\alpha_1 - \alpha_2 = RAT/C_{M\alpha} = RCF/C_{F\alpha} \tag{16.25}$$

所以说，RCF、RAT 和 ATSP 是可以相互转换的。

与式（16.17）相似，在车辆动力学的坐标系下，RCF 和 RAT 可以解耦为带束层角度效应力和锥度效应力两个部分：

$$\begin{aligned} PRCF &= (RCF_{CW} + RCF_{CCW})/2 \\ CRCF &= (RCF_{CW} - RCF_{CCW})/2 \\ PRAT &= (RAT_{CW} + RAT_{CCW})/2 \\ CRAT &= (RAF_{CW} - RAT_{CCW})/2 \end{aligned} \tag{16.26}$$

式中，CW 和 CCW 分别表示顺时针旋转和逆时针旋转；PRCF 是 RCF 的带束层角度效应力成分，PRAT 是 RAT 的带束层角度效应力成分，这两个参数受轮胎设计的控制；CRCF 是 RCF 的锥度力成分，CRAT 是 RAT 的锥度力成分，这两个参数与轮胎的生产工艺有很大关系。

2. 车轴上的残余侧向力和回正力矩

前面的内容仅是从轮胎性能的角度讨论了车辆的跑偏，而这部分将从车辆的轴力和力矩的角度讨论车辆的跑偏，汽车车轴上的力和力矩是两侧轮胎力和力矩的综合。当驾驶员固定转向盘使车辆直线前行的时候，轴上的侧向力为零，此时在侧偏角 α_2 下产生力矩 RAT，如图 16.46a 所示。为了使车辆直线前进，驾驶员需要提供围绕着主销转轴的力矩，以平衡轴上的 RAT。当释放转向盘让车辆自由前进时，围绕着主销轴的力矩等于零，对于前轴来说，在侧偏角 α_1 下产生残余侧向力 RCF，如图 16.46b 所示。车辆将在残余侧向力 RCF 的作用下开始转弯，继而在松开转向盘的瞬间从瞬态转换到稳态。在稳态状态下，前轴的侧向力为 RCF，后轴的侧向力为 $(L_f/L_r) \times RCF$，其中的 L_f 和 L_r 分别为车辆的质心到前后轴的距离。同时需要注意的是，前轴的 RCF 对车辆跑偏的贡献要大于后轴的 RCF，将在后面的章节对此进行阐述。PRCF 要比 CRCF 更重要，因为 PRCF 可以通过结构设计进行控制。

因为欧洲车辆是靠右行驶的，而日本车辆是靠左行驶的，所以欧洲的道路的路面通常轻微地向右倾斜，日本的道路的路面通常轻微地向左倾斜。汽车制造商的目标是使车辆在道路上直线前

进时转向盘的转矩为零。因此在欧洲和日本，轮胎的 PRCF 和 PRAT 的目标值是不同的。PRCF 和 PRAT 的目标值和方向由道路坡度、汽车的重量和悬架的定位参数来决定，它们随车辆的类型和目标市场的类型的变化而变化。因此，轮胎制造商必须满足汽车制造商制定的 PRCF 和 PRAT 的值。例如，因为 PRCF 和 PRAT 主要受带束层角度和胎面花纹的影响，那么供应日本市场的轮胎带束层角度不同于供应欧洲市场的轮胎带束层角度，带束层角度和 PRCF 的关系如图 16.47 所示。在日本，前轴轮胎的 PRCF 的值等于轮胎在 1%～2% 坡度的路面上时所承受载荷的侧向力分力。

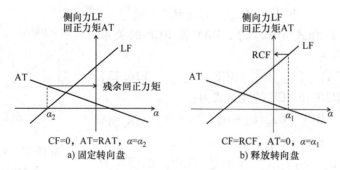

图 16.46 小侧偏角下的侧偏特性和车辆运动特性

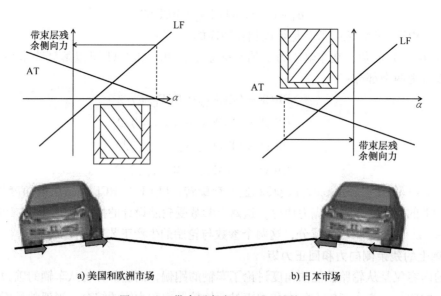

图 16.47 带束层角度和 PRCF 的关系

假设具有相同结构和花纹的轮胎分别安装在汽车的前轴左右两侧，它们具有相同的侧偏刚度和回正刚度。根据图 16.43，轮胎顺时针旋转和逆时针旋转时所产生的力矩和力可以表示如下：

$$\text{LF}_{cw} = C_{F\alpha}(\alpha - \alpha_2) \tag{16.27}$$
$$\text{AT}_{cw} = -C_{M\alpha}(\alpha - \alpha_1)$$

$$\text{LF}_{ccw} = C_{F\alpha}(\alpha - \alpha_4) \tag{16.28}$$
$$\text{AT}_{ccw} = -C_{M\alpha}(\alpha - \alpha_3)$$

顺时针和逆时针旋转时的 RCF 和 RAT 可以表示为

$$\text{RCF}_{cw} = C_{F\alpha}(\alpha_1 - \alpha_2) \tag{16.29}$$
$$\text{RCF}_{ccw} = C_{F\alpha}(\alpha_3 - \alpha_4)$$

$$\text{RAT}_{cw} = C_{M\alpha}(\alpha_1 - \alpha_2) \tag{16.30}$$
$$\text{RAT}_{ccw} = C_{M\alpha}(\alpha_3 - \alpha_4)$$

这里用 F_y^{RCF} 表示前轴的残余侧向力,这是前轴的回正力矩为零时的侧向力。用 M_z^{RAT} 表示前轴的残余回正力矩,这是前轴的侧向力为零时的回正力矩。参考图 16.48,F_y^{RCF} 和 M_z^{RAT} 可以分别用下式表示:

$$\begin{aligned} F_y^{\text{RCF}} &= \text{LF}'_{cw} + \text{LF}'_{ccw} = C_{F\alpha}\left(\frac{\alpha_1+\alpha_3}{2}-\alpha_2\right) + C_{F\alpha}\left(\frac{\alpha_1+\alpha_3}{2}-\alpha_4\right) \\ &= C_{F\alpha}(\alpha_1+\alpha_3-\alpha_2-\alpha_4) = \text{RCF}_{cw}+\text{RCF}_{ccw} \equiv 2\text{PRCF} \end{aligned} \tag{16.31}$$

$$\begin{aligned} M_z^{\text{RAT}} &= \text{RAT}'_{cw} + \text{RAT}'_{ccw} = -C_{M\alpha}\left(\frac{\alpha_2+\alpha_4}{2}-\alpha_1\right) - C_{M\alpha}\left(\frac{\alpha_2+\alpha_4}{2}-\alpha_3\right) \\ &= -C_{M\alpha}(\alpha_2+\alpha_4-\alpha_1-\alpha_3) = \text{RAT}_{cw}+\text{RAT}_{ccw} \equiv 2\text{PRAT} \end{aligned} \tag{16.32}$$

F_y^{RCF} 是前轴的左右两个轮胎的残余侧向力的和,而 M_z^{RAT} 是前轴的左右两个轮胎的残余回正力矩的和。M_z^{RAT} 与 F_y^{RCF} 的比值(类似于气胎拖距的概念)可以表示为

$$\frac{M_z^{\text{RAT}}}{F_y^{\text{RCF}}} = \frac{\text{RAT}'_{cw}}{\text{LF}'_{cw}} = \frac{\text{RAT}'_{cww}}{\text{LF}'_{ccw}} = \frac{C_{M\alpha}}{C_{F\alpha}} \tag{16.33}$$

根据图 16.43,可以得到:

$$\begin{aligned} \alpha_2 &= -\text{LF}^0_{cw}/C_{F\alpha} \\ \alpha_4 &= -\text{LF}^0_{ccw}/C_{F\alpha} \\ \alpha_1 &= \text{AT}^0_{cw}/C_{M\alpha} \\ \alpha_3 &= \text{AT}^0_{ccw}/C_{M\alpha} \end{aligned} \tag{16.34}$$

将式(16.34)代入到式(16.31),F_y^{RCF} 可以表示为带束层角度效应力 F_y^{PS} 和带束层角度效应回正力矩 M_z^{PS} 的表达式:

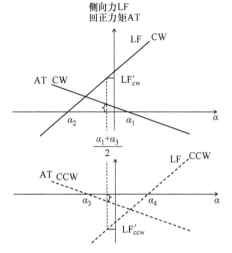

图 16.48 车辆前轴上的残余侧向力

$$\begin{aligned} F_y^{\text{RCF}} &= C_{F\alpha}(\alpha_1+\alpha_3-\alpha_2-\alpha_4) \\ &= \text{LF}^0_{cw} + \text{LF}^0_{ccw} + (C_{F\alpha}/C_{M\alpha})(\text{AT}^0_{cw}+\text{AT}^0_{ccw}) \\ &= 2F_y^{\text{PS}} + 2(C_{F\alpha}/C_{M\alpha})M_z^{\text{PS}} \end{aligned} \tag{16.35}$$

式中,

$$F_y^{\text{PS}} = (\text{LF}^0_{cw} + \text{LF}^0_{ccw})/2 \tag{16.36}$$
$$M_z^{\text{PS}} = (\text{AT}^0_{cw} + \text{AT}^0_{ccw})/2$$

前轴的锥度力 F_y^{CT} 可以表示为

$$F_y^{\text{CT}} = (\text{LF}^0_{cw} - \text{LF}^0_{ccw})/2 \tag{16.37}$$

如图 16.49 所示,车辆的跑偏与前轴的残余侧向力 F_y^{RCF} 很好的相关性。Okano 等[9]研究了车辆跑偏与前轴及后轴的残余侧向力之间的关系,如图 16.50 所示,从中看到,车辆的跑偏与前轴的残余侧向力紧密相关,与后轴的残余侧向力关系不大。

16.3.2 车辆跑偏和轮胎力学

1. 车辆跑偏和复合材料力学的关系

在轿车子午线轮胎中普遍采用由钢丝增强的橡胶复合材料,并且采用斜交层压板结构。当单个复合材料板受拉伸时,就会产生剪切变形(面内耦合),如图 16.51a~b 的左图所示。这些在

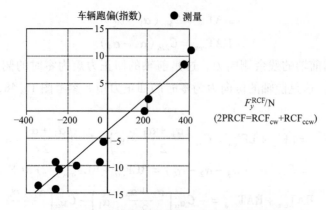

图 16.49 车辆跑偏和前轴残余侧向力的关系

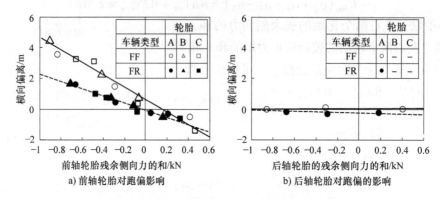

a) 前轴轮胎对跑偏影响　　b) 后轴轮胎对跑偏的影响

图 16.50 车辆跑偏与前轴及后轴的残余侧向力之间的关系
（经 JSAE 授权，摘自文献 [9]）

第 1 章中已经进行了讨论。当整个层压板受拉伸时，就会产生扭转变形（面外耦合），如图 16.51a～b 的右图所示。而且，如果改变层合板的顺序，扭转的方向也会发生改变。

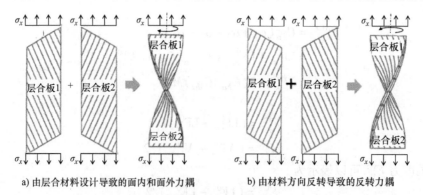

a) 由层合材料设计导致的面内和面外力耦　　b) 由材料方向反转导致的反转力耦

图 16.51 由层合材料设计导致的面内和面外力耦以及由材料方向反转导致的反转力耦
（经 SAE 授权，摘自文献 [20]）

当给轮胎充气时，轮胎带束层在周向上会伸张，但却不会发生扭转变形，因为轮胎带束层的圆柱形边界条件会抵消扭转变形。然而，当轮胎承受载荷的时候，扭转变形就不能被抵消。那么在接地区附近就会产生扭转变形，这个扭转变形会产生侧向力和绕垂直轴的回正力矩，也就是带束层角度效应力和带束层角度效应力矩。

图 16.52 给出了带束层角度效应力的简单解释[22]。当斜交的带束层在接地区域内发生弯曲

时，靠近路面的第二层带束层上会作用有压缩力，而内部的第一层带束层上会作用有拉伸力。这些外部力会产生剪切力，如图 16.52 所示，第一层带束层和第二层带束层都会产生剪切力。如果改变铺层的顺序，则剪切力的方向也会跟着改变。剪切力会带来剪切应变，而这个剪切应变与绕垂直于路面的 z 轴的旋转有关，这些后面会有叙述。这个旋转或者侧偏角会带来侧向力或带束层角度效应力。

复合材料层合板的性能由式（2.12）表示，其中的元素 A_{ys} 和 A_{xs} 为零，对于斜交层合板来说，元素 B_{ys} 和 B_{xs} 不为零 [式（2.44）]。如果将胎体层和带束层一起考虑，那么胎冠部分可以用三层复合材料表示。利用三层复合材料模型，Kabe 和 Morikawa[23] 研究表明，带束层角度效应可以通过使胎体帘线的角度稍微偏离 90° 来自由地控制。

Pottinger[20] 指出，当式（2.12）中的元素 B_{ys} 和 B_{xs} 不为零的时候，接地区域内的面外弯曲变形会导致曲率 κ_x 和 κ_y 发生变化，由此会导致面内剪切力 N_{xy} 的产生。而且，当 A_{ys} 和 A_{xs} 不为零的时候，拉伸应力 N_x 和 N_y 会导致面内剪切应变 γ_{xy}^0。继而 N_{xy} 和 γ_{xy}^0 都会带来 PRCF。

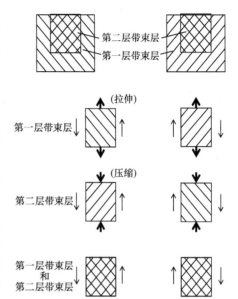

图 16.52 带束层角度效应力的简单解释
（经 JARI 授权，摘自文献 [22]）

Bert[21] 利用圆柱形弯曲模型研究了载荷下轮胎的扭转变形，如图 16.53 所示。在圆柱弯曲变形问题中假设 x 方向和 y 方向的应变为零，由式（2.44）的第三列可以得到：

$$N_{xy} = A_{ss}\gamma_{xy}^0 + B_{xs}\kappa_x + B_{ys}\kappa_y \tag{16.38}$$

对于带有斜交带束层的子午线轮胎来说，如果带束层角度相对较小，则满足 $B_{xs} \gg B_{ys}$ 的条件。在圆柱弯曲变形中，沿圆柱的 x 轴的变形可以用曲率 κ_x 表示，而 κ_y 和 N_{xy} 假设为零。因此，利用式（16.38），可以得到：

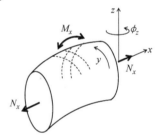

图 16.53 圆柱形弯曲模型

$$\gamma_{xy}^0 = -(B_{xs}/A_{ss})\kappa_x \tag{16.39}$$

绕与地面垂直的 z 轴的旋转角度 ϕ_z 可以表示为

$$\phi_z = (\partial v/\partial x - \partial u/\partial y)/2 \tag{16.40}$$

式中，u 和 v 分别是 x 方向和 y 反向的位移。假设 v 远小于 u，式（16.40）可以重写为

$$\phi_z = -\frac{1}{2}\frac{\partial u}{\partial y} = -\frac{1}{2}\gamma_{xy}^0 \tag{16.41}$$

利用式（16.39）和式（16.41），可以得到：

$$\phi_z = \frac{B_{xs}}{A_{ss}}\frac{\kappa_x}{2} \tag{16.42}$$

注意，旋转角度 ϕ_z 对应于轮胎的侧偏角。

当 A_{ss} 是常数的时候，带束层角度效应力 F_y^{PS} 可以表示为

$$F_y^{PS} \propto C_{F\alpha}\phi_z \propto B_{xs}C_{F\alpha} \tag{16.43}$$

式中，$C_{F\alpha}$ 是侧偏刚度。

图 16.54 中的圆圈表示不同轮胎的测量结果，它们的带束宽度相同，只有带束层角度发生变

化。对于相同模具生产出来的具有相同带束层宽度的轮胎来说，测量得到的带束层角度效应力与 $B_{xs} \times C_{F\alpha}$ 的值之间呈现非线性关系。

Bert[21]比较了式（16.42）的计算结果和子午线轮胎 HR78 – 15 的测量结果，该轮胎采用聚酯胎体和四层尼龙带束层（带束层角度为 ±26°）。在转鼓上进行的测量中，曲率 κ_x 的变化可以由下式给出：

$$\kappa_x = 1/R_{\text{tire}} - 1/R_{\text{drum}} = 1/323 - (-1/419)$$
$$= 0.00548(\text{mm}^{-1})$$
(16.44)

表 16.1 为测量值和用圆柱形弯曲模型得到的计算值的对比。即便模型很简单，但是 ϕ_z 的计算值与测量值吻合很好，当这些计算

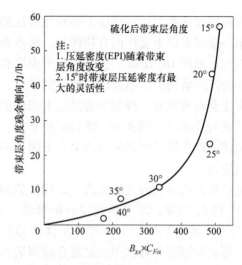

图 16.54 带束层角度效应力和 $B_{xs} \times C_{F\alpha}$ 之间的关系
（经 SAE 授权，摘自文献 [20]）

中不包括胎体的时候，B_{xs} 的值不发生变化，A_{ss} 的值仅下降 0.4%。因此，对于该轮胎来说，胎体对带束层角度效应的影响很小。

表 16.1 测量值和用圆柱形弯曲模型得到的计算值的对比

铺层排列方式	$A_{ss}/(\text{N/mm})$	B_{xs}/N	$\phi_z/(°)$	测量值/(°)
26/26/ –26/ –26	2560	–6290	–0.39	–0.30
26/ –26/26/ –26	2560	–3140	–0.19	–0.18

2. 车辆跑偏和花纹的关系

如图 16.38 所示，轮胎的花纹影响车辆的跑偏性能。Matyja[25]、Murakoshi[26] 和 Yamazaki[28] 通过实验证明车辆的跑偏与轮胎花纹的横沟的角度有关，尤其是胎肩区域的横沟花纹的角度对车辆跑偏有很强的影响。

当剪切力作用到各个方向的弹簧常数不同的花纹块上的时候，在与位移相垂直的方向上产生了式（7.12）的耦合力，因为在某个胎肩区域的横向剪切变形与其他胎肩区域的剪切变形相反，所以在接地区域内会产生耦合力矩，这个力矩称为花纹转向力矩，因为这个耦合力矩或者残余回正力矩可以使轮胎绕着 z 轴旋转。Koehne[29] 采用有限元方法研究了载荷状态下平行四边形花纹块的旋转现象。

如图 16.55 所示，即便是在自由滚动的状态下，由于横向和纵向的弯曲变形，在接地区域内会产生横向和纵向的剪切力。更深入地说，在驱动和制动过程中，纵方向上呈三角形分布的力叠加到了自由滚动状态的剪切力中。

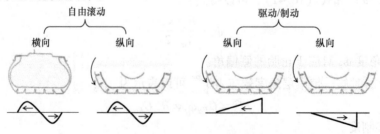

图 16.55 接地区域内的剪切力分布

轮胎花纹上一般采用平行四边形花纹块。如图 16.56 所示，第 7 章中所讨论的花纹块的弹簧常数的主轴的方向（简称 X 轴和 Y 轴）与平行四边形花纹块的移动方向（x 方向）不同。如图 16.57a 所示，在自由滚动的轮胎中产生了横向剪切位移 u_y 的时候，由于式（7.12）所述的耦合效应，产生了纵向（x 轴）的力。图 16.57 中产生的纵向力会在接地区域内产生绕 z 轴的花纹转向力矩 M_z。产生的力矩的方向以逆时针为负。图 16.57b 中显示的是自由滚动的轮胎上产生了纵向的位移 u_x。这个位移会带来横向力，产生正的力矩。驱动力和制动力会影响花纹的转向力矩。驱动和制动过程中的力矩的符号是相反的，如图 16.57c~d 所示。当在宽基低扁平比的轮胎的胎面上采用平行四边形花纹块时，由 u_y 导致的力矩（图 16.57a）成为四个机理中的主导因素，因为力矩大小与轮胎的宽度成正比。当轮胎比较窄，或者接地长度比较长的情况下，位移 u_x 导致的力矩可以忽略。

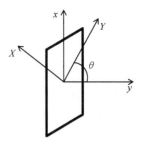

图 16.56 平行四边形花纹块的弹簧常数的主轴

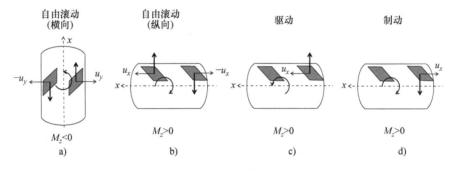

图 16.57 由于接地区域的力偶带来的力矩

当轮胎花纹如图 16.58 所示那样不对称的时候，由于胎面橡胶的左右两侧的剪切弹簧常数不同，接地区内产生的纵向力的幅值对于左右两侧来说可能是不同的，尤其是在驱动或者制动状态下。纵向力的不同会在接地区内产生力矩。即便是在自由滚动状态下，由于滚动阻力的存在也会产生这类力矩。

就像在第 7.3 节中所述的那样，当轮胎的花纹块处于压缩状态时，花纹块的桶状变形会带来剪切力。接地区内的剪切力的分布可以通过改变横沟角度或者花纹块的表面形状来进行控制，如图 16.59 所示，其中的箭头表示剪切力的方向和幅值大小。图 16.59a 显示了横沟的角度对剪切力的影响。因为带有

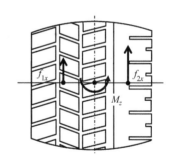

图 16.58 接地区内胎面橡胶的左右两侧的剪切弹簧常数不同带来的力矩

如 $B-B$ 截面所示的横沟的花纹块的剪切力大于带有如 $A-A$ 截面所示的横沟的花纹的剪切力，那么在这个块状花纹上就产生正的力矩，并且会产生扭转的花纹沟。图 16.59b 显示了花纹块的表面形状对剪切力的影响。因为带有凹痕的花纹块的剪切力比其他区域的剪切力弱，如图 16.59 所示，那么在这个花纹块上就产生正的力矩。注意，图 16.59 中的力矩 M_z 的符号是相同的，即便弧的方向是相反的，因为 z 轴是朝向地面的。

当轮胎的横向沟槽与周向的倾斜角度在花纹块的各个边上相同的时候，由于花纹块的力矩平衡的原因，会产生纵向剪切力，如图 16.60a 所示。当轮胎胎肩花纹采用点对称的具有横沟槽的相同花纹块的时候，在一个胎肩区域内的纵向剪切力的方向与另一个胎肩区域相反，力的耦合会带来接地区域的力矩[27]。

3. 轮胎花纹和结构对车辆跑偏的贡献

轮胎花纹和结构对车辆跑偏的贡献采用实验方法进行了估算。图 16.61 给出了横沟角度对具有相反带束层角度的轮胎的 PRCF 的影响。带束层结构对 PRCF 的贡献可以看作是图中实线和虚线之间的差别的一半，因为花纹的影响通过两条线的和已经被消除了。带束层结构对 PRCF 的贡献与 50°的横沟角度对 PRCF 的贡献几乎相同。

图 16.62 显示了轮胎的花纹、带束层结构和磨耗状况对 RCF 的贡献，其中轮胎 A 和轮胎 B 具有相同的带束层结构，但它们两个的花纹却是互为镜像。花纹对 RCF 的贡献可以用 RCF 的平均值（轮胎 A 和轮胎 B 的平均值）以及轮胎 A 或者轮胎 B 的 RCF 值来评价。另外，带束层结构对 RCF 的贡献可以用 RCF 的平均值（轮胎 A 和轮胎 B）和零之间的差值来衡量。从图 16.62 来看，新轮胎的花纹对 RCF 的贡献是带束层贡献的两倍。花纹对 RCF 的贡献随着磨耗量的增加而减少，当磨耗量达到 70%时花纹的贡献几乎为零。

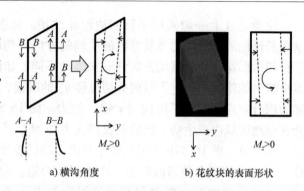

图 16.59 横沟角度和花纹块的表面
形状对剪切力分布的影响

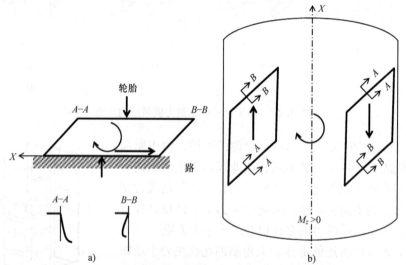

图 16.60 倾斜沟槽受压缩变形产生的力矩

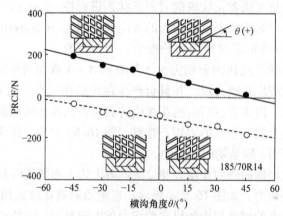

图 16.61 横沟角度对具有相反带束层角度的轮胎的 PRCF 的影响
（经 JSAE 授权，摘自文献 [9]）

图 16.63 显示了结构、横沟角度和刀槽对 RCF 的贡献。当横沟的角度是零（横向沟）的时候，花纹块刚度的主轴方向是 x 方向（前进方向）。因为这个花纹不发生花纹转向，0°横沟角度下的 RCF 主要来自于结构。由于花纹块的各向异性的弹簧常数是非对称的，RCF 随着横沟的角度而改变。更进一步地说，花纹的贡献随着采用了刀槽而提高，因为它提高了花纹块的弹簧常数的非对称性。当横沟的角度是 45°时，结构对 RCF 的贡献几乎与横沟角度的贡献以及刀槽的贡献相同。

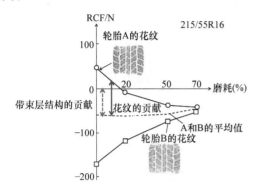

图 16.62 轮胎的花纹、带束层结构和磨耗状况对 RCF 的贡献

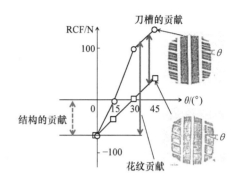

图 16.63 结构、横沟角度和刀槽对 RCF 的贡献

4. 花纹对车辆跑偏的影响的预测

Nakajima 开发了解析工具，可以用它来预测花纹对车辆跑偏的影响。利用花纹块的各向异性的弹簧常数（或者说花纹块刚度），可以很简单地建立花纹对车辆跑偏影响的数学模型。假设花纹块刚度的主轴方向分别用 X 和 Y 表示，主轴方向 Y 偏离 y 轴的角度用 θ^* 来表示，花纹块的主弹簧常数分别用 k_x 和 k_y 来表示，如图 16.64 所示。利用式（7.13），接地区内由于耦合力 F_x 的存在而产生的力矩可以用下式表达：

$$M_z^{\text{pattern}} = -nF_x b = nb(k_X - k_Y)\sin\theta^* \cos\theta^* u_y \quad (16.45)$$

式中，n、b 和 u_y 分别是圆周方向接地区域内花纹块的个数、左侧和右侧花纹块的质心之间的距离以及测量得到的花纹块的横向位移。注意 θ^* 随着横沟的角度的改变而改变。

利用式（16.23）和式（16.45），轮胎的 RCF 可以表示为

$$\text{RCF} = (C_{F\alpha}/C_{M\alpha})M_z^{\text{pattern}} = (C_{F\alpha}/C_{M\alpha})nb(k_X - k_Y)\sin\theta^* \cos\theta^* u_y \quad (16.46)$$

图 16.65 给出了采用式（16.46）计算得到的 RCF 值和实际测量的值之间的对比。尽管计算结果和实测结果在 RCF 的幅值上不同，但预测结果和实测结果之间的相关性很好。在实验研究中[25-26,28]没有给出胎肩花纹对跑偏现象有很强的影响的机理性解释，然而，从式（16.45）来看，这个机理可以用胎肩花纹比胎冠中心的花纹有更长的臂长 b 和更大的位移 u_y 来解释。

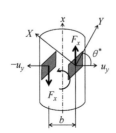

图 16.64 用于研究轮胎花纹对车辆跑偏影响的模型

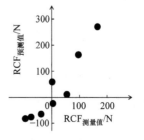

图 16.65 采用式（16.46）计算得到的 RCF 值和实际测量值之间的对比

Mundl[14]等采用与本章相似的步骤,研究了带束层残余回正力矩 PRAT,虽然他们的文章中没有给出详细的研究步骤,但他们得到了不同花纹的 PRAT 的计算结果和测量结果之间的很好的相关性。

16.3.3　机械拖距对车辆跑偏的影响

针对车辆的跑偏问题,人们提出了各种车辆模型[30]。利用第 14.9 节中介绍的简单车辆模型,Yamazaki[28]的研究表明前束和外倾对车辆跑偏的影响不是很大,但轮胎的磨耗对车辆的跑偏有显著影响,如图 16.62 所示。本节采用简单车辆模型来讨论机械拖距(主销后倾)对车辆跑偏的影响。

图 16.66 给出了前轮悬架的正视图和侧视图。假设左右两侧轮胎的性能是相同的,主销内倾角为 0°(主销垂直于路面),轮胎侧偏角为 α_0,机械拖距为 c,如图 16.66 所示。

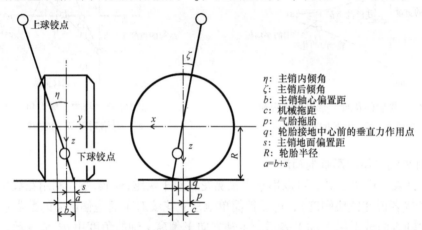

图 16.66　前轮悬架的正视图和侧视图(正的机械拖距和负的主销地面偏置距)

基于式(16.27)和式(16.28),根据绕左主销和右主销的力矩的和为零的条件,可以得到:

$$0 = AT_{cw} + AT_{ccw} - cLF_{cw} - cLF_{ccw} \tag{16.47}$$
$$= -C_{M\alpha}(\alpha_0 - \alpha_1) - C_{M\alpha}(\alpha_0 - \alpha_3) - c\{C_{F\alpha}(\alpha_0 - \alpha_2) + C_{F\alpha}(\alpha_0 - \alpha_4)\}$$

对式(16.47)求解 α_0,可以得到:

$$\alpha_0 = \frac{C_{M\alpha}(\alpha_1 + \alpha_3) + cC_{F\alpha}(\alpha_2 + \alpha_4)}{2(C_{M\alpha} + cC_{F\alpha})} \tag{16.48}$$

左侧轮胎和右侧轮胎的侧向力的和 $F_{y,\text{caster}}^{\text{RCF}}$ 为

$$F_{y,\text{caster}}^{\text{RCF}} = LF_{cw} + LF_{ccw} = C_{F\alpha}(\alpha_0 - \alpha_1) + C_{F\alpha}(\alpha_0 - \alpha_3)$$
$$= \frac{C_{M\alpha}}{C_{M\alpha} + cC_{F\alpha}} C_{F\alpha}(\alpha_1 + \alpha_3 - \alpha_2 - \alpha_4) \tag{16.49}$$

当机械拖距 c 为正值时,可以得到如下关系:

$$C_{M\alpha}/(C_{M\alpha} + cC_{F\alpha}) < 1 \tag{16.50}$$

比较式(16.35)和式(16.49)可以发现,考虑了机械拖距因素的残余侧向力 $F_{y,\text{caster}}^{\text{RCF}}$ 小于不考虑机械拖距因素的残余侧向力 F_y^{RCF}。因此通过提高机械拖距,可以使车辆的跑偏现象得到改善。

图 16.67 给出了车辆跑偏的测量结果,测量过程中考虑了轮胎的结构、轮胎的花纹和机械拖距的变化。从图 16.67 中看到,通过提高机械拖距,跑偏现象得到改善。图 16.68 给出了机械拖

距的差别（左右两侧机械拖距的差）对车辆跑偏的影响，随着左右两侧机械拖距的不同，跑偏情况也不同。左右两侧机械拖距的不同会严重影响车辆的跑偏现象，外倾不对称量和摩擦力矩不对称量同样如此。

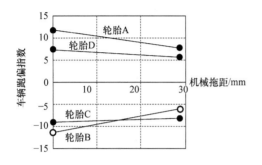

图 16.67　车辆跑偏的测量结果

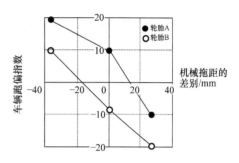

图 16.68　机械拖距的差别对车辆跑偏的影响

Yamada[31]研究了四轮定位参数对车辆跑偏的影响，他的研究对象是在倾斜路面上行驶的车辆，利用绕转向轴的力矩平衡和侧向力的平衡来研究。在倾斜路面上的车辆跑偏用当绕转向主轴的力矩的和等于零时，由残余侧向力导致的稳态转圈来定义。他们的研究表明，车辆的跑偏与左右两侧轮胎的 RCF 的和有关。当机械拖距比较大的时候，车辆跑偏受路拱的影响。而当机械拖距比较小的时候，车辆跑偏对左右两侧轮胎的 RCF 的差别非常敏感。因此，在倾斜路面上行驶的汽车，为了获得好的跑偏性能，它的机械拖距应有一个合理的值。

参考文献

1. O. Yashima, T. Shiraishi, Improvement of wandering performance by investigation into characteristics of tires. Tire Sci. Technol. **17**(3), 175–183 (1989)
2. K. Kato, T. Haraguchi, Improvement on steering pull during braking on rutted road. JSAE Rev. **17**, 65–77 (1996)
3. K. Koike, M. Nagai, Study on wandering phenomenon along the wheel tracks on damaged road-1st report: stability analysis by characteristic equation, in *JSAE Conference*, No. 912161 (1991) (in Japanese)
4. M. Nagai, K. Koike, Study on wandering phenomenon along the wheel tracks on damaged road—2nd report: theoretical analysis considering steering system, in *JSAE Conference*, No. 921025 (1992) (in Japanese)
5. M. Nagai, K. Koike, Analysis on wandering phenomenon of vehicles influenced by damaged road cross profiles. SAE Paper, No. 931910 (1993)
6. I. Kageyama et al., A study on motion characteristics of heavy duty vehicles on damaged road, in *JSAE Conference*, No. 9932908 (1999)
7. H. Kobayashi et al., Improvement method for vehicle stability on wheel tracks, in *JSAE Conference*, No. 9949701 (1999) (in Japanese)
8. S. Sasaki et al., Analysis of wandering phenomenon in trucks, in *JSAE Conference*, No. 9305544 (1993) (in Japanese)
9. T. Okano, K. Ishikawa, Effect of tire cornering properties on vehicle handling and stability, in *Symposium of Automotive Engineers of Japan*, No. 9631182 (1996)
10. H.D. Tarpinian, E.H. Culp, The effect of pavement grooves on the ride of passenger cars—the role of tires. SAE Paper, No. 770869 (1977)
11. T. Doi, K. Ikeda, Effect of tire tread pattern on groove wander of motorcycles. Tire Sci. Technol. **13**, 147 (1985)
12. Y. Nakajima, Prediction of rain groove wandering. Technical report in Bridgestone Corporation (1981)
13. Y. Nakajima, Prediction of rain groove wandering. Vehicle Sys. Dyn. **40**(6), 401–418 (2003)
14. R. Mundl et al., Virtual pattern optimization based on performance prediction tools. Tire Sci. Technol. **36**(3), 192–210 (2008)

15. J.M. Peters, Application of the lateral Stress theory of groove wander prediction using finite element analysis. Tire Sci. Technol. **29**, 244–257 (2001)
16. R. Mundl et al., Simulation and validation of the ply steer residual aligning torque induced by the tyre tread pattern. Veh. Sys. Dyn. **43**(Supplement), 434–443 (2005)
17. E. Seta et al., Hydroplaning analysis by FEM and FVM: effect of tire rolling and tire pattern on hydroplaning. Tire Sci. Technol. **28**(3), 140–156 (2000)
18. M.G. Pottinger, Pull: the science of a nuisance. Tire Sci. Technol. **41**(1), 40–59 (2013)
19. R.W. Topping, Tire induced steering pull. SAE Paper, No. 750406 (1975)
20. M.G. Pottinger, Ply steer in radial carcass tires. SAE Paper, No. 760731 (1976)
21. C.W. Bert, Simplified prediction of ply steer in radial tires. Tire Sci. Technol. **8**(1–2), 3–9 (1980)
22. K. Kabe, On influence of tire construction on tire straight line stability. JARI Res. J. **13**(9), 327–337 (1991). in Japanese
23. K. Kabe, T. Morikawa, A new tire construction which reduces plysteer. Tire Sci. Technol. **19**(1), 37–65 (1991)
24. H. Sakai, *Tire Engineering*. Guranpuri-Shuppan (1987) (in Japanese)
25. F.E. Matyja, Steering pull and residual aligning torque. Tire Sci. Technol. **19**(1), 207–240 (1987)
26. H. Murakoshi et al., An approach to vehicle pull using a tire finite element model. Tire Sci. Technol. **20**(4), 212–229 (1992)
27. R.H. Thompson, Tire tread to compensate residual aligning torque. European Patent: EP0605841A1, 1993
28. S. Yamazaki, Vehicle drift phenomena. JARI Res. J. **18**(1), 3–10 (1996). in Japanese
29. S.H. Koehne et al., Evaluation of tire tread and body interaction in the contact patch. Tire Sci. Technol. **31**(3), 159–172 (2003)
30. Y. Mori, T. Yonekawa, Development of simulation system on vehicle dynamics control, in *JSAE Conference*, No. 90228 (1990)
31. Y. Yamada, T. Haraguchi, Analysis of vehicle drift on the Cant road. JSAE J. **49**(12), 65–70 (1995)
32. H.J. Yu, Tire/suspension aligning moment and vehicle pull. Tire Sci. Technol. **28**(3), 157–177 (2000)
33. S.-H. Oh et al., Identification of a vehicle pull mechanism, in *FISITA World Automotive Congress 2000*, No. F2000G353, Seoul (2000)
34. K. Ohishi et al., The Finite element approach to predict the plysteer residual cornering force of tires. Tire Sci. Technol. **30**(2), 122–133 (2002)
35. H.B. Pacejka, *Tyre and Vehicle Dynamics* (Butterworth Heinemann, 2002)

问 题 答 案

1.1

假设 (L, T) 坐标系是通过将 (x, y) 坐标系旋转 $45°$ 得到的。将 $\theta = 45°$ 代入到式 (1.14) 中,可以得到:

$$\sigma_{xx} = \frac{\sigma_L + \sigma_T}{2} - \tau_{LT}$$

$$\sigma_{yy} = \frac{\sigma_L + \sigma_T}{2} + \tau_{LT}$$

$$\sigma_{xy} = \frac{\sigma_L - \sigma_T}{2} \tag{A1.1}$$

将 $\theta = 45°$ 代入到式 (1.19) 中可以得到:

$$\varepsilon_{xx} = \frac{\varepsilon_L + \varepsilon_T}{2} - \frac{1}{2}\gamma_{LT}$$

$$\varepsilon_{yy} = \frac{\varepsilon_L + \varepsilon_T}{2} + \frac{1}{2}\gamma_{LT}$$

$$\gamma_{xy} = \varepsilon_L + \varepsilon_T \tag{A1.2}$$

因为与 z 轴垂直的 (x, y) 平面内的性能是相同的,那么在式 (1.6) 中满足下面的关系:$E_{11} = E_{22}$, $E_{13} = E_{23}$, $E_{44} = E_{55}$。如果式 (1.7) 中与 (x, y) 平面内的剪切有关的弹簧常数用 E_{66} 表示,式 (1.7) 可以重写为

$$\begin{Bmatrix} \sigma_L \\ \sigma_T \\ \sigma_z \\ \tau_{Tz} \\ \tau_{zL} \\ \tau_{LT} \end{Bmatrix} = \begin{bmatrix} E_{11} & E_{12} & E_{13} & 0 & 0 & 0 \\ E_{12} & E_{11} & E_{13} & 0 & 0 & 0 \\ E_{13} & E_{13} & E_{33} & 0 & 0 & 0 \\ 0 & 0 & 0 & E_{44} & 0 & 0 \\ 0 & 0 & 0 & 0 & E_{44} & 0 \\ 0 & 0 & 0 & 0 & 0 & E_{66} \end{bmatrix} \begin{Bmatrix} \varepsilon_L \\ \varepsilon_T \\ \varepsilon_z \\ \gamma_{Tz} \\ \gamma_{zL} \\ \gamma_{LT} \end{Bmatrix} \tag{A1.3}$$

由式 (A1.3) 可以得到:

$$\sigma_L = E_{11}\varepsilon_L + E_{12}\varepsilon_T + E_{13}\varepsilon_z$$

$$\sigma_T = E_{12}\varepsilon_L + E_{11}\varepsilon_T + E_{13}\varepsilon_z \tag{A1.4}$$

$$\tau_{LT} = E_{66}\gamma_{Lt}$$

将式 (A1.4) 代入到式 (A1.1) 的第三个方程中,可以得到:

$$\tau_{xy} = -\frac{E_{11} - E_{12}}{2}(\varepsilon_L - \varepsilon_T) \tag{A1.5}$$

将式 (A1.2) 的第三个方程代入到式 (A1.5) 中可以得出:

$$\tau_{xy} = \frac{E_{11} - E_{12}}{2}\gamma_{xy} \tag{A1.6}$$

将式（A1.6）和式（A1.4）的第三个方程相比较可以得到：
$$E_{66} = \frac{E_{11} - E_{12}}{2}$$

1.2 答案省略。

1.3

式（1.57）：

满足 $dE_x/d\theta = 0$ 的条件与满足 $dC_{xx}/d\theta = 0$ 的条件是相同的。将式（1.47）代入式（1.38）的第一个方程中可以得到：

$$C_{xx} = \frac{3}{8}\left(\frac{1}{E_L} + \frac{1}{E_T}\right) - \frac{1}{2}\left(\frac{1}{E_L} - \frac{1}{E_T}\right)\cos2\theta + \frac{1}{8}\left(\frac{1}{E_L} + \frac{1}{E_T}\right)\cos4\theta +$$
$$\frac{1}{8}\left(\frac{1}{G_{LT}} - 2\frac{\nu_L}{E_L}\right)(1 - \cos4\theta)$$

将 C_{xx} 对角度 θ 取微分，得到：

$$\frac{dC_{xx}}{d\theta} = \sin2\theta\left[\left(\frac{1}{E_L} - \frac{1}{E_T}\right) + \left\{-\left(\frac{1}{E_L} + \frac{1}{E_T}\right) + \left(\frac{1}{G_{LT}} - 2\frac{\nu_L}{E_L}\right)\right\}\cos2\theta\right] = 0$$

上述方程的解为

$$\sin2\theta = 0$$

$$\cos2\theta = \frac{\left(\dfrac{1}{E_L} - \dfrac{1}{E_T}\right)}{-\left(\dfrac{1}{E_L} + \dfrac{1}{E_T}\right) + \left(\dfrac{1}{G_{LT}} - 2\dfrac{\nu_L}{E_L}\right)} = \frac{E_T - E_L}{(E_L E_T/G_{LT}) - (E_L + E_T + 2\nu_L E_T)}$$

式（1.62）：

$$\frac{1}{G_{xy}} = \frac{1}{G_{LT}}\cos^2 2\theta + \left(\frac{1}{E_L} + \frac{1}{E_T} + \frac{2\nu_L}{E_L}\right)\sin^2 2\theta$$
$$= \frac{1}{2}\left\{\frac{1}{G_{LT}} - \left(\frac{1}{E_L} + \frac{1}{E_T} + \frac{2\nu_L}{E_L}\right)\right\}\cos4\theta + \frac{1}{2}\left\{-\frac{1}{G_{LT}} + \frac{1}{E_L} + \frac{1}{E_T} + \frac{2\nu_L}{E_L}\right\}$$

$$\frac{dG_{xy}}{d\theta} = \frac{2G_{xy}^2}{E_L E_T}\left\{\frac{E_L E_T}{G_{LT}} - (E_L + E_T + 2\nu_L E_T)\right\}\sin4\theta = 0 \to \theta = 0, \pi/4, \pi/2$$

如果考虑到关于 θ 的微分 $dG_{xy}/d\theta$ 和 $d^2 G_{xy}/d\theta^2$ 的符号，可以得到下面的结论：

1) 在 $E_L E_T/G_{LT} < (E_L + E_T + 2\nu_L E_T)$ 的情况下，当 $\theta = 0, \pi/2$ 时，关系式 $d^2 G_{xy}/d\theta^2 < 0$ 成立。因此在 $\theta = 0, \pi/2$ 时有最大值。

2) 在 $E_L E_T/G_{LT} > (E_L + E_T + 2\nu_L E_T)$ 的情况下，当 $\theta = \pi/4$ 时，关系式 $d^2 G_{xy}/d\theta^2 < 0$ 成立。因此在 $\theta = \pi/4$ 时取最大值。

3) 在 $E_L E_T/G_{LT} = (E_L + E_T + 2\nu_L E_T)$ 情况下，满足以下关系式：
$$G_{xy} = G_{LT} = (E_L + E_T + 2\nu_L E_T)/(E_L E_T)$$

1.4

因为假设纤维是在平板上随机排列的，平面各向同性刚度可以通过将变形后的板的刚度进行平均得到：

$$\bar{E}_{xx} = \frac{\int_0^\pi E_{xx} d\theta}{\int_0^\pi d\theta} = \frac{\int_0^\pi (U_1 + U_2 \cos2\theta + U_3 \cos4\theta) d\theta}{\int_0^\pi d\theta} = U_1$$

问题答案

1.5

$$E_{xx} = \frac{E_L}{1-\nu_L\nu_T}\cos^4\theta + \frac{E_T}{1-\nu_L\nu_T}\sin^4\theta + 2\left(\frac{\nu_L E_T}{1-\nu_L\nu_T} + 2G_{LT}\right)\sin^2\theta\cos^2\theta$$

$$= E_L\cos^4\theta + E_T\sin^4\theta + 2\left(\frac{E_T}{2} + \frac{E_T}{2}\right)\sin^2\theta\cos^2\theta$$

$$= E_L\cos^4\theta + E_T\sin^4\theta + 2E_T\sin^2\theta\cos^2\theta$$

$$= E_L\cos^4\theta + E_T\sin^2\theta(\sin^2\theta + \cos^2\theta) + E_T\sin^2\theta\cos^2\theta$$

$$= E_L\cos^4\theta + E_T\sin^2\theta(1 + \cos^2\theta)$$

$$= E_L\cos^4\theta + E_T(1-\cos^2\theta)(1+\cos^2\theta) = (E_L - E_T)\cos^4\theta + E_T$$

考虑到 $E_L \gg E_T$，上述的方程可以重写为

$$E_{xx} \approx E_L\cos^4\theta + E_T$$

类似地，

$$E_{ss} = \frac{1}{4}\left(\frac{E_L + E_T - 2\nu_L E_T}{1-\nu_L\nu_T}\sin^2 2\theta + 4G_{LT}\cos^2 2\theta\right) = \frac{E_L}{4}\sin^2 2\theta + G_{LT}\cos^2 2\theta$$

$$= E_L\sin^2\theta\cos^2\theta + \frac{E_L}{4}\cos^2 2\theta = (E_L - E_T)\sin^2\theta\cos^2\theta + \frac{E_T}{4}$$

考虑到 $E_L \gg E_T$，上述的方程可以重写为

$$E_{ss} = E_L\sin^2\theta\cos^2\theta + E_T/4$$

1.6 答案省略。

1.7

根据混合率，即式（1.72），$E_T = E_f E_m / \{E_m V_f + E_f(1-V_f)\} = 6.87$ （GPa）

根据修正的方程，即式（1.84），

$$E_T = (1-\sqrt{V_f})E_m + \frac{\sqrt{V_f}E_m}{1-\sqrt{V_f}\left(1-\frac{E_m}{E_f}\right)} = 0.996 + 8.184 = 9.18(\text{GPa})$$

根据 Halpin–Tsai 模型，即式（1.94），$E_T = E_m\dfrac{1+2V_f}{1-V_f} = 14.05$ （GPa）

1.8 答案省略。

2.1

式 (2.15)：

$\{N\} = [A]\{\varepsilon^0\} + [B]\{\kappa\}$

$\{\varepsilon^0\} = [A]^{-1}\{N\} - [A]^{-1}[B]\{\kappa\} \equiv [a]\{N\} + [b]\{\kappa\}$

$\{M\} = [B]\{\varepsilon^0\} + [D]\{\kappa\} = [B]([A]^{-1}\{N\} - [A]^{-1}[B]\{\kappa\}) + [D]\{\kappa\}$

$\quad = [B][A]^{-1}\{N\} + ([D] - [B][A]^{-1}[B])\{\kappa\} \equiv [c]\{N\} + [d]\{\kappa\}$

式 (2.17)：

$\{M\} = [C]\{N\} + [d]\{\kappa\}$

$\{\kappa\} = [d]^{-1}\{M\} - [d]^{-1}[c]\{N\} = -[d]^{-1}[c]\{N\} + [d]^{-1}\{M\} \equiv [c^*]\{N\} + [d^*]\{M\}$

$\{\varepsilon^0\} = [a]\{N\} + [b]\{\kappa\} = [c]\{\kappa\} + [b](-[d]^{-1}[c]\{N\} + [d]^{-1}\{M\})$

$\quad = ([a] - [b][d]^{-1}[c])\{\kappa\} + [b][d]^{-1}\{M\} \equiv [a^*]\{N\} + [b^*]\{M\}$

$$[a^*] = [a] - [b][d]^{-1}[c] = [a] + [b][d]^{-1}[b]^T$$
$$[b^*] = [b][d]^{-1}$$
$$[c^*] = -[d]^{-1}[c] = [d]^{-1}[b]^T = ([b][d]^{-1})^T = [b^*]^T$$
$$[d^*] = [d]^{-1}$$

2.2

从式 (2.65) 和式 (2.71) 可以得到：

$$[\bar{E}] = \begin{bmatrix} \bar{E}_{xx} & \bar{E}_{xy} & 0 \\ \bar{E}_{xy} & \bar{E}_{yy} & 0 \\ 0 & 0 & \bar{E}_{ss} \end{bmatrix}$$

$$= \begin{bmatrix} E_T + E_L\cos^4\alpha & \frac{1}{2}E_T + E_L\sin^2\alpha\cos^2\alpha & 0 \\ \frac{1}{2}E_T + E_L\sin^2\alpha\cos^2\alpha & E_T + E_L\sin^4\alpha & 0 \\ 0 & 0 & \frac{1}{4}E_T + E_L\sin^2\alpha\cos^2\alpha \end{bmatrix}$$

$$[\bar{C}] = \begin{bmatrix} \frac{1}{E_T}(\sin^4\alpha + 4\sin^2\alpha\cos^2\alpha) & -\frac{3}{E_T}\sin^2\alpha\cos^2\alpha & 0 \\ -\frac{3}{E_T}\sin^2\alpha\cos^2\alpha & \frac{1}{E_T}(\cos^4\alpha + 4\sin^2\alpha\cos^2\alpha) & 0 \\ 0 & 0 & \frac{1}{E_T}(\sin^2 2\alpha + 4\cos^2 2\alpha) \end{bmatrix}$$

$$|\bar{E}| = \bar{E}_{ss}(\bar{E}_{xx}\bar{E}_{yy} - \bar{E}_{xy}^2) = \frac{3}{4}E_T + E_L E_T(\sin^4\alpha + \cos^4\alpha - \sin^2\alpha\cos^2\alpha)$$

$$[\bar{E}]^{-1} = \begin{bmatrix} \frac{\bar{E}_{yy}}{\bar{E}_{xx}\bar{E}_{yy} - \bar{E}_{xy}^2} & -\frac{\bar{E}_{xy}}{\bar{E}_{xx}\bar{E}_{yy} - \bar{E}_{xy}^2} & 0 \\ -\frac{\bar{E}_{xy}}{\bar{E}_{xx}\bar{E}_{yy} - \bar{E}_{xy}^2} & \frac{\bar{E}_{xx}}{\bar{E}_{xx}\bar{E}_{yy} - \bar{E}_{xy}^2} & 0 \\ 0 & 0 & \frac{1}{\bar{E}_{ss}} \end{bmatrix}$$

利用上述方程，考虑到关系式 $E_L \gg E_T$，$[\bar{E}]^{-1}$ 可以简单地表示为

$$[\bar{E}]^{-1} = \frac{1}{E_T}\begin{bmatrix} \frac{\sin^4\alpha}{1 - 3\sin^2\alpha\cos^2\alpha} & -\frac{\sin^2\alpha\cos^2\alpha}{1 - 3\sin^2\alpha\cos^2\alpha} & 0 \\ -\frac{\sin^2\alpha\cos^2\alpha}{1 - 3\sin^2\alpha\cos^2\alpha} & \frac{\cos^4\alpha}{1 - 3\sin^2\alpha\cos^2\alpha} & 0 \\ 0 & 0 & 4 \end{bmatrix}$$

因此可以证明 $[E]^{-1} \neq [\bar{C}]$。

2.3

考虑到关系式 $\tau_{xy}^{(2)} = -\tau_{xy}^{(1)}$，可以得到：

$$M_{xy} = \int_{-t}^{0} \tau_{xy}^{(2)} z\,\mathrm{d}z + \int_{0}^{t} \tau_{xy}^{(1)} z\,\mathrm{d}z = \int_{-t}^{0} -\tau_{xy}^{(1)} z\,\mathrm{d}z + \int_{0}^{t} \tau_{xy}^{(1)} z\,\mathrm{d}z = t^2 \tau_{xy}^{(1)}$$

2.4

式（2.65）：

式（1.119）可以重写为

$$E_{xx} = E_T + E_L \cos^4\alpha$$

$$E_{yy} = E_T + E_L \sin^4\alpha$$

$$E_{ss} = E_T/4 + E_L \sin^2\alpha\cos^2\alpha$$

$$E_{xy} = E_{yx} = E_T/2 + E_L \sin^2\alpha\cos^2\alpha$$

$$E_{xs} = E_{sx} = E_L \sin\alpha\cos^3\alpha$$

$$E_{ys} = E_{sy} = E_L \sin^3\alpha\cos\alpha$$

利用上述方程，D_{xy} 可以表示为

$$D_{xy} = D_{xy}^{(1)} + D_{xy}^{(2)} = \sum_{m=1}^{2} \int_{0}^{t} z^2 E_{xy}^{(m)} \mathrm{d}z$$

$$= \frac{2}{3} t^3 \left(\frac{1}{2} E_T + E_L \sin^2\alpha\cos^2\alpha \right) \equiv \frac{1}{2} D_T + D_L \sin^2\alpha\cos^2\alpha$$

$$B_{xs} = B_{xs}^{(1)} + B_{xs}^{(2)} = \int_{-t}^{0} z E_{xs}^{(1)}(-\alpha)\,\mathrm{d}z + \int_{0}^{t} z E_{xs}^{(2)}(\alpha)\,\mathrm{d}z$$

$$= \frac{t^2}{2} E_L \sin\alpha\cos^3\alpha + \frac{t^2}{2}(E_L \sin\alpha\cos^3\alpha) = t^2 E_L \sin\alpha\cos^3\alpha$$

式（2.66）：

如问题1.5所示，式（1.118）可以重写为

$$E_{xx} \approx (E_L - E_T)\cos^4\alpha + E_T$$

$$E_{yy} \approx (E_L - E_T)\sin^4\alpha + E_T$$

$$E_{xy} \approx (E_L - E_T)\sin^2\alpha\cos^2\alpha + \frac{E_T}{2}$$

$$E_{ss} \approx E_L \sin^2\alpha\cos^2\alpha + \frac{E_T}{4}\cos^2 2\alpha$$

将上述方程代入到式（2.63）和式（2.64）中可以得到：

$$E_x \approx \frac{(E_L - E_T)E_T(\sin^4\alpha - \sin^2\alpha\cos^2\alpha + \cos^4\alpha) + \frac{3}{4}E_T^2}{(E_L - E_T)\sin^4\alpha}$$

$$E_y \approx \frac{(E_L - E_T)E_T(\sin^4\alpha - \sin^2\alpha\cos^2\alpha + \cos^4\alpha) + \frac{3}{4}E_T^2}{(E_L - E_T)\cos^4\alpha}$$

$$v_x \approx \frac{(E_L - E_T)\sin^2\alpha\cos^2\alpha + \frac{1}{2}E_T}{(E_L - E_T)\sin^4\alpha + E_T}$$

$$v_y \approx \frac{(E_L - E_T)\sin^2\alpha\cos^2\alpha + \frac{1}{2}E_T}{(E_L - E_T)\cos^4\alpha + E_T}$$

$$G_{xy} \approx E_L\sin^2\alpha\cos^2\alpha + \frac{E_T}{4}\cos^2 2\alpha$$

2.5

利用从式（1.114）中推导得到的近似表达式 $E_T = (3/4)E_m/V_m$。
A_{xx}、B_{xs} 和 D_{xx} 可以变形为

$$A_{xx} = \int_{-H}^{H} E_{xx} dz = 2\int_{0}^{H} E_{xx} dz = 2\left\{\int_{0}^{H_1} E_m dz + \int_{H_1}^{H_2} E_{xx} dz + \int_{H_2}^{H} E_m dz\right\}$$

$$= 2\{E_m(H_1 + H - H_2) + hE_{xx}\} = 2\{E_m(H - h) + h(E_T + E_L\cos^4\alpha)\}$$

$$= 2E_L h\cos^4\alpha + 2\{E_m(H - h) + hE_T\} = 2E_L h\cos^4\alpha + 2E_T h\left\{1 + \frac{4}{3}V_m\frac{H - h}{h}\right\}$$

$$B_{xs} = \int_{-H}^{H} E_{xs} z dz = \int_{-H}^{0} E_{xs}(-\alpha) z dz + \int_{0}^{H} E_{xs}(\alpha) z dz$$

$$= \int_{-H}^{-H_2} E_m z dz + \int_{-H_2}^{-H_1} E_{xs}(-\alpha) z dz + \int_{-H_1}^{0} E_m z dz + \int_{0}^{H_1} E_m z dz + \int_{H_1}^{H_2} E_{xs}(\alpha) z dz + \int_{H_2}^{H} E_m z dz$$

$$= \int_{-H_2}^{-H_1} E_{xs}(-\alpha) z dz + \int_{H_1}^{H_2} E_{xs}(\alpha) z dz = 2\int_{H_1}^{H_2} E_{xs}(\alpha) z dz$$

$$= E_{xs}(H_2^2 - H_1^2) = 2hH_f E_{xs} = 2hH_f(E_L\sin\alpha\cos^3\alpha)$$

$$D_{xx} = \int_{-H}^{H} E_{xx} z^2 dz = 2\int_{0}^{H} E_{xx} z^2 dz = 2\left\{\int_{0}^{H_1} E_m z^2 dz + \int_{H_1}^{H_2} E_{xx} z^2 dz + \int_{H_2}^{H} E_m z^2 dz\right\}$$

$$= 2\left\{\frac{E_m}{3}(H_1^3 + H^3 - H_2^3) + \frac{E_{xx}}{3}(H_2^3 - H_1^3)\right\}$$

$$= \frac{2}{3}\left\{E_T \frac{4}{3}V_m(H_1^3 + H^3 - H_2^3) + (E_T + E_L\cos^4\alpha)(H_2^3 - H_1^3)\right\}$$

$$= \frac{2}{3}\left[(H_2^3 - H_1^3)E_L\cos^4\alpha + E_T\left\{\frac{4}{3}V_m(H_1^3 + H^3 - H_2^3) + (H_2^3 - H_1^3)\right\}\right]$$

$$= 2\left[\left(\frac{h^3}{12} + H_f^2 h\right)E_L\cos^4\alpha + \frac{E_T H^3}{3}\left\{\frac{4}{3}V_m + \frac{H_2^3 - H_1^3}{H^3}\left(1 - \frac{4}{3}V_m\right)\right\}\right]$$

2.6 答案省略。

2.7

$$B_{ys}D_{xy} - B_{xs}D_{yy} = (2A_L H_f \sin^3\alpha\cos\alpha)\{2(D_L + H_f^2 A_L)\sin^2\alpha\cos^2\alpha + D_T\beta_2\} -$$
$$(2A_L H_f \sin\alpha\cos^3\alpha)\{2(D_L + H_f^2 A_L)\sin^4\alpha + 2D_T\beta_2\}$$

$$= 2A_L H_f D_T\beta_2(\sin^2\alpha\cos\alpha - 2\sin\alpha\cos^3\alpha)$$

$$A_{ss}D_{yy} - B_{ys}^2 = \left(2A_L\sin^2\alpha\cos^2\alpha + \frac{1}{2}A_T\beta_1\right)\{2(D_L + H_f^2 A_L)\sin^4\alpha + 2D_T\beta_2\} -$$
$$(2A_L H_f\sin^3\alpha\cos\alpha)^2$$

$$\approx 4A_L D_L \sin^6\alpha\cos^2\alpha$$

$$\frac{\gamma_{xy}^0}{\kappa_x} = \frac{B_{ys}D_{xy} - B_{xs}D_{yy}}{A_{ss}D_{yy} - B_{ys}^2} = \frac{2A_L H_f D_T \beta_2 (\sin^3\alpha\cos\alpha - 2\sin\alpha\cos^3\alpha)}{4A_L D_L \sin^6\alpha\cos^2\alpha}$$

$$= \frac{H_f D_T \beta_2 \sin\alpha\cos^3\alpha(\tan^2\alpha - 2)}{2D_L \sin^6\alpha\cos^2\alpha} = \frac{H_f D_T \beta_2 \cos\alpha(\tan^2\alpha - 2)}{2D_L \sin^5\alpha}$$

2.8

计算式（1.29）中的矩阵的元素，考虑到式（1.29）的表达式：

$$\begin{Bmatrix} \sigma_L \\ \sigma_T \\ \sigma_{LT} \end{Bmatrix} = \begin{bmatrix} \dfrac{E_L}{1-\nu_L\nu_T} & \dfrac{\nu_L E_T}{1-\nu_L\nu_T} & 0 \\ \dfrac{\nu_L E_T}{1-\nu_L\nu_T} & \dfrac{E_T}{1-\nu_L\nu_T} & 0 \\ 0 & 0 & G_{LT} \end{bmatrix} \begin{Bmatrix} \varepsilon_L \\ \varepsilon_T \\ \gamma_{LT} \end{Bmatrix}$$

从式（1.25）得到：

$$1 - \nu_L\nu_T = 1 - 0.274 \times 0.274 \times \frac{11.389}{19.981} = 0.957$$

$$\frac{E_L}{1-\nu_L\nu_T} = \frac{19.981}{0.957} = 20.874$$

$$\frac{E_T}{1-\nu_L\nu_T} = \frac{11.389}{0.957} = 11.898$$

$$\frac{\nu_L E_T}{1-\nu_L\nu_T} = 3.260$$

因此，

$$[\boldsymbol{E}] = \begin{bmatrix} 20.8874 & 3.260 & 0 \\ 3.260 & 11.898 & 0 \\ 0 & 0 & 3.789 \end{bmatrix}$$

这是一个单层板，因此式（2.12）中的 $B_{ij} = 0$，所以，利用式（2.17），可以得到：

$$\{\boldsymbol{\varepsilon}^0\} = \{\boldsymbol{0}\}$$
$$\{\boldsymbol{\kappa}\} = [\boldsymbol{d}^*]\{\boldsymbol{M}\}$$

根据式（2.16）和式（2.18）以及 $[\boldsymbol{B}] = 0$，可以得到：

$$[\boldsymbol{d}^*] = [\boldsymbol{D}]^{-1}$$

从式（2.14）可以得到：

$$[\boldsymbol{D}] = \int_{-t/2}^{t/2} z^2 [\boldsymbol{E}] \mathrm{d}z = \frac{t^3}{12}[\boldsymbol{E}]$$

$$[\boldsymbol{D}] = \begin{bmatrix} 0.445 & 0.0696 & 0 \\ 0.0696 & 0.254 & 0 \\ 0 & 0 & 0.0808 \end{bmatrix} \quad [\boldsymbol{D}]^{-1} = \begin{bmatrix} 2.348 & -0.643 & 0 \\ -0.643 & 4.113 & 0 \\ 0 & 0 & 12.376 \end{bmatrix}$$

$$\begin{Bmatrix} \kappa_x \\ \kappa_y \\ \kappa_{xy} \end{Bmatrix} = \begin{bmatrix} 2.348 & -0.643 & 0 \\ -0.643 & 4.113 & 0 \\ 0 & 0 & 12.376 \end{bmatrix} \begin{Bmatrix} 1 \\ 0 \\ 0 \end{Bmatrix} = \begin{Bmatrix} 2.348 \\ -0.643 \\ 0 \end{Bmatrix}$$

从式（2.9）中可以得到，底层（$z = -t/2$）的应变可以表示为

$$\left\{\begin{array}{c}\varepsilon_x\\ \varepsilon_y\\ \gamma_{xy}\end{array}\right\} = -\frac{0.635}{2}\left\{\begin{array}{c}2.348\\ -0.643\\ 0\end{array}\right\} = \left\{\begin{array}{c}-0.745\\ 0.204\\ 0\end{array}\right\}$$

因为没有面内作用力,在中性面上应变为零,从式(2.1)可以得到:

$$\left\{\begin{array}{c}\sigma_x\\ \sigma_y\\ \tau_{xy}\end{array}\right\} = \left[\begin{array}{ccc}20.8874 & 3.260 & 0\\ 3.260 & 11.898 & 0\\ 0 & 0 & 3.789\end{array}\right]\left\{\begin{array}{c}-0.745\\ 0.204\\ 0\end{array}\right\} = \left\{\begin{array}{c}-14.886\\ 0\\ 0\end{array}\right\}$$

2.9

拉伸/剪切耦合变形既发生在单层的带束层中,也发生在斜交带束层的多层带束层中,如答案图 1 所示。它们的等效杨氏模量在带束层角度为 0°、54.7°(特殊角度)和 90°时相同。

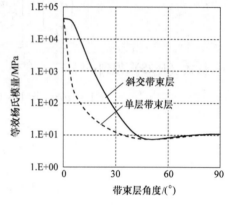

答案图 1 单层带束层和斜交带束层的等效杨氏模量

3.1

根据图 3.2,x 方向的力平衡可以用下式表达:

$$-\sigma_x^{(1)}h_1\mathrm{d}y + \left(\sigma_x^{(1)} + \frac{\partial\sigma_x^{(1)}}{\partial x}\mathrm{d}x\right)h_1\mathrm{d}y - \tau_{xy}^{(1)}h_1\mathrm{d}x +$$
$$\left(\tau_{xy}^{(1)} + \frac{\partial\tau_{xy}^{(1)}}{\partial y}\mathrm{d}y\right)h_1\mathrm{d}x + \tau_{zx}\mathrm{d}x\mathrm{d}y = 0$$

3.2 答案省略。

3.3

式(3.25):

推导位移方程如下:

$$u_1 = A_{01}\mathrm{e}^{\sqrt{\rho_1}y} + \bar{A}_{01}\mathrm{e}^{-\sqrt{\rho_1}y} + A_{02}\mathrm{e}^{-\sqrt{\rho_2}y} + \bar{A}_{02}\mathrm{e}^{-\sqrt{\rho_2}y} + A_{03}y + A_{04}$$

$$v_1 = A_{01}\frac{E_{ys}}{E_{yy}}\mathrm{e}^{\sqrt{\rho_1}y} + \bar{A}_{01}\frac{E_{ys}}{E_{yy}}\mathrm{e}^{-\sqrt{\rho_1}y} + A_{02}\frac{E_{ss}}{E_{ys}}\mathrm{e}^{\sqrt{\rho_2}y} + \bar{A}_{02}\frac{E_{ss}}{E_{ys}}\mathrm{e}^{-\sqrt{\rho_2}y} + C_{03}y + C_{04}$$

$$u_2 = -A_{01}\mathrm{e}^{\sqrt{\rho_1}y} - \bar{A}_{01}\mathrm{e}^{-\sqrt{\rho_1}y} + A_{02}\mathrm{e}^{\sqrt{\rho_2}y} + \bar{A}_{02}\mathrm{e}^{-\sqrt{\rho_2}y} + B_{03}y + B_{04}$$

$$v_2 = A_{01}\frac{E_{ys}}{E_{yy}}\mathrm{e}^{\sqrt{\rho_1}y} + \bar{A}_{01}\frac{E_{ys}}{E_{yy}}\mathrm{e}^{-\sqrt{\rho_1}y} - A_{02}\frac{E_{ss}}{E_{ys}}\mathrm{e}^{\sqrt{\rho_2}y} - \bar{A}_{02}\frac{E_{ss}}{E_{ys}}\mathrm{e}^{-\sqrt{\rho_2}y} + D_{03}y + D_{04}$$

在上述方程中引入了如下的表达式:

$$A_{01}\mathrm{e}^{\sqrt{\rho_1}y} + \bar{A}_{01}\mathrm{e}^{-\sqrt{\rho_1}y} = A_1\sinh\sqrt{\rho_1}y + \bar{A}_1\cosh\sqrt{\rho_1}y$$

可以从式(3.24)和上述方程中得到式(3.25)。

式(3.27):

由式(3.14)的边界条件得出:

$$\bar{A}_1 + \bar{A}_2 + A_4 = 0$$

$$\frac{E_{ys}}{E_{yy}}\bar{A}_1 + \frac{E_{ss}}{E_{ys}}\bar{A}_2 + C_4 = 0$$

$$-\bar{A}_1 + \bar{A}_2 + A_4 = 0$$

$$\frac{E_{ys}}{E_{yy}}\bar{A}_1 - \frac{E_{ss}}{E_{ys}}\bar{A}_2 + C_4 = 0 \rightarrow \bar{A}_1 = 0, \bar{A}_2 = 0, C_4 = 0, A_4 = 0$$

考虑到上面的结果,将式(3.25)代入式(3.3),在 $y=b$ 处的应变可以由下面的公式给出:

$$\varepsilon_y^{(1)} = A_1 \frac{E_{ys}}{E_{yy}} \sqrt{\rho_1} \cosh(\sqrt{\rho_1}b) + A_2 \frac{E_{ss}}{E_{ys}} \sqrt{\rho_2} \cosh(\sqrt{\rho_2}b) + C_3$$

$$\varepsilon_y^{(2)} = A_1 \frac{E_{ys}}{E_{yy}} \sqrt{\rho_1} \cosh(\sqrt{\rho_1}b) - A_2 \frac{E_{ss}}{E_{ys}} \sqrt{\rho_2} \cosh(\sqrt{\rho_2}b) + C_3$$

$$\gamma_{xy}^{(1)} = A_1 \sqrt{\rho_1} \cosh(\sqrt{\rho_1}b) + A_2 \sqrt{\rho_2} \cosh(\sqrt{\rho_2}b) + A_3$$

$$\gamma_{xy}^{(2)} = -A_1 \sqrt{\rho_1} \cosh(\sqrt{\rho_1}b) + A_2 \sqrt{\rho_2} \cosh(\sqrt{\rho_2}b) + A_3$$

将上述方程代入式(3.4),可以得到应力 $\sigma_y^{(1)}$ 和 $\sigma_y^{(2)}$:

$$\sigma_y^{(1)} = A_2 \sqrt{\rho_2} \cosh(\sqrt{\rho_2}b) \left(\frac{-E_{ss}E_{yy} + E_{ys}^2}{E_{ys}} \right) + C_3 E_{yy} - A_3 E_{ys} = -E_{xy} \frac{u_0}{a}$$

$$\sigma_y^{(2)} = -A_2 \sqrt{\rho_2} \cosh(\sqrt{\rho_2}b) \left(\frac{-E_{ss}E_{yy} + E_{ys}^2}{E_{ys}} \right) + C_3 E_{yy} + A_3 E_{ys} = -E_{xy} \frac{u_0}{a} \quad (A3.1)$$

从式(A3.1),可以得到 C_3:

$$C_3 = -\frac{E_{xy}}{E_{yy}} \frac{u_0}{a} \quad (A3.2)$$

同样地,剪切应力 $\tau_{xy}^{(1)}$ 和 $\tau_{xy}^{(2)}$ 可以由下式给出:

$$\tau_{xy}^{(1)} = -A_1 \sqrt{\rho_1} \cosh(\sqrt{\rho_1}b) \left(\frac{-E_{ss}E_{yy} + E_{ys}^2}{E_{ys}} \right) - C_3 E_{ys} + A_3 E_{ss} = E_{xs} \frac{u_0}{a}$$

$$\tau_{xy}^{(2)} = A_1 \sqrt{\rho_1} \cosh(\sqrt{\rho_1}b) \left(\frac{-E_{ss}E_{yy} + E_{ys}^2}{E_{ys}} \right) + C_3 E_{ys} + A_3 E_{ss} = -E_{xs} \frac{u_0}{a} \quad (A3.3)$$

从式(A3.3)中,可以得到 A_1 和 A_3 的表达式:

$$A_1 = \frac{-E_{xs}E_{yy} + E_{xy}E_{ys}}{C \sqrt{\rho_1} \cosh(\sqrt{\rho_1}b)} \frac{u_0}{a}$$

$$A_3 = 0 \quad (A3.4)$$

其中 C 的表达式为

$$C = -E_{ss}E_{yy} + E_{ys}^2$$

利用式(A3.1)~式(A3.4),可以得到 $A_2 = 0$。

3.4

$$E_{yy}E_{xs} - E_{ys}E_{xy} = (E_T + E_L \sin^4\alpha)(E_L \sin\alpha \cos^3\alpha) -$$
$$(E_L \sin^3\alpha \cos\alpha)\left(\frac{1}{2}E_T + E_L \sin^2\alpha \cos^2\alpha\right)$$
$$= \frac{E_T E_L \sin\alpha \cos^3\alpha}{2}(2 - \tan^2\alpha)$$

3.5

从式(3.17)、式(3.20)和式(3.21),得到 $\rho_1 = \frac{2G}{hh_0} \frac{E_{yy}}{E_{yy}E_{ss} - E_{ys}^2}$。

从式(1.119),可以得到:

$$E_{xx} = E_T + E_L \cos^4\alpha$$

$$E_{yy} = E_T + E_L \sin^4\alpha$$

$$E_{ss} = E_T/4 + E_L\sin^2\alpha\cos^2\alpha$$

$$E_{ys} = E_{sy} = E_L\sin^3\alpha\cos\alpha$$

将上述方程代入 ρ_1，可以得到：

$$\rho_1 = \frac{2G}{hh_0}\frac{E_{yy}}{E_{yy}E_{ss} - E_{ys}^2} = \frac{2G}{hh_0}\frac{E_T + E_L\sin^4\alpha}{(E_T + E_L\sin^4\alpha)\left(\frac{1}{4}E_T + E_L\sin^2\alpha\cos^2\alpha\right) - (E_L\sin^3\alpha\cos\alpha)^2}$$

$$= \frac{2G}{hh_0}\frac{E_T + E_L\sin^4\alpha}{\frac{1}{4}E_T^2 + E_L E_T\sin^2\alpha\left(\cos^2\alpha + \frac{1}{4}\sin^2\alpha\right)} \cong \frac{2G}{hh_0}\frac{\sin^2\alpha}{E_T\left(\cos^2\alpha + \frac{1}{4}\sin^2\alpha\right)}$$

从式（1.112）可以得到：

$$E_T = \frac{E_m}{V_m(1 - \nu_m^2)} = \frac{2G(1 + \nu_m)}{V_m(1 - \nu_m^2)} = \frac{2G}{V_m(1 - \nu_m)}$$

从上述方程中，可以得到 ρ_1 的表达式：

$$\rho_1 = \frac{2G}{hh_0}\frac{\sin^2\alpha}{E_T\left(\cos^2\alpha + \frac{1}{4}\sin^2\alpha\right)} = \frac{V_m(1 - \nu_m)}{hh_0}\frac{\sin^2\alpha}{\cos^2\alpha + \frac{1}{4}\sin^2\alpha}$$

将 $\nu_m = 1/2$ 代入上述方程，可以得到：

$$\rho_1 = \frac{V_m}{2hh_0}\frac{\sin^2\alpha}{\cos^2\alpha + \frac{1}{4}\sin^2\alpha} = \frac{V_m}{hh_0}\frac{\sin^2\alpha}{2 - \frac{3}{2}\sin^2\alpha}$$

此外，式（3.60）可以重写为

$$s^2 = \frac{V_m}{hh_0}\frac{\sin^2\alpha}{2 - \frac{3}{2}\sin^2\alpha + \frac{h}{h_0}V_m\cos^2\alpha}$$

比较 ρ_1 的表达式和 s^2 的表达式，我们发现这两个表达式之间的差别是 s^2 包含 h/h_0。

4.1 答案省略。

4.2 答案省略。

5.1

因为结构的对称性，与图 5.5 的菱形形状相邻的所有点都在相同的半径或者说相同的子午线上。通过将所有位于圆周方向曲线上的菱形节点之间的距离进行相加可以得到半径 r_{cure}。将菱形上的一个边的长度用 l_{cure} 表示，可以得到：

$$2\pi r_{\text{cure}} = 2Nl_{\text{cure}}\cos\alpha_{\text{cure}} \tag{A5.1}$$

式中，N 是菱形的总个数，或者说总的层数。

考虑相同的菱形，不再是在转鼓上，而是在硫化后的轮胎上。它们现在位于半径 r_{drum} 上，菱形的总个数 N 不变。如果菱形的某一边可以变化，可以将它的长度用 l_{drum} 表示。考虑到式（A5.1）位于转鼓上的构型，有如下表达式：

$$2\pi r_{\text{drum}} = 2Nl_{\text{drum}}\cos\alpha_{\text{drum}} \tag{A5.2}$$

将上述两个方程中的 N 消去，可以得到：

$$\frac{\cos\alpha_{\text{drum}}}{r_{\text{drum}}} = \frac{l_{\text{cure}}}{l_{\text{drum}}}\frac{\cos\alpha_{\text{cure}}}{r_{\text{cure}}} \tag{A5.3}$$

如果在硫化的过程中或者在充气的过程中帘线伸张，那么菱形在伸张前和伸张后边的长度的比值就作为伸张系数 C_t：

$$C_t = l_{cure}/l_{drum} \tag{A5.4}$$

将式（A5.4）代入到式（A5.3），得到：

$$r_{cure}/(C_t\cos\alpha_{cure}) = r_{drum}/\cos\alpha_{drum}$$

如果帘线不可伸张，那么在硫化或充气前后菱形的边的长度保持相同。式（A5.4）因此可以写为

$$r_{cure}/\cos\alpha_{cure} = r_{drum}/\cos\alpha_{drum}$$

5.2

式（5.29）：答案省略。

式（5.32）：

$$\begin{aligned}
y &= (r_C^2 - r_A^2)^2 r_A^2\sin^2\alpha_A - (r_C^2 - r^2)^2(r_A^2 - r^2\cos^2\alpha_A) \\
&= (r_C^2 - r_A^2)^2 r_A^2\sin^2\alpha_A - \{(r_C^2 - r_A^2) + (r_A^2 - r^2)\}^2[r_A^2\sin^2\alpha_A + (r_A^2 - r^2)\cos^2\alpha_A] \\
&= -(r_A^2 - r^2)[(r_C^2 - r_A^2)^2\cos^2\alpha_A + (2r_C^2 - r_A^2 - r^2)(r_A^2 - r^2\cos^2\alpha_A)] \\
&= (r^2 - r_A^2)[r^4\cos^2\alpha_A - r^2(2r_C^2\cos^2\alpha_A + r_A^2\sin^2\alpha_A) + r_C^2\cos^2\alpha_A + (2r_C^2 - r_A^2)r_A^2\sin^2\alpha_A] \\
&= (r^2 - r_A^2)\cos^2\alpha_A[r^4 - r^2(2r_C^2 + r_A^2\tan^2\alpha_A) + r_C^4 + (2r_C^2 - r_A^2)r_A^2\tan^2\alpha_A] \\
&= \cos^2\alpha_A(r^2 - r_A^2)(r^2 - r_\alpha^2)(r^2 - r_\beta^2)
\end{aligned}$$

$$(r_\alpha^2, r_\beta^2) = \frac{1}{2}[(r_A^2\tan^2\alpha_A + 2r_C^2) \pm \sqrt{(2r_C^2 + r_A^2\tan^2\alpha_A)^2 - 4r_C^4 - 4(2r_C^2 - r_A^2)r_A^2\tan^2\alpha_A}]$$

$$= \frac{1}{2}[(r_A^2\tan^2\alpha_A + 2r_C^2) \pm \sqrt{-4r_C^2 r_A^2\tan^2\alpha_A + r_A^4\tan^4\alpha_A + 4r_A^4\tan^2\alpha_A}]$$

$$= \frac{1}{2}[(r_A^2\tan^2\alpha_A + 2r_C^2) \pm r_A\tan\alpha_A\sqrt{r_A^2\tan^2\alpha_A + 4(r_A^2 - r_C^2)}]$$

当 $r_\beta^2 = 0$ 时：

$$(r_A^2\tan^2\alpha_A + 2r_C^2)^2 - r_A^2\tan^2\alpha_A\{r_A^2\tan^2\alpha_A + 4(r_A^2 - r_C^2)\}$$

$$= 4(r_A^2 r_C^2\tan^2\alpha_A + r_C^4 - r_A^4\tan^2\alpha_A + r_A^2 r_C^2\tan^2\alpha_A)$$

$$= -4\tan^2\alpha_A(r_A^4 - 2r_A^2 r_C^2 - r_C^4\cot^2\alpha_A) = 0$$

$$r_A^2 = r_C^2(1 \pm \sqrt{1 + \cot^2\alpha_A}) = r_C^2\left(1 \pm \frac{1}{\sin\alpha_A}\right)$$

5.3

式（5.39）：答案省略。

式（5.44）：

$$y = (r_A^2 - r_C^2)^2 - (r^2 - r_C^2)^2 = r_A^2 - 2r_C^2(r_A^2 - r^2) - r^4 = (r_A^2 - r^2)(r_A^2 + r^2 - 2r_C^2)$$

$$z(r) = \int_r^{r_A} \frac{r^2 - r_C^2}{\sqrt{r_A^2 - r^2}\sqrt{r_A^2 - 2r_C^2 + r^2}}\mathrm{d}r = \int_r^{r_A} \frac{r^2 - r_C^2}{\sqrt{r_A^2 - r^2}\sqrt{2(r_A^2 - r_C^2) - (r_A^2 - r^2)}}\mathrm{d}r$$

$$= \int_r^{r_A} \frac{r^2 - r_C^2}{\sqrt{2(r_A^2 - r_C^2)}\sqrt{r_A^2 - r^2}\sqrt{1 - \frac{r_A^2 - r^2}{2(r_A^2 - r_C^2)}}}\mathrm{d}r$$

引入新的参数：

$$\sqrt{\frac{r_A^2 - r^2}{2(r_A^2 - r_C^2)}} \equiv \sin\theta$$

$$\frac{\sqrt{2(r_A^2 - r_C^2)}}{r_A} \equiv k$$

可以得到：

$$r^2 = r_A^2 - 2(r_A^2 - r_C^2)\sin^2\theta = r_A^2(1 - k^2\sin^2\theta)$$

$$\frac{-r\mathrm{d}r}{\sqrt{r_A^2 - r^2}\sqrt{2(r_A^2 - r_C^2)}} = \cos\theta\mathrm{d}\theta$$

因此，

$$z = -\int_\theta^0 \frac{(r^2 - r_C^2)\cos\theta}{r\cos\theta}\mathrm{d}\theta = -\int_0^\theta \frac{r_C^2 - r_A^2(1 - k^2\sin^2\theta)}{r_A\sqrt{1 - k^2\sin^2\theta}}\mathrm{d}\theta = -\frac{r_C^2}{r_A}\int_0^\theta \frac{1}{\sqrt{1 - k^2\sin^2\theta}}\mathrm{d}\theta +$$

$$r_A\int_0^\theta \sqrt{1 - k^2\sin^2\theta}\mathrm{d}\theta = r_A E(\theta,k) - \frac{r_C^2}{r_A}F(\theta,k)$$

式中，$F(\theta,k)$ 和 $E(\theta,k)$ 是第一和第二类型的椭圆积分，可以表示为

$$F(\theta,k) = \int_0^\theta \frac{1}{\sqrt{1 - k^2\sin^2\theta}}\mathrm{d}\theta$$

$$E(\theta,k) = \int_0^\theta \sqrt{1 - k^2\sin^2\theta}\mathrm{d}\theta$$

5.4

式（5.51）：

$$I \equiv \exp\left(\int_r^{r_A} \frac{\cot^2\alpha}{r}\mathrm{d}r\right)$$

$$\cos\alpha = \frac{r_A}{r}\cos\alpha_A$$

$$\sin\alpha = \sqrt{1 - \left(\frac{r_A}{r}\right)^2\cos^2\alpha_A}$$

$$\cot^2\alpha = \frac{r_A^2\cos^2\alpha_A}{r^2 - r_A^2\cos^2\alpha_A}$$

$$I = \int_r^{r_A} \frac{r_A^2\cos^2\alpha_A}{r(r^2 - r_A^2\cos^2\alpha_A)}\mathrm{d}r = \frac{1}{2}\int_r^{r_A} \frac{r_A^2\cos^2\alpha_A}{r^2(r^2 - r_A^2\cos^2\alpha_A)}2r\mathrm{d}r$$

$$= \frac{1}{2}\int_r^{r_A} \left(\frac{1}{r^2 - r_A^2\cos^2\alpha_A} - \frac{1}{r^2}\right)\mathrm{d}(r^2)$$

$$= \frac{1}{2}\log\left|\frac{r^2 - r_A^2\cos^2\alpha_A}{r^2}\right|\bigg|_r^{r_A} = \frac{1}{2}\log\left|\frac{r^2\sin^2\alpha_A}{r^2 - r_A^2\cos^2\alpha_A}\right|$$

因此，

$$A = (r^2 - r_C^2)\exp\left(\int_r^{r_A}\frac{\cot^2\alpha}{r}dr\right) = (r^2 - r_C^2)\frac{r\sin\alpha_A}{\sqrt{r^2 - r_A^2\cos^2\alpha_A}}$$

式（5.53）：

回看式（5.20）：

$$r_1 = \frac{B}{\dfrac{dA}{dr}}$$

$$B = r_A^2 - r_C^2$$

dA/dr 可以由下式给出：

$$\frac{dA}{dr} = \frac{(3r^2 - r_C^2)\sin\alpha_A\sqrt{r^2 - r_A^2\cos^2\alpha_A} - (r^2 - r_C^2)\sin\alpha_A\dfrac{r^2}{\sqrt{r^2 - r_A^2\cos^2\alpha_A}}}{r^2 - r_A^2\cos^2\alpha_A}$$

$$= \frac{\sin\alpha_A}{(r^2 - r_A^2\cos^2\alpha_A)^{3/2}}\left[(3r^2 - r_C^2)(r^2 - r_A^2\cos^2\alpha_A) - r^2(r^2 - r_C^2)\right]$$

$$= \frac{\sin\alpha_A}{(r^2 - r_A^2\cos^2\alpha_A)^{3/2}}\left[2r^4 - 3r_A^2r^2\cos^2\alpha_A + r_A^2r_C^2\cos^2\alpha_A\right]$$

将上述方程代入求解 r_1 的方程中，可以得到：

$$r_1 = \frac{(r_A^2 - r_C^2)(r^2 - r_A^2\cos^2\alpha_A)^{3/2}}{\sin\alpha_A(2r^4 - 3r^2r_A^2\cos^2\alpha_A + r_A^2r_C^2\cos^2\alpha_A)}$$

5.5

从式（5.58）可以得到：

$$t_c = \frac{\pi p}{N}\frac{r_A^2 - r_C^2}{\sin\alpha}\exp\left(-\int_r^{r_A}\frac{\cot^2\alpha}{r}dr\right)$$

缩放路径的方程为 $r/\cos\alpha = r_A/\cos\alpha_A$。利用这个关系式将式（5.58）中的 α 消去，可以得到：

$$\Gamma = \int_r^{r_A}\frac{\cot^2\alpha}{r}dr = \int_r^{r_A}\frac{\beta^2 r}{1 - \beta^2 r^2}dr$$

式中，

$$\beta = \cos\alpha_A/r_A$$

通过积分可以得到 Γ：

$$\Gamma = \frac{1}{2}\int_{1-\beta^2 r_A^2}^{1-\beta^2 r^2}\frac{1}{X}dX = \ln\left(\frac{1 - \beta^2 r^2}{1 - B^2 r_A^2}\right)^{\frac{1}{2}}$$

考虑到存在如下的关系式：

$$\exp(-\Gamma) = \left(\frac{1 - \beta^2 r^2}{1 - \beta^2 r_A^2}\right)^{-1/2}$$

$$\sin\alpha = (1 - \beta^2 r^2)^{1/2}$$

t_c 的表达式为

$$t_c = \frac{\pi p}{N} \frac{(r_A^2 - r_C^2)}{(1-\beta^2 r^2)^{\frac{1}{2}}} \left(\frac{1-\beta^2 r_A^2}{1-\beta^2 r^2}\right)^{\frac{1}{2}} = \frac{\pi p(r_A^2 - r_C^2)}{N} \frac{(1-\beta^2 r_A^2)^{\frac{1}{2}}}{1-\beta^2 r^2}$$

$$= \frac{\pi p}{N} \frac{r_A^2(r_A^2 - r_C^2)\sin\alpha_A}{r_A^2 - r^2\cos^2\alpha_A}$$

5.6

从式 (5.84) 可以得到：

$$\frac{p\zeta}{t_c n_r \sin^2\alpha \sin\phi} = \frac{1}{r_1 \sin\phi} + \frac{\cot^2\alpha}{r}$$

从式 (5.9) 得到：

$$\frac{1}{r_1 \sin\phi} = \frac{z''}{(1+z'^2)z'} = \frac{dz'/dr}{(1+z'^2)z'}$$

从式 (5.7) 和式 (5.83) 可以得到：

$$\frac{p\zeta}{t_c n_r \sin^2\alpha \sin\phi} = \frac{p\zeta}{\dfrac{2\pi p \left(\int_{r_C}^{r_D} r dr + \int_{r_D}^{r} \zeta(r) r dr\right)}{N \sin\alpha \sin\phi} \cdot \dfrac{N}{2\pi r \sin\alpha} \sin^2\alpha \sin\phi}$$

$$= \frac{\zeta r}{\int_{r_C}^{r_D} r dr + \int_{r_D}^{r} \zeta(r) r dr}$$

5.7

从式 (5.85) 得到：

$$\frac{1}{(1+z'^2)z'} \frac{dz'}{dr} = \frac{2\zeta r}{(r_D^2 - r_C^2) + 2\int_{r_D}^{r} \zeta(r) r dr} - \frac{\cot^2\alpha}{r}$$

将上式从 r 到 r_A 进行积分，考虑到条件 $z'_A = -\infty$，可以得到：

$$\int_{z'(r)}^{z'(r_A)} \frac{1}{(1+z'^2)z'} dz' = \int_{r}^{r_A} \left\{\frac{2\zeta r}{(r_D^2 - r_C^2) + 2\int_{r_D}^{r} \zeta(r) r dr} - \frac{\cot^2\alpha}{r}\right\} dr$$

上式的左侧可以积分为

$$\int_{z'(r)}^{z'(r_A)} \frac{1}{(1+z'^2)z'} dz' = \int_{z'(r)}^{z'(r_A)} \frac{1}{z'} dz' - \int_{z'(r)}^{z'(r_A)} \frac{z' dz'}{1+z'^2} = \left[\log z' - \frac{1}{2}\log(1+z'^2)\right]_{-z'(r)}^{-z'(r_A)}$$

$$= \left[\log \frac{z'}{\sqrt{1+z'^2}}\right]_{-z'(r)}^{-z'(r_A)} = -\log \frac{z'}{\sqrt{1+z'^2}}$$

可以得到：

$$\frac{z'}{\sqrt{1+z'^2}} = \exp\left[-\int_{r}^{r_A} \left\{\frac{2\zeta r}{(r_D^2 - r_C^2) + 2\int_{r_D}^{r} \zeta(r) dr} - \frac{\cot^2\alpha}{r}\right\} dr\right]$$

$$= \exp\left(\int_{r}^{r_A} \frac{\cot^2\alpha}{r} dr\right) \exp\left[-\int_{r}^{r_A} \frac{2\zeta r}{(r_D^2 - r_C^2) + 2\int_{r_D}^{r} \zeta(r) r dr} dr\right]$$

$$= \exp\left(\int_r^{r_A} \frac{\cot^2\alpha}{r}\mathrm{d}r\right)\exp-\left(\log\left[(r_D^2 - r_C^2) + 2\int_{r_D}^r \zeta(r)r\mathrm{d}r\right]_r^{r_A}\right)$$

$$= C^{-1}\exp\left(\int_r^{r_A} \frac{\cot^2\alpha}{r}\mathrm{d}r\right)\left((r_D^2 - r_C^2) + 2\int_{r_D}^r \zeta(r)r\mathrm{d}r\right)$$

5.8

式（5.122）：

从式（5.110）可以得到：

$$\rho = r_1(r_A) = Nt_c/\{2\pi r_A \zeta(r_A)p\}$$

从式（5.120）可以得到 $t_c = (\pi p/N)B$。

从式（5.107）得到 $\zeta_{\text{belt}}(r_A) = \zeta_{\text{belt}0}$ 和 $\zeta(r_A) = 1 - \zeta_{\text{belt}}(r_A) = 1 - \zeta_{\text{belt}0}$。

式（5.124）：

根据答案图 2，假设 $T(s)$ 为 s 方向的每单位长度的张力。带束层沿圆周方向的总的张力 T_0 可以由下式给出：

$$T_0 = 2\int_A^D T(s)\mathrm{d}s$$

半径 r 处的带束层张力可以由 r 方向的充气压力 $p\zeta_{\text{belt}}(r)$ 和带束层张力之间的力平衡得到，参考下面的图，力的平衡可以由下式表达：

$$2T(s)\mathrm{d}s = 2pr\zeta_{\text{belt}}(r)\cos\delta(r)\mathrm{d}s = 2pr\zeta_{\text{belt}}(r)\mathrm{d}z$$

式中，δ 是带束层法向和 r 轴的夹角。因此，T_0 的表达式为

$$T_0 = 2\int T(s)\mathrm{d}s = 2\int_{z_A}^{z_D} rp\zeta_{\text{belt}}(r)\mathrm{d}z = \int_{r_A}^{r_D} rp\zeta_{\text{belt}}(r)z'\mathrm{d}r$$

6.1

式（6.2）：

$$U = \int \frac{1}{2}\frac{\sigma^2}{E_s}\mathrm{d}V - u_x P$$

$$\frac{\partial U}{\partial P} = 0$$

$$u_x = \int \frac{\sigma}{E_s}\frac{\partial \sigma}{\partial P}\mathrm{d}V = \int \frac{X_p}{E_s A}\frac{\partial}{\partial P}\left(\frac{X_p}{A}\right)A\mathrm{d}s = \int \frac{\partial X_p}{\partial P}\frac{X_p}{E_s A}\mathrm{d}s$$

式（6.3）：

$$u_x = \int \frac{\partial X_p}{\partial P}\frac{X_p}{E_s A}\mathrm{d}s = \int \cos\theta \frac{P\cos\theta}{E_s A}\mathrm{d}s = \frac{Pr}{E_s A}\int_{-\phi_s}^{\phi_s}\cos^2\theta\mathrm{d}\theta = \frac{Pr}{2E_s A}(2\phi_s + \sin 2\phi_s)$$

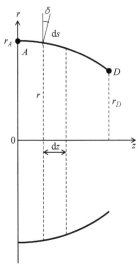

答案图 2 r 方向的力平衡

6.2

式（6.8）：

$$u_s = \int \frac{\partial S_p}{\partial P}\frac{S_p}{GA}\mathrm{d}s = \int \sin\theta \frac{P\sin\theta}{GA}\mathrm{d}s = \frac{Pr}{GA}\int_{-\phi_s}^{\phi_s}\sin^2\theta\mathrm{d}\theta = \frac{Pr}{2GA}(2\phi_s - \sin 2\phi_s)$$

6.3

将 $B = 0$ 代入到式（6.38）得到：

$$R_{mz} = \frac{T}{\theta} = \pi r_A^3 k_s + \pi \left(\frac{B}{2}\right)^2 r_A(k_r + k_t) \rightarrow R_{mz} = \pi r_A^3 k_s$$

将上述方程代入到式（6.46）得到轮胎的横向弹簧常数 K_y：

$$K_y = \frac{1}{\dfrac{1}{2\pi r_A k_s} + \dfrac{r_A^2}{R_{mz}}} = \frac{1}{\dfrac{1}{2\pi r_A k_s} + \dfrac{r_A^2}{\pi r_A^3 k_s}} = \frac{1}{\dfrac{1}{2\pi r_A k_s} + \dfrac{1}{\pi r_A k_s}} = \frac{2}{3}\pi r_A k_s$$

δ_1 和 δ_2 之间的比值为 $1/2$。

6.4

在半径 r_B 处沿圆周方向每单位长度的角度 ψ_0 为

$$\psi_0 = 1/r_B$$

利用扭转弹簧常数 R，沿圆周方向的每单位长度的力矩 T 可以表示为

$$T = 2\pi r_B k_t' r_B = R\psi_0 = R/r_B$$

式中，k_t' 是半径 r_B 处的圆周方向的基本弹簧常数，从上面两个公式进一步得到：

$$k_t' = R/(2\pi r_B^3)$$

半径 r_D 处的圆周方向的基本弹簧常数 k_t 与 k_t' 有关：

$$T = 2\pi r_B k_t' r_B \psi r_B = 2\pi r_D k_t r_D \psi r_D$$

因此，k_t 可以表示为

$$k_t = k_t' r_B^3 / r_D^3 = R/(2\pi r_D^3)$$

6.5

式（6.141）：

式（5.13）中的常数 C 可以通过将 $r = r_D$ 代入式（5.13）得到。

考虑到关系式 $\dfrac{z'}{\sqrt{1 + z'}} = -\sin\phi_D$，式（5.17）的 A 为

$$A = (r^2 - r_C^2)\sin\phi_D \exp\left(\int_r^{r_D} \frac{\cot^2\alpha}{r} dr\right)$$

从式（6.139）可以得到 $\cot^2\alpha = \rho^2/(r^2 - \rho^2)$。将这个关系式代入到上述方程得到：

$$A = (r^2 - r_C^2)\sin\phi_D \exp\left(\int_r^{r_D} \frac{\rho^2}{r(r^2 - \rho^2)} dr\right)$$

$$= (r^2 - r_C^2)\sin\phi_D \exp\left(\ln \frac{r}{r_D} \frac{\sqrt{r_D^2 - \rho^2}}{\sqrt{r^2 - \rho^2}}\right) = (r^2 - r_C^2)\sin\phi_D \frac{r r_D \sin\alpha_D}{r_D \sqrt{r^2 - \rho^2}}$$

$$= (r^2 - r_C^2)\sin\phi_D \frac{r \sin\alpha_D}{\sqrt{r^2 - \rho^2}}$$

式（6.144）和式（6.145）：

$$\psi = \int d\psi = \int_{r_B}^{r_D} \frac{\cot\alpha \, ds}{r} = \int_{r_B}^{r_D} \frac{\cot\alpha}{r} \sqrt{1 + z'^2} \, dr = \int_{r_B}^{r_D} \frac{\cot\alpha}{r} \frac{B}{\sqrt{B^2 - A^2}} dr$$

$$= \int_{r_B}^{r_D} \frac{\cot\alpha}{r} \frac{\sqrt{r^2 - \rho^2}}{r} \frac{B}{\sqrt{D}} dr = \int_{r_B}^{r_D} \frac{\rho}{r} \frac{B}{\sqrt{D}} dr = \int_{r_B}^{r_D} \frac{r_D \cos\alpha_D}{r} \frac{B}{\sqrt{D}} dr$$

$$L = \int dL = \int_{r_B}^{r_D} \sqrt{ds^2 + dv^2} = \int_{r_B}^{r_D} \sqrt{\tan^2\alpha + 1}\, dv = \int_{r_B}^{r_D} \sqrt{\tan^2\alpha + 1}\, r d\psi$$

$$= \int_{r_B}^{r_D} \sqrt{\tan^2\alpha + 1}\, r \frac{\cot\alpha \sqrt{r^2 - \rho^2}}{r} \frac{B}{\sqrt{D}} dr = \int_{r_B}^{r_D} \sqrt{\tan^2\alpha + 1} \cot\alpha \sqrt{r^2 - \rho^2} \frac{B}{\sqrt{D}} dr$$

$$= \int_{r_B}^{r_D} \frac{1}{\sin\alpha} \sqrt{r^2 - \rho^2} \frac{B}{\sqrt{D}} dr = \int_{r_B}^{r_D} \frac{1}{\sin\alpha} \sqrt{r^2 - r^2\cos^2\alpha} \frac{B}{\sqrt{D}} dr = \int_{r_B}^{r_D} \frac{rB}{\sqrt{D}} dr$$

6.6

式（6.151）：

$$z_B = \int_{r_B}^{r_D} \frac{A}{\sqrt{B^2 - A^2}} dr = \int_{r_B}^{r_D} \frac{r(r^2 - r_C^2)\sin\phi_D \sin\alpha_D}{\sqrt{D}} dr$$

$$\frac{\partial z_B}{\partial \alpha_D} = \int_{r_B}^{r_D} \frac{r(r^2 - r_C^2)\sin\phi_D \cos\alpha_D}{\sqrt{D}} dr - \int_{r_B}^{r_D} \frac{r(r^2 - r_C^2)\sin\phi_D \sin\alpha_D}{2D^{3/2}} \frac{\partial D}{\partial \alpha_D} dr$$

$$D = (r_D^2 - r_C^2)^2 (r^2 - \rho^2) - r^2 (r^2 - r_C^2)^2 \sin^2\phi_D \sin^2\alpha_D$$

$$= (r_D^2 - r_C^2)^2 (r^2 - r_D^2 \cos^2\alpha_D) - r^2 (r^2 - r_C^2)^2 \sin^2\phi_D \sin^2\alpha_D \quad \frac{\partial D}{\partial \alpha_D}$$

$$= 2r_D^2 (r_D^2 - r_C^2)^2 \cos\alpha_D \sin\alpha_D - 2r^2 (r^2 - r_C^2)^2 \sin^2\phi_D \sin\alpha_D \cos\alpha_D$$

$$\frac{\partial D}{\partial \alpha_D} = 2r_D^2 (r_D^2 - r_C^2)^2 \cos\alpha_D \sin\alpha_D - 2r^2 (r^2 - r_C^2)^2 \sin^2\phi_D \sin\alpha_D \cos\alpha_D$$

$$\frac{\partial D}{\partial r_C} = -4r_C (r_D^2 - r_C^2)(r^2 - \rho^2) + 4r_C r^2 (r^2 - r_C^2)^2 \sin^2\phi_D \sin^2\alpha_D$$

$$\frac{\partial z_B}{\partial \alpha_D} = \sin\phi_D \cos\alpha_D \int_{r_B}^{r_D} \frac{r(r^2 - r_C^2)}{\sqrt{D}} dr +$$

$$\sin^2\phi_D \sin^2\alpha_D \int_{r_B}^{r_D} \frac{r^3 (r^2 - r_C^2)^3}{D^{3/2}} dr - \sin^2\alpha_D \int_{r_B}^{r_D} \frac{r_D^2 (r_D^2 - r_C^2)^2 r(r^2 - r_C^2)}{D^{3/2}} dr$$

$$= \sin\phi_D \cos\alpha_D \left\{ \int_{r_B}^{r_D} \frac{r(r^2 - r_C^2)}{D^{1/2}} dr + \sin^2\alpha_D \int_{r_B}^{r_D} \frac{r(r^2 - r_C^2)\{r^2(r^2 - r_C^2)^2 \sin^2\phi_D - r_D^2(r_D^2 - r_C^2)^2\}}{D^{3/2}} dr \right\}$$

$$\frac{\partial L}{\partial r_C} = \int_{r_B}^{r_D} r \left(\frac{1}{D^{1/2}} \frac{\partial B}{\partial r_C} - \frac{B}{2D^{3/2}} \frac{\partial D}{\partial r_C} \right) dr$$

$$= -2r_C \int_{r_B}^{r_D} \frac{r dr}{D^{1/2}} + 2r_C (r_D^2 - r_C^2) \int_{r_B}^{r_D} \frac{(r_D^2 - r_C^2)(r^2 - \rho^2)r - r^3(r^2 - r_C^2)^2 \sin^2\phi_D \sin^2\alpha_D}{D^{3/2}} dr$$

$$\frac{\partial L}{\partial \phi_D} = \int_{r_B}^{r_D} \frac{-r}{2} \frac{B}{D^{3/2}} \frac{\partial D}{\partial \phi_D} dr = (r_D^2 - r_C^2)\sin\phi_D \cos\phi_D \sin^2\alpha_D \int_{r_B}^{r_D} \frac{r^3(r^2 - r_C^2)^2}{D^{3/2}} dr$$

$$\frac{\partial L}{\partial \alpha_D} = \int_{r_B}^{r_D} \frac{-r}{2} \frac{B}{D^{3/2}} \frac{\partial D}{\partial \alpha_D} dr = -(r_D^2 - r_C^2)\sin\alpha_D \cos\alpha_D \int_{r_B}^{r_D} \frac{rr_D^2(r_D^2 - r_C^2)^2 - r^3(r^2 - r_C^2)^2 \sin^2\phi_D}{D^{3/2}} dr$$

式（6.152）：

回顾一下式（6.150）中的 V_1 和 V_2 的定义。将关系式 $\partial L/\partial \alpha_D|_{\alpha_D=\pi/2} = 0$ 和 $\partial z_B/\partial \alpha_D|_{\alpha_D=\pi/2} = 0$ 代入到式（6.150）中，得到关系式 $V_1 = V_2 = 0$。因此，在 $\alpha_D = \pi/2$ 处 $R(c)$ 被简化为

$$R(c)|_{\alpha_D=\frac{\pi}{2}} = \frac{\frac{\partial T}{\partial r_C}V_1 + \frac{\partial T}{\partial \phi_D}V_2 + \frac{\partial T}{\partial \alpha_D}}{\frac{\partial \psi}{\partial r_C}V_1 + \frac{\partial \psi}{\partial \phi_D}V_2 + \frac{\partial \psi}{\partial \alpha_D}}\bigg|_{\alpha_D=\pi/2} = \frac{\frac{\partial T}{\partial \alpha_D}}{\frac{\partial \psi}{\partial \alpha_D}}\bigg|_{\alpha_D=\pi/2}$$

从式（6.144）、式（6.146）和式（6.148）中得到：

$$\frac{\partial T}{\partial \alpha_D}\bigg|_{\alpha_D=\pi/2} = -\frac{2\pi p r_D(r_D^2 - r_C^2)}{\sin\phi_D}$$

$$\frac{\partial \psi}{\partial \alpha_D}\bigg|_{\alpha_D=\pi/2} = -r_D(r_D^2 - r_C^2)\int_{r_B}^{r_D}\frac{\mathrm{d}r}{rD^{1/2}}$$

$$D|_{\alpha_D=\pi/2} = r^2(r_D^2 - r_C^2)^2 - r^2(r^2 - r_C^2)^2\sin^2\phi_D$$

利用上述方程，$R(c)|_{\alpha_D=\pi/2}$ 可以表示为

$$R(c)|_{\alpha_D=\pi/2} = \frac{2\pi p}{\int_{r_B}^{r_D}\dfrac{\mathrm{d}r}{r^2\sqrt{(r_D^2 - r_C^2)^2 - (r^2 - r_C^2)^2\sin^2\phi_D}}}$$

式（6.153）：

$$\frac{\partial \psi}{\partial r_C} = \rho\int_{r_B}^{r_D}\frac{1}{r}\left(\frac{1}{D^{1/2}}\frac{\partial B}{\partial r_C} - \frac{B}{2D^{3/2}}\frac{\partial D}{\partial r_C}\right)\mathrm{d}r$$

$$= -2r_C\rho\int_{r_B}^{r_D}\frac{\mathrm{d}r}{rD^{1/2}} - 2\rho r_C(r_D^2 - r_C^2)\int_{r_B}^{r_D}\frac{-(r_D^2 - r_C^2)(r^2 - \rho^2) + r^2(r^2 - r_C^2)^2\sin^2\phi_D\sin^2\alpha_D}{rD^{3/2}}\mathrm{d}r$$

$$\frac{\partial \psi}{\partial \phi_D} = \int_{r_B}^{r_D}\frac{-\rho}{2r}\frac{B}{D^{3/2}}\frac{\partial D}{\partial \phi_D}\mathrm{d}r = \rho(r_D^2 - r_C^2)\sin\phi_D\cos\phi_D\sin^2\alpha_D\int_{r_B}^{r_D}\frac{r(r^2 - r_C^2)^2}{D^{3/2}}\mathrm{d}r$$

$$\frac{\partial \psi}{\partial \alpha_D} = \frac{\partial}{\partial \alpha_D}\int_{r_B}^{r_D}\frac{r_D\cos\alpha_D}{r}\frac{B}{\sqrt{D}}\mathrm{d}r = \int_{r_B}^{r_D}\left\{-\frac{r_D\sin\alpha_D}{r}\frac{B}{\sqrt{D}} - \frac{\rho}{2r}\frac{B}{D^{3/2}}\frac{\partial D}{\partial \alpha_D}\right\}\mathrm{d}r$$

$$= -r_D(r_D^2 - r_C^2)\sin\alpha_D\int_{r_B}^{r_D}\frac{\mathrm{d}r}{rD^{1/2}} - \rho(r_D^2 - r_C^2)\sin\alpha_D\cos\alpha_D$$

$$\int_{r_B}^{r_D}\frac{r_D^2(r_D^2 - r_C^2)^2 - r^2(r^2 - r_C^2)^2\sin^2\phi_D}{rD^{3/2}}\mathrm{d}r$$

6.7

式（6.162）：

$$z_B = \int_{r_B}^{r_D}\frac{A}{\sqrt{B^2 - A^2}}\mathrm{d}r$$

$$\frac{\partial z_B}{\partial r_D} = \frac{1}{\Delta r_D}\left(\int_{r_B}^{r_D + \Delta r_D}\frac{A(r)}{\sqrt{B^2(r_D + \Delta r_D) - A^2(r)}}\mathrm{d}r - \int_{r_B}^{r_D}\frac{A(r)}{\sqrt{B^2(r_D) - A^2(r)}}\mathrm{d}r\right)$$

$$= \frac{1}{\Delta r_D}\left\{\int_{r_D}^{r_D+\Delta r_D} \frac{A(r)}{\sqrt{B^2(r_D+\Delta r_D)-A^2(r)}}\mathrm{d}r + \int_{r_B}^{r_D}\left(\frac{A(r)}{\sqrt{B^2(r_D+\Delta r_D)-A^2(r)}} - \frac{A(r)}{\sqrt{B^2(r_D)-A^2(r)}}\right)\mathrm{d}r\right\}$$

$$= \frac{\Delta r_D}{\Delta r_D}\frac{A(r_D)}{\sqrt{B^2(r_D)-A^2(r_D)}} + \frac{1}{\Delta r_D}\int_{r_B}^{r_D}\left(\frac{A(r)}{\sqrt{B^2(r_D+\Delta r_D)-A^2(r)}} - \frac{A(r)}{\sqrt{B^2(r_D)-A^2(r)}}\right)\mathrm{d}r$$

$$= \frac{A(r_D)}{\sqrt{B^2(r_D)-A^2(r_D)}} + \int_{r_B}^{r_D}\frac{\partial}{\partial r_D}\left(\frac{A}{\sqrt{B^2-A^2}}\right)\mathrm{d}r = \tan\phi_D - 2Br_D\sin\phi_D\int_{r_B}^{r_D}\frac{r^2-r_C^2}{G^{3/2}}\mathrm{d}r$$

7.1

式（7.106）：

假设采用线性应变表述，可以从式（7.71）中消去 α^2 项。因此可以得到 $-\bar{\sigma}+4G\alpha/\pi = \sigma_0$。将这个关系式代入式（7.105），得到：$q = \sigma_0 + 2G\beta\pi x/h$。从式（7.100）的第二个和第三个方程可以得到：

$$\beta = \frac{\gamma}{\pi}\frac{1}{\frac{\pi^2}{6}S^2+\frac{1}{4}} \to \frac{q}{\sigma_0} = 1 + \frac{2G\beta}{\sigma_0}\frac{\pi}{h}x \to \frac{q}{\sigma_0} = 1 + \frac{2G\gamma}{\sigma_0}\frac{S\xi}{\frac{\pi^2}{6}S^2+\frac{1}{4}}$$

从式（7.102）可以得到：

$$\gamma = \frac{Q}{Ga\rho} \to \frac{q}{\sigma_0} = 1 + \frac{Q}{\sigma_0 a\rho}\frac{S\xi}{\frac{\pi^2}{12}S^2+\frac{1}{8}}$$

8.1

式（8.14）：

$$I_z = \int r_D^2 \mathrm{d}m = r_D^2 M$$
$$M = 2\pi r_D m$$
$$I_z = 2\pi r_D^3 m$$

式中，m 是在 r_D 处沿圆周方向单位长度的质量；M 是胎冠的总质量。

8.2

式（8.19）~式（8.20）和式（8.26）：

$$\Delta M = r_0 f_r \sin\frac{\theta}{2} + r_0 f_t \cos\frac{\theta}{2} = r_0^2 \Delta\alpha\left(\sin^2\frac{\theta}{2}k_r + \cos^2\frac{\theta}{2}k_t\right)r_D \mathrm{d}\theta$$

$$= \left(2r_D\cos\frac{\theta}{2}\right)^2\left(\sin^2\frac{\theta}{2}k_r + \cos^2\frac{\theta}{2}k_t\right)r_D \mathrm{d}\theta \Delta\alpha$$

$$= \left(4r_D^3 k_t \cos^4\frac{\theta}{2} + 4r_D^3 k_r \cos^2\frac{\theta}{2}\sin^2\frac{\theta}{2}\right)\mathrm{d}\theta \Delta\alpha$$

一个圆在圆心处的惯性矩是 $I_0 = 2m\pi r_D^3$。根据平行轴理论，点 P 处的极惯性矩 I_p^P 可以由下式给出：

$$I_p^P = I_0 + Mr_D^2$$
$$M = 2\pi r_D m$$

因此，I_p^P 的表达式为 $I_p^P = 4m\pi r_D^3$。

一个圆在圆心处的惯性矩可以表示为

$$I_0 = I_{x0} + I_{z0} = 2m\pi r_D^3$$
$$I_{x0} = I_{z0} \to I_{x0} = m\pi r_D^3$$

根据平行轴理论，点 P 处的极惯性矩 I_x 可以由下式给出：
$$I_x^P = I_{x0} + Mr_D^2$$
$$M = 2\pi r_D m$$

因此，I_x^P 的表达式为 $I_x^P = 3m\pi r_D^3$。

8.3

式（8.48）：

式（8.46）的第一个方程的左边可以表示为

$$\frac{EI}{a^4}\left(\frac{\partial^4 w}{\partial \theta^4} - \frac{\partial^3 v}{\partial \theta^3}\right) + \frac{EA}{a^2}\left(w + \frac{\partial v}{\partial \theta}\right) + \frac{\sigma_\theta^0 A}{a^2}\left(\frac{\partial v}{\partial \theta} - \frac{\partial^2 w}{\partial \theta^2}\right) +$$
$$k_r(w - x^*\cos\theta - z^*\sin\theta) + \rho A(\ddot{w} - 2\Omega\dot{v} - \Omega^2 w) + \frac{\sigma_\theta^0 A}{a} - \rho A \Omega^2 a$$

利用式（8.40），将上述方程的最后两项进行转化，得到如下公式：
$$\frac{\sigma_\theta^0 A}{a} - \rho A \Omega^2 a = \frac{p_0 ba + \rho A a^2 \Omega^2}{a} - \rho A \Omega^2 a = p_0 b$$

式（8.46）的第一个方程可以表示为

$$\frac{EI}{a^4}\left(\frac{\partial^4 w}{\partial \theta^4} - \frac{\partial^3 v}{\partial \theta^3}\right) + \frac{EA}{a^2}\left(w + \frac{\partial v}{\partial \theta}\right) + \frac{\sigma_\theta^0 A}{a^2}\left(\frac{\partial v}{\partial \theta} - \frac{\partial^2 w}{\partial \theta^2}\right) + k_r(w - x^*\cos\theta - z^*\sin\theta) +$$
$$\rho A(\ddot{w} - 2\Omega\dot{v} - \Omega^2 w) + p_0 b = q_w + \left(1 + \frac{v' + w}{a}\right)p_0 b$$

将上述方程进行简化处理，可以得到[⊖]：

$$\frac{EI}{a^4}\left(\frac{\partial^4 w}{\partial \theta^4} - \frac{\partial^3 v}{\partial \theta^3}\right) + \frac{EA}{a^2}\left(w + \frac{\partial v}{\partial \theta}\right) + \frac{\sigma_\theta^0 A}{a^2}\left(\frac{\partial v}{\partial \theta} - \frac{\partial^2 w}{\partial \theta^2}\right) + k_r(w - x^*\cos\theta - z^*\sin\theta) +$$
$$\rho A(\ddot{w} - 2\Omega\dot{v} - \Omega^2 w) + p_0 b = q_w + \left(1 + \frac{v' + w}{a}\right)p_0 b$$

8.4

式（8.54）：

推导用到了下面的关系：

$$\cos\theta = \frac{1}{2}(e^{j\theta} + e^{-j\theta}) = \frac{1}{2}\sum_{n=-\infty}^{\infty}\delta_{|n|1}e^{jn\theta}$$

$$\sin\theta = \frac{1}{2j}(e^{j\theta} - e^{-j\theta}) = -\frac{1}{2}\sum_{n=-\infty}^{\infty}jn\delta_{|n|1}e^{jn\theta}$$

$$\int_0^{2\pi} e^{jn\theta}\cos\theta d\theta = \pi\delta_{|n|1}$$

$$\int_0^{2\pi} e^{jn\theta}\sin\theta d\theta = jn\pi\delta_{|n|1}$$

式中，δ_{pq} 是克罗内克函数，它的定义是：
$$\delta_{pq} = 1 (p = q)$$
$$\delta_{pq} = 0 (p \neq q)$$

8.5

式（8.102）：

⊖ 此处疑原书有误。

利用式（8.30），非旋转坐标系可以用 $\phi = \theta + \Omega t$ 表示。旋转坐标系可以用非旋转坐标系表示：

$$n\theta + \omega_n t = n\phi + \omega'_n t$$

从而可以得到：

$$\omega'_n = \omega_n - n\Omega$$

在式（8.85）中，$\omega_n = \mu_n \pm \bar{p}_n$。在备注 8.7 中，$\lambda_n$ 定义为 $\lambda_n = \mu_n - n\Omega$。将式（8.85）的第二个方程代入到上述方程中得到：

$$\lambda_n = \mu_n - n\Omega = \frac{2n\Omega}{n^2+1} - n\Omega = -n\Omega\frac{n^2-1}{n^2+1}$$

$$\left(\begin{bmatrix} m_0 & 0 & 0 \\ 0 & m_0 & 0 \\ 0 & 0 & m_r \end{bmatrix} s^2 + \begin{bmatrix} c_0 & g_0 & 0 \\ -g_0 & c_0 & 0 \\ 0 & 0 & c_r \end{bmatrix} s + \begin{bmatrix} k_0 & 0 & k_{0R} \\ 0 & k_0 & 0 \\ k_{0R} & 0 & k_R \end{bmatrix}\right)\begin{pmatrix} a_0 \\ b_0 \\ \theta_r \end{pmatrix}$$

$$= \begin{pmatrix} \xi_0 \\ \eta_0 \\ \dfrac{T}{2\pi a} \end{pmatrix}$$

此时 $n=0, g_0=0$（省略了素数）。因此，利用上述方程，式（8.146）中的 $[T_{m0}]$ 表示为

$$[T_{m0}] = \begin{bmatrix} m_0 s^2 + c_0 s + k_0 & 0 & k_{0R} \\ 0 & m_0 s^2 + c_0 s + k_0 & 0 \\ k_{0R} & 0 & m_r s^2 + c_r s + k_R \end{bmatrix}^{-1}$$

例如，计算逆矩阵，则 $[T_{m0}]$ 的逆矩阵的元素 t_{m0}^{11} 可以由下式给出：

$$t_{m0}^{11} = \frac{(m_0 s^2 + c_0 s + k_{0R})(m_r s^2 + c_r s + k_R)}{(m_0 s^2 + c_0 s + k_{0R})^2(m_r s^2 + c_r s + k_R) - (m_0 s^2 + c_0 s + k_{0R})k_{0R}^2}$$

$$= \frac{m_r s^2 + c_r s + k_R}{(m_0 s^2 + c_0 s + k_{0R})(m_r s^2 + c_r s + k_R) - k_{0R}^2}$$

对于 $n=1$，通过将式（8.112），式（8.113）和式（8.127）代入到式（8.109）中，并应用拉普拉斯变换，可以得到：

$$\left(\begin{bmatrix} m_1 & 0 & 0 & 0 \\ 0 & m_1 & 0 & 0 \\ 0 & 0 & m_a & 0 \\ 0 & 0 & 0 & m_a \end{bmatrix} s^2 + \begin{bmatrix} c_1 & g_1 & 0 & 0 \\ -g_1 & c_1 & 0 & 0 \\ 0 & 0 & c_a & -g_a \\ 0 & 0 & g_a & c_a \end{bmatrix} s + \begin{bmatrix} k_1 & 0 & 0 & -k_{12} \\ 0 & k_1 & k_{23} & 0 \\ 0 & k_{23} & k_a & -g_a \\ -k_{12} & 0 & g_a & k_a \end{bmatrix}\right) \times$$

$$\begin{pmatrix} a_1 \\ b_1 \\ x^* \\ z^* \end{pmatrix} = \begin{pmatrix} \xi_1 \\ \eta_1 \\ \dfrac{f_x^*}{\pi a} \\ \dfrac{f_z^*}{\pi a} \end{pmatrix}$$

此时 $n=1$，$g_1 = g_a = 0$，并且 $k_{12} = k_{23} = k_1$（省略素数）。因此，式（8.146）中的 $[T_{m1}]$ 可以表示为

$$[\boldsymbol{T_{m1}}] = \begin{bmatrix} m_1 s^2 + c_1 s + k_1 & 0 & 0 & -k_1 \\ 0 & m_1 s^2 + c_1 s + k_1 & k_1 & 0 \\ 0 & k_1 & m_a s^2 + c_a s + k_a & 0 \\ -k_1 & 0 & 0 & m_a s^2 + c_a s + k_a \end{bmatrix}^{-1}$$

例如，逆矩阵 $[\boldsymbol{T_{m1}}]$ 的元素 t_{m1}^{11} 可以表示为

$$t_{m1}^{11} = \frac{(m_a s^2 + c_a s + k_a)\{(m_1 s^2 + c_1 s + k_1)(m_a s^2 + c_a s + k_a) - k_1^2\}}{|T_{m1}|}$$

$$= \frac{m_a s^2 + c_a s + k_a}{(m_1 s^2 + c_1 s + k_1)(m_a s^2 + c_a s + k_a) - k_1^2}$$

8.6

式（8.155）的矩阵元素：

对于 $n = 0$，将式（8.140）、式（8.143）和式（8.147）代入式（8.154），可以得到：

$$[\boldsymbol{T}] = [\boldsymbol{T_{d0}}] \cdot [\boldsymbol{T_{m0}}] \cdot [\boldsymbol{T_{f0}}]$$

$$= \begin{bmatrix} 1 & 0 & 0 \\ 0 & 0 & 0 \\ 0 & 0 & 1 \\ 0 & 0 & 0 \\ 0 & 0 & 0 \end{bmatrix} \begin{bmatrix} t_{m0}^{11} & 0 & t_{m0}^{13} \\ 0 & t_{m0}^{22} & 0 \\ t_{m0}^{31} & 0 & t_{m0}^{33} \end{bmatrix} \frac{1}{2\pi a} \begin{bmatrix} 1 & 0 & 0 & 0 & 0 \\ 0 & 0 & 0 & 0 & 0 \\ 0 & 0 & 1 & 0 & 0 \end{bmatrix}$$

$$= \frac{1}{2\pi a} \begin{bmatrix} t_{m0}^{11} & 0 & t_{m0}^{13} & 0 & 0 \\ 0 & 0 & 0 & 0 & 0 \\ t_{m0}^{31} & 0 & t_{m0}^{33} & 0 & 0 \\ 0 & 0 & 0 & 0 & 0 \\ 0 & 0 & 0 & 0 & 0 \end{bmatrix}$$

对于 $n = 1$，将式（8.140）、式（8.143）和式（8.148）代入到式（8.154），我们得到：

$$[\boldsymbol{T}] = [\boldsymbol{T_{d1}}] \cdot [\boldsymbol{T_{m1}}] \cdot [\boldsymbol{T_{f1}}] = \begin{bmatrix} \cos\phi & \sin\phi & 0 & 0 \\ \sin\phi & -\cos\phi & 0 & 0 \\ 0 & 0 & 0 & 0 \\ 0 & 0 & 1 & 0 \\ 0 & 0 & 0 & 1 \end{bmatrix} \begin{bmatrix} t_{m1}^{11} & 0 & 0 & t_{m1}^{14} \\ 0 & t_{m1}^{22} & t_{m1}^{23} & 0 \\ 0 & t_{m1}^{32} & t_{m1}^{33} & 0 \\ t_{m1}^{41} & 0 & 0 & t_{m1}^{44} \end{bmatrix} \times$$

$$\frac{1}{\pi a} \begin{bmatrix} \cos\phi_0 & \sin\phi_0 & 0 & 0 & 0 \\ \sin\phi_0 & -\cos\phi_0 & 0 & 0 & 0 \\ 0 & 0 & 0 & 1 & 0 \\ 0 & 0 & 0 & 0 & 1 \end{bmatrix}$$

$$= \frac{1}{\pi a} \begin{bmatrix} t_{m1}^{11}\cos(\phi-\phi_0) & -t_{m1}^{11}\sin(\phi-\phi_0) & 0 & t_{m1}^{23}\sin\phi & t_{m1}^{14}\cos\phi \\ -t_{m1}^{11}\sin(\phi-\phi_0) & t_{m1}^{11}\cos(\phi-\phi_0) & 0 & -t_{m1}^{23}\cos\phi & t_{m1}^{14}\sin\phi \\ 0 & 0 & 0 & 0 & 0 \\ t_{m1}^{32}\sin\phi_0 & -t_{m1}^{32}\cos\phi_0 & 0 & t_{m1}^{33} & 0 \\ t_{m1}^{41}\cos\phi_0 & t_{m1}^{41}\sin\phi_0 & 0 & 0 & t_{m1}^{44} \end{bmatrix}$$

对于 $n \neq 0,1$，通过将式（8.140）、式（8.143）和式（8.150）代入到式（8.154），可以得到：

$$[T] = [T_{dn}] \cdot [T_{mn}] \cdot [T_{fn}] = \begin{bmatrix} \cos n\phi & \sin n\phi \\ n\sin n\phi & -n\cos n\phi \\ 0 & 0 \\ 0 & 0 \\ 0 & 0 \end{bmatrix} \begin{bmatrix} t_{mn}^{11} & t_{mn}^{12} \\ t_{mn}^{21} & t_{mn}^{22} \end{bmatrix} \frac{1}{\pi a} \begin{bmatrix} \cos n\phi_0 & n\sin n\phi_0 & 0 & 0 & 0 \\ \sin n\phi_0 & -n\cos n\phi_0 & 0 & 0 & 0 \end{bmatrix}$$

$$= \frac{1}{\pi a} \begin{bmatrix} t_{mn}^{11}\cos n(\phi-\phi_0) - t_{mn}^{12}\sin n(\phi-\phi_0) & -n\{t_{m1}^{11}\sin n(\phi-\phi_0) + t_{mn}^{12}\cos n(\phi-\phi_0)\} & 0 & 0 & 0 \\ n\{t_{m1}^{11}\sin n(\phi-\phi_0) + t_{mn}^{12}\cos n(\phi-\phi_0)\} & n^2\{t_{mn}^{11}\cos n(\phi-\phi_0) - t_{mn}^{12}\sin n(\phi-\phi_0)\} & 0 & 0 & 0 \\ 0 & 0 & 0 & 0 & 0 \\ 0 & 0 & 0 & 0 & 0 \\ 0 & 0 & 0 & 0 & 0 \end{bmatrix}$$

注意在附录 8.2 中令 $t_{m1}^{12} = 0$ 可以得到 T_{11}。

10.1

拉伸波：$c_t = \sqrt{T_x/\mu_x} \approx 60 \sim 110 \text{m/s}$。

弯曲波：$c_b = \sqrt{\omega}\sqrt[4]{D_x/\mu_x} \approx \sqrt{\omega}(2.6 \sim 4.6)\text{m/s} \rightarrow c_b = 205 \sim 360\text{m/s}$，此时频率 $f = 1\text{kHz}$。

剪切波：$c_s = \sqrt{S_x/\mu_x} \approx 190 \sim 346 \text{m/s}$。

兰姆波：$c_{cl} = \sqrt{E_x/\rho} \approx 216 \sim 612 \text{m/s}$。

10.2

从沟槽中泵出的空气的反作用力 F 可以表示为 $F = (\Delta m/\Delta t)v_{\text{air}} = (\rho\Delta V/\Delta t)v_{\text{air}}$，其中 Δm 是空气流的质量，ρ 是空气的密度，$\rho = 1.29\text{kg/m}^3$，v_{air} 是空气速度，Δt 是花纹沟收缩需要的时间，ΔV 是花纹沟的体积变化量。这里花纹沟的深度是 8mm，宽度是 5mm，长度是 20mm。Δt 可以看作是花纹沟从接地到离开地面的时间，对于宽度为 5mm 的花纹来说，$\Delta t = 5 \times 10^{-3}/22.2$。$\Delta V$ 可以用变形前花纹沟的体积乘以 40% 得到。

v_{air} 可以用花纹沟体积的变化速度来计算。因为 v_{air} 随着时间而变化，平均空气速度 $\bar{v}_{\text{air}}$ 的表达式可以由 $\bar{v}_{\text{air}} = \Delta V/(\bar{S}\Delta t)$ 来表示。$\bar{S}$ 是在时间 Δt 的花纹沟平均横截面积。假设平均横截面积 $\bar{S}$ 可以用接触之前的面积 S 和接触之后的面积 $0.6S$ 的平均值表示，那么 $\bar{S} = (S + 0.6S)/2 = 0.8S$。$F$ 的值为

$$F = (\rho\Delta V/\Delta t)\bar{v}_{\text{air}} = (\rho/\bar{S})(\Delta V/\Delta t)^2$$

将上述参数代入到上述方程中，可以得到：

$$F = \frac{1.29(20 \times 8 \times 5 \times 0.4 \times 10^{-9})^2}{0.8 \times 8 \times 5 \left(\frac{5 \times 10^{-3}}{22.2}\right)^2} = 0.082(\text{N})$$

泵气的外部作用力（0.08N）比花纹块的充气弱很多，只是花纹块充气的 10% 左右。

10.3

式（10.42）：

$$\overline{a}_n = \frac{2}{T}\int_{-\frac{b}{2}}^{\frac{b}{2}}\sum_{i=1}^{N}\cos\frac{2\pi n t_i(x)}{T}\mathrm{d}x = \frac{2}{T}\int_{-\frac{b}{2}}^{\frac{b}{2}}\sum_{i=1}^{N}\cos\frac{2\pi n(\tan\theta_i x + \xi_i)}{T}\mathrm{d}x$$

$$= \frac{2}{T}\int_{-\frac{b}{2}}^{\frac{b}{2}}\sum_{i=1}^{N}\left(\cos\frac{2\pi n\tan\theta_i x}{T}\cos\frac{2\pi n\xi_i}{T} - \sin\frac{2\pi n\tan\theta_i x}{T}\sin\frac{2\pi n\xi_i}{T}\right)\mathrm{d}x$$

$$= \frac{2}{T}\frac{L}{\pi n}\sum_{i=1}^{N}\frac{1}{\tan\theta_i}\sin\left(\frac{\pi nb}{L}\tan\theta_i\right)\cos\left(\frac{2\pi nb}{L}\xi_i\right)$$

$$\overline{b}_n = \frac{2}{T}\int_{-\frac{b}{2}}^{\frac{b}{2}}\sum_{i=1}^{N}\left(\sin\frac{2\pi n\tan\theta_i x}{T}\cos\frac{2\pi n\xi_i}{T} + \cos\frac{2\pi n\tan\theta_i x}{T}\sin\frac{2\pi n\xi_i}{T}\right)\mathrm{d}x$$

$$= \frac{2}{T}\frac{L}{\pi n}\sum_{i=1}^{N}\frac{1}{\tan\theta_i}\sin\left(\frac{\pi nb}{L}\tan\theta_i\right)\sin\left(\frac{2\pi nb}{L}\xi_i\right)$$

$$\overline{c}_n(\theta) = \left|\frac{2}{T}\frac{L}{\pi n\tan\theta}\sin\left(\frac{\pi nb}{L}\tan\theta\right)\right|d_n = \left|\frac{2}{T}b\frac{\sin\left(\frac{\pi nb}{L}\tan\theta\right)}{\frac{\pi nb\tan\theta}{L}}\right|d_n$$

从关系式 $\left.\dfrac{\sin\left(\dfrac{\pi nb}{L}\tan\theta\right)}{\dfrac{\pi nb}{L}\tan\theta}\right|_{\theta=0} = 1$，可以得到 $\overline{c}_n(0) = \dfrac{2b}{T}d_n$。

$$P_n(\theta) = \frac{\overline{c}_n(\theta)}{\overline{c}_n(0)} = \left|\frac{\sin\left(\frac{\pi nb}{L}\tan\theta\right)}{\frac{\pi nb}{L}\tan\theta}\right|$$

10.4

如答案图 3 所示，因为外部力在横沟角度大的时候弱，而在横沟角度小的时候外部力又比较强，所以轮胎的噪声不会变为零。

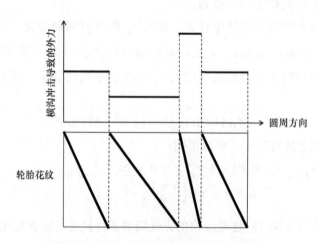

答案图 3　花纹上的横沟作用在轮胎上的外力

10.5

式（10.50）：

$$A = \frac{1}{T}\int_0^T F(t)\mathrm{e}^{\mathrm{i}\omega_{n'}t}\mathrm{d}t = \frac{1}{T}\int_0^T \sum_{i=1}^N a_n \mathrm{e}^{-\mathrm{i}\omega_n t}\mathrm{e}^{\mathrm{i}\omega_{n'}t}\mathrm{d}t = \frac{1}{T}\int_0^T \sum_{i=1}^N a_n \mathrm{e}^{\mathrm{i}(\omega_{n'}-\omega_n)t}\mathrm{d}t$$

在 $\omega_{n'} \neq \omega_n$ 的情况下，

$$A = \frac{1}{T}\Big[\sum_{i=1}^N \frac{a_n \mathrm{e}^{\mathrm{i}(\omega_{n'}-\omega_n)t}}{\mathrm{i}(\omega_{n'}-\omega_n)}\Big]_0^T = \frac{1}{T}\sum_{i=1}^N \frac{a_n(\mathrm{e}^{\mathrm{i}(\omega_{n'}-\omega_n)T}-1)}{\mathrm{i}(\omega_{n'}-\omega_n)}$$

考虑到关系 $(\omega_{n'}-\omega_n)T = \frac{2\pi(n'-n)}{T}T = 2\pi(n'-n)$，可以得到 $A=0$。

在 $\omega_{n'} = \omega_n$ 的情况下，

$$A = \frac{1}{T}\int_0^T a_n \mathrm{d}t = a_n$$

10.6

对 D_{xx} 和 D_{yy} 中变化量的预测表明，带花纹轮胎有混合的弯曲刚度 $\sqrt[4]{D_{xx}D_{yy}}$。D_{xx} 和 D_{yy} 的弯曲刚度是光面轮胎弯曲刚度的 95% 和 45%。因此带花纹轮胎的运动性比光面轮胎的大 30% 多。

11.1

式（11.10）：

式（11.8）可以重写为 $l_\mathrm{h} = l(1-\phi/3)$。将这个关系代入到式（11.10）中得到：

$$F^{\mathrm{adhesion}} = \frac{C_y b |\tan\alpha|}{2}l_\mathrm{h}^2 = \frac{C_y b |\tan\alpha|}{2}l^2(1-\phi/3)^2 = \frac{C_y bl^2 |\tan\alpha|}{2\mu F_z}\mu F_z\Big(1 - \frac{2}{3}\phi + \frac{1}{9}\phi^2\Big)s$$

$$= \phi\mu F_z\Big(1 - \frac{2}{3}\phi + \frac{1}{9}\phi^2\Big)\mathrm{sgn}\alpha = \mu F_z\Big(\phi - \frac{2}{3}\phi^2 + \frac{1}{9}\phi^3\Big)\mathrm{sgn}\alpha$$

11.2

式（11.22）：

如果侧向力用答案图 4 中的三角形来表示，合力的作用点就位于这个三角形的重力中心。从合力的作用点到接地印痕的中心的距离是 1/6 的接地印痕长度。

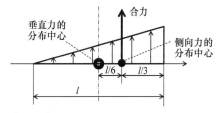

答案图 4　合力的作用点和气胎拖距

11.3

式（11.103）和式（11.104）：

M_z'' 可以用下面的方程计算。将在备注 11.11 和式（11.102）中求得的 $\sin\theta = h\tan\alpha$ 和 $\cos\theta = hs$ 代入到式（11.101）中，可以得到：

$$M_z'' = b\int_{l_\mathrm{h}}^l \mu_\mathrm{d} p\Big\{-y'\cos\theta + \Big(x_1 - \frac{l}{2}\Big)\sin\theta\Big\}\mathrm{d}x_1 = -b\mu_\mathrm{d}\frac{6F_z}{bl}\cos\theta\int_{l_\mathrm{h}}^l \frac{x_1}{l}\Big(1 - \frac{x_1}{l}\Big)\Big\{\frac{(x_1-l)l_\mathrm{h}\tan\alpha}{l_\mathrm{h}-l} + y_0\Big\}\mathrm{d}x_1 +$$

$$b\mu_\mathrm{d}\frac{6F_z}{bl}\sin\theta\int_{l_\mathrm{h}}^l \frac{x_1}{l}\Big\{1 - \frac{x_1}{l}\Big\}\Big(x_1 - \frac{l}{2}\Big)\mathrm{d}x_1$$

$$= -\frac{6F_z\mu_\mathrm{d}}{l}\cos\theta\Big\{\frac{l_\mathrm{h}\tan\alpha}{l_\mathrm{h}-l}\cdot\frac{-(l-l_\mathrm{h})^3(l+3l_\mathrm{h})}{12l^2} + y_0\frac{(l-l_\mathrm{h})^2(l+2l_\mathrm{h})}{6l^2}\Big\} + b\mu_\mathrm{d}\frac{6F_z}{bl}\sin\theta\frac{(l-l_\mathrm{h})^2 l_\mathrm{h}^2}{4l^2}$$

$$= -F_z\mu_\mathrm{d}\cos\theta\Big\{\frac{l_\mathrm{h}\tan\alpha}{2}\Big(1 - \frac{l_\mathrm{h}}{l}\Big)^2\Big(1 + 3\frac{l_\mathrm{h}}{l}\Big) + y_0\Big(1 - \frac{l_\mathrm{h}}{l}\Big)^2\Big(1 + 2\frac{l_\mathrm{h}}{l}\Big)\Big\} +$$

$$\frac{3}{2}F_z\mu_d l\sin\theta\Big(1-\frac{l_h}{l}\Big)^2\Big(\frac{l_h}{l}\Big)^2$$

$$=-F_z\mu_d hs\Big\{\frac{1}{2}\Big(1-\frac{l_h}{l}\Big)^2\Big(1+3\frac{l_h}{l}\Big)l_h\tan\alpha+y_0\Big(1-\frac{l_h}{l}\Big)^2\Big(1+2\frac{l_h}{l}\Big)\Big\}+$$

$$\frac{3}{2}F_z\mu_d h\Big(1-\frac{l_h}{l}\Big)^2\Big(\frac{l_h}{l}\Big)^2 l\tan\alpha$$

11.4

式（11.141）：

在 $\alpha_0 \ll 1$ 的情况下，根据式（11.68）、式（11.136）和式（11.139），可以得到：

$$\frac{\partial F_y}{\partial \alpha_0}=C_{F\alpha\_0}\Big(1-\frac{1}{R_{mz}}\frac{\partial M_z}{\partial \alpha_0}-\frac{1}{3}\varepsilon l\frac{\partial F_y}{\partial \alpha_0}\Big) \tag{A11.1}$$

$$\frac{\partial M_z}{\partial \alpha_0}=\overline{C}_{M\alpha\_0}\Big(1-\frac{1}{R_{mz}}\frac{\partial M_z}{\partial \alpha_0}\Big) \tag{A11.2}$$

从式（A11.2）可以得到：

$$C_{M\alpha}=\frac{\partial M_z}{\partial \alpha_0}\Big|_{\alpha_0=0}=\Big(\frac{1}{\overline{C}_{M\alpha\_0}}+\frac{1}{R_{mz}}\Big)^{-1} \tag{A11.3}$$

从式（A11.1）和式（A11.3）可以得到：

$$C_{F\alpha}=\frac{\partial F_y}{\partial \alpha_0}\Big|_{\alpha_0=0}=\Big(\frac{1}{C_{F\alpha\_0}}+\frac{1}{3}\varepsilon l\Big)^{-1}\Big(1+\frac{\overline{C}_{M\alpha\_0}}{R_{mz}}\Big) \tag{A11.4}$$

13.1

式（13.5）和式（13.8）：

比较式（13.1）和式（13.6），可以得到：

$$\sigma_{ns}=\sigma_0, \varepsilon_{ns}=\varepsilon_0, \sigma_{nc}=0, \varepsilon_{nc}=0$$

为了简单起见，假设式（13.8）中的面积 A 和半径 r 都是单位值。将上述关系式代入到式（13.8）中，得到：

$$W=\pi\sum_n[n(\sigma_{ns}\varepsilon_{ns}+\sigma_{nc}\varepsilon_{nc})\sin\delta+n(\sigma_{nc}\varepsilon_{ns}-\sigma_{ns}\varepsilon_{nc})\cos\delta]=\pi\sigma_0\varepsilon_0\sin\delta$$

利用式（13.3）对上述方程进行转换，得到：

$$W=\pi\sigma_0\varepsilon_0\sin\delta=\pi\varepsilon_0^2 E\sin\delta\cong\pi\varepsilon_0^2 E''$$

13.2

式（13.48）：

图 13.13 中的剪应力 σ_{xz} 和剪应变 ε_{xz} 的分布在答案图 5 中表示，假设应力和应变可以用三角函数来表示，则可以据此推导出 E_{loss} 的表达式。σ_{xz} 和 ε_{xz} 的分布进而可以用答案图 5 近似表示。σ_{zz} 从 0 变化到 $-p$，ε_{zz} 从 0 变化到 $-p/E$，σ_{xz} 从 $-El/(6R_b)$ 变化到 $El/(6R_b)$，ε_{xz} 从 $-l/(4R_b)$ 变化到 $l/(4R_b)$。因此可以得到 $\sigma_{zz0}=-p/2$，$\varepsilon_{zz0}=-p/(2E)$，$\sigma_{xz0}=-El/(6R_b)$，$\varepsilon_{xz0}=-l/(4R_b)$。将这些关系式代入到式（13.47）中可以得到：

$$E_{loss}=\pi(\sigma_{zz0}\varepsilon_{zz0}+2\sigma_{xz0}\varepsilon_{xz0})\sin\delta=\pi\Big(\frac{p}{2}\frac{p}{2E}+2\frac{El}{6R_b}\frac{l}{4R_b}\Big)\sin\delta$$

$$=\pi\Big(\frac{p^2}{4E}+\frac{El^2}{12R_b^2}\Big)\sin\delta$$

13.3

变形梯度张量是 $F_{ij}=\partial x_i/\partial X_j$，其中 x_i 是物体变形后的位置，X_j 是物体变形前的位置。如答

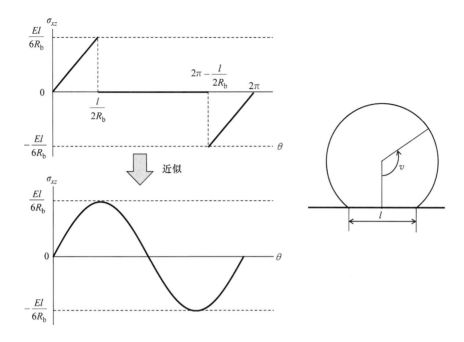

答案图 5 应力分布和傅里叶级数近似

案图 6 所示，如果剪切变形作用在物体上，因为 X_2 和 X_3 不发生变化，满足 $x_2 = X_2$ 和 $x_3 = X_3$。在 X_1 方向上，满足 $x_1 = X_1 + (u/h_0) X_2 = X_1 + \gamma X_2$。变形梯度张量 $[F]$ 因此可以写为

$$[F] = \begin{bmatrix} 1 & \gamma & 0 \\ 0 & 1 & 0 \\ 0 & 0 & 1 \end{bmatrix}$$

右柯西 – 格林张量 $[C]$ 和第一应变不变量 I_1 可以定义为 $[C] = [F]^T[F]$ 和 $I_1 = C_{kk} \equiv C_{11} + C_{22} + C_{33}$。将 $[F]$ 代入上述方程，可以得到：

$$[C] = [F]^T[F] = \begin{bmatrix} 1 & \gamma & 0 \\ \gamma & 1+\gamma^2 & 0 \\ 0 & 0 & 1 \end{bmatrix}$$

因此，可以得到 $I_1 = 3 + \gamma^2$。

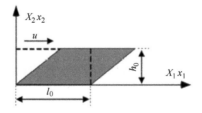

答案图 6 单元的剪切变形

13.4

$F_{RR} = 100 \times (1.1/2.1)^{-0.4} = 129.5$，也就是说滚动阻力增加 29.5%。

13.5

参考答案图 7，可以得到：

$$\Delta h = R(1 - \cos \alpha) \approx R\alpha^2/2 \rightarrow d/h = \tan \alpha \approx \alpha = \sqrt{2\Delta h/R}$$

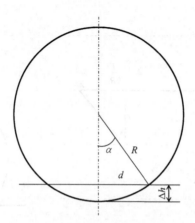

答案图7 垂直位移和接地长度的关系

代入给定的值，得出 $d/h \approx \sqrt{2\Delta h/R_{\text{transition}}} = \sqrt{2\times0.0005/0.155} = 0.08$，也就是说，对于乘用车子午线轮胎是8%。同时，对于货车轮胎来说应变将增加15%。

13.6

当轮胎在过渡区发生弯曲变形时纵向应变为：$\varepsilon_{\text{bending}} = h(1/R_f - 1/R_i) = 0.009(1/0.145 - 1/0.3) = 0.032$，也就是3.2%。

在接地区域（平的区域）的纵向应变：$\varepsilon_{\text{bending}} = h(1/R_f - 1/R_i) = 0.009(1/\infty - 1/0.3) = -0.03$，也就是3%。

13.7

$$\varepsilon_{\text{compression}} = 0.33(1 - e^{0.3/(5\times0.4)}) = 0.05 \,(\text{即}\, 5\%)$$

$$\Delta h = h_{\text{initial}}\varepsilon_{\text{compression}} = 0.01\times0.05 = 0.0005(\text{m})(\text{即}\, 0.5\text{mm})$$

14.1

式（14.13）和式（14.15）：

1）当 $1 > \zeta_y$ 时，从式（14.11），可以得到：

$$\begin{aligned}
E_y^w &= \int_{l_h}^{l} \mu_d q_z(x) \frac{dS_y}{dx}dx = \int_{l_h}^{l} \mu_d q_z(x)\left(\tan\alpha - \frac{\mu_d q_z'(x)}{C_y}\right)dx \\
&= \mu_d \tan\alpha \int_{l_h}^{l} q_z(x)dx - \frac{1}{2}\frac{\mu_d^2}{C_y}\int_{l_h}^{l}\frac{dq_z^2(x)}{dx}dx \\
&= \mu_d \tan\alpha \int_{l_h}^{l} q_z dx + \frac{1}{2}\frac{\mu_d^2}{C_y}q_z^2(l_h) = 4p_m\mu_d l \tan\alpha\left\{\frac{1}{6} - \frac{1}{2}\left(\frac{l_h}{l}\right)^2 + \frac{1}{3}\left(\frac{l_h}{l}\right)^3\right\} + \\
&\quad \frac{1}{2}\frac{\mu_d^2}{C_y}\left\{4p_m\frac{l_h}{l}\left(1 - \frac{l_h}{l}\right)\right\}^2
\end{aligned}$$

将式（14.9）代入到上述方程中得到：

E_y^w 的第一项为

$$4p_m\mu_d l \tan\alpha\left(\frac{1}{2}\zeta_y^2 - \frac{1}{3}\zeta_y^3\right)$$

利用式（14.8）消去上述方程中的 $\tan\alpha$，得到：

E_y^w 的第一项为

$$\frac{\mu_s\mu_d}{C_y}(4p_m)^2\zeta_y\left(\frac{1}{2}\zeta_y^2-\frac{1}{3}\zeta_y^3\right)$$

第二项表示为

$$\frac{\mu_d^2}{2C_y}(4p_m)^2\zeta_y^2(1-2\zeta_y+\zeta_y^2)$$

第二项和第一项相加可以得到：

$$E_y^w=\frac{(4p_m)^2}{C_y}\left\{\mu_s\mu_d\zeta_y\left(\frac{1}{2}\zeta_y^2-\frac{1}{3}\zeta_y^3\right)+\frac{\mu_d^2}{2}\zeta_y^2(1-2\zeta_y+\zeta_y^2)\right\}$$

2) 当 $1\leqslant\zeta_y$ 时,

$$\begin{aligned}E_y^w&=\int_0^l\mu_d q_z(x)\frac{\mathrm{d}S_y}{\mathrm{d}x}\mathrm{d}x=\int_0^l\mu_d q_z(x)\left(\tan\alpha-\frac{\mu_d q_z'(x)}{C_y}\right)\mathrm{d}x\\&=\mu_d\tan\alpha\int_0^l q_z(x)\mathrm{d}x-\frac{1}{2}\frac{\mu_d^2}{C_y}\int_0^l\frac{\mathrm{d}q_z^2(x)}{\mathrm{d}x}\mathrm{d}x=\mu_d\tan\alpha\int_0^l q_z\mathrm{d}x\\&=\frac{2}{3}p_m\mu_d l\tan\alpha=\frac{(4p_m)^2}{6C_y}\mu_s\mu_d\zeta_y\end{aligned}$$